V

ARCHITECTURE

RURALE,

THÉORIQUE ET PRATIQUE.

ARCHITECTURE
RURALE,
THÉORIQUE ET PRATIQUE,

A L'USAGE

DES PROPRIÉTAIRES ET DES OUVRIERS DE LA CAMPAGNE,

Par A. J. M. DE S^T-FELIX, Marquis de MAUREMONT, Comte de CAJARC,

CHEVALIER DE L'ORDRE SOUVERAIN DE SAINT-JEAN-DE-JÉRUSALEM, ET DE LA LÉGION D'HONNEUR,

L'UN DES QUARANTE MAINTENEURS DES JEUX FLORAUX, DOYEN DE LA SOCIÉTÉ D'AGRICULTURE, DE LA SOCIÉTÉ ARCHÉOLOGIQUE DU MIDI, DE L'ACADÉMIE DES SCIENCES ET BELLES-LETTRES DE TOULOUSE, MEMBRE TITULAIRE FONDATEUR DE L'INSTITUT CATHOLIQUE.

TROISIÈME ÉDITION,

Revue, corrigée et considérablement augmentée,

Avec 56 planches.

Surge, nec exiguæ despice tecta casæ.
Ovid. Fast. lib. IV, v. 526.

TOULOUSE,

IMPRIMERIE DE JEAN-MATTHIEU DOULADOURE,

Rue Saint-Rome, 41.

M. DCCC. LVIII.

AVERTISSEMENT.

La préface de notre Traité des Ordres, qui est l'introduction de cette troisième édition, nous dispense d'entrer dans la plupart des observations renfermées dans l'avant-propos des deux premières : nous nous bornerons ici à signaler les différences qui distinguent celle-ci.

La distribution générale des parties est la même : on peut d'abord remarquer la multiplicité des planches de cette nouvelle édition ; les deux premières en renfermaient onze, celle-ci en contient 56, qui, avec les 32 de l'introduction, forment un total de 88 ; augmentation due principalement à la plus grande diversité des plans offerts au lecteur, pour simples canevas il est vrai, canevas que chacun pourrait varier d'après ses besoins, sa localité et ses ressources pécuniaires. Toutes ces planches, du même format que le texte, ne seront plus exposées dans l'usage à être froissées et déchirées : c'est à nos yeux un véritable avantage matériel. Quant à ces plans en eux-mêmes, nous ne les présentons dans le discours que comme des pensées applicables principalement à nos contrées jusques ici si peu renseignées sous ce rapport, pensées que chacun peut resserrer ou agrandir à son choix, mais qui, ainsi exprimées, si elles pouvaient convenir, seraient susceptibles d'être suivies de tout point, car une partie a été exécutée ; ce ne sont point des dessins de fantaisie pour l'agrément de l'œil, mais de véritables plans réels. Cultivateur nous-même, nous savons que dans ce genre de dépenses, il faut, autant qu'il est possible, se restreindre pour ne pas s'imposer des charges d'entretien trop pesantes : et cette considération que nous prions le lecteur de ne pas perdre de vue, excusera auprès de lui la timidité et l'exiguité de nos conceptions, dues sans doute à notre défaut d'imagination, mais surtout à notre intention de lui être utile sans l'engager à des dépenses ruineuses. On comprendra qu'en tout nous avons eu en vue la solidité, qui augmente souvent la dépense primitive, mais qui produit en définitive une véritable économie; même en s'occupant des rares détails d'ornementation, tout a été dirigé d'après cette considération si importante. Voilà ce qui nous a porté à renouveler en entier la première partie.

Dans la seconde, toutes les sections ont été complétées, surtout celles de la maçonnerie, de la charpente, de la couverture, du carrelage, de la ferrure, de la plâtrerie, de la marbrerie et de la peinture d'impression : nous en avons joint d'autres pour le grillage, le treillage, la plomberie, la fontainerie, la poêlerie, la vitrerie, la miroiterie, les ornements, la tenture et la tapisserie, simples accessoires si l'on veut, mais sur lesquels il est souvent agréable d'avoir quelques renseignements succincts.

Dans la troisième partie, tous les articles alphabétiques ont été revus et élevés au niveau de la science, surtout ceux des cheminées, poêles en maçonnerie, glacières, buanderie, fournil, etc. ; nous y avons introduit ceux-ci : aqueducs, bains, bibliothèque, briques et briquettes, cabinets, calorifères, cuisine, fruitier, laiterie, meules à fourrages, paratonnerre, plastique, remises, ruchers, séchoirs, silos et stores. Le nombre des articles s'est ainsi élevé de 34 à 52.

Enfin, la quatrième partie a reçu aussi de nombreux développements ; toutes les sections en ont été améliorées et ont pris une face nouvelle, surtout celles de la terrasse et des communications rurales; celle des jardins est, on peut le dire, toute renouvelée et ornée de tableaux précieux pour diriger le choix des plantes d'après la nature du sol, leur exposition, leur placement et l'aspect de leurs fleurs et de leurs fruits. Nous avons dit quelques mots sur la levée et le dessin des plans terriers ou architecturaux. Enfin, la partie des devis estimatifs, la plus importante, cette source inépuisable d'erreurs et de déceptions, a été refaite en entier, enrichie de tableaux détaillés qui ont rendu, nous le croyons, accessible à tous ce complément essentiel de l'ouvrage. Là, nous sommes remontés à l'origine et à l'emploi des matériaux pour en bien connaître la qualité, le choix, et calculer le temps exigé pour la main-d'œuvre, afin de mieux apprécier cette dernière. Assez souvent le résultat indiqué pour les prix peut paraître trop considérable, mais on doit se rappeler qu'il est subordonné à celui des différentes localités; que nous avons dû supposer un choix rigide de matériaux, leur emploi régulier et intelligent, de la perfection dans la main-d'œuvre : d'ailleurs, nous l'avons dit souvent et nous le répétons ici, toutes ces évaluations sont et ne peuvent être qu'hypothétiques, puisque la rareté ou l'éloignement des matières, la facilité d'avoir de bons ouvriers, changent suivant les lieux; et ces détails ne doivent être considérés que comme des formules algébriques, dont le résultat en chiffres réels est subordonné à leur traduction en nombres locaux. Ainsi, ni les fournisseurs, ni les ouvriers, ni les industriels, ni les propriétaires ne peuvent absolument se fixer sur ces appréciations; ces prix doivent être débattus entre eux; notre conscience nous oblige de répéter cette remarque et cette expresse réserve. Cependant, pour achever de nous rendre plus utile, nous avons souvent mis en regard des notes sur les prix indiqués à Toulouse, par M. de Méritens, pour les règlements des comptes de construction.

L'avant-propos des précédentes éditions et la préface de l'introduction ont expliqué les raisons qui nous ont porté à continuer l'usage de la toise et du pied de roi, tant linéaires que quarrés et cubes; l'emploi direct des nouvelles mesures nous eût obligé de renouveler tous nos calculs, nous eût contraint de renoncer à la division duodécimale, et comme nos devanciers dans les théories architecturales, à employer des nombres rompus qui nuisent à la clarté des démonstrations. Nous n'avons pu abandonner tous nos travaux et un système que l'expérience, l'habitude et l'usage nous rendent encore chers, malgré la commodité, pour le cabinet, du calcul décimal. Le système métrique, si éminemment scientifique, si méthodique et si régulier, si ingénieux dans sa distribution, est à la fois douteux dans sa base, incorrect dans les subdivisions de sa nomenclature. Celle-ci est étrangère à nos habitudes; mais comme avant tout il faut s'entendre et ne pas s'enfoncer dans le dédale de toutes les mesures locales, nous avons, à chaque chiffre, indiqué sa traduction en mètres et ses décimales, et pour les quantités qui ne s'y trouveraient pas, nous avons pensé qu'il serait utile de joindre ici des tables qui expriment les rapports des éléments

Voici l'explication de ces dernières tables et de leur usage.

1° Pour la force horizontale.

La grande table, cotée F, présente la force nécessaire pour rompre les pièces de bois de chêne, depuis 3 pouces (0,08) en carré jusqu'à 12° (0,32) de largeur et 18° (0,49) de hauteur, et de 4 (1,30) à 30 pieds (9,75) de longueur. Elle est un extrait de celles insérées dans l'*Art de bâtir* de M. Rondelet, et nous paraît suffisante pour les constructions rurales. Quoique tous les rapports de la hauteur à la longueur n'y soient pas compris, on peut prendre la longueur immédiatement inférieure, puisqu'en général on ne fait jamais porter au bois la charge qui y est indiquée, car on aura soin de ne prendre pour la force réelle d'une pièce que le dixième de celle voulue pour la rompre, ainsi qu'elle est indiquée dans la table. Les défauts qui peuvent se trouver dans le bois, et que la théorie ne saurait calculer, exigent cette précaution. On fera très-facilement cette réduction, en supprimant le dernier chiffre du nombre exprimant la force de la pièce.

Ainsi, si l'on veut connaître le poids que pourra supporter sans risque une pièce de bois de chêne de 3 pouces (0,08) sur 6 (0,16) et de 3 pieds (0,98) de longueur, on trouvera dans la table, 22675 : supprimant le dernier chiffre, on aura 2267 livres (1138^k) pour ce poids.

S'il était question d'une pièce de 3 pieds 6° (1,14) de longueur, comme cette dimension n'est pas dans la table, on pourra se contenter de calculer sur la force de la précédente. Cependant, si on voulait approcher davantage de sa véritable force, sans faire le calcul de la formule que nous avons donnée précédemment, on pourra ôter de la longueur qu'on cherche celle qu'on cherche, la quotité qu'a en plus celle-là, et le reste sera la force cherchée. Par exemple, pour avoir de cette manière la force de la pièce dont nous parlons, on extraira de la force de celle de 3 pieds, un sixième, parce que 6° est le sixième de 3 pieds, et on aura 18896 pour la force de la pièce, et 1889 pour le poids qu'elle peut supporter. La formule aurait donné 19314 et 1931.

Quoique ces tables soient calculées pour le bois de chêne, elles peuvent servir pour toutes les autres espèces de bois, au moyen de la table cotée G. Par exemple, si l'on veut savoir quelle serait la force d'une pièce de bois de peuplier d'Italie, pareille à celle dont nous parlons, de 3 pouces sur 6 et de 3 pieds de long, dont la force est 22675, on fera cette proportion : là force de la pièce en chêne est à la force de la pièce en peuplier comme la force primitive du bois de chêne est à celle du bois de peuplier. On cherchera dans la table G ces deux forces, qu'on trouvera de 1000 pour le chêne et de 586 pour le peuplier, et on formera ainsi la proportion, 1000 : 586 :: 22675 : un quatrième terme exprimé par $\frac{22675 \times 586}{1000}$; faisant les calculs indiqués, on aura pour la force de la pièce en peuplier 13187, et 1319 pour le poids réel qu'elle peut supporter. Il en résulte que la force du peuplier est à celle du bois de chêne :: 58 : 100 ou :: 6 : 10, ou les trois cinquièmes.

2° Pour la force verticale.

On aura la force verticale d'une pièce de bois, 1° en réduisant en lignes quarrées la surface de son extrémité; 2° en prenant dans la table D la force indiquée pour les cubes, et la multipliant par les lignes quarrées de la surface : le produit sera la force verticale si la pièce est cubique ou si sa longueur n'excède pas huit fois sa largeur. Si elle est plus grande, on diminuera cette somme dans les proportions indiquées page 85.

Ainsi, soit une pièce de chêne de 6 pouces en quarré dont on veut connaître la force verticale ; on multipliera 6 par 6 pour avoir les pouces quarrés, et on aura 36 ; on multipliera 36 par 144 pour avoir les lignes quarrées, et on aura 5184 : alors on cherchera dans la table E la force verticale du cube de chêne par ligne, on y trouvera 44 ; on multipliera 5184 par 44, et on trouvera 22896 pour la force de ce cube de 6 pouces en tout sens.

Mais si cette pièce de bois, au lieu d'être cubique, était un parallélipipède ou poteau quarré de 6 pouces de côté à sa base et de 6 pieds de hauteur, alors, comme cette hauteur serait de 12 fois le côté de la base, on ôterait de 22896 son sixième, c'est-à-dire, 3816, ce qui donnerait pour les 5/6 ou la force de ce poteau 19080, et 1908 pour le poids vertical qu'il peut supporter.

On peut aussi, pour arriver plus promptement à ce but, faire usage de la partie de la table E qui présente la force des parallélipipèdes. Dans ce cas, au lieu de multiplier 5184 par 44, et prendre les 5/6 du produit, on multipliera simplement 5184 par 36 2/3, puisque le poteau a 12 fois la largeur de sa base, et le produit 19080 présentera le même résultat.

3° Pour la force absolue.

Pour avoir la force absolue d'une pièce de bois, c'est-à-dire, celle qu'elle présente étant tirée par les deux bouts, on multipliera la surface en lignes du bout de la pièce par la force absolue indiquée dans la table cotée G, et on divisera le produit par 18 : on aura la force de la pièce. Par exemple, dans une pièce de chêne semblable à celle dont nous venons de parler, on aura $\frac{5184 \times 1871}{18} = 524444$, ou 52444 pour la force absolue.

4° Pour la force inclinée.

Les pièces posées verticalement étant dans leur plus grande force, et celles posées horizontalement étant dans

ARCHITECTURE RURALE.

Longueur des pièces.	Rapport de la hauteur à la longueur.	Force en livres.
Pièces de 10 pouces sur 11.		
Pi. p.		
5 6	6	138575
8 3	9	90722
11 0	12	66646
13 9	15	52261
16 6	18	42672
19 3	21	35343
22 0	24	30683
24 9	27	26687
27 6	30	23470
Pièces de 10 pouces sur 12.		
6 0	6	151171
7 0	7	128761
8 0	8	111962
9 0	9	98861
10 0	10	88404
11 0	11	79849
12 0	12	72705
13 0	13	66674
14 0	14	61504
15 0	15	57012
16 0	16	53093
17 0	17	49634
18 0	18	46550
19 0	19	43800
20 0	20	41325
21 0	21	39077
22 0	22	37042
23 0	23	35183
24 0	24	33473
25 0	25	31905
26 0	26	30459
27 0	27	29113
28 0	28	27870
29 0	29	26712
30 0	30	25626
Pièces de 10 pouces sur 13.		
6 6	6	163768
9 9	9	107999
13 0	12	78764
16 3	15	61763
19 6	18	50429
Pièces de 10 pouces sur 14.		
7 0	6	176366
10 6	9	115537
14 0	12	84823
17 6	15	66514
21 0	18	54308
Pièces de 10 pouces sur 15.		
7 6	6	188964
10 0	9	139943
12 6	10	110505
15 0	12	90882
17 6	14	76880
20 0	16	66366
22 6	18	58186

Longueur des pièces.	Rapport de la hauteur à la longueur.	Force en livres.
Pièces de 10 pouces sur 16.		
Pi. p.		
8 0	6	201561
12 0	9	131814
16 0	12	96931
20 0	15	76016
24 0	18	62067
Pièces de 11 pouces sur 11.		
5 6	6	152431
8 3	9	99884
11 0	12	73309
13 9	15	57824
16 6	18	46938
19 3	21	39403
22 0	24	33710
24 9	27	29319
27 6	30	25839
Pièces de 11 pouces sur 12.		
6 0	6	166228
7 0	7	141493
8 0	8	123148
9 0	9	108746
10 0	10	97244
11 0	11	87854
12 0	12	79976
13 0	13	73341
14 0	14	67655
15 0	15	62712
16 0	16	58402
17 0	17	54597
18 0	18	51205
19 0	19	48191
20 0	20	45421
21 0	21	42985
22 0	22	40746
23 0	23	38702
24 0	24	36820
25 0	25	35096
26 0	26	33505
27 0	27	32025
28 0	28	30657
29 0	29	29383
30 0	30	28188
Pièces de 11 pouces sur 13.		
6 6	6	180145
9 9	9	117609
13 0	12	86641
16 3	15	67939
19 6	18	55472
Pièces de 11 pouces sur 14.		
7 0	6	194005
10 6	9	126871
14 0	12	93305
17 6	15	73166
21 0	18	59759

Longueur des pièces.	Rapport de la hauteur à la longueur.	Force en livres.
Pièces de 11 pouces sur 15.		
Pi. p.		
7 6	6	207860
10 0	8	153935
12 6	10	121556
15 0	12	99970
17 6	14	84568
20 0	16	73002
22 6	18	64006
Pièces de 11 pouces sur 16.		
8 0	6	221717
12 0	9	144995
16 0	12	106634
20 0	15	83618
24 0	18	68273
Pièces de 12 pouces sur 12.		
6 0	6	181406
7 0	7	154512
8 0	8	134343
9 0	9	118633
10 0	10	106085
11 0	11	95819
12 0	12	83913
13 0	13	80009
14 0	14	73805
15 0	15	68281
16 0	16	63711
17 0	17	59561
18 0	18	55860
19 0	19	52560
20 0	20	49590
21 0	21	46888
22 0	22	44450
23 0	23	42230
24 0	24	40167
25 0	25	38287
26 0	26	36551
27 0	27	34936
28 0	28	33444
29 0	29	32055
30 0	30	30751

Longueur des pièces.	Rapport de la hauteur à la longueur.	Force en livres.
Pièces de 12 pouces sur 13.		
6 6	6	196522
9 9	9	128519
13 0	12	94517
16 3	15	74116
19 6	18	60515
Pièces de 12 pouces sur 14.		
7 0	6	211639
10 6	9	138405
14 0	12	101787
17 6	15	79817
21 0	18	65170

Longueur des pièces.	Rapport de la hauteur à la longueur.	Force en livres.
Pièces de 12 pouces sur 15.		
Pi. p.		
7 6	6	226755
10 0	8	167929
12 6	10	132606
15 0	12	109058
17 6	14	92256
20 0	16	79639
22 6	18	69823

Longueur des pièces.	Rapport de la hauteur à la longueur.	Force en livres.
Pièces de 12 pouces sur 16.		
Pi. p.		
8 0	6	241873
12 0	9	158177
16 0	12	116328
20 0	15	91219
24 0	18	70591

Longueur des pièces.	Rapport de la hauteur à la longueur.	Force en livres.
Pièces de 12 pouces sur 18.		
Pi. p.		
9 0	6	272108
12 0	8	201515
15 0	10	159127
18 0	12	130870
21 0	14	110708
24 0	16	95567
27 0	18	83791

Enfin, la troisième, cotée G, présente les forces primitives des différents bois, et sert à leur appliquer la précédente.

(G) *Table présentant les forces primitives des différents bois comparés au chêne, dont la force horizontale est ici supposée* 1000.

ESPÈCES.	FORCE PRIMITIVE.		
	Horizontale.	Verticale.	Absolue.
Abricotier...............	1096	1255	2040
Alisier...................	1142	1466	2104
Aubépine................	957	892	1915
Aune commun...........	644	780	2080
Bouleau commun........	853	861	1980
Cèdre du Liban..........	627	720	1740
Cerisier.................	961	986	1912
Charme commun.........	1034	1022	2189
Châtaignier.............	957	950	1888
Chêne commun...........	1000	807	1871
Cyprès..................	682	869	1880
Érable plane............	728	830	1916
——— de Virginie......	1094	843	2094
——— jaspé............	1196	862	2135
——— sycomore........	900	968	1564
Frêne...................	1072	1112	1800
Hêtre...................	1032	986	2480
If.......................	1037	1375	2287
Mahaleb................	1095	1252	2171
Marronnier d'Inde......	931	689	1931
Mélèze..................	843	902	1460
Merisier................	916	932	1580
Mûrier..................	981	1051	1050
Noyer commun..........	900	755	1120
Orme....................	1077	1090	1980
Peuplier d'Italie........	586	680	940
Pin pinier...............	817	716	1140
Pin du Nord.............	880	804	1041
Platane d'Orient........	776	8-4	931
——— d'Occident.......	853	941	1031
Poirier sauvage.........	885	896	1120
——— cultivé...........	850	816	1680
Pommier................	976	905	1187
Prunier.................	950	843	1770
Robinier................	1305	1120	1791
Sapin...................	918	851	1230
Saule commun..........	850	807	1880
Sureau..................	1072	780	1500
Tilleul..................	750	717	1407
Tremble................	624	717	1293

PART. II. SECT. II. *De la Charpente.* 87

Longueur des pièces.	Rapport de la hauteur à la longueur.	Force en livres.
Pi. p.		
14 0	28	6967
15 0	30	6406

Pièces de 5 pouces sur 7.

3 6	6	44091
5 3	9	28834
7 0	12	21205
8 9	15	16628
10 6	18	13577
12 3	21	11349
14 0	24	9763
15 9	27	8491
17 6	30	7474

Pièces de 5 pouces sur 8.

4 0	6	50390
6 0	9	32953
8 0	12	24235
10 0	15	19004
12 8	18	15516
14 0	21	13121
16 0	24	11157
18 0	27	9682
20 0	30	8542

Pièces de 6 pouces sur 6.

3 0	6	45351
4 0	8	33585
5 0	10	26521
6 0	12	21811
7 0	14	18451
8 0	16	15927
9 0	18	13965
10 0	20	12397
11 0	22	11112
12 0	24	10041
13 0	26	9127
14 0	28	8356
15 0	30	7897

Pièces de 6 pouces sur 7.

3 6	6	52909
5 3	9	34601
7 0	12	25446
8 9	15	19954
10 6	18	16282
12 3	21	13873
14 0	24	11715
15 9	27	10181
17 6	30	8952

Pièces de 6 pouces sur 8.

4 0	6	60468
6 0	9	39544
8 0	12	29082
10 0	15	22871
12 0	18	18620
14 0	21	15626
16 0	24	11338
18 0	27	11645
20 0	30	10205

Pièces de 6 pouces sur 9.

Pi. p.		
4 6	6	67043
6 0	8	50378
7 6	10	39782
9 0	12	32717
10 6	14	27677
12 0	16	23881
13 6	18	20947
15 0	20	18596
16 6	22	16668
18 0	24	15062
19 6	26	13706
21 0	28	12541
22 6	30	11531

Pièces de 6 pouces sur 10.

5 0	6	75585
7 6	9	49430
10 0	12	36353
12 6	15	28506
15 0	18	23275
17 6	21	19358
20 0	24	16736
22 6	27	14559
25 0	30	12813

Pièces de 7 pouces sur 7.

3 6	6	61728
5 3	9	40357
7 0	12	29621
8 9	15	22800
10 6	18	19009
12 3	21	15956
14 0	24	13668
15 9	27	11888
17 6	30	10130

Pièces de 7 pouces sur 8.

4 0	6	70546
6 0	9	46135
8 0	12	33929
10 0	15	26603
12 0	18	22278
14 0	21	18231
16 0	24	15620
18 0	27	13586
20 0	30	11958

Pièces de 7 pouces sur 9.

4 6	6	79366
6 0	8	58775
7 6	10	46412
9 0	12	38170
10 6	14	33004
12 0	16	27873
13 6	18	24439
15 0	20	21696
16 6	22	19441
18 0	24	17573
19 6	26	15991
21 0	28	14632
22 6	30	13454

Pièces de 7 pouces sur 10.

5 0	6	88182
7 6	9	57668
10 0	12	42411
12 6	15	33257
15 0	18	27154
17 6	21	22795
20 0	24	19525
22 6	27	16985
25 0	30	14948

Pièces de 7 pouces sur 11.

5 6	6	97001
8 3	9	63435
11 0	12	46652
13 6	15	36583
16 6	18	29369
19 3	21	25078
22 0	24	21478
24 9	27	18681
27 0	30	16443

Pièces de 7 pouces sur 12.

6 0	6	105819
7 0	7	90132
8 0	8	78491
9 0	9	69202
10 0	10	61883
11 0	11	55894
12 0	12	50893
13 0	13	46672
14 0	14	43053
15 0	15	40575
16 0	16	39165
17 0	17	34738
18 0	18	32585
19 0	19	30660
20 0	20	28927
21 0	21	27782
22 0	22	25929
23 0	23	24628
24 0	24	23431
25 0	25	22334
26 0	26	21359
27 0	27	20379
28 0	28	19509
29 0	29	18698
30 0	30	17938

Pièces de 8 pouces sur 8.

4 0	6	80624
6 0	9	52725
8 0	12	38796
10 0	15	30406
12 0	18	24826
14 0	21	20841
16 0	24	17852
18 0	27	15527
20 0	30	13667

Pièces de 8 pouces sur 9.

4 6	6	90702
6 9	9	59316

Pièces de 8 pouces sur 10.

Pi. p.		
9 0	12	43623
11 3	15	34207
13 6	18	27930
15 9	21	23446
18 4	24	20083
21 3	27	17468
23 6	30	15375

Pièces de 8 pouces sur 10.

5 0	6	100780
7 6	9	65907
10 0	12	48470
12 6	15	38008
15 0	18	31033
17 6	21	26651
20 0	24	22315
22 6	27	19409
25 0	30	17078

Pièces de 8 pouces sur 11.

5 6	6	110858
8 3	9	72478
11 0	12	53317
13 9	15	41809
16 6	18	34137
19 3	21	28664
22 0	24	24090
24 9	27	21201
27 6	30	18792

Pièces de 8 pouces sur 12.

6 0	6	120957
7 0	7	103008
8 0	8	89562
9 0	9	79088
10 0	10	70723
11 0	11	63879
12 0	12	58164
13 0	13	57185
14 0	14	49203
15 0	15	45809
16 0	16	44474
17 0	17	39707
18 0	18	37240
19 0	19	35040
20 0	20	33080
21 0	21	31262
22 0	22	29633
23 0	23	28146
24 0	24	26778
25 0	25	25524
26 0	26	24367
27 0	27	23254
28 0	28	23010
29 0	29	21279
30 0	30	20508

Pièces de 8 pouces sur 13.

6 6	6	131015
10 0	8	97025
12 6	10	76617
15 0	12	63011
17 6	14	53311
20 0	16	45951
22 6	18	40399

Pièces de 8 pouces sur 14.

Pi. p.		
7 0	6	141093
10 6	9	92270
14 0	12	67858
17 6	15	55311
21 0	18	43447

Pièces de 8 pouces sur 15.

7 6	6	151171
10 0	8	111952
12 6	10	88404
15 0	12	72705
17 6	14	61504
20 0	16	53092
22 6	18	46550

Pièces de 9 pouces sur 9.

4 6	6	102040
6 0	8	75568
7 6	10	59673
9 0	12	49076
10 6	14	42715
12 0	16	35857
13 6	18	31421
15 0	20	27894
16 6	22	25003
18 0	24	22594
19 6	26	20556
21 0	28	18812
22 6	30	17397

Pièces de 9 pouces sur 10.

5 0	6	113368
7 6	9	74145
10 0	12	54529
12 6	15	42709
15 0	18	34912
17 6	21	29308
20 0	24	26104
22 6	27	21575
25 0	30	19919

Pièces de 9 pouces sur 11.

5 6	6	124716
8 3	9	81560
11 0	12	59982
13 9	15	47035
16 6	18	38404
19 3	21	32258
22 0	24	27615
24 9	27	24018
27 6	30	21141

Pièces de 9 pouces sur 12.

6 0	6	136054
7 0	7	115884
8 0	8	100757
9 0	9	88974
10 0	10	79564
11 0	11	71864

Pièces de 9 pouces sur 13.

Pi. p.		
12 0	12	65435
13 0	13	60006
14 0	14	55354
15 0	15	51311
16 0	16	47783
17 0	17	44670
18 0	18	41895
19 0	19	39420
20 0	20	37192
21 0	21	35169
22 0	22	33337
23 0	23	31230
24 0	24	30125
25 0	25	28715
26 0	26	27413
27 0	27	26202
28 0	28	25083
29 0	29	24061
30 0	30	23063

Pièces de 9 pouces sur 13.

6 6	6	147391
9 9	9	96389
13 0	12	70887
16 3	15	55587
19 6	18	45386

Pièces de 9 pouces sur 14.

7 0	6	158729
10 0	9	103863
14 0	12	76349
17 6	15	59863
21 0	18	48877

Pièces de 9 pouces sur 15.

7 6	6	170067
10 0	8	125947
12 6	10	99455
15 0	12	81793
17 6	14	69192
20 0	16	59729
22 6	18	52369

Pièces de 9 pouces sur 16.

8 0	6	181405
12 0	9	118633
16 0	12	87246
20 0	15	68408
24 0	18	55860

Pièces de 10 pouces sur 10.

5 0	6	125976
7 6	9	82384
10 0	12	60588
12 6	15	47510
15 0	18	38792
17 6	21	32564
20 0	24	27894
22 6	27	24279
25 0	30	21355

colonnes; ce qui est une nouvelle preuve que la solidité a motivé les règles de l'architecture, même celles de décoration.

4° Pour les *bois inclinés*, ils ont plus de force que les bois couchés et moins que les verticaux, et leur force est dans le rapport de leur inclinaison. Nous donnerons, à la fin de cet article, le moyen de la connaître dans les différents cas.

Les trois tables qui suivent, et leur explication, rendront très-facile l'appréciation de la force des bois.

La première, cotée E, indique la force verticale positive des différentes espèces de bois, relativement à la hauteur des parallélipipèdes, etc.

(E) TABLE *de la force verticale des Bois.*

ESPÈCES.	FORCE VERTICALE, PAR LIGNE QUARRÉE DE BASE,				
	des cubes.	des parallélipipèdes dont la hauteur renferme le côté de la surface du bout de la pièce			
		12 fois.	24 fois.	36 fois.	48 fois.
	Livres.	Livres.	Livres.	Livres.	Livres.
Alisier.........	81 1/2	68	40 3/4	27 1/2	13 1/2
Aune...........	43	36	21 1/2	14 1/3	7 1/6
Bouleau........	48	40	24	16	8
Cerisier........	54 1/2	45 1/2	27 1/4	18 1/6	9 1/12
Charme.........	56 1/2	47	28 1/4	18 4/5	9 2/5
Châtaignier.....	55	44	26 1/2	17 2/3	8 2/3
Chêne..........	44	36 2/3	22	14 2/3	7 1/3
Cyprès.........	48	40	24	16	8
Épine blanche...	49 1/2	41 1/4	24 3/4	16 1/2	8 1/4
Érable de Virginie..	47	39	23 1/2	15 2/3	7 2/3
—— jaspé...	47	39	23	15 2/3	7 2/3
—— plane..	46	38 1/3	23	15 1/3	7 1/3
—— sycomore..	54	45	27	18	9
Frêne..........	68	51 1/2	31	20 1/2	10 1/4
Hêtre..........	54	45	27	18	9
If.............	76 1/2	63 1/2	38 1/4	25 1/2	13 3/4
Mahaleb........	68	56 2/3	34	22 2/3	11 1/3
Marronnier d'Inde...	38	31 1/3	19	12 2/3	6 1/3
Mélèze.........	50	41 2/3	25	16 2/3	8 1/3
Mûrier.........	57	47 1/2	28 1/2	19	9 1/2
Noyer..........	42	35	21	14	7
Noisetier.......	59	49	29 1/2	19 2/3	9 2/3
Orme...........	59	49	29	16	9 2/3
Peuplier d'Italie...	32	26 2/3	16	10 2/3	5 1/3
Pin pinier......	39 1/2	32 1/9	19 3/4	13 1/6	6 1/2
—— sylvestre..	45	37 1/2	22 1/2	15	7 1/2
Platane.........	50	41 2/3	25	16 2/3	8 1/3
Poirier sauvage...	50	41 2/3	25	16 2/3	8 1/3
—— franc...	45	37 1/2	22 1/2	15	7 1/2
Pommier........	50	41 2/3	25	16 2/3	8 1/3
Prunier.........	47	39	23 1/2	15 2/3	7 2/3
Sapin...........	47	39	23 1/2	15 2/3	7 2/3
Saule...........	44	36 2/3	22 1/2	15	7 1/2
Sorbier.........	54 1/2	45 1/2	27 1/4	18	9
Sureau..........	44	36 1/2	24 2/3	14 9/5	7 1/3
Thuya..........	41	34	20 1/2	13 2/3	6 2/3
Tilleul..........	40	33 2/3	20	13 1/3	6 2/3
Tremble.........	40	33 1/3	20	13 1/3	6 2/3
Vernis du Japon...	45	37 1/2	22 1/2	15	7 1/2

La seconde, F, présente le plus grand poids que peuvent supporter à leur milieu les différentes pièces de bois de chêne posées horizontalement.

(F). TABLE *indiquant la plus grande force des Bois de chêne posés horizontalement, en raison de leurs dimensions.*

Longueur des pièces.		Rapport de la hauteur à la longueur.	Force en livres.	Longueur des pièces.		Rapport de la hauteur à la longueur.	Force en livres.	Longueur des pièces.		Rapport de la hauteur à la longueur.	Force en livres.
Pi. p.				Pi. p.				Pi. p.			
\multicolumn{4}{l	}{Pièces de 3 pouces sur 3.}	12	0	24	5020	13	6	27	5822
				13	0	26	4560	14	0	28	5574
Pi. p.				14	0	28	4180	14	6	29	5342
1	6	6	11338	15	0	30	3843	15	0	30	5125
2	0	8	8396	\multicolumn{4}{l	}{Pièces de 4 pouces sur 4.}	\multicolumn{4}{l	}{Pièces de 4 pouces sur 7.}
2	6	10	6653								
3	0	12	5453	2	0	6	20156	3	6	6	35275
3	6	14	4612	3	0	9	13181	5	3	9	25067
4	0	16	3982	4	0	12	9694	7	0	12	16964
4	6	18	3491	5	0	15	7761	8	9	15	13302
5	0	20	3099	6	0	18	6205	10	6	18	10861
5	6	22	2778	7	0	21	5210	12	3	21	9118
6	0	24	2807	8	0	24	4465	14	0	24	7810
6	6	26	2284	9	0	27	3881	15	9	27	6795
7	0	28	2090	10	0	30	3413	17	6	30	5979
7	6	30	1922								
\multicolumn{4}{l	}{Pièces de 3 pouces sur 4.}	\multicolumn{4}{l	}{Pièces de 4 pouces sur 5.}	\multicolumn{4}{l	}{Pièces de 4 pouces sur 8.}
2	0	6	15117	2	6	6	25195	4	0	6	40312
3	0	9	9886	3	4	8	18659	6	0	9	26361
4	0	12	7270	4	2	10	14734	8	0	12	19388
5	0	15	5701	5	0	12	12117	10	0	15	15201
6	0	18	4655	5	10	14	10251	12	0	18	12417
7	0	21	3927	6	8	16	8849	14	0	21	10420
8	0	24	3347	7	6	18	7758	16	0	24	8926
9	0	27	2911	8	4	20	5887	18	0	27	7763
10	0	30	2562	9	2	22	6306	20	0	30	6833
				10	0	24	5577				
\multicolumn{4}{l	}{Pièces de 3 pouces sur 5.}	10	10	26	5076	\multicolumn{4}{l	}{Pièces de 5 pouces sur 5.}
2	6	6	18896	11	8	28	4645				
3	4	8	13990	12	6	30	4271	2	6	6	31494
4	2	10	11030	\multicolumn{4}{l	}{Pièces de 4 pouces sur 6.}	3	9	9	20596
5	0	12	9088					5	0	12	15147
5	10	14	7688					6	3	15	11877
6	8	16	6656	3	0	6	30234				
7	6	18	5818	3	6	7	25752	7	6	18	9697
8	4	20	5165	4	0	8	22390	8	9	21	8169
9	2	22	4639	4	6	9	19772	10	0	24	6975
10	0	24	4184	5	0	10	17680	11	3	27	6065
10	10	26	3807	5	6	11	15970	12	6	30	5338
11	8	28	3483	6	0	12	14541				
12	6	30	3205	6	6	13	13334	\multicolumn{4}{l	}{Pièces de 5 pouces sur 6.}
				7	0	14	12300				
\multicolumn{4}{l	}{Pièces de 3 pouces sur 6.}	7	6	15	11402				
				8	0	16	10618	3	0	6	37795
3	0	6	22675	8	6	17	9926	4	0	8	27988
4	0	8	16793	9	0	18	9310	5	0	10	22101
5	0	10	13260	9	6	19	8760	6	0	12	18176
6	0	12	10908	10	0	20	8263	7	0	14	15161
7	0	14	9225	10	6	21	7815	8	0	16	13335
8	0	16	7964	11	0	22	7408	9	0	18	11637
9	0	18	7036	11	6	23	7036	10	0	20	10331
10	0	20	6190	12	0	24	6694	11	0	22	9260
11	0	22	5556	12	6	25	6381	12	0	24	8368
				13	0	26	6092	13	0	26	7614

tième près, les pièces que peut fournir tant en quarré qu'en méplat, tout arbre dont on a pris le pourtour avec le cordeau, d'après l'épaisseur connue tant de l'écorce que de l'aubier.

(D) TABLE *pour le débit des Bois en grume dans les exploitations.*

POURTOUR DES TRONCS sur			PRODUISANT en	
DEMI-POUCE d'écorce.	UN POUCE d'écorce.	UN P. ET DEMI d'écorce.	QUARRÉS.	MÉPLATS.
Pouces.	Pouces.	Pouces.	Pouces.	Pouces.
20	24	28	4	3 .. 5
25	29	32	5	4 .. 6
29	33	36	6	5 .. 7
34	37	41	7	6 .. 8
39	42	44	8	7 .. 9
43	46	49	9	8 .. 10
47	51	54	10	8 .. 12
51	55	58	11	9 .. 13
56	60	63	12	10 .. 14
60	64	67	13	11 .. 15
64	68	72	14	12 .. 16
68	72	75	15	18 .. 17
73	77	80	16	13 .. 19
78	82	85	17	14 .. 20
83	87	89	18	15 .. 21
88	91	93	19	16 .. 22
92	94	98	20	17 .. 23
97	100	102	21	18 .. 24
101	104	107	22	18 .. 26
105	108	111	23	19 .. 27
110	113	115	24	20 .. 28
114	117	119	25	21 .. 29
118	122	124	26	22 .. 30
122	126	129	27	23 .. 31
126	130	133	28	23 .. 33
130	135	138	29	24 .. 34
135	140	143	30	25 .. 35
139	144	148	31	26 .. 36
143	149	152	32	27 .. 37
147	153	157	33	28 .. 38
151	157	162	34	28 .. 40
156	162	168	35	29 .. 41
160	166	172	36	30 .. 42
164	170	176	37	31 .. 43
168	175	181	38	32 .. 44
174	180	185	39	33 .. 45
179	185	190	40	33 .. 47
183	190	195	41	34 .. 48
188	195	200	42	35 .. 49
192	199	205	43	36 .. 50
196	204	210	44	37 .. 51
200	208	214	45	38 .. 52
205	213	219	46	38 .. 54
210	217	223	47	39 .. 55
215	222	228	48	40 .. 56

ARTICLE 5.

De la force des Bois de charpente.

La théorie, en s'aidant et surtout se conformant à un grand nombre d'expériences, est parvenue à déterminer la force des bois de charpente. Ces expériences, faites sur les différentes espèces de bois, prouvent qu'en général leur force est proportionnelle à leur densité et à leur pesanteur.

Les bois peuvent être employés en les tirant par les deux bouts, en les plaçant horizontalement ou verticalement, ou enfin dans une position inclinée.

1° L'expérience a prouvé que le bois de chêne tiré par les deux bouts supporte un poids de 96 liv. par ligne superficielle de sa grosseur : c'est ce qu'on appelle *force absolue*.

2° La *force horizontale* ou des bois couchés est relative à la distance des appuis. La règle générale est de multiplier la surface du bout de la pièce par la demi-force absolue, et de diviser le produit par le nombre de fois que l'épaisseur verticale est contenue dans la distance entre les appuis. Ainsi, supposant une pièce de chêne de 6 pouces en quarré et de 6 pieds de longueur entre les appuis, on aura $36 \times 144 = 5184$ lignes quarrées pour la superficie du bout de la pièce. On multipliera cette surface par la moitié de la force absolue, qui est 96, et on aura $5184 \times 48 = 248832$. Divisant cette somme par 12 (ou 72 pouces divisés par 6), on aura $\frac{248832}{12} = 20736$ liv., poids qu'il est nécessaire pour rompre la pièce de bois précitée.

3° Le bois de chêne refoule sur lui-même quand il est chargé verticalement d'un poids de 44 à 45 liv. par ligne superficielle de sa base : c'est ce qu'on nomme *force verticale*.

Mais cette force verticale change d'après la longueur des pièces ou le rapport de leur largeur à leur longueur; ainsi, si on représente la force verticale d'un cube par 1, celle d'une pièce dont la longueur est de 12 fois la base deviendra $5/6^{me}$,

à 24 fois......... $1/2$,
à 36 fois......... $1/3$,
à 48 fois......... $1/6$,
à 60 fois......... $1/12$,
à 72 fois......... $1/24$

En général, une pièce de bois ne plie que lorsque sa longueur excède de dix fois le côté de sa base; ainsi, on doit donner au plus à un poteau isolé le décuple de sa largeur. On remarquera en passant que ces proportions sont celles adoptées pour les

Quand on veut conserver cette souche, on peut y suppléer en faisant transporter l'arbre, après sa coupe et son écorcement, dans un lieu aéré, et l'y laissant jusqu'à sa dessiccation dans une position perpendiculaire.

Le temps le plus propre à cette exploitation, est depuis le mois d'octobre jusqu'au mois de février inclusivement. Lorsque l'on consent à sacrifier la souche des arbres, il est souvent plus avantageux des les exploiter dans le solstice d'été.

ARTICLE 3.
De la conservation des Bois de charpente.

Cette conservation tient à leur essence, au sol qui les a fait croître, au moment de leur exploitation, aux soins apportés à les préserver de l'humidité, soit en magasin, soit dans leur emploi, soit même pendant leur dessiccation. Mais on a tenté plusieurs procédés chimiques pour aider à ces soins préliminaires. Voici les plus simples et les plus connus.

1° Les abreuver d'une dissolution de trois parties de chaux éteinte à l'air, deux de cendres de bois, une de sable tamisé, formant une pâte avec de l'huile de lin. Elle forme un enduit dont on donne deux couches, et qui résiste à l'influence de l'atmosphère et à l'action du soleil.

2° Une lessive caustique très-concentrée de soude ou de potasse dans une eau appliquée bouillante à l'aide d'un pinceau, suivie, douze heures après, d'une application pareille de dissolution d'oxyde de plomb ou de fer dans de l'acide pyroligneux, détruit les champignons, et préserve le bois de la pourriture sèche.

3° On peut employer l'acide pyroligneux seul sur le bois façonné et bien sec, de manière qu'il pénètre à un pouce de profondeur.

4° Il suffit souvent de l'eau salée ou acidulée avec l'acide sulfurique.

5° Lorsque le bois, le chêne surtout, doit être enfoncé en terre et y être scellé, on carbonise la partie à enterrer. C'est un moyen connu d'en prolonger la durée.

ARTICLE 4.
Du débit des Bois de charpente.

C'est un principe reconnu que les bois méplats, posés sur le côté le plus large ou sur leur hauteur, s'ils ont moins de force que les bois quarrés sur cette même largeur, en ont davantage que les bois quarrés dont les côtés sont moyens proportionnels avec les leurs. Ainsi, du même chêne, on peut tirer une pièce d'un pied en quarré, qui, supposée de 7 pieds de longueur, supportera sur son milieu avant de rompre un poids de 154,512 livres, et une pièce méplate de 10° sur 14°, et de même longueur qui en supportera 176,366. De plus, il y a une véritable économie de force et de matière en faisant des méplats, puisque la pièce quarrée dont nous parlons, offre un cube de 12,096 pouces, et la pièce méplate de 11,760 seulement. Il est donc avantageux, sous tous les rapports, de faire des bois méplats.

Le débit des bois des Pyrénées a été fixé par une ordonnance de la grande maîtrise du Languedoc, du 28 avril 1757, modifiée et amplifiée par celle du 26 octobre 1763 et autres dispositions postérieures. Ces règlements, divisent en plusieurs espèces les bois de charpente, et en ont ainsi réglé le solivage :

1° *Pitrons* de 16° à 24° (43 centimètres à 65) de hauteur, sur 10° à 18° (27 à 49) de largeur ;
2° *Razals* de 13° à 15° (35 à 41) sur 9° à 10° (24 à 27) ;
3° *Bastards* de 11° à 12° (30 à 32) sur 8° à 9° (22 à 24) ;
4° *Puals* de 8° à 10° (22 à 27) sur 7° à 8° (19 à 22) ;
5° *Passe gros* de 7° à 8° sur 6° à 7° (16 à 19) ;
6° *Soliveaux gros* divisés en *files à filades* de 5° à 6 (13 à 16) sur 4° à 6° (11 à 16) ; en *files d'Aure* de 5° sur 6° ; en *files communes* ou *de Barousse* de 4° sur 5° (11 sur 13) ;
7° *Soliveaux de Castel-Léon* de 5° sur 5° (13 sur 13) ;
8° *Passe chevrons* de 5° sur 4° (8 sur 11) de 4° sur 4° (11 sur 11), et de 3° sur 3° (8 sur 8) ;
9° *Chevrons* en grume ou non équarris de 3° à 6° de diamètre ;
10° *Colombelles* ou *corondes* de 4° (11) en quarré.

En général et dans l'usage ordinaire, il suffit d'évaluer le quarré de la pièce de bois au cinquième de la circonférence du tronc pris à cinq pieds de hauteur ; mais la table suivante D peut aider à débiter le bois dans les forêts, en indiquant approximativement et d'un trente-sixième à un quaran-

ordinaire et la plus profitable de l'exploiter), fournit un bois un peu meilleur que le peuplier d'Italie, mais qui participe aux qualités de ce dernier.

VII° L'*aune* ou *verne* ne s'emploie guères en charpente; mais sa propriété de se conserver dans l'eau fait qu'on s'en sert pour remplacer le chêne pour des pilotis et des tuyaux de conduite.

VIII° Le *frêne* est le meilleur bois de ces contrées; il vient à peu près partout, moins bien dans les coteaux exposés au midi ; il est encore plus pesant que le chêne, brûle encore mieux que lui, il est ferme, dur et liant ; on s'en sert en raclerie, en charronnage et en charpente, surtout en menuiserie où il est précieux par sa couleur jaunâtre, ses veines et nuances, sa facilité à recevoir le poli, principalement lorsqu'on le débite en feuilles ses loupes ou têtards.

IX° Le *noyer* est le premier des bois indigènes pour la menuiserie et l'ébénisterie; une fois sec, il ne se tourmente plus.

X° Le *merisier* ou *cerisier* se rapproche du noyer, mais il est moins fin et moins recherché.

XI° Le *hêtre* ou *fau* est un bois commun que la menuiserie emploie pour des ouvrages grossiers.

XII° Le *platane* est un bois blanc, mais qui a aussi quelques veines ; il est extrêmement propre à la menuiserie par son tissu serré et son grain si fin, qu'il est employé de préférence par les sculpteurs en bois.

XIII° L'*érable* est un bois qui prend le poli, et reçoit avec facilité la couleur des bois exotiques.

XIV° L'*orme* est très-employé dans le charronnage, il est assez grossier et avantageusement remplacé par le frêne, quoique plus léger que ce dernier : il est mauvais à brûler, et peut en menuiserie être comparé au hêtre.

XV° Le *tilleul* est un bois de peu de résistance, qui prend mieux les couleurs que les assemblages.

XVI° Le *mûrier* est d'une belle couleur jaune, mais elle se fane et il est grossier.

La table suivante (C) réunit les bois d'œuvre avec leur hauteur moyenne, leur diamètre, leur pesanteur spécifique, leur poids par pied cube et leur retrait.

La pesanteur spécifique, comme on sait, est le poids d'un volume égal pris dans le vide.

Le retrait est le volume perdu dans le dessèchement d'un cube pris dans les deux sens des fibres du bois.

(C) **TABLE des éléments des principaux Bois d'œuvre.**

ESPÈCES.	HAUTEUR MOYENNE		DIAMÈTRE MOYEN des troncs.	PESANTEUR			VOLUME PERDU par le dessèchement.
	des arbres.	des troncs.		spécifique.	D'UN PIED CUBE		
					vert.	sec.	
	Pieds.	Pieds.	Pouces.		Livres.	Livres.	
Abricotier.........	25	12	10	789	55 1/4	49 3/4	1/16 + 1/196
Alisier commun...	72	39	25	879	61 1/2	51 3/4	1/12 + 1/48
Amandier.........	36	21	14	1102		77 1/4	
Aune.............	75	42	28	655	61	31 1/2	1/12
Bouleau...........	81	45	30	702		48 1/8	
Buis cultivé......	27	15	10	919	80 1/2	68 3/.	
Catalpa...........	42	24	16	467		32 1/2	
Cèdre du Liban...	90	48	37	603		29	
Charme...........	54	30	20	760	61 1/3	51 1/2	1/4 + 1/48
Châtaignier.......	72	42	26	685	68 1/2	41 1/8	1/24 + 1/64
Chêne commun...	80	42	30	905	79 2/3	59 1/2	1/16 + 1/192
Chêne vert........	63	36	23	994	81 3/4	69 2/3	1/12
Cormier ou Sorbier domestique.....	50	24	17	911	80 1/3	63 1/2	1/12 + 1/96
Cyprès pyramidal..	72	36	26	655		46	
Érable de Virginie.	72	36	27	629		44	
— plane.....	75	42	28	622		43 1/4	
— sycomore...	60	40	27	645	61	51 1/2	1/12 + 1/32
Frêne.............	60	36	22	787	62 1/2	50 3/4	1/12
Hêtre.............	72	42	26	720	63 1/4	54 1/2	1/4 + 1/128
If................	27	15	10	778	80 1/2	61 1/2	1/48 + 1/128
Mahaleb ou Bois de Sainte-Lucie...	27	15	10	865		62 1/8	
Marronnier d'Inde.	72	42	36	657	60 1/4	35 1/2	1/16 + 1/148
Mélèze............	75	45	33	656		52 1/2	
Merisier ou grand Cerisier sauvage..	72	40	28	741	61 3/4	55	1/16 + 1/64
Noyer.............	54	45	34	680	60 1/4	44	1/24 + 1/96
Orme..............	72	42	30	738	62 3/4	50 3/4	1/10 + 1/64
Peuplier d'Italie...	75	45	30	415	63 1/2	25 1/4	
Pin sylvestre ou du Nord...........	81	45	33	612	74 1/2	38 3/4	1/12
Platane d'Orient...	80	42	36	683		87 2/3	1/6 + 1/24
— d'Occident.	75	39	33	704	74 3/4	51 1/2	
Poirier sauvage...	36	18	14	715	79 1/4	53	1/12
Pommier sauvage..	23	15	12	735		52 3/4	1/12
Prunier sauvage .	27	15	11	702		51 2/3	1/16 + 1/96
Robinier ou faux Acacia.........	60	30	22	698	58 1/2	51 1/2	
Sapin.............	96	54	44	542	48 1/2	32 1/2	
Saule.............	54	27	22	562		27 1/2	
Sorbier...........	36	18	16	742		46	
Tilleul...........	54	30	25	564		48	1/4

ARTICLE 2.

De l'Exploitation des Bois de charpente.

Il est nécessaire que toute pièce de bois, avant d'être employée, soit débarrassée de toute humidité intérieure. Pour y parvenir, la meilleure méthode à employer est celle indiquée par Buffon, et qui consiste à écorcer l'arbre au printemps pour le couper après l'hiver. Cette opération est complète, mais coûteuse, et entraîne la perte de la souche; perte à la vérité illusoire pour les bois résineux, et une partie des bois blancs.

CHAPITRE PREMIER.

DES BOIS DE CHARPENTE ET DE MENUISERIE.

ARTICLE PREMIER.

Des différentes espèces de Bois.

Les essences les plus communément employées en charpente et en menuiserie, dans le Midi de la France, sont le chêne, le châtaignier, le pin, le sapin, les différentes sortes de peupliers, le saule, l'aune; en menuiserie surtout, le frêne, le noyer, le merisier, le hêtre, le platane, l'érable, l'orme, le tilleul, le mûrier. Nous ne parlons ici que des bois indigènes, remettant à la section de la tapisserie de parler des bois exotiques.

I° Le *chêne* est sans contredit le premier des bois d'œuvre; sa force tant verticale qu'horizontale et absolue qui sert d'unité pour évaluer celle des autres bois, sa roideur, sa durée, le font employer ordinairement dans une grande partie de l'Europe septentrionale; mais sa pesanteur, qui exige des murs de plus fort échantillon, et dans les contrées plus méridionales, sa disposition persistante, quels que soient son âge et le temps de son débit, à se voiler, à se fendre et se tourmenter lorsqu'il est exposé à une température trop variable, le font presque toujours exclure dans la France méridionale, l'Italie et la Grèce. On emploie surtout en charpente les chênes noirs, et principalement le *rouvre*. On réserve les chênes *blancs*, plus liants, plus faciles à travailler, pour la menuiserie et le charronnage. On ne peut douter cependant que ces bois, dans nos latitudes, ne soient très-souvent employés avec avantage en charpente et en menuiserie, surtout le chêne *pyramidal* ou chêne-cyprès des Pyrénées; mais malheureusement cette espèce est ici très-rare. Espérons que la beauté de son port et la perpendicularité de son tronc, ses caractères distinctifs, encourageront sa multiplication, et conserveront à nos neveux ce bel héritage.

II° Le *châtaignier* est, après le chêne, le bois le plus important, et, dans les anciennes constructions, on les prend souvent l'un pour l'autre. Il se tourmente beaucoup moins, est plus léger, plus facile à travailler. Ces deux natures de bois se pourrissent assez vite quand on ne les débarrasse pas de leur aubier: aussi faut-il être très-scrupuleux à le leur enlever, et plus que d'autres, il est bon de les écorcer dès leur abattage pour les préserver de l'attaque des vers. Ils sont très-propres à recevoir des assemblages par leur densité et le rapprochement de leurs fibres. Il faut qu'ils soient coupés depuis trois ans avant d'être employés.

III° Le *pin* s'emploie fréquemment en charpente; c'est le plus roide des bois résineux, le moins sujet aux vers et celui qui résiste le mieux aux intempéries de l'air; mais il est cassant et sujet à se tourmenter lorsqu'il a été soumis à l'extraction de sa résine. Il a nombre de variétés.

IV° Le *sapin* est le bois dont on se sert le plus généralement en charpente: il est léger, roide et très-fort; il se tourmente moins que le pin, mais il est plus sujet aux vers, et la vrillette y commet de grands ravages. Sa grande élasticité fait qu'il peut porter horizontalement un poids au moins aussi considérable que le chêne, ce qui fait que la consommation qu'on en fait est immense; mais par suite des défrichements révolutionnaires, la consommation dans les forêts accessibles est peut-être supérieure à la reproduction.

V° Le *peuplier* est aussi d'un grand usage en charpente rurale. Les principales espèces qu'on emploie sont le peuplier commun ou peuplier *noir*, qui, lorsqu'il est pur et non abâtardi, comme il est trop fréquent d'en rencontrer, est élevé, ferme et droit, et surtout le peuplier d'*Italie* ou de Lombardie, le plus fréquemment cultivé à cause de la promptitude de sa croissance, de sa forme pyramidale et élégante, et de son tronc extrêmement droit. Malheureusement sa reproduction, qui n'a lieu que par des boutures qui réussissent admirablement, laisse dégénérer sa qualité. Le peuplier blanc ou *ypréau*, et son congénère le *grisard*, est moins droit généralement, mais, malgré sa croissance rapide dans tous les terrains argileux, son bois est assez serré et est plus propre à la menuiserie, ainsi que celui du peuplier suisse ou de la *Virginie*, et celui de la *Caroline*, bois veinés et qui dans leur port ont une plus belle couronne que le peuplier d'Italie.

VI° Le *saule*, lorsqu'il n'est point étêté (la manière la plus

SECTION SECONDE.

DE LA CHARPENTE.

La *charpente* ou *charpenterie* est, en général, l'art de construire en bois.

La connaissance préalable de cet art, est le *trait*, ou la manière de tracer, soit sur le papier, soit sur le bois, les différentes pièces en plan, profil et élévation, afin d'avoir exactement, de quelque côté qu'on la considère, les dimensions de la charpente projetée.

Des ouvrages savants et très-volumineux ont été produits sur cette matière; mais de même que nous ne nous sommes pas occupés spécialement de la coupe des pierres, que nous ne pensons pas devoir faire partie intégrante d'un cours d'architecture rurale, nous ne parlerons du trait de charpente que pour en indiquer les principes généraux, et en tirer les inductions nécessaires à l'objet de notre travail.

On appelle, en général, *projection* toute figure représentant la totalité ou partie d'une coupe de pierre ou d'un trait quelconque de charpente. Lorsque cette projection est tracée sur le papier et de grandeur réduite, elle porte le nom de *dessin*: quand elle est faite de grandeur naturelle, sur un plan horizontal ou vertical, elle prend le nom d'*épure* pour les pierres, et d'*ételon* ou *étalon* pour les bois.

Les dessins sont en plan, en élévation, et en coupe ou profil.

En *plan*, on considère la charpente comme vue perpendiculairement sur tous ses points. De là vient que lorsqu'une charpente est horizontale, comme un plancher, le plan donne exactement la longueur et la largeur de toutes les pièces de bois qui la composent; et quand c'est une surface inclinée, il ne donne ces dimensions qu'en *raccourci*.

L'*élévation* est la figure de la charpente montée, vue sur une de ses faces, ce qui donne la hauteur des pièces horizontales et la longueur des pièces verticales.

Dans la *coupe* ou *profil* on considère la charpente comme coupée verticalement; ce qui donne dans les planchers la hauteur des poutres et des solives, l'épaisseur des planches, etc., et dans un comble, la longueur des pièces inclinées, et l'épaisseur de toutes les autres, selon le sens du profil.

Il est évident qu'avec ces trois sortes de dessins pris dans les diverses positions que les circonstances peuvent exiger, on parviendra à avoir la dimension de toutes les pièces d'une charpente.

Mais comme un profil ou une élévation ne donnent que les premières pièces qui cachent toutes les autres, et par conséquent masque les pièces biaises et celles qui sont raccourcies dans les pentes triangulaires, on a imaginé de supposer que la face inclinée tourne sur une de ses extrémités comme sur un pivot, pour se placer dans une position horizontale; ce que l'on appelle projection de *développement*. On en fait usage dans les combles compliqués à pans ou circulaires.

De là résulte:

1° Qu'il ne peut y avoir qu'un plan du même objet, à moins d'avoir celui de sa surface inférieure qui s'appelle *renversé* ou *vu par-dessous*;

2° Qu'il peut y avoir autant d'élévations que cet objet a de faces;

3° Qu'enfin il peut y avoir autant de coupes du même objet qu'il y a de points sur lesquels le plan secteur peut passer, et dirigé dans tous les sens qu'on voudra lui donner.

Une fois un dessin bien pensé et bien exécuté, il ne peut y avoir de difficulté pour en tracer l'ételon, puisque ce n'est autre chose que de restituer à l'objet en mesures réelles les proportions qu'il a déjà en mesures réduites.

Les applications que nous ferons successivement de ces principes, rendront encore plus sensible ce que nous venons de dire sur ce point.

Nous allons parler séparément, 1° des bois de charpente; 2° des principaux assemblages; 3° des principaux ouvrages de charpente.

ordinaire, le plus économique et le plus solide est de les *rustiquer* avec du mortier de chaux un peu clair qu'on projette sur le mur avec un balai. Il est essentiel de couvrir les murs de pisé pendant leur construction, afin d'éviter les dégradations que les pluies leur feraient éprouver.

ARTICLE 2.

Des Parois, de la Bauge et des Murs de clôture.

I° Il est malheureux que, malgré des demandes réitérées, on n'ait pas fait venir à Toulouse, et dans la région sud-ouest de la France, en Languedoc, en Guienne et en Gascogne, de bons ouvriers piseurs ; car les ouvrages de ce genre que l'on y construit, appelés *parois*, sont défectueux. Cela provient de plusieurs causes. On néglige de construire en maçonnerie à bain de chaux les fondations et le soubassement ; les moules dans lesquels on foule la paroi n'ont ni la résistance ni la bonne exécution des banches du pisé ; ce qui exige nécessairement une surépaisseur considérable ; la terre n'est frappée qu'à la batte, sans employer le pisoir ; aussi, ce genre de construction est-il dédaigné. Cependant, même dans ces mauvaises conditions, lorsque ces murs sont à de bonnes expositions, ils durent longtemps, et on en voit des exemples.

II° La *bauge* ou *paillebard*, est une construction du même genre, mais encore plus rustique ; c'est un mélange de terre argileuse avec de la balle de blé ou de la paille hachée, que l'on place tout frais avec une houe, une pioche ou un trident, en l'affermissant, en en régularisant ses parements, et dont les premières couches sont appuyées dans une rigole qui lui sert de fondation. Cette bauge sert principalement de clôture, et elle ne doit sa durée qu'au chaperon qui la recouvre.

III° Ce chaperon est la partie la plus essentielle des murs de clôture, quel que soit le mode de leur construction. On fait ces murs de clôture en pierre, en brique, en moellons bruts, en pisé, parois et bauge. Dans les premiers, maçonnés avec du mortier franc, on se passe quelquefois de chaperon ; on recouvre le mur d'une dernière assise de briques entières d'un fort échantillon, et on recouvre leur liaison avec un second rang de briques qui n'occupent pas toute la largeur du mur. Mais il est plus ordinaire et beaucoup mieux que le chaperon, soit à *dos de bahut*, c'est-à-dire, en plan incliné. Si le mur tient immédiatement à l'héritage voisin, comme on ne peut y jeter les eaux, ce chaperon n'aura qu'un versant du côté de l'intérieur : si le mur tient à une route ou chemin public, ce qui est plus ordinaire, la hauteur du chaperon, fixée à la moitié de la largeur du mur, sera triangulaire ou inclinée des deux côtés. Dans les murs en pierre de taille, on voit des chaperons formés par un revêtement arrondi ; mais, communément, dans les murs en brique, ils se font en riblons, et, sur chaque pente, on scelle un revêtement en brique, dont les bords, haut et bas, sont taillés en biseau. Sur le point supérieur de jonction, on scelle des éclats de bouteille ou du verre cassé pour préserver des escalades, ou on recouvre cette jonction avec des tuiles à canal posées à plat et scellées en mortier. On se sert souvent de chaperons semblables pour les murs en pisé ou en paroi. Quant aux murs de bauge, on place sur la dernière assise un rang de poignées ou *manettes* de bruyères, brucs, joncs, broussailles ou sarments qui dépassent les parements de cinq à six pouces (0,15), et qui sont retenus par un chaperon triangulaire fait de la même manière que le mur lui-même ; on place sur l'arête quelques petites plantes charnues qui consolident l'appareil.

au reste du moule avec un ou deux sergents de menuisier Q, M, *fig*. 3. L'autre extrémité du moule est ouverte, et la terre y prend une inclinaison de 60 degrés indiquée par les lignes *s*. Cette coupe en glacis sert ensuite à relier la banchée avec celle qui suit.

Le moule étant monté et ajusté comme on voit *fig*. 3, on commence par faire le long des banches, par en bas, des solins en mortier pour empêcher la terre de couler hors du moule : on couvre ensuite le dessus des lançonniers avec de petites planches qui forment les boulins *a*, et le long desquelles on met aussi de pareils solins.

On place ensuite autant de maçons piseurs qu'il y a de cases dans l'encaissement; ici, trois, par exemple. On nettoie et on arrose légèrement le fond; les manœuvres portent la terre préparée dans des corbeilles, et la vident dans les cases. Les maçons piseurs l'étalent avec les pieds, de manière à n'en mettre qu'une couche uniforme de trois à quatre pouces (0,08 à 0,10). Prenant ensuite le *pisoir* G, ils massivent cette terre en la réduisant à moitié de son épaisseur. Après que cette couche est comprimée, les manœuvres portent de quoi en faire une seconde, et ainsi de suite jusqu'à ce que l'encaissement soit rempli.

On passe ensuite à la seconde banchée, qui s'appuie sur le dernier lançonnier de la précédente. A mesure qu'on bat la terre de la première case, à moitié remplie par le talus laissé à la première banchée, on racle ce talus pour en enlever toute la terre non adhérente, et on fait aussi un solin en mortier aux joints montants de ce talus. On procède de même à toutes les banchées; et quand une assise de banchées est finie, on en élève une autre avec les mêmes soins, en observant, quand on est à une certaine élévation, de soutenir par des étais tout l'équipage du moule, afin d'assurer la vie des ouvriers.

Le *pisoir* ou *pilon* G, dont nous avons parlé, est composé d'une masse de bois dur et liant, ordinairement en racine de noyer, d'orme ou de frêne, d'environ dix pouces (0,27) de haut. Par le haut, cette masse est circulaire, et porte à son centre un trou pour recevoir le manche de l'instrument; elle a quatorze pouces (0,37) de diamètre. Elle va en s'arrondissant jusques à quatre pouces plus bas, où elle est quarrée, et a six pouces (0,16). De là, elle va en diminuant jusqu'en bas, en formant une courbe allongée qui réduit les dimensions inférieures à un pouce (0,027).

Le pisoir est le principal instrument de l'art de piser; il doit avoir, tout emmanché, environ 4^p 2° (1,35) de hauteur. La grosseur du manche est dans le haut de quinze lignes (0,033), et d'un pouce (0,027) par le bas où il s'enfonce dans la masse aussi d'un pouce. On fait usage du pisoir en le tournant à chaque coup, qui tombe d'un pied (0,32) de haut, de manière à croiser les traces qu'il imprime sur la couche de terre, et à la massiver également dans toute son étendue.

Quand on construit une maison en pisé, les banchées, placées les unes sur les autres, se relient comme on le voit dans la *fig*. 3. On place les moules comme ils sont indiqués *fig*. 4 pour faire les angles, et *fig*. 5 pour réunir un mur de refend à un mur de face. Les baies des portes et croisées se construisent en pierre, en brique ou moellons, ou en cadres de charpente. Le linteau est ordinairement formé d'un sommier de bois, quelquefois d'une dalle de pierre, et on le pose en construisant le mur.

On ne doit commencer les constructions en pisé que sur un bon fondement en maçonnerie, élevé même à un ou deux pieds (0,32 ou 0,65) au-dessus du sol, dans lequel on laisse les trous ou boulins pour y placer les premiers lançonniers. Dans les murs de clôture, on couronne le pisé d'une ou deux assises de maçonnerie qui en supportent le chaperon.

Il faut que les murs de pisé soient bien secs avant de les crépir : comme les boulins concourent à cette dessiccation, on les laissera ouverts jusques à cette époque. Le mieux est d'attendre le printemps après leur construction, qui doit se faire depuis mai jusques en octobre. On voit d'ailleurs beaucoup de maisons en pisé qui durent depuis très-longtemps sans avoir jamais été crépies. Au lieu d'un crépi

ARTICLE PREMIER.
Du Pisé.

Le *pisé* ou *pisay* est une construction qui n'emploie pour matériaux que la terre battue. On en fait un grand usage à Lyon, dans la Bresse et le Dauphiné. Il serait à désirer qu'elle fût plus connue; elle permettrait aux propriétaires de multiplier à peu de frais leurs bâtiments ruraux dans les lieux où la pierre est rare et la brique hors de prix.

Ce genre de construction, dont les anciens nous ont laissé nombre de restes, ne doit, il est vrai, sa solidité qu'à sa manipulation; mais aussi quand cette manipulation est bonne, le pisé est une bâtisse très-solide. M. Rondelet rapporte que, chargé, en 1754, de restaurer en Bresse un château bâti en pisé depuis 150 ans, il fut obligé d'employer le pic et le marteau taillant pour faire les nouveaux percements. Ce fait, et l'expérience constante et générale de ces localités, donne une idée de la fermeté de ces murs quand ils ont été bien faits.

Toute terre, hors l'argileuse et la sablonneuse pures, sont propres à piser. Les meilleures sont les terres fortes et franches, fussent-elles un peu graveleuses. On aura soin, dans ce dernier cas, de passer la terre à la claie, pour en extraire toutes les pierres excédant la grosseur d'une noix. Il faut qu'elle soit absolument exempte de racines et de fumier. Si elle est trop sèche, on l'arrose légèrement d'eau pure, et quelquefois de lait de chaux; je dis légèrement, car il suffit qu'elle soit humectée de manière qu'en la rejetant sur le tas elle conserve la forme qu'on lui a donnée avec la main.

On fait le pisé dans des *moules*. Ces moules sont composés de deux tables A (*planche* XXXVII, *fig.* 1), appelées *banches*, de neuf à dix pieds (3,00) de long sur deux pieds neuf pouces (0,90) de hauteur, faites en planches de sapin assemblées à rainures et languettes, et fortifiées par d'autres planches ou *parefeuilles* B posées en travers. Ces planches doivent avoir douze à quinze lignes (0,030) d'épaisseur. Les *banches* se placent sur des traverses D, *fig.* 2, appelées *lançonniers*, *lassoniers* ou *clefs*, de trois pieds six pouces (1,00) de long, sur quatre pouces (0,11) de gros, placées dans des boulins *a*, *fig.* 3, ou entailles pratiquées dans les parties du mur déjà construites. On arrête les banches sur les lançonniers par des aiguilles E ou petits poteaux de quatre pieds six pouces (1,45) de hauteur (y compris six pouces (0,16) de tenon, quinze pouces (0,40) pour le reliage d'en haut), et de deux à trois pouces (0,075) d'équarrissage. Ces aiguilles se fixent sur les lançonniers au moyen du tenon qu'elles portent à leur extrémité inférieure, et qui entre dans des mortaises pratiquées aux deux extrémités des lançonniers. Ces mortaises seront assez longues pour pouvoir changer l'épaisseur des murs, qui, fixée par les bas ordinairement à vingt pouces (0,54), éprouve une diminution d'un 144me de la hauteur, ce qui donne un fruit d'une ligne par pied. Ces aiguilles, arrêtées par des *coins* F de vingt pouces de longueur, quinze lignes d'épaisseur, neuf pouces (0,22) de largeur supérieure et dix-huit lignes (0,04) de largeur inférieure, fixent la largeur du mur, c'est-à-dire, la distance des banches entre elles. Pour régler cette épaisseur par le haut, on se sert de bâtons qu'on appelle *gros de murs*, qui se placent entre les banches, ou de petits *étrésillonnets* 1 qui produisent le même effet. On place un gros de mur ou un étrésillonnet au droit de chaque paire d'aiguilles, et ces aiguilles elles-mêmes sont arrêtées ensemble au-dessus du moule par une corde qu'on serre au moyen d'un tourniquet H, *fig.* 4.

Chaque banche portera deux *manettes* ou poignées R qui servent à les mouvoir. Chacune reposera sur quatre lançonniers, ce qui suppose ces derniers éloignés d'environ trois pieds (1,00). Les boulins qui les reçoivent seront assez profonds pour que ces lançonniers soient un pouce et demi (0,04) plus bas que le dessus du mur, afin que le moule puisse embrasser, dans sa partie inférieure, une partie de l'assise du mur déjà construite.

Quand on commence un mur, ou quand un des côtés du moule doit être perpendiculaire, on le ferme avec un *closoir* ou *trapon* C, qui est une planche formée comme les banches, qu'on assujettit

et de poudre grossière de marbre bien dressé à l'épervier ; 3° quelquefois d'un troisième enduit très-mince, formant la quatrième couche, composé de lait de chaux assez épais et de poudre très-fine de marbre blanc. C'est avec ce dernier, épaissi autant qu'il sera convenable, qu'on poussera des moulures comme avec le plâtre, en observant que les calibres soient revêtus en fer afin de procurer une coupe franche et bien pure.

Si l'on veut passer une couleur sur ce stuc, il sera nécessaire de la mettre avant que la couche ait séché, ce qui est très-prompt. On aura un enduit d'une grande solidité, et dont on augmente le brillant par une projection d'eau de savon.

III° *Des enduits hydrauliques.* J'appelle enduits hydrauliques ceux dont la propriété est de durcir dans l'eau et de contenir les liquides.

Pline et Vitruve nous ont laissé, dans les recettes qu'ils nous ont données des ciments hydrauliques et de la *maltha* des anciens Romains, tous les documents nécessaires pour y réussir comme eux. Les modernes ont nombre de compositions pour cet effet, dont nous avons rapporté quelques-unes en traitant des ciments, parce qu'en effet la plupart sont plutôt des ciments que des enduits.

Cependant M. de la Fage, dont nous avons déjà donné la manière de fabriquer le béton, a employé, dans la construction de ses cuves en maçonnerie, un enduit éminemment hydraulique, et dont voici la recette, tirée du mémoire déjà cité.

Cet enduit se plaça en deux couches : la première, composée de deux parties de pouzzolane, une de sable de rivière passé et lavé, et d'une partie et demie de chaux vieille éteinte, fut soigneusement étendue et dressée à l'épervier, et on eut soin toute la journée de l'humecter pour lui procurer une dessiccation lente. Le lendemain, on l'humecta de nouveau, et on étendit sur-le-champ la seconde couche, composée de quatre parties de pouzzolane tamisée, deux de sable fin lavé, trois de chaux, et une d'autre poudre de pouzzolane pétrie séparément avec de l'huile d'olive. On étendit cette dernière couche avec le plus grand soin, et toute la journée on l'humecta et on la polit tour à tour. Lorsque l'enduit parut assez ferme, on passa une première et générale couche d'huile ; on repolit encore après l'absorption de cette huile, et on termina en y passant une seconde couche d'huile de la même manière.

Il est difficile en effet de faire mieux en ce genre ; mais cette perfection était nécessaire pour remplir le but de M. de la Fage. Dans les constructions hydrauliques ordinaires, on se contentera des mortiers de ciment dont nous avons parlé plus haut.

En traitant des devis estimatifs, nous donnerons des détails sur la composition des différents crépis, enduits, stucs, mortiers et mastics.

CHAPITRE VIII.

DES MOYENS DE REMPLACER LA MAÇONNERIE.

Il est des localités où les matériaux sont si chers, que les propriétaires sont obligés d'avoir recours à des moyens moins coûteux pour construire les édifices ruraux. Quand la France était couverte de forêts, la charpente offrait pour cela de grandes ressources ; mais le prix progressif et devenu excessif du bois rend cette construction plus chère encore que la maçonnerie. Alors on a cherché d'autres moyens ; et indépendamment des briques crues, dont nous avons parlé, l'industrie humaine est parvenue, avec de la terre comprimée, à jeter en moule des murs entiers en pisé, dont les pierres factices de M. Cointereaux, dont nous avons parlé, page 46, sont une déduction. Ce professeur d'architecture rurale a aussi perfectionné le *pisé* ou construction en terre, et nous dirons un mot des autres moyens de suppléer la maçonnerie.

sur la seconde couche, un lait de chaux bien purifié, broyé avec du blanc d'Espagne, auquel on joint de la colle et de l'alun pour le fixer, et même, si l'on veut, un peu d'ocre jaune ou de noir pour lui donner une couleur de pierre jaune ou grise. A mesure que l'on passe cette couche, on la dresse bien à l'épervier. Quand cette opération est faite avec soin, la surface a presque le poli et le brillant du stuc.

On appelle *badigeon* cette couleur dont on couvre l'enduit. Quand on a des écailles de pierre, on les pulvérise, on les tamise, et elles sont bien préférables aux couleurs qui ne font que les remplacer, et cet enduit épais n'a besoin ni de colle ni d'alun.

Des mastics comme celui de *Dihl* et de *Beunat* qui peuvent remplacer le plomb et les dalles s'emploient sur les joints des pierres ; ils se placent sur les murs salpêtrés, et pour réparer les écornures des corniches, de la sculpture, des marches et des saillies. On emploie rarement le badigeon sur les murs en pierre ; mais lorsque ceux-ci noircissent, on les répare avec un enduit composé par toise quarrée d'un litre de lait écrémé, de trois gros de sel, d'une livre de chaux et une livre de blanc d'Espagne ou d'ocre. Le serum de sang mêlé à la chaux forme aussi le badigeon de *Carbonnell* qui tient fortement, mais pour lequel il faut avoir soin que le serum soit frais, car il se putréfie dans les vingt-quatre heures.

Au reste, il est à désirer que la chaux employée pour les enduits soit éteinte par la méthode de M. de Lafaye et très-lentement, afin que l'hydrate de chaux soit saturé, il est vrai, mais ne soit point noyé et trop affaibli. Après que la chaux a été éteinte et passée, elle est meilleure lorsqu'elle est gardée pendant cinq à six mois. Il est aussi à désirer que le second enduit qui recouvre le crépi soit à peu près sec quand on y passe le badigeon. Nous parlons aussi de ce dernier en parlant des blancs de peinture.

II° Les enduits intérieurs se font en plâtre, en blanc en bourre et en stuc. Nous renvoyons à parler des premiers en traitant de la plâtrerie.

1° *Du blanc en bourre.* Dans les pays où il ne se trouve point de plâtre, on fait les plafonds et les enduits intérieurs avec ce qu'on nomme du blanc en bourre. C'est un composé de terre grasse, de chaux et de bourre ; on pose ces enduits en deux couches, soit sur les murs, soit sur les lattis. La première couche, à laquelle on donne deux ou trois lignes (0,056) d'épaisseur, se compose de terre grasse broyée avec de la bourre de tanneur, et de la chaux vieille éteinte et bien dissoute. La seconde se fait de chaux purifiée, de terre blanche et de bourre de tondeur de draps. Quand on veut de plus bel ouvrage, on emploie la craie, et mieux le blanc d'Espagne, dont d'ailleurs on donne une troisième couche, mêlé avec du lait de chaux bien pur, comme nous l'avons dit. Quand ces enduits sont bien faits, ils sont très-solides et presqu'aussi beaux que ceux de plâtre. On y traîne des moulures au calibre, comme dans les derniers. On ne pense pas avec cela qu'ils leur soient préférables, car rien ne peut remplacer la force attractive et la prise subite du plâtre.

Quelques ouvriers font des enduits avec une première couche de terre grasse et de balle de blé, une seconde de terre grasse et de bourre de tanneur, enfin, un simple lait de chaux par-dessus. Le tout n'est pas à beaucoup près aussi solide que le blanc en bourre, et a un air grossier qui ne le rend propre que pour des écuries et autres constructions accessoires, et de moindre importance que les bâtiments d'habitation.

2° *Du stuc.* Nous ne nous occupons ici ni des stucs en plâtre et chaux, ni de ceux dits *scagliola*, employés pour faire des moulures et ornements imitant le marbre ; mais du stuc des Romains que nous pouvons bien facilement substituer au plâtre dans les rez-de-chaussée un peu humides, où le plâtre ne tarde pas à tomber, et où les lambris et les tentures se gâtent.

Ce stuc sera composé, 1° d'un crépi et d'un premier enduit comme pour les enduits extérieurs, mais seulement plus soignés, s'il est possible ; 2° d'un second enduit composé de chaux vieille éteinte

fine : on enleva ensuite avec un balai celle qui se trouva superflue et que le goudron n'avait pu happer.

Cette première couche de goudron fut passée à la fin d'août, c'est-à-dire, environ quinze jours après la pose du ciment. Il en fit passer une seconde au commencement d'octobre, dans laquelle il mêla du brun rouge pour donner la couleur à la terrasse.

Telle est la méthode de M. de Puymaurin, aussi simple que solide tant en théorie qu'en pratique. Lorsque nous parlerons des aires, nous aurons occasion d'indiquer de nouveaux procédés pour arriver à un résultat à peu près semblable.

CHAPITRE VII.

DES RAVALEMENTS, DES CRÉPIS, DES ENDUITS ET DES STUCS.

On appelle en général *ravalement* tout ragréage ou raccordage fait extérieurement aux murs ; ainsi les crépis et enduits y sont compris : néanmoins on borne ordinairement la signification de ce mot, soit aux réparements que l'on fait aux murs neufs, pour enlever le mortier surabondant ou fermer les trous des échafauds, soit aux renformis sur les vieux murs, pour nettoyer, enlever et remplacer les parties détériorées ; enfin, mettre les uns et les autres en état de recevoir les crépis dont on veut les recouvrir. Cette opération est de la plus grande simplicité, et ne demande que de l'attention. On fera bien de ne faire fermer que légèrement les boulins (appelés par les ouvriers *trous barriers*), afin de pouvoir les rouvrir facilement quand cela sera nécessaire.

On donne le nom de *gobetage* ou de *crépi* à un enduit plus épais, plus gras, plus substantiel, qui sert de base aux autres, ou qui s'emploie même seul.

Il y a des enduits extérieurs et intérieurs.

1° Les *enduits extérieurs* sont faits pour empêcher la pluie de s'introduire dans les joints des pierres, moellons et briques, même de les dégrader et d'y engendrer de menus herbages ou de la mousse, qui défigurent les murs et finissent même par leur nuire.

Les Romains, dont Vitruve (liv. VII, ch. 3) nous a transmis les procédés, sont encore nos guides dans cette partie de l'art de bâtir. Nous allons donner la méthode maintenant la plus usitée et la meilleure pour faire de bons enduits extérieurs ; elle est basée sur celle des Romains.

Après avoir ravalé le mur que l'on veut enduire et en avoir arrosé la superficie, on y étend un gobetis ou couche de bon mortier de chaux vieille éteinte, bien broyé et plus gras que celui employé pour bâtir. Cette première couche se jette sur le mur avec la truelle ; on ôte à mesure le superflu avec le tranchant, et on le rejette où il en manque.

Ce crépi offre une surface extrêmement rude, et c'est ordinairement le seul enduit que l'on passe sur les bâtiments d'exploitation.

Quand on veut le rendre plus beau et plus solide, on le recouvre d'un second enduit plus maigre que le précédent, c'est-à-dire, où il entre plus de sable, qu'on unit le plus que l'on peut en le serrant et l'étendant avec le dos de la truelle. Pour effacer les aspérités que cet instrument laisse toujours après lui, un second ouvrier passe immédiatement sur l'enduit un instrument appelé *épervier*, qui n'est autre chose qu'une plaque de bois dur, d'environ 6° (0,16) en quarré, dressée d'un côté, et portant de l'autre un petit tasseau cloué qui sert à la tenir. Cet ouvrier s'en sert d'une main, et de l'autre tient un pinceau pour humecter le mur à mesure qu'il frotte. Enfin, quand ce second enduit est presque sec, on le blanchit avec du lait de chaux vive, qui s'incorpore avec lui et ne tombe jamais.

Au lieu de lait de chaux pur, ceux qui veulent encore un plus bel enduit, étendent au pinceau,

CHAPITRE VI.

DES TERRASSES.

Les bâtiments terminés en terrasse ont toujours été regardés comme un des grands agréments des pays chauds; mais la trop grande variation du climat en a constamment privé les contrées septentrionales. La France, même méridionale, ne pouvait en construire qu'à grands frais, en dalles de pierre ou de plomb, reposant sur de très-fortes voûtes, et sujettes à un entretien coûteux; ce qui nécessairement en bornait l'usage aux édifices somptueux, et les excluait des maisons de campagne, auxquelles cependant elles conviennent si bien.

On avait bien pressenti que les ciments hydrauliques pourraient être employés à la construction des terrasses; mais on avait à surmonter les inconvénients du retrait qu'éprouvent les ciments tamisés, et les dommages causés à ces enduits par la gelée.

Feu M. de Puymaurin, membre de la Chambre des députés, de la Société d'Agriculture et de l'Académie des sciences de Toulouse, résolut enfin victorieusement le problème, et ajouta ce nouveau service à ceux qu'il avait déjà rendus aux sciences et aux arts.

Il construisit en 1798, dans sa maison à Toulouse, et sur de vieux planchers, deux terrasses de quatre-vingt-dix pieds (29^{m}23) de longueur sur neuf (2,92) de large, qui se sont conservées en bon état, malgré plusieurs hivers assez rigoureux et les étés brûlants du Languedoc. Il est même à remarquer que la consistance en est telle, qu'on a pu, sans étais, enlever du plancher qui les supporte, des pièces de bois pourries pour en substituer d'autres, sans le moindre inconvénient.

Ce procédé est de cette simplicité qui garantit en général la bonté des innovations en tout genre. Il consiste à placer sur le plancher un premier carrelage à mortier de terre, surmonté d'un second à mortier de chaux, l'un et l'autre en briques ou carreaux bien cuits, point taillés et même piqués au marteau. Sur ce second carrelage, auquel on donne la pente nécessaire pour l'écoulement des eaux, on étend une couche de béton ordinaire, dont les recoupes ne soient pas plus grosses que des pois ou des grains de blé. Le ciment ordinaire, bien pilé mais non tamisé, lui a suffi pour la composition de ce béton. La couche qu'il a étendue sur sa terrasse a de deux pouces et demi à trois pouces (0,067 à 0,081) d'épaisseur. On l'étend avec la truelle, en le ramenant et le hachant tour à tour avec le tranchant, et en le comprimant avec le plat. On opère par bandes de deux pieds (0,65) de largeur, ayant soin préalablement d'humecter le carrelage d'un lait de chaux vive, et on a le plus grand soin de bien réunir les bandes pour empêcher tout retrait. Sept à huit heures après, le ciment ayant bien pris, on le polit et on le comprime avec des cailloux plats; opération très-essentielle et fortement recommandée par l'auteur. Il prescrit en outre de faire cet enduit pendant les grandes chaleurs de juillet, afin que la terrasse puisse être parfaitement sèche avant les pluies de l'automne.

Jusques ici cette construction, quoique très-bien entendue, n'offre rien de nouveau, mais aussi n'est point inattaquable par les gelées.

Pour arriver à ce but important, M. de Puymaurin imagina d'adapter un corps gras qui pût, en agrégeant encore plus fortement les parties du ciment et en fermant tous ses pores, prévenir les effets destructeurs du froid et du chaud.

Il choisit le goudron liquide dont on se sert pour les vaisseaux. Il le fit bouillir et étendre sur le ciment avec des torchons au bout de longs bâtons. Pour éviter les inconvénients de la qualité poisseuse de cette matière pendant les grandes chaleurs, il fit projeter sur ce goudron encore chaud de la chaux éteinte à l'air et réduite en poudre

à cet usage (car notre dessein n'est pas de parler de ces combles en pierre dont on a souvent couronné des édifices considérables, et qui ne sont en aucune manière du ressort de l'architecture rurale).

Nous ne trouvons, dans les différents plans de combles en maçonnerie que nous avons sous les yeux, que deux qui nous paraissent susceptibles d'être employés en architecture rurale; l'un est le comble en briques du palais Bourbon, amélioré par M. Rondelet; l'autre, le comble en brique et fer de M. Menjot-d'Elbène. Nous allons en parler séparément.

§ 1. *Comble en briques.*

Le comble en brique plate de M. Rondelet (*pl.* XXXVI, *fig.* 7), consiste en une voûte en tiers-point ou ogive qui en forme la pente, et dont les rampants vers les murs sont rachetés, quand il est nécessaire, au lieu de coyaux, par un massif de maçonnerie de remplissage maçonné à mortier, aussi-bien que les tuiles dont on recouvre la voûte, de la même manière que dans le comble briqueté de M. d'Espie. Les eaux sont reçues dans un chéneau en ciment pratiqué dans la corniche de l'entablement.

Dans nos provinces méridionales, on n'a pas besoin d'employer un aussi grand rayon, et le comble peut devenir tel qu'on le voit *fig.* 8.

Pour consolider ces combles, il ne peut être que très-utile de placer sous le carrelage des galetas, des tirants en fer, arrêtés par des ancres dans les murs de face, pour s'opposer à leur poussée, et indiqués dans la figure. De cette manière, on doit espérer une grande durée de ces combles, qui ont l'avantage de ne pas obstruer les galetas, dans lesquels on pourrait même pratiquer des logements au moyen de lucarnes convenablement disposées. Ils sont aussi infiniment plus légers que celui du comte d'Espie. Ils pourraient être d'une grande utilité pour couvrir des églises, dont ils formeraient en même temps la voûte, ou auxquelles on pourrait adapter une seconde voûte qui contribuerait à consolider le comble; cette disposition, que les figures représentent, en rapprocherait encore la forme de celle des combles du palais Bourbon.

§ 2. *Comble en briques et fer.*

Ce comble a été imaginé par M. Menjot-d'Elbène, ancien président du canton de Mamers, et membre de la Société des arts du Mans. Ce modeste et savant agronome s'est appliqué avec succès à l'amélioration de diverses parties de l'architecture rurale, comme nous aurons l'occasion d'en parler dans la suite.

Son comble est composé d'arcs en ogive en briques de champ, à dix pieds de distance l'un de l'autre. A ces arcs sont scellés des lattis en fer d'un pouce (0,03) de large sur deux lignes (0,005) d'épaisseur, sur lesquels il place à l'ordinaire ses tuiles à crochet.

Cette belle et simple disposition, peut-être moins agréable que la précédente, offre beaucoup moins de poids, mais est sujette au même inconvénient, qui est de présenter une poussée quelconque sur le faîte du bâtiment; poussée d'autant plus forte, que le centre de gravité des murs est plus éloigné. Cependant l'expérience de plus de dix ans les a approuvés, et dans nos cantons, où les combles sont moins élevés, cet inconvénient est encore moindre. Les arcs de M. Menjot ont de plus un grand avantage, qui est d'être maçonnés à mortier.

Les constructeurs pourront, suivant les circonstances, choisir entre ces deux méthodes; mais s'ils préfèrent la dernière, nous leur conseillons de n'employer que de la brique violette, qui, n'ayant que cinq pouces (0,14) de largeur sur quinze (0,40) de longueur, ne leur offrira guère plus de coupe que les voûtes plates, et diminuera d'autant et la dépense et la poussée des arcs.

On emploie maintenant le fer dans plusieurs constructions où il n'était autrefois qu'un accessoire; on en fait qui sont toutes en fer. Dans la section de la serrurerie nous parlerons du comble de M. Eudel.

de ces petits murs d'éperon proposés. Il nous semble que ce moyen serait propre à bander bien uniformément les voûtes, et laisserait la liberté d'alléger les reins autant qu'on le croirait nécessaire ou praticable.

Les voûtes en impériale se construiront aussi sur un cintre complet et solide. La tranchée, pour l'encastrement des deux premiers cours de briques, sera tracée dans le pourtour de la chambre. L'ouvrier s'y prendra comme dans la voûte en berceau, et observera de ne commencer un second rang de briques que le premier ne soit entièrement achevé dans tout le pourtour du cintre. Quand le cintre sera entièrement couvert, on taillera une brique pour servir de clef, et remplir exactement le vide laissé au milieu par la jonction incomplète des quatre côtés de la voûte. Cette clef sera posée en plâtre, comme le reste, mais seulement un ou deux jours après.

Aussitôt qu'une voûte sera décintrée, on l'enduira de plâtre, en observant de garnir entièrement les vides inférieurs qui pourraient se rencontrer aux naissances, avec des recoupes ou riblons maçonnés en plâtre. On terminera en adoucissant, autant que possible, les quatre angles de l'impériale, ou les rencontres des berceaux avec les murs de pignon, et en formant une corniche et une gorge au niveau des naissances pour effacer tout jarret.

Quand il se trouvera des lunettes à établir dans une voûte, soit au droit des embrasures des portes et croisées, soit dans toute autre situation, on placera, sur le cintre général le cintre particulier de ces lunettes, et on procédera comme à l'ordinaire.

A la rencontre des tuyaux passants des cheminées, on établira une forte équerre en fer plat, qui prendra la forme de la saillie des tuyaux, et qui s'accrochera aux murs avec des pattes coudées. Les constructeurs du Roussillon n'en usent même point.

Avec ces précautions, les voûtes plates sont d'une très-grande solidité. Quelques personnes cependant les fortifient encore par des tirants en fer plat, placés au-dessus de l'extrados et au-dessous du carrelage supérieur, et scellés aux murs. Ces tirants sont transversaux pour les voûtes en berceau, et diagonaux ou croisés pour les impériales. Quand ces dernières ont une grande portée, on peut soulager les deux tirants par deux autres, croisés aussi, et tombant au milieu de chaque côté. Dans les voûtes en berceau, les tirants transversaux seront placés de 6 à 9 pieds de distance.

On peut en quelque sorte assimiler aux planchers de maçonnerie ceux dans lesquels les solives sont assez rapprochées pour recevoir, de milieu à milieu, au lieu de planches, des briques maçonnées en plâtre. Nous parlerons de ces planchers dans la section suivante.

M. le comte d'Espie termina sa (*) maison, dont tous les planchers étaient en voûtes plates, par ce qu'il appelle un comble briqueté. Il le composa de cloisons doubles en briques de champ, maçonnées à plâtre, placées à un pied de distance, de manière qu'elles se recouvraient l'une et l'autre par une brique à plat, posée en travers sur le vide qu'elles formaient. Ces cloisons avaient une coupe qui formait la pente du comble, et laissaient au milieu d'elles un corridor de cinq pieds de large dans la longueur du bâtiment, et immédiatement sous le faîte, afin de pouvoir communiquer dans le comble en cas de nécessité. Ce corridor était voûté de la même manière que le reste de la maison, et le tout était recouvert en tuiles creuses maçonnées en mortier.

Le poids énorme de ce comble, qui ne peut être évalué à moins de 110 liv. (55 k.) par pied quarré de la voûte qui le supporte, et par conséquent à 500 liv. par pied quarré de la portion de la même voûte, dans les parties sur lesquelles il repose directement, est la plus grande preuve que l'on puisse donner de la force de cette même voûte ; mais cette pesanteur, ainsi que la perte totale des galetas, doivent bannir ce comble de l'architecture rurale. Aussi ne l'avons-nous décrit que pour donner une idée de la force des voûtes plates en impériale, quand elles sont bien exécutées.

ARTICLE 2.

Des Combles en maçonnerie.

Il est souvent nécessaire et toujours utile de pouvoir remplacer le bois dans la construction des combles. Les voûtes plates ont encore été employées

---

(*) Le grand hôtel d'Aussargues, appartenant à la famille de St.-Félix, et aujourd'hui hôtel Mac-Carthy.

que les premières; mais leur exécution est moins facile et plus dispendieuse, à cause de la forme de leur cintre. Il paraît que c'est le comte d'Espie qui a, sinon inventé, du moins perfectionné les impériales : on lui doit encore le premier travail sur cet objet ; et si les voûtes en ce genre, qu'il fit construire à l'Ecole militaire, réussirent mal, nous pensons qu'il n'en faut accuser que l'action infiniment plus forte du plâtre de Paris, que cet auteur ne connaissait pas, ou à laquelle il ne fit pas assez d'attention.

Les constructeurs de ce genre de voûtes ont singulièrement varié dans la hauteur qu'ils donnent à leurs cintres. La différence va en général du sixième au quatorzième du diamètre : il paraît qu'on devrait éviter de porter le surbaissement au delà du huitième ou au plus du neuvième. Plusieurs de celles en berceau ont été construites avec des cintres mobiles d'environ trois pieds de largeur, que l'on faisait glisser sur des sablières posées le long des naissances, et même dans la largeur de la pièce si le diamètre était trop grand. L'embarras que donne ce mouvement de cintres, le temps perdu par cette opération, enfin, et surtout, le tassement inégal qui s'opère toujours de cette manière, fait désirer que, comme il est d'usage à Lyon, on construise ces voûtes sur des cintres complets et solides, et qu'on les y laisse reposer une quinzaine de jours après leur construction, en ne les laissant à elles-mêmes qu'après le remplissage des reins, ou leur bandage par les petits contre-forts.

Il y a même des ouvriers qui, s'en rapportant à la prise subite et à la force du plâtre, construisent les voûtes en berceau sans cintre, et en suivant un simple cordeau. Malgré la promptitude de cette méthode, il sera bon, si les murs sont neufs, de les laisser reposer un an pour qu'ils fassent tout leur tassement. On aura eu soin, dans leur construction, de laisser dans les murs pieds-droits une tranchée d'environ trois ou quatre pouces (0,19) de profondeur sur quatre et demi (0,22) de hauteur, pour recevoir la naissance de la voûte. On fera cette tranchée à l'outil, si on travaille sur de vieux murs. Après avoir établi le cintre selon l'art, et tracé avec la hachette une petite tranchée selon la courbure du cintre dans les murs de pignon, pour favoriser le happement du plâtre, les ouvriers s'y prendront comme pour la construction d'une cloison. Ils mouilleront la première brique, l'enduiront de plâtre dans son pourtour, et la placeront dans la tranchée et dans l'angle d'un des murs pignons, en la posant sur son plat. Ils l'affermiront d'un ou de deux coups de marteau, et dès qu'elle aura fait prise, la quitteront pour en prendre une seconde qu'ils traiteront de même en l'accotant à la première, et ainsi des autres. On aura la précaution, pour charger également le cintre, d'avoir deux ouvriers qui opèrent à la fois des deux côtés. A leur rencontre à la clef, ils tailleront, s'il est nécessaire, une brique pour fermer la voûte.

Ce premier rang fait, ou même à mesure que le premier rang se construit, ils procéderont au doubli, qu'ils exécuteront de même, en garnissant de plâtre à proportion le dessus du premier rang de briques, et en posant ces dernières en bonne liaison avec les autres dans tous les sens. Ce doubli exécuté, ils construiront une autre bande de voûte, et ainsi jusques à l'autre mur de pignon, par où ils la termineront.

On garnira ensuite les reins de la voûte soit en moellons ou *riblons* à bain de plâtre ou de mortier, soit en y pratiquant, entre le mur et l'extrados, de petits contre-forts en briques de champ doubles ou même en briques à plat de cinq pouces (0,13) d'épaisseur, et distants l'un de l'autre de trois pieds en trois pieds, et l'espace entre ces contre-forts rempli de recoupes et pierrailles ; ou enfin, par un troisième moyen que nous croyons qu'on pourrait employer, consistant à bander la voûte de pied en pied par de petits murs de deux briques de champ adossées maçonnées en plâtre. On remplirait de gravois ou riblons les espaces vides restés entre ces petits murs ; le tout serait élevé jusques au niveau de l'extrados de la clef. Dès lors on poserait le carrelage à plâtre sur cette aire, avec d'autant plus de facilité, que chaque brique de ce carrelage serait supportée par deux

peuvent arriver au faîte et être à marche tournante ou même à noyau. Les marches doivent être encastrées de 18 lignes (0,04) dans les limons. Si l'escalier est sans limon, et que les marches soient profilées et apparentes, il faut leur donner une forte queue, et même les joindre entre elles et les marches palières par des goujons à boulons masqués. Nous avouons que ces escaliers, plus élégants, plus dégagés, où il entre moins de matières, nous paraissent peu convenables en architecture rurale; car, quelle que soit la perfection de l'appareil et leur solidité réelle, ils n'en donnent pas le sentiment, à moins que ces marches ne reposent sur des arcs ou des murs d'échiffre qui ne peuvent guère convenir que dans les extérieurs. Nous renvoyons le lecteur à l'article des escaliers de charpente où nous entrerons dans de plus grands détails.

CHAPITRE V.

DES CONSTRUCTIONS DE MAÇONNERIE DESTINÉES A REMPLACER LA CHARPENTE.

Il est des cas où il est très-utile, pour ne pas dire absolument indispensable, de pouvoir supprimer la charpente dans les bâtiments, et la remplacer par des constructions de maçonnerie. On y parvient par des planchers et des combles incombustibles.

ARTICLE PREMIER.

Des Planchers de maçonnerie ou Voûtes en brique plate.

Les planchers en maçonnerie, dits *voûtes plates*, se font avec des briques posées à plat et maçonnées en plâtre. C'est du Roussillon, de Lyon et de Toulouse que les premiers modèles en furent envoyés à Paris, où on en a exécuté plusieurs, soit au bureau de la guerre, soit à celui des affaires étrangères, soit enfin au palais Bourbon, où tout un des nouveaux bâtiments a pour planchers des voûtes de ce genre, surmontées d'un comble briqueté. Nous allons, en combinant ces diverses constructions, faire en sorte de déterminer la manière la plus convenable d'exécuter ces voûtes.

Leur grand avantage est de substituer au bois une matière plus durable et à l'abri des incendies, de ne pas exiger des murs de plus forte épaisseur que ceux qui portent planchers, enfin, de pouvoir jouer les plafonds par le grand surbaissement dont elles sont susceptibles. En vain plusieurs constructeurs ont-ils cherché à les déprécier, par la raison qu'étant exécutées en plâtre, elles ne pouvaient être d'une longue durée; l'expérience prouve qu'elles sont au moins aussi solides qu'un plancher, et l'on sait d'ailleurs que quand le plâtre est à l'abri de l'humidité, il se conserve très-longtemps. D'un autre côté, il paraît que celui des provinces méridionales est infiniment moins sujet à bouffer, et que par conséquent ses premiers effets sont bien moins dangereux que ceux du plâtre de Paris. On aura seulement le soin, dans les cantons où on en a de plusieurs qualités, de choisir celle qui offre le plus de force et de ténacité, comme, à Toulouse, celui de Saint-Paulet et de Castelnaudary. On peut même pour cet ouvrage remplacer le plâtre par l'un des ciments indiqués dans la page 51, inattaquable par l'humidité, et dont la prise est presque aussi rapide que celle du plâtre.

Deux formes principales s'emploient pour les voûtes plates; celle en berceau, et celle en arc de cloître ou *impériale*. Dans la première, les voûtes n'agissent (si effectivement ces voûtes ont une poussée quelconque) que contre les deux murs de longueur qui reçoivent leur retombée; elles sont propres pour des églises, des granges, des écuries, etc. Dans la seconde, elles agissent à la fois contre les quatre murs de la chambre; elles sont plus propres à jouer les plafonds, et par cette raison, méritent une préférence exclusive pour les appartements. L'expérience prouve qu'elles sont encore plus fortes dans les voûtes en berceau; pour les voûtes d'arête ou en arc de cloître, parallèles à l'axe des parties de voûtes en berceau qui les composent; et pour les voûtes sphériques, par rangs ou couronnes concentriques perpendiculaires à l'axe. Les moellons seront toujours posés d'équerre à la surface du cintre, bien assujettis avec le marteau et maçonnés à bain de mortier. Quelques constructeurs enduisent le cintre d'une couche de mortier, sur laquelle ils placent leurs moellons ou briques; les autres les placent à sec. Il faut avoir soin de placer les moellons en bonne liaison; et comme les joints d'en haut supportent le plus grand effort, on les garnit d'éclats de pierre ou de brique.

Les briques se placent de champ, en largeur ou en longueur, suivant l'épaisseur que doit avoir la voûte; on a soin de maçonner le premier rang à moitié avec des demi-briques, pour se procurer une liaison continue pendant toute la construction. On a soin, comme aux moellons, de garnir, mais sans les serrer, les joints supérieurs avec des tuileaux ou débris de briques, ou *riblons*, et mieux, on amaigrit les faces inférieures des briques, de manière en quelque sorte de les façonner en claveaux. On suit du reste la méthode que nous venons d'indiquer pour les moellons, et on observe aussi de laisser ces voûtes faire en partie leur prise avant d'en ôter les cintres. Il faut avoir soin de faire entrer la clef de ces voûtes, ou le rang de briques qui en tient lieu, juste à la vérité et bien baigné de mortier, mais sans les enfoncer à force, comme le font parfois de misérables manœuvres, qui, par cette inepte opération, compromettent et détruisent souvent la solidité des ouvrages d'ailleurs les mieux construits.

CHAPITRE IV.

DES ESCALIERS.

Un escalier est une construction au moyen de laquelle on monte sans peine et même avec agrément du rez-de-chaussée aux étages supérieurs. Dans les bâtiments d'importance on les fait en pierre, mais plus ordinairement en bois à la campagne; aussi est-ce principalement dans la section de la charpente que nous nous en occuperons; et comme leur coupe est la même, cet article est nécessairement le complément et le développement de celui-ci. L'emplacement de l'escalier est de la plus grande importance; comme c'est au vrai la pièce la plus fréquentée de la maison, une pièce publique, si l'on peut ainsi s'exprimer, elle doit être facile à trouver par un nouveau venu. On la place ou au centre du bâtiment, et alors on fait préférablement l'escalier à deux rampes; ou attenant immédiatement le vestibule à droite ou à gauche. Il faut que l'escalier ait beaucoup de jour. Les marches des grands escaliers doivent avoir depuis cinq jusques à huit pieds de longueur ou d'*emmarchement;* la *hauteur* de ces marches et leur largeur ou *giron* doivent être proportionnées entre elles pour que la montée soit douce; on fait quelquefois des escaliers à marches rampantes qui ont très-peu de hauteur avec un giron très-large, et qui au lieu d'être de niveau, ont une pente plus ou moins forte : on en voit qui peuvent être montés à cheval.

Lorsque, ce qui n'est pas ordinaire, on fait à la campagne l'escalier en pierre, les coupes et les assemblages sont faits dans le genre de ceux qu'on emploie pour les escaliers en charpente. La pierre doit être choisie dure sans être cassante, car lors du mouvement qui suit toujours l'achèvement et la pose de la pierre assemblée, il y a des frottements irréguliers produisant de petites fractures et de légers éclats qui exigent des ragréements difficiles et chers. Aussi en beaucoup de lieux, au lieu d'employer le mortier ou le ciment pour garnir les joints des coupes, on se sert de lames minces de plomb. L'escalier principal ou escalier d'honneur se fait à paliers quarrés, et on ne le fait arriver qu'au grand ou premier étage; les escaliers du second ordre

parce que ces matériaux n'ayant point, comme la pierre de taille, de stabilité par eux-mêmes, et le mortier qui les lie faisant toute leur force, il est bon d'augmenter les surfaces pour accroître son adhésion. Mais au delà de ce terme, les épaisseurs indiquées sont plus que suffisantes, puisqu'elles sont calculées pour la pierre, qui a une poussée bien plus grande.

ARTICLE 2.

De la Construction des Voûtes.

Les voûtes en pierre de taille étant d'une exécution difficile et dispendieuse, ne sont guère admises en construction rurale, à l'exception des cintres et plates-bandes des ouvertures qu'on veut construire de cette manière.

En général, les claveaux ou voussoirs d'une voûte doivent être taillés en coin, et dans une direction inclinée aux pieds-droits. Les plates-bandes sont les plus difficiles à exécuter solidement. La manière la plus avantageuse est de donner à l'extrados de la plate-bande une forme triangulaire. Les joints doivent partir d'un centre commun, qui est pris dans ce cas du milieu du seuil de la baie. On sent que l'angle formé par l'extrados de la plate-bande ne peut qu'en consolider extrêmement l'adhésion.

Pour une ouverture cintrée, on fait partir les joints des voussoirs du centre de la courbe du cintre.

Lorsqu'on met les claveaux ou voussoirs en place, on les pose sur le cintre d'après leur taille, et on répare, quand on ne peut s'en dispenser, avec des cales, les défauts qui s'y trouvent. On abreuve ensuite avec du lait de chaux très-clair tous les joints. Puis, après avoir filassé la partie inférieure des mêmes joints, on les remplit d'abord avec du mortier clair que l'on épaissit à proportion qu'ils s'emplissent, et l'on finit par du mortier épais qui absorbe en partie l'eau surabondante du remplissage inférieur.

On voit que ce qu'il y a de plus important est la taille des pierres, qui cependant, dans les ouvrages dont nous parlons, n'a rien de bien difficile, et qui ne soit en général assez bien exécuté par les tailleurs de pierre de chaque canton, pour peu qu'ils soient exercés et surtout attentifs.

Les voûtes de construction moyenne en briques ou moellons, maçonnées en mortier (et souvent en plâtre à Paris), sont les seuls en usage en architecture rurale, et en général dans les cantons où la pierre n'est pas commune. On exécute de cette manière des ouvrages de grande dimension, avec toute la solidité désirable.

Le mortier, au bout d'un certain temps, ne formant qu'un même corps de toute la construction, procure à ces voûtes, surtout celles en brique, une stabilité telle qu'elle supprime en très-grande partie la poussée. Mais tout le temps qu'il travaille, elles éprouvent un tassement encore plus grand que la pierre, et on doit conséquemment laisser les cintres plus longtemps. Cependant, il ne faut jamais attendre que les mortiers soient entièrement secs, parce qu'il est à désirer qu'ils puissent se prêter sans éclat au mouvement que le décintrement communique toujours aux voussoirs. On pourrait décintrer bien plutôt si on employait du plâtre au lieu de mortier; mais on doit avoir compris, au silence que nous avons toujours gardé sur cette manière de construire, que nous ne croyons pas qu'elle doive jamais être adoptée. Elle n'est bonne que pour les voûtes plates, dont il sera question au chapitre V.

Pour construire les voûtes, tant en moellons qu'en brique, on fait un cintre de charpente du galbe de la voûte, avec des planches de bois léger posées de champ : ces cintres, espacés de deux en deux ou de trois en trois pieds, reposent sur des sablières scellées dans les murs, et soutenues, tant au droit des naissances que vers le milieu, par des poteaux perpendiculaires. Sur les cintres on cloue des planches ou voliges jointives, qui forment comme le moule de la voûte.

On construit ensuite la voûte sur cet échafaudage, en trempant dans l'eau les moellons et les briques avant de les employer. Les uns et les autres seront placés par rangs parallèles aux murs de pignon

sera une perpendiculaire qui indiquera la nouvelle épaisseur à donner à ces pieds-droits.

On observera que s'il se trouve, soit dans ces murs, soit dans les murs de pignon, des ouvertures, on fera la somme de leur largeur, on la doublera, et on l'ajoutera à la longueur R T.

Quand la voûte est surmontée d'un étage de bâtiment avec comble, on peut diminuer d'un quart ses pieds-droits, à cause de la plus grande stabilité qu'ils acquièrent; on les diminuera du tiers s'il y a deux étages.

Les voûtes plates ou en plate-bande ne peuvent guère, comme nous l'avons dit, être employées en architecture rurale que pour les baies des portes et croisées. Dès lors on n'aurait pas besoin de s'occuper de la force que doivent avoir leurs pieds-droits. Cependant, comme il peut se trouver des cas où cette connaissance soit utile, nous allons l'indiquer approximativement, la théorie des voûtes étant encore incomplète sur ce point.

1° Quand la voûte est supportée par deux murs parallèles, ces murs doivent avoir en épaisseur un cinquième de la largeur totale.

2° Quand la voûte renferme un espace quarré, un septième.

3° Quand elle renferme un espace circulaire, un huitième du diamètre total.

4° Quand elle est entièrement supportée par quatre piliers, ceux-ci doivent avoir un quart de la largeur totale.

Les voûtes en arc de cloître n'ont besoin que des deux tiers de l'épaisseur des pieds-droits des voûtes en berceau, et les voûtes sphériques, la moitié.

Comme l'exécution mécanique des murs n'est jamais aussi parfaite que la théorie les suppose, et qu'ici le plus vaut mieux que le moins, il sera sage d'ajouter un huitième aux épaisseurs de pieds-droits données par la méthode géométrique. Comme la méthode analytique de M. Rondelet, d'après laquelle la table suivante a été calculée, donne aussi des résultats un peu plus faibles même que sa méthode géométrique, nous les avons enflés d'un sixième; ce qui permettra de s'y tenir avec sécurité.

(B) *Table des différentes Epaisseurs qu'il faut donner aux Voûtes en berceau en plein-cintre, et à leurs pieds-droits, en raison de la manière dont elles sont extradossées.*

Diamètre en pieds.	VOUTES EXTRADOSSÉES						
	de niveau.		moitié de niveau et moitié d'égale épaisseur.		moitié de niveau et moitié d'inégale épaisseur.	
	ÉPAISSEUR		ÉPAISSEUR		ÉPAISSEUR	
	à la clef.	des pieds-droits.	à la clef.	des pieds-droits.	au milieu des reins.	à la clef.	des pieds-droits.
	P. p. lig.	P. p. lig.	P. p. lig.	P. p. lig.	P. p. lig.	P. p. lig.	P. p. lig.
3	0 0 9	0 3 10	0 1 0	0 4 8	0 1 6	0 0 9	0 4 7
4	0 1 0	0 5 2	0 1 4	0 6 4	0 1 10	0 1 0	0 6 0
5	0 1 3	0 6 5	0 1 8	0 7 9	0 2 2	0 1 3	0 7 3
6	0 1 6	0 7 8	0 2 0	0 9 4	0 2 6	0 1 6	0 8 8
9	0 2 3	0 11 6	0 3 0	1 2 0	0 3 6	0 2 3	1 0 9
12	0 3 0	1 3 3	0 4 0	1 6 8	0 4 6	0 3 0	1 4 10
15	0 3 9	1 7 0	0 5 0	1 11 4	0 5 7	0 3 9	1 9 0
18	0 4 6	1 10 10	0 6 0	2 4 0	0 6 9	0 4 6	2 1 2
21	0 5 3	2 3 0	0 7 0	2 8 8	0 8 0	0 5 3	2 5 4
24	0 6 0	2 6 6	0 8 0	3 1 4	0 9 0	0 6 0	2 9 6
27	0 6 9	2 10 7	0 9 0	3 6 0	0 10 1	0 6 9	3 1 10
30	0 7 6	3 2 2	0 10 0	3 10 8	0 11 3	0 7 6	3 6 0
33	0 8 3	3 6 0	0 11 0	4 3 4	1 0 4	0 8 3	3 10 2
36	0 9 0	3 9 9	1 0 0	4 8 0	1 1 6	0 9 0	4 2 4
39	0 9 9	4 1 8	1 1 0	5 0 8	1 2 7	0 9 9	4 6 5
42	0 10 6	4 5 6	1 2 0	5 5 4	1 3 9	0 10 6	4 10 10
45	0 11 3	4 9 3	1 3 0	5 10 0	1 4 10	0 11 3	5 3 0
48	1 0 0	5 1 1	1 4 0	6 2 8	1 6 0	1 0 0	5 7 2
50	1 0 9	5 3 8	1 4 8	6 5 6	1 6 9	1 0 6	5 10 0

On pourra remarquer que dans cette table et la théorie qui la précède, nous avons constamment fait abstraction de l'élévation des pieds droits; et dans le fait ces proportions suffisent toutes les fois que ces pieds-droits ne surpassent pas en hauteur le double du diamètre de la voûte.

Quoique les hypothèses et les calculs de ces tables soient incontestables, et fondés tant sur la nature même que sur les lois les plus positives de la résistance et de la gravitation des corps, nous pensons qu'il est prudent, quand on construit des voûtes en briques ou moellons, de ne pas leur donner moins de 4 à 5 pouces (0,13) d'épaisseur à la clef, et moins de 10 pouces (0,27) à leurs pieds-droits,

Bélidor a aussi donné la sienne, et celle-ci, fondée sur la saine géométrie, est véritablement régulière et satisfaisante, mais encore trop forte, parce que cet illustre auteur s'est exagéré l'hypothèse sur laquelle il a basé le calcul analytique de ses tables. Enfin, M. Rondelet s'est d'abord fixé par l'expérience la plus minutieuse sur la résistance des pieds-droits; et, par une appréciation combinée de la poussée et du poids de la voûte, de la hauteur et de la force des pieds-droits, est parvenu à trouver une formule analytique qui suit avec beaucoup de précision les effets de l'expérience, et une méthode géométrique qui peut la remplacer. La table qui se trouve à la fin de cet article est calculée d'après sa formule, et nous allons donner sa méthode géométrique pour les cas que la table n'aurait pas prévus.

Soit la voûte quelconque A C (*pl.* XXXVI, *fig.* 4), on tracera la circonférence moyenne T K G; on élèvera des points T et G, deux perpendiculaires qui se rencontreront au point F, et de ce point F au centre O de la voûte, on tirera la sécante F O. Par le point K, où cette sécante coupe la circonférence moyenne, on mènera l'horizontale I K L, et on élèvera du point B (point de contact du cintre avec l'aplomb intérieur du pied-droit), une verticale qui rencontre au point i l'horizontale I K L. On portera i K de K en m, et la partie m L restante de B en h. On prendra ensuite le double de l'épaisseur de la voûte de B en n, on divisera en deux la ligne $h n$, et du milieu d, comme centre, on décrira une demi-circonférence de cercle, dont le rayon $d e$ ou B F sera l'épaisseur cherchée du pied-droit.

Cette opération peut s'appliquer à toutes sortes de voûtes en cintre, circulaires ou elliptiques, exhaussées ou surhaussées, qui sont extradossées d'égale épaisseur; mais, comme nous avons vu (principe IV) que les voûtes dont l'épaisseur va en diminuant de la naissance à la clef ont moins de poussée, les pieds-droits dans ce cas peuvent être moins forts. Pour trouver leur épaisseur, après avoir disposé la figure comme dans l'exemple précédent, mais en opérant sur la circonférence intérieure au lieu de la moyenne, on tracera l'extrados comme nous avons dit; on portera I K (*pl.* XXXVI, *fig.* 5) de K en m, et m L de B en h; le double de l'épaisseur CG de B en n, et sur $n h$, comme diamètre, on décrira une demi-circonférence dont le rayon $d e$, porté sur l'horizontale O B prolongée, déterminera l'épaisseur E B du pied droit.

Nous avons dit aussi (principe V) que les voûtes extradossées de niveau avaient moins de poussée. Pour trouver l'épaisseur de leurs pieds-droits (*pl.* XXXVI, *fig.* 6), après avoir élevé les deux perpendiculaires B F (du point de contact de la naissance de la voûte avec la face intérieure du pied-droit), et C F (de l'extrémité supérieure de la clef), et tiré la sécante F O et l'horizontale I L, on prendra I K, qu'on portera en K m, et le reste m L en B h. On portera en B n le double de l'épaisseur de la clef, et sur $n h$, comme diamètre, on tracera une demi-circonférence dont le rayon $d e$ ou A B est l'épaisseur cherchée.

Lorsque les pieds-droits d'une voûte sont prolongés en massive construction jusques à l'endroit où l'aplomb de leur face intérieure rencontre celui de l'extrados de la voûte, ou quand les reins sont maçonnés jusqu'au cinquième, les pieds-droits peuvent être diminués d'un dixième. Ce remplissage des reins est indiqué, dans la *fig.* 5, par les lignes E B $c h$.

Nous avons dit (principe VI), que quand une voûte en berceau est soutenue par des murs parallèles, et se profile sur des murs de pignon, la résistance de ses pieds-droits augmente, et permet par conséquent de diminuer leur épaisseur. Voici comme on doit s'y prendre pour trouver cette diminution.

Après avoir déterminé l'épaisseur des pieds-droits d'après les méthodes précédentes, on prolongera (*fig.* 5) la ligne de niveau du sol, et on y portera de R en T la longueur des murs de pignon qui, par leur résistance, augmente la force des pieds-droits. On tirera ensuite de ce point T au point B, naissance de la voûte, la ligne T B, qu'on prolongera indéfiniment. On portera sur cette ligne de B en f la largeur $d e$ trouvée précédemment pour l'épaisseur des pieds-droits, et du point f on abais-

naissance jusqu'à la clef, ont moins de poussée que celles extradossées (*) d'égale épaisseur.

V.

Les voûtes en plein-cintre et surbaissées, extradossées en ligne droite de niveau, et dont par conséquent les reins sont entièrement remplis, ont moins de poussée que de toute autre manière.

VI.

Lorsqu'une voûte en berceau est terminée à ses deux extrémités par des murs de pignon, sur lesquels elle se profile, cette disposition procure à la voûte un surcroît de stabilité qui permet de diminuer l'épaisseur des pieds-droits.

VII.

On ne peut donner d'épaisseur à une voûte extradossée d'égale épaisseur, pour qu'elle se soutienne, moins de la 50me partie du rayon.

VIII.

Quand les pieds-droits d'une voûte n'ont pas assez de force pour la contenir, elle s'ouvre en dessous vers la clef, et en dessus vers le milieu des reins ; d'où il suit qu'en cramponnant en ces différents sens les voussoirs ou claveaux d'une voûte en pierre de taille, on parviendrait à maîtriser sa poussée.

IX.

La surface de l'aire inférieure ou du sol recouvert par la voûte étant connue, celle de l'intrados du cintre de la voûte qui recouvre cette aire sera trouvée, seulement il est vrai approximativement, mais d'une manière suffisante pour la pratique, en y ajoutant dans les voûtes à plein-cintre les quatre septièmes pour les voûtes en berceau, les doublant pour les voûtes en arc de cloître, ajoutant trois septièmes pour les voûtes d'arête, et y joignant encore le développement des arrêts d'après la projection qu'on aura choisie. Si les voûtes sont surbaissées au tiers, on n'ajoutera aux voûtes en berceau que le septième, à celles en arc de cloître que les cinq septièmes, à celles d'arête un septième ; plus le développement des arêtes. Pour les voûtes sphériques, sphéroïdes ou en cul de four, on multipliera la surface de l'aire par la hauteur du cintre.

Le développement de quelques-uns de ces principes complétera ce qu'il est nécessaire de connaître sur la théorie des voûtes.

Nous avons dit (principe IV), qu'il fallait donner aux voûtes, pour leur procurer la stabilité requise, une épaisseur suffisante, et qu'il était utile que cette épaisseur diminuât de la naissance de la voûte à la clef. Nous donnerons, dans la table qui termine cet article, les épaisseurs à donner à la clef ; reste à déterminer celle à donner aux naissances, et par suite, la forme d'extrados que doit avoir la voûte. Pour cela, après avoir tracé (*planche* XXXVI, *fig.* 3), la figure géométrique du cintre de la voûte, on fixera la hauteur ou épaisseur à donner à la clef. Le cintre de la courbe d'extrados sera déterminé au-dessus de celui de l'intrados, et d'un sixième du rayon primitif. Ainsi, ayant fixé en AC le diamètre intérieur de la voûte, et en BD l'épaisseur du milieu de la clef, on prendra le sixième du rayon, ou de la distance du centre O à la surface inférieure B de la clef, et on la portera sur le prolongement du rayon BO. De ce nouveau point G comme centre, et de sa distance à la surface supérieure de la clef comme rayon, on tracera un arc de cercle qui se réunira aux prolongements des pieds-droits : cet arc de cercle EDF sera la forme d'extrados de la voûte.

On voit que cette méthode suffit pour les voûtes en plein-cintre, elliptiques, surhaussées et surbaissées, qui sont les seules dont il soit question ici. Elle peut servir également pour les voûtes en ogive, en faisant une double opération, une pour chaque côté de la voûte.

La partie la plus essentielle de la théorie des voûtes est la fixation de la juste épaisseur des pieds-droits. Pendant longtemps, cet objet a été livré au tâtonnement et à la routine, et ce n'est que depuis peu que la théorie l'a éclairé. Mais, il faut l'avouer, chaque auteur a eu son système ; ce qui a fait donner aux mêmes pieds-droits des épaisseurs bien différentes. Le P. Déran a donné une règle qui, n'étant fondée sur aucun principe, et n'ayant égard ni à l'épaisseur de la voûte ni à la forme de son extrados, prescrivait en général des épaisseurs de pieds-droits ridiculement fortes, et dans quelques cas cependant trop faibles. La méthode de M. Gauthier, qui a prétendu corriger le P. Déran, est encore plus vicieuse et plus irrégulière. Le savant

---

(*) On appelle *extrados* d'une voûte la forme supérieure et convexe qu'elle présente ; ainsi une voûte extradossée de niveau est celle qui est arrasée au-dessus, et dont par conséquent les *reins*, ou la distance de l'extrados à la prolongation des pieds-droits, sont entièrement pleins. L'*intrados*, au contraire, est la surface intérieure et concave qu'elle présente en dessous.

ARTICLE PREMIER.

De la Théorie des Voûtes.

On distingue en général deux sortes de voûtes, celles terminées par une surface horizontale, appelées *voûtes plates* ou en *plate-bande*, et celles terminées par une surface courbe, ou *voûtes* en *cintre*.

1° Les voûtes en plate-bande ne servent guère que dans l'exécution des colonnades et des portiques, et pour les baies des portes et croisées.

2° Les voûtes en cintre étaient originairement des arcades formées exclusivement par une demi-circonférence de cercle : les anciens n'en connaissaient pas d'autres. Les modernes ont appelé celles-ci *plein-cintre*, et en ont construit de nouvelles sur des courbes s'éloignant plus ou moins du plein-cintre. Ils les ont appelées *voûtes ovales* ou en *anse de panier*. Lorsque ces voûtes présentent une courbure plus élevée que le plein-cintre, ils les nomment *voûtes surhaussées*, et *voûtes surbaissées* quand elle l'est moins.

Les voûtes surhaussées sont, la *parabolique* et l'*hyperbolique*, dont les deux courbes, appelées parabole et hyperbole, sont les générateurs ; la voûte *gothique* ou *ogive*, formée par la rencontre de deux arcs de cercle du même rayon mais de centres différents ; enfin, la *chaînette*, dont la courbure est indiquée par l'effet renversé d'une chaînette en fer et à maillons égaux fixée par ses deux bouts à un plan vertical, ou aux deux murs pieds-droits de la voûte.

Les *voûtes surbaissées* sont de trois sortes : la *cassinoïde* ou *ovale de Cassini*, la plus écrasée de toutes ; la *cycloïde*, la plus élevée, et l'*elliptique*, qui tient le milieu entre les deux premières.

Les voûtes en plein-cintre et les voûtes en ogive sont les seules qui, par leur solidité plus facile à obtenir, leur galbe plus aisé à tracer, leur résistance ou leur légèreté, doivent être employées en architecture rurale. Si on a besoin de voûtes surbaissées, on adopte alors les pleins-cintres tronqués, ou des galbes formés par une seule portion d'arc de cercle. Elles produisent, il est vrai, un effet moins agréable que les trois dont nous avons parlé ; mais elles participent aux propriétés du plein-cintre. D'ailleurs, en rachetant par une corniche ou une gorge les plis qu'elles font avec leurs pieds-droits, elles ne produisent pas un mauvais effet, ainsi que le prouvent plusieurs anciens édifices.

On distingue encore les voûtes, relativement à la disposition de leurs pieds-droits ou supports, en *voûtes en berceau*, qui s'appuient seulement sur deux murs parallèles et se profilent sur les autres ; en *voûtes en arc de cloître*, qui s'appuient sur tous les côtés du polygone qu'elles recouvrent ; en *voûtes d'arête*, qui, analogues à l'arc de cloître, ont leurs rencontres soutenues par des sortes de cordons saillants pour décomposer leur poussée ; en *voûtes sphériques* ou en *cul de four*, etc.

Nous allons maintenant donner, sous la forme d'axiomes, quelques principes importants, bases de la théorie des voûtes.

I.

Les voussoirs ou claveaux (*) d'une voûte ne commencent à glisser que sur un angle de 30 degrés environ : donc tout angle au-dessous de 30 degrés peut être regardé, dans cette théorie, comme un plan perpendiculaire.

II.

Plus la voûte est divisée en un grand nombre de voussoirs, moins sa poussée est considérable : donc les voûtes en briques et en moellons doivent pousser moins que celles en pierre de taille.

III.

Les voûtes surhaussées poussent moins que les voûtes en plein-cintre, et celles-ci que les voûtes surbaissées, et dans la proportion de leur diamètre ; donc les pieds-droits, qui doivent être proportionnés à la poussée, doivent être aussi dans la proportion du rayon ; donc la voûte qui demande les plus forts pieds-droits est la voûte en plate-bande, et l'ogive celle à laquelle les plus faibles suffisent.

IV.

Les voûtes dont l'épaisseur va en diminuant depuis la

(*) On appelle ainsi des pierres taillées en coin qui forment la courbure de la voûte : lorsqu'elles s'appliquent à une voûte plate, elles sont horizontales dans leur coupe inférieure, et on les nomme *claveaux*; quand elles s'appliquent à un cintre, elles sont concaves dans cette même coupe, et se nomment *voussoirs*.

PART. II. SECT. I. *Maçonnerie.*

1° Si le talus est au cinquième, on donnera au mur dans le haut un dixième de la diagonale, ainsi que nous l'avons supposée; donc 1ᴾ 4° 11' 5/7 ou 1ᴾ 5° (0,45) et dans le bas un cinquième de la hauteur en sus, ou 2ᴾ (0,65), par conséquent l'épaisseur inférieure sera de 3ᴾ 4° 11' 3/5 ou 3ᴾ 5° (1,10), et l'épaisseur moyenne de 2ᴾ 4° 11' 3/5 ou plutôt 2ᴾ 5° (0,79).

2° Si le talus est au sixième, le mur aura dans le haut un neuvième de la diagonale, soit 1ᴾ 6° 7' 5/9 ou 1ᴾ 7° (0,51), et dans le bas le sixième de la hauteur en sus ou 1ᴾ 8° (0,56), c'est-à-dire 3ᴾ 2° 7' 5/9 ou 3ᴾ 3° (1,05), l'épaisseur moyenne sera de 2ᴾ 4° 7' 5/9 ou 2ᴾ 5° (0,79).

3° Si le talus est au huitième, le mur aura dans le haut un huitième de la diagonale, soit 1ᴾ 9° 2 1/2 ou 1ᴾ 10° 3' (0,59), et dans le bas avec le huitième de la hauteur ou 1ᴾ 3° (0,40), 3ᴾ 0° 2' 1/2 ou 3ᴾ 4° (0,98), et l'épaisseur moyenne sera de 2ᴾ 4° 8' 1/2 (0,79) ou 2ᴾ 5° (0,78).

§ 3.

Murs d'aplomb avec contre-forts.

Si on ajoute des contreforts à un mur d'aplomb, on divisera la diagonale en autant de parties qu'il y aura de pieds de distance entre les contre-forts, prise de milieu en milieu : cette quotité sera l'épaisseur du mur. Les contre-forts, comme nous l'avons dit, auront la même épaisseur que le mur et une longueur double de cette épaisseur.

Ainsi, supposant la hauteur du mur et l'angle des terres comme dans les exemples précédents, et la distance des contre-forts à 10 pieds, l'épaisseur, tant du mur que des contre-forts, sera de $\frac{14\,p.\,4°\,8'\,4/7}{10}$, c'est-à-dire, 1 p. 4° 10, 4/7 (0,46), ou 1 p. 5° (0,45) la longueur des contre-forts 2 p. 9° 9' 1/7 (1,10) ou 2 p. 10° (0,92).

§ 4.

Murs en talus avec contre-forts.

Quand les murs auxquels on ajoute des contre-forts sont en talus, on commencera par déterminer la stabilité à donner aux murs, indépendamment de la force relative qu'ils doivent avoir : on fixe ordinairement cette épaisseur à deux pieds (0,65) pour dix pieds (3,25) de hauteur et au-dessous. Pour avoir l'épaisseur des murs plus élevés, on ajoutera autant de fois cinq lignes (0,01) que le mur aura de pieds (0,32) en sus de la hauteur, si le talus est du cinquième; six lignes (0,02), s'il est du sixième, et neuf lignes (0,02), s'il est du huitième.

La construction des murs de terrasse est la même que celle des murs ordinaires. Communément on n'y adapte des contre-forts, lorsqu'ils sont sans parapets, qu'à 20 pieds de hauteur. Si l'on craint des infiltrations d'eau, on les perce de *barbacanes*, qui sont des ouvertures hautes et très-étroites, qu'on multiplie autant que la nécessité l'indique et que la solidité ne le défend pas.

CHAPITRE III.

DES VOUTES.

Les voûtes sont des constructions en maçonnerie, destinées à couvrir diverses parties des édifices.

Pour les voûtes, comme pour les autres parties de l'art de bâtir, il est des connaissances théoriques, bases de leur construction et indépendantes des connaissances pratiques. La théorie est même indispensable ici, puisqu'elle seule peut diriger une construction solide. Ce n'est cependant que depuis très-peu de temps que l'on a appliqué à la théorie des voûtes les connaissances positives que l'on avait déjà, et c'est un des grands bienfaits des sciences exactes.

Nous allons donc traiter séparément de la théorie des voûtes et de leur construction.

ARTICLE 2.

Des Murs de terrasse.

Lorsque l'on construit un mur qui doit s'opposer à un effort quelconque tendant à le renverser, il faut lui donner, outre l'épaisseur qu'exige sa stabilité, une force suffisante pour surpasser cet effort, afin de n'avoir contre soi aucune des circonstances qui peuvent l'augmenter.

Telle est la base de la théorie des *murs de terrasse*; appelés aussi *murs de rempart* et *de soutenement*, c'est-à-dire de ceux qui sont destinés à contrebutter des terres mouvantes ou remuées, car lorsque les terres sont fixes ou lorsque ces terres ont fait l'agrégation de leurs parties, appelée *tassement*, une grande stabilité suffit aux murs pour les contenir; et dans ce cas, une épaisseur du cinquième au sixième de leur hauteur doit suffire.

Toutes les terres, toutes les matières que doivent contenir des murs de rempart, n'ont point la même mobilité, la même pesanteur, et conséquemment la même force. Le sable pur ou la poudre de pierre est la matière la plus mobile, et ainsi la plus forte dans son effort : la terre argileuse et compacte est la moins mobile, et par suite la plus légère dans ce même effort.

La supposition commune est un angle de 45 degrés fait par la terre mouvante; c'est aussi l'inclinaison que prennent les terres ordinaires, terme moyen : mais quelle que soit cette inclinaison, on fera bien, si on a des ouvrages considérables à faire en ce genre, de la chercher par l'expérience, afin d'y pouvoir appliquer la méthode géométrique suivante pour trouver l'épaisseur du revêtement.

Les murs de soutenement se construisent de deux manières, d'aplomb ou en talus, et on peut appliquer des contre-forts aux uns ou aux autres; contre-forts auxquels on donne ordinairement la même épaisseur qu'aux murs et une longueur double de cette épaisseur, et qu'on espace entre eux, de milieu en milieu, d'une distance égale à la moitié de la hauteur du mur, sans qu'elle doive être guère moindre de dix pieds (3,25), et plus forte que dix-huit ou vingt (6,90) : c'est même ce dernier terme qui paraît le plus généralement adopté. Ainsi, nous allons donner des règles concernant, 1° les murs d'aplomb; 2° les murs en talus; 3° les murs d'aplomb avec des contre-forts; 4° les murs en talus avec des contre-forts.

§ 1er.

Murs d'aplomb.

Après avoir trouvé l'inclinaison des terres à soutenir, on formera une figure quarrée ou rectangulaire ABCD (planche XXXVI, fig. 2) de manière que AB égale la hauteur à donner au mur, et la diagonale BD l'inclinaison des terres. On divisera cette diagonale BD en six parties égales; on portera sur la base prolongée AD une de ces parties en DK, qui sera l'épaisseur cherchée.

On peut aussi obtenir ce résultat par le calcul, lorsque l'on adopte l'inclinaison ordinaire de 45 degrés, ou de la diagonale du quarré; car, quoique le rapport de la diagonale au côté du quarré soit incommensurable, on l'a d'une manière bien suffisante pour la pratique par celui de 99 à 70. Par conséquent, faisant la proportion, AB (hauteur des terres ou du quarré) est à BD (inclinaison des terres ou diagonale du quarré), comme 70 est à 99; ou, en substituant des nombres, par exemple, 10 pieds (3,25) pour la hauteur des terres à soutenir, on aura $70 : 99 :: 10 : x = \frac{99 \times 10}{70} = 14^P$ 1° 8' 4/7 (4,60) pour la longueur de la diagonale, qui, divisée par 6, donne 2^P 4° 3' 3/7 (0,77) pour l'épaisseur cherchée.

Ces méthodes peuvent s'appliquer aux autres manières de construire les murs de terrasse, comme nous allons le démontrer.

§ 2.

Murs en talus.

Les talus des murs en terrasse ont ordinairement l'inclinaison d'un cinquième, d'un sixième ou d'un huitième de leur hauteur.

paisseur des murs d'après les dimensions de la brique. Il vaut mieux, surtout à la campagne où le terrain est moins précieux, leur donner plus d'épaisseur que celle exigée ; ce surcroît de dépense sera bien compensé par la promptitude et l'économie de la main-d'œuvre.

Une des choses les plus importantes dans la maçonnerie de briques, est la liaison. Dans les murs où la brique fait parpaing, cette liaison consiste à placer, comme dans la pierre de taille, leurs joints verticaux alternativement. Mais dans ceux dont l'épaisseur est formée de plus d'une brique, il faut non-seulement que les joints apparents soient contrariés, mais encore les joints intérieurs et horizontaux. Pour cet effet, on se sert de demi-briques ou de tiers de brique mêlés avec le grand échantillon ; ainsi, pour les murs de 10 pouces (0,27) et de 15 pouces (0,40) d'épaisseur, s'il suffit de joints verticaux ; pour ceux de 20° (0,55), on emploiera par assise une longueur de briques et une largeur de violette ; pour ceux de 25° (0,69), deux briques tantôt sur la longueur et tantôt sur la largeur ; pour ceux de 30° (0,81), deux briques sur la longueur ; pour ceux de 3 pieds (0,98), deux briques sur la longueur et une largeur de violettes avec quelques éclats pour suppléer aux vides.

On taille la brique de manière à produire tous les profils architecturaux, mais il y a ici l'inconvénient grave que nous avons déjà indiqué, qu'à moins, ce qui est fort rare, que la brique soit d'une pâte parfaitement homogène, la partie taillée a beaucoup moins de densité à son parement que celle qui a subi plus immédiatement l'action du feu. Mais M. Virebent ayant trouvé le moyen de parer aux inconvénients du coup de feu et du retrait, moule les briques avant leur mise au four, et a ainsi rendu un service signalé à la construction. Ses briques simples sont elles-mêmes parfaitement quarrées, leurs arêtes sont vives, et dispensent, dans les façades soignées, du frottage de la face apparente, frottage qui a le même inconvénient que la taille.

Comme toutes les briques n'ont pas le même degré de cuisson et par conséquent la même densité, on doit avoir le soin de placer sur la face extérieure des murs, et spécialement pour ceux exposés au midi, au sud-ouest et à l'ouest, les briques les plus cuites.

Il est ordinaire de bâtir avec des *riblons*, c'est-à-dire des briques brisées ou produit de démolitions, soit seuls, soit mêlés avec des briques entières.

Dans le premier cas, il faut surveiller exactement et scrupuleusement les ouvriers, afin qu'ils remplissent bien toute la coupe du mur de manière à ne laisser absolument aucun vide, et battre le tout avec la truelle. Néanmoins, les interstices doivent permettre au mortier, surtout au mortier franc, de s'y introduire, afin d'envelopper les matériaux. Il ne faut pas mettre toujours les plus gros sur les faces, car le milieu, alors exclusivement composé de petites recoupes, ne serait pas suffisamment lié avec elles : on doit au contraire mettre alternativement les forts riblons dans les deux positions.

Ce second arrangement donne une bien plus grande solidité. Il suffit de placer une assise de briques entières à chaque cinquième ou sixième assise ; ce qui, avec celles qui sont nécessaires pour la taille, les encoignures et les tableaux, exige environ un quart de celles-ci sur trois quarts de vieux matériaux.

Quelques personnes, pour économiser le mortier franc, ne l'emploient que pour le côté extérieur du mur, et dans l'autre, le remplacent par du mortier de terre. D'autres se permettent de bâtir moitié de l'épaisseur en brique cuite et l'autre en brique crue : ceci doit être proscrit, car l'inégalité d'épaisseur et celle du tassement et du retrait, ne permettent pas d'espérer une grande durée d'une semblable construction.

Avec ces différentes précautions, on construira en brique avec une extrême solidité, pourvu que l'on emploie du mortier de chaux dans les murs à mauvaise exposition, et toujours à 2 ou 3 pieds au-dessus du sol, même pour les murs de refend dans lesquels on emploie la brique crue, laquelle doit être exclusivement maçonnée à mortier de terre.

assises de brique forane et biscuite, et par conséquent fortement émaillée; on pourrait compléter ou suppléer cette précaution par une couche de mortier de ciment romain de Wassy ou de Cahors, ou de mastic bitumineux, tel qu'un enduit de Vicat. Dans tous les cas, de bons matériaux, bien cuits, et surtout de bons moellons, dans une hauteur de deux à trois pieds, sont nécessaires. En parlant des carrelages, nous indiquons le moyen de les assainir. Il est plus ordinaire d'avoir à se garder de l'humidité dans les maisons anciennement construites, et sans les précautions employées plus tard. Cependant, on a récemment l'exemple, dans le Lauraguais, d'un beau château moderne, dans lequel, en peu d'années, l'humidité a pourri les planchers, gâté les parquets et compromis la solidité des murs. Des murs très-épais, à des expositions humides, conservent presque toujours cette humidité, parce que les chaleurs de l'été ne sont communément ni assez intenses, ni assez durables pour absorber l'eau que l'hiver y a accumulée. Le moyen le plus certain pour garantir l'intérieur est de construire parallèlement au mur humide une cloison en brique mince, ou plate-bande qui en assure l'isolement. Aussi, pour les armoires encastrées dans les murs, il vaut beaucoup mieux recouvrir leurs parois intérieures d'un simple papier de tenture que de les doubler en planches, lesquelles s'abreuvent de l'humidité, la concentrent, et servent de refuge aux souris qui y nichent et qu'on ne peut expulser aisément.

I. *Construction en Moellons bruts.*

La maçonnerie en moellons bruts, appelée *limosinage* à Paris, diffère de celle en moellons piqués, en ce que les parements et les joints montants sont dressés dans ceux-ci, ce qui n'existe pas dans ceux dont nous parlons. Mais on ne doit pas moins avoir soin que les lits soient bien dressés, et que les moellons soient posés en bonne liaison. Peut-être serait-il avantageux, au lieu de poser par assises les moellons bruts, d'en faire une sorte d'*incertum* semblable à celui des anciens, et dont les murs en pierres sèches sont une imitation grossière. Du moins il faut surveiller les maçons, qui la plupart se contentent de bâtir les parements à bain de mortier, et remplissent le vide du milieu avec des recoupes, avec poussière et plâtras, et, qui pis est, à sec: aussi n'est-il pas rare de voir ces murs se diviser dans toute leur hauteur. On devrait donner aux moellons, dans la partie qui fait prise dans le mur, appelée *queue*, une forme triangulaire qui permet de les mieux lier les uns aux autres avec le remplis-sage du milieu, lequel doit être en pierres brutes ou recoupes à bain de mortier, et battues à proportion.

II. *Construction en Cailloux.*

Dans quelques cantons on construit les murs des habitations rurales en cailloux, soit employés seuls, soit mélangés avec des briques. Dans l'une et l'autre de ces méthodes on pose les cailloux de champ, inclinés et par assises, méthode défectueuse, parce que ces matériaux n'ayant aucune stabilité par eux-mêmes, ne peuvent en acquérir de cette manière.

Pour employer seuls les cailloux ou galets, nous proposerions de substituer à la méthode actuelle un encaissement comme pour le pisé. Alors on broyerait ensemble les cailloux et le mortier, et on en ferait une espèce de béton, que l'on massiverait avec force. Nul doute que des murs exécutés de cette manière ne fussent d'une très-grande solidité.

Lorsque l'on met alternativement des assises de cailloux et de briques, on pourrait, dans les fortes épaisseurs, substituer à cet arrangement celui-ci : On réserverait les briques pour former les deux parements, et l'intervalle serait rempli de cailloux à bain de mortier. Il est entendu que le revêtement extérieur se lierait en employant des briques de diverses dimensions, et à chaque cinquième ou sixième assise on placerait, dans tout le parpaing du mur une ou deux assises de briques pour consolider et relier le tout.

III. *Construction en Brique.*

La maçonnerie de briques est une des plus ordinaires dans nos provinces méridionales : c'est, après la pierre de taille, la plus solide et la plus agréable.

Le principal avantage de la maçonnerie de briques est d'être plus prompte et plus facile à exécuter qu'aucune autre, puisqu'il ne s'agit que de bien asseoir les briques, les placer en bonne liaison avec suffisante quantité de mortier, mais point trop, surtout de mortier de terre, défaut habituel de nos maçons de campagne. Il suffit que les joints aient de 3 à 4 lignes (6 à 9 millimètres) d'épaisseur.

Pour faciliter la construction et surtout l'accélérer, il est sage de fixer autant que possible l'é-

des batardeaux formés de pilotis et de palplanches, entretenus par des moises et des étriers : mais ces constructions ne sont point de notre ressort, étant trop coûteuses pour jamais servir en architecture rurale.

Quant à la glaise, qui est le plus mauvais de tous les fonds, parce qu'elle rejette les pilots et se renfle après le coup de mouton, nous ne conseillerons jamais d'y fonder dans les campagnes, à moins que sur la glaise se trouvent un ou deux pieds (0,32 ou 0,65) de bon fonds sur lequel l'expérience ait prouvé qu'on peut fonder avec sécurité, comme on en use dans les marais de Rochefort.

Ce sera toujours, du reste, une excellente précaution, avant de commencer un édifice, que d'examiner avec soin ceux déjà construits sur un sol semblable, et avec les mêmes matériaux qu'on a à employer. La connaissance locale que l'on acquiert par ce moyen vaudra mieux que de grandes lectures.

§ 4.
De la Construction des Murs.

Les fondements étant construits et arrasés de niveau, on fera la retraite indiquée dans les plans, et on commencera les murs, en ayant soin, le plus qu'il sera possible, de les construire tous en même temps, tant ceux de face que de refend, afin d'obtenir un tassement égal. Il est bon cependant, en employant de la brique crue dans les murs intérieurs, d'élever ceux-ci les premiers, en laissant les pierres d'attente nécessaires pour les lier aux murs de face, parce qu'ainsi que nous l'avons déjà dit, la brique crue faisant un tassement plus considérable et plus prompt que la cuite, il est bon qu'on lui donne de l'avance sur cette dernière.

On n'emploie guère, en constructions rurales, les moellons piqués, encore moins la pierre de taille, si ce n'est aux plates-bandes, cintres, pieds-droits ou appuis des portes et croisées. Nous donnerons, en traitant des voûtes, la manière de tracer les épures de ces ouvrages. Nous nous bornerons ici à parler des moellons bruts, des cailloux et des briques, renvoyant à la quatrième partie, en parlant des devis estimatifs, quelques notions abrégées pour les constructions en pierre et en moellons piqués.

Mais, quelques matériaux que l'on emploie, on ne doit pas perdre de vue que la solidité rejette absolument tout porte-à-faux. En conséquence, outre le soin que l'on aura eu dans le tracé du plan de placer plein sur plein et vide sur vide, on surveillera les maçons, dont les moins habiles sont les plus suffisants; et, comme le dit très-bien M. de Perthuis, rougissent de se servir de niveau et d'aplomb, et conduisent leurs murs à vue de nez, c'est-à-dire, tout de travers. On veillera à ce qu'ils construisent suivant l'art et les règles que nous donnerons pour chaque genre d'ouvrages; et surtout on s'attachera à les conduire par la main dans l'exécution du plan ; presque aucun des maçons et des ouvriers de la campagne ne sachant ce que c'est, et voulant à tout propos faire les entendus et les habiles.

L'humidité est ce qu'il y a de plus à craindre dans les constructions en brique principalement, parce que leur contexture renferme, presque toujours, des tuyaux capillaires qui lui donnent passage, et que ces murs deviennent souvent salpêtreux. On éprouve cet inconvénient dans les constructions qu'on élève, et surtout dans celles anciennement exécutées. Cette humidité malfaisante rend les logements malsains, et quelquefois gâte les murs eux-mêmes, et peut compromettre leur solidité. Celle qui se trouve dans les fondations se perd ordinairement dans les terres avoisinantes; et si elle était trop abondante, des fossés ouverts ou des pierrées lui donneraient une évacuation suffisante; mais celle qui s'insinue lentement et en remontant par l'intérieur des murs, cherche à se perdre dans l'air, fait tomber les enduits ordinaires, tache les parois, quelquefois les plafonds, gâte la charpente inférieure, et compromet le mobilier. On empêche l'humidité qui vient de l'extérieur au moyen d'un fort enduit de ciment romain; mais celle qui vient du sol ne remonte alors qu'avec plus d'abondance. Il faudrait intercepter la communication entre les tranches horizontales du mur : on a conseillé des feuilles de plomb, mais le poids qui pèse sur elles ne tarde pas à les écraser, à produire des solutions de continuité qui en annullent l'effet, et cette assise de substance hétérogène compromet plus ou moins la solidité du mur qui doit, autant que possible, dans toute sa hauteur, n'offrir qu'une masse compacte et de même nature ; on pourrait employer une ou deux

de même compressibilité; mais comme elle varie à l'infini, il faut d'autres données à cet égard.

On sent que si, par un moyen quelconque, on pouvait, avant de bâtir, comprimer le sol par un poids égal à celui du mur qu'il doit supporter, il n'y aurait plus de tassement de sol à craindre.

Ainsi (sans employer la sonnette, machine trop coûteuse quand il s'agit de constructions rurales) si on se sert d'une demoiselle à paveur pour battre le sol des fondations, le choc de cette machine pourra le comprimer à concurrence du poids qu'il doit supporter. Par exemple, le poids d'un pied superficiel de mur en brique, et de 30 pieds (9,75) de hauteur, est environ 3,500 liv. (1,750 k.); or, une demoiselle de 6° en quarré, pesant 50 liv. (25 k.), donne une force de percussion de 810 liv. 1/2 (406 k.), ou de 3,242 liv. (1,621 k.) par pied quarré. En donnant au fondement un empatement d'un demi-pouce par parement, c'est-à-dire, d'un pouce en tout, le poids de 3,500 liv. (1,750 k.), au lieu d'être supporté par une base de 144 pouces quarrés ($0^{mq}105$), le sera par 169 (0,122) : divisant 3,500 par 169, on aura environ 21 liv. (10 k.) par pouce quarré ($0^{mq}26$) ou 756 liv. (378 k.) par 36 pouces quarrés ($0^{mq}026$), c'est-à-dire, pour la superficie de la demoiselle employée, dont le choc étant de 810 liv. 1/2, tassera le sol de 54 liv. 1/2 (27 k.) de plus que le poids que la surface qu'elle frappe aura à soutenir. Il est donc clair que par ce moyen on peut parvenir à rendre insensible et même nul le tassement du sol, relativement aux points d'appui d'un édifice.

Mais, d'après les expériences et les essais faits à Bayonne en 1826, par le colonel du génie Durbach, ceux faits à Genève en 1829, à Bayonne encore par le colonel Gleizes en 1852, et par le colonel Pancelot en 1834, 1838, 1840, 1841, il paraît prouvé qu'on peut, même pour les grandes masses de maçonnerie, remplacer les grilles de charpente et pilots par une couche de sable qui repose sur le terrain compressible, versé avec lenteur comme avec un arrosoir, afin qu'il ne souffre aucune espèce d'interstice. Dans les constructions rurales, il est impossible que ce moyen ne soit pas victorieux. Il suffirait probablement, dès qu'on arriverait au terrain compressible, de faire porter une couche de sable d'un pied ($0^m 32$) de hauteur, affermi au refus de la batte.

Ce sable doit être un peu gros, sans mélange de beaucoup de terre, mais non trop aride, car alors il ne se comprime pas bien ni assez également.

§ 3.

Des Fondements.

On peut être obligé de fonder sur le roc, les bons fonds et les mauvais.

Sur le *roc*, il faut le tailler au pic ou au marteau, pour y encastrer de niveau les premières assises de matériaux. Si les inégalités du roc sont trop considérables, on le divisera par banquettes dressées. On posera ensuite les pierres de taille ou les libages à sec à la manière des anciens, ou les moellons et les briques à bain de mortier, en battant et affermissant bien chaque assise. Dans ce cas, et dans une construction importante, je préférerais étendre sur le sol une couche de béton de 3 à 4° (0,08 à 0,10) d'épaisseur. On arrase ensuite ce fondement au niveau du sol, avec moellons ou briques posés en liaison avec bon mortier ou ciment.

On appelle *bon fonds*, en maçonnerie, le gravier, les terrains pierreux, le gros sable mêlé de gravier, le tuf, et les terres franches et compactes qui n'ont pas été remuées. Il est cependant bon de battre ces dernières pour éviter les tassements inégaux. On observera au premier coup de la hie, ou en frappant avec le bout d'une solive, si le terrain résiste et rend un son clair. Dans ce cas, le fonds est bon, et une seule retraite d'empatement est suffisante. Après avoir nivelé le sol, on l'arrose de lait de chaux, et on bâtit les fondements comme nous avons dit ci-dessus.

Si le fonds est *mauvais*, comme les terres poreuses et remuées, on le battra préalablement au refus de la demoiselle, et on procédera comme sur les bons fonds.

Si l'on doit fonder dans une eau dormante dont le fonds soit bon, on fera simplement un batardeau ordinaire, et après avoir épuisé l'espace compris dans l'enceinte, on creusera jusque sur le ferme. S'il s'agit de rivières et marais, il faut employer

Pour les murs de face d'un corps simple, on additionne l'épaisseur du bâtiment total et la moitié de la hauteur, et on prend le vingt-quatrième de la somme pour l'épaisseur du mur.

Pour un mur de face d'un corps double ou semi-double, on additionne la moitié de l'épaisseur du bâtiment et la moitié de la hauteur, et on prend le vingt-quatrième de la somme.

Pour le mur placé entre les murs de face, on additionne l'espace qu'il divise, ou la largeur du bâtiment avec sa hauteur, et on prend le soixante-douzième de la somme.

Pour un mur de refend, on prend l'espace qu'il divise, ou la longueur des deux pièces qu'il sépare avec la hauteur, et on prend le soixante-douzième de la somme.

Ainsi, supposant un mur de 20 pieds (6^m,50) d'élévation, on lui donnera d'épaisseur,

1° S'il est isolé, 2 pieds 6 pouces (0,81) au plus, et 1 pied 8° (0,87) au moins;

2° S'il renferme un quarré de 30 pieds (9,75) en tout sens, 2 pieds (0,65) au plus, et 18 pouces (0,49) au moins;

3° S'il renferme un rectangle de 35 pieds (11,37) sur 25 (8,12), 2 pieds 2 pouces (0,70);

4° S'il renferme un espace circulaire de 17 pieds (5,52) de diamètre, 10 pouces (0,27);

5° S'il soutient un édifice avec comble de 30 pieds (9,75) de largeur, 1 pied 8 pouces (0,55);

6° S'il est mur de face d'un corps simple de 30 pieds (9,75) de largeur, 1 pied 8 pouces (0,55);

7° S'il est mur de face d'un corps double de 40 pieds (13^m) de largeur, 1 pied 3 pouces (0,39);

8° S'il est placé entre deux murs de face du même bâtiment, 10 pouces (0,27);

9° S'il est mur de refend entre deux pièces de 25 pieds (8,12), 1 pied (0,32).

Nous savons qu'en général on dépasse ces dimensions, et certainement ce n'est pas un mal; mais celles-ci peuvent suffire : nous ne donnons ces indications que pour faire voir combien les différentes positions d'un mur changent sa stabilité. Du reste,

ces proportions ne conviennent absolument qu'aux murs en pierre dure; on doit donner à ceux de brique ou de pierre tendre un pouce environ de plus par étage, et un pouce et demi ou deux pouces à ceux de cailloux ou de tuf.

Nous indiquerons, en traitant des voûtes, l'épaisseur à donner à leurs pieds-droits.

§ 2.

Des Fondations.

On appelle *fondations* les excavations faites dans le sol pour recevoir les *fondements* ou la base de l'édifice qu'on veut construire.

Elles doivent être considérées relativement à leur largeur et leur profondeur, et c'est encore un objet qu'il importe d'éclairer du flambeau de la théorie, pour suppléer à la routine aveugle à laquelle il est communément abandonné.

Un usage général fait donner aux fondations un *empâtement* ou augmentation d'épaisseur, relativement à celle des murs pris au niveau du sol. Mais quelle doit être cette sur-épaisseur? C'est ce que nous allons examiner.

Tout corps pesant et dur agissant de haut en bas contre un corps compressible, produit un *tassement* ou affaissement quelconque : donc, un mur élevé sur un terrain autre que le roc vif, le tasse, ou peut le tasser plus ou moins. Il est évident que c'est le seul motif qui puisse obliger à l'empâtement, quand d'ailleurs on a calculé sagement l'épaisseur de ses murs.

C'est aussi un principe reconnu, que la pesanteur agit en raison inverse et directe des surfaces. Par exemple, l'effort d'un poids d'un millier, sur une surface d'un pied en tout sens ou d'un pied quarré, est quadruple de celui du même poids sur une surface de deux pieds en tout sens ou de quatre pieds quarrés. Donc, en augmentant la superficie d'une base, on diminue en même temps l'effort de la pesanteur ou le tassement.

Ce principe seul bien reconnu, pourrait suffire dans la théorie des fondations, si tous les sols étaient

une de pierre tendre de 58° (1,56), supporteraient l'une et l'autre le poids d'un million (500000^k); la première matière pesant 211 livres le pied cube (6,078 le mètre cube), et l'autre, seulement 115 (3,313 le mètre cube). Ceci sert à expliquer la prétendue hardiesse des constructions gothiques. Ainsi l'on peut dire en général qu'un point d'appui dont on connaît les dimensions, relativement à une espèce quelconque de matériaux, doit être augmenté ou diminué en force, en raison de la différence de poids d'une autre matière dont on voudra le construire.

Mais il est une autre observation encore plus importante à faire; je veux parler de la *stabilité* ou de la proportion qui doit exister entre l'épaisseur d'un point d'appui et sa hauteur; car, quoique le calcul prouvât que puisque le pied superficiel de pierre dure, comme celle de Pezens, porte 140 milliers, un mur de cette pierre, de 80 pieds de hauteur, pourrait n'avoir qu'un pouce d'épaisseur, ce serait ridicule à avancer, puisque ce mur n'aurait point assez de stabilité (*de pied*, comme le disent les ouvriers), et conséquemment ne pourrait se soutenir.

Des observations judicieuses ont fixé, pour les murs de toute espèce (il est ici question des murs isolés), une épaisseur du huitième de la hauteur pour une forte stabilité, du dixième pour une moyenne, et du douzième pour la moindre qu'ils puissent avoir.

Les murs qui se touchent, comme ceux d'un édifice, n'ont pas besoin d'avoir une aussi forte stabilité intrinsèque, parce que s'arc-boutant les uns les autres, ils ont une stabilité d'union qui rend la première moins exigeante.

Mais comment trouver la juste épaisseur qui leur convient? M. Rondelet a donné, avec sa sagacité ordinaire, une règle à cet égard, dont il a enrichi son excellent ouvrage. Voici sa méthode :

Si c'est une pièce rectangulaire ou quarrée (*planche* XXXVI, *fig*. 1), divisez la hauteur, ou la ligne AB qui la représenté (laquelle, dans la première supposition, est élevée sur un grand côté), en autant de parties que vous en voulez de portions en épaisseurs; soit un huitième, portez sur la diagonale AC cette quantité en AD; la parallèle DE qui descendra de ce point indiquera l'épaisseur du mur.

Si le plan est un polygone quelconque, régulier ou irrégulier, on élèvera une perpendiculaire exprimant la hauteur à l'extrémité d'un des côtés du premier, ou d'un des grands côtés du second, et on procédera comme dans l'exemple précédent.

Quant aux plans circulaires, l'expérience démontre qu'ils peuvent avoir des murs beaucoup moins épais que tout autre périmètre; cependant, pour avoir une base fixe, on pourra considérer le cercle comme un polygone régulier de douze côtés, et on procédera comme nous avons dit.

Il résulte de cette théorie, 1° qu'un mur isolé doit avoir au moins en épaisseur le douzième de sa hauteur hors de terre, et au plus le huitième; 2° que plus le nombre de côtés d'un polygone est grand, et plus les murs qui le circonscrivent sont stables par eux-mêmes, et par suite, peuvent être moins épais.

Jusqu'à présent, nous avons considéré les murs comme isolés ou se soutenant les uns les autres; mais quand ils sont entretenus par des combles ou des planchers, ils acquièrent de ces charpentes, distraction faite de leur poussée, une nouvelle stabilité relative qui permet encore de diminuer leur épaisseur.

Pour la trouver dans les bâtiments recouverts d'un simple toit, on procédera comme nous l'avons dit tout à l'heure, à l'exception qu'au lieu de prendre le huitième, le dixième ou le douzième de la hauteur, on prendra le dixième, le douzième ou le quinzième, et on procédera de la même manière.

Pour les édifices à plusieurs étages séparés par des planchers, en un mot, pour les bâtiments d'habitation, on doit considérer, 1° les murs de face; 2° ceux de refend; 3° le mur parallèle aux murs de face dans les corps de logis doubles ou semi-doubles, lesquels ont par eux-mêmes plus de stabilité qu'un corps simple.

» introduit de l'eau à petite dose pour en consommer
» l'extinction. Les trous refermés, on la laisse couver environ une heure, qui est employée à en
» éteindre d'autre de la même manière ; car il importe de se mettre en avance, et d'avoir une ample
» provision de mortier.

» Pour faire ce mortier, on retrousse le sable qui
» recouvre la chaux ; puis, écrasant celle-ci le plus
» exactement possible avec le rabot et sur un bon
» carrelage, on la mêle insensiblement avec le sable
» sans addition d'eau, et on ne cesse de manipuler
» que le mortier ne soit fait et parfait. Alors on jette
» dessus et en détail trois cinquièmes de blocaille,
» ou menu cailloutage, que l'on mêle à force de
» bras. »

On voit que le procédé de M. de la Fage est tiré en partie de celui de M. de Lafaye. Le seul inconvénient qu'il puisse avoir est d'être maigre, et l'auteur lui-même en convient ; mais en humectant le ciment avec de la laitance de chaux vieille éteinte, on obviera à cet inconvénient. Il ne faut pas d'ailleurs massiver le béton, car il perd sa laitance et diminue de sa qualité.

Nous parlerons, dans la suite, de l'emploi de ce béton, en traitant des cuves de maçonnerie et de l'enduit qui les recouvre.

V° On connaît aussi des *mortiers composés* dont il y a un grand nombre : les plus connus sont le *ciment romain*, dont on se sert beaucoup en Angleterre, et dont M. Brunel a fait usage dans le tunnel de Londres ; ce ciment a été découvert en 1796 par Parker ; il est composé d'une pierre calcaire des côtes, mais encore on n'a pu l'imiter en France. On peut mêler au mortier quelques onces d'huile de noix, de lin ou de navette. La *maltha* des Romains était composée, dit-on, de chaux éteinte dans du vin et mêlée de poix. On pétrit avec du vinaigre un tiers de chaux et deux tiers de sable, en y ajoutant quelques onces d'huile. On soude les tuyaux de terre cuite avec un mortier en ciment ordinaire, fait de brique pilée, de chaux vive et de saindoux ou graisse blanche, le tout de parties égales et bien pétries ensemble.

VI° C'est en quelque sorte aux mortiers composés qu'on peut assimiler les *mastics*. L'ingénieur Vicat, par de nombreux essais et une longue expérience, est parvenu à en composer avec des matériaux très-communs, dont le mélange très-simple a les propriétés les plus énergiques. Nous en dirons quelque chose en parlant des devis estimatifs.

CHAPITRE II.

DES MURS.

On connaît deux sortes de murs ; les murs ordinaires ou proprement dits, et ceux de terrasse ou de soutènement. Comme les bases de leur construction sont différentes, nous allons en traiter séparément.

ARTICLE PREMIER.

Des Murs ordinaires.

Pour bien construire les murs, il faut considérer d'abord les dimensions qu'ils doivent avoir ; ensuite les fondations et les fondements qu'ils exigent ; enfin, le mécanisme de leur édification.

§ 1er

Dimensions des Murs.

Pour réussir dans un art quelconque, il faut en connaître les principes ; et, dans la maçonnerie, les premiers sont ceux qui déterminent les dimensions de ses ouvrages.

C'est une grande erreur de croire que la pratique seule peut faire un bon constructeur ; car d'excellents matériaux employés avec soin, peuvent faire des édifices très-peu solides ; ce que l'expérience ne démontre que trop tous les jours.

Or, solidité est le but de tout constructeur. Pour l'atteindre, il faut connaître les principales propriétés des corps qu'on emploie, considérer leur masse, leur poids et leur position.

Avant toutes choses, il faut commencer par apprécier la solidité ou résistance des murs et points d'appui. Cette résistance est toujours en raison directe de la dureté ou pesanteur absolue des matériaux qui les composent. Ainsi, une colonne de basalte d'Auvergne de 9° (0,25) de diamètre, et

temps, est à peu près la même chose que le ciment perpétuel, avec la différence qu'on le prépare avec de la chaux éteinte à l'air, et qu'avant de l'employer on y mêle, par augées, une portion de chaux vive en poudre. Cette addition fait prendre ce mortier presque aussi vite que le meilleur plâtre ; ce qui peut bien avoir son avantage dans plusieurs circonstances. Du reste, il paraît, par ce qu'en dit M. Rondelet, dont la sagacité et les lumières sont d'un grand poids, que le mortier Loriot perd avec le temps de sa ténacité, au lieu que celle du mortier de ciment, et même du mortier franc, augmente graduellement. Cette considération, jointe au danger et à la difficulté du broyement à sec de la chaux vive, doivent en restreindre l'usage aux circonstances déjà indiquées.

III° Le mortier de M. de Lafaye, qui prétendait avoir ainsi retrouvé le fameux ciment des Romains, n'a de particulier qu'une manière différente d'éteindre la chaux, qui paraît meilleure que celle usitée, et que pour cette raison nous allons détailler ici.

Au lieu de placer la chaux vive en pierre dans un bassin, on la concasse en morceaux avec une hachette ; on en remplit successivement des paniers à claire-voie, que l'on plonge dans l'eau jusques à ce que toute la superficie commence à bouillonner ; alors on les vide dans des tonneaux défoncés, que l'on recouvre, quand ils sont remplis, d'une grosse toile. Cette chaux s'échauffe sensiblement, ouvre successivement ses pores, rejette en fumée une partie de l'eau dont elle s'est abreuvée, et se refroidit enfin en se réduisant en poudre.

En appliquant ce procédé à la fabrication du ciment et du mortier ordinaire, on aura une composition aussi bonne que le mortier Lafaye, qui ne diffère des précédents que par des doses diverses dans les mélanges, et qui n'a pas plus que le mortier ordinaire l'avantage de durcir promptement comme le mortier Loriot.

IV° Le *béton*, qui, comme nous l'avons dit, est plutôt une construction particulière qu'un véritable ciment, consiste en général à mêler à la chaux, au sable ou au ciment, et en même temps qu'on les broie ensemble, une quantité suffisante de cailloux, recoupes de pierres dures ou tuileaux brisés. Quand le tout ne cède qu'avec peine au rabot, on coule cette composition, soit dans des rigoles ou des tranchées de fondations, soit dans tout autre lieu où l'on veut l'employer. Quand les matières sont de bonne qualité, et le mélange bien fait, le tout acquiert la consistance du marbre, et ne fait absolument qu'un corps. Le béton de M. le Masson se compose de trois parties de la terre ochreuse calcinée de M. Chaptal, de trois de sable siliceux bien lavé, de trois de chaux maigre et de quatre de blocaille.

Feu M. de la Fage avait fait construire, dans la vinée de son château de Mancies, en 1803, des cuves et citernes en maçonnerie et béton, dans la fabrication desquelles il avait parfaitement réussi. Nous rapporterons d'autant plus volontiers son procédé, qu'ayant employé des matériaux de nos contrées, sa méthode doit naturellement nous être plus utile à connaître. La voici telle qu'il l'a détaillée dans un mémoire imprimé en 1805 dans le *Journal des Propriétaires ruraux* de la Société d'Agriculture de Toulouse.

« Sur deux tiers de sable de rivière, préalable-
» ment lavé à plusieurs eaux, on mêle d'abord un
» tiers de tuileaux bien cuits et de mâchefer con-
» cassés. On prend ensuite trois portions de ce mé-
» lange, que l'on humecte avec de l'eau de rivière,
» et l'on en forme un bassin où l'on jette une por-
» tion de chaux vive, la plus grasse et la plus ré-
» cente possible. On l'arrose à l'instant, et dès
» qu'elle donne des signes d'ébullition, on s'empresse
» de la couvrir avec le sable humide qui l'entoure.
» Ainsi étouffée, elle ne tarde pas à fermenter et à
» se dilater ; des crevasses se manifestent de toutes
» parts, mais des ouvriers sont attentifs à les fer-
» mer, et par là sont conservés les sels volatils et
» sulfureux, principes de son action. Le grand
» effort de la chaux étant fait, on vérifie si la fu-
» sion est totale par quelques trous dans le tas, et
» s'il s'en dégage de la poussière de chaux, on y

son emploi facile à la truelle et au calibre ; il s'attache avec force à tous les matériaux, demeure inaltérable à l'air et dans l'eau. On en a moulé une statue colossale, qui a l'apparence d'un granite poli. Ces propriétés le rendent ainsi semblable au ciment de Vassy.

ARTICLE 9.

Des Mortiers.

On fait des mortiers avec du sable ou du ciment. Les premiers sont nommés *mortiers simples*, et les autres, *mortiers de ciment*.

§ 1er

Mortiers simples.

Il est deux sortes de mortiers simples : le mortier de terre, et le mortier de chaux ou mortier franc.

I° Le *mortier de terre* se fait avec de la terre franche et du sable de fouille. On s'en sert par économie pour bâtir les murailles intérieures, et les extérieures les moins exposées. Cette méthode est tolérable dans les constructions en brique, parce que la brique posée de plat, surtout celle de grande dimension, a par elle-même une stabilité indépendante du mortier ; mais il n'en est pas ainsi pour les ouvrages en moellons ou pierres brutes, qui sont un véritable blocage.

Le mortier de terre est exclusivement employé dans la construction des fours et ouvrages qui sont exposés au feu. Comme ce mortier, plus qu'aucun autre, est susceptible de différentes proportions dans les mélanges qui le constituent suivant leurs diverses qualités, on ne peut en fixer des rapports exacts. Les ouvriers de chaque canton ont là-dessus une expérience qui suffit.

II° Le *mortier franc* se compose d'ordinaire d'un tiers de chaux et de deux tiers de sable. Nous disons d'*ordinaire*, parce que cette proportion dépend entièrement de la qualité de ces matériaux ; ce qu'il faut encore laisser à décider à l'expérience locale.

Les mortiers dans lesquels on emploie la chaux hydraulique contiennent pour 100 parties de chaux 200 à 240 parties de sable. Quand on l'emploie sous l'eau, on n'y met que 150 parties de sable : ce mortier doit être fait à force de bras et sans addition d'eau.

Une condition générale pour la fabrication de tous les mortiers, et qui est sans exception, c'est un corroyage ou broyement complet. Pour cet effet, sur une aire bien battue et dressée, qu'il est même mieux de carreler, on mêle et on incorpore avec soin la chaux et le sable ou le ciment, au moyen d'un broyon ou rabot, jusqu'à ce que le mélange soit exact, et forme un tout parfaitement homogène ; ce que les ouvriers exercés reconnaissent en général très-bien. C'est un dicton populaire et très-vrai : *Le corroyage fait le mortier*. Comme la dissolution de la chaux grasse est plus lente, la prise complète de la construction n'a lieu quelquefois qu'au bout de six mois.

§ 2.

Mortier de ciment.

Les mortiers dans lesquels au lieu de sable on emploie du ciment ou autres substances propres à résister à l'eau, se nomment mortiers de ciment, ou simplement *ciments*. Il en est nombre de variétés, d'après les doses ou les qualités des substances qui les constituent, et les bons constructeurs peuvent chaque jour en trouver de nouvelles, surtout depuis que le flambeau de la théorie a éclairé cette partie importante de la construction. Nous parlerons ici de la manipulation des plus communs, renvoyant à l'article précédent ; nous traiterons ensuite des bétons, qui forment néanmoins une construction particulière, mais que l'usage général range parmi les ciments ; enfin des mortiers composés.

I° Le *ciment perpétuel* ou des *fontainiers* se fait avec de la chaux vive qu'on éteint en le préparant. A mesure qu'on la broie, on y mêle du mâchefer broyé, du tuileau, quelquefois de la houille et de la poudre de grès, le tout réduit en poudre. Ce mélange se corroie à force de bras, et doit s'employer dans la journée.

II° Le *mortier Loriot*, ainsi appelé du nom de son inventeur, et qui a été très-préconisé dans le

Cette maçonnerie, dont on a encore de très-anciens produits, est d'une fermeté que l'eau et le temps ne font qu'augmenter, pour ainsi dire, au lieu de la détruire. M. Chaptal a proposé de suppléer la pouzzolane par une terre ocreuse calcinée jusques au noirâtre dans un four ordinaire.

Des substances analogues, trouvées dans des mines ou des carrières, forment aussi des ciments plus ou moins énergiques, et qui se rapprochent de la terrasse de Hollande et de la cendrée de Tournay. Ces substances pulvérulentes, couleur d'un brun noirâtre, rougeâtre ou jaunâtre, s'arrogent assez généralement le titre de ciment romain, et se vendent au poids et à la mesure.

Ces ciments, très-tenaces, font prise très-promptement; ce qui provient de la quantité de magnésie qu'ils contiennent; aussi sont-ils veloutés à l'œil, et onctueux au toucher. Ceux dont on se sert à Toulouse sont:

IV° Le ciment de *Vassy-les-Avallon*, dans l'Auxerrois. Sa couleur est rouille clair, puis gris après l'emploi, sa ténacité est telle, que, mêlé avec de gros cailloux, du gros sable ou des recoupes de pierre, il produit l'effet de la pierre moyenne, et peut se mouler en vases, torchères, cippes, bancs, même dit-on, statues. On peut s'en servir pour faire des bases et des chapiteaux, des solins, des cordons, des corniches et des moulures. En l'employant pour construire au-dessus des fondations deux ou trois assises, on préserve les murs de l'humidité ascendante, et il est très-propre à faire des renformis et des rejointoyements. On peut s'en servir pour des cloisons et des voûtes en briques plates, qui n'exigent que demi-pouce par pied de corde (4 cent. par mètre), ou 50 pour 10 pieds; même on assure que ces voûtes peuvent supporter des terrasses revêtues du même ciment et contenir des liquides; ce qui les rendrait propres à la construction des foudres et citernes de maçonnerie. Les enduits faits avec ce ciment préservent les murs de l'humidité; on l'a employé avec succès aux cryptes de l'église Saint-Aubin. On le mêle, à sec, en parties égales, avec du sable fin, pur et sec; on gâche le tout, au moyen d'eau bien claire, dans des auges, oiseaux ou baquets, à proportion de l'emploi, car il sèche très-rapidement, et en 7 à 8 minutes. On fait les enduits depuis une ligne jusqu'à 18 lignes d'épaisseur; les chappes, environ dix lignes (2 cent.); mais l'enduit de 18 lignes est nécessaire pour empêcher l'humidité extérieure. On doit le conserver enfermé dans des caisses ou futailles sur des soutraits.

V° Les ciments de *Pouilly* en Auxois, sont de deux sortes, dont l'une porte le nom spécial de ciment *Lacordaire*. Son prix est le même que celui du ciment de Vassy, et les propriétés sont à peu près les mêmes. On compte que l'enduit de demi-pouce d'épaisseur exige 80 liv. de ciment par toise quarrée (10 k. par m. q.); et, s'il est d'un pouce, 160 liv., par t. q. (20 k. par m. q.). On en fait un béton composé d'un sixième avec 2/6 sable, et 3/6 de cailloux ou pierre concassée. Du reste, tout ce que nous avons dit du ciment de Vassy peut s'appliquer au ciment Lacordaire. On n'en met qu'un tiers sur deux tiers de sable pour les enduits intérieurs. La toise cube de ces ciments demande, dit-on, 72 pieds cubes, ou 2,380 liv. (1,190 k.) de ciment (0^{m}30 et 150 k. par m. q.); mais ces proportions ne peuvent être qu'approximatives.

VI° Le ciment dit de *Cahors* ou ciment *Chambert*, est roussâtre, et paraît être inférieur aux deux autres; mais ses propriétés sont analogues. On le croit préférable encore pour les enduits rustiques; comme les précédents, il peut rendre très-hydrauliques les mortiers de chaux grasse, en ajoutant à la gâchée un sixième de ciment; mais pour les enduits en ciment pur, on met 2/3 de ciment et 1/3 de sable, ou les deux substances en égales portions, suivant la ténacité qu'on veut obtenir. Son prix, bien moindre que celui des autres ciments, vient du rapprochement de la carrière.

VII° Il paraît qu'à la *Tour de France*, près de Grenoble, on vient de découvrir (Gazette de France, 9 mai 1854) une carrière de ciment éminemment hydraulique et hydrofuge, supérieur à tout autre. Ce n'est qu'en 1853 qu'on a commencé à l'exploiter, et il est encore peu connu. Sa prise est instantanée, sa couleur d'un brun clair; il est doux à l'œil,

soin lorsqu'on emploie la brique. Plusieurs auteurs lui donnent une préférence exclusive; mais le plus grand nombre donnent le pas au sable de terre ou de *fouille*. M. Rondelet a cherché à se fixer à cet égard; et ses expériences prouvent que le sable de fouille fait de meilleur mortier que le sable de rivière, et que le plus aride n'est pas le meilleur. Nous nous sommes nous-mêmes servis de sable de terre d'excellente qualité, fraîchement tiré, au défaut de sable de rivière, dont nous étions dépourvus, et nous n'avons pas aperçu de différence dans l'ouvrage, quoique nous l'eussions en partie employé pour enduit : ce à quoi nous pensons cependant que le sable de rivière est préférable.

De tout cela, il résulte que l'on ne doit pas prendre à la lettre le précepte de Vitruve, copié par nombre d'auteurs, et qui prescrit de n'employer qu'un sable pur et aride. Il ne faut pas cependant qu'il soit trop chargé de terre. En général, quand un sable est craquant sous la main, et quoique frais, l'ayant serré ne la tache pas, il est propre à être employé. D'ailleurs, les ouvriers de chaque canton connaissent la qualité du sable qui s'y trouve; et l'expérience locale vaut mieux, en général, pour l'appréciation des matériaux, que les raisonnements de la théorie.

ARTICLE 8.

Du Ciment.

On donne, en général, le nom de *ciment* à toute matière pulvérulente, qu'on emploie au lieu de sable pour l'incorporer avec la chaux et en faire du mortier. Les plus connus sont le ciment proprement dit, le ciment d'eau-forte, la pouzzolane, la terrasse de Hollande et la cendrée de Tournay. Nous ne parlerons pas des deux derniers dont on ne fait pas usage dans nos contrées méridionales.

I° Le *ciment* proprement dit est une poudre faite de briques ou de tuiles écrasées et pulvérisées. Plus il est broyé et meilleur il est. Dans les grands chantiers et dans les villes on le fait avec des machines. Souvent, dans les campagnes, où on s'en sert peu, on le fait à la main. Quand on emploie des briques vieilles ou riblons, c'est le ciment *commun*; et lorsqu'on n'a pas de brique on y supplée par de petites pelottes de terre que l'on fait cuire dans un four à pain pour les concasser ensuite. Il est bien inférieur au ciment *fort*, qui est fait de tuileaux et de tuiles écrasées, lesquelles ont été longtemps sur les toits.

On peut aussi faire usage de cailloux et galets qui se trouvent épars dans les champs et au bord des rivières, en les faisant rougir au feu et les réduisant ensuite en poudre.

II° Le ciment *d'eau-forte* n'est autre chose que les résidus terreux qui se trouvent au fond des vaisseaux qui ont servi à distiller les acides. Ce sont les fabricants d'eau-forte qui les vendent à la mesure. On le mélange avec les autres dans quelques constructions.

III° La *pouzzolane* est une espèce de sable qui paraît être un produit volcanique; elle fait un ciment d'une qualité supérieure pour les constructions hydrauliques.

On trouve de la pouzzolane dans tous les endroits où il y a, ou dans ceux où il y a eu des volcans, comme en Auvergne, en Limousin, dans les Cévennes, en Ecosse, à la Martinique, à la Guadeloupe et à l'Ile-Bourbon. Mais c'est de l'Italie, et surtout de Rome et de Naples que l'on tire celle dont on fait usage dans nos provinces méridionales.

La pouzzolane de Rome est d'un rouge-brun, mêlé de particules brillantes d'un jaune métallique; elle ne fait point effervescence avec les acides, et peut s'employer seule avec la chaux.

La pouzzolane de Naples est de quatre couleurs : jaune, grise, brune et noire; elle est mêlée de poussière très-fine et de parties graveleuses qui s'écrasent facilement. Elle fait un peu d'effervescence avec les acides : on la mêle avec du sable, de petits cailloux, des recoupes de pierre et de menus tuileaux, que l'on broie à plusieurs reprises avec de la bonne chaux nouvellement éteinte, et particulièrement avec de la chaux hydraulique.

même le marbre noir, fournit, en général, celle de la première qualité, et la plus blanche ; celle du marbre blanc, est d'une éblouissante blancheur : mais ce n'est que dans peu de localités que l'on peut employer le marbre à cet usage.

Quelques pierres font de la chaux grise, et souvent c'est la meilleure ; mais la chaux blanche, qui est la plus commune, est préférable pour les enduits, les crépis et les stucs.

Aussitôt que la chaux est cuite et refroidie, elle est dans le moment le plus favorable pour la dissoudre dans l'eau ; plus on attend, plus elle perd de sa qualité. Si l'on retardait trop longtemps cette opération appelée *éteignage*, elle *s'éventerait* ou se *fuserait*, elle *foisonnerait* moins et ne serait plus propre à bâtir. Aussi dès que la chaux *vive* sera arrivée sur le chantier, on en placera dans un bassin bâti à l'avance et soigneusement carrelé, et on y jettera une certaine quantité d'eau. La chaux sur le champ commencera à bouillonner, à se crevasser et à se diviser. On la remuera avec le rabot, en y ajoutant successivement de l'eau jusqu'à cessation d'effervescence : alors on ouvrira une vanne pratiquée sur un des côtés du bassin, et la chaux liquide s'écoulera dans un second bassin inférieur qui soit proportionné à la quantité de chaux éteinte que l'on voudra rassembler. On recommencera dans le premier bassin sur une autre partie de chaux vive, et ainsi de suite jusqu'à la fin.

Il y a des cantons où l'on recouvre la chaux de sable après son éteignage ; d'autres, où on la laisse quelques jours en plein air en ayant soin de la tenir toujours humectée. Elle boit cette eau plus ou moins rapidement selon l'état de la température ; cette addition d'eau contribue à lui procurer une dissolution plus complète : c'est même dans ces contrées une marque de la bonté de la chaux, quand elle boit beaucoup. L'expérience de chaque localité est le meilleur guide pour la méthode à préférer.

La bonne chaux est grasse, douce au toucher, veloutée à l'œil et se divise facilement sous le rabot. Quand on l'éteint avec trop d'eau, on la *noie* et le mortier est trop faible ; quand on n'en met pas assez, on la *brûle*, et elle ne fait pas corps avec le sable et le ciment.

La chaux nouvellement éteinte est la meilleure pour la ténacité des mortiers ; la chaux vieille éteinte pour la beauté des enduits. Il y a cependant des chaux qui gagnent à être attendues, même pour faire des mortiers.

La dissolution de la chaux par l'eau, telle que nous l'avons indiquée, se dit par *extinction* ; lorsqu'on la fait par *immersion* on plonge peu à peu la chaux dans l'eau ; lorsqu'on se contente de la laisser peu à peu et spontanément se dissoudre en absorbant l'humidité de l'air, on la dit *éteinte* à l'air. D'après le premier mode, la chaux grasse triple son volume, les chaux hydrauliques l'augmentent du quart au double ; d'après le second, la chaux grasse augmente son volume des trois quarts, et les chaux hydrauliques du quart ou du cinquième ; d'après le troisième, la chaux grasse s'augmente de la moitié et la chaux hydraulique du cinquième au sixième.

C'est l'habitude locale qui indique la quantité d'eau que doit absorber la chaux, et il est d'usage que le chaufournier déduise du prix, le poids des pierres non fondues, appelées *biscuits* ou *chapons* ; la chaux grasse reste longtemps à se dissoudre complétement, et cette dissolution lente se prolonge même après son extinction totale, qui fait prédominer l'argile qu'elle contient.

ARTICLE 7.

Du Sable.

Le *sable*, sous le rapport de son emploi pour la construction, est de trois sortes : de mer, de rivière et de fouille.

Le sable de *mer* est, de tous, le moins bon pour la bâtisse ; aussi ne l'emploie-t-on jamais qu'à défaut d'autre. Il se comprime d'ailleurs assez bien, et peut ainsi servir pour raffermir les mauvais sols des fondations.

Le sable de *rivière* est celui qu'on préfère en général pour le mortier de chaux ; il est plus lavé, mais un peu gros, et doit souvent être criblé avec

par un tibia de bœuf incrusté dans les pierres et scellé avec un mélange de résine et de cendres.

ARTICLE 5.
Du Moellon.

On appelle, en général, *moellon*, *moëlon* ou *moïlon* les pierres de petite dimension. Sur cette dénomination générique sont compris : 1° les *libages* ou quartiers de pierre dure qui sont trop gauches pour être équarris ; 2° les *moellons* proprement dits ou éclats de la pierre de taille ; 3° les *moellons de carrière* ou pierres d'un banc trop mince pour fournir de la taille ; 4° la *pierre de meulière* dans les lieux où elle ne se débite pas en quartiers ; 5° le *roc* ou pierres brutes et informes qui se rencontrent en bancs irréguliers ou isolées ; 6° le *tuf*, en général, la plus tendre des pierres. On peut joindre au moellon les *cailloux* ou pierres des champs, dont on se sert dans quelques cantons.

Tous les moellons ont les qualités des pierres auxquelles ils se rapportent, mais ils exigent dans leur emploi des précautions particulières, dont nous parlerons en traitant de la construction des murs.

Plus ordinairement on confond sous le nom de moellon *bon banc* celui qui forme des carrières, et moellon *brut* celui qui est composé de pierres détachées sans grandes adhérences entre elles. Le premier est susceptible d'être à peu près et grossièrement équarri, le second s'emploie après un léger ébousinage ; c'est le premier qui prend alors le nom de moellon *piqué*.

ARTICLE 6.
De la Chaux.

La *chaux* est le résultat de la calcination et de la dissolution dans l'eau d'une sorte de pierre calcaire appelée *pierre à chaux*, qui est un carbonate de calcium.

Lorsque, dans l'emploi, la chaux a fait *prise*, cela veut dire qu'elle s'est raffermie de manière à porter, sans dépression apparente, une broche ou aiguille de 5 à 6 lignes (0,012) de diamètre, limée carrément à son extrémité et chargée d'un poids de 9 à 10 onces (3 hectogr.) ; alors elle ne peut changer de forme sans se briser.

Vicat, cet ingénieur si connu par ses recherches et ses expériences tant théoriques que pratiques sur les substances plastiques qui servent à lier et sceller les matériaux entre eux, classe les chaux françaises en cinq divisions : chaux grasses, maigres, moyennement hydrauliques, hydrauliques, éminemment hydrauliques.

1° Les chaux *grasses* ou *communes* dont il est presque exclusivement question dans cet ouvrage, sont blanches, elles doublent de volume et au delà par l'extinction ordinaire ; leur consistance ne varie pas dans le cours de plusieurs années, et elles sont dissolubles jusques à la dernière parcelle par une eau fréquemment renouvelée.

2° Les chaux *maigres* grises ou fauves, ainsi que les hydrauliques, augmentent peu ou point par l'extinction, mais elles se comportent ensuite comme les chaux grasses, quoiqu'elles laissent au dernier lavage un résidu insoluble sans consistance.

3° Les chaux *semi-hydrauliques* se prennent en masse après quinze ou vingt jours d'immersion et continuent à durcir, mais de plus en plus lentement, surtout après le sixième ou le huitième mois ; au bout d'un an, leur consistance est celle du savon sec : elles ne se dissolvent ensuite dans l'eau qu'avec beaucoup de difficulté.

4° Les chaux *hydrauliques* sont prises après six ou huit jours d'extinction ou d'immersion et continuent à se solidifier jusques au douzième mois ; elles ont alors une solidité semblable à celle de la pierre tendre et ne sont plus attaquables par l'eau.

5° Les chaux *archihydrauliques* se prennent en masse du deuxième au quatrième jour d'immersion ; au bout d'un mois, elles sont déjà fort dures et complétement insolubles ; au sixième mois, elles sont comme des pierres calcaires absorbantes, elles ne peuvent être rayées et se cassent dans les chocs.

On a même trouvé le moyen de créer des chaux hydrauliques factices : voici la méthode de M. de Saint-Léger. On écrase à la meule un cinquième d'argile pure et quatre cinquièmes de craie ; le tout réduit en bouillie peu épaisse et laissé en repos, forme un sédiment que l'on façonne en briques, lesquelles cuites dans un four à chaux cependant moins fortement chauffé, produisent une chaux qui a cette propriété : cette chaux augmente par l'extinction des 65/100 ou des deux tiers environ de son volume.

Quant à la chaux commune, la pierre la plus dure, la plus pesante, la plus homogène, la plus grise et la plus fine fait la meilleure. Le marbre,

tériorent la brique mal fabriquée, et ce qui en reste et surtout celle qui résiste à cette épreuve, n'en acquiert, au contraire, que plus de densité. C'est celle-ci que l'on doit préférablement employer dans les constructions importantes et très-exposées.

Les cassures de brique d'un volume moyen, et les matériaux de démolition, sont employés sous le nom de *riblons*. Ils participent à la qualité des briques dont ils proviennent, et comme ils ont déjà soutenu une épreuve, lorsqu'ils sont employés avec de bon mortier, ils font aussi de très-bons ouvrages.

La brique se taille à volonté, mais on doit observer que la paroi vitrifiée qu'elle reçoit de la cuisson, est naturellement la partie la plus résistante. Sa taille au ciseau et au marteau taillant fait disparaître cette écorce, au grand dommage de la construction, ce qui doit faire préférer la brique moulée de Virebent, qui est assez bien fabriquée, pour que, même crue, elle puisse dispenser, dans les tableaux intérieurs, de l'emploi de la brique cuite mêlée à des murs en brique crue.

ARTICLE 4.

De la Pierre.

La pierre se distingue, pour son emploi dans la construction, en *dure, moyenne* et *tendre* ; les deux dernières se débitent à sec avec la scie à dents, comme le bois, tandis que la pierre dure exige, comme le marbre, l'emploi de la scie plate, de l'eau, du grès ou de sable.

Les principales qualités qu'on exige dans les pierres, et qui trop souvent ne se rencontrent pas à un degré suffisant, sont d'être homogènes, d'avoir le grain fin relativement à leur qualité, de résister au feu, à l'humidité et à la gelée. Aussi, lorsqu'elles ne sont pas très-dures dans la carrière, on ne doit les extraire que lorsqu'il n'y a pas de gelée à craindre.

Les pierres les plus en usage dans le Languedoc, sont :

1º La pierre de *Fumel* (Quercy) ; elle craint la gelée ; mais d'ailleurs dure et très-belle, elle s'emploie à Bordeaux pour des chambranles de cheminée ; parce que cette pierre, quoique tendre, ainsi que toutes les bonnes pierres de cette classe, se durcit considérablement à l'air.

2º La pierre d'*Auch* (Gascogne) de deux qualités ; l'une dure et grise, de la nature du tuf ; l'autre tendre et blanche qui est calcaire.

3º La pierre de *Marseillon* (pays de Foix) espèce de grès de couleur grise.

4º La pierre de *Vandargues* grise et blanche près de Montpellier.

5º La pierre de *Cette* est très-belle, très-blanche, très-dure, reçoit le poli et résiste à toutes les intempéries de l'air.

6º La pierre de *Rocaule* près Agde, espèce de lave d'un gris cendré, est excellente pour les constructions hydrauliques ; on en fait un grand usage pour les ouvrages du canal du Languedoc.

7º La pierre de *Carcassonne* se tire de plusieurs carrières ; la plus distinguée est très-blanche, très-belle, mais on la réserve pour la sculpture de grosse construction. Il y en a à *Pezens*, une blanche, très-dure, qui noircit à l'air, ne reçoit point le poli et se taille difficilement ; une autre, de moyenne dureté, gris-bleuâtre, à *Alzonne*, une espèce de grès qui quelquefois se délite à l'air ; la pierre de *Conques* est encore plus fière que celle de Pezens.

8º La pierre de *Montagne* vient de *Roquefort* ; elle est gris-bleuâtre, de moyenne dureté, très-fine, et reçoit le poli ; de *Belesta*, moyenne et jaunâtre ; ou de *Mazères*, grossière espèce de grès ; une à *Belbeze* veinée et caillouteuse.

9º La pierre de *Naurouse*, dont on se sert beaucoup dans le Lauragais, vient de plusieurs carrières. Il y en a de médiocrement dure et de plus tendre ; elle est jaunâtre ou grisâtre, grenue, ressemble au grès ; elle est grossière, reçoit mal la taille ; elle durcit peu à l'air, s'effeuille facilement, et est cependant d'un assez bon emploi pour les ouvrages rustiques.

Il y a, sans doute, ici beaucoup d'autres carrières ; mais comme cette matière est peu employée dans les constructions rurales, ces indications sont pour nous plus que suffisantes.

Nous nous occuperons du *marbre* en parlant de la marbrerie.

La réunion des pierres en construction se fait communément avec des crampons en fer, incrustés dans les pierres et scellés avec de la chaux, du soufre ou du plomb ; mais comme le fer s'oxyde, et par suite augmente son volume et peut faire éclater la pierre, lorsqu'on ne craint pas la dépense, on le remplace par du cuivre ou du bronze. M. Vésian, en **1810**, avait imaginé de remplacer les crampons

au four. On trouvera, dans la troisième partie, d'autres détails sur la fabrication de la brique et sur la construction de ces fours.

La manière de faire la brique est connue, mais on ne saurait trop surveiller le mélange et la parfaite incorporation des parties qui la composent. Si la terre que l'on emploie est trop forte ou trop argileuse, on y mélange du sable dans la proportion d'un septième, d'un sixième, ou d'un cinquième, ainsi que l'expérience et des essais répétés l'indiquent. Dans ces derniers temps, on a reconnu que les briques acquièrent plus de dureté quand on les moule par compression; aussi, dans beaucoup de briqueteries, se sert-on de presses à vis pour les préparer. On a même, en Angleterre, des mécaniques qui, par la rapidité de la fabrication, en diminuent le prix; et on y mêle dans la pâte une petite quantité de charbon de terre pilé.

La construction en brique est la manière de bâtir la plus usitée dans tous les pays qui manquent de pierre, et où cette dernière est rare ou de mauvaise qualité. Ce genre de construction est très-solide; l'expérience de nombre de siècles l'atteste, et si, à quelques égards, elle est inférieure à celle en pierre de taille, elle est sans contredit préférable à toutes les autres.

La brique de nos provinces méridionales a environ 15 pouces (0,38) de longueur, sur 10 (0,27) de largeur, et 2 (0,054) d'épaisseur. On fait aussi des demi-briques ou briques *violettes* de demi-largeur, et des *tiercines* ou *barrots* prises sur le tiers de la longueur. Les briques fabriquées dans les campagnes ont rarement les dimensions légales. La brique de Bourgogne, que l'on emploie à Paris presque exclusivement pour les légers ouvrages, n'a que 8 pouces (0,22) de longueur, 4 pouces (0,108) de largeur, et 2 pouces (0,054) d'épaisseur. On fait en Italie des briques prismatiques de 4 à 5 pouces (0,108 à 0,135) en carré, sur 8 à 10 pouces (0,216 à 0,270) d'épaisseur, et on les place de manière à former des losanges sur les parements. Nous en avons fait fabriquer pour les planchers en brique, qui ont 18 pouces (0,48) de longueur, sur 12 pouces (0,32) de largeur. On fait aussi des *plate-bandes* qui n'ont que 9 à 12 lignes (0,020 à 0,027) d'épaisseur, et qui peuvent servir de lattes de comble. D'ailleurs, en parlant des devis estimatifs dans la quatrième partie, nous avons indiqué les dimensions qu'ont ordinairement la plupart des échantillons que l'on rencontre le plus souvent.

La couleur de la brique n'est pas toujours un guide sûr pour connaître sa qualité, qui dépend, dans tous les ouvrages de céramique, de la manière dont le feu agit sur les différentes terres; mais si elle est bonne, elle n'a ni fentes, ni geais (1), ni défauts; elle doit être plane, avoir ses angles à vive arête, doit avoir une cassure homogène et non semblable à une agglomération de petits graviers, ce qui vient ou de trop de sable, ou d'un corroyage incomplet, ou d'une mauvaise cuisson. De plus, il faut qu'elle soit ferme et sonore, quand, en la tenant en l'air, on la frappe avec une clef ou un couteau. Les briquetiers distinguent la brique en *commune, rougette* ou *à marteau, biscuite* ou *forane,* suivant sa position dans le four qui détermine son degré particulier de cuisson. La brique ordinaire et de bonne qualité, pèse environ vingt livres (10^k), et comme elle renferme près de 300 pouces cubes (0me,60), il s'ensuit que le pied cube de cette matière pèse 115 ou 116 livres (57 ou 58^k), ce qui est à peu près le poids de la pierre de Saint-Leu, moyenne qualité, dont on fait un grand usage à Paris. Sa densité est au moins égale à celle de cette pierre, dont un cube de 2 pouces en tout sens exige, pour être écrasé, un poids de 2,940 livres. Il est vrai que la pierre a par sa masse une stabilité que la brique ne peut acquérir que par l'intermédiaire des mortiers qui la lient; mais aussi, quand ces derniers sont bons et convenablement employés, la durée de la brique est supérieure à celle de la pierre, parce qu'elle est mécaniquement moins sujette à la gelée, à se fendre ou à éclater.

Pour être certain que la brique que l'on doit employer a ces qualités si nécessaires, il est sage de la laisser passer à découvert un hiver avant de l'employer. Le froid et l'humidité effeuillent et dé-

---

(1) Les ouvriers appellent *geais* des cailloux ou gros graviers qui se trouvent dans la brique, et qui, soit en y demeurant en nature, soit en s'y convertissant en chaux, en diminuent la force et la densité.

un pied (0,32) en tout sens ; ce qui suffit pour faire rejeter l'opinion de certains commentateurs tels que M. de Lafage, lequel suppose que ces briques auraient pu être faites en mortier. On emploie en France les briques crues méplates, dont nous faisons usage après deux ou trois mois ; si l'on attendait un an, on donnerait tout ce qui est nécessaire à leur complète dessiccation.

L'usage des briques crues, soit seules, soit liées par du bitume, doit remonter à la plus haute antiquité, si, comme le pensent plusieurs savants, la tour de Babel et les murs de Babylone, étaient construits de cette matière. C'est ce qui explique le motif de la disparition presque absolue des matériaux de ces constructions primitives. Quoi qu'il en soit, nous pensons que cette brique, très-suffisante et peut-être préférable pour les intérieurs, est très-inférieure ailleurs. Cependant, si ces briques crues, au lieu d'être faites au râteau comme celles que l'on fait communément, étaient faites à la presse, ce moyen de construction pourrait s'étendre bien davantage.

Nos briques crues non comprimées ont 15° (0,38) sur 10° (0,27), et 2° (0,05) d'épaisseur, ou 300 pouces cubes, et pèsent environ 30 livres (15^k). Dans tous les cas, les murs en brique crue sont très-préférables aux parois ou pisés ordinaires faits à la batte, et surtout aux torchis ou paillebards faits avec de la terre et de la paille hachée. Une précaution indispensable est de ne commencer ces murs que sur un soubassement en brique cuite ou moellon de 2 (0,65) ou 3 pieds (0,98) de hauteur au-dessus du sol. Ces murs ont, dit-on, l'avantage d'être moins facilement percés par les rats. Les tableaux des portes et croisées doivent, dans les constructions communes, être en huisserie ou cadres de charpente, ou mieux en briques cuites taillées. Cependant la briqueterie de M. Virebent moule aussi des briques crues. Les briques crues ne peuvent être employées qu'avec du mortier de terre ; elles reçoivent mal la chaux, le plâtre et le stuc. On n'emploie pas non plus pour ces murs les crépis en mortier de chaux ; pour faire tenir alors le crépi de terre, on mêle dans la première couche de ce mortier, de la balle de blé, ou de la bouse de vache qui le fait durer quelques années.

Lorsque dans la même construction on réunit des murs en brique crue et d'autres en brique cuite, les premières étant plus pesantes, et absorbant plus vite le mortier, ont un tassement beaucoup plus prompt ; ces murs doivent par conséquent être élevés les premiers. Si dans des murs de brique crue on fait en brique cuite les tableaux des portes et croisées, il est bon de contenir les parois de ces tableaux par des étais qui contiennent le mouvement de la brique crue, et empêchent jusqu'à siccité le mouvement qu'elle imprimerait au tableau.

Pour la fabrication de la brique crue ou cuite, on pourra consulter, dans la troisième partie, l'article spécial qui y est consacré.

ARTICLE 2.
Des Pierres factices.

On peut désirer de connaître ce que sont les pierres factices de M. Cointereaux, estimable constructeur rural ; qui, dans ses Conférences, s'est occupé des moyens de porter l'économie dans plusieurs parties des constructions des campagnes. Sans vouloir enlever à cet homme respectable les avantages de ses procédés, puisque lui ou ses enfants veulent se charger de les mettre en œuvre, nous dirons en substance que ces pierres se composent de terre modérément argileuse, prise à deux pieds de profondeur avec son humidité naturelle, comprimée au moyen d'une *crécise* ou presse de son invention. Cette crécise est composée de deux leviers formant charnière autour d'un boulon qui traverse une pièce de bois verticale enfoncée dans le sol. Le premier levier agit par inverse de haut en bas, le second reçoit la matière à comprimer. Celui-ci se compose lui-même de deux pièces de bois réunies par un boulon à écrou, au milieu desquelles est la matrice, laquelle n'est qu'une entaille représentant un parallélogramme rectangle. La terre y étant introduite, repose sur la pièce de bois qui doit résister à la terre comprimée. Ce levier se retire dès que la terre est convertie en pierre, et en soulevant le premier levier, cette pierre descend aussitôt de la matrice. C'est l'autre madrier, dans la proportion qu'on préfère, qui appuie sur la matrice pour opérer la compression. Ces leviers sont suspendus par une arche percée de plusieurs trous à l'autre extrémité des leviers, et qui reçoit de fortes chevilles pour les retenir.

ARTICLE 3.
De la Brique cuite.

Les briques cuites sont les mêmes briques crues, qui, après avoir été séchées au soleil, sont mises

SECONDE PARTIE.

PRATIQUE DE L'ARCHITECTURE RURALE, OU TRAITÉ DE LA CONSTRUCTION DES BATIMENTS.

L'ART de bâtir ou de la construction des bâtiments, est celui d'en exécuter tous les ouvrages. Ces ouvrages prennent différents noms, d'après le genre de matériaux qu'ils emploient ou celui de leurs produits. Tous ne sont pas, sans doute, immédiatement liés aux constructions rurales, mais plus ou moins utiles à connaître pour les bâtiments d'habitation qui en sont une partie importante. Nous ne nous étendrons sur chacun d'eux, que dans le rapport de leur importance pour l'objet de notre travail, en nous occupant successivement du choix des matériaux et de la manière de les employer. Ces ouvrages sont : 1° la maçonnerie; 2° la charpente; 3° la couverture; 4° la menuiserie; 5° la ferrure et la serrurerie; 6° la plâtrerie; 7° le carrelage; 8° le pavé; 9° la marbrerie; 10° le grillage; 11° le treillage; 12° la plomberie; 13° la fontainerie; 14° la poëlerie; 15° la vitrerie; 16° la miroiterie; 17° la peinture d'impression; 18° les ornements; 19° la tenture; 20° enfin la tapisserie. Chacun formera une section particulière, de manière que l'on puisse se borner à étudier celle qui sera nécessaire pour le moment; s'occupant d'abord de la nature et du choix des matériaux, et subsidiairement de leur emploi.

SECTION PREMIÈRE.

DE LA MAÇONNERIE.

CHAPITRE PREMIER.

DES MATÉRIAUX.

Les matériaux employés dans la maçonnerie, sont les briques crues, la pierre factice, la brique cuite, la pierre, le moellon; la chaux, le sable, le ciment, qui forment les mortiers. Dans quelques lieux on y joint le plâtre, qui dans nos provinces est employé par une industrie particulière.

ARTICLE PREMIER.

De la Brique crue.

La brique crue est un mélange de terre franche et d'argile jetée au moule, et séchée au soleil. Dans plusieurs lieux du midi de la France, on l'emploie pour les constructions intérieures, et quelquefois pour les murs extérieurs à l'exposition du nord et de l'est, qui sont moins exposés à la pluie.

Les Romains en faisaient un grand usage, et l'on trouve dans Vitruve (liv. II, ch. 3), des détails précieux sur leur composition, leur fabrication et leur emploi; mais il faut observer que lorsque les règlements et usages en vigueur de son temps, prescrivaient un terme de cinq ans avant de les employer, il est question de leur brique cubique d'environ

SECONDE PARTIE.

CONSTRUCTION.

PART. I. SECT. II. *Bâtiments particuliers.*

On pourrait sans doute varier davantage la forme de ces plans; on pourrait leur donner des façades plus pittoresques, mais ce ne serait guère possible qu'en contrariant des habitudes et des convenances que l'on doit respecter, et surtout en augmentant la dépense. Cette considération si puissante nous a retenus. Mais, en consultant un architecte éclairé, on pourrait donner plus de mouvement à ces masses, et plus de grâce à ces dispositions. Nous nous en sommes modestement tenus à ce qu'il y a pour nous de plus facile, à ce qui est plus simple, plus vulgaire, et surtout moins coûteux.

CHAPITRE III.

DES PLANS GÉNÉRAUX EN MASSE.

Pl. XXXV.
Fig. 1, 2, 3, 4, 5.

Pour donner une idée générale de quelques-uns des projets que nous avons donnés précédemment, et qui demandent que leurs parties soient réunies, nous en présentons les plans en masse dans la planche XXXV. On y trouvera, fig. 1, celui de la maison de campagne des pl. XXIII à XXIX, décrite dans l'art. 1 du chapitre II; fig. 2, celui du château des pl. XV à XVIII, décrit dans l'art. 5 du chapitre Ier; fig. 3, la maison de plaisance des pl. XIX à XXII, décrite dans l'art. 4, chapitre Ier; fig. 4, celui du château du moyen-âge de la pl. XIV, décrite au même article; fig. 5, de la métairie de quatre charrues de la pl. XXXI, et dans l'art. 3, chapitre II; enfin, fig. 6, du vendangeoir de la pl. XXX, et dans l'art. 2, chapitre II. L'échelle, nécessairement différente de celle des plans, est tracée au bas de la planche, et sert à comparer les masses entre elles, puisqu'elle sert pour les unes et les autres.

de l'étable, du commun et du porche : il y a aussi l'élévation latérale, fig. 5, qui fait voir celle des arcs rampants qui suivent les pentes du toit. La façade du bâtiment a 54 pieds (17,54) de longueur sur 15 (4,87) de hauteur ; l'étable a 8 à 9 pieds (2,60 à 2,92) sous plancher. Les granges ou magasins supérieurs, dont les planchers sont en brique, ont 4 pieds (1,30) au-dessous de la sablière. Dans la même pl. XXXIV se trouvent le plan et les détails de la chapelle funéraire, fig. 6, 7, 8 et 9, dont nous avons déjà parlé dans cette même section, chap. 1er, art. 2, page 14, en traitant des chapelles et oratoires.

§ 3.
Métairie de deux charrues.

Pl. XXXII.
Fig. 4, 5.
Ce plan, fig. 4 et 5, pl. XXXII, est disposé en corps double, comme celui de la pl. XXXIV que nous venons de décrire. Celui-ci, fig. 4, a, en tout, 84 pieds (27,28) de longueur sur 42 (13,64) de largeur. Vu la moindre importance de cette exploitation, un petit hangar sur un des côtés, et un péristyle de l'autre, donnent des facilités pour recevoir les pailles et les fourrages.

Un vestibule d'entrée occupe le centre et supporte une fuie supérieure. Ce vestibule a 8 pieds (2,60) de largeur sur 18 (5,85) de profondeur : le colombier, qui couvre aussi le four, a 23 pieds (7,47); dans cette seconde dimension, ce qui est aussi la profondeur de la garde-pile et du commun des laboureurs. La première a une largeur de 17 pieds (5,52); le second, de 19 (6,17), a une croisée et une porte sur l'aile, et communique au vestibule. Le péristyle latéral a 16 pieds (5,20) de profondeur sur 30 (9,75) de largeur ; à l'extrémité, comme dans les autres de ce genre sont des toits à porcs et des poulaillers au-dessus. Une croisée sur ce péristyle, et une autre sur la façade opposée, éclairent une seconde chambre de 15 pieds (4,87) sur 10 (3,25); elle complète le logement des laboureurs ; elle communique avec le commun et l'étable de 35 pieds (11,37) sur 15 (4,87), qui a quatre stalles pour huit bêtes, et avec laquelle communique aussi le commun. Le hangar a 39 pieds (12,67) de longueur sur 18 (5,85) de profondeur il est, ainsi que le péristyle, formé par des antes en maçonnerie ou des piliers de charpente.

La principale entrée sur l'aire, fig. 5, a 12 pieds (3,90) d'élévation sous sablière. Elle est composée de cinq arcades surbaissées, de 8 pieds (2,60) de largeur sur 11 (3,57) de hauteur, et dont les intervalles ont 9 pieds (2,92).

§ 4.
Métairies de deux à trois charrues.

Des projets d'importance intermédiaire sont retracés dans la pl. XXXIII. Ici l'étable qui est au centre Pl. XXXIII. de la fig. 2, a six stalles ou douze places en regard, Fig. 1, 2. et 30 pieds (9,75) sur 24 (7,80). Il y a à droite un commun de 18 pieds (5,85) sur 24 (7,80), avec son four, et une petite chambre de 10 pieds (3,25) en carré, et, à gauche, une autre chambre de 14 pieds (4,55) sur 12 (3,90), dont les toits et le poulailler occupent le double, et une garde-pile de 18 pieds (5,85) en carré ; l'entrée est par l'étable. La façade, fig. 1, offre un pavillon central, qui doit son élévation, de 24 pieds (7,80) sous faîte, à la hauteur donnée à la grange supérieure ; le reste n'a que 10 pieds (3,25) sous sablière ; le tout a 48 pieds (15,59) de longueur.

Un autre projet, fig. 3, a 96 pieds (31,18) de Fig. 3, 4. longueur sur 36 (11,69) de largeur. L'étable forme aussi le centre ; elle a 5 stalles pour 10 bêtes en une seule ligne, et 44 pieds (14,29) de longueur sur 15 (4,87) de largeur : au-devant est un péristyle formant un peu avant-corps, dans la forme des précédents. A droite est une chambre, sur le derrière, de 14 pieds (4,55) sur 22 (7,15), et, sur le devant, une garde-pile : à gauche, un commun de 22 pieds (7,15) en carré, sur le devant, et dans le double, une seconde chambre de 10 pieds (3,25) sur 14 (4,55). La façade, fig. 4, présente un corps principal de 48 pieds (15,59) de longueur sur 20 (6,50) de hauteur sous sablière, formant une entrée byzantine, et, de chaque côté, un petit corps, dont l'égout du toit produit une dégradation de hauteur de 18 pieds (5,85) à 10 (3,25).

PART. I. SECT. II. *Bâtiments particuliers.* 39

Fig. 2. La fig. 2 de la même planche donne l'élévation de la façade du corps d'entrée sur l'aire, et qui ne présente simplement que cinq arcades, dont l'ouverture est de 8 pieds (2,60) de large sur 13ᵖ6°. (4,40) de hauteur, dont 10 pieds (3,25) et 3ᵖ. 6° (1,13), pour le cintre qui éclaire les magasins supérieurs. Le mur est lisse; la disposition des ouvertures en constitue tout l'effet.

Pl. XXXII.
Fig. 1. On trouvera sous la figure 1, pl. XXXII, l'élévation du corps au fond de la cour et la coupe de l'étable et de la bergerie, sur la ligne A B du plan. Ces pièces ont 10 pieds (3,25) de hauteur, planchers compris; la hauteur des magasins supérieurs est de 4 à 5 pieds (1,30 à 1,62), et de 10 (3,25) au centre avec le pignon du comble. La longueur des murs extérieurs est de 96 pieds (31,18); leur hauteur, de 14 à 15 pieds (4,75); 5 pieds (1,62) pour celle du comble; 13 pieds (4,22) pour celle de la fuie, et 29 à 30 (9,42 à 9,75) avec son propre comble.

§ 2.
Métairie de trois charrues.

Dans cette exploitation, une étable pour 8 à 10 bêtes à cornes peut suffire, et une bergerie pour 75 à 100 bêtes. Il n'est nécessaire que de quatre hommes.

Fig. 2. Ce bâtiment, pl. XXXII, représenté en plan, fig. 2, et en élévation, fig. 3, est composé d'un commun pour les laboureurs, de 21 pieds (6,82) sur 20 (6,50); d'une seconde chambre de 20 pieds (6,50) sur 18 (5,85), et d'une petite pour le berger de 7 pieds (2,27) sur 14 (4,55). L'étable est à deux rangs; elle a 20 pieds (6,50) sur 22 (7,15): la bergerie, 27 pieds (8,77) de longueur; la garde-pile 18 pieds (5,85) sur 20 (6,50) : des fenils, ou granges à foin, sont disposés sur l'étable et la garde-pile, et des magasins pour les laboureurs au-dessus de leur logement.

En avant de ce corps de bâtiment est un porche de 44 pieds (14,29) de largeur sur 12 (3,90) de profondeur, que les paysans appellent *capelade* ou *capelle*. Sous chaque côté de ce péristyle sont des toits à porc ou des loges à oies avec des poulaillers au-dessus.

L'élévation, fig. 3, a 120 pieds (38,98), ou 20 Fig. 3 toises de longueur, et 15 pieds (4,87) de hauteur sous sablière : le péristyle ou porche, dont le toit a une projection opposée, est supporté par quatre antes dont les intervalles sont de 12 pieds (3,90). Ces antes ont 2 pieds (0,65) de côté et 9 (2,92) de hauteur; les deux entre-colonnements extrêmes sont à plate-bande; celui du centre a une voûte de 6 pieds (1,95) de rayon; ce qui donne à cette arcade une bonne proportion rustique de 12 (3,90) sur 15 (4,87).

Nous ajouterons ici le plan pour une métairie de la même force, et que renferme la pl. XXXIV, fig. 1, Pl. XXXI exécutée dans la terre de Mauremont. Le système Fig. 1. est semblable au précédent : il n'y a pas de bergerie; mais le corps, au lieu d'être simple, est double. Un péristyle semblable conduit à un grand commun de 28 pieds (9,10) de longueur sur 16 (5,20) de largeur; avant le four il y a une petite chambre de 10 pieds (3,25) sur 7 (2,27); sur le double, une troisième de 15 pieds (4,87) sur 12 (3,90). Une garde-pile de 16 pieds (5,20) sur 29 (9,42) a sa face sur l'aire; tout le reste du double corps, sur le côté opposé, est occupé par une étable de 53 pieds (17,21) de longueur sur 15 (4,87) de largeur : cinq stalles, d'une seule ligne, peuvent recevoir dix bêtes; à côté de la porte, il y a une autre stalle pour une jument poulinière; enfin, de chaque côté, se trouve un hangar, l'un pour la gerbe, l'autre pour la paille; chacun de 32 pieds (10,40) de longueur dans œuvre sur 14 (4,55) de largeur.

La même planche offre l'élévation de cette mé- Fig. 2, 3, 4, tairie du côté de l'aire, fig. 2, et celle du côté de l'étable, fig. 2 : c'est sur la première que se trouve le péristyle. Celui-ci est fermé; une ouverture de 4 pieds (1,30) sur 8 (2,60), accompagnée de deux grands jours de 6 pieds (1,95) sur 4 (1,30), fermés en plate-bande, lui donnent une physionomie byzantine, et l'enclosent davantage parce qu'il est tourné, par les exigences de la situation, du côté du nord-ouest. On trouve aussi une coupe, fig. 4, sur la ligne A B du plan, qui fait voir la disposition

pour maintenir celle-ci sèche et propre au battage, au vannage et au criblage des grains. Il faut peser, enfin, toutes les exigences, et autant que possible prévoir tous les besoins. C'est ici que tout dépend de l'expérience agronomique ; que l'architecture n'est appelée qu'à seconder. Les détails de construction se trouveront dans les parties subséquentes de l'ouvrage, toujours basé sur ces principes ; mais pour le moment nous ne nous occupons que des dispositions générales.

§ 1.

Métairie de quatre charrues.

En traçant le plan d'une métairie, il faut considérer le nombre d'hommes et d'animaux que l'on doit loger et les autres pièces indispensables. Ici, il faut une habitation pour cinq hommes au moins, dont plusieurs sont mariés ; une étable pour huit bœufs de travail et autant de jeune bétail ou attelages supplémentaires, une bergerie pour 150 ou 200 bêtes à laine, des toits pour porcs et oies ; et comme cette exploitation est considérable et peut avoir une grande valeur, un cabinet pour le maître, un grenier ou magasin pour les grains, et indépendamment des *fenils* qui surmontent les étables, un hangar ou grande remise pour renfermer des pailles et des bois. C'est ce que nous avons cherché à réunir dans la planche XXXI.

Pl. XXXI.
Fig. 1.

Le plan, fig. 1, offre une masse oblongue de 26 toises ou 156 pieds (50,67) de longueur sur 16 toises ou 96 pieds (31,18) de largeur. Cette masse est composée de quatre corps de logis qui renferment une cour de 96 pieds (31,18) sur 60 (19,49), au milieu de laquelle on pourra établir la fosse à fumiers. Nous n'ignorons pas que ce placement a ses inconvénients ; mais comme il réunit les conditions nécessaires à l'augmentation et à la bonne manipulation des engrais, qu'il facilite le service et la surveillance, et qu'il empêche beaucoup de fraudes, nous pensons que l'on pourrait l'adopter.

L'entrée, au milieu du premier corps de logis, qui donne sur l'aire, a 10 pieds (3,25) de largeur; de chaque côté il y a deux ouvertures semblables: à droite, pour la garde ou serre-pile; à gauche, avec des grillages pour le hangar de 50 pieds (16,24) sur 33 (10,72), et de 18 (5,85) de hauteur moyenne, qui traverse sur la cour, et y conserve une semblable issue : dans le double de la garde-pile, il y a un magasin à blé de 40 pieds (13,00) de long sur 12 (3,90) de large, et qui par conséquent, renferme 480 pieds carrés (50^{mq}65) et peut recevoir 120 à 150 hectol. Le dessus de ce magasin, celui de la garde-pile, celui de l'entrée, forment un magasin supérieur qui sert pour les avoines, les grenailles et le maïs, et qui a 50 pieds (16,24) de longueur, et 32 (10,40) de large, et offre ainsi une surface de 1750 pieds (180^{mq}66); on y parvient par un escalier qui se trouve dans le magasin inférieur.

Le corps à droite de la cour comprend un cabinet pour le maître, une étable pour les agneaux, et une grande bergerie de 60 pieds (19,49) de longueur sur 15 (4,87) de largeur : souvent on place aussi un fenil au-dessus; mais nous pensons que c'est à tort.

Le corps en face de l'entrée présente un corridor qui passe au jardin, et au-dessus duquel se trouve une fuie; un escalier pour les granges et les greniers, et le logement des maîtres-valets, consistant en un commun de 20 pieds (6,50) sur 18 (5,85), une chambre et un fournil avec son four et son pétrin, à peu près de la même dimension. Ce fournil, qui sert de logement au berger, communique à la bergerie; la chambre, à l'étable à bœufs sur le corps de gauche; les animaux sont sur une ligne, et cette étable a 68 pieds (22,09) sur 18 (5,85); au-dessus est le fenil, et au-dessus du logement des laboureurs les greniers à leur usage. A la suite de l'étable est une remise pour mettre à couvert les charrettes, tombereaux et les autres instruments qui servent journellement : on trouve ensuite une écurie pour trois juments poulinières; enfin, une cour particulière de vidange, dans laquelle donnent quatre toits à porcs et une loge à oies ; au-dessus se trouve le poulailler.

de la voûte de ces cuves. Cette vinée, par un escalier qui y est ménagé, descend dans la cave qui est au-dessous ; à la suite de cette vinée est une pièce pour établir le pressoir de 24 pieds (7,80) sur 20 (6,50) avec une sortie charretière extérieure, et dans l'intérieur un escalier comme le précédent.

Dans le corps de logis du fond de la cour est un cellier de 44 pieds (14,29) sur 20 (6,50) qui renferme huit foudres ou citernes en maçonnerie, chacune de 10 pieds (3,25) sur 2 (0,65) et de 3 pieds (0,97) de profondeur qui cubent chacune 60 pieds (2^{mc}057), ensemble 480 pieds cubes ou 16,453 décimètres cubes, c'est-à-dire 164 hectolitres ; à la suite du cellier, est l'entrée intérieure avec un escalier qui conduit à l'étage supérieur ; à côté, une décharge pour serrer les petits ustensiles, tels que syphons, tuyaux, brocs, tinettes, mesures, entonnoirs, etc., et un couloir qui conduit dans le corps de logis à gauche.

Ce dernier est destiné au propriétaire qu'une exploitation aussi considérable peut engager à faire des visites fréquentes, et même, en certains temps de l'année, un séjour plus ou moins long. Ce corps de logis renferme au rez-de-chaussée une cuisine, une dépense, une autre entrée sur la cour et un autre escalier, un salon, un office et une chambre avec un cabinet de toilette sur le dehors, avec un corridor sur la cour, au bout duquel est un cabinet de travail qui achève le périmètre.

Ce bâtiment a 16 pieds (5,20) de hauteur, dont 9 (2,92) pour le rez-de-chaussée ; le reste forme un petit attique. Cet attique contient des logements au-dessus de celui que nous venons de décrire ; au-dessus de celui du vigneron sont des magasins à son usage, des greniers à foin sur l'écurie, la remise et la sellerie, le cellier et le pressoir. On peut faire monter de fond la vinée ; cette élévation est dessinée dans la fig. 2.

Fig. 2, 3. Cette fig. 2 est la façade sur la cour, et la coupe des corps de logis latéraux sur la ligne AB du plan. Elle fait voir celle de la cave creusée sous la vinée, le pressoir, le cellier, l'entrée et la dépense, et où conduisent les escaliers des deux premières pièces ;

cette cave a une hauteur de 9 pieds (2,92) sous clef.

La fig. 3 est l'élévation extérieure du côté de l'entrée et ne présente aucun objet remarquable.

ARTICLE 3.

Métairies.

Dans la culture à bœufs des provinces méridionales, qui est une petite culture, il est rare que les métairies soient de plus que quatre charrues ; car une grande étendue n'est pas compatible avec la pesanteur et la condition de ces animaux ; elles sont plus communément de trois ou de deux. Mais la quantité de terre qu'exploite une charrue est relative à sa situation et à la nature du sol. Dans les coteaux et les terres argileuses, une charrue n'exploite qu'environ 30 arpents : dans les plaines, les sables et les terres légères, une charrue suffit à 40, 50, et même quelquefois 60 arpents.

C'est surtout dans ces bâtiments, qui dans le fond ne sont que des charges agricoles, que l'on doit viser à l'économie, en tant néanmoins qu'elle ne nuit point à la solidité ; c'est aussi probablement pour cette raison qu'ils sont construits à peu près partout dans une pensée uniforme, et que la vue d'édifices semblables répand dans les campagnes une monotonie que cette économie empêche de faire disparaître et qui n'est ni artistique ni pittoresque ; c'est ici qu'en étudiant un projet, on doit toujours avoir sous les yeux cette économie, qui, dans la plupart des circonstances, empêche la variété des plans et des élévations, qui prescrit de ne faire que peu d'angles rentrants ou sortants ; ne permet de donner que l'épaisseur nécessaire, et aux pièces que les dimensions suffisantes ; en limite les nombres à l'indispensable, parce que les bois augmentent de valeur dans le rapport de leur longueur et par suite de leur force. On doit penser à l'exposition afin de ne trouver du côté de la pluie que les façades les moins exposées ; aux vents nécessaires à l'assainissement et à l'aération des bâtiments, de ses étables et surtout de son aire, condition si nécessaire

l'entre-sol qui en est le complément. Enfin, un grand magasin à blé de 72 pieds (23,39) sur 33 (10,72) avec un magasin à maïs au-dessus, est entre le logement du garde qui sert de concierge et celui du régisseur. Le dessus des étables forme un vaste fenil de 33 pieds (10,72) de large sur 135 pieds (43,87) de longueur.

Le pourtour de la cour de ferme présente, tant en travers que le long des murs, une chaussée de 24 pieds (7,80) de largeur, ce qui laisse deux vides carrés d'environ 24 pieds (7,80) de côté, dans lesquels sont placés les fumiers.

Chacun de ces grands corps de bâtiment occupe un parallélogramme de 32 toises ou 192 pieds (62,36) de long sur 12 toises ou 72 pieds (23,39) de largeur.

La planche XXIX présente les quatre façades extérieures du bâtiment de la cour de ferme : celles de la basse-cour, nous l'avons dit, sont les mêmes. Ces façades n'ont, en général, qu'un rez-de-chaussée et au-dessus des ouvertures pour éclairer des magasins, greniers ou galetas supérieurs ; seulement les pavillons ont un petit entre-sol intermédiaire ; les quatre grandes façades extérieures ont ainsi 192 pieds (62,36) de développement, et les quatre intérieures 59 pieds (19,16) ; les quatre façades extérieures sur la largeur ont 72 pieds (23,39), les trois grandes façades intérieures des deux cours et le mur de clôture du verger ont une longueur de 59 pieds (19,16), les deux moindres façades de la basse-cour ont 53 pieds (17,21) et les deux de la cour de ferme 36 pieds (11,69). La hauteur générale est de 15 pieds (4,87), celle des pavillons du côté de la maison est de 20 pieds (6,50) ; celle des combles est en général de 6 pieds (1,95). Les grandes portes centrales ont 10 pieds (3,25) de hauteur ; elles sont en arcades, et le cintre éclaire les galetas ou les entre-sols. Les croisées des rez-de-chaussée ont environ 3 pieds (0,97) sur 6 (1,95), les mezzanines des entre-sols 3 pieds (0,97) en carré. Tous les murs sont lisses, et leur régularité est leur seul ornement.

L'ensemble de tous les bâtiments de la maison de campagne est reproduit dans la planche XXXV, figure 1re. L'esplanade entre les deux cours a 53 toises ou 318 pieds (103,29) de largeur et 32 toises ou 192 pieds (62,36) de profondeur. Entre la maison et les deux cours est une terrasse de 24 pieds (7,80) de large, et le long des cours est un chemin de service pour l'exploitation. L'entrée des terrasses à l'origine, soit de la maison, soit des cours, est fermée de trois grilles ; une autre grille ferme l'entrée de l'esplanade sur le chemin de service.

ARTICLE 2.
Vendangeoir.

La planche XXX présente le projet d'un *vendangeoir*, suffisant pour l'exploitation de 50 arpents de vignes d'un rapport ordinaire. Planc. XXX. Fig. 1.

Il forme, fig. 1, un plan carré dont les côtés, à l'aspect du levant et à celui du couchant, ont 100 pieds (32,48) de long et les autres 108 pieds (35,08). Il est composé de quatre corps de logis formant à leur centre une cour de 54 pieds (17,54) de long sur 42 pieds (13,64) de large.

L'entrée a lieu par une vaste pièce de 35 pieds (11,37) sur 31 (10,07), qui sert à la fois d'atelier et de magasin, partie d'un corps de logis qui renferme ensuite un commun et une chambre pour le vigneron, une serre-pile, une écurie pour six chevaux, une remise et une sellerie : le dessus de toutes ces pièces forme une grange et une décharge pour le vigneron.

Dans le corps de droite se trouve la vinée, dite aussi le *chai*, de 42 pieds (13,64) de long sur 24 (7,80) de largeur : elle renferme quatre *cuves* en béton formant ensemble un dans œuvre de 32 pieds (10,40) sur 6 (1,95), et 6 pieds (1,95) de profondeur, qui peuvent offrir une capacité de 1152 pieds cubes ou 5 toises cubes 72 pieds cubes, c'est-à-dire 39 mètres cubes 4874, ou 39487 décimètres cubes, contenant environ 395 hectolitres. Elles communiquent à une terrasse extérieure à laquelle on arrive par deux rampes douces et qui amène les voitures chargées de vendange au niveau

(5,85), et la serre à légumes de 32 pieds (10,40) sur la même largeur; dans cette serre un escalier monte à l'étage supérieur. En revenant au logement de la fille de cour, sur le corps D, une cour de porcs de 70 pieds (22,74) de long sur 14 de large (4,55), ayant un petit hangar à chaque extrémité avec vingt toits et une loge à lapins, le tout communiquant avec la fille de cour, et un poulailler au-dessus en retraite dégagé par une petite galerie. Enfin, après la cour des porcs et en équerre avec le verger est la loge du jardinier composée de trois pièces, d'un cabinet pour ses graines et une petite écurie pour son âne. Le dessus de tous ces bâtiments est occupé par les décharges destinées aux employés, et par des magasins et greniers à l'usage de l'exploitation, entre autres, au-dessus du cellier et des serres, un magasin à maïs de 106 pieds (34,43) de long sur 18 (5,85) de large, auquel on monte par l'escalier de la serre à légumes. Le mur de clôture qui remplace le quatrième corps sur le verger est percé d'une porte charretière de 9 pieds (2,92) de largeur. Voilà pour la basse-cour.

2° La *cour de ferme*, à gauche de la première entrée de l'esplanade, planche XXVIII, du même côté que l'appartement du propriétaire, a, comme la basse-cour qui vient d'être décrite, quatre corps de logis d'un aspect à peu près identique; de ces quatre corps de logis, celui qui forme un des côtés de l'esplanade est désigné par A, celui qui donne sur l'aire, par B; celui qui longe le chemin de service, par C, et celui qui longe la terrasse vis-à-vis de la maison, par D. Le corps A présente à l'entrée de cette esplanade, sur le chemin de service et plus rapproché de la grille d'entrée, un pavillon pour le régisseur qui fait face à celui de la basse-cour occupé par la chapelle: il est composé de trois pièces qui forment son logement, avec un passage et un escalier qui monte à l'attique qui en forme le complément; puis, en remontant vers la maison, se trouve de plain-pied un magasin et une décharge pour renfermer les objets le plus spécialement confiés à sa garde, une chambre pour le chaulage et un atelier pour les ouvriers de 20 pieds (6,50) sur 25 (8,12). Le dessus de toutes ces dernières pièces forme un magasin supérieur qui, s'il le fallait, serait divisé ainsi que le besoin l'exigerait, et dont les dimensions générales seraient de 54 pieds (17,54) sur 22 (7,15). Vient ensuite le passage de 12 pieds (3,90) de largeur qui conduit de l'esplanade dans l'intérieur de la cour. De l'autre côté de ce passage, se trouve le logement du charretier, une sellerie pour ses harnais et une écurie de quatre chevaux; à la suite, les trois pièces du logement du berger, l'étable de ses agneaux de 32 pieds (10,40) sur 16 (5,20), et dans le retour sur la terrasse dans le corps D, la grande bergerie de 48 pieds (15,59) sur 33 (10,72): un hangar à fourrage de 33 pieds (10,72) sur 40 (13,00), au milieu duquel les voitures chargées peuvent entrer dans la cour. Si on ne craignait pas les accidents du feu, et qu'on redoutât pour la maison les odeurs de la bergerie, il serait facile de transporter de ce côté de l'esplanade, et du côté de la maison, le logement du régisseur, et de reléguer la bergerie sur le chemin de service. Le corps B', sur l'aire, est occupé par la métairie: une garde-pile de 18 pieds (5,85) sur 33 (10,72), une écurie pour quatre juments poulinières et une étable à veaux, enfin, une grande étable pour vingt-quatre vaches, étable à la hollandaise de 54 pieds (17,54) sur 31 (10,07) où les animaux sont placés sur deux lignes en regard l'une de l'autre, ayant entre elles un couloir plus élevé pour les affourrager et y conduire des buvées; cette étable tient à un second passage charretier qui de la cour conduit à l'aire. Immédiatement après ce passage, se trouve la métairie proprement dite. Sur l'aire, une décharge, deux chambres pour les laboureurs, et dans le double, sur la cour, une troisième chambre avec une étable pour quatre paires de bœufs de travail, de 34 pieds (11,05) sur 14 (4,55); enfin, un autre passage qui n'est pas charretier, qui va aussi de la cour à l'aire, et isole davantage le logement du garde à l'angle du corps B et du corps C sur le chemin de service. Ce logement est composé de deux pièces, un passage particulier et un escalier qui conduit à

présenter des modèles, qui, bons ici, là seraient défectueux. Cependant, pour ne pas laisser en arrière ce principal objet de l'architecture rurale, nous allons tenter d'esquisser quelques-unes de ces compositions. Ici, moins encore, nous ne pouvons prétendre à offrir des modèles ; nous ne pouvons espérer que de fournir des canevas, que chacun pourra remplir et modifier d'après ses besoins : ici aussi, plus qu'ailleurs, l'économie est une condition indispensable ; il faut l'absolu nécessaire et rien de plus ; car les capitaux mis en constructions purement rurales, bien loin d'offrir un revenu au propriétaire, sont une source de dépenses pour leur entretien, et un homme sage doit se restreindre autant que cela est possible. Aussi encore doit-on éloigner de soi toute idée de décoration, et tout plan qui exigerait des dépenses que l'on peut éviter.

Nous donnerons successivement les plans des dépendances de notre maison de campagne, celui d'un vendangeoir et ceux de métairies de diverses sortes. La troisième partie renfermera les détails dans lesquels nous ne pouvons entrer ici.

ARTICLE PREMIER.

Dépendances de la maison de campagne.

Comme nous l'avons déjà dit, les dépendances de la maison de campagne dont nous venons de donner la description et qui est figurée dans les planches XXIII-XXIV et XXV-XXVI, sont réparties en deux corps placés, l'un à droite, l'autre à gauche de l'esplanade au bout de laquelle cette maison est placée : ce sont d'un côté la basse-cour, de l'autre la cour de ferme.

1° La *basse-cour* à droite, placée du côté de l'appartement de la maîtresse de la maison, est représentée en plan dans la planche XXVII ; elle est composée de trois corps de logis et d'un mur de clôture qui forment une cour centrale, au milieu de laquelle s'élève un colombier circulaire de 18 pieds (5,85) de diamètre. Le corps sur l'esplanade est désigné par A sur la planche XXIX et sur la planche XXXV (où par une méprise du graveur, la situation des deux cours est intervertie) ; le corps sur l'aile de la cour de ferme et le mur de clôture de la basse-cour sont désignés par la lettre B ; le corps qui longe le chemin de service par la lettre C ; celui qui fait face à la maison par la lettre D. Ces lettres indiquent pour les deux cours les façades qui sont toutes parallèles.

S'occupant d'abord exclusivement de la basse-cour, la façade A sur l'esplanade a, sur le côté de la maison, un pavillon dont elle reçoit un versant ; celle de l'extérieur B, qui n'est que le mur de clôture, longe le verger ; celle C qui longe le chemin de service a, à chaque extrémité, un pavillon dont elle représente les pignons ; enfin, celle D sur la terrasse en face de la maison montre le pignon du pavillon qui verse sur l'esplanade. La cour centrale a 54 pieds (17,54) sur 120 (38,97).

Le corps de logis A présente du côté de la maison le logement de la fille de cour composé de deux pièces, d'une chambre d'épinettes, d'un passage qui va à la cour des porcs et d'une chambre à mue : le tout compose le pavillon. On trouve ensuite, en suivant l'esplanade, une pièce pour les jeunes volailles, une décharge, une petite laiterie et son dépôt ; vient ensuite le magasin du merrain et l'atelier des ouvriers tonneliers de 20 pieds (6,50) sur 32 (10,40), puis un grand passage de 12 pieds (3,90) de largeur qui communique de l'esplanade dans l'intérieur de la cour. De là, sur la même ligne, sur l'esplanade, le logement du vigneron composé de trois pièces, et dans le double sur la cour une vinée de 30 pieds (9,75) sur 14 pieds (4,55) et un pressoir de 20 pieds (6,50) sur la même largeur, pressoir qui, par un passage circulaire, communique au cellier. A l'extrémité de ce corps, tenant au chemin de service, se trouve une chapelle de 23 pieds (7,47) en carré, avec son vestiaire et l'escalier qui monte au-dessus.

Sur le retour, le corps D qui longe le chemin de service renferme sur le chemin l'orangerie de 72 pieds (23,39) sur 14 (4,55), et la serre à fleurs de 33 pieds (10,72), et sur le double ayant vue sur la cour, le cellier de 72 pieds (23,39) sur 18

mestique occupent l'étage supérieur. Le reste de ce corps latéral se distribue, au rez-de-chaussée, en une écurie à huit chevaux de 33 pieds (10,72) sur 16 (5,20) de large, avec un passage de 6 pieds (1,95), conduisant à l'extérieur, une sellerie, la chambre du palefrenier et deux remises, l'une de 26 pieds (8,45) sur 12 (3,90); l'autre de 20 pieds (6,50) seulement, parce que le fond est occupé par un escalier particulier pour les granges, situées dans l'étage supérieur, et qui ont 55 pieds (17,86) de longueur sur 33 (10,72) de largeur. Comme dans l'autre partie, les dépendances sont fermées par la même clef.

Le premier étage du pavillon central, fig. 2, renferme une grande antichambre, qui, avec un corridor, lequel à chaque bout est éclairé au-dessus des combles des corps latéraux, et communique par deux escaliers de six marches avec les galetas supérieurs, dégage sept chambres à coucher, dont trois avec des cabinets et des garde-robes.

Voilà quelle est l'habitation des maîtres de la maison. Il n'y a assurément rien de trop, mais nous croyons que le nécessaire et les dépendances essentielles s'y trouvent.

Fig. 3. La façade du bâtiment du côté de l'entrée, même planche, fig. 3, est d'une grande et absolue simplicité: elle est même rustique, et ce caractère ne lui est pas enlevé par les refends qui règnent sur le pavillon central. La porte d'entrée est abritée par un petit porche formé de deux colonnes toscanes qui supportent un balcon au premier étage.

Planc. XXV-XXVI. La façade du côté du parterre se trouve à la planche XXV-XXVI. Pour les corps latéraux, elle est unie comme dans la précédente. Le pavillon du milieu a un avant-corps percé de trois arcades toscanes, et chaque arrière-corps a deux croisées avec cadres, appuis et entablement, ornés de moulures: il y a aussi des cadres aux croisées du premier étage. Un amortissement en gradins couronne l'avant-corps et est surmonté d'une figure emblématique de l'agriculture: les arrière-corps sont surmontés d'un acrotère sur lequel sont posés quatre vases servant de conduits à la fumée des cheminées placées entre les croisées.

Ces façades ont 30 pieds (9,75) de hauteur, socle compris; l'amortissement de celle du parterre donne 14 pieds (4,55) de plus, avec la hauteur de la statue. Les corps latéraux n'ont que 18 pieds (5,85) d'élévation.

Outre la seconde façade, la planche XXV-XXVI présente le dessin des deux façades latérales des deux corps latéraux; la coupe du grand corps de logis sur la ligne AB du plan; celle de l'écurie et des granges sur la ligne CD; celle des offices et de l'entresol sur la ligne EF; enfin, la coupe sur la longueur totale sur la ligne GH qui fait voir les détails de la construction intérieure. Du côté de l'entrée, il y a vingt-trois croisées de face, dont cinq au pavillon du milieu: du côté opposé, il s'en trouve vingt-neuf dont onze à chaque aile latérale, deux à chaque arrière-corps du pavillon et trois à son avant-corps.

Les cours qui dépendent de cette maison et qui en forment des parties essentielles, sont de vrais bâtiments d'exploitation, quoique la chapelle et l'orangerie y soient comprises; nous n'en traiterons par conséquent que dans le chapitre suivant.

CHAPITRE II.

DES BATIMENTS D'EXPLOITATION.

On appelle *bâtiments d'exploitation*, ceux qui sont destinés à loger les hommes ou les animaux employés dans l'industrie agricole, à serrer ses produits et ses instruments, à fournir les locaux nécessaires pour leur manipulation.

Chaque contrée a ses usages, ses cultures, ses récoltes; elle a son climat, ses intempéries habituelles, auxquels il faut se soumettre et dont on doit chercher à se garantir. Toutes ces conditions si variées, si multipliées, ne permettent pas de

devait se trouver au milieu des jardins, et qu'il convenait de placer à sa portée, mais non laisser immédiatement contigus, les *bâtiments d'exploitation*. Ceux-ci, eux-mêmes, étant trop considérables pour ne former qu'une masse, seront divisés en *cour de ferme* et en *basse-cour*, ou cour de ménagerie. Ces deux bâtiments secondaires ayant des façades semblables, peuvent avantageusement accompagner l'édifice principal. Voilà le système général auquel nous nous sommes arrêté, et dont nous allons faire un exposé rapide, que rendra sensible le plan en masse, pl. XXXV; remettant d'ailleurs aux deuxième et troisième parties de cet ouvrage à parler des détails de construction des diverses parties qui le composent ou qui lui sont accessoires.

La fig. 1, pl. XXIII-XXIV, donne le plan du rez-de-chaussée de la maison d'habitation. Elle consiste en un gros pavillon carré de 68 pieds (22,09) de large sur 43 (13,96) de profondeur. De chaque côté est un bâtiment moins élevé, en retraite, mais sur la même ligne, de 116 pieds (37,68) de longueur sur 36 (11,69) de large; de manière que le développement des façades serait de 300 pieds (97,44).

Le pavillon central est composé d'un rez-de-chaussée et d'un premier étage en attique : les deux corps latéraux n'ont que des galetas sur les grandes pièces, et comme les autres n'ont pas besoin d'être aussi élevées, les galetas sont, dans celles-ci, remplacés par des entresols. La hauteur des pièces du rez-de-chaussée est, dans le grand corps, de 15 pieds (4,87), plancher compris : elle n'est que de 11 pieds (3,57) dans les principales pièces des corps latéraux, et de 8 (2,60) dans les pièces secondaires. Le massif du bâtiment, pour plus de salubrité, repose sur un socle ou soubassement continu de 2 pieds (0,65), ou 30 pouces (0,80).

Le centre du rez-de-chaussée de ce pavillon, fig. 1, est occupé, du côté de l'entrée, par un vestibule de 18 pieds (5,85) sur 13 (4,22), et du côté du jardin, par un grand salon de 24 pieds (7,80) en carré, formant avant-corps d'environ 4 pieds (1,30) de saillie. Le reste du pavillon renferme, de chaque côté du salon, deux chambres à coucher, l'une pour le maître, l'autre pour la maîtresse de la maison, de 18 pieds (5,85) sur 20 (6,50); au côté droit du vestibule, une salle à manger de 24 pieds (7,80), sur 18 (5,85); et, au côté gauche, la cage de l'escalier, de 8 pieds (2,60) sur 18 (5,85), et un petit salon de famille de 18 pieds (5,85) sur 14 (4,55); ce qui fait que, dans l'habitude, on peut se dispenser d'habiter le grand salon.

La suite et les dépendances de l'appartement de madame, placé à la droite du salon, sont : un cabinet de toilette de 13 pieds (4,22) sur 16 (5,20), une chambre d'enfant de 14 pieds (4,55) sur 16 (5,20); une de femme de chambre, une salle de bain, un office particulier, des anglaises, le tout débouché par un couloir, une lingerie, une buanderie et son pétrin. Dans le double, le logement de la cuisinière et l'office de la salle à manger; une cuisine de 21 pieds (6,82) sur 15 (4,87), avec son évier et son grand office, l'escalier particulier de ce corps inférieur, deux caveaux, un bûcher avec cave souterraine au-dessous, et une sortie latérale. Dans l'étage supérieur, fig. 2, sont des galetas, des chambres de domestiques et d'ouvriers, un garde-meuble, un grenier à légumes, un grenier à linge et un fruitier. Au moyen des portes qui, des couloirs inférieur et supérieur, donnent sur les passages, toute la partie intérieure personnelle du service se trouve ici sous la clef de la maîtresse de la maison.

Dans le corps inférieur, à gauche, se trouvent les dépendances du logement du maître; à la suite de la chambre à coucher, sont un cabinet de travail ou d'étude de 16 pieds (5,20) sur 12 (3,90); une bibliothèque de 20 pieds (6,50) sur 16 (5,20); un serre-papier, et, dans le double, une salle de billard de 15 pieds (4,87) sur 24 (7,80), des lieux et l'escalier particulier de cette aile; à la suite de cet appartement se trouve une grande pièce de 33 pieds (10,72) sur 17 (5,52), ayant des jours de chaque côté, et servant de dépôt pour les instruments d'exploitation, les semences et les autres objets dont le chef de l'exploitation se réserve la disposition immédiate et la distribution exclusive. De grands galetas, un magasin et une chambre de do-

pieds (7,80) de grand diamètre dans le pavillon avec son cabinet. Ce cabinet est encore dégagé par le petit escalier dérobé de la bibliothèque, lequel conduit à la grande lingerie, de 29 pieds (9,42) sur 19 (6,17), et, au moyen du couloir, à l'appartement de la lingère. Ainsi, cet étage comprend trois salons, la lingerie, dix chambres à coucher et leurs dépendances : les trois escaliers secondaires montent aux combles, où on peut pratiquer quelques accessoires.

Tout l'édifice est élevé sur un soubassement de 4 pieds (1,30) de hauteur, qui, par des ouvertures barlongues, éclaire les offices. Du côté de l'entrée, fig. 2, un péristyle décore l'entrée du vestibule : ce péristyle se compose de quatre colonnes ioniques, qui occupent les deux étages, et ont 27 pieds (8,77) de hauteur. Le reste de la façade est simple : une plinthe soutient les arcades des croisées du rez-de-chaussée, et une seconde sert d'appui à celles du premier étage; elle est couronnée du même entablement qui règne sur les colonnes, entablement de 4 pieds (1,30) de hauteur, et par conséquent qui n'a que le sixième de la colonne, un acrotère continu masque le comble, et un fronton surmonte le péristyle; les saillies demi-circulaires des pavillons ne s'élèvent pas au-dessus du corps principal; il y a en tout 19 croisées.

Fig. 2.

Fig. 3.

La façade du côté du jardin, pl. XXI-XXII, fig. 3, est un peu plus ornée; elle n'offre que 17 croisées; l'avant-corps du milieu est aussi surmonté d'un fronton; les avant-corps des extrémités ont un amortissement en gradins. Une décoration de bas-relief, composée de pilastres ioniques, ne règne que sur le rez-de-chaussée, et la couronne de l'entablement sert d'appui aux croisées du premier étage.

La première façade a 31 pieds (10,07) de hauteur, 35 (11,37) avec le soubassement, et 37 (12,02) avec l'acrotère : celle du côté du jardin n'en a que 36 (11,69), à cause de la moindre élévation du soubassement.

ARTICLE 6.
Maison de campagne.

La *maison de campagne* est le bâtiment le plus important de l'Architecture rurale, prise dans l'acception commune; aussi le présent ouvrage, dans toutes ses parties et dans tous ses détails, l'a-t-il eue principalement en vue. Ainsi que nous concevons qu'elle dût être construite, dans le cas qu'on eût un emplacement libre, et qu'on n'eût aucun bâtiment que l'on pût utiliser, elle doit être, autant que possible, nous l'avons dit, située au centre du domaine. Si celui-ci, comme il est d'ordinaire, est divisé en plusieurs fermes ou métairies, la plus rapprochée sera jointe aux bâtiments de la dépendance immédiate de la maison, et on la composera de manière qu'elle ait de l'étendue et de l'importance, afin de réunir, sous les yeux du maître, la partie la plus considérable de son exploitation. Il en est de même de ses magasins, de ses greniers, de ses granges et de ses étables particulières, de sa vinée, de sa bergerie et du logement de ses employés, son régisseur, son garde, son jardinier, son vigneron, ses maîtres-valets. La maîtresse de la maison doit aussi avoir une basse-cour complète, qui, en occupant ses loisirs, puisse lui fournir des ressources pour sa table, pour son ménage, et une consommation profitable de beaucoup de grains inférieurs, de grenailles et de rebuts. Tout doit être ici borné au nécessaire, soit dans le nombre de pièces, soit dans leurs dimensions; mais aussi tout doit s'y trouver; car, en deçà, on ne remplirait pas son but, et, en delà, on excéderait ses moyens, et on se donnerait une charge énorme, celle d'entretenir des bâtiments inutiles.

Cependant, cette exploitation considérable suppose une certaine fortune; par conséquent, pour en rendre le séjour agréable, veut une maison d'habitation, toujours sans luxe, il est vrai, mais où se trouvent toutes les convenances et tout ce qui est nécessaire pour un ménage aisé et considérable.

Comme, à la campagne, ce qu'il y a de plus gracieux, est de ne pas être renfermé chez soi, et de pouvoir en sortir à toute heure, en ayant sous sa main et à sa portée les choses dont on a besoin, nous avons pensé que la maison d'habitation devait être principalement au rez-de-chaussée, qu'elle

projet est représenté dans les deux planches XIX-XX, XXI-XXII, nous nous sommes cependant écartés davantage de cette règle générale, sans la négliger entièrement. Il n'y a ici qu'un bâtiment d'habitation ; les dépendances et les servitudes principales, s'il y en a, sont éloignées, et ne forment pas un corps avec lui : cet édifice tient davantage des maisons de plaisance, et doit participer à leur caractère particulier : ce bâtiment a environ 208 pieds (67,56) de longueur sur 49 (15,91) de profondeur, non comprises les saillies des avant-corps. Il se compose d'un rez-de chaussée et d'un étage souterrain, pl. XIX-XX, et d'un premier étage, pl. XXI-XXII.

Pl. XIX-XX. Fig. 1. Dans le rez-de-chaussée, pl. XIX-XX, fig. 1, la cage de l'escalier sert de vestibule, Cette cage a, dans œuvre, environ 30 pieds (9,75) en carré; l'escalier, qui, à l'entrée, monte droit, se partage, au premier palier, en deux rampes supérieures. Derrière cet escalier est le grand salon dans les mêmes dimensions; il est à l'italienne, décoré de douze colonnes corinthiennes qui supportent la galerie au niveau du premier étage. A chaque côté du vestibule sont deux antichambres; celle de droite conduit à une salle à manger de 32 pieds (10,40) sur 20 (6,50); ensuite un office et un escalier, lequel conduit aux cuisines et monte au premier étage. A gauche, l'antichambre, de ce côté, conduit à une salle de billard de 20 pieds (6,50) sur 22 (7,15); un autre escalier, de seconde importance, une chambre à coucher, et une bibliothèque dans le pavillon de ce côté. L'antichambre de droite mène, vers le côté droit du salon, à une chambre d'honneur, avec son cabinet et ses garde-robes; une seconde chambre communique à une galerie dans le pavillon de ce côté, laquelle sert de salon à la chapelle, dans l'extrémité opposée, joignant l'escalier des offices, et ayant, comme la bibliothèque, un perron sur l'entrée. Le grand salon, par la gauche, conduit à un second salon de 24 pieds (7,80) sur 21 (6,82); de là à une chambre pour la maîtresse de la maison, une seconde chambre pour ses filles, un boudoir, un *gynécée*, ou chambre de travail; et dans l'intérieur, une chambre de femme de chambre, les armoires, des anglaises, un couloir de dégagement, un serre-papier, et un escalier particulier.

La chapelle est circulaire; elle a 18 pieds (5,85) de diamètre, avec une tribune de la même forme, soutenue par huit colonnes corinthiennes dégagées. Cette tribune est au niveau du premier étage; le plafond, en voussure ou calotte, a 6 pieds 1,95) de hauteur; de manière que la hauteur de la chapelle est de 24 pieds (7,80) en tout. Le plafond est enrichi de caissons en stuc; les murs intérieurs, les bases, les chapiteaux des colonnes et l'entablement sont revêtus de stuc blanc, et les fûts en stuc de couleur; le pavé parqueté ou en marbre; l'autel est au centre.

Fig. 2. L'étage des offices, pl. XIX-XX, fig. 2, n'occupe qu'une partie du dessous du rez-de-chaussée; le reste est en terre-plein. Il est mieux que les pièces soient voûtées : on y descend par les deux escaliers secondaires. A l'issue de celui qui est près de la chapelle, se trouve la cuisine, l'aide, l'évier, le magasin à charbon, une dépense, un commun ; le dessous de l'escalier est en terre-plein; sous le grand salon se trouve la bûcherie ; à l'issue de l'escalier, près le billard, sont deux caves, un pétrin, une buanderie, un office, et un frottoir.

Planc. XXI-XXII. Fig. 1. Le premier étage, pl. XXI-XXII, fig. 1, est occupé, au centre, par le grand escalier et le salon à l'italienne, qui lui offre son promenoir ; à gauche, en montant par l'escalier, est un appartement composé d'un salon de 16 pieds sur 20 (5,20 sur 6,50), dans le double d'une belle chambre de 22 pieds sur 24 (7,15 sur 7,80), d'un boudoir et sa garde robe ; le salon communique à un autre petit appartement dont l'antichambre est sur l'escalier de la chapelle, et un couloir dégage trois autres chambres, des cabinets et garde-robes, et la tribune de la chapelle : à droite de l'escalier, un salon de 16 pieds (5,20) sur 20 (6,50); une chambre et une antichambre ayant issue sur l'escalier du billard : trois autres chambres avec leurs dépendances; un autre salon (1) de l'autre côté de cet escalier, et une chambre elliptique de 24

---

(1) Le graveur a omis de désigner cette pièce.

nent jour sur la cour des écuries, et par un pan coupé ont issue sur un grand cabinet d'étude, et le logement du précepteur dans le double de l'orangerie, lequel a aussi ses croisées sur la cour des écuries.

Les choses sont disposées de manière que si la famille seule n'avait pas besoin des grandes pièces, on aurait un appartement ordinaire et suffisant en les tenant fermées. La grande cuisine, de 24 pieds (7,80) sur 20 (6,50), serait remplacée par l'aide de 16 pieds (5,20) sur 13 (4,22), ayant ses accessoires, son commun et sa salle à manger derrière la chambre à coucher; la disposition des lieux donne, dans les deux cas, de l'aisance pour le service. Six escaliers secondaires, tant dans le corps de logis que dans les ailes (dont l'un, derrière l'escalier d'honneur, pourrait être le principal d'une maison moins considérable), assurent une facile communication avec les attiques et l'étage supérieur qui renferme les appartements d'étrangers et les locaux supplémentaires. Les croisées de ce premier étage sur le jardin sont aussi en portes vitrées et s'ouvrent sur une terrasse ouverte au-dessus de la galerie ou portique du rez-de-chaussée.

Planc. XVII-XVIII. Fig. 1.

La planche XVII-XVIII renferme quatre dessins d'extérieurs avec quelques portions de coupe. La fig. 1, prise sur la ligne AB du plan, donne l'élévation d'une des ailes de la cour et la coupe du corps de logis : on y voit celle de la terrasse supérieure et du portique inférieur, de la salle de billard et de la salle à manger, et la façade des quinze arcades de la cour avec l'inclinaison du niveau de cette cour. Ces arcades ont 6 pieds (1,95) de largeur sur 14 (4,55) de hauteur; elles sont soutenues par des antes doriques sans base; elles sont à plein cintre, et les croisées de l'attique y prennent jour. Cet étage attique renferme des logements supplémentaires de domestiques ou d'employés, des greniers et des magasins de toute sorte. Les antes ont 2 pieds (0,65) de côté et 11 (3,57) de fût; le rayon des pleins cintres est de 3 pieds (0,97) et la hauteur de ces ailes, corniche comprise, est de 17 pieds (5,52) au-dessus du soubassement, lequel s'accroît d'après les pentes de la cour.

La fig. 2 donne l'élévation du corps de logis sur la cour, la coupe des ailes et les façades sur les basses-cours; elle est prise sur la ligne CD du plan. Le corps de logis, outre la porte principale, a six croisées de face, renfermées dans des arcades feintes, semblables à celles du portique des ailes : les croisées du premier étage sont percées sur le nu, leur bandeau s'appuie sur une plinthe courante. La grande corniche des ailes sert de plinthe d'étage entre les deux lignes, et un fronton triangulaire couronne l'avant-corps.

Fig. 2

La fig. 3 présente l'élévation de la grande grille de la cour d'honneur, et celle des deux ailes sur la même ligne et sur l'avant-cour. Ces bâtiments latéraux, comme les ailes sur la cour, sont composés d'un rez-de-chaussée et d'un attique : le mur est lisse et n'a d'autre ornement que la plinthe d'étage qui sert d'appui aux croisées supérieures : la même corniche se retourne sur lui.

Fig. 3

Enfin, la fig. 4 donne l'élévation de la grande façade sur le jardin, du corps de logis, son portique et sa terrasse, des deux pavillons, et des deux ailes secondaires. Le corps de logis a 32 pieds (10,40) de hauteur; les pavillons qui ont un second étage, ont 38 pieds (12,35) d'élévation, et les bâtiments secondaires, qui n'ont qu'un rez-de-chaussée seulement, ont une hauteur de 16 pieds (5,20). Un simple stylobate sépare les deux étages, tant du corps de logis que des pavillons; la grande corniche du premier s'étend sur les autres, et, au-dessus du second étage de ceux-ci, une corniche de comble et surmontée d'un fronton. La couronne de la corniche des petites ailes continue la baguette du stylobate : au-dessus, un gradin et un acrotère masquent le comble.

Fig. 4

Quoique ce bâtiment soit considérable, sans contredit, nous n'avons voulu y faire entrer que le nécessaire, avec un peu plus de développement : et quelque importance qu'il puisse avoir, nous avons cherché à conserver à toutes les façades, quoique à divers degrés, la sévérité et la simplicité, qui sont constamment nos guides.

Dans le château de la seconde espèce, dont le

des ; les sept premières à droite, en partant de la grille, renferment le logement du régisseur avec un grand bûcher, une cave, une vinée et un magasin ; ces deux dernières pièces donnent sur l'avant-cour où elles ont une grande entrée extérieure particulière : dans le double, sont le logement de la fille de cour et les dépendances de son service, qui, avec un hangar, entourent une partie de la cour des cuisines avec une autre entrée latérale extérieure. Les huit arcades qui suivent jusques au corps de logis, renferment le service des cuisines, le logement du maître d'hôtel et du cuisinier, les aides, dépenses, commun, offices, ayant aussi jour sur la cour des cuisines.

Les cinq premières arcades à gauche en venant de la grille, renferment le logement du garde, qui est en même temps le concierge du château : outre son logement et son chenil, il surveille deux grands magasins à blé, dont l'un a aussi une entrée extérieure sur l'avant-cour ; et un passage communique avec la basse-cour des écuries. Cette dernière, qui a également une sortie charretière latérale, comprend au fond la loge du jardinier, ses dépendances, un hangar, et autour les remises, l'écurie du charretier pour quatre chevaux ; et dans le double de l'aile sur la grande cour, le logement du charretier, celui du palefrenier et la grande écurie pour douze chevaux. Les dix arcades qui restent jusques au corps de logis, ouvrent sur une sellerie et un autre magasin à blé.

Le grand corps de logis, du côté du jardin, a 130 pieds (42,22) de longueur, et est précédé d'un portique couvert de douze colonnes doriques formant treize entre-colonnements, qui servent d'entrée à treize portes croisées. Cette galerie s'appuie sur deux pavillons de 26 pieds (8,45) de face, et chaque pavillon tient à un corps moins élevé en retraite et en hors-d'œuvre de 54 pieds (17,54) de longueur, de manière que cette façade sur le parterre a un développement total d'environ 190 pieds (61,71). Un grand appartement double et très-complet occupe le rez-de-chaussée ; la porte centrale de l'avant-corps de la cour donne entrée à un vestibule de 24 pieds (7,80) sur 12 (3,90), qui n'est séparé que par trois arcades d'un grand escalier à gauche dont la cage a 18 pieds (5,85) sur 26 (8,45) ; à droite, à une antichambre de 14 pieds (4,55) sur 18 (5,85), laquelle conduit à une salle à manger de 18 pieds (5,85) de largeur sur 32 (10,40) de longueur. Ce même vestibule donne aussi entrée, en face de la grande porte, à un grand salon central et oblong de 36 pieds (11,69) sur 24 (7,80). A droite sont en enfilade une salle de billard, un second salon, une chambre d'honneur à alcôve cintrée dans le pavillon, une galerie et une chapelle dans l'aile basse. Cette chapelle de 16 pieds (5,20) en carré, a de hauteur de plafond en encorbellement 15 pieds (4,87) au moyen de la hauteur de la corniche extérieure. C'est là que l'on est libre d'employer toute l'élégance et même le faste que l'on peut y mettre. Huit ouvertures correspondantes, quatre croisées et quatre portes-croisées intérieures vitrées en carreaux dépolis, ont leurs trumeaux occupés par des panneaux d'ornement en plastique, ou par des peintures à fresque, qui peuvent représenter le sanctuaire comme un carrefour de ville ou une étoile dans une forêt par des lointains d'architecture ou de verdure qui agrandissent à l'œil l'emplacement, et le plafond ou sera rempli de caissons, ou figurera un ciel étoilé. Dans le double de la chambre sont des garde-robes et une petite salle à manger de 18 pieds (5,85) sur 20 (6,50) ; derrière la galerie de la chapelle, un boudoir, une salle de bains, des anglaises ; et derrière la chapelle, une tribune pour les gens de la maison et un vestiaire. Ces dépendances prennent jour dans la cour des cuisines.

A gauche du grand salon sont une chambre, un cabinet de toilette et un grand cabinet. En enfilade et dans le pavillon, une bibliothèque ; dans l'aile basse, une orangerie qui communique avec la bibliothèque par deux portes-croisées, une antichambre à laquelle on parvient par le second escalier, la chambre du valet de chambre, une chambre supplémentaire pour les enfants ; des garde-robes occupent le double du grand corps et du pavillon, pren-

le salon de 20 pieds (6,50) en carré; une chambre à côté de 18 pieds (5,85) sur 14 (4,55), et deux chambres dans les deux tours carrées. Tout le reste a seulement 11 pieds (3,57) de hauteur, planchers ou voûte compris, et est surmonté d'un entre-sol de 7 pieds (2,27), plancher compris. On arrive à ces entre-sols par le grand escalier, et par quelques escaliers ronds que l'on peut pratiquer dans la cuisine ou les garde-robes. Cet entre-sol est éclairé par la partie cintrée des croisées en ogive. Là sont les garde-robes, les logements des domestiques, et les autres dépendances. Le premier étage pourra renfermer les appartements à donner aux étrangers, et d'autres pièces nécessaires, comme grenier à linge, lingerie, fruitier, etc.

La hauteur du bâtiment, dont la planche donne la façade sur l'entrée et l'élévation opposée, est de 30 pieds (9,75); les tours carrées ont 41 pieds (13,31), créneaux compris; les tours rondes, 40 pieds (13,00) non compris leurs combles coniques de 19 pieds (6,17); et le donjon, dans lequel est un escalier intérieur, qui, partant du niveau de l'entresol, conduit à la plate-forme, a 60 pieds (19,49) de hauteur. On a cherché à varier les formes d'ouverture, mais toujours dans le style ogival, à lancettes, rayonnant ou flamboyant, et autant que pouvaient le permettre ou l'exiger les nécessités intérieures. Mais c'est trop s'occuper d'une fantaisie, qui n'est placée ici que pour prouver la possibilité de donner les formes du moyen âge à nos habitations actuelles, ou de moderniser les intérieurs de ces bâtiments sans rien changer à leur physionomie extérieure.

ARTICLE 5.

Château.

Dans le moyen âge, le *château*, comme le *castellum* des Romains, était un lieu fortifié, village, bourg, ou simple citadelle. Les seigneurs féodaux, toujours en guerre ou en alarme, fortifièrent aussi leurs manoirs, pour se protéger eux-mêmes, et protéger leurs vassaux; ces manoirs furent aussi des châteaux, et le pavillon dont nous venons de parler, a avec eux quelque ressemblance; ils en conservèrent le nom quand ils ne furent plus que des maisons d'habitation; et l'usage enfin l'a étendu à tous les bâtiments élevés à la campagne, qui sont chefs-lieux de terres considérables, et qui eux-mêmes sont plus ou moins remarquables par leur étendue et leur importance.

Les premiers châteaux étaient de forme carrée assez ordinairement, et renfermaient une cour ou place d'armes, autour de laquelle étaient les logements et basses-cours accessoires; c'est cette cour principale, qui dans la transformation de l'édifice, a pris le nom de cour d'honneur, et qui est la partie principale des nouveaux châteaux que l'on a construits plus tard. Mais, lors de l'introduction en France de l'architecture italienne, on éleva des édifices dégagés de cours et d'ailes, auxquels par habitude on donna le même nom de château. A Paris, le Louvre est de la première espèce, et les Tuileries de la seconde.

Nous donnons ici, planche XV-XVI, le plan d'un château du premier genre : mais comme une terre considérable en dépend, nous avons cherché à joindre au logement vaste et convenable qui en est l'objet principal, et à placer sous la main du propriétaire ses principaux agents, ses écuries, sa vinée, ses caves, celliers et magasins. Ce plan présente une cour d'honneur séparée par une grille de l'avant-cour ou de la partie du jardin qui lui est immédiate, afin de lui donner de l'air et du jour, choses les plus indispensables et les plus agréables à la campagne. Cette cour, de 85 pieds (27,60) de largeur sur 120 (38,98) de longueur, n'est au centre que de 112 (36,38), parce que l'avant-corps central du corps de logis s'avance de 8 pieds (2,60) : de chaque côté sont deux ailes, le long desquelles règne un portique ou galerie couverte, soutenue par des antes doriques, qui assurent des communications faciles et commodes; ces ailes n'ont qu'un rez-de-chaussée et un étage attique; le corps de logis principal a un bel étage.

Chaque côté de la cour renferme quinze arca-

Deux des quatre façades du pavillon font aussi partie de la planche XIII. La fig. 3 donne l'élévation de l'entrée principale du côté du nord; la fig. 4 celle de l'élévation sur l'entrée des offices du côté de l'est. Le soubassement, comme nous l'avons dit, a 6 pieds (1,95) de hauteur; le corps principal 16 pieds (5,20); le comble 7 pieds (2,27); le grand acrotère et le rampant du comble 6 pieds (1,95), la coupole extérieure 7 pieds (2,27), ce qui donne 42 pieds (13,64) pour l'élévation totale; le grand salon a une hauteur intérieure sous voûte d'environ 22 pieds (7,15). Le tambour de la coupole a 4 pieds (1,30); la grande corniche de couronnement, de 2 (0,65) à 4 pieds (1,30); au-dessous est une plinthe qui est continuée par les imposte des croisées, et au-dessus de laquelle s'élèvent les cintres. Il nous paraît que, vu les sujétions inséparables de la pensée première, l'aspect de ce petit édifice ne manque ni de noblesse ni d'une certaine élégance.

Il n'en sera peut-être pas de même de celui qui, dans le style du moyen âge, occupe la planche XIV, et qui, si l'on n'avait pas supprimé les fossés qui semblent lui manquer, n'aurait rien qui pût lui donner l'apparence d'une maison de plaisance. Aussi encore plus que les autres, ce projet n'est qu'une étude que nous avons faite pour chercher à rendre cette donnée architecturale applicable à nos usages modernes. Elle affecte la forme d'un château gothique. Nous connaissons mieux que personne combien est peu recommandable cette bizarre production, les tours carrées et rondes, le donjon, les croisées ogives de toute espèce, l'amphigouri que présente la porte d'entrée. Toutes ces choses sont cependant ce qu'on appelle romantique, et ce qui est actuellement à la mode; mais du moins nous n'avons pas mêlé, dans cette composition, les choses disparates qui ne doivent pas être confondues : l'antique, la renaissance, le gothique, le vieux style français ne sont pas pêle-mêle dans la forme extérieure. Nous espérons bien néanmoins que personne n'aura la pensée de construire une maison semblable, et qu'on n'imitera pas les Anglais, qui, non-seulement font de l'architecture gothique, mais y mêlent l'architecture saxonne.

Cependant, cette étrange composition pourrait peut-être servir à restaurer un ancien édifice, et, placée convenablement, être alors d'un effet assez pittoresque; nous y avons conservé de la régularité, parce que, selon nous, le désordre n'est jamais nécessaire, et toujours contraire à la solidité; et si tous les détails ne sont pas de la même époque, ils sont d'un style analogue : car, lorsque des édifices bâtis de pièces de rapport ne sont pas désagréables, cela tient au sentiment de la succession des styles, à celui de la nécessité des adjonctions, à des circonstances toutes particulières; mais trop souvent au faux goût, qui prend l'absurde pour le piquant, et la bizarrerie pour le génie.

Quoi qu'il en soit, le plan de cette planche XIV consiste, fig. 1, en un corps de logis double de 96 pieds (31,18) de long sur 48 (15,59) de large: du côté de l'entrée, il est flanqué de deux tours carrées à face bastionnée; du côté opposé, deux tours rondes sont à chaque extrémité, et une tourelle, aussi ronde, est au centre. Les tours carrées sont surmontées de créneaux, et ont 20 pieds (6,50) de face extérieure, et 13 à 14 pieds (4,22 à 4,55) dans œuvre : les tours rondes ont 22 pieds (7,15) de diamètre extérieur, et 18 (5,85) de diamètre intérieur; la petite tour ou donjon, seulement 12 pieds (3,90) de diamètre extérieur, et 8 (2,60) de diamètre intérieur. Un grand vestibule d'entrée perce tout le bâtiment; il serait mieux qu'il fût voûté, et il a dans œuvre 20 pieds (6,50) de largeur sur 44 (14,29) de profondeur; l'escalier qu'il renferme, à une seule volée avec un repos, soutenu par deux murs d'échiffre, ne va qu'au niveau des entre-sols par vingt-quatre marches, formant 11 pieds (3,57) de hauteur, et deux rampes parallèles sur le retour, arrivent au premier étage, élevé de 18 pieds (5,85) sur le niveau du pavé. Les pièces marquées d'un astérisque dans le plan, sont les seules dont les voûtes ou les plafonds avec voussures occupent toute cette hauteur. Ces pièces sont la salle à manger, dont les dimensions sont de 27 pieds (8,77) sur 18 (5,85); la salle de billard servant d'antichambre, de 27 pieds (8,77) sur 15 (4,87);

PART. I. SECT. II. *Bâtiments particuliers.*

d'hermitages destinés à être habités trois ou quatre mois par ceux que leur commerce, leurs affaires, leurs fonctions ou les occupations de leur état retiennent à la ville la plus grande partie de l'année, et qui viennent à l'automne respirer l'air des champs, se délasser de leurs fatigues, et se disposer à reprendre ensuite leurs travaux; aussi, toute idée principale d'économie rurale et domestique est-elle ici écartée. Il faut que les habitudes contractées à la cité se retrouvent ici en partie; il faut que les pièces d'apparat, ou plutôt de réception (s'il en fallait quelques-unes), soient suffisamment spacieuses, sans cependant l'être outre mesure : les pièces d'habitation moins constamment occupées, peuvent être plus exiguës, mais commodes. L'architecture de ces bâtiments peut être moins sévère, quoique toujours présentant le caractère grave et tranquille, propre à l'architecture rurale. On pourrait à l'infini en varier les modifications; mais comme cet objet n'est pour cet ouvrage qu'un accessoire; comme nos maisons bourgeoises peuvent aussi servir à cet usage; comme la maison de campagne décrite dans l'art. 6, pourrait être considérée comme une maison de plaisance; comme surtout le château de plaisance, rapporté dans l'article suivant, page 30, est aussi une maison semblable, sur une échelle assez vaste, nous nous contenterons de proposer ici à nos lecteurs un pavillon dont la planche XIII donne les plans et les élévations, et un autre, dans le style du moyen âge, que nous y joindrons avec une certaine timidité.

Planc. XIII. Fig. 1, 2. Ce pavillon, pl. XIII, fig. 1, est carré; il a 72 pieds (23,39) en tout sens; il s'élève sur un soubassement de 6 pieds (1,95) d'élévation, dans lequel sont pratiqués les offices. Au centre s'élève un salon circulaire de 24 pieds (7,80) de diamètre, surmonté d'une coupole et éclairé par neuf croisées mezzanines supérieures au grand comble. Ce salon a quatre grandes portes en arcades, dont les intervalles sont occupés par une cheminée et trois divans renfoncés. Ces portes communiquent directement au vestibule d'entrée, à la salle à manger, à une antichambre latérale et à une salle de billard. Au milieu de chaque face du bâtiment, un perron de douze marches monte au rez-de-chaussée : ces perrons sont tous d'un dessin différent, et, sous celui de l'est, qui est à deux rampes, est l'entrée extérieure des offices. Le perron du vestibule est intérieur, et son entrée est soutenue par quatre antes sans base, d'ordre ionique. Le vestibule auquel il aboutit est petit, puisqu'il n'a que 15 pieds (4,87) de largeur sur 12 (3,90) de profondeur : la salle à manger a 16 pieds (5,20) sur 21 (6,82); la principale chambre à coucher a de 17 à 18 pieds (5,52 à 5,85) en carré; la salle de billard est de 24 pieds (7,80) sur 15 (4,87) : les autres pièces sont petites; aussi y a-t-il dans cet espace rétréci, outre les cinq pièces que nous venons de mentionner, une autre chambre à coucher de 17 pieds (5,52) sur 16 (5,20); deux antichambres, un cabinet ou petit salon, cinq chambres secondaires, dont deux avec des cabinets ou garde-robes. Des offices, des couloirs, des passages assurent des communications faciles et multipliées entre toutes les pièces : quatre escaliers dérobés dégagent les appartements et relient entre eux le rez-de-chaussée, les offices et les entresols.

En effet, si les appartements principaux, marqués d'un astérisque, occupent toute la hauteur, ce qui leur donne 16 pieds (5,20) d'élévation, planchers compris, les autres n'en ont que 9 (2,92); et des entresols ménagés au-dessus et éclairés par les cintres des croisées, renferment des logements de domestiques, des décharges, des magasins et des chambres isolées.

L'étage des offices, fig. 2, contient sous la salle à manger un grand vestibule d'entrée; une cuisine de 24 pieds (7,80) sur 15 (4,87) sous l'antichambre et le cabinet; au-dessous de la chambre, un commun; une salle de bain sous le cabinet; sous les autres pièces, une dépense, un bûcher, caveau et cave. Trois escaliers communiquent au rez-de-chaussée. On descend dans cet étage d'offices par huit marches, ce qui leur donne une hauteur de 10 pieds (3,25), planchers compris ; et des vitraux oblongs de 4 pieds (1,30) de large sur 3 (0,97) de hauteur l'éclairent suffisamment.

sont une maison de régisseur, une de garde, une de jardinier. Ces maisons, construites par un propriétaire aisé, et qui, quelquefois, servent de fabrique dans son jardin ou font partie d'un hameau orné, peuvent, en conservant toujours leur caractère de rusticité et d'utilité, avoir une autre physionomie que de simples maisons de paysans : nous devons, en conséquence, tenter, tout en nous renfermant strictement dans les limites que nous nous sommes imposées, de leur donner moins de monotonie, un peu plus d'expression, les rendre susceptibles de tenir la place qu'il conviendrait peut-être de leur donner, et ne pas oublier qu'à leur rusticité caractéristique elles doivent joindre les convenances que leurs habitants peuvent recevoir.

Planc. XII.
Fig. 1, 2.

La maison du régisseur, fig. 1 et 2, est composée d'un commun, d'une chambre, d'un fournil et ses dépendances, d'une serre ou petit magasin où il renferme les petits meubles et approvisionnements tenant à l'exploitation, et qu'il a sous sa garde, d'un cabinet pour ses écritures, et d'une écurie pour deux chevaux. Sur le galetas supérieur sont ses magasins, et quelques pièces d'habitation peuvent s'y établir. La façade est sur le pignon; elle a une physionomie byzantine. Ce bâtiment a 48 pieds (15,59) de largeur sur 60 (19,49) de profondeur, et une hauteur de mur de 12 pieds (3,90), et, avec le fronton, de 20 pieds (6,50).

Fig. 3, 4.

Dans la maison du garde, fig. 3 et 4, un petit portique, c'est-à-dire, un appentis de 6 pieds (1,95) de largeur, soutenu par huit antes ou piliers de bois ou de maçonnerie, règne tout le long de la façade. Un commun, une chambre, une décharge, des toits et un poulailler, une dépense et une loge à chiens ou *chenil*, lui donnent l'indispensable, auquel, comme on le voit, nous nous bornons constamment. Le plan de la maison est carré; il a 48 pieds (15,59) en tout sens; l'élévation est sur le pignon; et elle a 20 pieds (6,50) au-dessus du sol.

Fig. 5, 6.

Un autre portique, mais d'un autre style, occupe le centre de la loge du jardinier, fig. 5 et 6. Ce portique est composé de quatre antes réunis, de deux à deux, dans le bas par un mur d'appui, et l'entre-colonnement central, qui a 12 pieds (3,90) de largeur, est surmonté d'une arcade surbaissée. Un commun avec son four, deux chambres, une décharge avec ses toits composent son logement; il y a de plus une petite écurie pour son cheval ou son âne, une serre pour ses outils ou ses graines, et une autre pour légumes d'hiver, qu'il peut ainsi visiter tous les jours : c'est un pavillon avec deux appentis latéraux; le tout a 60 pieds (19,49) de large, 36 (11,69), de profondeur, et 15 (4,87) de hauteur, pignon non compris.

Les deux maisons de manouvriers sont les plus exigus des bâtiments que nous donnons, car c'est aussi la classe la moins fortunée. L'une, assez complète, fig. 7 et 8, a un commun, une chambre, une décharge, une petite étable, un cabinet, des toits, un four et un petit hangar : elle a 48 pieds (15,59) sur 36 (11,69), et 10 pieds (3,25) de haut. L'autre, plus resserrée, fig. 9 et 10, renferme seulement un commun et une chambre, des toits et un four : elle a 36 pieds (11,69) sur 18 (5,85), et 9 pieds (2,92) sous comble; c'est une simple chaumière. Ces deux projets complètent cette série, dans laquelle nous avons cherché constamment à restreindre nos idées de manière à ne pas sortir des bornes les plus étroites. On peut croire que, souvent, ce n'est pas sans regret que nous avons sacrifié des pensées plus gracieuses et plus élevées, mais qui entraîneraient des dépenses qui nous paraissaient excéder la pure nécessité. On n'oubliera pas que nous parlons, non en architecte, mais en cultivateur, et qu'il vaut mieux moins faire, mais faire avec plus de soin, et ne pas multiplier les charges d'entretien.

Fig. 7, 8.

ARTICLE 4.

Maisons de plaisance.

Les *maisons de plaisance* dont nous nous occupons ici, ne sont pas celles que les hommes très-riches élèvent à la campagne pour en faire les honneurs et y dépenser de grands revenus; c'est tout simplement les retraites, ou, si l'on veut, les sortes

fig. 6 et l'élévation la fig. 7, diminue graduellement d'importance. Elle a 24 pieds (7,80) sur 30 (9,75), et sa hauteur est de 15 pieds (4,87); on y trouve seulement au rez-de-chaussée l'entrée et son escalier, une cuisine et une décharge. Les façades de ces deux maisons sont d'une rigoureuse uniformité; elles diminuent graduellement d'apparence, mais sont établies sur les mêmes principes.

ARTICLE 2.

Maisons de cultivateurs.

Les moyens pécuniaires de cette classe nombreuse qui exploite elle-même sa petite propriété, varient comme sa fortune, c'est-à-dire à l'infini. Les cultivateurs joignent souvent à leurs occupations agricoles, une petite industrie qui est ordinairement un commerce de bestiaux; il leur faut donc une étable plus considérable que ne leur nécessiterait leur exploitation, une garde-pile ou grange pour serrer leur récolte, un fournil et le logement nécessaire, proportionné à leur aisance. Tous ces bâtiments et ceux qui suivent immédiatement sont en chartreuse, et les galetas servent à emmagasiner leur maïs et leurs autres provisions, pour lesquelles l'humidité est à craindre. Nous donnons dans la planche XI trois projets d'importance diverse. Dans le premier, dont le plan est désigné fig. 1 et l'élévation fig. 2, on n'a placé que le strict nécessaire, une étable et des toits à porcs avec poulaillers au-dessus, un fournil, un cellier, un magasin, une garde-pile, une cuisine ou commun et une chambre. L'étage supérieur, ici comme dans les autres, contient les greniers, et par sa hauteur, on peut y pratiquer quelques logements supplémentaires. La façade par exception est tournée du côté des pignons; le tout a 66 pieds (21,44) de longueur, 30 (9,75) de profondeur, et 22 (7,15) dans sa plus grande hauteur sous faîte.

Le plan, fig. 3, et l'élévation, fig. 4, sont un peu plus importants. L'entrée est précédée par un petit porche soutenu par deux antes rustiques et couronné d'un fronton; au milieu de la façade est une fuie. L'étable peut contenir sept à huit bêtes à cornes; un pétrin est joint au fournil; il y a un cellier, une cave, et une garde-pile : le logement est composé d'un corridor d'entrée et de trois pièces, et un escalier offre une montée commode pour se transporter à l'étage supérieur en galetas où l'on peut trouver tout ce qui peut manquer dans le bas. On n'a point placé de toits à porcs; la proximité en est peu agréable, et la force de l'établissement permet de construire cette servitude, ainsi que les poulaillers et les hangars, hors de la maison et d'après les besoins. Cette maison a 72 pieds (23,39) de longueur, 36 (11,69) de profondeur, 14 (4,55) de hauteur sous comble, et 26 (8,45) au centre, à cause de la fuie et de son pignon.

Le plan, fig. 5, et son élévation, fig. 6, ont encore plus d'importance. Les deux extrémités latérales du bâtiment s'élèvent de manière à figurer deux petits pavillons présentant leurs pignons : l'étable peut contenir huit ou dix têtes de bétail; la salle de réunion de la famille ou le commun est plus vaste; elle a un office, de plus une allée et une cuisine avec ses dépendances; un escalier monte à l'étage en galetas. Le rez-de-chaussée contient de plus une garde-pile et un grenier, un cellier, une décharge, un fournil et son pétrin avec une petite chambre à côté. L'édifice entier a 100 pieds (32,48) de longueur, sur 36 (11,69) de profondeur : les murs de face 12 pieds (3,90) de hauteur sous comble, et ses pavillons 21 pieds (6,82) sous faîte. En un mot, nous avons cherché, sans trop nous étendre, à nous rapprocher un peu des ressources d'une maison de campagne.

Les trois façades, malgré l'extrême simplicité qui les caractérisent toutes, nous paraissent offrir chacune un caractère différent, et qui nous paraît être en rapport avec les indications du plan.

ARTICLE 3.

Maisons d'employés ruraux et de manouvriers.

Trois *maisons d'employés ruraux* et deux de *manouvriers* occupent la planche XII. Les premières

murs qui s'élèvent de 5 pieds (1,62) au-dessus du toit, et est éclairée par huit croisées. Autour de cet escalier se groupent, dans l'ordre suivant, une salle à manger avec son office, une bibliothèque, et de l'autre côté deux chambres et une garde-robe; les deux côtés venant aboutir à un salon elliptique qui est derrière l'escalier, et donne sur le jardin. Ce salon a trois portes dans l'avant corps circulaire, une cheminée, et trois portes qui donnent dans les passages qui communiquent avec l'escalier et les autres pièces : il a environ 16 pieds (5,20) dans son plus petit diamètre, et 21 à 22 (6,82 à 7,15) dans le plus grand. Le perron qui descend au jardin, n'a que quatre marches, à cause de la différence qui existe dans le niveau du terrain avec celui de la cour, ce qui a nécessité l'emploi de l'étage souterrain, fig. 2.

Ces sortes d'étages donnent de la noblesse et de la grâce aux édifices, auxquels ils servent de soubassement; mais ils ont l'inconvénient d'éloigner les domestiques, de rendre leur service plus lent et plus fatigant, et de ne pas les laisser assez près de leur maître : inconvénient qui devient un avantage dans les maisons considérables. Dans tous les cas, il faut avoir soin de placer les cuisines et les autres pièces dont il part le plus de bruit, sous celles du rez-de-chaussée dans lesquelles il est le moins incommode, surtout quand on ne les voûte pas.

Cet étage des offices est composé d'une entrée extérieure et un vestibule avec un commun, une cuisine et son évier, une dépense, un garde-manger et deux caves. L'escalier central y descend du rez-de-chaussée.

On monte aussi au premier étage par ce même escalier, autour de la cage duquel on a pratiqué en cloisons un corridor percé de cinq arcades qui dégage cette partie du bâtiment, composé de quatre chambres avec leurs garde-robes, et d'une cinquième, servant de salon supérieur. Un escalier dérobé monte aux combles et galetas, le grand escalier s'arrêtant à cet étage.

On voit par l'élévation sur la cour, fig. 4, que la corniche de l'entablement du péristyle continue autour de la maison. Un fronton couronne ce péristyle. Du côté du jardin, fig. 5, l'avant-corps circulaire a des portes croisées en arcades. La hauteur totale est de 44 pieds (14,29) sur la cour et 38 (12,35) sur le jardin, y compris la lanterne et son surhaussement.

La planche X présente trois autres maisons du même ordre, mais successivement moins considérables. Celle dont la fig. 1 offre le plan du rez-de-chaussée, la fig. 2 l'élévation sur la rue, et la fig. 3 l'élévation sur la cour, et la coupe des deux ailes, est aussi entre cour et jardin. Elle a 25 pieds (8,12) de largeur sur 36 (11,69) de longueur, et elle n'est fermée sur la rue que par un mur au centre duquel est percée une porte charretière. De chaque côté de cette cour sont deux petites ailes, dont l'une renferme une remise ou bûcher et une écurie pour trois chevaux; la seconde un cellier et une cuisine; l'entrée est à l'une des ouvertures extrêmes du corps de logis, qui en a trois. C'est un passage de 6 pieds (1,95) de largeur qui va au salon; à gauche un escalier et une chambre de domestique, qui communique à l'écurie; à droite une salle à manger de 18 pieds (5,85) sur 15 (4,87), qui communique au salon, à la chambre principale, et de là à une seconde, à une dépense ou garde-manger et à la cuisine. Le salon et les trois chambres à coucher sont sur le jardin : le premier étage se distribue en appartements d'habitation et autres accessoires domestiques. Cette maison, dont la largeur totale est de 58 pieds (18,84), la longueur de 74 (24,04), et la hauteur de 18 (5,85), tient moins, par sa distribution et son caractère d'un bâtiment de simple habitation personnelle, et se rapproche davantage du système mixte que nous avons indiqué. Les deux autres projets que renferme cette planche sont de nouveaux degrés de l'échelle qui rattache les maisons bourgeoises à celles des cultivateurs. Celle qui est donnée en plan, fig. 4, et en élévation, fig. 5, ne forme qu'un seul corps : elle contient une cuisine, un cellier, une chambre, une décharge, une écurie pour deux chevaux et un escalier. Elle a 36 pieds (11,69) sur 48 (15,59), et sa hauteur est de 18 (5,85). La seconde, dont le plan occupe la

Planc. X.
Fig. 1, 2, 3.

Fig. 4, 5.

PART. I. SECT. II. *Bâtiments particuliers.*

qui sert de salon, d'un cabinet, d'une garde-robe. S'il est un peu plus considérable, il y a un salon qui précède ordinairement la chambre à coucher. A un degré supérieur, il y a une salle à manger qu'on peut isoler des pièces d'habitation, et on y ajoute un cabinet de travail ou bibliothèque, une chambre de bains, un boudoir, une salle de billard et un vestibule qui précède le tout ; sur tout il faut des lieux d'aisances sans donner d'odeur désagréable. Des garde-robes et des *couloirs* doivent dégager les chambres à coucher, les cabinets, les boudoirs, afin que toutes les pièces, indépendamment de l'entrée principale, aient aussi des sorties particulières. Le mérite de l'architecte est de donner toutes ces commodités sans altérer l'aspect extérieur de la maison ni la figure intérieure de l'appartement.

Le *vestibule* est toujours une pièce simple, sans tenture ni meubles. L'*antichambre* n'a qu'une tenture extrêmement simple ; ses meubles ne sont jamais que des siéges en peau, en crin ou en paille. La *salle à manger* est carrelée et non parquetée, revêtue de stuc ; ses meubles sont une table à manger, des crédences et des buffets. Le *salon* est ordinairement la pièce où l'on prodigue la somptuosité que l'on peut atteindre ; il peut être parqueté, orné de glaces, d'une tenture en soie ou en beau papier ; ses meubles doivent être beaux pour être durables. La richesse de la *chambre à coucher* consiste dans son élégance ; le lit en est le meuble principal ; la psyché celui du *cabinet de toilette* ; les livres et le bureau ceux du *cabinet d'étude* (voyez *bibliothèque*); le billard celui de la *salle de billard* ; les *lieux* doivent être très-simples mais d'une propreté recherchée. Quant au *boudoir*, c'est la réunion de ce qu'on peut avoir de plus gracieux, de plus élégant, quelques-uns même disent de plus voluptueux ; autrefois on les appelait *oratoires* lorsque les idées religieuses avaient plus d'empire. On les vitre avec du verre dépoli pour adoucir l'éclat de la lumière.

Comme dans la section précédente, tous nos plans ont été dressés sur une échelle uniforme, celle de trois lignes par toise.

ARTICLE PREMIER.

Maisons bourgeoises.

Ces maisons doivent être relatives à l'état et à la fortune des propriétaires. Nous donnons, en conséquence, dans les planches IX et X, quatre projets différents.

Le plus important occupe seul la planche IX, qui en présente le plan au rez-de-chaussée, fig. 1 ; le plan des *offices*, fig. 2 ; le plan du premier étage, fig. 3 ; l'élévation sur la cour, fig. 4, et celle sur le jardin, fig. 5. Ce bâtiment est supposé n'avoir qu'un seul jour de souffrance sur un de ses côtés. Il y a sur la rue, fig. 1, une porte cochère avec une petite *aile* de chaque côté, dont l'une à droite renferme une remise et un bûcher, ayant sur leur derrière un escalier qui monte aux granges et greniers supérieurs, et à droite une écurie à quatre chevaux. La cour est à peu près carrée ; elle a 46 pieds (14,94) sur 48 (15,59), non compris le grand perron qui monte au rez-de-chaussée, et qui est élevé de 8 pieds (2,60) au-dessus du sol. Ce perron est double, à retours et à six repos, en tout élevé de 17 marches ; au-dessous est l'entrée de l'étage demi-souterrain, enfoncé seulement de 2 pieds (0,65) au-dessous du sol, ce qui lui donne 10 pieds (3,25) de hauteur, plancher compris. Ce perron, qui occupe toute la largeur de la cour, est décoré en avant d'un péristyle de quatre colonnes de dorique grec, sans bases ni triglyphes, de 18 pieds (5,85) de hauteur et de 3 (0,97) de diamètre, qui s'élèvent du rez-de-chaussée, et comprennent toute la hauteur du bâtiment, fig. 4. L'édifice entier a 48 pieds (15,59) de largeur sur 128 (41,57) de profondeur. Sur cette dernière dimension, le grand corps de logis en occupe 48 (15,59), non compris le grand perron, et l'avant-corps circulaire du salon sur le jardin.

Ce perron communique au vestibule du rez-de-chaussée, fig. 1, ensuite un escalier circulaire à *noyau* évidé est placé au centre du bâtiment : sa cage monte de fond en comble, et prend jour d'une lanterne formée par le surhaussement de ses

SECTION SECONDE.

DES BATIMENTS PARTICULIERS.

Les *bâtiments particuliers* sont de deux sortes; ceux qui sont consacrés à l'habitation, et ceux qui sont réservés aux hommes et aux animaux employés à l'agriculture, ou destinés à l'emmagasinement de ses produits. La plupart de ceux que l'on construit à la campagne sont mixtes, c'est-à-dire que la maison du maître renferme des pièces d'une autre destination, et réciproquement : mais la division générale en *bâtiments d'habitation* et en *bâtiments d'exploitation* n'en est pas moins réelle, si l'on ne considère que le principal sans s'occuper des accessoires : nous pensons qu'on doit la conserver.

CHAPITRE PREMIER.

DES BATIMENTS D'HABITATION.

Les *bâtiments d'habitation* dans les campagnes prennent différents noms d'après leur importance et leur destination spéciale. Ainsi : 1° celui qui principalement et à peu près exclusivement servant à loger le propriétaire et sa famille est renfermé dans un village, est une maison *particulière* ou *bourgeoise*; 2° celui qui, isolé, peut être rangé dans cette classe, quoiqu'il renferme quelques accessoires pour une petite exploitation ou l'industrie de celui qui l'occupe, est une maison de *propriétaire cultivateur*; 3° il en est de même pour les maisons *d'employés* et *de manouvriers*; 4° la *maison de plaisance*, susceptible de plus d'élégance, est, pendant une partie de l'année, la retraite d'un particulier aisé qui veut habiter la campagne, comme distraction de ses occupations habituelles; 5° le *château* est le chef-lieu d'une propriété considérable; et quoique destiné à une habitation plus ou moins étendue, il joint à un caractère de grandeur, quelques-uns de ceux qui résultent des rapports nécessaires de son possesseur; enfin, 6° la *maison de campagne* proprement dite, qui par elle-même et par ses accessoires immédiats tient du château par le nombre et la nature des appartements; mais qui, plus restreinte dans les détails de l'habitation, réunit un plus grand nombre de ceux qui tiennent d'une manière intime à l'économie rurale et domestique. Nous avons cherché, dans les projets que contient cette section, à caractériser ces différences.

La partie de la maison destinée au logement du propriétaire, se compose de plus ou moins de pièces relativement au nombre des personnes qui composent sa famille, à sa fortune, à sa position dans la société, à ses habitudes et ses occupations. C'est principalement l'appartement destiné au maître ou à la maîtresse de la maison qui doit attirer les préoccupations de l'architecte. Un petit *appartetement* est composé d'une antichambre qui sert aussi de salle à manger, d'une chambre à coucher

cisme a établie entre les morts et les vivants, ont donné à ce respect une sanction religieuse; et il est pénible de voir trop souvent dans les campagnes une incurie indécente et coupable, qui, malgré les prescriptions ecclésiastiques et les lois de police, laissent les cimetières si mal clos et plus mal tenus. Il faut aussi convenir que les lois qui, par des motifs de salubrité bien ou mal fondés, ont fait éloigner les cimetières des habitations, ont beaucoup contribué à cette négligence. Rapprochés des demeures des vivants, des églises surtout, ces champs de la mort étaient mieux entretenus, et inspiraient ces pensées sérieuses et sévères, utiles à la morale, et fécondes pour le cœur et l'imagination.

Un cimetière de campagne doit être d'une étendue relative à la population : dans certains lieux, chaque famille est enterrée dans le même quartier, ce qui remplace les caveaux funéraires dont nous avons parlé dans l'art. 2 du chap. 1; c'est encore un moyen d'attacher les hommes au sol natal ; c'est un usage moral et philosophique; il devrait être conservé avec soin, et c'est avec regret que l'on voit des administrateurs, même des curés, par des vues de régularité misérables et tout à fait matérielles, s'écarter du spiritualisme qui doit présider à un semblable établissement. Le cimetière doit être ceint d'un mur, soit de maçonnerie, soit de pisé, soit de torchis. Comme ce n'est point les attaques des hommes qui sont à craindre, mais seulement celles des animaux, cette *clôture* est préférable à une haie vive. Au milieu doit s'élever une croix de fer, supportée par un piédestal d'ordre dorique grec, ou un socle d'une proportion analogue; la porte doit être large, écrasée, peu élevée : celle qui est représentée planche VIII, fig. 10, en plan et en élévation, a huit pieds (2,60) de hauteur, et presque autant de largeur; elle est soutenue par des antes de dorique grec; son linteau est une portion de cercle très-surbaissée, et elle est surmontée d'un fronton très-écrasé.

Planc. VI
Fig. 10.

4 ou 5 hectolitres. On trouvera dans la troisième partie de cet ouvrage, article *Buanderie* et *Fournil*, les détails relatifs à la construction de ces fours.

Le four public doit être isolé, afin de prévenir les accidents du feu; le fournil en doit être assez grand pour recevoir les personnes qui viennent porter leur pain : il est avantageux d'y joindre une pièce close pour y déposer chaudement la pâte qui y arriverait de bonne heure. Il serait bon de joindre au bâtiment le logement du fournier, et un *hangar* pour serrer le bois nécessaire pour une partie de l'année, pour qu'il puisse se sécher ou se ressuyer.

C'est ainsi qu'est établi celui que présente la planche VIII, fig. 4 et 5. On y trouvera réunis un *commun*, une *chambre* et une *décharge* pour le fournier, le *fournil* dont le *four* contiendra au-dessus une *étuve* pour dessécher le grain, un *porche* d'entrée, et un *pétrin* ou pièce pour recevoir la pâte, enfin le hangar. On pourrait même en construire un second du côté opposé. L'élévation est, comme de raison, sans aucun ressaut ni ornement.

Planc. VIII.
Fig. 4, 5.

CHAPITRE VII.

FONTAINES, ABREUVOIRS ET LAVOIRS PUBLICS.

Une *fontaine*, dans les campagnes, n'est le plus souvent qu'une source à fleur de terre dont l'issue est revêtue de maçonnerie, et recouverte d'une voûte. Lorsque le perdant en est assez considérable, on l'utilise pour former un *abreuvoir* et quelquefois même un *lavoir*. La planche VIII, fig. 6, donne le plan d'une fontaine semblable. Le lavoir est dans la forme recommandée par M. de Perthuis; il est hexagone, et chaque côté ayant 8 pieds (2,60), peut servir à trois lavandières, ce qui donne place à vingt-quatre à la fois. On ne doit point se servir de chaux dans tout ce qui tient à l'eau de la fontaine.

Quelquefois, néanmoins, on peut aussi, sans prétendre jouer les monuments des villes, donner aux fontaines des villages un aspect plus ou moins agréable; la fig. 7 présente le plan et l'élévation d'une fontaine simple, voûtée et sans ornement : dans la fig. 8, un peu plus élevée, la face antérieure est indiquée par un portique en appentis, sous lequel est l'*auge* en pierre qui reçoit l'eau qui peut y couler naturellement, ou que l'on peut y faire monter au moyen d'une *pompe*. Dans la fig. 9, le plan de la fontaine, au lieu d'être carré, est circulaire. Ce petit édifice, élevé en tour, est couronné d'une corniche légère et d'une petite coupole supportée par trois gradins. L'eau sort par un mascaron ou une rosette, et tombe dans un bassin semi-circulaire : le tout, fait avec soin, ne manquera pas d'une certaine élégance. Le diamètre de cette fontaine est de 9 pieds (2,92), et sa hauteur de 18 pieds (5,85).

Planc. VIII.
fig. 6, 7, 8, 9.

CHAPITRE VIII.

CIMETIÈRES.

Le respect pour les morts est un effet de la simplicité primitive, ou un résultat de la civilisation. C'est seulement dans les temps de corruption, de sophisme, ou dans les accès frénétiques des passions, que l'on voit les tombeaux négligés ou violés; et il était réservé au dix-huitième siècle de voir un gouvernement, ou un pouvoir qui se disait tel, ordonner froidement et faire exécuter méthodiquement les plus hideuses profanations de ce genre. Les dogmes consolateurs du christianisme, de cette grande réparation de la dignité de l'homme, la touchante communauté d'intérêts que le catholi-

salle d'audience, qui pourrait aussi servir de salle électorale, un vestibule convenable et toutes les pièces destinées aux soins judiciaires, aux archives, aux greffes et à des dépôts de sûreté ou à des prisons temporaires.

Le plan que contient la planche VIII renferme, au rez-de-chaussée, fig. 1, un *vestibule* de 20 pieds (6,50) en carré, et la grande *salle* d'audience de 20 pieds sur 36 (11,69). L'un et l'autre montent de fond et occupent toute la hauteur du bâtiment; à droite et à gauche, deux ailes qui ont un premier étage en attique, renferment, sur la droite, un *bureau de paix*, un *cabinet* pour le juge, un autre pour le *secrétariat* (1) et un escalier : sur la gauche sont le *commun* du concierge, un escalier, la *chambre des témoins*, et la *chambre du conseil*, qui communiquent à la grande salle. L'étage en attique, fig. 2, auquel on parvient par les deux escaliers déjà indiqués, renferme, dans la première partie, une *chambre*, un *greffe* et une *salle d'archives*. Cette partie communique avec la seconde par un promenoir pratiqué au niveau de l'attique autour du vestibule, et sur lequel donne le reste du logement du concierge, et deux *prisons*. La grande salle qui monte de fond, est percée de quatre croisées à balcon, au moyen desquelles on assiste à l'audience par les deux ailes du bâtiment.

La façade, fig. 3, présente un avant-corps décoré de deux antes toscanes; au-dessus s'élèvent le vestibule et la salle d'audience. Un entablement surmonté d'un acrotère supporte une ouverture en hémicycle, au niveau des deux ailes en attique. Le corps du bâtiment, dont les ailes ont 18 pieds (5,85) de largeur, a ensemble 66 pieds (21,44) de longueur, y compris le péristyle et le dosseret circulaire; en largeur 60 pieds (19,49), en hauteur 20 pieds (6,50) pour les ailes, 30 pieds (9,75) pour le corps central, et 34 pieds (11,05) avec le fronton de couronnement. Le tout nous paraît réunir la sévérité que réclame la justice, et la simplicité exigée par la petitesse de l'échelle du bâtiment.

CHAPITRE VI.

FOUR PUBLIC.

Un *four public* est de la plus grande importance dans une commune rurale, par la grande quantité de combustible qu'il permet d'économiser, et les déprédations forestières, encore plus grandes, dont il ôte le motif ou le prétexte. Aussi, doit-on mettre au nombre des causes de la dévastation des bois, la suppression des *banalités* qu'on a feint de considérer comme une servitude, pour en dépouiller les propriétaires, banalités auxquelles il faudra peut-être, en les dépouillant du caractère de féodalité, revenir un jour.

Le four public doit être d'une grandeur suffisante pour cuire en vingt-quatre heures, c'est-à-dire, en trois ou quatre *fournées*, tout le pain nécessaire à la consommation de la semaine : par ce moyen, le *fournier* pourra joindre à ce métier quelqu'autre genre d'industrie.

Supposant donc une population de 500 habitants, ce qui paraît être le terme moyen dans les communes rurales, ce sera beaucoup si les habitations éloignées, les métairies, les particuliers plus aisés, qui ne peuvent ou ne veulent pas aller cuire au four public, ainsi que les défalcations à faire pour certaines saisons de l'année, où, en plusieurs cantons, les habitants substituent au pain d'autres aliments, ne causent une déduction de 300 personnes; reste 200 à approvisionner. Ces 200 personnes de tout âge consommeront en pain annuellement de quatre à cinq hectolitres, ce qui fait 8 à 900 pour la totalité, environ 18 par semaine, et par conséquent exige un four qui cuise à la fois

---

(1) Par une inadvertance inexcusable du graveur, le mot *secrétariat* a été remplacé par celui de *sanctuaire*.

adossées en occupe le milieu, et s'ouvre sur la salle d'assemblée qui est ainsi mieux appropriée aux fêtes publiques. Une corniche à consoles, surmontée d'un acrotère, couronne cet édifice qui a 92 pieds (29,88) de longueur sur 34 (11,00) de hauteur. Dans la coupe transversale, fig. 4, on trouve la disposition d'un des côtés de la halle, celle du grand escalier, de la grande salle et de son balcon, et de la salle des archives. Il nous paraît que ce plan atteint le but; car nous ne travaillons ni pour les villes, ni pour les localités riches et considérables.

CHAPITRE IV.

HALLE AUX GRAINS.

Planc. VII.

Une halle aux grains est un portique couvert, destiné, dans les jours de marché, à recevoir les grains, les acheteurs et les vendeurs. On y construit des *mesures* de dimensions légales pour en déterminer les quantités. Le dessus doit contenir un *magasin* pour recevoir le dépôt des grains, grenailles, et autres marchandises, ce qui est commode pour les contractants, et peut donner un revenu à la commune : un style déprimé convient à un pareil monument; un plancher vaut mieux qu'une voûte pour servir d'aire au grenier, et un escalier doit y monter. La halle représentée planche VII est projetée dans ce but. Chacune de ses faces a 84 pieds (27,29) de longueur, et est percée de sept arcades de 8 pieds (2,60) de large sur 8 de hauteur : les encoignures sont échancrées en biseau pour présenter plus de résistance : un escalier circulaire s'appuie sur une d'elles; et le nombre des piliers est en tout de 64. Dans le milieu de la halle se trouve une *estrade* élevée de six marches, dont une partie du giron est occupée par les mesures. Ces *mesures* sont ordinairement cubiques et monolithes; il y en a ici quatre, dont deux sont des doubles hectolitres, les deux autres un hectolitre et un demi-hectolitre. Le double hectolitre, qui doit cuber 200 décimètres cubes ou 5^{ppp} 83, doit avoir intérieurement dans tous les sens 1^p 9° 10' (0,58); l'hectolitre contenant 100 décimètres cubes, ou 2^{ppp} 92 aura 1^p 5° 9' (0,47); enfin, le demi-hectolitre de 50 décimètres cubes ou 1^{ppp} 46 aura 1^p 1° 6' (0,36). L'épaisseur des parois est indifférente; on lui donne communément de trois à quatre pouces (0,10). Ainsi la première mesure aura environ 2^p 4° (0,76) de côté extérieur, la seconde 2 pieds (0,65), la troisième 1^p 8° (0,54). Le magasin supérieur aura une surface de 8400 pieds quarrés, (886 m. q.), et par conséquent pourra renfermer 4000 hectolitres de grain. Ce magasin sera aéré et éclairé par neuf ouvertures en hémicycle, trois sur chaque face et de 11 à 12 pieds (3,70) de diamètre. La hauteur totale de la halle est de 21 pieds (6,82) au-dessus du comble, et à son centre s'élève un *beffroi* en charpente de 35 pieds (11,37) de hauteur dont le dessous de la *flèche* est percé de deux autres ouvertures en hémicycle pour laisser échapper les sons de la cloche qui doit y être suspendue; ainsi l'élévation totale est de 68 pieds (22,09) non compris celle de la *girouette*. Cette composition est, on le voit, absolument rustique.

CHAPITRE V.

PRÉTOIRE.

Planc. VIII.
Fig. 1, 2, 3.

On donne le nom de *prétoire* au lieu des séances des justices de paix des cantons. Les fonctions de ces magistrats, déjà si importantes, sont peut-être destinées à l'être davantage un jour, surtout si quelques soins administratifs venaient encore s'y joindre. Ces édifices doivent renfermer, outre la

CHAPITRE II.

PRESBYTÈRE.

Le logement d'un curé, dans les campagnes, doit être simple, décent, mais suffisant : sans se permettre aucune espèce de luxe, ce qui ne serait pas séant, il faut lui procurer tout ce qui peut être nécessaire à son petit ménage, et convenable à la sorte de représentation qu'il doit avoir. Un salon, une salle à manger, et s'il se peut un billard, une chambre à coucher et un cabinet d'étude, au moins une chambre à donner, le logement de ses domestiques, et les servitudes indispensables : telle doit être la composition de ce logement. Si ce presbytère est situé au milieu du village, une des maisons bourgeoises retracées dans les planches IX et X peut suffire ; mais s'il est, comme il est à désirer, isolé, et ayant son petit jardin attenant, on pourra prendre pour modèle celui représenté planche VI, et qui avait été projeté pour le village de Mauremont, ayant sa sortie sur une terrasse à portée de l'église, et à l'angle de deux rues, dont la seconde donnait entrée à ses dépendances. Le plan, fig. 5, renferme tout ce que nous avons énoncé ; il y a de plus une cuisine, un caveau, une remise et bûcher, une écurie, une lingerie, et la chambre de sa ménagère. Les galetas supérieurs peuvent lui servir de décharge et de logement à son domestique ; car il est plus commode à la campagne, où le terrain est moins rare, de bâtir en chartreuse. La façade, fig. 6, est sans aucun ornement ; la symétrie en tient lieu.

Planc. VI
Fig. 5,

CHAPITRE III.

MAISON COMMUNE.

Planc. VI.
Fig. 1, 2, 3, 4.

La *maison commune* est le lieu dans lequel les habitants et les citoyens de la même municipalité ont les relations les plus habituelles, tant pour l'état civil, que pour l'administration et la police. Il est donc nécessaire qu'elle renferme des *bureaux* et des *archives*, des *salles* pour les séances du conseil municipal et les audiences du tribunal de police, des *dépôts* pour recevoir les individus ou les objets qui peuvent être retenus ou déposés à la Mairie, et s'il est possible, le logement d'un *concierge*, et un local pour l'*école primaire*. Il serait aussi à désirer qu'il y fût joint une *halle* ou *portique* couvert, qui puisse servir à l'étalage des marchandises, et aux exercices gymnastiques de la jeunesse, comme de promenoir pour les habitants.

Ce sont ces conditions que nous avons cherché à remplir dans la planche V. La fig. 1re offre le plan, au rez-de-chaussée, d'une maison commune construite d'après ce système. Un portique de 48 pieds (15,59) de longueur sur 32 (10,40) de largeur, fermé sur les deux faces par des arcades de 7 pieds (2,27) de largeur, sur 14 (4,55) de hauteur, et soutenu intérieurement par des antes toscanes isolées et des pilastres, en occupe tout le centre. De chaque côté sont deux ailes dont celle de droite contient un grand escalier et le dépôt ; celle de gauche le logement du concierge, un petit escalier particulier et une petite salle d'école. Le premier étage, fig. 2, occupe le dessus de ces petites ailes et de la halle, elle contient une petite et une grande *salle* de 29 pieds (9,42) sur 19 (6,17) pour le Conseil, un bureau, des archives, un dépôt supérieur, un bureau particulier et le cabinet du Maire. L'élévation, fig. 3, nous paraît avoir assez de noblesse, avec cependant la simplicité dont on ne peut se départir ; un *balcon* soutenu par quatre colonnes

Dans les mêmes proportions, les fig. 3 et 4 donnent le plan et l'élévation d'une chapelle rustique, précédée d'un porche formé par quatre antes supportant des arcs surbaissés qui reçoivent un toit en appentis. Au-dessus s'élève le corps du petit édifice, éclairé par trois ouvertures semi-circulaires de 8 pieds (2,60) de base. Une petite corniche toscane reçoit l'égout du comble dont le stillicide est apparent. Cette chapelle a 17 pieds (5,52) de hauteur et 24 (7,80) sous le faîte.

Dans la même forme intérieure, la fig. 5 présente le plan, et la fig. 6 l'élévation d'une chapelle dans le goût gothique. Il n'y a point de comble; l'édifice est couvert d'une voûte ou d'un comble ogival en maçonnerie, et le tympan est occupé par une rose de 6 pieds (1,95) de diamètre. Le mur est absolument lisse, avec une porte sans ornements dont le cintre est aussi en tiers point. Le tout a 22 pieds (7,15) de hauteur.

La fig. 7 est le plan, et la fig. 8 l'élévation d'une chapelle circulaire de 30 pieds (9,75) de diamètre, inscrite dans un hexagone de 18 pieds (5,85) de côté. Au devant, deux petites colonnes corinthiennes de 10 pieds (3,25) de hauteur, sans base, soutiennent un petit entablement et forment un petit péristyle. L'édifice forme une masse carrée à pans, surmontée d'une corniche et dont le comble est masqué par un acrotère : il a quelque ressemblance avec les dispositions de la tour des vents à Athènes, et il a 24 pieds (7,80) de hauteur totale, et 30 (9,75) sous le faîte.

Dans le plan, sous la fig. 9, se trouve l'essai d'une composition, d'un goût particulier, mais dont on jugerait mal l'effet pittoresque d'après l'élévation géométrale de la fig. 10; c'est une petite basilique large de 24 pieds (7,80) dans œuvre et jusques au rond point, longue de 38 (12,35). Deux rangs de colonnes forment des bas côtés de 5 pieds (1,62) de largeur, et une nef principale de 12 pieds (3,90); ces bas côtés suivent le périmètre de la chapelle. Derrière se trouvent une sacristie et un dépôt. A l'entrée, un petit vestibule de 7 pieds (2,27) en carré et dans œuvre, accompagné d'un escalier et de fonts, soutient un campanille ou clocher très-élevé relativement, puisqu'il a au-dessus du poinçon du comble 34 pieds (11,05) de hauteur, tandis que la chapelle n'en a que 19 (6,17); ainsi la hauteur totale de l'entier édifice est 53 pieds (17,21) non compris la croix. Un portique de 6 pieds (1,95) de largeur soutenu par des antes ou piliers en bois ou en pierre, entoure des trois côtés la basilique, et est couvert d'un toit en appentis. Placée dans une situation avantageuse, entourée d'arbres et de verdure, cette sorte de fabrique, nous le croyons, ornerait le paysage où elle serait placée.

La fig. 11 donne le plan, la fig. 12 donne l'élévation, la fig. 13 de la même planche donne la coupe transversale d'une chapelle sépulcrale isolée. Elle a dans œuvre 9 pieds (2,92) de largeur sur 16 (5,20) de profondeur : six tombes en recouvrent la surface, on y descend par quatre marches. Elle est voûtée en plein cintre, et les tuiles sont scellées en ciment sur les reins qui sont arrasés en pente. Un hémicycle en face de la porte en éclaire suffisamment l'intérieur : la voûte, du pavé à son intrados, a une élévation de 11 à 12 pieds (3,70), la façade 12 pieds (3,90) de large, sur 10 (3,25) de haut; elle est couronnée d'un fronton à cornes comme les sarcophages antiques; la nudité de ses parois n'est interrompue que par un socle de 2 pieds (0,65) de hauteur, et par une porte encadrée, dont l'ouverture a 4 pieds (1,30) de large sur 6 (1,95) de hauteur.

Une seconde chapelle funéraire est représentée planche XXXIV. La fig. 6 en donne le plan; elle a dans œuvre 12 pieds (3,90) sur 18 (5,85), et un *vestiaire* de 6 pieds (1,95) sur le derrière. Elle est du reste semblable à la précédente. Dans l'élévation, fig. 9, des refends dissimulent l'uniformité du parement. La coupe sur la largeur, fig. 7, et celle sur la longueur, fig. 8, donnent les autres détails de la construction intérieure; deux vitraux éclairent la chapelle, et un petit vitrail le vestiaire.

PART. I. SECT. I. *Edifices publics.*

surmontée d'un entablement : une suite de quatre gradins supporte une petite *lanterne* avec sa calotte qui est percée d'une quatrième ouverture : un escalier près de la sacristie et ayant issue dans l'église, conduit à ce clocher. Peut-être cette composition avec sa sorte de rusticité est-elle convenable dans la position donnée : l'intérieur offre plus de surface; le clocher, malgré sa projection disparate, peut ne pas produire un mauvais effet vu le peu de caractère de l'édifice. La première rotonde est éclairée par quatre hémicycles de 6 pieds (1,95) de diamètre, la seconde de dix croisées de 3 pieds (0,97) de largeur et de 10 pieds (3,25) de hauteur, fermées à plein cintre. L'une et l'autre sont surmontées d'un simple plafond ; et la hauteur de la première est de 36 pieds (11,69) non compris celle du comble; celle de la seconde de 26 (8,45) seulement : mais dans cette dernière, la calotte de l'éventail est élevée au-dessus du sol de 63 pieds (20,46). Cependant le défaut résultant de l'exiguité des masses, défaut qui, par nécessité, domine toutes les compositions que nous présentons ici, paraît plus saillant dans les formes circulaires.

Observation.

On remarquera que nous avons admis surtout un simple *plafond*, et rejeté les *voûtes*. Nous apprécions, il est vrai, la régularité, la noblesse, le majestueux nivellement du plafond, qui nous paraît au reste principalement applicable aux intérieurs dans lesquels domine une décoration d'ordre régulier, et surtout exclusive pour le dorique grec. Mais nous ne pouvons nous dissimuler que les voûtes ont une beauté qui leur est propre, qu'elles s'adaptent mieux en général aux édifices sacrés, que l'usage même les rend comme indispensables, et qu'elles produisent un effet d'optique qui coïncide merveilleusement avec l'impression de grandeur et d'élévation que doivent produire ces monuments. Mais les dépenses de leur cintre, celles de leur construction, et de la surélévation de mur qu'elles exigent, sont souvent hors de proportion avec les ressources employées à l'édification des églises de campagne. On peut cependant, en cintrant légèrement les plafonds, en substituant au bois le plâtre et la brique plate, comme nous l'avons fait pour notre basilique de la planche II, on peut, en formant le comble par des chevrons portant ferme, donner au plafond une forme de voûte : on peut même, en conservant les plafonds plats, leur donner à l'œil la courbure des voûtes par le moyen du pinceau. Ce n'est donc encore qu'un sacrifice que nous avons fait à l'économie, cette condition indispensable pour les bâtiments qui nous occupent ici : et constamment retenu par la crainte de dépasser le but, nous préférons demeurer plutôt en deçà. Une construction bien faite est toujours plus coûteuse que l'on ne pense ; il est au reste facile d'apporter à nos plans des modifications, et si l'on veut faire mieux, on trouvera facilement des artistes pour nous remplacer avantageusement, et qui dédaigneraient peut-être l'humble cercle dans lequel nous sommes circonscrit.

ARTICLE 2.

Chapelles ou Oratoires.

Les *chapelles* ou *oratoires* publics sont des édifices consacrés au culte, mais qui ne sont pas des chefs-lieux de paroisse. Plus petits que ces derniers, ils doivent être construits dans les mêmes principes, mais on peut être moins sévère dans le style, quoiqu'on doive en toute occasion éviter l'afféterie et la manière : tout ce qui tient à la religion doit être simple, noble et grave comme elle-même. Les *chapelles domestiques* autorisées dans des maisons particulières sont tout autre chose, et plus tard il en sera donné des exemples.

La planche V présente cinq projets de chapelle. Les fig. 1 et 2, l'une pour le plan, l'autre pour l'élévation, représentent un de ces petits édifices affectant l'extérieur d'un temple égyptien. Il a dans œuvre 18 pieds (5,85) de largeur sur 24 (7,80) de profondeur; il est précédé d'un porche et accompagné d'une sacristie. Sa façade a 22 pieds (7,15) de longueur sur 15 (4,87) de hauteur : le comble en est tout-à-fait masqué.

Planc. V.
Fig. 1, 2.

dernier, lui donner de la prééminence, et est appuyé sur d'autres exemples antiques.

La coupe sur la longueur, fig. 3, et celle sur la largeur, fig. 4, donnent les détails de l'intérieur et des tribunes. Toutes les croisées sont carrées, la forme à linteau étant celle qui convient le mieux à l'ordre employé. Un portique hexastyle, couronné d'un fronton, constitue tout le frontispice de l'édifice; le porche intérieur, décoré de colonnes, a des fonts à droite, à gauche une chapelle qui peut servir pour les mariages; à l'extrémité de chaque bas-côté on voit aussi une chapelle secondaire, et derrière ces chapelles, dans la longueur du sanctuaire et du chœur, sont deux sacristies. Le maître-autel, qui est isolé, est, suivant l'usage, élevé de trois marches sur le sol du sanctuaire, lequel l'est lui-même de neuf sur celui de la nef. Les coupes dont nous avons déjà parlé, fig. 3 et 4, donnent une idée de l'élévation graduelle de l'intérieur de l'édifice, et l'élévation, fig. 2, de son aspect extérieur. La frise de l'ordre extérieur est ornée de panneaux; celle de l'ordre intérieur porte des triglyphes, afin d'établir une différence, car on trouve partout le dorique grec sans base. La masse de ce frontispice a 65 pieds (21,12) de largeur, 37 (12,02) de hauteur, 120 (38,98) de longueur. Un plafond plat et non voûté ou une voussure couvre l'église; car on a voulu imiter en tout un temple antique; de même, il n'y a ni tour ni clocher, qui sont ici inadmissibles; on construirait, en dehors de l'église, un campanille, comme nous l'avons déjà dit.

§ 3.
Rotonde.

Planc. IV.
Fig. 1, 2.
La forme circulaire peut aussi être employée pour les églises de campagne. Sur la planche IV on trouve deux plans dans cette disposition, dans l'un et l'autre desquels la rotonde a 72 pieds (23,39) de diamètre total. Le premier, dont la fig. 1 présente le plan et la fig. 2 l'élévation, a dans œuvre 68 pieds (22,09). Un rang de 16 colonnes corinthiennes est placé à 7 pieds (2,27) du mur d'enceinte et forme un bas côté circulaire:

l'autel, au centre, est placé entre quatre colonnes qui forment une sorte de *baldaquin* renfermant un sanctuaire de 13 pieds (4,22) de diamètre, et laissant pour la nef un espace de 15 pieds (4,87) de largeur. Le tout, au moyen de ces points d'appui multipliés, offre une grande solidité, et la charpente ainsi étayée doit être inébranlable. Un péristyle de quatre colonnes ioniques sert de porche extérieur; une chapelle demi-circulaire derrière le maître-autel et deux sacristies complètent l'édifice. Cependant, cette multiplicité de points d'appui qui, nous le croyons, n'est dépourvue ni d'élégance ni de richesse, peut, dans un espace aussi circonscrit, présenter quelque confusion : la petitesse du diamètre des colonnes doit faire trop ressembler cette composition à une chapelle domestique, ou à une décoration fantastique, et donne trop peu d'espace pour les assistants. Il n'y a pas de clocher, ce qui paraîtrait trop incohérent avec la forme de l'édifice, et il faudrait le remplacer par un campanille.

Dans le second projet, même planche, fig. 3 et 4, imité de l'église de l'Assomption à Paris, le diamètre étant le même, toutes les colonnes intérieures sont supprimées, et le mur d'enceinte est décoré intérieurement de 18 pilastres corinthiens; ce qui donne à cette composition tout le vague et toute la nudité de ces décorations de bas-reliefs, mais ce qui diminue de beaucoup la dépense de construction. Au fond de l'église, en face de la porte d'entrée, se trouve le maître-autel, et un sanctuaire en demi-cercle, de 24 pieds (7,80) de rayon, les quatre marches comprises : les extrémités du diamètre transversal sont occupées par deux autels latéraux. La décoration en bas-relief de l'intérieur se reproduit sur la façade dont le porche fermé présente quatre pilastres ioniques. Cette seconde rotonde est plus simple, elle a moins de mouvement, plus de monotonie, mais elle est d'une construction plus économique, et son défaut de caractère peut permettre d'y adapter, au-dessus de la sacristie, une sorte de clocher. Ce clocher en éventail forme une masse oblongue percée de trois arcades pour les cloches,

Fig. 3, 4.

PART. I. SECT. I. *Edifices publics.* 11

byzantin. Quatre colonnes doriques sans base, surmontées d'arcades en plein cintre, forment un porche extérieur; le clocher, à deux étages, est aussi d'un style correspondant.

Enfin, la fig. 4 présente un frontispice d'un style mixte, qui tient de celui de la Renaissance. La porte centrale à linteau est surmontée d'une croisée en plein rond; les fenêtres qui l'accompagnent ont au-dessus des croisées attiques; ces croisées supérieures éclairent la tribune. Le clocher à deux étages est carré dans l'étage inférieur, au-dessus du comble de l'église, dont la hauteur est rachetée par un glacis, et reçoit un entablement à consoles; la partie supérieure a ses côtés masqués par un grand talon, et est surmontée d'une *calotte* qui porte le globe et la *croix* qui servent d'amortisssement.

§ 2.
Basilique.

Planche II.
Fig. 1, 2, 3, 4. Si l'on voulait un édifice plus considérable, on pourrait lui donner la forme de basilique renaissance que renferme la planche II. Un grand *perron* de cinq marches, avec un terre-plein supérieur de 25 pieds (8,12) de longueur sur 8 (2,60) de largeur, conduit à un porche intérieur séparé de la grande nef par quatre colonnes ioniques. Cette nef, de 28 pieds (9,10) de largeur sur 60 (19,49) de longueur, est accompagnée, tant à droite qu'à gauche, de cinq *arcades* de 7 pieds (2,27) sur 16 (5,20), dont chaque pilier est décoré d'un pilastre ionique; chaque arcade renferme une chapelle dont une d'elles peut servir de fonts baptismaux. Le sanctuaire où l'autel est isolé, a une profondeur de 20 pieds (6,50), et le chœur occupe la partie circulaire du chevet de l'église. L'un et l'autre sont décorés, au lieu de pilastres, de colonnes adossées du même diamètre. Derrière le chevet de l'église est la tour servant de clocher, et le reste de l'espace est occupé par un escalier, le logement du carillonneur ou concierge, un magasin et deux sacristies. L'église est éclairée par des *hémicycles* placés au-dessus de chaque arcade, au défaut du toit des chapelles, moins élevées que la grande nef. Au lieu d'un plancher, ce sont des voûtes légères

ou des plafonds en anse de panier, qui couvrent la nef et les chapelles. Quelques détails intérieurs se trouvent indiqués par deux coupes, une en longueur, fig. 3; l'autre en largeur, fig. 4, avec l'indication sur le plan des lignes sur lesquelles elles sont établies.

L'élévation, fig. 2, présente une *devanture* dans le style si heureusement employé par Palladio. Les chapelles et autres accessoires forment un corps moins élevé, qui représente un édifice sur lequel est adossée la partie principale, et dont le fronton paraît masqué par l'élévation de celle-ci. L'édifice entier repose sur un socle continu : le portail est décoré de quatre colonnes toscanes avec base et adossées, surmontées d'un entablement et d'un fronton, avec des acrotères latéraux. Le corps inférieur est décoré, de chaque côté, de deux pilastres du même ordre, mais d'un plus petit diamètre. Au delà, mais éloignée de toute la longueur de l'édifice, s'élève la tour qui sert de clocher, laquelle présente d'abord un *stylobate* uni, et un corps percé d'arcades sur les quatre côtés, couronné d'un entablement, sur lequel repose un fronton circulaire appuyé sur deux socles l'un sur l'autre; le tout est terminé par un attique en balustres. La voûte ou plafond a 28 (9,10) ou 29 pieds (9,42) de hauteur au-dessus du pavé intérieur, et l'entier édifice, tour comprise, a 58 pieds (18,84) au-dessus du sol.

Quoiqu'il paraisse que les formes générales des anciens temples ne puissent convenir à nos usages religieux, nous avons essayé, dans la planche III, d'offrir le plan d'une église dans ce style simple et sévère, et où nous avons tenté de faire paraître le superbe dorique grec dans toute sa majestueuse simplicité. Toute l'église est d'une pièce : deux rangées de colonnes partagent la nef en trois parties; et il y a deux ordres l'un au-dessus de l'autre, ce qui est imité d'après le temple de Cérès, un de ceux de Pœstum les plus approuvés. Nous craignons qu'il n'en soit pas ainsi de l'ordre relativement colossal qui règne adossé autour du sanctuaire; mais qui nous paraît convenable, nous semble agrandir ce

Planc. I.
Fig. 1, 2, 3

Il est nécessaire, pour les besoins du culte, qu'une église paroissiale renferme des fonts baptismaux, que souvent on place dans une chapelle latérale; que l'on y trouve des *sacristies* et des *magasins* pour renfermer les vases sacrés et le mobilier qui servent aux cérémonies; des *vestiaires* pour que les ecclésiastiques se préparent pour leurs fonctions : une seule pièce peut servir à tous ces usages. Des chapelles sépulcrales s'élèvent, soit isolément, soit dans les cimetières, soit ailleurs et à la suite des églises, pour recevoir les dépouilles mortelles des familles, ou pour prier pour les défunts.

Une église paroissiale de campagne n'est point, en général, par ses dimensions, susceptible d'assez de développements pour recevoir toutes les dépendances que nous indiquons, et pour laisser au génie de l'artiste un essor suffisant. L'économie prescrite par les ressources exige impérieusement ici (et c'est la règle générale que nous nous sommes imposée dans tous nos projets tant publics que particuliers) de ne faire que le nécessaire. C'est dans ce sens seulement que nous nous permettons de présenter quelques exemples. On peut cependant adopter les formes principales consacrées par l'usage. La convenance, l'utilité et la physionomie des villages ne permettent guère de se passer de clochers; mais on ne peut ordinairement penser aux pyramides élevées qui attirent la foudre, et exigent, pour être solides, une forte épaisseur de base et une grande dépense. On exige communément un autel principal, ou *maître-autel*, et des autels secondaires dont l'un est toujours dédié à la Vierge; on a besoin de sacristie et de fonts baptismaux; voilà les parties indispensables. Il est toujours utile d'avoir un porche, soit intérieur, soit extérieur, pour recevoir les habitants à mesure qu'ils arrivent. Le premier n'est souvent qu'un tambour; l'autre, qui quelquefois n'est qu'un appentis, est plus commode, mais il a l'inconvénient d'être souvent, et même pendant les offices, le séjour trop fréquent d'une foule d'indiscrets, très-communicatifs de leur nature, qui ne se contentent pas de négliger leurs devoirs religieux, mais qui font entendre leurs voix profanes jusque dans le lieu saint, et sont ainsi le désespoir des curés.

Avec ces conditions, il est possible d'élever, dans les campagnes, des églises en croix, des basiliques et des rotondes. Nous donnerons une idée des unes et des autres.

§ 1.

Église en croix.

La planche I, fig. 1, présente le plan d'une église pour une paroisse tout-à-fait rurale. Sa nef a 24 pieds (7,80) de largeur, sur 48 pieds (15,59) de longueur jusques aux marches du *chœur*, lequel, réuni au *sanctuaire*, a 24 pieds en carré; de manière que l'entier édifice a dans œuvre 24 pieds sur 72 (23,39). Les petites nefs en équerre qui forment la croix, et qui servent de *chapelles* latérales, ont 12 pieds (3,90) de largeur, sur 16 (5,20) de profondeur. Derrière l'autel est une *sacristie* de 24 pieds (7,80) de longueur sur 10 (3,25) de largeur. En avant de la nef est un porche intérieur de 12 pieds (3,90) en carré, ayant à droite les *fonts baptismaux*, et, à gauche, un *escalier* qui conduit à la tribune, laquelle occupe le dessus du porche et des fonts, et qui monte au clocher; le chœur et les chapelles sont élevés de trois marches sur la nef, et l'ouverture du porche est fermée en dessus par une poutre qui soutient la *tribune*.

Planche I. Fig. 1, 2, 3, 4.

La *façade* de cet édifice, même planche, fig. 2, est dans le style ogival. Une grande porte en tiers-point flamboyant, et divisée en deux ventaux, en occupe le centre; elle est accompagnée de deux croisées analogues qui éclairent l'escalier et les fonts, et le cintre des trois ouvertures donne du jour à la tribune, et de là à l'église, qui est d'ailleurs éclairée par des croisées latérales. Le mur extérieur est lisse; au lieu d'entablement, une ligne de *mâchicoulis* soutient la galerie du cadran; le clocher, en éventail, est triangulaire et flanqué de deux petites pyramides. C'est ce qu'on peut faire de plus simple et de moins coûteux.

On peut, pour le même plan, substituer à ce *frontispice* ou *portail*, celui de la fig. 3 en style

ment, qui tire son nom latin *campana*, de sa ressemblance avec le chapiteau égyptien, et son nom français du mot celtique *cloch*, fut d'abord suspendu obscurément dans quelque recoin de l'église. Les architectes du moyen âge, dont les pensées toutes symboliques et poétiques, étaient guidées par moins d'idée d'unité artistique, imaginèrent un tube pyramidal pour placer les cloches et faciliter leur retentissement ; et pris isolément, il est certain qu'il y a dans beaucoup de ces hardies constructions, un art d'appareil et un détail d'exécution remarquables, pittoresques dans l'ensemble, et quelquefois grandioses dans l'effet. C'est principalement en forme de pyramide qu'ils étalent leur masse imposante et qu'ils élèvent aux nues leur cime élancée, laquelle, comme la prière, monte au ciel : ils ont été placés de toutes les manières, dans toutes les situations, et l'habitude les a fait considérer comme indispensables, quelle que soit la difficulté, on peut même dire souvent l'impossibilité, de les coordonner avec les masses de l'architecture régulière. Aussi les Italiens ne les ont-ils pas toujours employés ; ils placent souvent les cloches dans des *campanilles*, tours carrées, rondes ou à pans, qui sont bâties près de l'église, mais qui n'en font pas partie intégrante. Plusieurs de ces campanilles sont de véritables monuments, par leur construction soignée et leur grande élévation.

Quant aux *clochers* proprement dits, ils s'élèvent sur un plan carré ou à pans, et sont terminés par une pyramide à plusieurs faces. Les uns montent de fond, les autres sont soutenus par des piliers de l'église, d'autres enfin sont en charpente et s'élèvent du comble seulement. On sent qu'il est peu aisé de raccorder cette forme avec la masse de l'édifice. Les tours si fréquemment en usage, ne pouvaient pas rester longtemps en arrière, d'autant que leur forme régulière, tout inharmonique qu'elle était avec la pensée d'un édifice sacré, est cependant moins repoussée par la masse architecturale.

Enfin, par économie, on employa les *éventails*, car il fallait absolument un clocher. C'est tout simplement un mur plein, ayant souvent des tours ou des tourelles à ses extrémités, qui s'élève au-dessus de l'édifice avec un couronnement presque toujours triangulaire, percé d'ouvertures pour placer les cloches. Cette construction, commune dans les campagnes, est assurément moins coûteuse qu'une autre, mais aussi peu concordante qu'aucune ; elle n'offre en elle-même rien qui puisse racheter son détestable effet, et l'habitude seule l'a admise et l'a rendue supportable.

Pour en revenir à la forme générale des églises, des allusions mystiques, un vénérable symbolisme, qui, même sous le polythéisme, avait produit quelquefois son effet, mais au fond peu artistique, ont fait ajouter en travers de la basilique une autre nef qui la coupe à angle droit et qui lui fait prendre la forme d'une croix. Cette forme a été généralement adoptée ; mais on voit, même dans le plan des églises ogivales dont le symbolisme était le caractère dominant, combien elle gênait les architectes et de combien de façons ils se sont retournés pour satisfaire au meilleur marché possible à cette exigence. Assez ordinairement les bras et la tête de la croix sont plus courts que la tige qui forme la nef, et c'est ce qu'on appelle *croix latine* ; la *croix grecque* a ses quatre bras égaux, et cette forme est plus régulière sans doute, mais moins propre à l'ampleur de l'église.

Enfin, on ne pouvait, dans les églises chrétiennes, absolument négliger la forme circulaire ou polygone, quelquefois employée dans les temples païens, surtout usitée dans les panthéons, et ceux qui, dédiés aux dieux mystérieux, pressentaient quelque idée du Dieu véritable ; c'est ce que l'on appelle des *rotondes*, et lorsqu'elles sont recouvertes d'une voûte sphérique ou plutôt sphéroïde surbaussée, on leur donne le nom de *coupoles*. Les Grecs plafonnaient d'abord à plat leurs rotondes ou *tholos*, ils les couvrirent ensuite de coupoles en bois ; les Romains ont élevé sur le panthéon d'Agrippa une voûte en pierre ; plus tard, on a fini par superposer sur un plan carré, soutenue par des pendentifs, une tour ronde surmontée d'une coupole ; et c'est ce que l'on appelle un *dôme*.

2

et tout au plus celle des intéressés. Aussi leur enceinte, élevée au milieu de l'*hiéron* ou terrain consacré, et appelée *naos* par les Grecs et *cella* par les Latins, est-elle communément très-restreinte, surtout dans les temples les plus anciens. Cette enceinte affectait ordinairement la forme parallélogramme, quelquefois seulement de 12 à 15 pieds (4 à 5^m) de longueur. On imagina ensuite de placer en avant un péristyle de colonnes, et le temple fut *prostyle*; on en ajouta un second à l'extrémité opposée, et le temple fut *amphiprostyle*; on en vint à entourer l'entière cella d'une galerie en colonnade, soit simple, ce qui forma le temple *périptère*, soit double, et alors il fut *diptère*; ou enfin de colonnes ou d'antes engagées, et il fut *pseudopériptère*. Dans les plus magnifiques, on ne se contenta pas de cela, on entoura aussi l'hiéron de galeries; ce qui forma le *péribole* du temple.

Mais tout cela ne pouvait répondre aux besoins d'un culte qui, élevant la nature humaine à une sorte d'affinité avec la Divinité, ne reconnaissait ni l'esclavage, ni les castes, ni les prélections sociales, et admettait tous ceux qui en faisaient profession à assister à ses plus augustes cérémonies. Lorsque le christianisme, enfin triomphant, s'assit sur le trône des césars, lorsque le grand Constantin voulut consacrer à son exercice des édifices dignes de la grandeur romaine, ce ne fut point dans les temples des faux dieux, encore tolérés, que l'on prit le type de ces nouveaux édifices. On le tira des salles de justice ou *basiliques*, qui, ouvertes à un grand nombre d'auditeurs, remplissaient mieux cette condition nécessaire : et ces édifices prirent le nom d'*églises*, de celui qui exprimait la société de ceux qu'ils étaient destinés à recevoir. Les galeries extérieures devinrent intérieures pour séparer les sexes, et les basiliques furent des temples périptères ou diptères, mais dont les colonnades furent comprises dans l'enceinte du naos ou de la cella. Alors, ces diverses parties furent nommées *nefs*, de leur ressemblance avec la forme allongée des navires; et l'hémicycle où siégeait le tribunal, devint le *sanctuaire* du temple.

Malheureusement alors le goût architectural était corrompu. Soit manque de ressources pécuniaires, soit privation absolue de quartiers de pierre ou de marbre pour faire des architraves, soit nécessité de donner à de plus grands édifices une hauteur plus considérable que ne le permettaient les colonnes que l'on employait, et que l'on arrachait le plus souvent d'anciennes constructions; on fit une hardie innovation, en réunissant ces colonnes par des arcs légers construits en brique. Ce style, appelé depuis *byzantin*, du nom de la ville de Byzance, devenue sous celui de Constantinople la seconde capitale de l'empire, a ses beautés particulières sans doute, mais n'est cependant qu'une dégénération du style *grec* et *romain* dont on s'éloignait d'ailleurs avec affectation par faux goût, par mode, par amour-propre; peut-être même par une préoccupation religieuse, naturelle à cette époque, mais peu digne de la pensée grande et exempte de préjugés qui a fondé le christianisme. C'est cette même architecture dégénérée qui en Occident forma l'architecture *romane* et *lombarde*, et qui encore, transformée par le mélange d'idées orientales ou hyperboréennes, produisit les architectures *ogivale* et *saxonne*, longtemps en possession de l'expression religieuse, et où l'on retrouve, quoique défigurée il est vrai, toute l'architecture antique, à l'exception des entablements. L'usage qui concentrait à l'intérieur tous les soins des constructeurs d'églises, leur fit négliger les extérieurs; ou peut-être la difficulté de faire raccorder les uns avec les autres, y fit-il pour ainsi dire renoncer. Rien n'est plus vulgaire, quelquefois plus difforme, que le dehors des premières églises byzantines; et les églises gothiques avec la forêt de leurs arcs, de leurs piliers-butants, de leurs contreforts, de leurs arcs rampants, de leurs pinacles, de leurs pyramides, de leurs clochetons, tous si nécessaires à leur solidité, offrent un aspect bizarre, toujours pittoresque et hardi, mais quelquefois presque grotesque.

L'emploi en grand des *cloches*, dans le VIIe siècle, vint ajouter un nouvel élément au désordre qui existait déjà dans l'architecture sacrée. Cet instru-

PREMIÈRE PARTIE.

THÉORIE DE L'ARCHITECTURE RURALE, OU TRAITÉ DE LA DISPOSITION DES BATIMENTS.

Les édifices qu'on élève à la campagne sont de deux sortes, *publics* et *particuliers*.

SECTION PREMIÈRE.

DES ÉDIFICES PUBLICS.

PARMI ceux des édifices d'un usage ou d'un intérêt public que l'on peut avoir à construire dans quelque donnée que ce soit; sont en première ligne, et sans contredit, les édifices consacrés au culte. La Religion fut toujours considérée comme la grande affaire de la vie; et son expression, c'est-à-dire le culte, comme la grande affaire de la société. Si les Grecs, et surtout les Romains, durent à leurs idées, à leurs principes religieux, tels erronés et misérables qu'ils pussent être, leurs vertus, leur génie et leur grandeur; qu'en doit-il être pour nous, que le Christianisme, cette pensée divine de rédemption, d'héroïsme, de sacrifice et de civilisation, a éclairés de sa lumière.

Après les édifices sacrés, le logement des ministres du culte, les maisons municipales, les halles, les tribunaux du dernier ordre, les fours, les fontaines publiques ou leurs accessoires, les cimetières; en un mot, tous les bâtiments d'un usage général, sont aussi des édifices publics. Nous parlerons en peu de mots des uns et des autres; nous en proposerons des exemples, sans avoir jamais, et surtout dans cette classe, la prétention d'en offrir des modèles : mais par les considérations générales dont nous ferons précéder nos plans, nous établirons des programmes qu'il sera facile à chacun de remplir mieux que nous ne l'aurions pu faire nous-même, en les subordonnant aux conditions de localité, qu'il est aussi difficile de prévoir, qu'il est souvent impossible de les satisfaire complétement.

CHAPITRE PREMIER.

DES ÉDIFICES RELIGIEUX.

ARTICLE PREMIER.

Eglise paroissiale.

LE Christianisme, lequel, ainsi qu'il avait été prédit, a renouvelé la face du monde, changea aussi toutes les données des temples. La religion des anciens n'était véritablement populaire quelquefois que dans les *théories* ou processions publiques; les sacrifices étaient pour la plupart des rites particuliers, et qui n'exigeaient que la présence des prêtres

PREMIÈRE PARTIE.

DISPOSITION.

obtenir une amélioration, on ouvre la porte à des irrégularités et des dommages beaucoup plus graves.

En conséquence, cet ouvrage renfermera quatre parties. Dans la première, nous traiterons de la disposition; dans la seconde, de la construction; dans la troisième, des détails particuliers pour l'édification de plusieurs natures spéciales de bâtiments ruraux; enfin, dans la quatrième, des connaissances accessoires et relatives à l'Architecture rurale; telles que les plans et devis, l'excavation et le transport des terres, le toisé, les restitutions, restaurations et réparations; les chemins et communications rurales, les jardins, les lois des bâtiments, les devis, surtout les devis estimatifs, qui seront naturellement la partie la plus souvent consultée, et à laquelle nous joindrons pour exemple deux applications spéciales. Ces devis, dont nous indiquons les détails, ne sont que des canevas dans lesquels chacun placera les chiffres que l'usage des lieux, toujours variable, pourra lui indiquer.

ornière, de cette sorte de routine, de rendre l'art moins vulgaire, de le mieux raisonner, sans exiger trop cependant de l'application des simples propriétaires et des hommes de métier. Nous avons cherché dans notre *Traité historique et descriptif, critique et raisonné des Ordres d'architecture* (1), à résoudre ce problème. Cet ouvrage, le complément nécessaire, ou plutôt la véritable introduction de celui-ci, réunit, nous l'osons croire, toutes les notions propres à donner une connaissance suffisante des principes de l'art, de ses principales modifications, et des moyens nécessaires pour imprimer aux édifices le caractère des ordres, lorsque les colonnes et les pilastres sont absents. Le *Vocabulaire universel des termes d'architecture* et des vingt-cinq industries qui s'y rattachent, ainsi que la *Biographie des architectes*, qui accompagnent ce traité, sont deux appendices qui le rendent, sans contredit, plus complet, plus utile et plus instructif. On peut saisir d'un coup d'œil, dans le tableau suivant (A), le résumé des dimensions, des proportions et des rapports qui forment l'analyse de notre système.

(A)   *Dimensions et proportions des cinq Ordres d'architecture.*

	générale de l'ordre complet avec piédestal	générale de l'ordre entier sans piédestal	HAUTEUR											RAPPORT			
			DE L'ENTABLEMENT				DE LA COLONNE				DU PIÉDESTAL				de la hauteur de la colonne à son diamètre inférieur.	DE L'ENTABLEMENT		DU PIÉDESTAL	
			entier.	de la corniche.	de la frise.	de l'architrave.	entière.	du chapiteau.	du fût.	de la base.	entier.	de la corniche.	du dé.	du socle.		à la colonne.	à l'ordre entier.	à la colonne.	à l'ordre complet.
	Mod. p	Mod.	M. p.	M. p.	M. p.	M. p.	M. p.	M. p.	M. p.	M. p.	M. p.	M. p.	M. p.	M. p.	M. p.				
Ordre dorique grec...	20 "	16 "	4 "	0.21	1.16	1.11	12 "	1 "	10 "	1 "	4 "	0.12	2.12	1 "	6 "	1/3	1/4	1/3	1/5
Ordre dorique toscan	22.12	18 "	4 "	1 "	1.14	1.10	14 "	1 "	12 "	1 "	4.12	0.13½	2.19½	1.3	7 "	2/7	2/9	9/28	1/5
Ordre dorique romain	25 "	20 "	4 "	1.3	1.12	1.9	16 "	1 "	14 "	1 "	5 "	0.15	3.3	1.6	8 "	1/4	1/5	5/16	1/5
Ordre ionique.......	27.12	22 "	4 "	1.6	1.10	1.8	18 "	1.12	15.12	1 "	5.12	0.16½	3.10½	1.9	9 "	2/9	2/11	11/36	1/5
Ordre corinthien....	30 "	24 "	4 "	1.9	1.8	1.7	20 "	2.8	16.16	1 "	6 "	0.18	3.18	1.12	10 "	1/5	1/6	3/10	1/5

Nous considérons ici l'Architecture rurale sous deux points de vue principaux : la *théorie*, qui en donne les principes, et la *pratique*, qui les met en œuvre.

Mais on nomme proprement théorie dans cet art, toute la partie qui est essentiellement travail de cabinet, qui établit la marche à suivre dans la proposition et le tracé d'un plan, avec le détail de toutes les parties qui le composent, et c'est là la *disposition*; et on nomme pratique ce qui concerne l'exécution de ce plan et de toutes ses mêmes parties, et c'est la *construction*.

On voit que ces deux objets ont une connexion parfaite, ou plutôt ne font qu'un seul et même tout; car, sans une connaissance réelle de l'un, on ne peut s'occuper utilement de l'autre. Un plan étant le tableau ou le modèle d'un édifice, il faut, dans son tracé, s'occuper essentiellement des détails de construction qu'il pourra exiger : et un édifice ne pourra être commode et ainsi vraiment utile, économique et conséquemment praticable, enfin régulier et par suite véritablement agréable, qu'autant qu'un plan bien digéré, bien calculé et bien approfondi aura été suivi pas à pas dans son exécution. Rien n'est ordinairement plus dangereux que de faire, dans l'exécution, des changements au plan. Il est commun que, pour éviter un inconvénient ou

---

(1) Vol. in-4°, 52 pl. Toulouse, Douladoure, 1845; Paris, Audot et Bertrand

ce qui facilite le travail, le transport des récoltes, des fourrages et des engrais, et procure une surveillance facile et journalière. Mais dans le placement est comprise l'*exposition* ou l'orientement du bâtiment, qui est peut-être la condition la plus essentielle, parce que c'est celle qui contribue le plus à l'agrément de l'habitation, à son bon usage, et intéresse même l'économie. On doit examiner avec soin celle qui est adoptée généralement pour les principaux édifices élevés dans le pays avant de se fixer à cet égard. Ici, dans le Toulousain et le Lauraguais, les vents de l'est et du sud-est sont violents, mais ordinairement secs; ceux du nord-ouest ou du sud-ouest sont aussi souvent très-forts, presque toujours humides, et les fortes pluies viennent de ce côté : du nord-ouest au nord-est viennent les vents plus ordinairement faibles, mais généralement secs et froids; du sud-est au sud-ouest les grandes chaleurs. Pour cela, les façades des bâtiments regardent assez fréquemment, d'un côté, les environs du N-E au S-E, et de l'autre, du N-N-E au S-S-O. Les constructions exposées du N-N-O au S-S-E doivent être bâties en bons matériaux et mortier de chaux, surtout celles exposées à l'O, au S-O et au S-S-O; les autres peuvent être bâties avec du mortier de terre; celles exposées au N, au N-N-E, et au N-E, peuvent, à la rigueur, être établies en brique crue.

Relativement à la décoration, elle ne peut que très-rarement faire essentiellement partie de l'architecture rurale : là, le pur agréable n'est jamais qu'un accessoire; non que l'on ne doive aussi songer à embellir nos campagnes, mais parce que leur véritable beauté ne consiste guère que dans une idée d'utilité répandue sur tout ce qu'elles renferment, et que les menus détails n'y font que très-peu d'effet.

Il en résulte que l'*économie*, mais l'économie *bien entendue*, est, dans cette architecture, une règle générale, dont on ne doit jamais se départir; de là suit, qu'en architecture rurale, tout, même la décoration, doit être motivé par des considérations de solidité ou d'utilité réelle (ce qui d'ailleurs, à notre avis, doit être un principe général pour toute architecture); de là encore que, pour cette nature de bâtiment surtout, il suffit d'avoir une connaissance à peu près générale des premières règles de l'art et des principaux membres d'architecture, mais qu'il est indispensable d'avoir fait une étude approfondie du placement et de la distribution, sans lesquels point de commodité, et à plus forte raison de la construction, sans laquelle point de *solidité*, et, par suite, point d'économie.

En architecture, on appelle *ordonnance*, la disposition extérieure d'un bâtiment. Sa première condition est la *régularité*, sinon dans le rapport des masses diverses qui le composent, au moins dans l'édification de chacune d'elles; la seconde, une *expression* qui, au premier coup d'œil, comme dans l'aspect des détails, fasse connaître si elle est du genre sévère, du genre mixte ou du genre gracieux, que l'on appelle *style* en termes de l'art.

La régularité exige, autant que possible, un nombre impair d'ouvertures, et une entrée principale au milieu de l'édifice; elle veut une distribution égale des mêmes membres de chaque côté de la ligne centrale; une parfaite verticalité dans les élévations; autant de parallélismes que possible dans les plans; des retours à angles droits; des saillies proportionnées; une sage répartition des pleins et des vides qui doivent ordinairement se surmonter, etc. On observera que ces conditions, réclamées pour la satisfaction de l'œil, sont toutes nécessaires pour obtenir la solidité, ou du moins pour en produire le sentiment.

L'expression ou le *caractère* du bâtiment se donne par le moyen des *ordres*, dont il est nécessaire, sinon absolument indispensable, d'avoir au moins une idée générale ainsi que de leurs accessoires, et des dimensions des membres qui en font partie et les caractérisent. On ne manque pas d'ouvrages bien rédigés qui en exposent les principes; mais les petits traités destinés aux ouvriers ne donnent guère que les dessins de Vignole, même pour les parties dans lesquelles ce maître illustre est inférieur à ses émules. Il est, nous le croyons, temps de sortir de cette

ARCHITECTURE

RURALE,

THÉORIQUE ET PRATIQUE.

On sait que l'ARCHITECTURE est, en général, l'art de bâtir, et la connaissance de tout ce qui est relatif à la construction des édifices, de toutes leurs parties, et souvent de tous leurs accessoires.

Tous les édifices ne sont pas destinés aux mêmes usages : ainsi, les uns servent à l'embellissement des villes, à l'habitation, aux plaisirs ou aux exercices de leurs habitants, à la confection ou à l'emmagasinement de leurs industries, et c'est le but de l'*Architecture civile;* d'autres sont destinés au logement des troupes, à la sûreté et à la défense des places de guerre, et c'est le but de l'*Architecture militaire* et de la *fortification;* les derniers, enfin, sont élevés dans les campagnes, et voilà l'ARCHITECTURE RURALE, la seule qui soit l'objet de cet ouvrage.

Dans la pensée et ce que l'on est convenu d'appeler le *projet* de tout édifice, il faut, en premier lieu, considérer sa *destination,* car on ne peut créer rien de raisonnable sans avoir un but fixe et bien distinct. Une fois cette destination bien connue et bien appréciée, et pour la satisfaire complétement, on considérera séparément : 1° le lieu qui lui est le plus propre, ou son *placement;* 2° les différentes parties dont il doit être composé, ou sa *distribution;* 3° les ornements tant intérieurs qu'extérieurs qui lui conviennent, ou sa *décoration;* 4° enfin, la manière dont il doit être exécuté, ou sa *construction.* Ainsi, ces différents objets, assiette, distribution, décoration et construction, constituent toute architecture, et doivent tous concourir à remplir et caractériser le premier, c'est-à-dire, sa destination.

Le placement a toujours été regardé comme le premier objet à considérer, à cause de son influence de tous les instants. Malheureusement le choix n'en est pas toujours libre. On recommande, en général, de mettre le bâtiment à portée de communications aisées, sans cependant le placer immédiatement au voisinage d'une grande route; de lui procurer l'avantage d'un cours d'eau, en évitant avec soin le contact d'une grande rivière, et surtout l'éloigner d'un sol habituellement humide et marécageux; de ne pas le mettre trop en contact avec une très-grande propriété, avec un village trop populeux, enfin une grande forêt. Nous, cultivateurs, nous devons, autant que possible, nous établir à proximité de nos cultures, et, s'il se peut, au centre de la propriété;

ARCHITECTURE

RURALE.

SUITE DES TABLES, TABLEAUX ET TARIFS.

Pages

GG. Tarif de la valeur des bois de charpente et de menuiserie débités en planches d'après leur épaisseur en lignes, le pied quarré........................ 296
HH. Tarif de la valeur du pied quarré de charpente replanie et assemblée.................................. 297
II. Toisé du bois des planchers........................ 298
KK. Toisé du cube des bois des combles, avec fermes et entraits, fermes sans entraits et sur pignons...... 300
LL. Tarif du pied et du mètre quarrés de menuiserie.... 308
MM. Tarif du pied et du mètre quarrés de menuiserie, bâtis et panneaux confondus........................ibid.
NN. Tarif des marches et limons de charpente.......... 311
OO. Evaluation des petits fers ou de la quincaillerie...... 320
    I. Quincaillerie de bâtiment........................ 324
    II. Quincaillerie de mobilier......................ibid.
PP. Tarif de la valeur du plâtre d'après l'épaisseur de sa couche, la toise quarrée......................... 325

Pages

QQ. Tableau général des recouvrements d'aire en maçonnerie... 331
RR. Evaluation générale des diverses natures de pavage... 332
SS. Evaluation des ouvrages de marbrerie................ 333
TT. Evaluation des pièces qui servent à la construction des poêles... 335
UU. Evaluation des poêles mobiles complets............. 336
VV. Tarif du prix de la feuille de verre à vitre de Givors. . 337
XX. Tarif de la valeur approximative des glaces........... 338
YY. Tarif général des matières et des ouvrages de la peinture d'impression. — Accessoires. — Vernis. — Siccatifs. — Colles. — Huiles. — Couleurs. — Ouvrages préparatoires. — Impressions. — Peinture ordinaire. — Décor. — Peinture à la pièce.................... 339
ZZ. Evaluation approximative des diverses confections d'ornements d'architecture. — Ornements sculptés. — Moulés en céramique. — Moulés en plâtre......... 341
AAA. Tarifs variés des objets de tapisserie. — Tissus. — Fournitures. — Bois de meubles. — Passementerie.. 343

SUITE DES TABLES, TABLEAUX ET TARIFS.

Éléments des rapports qu'ont entre elles les Mesures décimales et duodécimales............................ ix
I. Mètre et aunes de Paris........................ibid.
II. Kilomètre et lieues de 2000, de 2500 et de 3000 toises...ibid.
III. Mètre et toise linéaires.........................ibid.
IV. Mètre et toise quarrés......................... x
V. Mètre et toise cubes...........................ibid.
VI. Kilogramme et livre poids de marc.............ibid.
A. Dimensions et proportions des cinq Ordres d'architecture. 3
B. Table des différentes épaisseurs qu'il faut donner aux voûtes en berceau en plein cintre, et à leurs piédroits, en raison de la manière dont elles sont extradossées. 67
C. Tableau des éléments des principaux bois d'œuvre.... 83
D. Table pour le débit des bois en grume dans les exploitations.. 85
E. Table de la force verticale des bois............... 86
F. Table indiquant la plus grande force des bois de chêne posés horizontalement, en raison de leurs dimensions.......................................ibid. et suiv.
G. Table présentant les forces primitives des différents bois comparés au chêne, dont la force horizontale est supposée 1,000................................... 88
H. Hauteur des poutres et solives d'après leur portée..... 93
I. Tarif du poids du pied courant de fer quarré ou rond... 129
K. Tarif du poids du pied courant du fer méplat......... 130
L. Tarif du poids du plomb d'après son épaisseur........ 151
M. Tableau de la capacité et de la construction des fours à pain.. 193
N. Rapport réciproque des éléments de l'hectare avec les arpents de Toulouse et de Lauragais et leurs subdivisions.. 234
O. Exemples d'échelles géométriques en mesures duodécimales et mesures décimales..................... 236

P. Catalogue général des principaux végétaux, arbres, arbrisseaux, arbustes et plantes vivaces, indigènes ou acclimatés, qui peuvent servir à l'établissement, au semis, à la plantation ou à la décoration des jardins, classés d'après l'emploi auxquels ils sont propres... 265
Q. Tableau des poids moyens en livres du pied et du mètre cube des divers matériaux........................ 269
R. Tableau du prix commun des journées d'ouvriers...... 270
S. Rapport entre elles des divisions quarrées et parallélogrammes de la toise quarrée.....................ibid.
T. Rapport entre elles des divisions cubiques et parallélipipèdes de la toise cube......................... 271
U. Rapport de la capacité de la toise quarrée à celle de la toise cube, d'après l'épaisseur de la première......ibid.
V. Tableau du prix de la toise cube et celui de la toise quarrée, d'après l'épaisseur de celle-ci............ibid.
X. Comparaison du prix des mesures duodécimales, avec celui du prix des mesures décimales.............. 272
Y. Evaluation de la fouille et du transport des trois natures ou classes de terres............................... 276
Z. Tableau du prix de la brique d'après ses dimensions.... 285
AA. Toisé des matériaux et prix de la main-d'œuvre des murs en brique de moyen échantillon, par toise cube et toise quarrée...................................... 287
BB. Toisé des antes, colonnes, chapiteaux et entablements de l'ordre dorique grec............................ 291
CC. Toisé des corniches de couronnement et des corniches de comble, par pied de hauteur..................... 292
DD. Toisé des colonnes et antes en brique, par pied de hauteur.. 293
EE. Toisé de l'entablement en brique, par pied de hauteur.ibid.
FF. Valeur des différentes pièces de charpente et de menuiserie quarrées au pied cube, au pied et au mètre courant.. 295

§ 3. *Béton* (8 à 11)..........................Page 278
§ 4. *Stuc* (12)....................................ibid.
§ 5. *Mastics* (13 à 18)..........................279
§ 6. *Crépis et Enduits* (19)....................281
§ 7. *Construction en pierre* (20 à 24)......ibid.
§ 8. *Construction en moilon* (25, 26)........284
§ 9. *Construction en brique* (27 à 31).....ibid.
§ 10. *Construction en cailloux* (32)..........288
§ 11. *Voûtes* (33 à 38)..........................ibid.
§ 12. *Terrasse* (39 à 41)......................290
§ 13. *Construction des Ordres d'architecture en pierre* (42 à 45)..........................ibid.
§ 14. *Construction des Ordres en brique*.....292
§ 15. *Accessoires de la Maçonnerie* (46)....294
Art. 2. *Charpente*................................ibid.
§ 1er. *Bois et débit*............................ibid.
§ 2. *Planchers* (47 à 52)......................297
§ 3. *Combles* (53 à 55)......................299
§ 4. *Etayement, Chevalement, Echafauds et Cintres.* 301
§ 5. *Pans de bois et Cloisons de charpente* (56 à 59)..ibid.
§ 6. *Escaliers de charpente* (60 à 64).....302
§ 7. *Portes et contrevents de charpente* (65 à 82)...303
Art. 3. *Couverture* (83 à 87)..................306
Art. 4. *Menuiserie*..............................307
§ 1er. *Menuiserie dormante*....................309
   I. *Lambris de hauteur et d'appui et embrasements*.ibid.
   II. *Planchers de menuiserie* (88, 89)......ibid.
   III. *Parquets* (90)..........................310
   IV. *Escaliers de menuiserie*................311
§ 2. *Menuiserie mobile*..........................312
   I. *Portes d'assemblage* (91 à 101)........ibid.
   II. *Croisées et Portes croisées* (102 à 114).....314
   III. *Volets intérieurs* (115 à 122).........316
   IV. *Jalousies et Persiennes* (123, 124)....317
§ 3 *Ouvrages divers*............................318
§ 4. *Réparations de la menuiserie*............ibid.
Art. 5. *Ferrure, Serrurerie et Ferronnerie* (125).....319
Art. 6. *Plâtrerie* (126 à 133)..................325
Art. 7. *Carrelage*................................327
§ 1er. *Dallage* (134 à 136)....................ibid.
§ 2. *Carrelage en pierre*........................328
§ 3. *Carrelage en brique* (137 à 140)........ibid.

§ 4. *Carrelage en carreaux*..................Page 329
§ 5. *Carrelage en carreaux vernissés*........330
§ 6. *Carrelage en marbre*......................ibid.
Art. 8. *Pavage*...................................331
Art. 9. *Marbrerie*................................332
Art. 10. *Grillage*................................333
Art. 11. *Treillage*................................ibid.
Art. 12. *Plomberie*..............................334
Art. 13. *Fontainerie*............................ibid.
Art. 14. *Poêlerie*................................335
Art. 15. *Vitrerie*.................................336
Art. 16. *Miroiterie*..............................337
Art. 17. *Peinture d'impression*................338
Art. 18. *Ornements d'Architecture*...........340
Art. 19. *Tenture* (141 à 142).................342
Art. 20. *Tapisserie*..............................343
Confection des Meubles (143 à 153).........344
Devis estimatif du corps ou pavillon central de la Maison de campagne représentée dans les planches XXIII-XXIV et XXV-XXVI.....................345
Dimensions et conditions......................346
   I. *Ouvrages préparatoires*..................ibid.
   II. *Maçonnerie*................................ibid.
   III. *Charpente*................................ibid.
   IV. *Escalier*....................................ibid.
   V. *Couverture*.................................ibid.
   VI. *Menuiserie*................................347
   VII. *Carrelage*................................ibid.
   VIII. *Plâtrerie*................................ibid.
   IX. *Peinture d'impression*..................ibid.
   X. *Vitrerie*....................................ibid.
   XI. *Marbrerie*.................................ibid.
   XII. *Poêlerie*..................................ibid.
   XIII. *Miroiterie*...............................348
   XIV. *Tenture*..................................ibid.
   XV. *Couronnement*............................ibid.
   XVI. *Revêtement des murs. — Résumé*....ibid.
Devis estimatif d'une Métairie représentée dans les figures 1 à 5 de la planche XXXIV, en distinguant les fournitures et la main-d'œuvre............ibid.
   I. *Toisé des Matériaux*......................ibid.
   II. *Evaluation des Matériaux*................350
   III. *Main-d'œuvre*............................ibid.
Table générale alphabétique des Matières....351

FIN DE LA SÉRIE.

CHAPITRE PREMIER. *De l'Ebénisterie*............ Page 174
CHAPITRE II. *Des Matériaux qui forment les meubles*..... 176
   Art. 1er. *Des Châssis et carcasses en bois*............ibid.
   Art. 2. *Des Matériaux de fond*......................ibid.
   Art. 3. *Des Tissus*............................... 177
   Art. 4. *Des Garnitures et Agréments*................ 178
CHAPITRE III. *De la Composition tapissière des meubles*...ibid.
CHAPITRE IV. *De l'Entretien et de la Conservation des meubles*... 179
CHAPITRE V. *Des Meubles d'assortiment*............... 180

TROISIÈME PARTIE.

DÉTAILS PARTICULIERS POUR LA CONSTRUCTION DE QUELQUES PARTIES DES ÉDIFICES RURAUX.

I. *Abreuvoir*.................................... 183
II. *Aqueduc et Conduite d'eau*......................ibid.
III. *Bâche*...................................... 184
IV. *Bains et Baignoires*........................... 185
V. *Bassins, Viviers et Réservoirs*...................ibid.
VI. *Bergeries et accessoires*....................... 186
   1° *Bergeries permanentes*......................ibid.
   2° *Bergeries supplémentaires*................... 187
   3° *Crèches*....................................ibid.
   4° *Parc*.......................................ibid.
VII. *Bibliothèque*................................ 188
VIII. *Briques et Briquettes*........................ibid.
IX. *Buanderie, Four et Fournil*.................... 189
   Fourneau..................................... 190
   Fournil...................................... 191
   Coffre.......................................ibid.
   Bluteau......................................ibid.
   Four...ibid.
X. *Cabinet*..................................... 193
XI. *Calorifère*.................................. 194
XII. *Caves, Cellier et Vinée*...................... 195
XIII. *Châssis de maçonnerie*....................... 197
XIV. *Cheminées*..................................ibid.
   1° *Forme, dimension et emplacement*............ 198
   2° *Causes de la Fumée et moyens architectoniques*... 199
   3° *Appareils fumifuges et Calorifères*........... 200
XV. *Chenil*..................................... 202
XVI. *Citerne*....................................ibid.
XVII. *Clapier*................................... 203
XVIII. *Colombier*................................ibid.
XIX. *Cuisine et accessoires*....................... 204
XX. *Ecurie*..................................... 205
XXI. *Etable*.................................... 207
XXII. *Fosses d'aisances*..........................ibid.
XXIII. *Fosses à fumier*........................... 209
XXIV. *Four à chaux et à brique*................... 210
XXV. *Fruitier ou Fruiterie*....................... 212
XXVI. *Garenne forcée*.............................ibid.
XXVII. *Glacières*................................ibid.
XXVIII. *Garde-pile, Granges et Gerbiers*........... 213

XXIX. *Greniers à grains*....................... Page 215
   I. *Greniers à blé*............................ibid.
   II. *Greniers à avoine*........................ibid.
   III. *Greniers à maïs*.........................ibid.
XXX. *Grilles d'entrée*............................ 216
XXXI. *Hangars*................................... 217
XXXII. *Laiteries*................................ 218
XXXIII. *Lavoirs*.................................ibid.
XXXIV. *Magasins et Meules à fourrages et de paille*.... 219
XXXV. *Mares*.....................................ibid.
XXXVI. *Orangeries*............................... 220
XXXVII. *Paratonnerre*............................ibid.
XXXVIII. *Perrons et Escaliers extérieurs*......... 221
XXXIX. *Plastique*................................ 222
XL. *Poêles en maçonnerie*.........................ibid.
XLI. *Portes et Barrières rurales*................. 223
XLII. *Poulaillers*............................... 224
XLIII. *Puisards*................................. 225
XLIV. *Puits*.....................................ibid.
XLV. *Remises*.................................... 226
XLVI. *Ruchers*...................................ibid.
XLVII. *Séchoirs*................................. 227
XLVIII. *Serres à fleurs*.........................ibid.
XLIX. *Serres à légumes*..........................ibid.
L. *Silos*.. 228
LI. *Stores*......................................ibid.
LII. *Toits à porcs*..............................ibid.

QUATRIÈME PARTIE.

CONNAISSANCES RELATIVES ET ACCESSOIRES A L'ARCHITECTURE RURALE.

SECTION PREMIÈRE. *Des Plans et Dessins*........... 233
   CHAPITRE PREMIER. *Agrographie ou plans terriers*....ibid.
   CHAPITRE II. *Ichnographie ou Plans d'architecture*...... 235
SECTION SECONDE. *Du Toisé ou Métrage*............. 237
SECTION TROISIÈME. *Des Restitutions, Restaurations et Réparations*.. 238
SECTION QUATRIÈME. *Des Chemins et Communications rurales*... 241
SECTION CINQUIÈME. *Architecture légale, ou précis des lois des Bâtiments*................................... 245
SECTION SIXIÈME. *Des Jardins*..................... 257
SECTION SEPTIÈME. *Des Devis, des Marchés et des Evaluations*... 269
   CHAPITRE PREMIER. *Documents préliminaires*..........ibid.
   CHAPITRE II. *Des Devis marchés*................... 272
   CHAPITRE III. *Des Devis estimatifs*............... 274
   De la Terrasse ou de l'excavation des terres et de leur transport (détails n° 1)...........................ibid.
   Art. 1er. *Maçonnerie*............................. 276
   § 1er. *Mortier* (détails 2 à 4).....................ibid.
   § 2. *Ciment* (5 à 7)............................... 277

SÉRIE DES DIVISIONS

CHAPITRE VI. *Des Terrasses*..................... Page 74
CHAPITRE VII. *Des Ravalements, des Crépis, des Enduits et des Stucs*.. 75
CHAPITRE VIII. *Des moyens de remplacer la Maçonnerie*.. 77
  Art. 1er. *Du Pisé*... 78
  Art. 2. *Des Parois, de la Bauge et des Murs de clôture*. 80

SECTION SECONDE. *De la Charpente*.................. 81
CHAPITRE PREMIER. *Des Bois de charpente et de menuiserie*. 82
  Art. 1er. *Des différentes espèces de Bois*..............ibid.
  Art. 2. *De l'Exploitation des bois de charpente*....... 83
  Art. 3. *De la Conservation des bois de charpente*..... 84
  Art. 4. *Du Débit des bois de charpente*................ibid.
  Art. 5. *De la Force des bois de charpente*............. 85
  Art. 6. *Des Défauts et du choix des bois de charpente*.. 90
CHAPITRE II. *Des principaux Assemblages de charpente*.. 91
CHAPITRE III. *Des principaux Ouvrages de charpente*....ibid.
  Art. 1er. *Des Planchers*................................ibid.
  Art. 2. *Des Combées*................................... 95
    § 1er. *Comble droit*................................ibid.
    § 2. *Comble brisé ou à la mansard*.................. 98
    § 3. *Comble quarré ou en pavillon*.................. 99
    § 4. *Combles coniques*...............................ibid.
    § 5. *Combles économiques*........................... 100
  Art. 3. *Des Cintres*................................... 102
    § 1er. *Des pleins Cintres*.......................... 103
    § 2. *Des Cintres elliptiques*.......................ibid.
    § 3. *Des Cintres gothiques*......................... 105
    § 4. *Des Arcs rampants*............................. 107
  Art. 4. *Des Echafauds et Etayements*...................ibid.
  Art. 5. *Des Cloisons de charpente*.................... 109
  Art. 6. *Des Escaliers de charpente*................... 110
  Art. 7. *Des Portes et Contrevents de charpente*....... 113

SECTION TROISIÈME. *De la Couverture*................ 115
CHAPITRE PREMIER. *De la Couverture en chaume*........ibid.
CHAPITRE II. *De la Couverture en ardoise*............ 116
CHAPITRE III. *De la Couverture en tuiles*............ 117
  Art. 1er. *De la Couverture en tuiles creuses*..........ibid.
  Art. 2. *De la Couverture en tuiles plates*............ 118
CHAPITRE IV. *Des Couvertures économiques*............ 119
CHAPITRE V. *Des Réparations des couvertures*......... 120

SECTION QUATRIÈME. *De la Menuiserie*................ 121
CHAPITRE PREMIER. *De la Menuiserie dormante*.........ibid.
  Art. 1er. *Des Lambris*.................................ibid.
  Art. 2. *Du Plancher d'ais et du Parquet*.............. 122
  Art. 3. *Des Cloisons de menuiserie*................... 123
  Art. 4. *Des Escaliers de menuiserie*..................ibid.
  Art. 5. *Des Ordres en menuiserie*.....................ibid.
  Art. 6. *Des légers Ouvrages de menuiserie*............ 124
CHAPITRE II. *De la Menuiserie mobile*.................ibid.
  Art. 1er. *Des Portes*..................................ibid.
  Art. 2. *Des Croisées et Portes croisées*.............. 126

SECTION CINQUIÈME. *De la Ferrure, de la Serrurerie et de la Ferronnerie*...................................... 128

CHAPITRE PREMIER. *Des gros Fers*................ Page 130
CHAPITRE II. *Des petits Fers ou de la Serrurerie*....... 132
CHAPITRE III. *Des Fers ouvragés*.......................ibid.
  I. *Balcons et Rampes*.................................ibid.
  II. *Grilles et Portes-grilles*........................ 133
CHAPITRE IV. *De la Ferronnerie*...................... 135

SECTION SIXIÈME. *De la Plâtrerie*....................ibid.
  I° *Cloisons*... 136
  II° *Cheminées*...ibid.
  III° *Enduits*... 137
  IV° *Plafonds*... 138

SECTION SEPTIÈME. *Du Carrelage*..................... 139

SECTION HUITIÈME. *Du Pavé ou pavage*................ 141

SECTION NEUVIÈME. *De la Marbrerie*.................. 143
  Art. 1er. *Marbres*....................................ibid.
  Art. 2. *Jaspes*....................................... 147
  Art. 3. *Porphyre*.....................................ibid.
  Art. 4. *Granite*......................................ibid.
  Art. 5. *Albâtres*.....................................ibid.

SECTION DIXIÈME. *Du Grillage*........................ 149

SECTION ONZIÈME. *Du Treillage*....................... 150

SECTION DOUZIÈME. *De la Plomberie*................... 151

SECTION TREIZIÈME. *De la Fontainerie*................ 152

SECTION QUATORZIÈME. *De la Poêlerie*.................ibid.

SECTION QUINZIÈME. *De la Vitrerie*................... 154

SECTION SEIZIÈME. *De la Miroiterie*.................. 155

SECTION DIX-SEPTIÈME. *De la Peinture d'impression*... 157
CHAPITRE PREMIER. *Des Matières accessoires employées dans la peinture*.....................................ibid.
CHAPITRE II. *Des Matières colorantes*................ 159
  Art. 1er. *Des Couleurs primitives*....................ibid.
  Art. 2. *Usage des Blancs*............................. 161
  Art. 3. *Des Couleurs secondaires et du mélange des Couleurs primitives*................................ 162
CHAPITRE III. *Préparation, dilution et mélange des Couleurs*.. 163
CHAPITRE IV. *De l'exécution de la Peinture*.......... 164
  Art. 1er. *De la Peinture à la colle ou en détrempe*... 165
  Art. 2. *De la Peinture à l'huile*.....................ibid.
  Art. 3. *De la Peinture au vernis*..................... 166
  Art. 4. *De la Peinture au lait*.......................ibid.
  Art. 5. *De la Peinture au serum de sang*..............ibid.
  Art. 6. *De l'Encaustique*.............................ibid.
  Art. 7. *De la Peinture lucidonique*................... 167
  Art. 8. *De la Peinture sur verre*.....................ibid.
CHAPITRE V. *De la Peinture de décor*..................ibid.
CHAPITRE VI. *Des Moyens de désinfection*............. 168

SECTION DIX-HUITIÈME. *Des Ornements d'architecture*... 169

SECTION DIX-NEUVIÈME. *De la Tenture*................. 172

SECTION VINGTIÈME. *De la Tapisserie*................. 174

SÉRIE
DES DIVISIONS ET DES SOUS-DIVISIONS DE L'OUVRAGE.

Avertissement.................................. Page v
Histoire des Mesures décimales uniformes.............. xj
Série des divisions et des sous-divisions de l'ouvrage...... xvij
Suite des tables, tableaux et tarifs.................... xxj
ARCHITECTURE RURALE............................ 1

PREMIÈRE PARTIE.
THÉORIE DE L'ARCHITECTURE RURALE, OU TRAITÉ DE LA DISPOSITION DES BATIMENTS.

SECTION PREMIÈRE. Des Edifices publics............... 7
CHAPITRE PREMIER. Des Edifices religieux..............ibid.
  Art. 1er. Eglises paroissiales.......................ibid.
    § 1er. Eglise en croix............................ 10
    § 2. Basilique................................... 11
    § 3. Rotonde................................... 12
    Observation.................................ibid.
  Art. 2. Chapelles ou Oratoires...................... 13
CHAPITRE II. Presbytère............................ 15
CHAPITRE III. Maison commune.....................ibid.
CHAPITRE IV. Halle aux grains....................... 16
CHAPITRE V. Prétoire..............................ibid.
CHAPITRE VI. Four public........................... 17
CHAPITRE VII. Fontaine, Abreuvoir et Lavoir publics... 18
CHAPITRE VIII. Cimetières..........................ibid.

SECTION SECONDE. Des Bâtiments particuliers.......... 20
CHAPITRE PREMIER. Des Bâtiments d'habitation.........ibid.
  Art. 1er. Maisons bourgeoises....................... 21
  Art. 2. Maisons de cultivateurs..................... 23
  Art. 3. Maisons d'employés ruraux et de manouvriers..ibid.
  Art. 4. Maisons de plaisance....................... 24
  Art. 5. Château.................................. 27
  Art. 6. Maison de campagne....................... 31
CHAPITRE II. Des Bâtiments d'exploitation............. 33
  Art. 1er. Dépendances de la Maison de campagne...... 34
  Art. 2. Vendangeoir.............................. 36
  Art. 3. Métairies................................. 37
    § 1er. Métairie de quatre charrues................. 38
    § 2. Métairie de trois charrues.................... 39
    § 3. Métairie de deux charrues.................... 40
    § 4. Métairie de deux à trois charrues.............ibid.
CHAPITRE III. Plans généraux en masse................ 41

SECONDE PARTIE.
PRATIQUE DE L'ARCHITECTURE RURALE, OU TRAITÉ DE LA CONSTRUCTION DES BATIMENTS.

SECTION PREMIÈRE. De la Maçonnerie............. Page 45
CHAPITRE PREMIER. Des Matériaux....................ibid.
  Art. 1er. De la Brique crue.........................ibid.
  Art. 2. Des Pierres factices........................ 46
  Art. 3. De la Brique cuite..........................ibid.
  Art. 4. De la Pierre.............................. 49
  Art. 5. Du Moilon................................ibid.
  Art. 6. De la Chaux..............................ibid.
  Art. 7. Du Sable................................. 50
  Art. 8. Du Ciment................................ 51
  Art. 9. Des Mortiers.............................. 53
    § 1er. Mortiers simples..........................ibid.
    § 2. Mortiers de ciment.........................ibid.
CHAPITRE II. Des Murs............................. 55
  Art. 1er. Des Murs ordinaires.......................ibid.
    § 1er. Dimensions des murs......................ibid.
    § 2. Des Fondations............................ 57
    § 3. Des Fondements........................... 58
    § 4. De la Construction des murs................. 59
    I° Construction en moilon brut.................. 60
    II° Construction en cailloux....................ibid.
    III° Construction en briques....................ibid.
  Art. 2. Des Murs de terrasse....................... 62
    § 1er. Murs d'aplomb...........................ibid.
    § 2. Murs en talus.............................ibid.
    § 3. Murs d'aplomb avec contreforts.............. 63
    § 4. Murs en talus avec contreforts...............ibid.
CHAPITRE III. Des Voûtes...........................ibid.
  Art. 1er. De la Théorie des voûtes................... 64
  Art. 2. De la Construction des voûtes............... 68
CHAPITRE IV. Des Escaliers......................... 69
CHAPITRE V. Des Constructions en maçonnerie, destinées à remplacer la charpente...................... 70
  Art. 1er. Des Planchers en maçonnerie ou voûtes en briques plates..................................ibid.
  Art. 2. Des Combles en maçonnerie................. 72
    § 1er. Comble en brique.........................ibid.
    § 2. Comble en brique et fer.....................ibid.

Voilà où on se trouve aujourd'hui. Cependant, le remplacement du cercle de 400 degrés à celui de 360 est encore problématique, et on a dès longtemps renoncé au jour de dix heures qui est complétement oublié.

Nous ne nous permettrons pas de préjuger quelle sera l'issue de cette nouvelle tentative, mais nous regrettons qu'on ait renoncé à la subdivision en douze, si commode dans l'usage ordinaire, et que par une velléité dont nous ne pouvons concevoir le motif, on ait même substitué dans la série monétaire la pièce de 20 centim. (4 sols) à celle de 25 centimes (5 sols) en usage jusqu'à ce jour; c'est encore une suite de l'acharnement incompréhensible pour le système décimal. Il nous semble, à propos de la nomenclature monétaire, qu'il pourrait être sage de revenir sous ce rapport à la série des fractions ordinaires; que pour l'argent on pourrait admettre la pièce de 2 fr. ou 40 sols; l'*écu* ou pièce de 5 fr.; le *franc* ou 20 sols; le demi-franc ou dix sols, le quart de franc, 25 centimes ou 5 sols; les trois quarts de franc, soixante-quinze centimes ou quinze sols; que pour le cuivre ou billon, on pourrait avoir le sol ou 5 centimes, et des pièces de 2 et de 3 centimes; que pour l'or, on pourrait admettre la pièce de 25 fr. plus forte que celle de 20 fr., ou si l'on voulait, les pièces de 10 fr. ou de 12 fr. 50 c., des doubles ou de 50 fr., des quadruples ou de 100 fr., conservant toujours le compte par francs et centimes qui est déjà en usage généralement. C'est une idée qu'on pourra utiliser si elle paraît pratiquable.

Voilà quelle est la suite historique de l'introduction du système des nouvelles mesures. A notre avis, il eût mieux valu rendre légal partout la toise de France, l'aune et la pinte de Paris, ne pas s'embarrasser dans des entraves géodésiques, et surtout ne pas abandonner le système duodécimal, plus dans la nature et les usages séculaires.

xiv

Tels furent le système et la nomenclature définitifs des poids et mesures décimaux.

Nous l'avons dit : indépendamment des défauts essentiels et mathématiques du principe en lui-même, les dénominations grecques et latines ne pouvaient qu'entraver la popularité de ce système. Il est à remarquer que lorsque l'esprit d'arbitraire et de despotisme révolutionnaire s'introduit dans la société, la science comme la politique élèvent des théories vaines ou exclusives, qui veulent tout soumettre à leur niveau, sans tenir compte des idées, des usages, des habitudes du vulgaire qu'elles prétendent faire céder par la seule manifestation de leur volonté. Mais ces habitudes violées résistent, et il a fallu toute la persévérance révolutionnaire et des moyens dilatoires pour rendre ce système possible. Lorsque les gouvernements ont repris des idées de sagesse et de prudence, on a senti le besoin de transiger avec l'esprit public. Un arrêté du 4 novembre 1810 (13 brumaire an IX), tout en conservant la division décimale, autorisa la traduction des noms scientifiques en noms français ; ainsi le myriamètre fut appelé *lieue*, le kilomètre *mille*, le décamètre *perche*, le décimètre *palme*, le centimètre *doigt*, le millimètre *trait* ; l'hectare *arpent*, l'are *perche quarrée* ; le décalitre *velte*, le litre *pinte*, le décilitre *verre*, le kilolitre *muid*, l'hectolitre *setier*, le décalitre *boisseau* ; le décistère *solive* ; les dix myriagrammes ou les cent kilogrammes *quintal*, les mille kilogrammes *millier*, le kilogramme *livre*, l'hectogramme *once*, le décagramme *gros*, le gramme *denier*, le décigramme *grain*. Cette modification, il est vrai, faisait disparaître l'étrangeté de la nomenclature primitive latino-hellénique ; le litre seulement, mais par son rapport avec la pinte de Paris tendit à la remplacer ; la livre métrique ou le kilogramme, qui représentait à peu près les deux livres poids de marc, s'introduisit dans l'usage sous la désignation de *grand poids* et sous la forme de demi-kilogramme : comme le système monétaire est plus directement soumis à l'influence gouvernementale, il remplaça d'autant plus facilement l'ancien, que les monnaies furent démonétisées et que les nouvelles se rapprochaient davantage de la valeur des anciennes. Par la multiplication des signes monétaires et l'augmentation des prix d'échange, on se servait déjà peu de la division du sol en deniers. Le sol lui-même était la représentation des cinq centimes ; le franc, monnaie réelle, était à un quatre-vingt-unième près, la livre tournois, monnaie de compte ; les pièces de cinq, de dix, de quinze sols se retrouvèrent dans celles de 25, de 50 et de 75 centimes, et la facilité du calcul aidant, le système décimal a acquis, sous ce rapport, une popularité presque complète.

Mais cette division par dix n'obtenait pas la même faveur pour les poids et mesures. Aussi fit-on encore un pas immense : on appliqua à la fois aux nouvelles mesures les anciens noms et la numération duodécimale. Le décret du 12 février 1812 rétablit l'usage des anciennes dénominations de toise, aune, et des anciens poids, en les mettant en rapport avec la mesure métrique. Ainsi, deux mètres formèrent la toise métrique, divisée en six pieds impériaux, chaque pied en douze pouces, chaque pouce en douze lignes ; l'aune fut composée de douze décimètres avec ses fractions par demi et par tiers ; le huitième de l'hectolitre fut appelé boisseau avec son double, son demi et son quart ; le litre fut divisé en quart, huitième et seizième ; le kilogramme fut divisé en deux livres, chacune subdivisée d'après l'ancien usage en once, gros et grain. On avait évidemment voulu pactiser avec les anciens usages ; mais les noms anciens se rapportant à des quantités différentes, produisirent dans les transactions un trouble que l'on n'avait pas prévu, et qu'augmentait la prescription qui obligeait de rapporter ces noms anciens avec la nouvelle dénomination. Cependant, la livre nouvelle d'un demi-kilogramme devenait de plus en plus en usage ; le litre remplaçait la pinte à peu près partout ; l'aune de 12 décimètres était partout substituée à l'aune de Paris ; l'hectare en plusieurs lieux tendait à remplacer l'arpent ; dans le Midi, l'hectolitre, qui se rapprochait du setier, avait pour ainsi dire annulé ce dernier. Il y avait encore hésitation entre la toise métrique et la toise de France, mais peu à peu celle-là prévalait. On voyait arriver le temps auquel les nouvelles mesures, débarrassées du système décimal et de la nomenclature scientifique, se nationaliseraient partout. On n'a pas su attendre. Une nouvelle administration, reposant encore sur les idées exclusives de despotisme sous le nom de progrès, a pensé qu'elle pouvait revenir purement et simplement au système métrique et décimal primitif, malgré ses inconvénients ; et la loi du 4 juillet 1837 a de nouveau légalisé exclusivement le mètre et ses dérivés décimaux avec son échafaudage de mots grecs et latins.

xiij

sement établi ; mais il bouleversait toutes les idées reçues, il heurtait toutes les habitudes, il changeait la numération, il sacrifiait le partage commode des mesures à la facilité des calculs de cabinet ; il substituait à des noms arbitraires, il est vrai, mais consacrés par un usage immémorial, des noms insolites et scientifiques ; les divisions en dessous étaient exprimées par les mots latins de *deci*, *centi*, *milli* ; et en-dessus par les mots grecs *deca*, *hecto*, *kilo*, *myria*. Ce même système avait d'abord un vice fondamental dans son élément, la détermination de la longueur du méridien, puisque successivement la forme du périmètre de la terre a été supposée en premier lieu sphérique, puis aplatie aux pôles, enfin aplatie à l'équateur, ce qui nécessairement influe sur la longueur exacte du degré, et surtout du nombre de degrés nécessaire pour composer le quart de ce méridien. Dès là la pensée première peut n'être pas mathématiquement exacte, et l'on ne pourrait avec certitude y recourir, comme on en a eu la prétention, si la mesure du mètre était jamais perdue : car, pour évaluer l'arc du méridien, il faut prendre deux points extrêmes ; or, si ces points sont changés, si les instruments se perfectionnent notablement, si les circonstances politiques et naturelles ne sont plus les mêmes, il serait possible qu'une nouvelle opération ne fût pas identique à la première, et que la mesure mère fût par suite modifiée. Or, cela a déjà eu lieu. L'Académie des Sciences avait d'abord adopté l'opération de Cassini, d'après laquelle, comme nous venons de le dire, l'arc du méridien était d'une longueur de 5,132,430 toises, pris au moyen de deux parties égales en deçà et en delà de la 45e parallèle, ce qui donnait pour la valeur du mètre 3 p. 0° 11′, 442. Une nouvelle opération, faite avec des instruments plus précis, par Méchain et Delambre, poussée jusqu'à Monjouich, près Barcelone, a donné 5,130,739 toises, et par suite a réduit la valeur du mètre à 3 p. 0° 11′,296 ou 3 p. 078444, et par conséquent l'a diminuée de 14 centièmes de ligne. La première fixation a été le mètre provisoire, la seconde le mètre définitif, et tout mathématicien ne peut avoir l'entière conviction que cette fixation soit à jamais inébranlable. Le système déclaré universel et immuable est donc posé en équilibre sur une donnée première mathématiquement incertaine, et sa base peut être regardée comme arbitraire et de convention, comme celle de toutes les anciennes mesures. On avait déjà fait des tables de comparaison qu'il a fallu changer et réformer.

Cette incertitude mathématique, qui peut être importante pour la science, n'est au fond qu'indifférente pour l'usage : quand elle serait tout à fait arbitraire, il suffirait qu'elle fût légale. Mais la commodité du calcul graphique a fait adopter exclusivement la division décimale, division antipathique aux données historiques dès l'origine des peuples, et aux besoins des transactions ordinaires qui exigent un grand nombre de diviseurs, et qui a dû, de tous les temps, faire donner la préférence à la division duodécimale et aux fractions ordinaires. En effet, le nombre 10 ne donne en nombres ronds que $1/10$, $1/5$, $2/5$, $1/2$, $3/5$, $4/5$; et le nombre 12 donne $1/12$, $1/6$, $1/4$, $1/3$, $5/12$, $1/2$, $7/12$, $2/3$, $3/4$, $5/6$, $11/12$, et par conséquent est infiniment plus commode pour sous-diviser les mesures dans leur emploi habituel.

Quoi qu'il en soit, la loi du 7 mars 1795 (18 germinal an III) arrêta définitivement le système avec des modifications importantes. Le MÈTRE définitif fut fixé à 3 p. 0° 11′,296 ; c'était la base générale et l'unité des mesures linéaires. L'unité des mesures de capacité ou le décimètre cube, appelée d'abord pinte ou millicade, fut nommée LITRE ; l'unité des mesures agraires fut l'ARE ou les 100 mètres quarrés ; celle des mesures de solidité fut le MÈTRE CUBE ou le STÈRE ; celle des mesures de surface fut le MÈTRE QUARRÉ ; celle des poids fut le GRAMME ou celui d'un centième de décimètre cube d'eau. On consacra, en descendant de l'unité, les mots *deci*, *centi*, *milli*, pour indiquer les sous-divisions ; et en remontant, les mots grecs *deca*, *hecto*, *kilo*, *myria*, pour les accroissements décimaux de l'unité. Le système monétaire fut aussi changé et adapté à l'ordre décimal. L'unité fut, en argent, du poids de cinq grammes, et appelée FRANC. Ce franc fut divisé en dix décimes et en cent centimes. On voulut aussi rendre décimale la division du cercle qui était de 360 degrés, nombre commode par ses divisions et dont le quart était de 90 : on porta les degrés à 400, et le quart à 100 ; et déjà on s'écartait du système décimal, car on ne pouvait se servir du dixième ; le degré fut partagé en 100 minutes et la minute en 100 secondes. Le jour, au lieu de 24 heures, fut divisé en 10 seulement, l'heure en 100 minutes, et la minute en 100 secondes.

vérants des Capétiens, joints aux sentiments innés des populations scindées, rappelés par les liens que la suzeraineté féodale avait respectés, ont peu à peu, et le plus souvent par des moyens de droit, réunis dans la même nationalité. Il était dès lors tout naturel que chacun de ces petits États, que plusieurs de ces cités, avec le souvenir de leur ancienne indépendance gauloise, eût des poids et des mesures particuliers. On sentait bien partout, il est vrai, que ces divergences étaient fatales au commerce, et dès que la réunion fut en grande partie réalisée, on demandait de toutes parts l'uniformité. Aussi, pour ne s'occuper que des temps plus modernes, Louis XIV, au règne duquel il faut toujours remonter pour toutes les améliorations administratives, chercha-t-il, d'abord par ses lettres patentes de 1669 et ses édits de 1704 et 1708, à donner aux matrices une règle fixe et légale, qu'il borna toutefois aux mesures en usage dans la capitale, parce qu'alors l'immense étendue de la juridiction du Parlement de Paris lui permettait d'agir sur la plus grande partie du territoire septentrional, et qu'il respectait trop les habitudes et les mœurs de la population pour avoir la pensée même de les froisser violemment ; car ce prince, que son génie et la nécessité des temps avaient en quelque sorte investi de la dictature, eut toujours l'attention de ne violer aucune des libertés provinciales, obstacles qu'il pouvait tourner, mais qu'il se serait bien gardé d'attaquer de front. Louis XV, dans sa déclaration de 1766, voyant que les efforts de son prédécesseur commençaient à porter leur fruit, se décida à interdire dans le même ressort l'usage d'autres mesures. Malgré cette déclaration, les usages locaux, les habitudes consacrées présentaient toujours une opposition tacite, que tolérait un gouvernement sage et paternel, parce qu'il voulait toujours agir plus par persuasion que coercitivement. Cependant ce besoin de mesures uniformes était de plus en plus senti, et par la force des choses, les mesures de Paris étaient connues dans tout le royaume, et en usage, soit exclusivement, soit en concurrence avec les mesures locales ; et on pouvait prévoir dans un petit nombre d'années leur usage prédominerait et établirait cette uniformité si désirable et si désirée par les administrations. L'Assemblée dite Constituante, qui se croyait la mission de tout réformer, et qui, devenue révolutionnaire, usait d'un pouvoir despotique, devait s'occuper sérieusement de prendre des moyens pour arriver à un système général d'uniformité. Malheureusement, sans expérience positive, et avec ses prétentions cosmopolites de réforme universelle appliquée à l'Europe entière, elle ne pouvait se borner à rendre nationales les mesures de Paris déjà connues partout et pratiquées pour la plupart : elle voulait faire du neuf en tout genre, et les savants distingués qui en faisaient partie, s'occupant peu de la commodité des contractants, imaginèrent dans leur intolérance mathématique, de substituer le système décimal au système duodécimal, bien plus conforme que le premier aux besoins du commerce usuel de détail. Partageant les idées honorables mais intempestives de l'Assemblée, ces savants crurent qu'il était à désirer que tout le système eût pour base un terme qu'aucune nation ne pût considérer comme lui étant propre, afin de ménager la susceptibilité de ceux dont cependant on devait bouleverser le gouvernement, et auxquels on allait faire une guerre acharnée. Ce fut donc dans la nature morte que ces novateurs matérialistes voulurent placer leur unité primitive ; ils proposèrent une mesure tirée d'une portion du méridien terrestre. Cette pensée mère fut adoptée par l'Assemblée le 30 mars 1791, dans une de ses délibérations, prise d'enthousiasme et sans réflexion ; et le quart du méridien terrestre fut fixé assez légèrement à 5,132,430 toises, dont la dix millionième partie, c'est-à-dire 3 p. 0° 11′ 442 millièmes fut considérée comme l'unité universelle de toutes les mesures sous le nom scientifique de *mètre*. Au milieu des embarras d'une guerre générale, d'une guerre civile, d'un despotisme sanglant, d'un étourdissement effréné, la Convention, par son décret du 1er août 1793, donna à cette décision force de loi. Le *mètre* fut donc l'unité linéaire ; le degré décimal du méridien (car on attaqua même les usages scientifiques), fut le *grade* de 100,000 mètres ; les 1,000 mètres ou le *kilomètre* fut la mesure itinéraire ; les 100 mètres quarrés ou l'*are* fut l'unité des mesures agraires ; le décimètre cube d'eau ou *millicade* fut celle des mesures de capacité ainsi que le *stère* ou mètre cube ; le *grave* ou poids du décimètre cube d'eau fut l'unité des poids ; le *franc* ou le centigrave avec un dixième d'alliage fut l'unité monétaire : on voulut, dans la proscription absolue de la division duodécimale, faire les jours de dix heures au lieu de vingt-quatre.

Ce système, comme système, était certainement très-beau, très-régulier, très-savamment et très-judicieu-

AVERTISSEMENT.

Il est souvent nécessaire, pour parvenir aisément à une évaluation raisonnée, de comparer la capacité d'une mesure superficielle à celle d'une semblable mesure de solidité, comme par exemple, celle de la toise quarrée avec la toise cube. Une réflexion bien simple suffit pour trouver ce rapport. Il suffit de considérer le cube de la toise comme partagé par des tranches horizontales qui ont la superficie de la toise quarrée intacte, mais dont l'épaisseur forme une partie aliquote de la hauteur de cette capacité. Alors la toise cube comprenant 216 pieds cubes, la toise quarrée de 5 pieds d'épaisseur en contient 180 ou $\frac{5}{6}$; celle de 4 pieds, 144 ou $\frac{2}{3}$; celle de 3 pieds, 108 ou la moitié; celle de 2 pieds, 72 ou $\frac{1}{3}$; celle d'un pied, 36 ou $\frac{1}{6}$; et ainsi des autres subdivisions de la toise. Une observation semblable peut être appliquée aux nombres décimaux : alors le mètre quarré d'un décimètre d'épaisseur est $\frac{1}{10}$ du mètre cube; celui de deux décimètres $\frac{1}{5}$; celui de trois $\frac{3}{10}$; celui de quatre $\frac{2}{5}$; celui de cinq $\frac{1}{2}$; celui de six $\frac{3}{5}$; celui de sept $\frac{7}{10}$; celui de huit $\frac{4}{5}$; celui de neuf $\frac{9}{10}$. D'autres tables détaillées pour cet objet, se trouvent dans les pages 270, 271 et 272, tableaux S, T, U, V, X.

Dans la première section de la quatrième partie, qui traite des plans et dessins, nous avons donné un tableau des échelles géométriques les plus en usage d'après le genre des cartes et plans : dans les planches de cette édition, celles 1 à 34 sont à l'échelle n° 12 de trois lignes par toise; les plans en masse, planche 35, et ceux des jardins sont à l'échelle n° 11 d'une ligne par toise, ou à celle décimale n° 9 de 4 millimètres par décimètre, ou de 1 à 2500; la planche 57 est à celle n° 15 de deux pouces par toise; la plupart des planches de détail sont aux échelles n°s 13, 14, 15, de demi-pouce à 2 pouces par toise. Du reste, les échelles adoptées sont souvent dessinées sur chaque planche, et dans le tableau dont nous venons de parler, nous avons mis en regard les échelles décimales à peu près correspondantes à celles duodécimales.

Nous espérons que ces additions, ces compléments, ces améliorations rempliront le but que nous nous sommes proposé, de publier une sorte d'encyclopédie d'architecture rurale qui dispense les cultivateurs, auxquels elle est destinée, de se procurer d'autres ouvrages plus coûteux, en réunissant tout ce qui peut leur être nécessaire.

Histoire des Mesures décimales uniformes.

On sait que la France d'aujourd'hui n'est que la réunion de diverses souverainetés que la faiblesse des Carlovingiens avait laissées s'établir presque légalement dans les Gaules, mais que la sagesse et les efforts persé-

IV. MÈTRE ET TOISE QUARRÉS.

	Ligne qu.	Toise quarrée.	T. P. p. lig.	Ligne qu.	mmt. qu. 5	Mètre quarré.
Millimètre quarré....	1/5		0. 0. 0. 1/8	72 ou Toise point.	366 1/3.	0.0004
Centimètre quarré...	Pouce qu. 1/8			Pouce qu. ou 2 Toises point.	Centim. q. 7 1/3.	0.0007
Décimètre quarré....	Pied qu. 1/10	0.0026	0. 0. 0. 2 1/4	6 ou Toise lig.	44	0.0044
				72 ou Toise pouc.	528	0.0526
Mètre quarré.......	Toise qu. 1/4	0.2632	0. 1. 6. 11 1/2	Pied qu.	Déc. qu.	
Déc. qu. (100 m. q.)...	26 1/3	26.3245	26. 1. 11. 4 1/3	ou 2 Toises pouce.	10 1/2.	0.1055
Hect. qu. (10,000 m. q.).	2632	2632.4500	2632. 2. 8. 4 4/5	6 ou Toise pied.	63 1/3.	0.6331
Kil. qu. (1,000,000 m. q.).	263245	263245.0052	263245. 0. 0. 1 1/2	36 ou Toise qu.	380	3.7987

V. MÈTRE ET TOISE CUBES.

	Pouces c.	Toise cube.	T. P. po. lig.	Pouce cube.	Centimètre cube.	Mètre cube.
Décimètre cube..	50 "			36 ou TT. p^is.	20	0.00002
	Pieds cub.				714	0.00071
	" 1/3	0.0002	0. 0. 0. 0 1/10	432 ou TT. lig.	8569 1/3	0.00857
Mètre cube.	29 1/6	0.1551	0. 0. 9. 8 3/4		Décimètre cube.	
10	292	1.5500	1. 2. 1. 3	Pied cube.	34	0.03428
100	2917	13.5064	13. 3. 0. 5 1/2	3 ou TT. po.	103	0.10285
Décim. cube (1000).	29174	135.0642	135. 0. 4. 7 1/2	36 ou TT. pi.	1234	1.23398
10 (10000).	291738	1350.6419	1350. 3. 10. 2 2/3	216 ou Toise cube	12339	7.403887

VI. KILOGRAMME ET LIVRE POIDS DE MARC.

	Grain.	Livre.	Grain.	Milligramme.	Livre.
Milligramme.......	" 1/51	0.000002	" 1/256	" 1/5	0.0000002
Centigramme.......	" 1/5	0.000020	" 1/16	Centigramme. " 1/3	0.0000033
Décigramme.......	1 9/10	0.000204		Décigramme.	
	Gros.		" 1/2	" 1/4	0.0000266
Gramme.........	" 1/4	0.002043	1 "	" 1/2	0.0000531
Décagramme.......	2 1/2	0.020429		Décagramme.	
	Once.		Gros.	" 1/3	0.0038243
Hectogramme......	3 1/4	0.204288	Once.	Hectogramme. " 1/3	0.0305941
	Livre.			Kilogramme.	
Kilogramme........	2 1/2	2.042876	Livre.	" 1/2	0.4895058
100 kilogrammes..	Quintal. 2 1/25	204.287652	Quintal.	50 "	244.7529253
	Millier.				
1000 kilogrammes..	20 2/5	2042.876519	2 "	100 "	489.5058466

AVERTISSEMENT.

Éléments des rapports des Mesures décimales et duodécimales entre elles.

I. MÈTRE ET AUNES DE PARIS.

MÈTRE.	AUNES.		AUNES.	CENTIMÈTRES.	MÈTRES.
1 centimèt.	" $1/128$	0. 008	" $1/8$	15	0. 1485
10 idem....	" $5/64$	0. 084	" $1/4$	30	0. 2971
1 MÈTRE...	" $5/32$	0. 841	" $1/3$	40	0. 3961
2.........	1 $22/32$	1. 683	" $1/2$	59	0. 5942
3.........	2 $1/2$	2. 524	" $2/3$	79	0. 7922
4.........	3 $5/8$	3. 366	" $3/4$	89	0. 8913
5.........	4 $3/16$	4. 207	1 "	119	1. 1884

II. KILOMÈTRE ET LIEUES DE 2000, DE 2500 ET DE 3000 TOISES.

MÈTRE.	TOISES.	LIEUES de			PETITE LIEUE.			MOYENNE LIEUE.			GRANDE LIEUE.		
		2000	2500	3000									
					T.	kil.	M.	T.	kil.	M.	T.	kil.	M.
" $1/8$	125	64	$1/32$	$1/40$	$1/48$	" $1/8$	250	" $1/2$	488	313	" $5/8$	604	375	" $3/4$	731
" $1/4$	250	128	$1/16$	$1/20$	$1/24$	" $1/4$	500	1	975	625	1 $1/4$	1218	750	1 $1/2$	1462
" $1/2$	500	256	$1/8$	$1/10$	$1/12$	" $1/2$	1000	2	1949	1250	2 $1/2$	2436	1500	3 "	2924
" $3/4$	750	384	$1/5$	$1/7$	$1/8$	" $3/4$	1500	3	2924	1875	3 $3/4$	3654	2250	4 $1/2$	4386
1 "	1000	513	$1/4$	$1/5$	$1/6$	1 "	2000	4	3898	2500	5 "	4872	3000	6 "	5847

III. MÈTRE ET TOISE LINÉAIRES.

MÈTRE.	PIED.		TOISE. T. P. po. lig. pts.	TOISE.	CENTIMÈTRES.	MÈTRES.
Millimètre.....	" $3/1000$	0.0005	0. 0. 0. 0. 5.	Point......	" $1/48$	0.0002
Centimètre.....	" $3/100$	0.0054	0. 0. 0. 4. 5.	Ligne......	" $1/4$	0.0025
Décimètre......	" $3/10$	0.0513	0. 0. 3. 8. 4.	Pouce.......	3 "	0.0271
MÈTRE.........	3 $1/12$	0.5131	0. 3. 0.11. 3.	Pied.......	34 $1/4$	0.5428
Décam. (10 m.)..	31 "	5.1307	5. 0. 9. 4.10.	Toise......	195 "	1.9490

des unes avec les éléments des autres, de manière à n'exiger des lecteurs que de simples multiplications. Nous ne pouvons, sans doute, méconnaître l'éminente utilité de ces tables de comparaison si nombreuses et si connues, surtout celles du ministère de l'intérieur publiées en 1807, et spécialement pour nos provinces le recueil de 205 tables faites à Toulouse, en 1802, sous la direction de M. de Chalvet; mais nous avons essayé, tout en conservant les rapports exacts exprimés en décimales, d'appliquer au mètre et à ses dérivés les fractions ordinaires qui peuvent le rendre plus usuel et plus populaire, en lui rendant communs les avantages du calcul duodécimal.

Ces tables sont au nombre de six.

La première donne les rapports tant exacts qu'approximatifs du mètre et de l'aune de Paris et de leurs fractions.

La seconde, les rapports exacts et approximatifs du kilomètre avec les trois espèces de lieues connues dans nos provinces, la petite de 2000, la moyenne de 2500 et la grande de 3000 toises, ainsi que les rapports réciproques de ces trois lieues et leurs principales fractions avec le kilomètre.

La troisième rapproche le mètre et ses divisions de la toise et du pied, du pouce et de la ligne, et de même le millimètre, le centimètre et le mètre de la toise et ses divisions.

La quatrième constate le rapport entre le mètre quarré et ses décimales, et la toise quarrée, le pied quarré, le pouce et la ligne quarrés et leurs divisions parallélogrammes, et réciproquement.

La cinquième compare le décimètre et le mètre cube avec les pouces cubes, les pieds cubes et les toises cubes; et ceux des pouces cubes, des pieds cubes et des toises cubes, ainsi que des divisions parallélipipédiques, avec les centimètres, les décimètres et les mètres cubes.

La sixième rapproche le kilogramme et ses dérivés en dessous et en dessus avec les grains et leurs subdivisions, les gros, les onces et les livres, comme les livres, onces, gros et grains avec le kilogramme et ses dérivés.

leur moindre, il en résulte qu'une pièce inclinée participe de l'une et de l'autre et proportionnellement à son inclinaison; ou, en d'autres termes, la longueur de la pièce est à son inclinaison comme la force verticale de cette pièce est à sa force inclinée.

Par suite, si la pièce de bois dont nous venons de trouver la force verticale être 19080, au lieu d'être perpendiculaire était inclinée de 4 pieds, par exemple, on formerait cette proportion ; 6 pieds : 4 pieds :: 19080 : $19080 \times 4 = \frac{76320}{6}$ = 12720 pour la force inclinée, et 1272 pour le fardeau qu'on peut lui faire supporter.

ARTICLE 5.

Des défauts et du choix du Bois de charpente.

L'*aubier* est, comme nous l'avons dit, le défaut le plus notable du bois de chêne et des autres bois durs. C'est une partie blanche et molle, immédiatement sous l'écorce; il faut l'enlever avec soin : du reste, c'est un effet de la constitution de ces bois, plutôt qu'un véritable défaut.

Le bois *mort sur pied* ne vaut absolument rien : le sapin et les bois blancs qui sont dans ce cas, se réduisent en poudre ; les bois durs peuvent encore servir au chauffage.

Le bois *gras* est celui qui, par la grosseur de ses fibres, ne peut recevoir de vives arêtes ; il se roidit, se tourmente, et il est difficile d'en tirer un bon parti.

Le bois *roulé* est celui dont les pousses concentriques ne font point corps, ce qui se reconnaît à l'extrémité de l'arbre. C'est un des défauts les plus graves du bois de charpente ; il est prudent de n'en point employer de tel.

Le bois *gélif* est une espèce de bois roulé par l'effet de la gelée, mais ce défaut n'existe pas ordinairement dans toute la longueur de la pièce, et on peut l'employer quand celle-ci ne doit pas supporter de grands fardeaux.

Le *bois noué* est celui dont les fibres longitudinales sont courtes, irrégulières, forment des nœuds. Lorsque ce bois est d'ailleurs sain, que les nœuds ne traversent pas la pièce de part en part et ne sont pas pourris, on peut les employer dans des ouvrages grossiers, ou qui n'ont pas une grande portée.

Le bois *rouge* est celui qui a été longtemps recouvert de neige. Il est d'un très-mauvais usage et pourrit bientôt.

Le bois *moucheté* est celui qui est rempli de taches blanches, remplies d'une espèce de mastic mollasse. Elles sont produites par la piqûre de divers scarabées ligneux. Ce défaut est très-grave quand les mouchetures sont très-multipliées, et malheureusement ne se reconnaît souvent que quand la pièce est travaillée.

On dit qu'une pièce de bois est *flache*, quand elle est plus grosse d'un bout que de l'autre et que sa force n'est pas régulière ; il faut alors calculer cette force sur ses petites dimensions : et qu'elle n'est point *de droit fil*, quand les arêtes ne suivent pas les fibres longitudinales du bois, ce qui lui donne moins de force.

En général, on peut, dans les constructions rurales et pour les planchers à plafond, employer des bois d'un choix inférieur quand ses défauts ne font que gâter le coup d'œil ; mais quand on fait des ouvrages soignés, on ne souffre en charpente et en menuiserie aucun bois flache, aucun qui ne soit de droit fil, sans aubier, roulures, nœuds vicieux, malandres, tampons, futées et mastics, enfin, sans aucun des défauts dont nous avons parlé.

CHAPITRE II.

DES PRINCIPAUX ASSEMBLAGES DE CHARPENTE.

Les principaux assemblages de charpente sont :

1° L'assemblage à *tenons et mortaises* (planche XXXVI, *fig.* 9) ; c'est le plus fréquemment employé : le tenon et la mortaise ont ordinairement le tiers de la grosseur de la pièce ;

2° Celui à *tenons et mortaises à joints recouverts* (*fig.* 10) ; ce recouvrement est employé pour empêcher les assemblages de se déverser, et les mettre à l'abri de la pluie ;

3° Celui à *tenons et mortaise losangés* (*fig.* 11), ne diffère des précédents que par sa figure ;

4° Les *entailles à mi-bois* (*fig.* 12), soit bout à bout A, soit au milieu B ;

5° Les *entailles à mi-bois avec queue d'hironde* ou d'*aronde* (*fig.* 13), soit bout à bout A, soit bout à milieu B ;

6° L'assemblage à *pomme* (*fig.* 14), qui n'est que la moitié de celui à mi-bois ;

7° Celui à *mi-bois avec clef* et à queue d'hironde (*fig.* 15), qui sert à réunir les pièces bout à bout ;

8° Les assemblages en *crémaillères* ou en *trait de Jupiter*, qui servent le plus communément pour les réunions en bout à bout et les grosses pièces, et sont de différentes formes, *simples* (planche XXXVIII, *fig.* 1), en *queue d'hironde* (*fig.* 2), à clef (*fig.* 3).

Nous parlerons de l'application de ces assemblages en traitant des charpentes auxquelles on les emploie.

CHAPITRE III.

DES PRINCIPAUX OUVRAGES DE CHARPENTE.

Les principaux ouvrages de charpente dont on fait usage en architecture rurale sont les planchers, les combles, les cintres, les échafauds et étayements, les cloisons et les escaliers de charpente. De plus, les charpentiers, pour les bâtiments ruraux, sont souvent chargés de la confection des portes et contrevents. Nous en parlons dans l'article de la charpente des devis estimatifs.

ARTICLE PREMIER.

Des Planchers.

Dans les planchers, comme en général dans tout ouvrage de charpente, on doit employer de préférence le bois de brin ; il est reconnu, tant en théorie qu'en pratique, qu'une pièce de bois refendue, et dont les deux parties sont ensuite placées côte à côte, porte beaucoup moins que lorsqu'elle était entière.

Il est aussi reconnu que quoique les bois méplats aient plus de force que les bois quarrés sur leur largeur, ils en ont infiniment moins que les mêmes bois quarrés sur leur hauteur. Par exemple, une pièce de bois de 15 pieds (4,87) de longueur et de 10 pouces (0,27) en quarré porte horizontalement 3879 liv. ; si elle a 8° (0,22) sur 12 (0,32), elle portera 4561 : mais si elle a 12 pouces en quarré, elle portera 6271. Ainsi, on ne peut dire absolument que les bois quarrés portent moins que les bois méplats, mais y joindre la restriction dont nous parlons.

On fait en architecture rurale les planchers de deux manières : en poutres et solives, et avec des solives seules.

I° Les planchers à poutres et solives s'exécutent de trois manières :

1° En poutres et solives passantes au-dessus, dits *planchers à la française*. Ce sont ceux qu'on rencontre le plus fréquemment dans les anciens édifices. Ils sont composés de poutres scellées ordinairement dans les murs de refend, et de solives passantes au-dessus, scellées dans les murs de face. Les solives, dans cette sorte de plancher, sont ordinairement quarrées et de cinq à six pouces, espacées tant plein que vide, et d'une seule pièce quand elles n'excèdent pas 20 pieds de longueur. Ces poutres et solives restent apparentes et sont alors replanies et même moulées sur leurs arêtes. L'espace entre les solives est couvert par des planches bien dressées, et placées dans le même sens que ces solives, de manière que les joints se fassent sur la face supérieure des mêmes solives. On sent aisément que de pareils planchers sont d'une très-grande force ; mais ils sont très-coûteux.

2° En poutres et lambourdes (*planche* XXXVIII, *fig.* 4). Dans ceux-ci, les solives, au lieu d'être passantes sur les poutres, sont chevillées sur des lambourdes fixées elles-mêmes aux côtés des poutres par des *armatures de fer*, *b*, ou de toute autre manière ; ces solives n'ont alors de longueur que celle des travées. Ainsi, au lieu d'être scellées dans les murs, elles sont souvent chevillées sur d'autres lambourdes *a* fixées le long des murs par des *corbeaux*, *étriers* ou autres engins.

3° En poutres et solives assemblées, ce qui se fait en assemblages à mi-bois et chevillettes, ou en entailles dans la poutre.

Ce dernier moyen, représenté ici (fig. 5), est préférable en ce que les solives sont soutenues et arrêtées solidement sans trop affaiblir la poutre. Pour cet effet, sur une poutre quarrée, on divise sa largeur supérieure en trois parties égales, dont les deux extrêmes sont subdivisées en trois autres, deux pour l'assemblage de la solive, et la troisième pour la largeur entière de la solive. La hauteur de la solive est aussi divisée en trois parties, dont une pour le tenon.

Lorsqu'on veut plafonner sous poutre, on cloue au niveau de leur surface intérieure de petits *tasseaux* ou une lambourde auxquels on assemble à mi-bois de fausses solives pour recevoir le lattis.

Les poutres doivent avoir en hauteur, un vingt-quatrième ou 6 lignes par pied (4 centimètres par mètre) même, lorsqu'on le peut, un vingtième ou 7 lignes par pied (5 centimètres par mètre) de leur portée dans œuvre, et en largeur les deux tiers de leur hauteur. Si elles sont quarrées et qu'elles ne doivent pas recevoir des assemblages, on peut à la rigueur se contenter du trentième ou 5 lignes par pied (33 millimètres par mètre) en tout sens. L'espace entre les poutres appelé *travée* n'est que de 8 pieds (0,70) à 12 (3,90) au plus.

La force des solives doit aussi être relative à leur portée. On les fait souvent quarrées, quelquefois méplates ; leur hauteur doit être au moins du trentième de la longueur de l'appartement ou de celle de la travée si elles reposent sur des poutres. De même que celles-ci, si elles sont méplates, leur largeur est des deux tiers de leur hauteur. On les espace d'un pied (0,32) au moins et au plus de 18 pouces (0,48) de milieu en milieu, et cet espace se nomme *entrevous*.

Ainsi, pour donner un exemple de ces dimensions régulières, des solives de 30 pieds (9,75) de longueur auront, si elles sont méplates, 12° (0,32) de hauteur et 8° (0,22) de largeur : les poutres de 30 pieds auront, si elles sont méplates, 18° (0,48) de hauteur sur 12° de largeur, ou 15° (0,41) sur 10° (0,27). Trois poutres éloignées entre elles de 10 pieds (3,25) formeront entre elles et les murs d'enceinte quatre travées de 9 pieds (2,92) de largeur.

II° Les planchers à solives seules (pl. XXXVIII, fig. 6) peuvent être simplement composés de solives scellées dans les murs ou de solives et lambourdes. Dans ce dernier cas, les lambourdes sont fixées comme nous l'avons dit.

Voici quelle doit être, d'après ces indications, la

hauteur approximative des poutres et des solives les plus communément usitées, lorsqu'on n'emploie ni consolidation ni supports intermédiaires. On suppose les travées de 8 (2,60) à 9 pieds (2,92).

(H) HAUTEUR DES POUTRES ET SOLIVES D'APRÈS LEUR PORTÉE.				
LONGUEUR.	POUTRES		SOLIVES	
	en lignes.	en pouces.	en lignes.	en pouces.
Pieds.				
8	"	"	40	3 1/3
9	"	"	45	3 3/4
10	"	"	50	4 1/3
11	"	"	55	4 1/2
12	84	7	60	5
13	"	"	65	5 1/2
14	"	"	70	6
15	105	8 3/4	75	6 1/4
16	"	"	80	6 2/3
17	"	"	84	7
18	126	10 1/2	90	7 1/2
19	"	"	95	8
20	"	"	100	8 1/3
21	147	12 1/4	105	8 3/4
22	"	"	110	9 1/4
23	"	"	115	9 1/2
24	"	"	120	10
25	189	15 3/4	"	"
30	210	17 1/2	"	"
33	231	19 1/4	"	"
36	252	21	"	"
39	264	22	"	"
42	294	24 1/2	"	"
45	315	26 1/4	"	"
48	336	28	"	"

Il est reconnu, relativement aux planchers à solives, que *la solidité des planchers de même portée est en raison double de l'épaisseur verticale des solives, directe de leur largeur, et inverse de leur espacement.* Cette règle générale n'admet d'exceptions que pour les planchers consolidés dont nous parlerons tout à l'heure.

Donc, 1° supposant deux planchers de mêmes dimensions et de même entrevous, si les solives de l'un ont 6° de hauteur sur 6° de largeur, et celles de l'autre 8° de hauteur sur 6° de largeur, la force de ces deux planchers sera comme $6 \times 2 : 8 :: 12 : 8$, c'est-à-dire, comme 3 est à 2.

2° Supposant deux planchers de mêmes dimensions et espacements, et dont les solives ont dans l'un et l'autre 8° de hauteur, si dans l'un elles ont 6° de largeur et dans l'autre 8°, le rapport de la force de ces deux planchers sera comme $6 : 8$ ou $:: 3 : 4$.

3° Supposant encore deux planchers de mêmes dimensions et composés de solives semblables, si leur espacement est de 6° dans l'un et de 9° dans l'autre, leur force sera comme 9 est à 6, ou comme 3 est à 2.

4° Supposant enfin deux planchers de mêmes dimensions et composés de solives qui, dans l'un désigné A, auraient 8° de hauteur, 6° de largeur, et 6° d'espacement; et dans l'autre, désigné B, 6° de hauteur, 4° de largeur, et 8° d'espacement, leur rapport serait,

$A : B :: (8 \times 2) + 6 + 8 : (6 \times 2) + 4 + 6$, c'est-à-dire $:: 30 : 22$, ou $:: 15 : 11$; donc le plancher A serait plus fort que le plancher B de 4/15 ou de près d'un tiers.

Il est un moyen bien simple de consolider les planchers, moyen employé généralement dans les campagnes, sans que la plupart des ouvriers l'apprécient comme il doit l'être; c'est de les revêtir en dessus de planches jointives, au lieu de former simplement l'aire sur le lattis, comme on fait souvent et trop souvent dans les villes. Il suffit de savoir qu'on a formé des planchers très-solides sans poutres ni solives, et qui ont jusques à 60 pieds (19,50) en quarré, avec trois rangs de planches de sapin de 18 lignes (0,04) d'épaisseur, pour être convaincu que quand un plancher doit porter plusieurs cloisons en brique ou de fortes charges, on ne doit pas négliger ce moyen d'augmenter sa force. Il faut, pour bien faire, que les planches soient clouées en travers des solives, et non dans le même sens, comme on le faisait dans les planchers à la française.

Il est encore un moyen singulier employé avec succès pour augmenter la force d'une poutre. Il consiste à scier la poutre en dessus et à son milieu, jusques au tiers de sa hauteur. Cette poutre, solidement arrêtée, sera ensuite soutenue par un étai, et on enfoncera un coin dans le trait de scie, lequel fera bomber la poutre et tomber l'étai. Il est inconcevable de combien ce bombement augmente la roideur de la pièce. Il équivaut à des armatures que l'on emploie dans les grandes constructions. La raison de cet effet est que par ce moyen les fibres du bois résistent, non horizontalement, mais sous un angle quelconque, et que l'on sait que les bois inclinés ont plus de force que les bois de plat.

Lorsque l'on doit établir un âtre de cheminée (planche XXXVIII, fig. 6) sur un plancher, on y forme un vide A, en raccourcissant un certain nombre de solives, *cc*, suivant les dimensions que cet âtre doit avoir. Les solives qui bornent le vide s'appellent *solives d'enchevêtrure*, *dd*; elles reçoivent en assemblage une petite pièce de bois nommée *chevêtre*, *b*, qui va de l'une à l'autre, et reçoit lui-même celui des solives raccourcies, *c*, que l'on nomme *solives boiteuses*. C'est de la même manière qu'on établit dans les greniers à foin les trappes qui favorisent la descente des bottes de fourrages.

Quand les planchers sont à poutres, il faut éviter d'établir les âtres vis-à-vis ces dernières, parce qu'un chevêtre ordinaire ne suffit pas pour recevoir leur assemblage, et qu'un chevêtre de la grosseur de la poutre défigurerait le manteau de la cheminée.

Lorsque les solives sont scellées dans les murs, on place aussi des chevêtres à la rencontre des tuyaux montants des cheminées inférieures, et de la même manière que dans le cas précédent.

Quand on veut consolider un plancher à solives, on place très-juste entre elles, après les avoir préalablement étayées, des bouts de bois nommés *étrésillons*, qui doivent être posés à la suite les uns des autres, afin de s'arc-bouter réciproquement. On fait dans un plancher un, deux *étrésillonnements* et même plus, selon qu'on désire les roidir, et éviter de les placer vis-à-vis des chevêtres ou des solives d'enchevêtrure.

On a encore un moyen de rendre un plancher d'une fermeté presque égale à celle d'une voûte, en le *hourdant plein*. Ce hourdis consiste à remplir en riblons, rafles, recoupes ou plâtras, maçonnés en plâtre, tout le vide que laissent les solives entre elles. Ce moyen, il est vrai, rend un plancher lourd, mais il double sa force, et équivaut à peu près à des solives touchantes.

Depuis près de quarante ans, nous avons substitué aux planches des briques ordinaires posées à plat et à plâtre, reposant sur les solives, se touchant et formant ainsi un carrelage supérieur. Les joints de ces briques sont en dessous revêtus de plâtre. Ce plancher est sans doute un peu plus cher, à cause du plus grand nombre de solives, car il faut les rapprocher de milieu en milieu de 13 à 14° (0,22) lorsque l'on place les briques sur leur longueur, et de 10° (0,27) si l'on les met sur leur largeur, afin de prévenir les introductions frauduleuses. Mais ce carrelage supérieur par l'effet de son bandage, soulage efficacement les solives, peut en faire diminuer la force, empêcher l'infiltration de toute exhalaison délétère et l'effet le plus prochain des gouttières. Aussi ce genre de plancher est-il le plus propre pour les étables; il maintient les fourrages plus sains, et notre expérience constante prouve que les grains s'y conservent très-bien. D'ailleurs il est moins exposé au feu, car il n'y a plus de ces parcelles de foin si communes et si dangereuses avec les chandelles, que, malgré toutes les prescriptions et la fourniture de lanternes, nos paysans s'obstinent à porter dans les étables. Un autre avantage et peut-être le premier de tous, est la facilité des réparations; car si une planche se gâte ou se fend, il faut nécessairement en enlever un grand nombre pour rétablir les assemblages, ce qui ne peut avoir lieu qu'en les brisant ou les disjoignant, avec des lenteurs, des embarras et des dépenses. C'est une manière incomplète de remplacer les plafonds, aussi cette méthode, dans nos cantons, remplace-t-elle peu à peu les autres.

Il est encore nombre d'autres manières de construire et de consolider les planchers; mais les unes et les autres s'écartent plus ou moins de la simplicité qu'exigent les constructions rurales, et demandent, pour être bien exécutées, une précision et une intelligence dans les assemblages, trop souvent au-dessus des habitudes, des lumières et de l'adresse des ouvriers qu'on a ordinairement à sa disposition dans les campagnes.

Nous ne terminerons pas sans faire une observation importante et qui partout reçoit son application : c'est de ne jamais permettre que par leur scellement ou leur pose, les pièces de bois soient en contact avec la chaux, qui finit par en corroder la prise et compromettre leur durée. Il suffira d'envelopper préalablement le bois d'une chape de plâtre ou de mortier de terre qui s'oppose à ce qu'il repose immédiatement sur le mortier de chaux.

ARTICLE 2.
Des Combles.

On appelle *comble* la charpente qui termine un bâtiment, et qui est destinée à en recevoir et soutenir la couverture.

La première question qui se présente à l'esprit, en parlant des combles, est de régler leur inclinaison. On a beaucoup varié à ce sujet. Nous avons réuni, dans la *fig.* 7, *pl.* XXXVIII, l'indication des divers exemples qu'on en rencontre dans les édifices tant anciens que modernes.

Les plus anciens bâtiments, surtout dans le Nord, présentent des combles A B D appelés *combles gothiques*. Ils ont en hauteur de coupe A D leur diamètre, ou le double de leur rayon A B, et leur inclinaison est d'environ 63 degrés. Ces combles sont visiblement trop élevés, et peuvent tout au plus convenir dans les régions polaires.

Ceux indiqués par A B C, appelés *combles équilatéraux*, se trouvent fréquemment dans d'anciens édifices gothiques du nord et même du centre de la France. Ils sont formés par un triangle équilatéral, c'est-à-dire que leur rampant B C est égal à leur diamètre ou leur double rayon. Ils forment un angle de 60 degrés; ils sont aussi trop élevés pour des climats tempérés.

Ceux indiqués par A B E ont leur hauteur égale à leur rayon, et par conséquent une inclinaison de 45 degrés. Ce sont ceux autrefois les plus usités à Paris et dans les édifices gothiques du midi de l'Europe. Ils conviennent à l'Allemagne, à la Flandre, etc.

Ceux indiqués par A B F sont égaux en hauteur au tiers du diamètre, et leur inclinaison est d'environ 34 degrés. Ce sont actuellement les plus usités à Paris, et ils conviennent à toute la France septentrionale et centrale.

Ceux indiqués par A B G sont égaux au quart, ou d'environ 25 degrés. Ce sont les plus en usage à Lyon et à Bordeaux; ils conviennent en général à la France méridionale.

Ceux indiqués par A B H ont leur hauteur égale au cinquième de leur base, et leur inclinaison est de 22 degrés. On en voit beaucoup à Toulouse et dans les parties les plus méridionales de la France.

Enfin, ceux indiqués par A B I ont en hauteur un sixième de leur base et 18 à 19 degrés d'inclinaison; ils sont communs en Espagne, dans l'Italie centrale, et dans quelques parties du Languedoc et de la Provence.

Le plus ou moins de quantité de neige qui tombe ordinairement dans la localité, le temps le plus ou moins long qu'elle demeure, sont les motifs qui déterminent l'inclinaison plus ou moins forte que l'on donne aux combles. Ainsi, il n'est guère possible de donner des règles certaines par région, car les circonstances locales sont le véritable motif pour se décider à cet égard. Dans nos provinces méridionales, la hauteur des combles est généralement adoptée au-dessous du quart, et assez ordinairement au cinquième. Le genre de couverture doit aussi être pris en grande considération : la couverture en tuiles creuses, qui est celle dont nous nous servons le plus habituellement, exige peu de pente, car une grande roideur ne convient pas à nos tuiles à canal, qui glissent et laissent produire de fréquentes gouttières, surtout avec les vents très-forts que nous éprouvons souvent; aussi nous sommes-nous bien trouvés de nous fixer au sixième. L'ardoise admet une pente plus roide; la tuile plate et le chaume en exigent encore davantage.

On distingue plusieurs sortes de combles : le comble droit, ou à la française, dit aussi comble à deux égoûts; le comble brisé ou comble à la Mansard; les combles coniques, sphériques, prismatiques, etc. Le premier est le seul à peu près dont on fasse usage en architecture rurale, et celui qui nous convient le mieux : nous employons peu le comble brisé. Nous nous occuperons donc spécialement du premier, en ajoutant néanmoins ce qui est nécessaire pour diriger la construction des colombiers quarrés et ronds. Nous chercherons à simplifier ces méthodes, et nous allons parler du comble droit, du comble brisé, du comble quarré ou en pavillon, du comble conique, et nous terminerons en donnant quelque idée des combles économiques.

§ 1er
Comble droit.

Les combles droits peuvent être construits de deux manières, avec des murs de pignon, ou des fermes de charpente. On réunit souvent les deux méthodes, afin d'éviter l'emploi des arêtiers et des fermes brisées, et alors on conserve les pignons des deux murs de côtière, et le reste se construit avec des fermes. Ce que nous dirons des deux méthodes séparées suffira pour entendre la construction de ce dernier genre, que nous appellerions *comble mixte* ou *comble bâtard*.

1° Comble droit en pignon.

Ce comble, très-usité dans nos bâtiments d'exploitation, est formé par le prolongement triangulaire et supérieur des murs de côtière et de refend, qui supportent ainsi toute la charpente de l'édifice. C'est sans contredit la méthode la plus simple, la plus économique et la plus solide.

Cependant, lorsque les murs de refend sont très-rapprochés, on peut se dispenser de les surhausser tous; il suffit que la portée des pièces ne soit que de 18 (5,85) à 24 pieds (7,80).

Ce comble est composé, 1° d'un faîte qui repose sur le sommet de l'angle supérieur des murs triangulaires; 2° de deux ou plusieurs cours de pannes passant dans des vides pratiqués le long des rampants de ces murs; 3° enfin, des chevrons, lattes, etc., disposés comme il sera dit en parlant des combles en ferme. D'ailleurs, une grande partie de ce que nous dirons pour ces derniers doit s'appliquer à ceux-ci.

2° Comble en ferme.

Les fermes sont des assemblages de charpente destinés à remplacer les pignons des murs de refend dont nous venons de parler.

Puisque les pièces de bois ont une force d'autant plus grande qu'ils se rapprochent davantage de la position verticale, il faut en conclure que les combles ont besoin de moins de force que les planchers; et entre eux, que les combles surbaissés résistent moins que les autres.

Cependant, on donne aux pièces qui composent un comble plus de force que la théorie n'en indiquerait, parce que les intempéries de l'air, auxquelles, quoi qu'on fasse, un comble est plus ou moins exposé, les rendent plus susceptibles de se tourmenter et de se déformer.

De là vient que le sapin est plus propre que le chêne à faire des combles, parce qu'il joint à autant de force moins de dispositions à se tordre, à se retraire, à changer de figure, car c'est, en général, à ces effets combinés, et presque jamais au défaut de force, qu'il faut attribuer les ondulations que l'on ne remarque que trop souvent dans les combles de nos édifices ruraux.

Quoi qu'il en soit, il est deux sortes de fermes qui peuvent s'appliquer avec succès aux combles surbaissés, tels que ceux de nos provinces.

La première, représentée *pl.* XXXIX, *fig.* 1, Pl. XXXIX. consiste en un *entrait* ou *tirant a*, c'est-à-dire une poutre appuyée sur les murs de longueur de l'édifice. Du milieu de l'entrait s'élève le *poinçon b*, emmortaisé à l'entrait, et dont la longueur détermine la hauteur du comble. Les *arbalétriers c* sont des pièces inclinées qui indiquent la pente du comble, et assemblés avec l'entrait et le poinçon. Les *contrefiches d*, assemblées avec le poinçon et aux deux tiers de la longueur des arbalétriers, servent à les contre-bouter et à les décharger sur le poinçon d'une partie du poids qu'ils doivent supporter.

Dans la seconde espèce, représentée *fig.* 2, on supprime les contre-fiches qu'on remplace par un *faux entrait* ou *entrait relevé e*, emmortaisé dans les arbalétriers. On peut alors, et c'est l'ordinaire, ne faire partir le poinçon que du faux entrait, puisque alors il ne sert que de point de réunion pour les arbalétriers et le faîte. On emploie souvent alors des *jambettes f*, pour consolider l'assemblage inférieur des arbalétriers, et quelquefois des *esseliers g*, pour contre-bouter le faux entrait.

Cette dernière disposition est plus favorable aux combles surbaissés, dans lesquels la charge est plus réunie et plus active sur les arbalétriers, et dont l'inclinaison plus forte ne permet pas aux contre-fiches de faire leurs fonctions aussi complètement que dans les combles exhaussés.

Lorsque, dans ces dernières fermes, on fait partir les poinçons de l'entrait, on compose quelquefois le faux entrait de deux pièces qui s'emmortaisent dans le poinçon, ou d'une seule qui s'assemble à mi-bois avec ce même poinçon. Ce dernier mode est à tous égards préférable, et, en général, il est bien plus avantageux dans toute charpente, autant que c'est praticable, d'employer cet assemblage, qui n'affaiblit pas, à beaucoup près, autant les bois, et leur procure une plus grande stabilité.

Les dimensions de ces pièces doivent être calculées comme celles des poutres. Ainsi, lorsqu'un entrait sert aussi de poutre, ou qu'il porte plancher, il doit avoir le vingtième de sa portée, ou 7 lignes par pied (0,05 par mètre) de hauteur, et s'il n'en porte pas, un vingt-quatrième, ou 6 lignes par pied (0,04 par m.), la largeur sera des deux tiers de sa hauteur. Les autres pièces du comble seront quarrées, et leurs dimensions seront relatives à la largeur des travées ou de l'intervalle des fermes entre elles. Pour les arbalétriers, un trentième, ou 5 lignes par pied (0,04 par m.); pour les faux entraits, un vingtième, ou 7 lignes par pied (0,05 par m.); pour les liernes, esseliers, contre-fiches, environ 5 à 6 pouces (0,12 à 0,16) de gros.

Quand les fermes sont en place, on assemble les faîtes ou faîtages h sur leur angle supérieur, et à la réunion des arbalétriers. On cloue sur ceux-ci les *tasseaux i* qui supportent les *pannes* ou *ventrières*. Ces dernières reçoivent les *chevrons l* qui sont chevillés et assemblés sur le faîte et les pannes, en s'appuyant sur les *plate-formes m* ou *sablières* par des entailles en biseau et à mi-bois. Ces plate-formes sont des planches de 18 lignes (0,04) d'épaisseur qui se placent sur la dernière assise du mur, et auxquelles on peut ajouter un liteau qui retient le dernier rang de tuiles.

Les fermes sont ordinairement placées à 9 ou 12 pieds (2.92 ou 3,90) de distance entre elles; et à 12 ou 15 pieds (4,90) des murs de costière. Les pannes ont de gros un quinzième de cet intervalle; les faîtes un vingtième; les chevrons, ordinairement en grume, ont depuis trois jusqu'à cinq pouces de diamètre (0,08 à 0,13), rarement davantage.

On voit encore en Italie beaucoup d'anciens combles très-solides, et qui étant de peu de portée, ont leurs fermes simplement composées de l'entrait et des deux arbalétriers réunis à joints perpendiculaires. Pour des combles dont la base est plus grande, on pourrait adopter, au lieu des fermes ordinaires, que nous avons décrites, celle représentée par la *fig.* 1, *pl.* XL. Dans cette disposition, de faux arbalétriers doublent les véritables jusques aux deux tiers, et là s'assemblent avec un faux entrait. Cette ferme, aussi simple qu'ingénieuse et solide, est excellente pour tous les combles surbaissés : elle a l'avantage de rendre moins sensible la division des galetas par les travées. Pl. XL.

Enfin, la *fig.* 2, *pl.* XL, représente une des fermes de l'église de Sainte-Sabine à Rome, dont la charpente, extrêmement ancienne, est un véritable chef-d'œuvre d'intelligence. Ici l'entrait, ayant 42 pieds (13,64) de longueur, ne porte rien en son milieu. Le poinçon est sur lui en décharge au moyen d'un étrier de fer : ce poinçon supporte le faîte, et, par l'intermédiaire de deux contre-fiches, s'assemble avec de faux arbalétriers, comme dans l'exemple précédent. Cette ferme offre une excellente disposition pour les combles surbaissés du quart et au-dessous. Les faux arbalétriers sont reliés avec les vrais et l'entrait par des boulons en fer, indiqués par n dans la *fig.* 2.

Dans la *fig.* 3, *pl.* XXXIX, qui représente le plan du comble, et dont les lignes ponctuées indiquent l'aplomb des murs, on remarquera deux parties de comble d'inégale largeur qui se joignent à angle droit aux points A B C. Les deux pentes de ce comble forment, du côté intérieur B C, un joint rentrant appelé *noue*, et du côté extérieur A B, un joint saillant qu'on appelle *arêtier*. Ces joints sont formés par des pièces de bois de la force des arbalétriers, assemblés au poinçon par l'une de leurs extrémités, et de l'autre sur l'angle que forment les murs. Lorsque ces noues et arêtiers ont une grande portée, ils se construisent au moyen d'une demi-ferme, dont l'entrait est assemblé avec celui de la maîtresse ferme, et dont l'arbalétrier forme la pente, c'est-à-dire, la noue ou l'arêtier. Du reste, cette construction est la même que celle que nous indiquerons pour les combles en pavillon. Pl. XXXIX.

Souvent, au lieu de terminer ces charpentes par un mur de pignon triangulaire, on les fait à quatre

13

pentes, c'est-à-dire qu'on forme une croupe aux extrémités, dont le rampant soit le même que celui des égouts du toit, et tel qu'il est représenté, même figure, par D E F. Ceci n'offre pas plus de difficulté. On fait deux demi-fermes d'arétiers qui s'assemblent comme celles dont nous venons de parler, sur l'entrait de la dernière ferme complète et sur l'angle du mur. Les pannes et faîtes s'assemblent avec ceux du reste du comble, comme la figure l'indique.

Les *noulets* sont de petits combles qui se rencontrent avec la pente d'un plus grand. Les *frontons*, qui se raccordent avec les combles sont de véritables noulets, ainsi que les *lucarnes* dont on couronne quelquefois les édifices.

Les noulets, surtout ceux qui sont biais, et quand ils sont très-grands, sont une des charpentes de comble les plus délicates à tracer en ételon, et qui demandent le plus de précision d'assemblage; mais on n'a guère en constructions rurales l'occasion de les employer. Nous parlerons seulement des frontons et des lucarnes qui s'y rencontrent plus ordinairement.

Comme on assemble communément le faîte des frontons avec celui du grand comble, on se contentera, si ce fronton est très-grand., de faire une *fermette* ou petite ferme, dont l'entrait sera assemblé sur les chevrons formant noue, et que pour cet effet on prendra un peu plus forts, et on y assemblera les chevrons inégaux ou *empanons* comme sur les plate-formes. Si le fronton n'excède pas 15 à 20 pieds de largeur, on supprimera la fermette, on assemblera le faîte dans celui du grand comble, et on l'appuiera sur la façade du fronton. Les chevrons seront assemblés et chevillés aux petits faîtes et aux noues. Dans la *fig.* 3, *pl.* XXXIX, G H I indique la moitié du plan du fronton; la *fig.* 4, sa coupe ou façade, et la *fig* 5, le plan de développement d'une de ses pentes, ce qui présente les dimensions du faîte, des noues et des chevrons raccourcis du fronton.

Pour les lucarnes, ou *louves*, comme elles sont encore plus petites, les chevrons du grand comble serviront de noues, et la face de la lucarne se formera d'un cadre de charpente assemblé avec les empanons, et qu'on appuiera sur le haut du mur, en le soutenant, s'il est nécessaire, par des jambes de force reposant sur le plancher.

Celles de ces lucarnes qui, par le haut, ne sont terminées que par un linteau auquel s'assemblent les chevrons, se nomment *simples;* celles dont le linteau forme un petit fronton par une fermette est à *la capucine* ou *à chevalet;* celle dont le linteau est soutenu par des liens à la base cintrée, *à fourrage;* lorsque le linteau est lui-même cintré, le lucarne se dit *à chapeau cintré;* celle qui est placée sur un plan incliné, *rampante;* celle dont le petit comble particulier s'incline sur le grand comble, et forme derrière une petite noue, *à la demoiselle* ou *à chien assis;* celle dont les liens circulaires sont placés dans l'intérieur des poteaux, *à œil de bœuf;* enfin, celle dont le faîtage relevé se projette indépendamment du grand comble, est une lucarne *à guitare.* Les châssis dormants de ces lucarnes reçoivent soit un châssis vitré, soit un volet mobile, pour donner du jour au galetas, ou un passage sur le toit. Pour éclairer les dessous des combles, on scelle entre les chevrons des *œils de bœuf* en terre cuite ou en fonte qui portent des vitres.

Mais si l'on veut pratiquer des logements dans les combles ou les galetas, on remplace ces œils de bœuf dormants par des châssis à verre, dits *en tabatière*, qui peuvent occuper deux entrevoux de chevrons, et qui, en conséquence, peuvent avoir de 2 à 3 pieds (0,65 à 0,98) de largeur, et de 3 à 4 (0,98 à 1, 50) de hauteur. Ces châssis doivent suivre la pente du comble, et être parfaitement assemblés avec les chevrons qui les reçoivent. Le châssis ou cadre dormant, de 4 pouces (0,11) de largeur, renferme un châssis mobile de 3 pouces (0,08) de largeur, fixé sur le haut au dormant par des charnières, et qui, dans le bas portent des poignées et un liteau à crémaillère, de manière à pouvoir s'ouvrir dans la mesure désirée. La partie intérieure du comble, au-dessous du dormant, est, par une cloison, séparée du reste de la pièce, et lui sert de resserre. La *fig.* 2, *pl.* LII, présente la face de la croisée en tabatière, son châssis dormant *a*, son châssis mobile *b*, ses petits bois à verre *c*. La *fig.* 3 représente la coupe de la partie du comble où se trouve la tabatière ouverte avec le chevron *a*, le dormant *b*, les montant mobiles *c*, la cloison *d*, qui sépare la resserre. Pour éviter les accidents, il est bon, du côté extérieur, de garnir d'un treillage le châssis mobile.

Pl. LII.

§ 2.

Comble brisé ou à la Mansard.

Lorsqu'on veut obtenir dans les combles un étage de pièces habitables, on y établit des *mansardes* c'est-à-dire, qu'on le brise, d'après la méthode inventée et introduite en France par le fameux Mansard, dont ils ont retenu le nom. Ce comble est reproduit, *pl.* LII, *fig.* 1. Au-dessus de l'entrait et de la plate-forme on commence un comble très-rapide qu'on interrompt à hauteur d'homme, ou au moins à 3 ou 4 pieds (0,98 ou 1,30) d'élévation, pour en superposer un autre en pente plus douce. La figure paraît indiquer suffisamment cette disposition, rarement en usage dans nos contrées : on y retrouve l'entrait a, le faux entrait b, les arbalétriers c, les chevrons d, les plate-formes e, les jambes de force f, les liens ou esseliers g, les coyaux h, le faîtage i, les contrefiches k, les jambettes l, les pannes m, les tasseaux n. Il est aisé de comprendre l'analogie de cette construction avec celle du comble précédent.

§ 3.
Comble quarré ou en pavillon.

Quand la base d'un comble est quarrée, on le fait ordinairement en pavillon, et à quatre pentes ou égouts égaux ou inégaux, suivant que le bâtiment est régulier ou non. Cette charpente, représentée en plan, *pl.* XL, *fig.* 4, et en coupe ou élévation, *fig.* 3, est composée de deux fermes qui vont d'un angle à l'autre, et se coupent au centre où s'élève un poinçon commun. Ainsi, l'entrait A B reçoit à son centre C l'assemblage à mi-bois de son transversal, et le poinçon D, qui s'élève au-dessus, reçoit celui, tant des deux contre-fiches E, appartenant à cette ferme, que de celles qui appartiennent à la ferme transversale. Les quatre arbalétriers a servent d'arêtiers. On sent que dans ces quatre pentes, ainsi que dans les pentes latérales ou *croupes* du comble droit, les chevrons ne peuvent être de la même longueur. Celui b du milieu de la croupe est le seul qui soit entier, et s'assemble ici dans le poinçon comme sur le faîte dans les cas précédents. On l'appelle *chevron de croupe*. Les autres c, nommés *empanons*, s'assemblent dans les arêtiers, et diminuent de longueur à mesure qu'ils s'éloignent de celui de croupe. Comme l'élévation ne donne ici que la longueur des derniers, et que le plan *fig.* 4, qui suffit pour les pannes d, et les plate-formes e, ne présente tous ces empanons qu'en raccourci, nous avons tracé, *fig.* 5, le développement d'une des pentes qui donne les dimensions de tous et chacun des empanons.

D'après cette manière de considérer un pavillon, sa charpente n'est pas plus difficile à concevoir et à construire que celle des arêtiers d'un comble droit. Quelquefois, et quand le plan du comble est dans de petites dimensions, on se contente d'un seul entrait. Dans tous les cas, et quel nombre de côtés qu'ait le pavillon, on donnera autant de faces au poinçon qu'il y a de côtés, et dans leurs proportions, s'ils sont inégaux. Alors chaque croupe se construit comme la croupe d'un toit ordinaire; et pour consolider les assemblages faits sur l'extrémité du poinçon, on le liera d'une forte bande de fer solidement arrêtée.

§ 4.
Combles coniques.

Les combles coniques sont ceux qui s'emploient pour des édifices circulaires. Si leur base est un cercle entier, comme une tour, ce sont des combles coniques; mais si c'est un demi-cercle, comme le chevet d'une église, ils deviennent *semi-coniques*. Leur construction est absolument semblable.

On place, selon le diamètre de la tour, un ou deux entraits a b (*pl.* XL, *fig.* 6 et 7), qui supportent dans leur milieu un poinçon circulaire c. A ce poinçon s'assemblent quatre, ou plus, chevrons de croupe d, qui s'assemblent aussi par en bas dans une plate-forme placée sur les murs. Quand le diamètre est très-grand, et par conséquent les murs plus épais et les chevrons plus longs, on fait une double plate-forme e f, dont les deux parties sont entretenues par de petites entretoises g, appelées *blochets;* et sur la plate-forme intérieure on place des jambettes h, qui contre-boutent les chevrons. On fortifie encore cette charpente par des *liernes* circulaires i qui font l'office de pannes, et qui, au moyen d'entretoises, sont contenues par le poinçon.

Comme en se rapprochant de la base la distance entre les chevrons devient plus considérable, on place entre eux des empanons k, qui s'appuient tant sur les liernes que sur la plate-forme ; ce qu'on répète à chaque cours de liernes quand il y en a plusieurs. Ces *fig*. 6 et 7, *pl*. XL, dont la première est le plan, et l'autre la coupe de cette charpente, en donneront une intelligence suffisante. On voit d'ailleurs que ce comble n'offre guère plus de difficulté qu'un comble droit.

Le comble semi-conique s'exécute absolument de même. On aura soin seulement, si ce comble semi-conique est à la suite d'un comble droit, de se servir du poinçon de la dernière ferme pour poinçon du demi-cône, et de placer les liernes en continuation du cours de pannes de ce comble droit.

§ 5.
Combles économiques.

Fig. 8, 9. Avant l'introduction des fermes dans la construction des combles, ils se composaient de chevrons portant ferme. Cette méthode, représentée *pl*. XL, *fig*. 8 et 9, consistait à placer aux deux tiers environ de la hauteur des chevrons un faux entrait soutenu par deux esseliers emmortaisés dans ces mêmes chevrons. Les extrémités de ces chevrons étaient soutenues par des jambettes reposant sur de doubles plate-formes à blochets, ainsi que nous l'avons indiqué pour les combles coniques. On traçait même quelquefois la partie intérieure des esseliers et des jambettes sous un arc de cercle, ce qui formait ainsi à peu de frais la carcasse d'une voûte, comme le fait voir la *fig*. 9 : tous ces bois n'avaient que la grosseur des chevrons.

Cette méthode, toute simple qu'elle était, et composée de bois d'une très-médiocre grosseur, était pour le moins aussi solide que nos fermes lourdes et compliquées. De plus, il est facile de voir que cette disposition était infiniment plus agréable, et qu'on pouvait tirer parti de ces combles, pour des logements ou des magasins, bien plus facilement que des nôtres, bizarrement divisés par travées. Les habitants de plusieurs vallées des Pyrénées se servent encore d'une méthode semblable pour leurs combles exhaussés au tiers et couverts en chaume ou en ardoise. La charpente de nombre d'églises antiques est ainsi construite. Les plus remarquables sont celles de *Saint-Marc*, et *della Salute* de Venise, dont les coupoles sont même formées en planches.

D'après ces derniers modèles, Philibert de Lorme, célèbre architecte français du XVIe siècle, imagina d'appliquer ce moyen aux édifices particuliers. Son système consiste en cintres formés par deux épaisseurs de planches qui, placés à environ 3 pieds (1 mètre) de distance les uns des autres, sont entretenus de trois en trois et alternativement par des liernes aussi en planches solidement arrêtées par des coins, faits aussi en planches semblables. Ces cintres font à la fois la fonction de fermes et de chevrons, ou plutôt remplacent les chevrons portant ferme. On rachète la forme semi-hémisphérique du cintre par des coyaux et des couronnements formés de planches semblables.

Il est incontestable que ces combles sont très-solides et laissent les galetas entièrement libres. Mais les bois débités en planches étant infiniment plus chers que les autres, il n'y aurait point d'économie à adopter cette méthode, surtout avec la quantité de mortaises et d'assemblages qu'elle exige. De plus, les planches étant sujettes à se tourmenter et à se retraire davantage que les bois quarrés, exigent une qualité supérieure et plus d'intelligence dans leur emploi. Nous n'en avons pas moins d'obligation à MM. Legrand et Molinos, d'avoir retiré ce système de l'oubli, en l'employant avec autant d'intelligence que de succès à la construction de l'immense coupole de la halle au blé de Paris. Cette coupole, qu'un incendie avait détruite, a été depuis rétablie en fer coulé.

Frappé des avantages du système de Philibert de Lorme, et des inconvénients qu'il présente dans la pratique, M. Lacaze, entrepreneur de charpente à Paris, l'a rectifié et simplifié, en lui conservant ses avantages, et en en faisant disparaître ses inconvénients.

Cet auteur trace ces cintres en arc gothique; ce qui le dispense du couronnement de Philibert de Lorme. Ces cintres sont composés de pièces de bois de 30 lignes (0,068) d'épaisseur sur 5° (0,135) de largeur, c'est-à-dire, de solives refendues, et d'environ 3 pieds (0,98) ou 3 pieds 1/2 (1,16) de longueur, assemblées à trait de Jupiter avec clef. Les cintres sont liés entre eux par des liernes entaillées à mi-bois, de cinq en cinq pieds (1,62), et de plus leur espace est subdivisé par des entretoises et des fausses courbes pour soutenir le lattis supérieur et l'enduit intérieur, si on en admet un.

Cette ingénieuse disposition a mérité l'approbation de M. Rondelet, qui dit l'avoir vue exécutée, et qu'elle a une force étonnante; ce qui est facile à croire. Il désire, et ce vœu est conforme à la plus saine théorie, que l'on donne aux cintres une épaisseur inégale, c'est-à-dire, un pouce de moins par le haut ou un pouce de plus par le bas. Cet auteur fixe aussi l'épaisseur des courbes à une ligne par pied de largeur de l'édifice sur une longueur double. Ainsi, pour un comble de 30 pieds (9,80) de largeur, les courbes auraient 30 lignes ou 2° 1/2 (0,70) d'épaisseur sur 60 lignes ou 5° (0,135) de largeur; ou mieux, d'après son observation, 4° (0,11) dans la partie supérieure, et 6° (0,16) à la naissance des cintres. Ces cintres reposent sur une sablière de même dimension qu'eux, entaillée pour les recevoir, et placés à 2 pieds 1/2 (0,80) de distance les uns des autres.

Les combles de M. Lacase sont moins coûteux et plus solides encore que ceux de Philibert de Lorme; leur force est et doit être fort grande, mais leur construction est encore assez compliquée pour exiger des connaissances supérieures à celles du commun des charpentiers de la campagne.

Un troisième auteur, M. Menjot-d'Elbène, que nous avons déjà cité en parlant des combles en maçonnerie, a cherché de son côté (car il paraît que son travail est indépendant et même antérieur à celui de M. Lacase) à appliquer aux constructions rurales le système de Philibert de Lorme. Il a fait une sorte de révolution dans sa province (le Maine),

où il a construit une grande quantité de charpentes, dont une partie a été exécutée en 1792. M. Menjot a, aussi-bien que M. Lacase, adopté l'ogive pour forme de ses cintres. Ces derniers sont composés de bûches de sapin, ou bois de corde à brûler, d'environ 3 pieds (1,00) de longueur, et de 3 à 4° (0,90) d'équarrissage. Il les réunit bout à bout par des goujons en bois, et les triple, c'est-à-dire qu'il en cheville trois côte à côte, en observant de placer les joints de la pièce du milieu entre les milieux des pièces latérales. Cette combinaison donne à ces cintres une largeur de 9 à 12 pouces (0,25 à 0,32). Il les espace d'environ 4 pieds (1,30) de milieu en milieu, c'est-à-dire, qu'il laisse entre eux un intervalle d'environ 3 pieds (1,00). La naissance des cintres repose sur une sablière qui se trouve au niveau du plancher supérieur. Pour renforcer l'angle de l'ogive que sa courbure ne permet pas toujours de faire d'une seule pièce, il y place un petit faux entrait, qui s'y assemble et le contreboute. Il rachète par de petits coyaux, ainsi que M. Lacase, la forme du cintre à sa naissance.

Infiniment plus simple que la précédente, cette charpente est en cela plus propre aux constructions rurales. Elle emploie, il est vrai, plus de bois; mais elle n'est pas à beaucoup près aussi coûteuse de main-d'œuvre. Celle de M. Lacase rachète le moins de matière par une combinaison ingénieuse qui rend son comble aussi lié que s'il était d'une seule pièce; celui de M. d'Elbène a plus de stabilité en lui-même, et par sa simplicité est plus applicable aux constructions rurales.

Dans un bâtiment important exécuté par d'habiles ouvriers, on préférera peut-être le comble de M. Lacase : dans les campagnes on ne se servira que de celui de M. Menjot, lequel ne s'est arrêté à ce système que parce que, cultivateur lui-même, il a senti ce qu'il fallait aux ouvriers vulgaires, et a eu le rare talent d'allier une grande simplicité d'exécution à une forme élégante et commode, et à une combinaison très-bien entendue.

Il serait donc à désirer que le comble de M. Menjot pût être adapté à nos constructions rurales; mais il est à craindre qu'il ne puisse que difficilement s'accorder avec nos formes peu élevées. Effectivement nos combles, couverts en tuiles creuses, n'ont en général de hauteur que du quart au sixième de leur base, et les cintres en ogive ainsi construits auraient peu de force. Au contraire, si on élève le comble, on ne pourra se servir de ce genre de couverture, qui a tant d'avantages qu'il n'est pas indifférent de conserver. Peut-être néanmoins qu'en n'élevant nos combles que peu au-dessus du quart, ne leur donnant, par exemple, que 26 à 28 degrés d'inclinaison, on pourrait réunir les avantages et des combles cintrés et des tuiles creuses.

C'est d'après ces idées que nous donnons ici les dessins d'un comble à la d'Elbène, de 8 pieds (2,60) de hauteur sur une largeur de 30 pieds (9,75), ce qui donne un peu plus du quart.

Ce comble est représenté par la *fig.* 1, planche XLIII, qui indique la forme du cintre et la disposition des huit courbes qui le composent, courbes qui ont environ 4 pieds 3 pouces (1,35) de longueur, et qui pourraient en avoir moins ; mais, vu le grand surbaissement que nous donnons au comble, il faut faire en sorte d'en augmenter autant qu'il est possible la stabilité intrinsèque. On voit aussi la position du faux entrait, et les assemblages des cintres dans les sablières, assemblages représentés plus en grand en A. En B, est représentée plus en grand la construction des cintres : les goujons et les trous destinés à les recevoir peuvent s'y remarquer aussi-bien que l'endroit où sont placées les chevilles, ici indiquées en lignes ponctuées.

Quoique M. Menjot n'emploie pas de faîte dans ses combles, qui sont, dit-il, suffisamment consolidés par les contre-lattes destinées à recevoir la tuile plate qui forme la couverture qu'il emploie, contre-lattes bien avantageusement remplacées par la latte touchante qu'exigent nos tuiles creuses, nous avons placé un de ces faîtes pour couronner le comble que nous proposons. Ce faîte, qui serait suffisant de 6° (0,16) en quarré, serait évidé, à la rencontre des cintres, d'une profondeur de 3° (0,08),

et servirait et à les contenir en place et à les affermir. Ce comble étant très-surbaissé, pourrait à la rigueur se passer de coyaux : ceux que nous avons indiqués en lignes ponctuées ne seraient nécessaires qu'autant qu'on voudrait avancer le toit en saillie au mur. On pourrait cheviller le faîte aux cintres, soit alternativement, soit à chacun. Nous pensons que de cette manière il serait possible de faire usage de ce comble. Si on voulait l'élever davantage et user de tuile à crochet ou d'ardoise, la réussite serait encore plus certaine, puisqu'on rentrerait absolument dans le système de l'auteur.

Nous parlerons, en traitant de la serrurerie, d'un comble en fer très-simple qui pourrait être employé dans les constructions rurales.

ARTICLE 3.
Des Cintres.

Nous avons dit précédemment, en parlant des voûtes moyennes et légères, les seules en usage en architecture rurale, que les cintres sur lesquels elles étaient construites, étaient faits de planches jointives, posées de champ, entretenues par des traverses et appuyées sur des sablières, soutenues elles-mêmes par des poteaux placés le long des murs pieds-droits. Si la portée était trop longue, on aiderait ces poteaux par des poteaux intermédiaires, et on les relierait par des entretoises. Telle est la construction de ces cintres, et elle n'a pas besoin d'être plus amplement expliquée.

C'est donc la forme du cintre qui détermine celle de la voûte ; il est le moule dans lequel elle se jette, si l'on peut ainsi s'exprimer. Il est donc intéressant d'indiquer les moyens de les tracer géométriquement, afin de satisfaire aux convenances ou aux exigences particulières.

Tous les cintres présentent une courbure plus ou moins prononcée. En général, et surtout dans les bâtiments qui nous occupent, leur plus grande hauteur est la moitié de leur diamètre, c'est le *plein-cintre*. Mais souvent on a besoin d'employer des cintres moins élevés, et alors on peut abaisser le plein-cintre en le tronquant, en lui conservant néanmoins le principe de sa force naturelle; on fait aussi des cintres ovales ou elliptiques : enfin, les ogives ou voûtes composées de deux arcs de cercle sont aussi en usage, surtout pour les combles en maçonnerie; on se sert aussi d'arcs rampants.

§ 1er.
Des Pleins-cintres.

Planc. XLI. Fig. 1.
Dans la fig. 1, pl. XLI, le plein-cintre ADB est une demi-circonférence de cercle tracée du centre C.

Si l'on veut surbaisser ce plein-cintre, on descend le point central sur une perpendiculaire qui prolonge le rayon CD. En plaçant le centre en e on a un plein-cintre tronqué AEB qui a en hauteur les trois huitièmes de sa base : en f, le cintre AFB en a le tiers ; en g, le cintre AGB en a le quart; en h, le cintre AHB a le sixième ; en i, le cintre AIB a le huitième de cette même base. On la baisse quelquefois jusques au neuvième environ, en donnant à l'abaissement du cintre k un prolongement à peu près égal à la longueur de sa base : ce cintre AKB est ce que l'on appelle une *capucine*.

Supposant donc que la base AB du cintre soit de 6 pieds (1,99) le plein-cintre ADB ayant de hauteur la moitié de cette base, aura 3 pieds (0,96) et le rayon qui servira à le tracer sera aussi de 3 pieds : le cintre AEB ayant en hauteur les trois huitièmes de sa base aura 2 pieds 3 pouces (0,73) et son centre e sera abaissé de 11 pouces (0,30), ce qui donne au rayon 3 pieds 2 pouces (1,20) : le cintre AFB surbaissé au tiers aura de hauteur 2 pieds (0,65) et son rayon dont le centre est descendu de 1 pied 4 pouces (0,41) de C, sera de 3 pieds 4 pouces (1,08) : le cintre AGB surbaissé au quart aura de hauteur 18 pouces (0,49), son centre g sera à 2 pieds 4 pouces (0,66) de C, et son rayon sera de 3 pieds 10 pouces (1,25) : le cintre AHB surbaissé au sixième aura 1 pied (0,32) de hauteur, son centre h sera à 4 pieds (1,30) de C, et son rayon sera de 5 pieds (1,62) :

le cintre AIB surbaissé au huitième aura 9 pouces (0,24) de hauteur, son centre i sera à 5 pieds 8 pouces (1,84) de C, et son rayon sera de 6 pieds 5 pouces (2,08) ; enfin, la capucine AKB surbaissée au neuvième, aura 8 pouces (0,22) de hauteur et la distance de son centre k étant égale au diamètre sera de six pieds (1,35), ce qui donne pour le rayon environ 6 pieds 8 pouces (2,17).

Mais les pleins-cintres tronqués formant toujours un joint plus ou moins aigu à leur naissance, sont peu agréables. On leur préfère donc, en général, les cintres elliptiques ou ovales qui, susceptibles d'un surbaissement considérable, se raccordent mieux avec la projection du pied-droit.

§ 2.
Des Cintres elliptiques.

Le plus beau des cintres de cette division, est sans contredit celui qui est formé par l'ellipse des sections coniques, courbe formée comme le cercle, et qui par sa comparaison avec ce dernier, offre les rapprochements suivants :

1° Dans le cercle et dans l'ellipse, tous les diamètres se croisent au centre et divisent les deux figures en deux parties égales ; mais dans le cercle tous ces diamètres sont égaux et perpendiculaires à la courbe, et dans l'ellipse, leur grandeur change pour tous les points de la courbe. Le plus grand de ces diamètres s'appelle *grand axe* et le plus petit le *petit axe* de l'ellipse. Ils sont perpendiculaires l'un à l'autre, et chacun d'eux partage ainsi la courbe en deux parties égales.

2° Le cercle a un centre auquel aboutissent toutes les perpendiculaires à sa circonférence : l'ellipse, outre son centre, point d'intersection de ses axes, a deux *foyers*. Ces deux points très-commodes pour décrire cette courbe et lui mener des perpendiculaires, sont moyens proportionnels entre les axes : on les trouve en traçant un arc de cercle, dont le centre est l'extrémité du petit axe, et le rayon la moitié du grand axe. Les points auxquels cet arc de cercle coupe le grand axe seront les foyers de l'ellipse.

3° De là résulte la plus importante propriété des foyers : c'est que la somme de deux lignes tirée d'un point quelconque de la courbe à chacun de ses foyers est égale au grand axe.

I. Sur cette propriété remarquable, est fondée la méthode du tracé de l'ellipse au *simbleau* ou cordeau, appelée vulgairement l'*ovale des jardiniers*. Les deux axes de cette ellipse étant donnés comme AB, CD, fig. 2, on prendra un cordeau, dont une des extrémités aura une boucle dans laquelle agit une pointe ou traçoir, tel que celui dont se servent les jardiniers. On prendra avec le cordeau la longueur AB du grand axe, ou ployera le cordeau en deux, et avec ce cordeau doublé on tracera d'une extrémité *c* du petit axe un arc de cercle qui coupera le grand axe AB à deux points EF qui seront les deux foyers de l'ellipse. On placera deux piquets à ces deux points, sur chacun desquels le cordeau jouera au moyen de la boucle et plaçant le traçoir dans le cordeau, et suivant les inflexions qu'il prendra, l'ovale sera tracé avec justesse et avec la plus grande facilité.

Les courbes surbaissées qu'emploient les constructeurs, sont en général composées de quatre arcs de cercle et par conséquent à quatre centres.

II. La plus usitée est ce que l'on appelle plus particulièrement l'*anse de panier*. Pour tracer cet ovale, comme dans le précédent, la hauteur peut être déterminée. Soit cette hauteur, CE, fig. 3, et la base AB : on trace une demi-circonférence ADB et on divise en trois parties D*a*, *ab*, *b*E, la différence ED ; on reporte ensuite en contre-bas une de ces divisions en E*c*. Le reste de la hauteur du cintre *c*C, pris avec le compas, est reporté aux extrémités A et B de la base et détermine les points F et G. De ces points comme centres et avec les rayons FA, GB, on tire les arcs de cercle AH, BI, lesquels forment les extrémités du cintre demandé. Pour avoir le surplus, on prend la distance des points H et I, et de chacun de ces deux points on trace un arc de cercle, lesquels se couperont en une autre point K, lequel sera le troisième centre et décrira la portion du cercle HEI qui joindra sans jarret les deux arcs déjà déterminés aux points H et I, et formera avec eux la courbe demandée.

Cette courbe, déjà décrite dans notre introduction, planche XXVII, fig. 14, malgré ces avantages, a un galbe roide et peu satisfaisant. Les ovales composés de combinaisons de cercles sont plus gracieux. Il est vrai qu'ils ont l'inconvénient de déterminer forcément la hauteur du cintre; mais comme ces combinaisons sont très-multipliées, il est difficile de n'en pas trouver quelqu'une qui convienne aux besoins. Nous allons donc en décrire plusieurs, et si nous employons l'ellipse entière, c'est pour en rendre la démonstration plus facile, car la partie supérieure est la seule dont on fait usage.

III. *Ovale aplati à deux cercles* (fig. 4). On partage la base AB en trois parties inégales : de chacun des points les plus rapprochés du centre E F, on trace une circonférence de cercle : ces deux circonférences se coupent aux points L et M. De chacun de ces points et des centres EF, on tirera les lignes LEK, LFI, MFH, MEG, qui couperont les deux circonférences aux points GH, IK, lesquels détermineront la portion de ces circonférences appliquées à l'ovale. Enfin, des points secteurs L, M, on tracera deux autres portions de cercle GH, KI, qui compléteront la figure.

IV. *Ovale à deux cercles* (fig. 5). Cet ovale se fait absolument comme le précédent ; mais ici la base AB est divisée en trois parties égales. Après avoir tracé les deux cercles et les lignes FCG, FDH, ECK, EDI, qui déterminent les points de rencontre G, H, I, K ; on tire des points d'intersection E, F, comme centres, les arcs complémentaires KI, GH.

V. *Ovale à cercle inscrit* (fig. 6). On partage la base AB en quatre parties égales. Du centre O et par les points E, F, on trace une circonférence de cercle ELFM. De ces points E, F, et par les extrémités de la base AB, on trace des portions de cercles KAG, IBH. On tire des points L et M, des lignes qui passent par les points E, F, et qui déter-

PART. II. SECT. II. *De la Charpente.* 105

minent des points de section G, H, I, K. On joint ces points par des arcs de cercle tracés des centres L, M, et ces arcs de cercle avec ceux précédemment tirés des points E, F, forment l'ovale.

Fig. 7. VI° *Ovale par trois cercles* (fig. 7). On divise encore la base AB en quatre parties égales. Des trois divisions centrales G, O, D, on trace trois circonférences qui se touchent en E, en F, en L et en M. De ces points et passant par les centres des cercles on tire quatre lignes, EG, LG, FD, MD, qui, prolongées, déterminent les points d'intersection E, H, I, K. Les parties KAC, IBH, des deux circonférences extrêmes fera partie de l'ovale cherché. Le reste ne produit pas des arcs de cercle tirés des points N et P comme centres.

Fig. 8. VII° *Ovale à trois cercles surbaissé* (fig. 8). Après avoir préparé la figure comme dans l'exemple précédent, on prolonge les lignes d'intersection KC, ID, GC, HD, jusques à ce qu'elles se rencontrent en E et en F, et c'est de ces derniers points que l'on tire les deux arcs de cercle complémentaires.

Fig. 9. VIII° *Ovale allongé* (fig. 9). On divise la base AB en cinq parties égales. Des points extrêmes intérieurs CD, on trace les deux portions de cercle qui doivent former les extrémités de l'ellipse. Des mêmes points et de la distance CD qui les sépare, on trace deux circonférences qui se coupent aux points E, F. De ces points et par les centres CD, on tire des lignes qui déterminent la portée des deux arcs de cercle déjà tracés et de E et F comme centre on trace les portions supplémentaires KI, GH.

Ces sept méthodes donnent des cintres dont la hauteur s'abaisse graduellement, et n'est pas en rapport bien régulier avec la base. Le hauteur de celui de la *fig.* 4 est des 7/12 ; celle de la *fig.* 5 est de 3/8 ; les *fig.* 6, 7 et 8 ont de hauteur 13/36, 51/144, 23/72 ou aux environs du tiers ; enfin, celle de la *fig.* 9 est des 5/18. Ainsi, en supposant la base d'une longueur constante de six pieds (1,95), la moitié du petit axe, ou la hauteur du cintre, sera, pour la *fig.* 4, de 2 pieds 6 pouces (0,81) ; pour la *fig.* 5, de 2 pieds 3 pouces (0,73) ; pour la *fig.* 6, de 2 pieds 2 pouces (0,70) ; pour la *fig.* 7, de 2 pieds 1 pouce 1/2 (0,68) ; pour la *fig.* 8, de 1 pied 11 pouces (0,60), et pour la *fig.* 9, de 1 pied 8 pouces (0,55).

Il peut arriver, malgré le choix que présentent ces six exemples, que, ne trouvant pas l'anse de panier assez gracieuse, on soit néanmoins obligé de tracer l'ellipse régulière par quatre points déterminés. En voici le moyen :

Soit (*fig.* 10) le grand axe AB, et le petit CD, donnés l'un et l'autre, on commence par en joindre les extrémités au moyen de quatre lignes AD, DB, BC, CA. Sur l'une des moitiés O A du grand axe on porte OC, moitié du petit axe, et on reporte la différence e A sur une extrémité du grand axe, comme des côtés du quarré ACBD ; par exemple, sur le côté AC de C en E. Le reste AE de ce même côté est divisé en deux parties égales, et du milieu F on élève une perpendiculaire FP, que l'on prolonge en G. La même opération se fait sur les trois autres côtés, en y portant la distance AF, et il en résulte, par la rencontre de ces quatre perpendiculaires, le losange inscrit LNMP, dont les quatre angles sont les quatre centres de l'ellipse. Du point L on trace KAG ; du point N on décrit KDI ; du point M on trace IBH, enfin, on décrit GCH du point P.

Si dans les opérations graphiques on venait à perdre le centre d'un cercle, et à n'en plus avoir que la circonférence, ou même partie d'elle, il est toujours facile de retrouver ce centre. Soit (*fig.* 11) Fig. 11. la circonférence perdue : on prend sur trois points, à volonté, A, B, C. Du point C et du point B on trace deux portions de cercle qui se coupent aux points D E, et on les réunit par la ligne DE, que l'on prolonge indéfiniment. On en fait de même aux points B et A, et on tire la ligne GF qui se rencontre avec la première DE en un point quelconque H ; ce point est le centre perdu du cercle.

§ 3.

Des Cintres gothiques.

L'*ogive*, le *tiers-point*, l'*arc pointu*, est le type Planc. XLII. principal de ce que l'on est convenu d'appeler l'ar-

14

chitecture gothique. C'est la réunion de deux arcs de cercle du même rayon. Les voûtes tracées par ce mode sont maintenant peu en usage; elles ont trop de hauteur et trop peu de force; mais cette même forme bizarre, qui tire son origine des rampants de comble, peut avoir son utilité, ainsi que nous l'avons dit en parlant des combles économiques.

Les ogives primitives, qui sont aussi les plus exhaussées, et furent les plus usitées par les architectes des temps intermédiaires, sont celles qui sont formées de deux arcs de cercle, qui ont chacun pour rayon le diamètre de leur base; telles sont celles indiquées par AaB, *fig.* 1, *pl.* XLII, par A D B, *fig.* 2, et par A C B, *fig.* 3.

On peut surbaisser, renfler ou aplatir les ogives.

On surbaisse les ogives pour diminuer les pentes d'un comble économique. Pour cet effet, comme on l'a dit pour les pleins cintres, on change les centres en les descendant le long des pieds-droits. Par exemple, Fig. 1, 2. l'ogive AcB (*fig.* 1), qui a de hauteur les deux tiers du diamètre, a pour centres les points C, C qui sont au-dessous des naissances A B du quart de ce diamètre; l'ogive AdB, qui a de hauteur la moitié du diamètre, a ses centres D, D à un demi-diamètre au-dessus des naissances; l'ogive AeB a deux cinquièmes de diamètre en hauteur, et ses centres E, E sont abaissés des trois quarts; l'ogive AfB a un tiers du diamètre en hauteur, et ses centres F, F sont abaissés d'un diamètre; enfin, l'ogive AgB a environ un quart du diamètre en hauteur, et ses centres G, G sont d'un diamètre et quart au-dessous des naissances.

Dans la *fig.* 2, l'ogive Ba aura en hauteur les trois quarts de la base, et son centre a sera abaissé d'un huitième de cette base. Si successivement on abaisse ces centres d'un sixième en b, d'un quart en c, d'un tiers en d, de la moitié en e, des deux tiers en f, des trois quarts en g, des cinq huitièmes en h, des sept huitièmes en i, et de la totalité de la base en k, la hauteur des cintres sera successivement les 13/18, les 2/3, les 7/12, la 1/2, les 5/12, les 19/48, les 3/8, et près des 2/3 de sa base. Ainsi, pour appliquer des chiffres, si on suppose que la base a 12 pieds de longueur, l'ogive primitive sera tracée sur un rayon de 12 pieds (3,90), et aura en hauteur 10 pieds 5 pouces (3,38). L'ogive a sera tracée sur un rayon de 12 pieds un pouce (3,92); son centre sera abaissé de 18 pouces (0,48), et elle aura en hauteur 9 pieds (2,92). L'ogive b aura un rayon de 12 pieds 2 pouces (3,94); son centre sera abaissé de 2 pieds (0,65), et sa hauteur sera de 8 pieds 8 pouces (2,81). L'ogive c aura un rayon de 12 pieds 4 pouces (4,01); son centre sera abaissé de 3 pieds (0,97); sa hauteur sera de 7 pieds 10 pouces (2,54). L'ogive d aura un rayon de 12 pieds 7 pouces (4,09); ses centres seront abaissés de 4 pieds (1,30), et sa hauteur sera de 7 pieds 2 pouces (2,02). L'ogive e aura un rayon de 13 pieds 4 pouces (4,33); ses centres seront abaissés de 6 pieds (1,95), et elle aura 6 pieds (1,95) de hauteur. L'ogive f, aura un rayon de 14 pieds 5 pouces (4,68); ses centres seront abaissés de 8 pieds 1 pouce (2,60), et sa hauteur sera de 5 pieds (1,62). L'ogive g aura un rayon de 14 pieds 11 pouces (4,85); ses centres seront abaissés de 8 pieds 8 pouces (2,82), et sa hauteur sera de 4 pieds 6 pouces (1,46). L'ogive h aura un rayon de 15 pieds 6 pouces (5,06); ses centres seront abaissés de 10 pieds (3,24), et sa hauteur sera de 4 pieds 2 pouces (2,65). L'ogive i sera d'un rayon de 15 pieds 10 pouces (5,33); ses centres seront abaissés de 10 pieds 6 pouces (3,40), et sa hauteur sera de 4 pieds 4 pouces (1,73). Enfin, l'ogive k aura un rayon de 16 pieds 11 pouces (5,50); ses centres seront abaissés de 12 pieds (3,90), et sa hauteur sera de 3 pieds 10 pouces (1,24).

Au reste, ainsi que nous l'avons déjà dit, on ne doit tout au plus surbaisser les ogives qu'au quart de la base du comble. Ainsi tracées, elles peuvent être favorables à la pente des combles, et supprimer à peu près les écoyaux.

Il peut être quelquefois intéressant de renfler les ogives ou de leur donner une courbure plus forte que le tracé naturel ne l'indique. Ainsi, dans la *fig.* 3, par exemple, l'ogive ACB, qui sert de comble aux deux tiers, peut devenir un galbe assez convenable à un dôme, et remplacer une voûte parabolique en accroissant sa courbure. Il en est de même dans l'ogive surbaissée, *fig*. 4.

Dans l'une et l'autre, on trace deux cordes, AC, BC, qui joignent les points extrêmes des cintres. Au milieu de ces cordes on leur élève des perpendiculaires, et, sur leur prolongement, on détermine en G et en N le renflement adopté. De ces points aux naissances on tire des cordes GA, NB, du milieu desquelles on élève aussi des perpendiculaires qui coupant les premières en I, H, donnent dans ces points les centres de la nouvelle courbe.

Par une méthode semblable, mais renversée, au lieu de renfler, on pourrait aplatir la courbe.

C'est ainsi que l'on pourra retrouver les centres perdus d'une ogive. Après avoir divisé chaque portion de cette courbe en deux parties égales, et tiré les perpendiculaires indéfinies EK, DL (*fig*. 4), on divisera les deux parties inférieures du cintre de la même manière aux points P et Q, et de ces points on élèvera de nouvelles perpendiculaires indéfinies qui, coupant les premières aux points K et L, les déterminera comme les centres perdus que l'on cherche.

§ IV.

Des Arcs rampants.

Si l'on veut soutenir par une voûte un plan incliné, tel qu'une volée d'escalier, les pentes d'un comble, etc., il faut alors que le cintre soit incliné ou *rampant* : on le trace par deux arcs d cercle.

On doit d'abord considérer séparément la ligne qui détermine l'objet à soutenir, que l'on appelle *ligne de sommité* ; le point auquel l'arc rampant doit la joindre, qui est le *point d'attouchement* ; enfin, la ligne d'appui de la naissance de l'arc rampant, que l'on appelle *ligne de rampe*. Etant donnée la ligne de sommité CD (*fig*. 5) et le point d'attouchement S au milieu de cette ligne, la ligne de rampe AB lui sera parallèle. On tirera du point S une perpendiculaire à CD ; on portera sur les pieds-droits les deux distances SC et SD ; la première est CA, la seconde est DB : de ces points on élève des perpen-

diculaires qui couperont aux points E et F la perpendiculaire élevée sur CD et venant du point S. Ces deux points, E et F, seront les centres de l'arc rampant.

Si la ligne de sommité CD, étant donnée (*fig*. 6), le point d'attouchement S n'est pas au milieu de cette ligne, la ligne de rampe ne lui sera point parallèle. On portera CS en CA, et SD en DB, et on procédera comme dans l'exemple précédent pour avoir les centres E et F.

Si, sans avoir la ligne de sommité, on en connaît l'inclinaison, et que la ligne de rampe soit déterminée en A B (*fig*. 7), on trace au-dessus, et dans l'inclinaison de la ligne de sommité inconnue la ligne fictive *g i*. De ses extrémités *g* et *i*, et avec des ouvertures de compas *g* A, *i* B, on trace deux arcs de cercle indéfinis ; on tire ensuite des deux points A et B, extrémités de la ligne de rampe et passant par les points *h* et *k*, où les arcs de cercle coupent la ligne arbitraire *g i* des lignes A*h*, B*k*, qui, prolongées, se rencontrent sur un point S, qui est le point d'attouchement cherché, et par conséquent tirant par le point S une parallèle à *g i*, on aura la ligne de sommité inconnue : on procédera ensuite, comme dans les autres cas, pour avoir les deux centres, E, F de l'arc rampant demandé.

ARTICLE 4.

Des Echafauds et Etayements.

Les *échafauds* sont des planchers mobiles destinés à exhausser les ouvriers pendant la construction des édifices. A moins de constructions extraordinaires, ils sont très-aisés à établir au moyen de trous ou boulins de 7 à 8 pouces (0,20) en quarré, qu'on laisse dans les murs à mesure qu'on les construit. On place dans ces murs des pièces de bois formant de part et d'autre une saillie de 3, 4 ou 5 pieds (0,90 à 1,60), et qu'on recouvre de planches, en ayant soin de les appuyer sur des poteaux. Au reste, il serait superflu de s'étendre sur cet objet, les maçons et les charpentiers les plus ignorants sachant suffisamment les construire pour les usages vulgaires.

Les *étayements* sont les moyens mis en œuvre pour soutenir quelques parties des édifices, lorsque des substructions projetées, et la chute ou la démolition d'autres parties ont rendu cette opération indispensable. Donc, étayer un édifice est proprement le soutenir par des étais. Nous ne parlerons que de ceux qui servent aux constructions en sous-œuvre, parce que ce sont les plus importants.

Deux cas principaux exigent un étayement.

Pl. XLIII. Fig. 2, 3. Dans le premier (*fig.* 2, *pl.* XLIII), on veut placer dans un mur de face une ouverture considérable au-dessous même de deux croisées. On *étrésillonne* les deux croisées supérieures, en plaçant des plate-formes *a, a,* le long des jambages, avec des étrésillons *b, b,* en travers et inclinés alternativement. Pour soutenir la partie du trumeau conservée, on emploie une forte pièce de bois appelée *poitrail*. Ce poitrail doit être quarré, et avoir de gros 1/12 de sa longueur entre les appuis : il doit entrer de chaque côté du jambage de la grande ouverture d'environ 10 à 12° (0,30). On parvient à placer ce poitrail au moyen d'un *chevalement* composé d'*étais*, *c, c,* inclinés en sens contraire, appuyés dans le bas sur des *couchis*, *e, e,* et soutenant dans le haut des pièces de bois *f* qui traversent le mur, et auxquelles ils sont entaillés et solidement chevillés. La *fig.* 2 présente cette opération en face, et la *fig.* 3 en profil.

Dans le cas où l'on voudrait que le poitrail ne fût point apparent, on reculerait de 5 à 6° (0,15) du niveau de la surface extérieure du mur, et au-devant de ce poitrail on tracerait une plate-bande ou une ouverture cintrée, qui, ne portant à peu près rien, serait d'autant plus solide que l'on pourrait aussi la relier par des clefs à ce même poitrail.

Pour le second cas, on veut reconstruire un mur de face, sans détruire les planchers qu'il faut alors soutenir. On y parvient par des étais posés verticalement de plancher à plancher, et les uns au-dessus des autres, comme l'indique la *fig.* 4, re-

Fig. 4. posant par le bas sur des couchis *h, k*; ou des cubes *k,* et supportant dans le haut des sablières *m* pour soutenir les solives et les poutres. Il est sensible que les planchers dont les poutres et solives portent sur les murs de face, ont seuls besoin d'être étayés ; mais si les planchers sont alternatifs, comme c'est l'ordinaire, il faut nécessairement les étayer tous. Quand les planchers, au lieu d'être de niveau, ont une inclinaison plus forte d'un côté, il ne faut point poser les étais d'aplomb, mais les placer en sens contraire.

La manière de dresser les étais n'est point indifférente. Ils sont coupés en double inclinaison, et au lieu de les frapper pour les faire roidir, ce qui ébranle le bâtiment, on se sert d'une pince qui produit le même effet. On y met ensuite des coins *g*, qu'on assujettit par des clous.

Si dans un mur, d'ailleurs en bon état, la partie inférieure offrait des parties dégradées, soit par le salpêtre, l'humidité ou des vides causés par la dégradation des matériaux, l'on sait qu'il suffit de retirer ces matériaux qu'on enlève à la barre, et qu'on remplace par des matériaux neufs (des briques foranes, ou encore mieux des moellons moins sujets à être altérés) ; on les place à bain de mortier de chaux mêlé de ciment de Cahors, sans ébranler le mur par des commotions et des efforts intempestifs : si le mur était détérioré dans une grande longueur et de toute son épaisseur, et qu'il fallût le remplacer, il serait nécessaire de l'étayer pour le reprendre en sous-œuvre ; pour cela, on placerait par parties des couchis et des étais dans le genre des chevalements, placés au delà de l'épaisseur du mur pour laisser la facilité de la construction. On rebâtirait de la manière indiquée une partie de la construction détériorée, et on enlèverait les couchis à mesure qu'ils seraient atteints, puis on arriverait à l'autre partie en laissant des harpes pour relier entre elles la partie réparée avec celle qu'on reprendrait et avec la partie conservée. Toute cette opération est délicate, mais, avec du soin, elle est facile à exécuter.

Un propriétaire doit veiller à la pose des étais et à leur sage distribution, pour tout donner à la solidité et à la garantie des ouvriers, sans surcharger l'atelier de bois inutiles et embarrassants ;

mais comme la dépense des échafauds est assez forte, puisque souvent dans les entreprises on l'évalue au dixième du prix d'un ravalement, on évite quelquefois de les employer par des moyens plus simples, mais en multipliant les précautions desquelles dépendent la vie ou la santé des ouvriers; les accidents trop fréquents qui surviennent sont produits presque toujours par leur hardiesse ou leur insouciance. Quand il s'agit d'un grand ravalement, d'un crépi, de boucher de légères crevasses ou les boulins d'un mur, on le fait au moyen d'une échelle appuyée sur un plancher volant, en faisant saillir par les croisées de fortes planches duement consolidées en dedans ; on suit pour le badigeonnage un procédé semblable, ou bien l'ouvrier se tient cramponné à une corde à nœud suspendue au faîte de l'édifice, et assis sur une planchette qui s'accroche aux nœuds, et qu'il peut déplacer à volonté et avec facilité.

ARTICLE 5.

Des Cloisons de charpente.

Pl. XLIV. La construction en pans de bois est à tous égards bien inférieure à la maçonnerie. Leur stabilité, qui, comparée à celle de la dernière, est comme 1 est à 7, le danger de la vermoulure, celui du feu, l'entretien plus scrupuleux et plus coûteux qu'ils exigent, et enfin leur prix, plus élevé maintenant que celui des murs en brique ou moellons : tout se réunit pour faire donner la préférence aux derniers. Le seul avantage actuel des pans de bois est l'économie du terrain, et cet avantage est nul dans les campagnes. En conséquence, nous ne parlerons point ici de ce genre de construction, renvoyant quelques détails à la quatrième partie. Nous nous bornerons à traiter des cloisons de charpente, qui ont quelques avantages.

Il est deux sortes de ces cloisons; celles qui portent plancher, et celles qui sont simplement de distribution.

Les cloisons de charpente portant plancher remplacent les murs de refend; elles s'élèvent de toute la hauteur du bâtiment : on les fait reposer, au rez-de-chaussée, sur un petit mur de deux à trois pieds de hauteur appelé *parpaing*.

Sur ces murs, on place horizontalement des *sablières ss* (*pl.* XLIV, *fig.* 1), auxquelles sont assemblés à tenons et mortaises des *poteaux t*, lesquels supportent une autre sablière dans laquelle sont aussi assemblés de la même manière d'autres poteaux *h*, et sur laquelle reposent les solives du plancher supérieur, et ainsi de suite d'étage en étage.

Les poteaux *b* qui forment les baies des portes s'appellent *poteaux d'huisserie* ; la pièce *c* qui réunit les poteaux d'huisserie se nomme *linteau* ; les petites pièces *d*, qui garnissent le dessus des *huisseries* ou *baies*, se nomment *potelets*.

Pour consolider ce bâti, et obvier aux inconvénients du dessèchement des bois qui relâche leurs assemblages, on place dans les cloisons des pièces de bois inclinées *f* appelées *guettes* quand elles ont peu d'inclinaison, et *décharges g* quand elles en ont davantage. Pour remplir les vides produits par ces guettes ou décharges, on leur assemble des *tournices t* ou poteaux taillés obliquement d'un bout. Quelquefois on substitue aux guettes des *croix de Saint-André*, assemblées à mi-bois dans leur milieu, et à tenon dans les sablières.

Si l'on est obligé dans une pareille cloison de faire porter une poutre A, on met sous le bout de la poutre deux fortes décharges qui s'unissent pour la soutenir. Quand on ne peut en placer qu'une C, on consolide ce bâti par une seconde décharge supérieure D, laquelle soutient un tirant de charpente E, et un étrier qui embrasse la poutre au moyen du poteau G. En général, on ne doit faire que des planchers à solives quand les murs de refend sont remplacés par des cloisons de charpente, et le mieux encore serait de substituer toujours des murs à ces dernières.

Toutes les pièces de ces cloisons doivent être solidement assemblées et chevillées. Dans ces assemblages il n'y a de particulier que celui des décharges, guettes et autres pièces inclinées; avec les sablières ; on voit en F la figure de ce tenon,

Fig. 1.

appelé *tenon en about*, et celui des tournices avec les pièces inclinées, appelé *oulices* ou *tenon à tournice* G.

Les poteaux doivent avoir en largeur un vingt-quatrième de leur hauteur; leur épaisseur est en général de 6 à 8° (0,90). Les potelets, tournices, etc., 6 à 7° de gros; les guettes et pièces inclinées auront un pouce en largeur de plus que les poteaux.

Tout l'intervalle entre les bâtis des poteaux doit être rempli en maçonnerie de briques, recoupes ou moellons.

Les cloisons de distribution peuvent se faire de bois refendus, d'environ 4 à 5 pouces (0,15) de largeur sur 3 (0,08) d'épaisseur. On n'y emploie ordinairement que des poteaux et des sablières; mais quand par une grande hauteur on craint de les voir plier, on les consolide par des étrésillons comme les planchers. Dans ces cloisons, on fait souvent les linteaux et les poteaux d'huisserie plus forts, afin qu'ils restent apparents, et forment en même temps les chambranles des portes que l'huisserie doit recevoir.

Ces cloisons reposent sur des sablières, qui sont recouvertes par le carrelage si on leur donne plus de gros qu'aux poteaux.

La meilleure manière de placer ces cloisons est de les mettre en travers des solives. Quand cette disposition ne peut avoir lieu, il est bon de placer sous la sablière une solive plus forte, et d'étrésillonner même les deux cours de solives joignant immédiatement celle qui porte la cloison. Dans les planchers à poutres, ces précautions sont moins nécessaires, parce que les solives sont plus courtes, et que quand la cloison ne les prend pas par le travers, elle s'appuie nécessairement sur la poutre.

Les cloisons de distribution se hourdent plein, en plâtras ou en terre grasse mêlée de balle de blé. Pour les rendre plus légères, on se contente souvent de les latter des deux côtés sur le bâti, et de les enduire ainsi en les laissant creuses. C'est ce qu'on nomme *cloisons sourdes*.

Nous parlerons des cloisons en brique et plâtre en traitant de la plâtrerie.

ARTICLE 6.

Des Escaliers de charpente.

Dans les maisons de campagne ordinaires, les escaliers principaux et les grands escaliers de dégagement se font en charpente. Ils peuvent être de deux sortes, à paliers ainsi que nous l'avons dit en parlant des escaliers de maçonnerie, ou à marches tournantes, suivant la grandeur de la cage, et le plus ou moins d'importance de l'étage auquel ils conduisent.

Les principales difficultés qui se rencontrent dans la construction des escaliers reposent principalement, sur la division des marches tournantes disposées autour des noyaux évidés, dans le tracé des limons rampants, et dans la construction des paliers.

L'évidement des rampes a été substitué aux noyaux pleins qui faisaient la base des anciens escaliers de charpente. On emploie cette forme sous le nom de *noyaux évidés*, ou de *cartiers à jour suspendus*, dans les escaliers dont la cage ne permet pas d'employer des paliers. On place alors des marches tournantes autour des extrémités arrondies des limons.

Il suit de là que la largeur des marches ne peut être la même dans celles qui sont droites et celles qui sont tournantes : par conséquent, les arêtes de ces deux sortes de marches ne se profilent pas de la même manière sur le limon, ce qui est désagréable. Pour atténuer en partie ce défaut, les constructeurs diminuent graduellement les largeurs des marches, afin d'adoucir la difformité que présente à l'œil le jarret produit par deux projections si différentes.

Soit, par exemple (*fig.* 2, *planche* XLIV), un escalier dont le plan est quarré, terminé en tour ronde. Cet escalier devant conduire à un étage élevé de 14 pieds, exige vingt-huit marches; mais comme la profondeur de la cage n'est que de 14 pieds, il serait impossible d'y trouver ce nombre de marches dans un escalier à paliers. Il est donc

Fig. 2.

nécessaire d'y introduire des marches rampantes, autour de la partie circulaire du limon.

On commence par distribuer le plan général, en fixant, par exemple, l'évidement du limon à un pied de chaque côté de la ligne centrale CD. On fixe ensuite l'épaisseur du limon en dehors de ces deux lignes. Les espaces restants seront pour la largeur des marches, et on portera la même distance de D en E pour rendre le plan des marches régulier.

Cela fait, on tracera une ligne FGH, passant au milieu des marches et suivant les contours des limons. On divisera ensuite l'espace occupé par les marches en autant de parties qu'on a besoin de marches pour monter à l'étage supérieur, d'après la hauteur et la largeur arrêtées.

Cette opération déterminerait le plan de l'escalier, s'il n'était nécessaire, pour le coup-d'œil et la commodité, d'effacer l'angle formé par la rencontre des deux lignes de rampe dont l'inclinaison est différente, et par conséquent de changer les largeurs des marches primitives.

On a deux moyens pour cela ; le premier par le calcul, et le second par une méthode géométrique.

L'augmentation des marches étroites se prend en diminuant la largeur des marches régulières qui les avoisinent le plus, et le nombre des marches à élargir doit être en raison de leur différence de largeur. Supposons, par exemple, qu'ici de chaque côté les marches larges soient de 12°, et les étroites de 4, et qu'il y ait quatre de ces mêmes marches étroites ; alors on diminuera les deux larges qui les joignent. On observera que l'on doit opérer séparément sur chacun des deux côtés de la courbe, et que la marche centrale G ne doit subir aucun changement.

Pour opérer par le calcul, on sommera séparément la largeur d'un nombre de marches étroites primitives réunie à celle des marches larges que l'on veut diminuer, et la largeur primitive de ces marches sans changement. On soustraira cette somme de l'autre, et la différence étant divisée par la somme d'une progression arithmétique égale en termes au nombre des marches sur lequel on opère, le quotient indiquera l'augmentation progressive de largeur à donner à ces marches.

Ainsi, dans cet exemple, on a à opérer sur quatre marches étroites de 4°, et deux larges de 12°. Comme c'est en tout six marches, on aura d'abord $6 \times 4 = 24$. On additionnera ensuite les largeurs de quatre marches étroites à 4° et de deux larges à 12°, et on aura $(4 \times 4) + (12 \times 2) = 16 + 24 = 40$. Soustrayant, on aura $40 - 24 = 16$. Or, comme on a six marches, et que la progression arithmétique $1 + 2 + 3 + 4 + 5 + 6 = 21$, on divisera 16° ou 192 lignes par 21, dont le quotient 9 lignes 3/21 ou 9 lignes 1/7 sera l'augmentation progressive à donner aux marches. On formera donc le tableau des largeurs de ces six marches comme suit :

Pour la 1re marche.. 4°   + 9' 1/7 = 4° 9' 1/7 ;
Pour la 2e .... 4° 9' 1/7 + 9' 1/7 = 5° 6' 2/7 ;
Pour la 3e .... 5° 6' 1/7 + 9' 1/7 = 6° 3' 3/7 ;
Pour la 4e .... 6° 3' 3/7 + 9' 1/7 = 7° 0' 4/7 ;
Pour la 5e .... 7° 0' 4/7 + 9' 1/7 = 7° 9' 5/7 ;
Pour la 6e .... 7° 9' 5/7 + 9' 1/7 = 8° 6' 6/7.

Donc pour les six marches............ 40° 0', somme égale au vide à remplir.

Quoique ce calcul n'exige que les premières connaissances arithmétiques, on peut encore simplifier cette opération en se servant de la méthode géométrique suivante :

On trace une ligne EF (*fig. 3*), qui indique le développement des quatre marches primitives étroites, c'est-à-dire, qui les représente en profil. Du point F, on tire la ligne FA, qui indique celui des marches primitives larges. Sur cette ligne FA on prend un point G, également distant de F que l'est la dernière marche 6. Des deux points 6 et G on élève des perpendiculaires qui se croisent en H, et de ce dernier point, comme centre, et de la distance HG ou H 6, on trace l'arc de cercle GE, qui détermine la saillie de toutes les marches, et par conséquent leur longueur, en prolongeant les lignes de giron des marches primitives jusqu'à cette courbe, et abaissant des perpendiculaires aux points d'intersection.

Fig. 3.

On portera ensuite, sur le plan du limon, B *f* sur B 1, 1 *c* sur 1-2, 2 *d* sur 2-3, 3 *c* sur 3-4, 4 *b* sur 4-5, 5 *a* sur 5-6; et de ces points, et de ceux d'intersection des marches primitives, avec la médiante EFG, on tirera les lignes qui détermineront la largeur des marches.

Si on s'est servi de la méthode arithmétique, on prendra sur l'échelle les largeurs trouvées pour chaque marche, et on les rapportera sur le plan, pour procéder de la même manière.

Fig. 4. Lorsque l'espace permet un escalier à palier, comme on le voit (*fig.* 4), son tracé est plus facile. Soit une cage rectangulaire, ABCD, on la divise, quand elle a assez de largeur, en trois parties égales, dont les deux extrêmes pour les rampes, et celle du milieu pour la lanterne ou pour le vide des limons. On divise ensuite l'espace destiné aux trois rampes en marches, d'après les dimensions suggérées par l'élévation de l'étage supérieur. Il faut avoir soin de ne pas faire rencontrer deux hauteurs de marches au même point, et pour cela de reculer les premières marches de l'épaisseur du limon. On ajoute à cela d'arrondir leur rencontre; afin de donner plus de grâce à l'escalier.

La hauteur et la largeur des marches doivent être en raison inverse entre elles, de manière que les marches les plus larges soient les moins élevées, et réciproquement. Les extrêmes dimensions peuvent être fixées de 5° à 6 1/2 (0,13 à 0,20) pour la hauteur, et pour la largeur ou *giron*, de 9 à 12° (0,25 à 0,32). Ainsi la proportion sera :

Pour 5° (0,13) de hauteur... 12° (0,12) de giron;
Pour 5° 1/2 (0,15).......... 11° (0,30);
Pour 6° (0,16)............. 10° (0,27);
Pour 6° 1/2 (0,17).......... 9° (0,24).

Ces proportions sont loin d'être tellement rigoureuses, qu'on ne s'en écarte souvent dans la pratique; et en général ce qui les détermine, c'est le plan de l'escalier et la hauteur de l'étage. Les proportions indiquées sont celles qui conviennent le mieux pour la commodité de la montée, qui exige que la largeur de la marche, jointe à sa hauteur doublée, n'excède pas de beaucoup le pas ordinaire d'un homme, fixé de 22 à 24 pouces.

La partie mécanique de la construction des escaliers de charpente n'est pas compliquée, mais elle exige une grande précision d'assemblage, afin d'obtenir toute la solidité désirable. Toutes les pièces qui composent les limons doivent être délardées avec soin, et les parties courbes surtout, en observant, dans le trait de ces dernières, de conserver le plus qu'il est possible le fil du bois, afin de lui laisser la plus grande partie de sa roideur. Les limons auront au moins 4° (0,10) de gros dans les grandes rampes, et 3° (0,08) dans les petites, sur 9 à 10 (0,25) de hauteur. On les assemblera à tenons et mortaises à joints brisés, comme ils sont représentés (*fig.* 5). La courbe qui convient le mieux pour les raccordements des rampes est une portion de cercle dont l'étalon est plus facile à tracer. On voit cette opération, et le détail de celle qui sert à tracer la pièce de limon courbe, dans la *fig.* 8 : et si l'on n'a pas de pièce de bois assez forte pour supporter cet évidement, on peut à la rigueur le composer de deux pièces réunies à trait de Jupiter avec clef. Enfin, on fera dans les limons une entaille d'un pouce de profondeur pour recevoir le bout des marches; et quand ce sera un escalier principal, la face extérieure des limons sera ornée de moulures aussi-bien que le dessus qui supporte la rampe, laquelle doit toujours être en fer.

Fig. 5.

Dans les escaliers ordinaires, on forme les marches, ainsi que l'indique la *fig.* 6, de bouts de solives de 5 à 6° (0,15) de gros, posés sur le plat, délardés en-dessous, replanis par-dessus et profilés sur le devant, scellés d'un bout dans le mur, et de l'autre assemblés dans le limon. On latte le dessous des marches, et on raccorde le dessus en le carrelant au défaut et au niveau des marches.

Fig. 6.

C'est encore l'usage pour les escaliers de seconde importance, mais un peu considérables, de faire les marches tout en bois, et on les pose en recouvrement les unes des autres. On les réunit ensemble par des clefs chevillées, comme on le voit dans la *fig.* 7. On consolide les limons par de forts boulons

Fig. 7.

de fer qui sont scellés au mur, traversent la portée de la rampe et l'épaisseur du limon même, où leur tête demeure encastrée. Quelquefois ces marches ne sont ni replanies ni moulées, et ne forment qu'un noyau, sur lequel on assujettit des dalles de pierre soit sur le giron, soit sur la hauteur des contre-marches; ce qui leur donne l'apparence d'un escalier en pierre de taille.

Quand les escaliers sont terminés par un palier oblong F (*fig.* 4), au niveau de l'étage supérieur, on pose une *marche palière* E, qui est scellée dans les deux murs, et par conséquent soutient dans son prolongement tout le retour de la rampe d'appui. C'est cette pièce qui supporte presque toute la poussée des limons, et sert de poutre pour le soutien du plancher contigu. Alors elle exige la force d'une forte poutre, c'est-à-dire, une hauteur du dix-huitième de sa longueur, ou 8 lignes par pied. Si elle est méplate et qu'elle n'ait par conséquent en largeur que les deux tiers de cette hauteur, on lui accolera des lambourdes pour qu'elle reçoive, sans s'affaiblir, l'assemblage des solives qui supportent le plancher du palier.

Quand les paliers sont carrés, comme G, on se contente de deux fortes solives, dont l'une est scellée dans les deux murs, l'autre dans un seul et assemblée dans le limon par l'autre bout. Elles se croisent au centre où elles s'assemblent à mi-bois, et on leur fait supporter les solives boiteuses qui forment le plancher du palier.

Les planchers des paliers doivent être hourdés pleins, et, ainsi que les marches, lattés et enduits par dessous; ce qui contribue encore à en consolider beaucoup le bâti. Les paliers doivent être carrelés à fleur des marches dont le bois reste apparent.

Au moyen de ces assemblages, de ces combinaisons, de ces armatures, on a abandonné l'ancien usage d'appuyer les limons par des murs d'échiffre, et on les soutient en l'air. On ne fait le mur d'échiffre que jusqu'au premier retour, ou jusques à ce que l'on puisse passer au-dessous, comme l'indique la *fig.* 5.

On décore ordinairement la naissance des limons de *volutes* ou *spirales*, autour desquelles se profilent la première et quelquefois la seconde marche, qui doivent dans ce cas se faire en pierre. Cette courbe étant assez compliquée à décrire géométriquement, les ouvriers se servent d'une règle pliante, qui, maniée avec adresse, est suffisante dans la pratique.

Nous ne parlerons pas ici des escaliers en vis qui ne s'emploient plus, de ceux sans limon, dits *à l'anglaise*, dont nous avons parlé dans le chapitre des escaliers en pierre, page 69, non plus que des escaliers de dégagement en planches, et de ceux appelés *échelles de meunier*, qui sont du ressort de la menuiserie, à la section de laquelle nous renvoyons le lecteur.

ARTICLE 7.

Des Portes et Contrevents de charpente.

On fait faire souvent par les charpentiers de campagne des portes pleines et des contrevents en planches assemblées à rainures et languettes, avec ou sans clef, et renforcées sur leur face intérieure par des traverses et des écharpes, et dans leur face extérieure par des encadrements qui les bordent. Ces sortes de renformis consolident d'autant mieux ces fermetures, que là aussi les fibres des bois sont contrariés. Mais les portes et les contrevents extérieurs étant successivement exposés aux intempéries de l'air sur leurs deux faces, pourrissent très-souvent dans leur doublis par le séjour de l'humidité qui pénètre dans les joints, y demeure, et n'est que difficilement asséchée; on peut, dans ce cas, faire les deux faces absolument planes, en employant de bois plus épais, en assemblant seulement les traverses haut et bas de niveau, et les contenant par des clefs. Toutes ces fermetures, au lieu de tenir à des chambranles ou des cadres, comme celles de menuiserie, couvrent les ouvertures des baies pratiquées dans la maçonnerie, et roulent au moyen de pentures sur des gonds scellés dans les lancis du tableau, et qui y sont compris. Les écharpes et traverses augmentent d'un tiers la fourniture du bois;

chaque penture est fixée par de petits boulons, broches ou clous à écrou, et les planches sont jointes à leur doublure par des clous de 3 pouces, dits *de gabarre*, renfoncés au marteau et rivés sur leur face postérieure. Ces grands contrevents ou portes principales emploient des planches de sapin de choix de 18 lignes (0,48) d'épaisseur; les moindres et les doublures du bois d'un pouce (0,32). Lorsque les contrevents sont grands, ils sont fermés par des espagnolettes communes; les autres par des crochets. Indépendamment de leurs pentures, les portes suspendues aussi par des pentures, sont garnies de serrures, de loquets et de verrous.

Les portes charretières seraient naturellement du domaine de la charpenterie; souvent même on confie aux charpentiers la construction des portes cochères et des portes bâtardes; celle des planchers vient pour suppléer les carrelages; mais comme ces ouvrages sont aussi faits souvent, et sont mieux faits, par les menuisiers, nous n'en traiterons que dans la quatrième section et dans l'article afférent des devis estimatifs.

SECTION TROISIÈME.

DE LA COUVERTURE.

La *couverture* est cette partie de l'art de bâtir, qui consiste à revêtir extérieurement la charpente des combles de matières destinées à mettre l'édifice à l'abri des intempéries de l'atmosphère.

On emploie à cet usage beaucoup de matériaux différents, selon leur abondance, l'usage ou les exigences des lieux : c'est le bois, la paille, les joncs, les glaïeuls, les bruyères, la céramique, les pierres plates, les métaux, tels que le plomb, le cuivre, le zinc. Mais dans nos provinces on n'emploie, en général, pour les couvertures que le chaume, l'ardoise et principalement la tuile. Les pierres plates et la lave ne sont en usage que dans des localités trop resserrées pour être l'objet de considérations générales; le bardeau ou voliges minces, genre de couverture très-légère, a le grave défaut, outre sa combustibilité, d'être aisément emporté par les vents furieux qui ne sont ici que trop fréquents, aussi ne sert-il guère que pour les moulins à vent, les appentis et les échoppes des villes; le plomb, à cause de sa pesanteur, son prix élevé, ainsi que celui du cuivre, sont étrangers à l'architecture rurale; le zinc est lui-même combustible. Nous nous bornerons donc à traiter séparément de la couverture en chaume; de celle en ardoise, et surtout de celle en tuile, la plus universellement employée à cause de ses précieux avantages. Nous dirons quelques mots des couvertures économiques et des réparations des couvertures.

CHAPITRE PREMIER.

DE LA COUVERTURE EN CHAUME.

Ce genre de couverture, lorsqu'elle est bien faite, est très-solide; elle préserve très-bien des injures de l'air, mais elle est d'une grande pesanteur, elle a un aspect rustique et même misérable lorsqu'elle est ancienne, et exige une charpente plus forte. Cependant il y a des localités où on ne peut guère se dispenser de l'employer.

La paille de seigle, qui est la plus commune dans ces localités, est aussi la plus propre à cet usage : elle est plus longue, plus roide, elle laisse mieux couler l'eau. Elle ne doit pas avoir été battue; elle est coupée très-bas; on en enlève seulement le bouquet qu'on égrène à part. Sur de fortes lattes qui sont placées à six ou huit pouces de distance (0,16 à 0,19), on place des *bottes* ou *javelles* de paille d'environ quatre pieds (1,30) de long, liées sur le quart de leur longueur avec des osiers : on commence par l'égout, en liant fortement les bottes aux chevrons et aux lattes; ces bottes sont en recouvrement l'une sur l'autre du tiers de leur longueur, depuis le second rang jusques au faîte. On croise le dernier rang de bottes, et on les recouvre en travers de fortes et grandes javelles faîtières bien consolidées, et qu'on charge en outre de terre pétrie étendue avec la main ou la truelle et battue avec la *palette*. Au bout de trois mois on vérifie avec beaucoup d'attention ce travail qui a pris son assiette; on recharge les parties faibles avec de petites bottes faites sur le tas, et on unit la couverture entière avec la *pique*.

Cette couverture a un grave défaut, elle est très-combustible. Aussi est-elle généralement proscrite, lorsqu'elle n'est pas absolument indispensable; mais M. de Puymaurin a imaginé de la recouvrir d'un enduit impénétrable à l'eau, et qui est une sorte de préservatif contre l'incendie. Cet enduit consiste simplement en terre glaise, sable, bouse de vache, crottin de cheval ou balle de blé et d'un peu de chaux, le tout bien mélangé et corroyé au rabot. On l'étend sur le chaume avec la truelle ou l'épervier sur une épaisseur de quatre lignes (0,01). Lorsque la dessiccation a lieu, on bouche à proportion les fissures qui se manifestent avec le même enduit tenu un peu plus clair. Le pied cube de cet enduit ne revient guère qu'à 75 centimes (6^f le m. c.), et la toise quarrée qu'à 25 ou 30^c (7 à 8^c le m. q.).

C'est avec un enduit du même genre qu'on préserve de la pluie les meules de paille ou *paillers*, en couvrant l'arête supérieure, les encoignures dans toute leur hauteur et en lambrissant la partie inférieure sur deux pieds (0,65) de hauteur. Voyez leur article dans la troisième partie.

CHAPITRE II.

DE LA COUVERTURE EN ARDOISE.

L'*ardoise* est un schiste inaltérable à l'air qui se divise en lames minces, et est ainsi éminemment propre à la construction de toitures légères et solides. L'ardoise n'est guère employée dans nos provinces, non que les Pyrénées n'en renferment des carrières, mais elle y est d'une qualité inférieure. Les pentes doivent être plus roides, le poli de cette substance faisant quelquefois remonter l'humidité du pureau au doubli et mouille ainsi la charpente. Cette construction se rapporte à celle de la tuile plate dont nous parlerons plus bas, et se fait, comme cette dernière, au moyen de clous qui attachent l'ardoise à la latte.

L'ardoise est principalement en usage dans le nord de la France et dans les contrées qui avoisinent le cours de la Loire; l'aspect de cette couverture est triste mais luxueux. L'ardoise prend différents noms d'après le lieu de son gisement dans la carrière où elle se débite en petites planchettes qui ont en général d'une ligne à deux (2 à 5 millim.) d'épaisseur. La *carrée* est celle dont on fait le plus d'usage; elle a 11 pouces (0,30) sur 8 pouces (0,20) au plus de large; ensuite viennent le *gros noir* un peu plus petite, le *poil noir* plus mince, le *poil taché* moins beau et le *poil roux* qui prennent leur nom de leurs nuances; la *carte* ou *cartelette* qui ressemble à la *carrée* n'a que 8 pouces (0,20) sur 6 (0,16), puis l'*éridelle* plus étroite, enfin la *coffine* un peu bombée. Avec la carrée, la cartelette est la plus employée. Les ardoises se vendent au mille ou au cent; il faut par toise quarrée 169 de la carrée et 295 de la cartelette, déchet compris (45 et 74 par m. q.): la carrée peut revenir à pied d'œuvre de 40 à 60 francs le millier; le poil noir de 36 à 48 francs; la cartelette de 25 à 40 francs. On dit que l'ardoise d'Angleterre, la meilleure de toutes, dure de 100 à 120 ans; celle des Ardennes ou de la Belgique dure de 90 à 100 ans; celle d'Augers seulement de 25 à 30.

Dans les vallées des Pyrénées on emploie l'ardoise et même des laves ou des pierres plates et légères; en général l'ardoise est plus légère que la tuile. Dans ces vallées le *char* ou *carrat* d'ardoise qui peut valoir 45 francs, contient 165 *lattes* et suffit à sept toises carrées ou 252 p. q. (27 m. q.) de couverture.

M. Violet a proposé de faire cuire les ardoises dans un four à brique, jusques à ce qu'elles acquièrent une couleur rouge-pâle; on doit les percer avant cette opération qui accroît leur densité et leur solidité, et qui augmente leur prix de 1 fr. 50 par mille.

M. Georgi a fait le premier, en Russie, des ardoises artificielles ou *tuiles ardoisières*; elles ont toujours pour base la terre bolaire, la craie et la pâte de papier commun qu'on bat ensemble avec de la colle forte et du carbonate de chaux pulvérisé; on ajoute à cette pâte de l'huile de lin et on fait sécher ce mélange sur des moules en papier. Ces ardoises artificielles ont été employées avec succès; on voit que c'est à peu près la fabrication du carton-pierre des mouleurs.

CHAPITRE III.

DE LA COUVERTURE EN TUILES.

La *tuile* employée presque universellement dans ces provinces est de deux sortes : la *tuile creuse* ou *à canal*, et la *tuile plate* ou *à crochet*. Nous ne parlerons pas des tuiles flamandes ou en forme d'*S*, et des tuiles *romaines*, qui ne sont que des tuiles plates à rebords, qui, recouvertes de tuiles creuses, forment ainsi la chanée. On se sert, pour couvrir les faîtes, les arêtiers et les noues, de tuiles creuses beaucoup plus grandes, qui ont au moins 2 pieds (0,65), ou même 30 pouces (0,72) de longueur, et un canal proportionné, et que l'on nomme *gruyers* ou tuiles *faîtières*. M. Derosme a inventé des tuiles *en fonte* douce ayant environ 13 à 14 pouces (0,36) de longueur, neuf à 10 pouces (0,25) de largeur, et deux lignes (0,004) d'épaisseur, plates, ayant les bords latéraux inégalement relevés; l'un est gros, l'autre petit; le premier, légèrement conique, relevé en cintre d'environ le quart du diamètre, est destiné à recevoir le petit rebord de la tuile voisine. Cette tuile, plus chère, est plus légère, car la toise de tuile ordinaire, grand moule, pèse sept quintaux, tandis que la tuile en fonte n'en pèse que trois et un quart.

ARTICLE PREMIER.

De la Couverture en tuiles creuses.

La tuile creuse, fabriquée dans nos provinces méridionales, doit avoir ordinairement de 18 à 19 pouces (0,48 à 0,50) de longueur sur 2 à 3 lignes (0,006) d'épaisseur, environ 6 pouces de largeur (0,16), et 4 pouces (0,10) d'excavation. Pour en connaître la qualité, car la couleur n'est qu'un indice fautif, on la renverse à terre du côté concave, et on pose les pieds sur le côté convexe. Elle est bonne si, sans se briser, elle supporte le poids du corps. En général, elle est de recette quand elle rend un son clair lorsqu'on l'ôte de la pile ou qu'on l'y remet. Les geais sont ici encore plus à rejeter que dans la brique, vu qu'en se détachant ou se délitant à l'air, ils occasionnent habituellement des gouttières. On compte qu'il entre de cent à cent vingt tuiles par toise quarrée de comble (25 à 30 par m. q.), selon que le *pureau*, c'est-à-dire, la partie à découvert est plus ou moins grande; il est ordinairement du quart ou du tiers de la longueur de la tuile, c'est-à-dire, de 12 pouces (0,32) ou de 13 pouces et demi (0,35); mais quelquefois on le fait de 15 (0,40) pour alléger le poids de la couverture.

On latte pour cette tuile avec des voliges ou des planches de rebut, en sapin ou bois blanc, clouées sur les chevrons. Il ne faut pas que le lattis soit jointif, parce que, comme il est rare que la latte soit parfaitement sèche, et que d'ailleurs dans sa position elle est alternativement mouillée et ressuyée, elle se gonfle et se tourmente assez ordinairement; cela force infailliblement à y revenir, et cette repose, comme la pose, est coûteuse et fatigante. Il est plus sage d'espacer ces lattes d'un pouce à peu près, pour leur laisser la faculté de s'étendre; mais alors si ce lattis est composé de planches de recette bien jaugées, il est bien préférable. Les tuiles se placent en bandes parallèles et touchantes sur le côté convexe, et les arêtes formées par leur accotement sont recouvertes par des tuiles semblables posées sur le côté concave, formant ainsi canal ou *chanée*.

Ce genre de couverture admet des combles peu exhaussés, pour les rendre moins attaquables par le vent violent qui peut les soulever; les remaniements, les recherches y sont faciles, la pose très-expéditive et la durée très-longue.

On a vu même se dispenser du lattis : il faut alors près du double de chevrons ; on rapproche ceux-ci de manière à contenir la bande de tuile creuse, et à couvrir le chevron par le côté convexe de la tuile de recouvrement; dans cette forme les tuiles sont mieux assujetties; mais il faut que les chevrons, en beaucoup plus grand nombre, soient brandis et alignés avec soin, et que même on raccorde les flaches et les irrégularités qui pourraient se présenter dans leurs cours : c'est au propriétaire à voir ce qui, dans sa position, est le plus économique.

Quelquefois on remplace la latte par des *tuiles plate-bandes* ou sortes de briques de trois lignes (0,007) d'épaisseur. Dans ce cas, les chevrons doivent être assez rapprochés pour que la tuile plate-bande porte sur deux à la fois. Cette seconde méthode exige un quart de plus de chevrons ; la toiture est plus lourde; mais on peut, en scellant à plâtre les plate-bandes, employer la chaux pour assujettir les chanées de tuiles creuses qui les surmontent, et on intercepte par ce moyen tout passage à l'air et à la neige.

Dans les combles en tuiles creuses, les noues et arêtiers sont recouverts en tuiles faîtières; et lorsque l'on veut faire de meilleur ouvrage, on les scelle en mortier de chaux, en ayant toujours soin de ne pas faire toucher le bois par la chaux, qui le détruit en peu de temps, et en les mettant en bon recouvrement.

Les *tranchis*, ou rencontres du toit avec un mur vertical, se font au moyen d'un doubli saillant à ce mur, en suivant la pente du comble, de manière à diriger l'égout sur le premier rang de tuiles, qui sont aussi scellées avec ce tranchis avec du mortier de chaux.

Lorsque les égouts ou *stillicides* du comble sont pendants, c'est-à-dire saillants au mur, on scelle aussi à mortier, et avec les précautions indiquées, les premières tuiles des chanées et celles de recouvrement; c'est ce que nos ouvriers appellent *ensourder*. Quand on rejette les eaux à travers une balustrade, un acrotère ou un attique par des dégueulards, on scelle à ciment, dans l'épaisseur de la corniche, un rang de tuiles faîtières, comme pour les noues; ce canal reçoit les eaux de la couverture, et sert de caniveau ; on peut même avec avantage doubler le même canal d'un revêtement en zinc.

ARTICLE 2.

De la Couverture en tuiles plates.

On n'emploie guère ce genre de couverture dans nos campagnes que pour les combles des pavillons ou des colombiers. Il y a deux sortes de *tuiles plates*, dites aussi *à crochet*, parce que chacune d'elles porte un crochet de la même matière pour être suspendu à la latte. La tuile a environ 10 à 11 pouces (0,28) de hauteur, et 6 à 7 pouces (0,17) de largeur; la toise quarrée en exige 190 (48, m. q.); celle qui est vernissée, soit sur toute sa surface, soit sur la moitié de cette surface, n'a que 8 pouces (0,22) de longueur, sur 4 à 5 (0,12) de largeur; il en faut 270 par toise quarrée (68 m. q.). Elle est quelquefois arrondie par le bas, pour imiter des écailles. Au reste, les dimensions changent souvent dans chaque tuilerie, et le premier genre est le plus employé; le second ne sert ordinairement qu'à former sur les murs des cordons de ceinture pour prévenir l'introduction des rats et des autres animaux malfaisants.

La latte pour la tuile plate, dite *latte quarrée*, a ordinairement 4 pieds (1,30) de longueur, un pouce et demi (0,48) de largeur et 2 pouces (0,54) d'épaisseur. La meilleure est de chêne; on en fait aussi en bois dur et en sapin : celle de bois blanc est bien inférieure, et ne doit pas être employée dans les constructions soignées. Il est rare d'en trouver dans les magasins de toute préparée; on la fait selon le besoin, en divisant des planches à la scie d'après les exigences du lieu. Chaque latte est clouée sur les chevrons, et ordinairement elle en occupe quatre, et si ces chevrons étaient éloignés de plus de 15 pouces (0,40), on assujettirait le lattis en plaçant sous les lattes, entre chaque chevron, et dans le même sens que ces derniers, des contre-lattes ou d'autres lattes d'une dimension à peu près double. Quand le lattis est terminé, on pose les tuiles en les accrochant aux lattes, les accotant bien jointivement, en faisant en sorte que le rang supérieur soit posé en liaison et en recouvrement sur le rang inférieur du tiers ou du quart environ de la hauteur de la tuile, de manière que le pureau ou la partie à découvert n'excède pas les deux tiers ou les trois quarts de sa surface totale. On contient aussi chacune de ces tuiles par deux clous qui les fixent sur la latte; ces clous sont de 250 à 320 à la livre.

Quant les égouts sont pendants, on cloue sur le bord des chevrons des *chanlattes*, qui sont des planches sciées diagonalement, de manière à offrir l'apparence d'une lame de couteau. Ces chanlattes ont 6 pouces (0,16) de largeur; leur épaisseur, d'un côté, est de 12 lignes (0,027); et, de l'autre, de 2 lignes (0,005); le côté épais se place en dehors. On commence alors la couverture, en plaçant sur la chanlatte, et de manière à la dépasser de 3 pouces (0,08) environ, un premier rang de tuiles appelé *soudoubli*, et sur celui-ci un *doubli* d'un autre rang en liaison, et sans laisser de pureau. Ces deux rangs se scellent à plâtre ou à mortier, au moins pour le doubli. On accroche ou on cloue ensuite un premier rang de tuiles, en laissant le pureau requis, et ainsi de suite jusques au faîte, qui se recouvre en tuiles faîtières, comme dans l'article précédent. On voit que la distance de la latte détermine le pureau, et qu'ainsi les dimensions connues de la tuile doivent fixer cette distance.

Quand les égouts sont retroussés, on place le doubli et le sous-doubli sur la corniche de la même manière que sur les chanlattes. Si le comble est masqué, on forme un caniveau de tuiles creuses ou de zinc, comme on l'a dit plus haut.

Les noues, tranchis et arêtiers se font aussi de la même manière que dans les couvertures en tuiles creuses. On taille les tuiles plates pour leur faire prendre la figure convenable; les tuiles faîtières les recouvrent; les scellements se font aussi à mortier de chaux.

Comme, ainsi que nous l'avons dit, cette couverture s'applique surtout aux pavillons et aux croupes, on fait l'épure de la charpente en développement, c'est-à-dire qu'après avoir tracé la base, ou trace les deux extrémités sur leur longueur inclinée; alors on a également et la juste longueur des chevrons de croupe, celle des empanons, celle des cours de liernes qui remplacent les pannes, et par suite la surface à couvrir de tuiles; s'il s'agit d'un comble conique, on développe de la même manière un segment de la base de ce comble, un tiers, un quart, un cinquième, etc., et on procède de la même manière.

CHAPITRE IV.

DES COUVERTURES ÉCONOMIQUES.

On a depuis quelque temps cherché à remplacer les couvertures en chaume, en ardoises, en tuiles, coûteuses et pesantes, par des procédés économiques, et empruntés presque tous à la méthode plastique.

Le premier consiste à employer le bitume de Seyssel, qui demande bien moins de force dans la charpente, et qui peut offrir moins de prise et de résistance aux vents. Sur les lattes du comble, on étend de fortes toiles bien cousues, soudées et clouées : sur ces toiles on étend, à chaud, une couche de bitume de trois (0,007) à six lignes (0,014) d'épaisseur.

Le bitume de *Pew* peut remplacer celui de Seyssel. Il est composé de pierre calcaire pure et d'argile; l'une et l'autre calcinées, broyées et tamisées; on mêle ensemble un tiers de la première et deux tiers de la seconde; on y ajoute un tiers de plâtre et deux autres tiers d'argile; on fait du tout une pâte avec un quart de leur poids d'eau. La latte étant placée à peu près jointive, on la recouvre de cette composition, à plusieurs couches, et d'une épaisseur de trois lignes (0,007), à laquelle on peut donner la couleur que l'on désire.

La méthode de M. Lefrançois, exécutée à Almack, en

Allemagne, consiste à placer sur un lattis serré de planches ou de perches refendues, et d'une pente de demi-pouce à six pouces par toise (2 à 3 centimètres par mètre), une couche d'argile bien pétrie, bien piétinée, et mêlée d'un tiers à moitié de bourre. Cette couche de blanc en bourre bien séchée, on la recouvre de goudron liquide très-chaud ; puis on y place de la grosse toile à sacs, que l'on fixe avec du même goudron mêlé de poix et de clous à de certaines distances, de manière à ce que les lés se recouvrent d'environ deux pouces (0,06). Cette toile est enduite, à la brosse, avec de l'argile bien délayée, sur laquelle on étend une autre couche de goudron mêlé de poix et de résine, sur laquelle on projette de la chaux en poudre, du sable et du ciment, à l'épaisseur de sept lignes (0,016) ; enfin, on bat le tout modérément avec une petite planche emmanchée, et par un coup de balai on enlève ce qui reste de ce qui n'a pas été happé.

D'après un moyen semblable, on peut se servir de fort carton cloué sur des lattis et recouvert de goudron. Ce goudron, quand on l'emploie, doit recevoir chaque année une nouvelle couche.

CHAPITRE V.

DES RÉPARATIONS DES COUVERTURES.

Les couvertures sont la partie des bâtiments la plus sujette à l'entretien, et celle qui exige le plus impérieusement des réparations exactes et soignées. Il est prudent, surtout dans les couvertures en tuiles creuses, dès qu'une gouttière se manifeste, de faire monter le couvreur pour rétablir l'ordre dans la chanée, indépendamment des réparations plus générales, lesquelles sont de deux sortes, les recherches et les remaniements à bout.

1° La réparation en *recherche* consiste dans l'examen de la toiture, le redressement des tuiles dérangées par le vent, et le remplacement de celles qui sont brisées et défectueuses. On fait ces recherches lorsque l'on se plaint de nombreuses gouttières, lorsque les chanées ne laissent pas librement couler les eaux ; elles sont fréquentes sans doute, mais ordinairement peu coûteuses. On compte que chaque toise quarrée de comble demande alors de 6 à 8 tuiles à canal, ou 12 tuiles à crochet, ou environ deux des premières et trois des secondes par mètre quarré.

Les *remaniements à bout* se font en levant toutes les tuiles, en déclouant toutes les lattes, inspectant et nettoyant les chevrons, à remettre en place ce qui est bon, et à remplacer tout ce qui se trouve défectueux. Lorsque le toit a été bien fait dans l'origine, il est rare qu'il soit nécessaire de changer un chevron sur cent, et d'en ralonger un sur dix ; de remplacer un cinquième de latte ou de plateformes, de renouveler vingt tuiles à canal, et quatre tuiles à crochet par toise quarrée, ou cinq des premières et une des secondes par mètre quarré. Alors aussi on refait à neuf les solives, les faîtages, les ruellées et les stillicides.

Toutes les fois qu'on a besoin de monter sur un toit, il faut éviter de le faire lorsqu'il est mouillé, car on casse alors beaucoup de tuiles, et l'on doit enlever avec soin les ordures, les pailles et la poussière qui se sont introduites dans les chanées, sur les lattes et les interstices. On doit toujours éviter, autant que possible, en réparant les scellements, de laisser la chaux approcher du bois.

Quand une couverture a été bien faite, que la charpente du comble est bonne, et que ce comble n'a pas été extraordinairement secoué par les vents, il est rare qu'une recherche complète soit nécessaire avant dix ou douze ans et un remaniement à bout avant vingt-cinq ou trente.

SECTION QUATRIÈME.

DE LA MENUISERIE.

On ne doit pas s'attendre à trouver ici un traité, même très-incomplet, de la menuiserie. De tous les arts mécaniques du ressort de l'architecture, c'est le plus compliqué, et celui dont les détails sont les plus étendus. Nous nous contenterons, pour remplir notre titre, de donner quelques indications générales, les seules nécessaires ici.

Nous avons parlé, en traitant de la charpente, des bois en général et des assemblages. Ces derniers, pour la menuiserie, sont à peu près les mêmes, mais se modifient par des ouvriers habiles, d'après les circonstances. Les plus ordinaires sont : celui à rainures et languettes (*pl.* XLIV, *fig.* 9), celui à tenon et mortaise (*fig.* 10), celui à onglet (*fig.* 11), celui à queue d'hironde en équerre (*fig.* 12), le même en bout à bout (*fig.* 13), celui à clef (*fig.* 14 et 15), l'assemblage carré (*fig.* 16), ceux en flûte ou à trait de Jupiter (*fig.* 17), etc., etc. On appelle *bouement* l'assemblage carré à tenons et mortaises avec onglet, qui a pour but de faire raccorder en équerre les moulures des panneaux et encadrements.

Une observation, dont une constante expérience nous a révélé l'importance, c'est qu'il est nécessaire que la rainure ait une ligne de plus en profondeur que la saillie de la languette, afin d'éviter les déversements qui obligent quelquefois à désassembler les panneaux dans le cas où, dans la suite, leur travail latéral agirait trop sur les bâtis. Une observation semblable doit avoir lieu pour les mortaises de charpente, qui doivent être plus profondes que la saillie intérieure des tenons.

Les moulures employées dans la menuiserie sont, outre quelques-unes de celles propres à l'architecture, les moulures dites composées ou de fantaisie, qui peuvent varier à l'infini; d'autres en relief que l'on fait à part, et que l'on fixe à la colle forte. Ces moulures avaient autrefois le défaut d'être trop fortes et d'appesantir la menuiserie. Aussi, à l'exception des becs de corbin qui servent encore pour les jets d'eau des imposites de croisée, ne les emploie-t-on guères actuellement. Mais comme il y a l'empire de la mode en architecture comme dans tous les arts, beaucoup de personnes, après avoir usé et abusé des formes de la renaissance et du moyen âge, se rabattent sur les figures contournées et bizarres du vieux style français, que nos ouvriers de campagne ont longtemps préférées aux formes unies. I faut, au contraire, leur demander beaucoup de simplicité; elle sied toujours bien dans les édifices ruraux.

Il y a deux sortes d'ouvrages de menuiserie; ceux de *menuiserie dormante*, et ceux de *menuiserie mobile*.

CHAPITRE PREMIER.

DE LA MENUISERIE DORMANTE.

Les principaux ouvrages de menuiserie dormante sont les *lambris*, les *planchers* et les *parquets*, les *cloisons*, les *escaliers* et les *ordres* d'architecture.

ARTICLE PREMIER.
Des Lambris.

Les *lambris*, en général, sont toute menuiserie plane; mais on donne spécialement ce nom à des revêtements en bois que l'on emploie, tant pour décorer les appartements que pour les rendre plus sains, plus agréables et plus commodes; ils sont de deux sortes, les *lambris d'appui* et ceux *de hauteur*. Les premiers sont les plus usités. Ils s'élèvent ordinairement de 2 pieds 1/2 à trois pieds (0,80 à 1,00), au-dessus du pavé de l'appartement, et au niveau de l'appui des croisées. Les meilleurs se font tout en bois dur; autrement on fait seulement ainsi les bâtis qui doivent avoir 12 à 14 lignes (0,027 à 0,032) d'épaisseur, et les panneaux en sapin ou bois blanc de 6 à 8 lignes (0,014 à 0,018). Ces lambris sont toujours très-simples, étant presque habituellement cachés par les meubles; ils reposent sur une plinthe de 3 à 4° (0,12) de hauteur, et sont surmontés d'une cymaise moulée.

Dans les lambris de hauteur, on emploie de grands panneaux, on les divise par des pilastres, etc. On les enrichit de glaces, tableaux, tapisseries qu'ils supportent et qu'ils encadrent quelquefois; mais ce genre de décoration, très-coûteux, est à peu près abandonné. Ces lambris reposent ordinairement sur un lambris d'appui, et s'élèvent jusques au-dessous de la corniche du plafond. On met au parement de derrière des clefs à queue d'hironde pour maintenir les panneaux, et quelquefois on les *maroufle*, c'està-dire que l'on colle du nerf derrière comme aux panneaux des voitures.

Les *embrasements* ou revêtements en menuiserie des embrasures des portes et des croisées sont aussi des lambris.

On doit avoir soin de ne pas placer les lambris sur des plâtres frais; il est préférable de laisser le mur brut. Ces lambris sont retenus sur la maçonnerie par des pattes à scellement, et coudées d'après l'emplacement; et des pattes à vis sur la menuiserie. Si l'on craint l'humidité, on passera derrière les lambris, avant de les poser, une ou deux couches de gros rouge à l'huile.

ARTICLE 2.

Du Plancher d'ais et du Parquet.

Lorsque l'on veut couvrir en bois l'aire des appartements, on le fait en planches clouées sur des lambourdes; souvent on se contente de planches corroyées, dressées et rabotées, employées dans toute leur longueur, et ce sont les *planchers de menuiserie*, quoiqu'il s'en trouve de faits par des charpentiers: plus souvent on les remplace par des parquets qui sont de deux sortes, celui composé de bâtis formant des vides quarrés, losangés, etc., dans lesquels on place des panneaux, et qui se nomme *parquet d'assemblage;* et celui que l'on fait d'ais de diverses figures, appelé *parquet de frise*, ou *sans fin*. Nous ne parlerons que de ces derniers, comme les plus solides, les plus économiques, ceux dont la main d'œuvre est la plus facile, et par suite les seuls admissibles à la campagne, mais nous parlons des uns et des autres dans nos devis estimatifs.

Ces derniers parquets se font avec des planches de 15 à 20 lignes (0,033 à 0,046) d'épaisseur au rez-dechaussée, et de 10 à 12 (0,023 à 0,028) aux étages supérieurs ou sur des voûtes. Dans le premier cas, on les établit sur des lambourdes en bois de chêne, dont il est utile de remplir les vides en mâchefer, sable sec, charbon ou recoupes; lorsque l'on craint l'humidité ascendante, on établit les lambourdes sur de petits murs de cinq pouces (0,14) de largeur, et de 5 à 8 pouces (0,20) de hauteur; quelquefois on préfère un carrelage brut inférieur, sur lequel se placent les lambourdes; et l'on peut même placer ce carrelage sous un soutrait de pierrailles, ainsi que nous l'indiquons dans la septième section. Sur des planchers ou des voûtes, on place le parquet sur des solives préalablement dressées et mises de niveau. Les lambourdes doivent toujours être assemblées de manière à former un grillage fortement consolidé, sur lequel le parquet soit immuablement assis.

Dans toute pièce parquetée, on doit faire devant le foyer des cheminées un châssis de frise, de 12 à 15° (0,40) de largeur, dont on carrèle le vide, ou qu'on fait occuper par une dalle de pierre ou de marbre, le tout scellé à mortier de terre.

Les ais doivent être refendus de manière à ne pas excéder de 3 à 4°(0,10) de largeur, pour éviter de les voir se *cofiner*, c'est-à-dire, se tourmenter, se bomber, se voiler ou se creuser. On les assemble à rainures et languettes, et on les assujettit en les clouant sur les lambourdes, ou avec des broches sans tête, qui, enfoncées au niveau du parquet, disparaissent sous l'encaustique dont on le recouvre, ou par des pointes et des clous cachés dans l'épaisseur de l'assemblage.

Nous donnons, pl. XLV, le dessin de cinq espèces de parquets de frise ou planchers les plus aisés à exécuter. Le premier (*fig.* 1), appelé plancher uni; le second (*fig.* 2), plancher en liaison; le troisième (*fig.* 3), parquet à compartiments quarré; le quatrième (*fig.* 4), parquet en épi ou en arête de poisson, dit aussi à rang de fougère; le cinquième (*fig.* 5), parquet à point de Hongrie, ou à bâtons rompus. Ceux-ci, et surtout le dernier, sont les plus solides. Ils ont aussi l'avantage de pouvoir se construire avec du bois de toutes longueurs, car on ne donne ordinairement aux planches que 15 à 20 pouces (0,25) de portée. Nous y ajoutons (*fig.* 6) deux dessins de parquets pour les pièces circulaires.

ARTICLE 3.
Des Cloisons de menuiserie.

Les cloisons de menuiserie ne sont que de simple distribution. Elles se font de planches de sapin ou bois blanc, d'un pouce à un pouce et demi (0,027 à 0,040), assemblées à languette l'une contre l'autre, et, haut et bas, dans des coulisses de bois dur. Dans ce cas, le bois reste apparent, et est recouvert par la tenture de l'appartement.

Il y en a d'autres dans lesquelles on emploie des planches brutes peu jointives, et qui sont destinées à être enduites de plâtre.

ARTICLE 4.
Des Escaliers de menuiserie.

Les menuisiers font aussi des escaliers de dégagement en planches sur différents plans. Les principes et les règles indiqués relativement aux escaliers de charpente s'appliquent aux escaliers de menuiserie. Ici le limon n'est qu'une forte planche, taillée en crémaillère, et les marches aussi en planches, dont l'une sert de giron, et l'autre de contre-giron, sont clouées tant sur les entailles de cette planche-limon que sur une planche semblable, mais moins forte, qui se cloue avec de fortes pattes le long du mur et sert de contre-limon. Les planches qui servent de marches et de contre-marches, sont assemblées à rainures et languettes dans le dessous des premières et dans le dessus des secondes.

Sont encore du ressort des menuisiers, les escaliers à marches vides, très-rustiques, appelés *échelles de meûnier*, pour monter dans les granges et magasins, et les *escaliers ronds* portés sur des pieds-droits ou sur un axe très-légers, et qui peuvent se placer partout, car ce sont presque des meubles mobiles.

ARTICLE 5.
Des Ordres en menuiserie.

Les ordres en menuiserie, pour l'intérieur, sont plus solides que ceux en plâtre : moins sujets à être écornés, ils sont aussi plus durables et reçoivent mieux la peinture et le décor. Mais cette construction demande des soins et de l'intelligence, afin d'éviter les gerçures et les retraits.

Nous donnons, pl. XLV, *fig.* 7, le profil vertical d'un ordre complet en menuiserie, entablement, colonne et piédestal.

Des pièces de bois, soit perpendiculaires *a*, soit inclinées *b*, reçoivent les moulures de l'entablement; elles s'assemblent entre elles, soit à tenon et mortaise, soit à mi-bois, et sont assujetties par des entretoises *c c*, tant avec le mur qu'avec le pied-droit *a*, qui monte de fond.

La colonne exige plus de soin : on la forme avec des planches très-épaisses ou madriers *d*, formant extérieurement le galbe de la colonne, jointes à languettes et rainures bien collées. Ces pièces, ordinairement au nombre de huit, doivent être en bois bien sec et de droit fil; elles s'assemblent haut et bas, dans des mandrins *f, f*, bien reliés avec le poteau central; et on met des liernes semblables à plusieurs endroits du fût, lorsque la colonne a une certaine hauteur. Dans le cas, assez ordinaire, où cette colonne serait adossée au mur, on laisse le joint de ce côté plus lâche, et on ne colle point : par ce moyen, les assemblages ont le jeu nécessaire, et le reste de la colonne risque moins de se déformer.

On fait séparément les plinthes et le reste des bases. Si les premières (*fig.* 8) reposent sur le sol, on les fait ordinairement en pierre : ici ce serait le socle du piédestal. La plinthe est composée de quatre pièces *h, h, h, h*; les joints sont dans les angles, et le tout est lié par des clefs et s'appuie sur le poteau. Le reste de la base (*fig.* 9) est composé de huit courbes *g g*. Il ne faut jamais faire ces bases d'un seul bloc; elles sont alors trop sujettes à se gercer et à se tourmenter : s'il y a des cannelures, on place les joints sur des arêtes, ou dans les canaux ; le tout est assujetti comme nous l'avons dit.

Les mêmes règles se suivent pour les chapiteaux, dont on sépare aussi le tailloir (*fig.* 10), que l'on établit comme la plinthe, et les moulures (*fig.* 11) que l'on traite comme celles de la base : ici, nous les avons supposées formées de quatre pièces seulement.

Les piédestaux offrent moins de difficultés ; on en fait les bâtis comme pour les lambris, et on en forme le dé par des panneaux à l'ordinaire.

ARTICLE 6.
Des légers Ouvrages de menuiserie.

Les légers ouvrages de menuiserie dormante, cloués et fichés sur les murs, sont les *plinthes* et les *cymaises*, lorsqu'il n'y a pas de lambris d'appui ; les *tringles* de tenture, les *corniches*, les *siéges d'aisances*, les *supports*, les *goussets*, les *porte-manteaux*, etc. dont nous parlerons à l'art. 4 des devis estimatifs.

CHAPITRE II.

DE LA MENUISERIE MOBILE.

Les ouvrages principaux de la menuiserie mobile sont ceux qui servent à fermer les baies des portes et des croisées.

ARTICLE PREMIER.
Des Portes.

Les portes sont ou *extérieures* ou *intérieures*. Dans les premières sont comprises les *portes cochères* et celles dites *bâtardes* ; dans les secondes, les *portes pleines* et les *portes à placard* ou d'appartement.

La baie des portes cochères doit avoir au moins 8 pieds (2,60) de largeur entre les tableaux. Leur hauteur, relative à leur largeur et au style général de l'ordonnance, sera fixée d'après les principes exposés dans notre introduction. Si la distribution intérieure exige qu'on en tronque la hauteur, on donnera à la baie au moins 12 pieds (3,90) de haut ; le surplus sera feint sur l'entrée.

Les portes cochères sont composées de deux ventaux ordinairement quarrés ; car si la baie est cintrée, le cintre est le plus souvent occupé par un dormant. Ces ventaux se joindront à feuillure ; ils sont composés de bâtis et de panneaux. Ordinairement les battants des rives ont jusqu'à 4° (0,10) d'épaisseur sur 9 à 10° (0,25) de large, et les battants meneaux, 4 à 5° (0,10 à 0,12) de largeur sur 3° (0,08) d'épaisseur ; et les panneaux d'un pouce à un pouce et demi (0,04). On met assez communément dans le bas de ces portes, au lieu de panneaux, des parquets, et on les revêt de plaques de tôle à la hauteur des moyeux des roues. Les portes cochères ne se font ordinairement qu'à un parement ; la face intérieure a ses bâtis et panneaux arrasés. Quand on place un guichet, il doit toujours être dans le ventail à droite. Nous donnerons, en parlant de la charpente et de la menuiserie dans les détails estimatifs, l'indication de la ferrure qui convient à ces portes.

Les portes cochères sont indispensables à la ville ; mais à la campagne il est mieux à tous égards de ne pas s'enfermer dans une cour, ou de ne la clore que par une grille : dans la *pl.* XLV, la *fig.* 12 donne le dessin d'une porte cochère quarrée, construite avec petits parquets supposés à pointe de diamant, et la *figure* 13 celui d'une porte semblable mais cintrée, et par conséquent à imposte et à grands panneaux.

Quelquefois les charpentiers qui se chargent des portes charretières font aussi les portes cochères, et chargés des portes pleines, font de même les portes bâtardes, mais il est d'ordinaire et mieux de les confier aux menuisiers.

Les *portes bâtardes* servent à fermer les allées des maisons ordinaires et toutes entrées extérieures et latérales ; elles ont de 3 à 6 pieds (1 à 2^m) de largeur. Elles se font à un seul ventail ordinairement, quelquefois à deux , et à un parement, dans le goût des portes cochères ; mais les bois peuvent avoir moins d'épaisseur. Elles peuvent aussi être surmontées d'une imposte que l'on peut vitrer pour éclairer l'entrée, ainsi que celle de la *fig.* 14.

Les portes d'appartement, dites *portes à placard* (*fig.* 16), ont une largeur proportionnée aux dimensions des pièces auxquelles elles communiquent ; lorsqu'elles excèdent 3 pieds (1,00), elles se font à deux ventaux (*fig.* 15). Elles sont composées de bâtis en bois de chêne ou autre bois dur , et de panneaux en sapin ou bois blanc. Ces bâtis ont communément 12 à 15 lignes (0,03), et les panneaux 7 à 8 lignes (0,017) d'épaisseur dans les portes dont la largeur n'excède pas 4 pieds (1,30) ; les chambranles, aussi en bois dur, auront de 4 à 5° (0,12) de largeur et 18 lignes (0,04) d'épaisseur. Les pièces horizontales des bâtis s'appellent *traverses*, il y a celles du bas , celles du haut, celles du milieu, les autres sont les *barres de frise* ou *de loquet*. Les portes à un ventail (*fig.* 16), qui ont de 2 à 3 pieds (0,65 à 1,00) de largeur , auront leurs bâtis de 1° (0,02) et leurs panneaux de 5 à 6 lignes (0,012) d'épaisseur. Dans les appartements soignés , on fait un *revêtement* de menuiserie dans la baie de la porte, et on place de l'autre côté du mur un second chambranle ; dans les autres , on ne met que le second chambranle, et l'embrasure est recouverte d'un enduit de plâtre.

Les dessins et profils de ces portes doivent être en rapport avec le reste de la décoration ; c'est assez dire qu'elles doivent , dans les bâtiments qui nous occupent , offrir une noble simplicité. La pose de ces portes demande du soin , faute de quoi elles ferment toujours mal , se gauchissent ou râclent le pavé. On doit les placer bien perpendiculairement, et leurs chambranles dans le plus parfait niveau. Dans celles à deux ventaux , on aura soin que le milieu de l'ouverture soit bien correspondant aux autres, s'il s'en trouve plusieurs en enfilade, comme il est ordinaire. On doit observer encore de donner un peu de refuite, tant sur le plat que sur le champ, aux montants du chambranle où la porte est ferrée, pour en faciliter le jeu. Quand la baie est pratiquée dans un mur, outre le chambranle qui reçoit la porte, en place de l'autre côté du mur un contre-chambranle semblable , et les deux sont réunis par des boulons à écrou qui traversent le mur : si elle est pratiquée dans une cloison il n'y a qu'un chambranle qui se scelle avec des vis, de petits boulons ou avec des pattes à vis coudées et des pattes à plâtre.

On laisse ordinairement un espace libre entre la porte et le sol lorsque dans l'hiver on place des tapis , mais dans ce cas l'air circule toujours au-dessous des portes. On a cependant imaginé un mécanisme très-simple pour parer à cet inconvénient; pour cela, on coupe les charnières en hélice. Cette charnière fermée est représentée , *pl.* LII , *fig.* 4 , et développée *fig.* 5 , elle est en fer ou en cuivre, la partie A se fixe par trois vis contre le chambranle de la porte, et la partie B s'attache à la porte elle-même. Celle-ci s'élève par l'effet du rampant de l'hélice C pour passer sur le tapis et même sur un sol inégal , mais elle joint exactement sur le plancher en se fermant. De plus , par l'effet, soit de son poids , soit du rampant de l'hélice , elle se ferme seule , ce qui lui donne les avantages des contrepoids ou des ressorts d'une porte battante.

Les portes d'armoire, qui font pendant aux portes à placard, doivent être semblables à celles-ci ; seulement elles sont à un parement, et ne demandent pas un aussi fort échantillon.

Il y a encore des portes pleines pour les chambres de domestiques , les caves et autres dépendances , telles que tous les bâtiments ruraux. Ces portes se font en bois dur ou en sapin, d'une épaisseur proportionnée au plus ou moins de sûreté nécessaire, et communément de 12 à 15 lignes. Elles sont à deux parements unis , arrasées des deux côtés , emboîtées haut et bas ; ou bien sans emboîtures, mais les planches contenues par derrière par deux ou trois traverses ou deux écharpes qui y sont clouées. Dans la plupart des bâtiments ruraux, ce sont les charpentiers qui s'en chargent. Aussi, renverrons-nous à la page 113 où nous en avons parlé.

Enfin, on se sert encore de portes arrasées au mur ou portes masquées. Elles sont à deux parements unis, emboîtées haut et bas. S'il y a des lambris dans l'appartement, ils doivent recouvrir ces portes à leur niveau ; et, en un mot, toute la décoration doit y suivre comme si elles n'existaient pas. Leur chambranle et leur ferrure doivent être aussi arrasés et masqués.

Les portes de remise et d'écurie se font comme les portes charretières, dont nous parlerons dans la troisième et la quatrième partie.

ARTICLE 2.

Des Croisées et des Portes croisées.

Les baies des fenêtres se ferment par des châssis à verres ou *croisées*, avec des *volets* à l'intérieur et des *contrevents* ou des *persiennes* à l'extérieur.

Les croisées se font à un ventail lorsque leur largeur n'excède pas deux pieds à deux pieds et demi (0,65 à 0,80). Elles doivent, pour plus de solidité et plus d'agrément, si leur hauteur dépasse six pieds (2,00), ne s'ouvrir qu'aux deux tiers ou aux trois quarts de cette même hauteur : le dessus est occupé par un dormant appelé *imposte*. Néanmoins, les cadres en bois de ces impostes qui doivent recevoir des carreaux de verre doivent être ouvrants pour faciliter le placement des carreaux : si les croisées sont cintrées, l'imposte peut occuper alors toute la partie demi-circulaire.

Dans les croisées comme dans les portes, la force ou épaisseur des bois doit être relative à leurs autres dimensions. Dans les croisées de quatre pieds (1,30) de largeur sur huit de hauteur (2,60), *planche* XLV, *fig.* 17, qui sont ordinairement les plus grandes que l'on emploie à la campagne, le châssis dormant a à peu près deux pouces (0,054) d'épaisseur sur trois (0,080) de largeur, et s'il porte des volets, deux pouces et demi (0,070) sur quatre (0,10) ; la pièce d'appui du dormant trois pouces (0,080) sur trois et demi (0,095), et doit être profilée en quart de rond pour rejeter l'eau ; les battants meneaux, deux pouces d'épaisseur sur trois de largeur et six pouces (0,16) réunis et fermés ; la traverse d'en bas, trois pouces de hauteur, et l'épaisseur suffisante pour y former extérieurement, ainsi qu'à l'appui du cadre dormant, la doucine nécessaire à l'écoulement des eaux, ce qui lui fait donner le nom de *jet d'eau*. Les traverses des impostes ont quatre pouces (0,10) de hauteur sur trois d'épaisseur, ce qui est nécessaire pour y former extérieurement un *bec de corbin* pour éloigner les eaux de la traverse de la croisée.

La force des bois dans les autres croisées augmente ou diminue dans le rapport de leurs dimensions. Souvent, pour se procurer plus de jour, on diminue cette force ; mais comme c'est toujours aux dépens de la solidité et que rien n'arrête la lumière à la campagne, on fera bien de s'en tenir à ces proportions. Seulement on peut diminuer jusqu'à six lignes (0,044) la hauteur des petits bois qui séparent les carreaux ; leur épaisseur doit être celle des battants.

Dans les appartements principaux, et quelle que soit la largeur des ventaux, on laisse les carreaux de toute la distance des montants ; mais ailleurs, et par économie, on peut placer un petit bois montant et un nombre double de traverses qui partage en quatre l'espace destiné aux grands carreaux. On doit avoir soin que les ouvriers donnent assez de profondeur et de deux à trois lignes (0,006) aux feuillures qui doivent recevoir les carreaux.

Les deux ventaux des croisées doivent préférablement se fermer à gueule de loup ; les portes croisées, dont toute la différence ne consiste que dans un panneau qui remplace l'appui, se ferment à feuillure ou à doucine, afin qu'on puisse les ouvrir des deux côtés.

Les croisées se font en bois dur, et ordinairement en chêne ; cependant dans quelques localités on emploie le platane et le sapin ou pin de Riga.

Les volets se composent de bâtis et de panneaux à compartiments : il y en a un pour chaque ventail et ils se brisent en deux ou trois parties pour pouvoir se loger dans l'embrasure. Ils doivent recouvrir d'un pouce (0,03) les châssis à verre : leurs bâtis, d'après la proportion de la croisée, doivent avoir six à huit lignes (0,016) d'épaisseur et les panneaux trois à quatre lignes (0,008).

Nous avons parlé des contrevents dans la section de la charpente, page 113, ainsi que des portes bâtardes et rustiques ; on remplace quelquefois les premiers par des persiennes, mentionnées aussi dans l'article 4 des devis estimatifs.

Nous parlerons aussi de la ferrure des portes, des croisées et des volets dans le même article. On peut, dans les petites croisées, éviter l'emploi des espagnolettes de fer en les fermant par des barres en bois dites *à la capucine*, retenues haut et bas par des crochets. Quand les châssis n'ont pas plus de quatre pieds (1,30), ces barres ferment très-bien et diminuent considérablement la dépense.

Lorsque l'on veut établir dans les galetas des logements et les éclairer par des ouvertures mobiles, on emploie, ainsi que nous l'avons dit, p. 98, des châssis en tabatière.

SECTION CINQUIÈME.

DE LA FERRURE, DE LA SERRURERIE ET DE LA FERRONNERIE.

Le fer est le métal que l'architecture emploie pour relier, assujettir, renforcer quelques ouvrages de maçonnerie, mais surtout ceux de charpente et de menuiserie ; mais ce moyen, indispensable souvent, s'emploie quelquefois à suppléer ou à masquer les malfaçons ou la maladresse des ouvriers.

Les mines de fer sont assez communes en France, et beaucoup sont exploitées, quoique cette production ne soit pas certainement aussi étendue qu'elle pourrait l'être, et qu'elle l'est ailleurs ; aussi faut-il, pour la maintenir, que les fers étrangers soient frappés de forts droits au grand détriment des consommateurs. On comptait, en 1828, dit M. Pelouze, 150 forges à bois ou *à la catalane* qui produisent 4,500,000ᶠ ; 379 *hauts fourneaux* au bois qui produisent 37,900,000ᶠ ; 14 à 26 hauts fourneaux *au coke* qui donnent 2,450,000ᶠ ; 1125 feux d'*affinerie* qui donnent 45,000,000ᶠ ; enfin 40 forges *à l'anglaise* donnant 4,000,000ᶠ. Ces 1688 usines produisent donc 93,850,000ᶠ ; les fonds de roulement sont de 93 millions ; ainsi cette industrie opère un mouvement de 180,850,000ᶠ, qu'il faut nécessairement que l'Etat protége. La production en France était alors de 7,600,000 quintaux, dont 4,600,000 en fonte, et 5 millions en fer forgé, savoir : un million de *tôle*, un million et demi en fer marchand, et 500,000ᶠ seulement en fer fin ; et cette même production est si inférieure aux besoins, qu'il fut importé la même année 11,660,000 quintaux, dont 8,760,000 en fonte, et 2,900,000 en fer forgé. Nos forges ne pourraient donc se soutenir sans l'élévation presque exagérée des droits d'importation, ce qui fait accroître le prix vénal du fer. La désastreuse concurrence de l'étranger tient surtout à l'emploi du bois qui rend la fabrication meilleure sans doute, mais bien plus chère. Ce n'est pas que la houille manque en France ; tout le centre et une partie de l'est repose sur ce minéral ; mais l'exploitation est insuffisante, par suite de priviléges qui ne sont ni légaux, ni peut-être avoués, mais qui sont causés par les intrigues des hommes d'argent, et peut-être aussi par la rareté des capitaux que la Bourse engloutit. Cependant l'introduction de la marine à vapeur et des voies ferrées, pourrait, dans un avenir plus ou moins éloigné, compromettre, soit nos communications intérieures, soit notre commerce et notre état militaire, si nous restons à la merci de l'étranger, tant pour le fer que pour le charbon. Il paraît que la consommation en France, qui, en fer brut ou dénaturé et en fonte moulée, est d'environ 110 millions de quintaux, est cependant fort au-dessous de celle qui devrait être, et ne peut que s'accroître par la diminution du prix ; or cette diminution ne peut se produire que par l'augmentation progressive de l'exploitation de la houille.

Dans le commerce on distingue le fer marchand proprement dit, en gros, moyen, petit échantillon, de martinet, de fonderie, de batterie, de casserie, de filerie.

Le fer *marchand* est *quarré* ou *barreau* de 13 à 50 lignes gros échantillon, de 10 à 12 en moyen, de 9 à 10 en petit ; ou *méplat* de 25 à 60' de largeur sur 6 à 8 d'épaisseur ; de 13 à 14' sur 6 ; de 15 à 20 sur 4 ; ou *court bandage* de 28 à 36' sur 8 à 15 ou de 28 à 30 sur 5 à 7 ; *maréchal* de 16 à 18' sur 7 à 8 ou de 12' sur 6.

Le fer de *martinet* est rond, de 4 à 15' de diamètre, ou *bandelettes* de 9 à 15' sur 2.

Le fer de *fonderie* pour verges, fer aplati, barres, de 24 à 26' de largeur sur 7 à 5' d'épaisseur.

Le fer de *batterie* pour tôle de 10 à 14 pouces de largeur sur 30 à 32 pouces et jusqu'à dix pieds de longueur.

Le fer de *casserie* pour vases, chaudières, poêlons, etc.

Le fer de *filerie* pour les fils de grillage.

Nos forges des Pyrénées, qui s'alimentent principalement du minérai de Vic-de-Sos, et qui fabriquent à la catalane, nous donnent le fer que nous employons dans nos constructions. On tire aussi du fer de la forge de Burniquel qui est plus doux et plus malléable. Celui des Pyrénées est bon, résistant, mais d'un grain assez grossier quelquefois. Les forgeurs le distinguent en *fer doux*, *fer fort* et *acier*. Le fer fort casse, le fer doux plie : on mélange assez communément ces deux qualités, et dans les proportions qu'exige l'emploi auquel on le destine. La bonne qualité du fer se connaît à la cassure, quand il est noir, doux à la lime, et d'un grain fin; mais lorsqu'il est cassant à chaud, qu'il plie mal sous le marteau, et qu'on y rencontre des gerçures et des pailles, on le nomme *rouverain*. On a encore la *fonte*, c'est-à-dire le fer fondu et coulé, qui se distingue en fonte *blanche* dure, cassante, difficile à travailler; en fonte *grise* douce, ductile, attaquable à la lime et au ciseau; en fonte *truitée* qui est moyenne entre les deux autres. La fonte a beaucoup d'heureuses applications; son usage même, ses formes élégantes, la rendent très-propre à la décoration, mais il faut éviter de l'employer dans des lieux où elle serait soumise à des chocs, et pour les ornements et les accompagnements du fer battu, la fonte grise et douce, plus chère et moins cassante, est préférable.

On a fait nombre d'expériences pour connaître la force du fer. Toutes servent à confirmer la théorie, qui veut que le fer soit plutôt employé à tirer qu'à porter. Quoi qu'il en soit, nous allons donner une idée générale de la force commune du fer comparée principalement à celle du bois de chêne.

1° Le fer commence à se refouler sur lui-même, sous un poids d'environ 500 livres (250^k) par ligne quarrée (5^{mmq}) de base : il plie plutôt que de se refouler quand sa hauteur excède le quadruple de sa grosseur. Voilà pour la force verticale.

2° La force horizontale de la fonte grise est double de celle de la fonte blanche, quadruple de celle du fer forgé, laquelle est triple de celle du chêne, de manière que cette dernière étant 1, celle du fer forgé est de 3, la fonte blanche 6, la fonte grise 12. On observera toutefois qu'un linteau de fer doit avoir en quarré au moins un trentième de sa portée ou de sa longueur entre les appuis.

3° La force inclinée du fer s'évalue, comme celle du bois, par la moyenne proportionnelle entre les deux premières, d'après l'ouverture de l'angle.

On débite dans les forges le fer en barres quarrées et rondes, et en barres méplates battues, ou mieux encore étirées, le tout d'après les dimensions voulues : le poids du pied cube étant évalué à 576 livres ou 288 kilogrammes (9824^k par décimètre cube).

Afin de faciliter les appréciations, voici celle du poids du pied courant du fer quarré ou rond, d'après son diamètre ou son côté.

(I) T*arif* du poids du pied courant de Fer quarré ou rond.

CÔTÉ ou DIAMÈTRE.	POIDS PAR PIED COURANT DE FER.			
	QUARRÉ.		ROND.	
	Kilogr.	Livres.	Kilog.	Livres.
		L. O. G.		L. O. G.
Lignes 1	0.014	0. 0.4	0.011	0. 0.3
2	0.054	0. 1.3	0.046	0. 1.1
3	0.122	0. 4.0	0.102	0. 3.3
4	0.218	0. 7.1	0.181	0. 5.6
5	0.340	0.11.1	0.283	0. 9.1
6	0.490	1. 0.0	0.408	0.13.3
7	0.666	1. 5.3	0.555	1. 1.6
8	0.870	1.12.4	0.725	1. 7.6
9	1.102	2. 4.0	0.945	1.14.0
10	1.360	2.12.4	1.135	2. 5.0
11	1.646	3. 5.3	1.371	2.12.4
Pouces 1	1.96	4. 0.0	1.63	3. 6.3
1 1/4	3.06	6. 4.0	2.55	4.15.3
1 1/2	4.41	9. 0.0	3.67	7. 8.0
1 3/4	6.00	12. 4.0	5.00	10. 3.3
2	7.83	16. 0.0	6.53	13. 5.3
2 1/4	9.91	20. 4.0	8.26	16.14.0
2 1/2	12.24	25. 0.0	10.20	20.13.3
2 3/4	14.81	30. 4.0	12.34	25. 5.3
3	17.62	36. 0.0	14.69	30. 0.0
3 1/4	20.68	42. 4.0	17.24	34.15.3
3 1/2	23.99	48. 0.0	20.00	40. 0.0
3 3/4	27.54	56. 4.0	22.95	46.14.0
4	31.33	64. 0.0	26.11	53. 5.3
4 1/4	35.37	72. 4.0	29.49	59.15.3
4 1/2	41.66	81. 0.0	33.71	67. 8.0
4 3/4	44.18	90. 4.0	37.82	74.15.3
5	48.96	100. 0.0	40.80	85. 5.5
5 1/4	53.98	110. 4.0	44.98	91.10.0
5 1/2	59.24	121. 0.0	49.37	100.13.3
5 3/4	64.74	132. 4.0	53.95	109.15.5
6	70.50	144. 0.0	58.75	120. 0.0

Mais comme on emploie encore plus souvent le fer méplat, ce second tarif présente le poids des barres d'après leur épaisseur ou leur largeur.

(K)   Tarif *du poids du pied courant de fer méplat.*

LARGEUR DES BARRES.	ÉPAISSEUR DES BARRES EN LIGNES.																							
	1		2		3		4		5		6		7		8		9		10		11		12	
	Kilog	Livr.	Kilog	Livr.	Kilog	Livr.	Kil.	Livr.	Kil.	Livr.	Kil.	Livr.	Kil.	Livr.	Kil.	Livr.	Kil.	Livr.	Kil.	Livr.	Kil.	Livr.	Kil.	Livr.
LIGN.		L. O.C.		L. O.C.		L. O.C.		L. O.C.		L. O.C.		L. O.C.		L. O.C.		L. O.C.		L. O.C.		L. O.C.		L. O.C.		L. O.C.
1	0.014	0. 0.4																						
2	0.027	0. 0.7	0.054	0. 1.3																				
3	0.041	0. 1.3	0.082	0. 2.5	0.122	0. 4.0																		
4	0.054	0. 1.6	0.109	0. 3.4	0.163	0. 5.2	0.218	0. 7.1																
5	0.068	0. 2.2	0.136	0. 4.4	0.204	0. 6.5	0.272	0. 8.7	0.340	0.11.1														
6	0.082	0. 2.5	0.163	0. 5.3	0.245	0. 8.0	0.326	0.10.5	0.408	0.13.2	0.490	1. 0.0												
7	0.095	0. 3.0	0.190	0. 6.1	0.286	0. 9.1	0.381	0.12.2	0.476	0.15.2	0.571	1. 2.2	0.666	1. 5.3										
8	0.109	0. 3.4	0.218	0. 7.1	0.326	0.10.4	0.425	0.14.1	0.544	1.15.5	0.653	1. 5.1	0.762	1. 8.5	0.870	1.12.4								
9	0.122	0. 4.0	0.245	0. 8.0	0.367	0.12.0	0.480	0.16.0	0.612	1. 4.0	0.734	1. 8.0	0.857	1.11.6	0.979	2. 0.0	1.102	2. 4.0					
10	0.136	0. 4.4	0.272	0. 8.7	0.408	0.13.3	0.544	0.17.6	0.680	1. 6.2	0.816	1.10.5	0.952	1.15.0	1.088	2. 3.4	1.224	2. 8.0	1.360	2.12.4			
11	0.150	0. 4.7	0.299	0. 9.7	0.449	0.14.6	0.598	0.19.6	0.748	1. 6.5	0.898	1.13.5	1.047	2. 2.1	1.197	2. 7.1	1.346	2.12.0	1.496	3. 0.7	1.646	3. 5.3		
POUC.																								
1	0.16	0. 5.3	0.33	0.10.5	0.49	1. 0.0	0.65	1. 5.3	0.82	1.10.5	0.98	2 0.0	1.14	2. 5.3	1.31	2.10.5	1.47	3. 0.0	1.53	3. 5.3	1.80	3.10.5	1.96	4. 0.0
2	0.33	0.10.5	0.65	1. 5.3	0.98	2. 0.0	1.31	2.10.5	1.63	3. 5.3	1.96	4. 0.0	2.28	4.10.5	2.61	5. 5.3	2.94	6. 0.0	3.06	6.10.5	3.59	7. 5.3	3.92	8. 0.0
3	0.49	1. 0.0	0.98	2. 0.0	1.47	3. 0.0	1.96	4. 0.0	2.45	5. 0.0	2.94	6. 0.0	3.43	7. 0.0	3.92	8. 0.0	4.41	9. 0.0	4.60	10. 0.0	5.39	11. 0.0	5.88	12. 0.0
4	0.65	1. 5.3	1.31	2.10.5	1.96	4. 0.0	2.61	5. 5.3	3.26	6.10.5	3.92	8. 0.0	4.57	9. 5.3	5.22	10.10.5	5.87	12. 0.0	6.13	13. 5.3	7.18	14.10.5	7.83	16. 0.0
5	0.82	1.10.5	1.63	3. 5.3	2.45	5. 0.0	3.26	6.10.5	4.08	6. 5.3	4.90	10. 0.0	5.71	11.10.5	6.53	13. 5.3	7.34	15. 0.0	7.66	16.10.5	8.98	18. 5.3	9.79	20. 0.0
6	0.98	2. 0.0	1.96	4. 0.0	2.94	6. 0.0	3.92	8. 0.0	4.90	10. 0.0	5.88	12. 0.0	6.85	14. 0.0	7.83	16. 0.0	8.81	18. 0.0	9.19	20. 0.0	10.77	22. 0.0	11.75	24. 0.0

On distingue en architecture la ferrure proprement dite ou les *gros fers*, c'est-à-dire, les engins et armatures de charpente, de couverture et de maçonnerie, et qui s'évaluent au poids ; la *serrurerie* ou les petits fers propres à la menuiserie qui se vendent à la pièce ; les *fers ouvragés*, ou les constructions dans lesquelles le fer est la seule matière employée, et qu'on évalue à la mesure linéaire ou superficielle ; enfin, la *ferronnerie* ou les objets divers dont le fer est la matière unique ou principale.

CHAPITRE PREMIER.

DES GROS FERS.

Les gros fers ne sont guère en usage que dans les grandes constructions, dans lesquelles souvent on les prodigue avec trop de facilité. On use cependant fréquemment et avec avantage des suivants :

Pl. XLV. Fig. 18.
1° Les *platebandes*, pl. XLV, *fig.* 18, se placent au bout des poutres ou de toute autre pièce de bois horizontale, auxquelles elles s'attachent par une de leurs extrémités qui porte un talon ou un crochet ; elles traversent le mur, en prenant une forme plus quarrée, et à leur autre extrémité reçoivent, au moyen d'un œil, une *clef* ou *ancre* qui empêche tout écartement, ainsi que la figure l'indique. Il y a, le long de la platebande, des trous pour l'attacher à la poutre avec des chevilles, soit perdues, soit rivées, soit à écrou ; et lorsque le mur est une façade, on place l'ancre dans une entaille, afin qu'elle ne forme pas de saillie. Les platebandes peuvent avoir de trois à cinq pieds de longueur

(1,00 à 1,50), six lignes (0,014) d'épaisseur, et deux pouces (0,054) de largeur; les ancres, trois pieds (1,00) de long, et un à deux pouces (0,04) de gros.

Fig. 19.   2° Les *bandes de trémie*, pl. XLV, *fig*. 19, sont des fers plats d'environ deux pouces (0,054) de largeur sur six lignes (0,014) d'épaisseur, dont les bouts sont recourbés pour les arrêter sur les solives d'enchevêtrure. Leur fonction est de soutenir la maçonnerie des âtres, mais souvent on s'en dispense quand l'âtre n'est pas grand, en se fiant à la force du plâtre avec lequel on maçonne la voûte plate.

3° Les *barres* servent ou à garnir le contre-cœur des cheminées des cuisines lorsqu'on n'y met pas de plaques en fonte, et alors c'est un fer plat de deux à trois lignes (0,006) d'épaisseur; ou à soutenir les languettes des cheminées en brique, et alors elles doivent être quarrées d'un pouce (0,027) de largeur, ou enfin à soutenir les chambranles ou l'abat-feu des foyers, auxquels usages il est dangereux, comme on le fait trop souvent, de se servir de pièces de bois.

Fig. 20.   4° Les *crampons*, *fig*. 20, servent à lier les pierres des revêtements, celles des escaliers extérieurs, etc. Ce sont des fers plats, coudés aux deux bouts, qui se terminent en crochet. On les entaille dans la pierre, et on les scelle en plomb, en mortier ou en soufre (1).

Fig. 21.   5° Les *étriers*, *fig*. 21, sont des fers plats et coudés que l'on met aux poutres ou autres pièces de charpente pour les raffermir ou assurer l'accotement d'autres pièces qui les accompagnent. Ils ont 5 à 6 lignes (0,014) d'épaisseur, sur deux pouces (0,054) de largeur.

6° Les *corbeaux*, *fig*. 22, sont des pièces de fer   Fig. 22.
d'un pouce (0,027) de gros, scellées en queue de carpe dans les murs, et qui soutiennent des pièces de charpente horizontales comme des sablières, des lambourdes, etc.

7° Les *boulons*, *fig*. 23, contiennent les limons   Fig. 23.
des escaliers, réunissent deux pièces de bois qui en remplacent une plus forte; leur tête est plate, et s'entaille dans le bois; l'autre extrémité, si elle se place dans un mur, s'y scelle en queue de carpe; mais si elle s'applique à du bois, s'y rattache par un écrou. Leur longueur est relative à leur position; mais quand ils réunissent un chambranle et un contre-chambranle de porte, ils doivent traverser toute l'épaisseur du mur. D'autres, sous le nom de *clous à écrou*, servent à lier les planches entre elles, ou la ferrure à la charpente et à la menuiserie.

8° Les *crochets à chéneaux*, *fig*. 24, sont des fers   Fig. 24.
plats coudés qui se scellent dans les corniches pour supporter les chéneaux et gouttières. Quand on rejette les eaux au moyen de tuyaux de conduite perpendiculaires, ces derniers sont assujettis au moyen d'autres crochets appelés *colliers*, *fig*. 25.

9° Les *fantons* sont des bandes de fer quarré de quatre à six lignes (0,011) de gros qui servent à embrasser et à soutenir les tuyaux de cheminée en plâtre.

10° On se sert aussi de bandes de fer laminé qui ont depuis six lignes (0,009) jusques à un pouce (0,027) de largeur, et d'une ligne à quatre (0,006) d'épaisseur pour embrasser et consolider les fourneaux de cuisine et autres constructions légères.

Tous ces fers se font dans les forges ou par des forgerons d'établi, et se payent au quintal.

---

(1) A ce sujet, nous observerons que les scellements en plomb et en soufre, sont les meilleurs pour les endroits d'un passage fréquent. Quant à l'effet du scellement sur le fer, l'expérience démontre que le soufre oxyde le fer, que le plâtre le conserve peu, mais que le mortier et le plomb le conservent très-bien.

CHAPITRE II.

DES PETITS FERS OU DE LA SERRURERIE.

Ces petites ferrures se font en fabrique mieux et à meilleur marché que par les serruriers, qui se contentent alors de les vérifier, de les ajuster, et d'y donner quelques coups de lime; aujourd'hui on a beaucoup perfectionné et multiplié ce *fer ouvré* ou *quincaillerie*. Dans la section de la menuiserie, nous avons indiqué ce qu'il fallait employer pour les divers ouvrages, et l'article correspondant des devis estimatifs (4ᵉ part., sect. 8, chap. 2 et 4) pour la charpente et la menuiserie, entre dans tous les détails que l'on peut désirer.

Nous dirons seulement que les *serrures*, qui sont les plus importantes de ces petites machines, sont composées d'une boîte ou *palâtre* de laquelle sort un *pêne* ou verge mobile ordinairement quarré, qui ferme ou ouvre en entrant ou sortant. Le palâtre s'attache à la porte par des clous ou des vis; le pêne s'engage dans ou sous une pièce de fer nommée *gâche*, assujettie sur la partie à fixer, présentant simplement une bride quarrée ou formant un palâtre analogue à celui de la serrure et qui reçoit le pêne. Il y a des serrures à *demi-tour* ou à *tour et demi*, selon que le pêne s'enfonce plus ou moins; des serrures *de sûreté* qui se ferment à deux tours et demi, avec des *gardes* autour de l'*entrée* de la clef, qui ne permettent cette entrée qu'à la propre clef, et qui empêchent le jeu des crochets ou *rossignols*. Il y en a avec deux pênes quarrés et un en biseau. La serrure à *pompe de Brumah* a une clef fort petite et un fort pêne : la serrure *à timbre* révèle sur-le-champ le mouvement d'entrée ou celui de sortie; tantôt la serrure est en broche, lorsque la clef est forée, *benarde* lorsque la clef non forée ouvre des deux côtés, *en bosse*, etc. Des serrures font entrer dans une gâche un ou plusieurs pênes qui se meuvent, et par la clef, et par le moyen d'un bouton à olive ou d'une bascule.

CHAPITRE III.

DES FERS OUVRAGÉS.

La ferrure ouvragée se compose vulgairement et principalement de balcons, de rampes d'escalier et de grilles; on y pourrait joindre les combles en fer et quelques autres objets.

Dans une évaluation approximative, on assimile assez souvent les barres rondes aux quarrées, dont le côté est égal à leur diamètre, à cause de la difficulté des surfaces courbes, et de la plus value du rondin; et quand il s'agit de colonnes tournées avec diminution et renflement, on compte en sus la moitié de la surface réelle.

I. *Balcons et Rampes.*

Pl. XLVI. Fig. 1, 2, 3, 4, 5, 6.

La seule différence qu'il y ait entre les *balcons* et les *rampes*, points d'appui les uns et les autres, c'est que, dans les rampes, les barres sont inclinées à l'appui, tandis qu'elles sont verticales dans les balcons. On trouvera dans la pl. XLVI six dessins différents d'appui de serrurerie, tous fort simples, tous faciles à établir, ainsi qu'il convient à l'architecture rurale. Le premier, *fig.* 1, est composé de colonnettes avec des chapiteaux, des astragales et des bases que l'on fait en fer fondu, en zinc ou en cuivre; ce dernier exige un soin d'entretien qui peut paraître gênant à nos cultivateurs : le zinc est moins dur, à la vérité, que la fonte; il est sujet au feu, mais il s'ajuste avec plus de facilité que la fonte. L'appui de la *fig.* 2 est en arcades à plein cintre croisées, dont la réunion a l'aspect d'arc gothique : celui de la *fig.* 3 est en losange, et porte le nom vulgaire de *mosaïque* : celui de la *fig.* 4 est aussi en losange, mais formant panneau : celui de la fig. 5 a la forme de fuseaux ovoïdes formés par la rencontre d'arc plein cintre tronqué, avec des rosettes à leur rencontre : celui de la *fig.* 6 forme une balustrade en tiers-point, composé d'arcs de cercle plein cintre diversement ajustés; des rosettes sont à leur naissance, et les deux *fig.* 4 et 6 sont couronnées par des frises; la première, de quartiers losangés en fer battu; la dernière, avec un ornement suivi en fonte.

On fait des balcons en fer fondu; ils sont plus matériels et plus ornés, coûtent moins cher; mais la fonte, à moins d'être excellente, résiste bien moins aux chocs, avons-nous dit, que le fer battu. Elle est très-propre cependant à former, au lieu de la tôle ciselée que l'on employait autrefois, les ornements que l'on veut placer aux balcons, aux rampes et aux grilles.

Ces appuis se font en fer quarré ou rond de 6 à 8 lignes (0,013 à 0,018) de diamètre. Il vaut mieux employer exclusivement le dernier aux colonnettes, comme celles des *fig.* 1 et 2.

La *pl.* LI, *fig.* 6 et 7, donne le plan et l'élévation du perron extérieur sur le parterre du château de Mauremont et de la rampe qui l'accompagne.

II. *Des Grilles et Portes-grilles.*

Les *grilles* sont ou dormantes ou mobiles.

Les *grilles dormantes* les plus simples sont celles que l'on place pour fermer les baies des croisées : les montants de fer quarré d'environ 1 pouce (0,027), sont scellés, haut et bas, dans l'appui et la plate-bande ou le cintre des ouvertures. Si la hauteur est trop grande, on les soutient par des traverses en fer plat, ou mieux, des bandes quarrées, qui ont deux lignes (0,005) de plus que les barreaux ou montants, et qui reçoivent chacun de ces derniers dans un œil, s'assemblent avec eux à mi-fer, ou leur sont rivés.

On fait aussi des grilles dormantes pour ne pas ôter la vue d'une cour, d'un jardin, d'un saut de loup, etc., sans autant d'inconvénients; on pourrait dans ce cas employer du fer fondu, quoique moins résistant. Ces grilles sont composées de lances qui sont scellées dans l'appui,

On emploie aussi, mais bien à tort, le fer fondu pour les *grilles mobiles*. Celles-ci, aussi appelées *portes-grilles*, se font aussi en fer rond ou quarré, avec des barres verticales, portant à leur extrémité des lances en fer fondu, des pointes sinueuses ou en esponton; elles s'ouvrent à un ou deux ventaux, ces derniers garnis quelquefois d'une espagnolette qui les ferme à clef. Elles se meuvent, comme les portes cochères, sur des crapaudines dans le bas et un tourillon dans le haut. On les accompagne de bornes ou bouteroues, auxquelles on met des loqueteaux à ressort pour recevoir la porte et la contenir quand elle est ouverte.

On trouvera sur la même planche XLVI, trois dessins de grilles mobiles, *fig.* 7, 8 et 9 : la grille *fig.* 8 est soutenue par deux piliers de maçonnerie; les grilles *fig.* 7 et 9 le sont par des montants en fer. La planche LI donne, *fig.* 5, une barrière latérale du parc de Mauremont, soutenue par deux piliers avec amortissement, et fermée à clef, ainsi que la grille *fig.* 4, qui sert d'entrée sur la rue du village; celle-ci a deux traverses. La figure 3 est la grille de l'avenue, soutenue par des piliers surmontés d'un quadruple fronton et composée de barres croisées diagonalement. Elle est surmontée d'une frise qui supporte un amortissement en fer, sur lequel s'élève l'écusson de la famille avec ses supports. Enfin, la *fig.* 1 donne l'élévation, et la *fig.* 2 le plan de la grande grille de la cour, avec ses travées dormantes et sa porte-grille au centre; les premières terminées horizontalement, et la dernière par un hémicycle renversé. La partie inférieure de la porte, à la hauteur du mur d'appui, repose sur un soubassement d'un dessin différent.

Nous avons dit que nous ne pouvions approuver, pour les grilles en général, l'emploi du fer fondu, qui devient d'autant plus commun que sa préparation se perfectionne, et que son prix diminue. Nous ne le conseillons que pour les ornements, les lances et les autres accessoires. Cependant on les emploie quelquefois avec succès pour les colonnes qui ne présentent pas ainsi les joints de celles en pierre ou en brique; mais il faut être exact à suivre les proportions requises; car la facilité de l'emploi ou l'économie engage à adopter les colonnettes arabes, gothiques et fantastiques qui ne s'accordent pas ou qui s'accordent mal avec le dessin architectural. Cependant, en conservant les dimensions régulières, et pour que ces colonnes ne soient pas de simples décorations, mais puissent être de véritables points d'appui, on doit les fondre en fer creux d'une seule pièce, ou en tambours assemblés à mi-fer, et de 8 à 10 lignes (0,020) d'épaisseur: les bases, chapiteaux, moulures et cannelures seront vifs, d'un trait pur, à arêtes saillantes et nettes. Quand les colonnes sont placées, on y coule du béton, que l'on massive autant que cela est possible. Pour leur donner l'apparence de la pierre, on en recouvre la surface extérieure de plusieurs couches de blanc à l'huile et fort épaisses; sur cette peinture, et lorsque la dernière couche est encore fraîche, on projette du ciment tamisé ou de la poussière fine de pierre de taille, et l'on polit au grès cette sorte d'enduit.

La propriété qu'ont tous les métaux, surtout le fer, de se dilater par la chaleur, et de se contracter par le refroidissement, rend celui-ci d'un usage précieux pour rapprocher des constructions qui tendent à se disjoindre. On traverse ces constructions, des murs par exemple, par de forts boulons dont les têtes et les écrous sont garnis de fortes rondelles; on fait chauffer ces boulons, et lorsqu'ils sont chauds on serre les écrous : alors, en se refroidissant, ils rapprochent les objets qu'ils ont traversés. M. Molard a employé ce moyen avec succès pour rapprocher les murs d'une galerie du Conservatoire, et leur faire reprendre leur aplomb.

III. *Comble en fer.*

Quoique l'usage des combles en fer doive être naturellement plus rare en France qu'en Angleterre et en Suède, à cause du prix plus élevé du fer; comme ce genre de comble est plus léger, et qu'il est incombustible, nous indiquerons, d'après M. Vitry, le système de M. Eudel, autrefois ingénieur en chef à Toulouse, remarquable par sa simplicité.

Ce comble, *pl.* LII, *fig.* 14, se compose de fermes en fer fondu, et en deux parties, A B C, C D E, *fig.* 15, qui se joignent en C, et réunissent leurs deux projections par des boulons en fer forgé; ces fermes supportent un faîte en fer fondu, ainsi que les pannes F, F. La figure donne les détails de cet assemblage; les pannes s'assemblent aussi avec la ferme et les chevrons, au moyen de boulons à écrou. Les tuiles qui recouvrent ce comble portent immédiatement sur les chevrons, sans l'intermédiaire de lattes, ainsi que l'indique la *fig.* 16. La distance des pannes est d'environ 18° (0,50); seulement, les tuiles qui recouvrent ces chevrons sont maçonnées en ciment ou mortier franc. La *fig.* 17 fait voir la forme de la ferme en la supposant coupée en *c d*, *fig.* 14. Ainsi, cette ferme a la forme d'un T, dont la branche horizontale supérieure a 27 lignes (0,06) de longueur, et dont la branche verticale qui la coupe en dessous a 2 pouces (0,05); le tout a au moins un pouce (0,03) de gros. La hauteur totale de cette ferme ou du T, est d'environ 4 pouces (0,10).

Pl. LII.

CHAPITRE IV.

DE LA FERRONNERIE.

Le mot de *ferronnerie*, appliqué dans l'origine à toute fabrication du fer, qui fut restreint depuis à celle des clous, pointes, pattes, crochets, et autres petits objets de ce genre, s'applique maintenant aussi aux ouvrages de tréfilerie, de batterie, de casserie, et à tous autres dans lesquels le fer est partie principale, quoique recevant quelques accessoires, qu'ils soient en fonte, en fer battu ou tôle, tels que les vases en fer étamés ou émaillés, batterie de cuisine, pots et marmites, toiles métalliques, monture de petits meubles, comme lits, chaises et fauteuils, même pompes à chaîne, poêles, calorifères, etc.

SECTION SIXIÈME.

DE LA PLÂTRERIE.

Le *plâtre* est la matière plastique obtenue par la calcination du sulfate de chaux anhydre natif, dit aussi *pierre à plâtre*, réduit en poudre, et qui a d'autant plus de force et moins de blancheur et de velouté qu'il renferme plus de carbonate.

Il y a deux espèces de plâtre pris en général; celui qui se trouve en fortes masses informes, et qui donne le *plâtre commun*, et celui qui, en parties lamelleuses natives, se délite comme du talc, qu'on appelle *plâtre cristallin*. Celui-ci sert principalement à sceller les ouvrages de marbrerie, au moulage, et à la fabrication du stuc dit *scagliola*.

Mais le plâtre commun est lui-même, d'après la nature de la pierre, de différentes qualités, qui varient d'un lieu à l'autre; lorsqu'il est plus riche en chaux carbonatée, comme celui de Montmartre près Paris, il est plus résistant à l'air et à l'eau, et plus susceptible de bouffer dans son emploi; lorsqu'il a moins de carbonate, il est encore très-fort, mais craint davantage l'humidité, comme dans nos provinces le plâtre de la Montagne-Noire, dit de *Castelnaudary*, qui a 88 % de sulfate, et 8 de carbonate; il est le plus ferme, le plus tenace et le plus propre à bâtir et à amender les terres; enfin celui dit de *montagne* ou des Pyrénées, qui, sur 100, a 98 de sulfate, plus gras, plus beau, plus blanc, plus onctueux, à plus d'*amour* ou de *mouquet*, et est plus propre à faire les enduits. Les meilleures constructions en plâtre se font ici en ébauchant avec du plâtre de Castelnaudary, et en finissant avec le plâtre de montagne; mais comme ce dernier a beaucoup moins de carbonate, ce qui le rend plus beau, il est aussi plus propre à se déliter par l'humidité, et trop souvent cette dernière couche s'écaille et tombe, alors que l'autre résiste encore. L'*albâtre gypseux* ou *albâtre commun* et tendre dont on fait des meubles et des vases, est encore une variété de pierre à plâtre.

Le plâtre diffère essentiellement de la chaux, 1° par sa prise presque instantanée; 2° par la crainte qu'il a de l'humidité; 3° parce qu'il demande à être employé pur, au lieu que la chaux n'agit que mêlée avec une autre matière pulvérulente, comme le ciment et le sable.

Le plâtre doit être employé le plus tôt possible après qu'il a été cuit et pilé, parce qu'éventé, il perd une grande partie de sa qualité. Si l'on est forcé d'attendre, il faut le mettre dans des sacs, ou dans un endroit sec et bien fermé, dont on ne le sort qu'à mesure qu'on l'emploie. Il est en général d'un blanc grisâtre, et d'un blanc plus ou moins mat, lorsqu'il est employé et bien sec. Il y en a même de couleur rosée ou pêche. Pour connaître sa qualité, il faut en mettre une poignée dans un peu d'eau. Si au bout d'une minute il a pris de manière à ne pas recevoir l'empreinte du doigt qu'on y appuie légèrement, il est frais, et propre à bâtir; s'il ne prend que peu de consistance, il est *vert*, et n'est pas assez cuit; s'il est longtemps à prendre, prend mal ou ne prend pas du tout, il est *éventé* et impropre à la construction.

Une autre substance, découverte depuis quelques années, porte le nom de *plâtre-ciment*, et si elle tient du premier par la rapidité de la prise, elle tient de la chaux hydraulique par sa tenacité dans l'eau. Elle contient de un à deux tiers de carbonate de chaux, du carbonate de magnésie, de fer et de manganèse, un peu de silice, d'alumine et de l'oxyde de fer. La pierre en est dure, et quelquefois susceptible de poli. Le premier plâtre-ciment fut trouvé en Angleterre, ensuite à Boulogne en France, en Russie, puis à Pouilly en Bourgogne (voy. les ciments, page 51). Pour l'employer dans les constructions auxquelles il est propre, on le mêle généralement avec une quantité égale de sable; on jette ce mélange à sec dans une auge, on fait un trou dans le tas et en agitant continuellement, on y verse deux cinquièmes d'eau. On l'emploie de la même manière que le plâtre commun, et les couches d'enduits se font toutes à la fois, à une épaisseur d'un pouce et demi (0,03) : lorsque l'on en a étendu 9 à 10 pieds quarrés (1^{mq},00), l'ouvrier projette de l'eau sur la superficie avec un large pinceau, et de l'autre main l'unit à l'épervier. On fait avec le plâtre-ciment, comme avec le plâtre commun, des moulages d'ornement et des figures qui peuvent résister à l'air; on frotte les moules d'huile ou de graisse, et les objets moulés ne se retirent ni ne se gonflent.

Dans nos provinces, l'emploi du plâtre n'est pas du ressort des maçons; ce sont des *plâtriers* qui s'en occupent exclusivement, et ils ne répondent de leurs ouvrages que lorsqu'eux-mêmes se chargent de fournir le plâtre qu'ils emploient. Cette matière sert à beaucoup d'usages, mais les principaux ouvrages dans lesquels elle est spécialement employée, sont des cloisons, des cheminées, des enduits et lambris intérieurs, enfin des plafonds.

§ Ier. Cloisons.

Les *cloisons* en briques de champ maçonnées en plâtre, sont ou *doubles* quand on met deux rangs de briques adossées, ce qui donne à la cloison quatre pouces (0,11) d'épaisseur, et *simples* quand on n'en met qu'un seul rang, et elle n'a alors qu'une épaisseur de deux pouces (0,05), compris l'enduit. Les premières s'emploient surtout sur des voûtes ou au rez-de-chaussée, les autres sur des planchers. Comme l'humidité des rez-de-chaussée est toujours plus ou moins meurtrière pour les cloisons, nous aimerions mieux employer au rez-de-chaussée des murs en brique à plat, maçonnés en mortier, qui pour distribution peuvent être de dix pouces (0,27) d'épaisseur, ou d'une demi-brique, et même de cinq pouces (0,13) ou d'une largeur de brique violette, et qui, dans ce second cas, n'ont qu'un pouce (0,027) de plus en épaisseur. Cependant on emploie aussi des cloisons doubles sur les planchers lorsqu'il y en a beaucoup, parce que leur effort ne se portant surtout sur les murs, elles ne sont pas aussi pesantes et sont plus fermes et plus solides. Pourvu que ces cloisons soient construites bien perpendiculairement et d'une bonne liaison, elles sont d'une grande durée. On n'objecte contre elles que leur pesanteur, que l'on évalue à 700 liv. la toise quarrée (92^k le m. q.) et 1400 (184^k m. q.) si elles sont doubles; par conséquent, une cloison de 18 pieds (3,00) sur 12 (2,00) pèse 2100 liv. ou 4200 (547^k ou 1098^k m. q.). Mais dans la position la plus défavorable et la moins ordinaire, c'est-à-dire, sur une solive sans poutre et chargée sur toute sa longueur, cette solive de 9° de gros (0,25) fût-elle seulement en peuplier, peut porter au moins 6000 liv.; d'ailleurs si cette cloison était en charpente, elle renfermerait au moins 26 pieds cubes (0,891 m. c.), dont 9 pieds cubes (0,308) en bois de chêne, et 15 pieds cubes (0,514) en brique ou terre grasse pour le hourdis, ce qui donnerait un poids total de 2175 liv. On doit faire au marteau une tranchée sur les murs pour y lier les cloisons autant que le plan le permet; il faut cependant que les cloisons prennent les solives en travers, et divisent ainsi leur poids. D'ailleurs on place une sablière sur le plancher sur lequel doit s'appuyer la cloison; cette sablière aura 5 à 6° (0,16) de gros pour y encastrer le premier rang de briques, et recevoir l'épaisseur de l'enduit, et lorsque plusieurs cloisons se croisent, une chandelle perpendiculaire les réunit, et reçoit une partie de leur poussée; quelquefois même on place le premier rang de briques sur une planche légère qu'on retire après la construction, de manière à laisser la poussée n'agir que sur les murs sur lesquels elle s'appuie.

§ II. Cheminées.

Les principes que nous développerons dans la troisième partie, en parlant de la construction des cheminées, doivent guider les plâtriers. Les deux jambages se font communément ou par les maçons avec de la violette, ou par les plâtriers en briques de champ triplées. On sait qu'on doit dans les planchers supérieurs, laisser à la trémie, c'est-à-dire, au vide formé par le chevêtre et les deux solives d'enchevêtrure, deux à trois pieds (0,32 à 0,65) de profondeur, et une largeur égale au foyer de la cheminée. Pour asseoir ce foyer, plusieurs ouvriers se contentent de le carreler en briques doubles ou triples posées à plat et maçonnées en plâtre; ou au moyen d'une voûte plate, ce qui produit assez de solidité; ou enfin de le soutenir avec des pièces de bois, qui doivent être absolument proscrites; mais le mieux à tous égards est de placer dans ce vide deux bandes de trémie, *planche* XLV, *fig.* 19, qui le partagent en trois parties. Si par impossible la portée de ces bandes était trop grande, on peut les soulager par une autre bande de fer de dix lignes (0,023) en quarré, scellée dans le mur, et chevillée au chevêtre, en affleurant en dessous les bandes de trémie. Une bande semblable doit soutenir la tablette du chambranle, et l'entrée du tuyau doit être soutenue par une voûte en brique, de manière à n'avoir jamais de bois en contact possible avec la chaleur du foyer. C'est sur les bandes de trémie que le plâtrier assoit son carrelage. La partie antérieure de la trémie au delà des jambages sera carrelée ou bien revêtue d'une dalle de pierre ou de marbre si l'appartement est planchéié ou parqueté. Au-dessus de la voûte on élève le tuyau en briques de champ, soit doubles, soit à un seul rang.

On est d'ailleurs dans l'usage, pour ménager le terrain et éviter de défigurer les appartements supérieurs, de fouiller, au moins en partie, les tuyaux dans l'épaisseur des murs : et en fermant la paroi du côté de la chambre, soit par une cloison, soit, et bien plus avantageusement, par un mur à plat de 5 pouces (0,13), on évite de construire les tuyaux accolés les uns aux autres, en les dévoyant, mais jamais de plus de la largeur du tuyau. Ce dévoiement a même l'avantage d'empêcher la cheminée de fumer aussi facilement, pourvu qu'on évite de lui faire faire trop de coudes, ou des coudes trop aigus. On observera d'ailleurs que, très-sagement, il n'est pas permis d'adosser des cheminées à des pans de bois, à moins de les maçonner entièrement, tant au droit et dans toute la largeur de l'âtre et du tuyau, de 6 pouces (0,16) de plus de chaque côté, et le tout de la hauteur entière du tuyau : on ne peut même régulièrement noyer un tuyau dans un mur mitoyen.

Si plusieurs tuyaux de cheminée passent ensemble à côté les uns des autres au droit du plancher supérieur, comme il serait dangereux de confier à un seul chevêtre une aussi forte trémie à soutenir, on double ce chevêtre sur le devant, ou on écarte deux de ces tuyaux de 15 à 16° (0,36 à 0,40) pour faire passer entre eux une solive d'enchevêtrure, qui divise le vide, et qui, au droit des tuyaux, doit être accompagnée, vers chacun d'eux, d'un massif de maçonnerie de 6° (0,16); enfin, quand les tuyaux sont saillants au mur, il est quelquefois nécessaire de les embrasser par des fantons de distance en distance.

Après que les tuyaux de cheminée sont montés en briques de champ et à plâtre, presque au niveau du comble, ou les couronne d'une espèce d'encorbellement qui présente une largeur de 5° (0,13), sur lequel le maçon monte en brique violette maçonnée à chaux, la souche supérieure du tuyau.

Ces tuyaux se construisent, du reste, comme les cloisons.

§ III. *Enduits.*

Les *enduits* en plâtre que l'on passe sur des murs et cloisons, sont ordinairement de deux lignes (0,05) d'épaisseur, pour la première couche, de plâtre passé au crible fin, et d'une demi-ligne (0,001) d'enduit de plâtre fin passé au tamis pour la seconde. L'ouvrier, dans cet ouvrage comme, en général, dans tous ceux de son art, doit avoir toujours la règle et le plomb à la main. Quand on veut se dispenser d'établir des lambris ou des embrasements en menuiserie, on les fait en plâtre de la même manière, et après que les portes et les croisées sont placées, on garnit ainsi les chambranles et les cadres. On peut ajouter à ces lambris en plâtre des moulures que l'on passe à la main, comme pour les plafonds. On sait que les *ébauches* doivent être en plâtre *fort* ou détrempé dur; la seconde couche en plâtre *faible* ou plus humecté; enfin, quand les enduits doivent être apparents, on les couvre d'une dernière couche en plâtre *noyé*, pour lequel on emploie mieux le plâtre de montagne. On peut là-dessus peindre comme sur le bois, en passant une première couche d'huile bouillante, ou deux couches de colle chaude pour abreuver le sujet.

Dans les rez-de-chaussée humides, comme le plâtre ne résiste pas et tombe, on y mêle de la chaux. A cet effet, on met dans un baquet une partie de bon mortier de chaux un peu gras, que l'on place aux bouts du baquet; au centre on met un tiers de plâtre de bonne qualité, et l'on gâche le tout ensemble. Cette sorte d'enduit peut servir à l'extérieur sur de vieux murs dégradés; on le badigeonne ensuite à l'ordinaire, ou mieux avec la composition suivante : On met dans un pot trois parties de bitume, une de litharge et trois d'huile de lin : quand le tout est fondu en plein air, on le retire du feu et on y ajoute une partie d'huile de térébenthine; on remue le tout, et on l'étend chaud sur l'enduit bien sec. On projette sur le tout de la chaux vive en poudre avec du ciment, de la poussière de pierre, du charbon, de l'ocre ou toute autre substance, pour lui donner la couleur. On peut employer ce dernier enduit pour les terrasses, les bassins, etc.

Tout récemment, M. Kaëne, de Londres, a trouvé un moyen de durcir le plâtre, et y mêlant, en le gâchant, une solution de couperose blanche (sulfate de zinc), montée à 8 ou 10° aréométriques, dans laquelle on dissout un peu de gomme commune ou de colle de gélatine pour l'empêcher de sécher aussi vite. Le plâtre, ainsi préparé, non-seulement acquiert une grande dureté; mais, par un effet galvanique, il préserve le fer de la rouille, et on peut, sous ce rapport, l'employer avantageusement pour le scellement des ouvrages en fer dans les bâtiments.

§ IV. *Plafonds.*

Les *plafonds* en plâtre se font de deux manières : *à tambour*, et *hourdés* ou *noyés*. Les premiers s'appliquent sur un lattis au-dessous des solives qui forment le plancher. S'il y a des poutres, et qu'on les laisse apparentes, c'est un plafond *à l'italienne*; s'il n'y a pas de poutres apparentes, c'est un plafond *plat*; et alors, dans le cas que ce plancher ait des poutres qu'on veut masquer, on place le long de ces poutres des tasseaux qui soutiennent de fausses solives pour recevoir le lattis. Les lattes se font en chêne, en sapin, et peut-être mieux en bois blanc. Si les poutres sont apparentes, on en hache le bois, et on le régularise par un rapointissage en le lardant de clous, de copeaux et de petites lattes pour favoriser le happement du plâtre. On doit avoir soin de laisser les lattes très-étroites et à claire-voie, afin d'aider la prise du plâtre, qui ne tient pas aussi-bien sur le bois uni. On pousse autour des poutres les mêmes moulures que dans les travées; mais dans cette sorte de plafond, la gorge, la corniche ou l'entablement ne doivent pas descendre au-dessous des poutres.

Pour faire un plus solide ouvrage, on fait quelquefois les plafonds *à augets*. Cette méthode consiste à hacher les solives dans l'intérieur des jouées des entrevous, et à y placer une couche de plâtre en forme d'auge, qui repose sur le lattis. Quand ensuite on plafonne au-dessous des solives, le nouveau plâtre, dans l'intervalle des lattes, se réunit à l'ancien, et ne forme qu'un corps bien plus compacte et moins sujet à se fendre et à se détacher.

Dans le plafond noyé, après l'avoir latté jointif, on hourde les entrevous des solives, alors rapprochées à 3 ou 4 pouces (0,08 à 0,10) avec des plâtras, des copeaux, des rafles de maïs et autres objets légers à bain de plâtre; alors on lève le lattis : dès que le hourdis a fait prise, on place un carrelage ou un parquet au-dessus, et on plafonne au-dessous. Ce genre de plafond a l'avantage de rendre les pièces plus chaudes, et de ne pas, autant que les autres, laisser de niches aux rats et aux souris.

La plus grande simplicité convient dans les moulures et corniches des plafonds; trop d'ornements les appesantit, et la poussière, qui bientôt les recouvre, en rend l'aspect hideux. Lorsque le plafond est trop élevé pour être facilement brossé, comme celui d'un escalier, on doit même composer la corniche de moulures sinueuses renversées qui ramassent moins d'atomes ascendants.

On fait aussi en plâtre des archivoltes, des impostes et des couronnements de porte, ainsi que des culs de lampe pour recevoir la suspension de lampes, lampadaires, lanternes ou lustres.

SECTION SEPTIÈME.

DU CARRELAGE.

Le *carrelage* est le revêtement d'une aire en matière dure, en brique, carreau, pierre, quelquefois en marbre, et ordinairement avec les deux premiers.

Le carreau est une sorte de brique, communément d'un pouce (0,027) d'épaisseur, par cela plus dure, mieux pétrie, plus homogène, plus cuite; il est généralement quarré, et depuis 4 pouces (0,108) jusques à 12 pouces (0,325) de côté; il y en a aussi de triangulaire, d'octogone ou d'hexagone. On l'éprouve comme la tuile et la plate-bande.

La brique de grand échantillon a, comme l'on sait, 15° (0,406) sur 10° (0,271), elle a donc 150 pouces quarrés (0,110 m. q.). Le pied quarré étant de 144 pouces quarrés, la toise quarrée de 36 pieds quarrés a 5184 pouces quarrés, et est couverte par 36 briques; mais comme il faut la tailler, la calibrer sur les quatre faces, user les tranches et les surfaces jusqu'à parfait jointoyement et complet niveau, quelle que soit la rigueur apportée dans le choix, on doit supposer un déchet d'un cinquième environ; par conséquent la toise quarrée en demandera 44, et le mètre quarré environ 11. Cette brique se place ou en liaison, *planche* XLVI, *fig.* 10, ou, ce qui rend l'aire plus solide, en affectant de n'observer aucune figure régulière dans les joints, et en commençant la pose par le milieu de la pièce, *fig.* 11.

Le carreau de 4° de côté, renferme 16 pouces quarrés, il en faut 324 par toise quarrée (81 par mètre quarré); celui de 5° ou de 25 po. q., 208 (52 m. q.); celui de 6°, ou 36 p. q., 144 (36 m. q.); celui de 7°, ou 49 po. q., 106 (27 m. q.); celui de 8°, ou 64 po. q., 81 (20 m. q.); celui de 9°, ou 81 po. q., 64 (16 m. q.); celui de 10°, ou 100 po. q., 52 (13 m. q.); celui de 11°, ou 121 po. q., 43 (11 m. q.); enfin celui de 12°, ou 144 po. q., 36 (9 m. q.).

Mais comme on compte, pour la casse et les rebuts à l'emploi, un dixième de déchet, il en faudra par toise quarrée, du carreau de 4°, 356 (90 m. q.); de celui de 5°, 228 (57 m. q.); de celui de 6°, 158 (40 m. q.); de celui de 7°, 116 (30 m. q.); de celui de 8°, 90 (23 m. q.); de celui de 9°, 74 (19 m. q.); de celui de 10°, 58 (15 m. q.); de celui de 11°, 48 (12 m. q.); de celui de 12°, 40 (10 m. q.); le tout placé tel qu'il sort de la briqueterie.

Si l'on veut que ce carreau soit taillé et dressé, comme nous l'avons dit pour la brique, comme le déchet et la casse sont alors plus grands, on comptera en tout un déchet du huitième; alors la toise quarrée exigera du carreau de 4°, 364 (91 m. q.); de celui de 5°, 258 (70 m. q.); de celui de 6°, 178 (45 m. q.); de celui de 7°, 130 (33 m. q.); de celui de 8°, 102 (26 m. q.); de celui de 9°, 84 (21 m. q.); de celui de 10°, 66 (17 m. q.); de celui de 11°, 54 (14 m. q.); de celui de 12°, 45 (12 m. q.).

Les carreaux de terre cuite se taillent, suivant leur dureté, au marteau taillant et au ciseau; il y a des usines qui donnent des carreaux plus durs et émaillés, pouvant se passer d'encaustique; il y a aussi des carreaux vernissés qui se taillent au ciseau, quelquefois même à la scie.

Le carreau quarré se place ou carrément et à joints quarrés, *pl.* XLVI, *fig.* 12 : ou carrément et en liaison, *fig.* 13, ou en losange, ou à joints angulaires, *fig.* 14.

Le carreau hexagone, *fig.* 16, a par sa figure l'avantage, comme le quarré, de couvrir seul un espace.

Le carreau octogone ne peut s'employer seul; ses côtés laissent entre eux un vide que l'on remplit par un petit carreau quarré, *fig.* 17.

Le carreau triangulaire forme le compartiment gironné ou à pointe de diamant, *fig.* 18; ou uni à l'hexagone, ce que l'on nomme l'hexagone étoilé, *fig.* 15.

Dans tous les cas, on forme une frise qui suit le contour de l'appartement avec des carreaux quarrés placés en ligne droite, et qui encadre les carreaux figurés; de ceux-ci l'hexagone est naturellement le plus en usage ; souvent il a environ douze pouces (0,325) de diamètre; il en faut alors, déductions faites, 48 par toise quarrée, ou 12 par mètre quarré.

On tire de diverses briqueteries des carreaux de deux couleurs, communément blancs et rouges (le premier est en général le plus dur); ces couleurs se mélangent dans les compartiments, comme il est indiqué dans les figures 15, 17, 18, avec des carreaux quarrés ou losangés, de trois couleurs, et forment le compartiment à dés, *fig.* 19.

Pour les salles à manger soignées, on se sert de carreaux plus vitrifiés, qui permettent de les laver à grande eau; quelquefois on parquette le dessous de la table, et l'on remplace le carreau de terre cuite par le carreau de pierre ou de marbre, quoique plus sujets à se tacher ; mais ce luxe n'est guère employé à la campagne. Ces derniers carreaux ne s'emploient là que de plusieurs couleurs ; ils sont communément quarrés de douze pouces de côté ; nous l'indiquons dans la quatrième partie.

Le carreau de toute espèce se pose sur une couche de mortier de chaux au rez-de-chaussée; mais si l'on craint que l'humidité ascendante ne pénètre et tache les carreaux, un bon moyen de s'en préserver, est de placer au-dessous un soutrait ou lit d'écailles ou recoupes de pierre placées à sec sur une autre couche de sable qui les enveloppe, et que l'on comprime à la batte. Ce moyen, dont nous parlons ailleurs, est surtout utile dans les greniers inférieurs, et est préférable à un double carrelage.

Sur les planchers supérieurs, le carrelage se place avec du plâtre ou du mortier de terre, si ce plancher lui-même n'est pas en brique, auquel cas on peut employer le mortier de chaux.

SECTION HUITIÈME.

DU PAVÉ OU PAVAGE.

C'est le recouvrement d'une aire en grès, galets de rivière ou cailloux des champs.

Dans les campagnes, et seulement lorsqu'il est possible de se procurer ces matériaux, on ne pave ordinairement que les écuries, peu les étables, les remises, les cuisines, rarement les esplanades, les terrasses, et autres aires du second ordre; quelquefois les passages les plus fréquentés, les cours de service, les abreuvoirs, les abords des fontaines, surtout les dessous des stillicides, les gondoles et les revers des cours principales.

Les pavés de *grès* sont rarement en usage, car ce n'est que dans des localités restreintes que l'on peut se procurer facilement cette pierre, qui se débite ordinairement au marteau et au coin, et que l'on ébarbe au couperet pour en faire des cubes de 8° (0,22), de 6° (0,16), de 4° (0,11) et même de 3° (0,08) de côté ; ces deux derniers sont souvent produits par la refente des autres. Les pavés de 8° ou de 64 pouces quarrés (440 c^{mt} q.) entrent pour 81 dans la toise quarrée de 5,184 pouces quarrés et y produisent 648 pouces cubes (la toise cube étant de 373,248 po. cubes); les pavés de 6° ou 36 po. q. (264 c^{mt} q.) pour 144 pavés qui cubent 864 po. c. ; les pavés de 4° ou de 16 po. q. (117 c^{mt} q.) pour 324 cubant 1296 po. c. ; enfin, ceux de 3° ou 9 po. q. (66 c^{mt} q.) donnent 576 par t. q. et cubent 1728 po. cubes. Le mètre quarré demande 20, 36, 81, 144 pavés ; et on compte souvent pour casse irrégulière et perte un vingtième de déchet. Ces cubes peuvent valoir, la pièce rendue sur l'atelier, 20, 17, 15, 12 centimes.

Les *galets* de rivière ne sont ordinairement ni très-gros, ni d'une forme un peu régulière, et presque toujours affectent celle d'ovoïde allongé et vague ; leurs diverses dimensions peuvent se résumer ainsi. En supposant trois longueurs diverses de 6° (0,16), de 5° (0,13) et de 4° (0,11) pouces, les premiers peuvent avoir environ 3° sur 2° ou une tranche d'environ 6 po. q. (44 c^{mt} q.) ; les seconds environ 2° sur 2° ou une tranche de 4 pouces quarrés (29 c^{mt} q.) ; les troisièmes environ 2° sur 1° 1/2 ou une tranche de 3 po. q. (22 c^{mt} q.). Ainsi les premiers seront d'à peu près 36 po. c. (714 c^{mt} c.) ; les seconds de 20 po. c. (277 c^{mt} c.) ; et les troisièmes de 12 po. c. (238 c^{mt} c.). Or, en comparant la surface approximative de ces galets à celle de la toise quarrée, on trouvera que celle-ci en contiendra pour les premiers 864; pour les seconds, 1296 ; pour les troisièmes, 1728 : puisque la solidité prescrit que ces galets soient placés sur leur longueur, ils cuberont par toise quarrée 5184, 6480 ou 6912 pouces cubes. Chaque mètre quarré demandera 216 pavés, ou 324 ou 432.

Les *cailloux*, dont la capacité est encore plus difficile à évaluer, peuvent, après un triage indispensable, être supposés d'une longueur de 2° avec un pouce et un pouce et demi de grosseur, c'est-à-dire une tranche d'un pouce et demi : chaque toise quarrée emploiera 3456 cailloux formant, comme les galets du troisième ordre, 6912 pouces cubes, chaque mètre quarré en demandera 864. On pourra passer en déchet pour les galets et les cailloux, suivant leur importance, un dixième.

Ces cailloux, comme les galets, doivent être enfoncés en terre dans le sens de leur longueur.

L'aire ou la *forme* qui doit recevoir le pavé, après avoir été nivelée et régularisée sur le sol avec ses *pentes* et ses *gondoles*, sera préalablement massivée à la batte, puis recouverte d'une couche de sable de un à trois pouces (0,03 à 0,08) d'épaisseur, suivant celle du pavé, c'est-à-dire de 9 pieds cubes pour le galet de 6°, de 7 pour le galet de 5°, de 5 pour le galet de 4°, et de 3 pour les cailloux (par mètre quarré 77, 60, 43, 26 décim. cubes). Cette quantité de sable non-seulement assujettit et enveloppe le pavé, mais en garnit tous les joints.

Quelquefois, mais dans des circonstances particulières, on remplace le sable sur lequel repose le pavé par du ciment ou du mortier de chaux, à raison de 8, 6, 5, 4 et 2 pieds cubes par toise quarrée (68, 51, 43, 34, 17 d^{mt} c. par m. q.).

Le pavé est arrangé et placé à la main, un à un, avec art, en le nivelant au-dessus, l'enterrant à la pioche plus ou moins d'après sa figure, sa force ou son épaisseur, et d'après le degré de passage qu'il doit supporter : ensuite on le *damera* en le frappant au refus de la demoiselle. Quelquefois, lorsqu'on emploie les galets ou les cailloux, pour achever de remplir les joints apparents, on finit par recouvrir le pavé de sable de rivière dans la proportion de 3 pieds cubes par toise quarrée (25 d^{mt} c. par m. q.).

Il est ordinaire, surtout à la campagne, où il y a moins de mouvement et de circulation sur les lieux pavés que celui des cours, surtout au-dessous des stillicides; de voir croître dans les interstices beaucoup d'herbages qui les défigurent et leur ôtent leur apparence. On dit qu'on peut détruire cet herbage en l'arrosant avec une eau alcaline composée de lessive ordinaire lorsque le linge est retiré du cuvier, et même d'eau simple dans laquelle on fait dissoudre ou bouillir, pour 60 litres, 12 livres de chaux vive et 3 livres de soufre. Cette dissolution s'étend ensuite dans le double en volume d'eau simple et se projette sur le pavé. On peut aussi, après une forte pluie, arracher l'herbe à la main, mais elle revient bientôt.

SECTION NEUVIÈME.

DE LA MARBRERIE.

En architecture, on donne le nom général de *marbre* à toute pierre blanche colorée, dure et susceptible de poli; ainsi l'on réunit sous cette dénomination les marbres proprement dits, les jaspes, les porphyres, les granites et les albâtres.

1°. Les *marbres* sont des sous-carbonates de chaux, qui sont *simples*, d'un grain serré, unicolores ou veinés, et d'un tissu à peu près homogène : les marbres *composés* sont des roches calcaires, dans lesquelles il entre d'autres substances lapidaires micacées ou serpentineuses; les *brèches* sont des masses diverses soudées par une sorte de ciment calcaire naturel : lorsque ces masses sont très-petites, ce sont les *brocatelles*; enfin, les *lumachelles*, ou marbres limaçons, sont des composés calcaires de débris organiques, de madrépores, de coquilles ou d'encrinites (fossiles); le tout cimenté par une pâte plus ou moins uniforme.

II°. Le *jaspe* est un oxyde de silicium du genre du quartz et du cristal de roche; il est généralement opaque et de couleur variée.

III°. Le *porphyre* est une roche primitive analogue au granite, qui contient des grains et des cristaux de diverses substances minérales aussi empâtées dans un ciment naturel : l'*ancien* se trouve dans les gneiss ou les schistes; le *nouveau* repose, en roches, sur les précédentes formations.

IV°. Le *granite* est la roche primitive qui paraît se rapprocher le plus du noyau de notre planète; ce sont des grains cristallins, réunis peut-être par un effet de fusion, et sans l'apparence d'un ciment.

V°. L'*albâtre* est un carbonate calcaire un peu jaunâtre, qui se trouve en stalactites et en stalagmites dans les cavernes de roches calcaires, et qui affectent souvent des formes curieuses. On le distingue en *albâtre oriental*, *veiné* ou *tacheté*. On donne aussi le nom d'albâtre ou d'*alabastrite* à un gypse lamelleux et grenu, blanc, gris, jaunâtre ou rouge, et qui présente parfois des dessins, des veines et des taches, souvent imitant les jaspes ou les brèches : il a de l'éclat, est translucide, fragile et très-tendre; il ne peut servir que pour composer de petits meubles.

Nous allons successivement indiquer les noms et l'origine des pierres que l'on peut employer avec le plus d'avantage.

ARTICLE PREMIER.

Marbres.

Les carrières de marbre sont nombreuses; on en trouve dans tous les pays. Voici les qualités les plus en usage, classées d'après les contrées où elles sont exploitées :

I. Marbres de Flandre. Ces marbres pèsent l'un dans l'autre 190 livres le pied cube.

1. *Sainte-Anne*, noir et blanc;
2. *Foluil, granite, pierre puante*, noir pointillé de blanc.
3. *Brabançon*, blanc et noir à grandes veines,
4. *Saint-Remy*, rouge, bleu et blanc.
5. *Conchenet*, rouge brun, veines blanches, près de Liége.
6. *Namur*, noir bleuâtre, filets gris.
7. *Hou*, près de Liége, grisâtre mêlé de blanc et de rouge.
8. *Teff*, près de Liége, rouge pâle veiné de blanc.
9. *Theu*, près de Namur, noir clair.
10. *Givet*, noir mêlé de blanc.
11. *Dinan*, près de Liége, noir très-pur.

II. Marbres de Picardie.

12. *Picard*, blanc rougeâtre mêlé de rouge foncé.
13. *Bourbon*, caillou de roche opaque, jaune roussâtre, veines herborisées.

III. Marbres de Normandie.

14 et 15. *Caën*, rouge vif mêlé de taches blanches et veines d'un bleu gris : il y en a de noir bleuâtre, qui tient beaucoup du schiste.

IV. Marbres d'Orléanais.

16. *Château-Landon*, près de Nemours, gris jaunâtre avec des points cristallins.

V. Marbres du Maine.

17 et 18. *Laval*, deux variétés, l'une noir mêlé de blanc, l'autre rouge veiné de blanc pâle.

VI. Marbres de Bretagne.

19, 20, 21. *Granite*, gris rose et paille. 192.

VII. Marbres de Bourgogne.

22 et 23. Deux *lumachelles*, l'un à petites coquilles, l'autre à grandes. 185.

VIII. Marbres de Champagne.

24. *Brocatelle*, mélange de taches blanches, bleues et jaunes.

IX. Marbres du Bourbonnais.

25 et 26. L'un est rouge sale, l'autre gris bleuâtre mêlé de jaune sale. 187.

X. Marbres de Lorraine.

27, 28, 29. Trois espèces de *granite des Vosges* : le premier, gris ; le second, vert ; le troisième, dit aussi *feuille morte*, est d'un rose jaunâtre. 189.

XI. Marbres d'Auvergne.

30 et 31. Deux sortes de *basalte* : l'une brun clair avec de menus filets ; l'autre rose mêlé de vert, de jaune et de violet.

XII, XIII. Marbres de Languedoc et Gascogne.

Ce sont les variétés de marbre que nous employons dans ces contrées presque exclusivement, sous le nom générique de *marbre des Pyrénées*. Il y en a un grand nombre de carrières ; les unes sont épuisées en partie, les autres ne sont point exploitées ; quelques-unes servent pour les constructions vulgaires, mais il y en a beaucoup dont on fait usage. Nous ne mentionnerons que les principales. Celles qui sont travaillées dans la *marbrerie toulousaine*, bel établissement que nous devons à MM. Virebent, sont indiquées par un astérisque.

Nous les classerons d'après leur couleur et leur nuance.

Blanc pur ou statuaire.

32. *Loubie*, vallée d'Ossau, près Bayonne (Gascogne).
33. *Jarrance*, calcaire saccharin dans la vallée d'Aure.
34. *Sost*, vallée de Larboust.
35. *Saint-Béat.
36. *Statuaire* de Signan.

Blanc veiné.

37. *Saint-Béat*, veiné de gris.
38. * *Cipolin* de la Pourquette d'Aspin, veiné de vert. 191.
39. La *Guinge*, vallée de Soule, taché de rouge.
40. La *Beyrade*, près Sarrancolin, blanc jaunâtre, veiné de rouge. 190.
41. *Seix* (Couserans), blanc veiné de gris et de rose.
42. *Saint-Pons*, blanc veiné de rouge.

Noirs.

43. *Portor de Caunes*, noir avec des taches et veines blanches ou rouges.
44. *Saint-Bertrand*, noir veiné de blanc.
45. *Tibiran*, noir veiné de jaune et de blanc.
46. *Sauveterre*, noir pur.
47. *Cier-de-Rivière*, noir pur.
48. *Portor* de Cascatel, noir veiné de jaune et de blanc.
49. *Isaourt*, près Saint-Girons, dit *grand antique*, veiné de blanc.
50. *Sar*, près d'Isaourt, dit *petit antique*, noir veiné de blanc.
51. *Aubert*, dit *vrai noir antique*, noir intense à grands éclats blancs.
52. *Belesta*, vallée du Lhers, veiné de blanc.
53. *Saint-Girons*, noir coquillier.
54. *Saint-Girons*, noir veiné.

Gris.

55. *Californie*, gris ardoise pâle, veines blanches et rouges.
56. *Lioq*, près Tardets, vallée de Soule, gris clair.
57. *Arrette*, gris foncé.
58. *Bise persillée* d'Arrette.
59. *Escot*, gris avec des cristaux de spath calcaire.
60. *Lescuns*, gris clair avec plaques de gris foncé.
61. *Bagnères*, près Lourdes (Bigorre).
62. *Aspin de Lourdes, gris commun.
63. *Baréges*, gris rougeâtre.
64. *Sarrancolin*, gris sec veines jaunes et grises.
65. *Arrudy*, gris panaché.
66. *Cipolin* de Bazus, gris bleuâtre.
67. *Turquin* de Saint-Béat, gris blanchâtre.
68. *Saint-Girons*, gris coquillier.
69. *Audinac*, gris et noir, veines blanches.
70. *Massat*, gris jaspé.
71. *Belesta*, gris jaspé de jaune.

PART. II. SECT. IX. *De la Marbrerie.*

72. *Montferrand*, près les Bains de Rennes, gris nuancé de rouge et de blanc.
73. *Caunes*, gris foncé, nuancé de gris clair.
74. *Massaguel*, gris plaqué.
75. **Arrudy*, gris tendre.
76. **Medoux*, gris adouci.
77. **Sainte-Anne* de Michelot, gris foncé.
78. *Antin*, gris veiné de rose.

Rouges.

79. **Campan*, rouge, blanc et vert. 191.
80. **Griotte*, de Caunes, dite *Griotte d'Italie*, rouge foncé mêlé de blanc sale.
81. *Languedoc royal*, rouge incarnat, taches et veines blanches. 186.
82. *Cervelas*, rouge pâle mêlé de rouge vif.
83. **Sarrancolin*, rouge vif, taches jaunes, veines blanches.
84. *Veyrèdre* ou *d'Antin*. 190.
85. **Campan*, rouge sombre veiné de brun, de blanc et de vert.
86. **Campan*, rose tendre veiné de vert.
87. *Bédous*, blanc rosé taché de rouge.
88. *Sort*, rosé vif, rubanné de vert et de rouge.
89. *Cierp*, rouge de sang.
90. *Bagert*, rouge enflammé.
91. *Oust*, lie de vin.
92. *Lacour*, rose et rouge veiné de blanc.
93. *Martinac*, rouge pourpre.
94. *Montferrand*, rouge brun et chocolat clair.
95. *Cournonsec*, rouge mêlé de blanc et de jaune.
96. *Griotte* de Saint-Pons, rouge sombre bariolé de blanc.
97. *Griotte œil de perdrix* de Félines d'Hautpoul.
98. **Griotte* du pont de l'Ost, rouge foncé veiné de vert.
99. *Incarnat* de Caunes.
100. *Griotte fouettée* de Caunes.
101. **Amaranthe*, de Baudéan près Bagnères.
102. **Sarrancolin*, rouge foncé nuancé de gris.
103. *Seix*, violet et blanc.
104. *Aigun*, violet.
105. *Martinac*, violet à accidents blancs et verts.
106. *Martinac*, violet foncé veiné de vert.
107. **Sarrancolin*, rouge vif, taches jaunes, veines blanches. 190.

Jaunes.

108. **Antin veyrèdre*, jaune veiné de rouge. 190.
109. *Mancioux*, coquillier nankin.
110. *Jaune* d'Herse.
111. *Isabelle* de Cascatel.
112. *Bize*, isabelle moucheté de violet.
113. *Jaune* de Castelnau.
114. **Isabelle* du pont de l'Ost, près Campan.
115. **Jaune* du Casteras.

Verts.

116. **Balvacaire*, près Saint-Bertrand de Comminges, verdâtre, taché de rouge et de blanc.
117. *Signan*, près Narbonne, vert brun, taches vert clair, rouges et grises.
118. **Vert vert* de Campan, vert d'eau nuancé de blanc. 192.
119. *Aigun*, vert, blanc et rouge.
120. *Vert sur vert* de Campan.
121. *Seix*, vert, veines et plaques blanches.
122. *Amygdaloïde* de Cascatel, vert moucheté de rouge.
123. **Vert de moulin*, de Caunes.
124. *Vert* de Grésian.
125. *Vert persillé* du pont de la Tole.

Bleus.

126. **Bleu* de Louri.
127. *Bleu* de Bedous, gris bleuâtre jaspé.
128. *Bleu cristallin*, de Bazus.
129. *Bazus*, bleu grisâtre veiné.
130. *Bleu turquin* de Caunes. 187.

Brèches et Poudingues.

131. *Brèche universelle* des Pyrénées, amalgame de cailloux rouges, gris, blonds, noirs, quelques-uns jaunâtres ou blanc sale. 186.
132. — de Baudéan, brèche noire à grands accidents jaunes, noirs, etc.; sorte de brèche universelle.
133. — de Sauveterre, brèche noire avec des taches blanches.
134. — de Médous, près Bagnères, rose.
135. *— Héchettes*, brèche imitant le Saint-Anne.
136. — *universelle* de Bizes Nistos.
137. — *africaine* de Bizes Nistos.
138. — *ibérienne* de Bizes Nistos.
139. — *éclatante* de Barbazan.
140. — de Sauveterre.
141. *— variée* d'Héréchelles.
142. *Jaspe* des Pyrénées, sorte de brèche universelle.
143. *Brèche* de Saint-Béat, isabelle et blanche.
144. — de Bagert, violette.
145. — *pan* de Bagert, rouge, verte et blanche.
146. — de la vallée de Birosse, grise.
147. — de la vallée de Birosse, violette.
148. — de Seix, jaune, avec des fragments noirs et blancs.
149. — d'Oust, blanche et pourpre.
150. — d'Erse, jaune à fragments blancs.
151. — de Vic-Dessos, jaune et blanche.
152. *Pisolite* de Bélesta, sorte de porphyre.
153. *Brèche lazulite* de Bélesta.
154. — de Bélesta, violette.
155. — *argileuse* d'Alet.
156. — de Montarnaud, à fond rouge clair.
157. — de Sainte-Urcisse, rouge et grise.

158. *Portor de Troubat.
159. *Brèche en la de Troubat.
160. *— des Régades.
161. *— de Montoussé.

Lumachelles.

162. *Lumachelle Sainte-Anne, d'Arudy.
163. — d'Escot, gris coquillier.
164. — d'Arudy, noir, coquilles blanches.
165. — du col d'Ahès, gris coquillier.
166. — des Eaux chaudes, gris coquillier.
167. — de Bedeillac, noir.
168. *— de Cadeaux, claire.
169. — de Samarac.
170. Stalactites des roches de Montesquieu.

XIV, XV. Marbres de Provence et du Dauphiné.

171. Brèche d'Alep de Toulonet près d'Aix, jaune, rouge et brun varié.
172. Tray, près la Sainte-Baume, jaune tacheté de gris et de rouge. 189.
173. Sainte-Baume, blanc et rouge mêlé de jaune.
174. Granite, gris, vert et rose.
175. Cailloutage antique, sorte de brèche. 184.
176. Saint-Maximin, noir et jaune très-vif; espèce de portor. 189.

XVI. Espagne.

177. Brocatelle, fond rouge ou violet, taches jaunes et blanches. 187.

XVII. Savoie.

178. Petit Savoyard, Gemmont, Tarentaise, rouge puce et sablé, avec des taches blanches, rosées, rouges et jaunes.

XVIII. Suisse.

179. On tire de Suisse un marbre bleu foncé nuancé plus pâle.

XIX. Piémont.

180. Vert de Turin, vert pré nuancé de blanc.
181. Bleu turquin.

XX. Duché de Gênes.

Ces marbres, aussi appelés *marbres d'Italie*, sont en grand nombre et se tirent surtout de Carrare. Les principaux sont :

182. *Blanc pur* ou *statuaire*. — C'est le meilleur des marbres de ce genre; il est supérieur par sa finesse aux marbres antiques du Pentélique et de Paros, qui sont cependant plus durs et plus solides, et auxquels les marbres des Pyrénées ressemblent davantage.

On tire aussi de Carrare ou de ses environs les marbres appelés

183. *Blanc veiné*, qu'on emploie dans toute l'Europe. 190.
184. *Bleu turquin*. 190.
185. *Bleu antique* ou *panaché*, d'un bleu noir taché de blanc azuré.
186. *Portor* d'un beau noir avec des veines d'un jaune très-vif. 190.
187. *Brèche violette* dont le fond, très-brun, a de larges taches violettes. 198.
188. *Brèche africaine* d'un brun violet avec des taches blanches.

On tire encore de l'État de Gênes les marbres suivants :

189. *Vert de Gênes*, d'un vert noir avec des veines blanches et des taches de rouge cerise. 187.
190. *Vert d'Egypte*, vert foncé taché de rouge.
191. *Vert de mer*, vert gai clair, veines blanches.

XXI. Italie.

En dehors du Piémont et de l'État de Gênes, on tire aussi d'Italie des marbres de qualité supérieure pour la finesse et la beauté des nuances, mais peut-être, pour la dureté, inférieurs aux marbres de France. Les plus estimés sont :

192. *Jaune de Sienne*, jaune, noir, rouge de diverses teintes ; on n'en tire que de petits blocs.
193. *Jaune de Vérone*, jaune paille, veines brunes.
194. *Africain*, marbre de quatre couleurs, vert noir, vert clair, vert vif avec des taches grises bleues, et rose de chair.
195. *Brèche de Venise*, bleu avec des taches de diverses nuances de rouge.
196. *Vert de Vérone*, vert foncé, taché de blanc.
197. *Bresse*, jaune avec des taches blanches.
198. *Evêque*, bandes verdâtres traversées de blanc.
199. *Pêcher*, taches rouges, blanches et jaunâtres.
200. *Piccinisco*, isabelle veiné de blanc.
201. *Porto serene*, taches et veines rougeâtres, jaunes et grises.
202. *Jaune*, isabelle doré.
203. *Lumachelle*, mêlé de taches grises, noires et blanches,
204. *Œil de paon*, mêlé de taches rouges, blanches et bleuâtres.

XXII. Allemagne.

On tire surtout de l'Allemagne :

205. *Serpentin*, noirâtre taché de verdâtre.

XXIII. Grèce, Turquie et Syrie.

206. *Vert antique*, foncé et transparent, veines blanches.
207. *Jaune antique*, jaune pâle, masses rosées.

XXIV. Afrique.

208. *Serpentin*, vert, veines jaunâtres.
209. *Arabie doré*, jaune vif, taches rouge pâle.
210. *Cipolin de Tripoli*, vert foncé ondé de blanc et de vert de mer.
211. *Vert poireau*, avec des veines cristallines.
212. *Violet d'Egypte*, blanc avec des taches violettes.

ARTICLE 2.
Jaspes.

Les jaspes dont on fait usage sont :

213. *Jaspe de Sicile ancien*, rouge brun, blanc et isabelle, fouetté de taches oblongues, couleurs vives.
214. — *de Sicile moderne*, mêmes couleurs, mais de nuances beaucoup plus pâles.
215. — *antique*, verdâtre mêlé de rouge.
216. — *fleuri* des Pyrénées, noir et blanc.
217. — *du Four* en Italie, violet ou rose foncé avec des masses blanches.
218. — *de Fréjus*, rouge et blanc.
219. — *du Puget*, sanguin et vert.

ARTICLE 3.
Porphyres.

220. *Porphyre du Puget*, ressemble au porphyre rouge antique.
221. *Brocatelle antique*, vient du Levant, rouge, portant des taches jaune isabelle et des nuances grises.
222. *Ophite* de couleur verte, formé de serpentine et de cristaux de feldspath. 204.

ARTICLE 4.
Granite.

Le granite est si dur qu'il n'est guère employé en architecture, si ce n'est dans les fondations, comme la pierre de roche; son sciage, sa taille et son poli en augmentent beaucoup le prix. Voici ceux qui sont le plus connus :

223. *Granite vert* d'Egypte. 202.
224. — *rouge*, idem. 186.
225. — *jaune*, idem. 186.
226. — *bleu* de Corinthe. 207.
227. — *du Canada*. 189.
228. — *rouge* de Laponie. 181.
229. — *de Russie*. 184.
230. — *de Danemarck*. 189.
231. — *d'Allemagne*. 184.
232. — *gris* d'Allemagne. 186.
233. — *violet* d'Allemagne. 187.

234. — *d'Espagne*. 186.
235. — *rouge* des Vosges. 182.
236. — *gris*, idem. 185.
237. — *violet*, idem. 188.
238. — *vert*, idem. 200.
239. — *rouge* du Dauphiné. 185.
240. — *granitelle*, idem. 200.
241. — *rouge* de Bourgogne. 185.
242. — *gris* de Bretagne. 192.
243. — *des Pyrénées*. 187.

ARTICLE 5.
Albâtre.

L'albâtre se trouve en France dans beaucoup de lieux, et l'alabastrite se rencontre dans la plupart des carrières de plâtre. On distingue :

244. *Albâtre des Pyrénées*, blanc ou blanc-roussâtre.
245. — *de Roquebrune* en Languedoc, gris foncé avec des nuances rouges.
246. — *gris* de Languedoc, foncé avec de grandes plaques rouge-brun. On trouve aussi en Italie beaucoup d'albâtres, entre autres :
247. *Albâtre blanc*, transparent.
248. — *fleuri*, transparent et veiné.
249. — *brun* avec veines grisâtres.
250. — *oriental fleuri*, se tire du Bergamasque; son fond est jaune-brun; mais on trouve véritablement en Orient :
251. *Albâtre varié*, espèce de pierre qui tient de l'agate, dont les veines sont blanches, roses, bleues, jaunâtres, et
252. — *brun*, fond blanc, brunâtre, bandes grisâtres et roussâtres.

Au milieu de toutes ces qualités de marbres, le choix est difficile; mais comme en architecture rurale on doit chercher à réunir la solidité au bon marché, les marbres des Pyrénées, souvent terrasseux, peuvent être préférés, parce qu'ils sont en général durs; ce qui d'ailleurs nuit à leur poli; on peut s'arrêter, pour les marbres *blancs veinés*, aux n°s 37 et 38; pour les *noirs*, aux n°s 47, 51, 54; pour les *gris*, aux n°s 58, 60, 62, 65, 75; pour les *rouges*, aux n°s 79, 80, 86, 101, 107; pour les *jaunes*, aux n°s 108, 114; pour les *verts*, aux n°s 118, 123; pour les *bleus*, au n° 126; pour les *brèches*, aux n°s 135, 142, 158; pour les *lumachelles*, au n° 162; pour les *jaspes*, au n° 216; pour les *albâtres*, au n° 223. Il sera bon quelquefois de consolider les plaques avec des boulons en fer, et mieux en bronze.

L'opinion générale est que les marbres sont d'autant plus solides que leur poids est plus fort. Nous avons indiqué celui de plusieurs, et surtout des vrais granites : on peut compter que le poids des marbres de France est ordinairement de 190 liv. le pied cube; les marbres et brèches des Pyrénées vont quelquefois à 200; les autres marbres de France pèsent 186; les marbres de Flandre 190; la brocatelle d'Espagne 193; les marbres d'Italie vont de 190 à 198.

Les défauts du marbre sont d'être *fier* ou trop raide; c'est celui des marbres des Pyrénées; ces derniers sont souvent cassants et éclatants, ce qui en plusieurs lieux ne les fait servir que comme pierre de taille, libage et moellons; *filandreux* ou coupés de fils et de fausses veines, les brèches sont souvent dans ce cas; *terrasseux* ou traversés de parties tendres et ternes qu'il faut enlever ou mastiquer, ce qui se trouve surtout dans les marbres d'agglomération, tels que les brèches, les brocatelles, les lumachelles; *camelotté* ou peu susceptible d'un beau poli par son œil terne et velouté; enfin *pouf* ou ne pouvant, comme le grès, se tailler à vives et franches arêtes.

L'architecture rurale n'emploie guère de marbre qu'en tranches pour des chambranles avec leurs socles et leurs joues lorsqu'on en fait usage, pour des foyers, des dessus de meubles, et quelquefois des carreaux.

Il est difficile d'évaluer d'une manière exacte le cube et le quarré des petits ouvrages de marbrerie.

Cependant, en supposant un chambranle le plus simple possible, il contiendra d'un à deux pieds cubes (60 dm. c.) de marbre, 2 p. q. 1/2 (26 dm. q.) de sciage, 10 p. q. (103 dm. q.) de polissage; si les pilastres sont soignés et ont des chapiteaux, on compte sur 3 p. c. (100 dm. c.) de marbre, 6 p. q. (63 dm. q.) de sciage, 2 p. q. (21 dm. q.) de taille, et 15 p. q. (158 dm. q.) de polissage; si la tablette et les chapiteaux portent une doucine, on comptera 15 p. q. (158 dm. q.) de taille, et 25 p. q. (260 dm. q.) de polissage; si le chambranle est en consoles galbées, il y aura 6 p. c. (200 dm. c.) de marbre, 10 p. q. (103 dm. q.) de sciage, 15 p. q. (158 dm. q.) de taille et 35 p. q. (370 d. q.) de polissage; s'il est à colonnes, il y entrera 9 p. c. (300 dm. c.) de marbre, 12 p. q. (127 dm. q.) de sciage, 25 p. q. (260 dm. q.) de taille, 45 p. q. (462 dm. q.) de polissage; s'il est circulaire ou à bouche de four, on prendra 10 p. c. (342 dm. c.) de marbre, 15 p. q. (158 dm. q.) de sciage, 30 p. q. (316 dm. q.) de taille, et 56 p. q. (570 dm. q.) de polissage. On comprend dans cette évaluation, les socles et revêtements. Les foyers ont ordinairement 4 p. (1,30) de longueur sur 18 pouces (0,48) de largeur, et 15° (0,035) d'épaisseur, et sont par conséquent de 6 pieds superficiels (0,63 m. q.), et exigent près d'un pied cube (34 dm. c.) de marbre.

Quelquefois, et lorsqu'on emploie des marbres rares et chers, on les emploie en placage, recouvrant un noyau de pierre de montagne, blanche ou grise.

Nous parlons du pavé en marbre, à l'article du carrelage, dans les détails estimatifs.

SECTION DIXIÈME.

DU GRILLAGE.

Pour garantir les ouvertures de l'introduction des oiseaux destructeurs sans empêcher la circulation de l'air, et pour préserver les châssis à vitre de l'action de la grêle, on emploie des grillages ou réseaux en fil de fer, et souvent dans l'intérieur en fil de laiton.

Le fil de fer se fabrique dans des usines nommées *tréfileries*; les fils s'y étirent depuis deux lignes (0,005) jusques à cinq lignes (0,011) de diamètre, et se désignent par onze numéros décroissant depuis 20 jusques à 30. Dans une autre usine, appelée *tirerie*, on fabrique au-dessous des fils qui ont depuis 1/3 de ligne (0,0007) jusqu'à deux lignes de diamètre, désignés par dix-neuf numéros, de 1 à 19. Au-dessous se trouve encore un fil plus mince appelé *passe-perle*. Enfin, une autre série décroissante au-dessous de la passe-perle a, depuis 0 jusques à 12, treize numéros de fils, depuis 1/23 de ligne jusques à 1/3.

Ainsi, le fil n° 12 de la troisième série a 1/23 de ligne de diamètre et la livre tire 10,000 toises ou 60,000 pieds de long; celui du n° 1 de la seconde série de 1/3 de ligne tire 364 toises ou 2,184 pieds de longueur, et celui du n° 19 d'environ deux lignes tire 67 pieds; enfin, la première classe a son n° 20 dont la livre tire 48 pieds, et son n° 30 de cinq lignes dont la livre tire seulement près de quatre pieds.

En architecture on ne fait guère que cinq espèces de mailles ou de réseaux : 1° celle de 6 lignes de côté (0,014), avec du fil n° 5 qui tire 1,122 pieds par livre (729 mètres par k.); 2° la maille de 9 lignes (0,20), avec du fil n° 6 qui tire 978 pieds par livre (635 mètres par k.); 3° la maille de 12 lignes ou un pouce (0,027), avec du fil n° 7 qui tire 868 pieds par livre (564 mètres par k.); 4° la maille de 15 lignes (0,034), avec du fil n° 8 qui tire 732 pieds par livre (475 mètres par k.); 5° la maille de 18 lignes (0,041), avec du fil n° 9 qui tire 630 pieds par livre (409 mètres par k.); 6° la maille de 24 lignes ou deux pouces (0,054), avec le fil n° 10 qui tire 510 pieds par livre (331 mètres par k.).

Le laiton se tréfile d'une manière semblable, mais la force n'est pas la même, puisque le n° 2 du fer est de la même grosseur que le n° 8 du laiton.

Le grillage de laiton se fait en mailles depuis 3 lignes (0,007) jusques à 9 (0,020) : 1° celle de 3 lignes emploie le n° 4 dont la livre tire 1,120 pieds (728 mètres le k.); 2° la maille de 4 lignes (0,009) : avec le n° 5 qui tire 927 pieds par livre (602 mètres le k.); 3° la maille de 5 lignes (0,011), avec le n° 6 dont la livre tire 769 pieds (510 mètres le k.); 4° la maille de 6 lignes (0,014), avec le n° 7 dont la livre tire 720 pieds (468 mètres le k.); enfin, 5° la maille de 8 à 9 lignes (0,020), avec le n° 8 dont la livre tire 626 pieds (407 mètres le k.).

Les grillages en fer se montent sur des châssis ou cadres de fer méplat de 9 lignes à un pouce de largeur, ou sur des tringles de 3 à 6 lignes de diamètre ; les uns et les autres doivent peser environ 6 onces par pied (0^{k}48 par mètre). Suivant l'étendue des châssis, on l'entretient avec une ou deux traverses horizontales et quelquefois une traverse verticale, et suivant ses dimensions on fixe le châssis à l'extérieur avec quatre, six ou huit pattes ou crochets, à l'intérieur simplement avec des pointes.

Les grillages en laiton se montent avec des châssis semblables, mais plus légers.

SECTION ONZIÈME.

DU TREILLAGE.

Le mot de *treillage* vient du latin *trichilia*, dont Columelle se sert pour désigner une treille de vigne. En effet, c'est un ouvrage fait d'échalas ou de *tringles* refendues, dressées et aplanies, qu'on lie entre eux avec du fil de fer et dont on forme des mailles communément de 6 à 7 pouces (0,16 à 0,19).

Autrefois on faisait en architecture, surtout dans celle des jardins français, un grand usage des treillages ; on en construisait des portiques, des colonnes, des pilastres, des entablements complets, des voussures, des vases et autres ornements. Aujourd'hui que ce genre de décoration coûteuse en elle-même et d'un grand entretien, est à peu près abandonné, on ne fait plus en treillage que des palis ou sorte de haie sèche, des soutiens pour les espaliers, quelques berceaux et palissades de vérandas.

On emploie pour le treillage toute sorte de bois de refend ; les plus durables sont ceux de chêne et de châtaignier ; celui d'arbres résineux dure peut-être autant et est à meilleur marché, et le moins durable est celui de bois blanc, surtout celui qu'on tire des barres de saule. Ces *tringles* s'emploient souvent replanies sur leur longueur et d'un seul côté quand elles ne sont visibles que d'une face ; alors le reste demeure brut et couvert de son écorce ; ces tringles ont ordinairement 8 à 9 lignes (0,018 à 0,020) de large, et 5 à 6' (0,010) d'épaisseur ; les *montants* qui les supportent sont des perches en bois brut d'environ 2 à 3 pouces de gros (0,05 à 0,08), et la partie qui entre dans la terre doit être carbonisée : les *perches* horizontales qui soutiennent le treillage lorsqu'il est très-haut, ont 18 à 20 lignes (0,40 à 0,045) de diamètre. Les grosses *traverses* se clouent sur les montants verticaux, et tout le reste de l'assemblage se lie avec du fil de fer ou même des osiers. Ce genre de soutien et de clôture est pittoresque et élégant, et est surtout en usage dans l'architecture rurale.

SECTION DOUZIÈME.

DE LA PLOMBERIE.

On connaît deux espèces de plomb dont le poids est d'environ 828 livres le pied cube ($3,100^k$ le m. c.); le plomb *blanc* qui est sec, aride, sujet à la casse, et qui ne peut être employé sans alliage, et le plomb *noir*, celui qu'on préfère.

Le plomb se vend en lingots ou *saumons* de 18° (0,49) de long sur 8° (0,22) de large et 2° (0,054) d'épaisseur, qui pèsent à peu près 140 l. (70^k) ou en barres de différentes grosseurs, d'une longueur et d'un poids indéterminés.

On *lamine* le plomb ou mieux on le *coule* en tables: on le moule en tuyaux qui ont jusques à 6° (0,16) de diamètre; on compose aussi ces tuyaux de bandes de table roulées sur un mandrin de bois; enfin, on dresse ces bandes au rabot avec une *cannelure* et on les soude; ce sont ceux qu'on nomme *physiqués*.

Le plomb s'emploie aussi en scellements; on en fait des cuvettes, des conduites, des doublures de baignoires et d'autres vaisseaux; on en recouvre des terrasses, des égouts, des noues, des arêtiers et d'autres assemblages de charpente.

La *soudure* est un mélange de plomb et d'étain qui sert à fixer et à réunir les ouvrages de plomb.

Tous les plombs employés en construction sont comptés au poids, soudure et façon comprise : on les divise en deux classes, les plombs en table, tuyaux moulés et soudés, et les tuyaux physiqués.

Le poids du pied superficiel du plomb en table est nécessairement relatif à son épaisseur, ainsi que celui du pied courant de tuyaux de plomb, d'après leur diamètre, ainsi qu'il suit :

(L)   Tarif *du poids du Plomb d'après son épaisseur.*

PLOMB EN TABLE.			TUYAUX DE PLOMB, LE PIED COURANT, D'UN DIAMÈTRE DE					
ÉPAISSEUR DU PLOMB.	Poids par pied quarré.	Pieds quarrés par quintal.	1°	2°	3°	4°	5°	6°
	l. onc.		l. onc.	l. onc.	l. onc.	l. onc.	l. onc.	l. onc.
Demi-ligne.	25. 9	80 1/2	0. 12	1. 8	2. 4	2. 12	3. 8	4. 8
Trois quarts de ligne.	38. 5	40 1/4	1. 2	2. 2	3. 4	4. 2	5. 4	6. 8
Une ligne.	51. 3	55 1/9	1. 4	2. 6	3. 12	5. 8	6. 12	7. 8
Une ligne et quart.	63.15	29 "	1. 12	1. 12	5. 4	6. 14	8. 10	10. 8
Une ligne et demie.	76.12	24 1/2	2. 2	4. 4	6. 6	8. "	10. 2	12. 12
Deux lignes.	102. 6	18 1/3	3. "	6. "	9. "	11. "	15. "	18. "
Deux lignes et demie.	137.13	14 1/2	3. 14	7. 12	10. 11	12. 14	16. 9	21. 4
Trois lignes.	153. 4	12 1/4	4. 4	8. 8	11. 12	13. 8	19. 14	25. "

SECTION TREIZIÈME.

DE LA FONTAINERIE.

La fontainerie est, sous beaucoup de rapports, identique à la plomberie. Les fontainiers construisent les pompes et leurs accessoires en plomb, en bois, en fer et en cuivre, ainsi que les baignoires, les garderobes dites à l'anglaise, etc. Ils se servent souvent de tuyaux de fonte de fer, qui rentrent dans le domaine de la ferronnerie. Dans l'article de la quatrième partie de cet ouvrage sur les devis estimatifs corrélatifs à cette section, nous donnons une idée générale du prix approximatif des fournitures de ces ouvrages, qui sont presque étrangers à l'architecture rurale, à l'exception de celles qui sont relatives aux aisances, que l'on emploie quelquefois dans nos habitations.

SECTION QUATORZIÈME.

DE LA POÊLERIE.

La construction des poêles est plus importante aujourd'hui que ce genre de calorifères est plus apprécié, et plus habituellement employé comme plus économique.

Les poêles se font quelquefois à demeure, et nous en parlons dans la troisième partie. On emploie des briques posées à plat et de champ, très-variées de forme et dans leurs dimensions, et on les revêt ordinairement de carreaux en *biscuit* ou terre cuite non émaillée, ou en carreaux de *faïence* ou terre cuite émaillée, blancs ou colorés, soit unis et sans ornements, soit à mosaïque, soit à dessin octogone uni, soit à dessin octogone à rosaces, soit enfin à mosaïque et rosaces riches. Ces carreaux portent communément 8 pouces (0,21) en quarré, ou 8 pouces sur 12 (0,32). Les tuyaux sont de même matière, unis, à bandeaux, avec bandeaux et cannelures de 5 à 12 pouces (0,13 à 0,32) de diamètre. On remplace ces tuyaux par des colonnes de semblable fabrication, et on les couronne de flammes, de corbeilles et de chapiteaux. Les portes sont en tôle, les cercles en fer ou en cuivre; les bouchons pour les bouches de chaleur sont aussi en cuivre. On emploie aussi des tuyaux en tôle plus ou moins forte, ainsi que des cendriers à tiroir également en tôle.

Les poêles portatifs, plus en usage, se font en fonte, en forte tôle, et souvent revêtus de carreaux semblables. Ils sont composés d'une tablette de cinq à quinze carreaux de faïence, retenus par un cercle à vis, d'une feuille de tôle pour le foyer, souvent d'un four en tôle, d'une porte sur un châssis simple, garnie de pentures et d'un loquet, le tout monté sur un châssis en fer, supporté par quatre pieds rivés sur la carcasse, quelquefois même remplacés par des roulettes.

Ces poêles sont carrés, de 18 pouces (0,28) de hauteur sur 16 (0,23) de longueur, et de 13 (0,33) de largeur, composés de cinq carreaux portant le n° 1, de 19 pouces (0,51) de hauteur sur 18 (0,48) de longueur et 14 (0,35) de largeur, composés de sept carreaux, et portant le n° 2; de 21 pouces de longueur (0,56) sur 20 (0,54) et 16 (0,43) à sept carreaux, sous le n° 3; de 22 pouces (0,59) de hauteur sur 22 de longueur, et 17 (0,46) à sept carreaux, sous le n° 4; de 25 pouces (0,68) de hauteur sur 25 de longueur, et 19 (0,51) avec onze carreaux, sous le n° 5; de 26 pouces (0,70) de hauteur sur 25 (0,68), et 20 (0,54), avec onze carreaux, sous le n° 6; de 27 pouces (0,40) sur 30 (0,81), et 24 (0,65) à quinze carreaux, sous le n° 7; de 30 (0,81), sur 36 (0,97), et 26 (0,70) à 15 carreaux, sous le n° 8.

On fait aussi ces poêles de forme ronde, formés par trois rangs de carreaux sur la hauteur, en faïence blanche, à mosaïque ou rosace, ou en biscuit blanc ou coloré, retenus par trois cercles en cuivre poli avec leurs vis; le châssis circulaire est supporté par trois pieds; la carcasse intérieure est en fer, composée de deux cintres et d'une traverse;

la porte est en tôle, la tablette ordinairement en marbre. Ces poêles suivent la même série de numéros; le n° 9 a 15 pouces (0,40) de diamètre pris à la corniche, ou 13 pouces (0,33) pris au nu du poêle, sur 20 pouces (0,54) de haut, composé de dix-sept carreaux; le n° 10 a 18 pouces (0,48) de diamètre, 22 pouces (0,59) de hauteur, et est de 20 carreaux; le n° 11 a 21 pouces (0,56) de diamètre, 24 pouces (0,65) de hauteur et 23 carreaux; le n° 12 a 24 pouces de diamètre, 26 pouces (0,70) de hauteur et 26 carreaux; le n° 13 a 27 pouces (0,75) sur 28 pouces (0,80) et 29 carreaux. On les choisit d'après les dimensions de l'appartement, ainsi que nous l'indiquerons.

Pour les poêles d'un petit foyer avec deux bouches de chaleur, quatre tuyaux intérieurs et deux plaques, il faut environ un quintal de fonte; pour ceux d'un moyen foyer, six tuyaux et deux plaques, deux quintaux; pour ceux d'un grand foyer, avec douze tuyaux intérieurs, quatre bouches de chaleur, jusques à trois quintaux; et la main d'œuvre peut varier de 4 à 6 fr., de 6 à 9 fr., de 8 à 12 fr.

On donne souvent à ces poêles portatifs le nom de *calorifères*. Leur foyer est revêtu de forte tôle ou de brique réfractaire, dans des proportions analogues à celles que nous indiquerons pour les poêles en maçonnerie.

On fait aussi quelquefois usage de poêles en fer fondu; mais, plus que les autres encore, ils produisent dans l'appartement une grande sécheresse, que l'on corrige, en partie, en y superposant un vase rempli d'eau.

SECTION QUINZIÈME.

DE LA VITRERIE.

La *vitrerie* est l'emploi des carreaux de verre pour garnir les vides ménagés dans les châssis des croisées, afin d'obtenir du jour en conservant la chaleur et interdisant l'introduction des intempéries de l'atmosphère.

Le verre à vitre est de trois sortes : le *verre en plat* ou *à boudine*; le verre en *manchon* ou *en feuilles*, dit communément *verre d'Alsace*-ou *de Dauphiné*; le verre en *table* ou *verre de Bohême*.

Le verre en plat est le plus commun et le moins employé aujourd'hui : c'est un silicate simple de potasse ou de soude, très-fragile, et qui se décompose facilement.

Le verre en feuilles, dit aussi *demi-blanc*, est celui dont ou se sert le plus habituellement : c'est un silicate de soude ou de potasse mélangé de chaux.

Le verre en table ou *verre blanc* (*crownglass* des anglais) est le plus fort, le plus épais, le plus résistant ; c'est un silicate de potasse et de chaux : il sert pour les appartements très-soignés; il se rapproche du cristal et des glaces, mais il a le grave défaut de tourner souvent au gras, et de devenir souvent à l'air, et, dit-on, par l'effet de la lune, opaque, laiteux, écailleux, en perdant beaucoup de sa transparence. C'est celui qu'on emploie pour les glaces de voiture, pour les cadres des estampes, pour les montres des magasins.

Le verre peut se dépolir pour avoir un jour plus faible, plus doux et plus terne, sans laisser voir à travers : ce dépolissage double le prix du verre.

Le verre est fusible à une température plus ou moins élevée, d'après sa composition; à un certain degré il devient souple, se tord et prend toutes les formes qu'on veut lui donner. On le dévitrifie ; il devient alors absolument terne, opaque, fibreux, beaucoup moins fusible; on en fait des vases de laboratoire qui résistent au feu mieux que ceux de porcelaine, des mortiers, des camées, des porphyres et des pierres colorées pour la mosaïque; quelquefois des carreaux d'appartement. C'est une véritable cristallisation du verre.

On revient aujourd'hui aux verres de couleur, soit peints sur leur surface, soit colorés en fabrication. Cette dernière méthode, qui consiste à mêler dans la fusion du verre des chaux métalliques qui lui donnent la couleur, et qu'à tort on croyait perdue, a maintenant plusieurs fabriques, dont les produits sont excellents. Dans les dépôts on ne trouve communément que du *bleu* coloré avec du silicate de cobalt; du *jaune* coloré par l'oxide de plomb, et nuancé du *serin* faible au *jaune foncé*; du *violet* coloré par l'oxide d'antimoine ou le silicate de magnésie ; du *vert* avec le silicate de cuivre ; du *pourpre* avec le mélange d'oxide de plomb et de chlorure d'argent ou du manganèse.

On rend le verre blanc *opaque* avec l'oxide d'étain ; *laiteux* ou *opale* avec des os calcinés, ou mieux, du phosphate de chaux. Au reste, tout ce genre de décoration est tout-à-fait artistique, et ne peut entrer que très-accidentellement dans notre plan, aussi bien que tous les mots et les procédés relatifs à la peinture sur la surface du verre.

Nous n'avons à nous occuper, en architecture rurale, que du verre demi-blanc ou verre d'Alsace et de Dauphiné.

Le verre se coupe avec la règle et un éclat de diamant, qui sert de burin. Les feuilles préparées se placent dans les feuillures ménagées à cet effet dans le bois des châssis; on retient ces feuilles avec de petites pointes, en les mettant dans un parfait niveau; ce qui est essentiel pour leur conservation. On recouvre ensuite la feuillure avec un mastic composé de blanc d'Espagne ou de céruse, pétris avec de l'huile de lin ou de noix.

Le verre à vitre, comme les glaces, se vend, en magasin, par mesure à l'équerre, c'est-à-dire, d'après la somme réunie de sa longueur et de sa largeur.

SECTION SEIZIÈME.

DE LA MIROITERIE.

On donne ce nom aux verres en table étamés, qui, sous le nom de *glaces*, servent si puissamment à décorer les appartements, et sont même aujourd'hui devenus indispensables dans la vie commune.

Ce verre se compose d'une partie de sel de soude pur sur trois de sable siliceux; on emploie aussi, sous le nom de *casson* ou *calcin*, les parties de verre pur et non coloré, qui proviennent de l'écrémage ou du curage des cuvettes, même des bavures et rognures des glaces elles-mêmes. Ces miroirs se soufflent ou se coulent. Ceux du premier genre se sont fabriqués exclusivement à Saint-Quirin en Lorraine; ceux du second à Saint-Gobin en Picardie. Le prix des glaces de Saint-Quirin est ordinairement inférieur d'un cinquième à celui des glaces de Saint-Gobin; aussi sont-elles moins épaisses, moins belles et moins solides, quoique depuis quelque temps on ait rendu le soufflage plus simple, plus aisé et plus régulier. Une fabrication aussi coûteuse, aussi méticuleuse ne peut guère avoir lieu que dans des établissements tout-à-fait spéciaux, lesquels exigent des procédés divers et un roulement de fonds considérable; aussi se sont-ils réunis pour ne pas se nuire, et ont ainsi monopolisé cette fabrication. Le tarif de Saint-Gobin domine tout ce genre de commerce. Cependant, quoiqu'il soit sage, en général, de se méfier des industries exclusives, on doit rendre à celle-ci la justice d'avouer qu'elle présente, en général, une grande loyauté. Les prix, d'après le *volume*, comme nous l'avons dit en parlant de la vitrerie, sont établis dans un tarif public; ces prix sont ouvertement indiqués sur chacune des glaces; et comme le tarif suppose toujours des glaces sans défaut, qu'il est rare d'en rencontrer de telles, les imperfections qui se trouvent dans chacune, sont examinées, évaluées par le fabricant lui-même, ce qui produit un rabais qui peut aller depuis 5 jusques à 10, et quelquefois 15 p. %, d'après le nombre et la gravité des imperfections, il est vrai, beaucoup moins communes aujourd'hui; on peut même composer des miroirs en deux pièces, qui sont parfaitement ajustées, et qui n'offrent à l'œil qu'une raie brune au point de jonction. On employait autrefois beaucoup ce moyen d'économie, puisque la mesure des volumes en détermine le prix; mais la baisse des tarifs l'a rendu moins nécessaire.

Car quoique le monopole des fabricants de glaces existe toujours, les nouveaux établissements fondés en Belgique, en Allemagne et en France même, ont forcé de baisser les prix. On peut en juger par la comparaison des tarifs de 1806 et de 1845. Dans le premier, un volume de 120 pouces (3,24) de hauteur sur 75 pouces (2,02) de largeur ou de 195 pouces (5,26) à l'équerre, était porté à 14,167^f, et dans le second seulement à 3,085^f ou du quart au cinquième; aussi emploie-t-on assez généralement aujourd'hui les volumes entiers. C'était les glaces en deux pièces qu'on employait en architecture rurale, mais à présent il n'est guère question d'une économie très-peu considérable au moins dans les volumes ordinaires. La fabrication s'étant, comme nous l'avons dit, perfectionnée, on est plus sévère pour le choix en magasin, on met en casson tout ce qui est trop défectueux, ou on le réduit en volumes minimes, et il est rare maintenant d'obtenir 5 p. % de rabais.

Ces glaces sont étamées et montées sur des parquets de menuiserie pour les rendre maniables, et ce sont les fabriques elles-mêmes qui les fournissent. On évalue le tain, le transport de la manufacture et le parquet pour les cas ordinaires à 4 ou 5 p. % au-dessus du tarif.

Lorsque les glaces ne sont pas encastrées à demeure dans la maçonnerie, la plâtrerie ou la menuiserie, on en revêt le pourtour d'un cadre en bois précieux, verni et apparent, en bois ordinaire, peint, doré ou recouvert d'une lame de laiton. La largeur de ce cadre doit être en rapport avec le volume de la glace, qu'elle soit en une ou deux pièces. Les plus grandes glaces que nous ayons à employer dans nos campagnes admettent des cadres de 4 pouces (0,11), ce qui réduit du double la largeur et la hauteur du volume. Il y en a de 3° (0,08), de 2° 1/2 (0,07), de 2° (0,05), de 1° 1/2 (0,04). Quant au prix de ces cadres, il est difficile de se fixer à cet égard; cela tient à leur nature, leur dorure, le genre de leurs moulures ; mais il peut être compté par pied de longueur à environ 2 fr. ; 1 fr. 75 cent. 1 fr. 50 et 50 cent.

Rarement nous employons des glaces de 6 pieds ou 72° de hauteur et de 3 p. 4° ou 40° de largeur (1,95 sur 1,08), ou de 112° (3,03) à l'équerre ; mais si elle reçoit un cadre de 4°, elle subit une diminution de 8° dans chaque dimension, ce qui établit le volume franc à 64° (1,77) sur 32 (0,87) ou 98° (2,64) à l'équerre.

A l'époque actuelle, il est à croire que les volumes employés dans nos maisons de campagne ne peuvent dépasser 5 pieds ou 60 pouces (1,62) de hauteur sur 3 pieds ou 36° (0,95) de largeur, c'est-à-dire 96 pouces (2,58) à l'équerre; mais réduits par un cadre de 4 pouces (0,11) à 42° (1,41) de hauteur sur 28 (0,75) de largeur ou 80° (2,16) à l'équerre.

Plus souvent nous emploierons des glaces moyennes, qui peuvent être comptées à 54 pouces (1,47) sur 32° (0,88) ou 84° (2,28) à l'équerre, avec des cadres de 3° qui réduit le volume franc à 48° (1,29) sur 28° (0,75) ou 76° (2,04) à l'équerre.

Dans les appartements moindres, on a de plus petites glaces qui ont 36° (0,96) sur 20° (0,54) ou 56° (1,50) à l'équerre; mais réduites par un cadre de 2° 1/2 seulement à 31° (0,84) sur 15° (0,39) ou 46° (1,23) à l'équerre.

Enfin dans les cabinets et garde-robes, on peut se contenter de petites glaces de 18° (0,48) sur 12° (0,33) ou de 30° (0,81) à l'équerre et avec un cadre de 1° 1/2, ce volume sera de 15° (0,39) sur 9° (0,24) ou de 24° (0,66) à l'équerre.

On observera que pour le rapport des mesures en centimètres, nous avons suivi les degrés marqués sur le tarif de 1845.

Les glaces sont un mobilier durable et qui conserve la plus grande partie de sa valeur; ainsi cette décoration qui paraît plus chère au premier coup d'œil, est en résultat plus économique. Par exemple, la décoration architecturale d'une cheminée de salon, fût-elle seulement en plâtre, pourrait coûter de 120 à 150 fr., et exigerait une glace moyenne de 124 fr.; cette décoration complète reviendrait à 244 ou 275 fr. : si on la remplaçait par une glace du premier ordre que nous avons indiqué, elle ne reviendrait qu'à 240 fr., et elle conserverait une partie de sa valeur, tandis que la décoration en plâtre exige des enduits, des peintures qui en augmentent le prix, et est sujette à des écornures, des réparations, et peut être détruite, si par quelque motif on change les dispositions de l'appartement.

On observera qu'il est assez commun, lorsqu'on n'est pas extrêmement difficile sur la beauté de la glace, de l'obtenir dans les dépôts, étamage, parquet et cadre compris, au prix du tarif. Hors de la fabrique, ces détails deviennent beaucoup plus chers, car les ouvriers de province n'ont ni l'habitude ni les éléments nécessaires. L'article correspondant à cette section dans les détails estimatifs, complète les renseignements que nous sommes à même de donner sur cet objet.

SECTION DIX-SEPTIÈME.

DE LA PEINTURE D'IMPRESSION.

La *peinture d'impression*, ou barbouillage, est celle qui se réduit à couvrir les parois de différentes parties intérieures ou extérieures d'un édifice des couleurs convenables à leur décoration, ou nécessaires pour assurer leur durée.

Cet art étant celui pour lequel il est le plus difficile de se procurer de bons ouvriers dans les campagnes, celui pour lequel la main d'œuvre est la plus chère, dans lequel il est le plus fâcheux et le plus facile d'être trompé sur les fournitures, et en même temps celui dans lequel tout homme intelligent peut réussir très-aisément, au moins en ouvrages communs, nous entrerons dans des détails plus étendus, et qui puissent indiquer aux lecteurs les moyens de se suffire à eux-mêmes : il sera facile, en lisant cette section, de comprendre les objets qu'il conviendra de confier à des ouvriers exercés.

L'atelier du peintre en bâtiments doit se composer d'une pierre ou d'un *marbre à broyer*, d'une *molette*, ou *broyon* de même matière, et de *spatules* ou *couteaux* en fer, en cuivre ou en bois; de *brosses* ou *pinceaux* en soie de porc ou de sanglier, qui tiennent peu la pointe, et qui ont, depuis quelques lignes jusques à trois ou quatre pouces de grosseur : ces brosses et pinceaux doivent toujours être tenus propres et imbibés, soit d'eau, soit d'essence : la table, ou pierre à broyer, doit être solidement fixée.

Les matières qu'emploient les peintres en bâtiments, sont de différentes sortes; les unes accessoires, liquides, solides ou siccatives; il y a des opérations préliminaires ou préparatoires; les couleurs sont primitives ou composées d'une seule matière colorante; ou secondaires, mélange de plusieurs entre elles; on les emploie de différentes manières, avec la colle, l'huile, le lait, le vernis. Nous allons, dans différents chapitres, donner quelques indications indispensables.

CHAPITRE PREMIER.

DES MATIÈRES ACCESSOIRES EMPLOYÉES DANS LA PEINTURE.

Ces matières sont, ou *liquides*, c'est-à-dire l'eau, l'eau seconde, le lait, l'huile, la térébenthine, l'esprit de vin, le vernis ; ou *solides*, gomme la colle, la cire, le savon, le sel de tartre, la pomme de terre, le vitriol blanc, la litharge, la mine de plomb, le bronze, la pierre ponce, les éponges.

1° *L'eau* doit être tirée de la rivière ou d'une bonne fontaine ; les eaux de puits et les autres eaux séléniteuses en se décomposant et se précipitant, dénaturent les tons adoptés. Si on n'a pas d'eau très-bonne, très-claire, l'on emploiera l'eau filtrée.

2° *L'eau seconde*, qui sert à nettoyer ou enlever les anciennes couleurs, est une lessive composée de six pintes d'eau de rivière, dans laquelle on fait dissoudre trois livres de potasse (alkali fixe végétal), et une livre de cendres gravelées, c'est-à-dire, le produit de l'incinération de la lie de vin desséchée, du marc de raisin, des grattures de tonneaux, des vinasses, etc. A cette dose, l'eau seconde enlève toutes les couleurs et les vernis, et elle dégraisse les peintures à l'huile sur les sujets qu'on veut repeindre à la colle : si on veut repeindre à l'huile, l'eau seconde reçoit moitié d'eau ; pour laver seulement les vernis sur huile, on met six parties d'eau sur une d'eau seconde, et sur huit pour laver les vernis sur colle.

3° Le *lait* sert de base à une peinture économique et d'un usage plus récent.

4° L'*huile* est le principal véhicule de la peinture d'impression, et à peu près le seul en usage pour les peintures extérieures : on se sert d'huile blanche d'*œillette* ou de pavot, qui est préférable, surtout pour les blancs : l'huile de *noix*, à peu près aussi siccative, et qui a autant de limpidité, mais plus chargée en couleur ; enfin d'huile de *lin*, plus généralement employée, surtout dans l'extérieur, plus épaisse, plus colorée, et qui sèche moins rapidement ; d'ailleurs, cette huile conserve mieux le bois et résiste mieux aux intempéries de l'air.

C'est avec l'huile de lin qu'on fait l'huile siccative, dite vulgairement, et par antiphrase, *huile grasse*. L'huile de lin, posée sur le feu dans un vase, reçoit, quand elle commence à chauffer deux sachets, l'un rempli de litharge, l'autre de terre d'ombre et de pelure d'oignons : quand elle a bouilli quelque temps, elle est dégraissée ; on ôte les sachets, et dès qu'elle est refroidie on peut s'en servir.

C'est avec de l'huile de lin bouillante que l'on prépare les plâtres humides à recevoir une couleur.

5° L'*essence*, *huile* ou *esprit de térébenthine* est le résultat de la distillation des résines communes ; elle sert à éclaircir les couleurs à l'huile, à leur donner du brillant, les fait mordre et étendre plus uniment. On broie les couleurs à l'essence pour les détremper ensuite avec le vernis ou l'esprit de vin. Elle donne plus de limpidité à la couleur ; elle est éminemment siccative, absorbe l'odeur de l'huile par la sienne propre, qui, quoique très-forte, s'évapore facilement. Cependant, pour la solidité de la couleur et l'entretien des bois, l'essence ne doit jamais être employée pure pour détremper ; dans les premières couches, il suffit d'un tiers sur deux tiers d'huile ; dans les secondes, moitié de l'une et de l'autre ; dans les troisièmes, deux tiers d'essence sur un tiers d'huile.

6° L'*esprit de vin* (alcool) est l'agent des couleurs lucidoniques et de quelques vernis légers.

7° Les *vernis* sont des liquides brillants et transparents qui fixent les couleurs en les laissant paraître, et sans agir sur elles ; ils sont inaltérables à l'air et à l'eau, sont très-siccatifs, aussi se contente-t-on aujourd'hui de vernis entièrement blancs.

Les vernis sont de trois sortes : ceux dont la base est l'*essence* ; ceux à *l'huile* ou *gras* ; ceux à *l'esprit de vin* ou *clairs*. On ne fait pas beaucoup d'usage des premiers, parce qu'ils sont moins siccatifs, et ont plus d'odeur sans autant de solidité ; ils servent surtout pour les tableaux, pour les gravures ; on s'en sert aussi pour détremper les couleurs broyées à l'huile, et surtout le vert de gris. Le vernis gras est celui qui est le plus solide, qui résiste le mieux à l'extérieur ; dans les beaux jours, il sèche là, dans les vingt-quatre heures, avec une addition d'essence ; on en fait de plusieurs espèces : à l'or, pour les trains d'équipages, pour les ferrures. Le vernis à l'esprit de vin est brillant, sèche vite, mais se gerce, casse et a moins de résistance. La sandaraque, le copal, le mastic sont ses principaux éléments. Il y en a un blanc, sans odeur, pour les appartements, pour lustrer les papiers de tenture ; il peut être poli ; on en fait pour les boiseries, les meubles, les ferrures, pour les instruments de musique, les cartons ou autres petits meubles de fantaisie.

Le commerce connaît le vernis à l'esprit de vin, sous les n°s 1 et 2, l'un pour les couleurs tendres, l'autre pour les plus communes : le vernis à bois ; le *gros guyot*, vernis commun, est à l'essence ; le vernis de *Hollande* est aussi à l'essence.

8° La *colle* est de plusieurs sortes ; la colle forte, qui ne sert que pour les gros ouvrages extérieurs et le badigeon ; mais la plus épurée et la plus en usage est la colle de *Flandre*, que l'on achète en feuilles dures, compactes et à demi transparentes ; la colle de gants, celle de cuir de *lapin* ; celle de *brochette* ou de rognures de peaux de mouton ou de veau : ces rognures tannées sont : la *belle brochette* ; celles qui ne sont pas tannées sont la *brochette de rivière* ; enfin celle de *parchemin*. C'est la première de toutes ; après elle, c'est la colle de brochette.

9°, 10°, 11° La cire jaune, le savon noir ou blanc, le sel de tartre (carbonate de potasse), sont les éléments de l'encaustique.

12° La *pomme de terre* peut être employée pour diminuer le prix de la peinture à l'huile. A cet effet, on prend une livre de pommes de terre, pelées et bien pétries, qu'on mêle avec deux ou trois livres d'eau bouillante ; on y ajoute deux livres de chaux en poudre, délayées dans quatre litres d'eau, on remue le tout et on le passe au tamis de crin. Cette composition, mêlée avec la couleur nécessaire, sert à passer des couleurs extérieures, et peut s'employer pour badigeon.

13° Le *vitriol blanc*, couperose blanche (sulfate de zinc), est un siccatif peu employé, parce qu'il l'est à un moindre degré, et que s'il laisse la couleur dans sa pureté, il est sujet à la faire gercer ou jaunir.

14° La *litharge* est le meilleur siccatif, et celui dont on fait le plus d'usage. C'est une oxide de plomb qui, à cause de sa vitrification plus ou moins avancée, est blanche ou jaune, et que l'on nomme communément *litharge d'argent* et *litharge d'or*. Toute broyée, une once suffit par livre de couleur.

15° La *mine de plomb*, plombagine, carbure de fer ou de molybdène est employée à peindre les fontes, noircir les tôles et les contre-cœurs des cheminées. On imbibe le sujet de mordant, c'est-à-dire de vinaigre, et après qu'il est ressuyé, on frotte de nouveau avec une brosse saupoudrée de mine sèche.

16° Le ou la *bronze* n'est autre chose que du laiton pulvérisé, dit aussi *or d'Allemagne*, c'est-à-dire un alliage de cuivre, de charbon et de calamine ou oxide de zinc. On l'emploie à couvrir la surface de divers objets, comme ferrures, grillages, etc.; on passe d'abord un mordant d'huile grasse, ensuite on le couche avec un pinceau de blaireau. Lorsqu'on l'emploie en frottis, on le délaye avec une colle faible et on le passe avec une brosse ; pour les fonds en détrempe le mordant est de l'encaustique. Une once de bronze suffit pour 25 pieds quarrés de dorure. Pour le bronze antique, on prépare les fonds en couleur verdâtre analogue.

17° La *pierre ponce* s'emploie pour adoucir les fonds d'apprêt avant de coucher les teintes ; la pierre ponce très-poreuse, légère et tendre, est propre à poncer à sec ; celle qui est plus dure et compacte sert à poncer à l'eau. Pour les ponçages à sec et bien soignés, on use une once de pierre ponce, soit à sec, soit à l'eau, par toise quarrée.

18° Les *éponges* servent à laver et essuyer l'eau sur les fonds lessivés des peintures vernies ou des carreaux grattés.

CHAPITRE II.

DES MATIÈRES COLORANTES.

Il est inutile d'indiquer toutes les matières qui peuvent servir dans la peinture d'impression : nous n'indiquerons que celles qui sont le plus en usage ; et comme les unes s'emploient tant à l'huile qu'à la colle ou en détrempe, que d'autres s'emploient exclusivement à l'huile, quelques-unes surtout en détrempe, nous les marquerons d'un, de deux, ou de trois astérisques. Nous avons dit qu'il y avait des couleurs *primitives* ou qui à elles seules formaient leur nuance ; les *blancs* qui entrent dans tous les mélanges demandent des détails particuliers ; enfin, des couleurs *secondaires* se composent de plusieurs couleurs primitives combinées ensemble.

ARTICLE PREMIER.

Couleurs primitives.

1° *Blancs.*

*** Blanc d'*Espagne*, de *Troyes*, de *Meudon*, de *Bougival*, etc., espèce de terre calcaire ou carbonate de chaux qui se tire de différentes carrières. Il faut 8 onces d'eau ou 7 onces de colle pour en broyer ou infuser une livre, et 5 onces d'essence pour la détremper. On a encore le blanc de *craie*, plus grossier, qui lui est analogue.

** Blanc de *plomb*. Oxide de plomb produit par l'acide acéteux (acétate de plomb). Pour infuser ou broyer, 2 onces et demie d'eau, 2 onces d'huile ; pour détremper, 5 onces de colle, 6 onces d'huile ou 5 onces et demie d'essence, le tout par livre de matière.

** Blanc de *céruse*. Combinaison du blanc d'Espagne ou du blanc de craie avec le blanc de plomb. Pour infuser ou broyer une livre, 3 onces d'eau, une once et demie d'huile ; pour détremper, 5 onces de colle, 6 onces d'huile, 5 onces et demie d'essence.

** Blanc de *zinc*, sorte de carbonate ou de deutoxide nouvellement employé pour remplacer la céruse, qui foisonne, dit-on, davantage, est inodore et n'a pas dans son emploi les mêmes inconvénients de tout ce qui tient à l'oxide de plomb.

2° *Rouges.*

* *Ocre rouge.* Ocre de fer ou terre vitriolique, minérai de fer oxidé naturellement, carbonate de fer. Il se tire de diverses carrières ; il y en a de jaune, de rouge et de diverses nuances brunes. Pour broyer une livre, 5 onces d'eau ou 4 onces et demie d'huile ; pour la détremper, 9 onces de colle, 10 onces d'huile ou 5 onces et demie d'essence.

* *Rouge brun d'Angleterre, Brun rouge.* Terre vitriolique, analogue aux ocres, employée pour impressions et pour mettre en couleur les parquets et carreaux d'appartement. (Voyez *Ocre rouge*.)

* *Rouge de Prusse.* Rouge brillant qui se rapproche du vermillon et qui supplée bien avantageusement le précédent ; oxide rouge de fer, obtenu par la calcination de l'ocre jaune ou du fer hydraté terreux. Pour broyer, 8 onces d'eau, 6 onces d'huile ; pour détremper, 8 onces et demie de colle, 9 onces et demie d'huile, 5 onces et demie d'essence par livre.

* *Minium.* Rouge de saturne, oxide rouge de plomb. Pour broyer, une once d'eau, une demi-once d'huile ; pour détremper, 5 onces de colle, 5 onces et demie d'huile, 5 onces d'essence.

* *Mine rouge*, sanguine, hématite ; pierre ferrugineuse d'un rouge terne : on ne l'emploie guère que pour bronzer le fer en le frottant avec cette pierre, après l'avoir préalablement chauffé.

** *Mine orange.* Substance semblable à la précédente. Pour broyer, 3 onces d'eau, demi-once d'huile ; pour détremper, 7 onces et demie d'huile, 4 onces d'essence.

* *Vermillon*, mélange de cinabre (sulfure de mercure) et de minium (oxide rouge de plomb) ; beau rouge vif ; pour broyer, 3 onces et demie d'eau, une once trois quarts d'huile ; pour détremper, 7 onces de colle, 7 à 8 onces d'huile, 4 onces d'essence.

* *Cinabre.* Sulfure de mercure, rouge vif et brillant ; pour broyer, demi-once d'eau, deux tiers d'once d'huile, parce qu'on l'achète déjà broyé une fois ; pour détremper, 5 onces et demie de colle, 6 onces d'huile, 3 onces et demie d'essence.

* *Laque*, c'est le nom d'une résine des Indes de couleur rouge tirée du safran, nommé par Linné *crocus luciferum*, mais la laque des peintres n'en a que le nom. Celle-ci est de deux sortes : la *laque* fine appelée aussi *laque de Venise* ou *laque carminée* qui est une préparation de cochenille pour laquelle on emploie les résidus de la fabrication du carmin ; et la *laque commune* ou *colombine*, espèce de stil de grain, résultat de la macération des tondures d'écarlate incorporée avec la craie et l'alun. C'est, en général, ce que l'on appelle *laque*. On appelle *laque de carthame*, un mélange de carthamite et de talc réduit en poudre fine ; *laque artificielle*, celle qu'on extrait des fleurs, en les faisant cuire à feu lent ; *laque en grain*, celle qui est passée sous la meule ; *laque plate*, celle qui, après avoir été fondue, est aplatie sur un marbre, c'est une des meilleures ; *laque en herbe* ou *violette*, le suc du fruit de la morelle douce-amère. On donne aussi cette couleur avec du bois de Brésil. Chaque livre de laque exige, pour être dissoute et broyée, autant d'eau ou une demi-livre d'huile ; pour être détrempée, une livre trois quarts de colle ou une livre et demie d'huile, ou, enfin, 14 onces d'essence.

3° *Jaunes.*

* *Ocre jaune*, ocre de Berry (V. Ocre rouge) ; pour broyer, 9 onces et demie d'eau, 6 onces et demie d'huile ; pour détremper, 11 onces de colle, 11 onces et demie d'huile, 7 onces d'essence.

* *Ocre de rut* (voyez *Ocre jaune*).

* *Stil de grain.* Pâte composée de blanc d'Espagne et d'alun et colorée avec la graine d'Avignon. Il y a ceux *de Troyes*, *de Paris* et *de Hollande* ; pour broyer, 4 onces et demie d'eau, 5 à 6 onces d'huile ; pour détremper, demi-livre de colle, 8 onces et demie d'huile, 5 onces d'essence.

* *Jaune de Naples*, giallolino. Matière du genre des ocres ou du stil de grain ; pour broyer, 2 onces d'eau, 4 à 5 onces d'huile ; pour détremper, 5 onces et demie de colle, 5 onces et demie d'huile, 3 onces d'essence.

* *Jaune minéral.* Combinaison de litharge calcinée et de sel ammoniac (muriate d'ammoniaque) ; beau jaune vif. Pour broyer, une once d'eau, une once d'huile ; pour détremper, 5 onces et demie de colle, 6 onces d'huile, 3 onces et demie d'essence.

* *Orpin jaune*, orpiment, oxide d'arsenic sulfuré jaune. Pour broyer 5 onces et demie d'eau, 6 onces d'huile ; pour détremper, demi-livre de colle, demi-livre d'huile, 5 onces d'essence.

** *Massicot*, céruse calcinée, oxide jaune de plomb ; jaune pâle. Pour broyer, 3 onces d'eau, 1 once et demie d'huile ; pour détremper, 5 onces de colle, 6 onces d'huile ; 3 onces et demie d'essence.

* *Safranum*, carthame, safran bâtard, couleur d'un jaune orangé, qu'on retire du *carthame officinal* (carthamus tinctorius), couleur peu solide, mais qui s'emploie souvent pour imprimer les parquets. Pour broyer, une livre d'eau, 10 onces d'huile ; pour détremper, une livre et quart de colle, une livre et demie d'huile, 15 onces d'essence.

* *Terra merita*, curcuma, safran des Indes ; espèce de stil de grain coloré avec la racine du *curcuma longa*. Pour broyer, 4 onces d'eau, 5 d'huile ; pour détremper, demi-livre de colle ou d'huile, 5 onces d'essence. Lorsqu'on se sert pour les parquets de terra merita, de safranum et de graine d'Avignon, on fait bouillir une livre de la première dans 8 pintes d'eau ou 16 livres ; la seconde, dans 16 pintes d'eau ; la troisième dans 12. On leur fait jeter quelques bouillons ; on les passe, et, à raison de 16 pintes, ou 32 livres de couleur, on ajoute, pour la fixer, deux livres de colle et un quart d'alun.

4° *Verts.*

* *Vert de gris*, verdet, acétate de cuivre, beau vert gai qui est très-employé à l'extérieur, où il fonce beaucoup. Pour broyer, 7 à 8 onces d'eau, 5 onces d'huile ; pour détremper, 12 onces de colle, autant d'huile, 7 onces d'essence.

* *Vert de montagne* ; cuivre vert carbonaté, vert natif. Pour broyer, 7 onces d'eau, 5 d'huile ; pour détremper, 9 de colle, 10 d'huile, 5 à 6 d'essence.

* *Cendre verte* ; oxide carbonaté de cuivre : vert léger. Pour broyer, 4 onces d'eau, 5 d'huile ; pour détremper, 8 de colle, 8 d'huile, 5 d'essence.

* *Terre verte* ; oxide de cuivre carbonaté. Il y en a de deux sortes ; celle de *Vérone* sèche, et d'un beau vert, qui fonce lorsqu'on l'emploie à l'huile ; et la *commune*, d'un vert pâle et d'un difficile emploi. Pour broyer, 5 onces d'eau, 6 d'huile ; pour détremper, 8 de colle, 8 et demie d'huile, 5 d'essence.

* *Vert de vessie* ; suc desséché du nerprun : il ne se broie pas ; il s'infuse avec autant de pintes de liquide que de livres de couleur.

5° *Bleus.*

* *Bleu de Prusse.* Prussiate de fer ; beau bleu foncé. Pour broyer, une livre et quart d'eau, 5 onces d'huile ; pour détremper, une livre et quart de colle, une livre et demie d'huile, 14 onces d'essence.

* *Bleu de montagne.* Azur de cuivre, malachite, chrysocole, mine de cuivre oxidée, carbonate bleu de cuivre. (Voyez *Vert de montagne.*)

* *Indigo.* Fécule de l'anil. Pour broyer, une livre et quart d'eau, 14 onces d'huile ; pour détremper, une livre un tiers de colle, une livre deux tiers d'huile, 5 onces d'essence.

* *Cendre bleue.* Oxide carbonaté, bleu de cuivre. (V. *Cendre verte.*)

* *Tournesol,* suc de lichens tinctoriaux. Pour broyer, 14 onces d'eau, 10 d'huile ; pour détremper, une livre de colle, une livre et demie d'huile, ou 13 onces d'essence.

* *Bleu d'émail, d'empois, de cobalt, d'azur,* smalt, composé d'alumine et d'oxide de cobalt. Pour broyer, 4 onces d'eau, 5 d'huile ; pour détremper, 7 de colle, 8 d'huile, 4 à 5 d'essence.

* *Outremer.* Cette couleur, résultat de la pulvérisation du *lapis lazuli,* est trop chère pour être employée en peinture de bâtiment ; mais l'*outre-mer* artificiel de *Gmelin* imite celui de lapis lazuli, et est composé d'hydrate de silice et d'alumine saturé de soude caustique, avec un peu de carbonate de soude anhydre. Cet outremer est dans l'ordre des stils de grain. (*Voyez ce mot.*)

6° *Bruns.*

** *Stil de grain brun d'Angleterre,* propre aux glacis. (V. *Stil de grain jaune.*)

** *Terre d'ombre,* terre bitumineuse d'un brun qui se fonce par la distillation.

** *Terre de Cologne,* } substances bitumineuses semblables.
** *Terre de Sienne,* }

Ces trois matières exigent, pour être broyées, une livre ou une livre et un quart d'eau et autant d'huile ; pour les détremper, à peu près autant, et de 12 à 13 onces d'essence.

7° *Noirs.*

* *Noir de vigne.* Charbon de sarment pilé, mat, et qui entre dans les mélanges.

** *Noir d'ivoire* et *noir d'os.* Ivoire ou os calcinés et réduits en poudre ; noir mat. Pour broyage, 7 onces d'eau, 9 d'huile ; pour les détrempages, une livre de colle, une livre d'huile, demi-livre d'essence.

** *Noir de pêche.* Noyaux charbonnés, noir roussâtre : pour broyer, 6 onces d'eau, 7 d'huile ; pour détremper, trois quarts de colle, autant d'huile, une demi-livre d'essence.

* *Noir de charbon,* bois charbonné ; sert pour les mélanges.

** *Noir de fumée,* résidu de la fumée des huiles grasses, que l'on vend en poudre, et qui ne se broie pas, mais s'infuse dans l'huile, la colle ou le vernis ; il faut, pour chaque livre, huit litres de liquide. On l'emploie principalement pour les ferrures, infusé dans l'huile grasse ou le vernis : il a le défaut de rougir, surtout dans les mélanges, où il ne vaut rien.

ARTICLE 2.

Usage des Blancs.

Le blanc est la base de tous les mélanges et de presque toutes les combinaisons de couleurs. Or, on obtient ces blancs par différentes substances blanches, suivant que l'on veut obtenir une couleur plus ou moins belle, que l'on veut l'employer à l'extérieur ou à l'intérieur, et avec plus ou moins d'économie. Les enduits extérieurs, qu'on nomme aussi *badigeons*, ont pour base la chaux vive, que l'on prépare de diverses manières. On la choisit grasse, bien blanche : on l'éteint par immersion, selon la méthode de M. de Lafage que nous avons décrite, page 54, et surtout lentement, afin d'obtenir un hydrate de chaux saturé, mais non affaibli : on la délaye et on la passe dans un tamis médiocrement serré, et on la laisse reposer et se tasser pendant quatre ou cinq mois ; elle devient alors un véritable blanc de chaux prêt à être employé. On emploie aussi de la chaux vive éteinte dans du lait écrémé ; puis on la broie avec de l'eau, dans laquelle on a fait dissoudre une petite quantité de sucre très-blanc, qui forme avec la chaux une véritable combinaison chimique ; et cet enduit réunit à une grande solidité beaucoup de lustre et un blanc parfait, susceptible d'un vif poli. On peut aussi y mêler une certaine quantité de poudre de marbre, qui empêche les gerçures ; et lorsqu'on veut donner à l'enduit une teinte grise ou jaunâtre, on y mêle du noir d'os ou de l'ocre jaune, avec de la colle et de l'alun. On passe ce dernier enduit sur le mur bien sec, mais qu'on humecte légèrement, et l'enduit qui a deux lignes d'épaisseur se dresse avec des truelles de cuivre pour éviter les taches d'oxide de fer. Cette chaux, ainsi préparée et séchée, est ce que l'on appelle surtout *blanc de chaux.*

La *craie* est la base du blanc de peinture à la détrempe, et on la connaît, en général, sous le nom de *blanc d'Espagne.*

L'acétate de plomb est la base de la peinture à l'huile ; elle est connue sous le nom de *blanc de plomb.* Mais on l'emploie, en général, sous le nom de *céruse,* et alors le blanc de plomb est mêlé soit de craie, soit de sulfate de baryte. Les blancs qu'on emploie pour la peinture, sont un mélange de céruse et de blanc d'Espagne, dans les proportions suivantes : Pour la peinture en détrempe, on se sert du blanc d'Espagne, seul ou mêlé de 4 onces par livre, et jusqu'à une quantité égale de blanc de céruse. Pour la peinture à l'huile, on se sert de la céruse seule, ou on la mêle avec du blanc d'Espagne, dans la proportion d'un quart à la moitié. On peut, dans la même proportion, mêler le blanc de zinc au blanc d'Espagne.

ARTICLE 3.

Des couleurs secondaires ou du mélange des couleurs primitives.

Par le mélange des couleurs primitives, on obtient les nuances qu'on désire. Voici la proportion dans laquelle le mélange peut être opéré :

1° *Gris.*

Gris blanc......... { 1 livre de blanc. / 2 gros noir de charbon.

Gris argent......... { 1 livre de blanc. / 1 gros bleu de Prusse. / 2 gros noir de charbon.

Gris de perle....... { 1 livre de blanc. / 1 gros noir de charbon. / 1 gros bleu de Prusse.

Gris de lin clair.... { 1 livre de blanc. / 4 gros laque. / 1 once noir de charbon.

Gris de lin foncé.... { 1 livre de blanc. / 2 onces noir de charbon. / 1 once laque.

2° *Rouges.*

Rouge vif pour parquets........... { 1 livre vermillon ou rouge de Prusse. / 8 onces mine orange.

Rouge brun pour carreaux........... { 1 livre brun rouge. / 4 onces mine orange.

Rosé............. { 1 livre de blanc. / 1 once laque.

Rose............. { 1 livre de blanc. / 2 onces laque.

Rose foncé........ { 1 livre de blanc. / 4 onces laque.

Cramoisi.......... { 1 livre de blanc. / 6 onces laque.

Lilas............. { 1 livre de blanc. / 2 onces laque. / 1 once bleu de Prusse.

Violet............ { 1 livre de blanc. / 4 onces laque. / 2 onces indigo.

Terre cuite........ { 1 livre de blanc. / 2 onces mine rouge. / 4 onces rouge de Prusse. / 4 gros terre de Cologne.

3° *Jaunes.*

Couleur de pierre... { 1 livre de blanc. / 4 onces ocre jaune.

Couleur de pierre foncée............. { 1 livre de blanc. / 2 onces ocre jaune. / 1 once ocre de rut.

Paille............. { 1 livre de blanc. / 2 onces stil de grain.

Jonquille.......... { 1 livre de blanc. / 4 onces stil de grain.

Citron............. { 1 livre de blanc. / 1 demi-livre stil de grain.

Orange............ { 1 livre de blanc. / 4 onces mine orange. / demi-livre ocre de rut.

Aurore............ { 1 liv. jaune de Naples ou stil de grain. / 5 onces mine orange.

Soufre............ { 1 livre de blanc. / 1 livre stil de grain. / 4 onces vert de vessie.

Nankin............ { 1 livre de blanc. / 4 onces ocre jaune. / 2 onces ocre de rut.

Chamois........... { 1 livre de blanc. / 4 onces stil de grain. / 1 once mine orange.

Vigogne........... { 1 livre de blanc. / 4 onces mine orange. / 4 onces ocre de rut.

Couleur de chair,... { 1 livre de blanc. / 4 onces jaune minéral. / 1 once et demie cinabre.

4° *Verts.*

Vert d'eau......... { 1 livre de blanc. / demi-livre stil de grain. / 4 onces bleu de Prusse.

Vert pomme........ { 1 livre de blanc. / 1 livre ocre jaune. / 4 livres terre verte.

Vert pré........... { 1 livre stil de grain. / demi-livre bleu de Prusse.

Vert Saxe.......... { 1 livre jaune minéral. / 2 onces bleu de Prusse.

Pistache.......... { 1 livre de blanc. / 2 onces vert de vessie.

Vert américain.....	1 livre de blanc. demi-livre ocre jaune. 2 onces noir de charbon.
Vert tendre........	1 livre vert de montagne. demi-livre cendre verte. 4 onces jaune minéral.
Olive.............	1 livre ocre jaune. 4 onces noir de charbon.
Bronze............	1 livre ocre jaune. demi-livre noir de charbon. 4 onces de blanc.
Vert de treillage....	1 livre de blanc. 10 onces vert de gris sec.
Vert de mer........	1 livre de blanc. demi-livre bleu de Prusse. demi-livre stil de grain.

5° *Bleus.*

Petit bleu azuré.....	1 livre de blanc. 2 gros bleu de Prusse.
Bleu papier........	1 livre de blanc. 4 onces bleu de Prusse. 2 onces noir de charbon.
Bleu de ciel........	1 livre de blanc. 2 onces bleu de Prusse.
Bleu barbeau.......	1 livre de blanc. demi-livre bleu de Prusse.
Bleu de roi........	1 livre de blanc. 1 livre indigo.
Bleu acier.........	1 livre de blanc. 1 once indigo.

6° *Bruns.*

Ardoise...........	1 livre de blanc. 1 once et demie noir de charbon.
Bois de chêne......	1 livre de blanc. 1 livre ocre de rut. 1 once terre d'ombre.
Bois de noyer......	1 livre terre d'ombre. 3 onces de blanc.
Chocolat..........	1 livre terre d'ombre. 6 onces de blanc.
Terre d'Egypte clair.	1 livre de blanc. 12 onces ocre de rut. 2 onces terre de Cologne.
Terre d'Egypte foncé.	1 livre ocre de rut. demi-livre noir de charbon. 2 onces de blanc.
Café au lait.......	1 livre de blanc. demi-livre terre d'ombre.
Marron...........	1 livre rouge de Prusse. 2 onces noir de charbon.
Puce.............	1 livre rouge de Prusse. 12 onces noir de charbon.
Acajou...........	1 livre de blanc. 4 onces laque. 2 onces ocre de rut.

CHAPITRE III.

PRÉPARATION, DILUTION ET MÉLANGE DES COULEURS.

Le premier objet à considérer dans toute peinture d'impression, c'est le parfait broiement de la matière colorante ; c'est le seul moyen de rendre cette matière propre à être délayée, de la faire foisonner et d'en obtenir la teinte naturelle ou désirée. Ce broiement se fait sur la pierre à broyer avec la molette ; on écrase d'abord à sec la matière, puis avec le liquide nécessaire, eau ou huile. Cette opération, souvent très-pénible, se fait mieux à la meule, dans de grands ateliers ; on broie à l'eau et l'on vend la couleur, soit en poudre plus ou moins impalpable, soit séchée et réduite en petits pains appelés *tro-chisques*. Lorsqu'on fait des mélanges, ils ne doivent s'opérer qu'après que les matières ont été broyées séparément.

Quand les couleurs ont été bien broyées à l'eau ou à l'huile, on les met dans un pot et on les détrempe avec de la colle, de l'huile et de l'essence séparées ou coupées ensemble, comme nous le dirons plus bas. Il faut préparer la couleur nécessaire pour l'ouvrage qu'on entreprend, surtout dans les mélanges, pour avoir une nuance bien uniforme, et ne préparer que cette quantité ; ne mettre les siccatifs qu'au moment de l'emploi, et remuer très-souvent pour éviter les dépôts. On doit tenir la brosse droite, coucher hardiment et uniment; lorsqu'il y a des moulures, les passer avec de petits pinceaux, et avoir soin de ne pas les empâter de couleur. Les couches doivent être passées le plus mince possible, et on ne doit en donner une nouvelle que la précédente ne soit très-sèche.

Avant de peindre il faut *abreuver* le sujet, c'est-à-dire, après l'avoir bien nettoyé, y étendre une couche d'encollage pour en boucher les pores et le rendre uni; cet encollage ménage d'ailleurs beaucoup les couches de couleur. Les carreaux et parquets doivent être *grattés* avec soin, et puis lavés et épongés; on passe même au grès les carreaux pour les unir. Les vieilles peintures se passent à l'eau seconde; pour les enlever entièrement, il en faut un tiers de pinte ou deux tiers de livre par toise quarrée; si on ne veut que les dégraisser, il en faut avec moitié d'eau un sixième de pinte ou un tiers de livre par toise quarrée; pour ne faire que revivre la couleur, il en faut avec deux tiers d'eau un douzième de pinte ou un sixième de livre. Pour les forts *lessivages* qui enlèvent jusqu'à la fin les anciennes couleurs et les vernis les plus âpres, on emploie par toise quarrée jusques à deux tiers de pinte ou une livre, et un tiers d'eau seconde pure. Il faut souvent employer des mastics pour *rebouchages*, afin d'unir les bois fendus; ce mastic est composé, soit de blanc d'Espagne et de colle à la dose de 5 onces de colle par livre de blanc, soit de blanc de céruse et d'huile à la dose de 4 onces par livre de blanc. L'*encollage* pour la peinture en détrempe se compose, comme le rebouchage, de blanc d'Espagne et de colle; il en faut par toise quarrée trois quarts de livre du premier, et une livre un quart de la seconde. Pour la peinture à l'huile, l'encollage se compose de blanc de céruse et d'huile; les doses exigées sont à peu près de trois quarts de blanc et une livre d'huile. Si l'on veut peindre à l'huile sur des plâtres frais ou humides, on passera, au lieu d'encollage, une ou deux couches d'huile bouillante, à la dose de 15 ou 16 onces pour la première couche, et 12 onces pour la seconde. Quand les plâtres sont bien secs et que l'on veut économiser, on substitue à l'huile bouillante pour abreuver le sujet, deux couches de colle chaude sans être bouillante. Lorsqu'il se rencontre des nœuds, qui dans la plupart des bois, surtout les bois résineux, ne reçoivent que difficilement la couleur, il faut, si on peint à la colle, les frotter d'ail, et si on peint à l'huile, y mettre pour impression de l'huile grasse. On donne une bonne couche d'impression, dans laquelle beaucoup d'huile ou de colle abreuvent le sujet : pour les peintures soignées, on en met une seconde et même une troisième, puis on polit cette impression avec la pierre ponce.

De cette manière, le sujet est préparé à recevoir la peinture.

CHAPITRE IV.

DE L'EXÉCUTION DE LA PEINTURE.

L'économie, et même la perfection de la couleur demandent que l'on considère les matières qui foisonnent davantage. A poids égal, on peut diviser le foisonnement de la matière colorante en neuf classes, pour la dilution nécessaire à une toise quarrée de peinture : ainsi le blanc de plomb, le blanc de céruse, le minium, le cinabre, le jaune de Naples et le jaune minéral demandent 4 onces ou un quart de matière pour la toise quarrée; la mine orange et le vermillon, 6 onces; les stils de grain, l'orpin, la cendre verte, la terre verte et la cendre bleue, 11 onces; le blanc d'Espagne, le blanc de craie, l'ocre rouge, le rouge brun, le rouge de Prusse et le vert de montagne, 12 onces ou trois quarts; l'ocre jaune, l'ocre de rut, et le noir de pêche, 14 onces; le vert de gris, le bleu liquide et la terre d'ombre, 16 onces ou une livre; le noir d'ivoire, une livre et quart ou 18 onces; la terre de Cologne ou les noirs de charbon, 20 onces; la terre de Sienne, une livre et demie ou 24 onces; le stil de grain, brun d'Angleterre et le tournesol, une livre trois quarts ou 28 onces; les laques, le bleu de Prusse et l'indigo, une livre et sept huitièmes ou 30 onces.

En général, il est mieux, plus économique, et surtout moins dangereux de se servir des couleurs terreuses, produites par des oxides naturels, des stils de grain, des couleurs végétales et plus ou moins crayeuses, que de celles où dominent les résultats minéraux de cuivre, de plomb et surtout d'arsenic, et pour les dehors, la céruse et le vert de gris sont presque les seules que l'on emploie communément.

La peinture d'impression se fait ordinairement en détrempant les couleurs avec la colle ou l'huile, ou avec l'huile coupée d'essence. On se sert aussi du vernis et du lait, comme nous l'avons dit. Nous allons parler séparément de ces quatre sortes de peintures; nous y ajouterons quelque chose de celle au sérum de sang, dernièrement en usage, de l'encaustique, de la peinture lucidonique, de la peinture sur verre, de la peinture de décor.

ARTICLE PREMIER.

De la Peinture à la colle ou en détrempe.

Le détrempe commune, la seule dont nous ayons à nous occuper, emploie pour agent une des colles déjà désignées, que l'on fait macérer trois ou quatre heures dans l'eau bouillante, jusques à la consistance d'une forte gelée lorsqu'elle est refroidie. On ne peut guère la conserver plus de huit jours en hiver et plus de quatre en été; pour s'en servir on l'affaiblit avec de l'eau chaude et on en détrempe les couleurs. L'usage indique le degré de force à lui conserver, car, trop faible, le frottement peut détacher la couleur, et elle s'écaille si la colle est trop forte : la couleur détrempée doit filer au pinceau quand on la retire du pot.

La détrempe s'exécute à une chaleur modérée : trop froide, elle ne prendrait pas; trop chaude, elle s'étendrait trop. On ne doit passer une seconde couche que lorsque la précédente est sèche. Le sujet s'encolle avec du blanc d'Espagne dont on donne une ou deux couches, puis deux ou trois couches de couleur; chaque couche se polit avec un linge un peu rude et avec un morceau de drap ou de feutre. En général, les diverses couches réunies emploient près d'une livre de couleur par toise quarrée ou un quart par mètre quarré.

L'impression des carreaux d'appartement se fait sur l'aire nettoyée et lavée, par une première couche bien chaude pour abreuver le sujet, une seconde avec du rouge de Prusse à l'huile, la troisième avec le rouge infusé à la colle. Pour la première couche, il faut par toise quarrée un quart de colle de Flandre et une livre de couleur; pour la seconde, demi-livre d'huile de lin, deux onces de litharge, une once d'essence et six onces de rouge; pour la troisième, trois onces de colle et trois quarts de rouge.

Les parquets se mettent en couleur de bois ou orange (à moins que l'on puisse conserver la couleur du bois) avec deux couches tièdes de colle, trois onces de terra merita ou de safranum et demi-once d'alun.

ARTICLE 2.

De la Peinture à l'huile.

On broie à froid la couleur avec l'huile de lin, on la détrempe avec de l'essence coupée d'huile. Après l'impression, on passe deux couches ou mieux trois couches de couleur : on ajoute du siccatif dans toutes les couches, de la litharge ou du vitriol blanc, si la couleur adoptée est très-claire, quelquefois de l'huile grasse, une demi-once de litharge et de vitriol ou un huitième de litre d'huile grasse par livre de couleur. Cette peinture conserve les bois et durcit les plâtres; il faut de temps en temps en repasser une couche sur les objets extérieurs. Dans les intérieurs, on préfère l'huile d'œillette; dans les extérieurs, l'huile de noix. Les trois couches emploient deux livres à deux et demie de matière colorante, demi-litre d'huile et un quart d'essence: pour les dernières couches, on détrempe avec l'essence seule.

ARTICLE 3.
De la Peinture au vernis.

Cette peinture, qui n'est pas ordinairement en usage en architecture rurale, consiste à employer sur toutes sortes de sujets, des couleurs broyées à la colle et détrempées avec du vernis à l'essence, ou broyées à l'huile et détrempées avec du vernis à l'huile. Mais on se contente le plus souvent de passer une ou deux couches de vernis blanc sur les peintures à la colle ou à l'huile. Si les sujets avaient été déjà couverts de vernis blanc sans odeur, il serait nécessaire de les dégager de la poussière qui perd ce vernis, en le lavant souvent à l'éponge avec de l'eau pure et fraîche.

ARTICLE 4.
De la Peinture au lait.

Ce genre de peinture d'impression, qui n'est connu que depuis 1801, fut trouvé par Cadet de Vaux et perfectionné par Wattin. Le lait écrémé et la chaux en sont les principaux agents; le lait caillé et tourné peut servir, mais non, dit-on, le lait aigri. La chaux doit être récemment éteinte d'après la méthode de Lafage.

On prend six onces de chaux, quatre onces d'huile commune quelconque et cinq livres de blanc d'Espagne pulvérisé pour deux litres de lait écrémé. On met la chaux dans un vase de grès, on y met du lait pour en faire une bouillie claire, on ajoute peu à peu l'huile en remuant doucement avec une spatule de bois, on ajoute le reste du lait, et on délaye dans le tout le blanc d'Espagne bien pulvérisé. On mêle ensuite les couleurs bien broyées, en ne se servant que de charbon et de couleurs terreuses. On supplée ainsi à la peinture en détrempe.

Pour l'employer à l'extérieur, on rend cette peinture résineuse en ajoutant au lait demi-livre de chaux, six onces d'huile, deux onces de poix blanche de Bourgogne qu'on fait fondre dans l'huile à une chaleur douce, avant de verser le tout sur le lait.

Ces quantités suffisent pour six toises quarrées ou vingt-deux mètres et demi en première couche.

ARTICLE 5.
De la Peinture au sérum de sang.

Cette peinture, employée d'abord en Espagne, consiste à délayer une portion de chaux vive pulvérisée dans du *sérum de sang*, c'est-à-dire, la partie liquide qui, dans le repos, se sépare du caillot; cette liqueur quelquefois aussi nommée *lymphe*, est de couleur jaune verdâtre et légèrement glutineuse. On se la procure à l'abattoir, et après l'avoir obtenue par inclinaison, on l'épure en la passant au tamis. On ne peut la conserver que deux jours au plus. Comme elle sèche très-promptement, il faut toujours avoir auprès de soi un vase de sérum pur pour humecter la couleur détrempée, et n'en préparer que peu à la fois. On délaye avec ce sérum les couleurs préalablement broyées à l'eau et dont le blanc d'Espagne est la base. Le sérum bien employé sèche vite comme nous l'avons dit, et ne conserve aucune odeur. C'est une peinture en détrempe où le sérum remplace la colle.

ARTICLE 6.
De l'Encaustique.

Il n'est point ici question de l'encaustique des anciens, c'est-à-dire, d'une peinture en cire colorée, qu'on étendait tiède avec le rhabdion ou un burin plat; l'encaustique des modernes est un simple enduit de cire dont on recouvre les carreaux ou parquets; procédé moins fatigant, et d'un effet meilleur que le cirage à la main. Elle se compose, par toise quarrée, de 4 décilitres d'eau, une once et demie de cire et trois gros de savon qu'on y fait dissoudre à chaud. Lorsque le tout est liquéfié, on y ajoute un gros et demi de cendres gravelées ou de sel de tartre (carbonate de potasse). L'encaustique refroidie, on mélange la crème ou l'écume qui s'est formée au-dessus, et on la passe bien uniment sur les carreaux ou parquets peints préalablement, ou laissant paraître la couleur du bois sur lequel on a d'abord passé la lessive de potasse. On peut frotter, dès le lendemain, et même, s'il y a encore de l'encaustique, y repasser une seconde fois.

On peut remplacer l'encaustique ordinaire par des compositions particulières; des siccatifs, des mixtures, en général, plus vantées qu'elles ne le méritent: il en faut ordinairement une livre à une livre et demie par toise quarrée de superficie (le quart par mètre quarré) pour les deux couches nécessaires ; on les place avec des pinceaux à vernir, et elles coûtent à peu près 1 fr. à 1 fr. 50 c. la livre.

Le siccatif brillant de Raphanel n'est guère meilleur ; il se passe au pinceau, sans frottage, sur les carreaux et parquets.

ARTICLE 7.
De la Peinture lucidonique.

Les couleurs lucidoniques, inventées en 1802 par Mme Cosseron, qui s'en est réservé le débit exclusif, ont été employées à Paris avec succès depuis longtemps. Elles sont préparées à l'esprit de vin, sèchent promptement, et ne donnent aucune odeur : c'est la vraie peinture des amateurs. Ces couleurs se vendent à la livre, toutes préparées, et, en bouteilles, elles peuvent se conserver longtemps sans s'altérer : on les couche avec une brosse à vernis sur le bois et le plâtre même humide ; sur des encollages et sur des fonds à l'huile ; on peut les laver, et elles reprennent en séchant leur état naturel.

Elles sont de deux sortes : les unes portent leur brillant, les autres sont ternes, et doivent être vernies. Les premières sont le vert pistache, le vert pré, le vert bronze, le vert olive, le vert américain, l'orange, le vermillon, le gris ardoise, le jaune d'Italie, le stil de grain, la terre d'ombre, le puce foncé, le noir, la couleur de fer, l'ocre jaune et l'ocre rouge pour carreaux, la couleur de bois pour parquets. Les couleurs mates sont le bleu de roi, le violet foncé, l'amarante, le lilas, la laque carminée, le vert d'eau, le vert pomme, l'acajou, le maroquin, le bleu céleste, le bleu turquin, le jaune soufre, l'hortensia, le jaune, le chamois, le noisette, le chocolat, le blanc azuré, le gris souris, le gris perlé, la couleur de chêne, celle de noyer, la teinte de pierre pour le décor. Une liqueur, nommée *transparente foncée*, se met sur les parquets et les couleurs foncées ; une seconde, nommée *transparente claire*, sert au même usage pour les nuances claires. Cette dernière se place en première couche sur les plâtres humides et les parties salpétrées ; afin d'en boucher les pores.

En employant ces couleurs, il faut toujours secouer la bouteille pour bien mêler l'esprit de vin qui surnage, et ne verser dans le vase qu'au fur et à mesure de l'emploi : si elle s'épaissit, on l'éclaircit avec le même esprit de vin ; c'est aussi avec lui qu'on ombre, qu'on fait les filets de décor, et qu'on entretient les pinceaux.

On met sur le sujet deux ou trois couches de couleur, et une de transparente. Il faut, pour chaque couche, par toise quarrée, une demi-livre de couleur, et pour vernir, une toise un quart de transparente.

ARTICLE 8.
De la Peinture sur verre.

Nous avons parlé, dans la section de la vitrerie, des verres de couleur, dont on se sert quelquefois, mais rarement ; et nous avons cru utile d'en donner une idée. Indépendamment du verre teint en fabrique, on peint aussi sur verre. Ce genre de peinture est étranger à l'architecture rurale : cependant, comme, en réparant un ancien édifice, il est possible qu'on en éprouve le besoin, nous dirons simplement que les substances indiquées pour la fabrication sont les mêmes qu'emploient les peintres pour décorer le verre ; qu'on préfère le vert de cuivre, qui est transparent, au vert de chrôme, qui est opaque ; qu'on peint, en général, des deux côtés pour renforcer ou varier les teintes ; que la surface du côté du spectateur reçoit les ombres ainsi plus vives et mieux arrêtées, ainsi que les couleurs nuancées, en rejetant du côté opposé toute l'enluminure. Souvent on est obligé de séparer ainsi des couleurs qui s'entrenuiraient par leur contact, et dont la réunion produit des teintes particulières ; c'est ainsi qu'on se procure une teinte écarlate en plaçant du jaune d'un côté et du pourpre de Cassius de l'autre.

CHAPITRE V.
DE LA PEINTURE DE DÉCOR.

Cette peinture, qui est une vraie fresque, se fait ordinairement sur des murs et plâtres frais, et en détrempe seulement. Les enduits doivent avoir été faits avec le plus grand soin ; et, comme nous l'avons dit dans la section de la maçonnerie, tant à l'intérieur qu'à l'extérieur. On emploie des couleurs ordinaires ; mais il est mieux, surtout à l'extérieur, pour les blancs, le blanc de chaux ou d'Espagne ; pour les bleus, celui de cobalt ; pour les jaunes, l'ocre et le jaune de Naples ; pour les rouges, le cinabre et les ocres ferrugineuses ; pour les bruns, les ocres calcinés ; pour les noirs, le noir de fumée calciné : les verts sont de composition. L'usage indique ce qu'il y a de mieux à faire pour les mélanges et les nuances. La peinture de décor extérieure consiste vulgairement en badigeon, teintes et ornements d'architecture, joints de pierre peints. Dans les intérieurs, il vaut mieux, si le mur est sec, employer, si on en trouve, des papiers peints, lesquels, en cas d'accidents, qui sont fréquents, peuvent aisément réparer leurs écorchures. On blanchit les statues, bustes, vases, ornements en relief, après les avoir nettoyés, en donnant une ou deux couches de blanc de céruse ou de zinc broyé à l'huile et détrempé soit avec l'huile d'œillette, soit avec l'huile de lin ; on peut ensuite leur donner une autre couleur, comme celle de bronze avec ses reflets. On leur donne aussi l'apparence des marbres blancs et veinés, des granites et des autres pierres colorées ; mais cette peinture, qui est la plus usitée, est toujours ce qu'il y a de plus difficile, et ce qui rend le moins le naturel, les variations, l'éclat, la cristallisation de ces substances. Il paraît que, tout récemment (1853), M. Benoît, architecte, est parvenu, par un procédé particulier dont il est l'inventeur, à surmonter ces difficultés, cette impossibilité qui était le désespoir des artistes. Ce moyen, breveté, imprime à cette imitation, même sur le bois, une solidité telle, qu'elle résiste à une longue immersion dans l'eau, et une longue exposition au soleil et à un feu ardent. L'enduit de M. Benoît s'applique également, et avec la vérité la plus frappante, sur la pierre, la porcelaine, la faïence, la brique, et le marbre lui-même. C'est, à ce qu'il paraît, une véritable trouvaille.

CHAPITRE VIII.

DES MOYENS DE DÉSINFECTION.

Presque toutes les peintures à l'huile et au vernis conservent longtemps une odeur pénétrante, désagréable et malsaine : il faut donc n'habiter les appartements qu'après qu'elle est dissipée. Pour hâter ce moment, on les laisse longtemps ouverts jour et nuit ; d'autres les ferment et y déposent du foin odorant qui en absorbe l'odeur ; mais le plus simple et le plus efficace est de placer dans l'appartement plusieurs terrines remplies de chlorure de chaux liquide.

SECTION DIX-HUITIÈME.

DES ORNEMENTS D'ARCHITECTURE.

Nous avons dit, au commencement de cet ouvrage, page 2, que la décoration était la partie la moins importante de l'architecture rurale, et néanmoins nous avons traité de plusieurs sujets qui, de près ou de loin, tiennent aussi à cette décoration; une partie de la serrurerie, de la plâtrerie, du carrelage, de la marbrerie, de la vitrerie, la miroiterie surtout, pourraient s'y rapporter. La peinture d'impression qui précède, quoique utile à la conservation de la menuiserie, est encore plus une chose de décoration; la tenture et la tapisserie qui suivent sont tout-à-fait étrangères à la construction matérielle : cependant, comme elles sont des parties utiles ou nécessaires pour l'agrément des habitations, il nous a paru ne devoir pas les passer absolument sous silence.

Mais, dans nos idées personnelles, classiques et sévères, nous sommes instinctivement éloigné de toute décoration qui ne se rattache ni à des réalités, ni aux principes que nous avons toujours suivis, ou qui ne rentrent pas dans le complément coûteux de la grande architecture. Ainsi, toute décoration de cartonnage, de tissus, de dorures, de couleurs tranchantes et trop variées, nous paraissent être étrangères à l'architecture, surtout à l'architecture rurale. Nous voyons sans plaisir, dans les églises de campagne surtout, une certaine profusion de dorures et de peintures qui nous semblent d'un goût au moins équivoque. Nous ne pouvons approuver ni ces formes contournées que nous ont léguées le moyen âge, la fin de la renaissance ou le style corrompu du XVIIIe siècle, et que la mode fait revivre de nouveau; ni ces peintures murales qui, sans méconnaître la beauté intrinsèque de quelques-unes, nous semblent, à moins d'une perfection hors ligne, ne pas convenir : nous avons gémi en voyant des retables d'autel, des tabernacles, dorés sans ménagement, au lieu de l'emploi si noble et si simple du marbre; des statues en bois doré, et plus encore mêlé d'argenture : tout cela nous semble de vrais colifichets indignes de paraître dans le temple du Seigneur, et opposés à la majesté de notre sainte religion et de son culte, lequel doit toujours répondre à son esprit de gravité, de sagesse et de vérité. Nous avons toujours pensé qu'il y avait quelque danger, en présence des incrédules, des railleurs et de nos frères égarés, à pousser trop loin le symbolisme et les allusions mystiques, qui ne sont souvent, pour notre foi, que des superfétations sans valeur essentielle, et sont quelquefois inconvenantes. Nous sommes persuadé que la mode et le faux goût qui adoptent ces renouvellements prétentieux, n'ont qu'un temps, comme tout ce qui est contre nature; qu'on reviendra toujours à ce qui est sage, modeste, simple et digne.

Il ne nous fera pas l'injure de croire que nous entendons parler de ces tableaux où des anachronismes qui sautent aux yeux, et la reproduction de légendes respectables, qui ne sont que des conventions ingénues, sans prétention de vérité, et que de grands talents ont à jamais consacrés.

Il est néanmoins des ornements architectoniques que nous avons déjà mentionnés, qu'un usage immémorial a admis, et qui, sans être essentiels à la construction, décorent et remplissent les surfaces planes des ordres et de leurs moulures, qui contribuent même à les caractériser; et quoique les parties lisses ou couvertes d'un simple badigeon aient incontestablement une beauté propre; toutefois les embellissements que reçoivent les membres des ordonnances par le moyen de la sculpture, quelquefois même du pinceau, lorsqu'ils sont ménagés et entremêlés avec goût, rendent les constructions plus agréables et plus riches, sans nuire à leur effet, et même, sous ce rapport, en augmentent la variété et la valeur. Nous avons admis dans nos édifices religieux, et quelquefois dans nos maisons d'habitation, les ordres, véritable décoration architecturale; mais ces ordres, leurs parties, leurs moulures, leurs accessoires, reçoivent habituellement quelques ornements qui en embellissent l'aspect, et souvent en fortifient les naturelles significations.

On ne saurait mettre au rang de simples ornements, puisqu'ils sont indispensables, les chapiteaux et les bases des colonnes, quoique les chapiteaux ionique et corinthien soient un produit nécessaire de la sculpture, car ce sont des parties essentielles de la construction; il en est de même des mutules, des modillons, des denticules dans leur simplicité : quant aux statues, bustes, consoles, vases, urnes, candelabres, cippes, stèles, qui dépendent aussi de la sculpture en relief ou de la statuaire, ce sont de riches accessoires, sans doute, mais non des parties vitales de l'architecture.

Ce que l'on nomme plus particulièrement *ornements*, sont les décorations en creux ou en bas-relief superposés tant sur les parties que nous venons d'indiquer que sur les autres membres et moulures des colonnes et des entablements. Ces ornements sont de sept classes, d'après leur figure et les endroits où l'on peut les appliquer.

1° Les ornements en *creux*, beaucoup moins fréquemment employés, parce qu'ils ramassent de la poussière, se refouillent sur les membres saillants qui s'en trouvent découpés; les plus communs et les plus essentiels sont les *glyphes* ou gravures des panneaux, triglyphes, diglyphes ou consoles; les *refends*; souvent les ornements des modillons, des denticules, des métopes, etc.

2° Les ornements en *bosse*, placés sur les superficies lisses qui leur servent de fond, sont les *rosaces*, *roses*, *rosettes*, *palmettes*, *feuilles d'eau et de refend*, les *rais de cœur*, les *oves fleuronnées*, etc.

3° Les ornements *isolés*, tels que les *culs de lampe*, les *gouttes* des triglyphes, les *médaillons*, ceux qui remplacent les ornements en creux, et tous ceux qui se taillent sur le tas.

4° Les ornements en *bas-relief*, taillés et en saillie, beaucoup plus employés, plus apparents, qui interrompent la monotonie des surfaces unies des entablements, et sont plus prononcés que les suivants, lesquels sont à peu près les mêmes; ils s'emploient principalement sur les frises et les champs.

5° Les ornements *courants* sont les sculptures qui suivent les moulures, avec plus ou moins de continuité, les bases, les cannelures des colonnes et des pilastres, les larmiers, les couronnes, les quarts de rond, les frises, les cadres et chambranles, les tores, bandeaux, baguettes, plinthes, talons, gorges, cymaises; ce sont les *oves*, *ovicules*, *chapelets* ou *patenôtres*, *rinceaux*, *entrelacs*, *guillochis*, *postes*, *rais de cœur*, *rubans*, *trèfles*, *godrons*, *olives*, *feuilles*, *grains* et autres.

6° Les ornements de *coins*, simples ou doubles, qui se placent aux angles des plafonds, des moulures, des cadres, des chambranles, qui ornent les retours des corniches; les linteaux et les cintres des portes et fenêtres, comme *clefs*, *consoles*, *chapiteaux fantastiques*.

7° Les ornements *marins*, représentant des *coquillages*, *joncs marins*, *roseaux*, *glaçons*, *lapidifications*, et qui sont principalement employés aux bâtiments hydrauliques, grottes, fontaines, réservoirs d'eau.

Lorsqu'on ne put tailler les parties indispensables, comme les chapiteaux ornés, dans le marbre ou la pierre, on essaya de les sculpter en bois; mais le bois, sujet à la fente, à la dégradation, à la vermoulure, fut à son tour abandonné: alors on essaya de les imiter en terre cuite, puis on les moula; et dès lors, placée sur cette voie, l'industrie n'a pas tardé à les perfectionner, et a fait usage des moules pour remplacer la sculpture, en reproduisant d'excellents modèles. Le bon marché a rendu ces ouvrages vulgaires. Mais encore on n'est pas parvenu à les rendre indestructibles pour les extérieurs.

Les ouvrages en terre cuite, en céramique ou en argile figuline et plastique se font à la main, au tour, et mieux dans des moules; il vaut mieux que leur couleur soit blanche pour mieux imiter la pierre, et recevoir, comme celle-ci, les enduits et les badigeons; il faut qu'ils aient assez de ténacité pour pouvoir se fixer indestructiblement sur le mur avec des chevilles, des crampons et du mortier: mais comme par la cuisson ces moulages éprouvent un retrait que l'expérience seule peut apprécier, ce retrait doit être calculé et pris en considération par les mouleurs, d'après la nature de la terre employée, l'effet du mélange, l'action du feu que cet ouvrage doit subir, de manière que dans l'emploi, se conserve la pureté du dessin adopté, ou que le produit du moulage puisse être ragréé sur le tas. On fait aussi des moulages avec la pierre factice de Montmartre. Les moulages de Virebent nous paraissent éminemment convenables par leur blancheur, leur dureté, leurs formes prises dans les modèles les plus gracieux. Il n'est malheureusement pas certain, nous l'avons dit, que ces moulages puissent longtemps résister aux intempéries de l'air, et il est possible qu'enduits avec du ciment de Vassy, on puisse obtenir cet important résultat. Le même ciment de Vassy peut aussi opérer des moulages résistants, pourvu qu'on parvienne à les exécuter, malgré la rapidité de leur dessiccation. Quelquefois, pour des objets particuliers, on peut remplacer la céramique par de la fonte de fer, bien plus économique que la fonte de cuivre ou de bronze. Au reste, la couleur de bronze peut être solidement donnée tant à la fonte de fer qu'aux ouvrages de céramique.

Il est bien plus facile et durable d'employer ces moulages de céramique à l'intérieur; mais ils sont bien pesants, et on se sert en cela plus souvent du plâtre, du bois, du blanc d'Espagne, du carton-pierre ou des pâtes moulées.

Le moulage en *plâtre* s'exécute très-facilement; mais il est peu dur, pesant, peut facilement s'écailler ou s'écorner dans les chocs, à moins que l'on n'emploie du plâtreciment, ou qu'on ne consolide le plâtre par des enduits d'huile et d'encaustique.

La sculpture en bois se fait comme la sculpture en pierre; le bois de platane et peut-être le bois d'ypréau sont les plus propres à cet emploi.

On peut faire des moulages avec du *blanc d'Espagne* pilé et consolidé avec de la colle.

Le *carton-pierre* est du papier dissous et mêlé de blanc de craie et de colle; il se moule bien et conserve sa forme lorsqu'on le fait sécher avec précaution; il est léger, ferme, reçoit facilement les couleurs, même la dorure; le meilleur est le carton-pierre de Romagnési ou celui de Hirsch; mais cette fabrication est si facile, qu'elle est fort répandue.

Enfin, les *pâtes moulées* sont peut-être le meilleur moyen de décorer les intérieurs. Elles se font avec deux parties de colle de Flandre et une de colle de poisson fondues, passées, puis mêlées ensemble avec des râpures de bois, des sciures ou du bois pilé en poudre assez fine, et de la craie; l'essentiel est de bien remplir les moules et de faire sécher les moulages à l'ombre. Les moules se font en bois, en plâtre ou même en céramique.

Par ces moyens on peut décorer les ordres, les édifices et les appartements avec des ornements qui en enrichissent l'aspect.

SECTION DIX-NEUVIÈME.

DE LA TENTURE.

La *tenture* est le revêtement des parois intérieures, qui recouvre ou remplace l'enduit. Elle se compose, de cuir peint ou doré, d'étoffes de laine de soie ou de coton, de tissu, de verre filé; mais depuis longtemps on remplace généralement aujourd'hui ces tentures par du papier peint, quelquefois doré ou argenté. Cette industrie et celles qui s'y rapportent prenaient autrefois le nom de *dominoterie*.

Il est des papiers dont la couleur est inhérente à la pâte, et qui est produite par l'incorporation, dans celle-ci, de substances telles que le charbon, la gaude, la morelle ou autres semblables; d'autres, la plupart peints à la main avec de grandes brosses et imitant les bois exotiques ou indigènes, la toile anglaise, la soie gauffrée, le marbre, le granite, le jaspe, le porphyre, le maroquin, le chagrin et autres substances. Les premiers, pour lesquels on emploie le papier *bulle* ou de moindre force et qualité, se nomment *paille*, *gris pâle*, *bleu pâle*, et servent à doubler les armoires ou tablettes, ou pour recouvrir l'enduit intérieur et recevoir ensuite la tenture apparente; les seconds servent principalement aux relieurs et aux cartonniers, et se vendent à la feuille.

On emploie aussi le papier vélin, plus beau, plus solide, mais plus cher.

On fait aussi du papier *tontisse* ou *velouté* au moyen de tondures de drap, préalablement *lavées*, *teintes*, *moulées* et *blutées*, enfin, imprimées et fixées sur le papier au moyen d'un *encaustique* ou *mordant* composé de céruse et d'huile ; on *repique* ensuite ces veloutés par une nuance plus forte ou plus claire que porte une autre planche appropriée au dessin. Ce papier velouté est plus fort, plus beau, plus durable que le papier ordinaire ; mais comme il happe la poussière, il a besoin d'un soin peu commode à la campagne.

Il y a encore des papiers de tenture qui figurent, imitent les colonnes, les pilastres, les entablements et les ornements d'architecture, d'autres qui présentent des sujets de décoration pour des paravents, des écrans, des devants de cheminée, etc. Tous ces papiers se font aussi à la planche, mais se terminent à la main.

On emploie pour la tenture trois formats différents de papier, celui dit *couronne* ou *griffon double*, dont la *feuille* a 17 pouces (0,46) de longueur sur 15° (0,35) de largeur: la *rame* de ce papier, comme de tous les autres, est composée de 20 *mains* de 24 feuilles chacune ou de 480 feuilles, pèse de 12 à 14 livres ; mais principalement le *carré* dont la feuille a 20° (0,54) sur 15° (0,40) et dont la rame pèse de 20 à 25 livres ; et le *grand raisin* dont la feuille a 22° (0,59) sur 17° (0,46) et dont la rame pèse de 50 à 52 livres.

Pour faire des tentures, on commence par *rogner* les feuilles avec le rognoir des relieurs, on les *colle* bout à bout pour former les *rouleaux* ou *pièces* dont chacun est formé d'une main ou 24 feuilles ; on pose le fond ou couleur préparatoire avec la brosse ; on *lisse* les pièces et on *satine*, pour les couleurs fines ; enfin, on *imprime* le papier au moyen de planches en bois, une pour chaque couleur que demande le dessin, même souvent pour chaque nuance. Les papiers fins, après le satinage, se *pinceautent* ou se *réparent* à la main pour corriger les défauts du tirage.

Les couleurs employées pour l'impression du papier peint sont: pour les *blancs*, la céruse ou le blanc d'Espagne ; pour les *noirs*, le charbon, les noirs d'os ou d'ivoire ; pour les *jaunes*, le jaune minéral, le jaune de chrome, la terre de Sienne, l'ocre jaune, l'ocre de rut, la gaude, la graine d'Avignon ; pour les *rouges*, la laque, le bois du Brésil, la mine orange, l'ocre rouge ; pour les *bleus*, le sulfate de cuivre ou vitriol, les cendres bleues, le bleu de Prusse ; pour les *verts*, les cendres vertes, le vert de Braconnat ou de Scheele, le vert de gris ou verdet ; pour les *violets*, le bois de campêche ; pour les *bruns*, la terre d'ombre. D'ailleurs la peinture en papier, comme la peinture d'impression, emploie des nuances produites par le mélange des couleurs primitives.

Une véritable tenture est le papier peint, mais collé sur une *toile* tendue sur des liteaux de bois, quelquefois elle-même revêtue de papier gris. La toile que l'on emploie est de trois sortes : la *commune*, qui a 25 pouces (0,68) de largeur ; la *fine*, qui a 30 pouces (0,81) ; la *forte*, dite aussi *toile à plafond*, qui a 36 pouces (0,97) ; chaque pièce de toute qualité porte de 56 à 60 aunes (7,14). L'aune de toile commune couvre 7 pieds (0,18 m. q.) ; la toile fine, 8 pieds (0,84 m. q.) ; la toile forte, 10 pieds (1,06 m. q.). Ainsi, la pièce de la première qualité couvre 350 pieds quarrés ou 9 toises quarrées 2/3 (34,72 m. q.) ; celle de la seconde, couvre 460 p. q. ou 12 t. qu. 1/2 (47,50 m. q.); celle de la troisième, 600 p. q. ou 16 toises quarrés 2/3 (63,31 m. q.), déduisant un dixième pour toutes coutures ; on se sert plus ordinairement de la toile fine, on la fixe avec des clous dits *demi-livre allongés*; il en faut à peu près une once et demie par aune, environ 5 livres par pièce.

Le rouleau de papier peint carré porte 27 pieds (8,77) de longueur sur 15 pouces (0,40) de largeur ; il pèse 1 liv. 1/4 et couvre, rogné et ébarbé, environ 30 pieds carrés (3,165 m. q.), si toutefois des raccordements nécessités par les exigences du dessin n'entraînent par des recoupes extraordinaires ; le rouleau de grand-raisin tire 30 pieds (9,75) de longueur sur 20° (0,54) de largeur ; il pèse environ 1 liv. 3/4 et couvre 42 pieds quarrés (4,432 m. q.). Le bulle couronne gris couvre aussi 42 p. q. ; le bulle grand-raisin gris, 50 p. q. (5,276 m. q.) ; le bulle carré gris, 35 p. q. (3,693 m. q.); le bleu pâte couvre de 25 à 28 p. q. (2,638 à 2,955 m. q.). Ces papiers ne sont pas soumis à la diminution produite par les raccordements qu'éprouvent les papiers à dessins.

Comme les tentures de fond, les bordures se vendent au rouleau ; on n'en met ordinairement que haut et bas ; les rouleaux contiennent sur leur largeur de une à huit bordures. Ainsi, le rouleau de papier carré avec une bordure, fournit 27 pieds (8,80) de longueur ; à deux bordures, 54 (17,54); à trois, 81 (26,31) ; à quatre, 108 (35,07); à cinq, 135 (43,85) ; à six, 162 (52,62); à sept, 189 (61,39) ; à huit, 216 (70,17). De même, le rouleau en grand-raisin à une seule bordure, en donne 30 pieds (9,75) ; à deux, 60 pieds (19,49) ; à trois, 90 (29,23) ; à quatre, 120 (38,97) ; à cinq, 150 (48,72) ; à six, 180 (58,46) ; à sept, 210 (68,20) ; à huit, 240 (77,95).

Le papier de tenture se colle sur l'enduit, sur la toile ou sur un soutrait de papier gris, avec de la colle de farine : si on ne craint pas l'odeur pendant quelque temps, on y fait dissoudre un peu d'ail pour lui donner plus d'adhésion. Quelquefois, lorsque cela peut convenir à la décoration, après qu'il est sec on y passe un vernis.

Si l'on craint que l'humidité du mur ne vienne à tacher le papier sur certains points, et qu'on ne veuille ou ne puisse employer la toile, on lui substitue dans les points douteux un enduit hydrofuge, de la toile métallique, des feuilles très-minces de plomb ou du parchemin.

SECTION VINGTIÈME.

DE LA TAPISSERIE.

On donne en général le nom de *tapisserie* à tous les objets qui servent à meubler et à décorer les appartements et lieux d'habitation permanente, afin d'en rendre le séjour agréable et commode. Ceux que nous avons traités dans les sections de la poêlerie, de la tenture et de la miroiterie, sont les parties de l'ameublement qui tiennent de près à l'architecture : la tapisserie proprement dite, c'est-à-dire, la confection des meubles mobiles et portatifs nécessaires pour l'usage habituel, ne sont pour cet art qu'un simple accessoire ordinairement négligé par les architectes; mais, nous occupant particulièrement des habitations rurales, nous pensons qu'il n'est pas inutile de donner aux cultivateurs et aux habitants de la campagne quelques renseignements incomplets et tout-à-fait insuffisants, il est vrai, mais qui, pour être surabondants, ne leur seront pas toujours inutiles. C'est ici qu'il est difficile de se fixer, pour se conformer aux usages, aux habitudes et à la mode du moment, ces souverains régulateurs en ce genre; mais quelques données générales peuvent aider à connaître ce qu'il y a d'essentiel à savoir pour l'appliquer ensuite aux exigences des individus et du moment.

La construction des principaux meubles en bois, confiés aux menuisiers et aux ébénistes, est le principal objet; les matériaux dont on garnit plusieurs de ces meubles sont aussi utiles à connaître; la qualité des tissus dont on les revêt, les petits ornements dont on les enrichit, le détail de leur composition, l'entretien et la conservation de ces meubles, enfin l'énoncé des meubles d'assortiment et de fantaisie, ainsi que les nécessités de leur emplacement, le tout exprimé le plus succinctement possible, pourront éclairer le choix, et donner une idée de ce qu'il importe de savoir pour se suffire à soi-même, et se procurer des meubles agréables et solides. C'est à cela que se bornera cette humble section : heureux si on y trouve quelque avantage.

CHAPITRE PREMIER.

DE L'ÉBÉNISTERIE.

Le menuisier fait des meubles apparents en bois indigènes, lesquels ont souvent une beauté presque égale à celle des bois exotiques; cependant ces bois doivent être choisis; les veines, les accidents ne se trouvent ni ne se suivent pas toujours. Les bois exotiques, plus accidentés, ont plus de dureté, plus de solidité même, mais sont beaucoup plus chers; on se contente le plus souvent d'en revêtir les bois communs; c'est alors le travail de l'ébéniste. Or, depuis quelques années, l'industrie est parvenue à débiter les bois précieux en *feuilles* ou *lames* très-minces, que l'on plaque sur un *massif* de bois commun très-solide. Les perfectionnements successifs, la machine de Lefèvre ont porté jusques à dix-huit le nombre de lames que l'on peut tirer de planches d'un pouce d'épaisscur, et ces feuilles, qui peuvent n'avoir que trois quarts de ligne, sont si flexibles, qu'elles suivent avec précision toutes les circonvolutions possibles du *bâti*, et cependant elles supportent le *raclage*, le *ponçage* et le *poli*. On passe à la *ponce* la surface extérieure des lames de placage, on les *colle* avec de bonne colle forte sur la *carcasse* ou bâti de bois commun ; on maintient en place ce placage avec des *presses* à vis jusqu'à la prise de la colle ; on peut ensuite y tailler des incrustations en métal ou en bois d'un aspect tranché ; on polit la surface, on avive les couleurs avec de la potasse ou une matière colorante dissoute dans l'essence de térébenthine ; enfin on recouvre d'un *vernis* composé de 8 onces de sandaraque, 2 de mastic en larmes, 8 de gomme laque en tablettes, sur deux pintes d'alcool de 36 à 40 degrés. Ce vernis se pose avec un morceau de vieux linge usé, et se frotte jusqu'à ce que le bois ait pris un éclat spéculaire.

Les bois exotiques que l'on emploie en placage, sont principalement l'*acajou*, dur, veiné, offrant des reflets très-variés du jaune au rouge, même avec le temps au rouge noirâtre ; l'*ébène*, d'un noir grisâtre ou noir foncé ; le bois de *chandelle* ou de *citron* de Saint-Domingue (qui n'est pas le vrai citronnier) d'un beau jaune ; le bois de *rose* du Levant ; le *palissandre*, bois violet des Antilles, et autres.

Les meilleurs bâtis se font en bois de chêne ou en frêne commun, mais ils sont lourds ; on emploie aussi quelquefois le hêtre, même les bois blancs ; mais dans tous les cas du bois très-sec.

On fait, surtout à la campagne, beaucoup de meubles en bois indigènes apparents ; en *chêne* brunâtre ; en *noyer* noirâtre ; en *mérisier* rougeâtre, qui se rapprochent de l'acajou ; en *mahaleb* violet, qui ressemble au palissandre par sa couleur et son odeur, mais dont le grain est plus grossier ; en *frêne* jaunâtre, qui se rapproche du citronnier. Tous ces bois, auxquels on peut ajouter le *buis* à cause de sa dureté, qui le rapproche du gayac, et le *cyprès* malgré son odeur trop forte, s'emploient francs, mais on peut faire ressortir leurs veines naturelles, les changer et les varier par des préparations chimiques, dont la plus commune est une solution de potasse (2 à 3 onces par litre d'eau), dont on les imprègne une ou deux fois. Si l'on ne veut pas se contenter de l'aspect naturel du noyer et du frêne qui ont reçu la lessive de potasse, on peut donner au noyer blanc une teinte d'acajou rouge avec une décoction de bois du Brésil, qui devient violette avec de l'alun et du muriate d'étain ; rien n'imite mieux cet acajou que le *sycomore* imprégné d'une infusion de rocou ou de campêche dans l'eau chargée de potasse ; la décoction de curcuma donne au *frêne* et à l'*érable* la couleur du bois jaune satiné d'Amérique ; le sulfate acide de cobalt précipité par l'eau de savon, donne au sycomore une couleur d'un brun clair, qui par le poli acquiert le plus grand éclat ; une dissolution de cuivre dans l'eau forte, donne au bois brossé avec elle lorsqu'elle est chaude, une teinte bleue ; un bois blanc quelconque prend la couleur jaune lorsqu'on le brosse à plusieurs reprises avec une once de curcuma infusé quelques jours dans l'alcool ; le *poirier* poli, frotté avec une brosse et de la cire, prend l'apparence de l'ébène noire ; la brosse avec une infusion de vert-de-gris dans l'eau, parvient à donner au bois une teinte verte, etc.

Ces bois indigènes eux-mêmes peuvent être employés en placages, pourvu que par le choix des billes ou des planches, par l'emploi des têtards, des masses radicales ou des loupes, on tire les feuilles de ce qu'il y a de mieux veiné, de plus foncé ou de plus varié. Avec les préparations chimiques dont nous venons de parler, on peut même employer francs et sans placage les bois blancs, surtout l'*ypréau*, dont la fibre plus courte et plus unie permet un meilleur poli ; et principalement le *platane*, dont le grain plus serré, et la contexture plus ferme, reçoit bien les assemblages dans tous les sens. D'ailleurs, les parements extérieurs de tous les meubles faits avec des bois indigènes sans placages, peuvent, après avoir été ravivés par les acides et les alcalis, recevoir un grattage et le poli avec la cire, et deviennent très-présentables.

CHAPITRE II.

DES MATÉRIAUX QUI FORMENT LES MEUBLES.

Des châssis et carcasses en bois forment la base des meubles ; mais d'autres matériaux en composent le fonds et des tissus les recouvrent.

ARTICLE PREMIER.
Des Châssis et Carcasses en bois.

Le meuble en bois le plus considérable est le *billard*, grande table sur laquelle on joue avec des billes d'ivoire poussées par des bâtons appelés *queue*, et cette table est supportée par un bâti solide ou *pied*. Ce dernier est composé de quatre traverses extérieures d'une seule pièce, larges de 10 (0,27) à 16 pouces (0,42) soigneusement assemblées; elles reposent sur six ou huit appuis solides, et d'autres traverses croisent les premières. La table se compose d'un cadre avec traverses et panneaux qui en forment un parquet justement assemblé, de manière à croiser le fil du bois en divers sens, et d'un niveau parfait. Des *bandes* qui encadrent la table sont en bois massif. Tous ces bois doivent être durs, parfaitement secs, et on y pratique, suivant la grandeur de la table, depuis quatre jusques à dix trous appelés *blouses*. Les bandes dans leur face intérieure sont garnies de lisières de drap. Le tout est recouvert de drap vert très-fort et sans couture, et l'extérieur des blouses reçoit des coupes ou gueules de lion, en bois, cuivre ou bronze. On s'assure de la parfaite horizontalité de la table au moyen d'un niveau à bulle d'air, et si le billard est placé sur un plancher, celui-ci doit être préalablement bien consolidé. Les billards ont depuis 9 pieds (2,92) jusques à 12 pieds (3,90 de longueur, et leur largeur est moitié de leur longueur. En 1820, M. Jean a obtenu son brevet d'invention de cinq ans pour un nouveau billard.

Les autres meubles en bois sont les lits, les tables à manger, de jeu et pour écrire, les jardinières, étagères, consoles, commodes, bureaux, secrétaires; les buffets, tables de nuit ou somnos. On fait en bois les châssis des canapés, divans, sofas et causeuses ou vis-à-vis, des bergères, fauteuils dormants et mobiles ou cabriolets, des banquettes ou tabourets, des chaises en forme ordinaire ou curules. On n'emploie en général pour cela que des bois d'une épaisseur d'un à deux pouces. Beaucoup de chaises légères sont faites par des bâtonniers.

ARTICLE 2.
Des Matériaux de fonds.

Les matériaux qui servent à la tapisserie pour rembourrer et matelasser les meubles sont :

1° La *bourre rouge* ou poil de vache, et la *bourre blanche* ou tonte des moutons et des chèvres, qui s'emploient pour garnir des ouvrages communs, tabourets, appuis de croisées, portes battantes, bourrelets ou saucissons, etc., il faut qu'elles soient bien battues et nettoyées.

2° Le *crin* qui est de plusieurs qualités. Celui d'échantillon est exclusivement tiré de la queue des chevaux, il est long et fort; ensuite vient celui de la crinière, enfin celui du porc où l'on mêle de la bourre. Ce dernier est facilement piqué des vers. On garnit en crin des matelas et les sièges.

3° La *plume*, qui est d'autant meilleure que les tuyaux sont plus fins et les barbes plus longues. On emploie principalement celle d'oie et de canard : on la divise en trois qualités. Celle de volailles est bien moindre. On garnit de plume des couettes, des oreillers, des traversins et des coussins de meubles.

4° Le *duvet* qui est une plume n'ayant que peu ou point de tuyaux ; le meilleur vient de Hollande. Il remplace avantageusement la plume, et peut même servir à piquer des couvre-pieds ;

5° La *ouate* qui est une sorte de charpie en coton ou en filoselle; elle est cardée puis étendue pour former une nappe mince, collée et mise sous presse. Cette ouate sert à piquer des couvre-pieds et à rembourrer les habits ;

6° L'*édredon*, appelé improprement *aigledon* par les ouvriers, est un duvet d'un brun clair qui tapisse le nid de l'*eider*, oiseau ou canard sauvage de Norwége et d'Ecosse.

Malgré la difficulté de parvenir jusqu'au rocher où cet oiseau établit sa demeure, on parvient à aller arracher ce duvet qui entre ainsi dans le commerce, et qui, très-léger et très-chaud, sert à piquer des couvre-pieds et à remplir des sacs de taffetas que l'on place sur les lits; il faut, pour garnir ces sacs, de deux livres à deux livres et demie d'édredon.

ARTICLE 3.

Des Tissus.

Les tissus que l'on emploie en tapisserie, sont ceux en paille, en crin, en peau, en laine, en coton et en soie :

1° Les tissus de *paille* sont tressés avec des tiges de graminées, des osiers, des agaves ou légères lianes d'Amérique. On en fait des fonds de siége de toutes sortes, des nattes, des paillons et d'autres meubles communs.

2° Les tissus ou toiles dont le *crin* forme la matière, servent à recouvrir des tabourets, des siéges destinés aux salles à manger, etc. Si cette toile n'est pas fabriquée avec soin, elle laisse passer des bouts qui blessent légèrement, ou accrochent les vêtements. Il vaut mieux la prendre à peu près unie, car lorsqu'elle est trop façonnée, ces inconvénients sont plus communs; elle amasse de la poussière que la brosse n'enlève pas très-facilement.

3° Les *peaux* mégissées en veau *maroquin* ou en mouton *basané*, servent à recouvrir la table des bureaux et secrétaires, les siéges pour les cabinets et bibliothèques : la basane est à meilleur marché que le maroquin, et dure presque autant. On emploie aussi, avons-nous dit, pour tentures des cuirs imprimés, peints ou dorés.

4° Les tissus en *laine* employés en tapisserie sont les draps unis, imprimés ou brochés; ceux appelés *double broche* garnissent les billards, les autres couvrent des siéges; les tables à jeu sont ainsi recouvertes. Les *mérinos* renforcés recouvrent des siéges, ainsi que les *casimirs*, plus beaux, plus fins, plus moelleux, plus chers, et qui durent moins. Les *futaines* ne servent guère qu'en enveloppes et doublures. Les couvertures de lit en laine sont connues; les draps damassés, peints, grainés, couvrent des siéges ; on emploie aux mêmes usages les *velours* en laine unis et façonnés en poil de chèvre dits *velours d'Utrecht*, très-solides, et d'un prix médiocre. Enfin on peut mettre au rang des tissus de laine, les tapisseries de haute et basse lice, dont les premières, faites aux Gobelins, ne sont que des meubles royaux; celles de Beauvais qui les suivent de près, celles d'Aubusson ou d'autres manufactures très-inférieures, mais encore belles et d'une durée éternelle : tout cela est actuellement presque hors d'usage. Dans le même ordre de fabrication sont les tapis de la Savonnerie, dont les produits rivalisent avec ceux des Gobelins, mais devenus d'un usage vulgaire, comme tapis de pied, de table, de foyer, de descente de lits. Il s'en est établi un nombre infini de fabriques à des prix très-différents. Quelques-uns sont en *moquette* ou en laine tramée de fil ou de chanvre, dont les plus fins s'emploient pour couvrir des siéges; on a aussi les tapis *chenavard* en feutre, qui, vernis d'un côté, ressemblent à la toile cirée, peuvent être lavés à l'éponge sans se tacher, et dont l'autre côté ressemble à de joli drap vert ; ces tapis sont d'un bas prix et très-durables. On se sert aussi de tapis de coton, mais peu solides et peu durables.

5° Les tissus ou toiles de *coton*, connus sous le nom de *mousseline*, de *calicot*, de *madapolam*, de *percale*, de *basin*, de *futaine*, etc., sont à grand marché, et, à cause de cela, s'emploient presque exclusivement; d'autres sont imprimés et se nomment *indiennes*, *jouys*, *perses*, etc. Tous servent pour lits, rideaux, draperies, même pour couvrir des siéges. On fabrique encore, avec du coton, des couvertures de couchers, des velours et des tapis; mais, en général, les couleurs que reçoivent ces tissus passent souvent, tant à l'air qu'au lavage, et ils ont peu de durée.

6° Les tissus ou toiles de fil sont les meilleurs pour l'usage, mais sont moins flexibles, et drapent moins bien; on les emploie peu pour rideau et draperie, et ils sont beaucoup plus chers. Il y en a de plusieurs genres, et ils servent surtout à doubler et à maintenir tous les autres. Le lin ou le chanvre servent exclusivement pour les sangles qui supportent les couchers et les siéges, pour les treillis de paillasses, les matelas. Les toiles dites *fortes*, *douces*, *d'embourrure*, *blondine*, pour la confection des siéges, sont en fil; on en fait les meilleurs, ou plutôt les seuls cordons de tirage.

7° Les tissus de *soie* sont employés pour les meubles les plus riches, et souvent les plus durables. Le *filage*, ou plutôt le *devidage* de la soie, consiste, comme on le sait, à la retirer des cocons au moyen de l'eau bouillante. Cette soie, mise en écheveaux, est la soie *grége*; le déchet ou la *bourre* devient la *filoselle* ou *demi-soie*. Le fil de soie, naturellement tordu, puis réuni en un fil encore délié, prend le nom d'*organsin* : celui qui est faiblement tordu sur lui-même, est appelé *poil*; celui préparé pour le tissage, *trame*. La soie crue ou *écrue* est celle qui n'a été que moulinée ; la soie *cuite*, celle qui a été bouillie; la soie *décreusée*, celle qui a été débouillie à l'eau de savon pour la préparer à recevoir la teinture. La bourre, ou filoselle, se carde et se file à la manière du coton.

L'étoffe la plus employée en beaux meubles, est le *satin* de Lyon et de Tours; le *damas* est plus fort; il est à une, deux ou trois couleurs ou broché; plus durable, il est beaucoup plus cher, car, en général, les étoffes de soie se vendent d'après leur poids ; il faut que le tissage soit bien régulier, égal et moelleux ; lorsque l'étoffe serrée est raide et cassante, elle dure moins et se *scie*. La *cannetille* est un damas châtoyant de la même largeur, c'est-à-dire, d'une demi-aune (0ᵐ59). Au-dessous, sont le *gourgouran* à gros grains, même largeur; les *gros de Naples* et le *gros de Tours*, unis, rayés, façonnés, veloutés : ce sont là les plus fortes étoffes. Viennent ensuite les *mazulines*, les *levantines*, les *marcelines* larges de 5/8 d'aune (0,74), les *quinze-seize*, qui tirent leur nom de leur largeur (1,11); enfin, le *taffetas* de diverses sortes, d'*Italie*, de *Florence*, d'*Angleterre*, etc. : on s'en sert pour imprimer des stores transparents. Mais l'étoffe de soie la plus considérable est le *velours;* il est *plein*, *gauffré*, *chiné*. Les premiers sont les plus solides, les derniers plus élégants; les velours, d'après leur force, sont légers ou dits à trois ou quatre poils. Cette étoffe est si belle et si solide, qu'on en fait en coton et en laine, ainsi que nous l'avons dit, et qu'on imite les velours épinglés en imprimant des velours pleins.

ARTICLE 4.

Des Garnitures ou Agréments.

On orne, on accompagne, on décore, on encadre les étoffes qui recouvrent ou composent les meubles, voilent les *lits* et les *rideaux* de croisées, de *bordures*, de *franges*, d'*effilés*, de *crêtes*, de *galons* en coton, fil ou soie. Dans les grandes franges, leurs parties pendantes sont composées de boules, d'olives et d'autres petites figures ou *âmes* en bois ou en carton, revêtues de passementerie; les galons et crêtes sont assortis aux franges. Pour suspendre les rideaux et les draperies, on se sert de fortes tringles en bois, appelées *bâtons* ou *thyrses*, recouvrents eux-mêmes de lames de laiton s'ils ne sont polis ou vernis; les extrémités de ces thyrses sont décorées de *palmettes* ou ornements de mêmes matières; les rideaux sont suspendus par des anneaux en bois, en cuivre ou en bronze, depuis un pouce jusqu'à deux pouces de diamètre; les rideaux et draperies sont relevés par des *câbles* ou *embrasses* en coton, en fil ou en soie, ou même en laiton, rattachées à des *patères* ou *crochets* en cuivre ou bronze, timbrés ou frappés; on fait de même les *agrafes*, les *griffes*, et autres petits objets de décoration. Les clous qu'emploient les tapissiers sont de la *semence*, de quatre à six onces le millier; les clous apparents ou dorés sont appelés *lentille*, *demi-poids*, *petit clou de chiffre*, *gros clous de chiffre*, et *tiercelin*.

CHAPITRE III.

DE LA COMPOSITION TAPISSIÈRE DES MEUBLES.

Les tapissiers emploient pour les meubles qu'ils confectionnent les fournitures suivantes :

I. Couchers.

1° Un bois de lit à deux chevets, à bateau ou autre forme.

2° *Sommiers* : 4 aunes 1/2 (5,35) de futaine; 32 livres de crin.

3° *Matelas* : 4 aunes 1/2 toile; 32 liv. de laine.

4° *Oreiller* ou *traversin* : 2 aunes 1/2 (2,98) coutil; 4 liv. plume ou duvet.

5° *Sac d'édredon* : 6 aunes (7,15) marceline; 2 livres édredon.

6° Deux couvertures, une en laine, l'autre en coton, chacune de 3 aunes (5ᵐ60), sur une aune et demie (1ᵐ80).

7° Un *couvre-pied* : presque autant d'étoffe en double, demi-livre de ouate.

8° *Housse* on *courte-pointe* à deux chevets : 12 aunes (14,25) d'étoffe; 10 5/4 (12,78) de doublure; 8 1/4 (9,81) de bordure ou galon.

9° *Rideaux* à flèche ou à nœuds : 30 aunes (35,65) d'étoffe; 5 aunes (5,94) de frange à nœud; deux flèches de 4 pieds (1,30), avec patère au bout, mais qu'on peut très-bien supprimer, en laissant dans le jour les rideaux ouverts, et reposant simplement sur les dossiers du lit. Tout ce qui est simple, moins coûteux, mais cependant solide, durable, de bonne qualité, et qui n'exige pas trop de soins méticuleux, est de bon goût à la campagne.

II. Croisées.

1° *Grandes* de 11 pieds (3,58) de hauteur sur 4 1/2 (1,46) de largeur d'embrasure intérieure : 15 aunes (17,85) d'étoffe; 3 aunes (3,60) de grande frange ou pentes et tabliers; 6 aunes (7,13) de petite frange ou effilé; 2 patères, 26 anneaux.

2° *Moyennes* de 8 pieds (2,60) sur 3 1/2 (1,16) : 8 aunes (9,50 d'étoffe); 2 aunes (2,38) grande frange; 4 aunes (4,75) petite; 2 patères; 20 anneaux.

3° *Petites* de 6 pieds (1,95) sur 2 1/2 (0,81 : 5 aunes et demie (6,54) d'étoffe; 3/4 d'aune (0,90) de grande frange; 3 aunes (3,60) de petite; 2 patères; 15 anneaux.

III. Sièges.

1° *Canapé* ou *sofa* : 7 aunes 1/2 (8,92) d'étoffe; 1 1/2 (1,80) de taffetas; 11 aunes (13,07) de toile de différentes qualités; 17 aunes (20,20) de sangle; 33 liv. de crin; 7 aunes 1/2 (8,92) de crête; 5 aunes (5,92) de cordonnet; 750 clous demi-poids.

2° *Bergère* : 3 aunes 1/4 (3,87) d'étoffe; 8 aunes (9,51)

de galon; 7/8 (1,05) de taffetas ; 6 (7,13) de toile; 5 (5,94) de sangle; 2 peaux blanches; 5 liv. de plume; 5 de crin; 2 feuilles de carton.

5° *Fauteuil :* une aune (1,20) d'étoffe; 4 (4,75) de sangle ; 3 1/4 (3,87) de toile ; 3 3/4 (4,46) de galon ; 5 liv. de crin ; 350 clous à lentille.

4° *Chaise* garnie : 3/12 d'aune (0,56) d'étoffe; 7 7/12 (0,70) de toile ; 3 1/4 de sangle ; 1 7/12 (1,89) de galon ; 3 liv. de crin ; 150 clous à lentille.

On sent aisément que ces indications ne peuvent être qu'approximatives, et sont susceptibles de varier selon la dimension des meubles et d'après la forme adoptée.

CHAPITRE IV.

DE L'ENTRETIEN ET DE LA CONSERVATION DES MEUBLES.

Indépendamment des soins journaliers qu'exigent les meubles, leur battage et leur frottage, il en est qui de temps en temps leur sont nécessaires pour leur rendre l'éclat qu'ils ont perdu, ou pour remédier aux accidents qu'ils éprouvent. Ces derniers sont surtout utiles pour l'ébénisterie ou l'entretien des bois.

Si ceux-ci sont simplement cirés, c'est un frottage avec de la cire neuve qu'on étend avec soin, et quelquefois avec des fers chauds ; ce frottage rendra leur éclat : le même procédé s'emploie pour les parquets.

Si ce sont des parties de métal, le frottage est fait avec de la terre pourrie.

Si les bois sont plaqués, et qu'une partie du placage se soit détachée, il faut la conserver soigneusement, puis la remettre à sa place avec de la colle forte, qu'on essuiera ensuite pour l'empêcher de rejaillir en dehors, et on aura soin d'attacher fortement cette petite pièce jusqu'à ce que la colle ait fait sa prise.

Dans tous les cas, on compose une pâte avec de la cire qu'on fait dissoudre dans l'essence de térébenthine, ce qui n'a lieu que fort lentement, et mise à la consistance d'une bouillie un peu épaisse; quand on voudra s'en servir, on mettra de cette pâte de la grosseur d'un pois sur un morceau de drap, on l'étendra le plus possible sur le bois, on le frottera une seconde fois avec une étoffe de laine jusqu'à ce que ce bois soit sec ; enfin, une troisième avec un chiffon de vieux linge. Un moyen semblable peut être employé pour les marbres, les cuirs de secrétaires et les reliures. On emploie aussi un vernis à bois que l'on frotte jusqu'à ce que le bois ait repris son brillant.

Si les glaces sont ternies, on les lave avec de l'alcool étendu d'eau.

On doit battre les tapis tous les ans avec des baguettes unies, après les avoir suspendus ; on les roule en y plaçant du poivre, du camphre, du vétiver ou autre plante aromatique : on les serre ensuite dans un lieu frais. Un moyen semblable préserve des vers les étoffes de laine.

Les couchers sont ce qu'il est le plus nécessaire de soigner, surtout pour les préserver des punaises. Il est utile de placer au-dessous des matelas une ou deux poignées de lavande en fleur, ce qui, en général, les empêche de s'y introduire ; si malgré cela le lit était attaqué et bientôt après tout l'appartement, on lave les meubles et les boiseries, et on les frotte avec une brosse imbibée d'un mélange d'esprit de vin et d'essence de térébenthine auquel on peut ajouter du camphre. On en serait plus assuré en substituant au camphre du sublimé corrosif ; mais cette substance dangereuse ne doit être employée qu'avec précaution.

D'ailleurs, il est nécessaire de temps en temps de démonter les lits, les laver, s'ils ne sont pas en soie, de défaire les matelas et en écharpir la laine ou le crin. Si ceux-ci étaient attaqués des vers, on les ferait tremper quelque temps dans l'eau bouillante, et on les battrait dès qu'ils seraient secs. Voilà pourquoi dans un intérieur soigné on a un ou deux matelas de rechange.

CHAPITRE V.

DES MEUBLES D'ASSORTIMENT.

Indépendamment des lits, des siéges, des rideaux et draperies des croisées, des glaces, des tentures et des autres objets du mobilier usuel, on se sert beaucoup de tapis de pied, tapis de table, foyers, descentes de lit et autres menues tapisseries, dont le prix varie depuis la plus minime valeur jusques à la plus élevée ; on en fait en moquette, et même on en forme suivant les nécessités par bandes dits *jaspés ;* c'est ainsi que l'on compose souvent des couvertures de siége, des portières ou rideaux de porte. On fait des portes battantes en cadres de bois garnis de toile des deux côtés, à un ventail ou deux ventaux ; avec les mêmes toiles, on fait des *bourrelets* ou *saucissons* remplis de bourre, de laine et même de sable pour intercepter les vents coulis au-dessous des portes ; pour ceux qui s'échappent des croisées, on se sert de lisières de drap ou de peaux de mouton garnies de leur laine. On fait avec des toiles clouées sur des châssis et revêtues de papier de tenture des *paravents* en plusieurs feuilles, des *écrans* avec des étoffes pareilles aux meubles ou suspendues par un rouleau. Pour préserver de l'éclat du feu, ou pour empêcher les accidents venant du foyer, on a de petits paravents très-bas en feuilles pliantes de métal ou de toile métallique : les *devant de cheminée* pour l'été sont en toile revêtue de papier et clouée sur un cadre en bois. Tous ces meubles, quelque utiles ou même nécessaires qu'ils puissent être, ne sont pas immédiatement du ressort de l'architecture ; il en est de même des *garnitures* de cheminée, *croissants, pendules, flambeaux, candelabres, urnes, lampes, videpoche, agraffes, porte-montre,* des *garde-feu, chenets, mordaches, pelles, pincettes, soufflets, porte-pincettes, lustres* et *lampadaires, porte-parapluie.* Mais les meubles qui ont avec l'architecture des rapports plus réels sont ceux de menuiserie et d'ébénisterie, les *billards, commodes, tables à manger* et *à écrire* et *de jeu, bureaux, secrétaires, buffets* et *servantes, somnos* ou *tables de nuit, lavabo, guéridons* et *consoles, psychés, toilettes* avec ou sans dessus de marbre, les *glaces, armoires à glace, jardinières, étagères.* Nous nous arrêtons, car cette énumération, si l'on voulait la rendre complète, serait aussi longue et fastidieuse que peu utile.

Il est bon d'avoir une idée de l'emplacement qu'exigent les gros meubles dans un appartement pour en calculer le nombre d'après les dimensions de celui-ci. Ainsi, en y comprenant son jeu, une commode occupera environ 4 pieds (1,30); une console, de 4 à 5 pieds (1,30 à 1,60); un grand bureau à cylindre, 7 pieds (2,27); un secrétaire à abattant, 3 pieds (0,98); un canapé, 7 pieds; un grand fauteuil à haut dossier, 26 pouces (0,70); un fauteuil ordinaire, 23 pouces (0,65); une chaise, 17 à 18 pouces (0,48); un lit 7 pieds, etc.

TROISIÈME PARTIE.

DÉTAILS PARTICULIERS.

TROISIÈME PARTIE.

DÉTAILS PARTICULIERS POUR LA CONSTRUCTION DE QUELQUES PARTIES DES ÉDIFICES RURAUX.

Les détails de construction dont nous venons de nous occuper dans la seconde partie, quoique suffisants pour la généralité des constructions rurales, laisseraient encore à désirer, soit des observations sur la disposition de certaines parties des bâtiments, soit des règles particulières à suivre dans leur édification. C'est ce que nous allons donner ici, en suivant l'ordre alphabétique, le seul admissible dans une réunion d'objets souvent aussi disparates.

I. Abreuvoirs.

Un *abreuvoir* est une fosse pleine d'eau destinée à désaltérer les bestiaux de la ferme.

L'emplacement d'un abreuvoir n'est nullement indifférent. On ne peut toujours le choisir ; mais quand on en est le maître, il faut qu'il soit assez éloigné de la ferme pour n'en pas recevoir les immondices, et assez rapproché pour que les bestiaux ne puissent s'échauffer en en revenant. C'est une erreur très-préjudiciable de croire que l'eau des toits ne peut servir pour former un abreuvoir, c'est peut-être la meilleure ; mais il faut avoir grand soin de ne pas souffrir que l'eau des fumiers et des mares, les égouts de la maison et des étables puissent y communiquer.

Un abreuvoir doit être profond, pour ne pas subir une aussi grande évaporation ; il doit être le plus vaste possible, pour ne manquer jamais d'eau. Une plantation d'arbres sur ses bords est très-utile, en ce que ces grands végétaux l'assainissent et le conservent plus frais ; cependant on doit éviter d'y planter des frênes ou autres arbres qui nourrissent abondamment des cantharides, dont la chute dans l'eau peut amener des dégoûts ou des accidents.

Si la terre où l'abreuvoir est creusé ne peut retenir l'eau, on le revêtira de maçonnerie ou d'un corroi de glaise. On réservera une ou deux rampes, qu'il est à désirer que l'on puisse paver, et qui descendront jusques au fond de l'abreuvoir. Ces rampes seront assez larges pour que tous les bestiaux puissent facilement y entrer et en sortir.

II. Aqueducs et conduites d'eau.

Un aqueduc, comme son nom l'indique, est une sorte de ponceau, couvert d'une voûte et construit sur un radier, qui conduit l'eau depuis sa source jusques au lieu où elle est nécessaire. Les Romains, comme tous les habitants des pays chauds, ont, par nécessité, été obligés de recourir souvent à ce moyen, et en ont laissé de beaux modèles. Vitruve dit que la pente des rigoles doit être de 6° (0,16) pour 100 pieds (32,48) de longueur, 1° pour 16 pieds ou pour 2 à 3 toises (2 mill. par mètre). Bélidor indique un pouce de pente sur 50 toises (0,027 sur 16,25); l'expérience prouve qu'il suffit d'un pied sur 600 toises (0,32 sur 195 mèt.), ce qui revient à peu près au même. Du reste, lorsque rien ne s'y oppose, il vaut mieux à tous égards pécher par excès que par défaut.

Lorsqu'il s'agit de mesurer la vitesse des eaux, ce qui fixe sur la longueur à donner à l'aqueduc, on peut la connaître en plaçant sur le lit de l'eau courante une boule de cire un peu pesante; avec une montre à secondes on voit le temps que met cette boule à parcourir un espace donné : on multiplie la largeur du filet d'eau avec sa profondeur, et avec ces trois termes on connaît le cube de la masse d'eau qui a passé dans la direction choisie et par conséquent sa vitesse. Quelquefois on remplace les aqueducs par de simples pierrées, qui ont même l'avantage d'épurer l'eau pendant son cours et de la rendre plus propre aux usages domestiques.

Lorsque les champs en culture sont abreuvés sous leur surface d'eaux stagnantes ou courantes dont on veut les débarrasser, un moyen énergique est de creuser dans la partie la plus basse de ce champ un bassin à demeure qui reçoive constamment ces eaux superflues. Mais si la position des lieux ne le permet point, si des fossés ouverts sont trop multipliés pour permettre le travail de la charrue, on emploie des fossés couverts par des briques ou petites perches de bois vert, chêne, aune, bois blancs ou résineux, qui conduisent ces eaux dans un ruisseau ou fossé ouvert pour faciliter leur écoulement. Dans les terrains habituellement humectés, on emploie un système général de tuyaux ou *drains* qui forment une manière d'échiquier et qui assainissent ce champ, opération que les agronomes modernes appellent *drainage*. Il est essentiel que les rigoles ou tuyaux d'écoulement puissent être accessibles aux sourcillements latéraux qui viendraient à se produire.

C'est par le même moyen de tuyaux souterrains qu'on remplace les aqueducs lorsque le volume d'eau le permet. Cette conduite se fait au moyen de tuyaux de bois, surtout de bois d'aune, de grès, de terre cuite, de fonte de fer, rarement de plomb, vu sa cherté et son peu de résistance; on réserve quelquefois ceux de cette matière pour les fortes courbures, et pour les endroits où il est nécessaire de placer des robinets.

La conduite doit, autant qu'il est possible, suivre les pentes du sol ; comme la pression de l'eau est plus considérable dans les gorges et les fortes pentes, on doit employer là des tuyaux de fonte : dans les lieux moins tourmentés, on peut se servir de tuyaux en bois, en grès ou terre cuite. Les tuyaux de bois sont amincis par un bout ; l'autre est élargi intérieurement pour recevoir le premier. Pour l'empêcher d'éclater on y met une frette ou lien de fer, et on enduit les joints avec un mastic à froid, oignant la filasse, et qui remplit aussi les trous ou fentes ; il faut rebuter d'ailleurs les tuyaux qui ont des nœuds et des gerçures.

Les tuyaux de grès et de terre cuite sont évasés par un bout et resserrés de l'autre, qui porte un collet de renforcement intérieur. On les unit bout à bout et l'un dans l'autre comme les tuyaux en bois ; mais on emmaillote le bout mâle avec de la filasse enduite de mastic à chaud. Ces joints sont ensuite scellés avec des moellons ou riblons maçonnés à mortier de chaux ; quelquefois même on enveloppe d'une chappe ou chemise de ce mortier toute la longueur du tuyau. On peut aussi faire la conduite avec des tuiles à canal ou à bords relevés, qui reposent les unes sur les autres suivant le fil de l'eau, bien scellées à mortier, et recouvertes avec des briques plates.

Les tuyaux en fonte de fer ont à leur bout des *oreilles* ou rebords destinés à recevoir des brides ; entre les deux orifices, et appliquée l'une à l'autre, on place une rondelle de cuir ou de plomb percée pour le passage de l'eau d'un tuyau à l'autre ; lorsqu'on emploie du plomb on le *matte* en dehors.

Les tuyaux de plomb se joignent bout à bout en les soudant, ou mieux on en rabat les bouts et on les joint par des brides : on emploie aussi la filasse et le mastic pour les unir à des tuyaux d'autres matières.

On laisse de distance en distance des *regards* ou petits puits pour reconnaître les joints qui perdent, ou les réparations que les tuyaux peuvent exiger.

Mais il faut se mettre en garde contre le mouvement de l'air qui, chassé par l'eau, s'amasse dans les coudes et parties irrégulières, se dilate trop souvent, fait effort contre ces tuyaux, y produit des crevasses ou des fissures, ou s'insinue dans les joints, et produit ainsi des déviations et des pertes d'eau. On prévient ces inconvénients, en plaçant, dans les lieux les plus scabreux, des *robinets* qui laissent échapper l'air, et qui peuvent même, en cas de nécessité, évacuer l'eau d'une partie de la conduite : cependant on se sert ordinairement de *ventouse* ou de tuyau vertical, de loin en loin enté sur la conduite, appuyé sur une pierre à demeure, un arbre ou autre objet ferme et stable, et garni d'une soupape qui s'élève d'elle-même lorsque l'air devient trop comprimé, et fait ainsi l'effet d'une soupape de sûreté.

III. Bache.

La *bâche* est une caisse sans fond dont la planche de devant a 6° de hauteur et celle de derrière 2 pieds ou 2 pieds 6°, réunies entre elles par un vitrage incliné réunissant les deux hauteurs. Cette caisse a ordinairement 4 pieds de largeur sur une longueur indéterminée, et se place sur les couches qui reçoivent les semis des jardiniers ou les petites plantes pour les préserver du froid. On a soin d'en garnir le bas, afin que le froid n'y puisse pénétrer, et s'il devient trop intense, on les couvre de tissus de paille dits *paillassons*, et on les entoure de fumier chaud, ce que l'on nomme des *réchauds*. On emploie, pour faire la bâche, du chêne ou autre bois dur de 15 à 24 lignes d'épaisseur. C'est un diminutif de la serre ou du châssis. (Voyez ces mots.)

IV. Bains et baignoires.

Le bain domestique se prend dans une salle ou chambre particulière qui fait suite à l'appartement, revêtue de stuc et carrelée en marbre, en pierre ou en carreau ; ce dernier est préférable vernissé. Des poupées de porte-manteau reçoivent les habits du baigneur, et, s'il est possible, il y a un lit de repos pour sa sortie du bain.

Dans un réduit à côté de la chambre de bains, un petit fourneau fait chauffer l'eau froide déposée dans l'un des deux petits réservoirs qui par deux tuyaux versent à volonté de l'eau froide et de l'eau chaude au moyen de deux robinets qui donnent dans la baignoire. Une soupape dans le fond de celle-ci la vide par un conduit, qui, passant sous le carrelage, la fait couler au dehors.

Les baignoires se font en pierre, en marbre, en bois, en cuivre étamé, même en cuir verni, surtout celle de *Valette*, proposée en 1818. On doit rejeter le fer-blanc à cause de sa prompte oxydation. On en fait aussi en zinc, ainsi que des baignoires de siége et des lave-pieds. Il est bon d'encastrer la baignoire dans le carrelage, afin qu'il soit moins pénible d'y entrer.

Quelquefois le fourneau est placé sous un siége faisant partie de la *baignoire* qu'on appelle alors *sabot* à cause de sa forme ; ou bien le fourneau nommé *cylindre* est un vase portatif en tôle ou en cuivre dans lequel on met du charbon allumé, et l'on plonge ce vase dans l'eau de la baignoire, dont le liquide a son niveau au-dessous de l'ouverture supérieure du fourneau. Cette manière de chauffer l'eau peut s'appliquer dans tous les lieux où on transporte la baignoire, mais elle est plus ou moins incommode et peut devenir dangereuse, parce que l'acide carbonique développé par la combustion du charbon est difficile et toujours long à s'évacuer.

M. Bizet a imaginé, en 1820, une baignoire dite *à circulation*, dont M. Francœur a donné la description. Le mode de chauffage est fondé sur la propriété des liquides chauds d'être plus légers que lorsqu'ils sont froids.

Au pied, mais en dehors de la baignoire, est un vase en cuivre formé de deux capacités cylindriques dont l'intérieure reçoit le charbon : une grille le sépare du cendrier qui y fait pénétrer l'air nécessaire à la combustion ; un *tiroir* ou *registre* le ferme et étouffe le feu lorsqu'on n'a plus besoin de chaleur. Le charbon se jette par un tuyau latéral que ferme ensuite un *bouchon* ou *bonde*. L'eau froide de la baignoire entre dans l'enveloppe du fourneau par un tuyau inférieur et y rentre chaude par un tuyau supérieur ; ce qui produit effectivement une circulation active et perpétuelle entre le fourneau et la baignoire ; un autre tuyau fait écouler en dehors les gaz produits par la combustion. On peut même faire ainsi chauffer l'eau étant soi-même dans le bain.

On peut aussi adapter au tuyau, en le supportant par une potence, une caisse en fer-blanc, tôle ou cuivre, dans laquelle on place le linge et même le déjeuner qui s'y réchauffent ; mais pour qu'il ne brûle pas, cette caisse est double et la chaleur est produite par une doublure qui reçoit l'eau qu'on y verse par un entonnoir. Une jauge ou baguette sert à reconnaitre quand il y a assez d'eau ; le tout se vide par un robinet.

Cet appareil est commode et sans inconvénient : il ne dépense que 15 à 20 centimes de charbon, et le bain est chauffé dans une heure en hiver et trois quarts d'heure en été.

Torchon a fait, en 1793, une baignoire pour les chevaux, enfoncée dans le sol à fleur de terre. Elle est surmontée d'un plateau sur lequel on fixe le cheval au moyen d'un bâtis de travail. Ce plateau s'élève avec un treuil ; on descend le tout dans la baignoire, et un grand nombre de trous percés dans le plateau y font entrer l'eau.

Dans quelques villes, il y a des entreprises qui donnent les bains à domicile.

V. Bains, Viviers et Réservoirs.

On donne ces noms aux différents amas d'eau que l'on construit artificiellement pour les besoins de la culture, la multiplication du poisson ou pour l'usage de l'homme. Quand ils sont destinés à l'arrosement et la décoration des jardins, ils se nomment *bassins*. La condition essentielle de leur construction, surtout quand ils sont alimentés artificiellement par un puits ou une fontaine peu abondante, est qu'ils ne laissent point échapper l'eau. Un corroi de glaise bien battue, étendu tant au fond que sur les parois de ces bassins, suffit souvent dans les terres argileuses et très-compactes. Mais il est bien rare que ces conditions se trouvent réunies au point d'inspirer une entière sécurité. D'ailleurs, plusieurs circonstances, la gelée surtout qui fendille et détruit peu à peu la glaise, et par conséquent entraîne à des réparations annuelles, font en général revêtir de maçonnerie les bassins d'une médiocre grandeur et d'un usage habituel. On réserve la glaise pour des amas d'eau plus considérables.

La maçonnerie d'un bassin doit à la fois retenir les terres extérieures, et empêcher le sourcillement de l'eau qu'il doit renfermer. Ses dimensions doivent remplir la première condition, et sa construction la seconde.

On calcule l'épaisseur des murs d'un bassin de la manière que nous avons indiquée pour les murs de terrasse, en observant que la forme circulaire ou elliptique qu'on leur donne le plus ordinairement augmente leur force d'une manière assez marquée, et permet d'en réduire les dimensions.

Pour rendre ces murs impénétrables à l'eau, on les construira en briques ou moellons à mortier de chaux ou plutôt de ciment; on formera leur fond en béton massivé, surmonté d'un bon carrelage incliné vers le perdant, de manière à pouvoir dessécher le bassin à volonté; enfin, on recouvrira le tout d'un des enduits hydrauliques dont nous avons donné la composition.

Les bassins établis dans les potagers, les parterres, et autres endroits très-fréquentés, ne doivent jamais avoir que de 2 à 3 pieds (0,65 ou 0,95) de profondeur au plus, afin d'éviter, autant que possible, tout accident fâcheux. La maçonnerie doit arraser le sol, et, le plus que l'on peut, la surface de l'eau ne doit pas être au-dessous de la maçonnerie de plus d'un pouce.

Nous ne parlerons pas ici de ces bassins décorés de jets d'eau, de groupes et de figures que l'on trouve à chaque pas dans les jardins ornés. Nous dirons simplement, en passant, que l'on doit éviter avec soin le faux goût qui introduit de pareilles décorations, dont les eaux ne jouent qu'au moyen de réservoirs remplis à bras d'homme : misérable jonglerie qui n'annonce que les prétentions et le manque de facultés des propriétaires; secret connu de tout le monde, et comédie coûteuse autant que ridicule.

Quand un bassin est d'une plus grande étendue, et qu'il est principalement destiné à renfermer du poisson pour le faire grossir ou engraisser, il prend le nom de *vivier*. Ces derniers sont ordinairement battus en glaise. Les *réservoirs* sont aussi des amas d'eau, construits comme les viviers, et destinés, soit aux mêmes usages, soit à fournir aux petits arrosements. Les principes de leur construction sont les mêmes.

VI. BERGERIES ET ACCESSOIRES.

L'éducation des bêtes à laine a de tout temps été l'une des branches les plus lucratives de l'économie rurale; et, de nos jours, l'introduction des races espagnole et anglaise promet de la rendre encore plus riche : aussi s'est-on, depuis quatre-vingts ans environ, beaucoup occupé de l'amélioration de cette éducation, et leurs logements n'ont pas été oubliés. M. d'Aubenton a fortement contribué, par ses écrits et ses exemples, à discréditer les étables fermées où on les entasse, où on les étouffe encore dans trop d'endroits; mais, malgré cette grande autorité, les cultivateurs français adopteraient difficilement le parc domestique, même, pour l'hivernage, le hangar de M. d'Aubenton. Il est probable que, dans ce cas, comme dans la plupart des discussions, un terme moyen est ce qu'il y a de plus avantageux.

Nous allons donc donner une idée de la bergerie qui nous paraît la plus avantageuse pour nos localités, et nous traiterons successivement, 1° des bergeries permanentes ou d'hivernage; 2° des bergeries supplémentaires; 3° des crèches et du parc.

1.° *Des bergeries permanentes.* Ce sont celles où les moutons passent l'hiver, dans les fermes où on les garde toute l'année. On doit en calculer les dimensions d'après celles des animaux, et le nombre qu'elles en doivent contenir. Il est nécessaire que toutes les bêtes puissent à la fois prendre place aux crèches, et se coucher commodément. Quand les bergeries n'ont que deux rangs de crèches adossés aux murs, on les appelle *bergeries simples;* quand elles ont au milieu un, deux ou trois rangs de crèches doubles, on les nomme *doubles, triples, quadruples,* etc.

Une bête à laine, de taille au-dessus de la moyenne, exige 15 pouces (0,40) de crèche, y compris ce qu'enlèvent les pieds-droits. Sa longueur étant de 4 pieds et demi (1,66), et la largeur des crèches de 10 à 18 pouces (0,27 à 0,48), exigent une profondeur de six pieds (2ᵐ). Il faut, au milieu, de deux pieds (0,65) à deux pieds et demi (0,80) de passage, qui servent d'ailleurs à les faire coucher à l'aise.

Ainsi, une bergerie simple, pour cent moutons, aura au moins 68 pieds (22,00) de longueur sur 13 (4,22) de largeur (les baies des portes non comprises); une double, 35 (11ᵐ) sur 28 (9ᵐ), et une triple, 40 (13ᵐ) sur 25 (8ᵐ).

La bergerie aura une grande porte charretière qui permette aux voitures de charger les fumiers dans la bergerie même. Elle aura aussi de grandes croisées à barreaux ou grillages, de 4, 5 ou 6 pieds (1,50, 1,65, 2ᵐ) de large et de toute la hauteur de la bergerie. On fera en sorte que ces croisées soient percées en regard sur deux murs parallèles : on ne les fera commencer qu'à deux pieds et demi ou trois pieds (0,90) au-dessus du sol. Elles seront toutes, ou au moins celles percées du côté du couchant, garnies de contrevents ou volets extérieurs.

Les bergeries ne doivent pas être pavées, parce qu'il vaut mieux que le fumier des moutons soit abreuvé d'urine; il est préférable de n'y mettre ni plafond ni plancher, pour leur donner plus d'air, parce que les fourrages se comportent mal sur ces granges, que les exhalaisons les détériorent; et les bêtes à laine ne souffrent point d'être sous le toit, surtout si, par un lattis jointif ou l'emploi de plates-bandes, on intercepte l'introduction de la neige. Si l'on craint que les croisées ne donnent pas assez d'air, on observera, en construisant le mur, de pratiquer des ventouses correspondant entre elles, à deux pieds (0,65) du sol, d'un pied (0,32) de hauteur, et de 2 à 3 pouces (0,06) de largeur, à une distance plus ou moins rapprochée, et que, par prudence, on établira en forme de chevron brisé, afin d'éviter l'introduction malicieuse soit du feu, soit d'autres objets nuisibles.

Si l'on craignait que ces bergeries fussent trop froides pour les agneaux au moment de leur naissance, ce qui d'ailleurs n'est nullement à craindre, et pour les préserver de piétinements dangereux, on construira, à côté de la bergerie, une petite étable avec un plancher, des ouvertures et des courants d'air suffisants, même divisée en loges de 5 pieds (1,62) sur 3 (0,97), pour isoler chaque mère et son nourrisson.

Le berger doit être logé dans une soupente de la bergerie, ou mieux, dans un petit logement, donnant à la fois dans les deux étables.

La planche XLVII donne les détails de la bergerie comprise dans la basse-cour de notre maison de campagne, pl. XXVIII. La *fig.* 1 est le plan; la *fig.* 2, l'élévation sur cette cour; la *fig.* 3, la coupe sur la longueur. On voit la disposition des crèches; les *simples* ont 117 pieds (38ᵐ) pour 95 bêtes, et les *doubles* 243 pieds (79ᵐ) pour 114, en tout 209 bêtes. Le plancher est en briques; de grandes croisées de 7 pieds (2,30) de largeur éclairent à la fois la bergerie et les magasins supérieurs; les trois poutres du plancher ont 48 pieds (15,60) de longueur; elles sont en quatre pièces réunies bout à bout, et chaque assemblage est soutenu par un pilier et deux contre-fiches; sur la cour de ferme, deux grandes portes charretières à claire-voie permettent l'enlèvement des fumiers, et une troisième conduit dans la petite bergerie destinée aux portières et à leurs agneaux. On peut, dans cette dernière pièce, pratiquer les loges ou stalles dont nous avons parlé.

2° *Des bergeries supplémentaires.* Lorsque, dans une ferme on ne garde des moutons que dans la belle saison, ou qu'indépendamment du troupeau d'hivernage on achète un second troupeau pour augmenter le parcage, un simple hangar ou appentis suffit pour le mettre à l'abri lorsqu'il ne parque pas. On fermera ce hangar de barrières pour empêcher les moutons d'en sortir. Il serait bon que le côté du couchant, d'où vient ordinairement la pluie, fût fermé d'un mur, comme nous le dirons en parlant des hangars, où nous renvoyons le lecteur.

3° *Des crèches.* Nous croyons que de simples crèches, telles à peu près que quelques propriétaires en font construire, conviennent mieux, par leur simplicité et leur commodité, que les râteliers, même les *râteliers-mangeoires* de M. de Perthuis. Elles peuvent avoir de 6 à 7 pieds (2,00 à 2,30) de longueur, et de largeur 18 à 20 pouces (0,50) si elles sont doubles, et 9 ou 10 (0,25) si elles sont simples, ou faites pour s'adosser aux murs. Elles se composent, 1° de six montants de 3 à 4 pouces (0,08 à 0,10) d'équarrissage; 2° de traverses d'à peu près mêmes dimensions, qui s'assemblent avec les montants haut et bas et forment le bâti; 3° d'un fond élevé de 6 pouces (0,15); 4° de quatre petites planches qui les ferment. Ces planches doivent ne s'élever que de ce qu'il est nécessaire pour ne pas gêner les moutons, qui doivent y passer facilement la tête et atteindre aisément jusques au fond des crèches. Ces crèches sont solides, se manient aisément; elles reposent sur des briques mobiles qui les garantissent de l'humidité, et qui permettent de les exhausser à volonté à mesure que la masse de fumier augmente. Toute sorte de fourrage s'y place à merveille, et rien ne s'y perd et ne se foule aux pieds. Il y a plus; on peut s'en servir pour former des compartiments dans une grande bergerie, et au moyen de deux ou trois portes volantes, qui se placent avec de petits gonds attachés sur le côté de quelques crèches, on divise la bergerie de la manière à la fois la plus simple, la plus prompte et la meilleure.

4° *Du parc.* Le *parc* se compose de *claies* d'environ huit (2,60) à dix pieds (3,30) de longueur. Ces claies sont en bois; leur bâti consiste en quatre montants de cinq pieds (1,60) de hauteur et de deux pouces (0,05) d'équarrissage, dans lesquels sont chevillées des *voliges* ou de forts liteaux.

On laissera, à quatre pieds (1,30) de hauteur, un espace plus grand entre les voliges, pour que le berger y puisse passer le bras lorsqu'il transporte les claies.

Quand on dresse le parc, les claies s'enfoncent dans la terre au moyen de l'extrémité aiguisée des montants. On les fait croiser pour les joindre, et on les assujettit avec des *crosses*, au moyen des doubles *aiguilles* que portent ces dernières. Les crosses s'assujettissent elles-mêmes au moyen de *clefs* de bois qui passent à travers la mortaise inférieure des crosses, et qui s'enfoncent en terre à l'aide d'un *maillet*.

Pour former les coins du parc, on fait passer l'un sur l'autre les montants des deux claies, et on les lie avec une ficelle.

Les *crosses* sont des morceaux de bois courbe de sept pieds (2,30) de longueur développée, armés à une de leurs extrémités de deux chevilles, et percés à l'autre d'une mortaise pour recevoir des coins.

Chaque bête à laine fertilisant au parc de 10 à 11 pieds (3,50) quarrés, il s'ensuit que cent bêtes exigeront douze claies de 10 pieds (3,50) de longueur ; deux cents, 18 ; trois cents, 22. Si les claies ont neuf pieds (2,90), il en faudra 14, 20 et 24. Si elles ont huit pieds (2,60), 16, 22 et 26. Pour cinquante bêtes, il faut douze claies de 7 à 8 pieds, et dix de 9 ou 10. On voit qu'il y a, sous le rapport de l'achat des claies et leur entretien, un bénéfice de près de 50 pour % à faire parquer un grand nombre de bêtes ; d'ailleurs, cette opération est peu profitable au-dessous de cinquante bêtes, à cause des frais qu'elle occasionne. Il est utile d'avoir un nombre double de claies, tant pour suppléer à celles qui se trouvent subitement hors de service, que pour pouvoir faire à la fois deux parcs, et éviter au berger un changement nocturne qui a ses inconvénients.

La *cabane du berger* est une espèce de boîte de six pieds (2m) de longueur sur trois (1m) de large, et cinq pieds (1,60) de hauteur jusqu'à l'égout de son comble. Elle porte sur quatre roues, et au moyen de deux crochets on la fait traîner par un cheval, ou par des bœufs en y adaptant un timon. La *cabane des chiens* est encore plus simple ; on peut même la supprimer dans les provinces méridionales.

VII. Bibliothèque.

Il ne peut être question dans cet ouvrage de véritables bibliothèques composées au moins de 10,000 volumes, mais de simples cabinets de livres, lesquels doivent être traités dans les mêmes principes, en observant qu'ici on peut, on doit même y admettre un poêle ou une cheminée : dans ce cas, il vaut mieux que ces cabinets soient carrelés, avec de petits tapis pour les pieds.

Si les livres doivent être placés sur un seul rang, il suffit que les tablettes aient 6° (0,16) de largeur ; s'ils doivent l'être sur deux rangs, cette largeur doit être de 11° (0,30).

La distance des tablettes entre elles doit être relative au format des volumes : les in-f° de grand format ont de hauteur 22° (0,60) ; ceux de petit format, 17° (0,45) ; les in-4° grand format, 12° (0,33) ; en petit format, 10° (0,27), ainsi que les in-8° grand format ; ceux-ci en petit format, 8° (0,22) ; les in-12 grand format, 7° (0,19) ; en petit format, 6° (0,16) ; les in-18° grand format, 6° (0,16) ; en petit format ou autres formats inférieurs, 5° (0,14) : toujours y comprenant l'aisance nécessaire pour placer ou retirer facilement ces volumes. Ces tablettes doivent par préférence être faites en bois de pin dont l'odeur éloigne les vers ; le bois de cyprès serait bien préférable si cette odeur n'était si forte qu'elle peut incommoder. Ces tablettes seront placées par travées de 3 à 4 pieds (1m à 1,30) de largeur, séparées, soit par des planches ou montants verticaux de 18 lignes (0,04) d'épaisseur, soit par des colonnes, et les tablettes reposeront sur des liteaux ou mieux sur des dents de crémaillère. Les murs sur lesquels s'appuient ces tablettes ne seront pas doublés de planches, refuge assuré des souris, mais enduits de plâtre fin et revêtus d'un papier bleu pâle ou paille : les tablettes ne seront pas adhérentes aux murs, mais en seront séparées d'environ 6 lignes (0,014) pour éviter l'accumulation de la poussière.

On place souvent au-dessous des tablettes un buffet ou corps d'armoires de 30 à 36° (0,80 à 0,98) de hauteur dans œuvre, qui peut recevoir les atlas ou autres volumes d'une dimension extraordinaire, et qui doivent reposer sur un parquet intérieur.

Pour faciliter la recherche des livres sans s'exposer à des accidents, il faut avoir, si le plafond n'a pas plus de 10 pieds (3,45) d'élévation, un petit escalier de six marches en bois léger, garni d'une balustrade sur trois côtés et porté sur des roulettes ; si le plafond était moins élevé, ce marchepied serait remplacé par une chaise légère avec trois ou quatre marches. Si le plafond s'élevait davantage, à douze ou quinze pieds, ce serait une vraie bibliothèque ; une galerie suspendue la couperait par le milieu, et on y monterait par de petits escaliers dans les angles de la pièce.

L'entretien d'une bibliothèque, indépendamment du balai et de la tête de loup, consiste à retirer les livres de temps en temps, les battre, les brosser, faire jouer la couverture et frotter la tablette lorsqu'elle est vidée.

VIII. Briques et Briquettes.

La terre à employer pour faire de la brique commune, est une terre argileuse de la nature de celle employée aux céramiques (voyez page 170), c'est-à-dire une argile assez tenace pour se mouler facilement, et cependant assez maigre pour que les briques sèchent avec rapidité et surtout ne gercent pas trop en séchant. Ces qualités se trouvent ordinairement dans le pays Toulousain, dans la terre qu'on appelle vulgairement *boulbène*. La brique étant cuite est communément de couleur rouge analogue à la poterie ordinaire ; mais dans certaines localités, les briques sont plus ou moins blanchâtres après la cuisson et se rapprochent des poteries plus fines et plus légères dans lesquelles les silicates existent en plus grande quantité. Cette dernière terre, par sa dureté, sa légèreté, sa résistance, est la plus recherchée pour le carreau et la tuile à canal. Le mélange de calcaire et de marne, la présence de l'oxyde de fer lorsque ces ingrédients ne sont pas en grande quantité, ne nuit point à la qualité de la brique et souvent l'améliore. On peut du reste, lors de l'extraction de la terre à brique, y mêler, dans la proportion qu'indique l'expérience locale, du sable quand elle est trop grasse, de l'argile quand elle est trop maigre. Les pyrites très-petites ajoutent, dans leur fusion dans le four, de la sonorité et de la dureté à la brique, mais pour peu qu'elles soient grosses, en perdant leur soufre, elles produisent des cavités ou geais (Voyez page 47).

La terre doit être *tirée* ou extraite avant l'hiver pour que le froid la purifie et qu'elle se travaille mieux ; on en fait un monceau peu épais, ou mieux on la place dans un bassin de maçonnerie ; un autre bassin semblable plus petit est joint au premier et s'appelle *marcheux*. Dans ce cas, le grand a douze pieds (4^m) en quarré sur cinq (1,60) de profondeur, le petit a huit pieds (2,60) sur quatre (1,30) de profondeur ; ces dimensions sont d'ailleurs relatives à la quantité présumée de briques que doit contenir le four. A mesure qu'on tire la terre, on la met dans la grande fosse, que l'on remplit de manière qu'elle dépasse le bord de six pouces (0,16) ; on l'imbibe d'eau à proportion dans une quantité approximative d'environ vingt-quatre barriques de cent pégas (578 litres) et qu'on laisse pendant trois jours pénétrer la terre. Cette terre dite alors *pourrie* est piétinée, hachée, retournée avec la bêche ou la houe, en tranches ou *coques*; on la porte dans le marcheux où elle est encore piétinée et hachée ; on y met du sable pour qu'elle ne s'attache pas aux pieds de l'ouvrier, et cette masse corroyée s'appelle *voie de terre*. On en fait des mottes qu'on appelle *vasons*, qu'on piétine encore, et alors elle est à *deux voies*.

On la porte successivement sur l'établi et on la moule ; si elle est encore trop forte, on arrose le moule avec du sable. On dit qu'un mouleur avec son aide peut faire par jour dix milliers de briques de Paris ou deux mille à deux mille cinq cents briques de Toulouse ; la tuile exige plus de temps et plus de soins.

Les ouvriers de nos pays se contentent de mouler la terre telle qu'on la retire, en la saupoudrant de sable, et l'on sent combien cette méthode plus expéditive est aussi moins parfaite ; nous en avons parlé à l'article *brique cuite* de la seconde partie.

Les *briquettes* sont de petites briques qui se font en délayant de l'argile alumineuse dont on fait une bouillie claire à laquelle on incorpore des bribes ou débris de charbon de terre, des fragments de bois ou de tourbe pour en faire un mortier fort épais, ensuite des boulettes dont on remplit un moule sans fond de trois pouces (0,08) de hauteur, de six pouces (0,17) de grand côté, et de cinq pouces (0,13) de petit. Un ouvrier en fait de 3 à 4000 par jour, et on s'en sert avec du bois pour brûler dans des grilles à charbon.

IX. Buanderie, Four et Fournil.

La *buanderie* est le lieu où l'on fait les lessives du ménage, et la même pièce est ordinairement celle où l'on fabrique le pain de la maison.

Les *lessives* ont pour but de nettoyer le linge de toutes les impuretés qui le salissent, qui proviennent, dans le linge de corps, de la transpiration, de la sueur, des mucosités et des voies excrétoires ; dans le linge de table et de cuisine, des impressions que laissent le suif, la graisse, l'huile, la cire, le vin, le café : dans l'un et dans l'autre, l'encre et les divers métaux, surtout le fer, la boue, la poussière, etc.

Quelques-unes de ces taches disparaissent par un simple lavage, d'autres exigent l'emploi des alkalis ; quelques-unes même celui d'autres moyens chimiques. On trouvera dans notre CHIMIE DU CULTIVATEUR quelques détails sur le *blanchissage*, qui est l'opération de la lessive. C'est par une dissolution de soude ou de potasse que s'opère ce blanchissage, mais plus ordinairement par l'emploi des cendres, qui contiennent ces alkalis. C'est aussi dans la buanderie que se trouvent réunis les constructions et les objets mobiliers nécessaires pour cette opération : ce n'est que sous ce point de vue que ce sujet entre dans l'architecture rurale. Ces objets sont le *cuvier*, auge en pierre ou en bois C et D, qui peut aussi servir de saloir, pl. XLVIII, *fig*. 1, et plus ordinairement un tonneau en chêne ou en pin, à un seul fond, pour recevoir le linge et la dissolution des cendres, le *trépied* en bois qui soutient ce cuvier à la hauteur voulue : enfin, la *chaudière* où on fait chauffer l'eau nécessaire, ainsi que le *fourneau* B qui la supporte et met l'eau en ébullition.

Nous observerons, en général, qu'il ne faut pas employer une trop grande chaleur pour obtenir un bon blanchissage, car on coagule souvent ainsi les impuretés dans les tissus. Le mieux est de mouiller

Pl. XLVIII. Fig. 1.

ou *essanger* le linge, en le lavant d'abord à l'eau pure, et préférablement à mesure qu'il se salit.

Dans la lessive proprement dite, le linge de cuisine veut, avec la cendre, une force de 7 degrés d'aréomètre, et 3 degrés seulement lorsqu'il est essangé ; le linge de table et de corps 6 degrés dans le premier cas, et 2 1/2 dans le second. Quand on se sert, au lieu de cendres, de soude brute, il en faut 8 livres par quintal (50 kil.) de linge sec et très-sale pour 25 litres d'eau. Le cuvier qui doit recevoir un quintal de linge, doit avoir environ 18 pouces (0,50) de diamètre et 30 à 36 pouces (0,90) de hauteur.

La chaudière doit être en fonte douce, et avoir à peu près un pied (0,32) de profondeur, et dans les forts ménages 3 pieds (1,00) de diamètre ; un robinet doit faciliter l'écoulement du liquide.

Nous ne parlerons pas ici du blanchissage à la vapeur d'après les systèmes de Chaptal et de Curandeau ; non plus que de celui, au moyen de pommes de terre, inventé par Cadet de Vaux, en 1806. Celui-ci, au reste, ne consiste qu'à faire cuire des pommes de terre à la consistance de savon tendre ; il faut qu'elles soient épluchées avec soin : le linge ayant été plongé vingt-quatre heures dans l'eau froide, tordu et battu, on le place dans une chaudière d'eau chaude, pendant une demi-heure ; on l'en retire pièce à pièce, en le tordant légèrement ; on le déploie et on l'empâte dans les parties grasses avec les pommes de terre ; on le replie en l'arrosant d'eau chaude ; on le froisse, on le bat, puis on le replonge, ainsi empâté, dans la chaudière, où on le met trois quarts d'heure en ébullition, pour, ensuite, l'*éclaircir*, à l'ordinaire, à grande eau.

Fourneau.

C'est le fourneau qui est, dans la buanderie, la construction la plus importante. On en a imaginé de plusieurs formes plus ou moins compliquées. Voici celle que nous avons adoptée, comme la plus facile, et qui est suffisante pour l'usage vulgaire. Ce fourneau est figuré pl. XLVIII, *fig.* 1, B. Les dimensions de ce fourneau sont relatives au diamètre de la chaudière, que nous supposons ici de trois pieds.

Ce fourneau, qui n'est qu'un fourneau à réverbère, de la forme la plus simple, est composé de quatre parties principales : la *chaudière*, le *cendrier*, le *foyer* ou fourneau proprement dit, le *tuyau* de conduite de la fumée, lequel doit partir de la partie supérieure du foyer, se noyer dans l'épaisseur du mur, et se perdre dans la cheminée de la buanderie.

Les murs extérieurs du fourneau devant, le plus possible, contenir la chaleur, on leur donnera, 8 à 10 pouces (0,25) d'épaisseur. En conséquence, on tracera sur le pavé de la buanderie la largeur du fourneau, qui, en supposant, comme on l'a dit, la chaudière de trois pieds de diamètre, sera de 4 pieds 8 pouces (1,54), savoir, 3 pieds (0,98) pour la chaudière, et 20 pouces (0,52) pour les deux épaisseurs de mur ; de même la profondeur sera de 4 pieds 20 pouces (1,35), savoir : 3 pieds (0,98) pour la chaudière, 10 pouces (0,25) pour le mur de devant, et 4 pouces (0,10) pour un contre-mur, procurant une aisance entre les bords de la chaudière et le mur de la pièce.

Les angles seront échancrés à pans coupés, par économie de matériaux et d'emplacement. Le cendrier sera construit en four d'un diamètre relatif à celui de la chaudière, sans excéder 10 à 12 pouces (0,30) ; on lui donnera 8 à 10 pouces d'élévation (0,24) ; l'ouverture en sera établie sur un des pans coupés, et aura environ 6 à 8 pouces (0,16 à 0,20) en tout sens. Sur ce massif on établira un grillage en fer légèrement incliné, pour faciliter la chute des cendres dans le cendrier ; les barres de la grille auront 4 à 5 lignes (0,011) de grosseur, et elles seront espacées relativement au genre de combustible à employer, c'est-à-dire, un pouce à un pouce et quart (0,03) pour la houille, le coke ou la tourbe, et 8 lignes (0,018) pour le bois. En général, l'introduction de l'air doit être au moins égale, dans sa surface, à celle de la plus petite section de la cheminée ou du tuyau. Enfin, sur le tout, on élèvera le corps du foyer, aussi en tour, d'un diamètre égal au grand diamètre de la chaudière, et sur le même axe que le cendrier. On l'élèvera de 6 à 8 pouces (0,16 à 0,22), selon le genre de combustible à employer ; d'abord perpendiculairement, ensuite, resserré en forme de voûte, de manière qu'il embrasse exactement la chaudière, laquelle doit saillir d'environ 2 pouces (0,05) au-dessus du fourneau, et plonger de la moitié de sa profondeur dans le foyer, pour qu'il y ait le moins de distance possible entre la flamme du combustible et les parois de la chaudière. Un cercle de fer, scellé dans la maçonnerie, recevra et consolidera la chaudière.

Le tuyau, ou conduit de la fumée, aura environ 4 pouces (0,11) en tout sens.

Un pareil fourneau, construit avec soin, procurera une économie de moitié ou du tiers du combustible, et une ébullition infiniment plus prompte qu'à feu nu dans une cheminée ordinaire.

La porte du foyer doit être en tôle, afin d'intercepter la plus grande partie du courant d'air lorsque le combustible cesse de produire de la flamme.

Fournil.

Le *fournil* ou *fournière* est le lieu où l'on fait et où l'on cuit le pain du ménage; l'usage est de le réunir avec la buanderie, parce que ces deux industries s'aident réciproquement et ont beaucoup de nécessités analogues. Dans les métairies, on construit souvent à part le fournil proprement dit, par la crainte du feu, que la négligence des cultivateurs laisse quelquefois prendre à ce bâtiment, et par suite à la métairie elle-même; nous ne partageons pas cette opinion. Nous avons observé que les métairies incendiées, le sont rarement par ce motif, et, qu'au contraire, les fournils isolés le sont plus ordinairement. Cet accident est produit le plus souvent par le peu de soin avec lequel les cultivateurs éloignent les traces de la paille qu'ils portent au fournil pour allumer le four, ou retirer les poignées de lin qu'ils ont broyées, et il est mieux, à tous égards, de les intéresser à prendre des précautions pour préserver leur mobilier : d'ailleurs, les planchers en brique, que nous recommandons, offrent moins de prise à ces accidents. Une considération qui a aussi son importance, c'est la santé des ménagères, qui sortant de leur logis très-échauffées par l'action du pétrissage, s'exposent souvent, en portant la pâte au four, à un air très-froid, et alors très-souvent morbifique, quand, ce qui arrive presque toujours, elles ne peuvent faire le pétrissage dans le fournil même.

Le fournil, lorsqu'il réunit tout ce qui est nécessaire à la fabrication du pain, et qu'il est réuni à la buanderie, exige une pièce séparée appelée *pétrin*, où se trouvent le bluteau G ou tamis, pour passer la farine, le coffre E pour la renfermer, et la maie F, pour opérer le pétrissage.

Coffre. Comme le coffre à farine E, pour un ménage même considérable, n'en doit jamais contenir une grande quantité, il y a peu de chose à dire sur sa construction. Il doit être solidement assemblé, afin de la garantir des rats, d'un bois bien sec, et qui ne donne pas de mauvaise odeur, et avoir, à son extrémité inférieure, une ouverture en biseau, susceptible de se fermer parfaitement pour donner passage à la farine.

Bluteau. Le bluteau ou *blutoir* G est formé d'un cylindre de toile métallique portant les n°s 60, 48 ou 36, d'environ 6 pieds de long (1,95), et 1 (0,32) de diamètre, placé dans une inclinaison de 21 à 23 degrés, renfermé dans un bâti formant coffre, avec une ouverture ou trappe sur le devant. On peut, lorsque l'établissement n'est pas considérable, en diminuer la proportion. La barre de fer qui sert d'axe au cylindre, porte, au moyen de cercles de fer, quatre, six ou huit brosses, dont la moitié est en soie de sanglier, l'autre en racine de paille de riz. Le bluteau, inventé par Régnier, en 1813, remplace la toile métallique par des plaques de fer-blanc persillées de trous.

Maie. La maie, pétrin ou pétrissoir F, est un coffre monté sur quatre pieds, et ordinairement fermé par un couvercle à charnière : on se sert de ce coffre pour pétrir la farine. Sa forme est un parallélipipède dont la largeur supérieure est plus grande que celle du fond, et dont les dimensions dépendent de la quantité de pain qu'on doit fabriquer : les pétrins ordinaires ont de largeur 18 pouces (0,45) dans le bas, sur 30 (0,75) dans le haut, et une profondeur de 15 pouces (0,38); des pieds soutiennent ce coffre à 8 (0,22) ou 10 pouces (0,27) d'élévation au-dessus du sol. Ce meuble doit être en bois dur, ou mieux, en chêne, sans fentes ni gerçures, et proprement poli à l'intérieur. Lorsque le pain est cuit, et complétement refroidi, on se sert, dans les ménages, du même coffre comme d'une *huche* ou une armoire propre à serrer le pain.

Four.

Le *four* A est une boîte en maçonnerie qui sert à faire cuire le pain. Quoique cette construction soit très-vulgaire, elle est livrée ordinairement, dans les campagnes, à de simples ouvriers qui les font sans aucune des connaissances nécessaires pour que la chaleur se concentre et se produise avec le moins de combustible possible. On établit même souvent le four sur un plancher; méthode qui le rend sujet à de fréquentes avaries, à des déversements inférieurs, et qui laisse échapper beaucoup de calorique. A tous égards, il vaut mieux l'établir sur une voûte dont le dessous même peut être utilisé, et le dessus du four soigneusement carrelé peut servir d'étuve douce au besoin. Nous allons indiquer les améliorations que nous avons cherché à y introduire, et qui dans nos environs ont été adoptées avec succès.

On doit considérer dans un four son périmètre, sa voûte et son âtre.

La forme du four est généralement circulaire. Nous avions d'abord pensé à y substituer la forme elliptique au moyen d'un ovale de jardinier et avec avantage; c'est celle qui est ponctuée dans la partie A. Mais nous avons depuis préféré la forme ovoïde indiquée par Parmentier, et qui est tracée sur la même pl. XLVIII, fig. 2.

Fig. 2.

Voici la méthode simple de tracer cet ovoïde.

Après qu'on a construit la voûte et dressé le plan sur lequel on doit construire le four, on trace sur l'aire, et d'après les mesures adoptées, une ligne AB qui indique la longueur que doit avoir ce four : sur cette ligne, on prend un point E à une distance égale à la moitié de la largeur adoptée, et de ce point on trace le demi-cercle CBD qui détermine la ligne extrême du périmètre. On divise ensuite en quatre parties l'entier petit diamètre CD, base de la première opération; de chacun des points extrêmes FG, on tire avec un rayon des trois quarts du petit diamètre les courbes CA, DA qui partent des deux extrémités du demi-cercle déjà tracé, et qui vont se joindre au point A où l'on placera la bouche du four. Ces simples opérations graphiques se font au moyen d'une règle de la longueur du petit rayon, et d'une seconde du triple de la première, armées d'un côté d'un clou fixe qui leur sert de pivot, et de l'autre d'un second clou, qui, mobile, trace l'ovale demandé.

Les dimensions du four sont relatives à la quantité de farine que l'on veut y faire cuire. Ordinairement on doit fixer la différence entre les deux diamètres ou entre la profondeur et la largeur du quart au cinquième : ainsi, un four de cinq pieds (1,62) de largeur en aura six (1,94) de profondeur.

La *voûte*, *chapelle* ou *dôme* du four se fait ordinairement en tiers de brique ou barrot que l'on peut placer sur la longueur et qui alors donne à cette voûte une épaisseur de 5° (0,135), mais qu'il vaut mieux placer sur la largeur et qui présente alors une épaisseur de 10° (0,71), parce que plus la voûte est épaisse, mieux elle concentre la chaleur. Il est reconnu que dans toutes les maçonneries exposées au feu, on doit employer exclusivement du mortier de terre. Pour obéir aussi à cette nécessité de concentrer la chaleur, il ne faut pas trop exhausser cette voûte; elle ne doit être élevée que d'environ un sixième de la profondeur du four ou de deux pouces par pied (0,76 par mètre).

La *bouche*, par la même raison, doit être aussi petite que la forme des pains peut le permettre, ainsi que l'entrée d'une colonne d'air suffisante pour faire brûler le combustible qui le chauffe, car ce n'est que dans les grandes manutentions qu'on est obligé de placer dans la voûte des *ouras* ou trous qui par un conduit vont retirer l'air au-dessus de la bouche; cette bouche du four doit être fermée par une porte en tôle à penture et loquet, ou mieux en fonte, roulant sur une coulisse; c'est ce qu'on appelle le *bouchoir*.

Au-devant de la bouche on place une petite tablette en brique ou en fonte pour appuyer la palette d'enfournage et qu'on appelle l'*autel*.

L'*âtre*, pavé ou *sole* du four en est aussi une partie bien essentielle. On la carrelle ordinairement avec des carreaux de terre cuite; mais plusieurs constructeurs préfèrent de former l'âtre avec de la *terre à four*, qui se compose de deux cinquièmes de terre argileuse qui ne rougisse pas beaucoup au feu, de deux cinquièmes de terre calcaire et d'un cinquième de sable de fouille. Après avoir bien trituré et bien corroyé ce mélange, on en étend une couche de huit pouces (0,22) que l'on affermit bien à la batte. Un âtre ainsi construit est un peu moins sujet à réparations que lorsqu'il est carrelé.

On assure qu'un four de neuf pieds (2,92) de diamètre cuit un setier de Paris de 12 boisseaux (environ un hectolitre et demi), et comme ce four rond renferme 63 pieds quarrés, il en résulte que le pied quarré de four peut cuire deux litres et tiers de farine, le tout en proportion cependant de la grosseur ou de la grandeur des pains, puisque plus ils sont petits, plus la mesure de farine exige de surface.

D'un autre côté, la voûte très-surbaissée du four ne peut présenter, à peu de chose près, qu'une surface égale à celle de l'aire, et la tranche du petit côté du barrot présentant cinq pouces de longueur sur deux pouces de largeur y compris les mortiers, ne peut exiger guère plus que 15 barrots par pied quarré, y compris le déchet.

Le tableau suivant présente de 3 à 16 pieds, le diamètre des fours ronds; les grands et petits diamètres des fours ovoïdes; les surfaces de chacun d'eux; la quantité de grain ou de farine qu'ils peuvent cuire; enfin, le nombre de briques à barrot que leurs voûtes demandent.

(M) *Tableau de la capacité et de la construction des fours à pain.*

FOURS RONDS. diamètre.	FOURS OVOÏDES. DIAMÈTRES.		SURFACE en PIEDS.	CONTENANCE en GRAIN ou FARINE.	QUANTITÉ de BARROTS.
	Grand.	Petit.			
Pieds.	P. pouc.	P. pouc.		Hect.	
3	1. 9	1. 3	6 3/4	0. 16	100
4	2. 4	1. 8	15	0. 32	195
5	2. 9	2. 3	20	0. 46	300
6	3. 6	2. 6	28	0. 66	450
7	4. 0	3. 0	38	0. 89	570
8	4. 8	3. 4	50	1. 17	750
9	5. 0	4. 0	63	1. 51	945
10	5. 9	4. 3	77	1. 79	1155
11	6. 6	4. 6	93	2. 16	1395
12	7. 0	5. 0	110	2. 55	1650
13	7. 8	5. 4	130	3. 00	1950
14	8. 3	5. 9	154	3. 54	2310
15	8. 9	6. 3	176	4. 07	2640
16	9. 4	6. 8	200	4. 60	3000

Généralement les fours de métairie doivent cuire 75 litres de farine; si la famille est plus faible, on se contente de 50, et si elle est très-forte, il faut un hectolitre.

X. Cabinet.

Un cabinet est une petite pièce dépendante d'un appartement complet, qui sert à divers usages et prend divers noms qui les distinguent; cette pièce supplémentaire était connue des Romains sous le nom de *tablinum*.

Quelquefois on donne ce nom à un salon ou galerie qui renferme des dépôts d'objets artistiques ou des collections d'objets et d'échantillons précieux : ce sont les cabinets de tableaux ou *pinacothèques*, de sculptures, de moulages, de médailles, de curiosités.

On a aussi les cabinets de livres ou bibliothèques (voyez ce mot, page 188).

Le boudoir est un petit lieu de retraite ou de conversation qui fait partie de l'appartement d'une femme, dont nous avons déjà parlé (page 24).

Le cabinet de toilette est une pièce à côté de la chambre à coucher et destiné aux menus détails de l'habillement.

Le cabinet d'étude est le lieu destiné à la lecture, à l'écriture ou à la composition. Il est souvent suivi d'un autre plus petit et plus intime que l'on nomme arrière-cabinet, et d'un autre appelé *serre-papiers*, qui reçoit le dépôt des manuscrits précieux, des titres de famille, ou des réserves financières. Souvent ces objets sont déposés dans des meubles, comme commodes, bureaux, armoires; mais le serre-papiers spécial doit, autant que possible, n'être entouré que de murs, n'avoir qu'une porte très-solide; s'il y a une fenêtre, elle doit être grillée. Dans les grandes maisons et les grandes familles, cette pièce prend le nom de *chartrier*.

Le mot *cabinet*, pris isolément, désigne assez ordinairement le réduit où se trouve un siége d'aisances. Ce siége en bois, avec lambris sur le devant, est percé d'une ouverture circulaire ou elliptique d'environ cinq pouces (0,34) de diamètre, il est fermé d'un tampon mobile et recouvert d'un abattant. On doit prendre de grandes précautions pour que les vapeurs incommodes ne s'exhalent qu'avec le moins d'intensité possible. Si la fosse qui sera décrite plus tard communique avec un réservoir d'eau, soit dormante, soit courante, il est ordinaire que ce cabinet soit exempt de mauvaise odeur, et ce simple appareil suffit. Mais si le tuyau ou la chausse aboutit à la fosse, et si, malgré les précautions que nous avons indiquées dans l'article qui la concerne, l'odeur vient à se manifester, on y pourvoit en mettant sous l'orifice une cuvette en porcelaine, faïence ou fonte émaillée, au-dessus de laquelle s'élance un jet d'eau par un ajutage mobile qui agit au moyen d'une poignée laquelle repose sur le siége, et une autre ouverture latérale par laquelle, au moyen du jeu d'une poignée semblable, s'élance brusquement une colonne d'eau pour le nettoyage de la cuvette. Cette dernière se vide au moyen d'une soupape qu'une autre poignée fait mouvoir. Il y a donc sur le siége trois poignées en bronze, celle du jet, celle du nettoiement et celle de la soupape qu'on ne doit pas confondre, ce qui est indiqué par une configuration différente et facile à distinguer. Si l'espace manque pour placer à portée un réservoir d'eau pour alimenter les deux conduites, cet appareil, vulgairement appelé *anglaise*, est remplacé par un simple pot de faïence ou de porcelaine aussi percé à son fond et garni d'une soupape, que dans le besoin on remplit d'eau avec un vase à main.

Ce genre de cabinet, aussi nommé *latrine* (et vulgairement *lieu privé*, et *commodités*), demande une construction soignée, quel que soit le genre de siége adopté, afin d'éviter toute odeur désagréable, inspirer la propreté à ceux qui en font usage, et même faciliter les lavages extérieurs. Le récipient ou la fosse d'aisances, comme ce qu'il y a de plus important sous le rapport architectural, est décrit plus loin sous le chiffre XXII.

XI. Calorifères.

Un calorifère est, en général, d'après l'étymologie de ce mot, tout appareil qui transmet le calorique. Si cette production a lieu en renouvelant l'air qu'on échauffe, on connaît plus particulièrement ces appareils sous le nom de cheminées ou de poêles, qui ont, dans cette partie, les chiffres XIV et XXXIX ; mais si elle a lieu en maintenant, à une température égale, une masse d'air donnée et qui ne se renouvelle pas, c'est ce que l'on appelle plus particulièrement *calorifère*.

La respiration n'est libre que lorsque chaque individu peut disposer de deux toises cubes (15. m. c.) d'air par heure. C'est donc cette quantité qu'il faut échauffer ; la quantité de chaleur correspondante est égale au quart de celle qui serait nécessaire pour élever au même degré un poids égal d'eau. Ainsi, si la température de l'air extérieur est de 4 degrés au-dessous de zéro, supposant que l'on veuille élever celle de l'air intérieur, et l'entretenir à 16 degrés au-dessus, il faut donc que cette dernière remonte de 20 degrés. Or, on sait que trois onces et un quart de charbon (314 grammes) de houille, ou le double emploi de bois à brûler, suffiraient pour échauffer 13 à 14 toises cubes (100^m) d'air dans un appartement, que l'on renouvellerait plus de trois fois dans le même temps. Toute construction de calorifères doit avoir pour but d'obtenir et de transmettre le plus de calorique possible des matières en combustion. C'est à l'économie du combustible que l'Angleterre doit une partie de sa supériorité. On évalue à 500 millions la valeur de celui qu'on consomme en France ; et on croit que si cette immense consommation était ménagée, on pourrait, sans l'accroître, fournir à l'alimentation des machines à vapeur, soit des bâtiments, soit des locomotives. Au contraire, les cheminées simples n'utilisent qu'un cinquantième de la chaleur développée par les combustibles que l'on y brûle ; et, comme l'a dit Francklin, elles semblent avoir été construites dans le but de n'utiliser que la moindre quantité possible de la chaleur qu'elles pourraient produire, quelquefois 1 p. 500.

Les calorifères spéciaux, tels qu'ils existent actuellement, sont bien plus productifs ; ils réchauffent, soit par l'air élevé à une haute température, ou par le moyen de la dilatation par la fumée, ou par celui de l'eau par la vapeur : mais ces sortes d'appareils sont difficiles à construire ; ils exigent de la surveillance et de l'entretien, et, par conséquent, sont plus du ressort d'une industrie spéciale que de celui de l'architecture rurale.

Les calorifères à air se composent communément de tuyaux en fonte de fer cylindriques, de huit à dix lignes d'épaisseur (environ 0,020) scellés dans un fourneau en briques, que l'on place, en général, sous le bâtiment. On a soin que ces tuyaux se retournent plusieurs fois dans le fourneau, afin qu'ils s'échauffent fortement par un contact immédiat et plus prolongé avec la flamme. Ces tuyaux, à leur sortie du fourneau, s'adaptent à des tuyaux de cuivre d'une ligne d'épaisseur (2^{mm}), qui portent la chaleur sous le carrelage des pièces qui doivent être réchauffées ; et même, lorsque la disposition des lieux le permet, on laisse des tuyaux perpendiculaires et apparents sous la forme de colonnes, de pilastres, etc., qui contribuent aussi à élever la température. Quant à la consommation du combustible, comme le fourneau n'est pas ouvert extérieurement, ainsi qu'il arrive dans les cheminées, et qu'un seul foyer suffit pour toute la maison, cette consommation est incommensurablement plus faible.

Les calorifères à la vapeur d'eau sont établis à peu près dans le même système ; un seul foyer les alimente ; l'eau maintenue à une haute température, réchauffe les appartements. Mais on doit prendre des garanties contre les explosions que l'effet de la dilatation peut produire. Sur le fourneau repose une chaudière, qu'il est mieux de construire en cuivre, et dont, pour plus de solidité, la forme doit être sphérique ou cylindrique, avec un fond hémisphérique, et placée de manière à être en contact avec la flamme sur le plus de points possible. Les cloutures doivent être doubles ; les recouvrements de feuilles de cuivre, de 2 à 3 lignes (4 à 7 mmt.); l'épaisseur des parois de la chaudière d'une ligne ou une ligne et demie (2 à 3^{mm}). Les tuyaux qui doivent, de la chaudière, conduire la vapeur aux lieux que l'on veut échauffer, seront d'un pouce (3 cent.) de diamètre, et auront une ligne d'épaisseur; on les entourera de poussier de charbon sec ou autre corps peu conducteur, pour éviter le refroidissement. Pour les conduits destinés à réchauffer, comme un but opposé est alors cherché, ils doivent avoir 3 à 4 pouces de diamètre (environ 0,10), et pour éviter les rallongements ou les retraits alternatifs qui, par la suite de la condensation, pourraient plisser ou déchirer les tuyaux, ceux-ci doivent être soutenus par des bancs à roulettes ou autres supports mobiles. Un tuyau vertical portera la vapeur dans divers endroits, au moyen d'embranchements horizontaux, ou avec peu d'inclinaison, pour éviter un bruissement désagréable.

Cette nature de calorifère est encore plus délicate à construire, et l'appareil exige encore plus de surveillance et un entretien plus méthodique et plus intelligent.

Les fourneaux que l'on construit sous les salles à manger, et dont les tuyaux circulent sous leur pavé, sont de petits calorifères; enfin, on donne aussi ce nom à certains poêles portatifs.

XII. Caves, Celliers et Vinée.

Les vinées ou *chais* sont les endroits où l'on fabrique les vins, qui de là passent dans les magasins qui doivent les recevoir, magasins auxquels on donne le nom de celliers et de caves.

La *vinée* doit renfermer les cuves et le pressoir. Sa grandeur doit être calculée d'après les dimensions des unes et de l'autre, dimensions relatives à l'étendue de l'exploitation et à la quantité supposée de ses produits. Pour que les cuves de bois remplissent facilement leur but, il est nécessaire qu'elles aient un couvercle, lequel se place facilement au moyen de poulies de renvoi.

Il serait à désirer que les cuves fussent dans une position telle, que, par le moyen d'une galerie supérieure ou d'une rampe mobile, on pût faire le transport et le foulage de la vendange avec promptitude et économie. Du reste, l'enfoncement de la vinée, souvent nécessaire dans cette disposition, est avantageuse sous le rapport de l'œnologie.

Le *cellier* est le lieu où l'on enferme le vin nouveau, et où on le laisse passer le temps qui doit s'écouler jusqu'à son premier soutirage. Dans le plus grand nombre de localités, on les décore du nom de cave, et effectivement il n'y en a pas d'autre, au grand détriment du vin.

Quoi qu'il en soit, si le cellier est enfoncé de quelques pieds, s'il est à une bonne exposition, c'est-à-dire, au nord ou au couchant; s'il est surmonté d'un bon plancher plafonné, et mieux, d'une voûte plate, on peut être assuré que le vin s'y conservera très-bien pendant un ou deux ans, et même davantage. Si, au lieu de futailles de bois, on emploie des citernes de maçonnerie, dont nous allons parler, un pareil cellier sera une très-bonne cave.

Une *cave* proprement dite doit être enfoncée en terre de 12 pieds (3,90) environ; elle doit être tournée au nord, s'il se peut, n'avoir de jour que par des soupiraux qui ne laissent pénétrer que l'air nécessaire à la respiration. Elle doit être sèche, pour que les futailles n'y pourrissent pas; précaution moins nécessaire quand on emploie les citernes de maçonnerie. Enfin, pour être saine, une cave doit avoir une température égale, et à 10 degrés environ du thermomètre de Réaumur. Sa descente doit être intérieure, et son escalier assez aisé pour n'être pas un casse-cou. La cave aura environ neuf (3^m) à dix (3,30) pieds d'élévation sous clef. Elle sera voûtée en plein-cintre, à moins que les circonstances ne le permettent pas.

Les dimensions d'une cave ou d'un cellier sont calculées d'après la récolte qu'ils doivent recevoir, évaluée sur le calibre des pièces et d'après leur position dans les caves, où, si elles sont en bois, elles sont placées sur des chantiers (1). Dans un vendan-

---

(1) Le vin se mesure ici de bien des manières et avec des mesures bien différentes. Au détail, par litre ou décimètre cube, c'est-à-dire 50 1/2 pouces cubes; par péga, qui représente 3 3/4 litres, c'est-à-dire 5,75 décimètres cubes ou

geoir, c'est d'après les caves que l'on fixe les dimensions du bâtiment supérieur; mais, hors de là, c'est-à-dire, dans presque toutes les constructions de caves, celles-ci sont soumises aux distributions des appartements.

Nous allons maintenant parler de la manière de suppléer les cuves et les tonneaux par des vaisseaux en maçonnerie, innovation à la fois économique et avantageuse à la conservation du vin.

On commence par déterminer le plan des unes et des autres d'après le local où on veut les construire. Leur base sera composée d'un massif de riblons ou cailloux maçonnés à bain de mortier de 7 à 8° (0,20) d'épaisseur; d'une seconde aire de béton massivé de 3 à 4° (0,10); enfin, d'un double carrelage à ciment de pouzzolane. Ce massif sera intimement lié aux murs, et servira aussi de fondement aux contre-murs des cuves ou citernes.

Ces contre-murs auront cinq à six pouces (0,16) d'épaisseur; ils seront bâtis à chaux et ciment, avec de bonnes briques biscuites. On laissera entre les murs de la cave et le contre-mur un espace de 4 à 5° (0,12), dans lequel, et à mesure que le contre-mur s'élèvera, on massivera du béton. Les murs de devant seront en béton et en talus, d'environ deux pieds (0,65) dans le bas, et 15° (0,40) dans le haut : on arrangera des briquetons ou tuileaux dans la face intérieure du moule, afin de favoriser le happement de l'enduit.

On couvre les cuves d'une voûte surbaissée, composée de briques posées de plat, et maçonnées en plâtre et chaux. On laisse au milieu une ouverture de 20 pouces (0,54) en carré, pour le jet de la vendange. On remplit les reins de la voûte d'un tuf léger, et on en carrèle de niveau l'extrados.

Les citernes ou futailles de maçonnerie se construisent de la même manière. Leurs murs divisoires sont suffisants, ayant 8 à 10° (0,20) d'épaisseur, suivant leur capacité, vu qu'ils se contreboutent les uns les autres par le moyen de leurs voûtes, quand, comme il est à désirer, la construction occupe tout un côté de la cave ou du cellier. On laissera aussi aux citernes, et dans leur voûte, une ouverture de 10° (0,27) sur 14 (0,36) pour qu'un homme puisse s'y introduire au besoin. Cette ouverture se ferme d'une pierre taillée en biseau, qui porte à son milieu un trou pour servir de bonde.

Les cuves, foudres ou citernes doivent avoir, sur leur face extérieure et au niveau de leur aire, une pierre scellée, qui porte un robinet de cuivre servant à les vider; et aux deux tiers de leur hauteur, un autre robinet de même métal pour servir de fausset. Leur aire, au lieu d'être de niveau, sera inclinée en avant sur une pente douce mais suffisante. Nous avons donné, dans la seconde partie, page 54, la composition des bétons et enduits employés par M. de la Fage.

Tels sont les principes de la construction des cuves et citernes vinaires en maçonnerie, exécutées par ce dernier. Le succès qui a couronné les entreprises de plusieurs propriétaires à cet égard garantit celui qui attend ceux qui les imiteront, s'ils ne négligent aucune précaution; car, dans ce genre de construction, on ne fait aucune faute impunément. Cette méthode, économique malgré sa dépense première, dispense de presque aucun entretien, empêche un aussi grand déchet de la liqueur, et en améliore la qualité.

Le pressoir est compris dans la vinée, et après la presse du marc on découpe ce marc, on le remet dans la cuve et on y verse de l'eau pour faire ce que l'on nomme de la *piquette*. Comme dans plu-

---

189 pouces cubes; quelquefois en velte de deux pégas, c'est-à-dire de 7 litres et demi, de 7,50 décimètres cubes ou 378 pouces cubes.

En gros, le vin se mesure en charge de 15 veltes ou 30 pégas, c'est-à-dire de 112 litres et demi, de 112 1/2 décimètres cubes, de 5670 pouces cubes ou 3 1/4 pieds cubes; en barriques dites *gaillacoise* de deux charges, 30 veltes, 60 pégas, c'est-à-dire de 225 litres, de 225 décimètres cubes, de 11340 pouces cubes ou 6 1/2 pieds cubes; en petites barriques de 50 pégas, 187 litres, 3750 mètres cubes, 9450 pouces cubes ou 5 2/3 pieds cubes; enfin en grosses barriques de 100 pégas, 374 litres, 7 1/2 mètres cubes, 18900 pouces cubes ou près de 11 pieds cubes.

sieurs lieux on n'a pas de pressoir, on remplace le vin de presse par ce qu'on appelle les *demi-vins*, et quelquefois on réitère cette opération jusques à sept fois. On met dans la cuve, et en deux fois à vingt-quatre heures de distance, une quantité d'eau égale au douzième de celle de la vendange. On soutire ce demi-vin, qui se rapproche beaucoup du vin naturel, dès qu'il a repris sa limpidité. Sur le marc déjà arrosé, on jette un quatorzième d'eau avant siccité complète de la cuve et avec les mêmes précautions. Après cette seconde coulée, on peut en faire plusieurs autres en ne mettant à chaque fois qu'une moindre quantité d'eau. Ces demi-vins peuvent se conserver dans des barriques et remplacent le vin véritable dans les années calamiteuses.

Nous avons donné, dans la première partie, en traitant des vendangeoirs, page 36, les autres détails relatifs à ces constructions, et nous y renvoyons le lecteur.

XIII. Chassis de maçonnerie.

Les *couches* ou *châssis de maçonnerie* sont intermédiaires entre les bâches et les serres. (Voyez ces mots.) Ces châssis sont presque indispensables dans un jardin soigné ; ils servent pour les semis, surtout ceux de primeur, et pour l'hivernage de quelques plantes délicates. On leur donne, en général, de 4 à 6 pieds de largeur sur une longueur indéterminée, et 1 pied de profondeur, dont moitié au-dessous du niveau du sol et moitié en dessus. Les murs doivent être construits en moellon ou en brique; ils devront avoir de 15 à 20 pouces d'épaisseur : celui de derrière aura de 4 à 5 pieds de hauteur, et se réunira en talus à celui de devant. A environ 1 pied au-dessous du sol, un fort carrelage double sous la couche de terre préservera le châssis de l'introduction des taupes et des insectes malfaisants. Le pourtour des murs sera occupé par une forte feuillure pour recevoir un cadre dormant qui portera un châssis à vitre, divisé par travées s'il est nécessaire ; ce cadre sera solidement scellé ; les panneaux à vitre joueront sur leurs traverses supérieures au moyen de pentures et de gonds ouverts, pour que, dans l'été, on puisse les enlever et les mettre à l'abri ; ils seront en bois dur ou en chêne, d'un pouce à dix-huit lignes d'épaisseur. On mastiquera dans ces panneaux des vitres du verre le plus commun, le verre blanc et épais étant dangereux pour les plantes. Ces carreaux seront placés de manière à reborder l'un sur l'autre, de 1 pouce du haut en bas ; et les panneaux pourront s'ouvrir et se relever au degré nécessaire, au moyen de crémaillères intérieures.

Tous ces ouvrages de charpente doivent être peints à trois couches ; cette peinture doit être renouvelée lorsqu'elle est fanée ; cette précaution est commune aux châssis, aux bâches et aux serres.

XIV. Cheminées.

Les cheminées sont des calorifères apparents, des constructions destinées à la combustion à découvert de diverses matières, surtout du bois et du charbon, destinées aussi, par le dégagement du calorique qu'ils renferment, à élever la température des lieux qui les renferment.

On a fait, et on pourrait faire des volumes sur ce genre de construction. Nous nous dégagerons absolument de toute théorie, et nous bornant à des considérations pratiques, nous laisserons de côté tout ce qui, même avec une plus grande perfection, offre des difficultés, exige une précision, et nécessite des connaissances au-dessus des habitudes de la plupart des propriétaires et de leurs ouvriers ordinaires. Mais cet objet est si important, qu'on nous pardonnera d'en parler avec une certaine étendue.

Trois choses sont nécessaires pour constituer une bonne cheminée. Il faut chercher à produire toute la chaleur possible avec une quantité donnée de combustible ; il faut se précautionner contre les accidents du feu, et parer aux incommodités de la fumée.

Les règles de police de l'architecture légale témoignent par leur multiplicité du danger des vices de construction des cheminées. Il faut proscrire les cheminées en plâtre pigeonné qui ne durent que vingt à vingt-cinq ans, et qui exigent un soin minutieux, un bouchement de crevasses perpétuel. Par la même raison, il ne faut pas employer la brique crue, qui est sujette, par un dessèchement et une calcination outre mesure, à présenter de pareils inconvénients. De bons murs en brique à plat d'une épaisseur de cinq à dix pouces (0,13 à 0,27), maçonnés à mortier de terre, comme tout ce qui se rapproche du feu, excepté la partie extérieure des souches, des cloisons doubles ou triples en briques de champ et en plâtre, forment de bonnes et solides cheminées.

On doit, dans cette construction, considérer les dimensions de la cheminée, son emplacement, la forme de ses différentes parties; il faut se rendre compte de la plupart des causes de la répercussion de la fumée, et les moyens de la neutraliser; il faut aviser aux moyens propres à procurer l'économie dans le combustible, sans diminuer et même en accroissant au contraire l'intensité de la chaleur. On dirait qu'autrefois les formes adoptées vulgairement semblaient avoir été choisies dans le but de résoudre le problème d'une manière opposée.

Dans quelques pays septentrionaux, et dans plusieurs lieux d'autres latitudes, on remplace les cheminées par des tuyaux de chaleur qui entretiennent dans les appartements d'habitation une chaleur douce et égale, laquelle neutralise agréablement la rigueur de la saison (voyez *calorifères*); mais il faut toujours des cheminées dans les cuisines, et même, dans les logements, des cheminées qui réunissent les membres de la famille autour du même foyer, entretiennent des rapports patriarcaux d'amitié, d'union, de confiance qui ont une influence morale bien avantageuse à la famille et à la société.

1° *Forme, dimensions et emplacement.*

Les cheminées sont composées de deux parties bien distinctes, le *foyer* et le *tuyau*.

Il est d'usage de former le foyer en figure de parallélogramme, avançant dans l'appartement, et revêtu de marbre ou de menuiserie.

Le tuyau est aussi un parallélogramme qui s'élève le long du mur ou dans son épaisseur, si celle-ci peut le permettre, et jusques au-dessus du comble. On appelle *hotte* la partie qui de l'extrémité supérieure du foyer ou du *manteau* se termine au niveau du plancher de l'appartement; et *souche*, celle qui lui est supérieure. Quelquefois on remplace le tuyau par un conduit cylindrique, semblable au tuyau d'un poêle ou d'un calorifère.

En général, il vaut mieux que le foyer soit petit que grand; mais, pour les cheminées de cuisine, il est nécessaire qu'il puisse recevoir les broches, et les cheminées des pièces communes doivent recevoir autour d'elles les membres de la famille. Hors ces exigences locales, nous pensons que les foyers des cheminées peuvent être en largeur réduits au cinquième et même au sixième du côté où elles sont pratiquées. On peut aussi masquer avec des armoires l'entier avancement du tuyau; alors la tenture suit le devant de ce tuyau comme le reste de l'appartement, et le chambranle seul est en saillie. Quoique les dimensions des foyers soient en effet arbitraires et dépendent du plan de l'architecte, voici celles que prescrivent plusieurs auteurs.

1° *Cheminées de cuisine :* Cinq à sept pieds (1,62 à 2,27) de largeur, prise en dehors des jambages; deux pieds à deux et demi (0,65 à 0,75) de profondeur, et cinq à six pieds 1,62 à 1,95) de hauteur au-dessous du manteau.

Souvent, au lieu d'un manteau ordinaire reposant sur des jambages perpendiculaires, on construit une hotte en encorbellement dont l'origine est à un pied du mur et s'avance dans la cuisine jusqu'à trois ou quatre pieds (1,00 à 1,30), et qui par un plan incliné va rejoindre à dix ou douze pouces (0,27 à 0,32) la base de la souche.

2° *Cheminées de salon :* Cinq à six pieds (1,64 à 1,95) de largeur : deux pieds (0,65) de profondeur, le tout intérieurement si le tuyau est en entier ou en partie creusé dans le mur dosseret; trois pieds et demi (1,10) de hauteur.

3° *Moyenne cheminée :* Quatre à cinq pieds (1,30 à 1,60) de largeur; vingt et un pouces (0,55) de profondeur; trois pieds (0,98) de hauteur.

4° *Petites cheminées :* Trois pieds (0,98) à trois pieds et demi (1,15) de largeur; dix-huit pouces (0,50) de profondeur; deux pieds et demi (0,80) de hauteur.

On a trouvé que dans les grandes cheminées, la base de la souche doit avoir environ trente-deux pouces (0,87) de largeur, et son extrémité supérieure vingt-huit pouces (0,75); dans les moyennes trente pouces (0,80) de largeur à sa base, et vingt-six

(0,70) à l'extrémité supérieure ; dans les petites, vingt-six à vingt-sept pouces (0,70) de largeur à sa base, et vingt-quatre (0,65) dans le haut, toutes huit pouces (0,22) de gorge à leur extrémité supérieure. Lorsqu'on a fixé à huit pouces au moins la gorge des tuyaux de cheminée, c'est à cause de la nécessité de l'introduction d'un ramoneur; mais lorsque l'on y supplée par la machine importée d'Angleterre en 1818 par M. Cadet de Gassicourt, et qui consiste en quatre brosses en barbes de baleine montées et s'ouvrant comme un parapluie sur une tringle perpendiculaire; par un cylindre garni des mêmes brosses; par des fagots ou des moyens semblables, on peut avec avantage réduire ces dimensions à quatre (0,12) ou six pouces (0,16).

Relativement à l'emplacement des cheminées, on a ordinairement à choisir entre les croisées, en face de ces croisées, ou le côté latéral. Entre les croisées, on a à droite et à gauche l'air de ces croisées, ce qui est d'autant plus incommode, que la pièce est plus échauffée ; on a en outre l'air des portes placées ordinairement en face des croisées. La cheminée placée en face des croisées, expose bien moins aux vents coulis. Sur le côté latéral, il en est de même ; mais s'il y a une porte près de la cheminée, elle donne souvent un vent coulis très-incommode.

2° *Causes de la fumée et moyens de s'y opposer sous le rapport architectonique.*

La fumée s'élève dans les tuyaux quand elle est plus légère que l'air extérieur ; le tuyau tire d'autant mieux qu'il est plus réchauffé, et que l'air extérieur est plus froid ; aussi lorsqu'on commence à allumer du feu, la cheminée fume-t-elle ordinairement, et la fumée monte plus vite la nuit que le jour, l'hiver que l'été. Mais comme la combustion consomme une grande partie de l'oxygène de l'air de l'appartement, il faut que celui-ci soit assez abondant pour lui en fournir une suffisante quantité. Or, le renouvellement nécessaire se fait au moyen des fissures des portes et croisées, qui fournissent passage à l'air extérieur, avec d'autant plus de force que l'air intérieur est plus réchauffé. Si les unes et les autres ferment hermétiquement, ce qui n'est pas ordinaire, une fois que l'air intérieur est dépouillé de son oxygène, la cheminée fume, et il faut entr'ouvrir une porte pour donner l'accès à l'air extérieur. Si l'on veut calculer celui qui est nécessaire, ce qui ne peut avoir lieu qu'en tâtonnant, on entr'ouvrira une porte avec précaution, jusqu'au point où la cheminée tire, et on calculera la surface de l'ouverture. Ainsi, si la porte entre-bâillée d'un demi-pouce (0,014) empêche de fumer, et que cette porte ait six pieds (0,95) de hauteur, on supposera que le courant d'air aura trente-six pouces quarrés (0,026 m. q.) et pourra être suppléé par une ouverture de six pouces (0,16) en quarré, que l'on pourra faire dans un mur, et pour le mieux vers le plafond. Au reste, cet inconvénient est des moins fâcheux, et n'est pas commun, car, en général, les disjonctions des ouvertures, même peu apparentes, les trous des serrures, le jeu des sonnettes, suffisent en général au renouvellement de l'air, surtout dans les maisons construites depuis quelques années.

Il résulte aussi de ces observations, qu'ordinairement plus le tuyau est long, moins il est perpendiculaire, et plus le foyer est petit, moins il y a de consommation d'oxygène, plus il y a de tirage et moins d'épanchement de fumée. Malheureusement, dans la combinaison de la construction générale d'une maison, on suit quelquefois une règle inverse : on fait les foyers des cheminées inférieures plus grands que ceux des cheminées supérieures, et la différence de la longueur du tuyau devrait indiquer le contraire. Ainsi plus le tuyau est court, plus il faut resserrer son ouverture à la naissance, et la rapprocher du feu, pour que l'air soit plus raréfié.

Le contrebalancement des cheminées est aussi une cause de fumée. Il est rare qu'il soit direct, ou qu'il y ait deux cheminées dans la même pièce. Lorsque cela a lieu et qu'on fait du feu dans l'une et dans l'autre, celle où le feu est le plus vif attire l'air avec force et fait fumer la seconde : s'il n'y a du feu que dans une seule, l'air descend par l'autre avec énergie, et refroidit la chambre ; il peut même arriver que cette dernière cheminée soit en contact par son tuyau avec une autre cheminée allumée, et alors la fumée de cette dernière peut être amenée par ce tuyau. Il est toujours prudent que l'architecte évite autant que possible de mettre deux tuyaux de cheminée en rapport.

Il en arrivera de même, si elles sont en regard dans deux pièces contiguës. Dès que l'on ouvrira une communication entre elles, la pièce où le feu est le plus actif entraînera la fumée de l'autre. Il faut donc adosser les cheminées dans les pièces contiguës, et s'assurer que chacune d'elles reçoit assez d'air extérieur pour suffire à l'alimentation de son foyer.

Lorsque l'extrémité extérieure du tuyau est exposée à l'action des vents violents refoulés par des édifices plus élevés ou des éminences, même quelquefois à une certaine distance, la cheminée fume. Il faut, ou exhausser les tuyaux de manière à surmonter l'obstacle, quelquefois placer un tournant en gueule de loup à l'extrémité des tuyaux, ou donner à ce même tuyau la forme d'un pignon à l'extrémité supérieure de la souche extérieure, adapter à l'origine de ce tuyau des trappes à bascule qui ferment l'entrée de la cheminée à la direction du vent qui fait refouler la fumée : ces moyens produisent quelquefois de bons effets.

Souvent aussi l'action des rayons solaires, pénétrant dans le tuyau, fait fumer la cheminée en réchauffant les parois et diminuant la différence de température : et quand le tuyau n'est pas perpendiculaire ou lorsqu'il n'est pas ouvert par le haut, comme on vient de le dire, cet effet est moins fréquent et moins sensible.

On voit des cheminées fumer, lorsque l'air passant par une porte placée du même côté qu'elles, produit une perturbation qui entraîne la fumée par en bas. Il est à désirer que la porte s'ouvre en dedans et du côté de la cheminée, afin de diriger l'air du côté du mur ; et un paravent bien joint au plancher peut aussi empêcher ce mauvais effet.

La fumée refoule aussi d'un tuyau où l'on fait du feu dans celui d'une chambre où l'on n'en fait point. Une trappe à bascule paraît être le meilleur moyen d'éviter cet inconvénient.

D'autres cheminées, quoique tirant bien, donnent de la fumée par l'action des vents tourbillonnants qui passent sur le sommet de leurs tuyaux, et cela arrive surtout lorsque ces tuyaux sont courts ou trop larges. C'est ce qu'il est le plus difficile d'empêcher ; aussi les moyens auxquels on a recours sont-ils souvent opposés : les uns évasent l'orifice des tuyaux, les autres au contraire les rétrécissent. On cherche en tâtonnant à y remédier par les mitres, les gueules de loup et d'autres appareils ; le hasard et le tâtonnement y font quelquefois arriver.

M. le Normand fait construire une grille composée de barreaux de fer de neuf lignes (0,02) en quarré et formant au milieu un rectangle de la grandeur du foyer intérieur. On la pose sur le haut du tuyau : on élève ensuite de neuf pouces (0,25) les deux grands côtés de ce tuyau et on sépare la largeur du tuyau par un petit mur de dix-huit pouces (0,50) de hauteur : tout cet appareil est construit en cloisons doubles en brique et plâtre, et on recouvre de la même manière le dessus du tuyau.

3° Appareils fumifuges.

Il a été inventé un grand nombre d'appareils divers pour être placés sur les tuyaux de cheminée, afin d'affaiblir ou annuler les causes de la fumée. En nous occupant que de ceux qui par leur simplicité et leurs bons effets peuvent entrer dans le but vulgaire de cet ouvrage, nous ne trouvons que les mitres, les tuyaux de poterie, les gueules de loup, les T fumifuges, les cloisons de Piault et les trappes à bascule.

La *mitre* est un petit toit en plâtre, en terre cuite ou en brique qui empêche le haut du tuyau d'être en contact immédiat avec l'air extérieur. On en fait de simples, de doubles, enfin de formes différentes.

Les *tuyaux de poterie* se placent sur le haut des souches pour diminuer l'action des vents et produire plus d'élévation : on en met un ou plusieurs rangs. Ces tuyaux, vernis intérieurement, s'adaptent l'un à l'autre comme les tuyaux de poêle.

La *gueule de loup à girouette*, planche XLVIII, fig. 3 Pl. XLVIII. et 4, se compose d'un tuyau circulaire en tôle a, b, c, d qui Fig. 3, 4. se place à l'extrémité de la souche, et par lequel seulement doit passer la fumée. Deux barres de fer e, f, traversent ce tuyau, et à ces barres est solidement arrêtée une branche verticale g, h, aussi en fer, qui s'élève au-dessus, et est enveloppée par un autre tuyau de tôle i, k, l, m, d'un plus grand diamètre que le premier, contenu aussi par deux traverses en fer n, o, dont l'inférieure o laisse mouvoir librement la verge verticale, et dont la supérieure n la reçoit dans une crapaudine ou un collier. Une ouverture p, q, r, s, pour le passage de la fumée occupe à peu près le tiers de ce tuyau supérieur. On voit que ce tuyau tourne par le moyen du vent, de manière à présenter son ouverture au côté opposé. Pour que ce mouvement soit plus facile, on place un volant t, c'est-à-dire une plaque mince de tôle verticale qui fait l'effet d'une girouette.

Les *T fumifuges* sont des appareils en tôle en forme de T, fig. 5, qui laissent échapper la fumée par des ori- Fig. 5. fices a, b, c.

L'*appareil fumifuge de Piault*, fig. 6, consiste en une Fig. 6. cloison de brique de champ a, qui traverse le tuyau de la cheminée, s'y enfonce d'un pied (0,32) environ et s'élève d'autant au-dessus. De chaque côté on place des cloisons ou languettes dans une direction différente b, b, lesquelles viennent s'unir à angles droits avec la cloison a. Cet appareil, remarquable par sa simplicité, produit habituellement de bons effets, et présente plus de résistance aux vents que les deux qui précèdent.

La *trappe à bascule*, fig. 7, est composée d'un châssis Fig. 7. en fer auquel on ajuste, au moyen de deux gonds ou de deux tourillons formant charnière, une porte en tôle a. Cette porte a une tigette b qui permet de l'ouvrir et de la fermer au degré que l'on veut en l'arrêtant sur une crémaillère c.

Cette trappe se place à l'ouverture inférieure du tuyau et doit être dans les dimensions de ce tuyau. On peut ainsi graduellement rétrécir l'ouverture et même, quand il n'y a pas de feu, la fermer complètement ; on n'a pas alors l'inconvénient du vent qui se propage par la cheminée, et en cas de feu, on intercepte subitement l'air qui l'alimente.

4° Foyers fumifuges et calorifères.

La pyrotechnie s'est surtout beaucoup occupée de la construction des foyers, et c'est, en effet, la partie la plus importante d'une cheminée. Les caminologistes se sont emparés des foyers, les ont tournés de toutes les manières, afin d'augmenter le tirage, préserver de la fumée, économiser le combustible et propager la chaleur. Plusieurs de ces foyers se rapportent aux cheminées dites à la prussienne, elles sont en fonte, tôle et fer, ce sont ceux de Voyenné, de Brochet, de Millet, de Mella, le foyer à soupape de Jacquinet; d'autres sont en terre cuite et biscuit se rapprochant des poêles, ceux de la Chabaussière, de Bruynes et le foyer à store de Cotte; on peut rapporter au même système le foyer poêle de Desarnod et ses modifications données par Vasse, Gilbert, Hissette, convenant à tous les combustibles, bois, houille, tourbe. Enfin, le système de Rumfort, justement célèbre, a produit les foyers de Simon, de Hesselat du Héré, et le foyer à glace de Curaudau. Au milieu de toutes ces richesses, nous n'oublierons pas que les plus simples, qui sont ordinairement les meilleurs, sont les foyers de construction architectoniques, et laisserons ceux qui n'étant que des machines industrielles sont moins utiles à connaître pour la campagne, que ceux que de simples ouvriers peuvent construire. Ce sont les foyers de M. le comte de Rumfort, soit originaires, soit modifiés et perfectionnés par Cointereaux et Debret. Ce foyer est représenté en élévation,

Fig. 8, 9, 10. pl. XLVIII, fig. 8, en coupe, fig. 9, et en plan, fig. 10.

Le système primitif de M. de Rumfort consiste : 1° à élever perpendiculairement et parallèlement au mur contre-cœur de la cheminée, fig. 10, un second contre-cœur ou cloison en brique de champ maçonnée en plâtre a, b, qui ne laisse à la fumée qu'un passage i, fig. 9, de quatre à cinq pouces (0,11 à 0,14), entre cette cloison et l'origine antérieure et inférieure du tuyau; 2° à diviser cette cloison a, b en trois parties dont celle du milieu c, c doit servir de nouveau contre-cœur, et par dessus, construire de la même manière des joues ou pans coupés cd, cd qui vont se réunir aux jambages du chambranle; 3° à aider le passage de la fumée en unissant avec soin l'inclinaison intérieure du dessous de la traverse du chambranle; 4° enfin; à fermer horizontalement les vides formés par les joues et le nouveau contre-cœur.

Il est à désirer que l'angle formé par les joues avec le contre-cœur soit de 135 degrés, ou forme un angle droit et demi.

Ce foyer augmente le tirage, empêche très-souvent la fumée, diminue de beaucoup la consommation du combustible, et facilitant le rayonnement du calorique, augmente considérablement la chaleur. Il est d'ailleurs d'une construction très-simple et très-économique.

Les joues doivent être recouvertes de plâtre et tenues blanches; on les revêt avec beaucoup d'avantage de carreaux de faïence.

Si la cheminée fumait, il faudrait abaisser l'ouverture du foyer. Cet abaissement, figuré par i, k, fig. 9, et k, fig. 8, n'est pas déterminé, parce qu'il dépend de la gravité du défaut de la cheminée et ne peut être obtenu que par tâtonnement.

Toutes ces améliorations réelles et considérables n'empêcheront pas totalement la fumée, si l'appartement manque d'air, si le haut du tuyau est battu par les vents, et pourra exiger l'emploi des appareils dont on a parlé dans l'article précédent : de plus, il y a encore beaucoup de calorique de perdu. On peut à la fois obvier à ces deux inconvénients, en introduisant de l'air extérieur, de manière à ce qu'il se réchauffe avant de l'introduire dans la chambre, pour qu'il contribue ainsi à en élever la température, au moyen de bouches de chaleur.

Pour les établir, on pratique sous le parquet ou le carreau de la pièce un conduit i, fig. 11, de trois ou quatre pouces (0,08 à 0,10) en quarré et même moindre, et qui vient aboutir à l'intérieur d'une des deux joues, lesquelles doivent alors communiquer entre elles par l'intermédiaire de l'espace entre ces deux contre-cœurs : on peut même alors faire le nouveau contre-cœur ab et les deux joues ac, bd en plaques de tôle forte ou de fonte. Pour que cet air extérieur puisse circuler plus longtemps autour du foyer, on élève derrière le contre-cœur de petites cloisons f, g, h, ouvertes alternativement en haut et en bas. On pratique alors à la saison ou sur la largeur du mur latéral vers l'appartement un soupirail e qui devient la bouche de chaleur et introduit dans l'appartement un air très-réchauffé. On ferme cette bouche de chaleur avec une petite coulisse pour supprimer cette introduction, si la température devenait trop élevée.

On pourrait obtenir un résultat analogue avec le foyer de M. Cointereaux (fig. 8, 9 et 10). Ici on exhausse le foyer de Fig. 8, 9, 10. cinq à six pouces (0,13 à 0,16) au-dessus du niveau de l'appartement; on perce de deux ouvertures ee le dessous du foyer qu'on peut former d'une plaque de fonte, afin de ménager au-dessous un vide l, fig. 9, communiquant à ceux des pans coupés et du contre-cœur : les bouches de chaleur f, f, fig. 8, sont alors des deux côtés de la cheminée. Mais cette disposition, qui ressemble à la première, ne procure que de l'air extérieur, et l'air intérieur étant lui-même réchauffé, elle favorise plutôt qu'elle n'empêche le refoulement de la fumée.

Lorsque les cheminées de cuisine, dont nous avons donné la description dans cet article, ont le désagrément d'infecter de leur odeur les appartements placés au-dessus d'elles ou à leur niveau, on remédie à cela en ménageant dans la partie supérieure de la cheminée, et à deux ou trois pouces (0,055 à 0,080) du plafond de la cuisine, une ouverture par laquelle l'odeur s'échappera. Pour plus de certitude, on pourrait adapter à cette ouverture un tuyau de poterie ou de tôle qui monterait le long de la cheminée et jusques au-dessus du plancher, en allant ensuite se perdre ou au-dehors ou dans le tuyau lui-même.

Nous ne parlerons pas de la proposition faite par M Cointereaux, dans ses Conférences, d'isoler les cheminées des murs, ou même de les établir sur roulettes et au centre des appartements : ces dispositions, qui peuvent certainement offrir des avantages, sont tellement opposées à nos habitudes, qu'on ne peut les considérer que comme une utopie architecturale, d'ailleurs en partie réalisée par l'emploi des poêles mobiles.

On emploie souvent dans les cheminées la houille et le coke mêlés avec le bois ; mais lorsqu'on veut employer seul ce dernier combustible, en usage dans les cantons où il est commun, on a la double incommodité de son odeur désagréable quoique non malsaine, et la ténuité de sa poussière qui s'insinue dans les armoires les mieux fermées, et la fumée noire et épaisse qui ternit les plâtres et les meubles. Pour l'usage spécial de la houille, on établit dans les cheminées des grilles ou *escarbilliers* qui atténuent ces inconvénients, surtout si elles sont construites comme l'a indiqué M. de la Chabausnère, dans un mémoire lu en 1812 à la Société d'encouragement.

Dans une cheminée ordinaire, on élève deux petits murs ou cloisons en briques de champ de 7 pouces (0,19) de longueur, à un pied (0,32) de distance l'un de l'autre dans œuvre, c'est-à-dire à 6° (0,16) entre eux au milieu du foyer. Arrivé à 8 pouces (0,22), on pose sur ces murs six barres de fer de 8 lignes (0,02) en carré et de 15 pouces (0,38) de longueur, scellées dans les deux petits murs et qui sont distantes de 6 lignes (0,013) entre elles. On élève ensuite les deux petits murs de 8 pouces au-dessus des grilles, et à mesure on scelle sur le devant et les uns au-dessus des autres, cinq autres barres de fer semblables à 6 lignes de distance. Ces barres de fer, posées sur leur vive arrête, forment ainsi une cage ou grille. Ces murs s'élèvent ensuite au niveau du manteau, et l'extrémité de cette grille est unie aux jambages par des pans coupés à la Rumfort.

On place au haut de la grille, en l'appuyant sur la première barre, une plaque de tôle qui joint le devant intérieur de la cheminée et qu'on peut enlever à volonté.

Pour charger cette grille, on met au fond de petits copeaux ou du menu bois bien sec, puis on remplit de charbon un tiers de la grille, et ce n'est que lorsque le tout est en incandescence que l'on achève de remplir la grille. Ce n'est que lorsque la masse est en feu que l'on enlève la plaque pour que la chaleur entre dans l'appartement. On ne fourgonnera jamais la houille ; on se contentera, si elle s'agglutine pour former une croûte supérieure, de la soulever et de la briser légèrement avec le tisonnier. On évitera par ce moyen la plus grande partie des inconvénients, et on jouira des avantages de la consommation de ce combustible qui donne, sans soin ultérieur, une chaleur plus douce et plus durable que celle du bois.

On peut placer au-devant de la grille des crochets ou supports pour y placer des pots ou des cafetières, mais en métal seulement à cause de la grande activité du feu.

XV. Chenil.

Le *chenil* est le lieu où l'on enferme les chiens.

Il arrive que des cultivateurs d'une ferme considérable, assortie en bois, en prairies naturelles et artificielles, en terres vagues et quelques jachères, aiment à se livrer au plaisir de la chasse, amusement relevé, utile pour la santé, qui produit des aliments recherchés ; mais cependant dangereux à cause des accidents trop fréquents qu'il amène, et surtout la dissipation qui le produit. On ne peut sans doute le conseiller à un agriculteur, mais on ne peut non plus le proscrire, et il est nécessaire de le maintenir dans de justes bornes.

Les chiens de garde, qui sont au nombre ordinaire d'un seul ou de deux, se tiennent dans de petites cabanes sur roulettes auprès de la porte d'entrée. Quand ces chiens sont familiers, on peut les laisser libres ; s'ils sont d'une nature féroce, on doit les enchaîner dans le jour, et ne les lâcher que la nuit. Les mâles sont en général plus hardis, plus courageux ; les chiennes sont plus douces et ont un nez plus fin. Les chiens de métairie et les chiens de berger demandent les mêmes dispositions.

Les chiens de chasse demandent plus de soin.

Si, ce qui est le plus ordinaire et le plus profitable, un cultivateur n'a qu'un chien d'arrêt, les mêmes précautions peuvent être prises : il faut le tenir enfermé pour le laisser reposer et qu'il conserve la perfection de son odorat, ayant de l'eau à sa portée.

Mais si l'on a des chiens courants, ce que l'on ne peut conseiller à un cultivateur, la chasse à courre ne convenant qu'aux riches propriétaires: ces chiens, coûteux à acquérir, sont aussi coûteux à conserver. Ils doivent être principalement nourris avec du pain que l'on fait pour eux.

Leur logement, appelé proprement *chenil*, consiste en une chambre, ou deux si l'on a plusieurs espèces de chiens ; ces chambres sont pour le mieux tournées au levant, avec des croisées vitrées au couchant, et aboutissent à une petite cour où les chiens puissent s'ébattre. Les murs doivent être bien enduits en chaux, et le carrelage être avec un soutrait pour les préserver de l'humidité. Une petite auge élevée d'un pied doit toujours être pleine d'eau, une autre auge en bois doit recevoir leur pain coupé en morceaux, car souvent les chiens sont dégoûtés et ne mangent pas à la même heure. De petites couchettes en bois percées de trous pour laisser passer les urines, d'un pied de hauteur et portées sur roulettes, afin de pouvoir les rapprocher du feu, reçoivent les chiens : c'est pourquoi le pavé des chambres doit être incliné avec des orifices extérieurs pour recevoir le balayage à eau, qu'on doit faire lorsque les chiens sont dehors, afin de tenir le chenil dans le meilleur état de propreté, et de ne laisser dans le chenil ni paille, ni foin, ni aucune ordure qui puisse le salir. Quand les chiens sont échauffés, on doit mettre du lait à leur portée, et s'ils ont fait de grandes curées, il faut les purger avec les médicaments ordinaires, et les saigner quelquefois s'il est nécessaire.

Le logement du piqueur ou valet de chiens, doit être à portée du chenil, et est très-bien au-dessus ; là sera aussi un cabinet pour serrer les longes, grelots, fouets et autres petits meubles nécessaires.

De cette manière les chiens se conserveront en bonne santé ; on ne doit faire chasser les chiennes que quelques jours après leur part, pour ne pas les trop échauffer.

On ne doit guères mettre que douze chiens dans chaque chambre, les panser et les tenir dans la plus grande propreté.

XVI. Citerne.

Quand la position d'une maison, la nature du sol où elle est située, la mauvaise qualité des eaux, ne permettent d'avoir à portée ni puits ni fontaines, une citerne devient d'une absolue nécessité. C'est un réservoir destiné à recueillir les eaux de pluie. La construction en est coûteuse, aussi ne convient-elle qu'aux personnes aisées.

Une bonne citerne doit tenir parfaitement l'eau, et être assez grande pour ne laisser aucune inquiétude sur la consommation ample et habituelle. Elle ne doit recevoir que de l'eau pure et la conserver bonne et saine.

Il tombe à peu près dans nos provinces 26 pouces d'eau par an. Bornons-nous à 24, ou deux pieds. Une toise carrée de toiture fournira donc environ 2,500 litres d'eau. Or, une maison ordinaire n'a guère moins de 30 toises carrées de superficie de toit ; ce sera donc environ 75,000 litres, donc près de 200 par jour, et exigeront une citerne de 14 pieds (4,87) de longueur sur 12 (3,90) de largeur, et 12 de hauteur au-dessous de la gargouille du trop-plein.

Mais comme la pluie ne tombe pas toute à la fois, et que conséquemment elle n'exige pas un réservoir qui puisse contenir toute celle qui tombe dans l'année, il en résulte que l'on peut, sans inconvénient, après qu'on a évalué la quantité d'eau dont on peut avoir besoin par jour, réduire la capacité de la citerne aux deux tiers de celle que ce calcul exige.

Pour que l'eau d'une citerne ne gèle pas, il faut enfoncer en terre cette dernière et la bien voûter ; pour qu'elle ne puisse filtrer, il faut construire les murs en bons matériaux, avec de bon ciment, et les couvrir d'un bon enduit hydraulique. Les principes et les moyens indiqués dans le courant de cet ouvrage, doivent guider le propriétaire qui s'occupe de cette construction. On évitera de recevoir dans les citernes les premières pluies qui viennent après une longue sécheresse, parce qu'elles entraînent des ordures qui ne peuvent que corrompre l'eau ; même les grosses pluies d'orage, qui, au même inconvénient, joignent celui de fournir une eau réputée malsaine.

Mais, malgré ces précautions, l'eau de pluie entraîne toujours, soit en substance, soit en dissolution, des matières hétérogènes qui peuvent en dénaturer la qualité. Il a donc été nécessaire de la soumettre à la filtration avant de l'introduire dans la citerne. On l'opère par le moyen du *citerneau*, ou petite citerne placée à côté de la grande. Ce citerneau, voûté et construit comme la citerne, est moins profond qu'elle de 3 pieds (1 mètre) ; il est percé, à 5 ou 6 pouces (0,19) de son fond, d'un trou de communication avec la citerne, et qu'on ferme avec une plaque de métal percée de trous. On remplit ce citerneau de sable de rivière bien lavé, au travers duquel l'eau qui entre par le grand tuyau de conduite se filtre avant de se rendre dans la citerne.

Le citerneau doit avoir la même largeur que la citerne, et un tiers de sa longueur. L'un et l'autre auront à leur sommet une ouverture ou regard d'environ deux à trois pieds (0,80) de diamètre, pour puiser dans l'une, et entrer dans tous les deux. Le citerneau aura de plus une ouverture où s'encastrera le tuyau de conduite, et la citerne une décharge de trop-plein à deux pieds (0,65) au-dessous de la clef. L'un et l'autre seront voûtés en plein-cintre, et l'extrados de leur voûte sera, dans sa plus grande hauteur, à huit ou dix pouces (0,25) au-dessous du niveau du sol.

On disposera les chanées et égouts de manière à ce qu'ils se réunissent dans le grand tuyau de conduite, et à ce que les eaux puissent en être détournées facilement lorsqu'on le jugera convenable.

Ceux qui, se trouvant dans la position où les citernes sont nécessaires, n'ont point le moyen d'en construire, pourront y suppléer par des tonneaux charbonnés. Cette opération consiste à les brûler intérieurement, de manière à carboniser une ligne ou une ligne et demie (0,003) de leur surface. Quand on a renfoncé ces tonneaux, et l'eau y a été déposée quelques jours, elle s'y purifie, y perd son mauvais goût et ses qualités délétères, si elle est malsaine. On supprime ainsi la cause de la plupart des maladies qui, pendant l'été, affligent si souvent les campagnes. En parlant des cuisines, nous dirons un mot des fontaines filtrantes.

XVII. Clapier.

On appelle *clapier* une garenne domestique où l'on élève quelquefois des lapins sauvages, pour le repeuplement des garennes forcées, mais qui servent, le plus souvent, à l'éducation des lapins de la grande espèce, dits *lapins domestiques*.

Le clapier doit être éloigné de la maison autant que possible, car les lapins, par leur fumier, propagent une odeur très-désagréable, très-forte et très-intense. Dans la basse-cour de notre maison de campagne *pl*. XXVII, nous l'avons Pl. XXVII. placé dans la cour des toits à porcs.

Si l'on ne veut que deux ou trois couples de mères, une

chambre carrelée, et garnie de pots de terre, suffit; mais lorsque l'on veut étendre cette spéculation et en faire une branche d'industrie, et si l'on veut tirer de cette branche d'industrie tout le profit possible, il faut construire le clapier avec des soins particuliers et dans de grandes dimensions.

Un clapier doit être alors composé, 1° d'un commun pour les lapins châtrés et les mâles; 2° d'un grand commun particulier pour les lapines pendant leur part et la jeunesse de leurs petits.

Dans un clapier semblable, le pourtour est occupé par un portique de six pieds (2,00) de large, et divisé en deux parties inégales, dont l'une sert de grand commun et l'autre de commun d'élèves. La partie intérieure est découverte et les deux communs séparés par un mur de dix à douze pouces de (0,50) de hauteur, et surmonté d'un grillage qui ne permette pas de communication.

Les murs du portique du grand commun sont bordés de loges en pots de terre ou en briques, maçonnées à plâtre, de dix-huit pouces (0,50) en carré. On les élèvera de cinq à six pouces (0,15) sur terre, et le fond en sera percé de trous pour que les urines puissent s'écouler. Les loges du petit commun, construites d'après les mêmes bases, auront trente pouces ou 3 pieds (0,90) en tout sens.

Les murs du clapier seront solidement construits. Leurs fondements auront de 4 à 6 pieds (1,60) de profondeur. A cette même profondeur on carrèlera ou on pavera le sol du clapier, et sur cette aire on replacera la terre où les lapins pourront fouiller sans s'échapper par dessous les murs.

Pl. XLIX; Fig. 4, 5.
Nous avons donné, pl. XLIX, fig. 4, le plan d'un clapier de ce genre, et fig. 5 son élévation. Il renferme, dans le grand commun, 42 loges, et, dans le petit, 14, d'une dimension relative à la force des espèces à élever.

XVIII. Colombiers.

On connaît deux espèces de *colombiers* ou *pigeonniers*; les *colombiers à pied*, qui se font ordinairement en tour, et les *volets* ou *fuies*, qui s'élèvent en pavillon au-dessus du bâtiment, et ordinairement à un de ses angles.

Les premiers sont sans contredit les meilleurs; ils sont plus vastes et plus commodes; mais ils trouvent difficilement leur place dans les cours de ferme, et sont très-coûteux; les volets, au contraire, se placent à peu près où l'on veut, se construisent à peu de frais, et loin de défigurer un édifice rural, sont un de ses caractères.

Quoi qu'il en soit, les murs doivent en être extérieurement bien crépis, et soigneusement enduits:

On doit faire régner autour une corniche saillante où les pigeons se reposent, et qui mette obstacle à l'introduction de leurs nombreux ennemis. Pour plus grande précaution, on revêt le dessous de cette corniche d'une ceinture de tuiles vernissées. Le lattis du comble doit être jointif, surtout quand le colombier est couvert en tuiles creuses, afin d'éviter que le dessous de celles de recouvrement servent à nicher des nuées de moineaux, qui, par leur nombre et leur audace, inquiètent et affament les pigeons.

Le colombier doit avoir une ou deux croisées, l'une au-dessus de l'autre, et tournées en plein midi. Quelques personnes, dans les climats méridionaux, en ouvrent une en regard au nord; mais, dans ce cas, il est bon de la fermer pendant l'hiver, Quand on n'en admet qu'au sud, il en faut deux, dont l'inférieure à un pied au plus du niveau du colombier, pour l'aérer: des ventouses produiraient le même effet. Ces croisées sont fermées de planches percées de trous du diamètre du corps du pigeon, de manière que les gros oiseaux de proie ne puissent s'y introduire.

Le colombier doit être bien exactement carrelé, pour en interdire aux rats l'accès intérieur. On fera bien même d'ajouter, dans le pourtour, un rang de carreaux chanfreinés scellé au mur et au carrelage avec de bon mortier de chaux mêlé de verre pilé.

Les nids ou *boulins* des colombiers ont différentes formes et se font de différentes manières. Les uns emploient des boulins en plâtre ou en terre cuite; d'autres des cases en planches ou en briques maçonnées en plâtre d'environ 8 pouces (0,22) en tout sens, et dont le premier rang est supporté par un contre-mur de 3 pieds (1m80) de haut, 4 pouces (0,10) d'épaisseur par le bas, et 8 pouces (0,22) dans le haut. Cette dernière disposition est commode en ce qu'elle économise beaucoup de place, et que ces cases peuvent même servir à monter pour visiter les nids.

Mais quand on ne tient pas à une légère dépense d'entretien, et qu'on vise à une plus grande propreté dans le colombier, le mieux est d'en revêtir les murs de paniers en osier, placés en échiquier, les uns au-dessus des autres, et qu'on visite au moyen d'une échelle tournante. Par cette méthode, on peut les secouer quand ils sont pleins d'ordures, et, en les soumettant, chaque année, à un échaudage général, on est assuré de la destruction des insectes, de leurs œufs et de leurs larves, beaucoup plus nuisibles que l'on ne peut le croire à la santé des pigeons et à la prospérité du colombier.

XIX. Cuisine et accessoires.

La *cuisine* est le lieu où se préparent les aliments. Dans les ménages ordinaires ce lieu ne consiste que dans une seule pièce, communément d'assez grande dimension; mais dès que ce ménage est plus considérable, on en ajoute une ou plusieurs qui renferment ses accessoires. Dans la pièce unique peut se trouver l'évier; elle peut servir d'office, de buanderie, de dépense, de commun pour les ouvriers, et réunir ce que dans les grandes maisons ou appelle l'*aide*, l'*office*, le *commun*, la *rôtisserie*, etc.; enfin, tout ce que, dans ces grandes maisons, on appelle le service des cuisines.

Toute cuisine doit renfermer, outre la cheminée, une grande table, un fourneau potager, un mortier, une fontaine. Les personnes les plus recherchées y joignent un fourneau d'office, une étuve, une cave, timbre à glace ou salpêtrière, et un garde-manger.

1° La *table de cuisine* est formée de planches ou madriers, en bois dur, chêne ou frêne, de trois à quatre pouces (0,10) d'épaisseur; le tout, souvent, retenu par un châssis, et supporté par des pieds en fer, avec des talons et des empatements; les madriers, assemblés à rainures et languettes, sont traversés par des boulons à écrou, pour s'opposer à leur écartement. Au-dessus de cette table on peut suspendre au plafond un grand châssis, aussi en fer, garni de crochets, pour avoir à portée les casseroles, grils, léchefrites et autres ustensiles de service journalier.

2° Le *fourneau potager* est un massif de maçonnerie isolé ou adossé, soutenu en-dessous par une voûte dans laquelle on peut placer la provision hebdomadaire de charbon; les trous des petits fourneaux ont, pour chacun en particulier, entre ces fourneaux et la voûte inférieure, ou pour plusieurs réunis, une autre voûte ou cendrier qui donne de l'air au fourneau. Chacun des trous est occupé par une boîte en fonte dont le dessous est en grille, et que l'on encastre dans la maçonnerie. Pour obtenir une propreté plus facile, la paroi supérieure du massif est revêtue de carreaux vernissés, et la construction est solidement retenue par une bande de fer qui en embrasse le pourtour.

3° Le *fourneau d'office* est fait dans une forme semblable;

la partie supérieure sert à placer la chaudière dans laquelle on fait fondre les sucres; au-dessous est le foyer avec un cendrier sous celui-ci.

4° Le *mortier*, en pierre de roche ou en marbre, quelquefois en bronze, est supporté solidement par un cippe en pierre ou en bois massif.

5° L'*étuve* est une armoire dont les parois en brique de champ fermant hermétiquement, supportent des grillages en petit fer carré, qui forment des tablettes distantes entre elles de 10 à 12 pouces (0,27 à 0,32). La *fig. 6, pl.* LII, est le plan, et la *fig.* 7 est la coupe de celle construite dans un office du château de Mauremont, sur la chapelle du four de pâtisserie. On place, si c'est nécessaire, un réchaud à la base de cette étuve.

Pl. LII. Fig. 6, 7.

6° La *glacière*, cave ou *timbre à glace*, est figurée, *fig.* 8, même planche. On isole la glace et on reçoit, au moyen d'une pente observée dans la construction, les eaux qui en découlent; on fait aussi de ces timbres en bois de chêne doublé de plomb, qu'on nomme aussi *salpêtrières*, qui, se recouvrant comme un coffre à avoine, ont sur le devant une paroi en abattant. On peut se procurer du *froid artificiel* de 20 degrés par un mélange de moitié neige ou glace pilée, et moitié de chlorure de sodium. Si on ne peut avoir ni neige ni glace, on obtient 26 degrés par un mélange égal d'eau commune et de nitrate d'ammoniaque. Si on mêle trois parties de sulfate de soude (sel de Glauber), et deux parties d'acide nitrique (eau-forte) étendu d'eau, on obtient un froid de 29 degrés.

Fig. 8.

7° Les *fontaines de cuisine* sont de grands vases en poterie ou en cuivre étamé, montés sur un trépied, et percés, à leur partie inférieure, d'un trou avec un robinet. Au-dessus de ce robinet sont deux diaphragmes en poterie ou en métal, dont l'intervalle est rempli de sable lavé, sur lequel l'eau dépose ses impuretés. Ce résultat est encore plus complètement obtenu au moyen de la *fontaine filtrante*. On appelle proprement ainsi un vase parallélipipédique, formé de tranches de pierre bien mastiquées : le fond, de même matière, repose sur un trépied en bois. Il y a dans l'intérieur une plaque de grès filtrant qui forme une chambre à part. Le robinet de cette chambre donne de l'eau filtrée; celui qui est en dehors donne de l'eau naturelle. Si le filtre s'engorge de vase, on le nettoie avec une lame de fer et une brosse ou un balai. Des filtres de charbon forment ce qu'on appelle *fontaine épuratoire*.

8° Le *garde-manger* est une boîte dont les panneaux sont en grillage serré ou en toile claire pour recevoir l'air courant; elle est suspendue au plafond pour être à l'abri des rats. Cete boîte, représentée *fig.* 9, *pl.* LII, s'ouvre par le haut et sur un de ses côtés, et un double fond, recouvert d'un grillage en bois, sur lequel repose la viande suspendue au moyen de crochets, est doublé de plomb pour y mettre de la glace, afin que la viande se tienne fraîche. On suspend

Fig. 9.

souvent ce garde-manger à la cave, en ayant soin de tenir fermés le couvercle et l'abattant.

XX. Écurie.

Dans nos provinces du Midi, excepté lorsque le labourage est fait par des mules, les écuries sont presque toutes *de luxe*, si l'on peut donner ce nom à ces réduits rustiques qui, dans beaucoup de nos habitations rurales, servent de logement à nos chevaux. Nous allons indiquer les règles de construction nécessaires pour allier l'économie à une sage disposition.

La longueur des écuries est fixée d'après le nombre des chevaux qu'elles doivent renfermer, et calculée à raison de 3 pieds (0,98) par cheval de selle, et 4 pieds (1,30) par cheval de carrosse ou de grande taille. Leur largeur se compose de 9 à 10 pieds (3,23) pour le cheval, son recul et sa mangeoire, et 3 ou 4 pieds (1,30) d'aisance pour passer derrière. Total, 13, 14 ou 15 pieds (4,87). Quand l'écurie est double ou renferme deux rangs de chevaux, elle doit avoir 24 pieds (7,80) de largeur. La hauteur des unes et des autres doit être calculée d'après leurs autres dimensions; on peut la fixer entre 10 et 14 pieds (3,50 et 4,50).

Les écuries doivent être plafonnées, ou, mieux encore, voûtées. Les voûtes en brique plate y conviennent parfaitement.

Quand on a des chevaux que l'on veut soigner davantage, on fait pour chacun une stalle ou loge en planches de 4 pieds à 4 pieds 1/2 (1,30 à 1,50) dans œuvre. Souvent on réunit deux chevaux de carrosse dans une même stalle, qui, dans ce cas, a une largeur double.

Les écuries doivent être soigneusement pavées, avec un conduit pour les urines, placé au milieu dans les écuries doubles, et immédiatement derrière les chevaux dans les écuries simples. Pour plus grande perfection, plusieurs en pratiquent deux dans les premières et relèvent le milieu en chaussée. Ces égouts doivent avoir assez de pente pour que les urines n'y séjournent point, et il est à désirer qu'elles s'écoulent dans la fosse à fumier, ou dans un compost placé à portée de l'écurie.

Pour que les écuries soient saines, et que les urines puissent s'écouler facilement, on doit en élever le sol à 6 pouces (0,16) au moins du terrain environnant. On percera des ventouses de 2 pouces (0,050) de hauteur sur 6 de large, bien en regard les unes des autres et immédiatement au-dessous des planchers. Il y aura dans l'écurie des fenêtres assez grandes et assez multipliées pour avoir le jour nécessaire aux soins des chevaux. Ces fenêtres seront maillées extérieurement, et garnies intérieurement d'un châssis à vitre, auquel on substituera, pendant l'été, un châssis de toile claire ou de canevas. Lorsque la disposition des lieux le permettra, on fera en sorte, dans les écuries simples, que le jour tombe d'un peu haut, et sur la croupe des chevaux.

Comme nous l'avons dit, les mangeoires et les râteliers seront supportés par un contre-mur d'environ 18 pouces (0,50) d'épaisseur, qui se remplace souvent pour les 10 à 12 pouces (0,30) de la mangeoire, par des arcades ou des piliers de maçonnerie. La hauteur des mangeoires est fixée à 3 pieds 1/2 (1,20) environ; on les construit en pierre de taille ou en madriers de chêne, dont on a grand soin de raboter et d'arrondir les angles pour éviter que les chevaux n'y prennent des échardes; ce qui arrive sans ces précautions : lorsqu'on craint que les chevaux ne tiquent, on les revêt de zinc.

La partie du contre-mur, de 7 à 8 pouces d'épaisseur, qui supporte le râtelier, doit être élevée de 6 à 7 pouces (0,18) au-dessus de la mangeoire, et terminée en biseau. Le roulon inférieur repose sur ce contre-mur, et le supérieur est fixé à 14 ou 15 pouces (0,40) du mur. Cette disposition des râteliers, due à M. de Perthuis, ne donne que 4 pouces (0,10) pour la saillie du râtelier sur la mangeoire, et rend presque nul l'inconvénient qui résultait de cette position trop inclinée dans la méthode ordinaire.

Pour la commodité du service, on pratique des trappes pour jeter le fourrage dans les écuries. Cependant, comme il faut éviter, autant que possible, une grande communication entre ces dernières et les fenils, on ne fera que deux trappes dans les écuries doubles, et une seule dans les écuries simples. Il sera à propos de placer au-dessous de ces trappes un coffre à grillage, tel que celui dont nous parlerons en traitant des étables.

Fig. 10. Les *stalles*, dont une est figurée pl. LII, *fig.* 10, sont composées d'un parpaing en maçonnerie A, à l'extrémité duquel est un poteau H, qui le termine, et qui est appuyé, à tenon, sur une pierre I, comme dans les stalles des étables. Deux solives, en bois dur G, reçoivent, assemblées à rainures et languettes, les planches de champ qui forment l'ensemble de la stalle F. Le contre-mur B qui soutient le râtelier E s'élargit en C pour former la console qui soutient la crèche ou mangeoire D, dont la planche postérieure se prolonge jusqu'au râtelier.

La partie de maçonnerie sur laquelle s'appuient la première et la dernière stalle, est revêtue de planches comme la séparation des stalles.

Lorsqu'on ne met pas de stalles, la séparation des chevaux se fait avec de fortes barres qui sont mobiles, attachées par une de leurs extrémités à la mangeoire, et par l'autre suspendues au plafond. Pour éviter les coups de pied dont les chevaux peuvent s'atteindre, on place des planches suspendues à ces barres, le long de leur partie inférieure.

On fait aussi les mangeoires en pierre; et quelques amateurs ont remplacé les râteliers par des paniers oblongs en fil de fer, et de petites mangeoires en pierre, de forme ellipsoïde, une pour chaque cheval. Cette mode n'a jamais remplacé la méthode ordinaire; cependant elle pourrait être très-convenable pour les chevaux malades.

La *sellerie* est une pièce obligée et indispensable à joindre aux écuries. Elle doit avoir un jour au nord et un au levant, afin qu'en fermant l'un ou l'autre les cuirs ne soient sujets ni au dessèchement ni à la moisissure. Elle sera garnie, dans tout son pourtour, de chevalets pour suspendre les brides, les selles, les harnais; d'une grande armoire, maillée, s'il est possible, pour ses chevalets intérieurs; pour les meubles de ce genre d'un plus grand prix; d'un ou plusieurs grands tiroirs ou une petite armoire pour y mettre les petits objets détachés, comme mors, boucles, etc., de rechange. Elle doit fermer à clef, et être tenue dans le plus grand état de propreté.

On tient ordinairement dans la sellerie le coffre à avoine; mais quand la disposition des lieux le permet, il est bon d'avoir, près de l'écurie, un magasin à avoine qui doit être planchéié et fermé à clef. On peut le placer dans le logement du palefrenier ou valet d'écurie, qui doit être joignant, s'il ne couche dans l'écurie même.

XXI. ÉTABLE.

Les *étables* sont le logement des bêtes à cornes; elles sont aussi simples ou doubles. Leur longueur se calcule d'après celle des râteliers, fixée pour chaque animal de la manière suivante : 4 pieds (1,30) par bœuf, 3 (1,00) par vache, et 2 (0,65) par veau : leur largeur doit être, au moins de 12 pieds (4,00) pour une étable simple, et 20 (6,50) pour une double. Si l'on adopte les couloirs, dont nous parlerons, il faudra ajouter 4 pieds aux unes et aux autres.

Les mangeoires et les râteliers doivent être construits avec les mêmes précautions que celles des écuries, avec la différence que les mangeoires ne doivent pas excéder 2 pieds de hauteur au-dessus du pavé. Les planchers doivent aussi être plus bas; leur élévation doit être de 8 à 10 pieds (2,50 à 3,25).

Il est bon, surtout dans les étables de bœufs de travail, d'isoler chaque paire ou attelage, dans des stalles en maçonnerie ou en planches, assez élevées pour qu'ils puissent réciproquement apercevoir leur manger; de sorte que les rations extraordinaires accordées aux uns ne produisent ni le dégoût ni l'impatience des autres.

Il est à désirer que les étables soient pavées, et avec les soins que nous avons indiqués pour les écuries. Quand on ne le peut, il faut au moins veiller à ce qu'elles ne deviennent pas des cloaques par l'enlèvement successif de la terre sous les pieds des animaux; ce qu'on évite en battant en glaise cette partie de l'étable, et en entretenant le corroi quand on s'aperçoit qu'il se dégrade.

Reste à parler d'une amélioration adoptée dès longtemps par les laborieux fermiers Hollandais, Flamands, Anglais et Allemands, qui s'introduit chez les bons cultivateurs français, et que M. de Perthuis a détaillée et simplifiée dans l'excellent ouvrage que nous citons souvent.

L'observation que l'on a faite que des *buvées* tièdes de pommes de terre, ou autres racines cuites à l'eau ou à la vapeur, étaient ce qui entretient le mieux le bétail dans l'hiver, a donné l'idée d'appliquer aux étables ce que dès longtemps on faisait dans les toits à porcs ; c'est-à-dire, d'y ajouter un couloir qui permit de vider les buvées dans les mangeoires, sans craindre les coups de corne ou de pied, et sans inquiéter les animaux.

Ce couloir, de 4 pieds (1,30) de large, est placé, dans les étables simples, le long d'un des murs, et entre ceux-ci et les auges et râteliers; et dans les doubles, au milieu de l'étable, de manière que, dans ces dernières, les deux rangs d'animaux aient la croupe tournée vers les murs; ce qui procure encore l'avantage de leur faire venir le jour par derrière aux uns et aux autres.

Ce couloir est élevé à un pied (0,32) au-dessous du niveau des mangeoires. On y arrive par une rampe douce, et on vide la buvée, que l'on transporte dans des tinettes et sur une brouette, par l'espace de 10 pouces (0,27) environ qui se trouve entre les mangeoires et le roulon inférieur des râteliers.

A l'extrémité de ce couloir est un coffre couvert d'un grillage en bois, sur lequel tombent les fourrages que l'on jette du grenier supérieur dans l'étable par le moyen d'une trappe, et mieux, quand c'est possible, par une galerie extérieure construite au niveau de ce grenier, dont le tuyau de chute traverse obliquement le mur, et amène les bottes sur ce coffre, où les graines tombent et peuvent être retirées pour les semer ou les donner aux bestiaux.

Cette amélioration, aussi simple que bien entendue, ne permet aucun gaspillage, préserve les bestiaux de toute inquiétude, et procure une commodité extrême pour le service des étables.

Lorsqu'on a des étables destinées à l'engraissement, il est bon de séparer dans des stalles chacun des animaux, et de fermer les ouvertures par des planches percées de trous, qui ne donnent que la lumière absolument indispensable aux bœufs pour apercevoir leur manger.

Les diverses planches qui donnent les plans des métairies présentent le dessin des étables ordinaires. La *pl.* XXVIII indique celui d'une étable à la hollandaise dans celle destinée aux vaches de notre maison de campagne.

XXII. Fosse d'aisances.

La bonne construction des fosses d'aisances est de la plus grande importance, puisque sans elle on est infecté de leurs odeurs et empoisonné de leurs infiltrations ; aucune négligence n'est impunie dans ce cas. Nous allons donc séparément indiquer les soins à y apporter, suivant les différentes parties qui les composent, et qui sont la fosse proprement dite, le pavé, la voûte, les tuyaux et les soupiraux.

1° La *fosse* doit être proportionnée au nombre des commensaux de la maison : il est à désirer, s'il est possible de le faire, qu'on la construise extérieurement au bâtiment et dans le lieu le plus reculé, afin que la vidange se puisse faire en dehors. Si on la construit intérieurement, on la creusera au-dessous des souterrains, s'il y en a, et assez éloignée des caves, puits, etc., pour que, le cas arrivant, les infiltrations soient moins fâcheuses.

Cette fosse sera circulaire, pour éviter les dépôts infects dont il n'est pas toujours aisé de préserver les angles. Elle sera composée d'un mur maçonné en moellon ou brique et terre argileuse bien corroyée, de manière qu'il ne reste aucun vide entre les pierres et entre le mur ou la terre. A une distance de 1 à 2 pieds (0,30 à 0,70) de ce premier mur, on en construira un autre de 18 à 20 pouces (0,25) d'épaisseur, en bonne maçonnerie de chaux et même de ciment. A mesure que ce mur s'élève, on remplira l'intervalle entre les deux murs avec de l'argile bien corroyée, et tassée au refus de la batte. C'est de la compacité de cette argile que dépend le succès de la construction.

2° Le *pavé* doit être construit dans le même genre : un pied à un pied et demi (0,32 à 0,48) d'épaisseur d'argile corroyée et battue, et un pavé en ciment bien serré à la hie, dont les joints seront aussi remplis de ciment un peu clair.

3° La *voûte* sera un peu surhaussée ou au moins sphérique : la *clef* ou ouverture de la fosse doit être placée exactement au milieu. Cette ouverture aura 15 pouces (0,37) en carré, et sera fermée d'une pierre avec feuillure et recouvrement.

4° Les *tuyaux*, en poterie vernissée, qui communiquent aux différents cabinets de la maison, seront placés le plus perpendiculairement qu'il est possible, afin d'éviter les coudes et les plans inclinés, qui, presque toujours, sont des réceptacles d'ordures et des foyers d'infection.

5° L'air qu'exhalent les fosses étant de l'acide carbonique plus pesant que l'air atmosphérique, on sent qu'un seul *soupirail* est illusoire. On en établira donc deux, qui s'élèveront avec la maçonnerie de la maison jusques au-dessus du toit. Sur l'un d'eux, on fixera un petit moulinet de fer à lames de tôle, peint à l'huile, très-mobile, et placé de manière que son axe soit au niveau de l'ouverture du soupirail. Au moindre vent, ce moulinet, agitant l'air intérieur des soupiraux, produira ainsi un courant d'air frais dans la fosse.

Dans les cabinets qu'on peut placer à chaque étage, les *sièges* doivent communiquer directement aux tuyaux et chausses ou à leurs embranchements. (*Voy.* p. 193.)

Un autre appareil, d'une grande simplicité, a été indiqué, en 1855, par M. Isabey. Il réunit les avantages d'exclure les exhalaisons avec ceux de la facilité d'opérer la vidange sans danger, et d'en aider l'emploi pour l'agriculture. Pour cela, la fosse, beaucoup moins ample, est simplement revêtue d'un mur en pierre sèche, et demeure constamment libre; elle renferme un tonneau qui peut n'être qu'une barrique à vin de réforme. Ce caveau est muni seulement d'une ouverture qui permette d'en retirer le tonneau lorsqu'il est plein, et qui se ferme par un tampon en pierre ou en bois, avec un anneau pour l'enlever. Sur ce tonneau, et reposant sur une cuvette intermédiaire, se place un tuyau cylindrique en bois ou en tôle émaillée, avec une soupape qui le fait communiquer avec le tonneau. Ce tuyau arrive jusques au-dessous du siége, lequel, lorsqu'on s'assied, s'abaisse sous le poids de la personne, et qui, à l'instant que celle-ci se retire, est relevé par un contre-poids placé dans un coin du cabinet ou une armoire, et empêche ainsi l'odeur de s'exhaler. Ce siége à contre-poids pourrait aussi s'adapter aux cuvettes anglaises. On peut, lorsque le tonneau est plein, le retirer du caveau et en enfouir le contenu dans une fosse à fumier pour le réduire en terreau.

Quand les fosses sont pleines, il faut les nettoyer, et l'on sait combien cette opération est coûteuse et souvent funeste aux malheureux vidangeurs(*). On retarde bien ce moment en projetant de temps en temps de la chaux vive dans la fosse; mais il faut enfin y arriver. Heureusement que MM. Rozier, Cadet de Vaux, Laborie et Parmentier ont donné un moyen simple et assuré d'empêcher que la vidange des fosses soit ou devienne funeste à ceux qui s'en chargent. Voici quel est ce procédé :

Sur un des siéges décrits dans l'article *Cabinet*, le seul qu'on laisse ouvert et qui ne soit pas exactement scellé, on place un fourneau composé d'une tour ronde, sans fond ni porte, et garnie d'une chape, portant à sa partie antérieure la porte mobile par laquelle s'introduit le charbon sur une grille placée à quelques pouces de la base du fourneau; à cette chape sont adaptés des tuyaux de tôle qui ont leur issue en dehors de la maison.

Quand l'intérieur de ce fourneau est échauffé par le charbon, on présente à l'ouverture de la chape un papier allumé. Aussitôt la vapeur sortant de la fosse prend feu, et produit une flamme vive et brillante qui s'élève à 2 ou 3 pieds (0,80) au-dessus de la chape, si on vient à débarrasser celle-ci de ses tuyaux, et exhale une odeur pénétrante de sulfure de fer. Cette odeur n'est que désagréable et point dangereuse; d'ailleurs elle est conduite au dehors par les tuyaux de la chape, et, tant qu'elle a lieu, c'est-à-dire, tant que le four-

---

(*) Ce travail pénible et dégoûtant, fait avec des tonneaux et baquets, est ruineux pour les propriétaires et dangereux pour les ouvriers. Nous indiquons le moyen pour éviter ce funeste inconvénient. Aussi a-t-on cherché, à Paris surtout, à remplacer ce procédé par d'autres; l'ancien, pour une fosse dont la capacité est de 3 toises cubes (22 4/5 m. c.), coûte 5 heures de travail avec 15 chevaux et 8 voitures, 31,600 fr. On a voulu le remplacer par le procédé *atmosphérique* qui n'offre pas de danger, mais qui pour la même capacité revient à 99,000 fr.; enfin un dernier procédé dit le *grand diviseur*, agit avec le tiers de temps et ne revient qu'à 3,000 fr.

neau est allumé, les ouvriers ne ressentent dans la fosse aucun accident, surtout quand on établit dans la fosse même, et sur un trépied reposant sur la matière, un second fourneau pareil, communiquant par son tuyau de tôle à la poterie correspondante à un des soupiraux.

On doit aussi, dans chaque ferme, établir une fosse d'aisances pour les ouvriers. Celle-ci sera beaucoup plus simple, elle aura seulement 2 à 3 pieds de profondeur (0,70), battue en glaise; et immédiatement au-dessus, dans sa moitié à peu près, sera construit le cabinet, en maçonnerie la plus commune, et couvert d'un toit léger. Tous les quinze ou vingt jours on nettoiera la fosse au moyen de deux planches fortes et mobiles qui ferment une ouverture qu'on laissera au mur ou paroi du cabinet. Chaque fois l'on remplira la fosse de mauvaise paille bien arrosée. On transportera le fumier dans une fosse à ce destinée, où on le mélangera avec de bonne terre, dont on recouvrira le tas en l'affermissant. De temps en temps, et dans les grandes chaleurs surtout, on arrosera ce tas, et au bout d'une année il sera assez consommé pour pouvoir être enlevé et transporté sur les terres, sans dégoût et sans inconvénient.

XXIII. Fosses a fumier.

Les *fosses* ou *trous à fumier* sont un emplacement creusé en terre, et destiné à recevoir les engrais des animaux.

Ces fosses doivent être dans le voisinage des étables, afin de perdre le moins de temps et de matière possible dans le curage de ces dernières, et doivent être éloignées de la vue et de l'habitation du propriétaire.

Les fosses à fumier doivent avoir 2 pieds (0,65) de profondeur pour la fabrication du fumier long, et 2 1/2 à 3 pieds (0,90) pour celle du fumier consommé. Quand on les creuse dans un terrain sablonneux, il faut les corroyer et battre en glaise, afin d'éviter les infiltrations des urines et de la courte graisse, et la perte qui en résulte. On doit ne rien négliger pour conduire les égouts des étables dans la fosse à fumier.

Comme la dessiccation et l'excès d'humidité sont également à craindre pour les fumiers, on aura soin de ne pas laisser les eaux des toits s'écouler dans la fosse : celle-ci peut et doit absorber celles qui tombent perpendiculairement du ciel; et dans les chaleurs on recouvrira le fumier, chaque fois qu'on le transporte, d'une couche de terre végétale d'un quart de pouce (0,07) d'épaisseur.

Pour plus de perfection, on creusera, à une extrémité de la fosse à fumier, une seconde fosse beaucoup plus petite et de 6 pieds (2,00) de profondeur. Cette fosse recueillera la courte graisse surabondante. On y jettera journellement les plantes inutiles, les animaux morts, enfin toutes les immondices de la ferme, ce qui formera, à peu de frais, un excellent compost.

Quand on peut arroser les fumiers pendant les grandes chaleurs, et que l'on est à même d'y répandre de temps en temps un peu de chaux ou de plâtre, on hâte la décomposition et la fermentation de l'engrais.

XXIV. Fours a chaux et a brique.

Les *fours à chaux* sont d'une absolue nécessité dans toutes les localités ; les *fours à brique* ou *à tuile*, aussi appelés *briqueteries* et *tuileries*, sont utiles partout, et surtout indispensables dans les cantons dénués de pierre. Dès longtemps on a partout établi des fours à chaux et à brique ; une grande propriété a habituellement besoin de matériaux ; aussi y construit-on ordinairement de pareilles usines. Mais rarement réunissent-elles les conditions les plus avantageuses, qui sont une cuisson facile et égale opérée dans le moins de temps et avec le moins de combustible possible. Cette dernière condition, si importante aujourd'hui, n'était autrefois que peu ou point prise en considération; aussi tous les fours construits anciennement, et ceux même construits de nos jours, paraissent avoir été dirigés pour parvenir au but opposé. Les formes cubiques ou parallélipipédiques, généralement adoptées, en sont la preuve.

Cependant quelques cantons avaient, mais pour leurs fours à chaux seulement, adopté les formes cylindriques et sphéroïdes : ces formes n'avaient jamais été employées aux briqueteries, sans doute à cause de la moindre capacité qu'elles présentent. Cet inconvénient, grave il est vrai, peut faire rejeter les formes rondes dans des localités particulières où les branchages, les broussailles, le menu bois n'ont absolument aucune valeur, et où la main-d'œuvre est à grand marché, parce que l'économie du combustible et du temps ne compenseraient peut-être pas l'augmentation de dépense de la construction ; mais dans presque la totalité de la France, où la main-d'œuvre et le bois sont devenus hors de prix, on aurait tort de ne pas adopter une méthode qui réunit la célérité à l'économie.

Nous ne parlerons ici que des fours où l'on emploie le bois, ou *à grande flamme*, les autres méthodes n'étant pas en usage dans nos provinces (*).

Sous ce rapport, l'économie et l'architecture rurale ont de grandes et nouvelles obligations à M. Menjot-d'Elbène, le même dont nous avons plusieurs fois parlé dans le cours de cet ouvrage. Cet estimable citoyen s'est emparé des essais de M. de Rumfort sur cet objet, et les a adaptés à ces fours, comme il avait modifié la charpente de Philibert de Lorme, pour l'appliquer aux constructions rurales (**).

Le plan des fours doit être circulaire, ou mieux elliptique, et la dimension réciproque des deux diamètres doit être à peu près la même que celle que nous avons indiquée en parlant des fours à pain. La hauteur des fours paraît devoir être égale au grand diamètre, mais sans y comprendre l'élévation du fourneau.

Les parois intérieures du four peuvent être perpendiculaires, et alors le four est un cylindre elliptique, ou décrites par une courbe pour en faire une ovoïde elliptique. La première forme donne plus de capacité, et la seconde plus d'économie de combustible. Dans l'exemple que nous proposons, le four à brique est cylindrique, et le four à chaux ovoïde.

Après la forme intérieure des fours, la construction de leurs parois est à considérer. Il faut qu'elles puissent résister à l'effort du feu, et laissent échap-

---

(*) En Flandre, où l'on cuit beaucoup de briques avec le charbon de terre, on ne se sert pas de four ; on arrange avec beaucoup d'art et de précaution l'ouvrage en masse régulière, dans laquelle on pratique les fourneaux nécessaires : à chaque couche de brique, on saupoudre le tas de charbon pilé. Cette opération se fait en même temps que la chauffe, de manière qu'il faut beaucoup de dextérité dans les enfourneurs. *Voyez* les détails renfermés dans l'*Art du Tuilier*, par MM. Fourcroy et Gallon.

Pour la tourbe, on se sert d'un four d'une construction particulière. *Voyez* id.

(**) *Supplément à l'Art du Charpentier, du Tuilier et du Chaussumier*, par M. Menjot-d'Elbène ; brochure in-12, fig., Paris, 1809.

per le moins de chaleur possible. Il paraît qu'il leur suffit d'avoir un cinquième du grand diamètre dans leur moindre épaisseur. On pourra les construire en pierres factices, brique crue ou pisé, tous plus mauvais conducteurs de la chaleur que la brique cuite. M. Menjot, qui emploie la dernière, bat, derrière le mur, l'espace d'un pied en cendres ou *frésil*, qui est la terre calcinée prise sous les fourneaux à charbon. Son expérience est en faveur de cette construction; mais comme peu de localités fournissent ces matériaux, nous sommes forcés d'adopter le pisé bien battu, qui est préférable à la brique crue, dont on pourra seulement construire le revêtement ou chemise intérieure du four.

Enfin, pour que le feu soit égal, et central surtout, et pour que la chaleur se concentre, il est nécessaire d'établir sous le four un *cendrier*, qui établisse un courant d'air. C'est cette pièce essentielle qui manque à tous les fours ordinaires, et qui contribue, autant que les formes des fours économiques, à leur mériter ce titre.

On est obligé de couvrir ces usines, afin d'éviter les inconvénients que les pluies ou les vents peuvent faire naître quand on est en grand feu. M. Menjot a couvert les siennes en fer, méthode économique et ingénieuse dont nous avons parlé dans la seconde partie, p. 73.

Il sera aussi à désirer que les fours soient entourés de hangars pour mettre les chaufourniers à l'abri, garantir la chaufferie ou bombarde des coups de vent, et mettre à couvert et le bois et la brique fabriquée avant sa cuisson.

Tout ceci posé, chacun calculera les dimensions de ses fours. On observera qu'une toise cube renferme à peu près mille à douze cents briques, neuf à dix mille tuiles creuses ou des tuiles plates à proportion. La pierre à chaux pèse à peu près 60 liv. (30 k.), le pied cube : la toise cube de capacité n'en pourra guère recevoir que 190 pieds cubes (1me 400) ou 110 quintaux, qui, se réduisant d'un tiers à la cuisson, rendront en chaux vive 75 quintaux.

On observera encore que l'usage général est de mettre dans les fours à chaux de la tuile ou brique, qui se place par-dessus et occupe un tiers ou un quart de la capacité totale du four, la chaleur n'étant pas assez grande à cette élévation pour calciner la pierre à chaux.

Lorsque les localités permettent de creuser les fours dans une terre vierge et bien compacte, il y a économie dans la construction et plus de facilité dans le service. Alors on se contente de faire une chemise en briques crues pour former la paroi intérieure du four.

Le chaufournier forme avec la pierre à chaux elle-même une voûte ordinairement parabolique, sous laquelle il allume le feu. Pour les tuileries, on construit des arcades en briques à 6 pouces (0,14) de distance l'une de l'autre, sur lesquelles on arrange la marchandise, et sous lesquelles on allume le feu. Les foyers communiquent au cendrier par une ouverture d'un pied (0,32) en carré traversée par deux barres de fer en croix, pour que les gros brandons n'y descendent qu'après être consumés. C'est aussi par ce cendrier que l'on débraise; ce qui est encore, principalement pour les fours à chaux, un notable avantage.

Dans le plan, *pl.* L, *fig.* 5, A est le four à brique; B est le four à chaux; le cendrier est indiqué en lignes ponctuées; C, la paroi de revêtement; D, le remplissage des angles; E, les murs d'enceinte; F, la grille du cendrier; G, la bombarde; H, l'escalier extérieur qui conduit à la plate-forme des fours.

Dans la coupe verticale du four à briques, *fig.* 6, A est l'intérieur du four; B, l'indication des supports; C, la coupe du cendrier; D, la bombarde.

Dans la coupe verticale du four à chaux, *fig.* 7, A est l'intérieur du four; B, le remplissage des angles; C, le profil du cendrier sur la longueur qui aboutit à la bombarde; D, la coupe de l'escalier intérieur.

En parlant de la brique, dans la seconde partie de cet ouvrage, p. 47, et dans celle-ci, article *briques* et *briquettes*, p. 188, nous avons donné quelques indications succinctes sur le mode de fabrication.

XXV. Fruitiers ou fruiterie.

Le *fruitier*, aussi appelé *fruiterie*, est l'endroit où l'on serre le fruit d'hiver, et où il acquiert sa maturité complète.

Un bon fruitier doit être tourné au nord ou au levant, loin des cloaques, des immondices, etc. Il doit être soigneusement carrelé et bien plafonné. Sa porte doit être double, et sa fenêtre fermée d'un contrevent, d'un châssis à vitre, et garnie de rideaux. Il doit, dans son pourtour, être garni d'étages composés de voliges qui suffiront de 9 pouces (0,25), à 12 pouces (0,52) de large, et on les fixera avec des chevilles de bois, afin d'éviter les taches d'oxydation du fer. On pourra établir aussi un étage double au milieu du fruitier.

Avant d'y renfermer le fruit, on nettoyera le fruitier, on l'aérera pendant trois ou quatre jours, s'il fait beau. Le fruit sera cueilli sept à huit jours avant sa maturité, sans le frotter ni lui enlever sa *fleur*, si nécessaire à sa conservation. On le ramassera avec le plus grand soin, sans le heurter ni le froisser, on le fera ressuyer à un soleil ardent; enfin, on le placera isolément, et par espèces, dans le fruitier, dont on fermera soigneusement toutes les ouvertures.

Le fruitier sera visité souvent, sans en ouvrir la croisée, et sans en ouvrir à la fois les deux portes : on aura surtout grand soin d'en enlever le fruit malsain, et d'en défendre l'entrée aux rats et aux souris.

M. Mathieu de Dombasle, directeur de la ferme de Roville, a remplacé avec avantage le fruitier par des caisses en sapin ou en peuplier de huit à dix lignes d'épaisseur (0,020) seulement, trois pouces (0,80) de hauteur dans œuvre, de quinze pouces (0,40) de largeur, sur deux pieds (0,63) de longueur. Le fond de ces caisses est composé de voliges pareilles aux premières ; toutes sont de dimensions semblables et s'emboîtent l'une dans l'autre au moyen de petits tasseaux cloués sur leur face extérieure. On peut ainsi séparer les espèces, de manière à vider une caisse dès qu'elle est entamée. La caisse supérieure seule a un couvercle. Le fruit est ainsi hors de l'impression de l'air ; on l'empile à une grande hauteur, et il peut contenir dans un petit espace.

XXVI. Garenne forcée.

La *garenne forcée* est aux lapins sauvages ce que le clapier est aux lapins domestiques. Il est sensible que je ne puis parler ici de ces garennes ouvertes, environnées de murs et d'une vaste étendue, qui ne conviennent qu'à un riche et très-riche particulier, puisque, outre la dépense énorme qu'elles occasionnent, il faut y consacrer une grande étendue de terrain, nécessairement inculte, et dénué même de bois.

Dans la garenne dont il est ici question, les lapins seront à l'étroit il est vrai, et il faudra nécessairement les nourrir; mais elle pourra, devra même être construite près de l'habitation et dans le jardin, dont elle pourra former une fabrique, et on y pourra puiser habituellement pour la consommation.

Une garenne de cette sorte consiste, 1° en une enceinte ordinairement circulaire, composée d'un fossé de 6 pieds (2,00) de large sur 4 ou 5 (1,50) de profondeur, dont on rejette la terre au centre; 2° une espèce d'appentis d'environ 20 pieds (6,50) de diamètre placé au centre de l'enceinte; 3° un mur de pierre, de brique ou de pisé, ou simplement une forte barrière en pieux jointifs, de 6 pieds (2,00) de hauteur, placés en deçà du fossé de clôture, avec une porte fermant à clef.

Si la terre est légère et sablonneuse, les lapins creuseront d'eux-mêmes leurs terriers dans la partie remuée et rejetée au centre; si elle est pierreuse ou argileuse, on en formera grossièrement avec quelques planches ou des pierres.

On jettera quelques fagots en tas dans un coin de l'enceinte, pour que les lapereaux puissent s'y soustraire à la tracasserie des mâles ou *bouquins*.

Une garenne de 10 toises (20,00) de diamètre sera peuplée avec 30 lapines et 7 à 8 bouquins, et fournira près de 100 lapins à la consommation.

On veillera scrupuleusement à interdire aux chats, aux fouines et aux belettes l'entrée de ces garennes; le meilleur et le plus simple moyen, si elle est environnée d'un mur, est d'en faire le chaperon et le cordon en tuiles vernissées. Les soins journaliers consistent en l'affourragement que l'on jette par la porte, et qu'on place sous l'appentis quand il neige ou qu'il pleut. Quelques personnes le distribuent dans de petits râteliers, ce qui en empêche un aussi grand gaspillage. Tous les huit jours, on enlève les restes des fourrages et le crottin, qui forment un excellent engrais.

Les lapins ainsi traités et nourris ont la chair ferme, et sont bien supérieurs aux lapins domestiques.

XXVII. Glacières.

Les *glacières* sont aussi utiles qu'agréables à la campagne ; elles sont d'ailleurs peu coûteuses si le terrain et les localités les favorisent; elles procurent une boisson saine, souvent même nécessaire, et servent bien avantageusement à conserver les provisions du ménage pendant l'été.

Une glacière doit être sans humidité, d'une température constamment froide, et n'avoir aucune communication immédiate avec l'air extérieur.

Elle doit être creusée dans un terrain sec et peu ou point exposé au soleil. On lui donne la forme d'un cône tronqué renversé. Elle doit avoir 12 à 15 pieds (4,50) de diamètre supérieur, 15 à 18 (5,50) de profondeur, et 2 pieds 1/2 à 3 pieds (0,90) de diamètre inférieur. Au-dessous, on creusera un puits de 3 à 4 pieds (1,00) de profondeur. Ce puits sera surmonté d'un grillage en bois qui le séparera de la glacière, et recevra l'eau qui pourra s'échapper du massif de glace.

Les parois de la glacière seront revêtues d'un mur de 5 à 6 pouces (0,15) d'épaisseur si les terres ne sont pas fermes, ou d'un revêtement de charpente. Dans les terres compactes, on peut s'en dispenser.

Au nord de la glacière, on pratiquera un vestibule de 6 ou 8 pieds (2,50) de long sur 4 (1,30) de largeur. Ce vestibule aura deux portes, l'une extérieure, et l'autre intérieure communiquant avec la glacière. C'est dans ce vestibule que l'on conserve les provisions pendant l'été.

On couvre le dessus de la glacière en paille attachée sur une charpente élevée en pyramide, de manière que le bas de cette couverture descende jusqu'à terre.

Enfin, on a l'attention d'éloigner les eaux pluviales de la glacière, en les détournant par des rigoles convenablement disposées.

Lorsqu'on ne craint pas la dépense, on voûte le dessus de la glacière; elle en devient meilleure. On peut alors, au lieu de surmonter la voûte de la couverture en paille, recouvrir extérieurement la maçonnerie d'un corroi de glaise bien battue, et d'un lit de terre végétale pour la conserver. Alors il est bon de l'environner de plantations; et dans ce cas, cette espèce de moundrain, couvert de mousses et de petits arbustes, apparaissant au milieu d'un bois, forme une véritable fabrique pour des jardins paysagers.

Dans la *pl.* XLIX se trouve, *fig.* 6, le plan d'une glacière construite d'après ces données, et, *fig.* 7, la coupe de la même glacière. A en est l'excavation, B la tour supérieure, C le puits, D le vestibule. On voit que ce système, adopté en général en Europe, consiste à intercepter tout accès à l'air extérieur.

Au contraire, le système des glacières américaines est d'y introduire habituellement un courant d'air frais. L'expérience a prouvé que cette méthode peut également réussir : elle a même l'avantage d'exiger moins de capacité. Ainsi, dans une glacière européenne, on ne peut guère conserver la glace à moins qu'elle ne renferme 1,400 pieds cubes (48 mètres cubes) de glace : dans la glacière américaine, on peut se contenter de 3 à 400 pieds (10 à 14 mètres cubes). La nature du terrain, l'exposition sont ici moins exigeants ; la dépense n'est pas plus grande. M. de Volney a fait connaître les détails de cette construction, tels que M. Bordley les a établis.

D'après ce nouveau procédé, même planche, dont la *fig.* 8 est le plan, et la *fig.* 9 la coupe verticale, un espace carré, en partie enfoncé dans la terre, reçoit une cage de charpente A, dont le bâti de quatre (0,11) à cinq pouces (0,13) d'équarrissage, dont les bouts de chevrons forment les barres intermédiaires et qui est isolée des côtés *f*. Elle peut être de forme quarrée; elle est placée sur un grillage en bois reposant sur deux patins qui l'isolent et la séparent du puits *c* par des fagots, par des bourrées, et mieux par de la paille nette, bien sèche et bien foulée. Le mur a dix ou douze pouces d'épaisseur (0,27 à 0,32) et six à sept pieds (2,00 à 2,25) de hauteur. Le comble B est à l'ordinaire et présente deux évents *e e* qui peuvent être formés par deux vieux tonneaux défoncés et percés de trous, contenus dans le faîtage et couverts d'un chaperon de paille. On y place au-devant de cette glacière, comme à l'autre, un vestibule D, sous lequel un garde-manger est suspendu ; et la façade, représentée *fig.* 10, peut former aussi une sorte de fabrique de jardin.

Pour remplir la glacière, on choisit un temps sec et froid. On en couvre le fond et les côtés avec de la paille à mesure qu'on y transporte la glace, de manière que celle-ci ne soit jamais en contact immédiat avec les parois. On y met la glace par lits bien battus à coups de maillet, en y jetant un peu d'eau de temps en temps pour n'en faire qu'un corps. Quand la glacière est remplie, on recouvre la masse avec de la paille, et on la surcharge de planches assujetties avec de grosses pierres.

On remplit aussi les glacières avec de la neige, dont on forme des pelotes que l'on bat, et que l'on presse autant que possible. Si la neige a de la difficulté à faire corps, ce qui arrive quand le froid est grand, on la fait prendre en y jetant un peu d'eau. D'ailleurs, on la traite comme nous venons de le dire pour la glace.

Lorsqu'on n'a pas de glacière, on fait de la glace artificielle avec les mélanges frigorifiques indiqués dans l'article *Cuisine*, page 205.

XXVIII. Garde-piles, Granges et Gerbiers.

Dans les pays septentrionaux, où l'on renferme les grains en paille, il est nécessaire que les *granges* soient vastes et d'une construction soignée. Vastes, afin d'avoir l'espace nécessaire pour y battre les grains et y enfermer les balles et les pailles; d'une construction soignée, afin d'y mettre, autant que possible, les grains à l'abri des ravages de leurs nombreux ennemis. Mais dans nos climats, où l'on bat en plein air, ces granges sont inutiles, et nous appliquons à la construction des greniers la plupart des principes et des précautions qu'ailleurs on suit pour elles : ces granges mêmes ne sont pas connues, et l'on donne ce nom aux magasins à fourrages dont nous parlerons plus bas.

Les *gerbiers* ou meules de grains doivent aussi être plus soignés dans le Nord que sous notre latitude, et les paysans les construisent en général assez passablement pour leur durée éphémère. Leur emplacement varie; mais il doit toujours être à portée de l'aire; ils doivent toujours être entamés du côté de l'exposition la moins exposée à la pluie, car, malgré la beauté et la sécheresse ordinaire de notre température lors de la récolte, dans les mois de juillet et d'août, il arrive trop fréquemment que les pluies, si constamment orageuses, et quelquefois abondantes de nos contrées, compromettent cette récolte, traversent les gerbiers et font germer les grains: on est forcé alors de les démolir rapidement; ce qui occasionne de grandes pertes: aussi les propriétaires riches et soigneux ont des hangars pour les renfermer, et même renfermer ainsi les pailles. Ce sont les constructions dont nous parlons au mot *hangar*, et qui se retrouvent dans la plupart de nos plans de maisons rurales, *pl.* XII, XXVIII, XXXI, XXXII, XXXIII, XXXIV.

On peut néanmoins user avec avantage des *gerbiers fixes à toit mobile*, de M. de Perthuis, qui peuvent aussi servir pour couvrir les meules à fourrages. Ce gerbier s'élève sur un massif de maçonnerie (si l'on ne se contente du soutrait et de l'évent indiqué pour les meules), et il est représenté, *pl.* LII, par la fig. 11, qui en est le plan, et la fig. 12, qui en donne l'élévation. Nous proposons la forme circulaire, comme la plus solide; mais elle pourrait être remplacée par toute autre. Ce massif doit être d'un diamètre relatif aux exigences locales; soit ici, D D, de 18 pieds (6^m), et d'une hauteur d'un pied (0,32) environ. A l'extrémité de chaque diamètre, on place quatre poteaux AAAA, lesquels, lorsque la localité est sujette à des vents violents, ne doivent guère avoir plus de 24 pieds (8^m) de hauteur. Ainsi, l'espace compris entre les soutiens de ce petit édifice sera de 5,832 pieds cubes (200 m. c.). Un solin, B B, couronne le pourtour de la maçonnerie; il aura dix à douze pouces (0,27 à 0,32) d'écarrissage, et les poteaux de neuf à dix (0,24 à 0,27). Ces poteaux et le solin seront assemblés à tenons et mortaises, et fortement chevillés; de plus, on les réunit par de petites contrefiches E E, tant dans l'intérieur que latéralement. Sur le haut une croix de charpente FF, de dimensions semblables à celles des poteaux, réunit l'extrémité supérieure de ceux-ci, lesquels renforcés, dans le bas, par les contrefiches L L, le sont, dans le haut, par des esseliers semblables G G. Ainsi, à l'exception du solin, qui, à la rigueur, peut ne pas être répété dans le haut, cette charpente est la reproduction de la charpente inférieure.

Au centre de la charpente supérieure on pratique un trou suffisant pour passer la corde qui tient suspendu le toit mobile H, au moyen d'un anneau J, et que l'on peut hausser ou baisser par des poulies KK. Ce toit est construit en bois léger, couvert en petits bardeaux ou d'une toile imperméable. Cette couverture doit surplomber un peu le côté extérieur des poteaux, afin que son stillicide dépasse l'aplomb de la plate-forme. La corde qui le soutient devra se rouler sur le cylindre d'un cabestan portatif pour pouvoir le faire manœuvrer.

Si l'on voulait simplement faire porter le toit sur de forts boulons ou de fortes chevilles, on en placerait à hauteur égale en L L L, et l'on se dispenserait de la corde, du cabestan et des poulies. On pourrait même remplacer ce toit par une épaisse couverture de paille comprimée et enduite.

On voit à combien d'usages divers peut servir ce modèle.

Les métairies de nos contrées ont ordinairement, comme l'indiquent les figures des planches que nous venons de citer, une *garde-pile* ou *serre-pile*, qui est une véritable grange dans de petites dimensions. On y renferme le grain battu et mêlé avec ses balles avant le vannage ou le criblage, et, dans l'hiver, elle sert de remise et de magasin. Ses dimensions sont celles qu'exige l'étendue de l'exploitation; son aire est en terre battue et moyennement glaiseuse; elle doit être crépie intérieurement; sa porte charretière sera à deux ventaux et 7 à 8 pieds (de 2,27 à 2,70) de largeur, afin que l'on puisse, s'il est nécessaire, y enfermer une voiture. Mais si cette garde-pile ne sert absolument que pour le blé, sa largeur sera suffisante à 6 pieds (1,95), et celle de la porte à 3 ou 4 pieds (1,00 à 1,30). Cette garde-pile alors sera d'une hauteur suffisante à 7 pieds (2,27); dans le cas contraire, le plancher devra avoir de 9 à 10 pieds d'élévation (3,00 à 3,25); plancher qu'il vaut mieux construire en briques, ainsi que nous l'avons décrit, page 94; mais, dans ce cas, on rapprochera les solives à 10 pouces (0, 27) de milieu en milieu, ou d'une largeur de briques, pour rendre impossible l'introduction de maraudage intérieur. Du reste, la garde-pile sera plus saine si elle peut avoir une croisée qui l'aère, qui soit bien grillée et défendue, et sa porte fermée par une bonne serrure et un cadenas; si elle est à deux ventaux, le ventail dormant sera retenu par un arc-boutant en fer.

XXIX. Greniers a grains.

Puisque, dans nos climats, les blés sont battus immédiatement après la récolte, l'usage ordinaire est de placer les froments au rez-de chaussée; les avoines et mars doivent, au contraire, être sur un plancher. Le maïs ayant une constitution différente, et se recueillant souvent dans un temps pluvieux, demande une construction particulière. Nous allons donc traiter séparément, 1° des greniers à blé, 2° des greniers à avoine, 3° des greniers à maïs.

I. Greniers à blé.

Les seules précautions à prendre dans la construction de ces greniers, est de les mettre à l'abri de l'humidité environnante, et pour cela d'en élever l'aire d'un pied (0,32) au moins; de leur procurer un courant d'air suffisant, en les perçant de croisées au levant et surtout au nord; enfin d'en interdire l'accès aux oiseaux et aux rats, et pour y parvenir, on fermera toutes les ouvertures d'un grillage de fer à petites mailles, et on garnira le carrelage d'un rang de carreaux chanfreinés pour joindre hermétiquement le mur à l'aire du grenier.

Si le terrain sur lequel on construit était un tuf spongieux, qui fît craindre l'humidité ascendante, il suffirait de placer au-dessous du carrelage une couche de recoupes de pierre de trois à quatre pouces (0,08 à 0,10) d'épaisseur, pour le rendre suffisamment sec. Par ces moyens, le grenier se trouvera assez sain pour qu'on puisse y entasser les grains, même verts, à 3 pieds (1^m,00) d'épaisseur moyenne. Ainsi, un hectolitre de blé, ou 3 pieds cubes, occupera un pied carré (0^{mc},10) de superficie. Si on ne l'entassait qu'à 2 pieds 1/2 d'épaisseur, il en faudrait 1 pied 1/4 carré (0,12). On pourra ainsi calculer les dimensions de son grenier sur la plus belle récolte qu'on puisse espérer. On sent que tant que les blés sont frais, c'est-à-dire, pendant tout l'hiver qui suit leur récolte, il faut les remuer souvent, et par conséquent donner un peu d'aisance pour cette opération, surtout quand on enferme dans le même grenier des blés de diverses qualités. Ainsi, en calculant 2 pieds carrés (0,21) par hectolitre, on est à peu près certain d'avoir toute la capacité nécessaire.

Les blés réservés pour la semence et pour la consommation doivent être séparés de ceux destinés au commerce, et seront mieux placés dans les greniers à avoine dont nous allons parler.

Il faut, autant que possible, éloigner les ouvertures des greniers à blé, des eaux croupissantes, des fumiers et des dépôts d'immondices. Cependant, une chaussée de 6 à 8 pieds (2^m à 2 1/2) suffit pour empêcher les infiltrations, et l'élévation prescrite au-dessus du sol obvie à une grande partie des inconvénients de cette position.

Il est rigoureusement nécessaire que le grenier soit gardé, et cette condition doit être préférée aux autres, s'il est impossible de les satisfaire toutes à la fois. (Voyez *Silos*.)

II. Greniers à avoine.

Ces greniers doivent être construits à peu près d'après les mêmes principes que les précédents; mais, vu la plus grande facilité qu'a ce genre de récolte à fermenter, ils doivent être sur un étage supérieur. Le dessus des autres leur convient parfaitement, d'autant mieux, que, par ce moyen, on peut établir des trappes, qui, outre la communication immédiate qu'elles établissent entre les deux magasins, servent de ventouse à l'un et à l'autre.

Les planchers de ces greniers doivent être jointifs et languettés; ils peuvent servir en même temps pour serrer les autres mars, les légumes, les blés de semence et de consommation: le dessus des planchers en brique est aussi propre à cet usage.

III. Greniers à maïs.

Le maïs se recueille à la fin de l'automne. Il est nécessaire qu'il reste attaché à sa fusée jusques au moment de sa vente ou de sa consommation; il est très-sujet à la moisissure, à l'échauffement; il exige par conséquent beaucoup d'air, et surtout d'air ambiant. On le renferme le plus souvent dans des greniers semblables aux précédents; mais il faut alors que les fenêtres soient plus multipliées, soient percées en regard les unes des autres, et soient ouvertes jusques au niveau des planchers. Alors encore faut-il ne pas entasser les maïs à plus de 25 ou 30 pouces (0,80) d'épaisseur, et s'astreindre à les remuer de fond en comble avec un rateau, ou mieux à la main, de huit en huit jours d'abord, puis de quinze en quinze; opération coûteuse, minutieuse, et qui en égrène beaucoup.

Ces considérations ont fait préférer les *cages*. Ce sont des bâtiments carrés, isolés, s'il se peut, ayant des percés au moins sur deux ou trois faces. Ces percés consistent en de grandes croisées qui prennent à 3 pieds (1,00) au-dessus du sol, et occupent 2 pieds (0,65) au moins au-dessus du dernier plancher. La hauteur du bâtiment est divisée de 6 en 6 ou de 7 en 7 pieds (2,24) par des planchers lattés à claire-voie. De cette manière, le maïs est parfaitement aéré, on peut l'entasser autant que la force des planchers le permet; on n'a pas besoin de le remuer : il est à peu près exempt de la moisissure, et se dessèche rapidement et parfaitement. On ne met ordinairement au rez-de-chaussée, que l'on planchéie même si l'on veut, que le maïs de rebut. Quand on égrène le maïs des étages supérieurs, il passe de lui-même jusque dans le rez-de-chaussée, qui sert alors de chambre de livraison.

Les grandes croisées doivent avoir une largeur égale à la moitié ou au tiers de leur hauteur. Les trumeaux auront au plus une largeur égale à celle des croisées.

On ne doit rien négliger pour une bonne construction dans les murs de ces cages, qui, par les grands vides qui les percent, offrent par eux-mêmes moins de solidité. Il n'est pas même indifférent, quand le bâtiment excède 15 à 20 pieds (6,50) de hauteur, d'arrêter les poutres ou principales solives des planchers avec des clefs extérieures, qui ne fassent faire qu'un seul tout de la charpente et de la maçonnerie.

Lors de la récolte, un hectolitre de maïs, représenté par deux sachées en épis, exige trois pieds (0,32) carrés de surface sur 2 pieds (0,65) d'épaisseur et deux (5,20) seulement sur 3 pieds (1,00); de sorte que mille hectolitres de maïs vert dans un grenier à plancher exigeraient 3000 pieds carrés (316,56), et, dans une cage de 18 pieds (1,85) de hauteur, c'est-à-dire, de deux étages, non compris le rez-de-chaussée, 1,000 pieds carrés (105,52).

L'inspection des plans de la cage à maïs de notre maison de campagne achèvera de rendre sensible ce que nous disons ici.

On peut aussi, à bien moindres frais, se procurer des *cages* de charpente qui produisent le même résultat; mais il est indispensable de les établir dans une cour fermée, et dans laquelle la volaille ne puisse pénétrer. Ces cages doivent reposer sur des piliers en maçonnerie, élevés de 5 à 6 pieds (1,75) au-dessus du sol. Sur ces piliers se placent horizontalement des poutres et solives, de manière à établir un fort plancher ; et au lieu de planches jointives, l'aire en est composée de liteaux de bois dur, d'un pouce en carré, espacés tant plein que vide. Les côtés de la cage sont formés de poteaux, assemblés haut et bas dans des sablières, et de 5 en 5 pieds (1,62) de hauteur, entretenus par des entretoises ou des cours de liernes pour les consolider. L'intervalle entre les poteaux est aussi remplacé par un grillage semblable à celui du plancher de la cage. Cette construction est terminée par un toit ordinaire, dont les égouts doivent être pendants, de manière à préserver la base de la cage des effets de la pluie.

Comme elle vient ordinairement dans nos climats du S. O. et de l'O., si on a un ou deux murs de bâtiment qui puissent abriter la cage de ces côtés-là, il sera bon de l'y appuyer. Mais, dans ce cas, comme elle sera fermée des deux côtés, on remédiera au défaut du courant d'air par une ou plusieurs ventouses, consistant en cylindres ou parallélipipèdes aussi à claire-voie, communiquant du plancher au faîte de la cage. Le maïs se projettera dans la cage par le haut, et se retirera ou de la même manière, ou au moyen d'une ouverture pratiquée sur le côté du nord dans la partie inférieure.

Le maïs se conserve sans aucun entretien, et très-bien, dans une semblable cage. Pour 2,000 sachées, représentant 1,000 hectolitres à la récolte, il suffira qu'elle ait dans œuvre 25 pieds (8,12) de long sur 20 (6,50) de large, et 12 à 13 (4,20) de hauteur. Une semblable cage, construite en chêne, appuyée sur deux murs et sur piliers en brique et chaux, bien assemblée et soignée, munie de quatre ventouses et peinte à l'huile à trois couches, pourra coûter environ de 1,200 à 1,400 fr., construite à l'économie.

XXX. GRILLES D'ENTRÉE.

CES grilles doivent être extrêmement simples, soit en serrurerie, soit en menuiserie, et alors peintes à l'huile à trois ou quatre couches. Elles doivent être divisées par travées, par des montants dormants de même matière, ou des piliers de maçonnerie, qui doivent être préférés à la campagne, comme plus solides et plus conformes au style rustique. Ces piliers seront carrés, et d'une hauteur proportionnée à leur base et à la hauteur des grilles. En général, il ne faut pas qu'ils aient en hauteur moins de cinq fois, et plus de dix fois leur largeur. La plus grande hauteur des grilles ne doit point excéder l'origine du chapiteau des piliers; et les travées, à moins de circonstances particulières, ne doivent pas excéder 12 à 15 pieds (3,90 à 4,80) de largeur. On taille quelquefois les piliers de refend, et on les couronne de statues, de groupes et de vases. On trouve dans l'Introduction les autres principes relatifs à cette partie des édifices. Les ventaux des portes sont suspendus par des crapaudines dans le bas et des colliers dans le haut.

Quand, comme dans notre maison de campagne, on élève des pavillons aux extrémités des grilles, ces pavillons ne doivent point masquer le corps de logis principal.

Trois grilles de ce genre, soutenues par des piliers et construites à Mauremont, sont représentées dans la *pl*. LI. La *fig*. 3 est celle qui sert de grande entrée au parc; la *fig*. 4 est l'entrée sur la rue du village; le n° 5 est une barrière latérale.

La *fig*. 1 représente l'élévation, la *fig*. 2 le plan de la grande grille de la cour, soutenue par des faisceaux de lances au lieu de piliers.

XXXI. Hangars.

Un *hangar* ou *angar*, est une espèce de halle ou de remise destinée à serrer les récoltes ou les instruments d'agriculture. C'est une pièce absolument nécessaire à la campagne, et qui souvent évite de très-grandes pertes aux cultivateurs.

Un objet aussi utile a nécessairement divers genres de construction, selon les facultés du propriétaire.

Les cultivateurs du premier ordre font construire, dans la principale métairie qu'ils ont sous leurs yeux, des halles composées d'un ou de plusieurs murs percés d'arcades, excepté du côté d'où vient communément la pluie. Sur ces murs ils établissent leur charpente. C'est sans contredit le hangar le plus solide et le plus avantageux. La *pl*. XXXIV, *fig*. 5, représente un des deux hangars en voûte rampante qui accompagnent notre métairie de trois charrues.

Quand on ne veut pas se soumettre à la dépense des cintres et de la maçonnerie plus considérable que ces halles exigent, on y supplée par des piliers en maçonnerie d'environ 15 (0,38) à 20 (0,54) pouces en carré, dont les fondations ont deux pouces (0,65) de saillie en tout sens. Sur ces piliers, qu'on réunit par des sommiers, on établit la charpente de même que dans les autres. Ces hangars valent presque les premiers, quoique leur coup d'œil soit moins agréable.

Enfin, lorsqu'on veut construire un hangar à peu de frais, on fait les piliers en bois, d'après les dimensions et les principes que nous avons donnés sur les constructions en pans de bois. Ils reposent sur des dés de maçonnerie solidement fondés, et s'il se peut, on les encastre dans des pierres de taille qui terminent ces dés. On réunit ces piliers par des sommiers comme ceux de maçonnerie, et on établit leur charpente de la même manière.

Dans plusieurs de nos édifices ruraux, *pl*. V, VIII, XII, XXXII, on trouve des exemples de cette sorte de hangars ou d'appentis qui en tiennent lieu.

Les combles économiques cintrés pourraient être appliqués à ces trois sortes de hangars, quoique nous pensions que c'est sur les halles seulement qu'ils peuvent s'établir avec une grande solidité. Alors ces dernières ne seraient pas de beaucoup plus chères que les hangars de la seconde espèce, à cause des fermes de charpente qu'il faudrait employer et qui reposent sur les piliers.

La hauteur des hangars est absolument dépendante de la capacité dont on a besoin, et par conséquent des autres dimensions qu'on leur a données. Les entre-piliers, ou la largeur des arcades, doivent être au moins de dix pieds (3,25), afin qu'une charrette chargée puisse entrer sous le hangar. Il est bon, dans les arcades, d'employer le cintre plein ou tronqué, comme la forme la plus simple et la plus solide.

On peut, comme nos planches l'indiquent, remplacer les hangars en partie par un appentis appuyé sur un des deux murs de côtière des édifices ruraux; il n'y a alors des piliers que d'un côté. Le hangar a la largeur que peut permettre la portée des pièces de charpente nécessaires pour former les faîtes, les pannes et les plate-bandes. C'est de la même manière qu'on établit les hangars qui font suite à une construction.

Les gerbiers fixes à toit mobile, que nous avons décrits, page 214, pourraient aussi suppléer les hangars.

XXXII. Laiteries.

Les *laiteries* sont une des choses les plus utiles et les plus agréables qu'on puisse se procurer à la campagne, et dans les pays de fourrages une des plus profitables. On les construit ordinairement attenant l'habitation du fermier dans les pays de grande culture, ou dans les basse-cours des maisons de campagne. Dans les établissements somptueux, on fait de la laiterie un bâtiment particulier, ou une fabrique du parc.

Une bonne laiterie doit être tournée au nord, être un peu enfoncée en terre, et solidement voûtée, au au moins plafonnée. Ainsi une bonne cave est une excellente laiterie.

On éloignera la laiterie de tout ce qui pourrait lui donner de l'odeur, et surtout des dépôts d'immondices. Celle d'un simple particulier est suffisamment grande, étant de 8 à 10 pieds (5,25) ou 10 pouces (0,27) de diamètre; le fond supérieur fermant à tabatière, reçoit à son centre un trou dans lequel passe le manche de la *batte*, manche assez long pour que, touchant au fond de la baratte, on puisse en dehors le prendre à deux mains; la batte proprement dite est un disque en bois d'environ deux pouces (0,050) d'épaisseur, et dont le diamètre est un peu plus petit que celui de l'entrée de la baratte. On ne doit remplir en crème qu'environ la moitié de la baratte, dont on réchauffe l'intérieur avec de l'eau chaude qu'on y laisse huit ou dix minutes; le beurre se fait dans une heure à une heure et demie, suivant la qualité de la crème et la température.

Pour se dispenser du mouvement direct à la main, qui est très-fatigant et souvent impossible lorsque la baratte est très-grande, on s'aide, pour imprimer le mouvement, de balancier à manivelle, garni d'un volant, d'une roue à tournebroche, etc.

La baratte du *Cotentin* est un tonneau gros et court, cerclé en fer ou en cuivre, qu'on fait tourner au moyen d'une ou deux manivelles sur ses tourillons placés au centre de ses fonds. Une bonde permet d'y introduire la crème et d'en retirer le beurre; une autre en laisse échapper le petit lait. En faisant tourner le tonneau sur lui-même trente à trente-cinq fois par minute, le beurre est fait dans dix-huit à vingt.

La baratte de l'*Anjou* est à peu près la même, mais là le tonneau est fixe et traversé par un axe qui porte des volants en bois.

La baratte à *balançoire* est une caisse à trois côtés, dont un est circulaire; les bouts ont des fonds parallèles; et sur la partie convexe on produit une oscillation au moyen soit de la main, soit par un mécanisme comme celui dont nous avons parlé plus haut.

Lorsqu'on a très-peu de crème, on se contente d'une carafe dans laquelle on agite la crème, ou d'un vase dans lequel on la fouette avec des brins d'osier.

Si on commerce en fromages, on aura de plus une autre pièce, dite *chambre aux fromages*, exposée au midi, garnie de tables et tablettes, ainsi que nous l'avons dit, et d'un poêle pour l'échauffer en cas de besoin.

Il serait superflu de recommander la plus minutieuse propreté dans la tenue d'une laiterie.

XXXIII. Lavoirs.

Nous avons déjà parlé, dans la première partie, des lavoirs publics; les lavoirs domestiques sont d'une construction plus recherchée et plus appropriée.

Quand on a une fontaine à sa disposition, et que l'on peut établir au-dessous de son perdant deux bassins, l'un au-dessus de l'autre, cette position amphithéâtrale est la plus avantageuse. Dans ce cas, le bassin supérieur sera celui d'*éclaircissement*, et l'inférieur, le *lavoir* proprement dit. Si l'on n'a qu'une eau plate, on aura soin de construire, en gradins, les bords ou au moins un des bords du bassin (qui sera divisé en deux parties), afin de pouvoir suivre les changements de niveau de l'eau. Dans l'un et dans l'autre cas, quand on voudra viser à une plus grande commodité, des appentis mettront les lavandières à couvert; et des arbres, qui environneront le lavoir, serviront à placer les cordes de sécherie.

XXXIV. Magasins et Meules de Fourrages et de Paille.

On profite ordinairement des granges ou *fenils* qui sont au-dessus des étables, des écuries, des gardes-piles, pour y enfermer le foin et les fourrages secs : s'ils ne sont pas suffisants, les meilleurs magasins sont les hangars dont nous avons parlé. Ces hangars sont même préférables aux fenils, en ce qu'étant aérés de toutes parts, les fourrages s'y conservent mieux ; mais il est essentiel de placer sous la meule un *soutrait* ou lit de sarments, de fagots ou de joncs. On calcule ordinairement qu'un quintal de foin occupe de 10 à 11 pieds cubes (0,37), et 9 pieds (0,308) quand le fourrage est bottelé et bien serré.

Quand enfin on n'a ni fenil suffisant ni hangars, on place au grand air et en meules les fourrages secs. Chaque canton a sa méthode, mais elles se ressemblent toutes. Une élévation bien perpendiculaire, un tassement uniforme sont indispensables; dans les pays sujets aux grands vents, on assujettit les meules avec des chevrons plantés perpendiculairement au centre de la meule.

Les pailles se conservent dans des meules semblables, et même exigent moins que les foins d'être à couvert, vu que la chaleur excessive qu'il fait ordinairement lors du battage enlève absolument toute l'humidité qu'elles renfermaient originairement. Quand la meule est couronnée (et son plan est ordinairement un parallélogramme), on l'assujettit par des cordes de paille qui portent des poids à leurs deux extrémités, et qui ceignent le faîte des *paillers* : c'est le nom que l'on donne à ces meules.

Depuis quelques années, on enduit la crête des paillers d'un mortier de terre franche, et on établit de la même manière un lambris horizontal de deux à 3 pieds de hauteur à son pourtour, et un lambris vertical qui en recouvre les angles. Cette méthode est excellente, et quand cet enduit est bien fait, les pailles se conservent mieux que dans les hangars, parce que les rats y causent moins de dommages.

Pour en revenir aux meules à foin, celles des Hollandais offrent une disposition si simple et si ingénieuse, que nous ne pouvons nous dispenser d'en donner une idée.

On trace d'équerre les deux diamètres qui partagent la base de la meule. On place sur les diamètres quatre pièces de bois d'un pied d'équarrissage, qui vont se réunir au centre sans se toucher. On forme avec des fagots les soutraits qui remplissent les quatre intervalles, entre ces pièces de bois, et qui doivent les recouvrir. On place au centre un cylindre d'osier creux, d'un pied de diamètre et de 6 à 8 de longueur, muni à son sommet d'une poignée transversale servant à le relever à mesure que la meule s'élève. Au milieu de cette poignée, et en dessous, est un crochet portant un fil à plomb pour le diriger bien verticalement ; au-dessus, un petit anneau où on place un cordeau pour régulariser la figure de la meule. Quand elle est à son élévation, on laisse le cylindre formant cheminée par le haut, on la couvre de paille, et on retire les pièces de bois placées sur les rayons. On voit que l'air, circulant toujours dans l'intérieur d'une pareille meule, ne lui permet pas de s'échauffer.

Si on ne pratique pas de courant d'air dans les meules, on peut imiter, des mêmes Hollandais, un moyen bien simple pour juger de leur état intérieur. Il consiste à enfoncer, et laisser dans la meule, une longue aiguille de fer, garnie d'un fil de laine à son extrémité intérieure. On la retire souvent. Tant que la laine est blanche, la meule est saine. Si elle jaunit, la meule fermente, et on est à temps de prévenir les accidents qui peuvent en résulter.

Ce que nous avons dit des gerbiers, page 213, peut s'appliquer aux meules de fourrages.

XXXV. Mares.

Une mare est un réservoir ou espèce de citerne découverte, qui s'alimente des eaux de pluie ou des dégorgements de quelque cours d'eau irrégulier.

L'eau d'une mare étant constamment exposée aux influences atmosphériques, est conséquemment plus saine pour les animaux que l'eau de puits ; mais elle est trop ordinairement sale et corrompue par les détritus animaux ou végétaux qui s'y consomment.

Puisque la plupart des fermes ont des mares pour remplacer les abreuvoirs, il faut leur appliquer une partie des principes que nous avons indiqués pour ces derniers : les battre en glaise, si le terrain ne conserve pas l'eau ; y conduire, soit par des rigoles, soit par des empierrements, soit par des fossés, les égouts des toits et les eaux de bonne qualité que l'on peut avoir à portée; y pratiquer une rampe douce pour la commodité des bestiaux; enfin, par un curage annuel, en rendre l'eau habituellement saine, en se procurant un excellent engrais.

Les mares entrent quelquefois dans l'aménagement des jardins.

XXXVI. Orangerie.

Il est maintenant peu de particuliers qui ne possèdent quelques orangers, quelques arbustes ou quelques plantes qui doivent être renfermés pendant l'hiver. Le climat des provinces méridionales exige seulement de leur faire passer à couvert quatre ou cinq mois; aussi le plus souvent se contente-t-on d'une remise fermée, d'une salle-basse ou autre décharge. Mais comme une orangerie *ad hoc* est ce qu'il y a de mieux, qu'elle est même indispensable pour une grande quantité de plantes, nous allons parler en peu de mots de sa construction. Nous ne parlerons pas des serres chaudes qui ne peuvent convenir qu'à des particuliers riches ou des jardiniers bien assortis, et qui pour l'ordinaire sont remplacées par des bâches et des châssis de maçonnerie dont nous avons parlé, pages 184 et 197.

La longueur d'une orangerie est indifférente; mais ses autres dimensions ne le sont pas : sa largeur est fixée d'après sa hauteur, dont elle doit être au moins la moitié, et les trois quarts au plus. Cette hauteur doit être proportionnée aux dimensions des arbres, et ne peut être au-dessous de 12 pieds (4,00).

L'orientement de l'orangerie n'est pas aussi strict qu'on pourrait le croire; elle peut être tournée au levant, au sud-est, au sud, et peut-être même au sud-ouest. En général, et dans nos climats, il faut surtout l'abriter des vents violents, ce qui n'est pas aisé.

L'orangerie doit être à l'abri de l'humidité, et pour cela, on l'exhaussera d'un pied au-dessus du terrain environnant. Les marches qui y monteront seront rampantes, afin que les chariots qui transporteront les caisses y arrivent avec facilité. Si on veut ne rien négliger, on fera circuler au pourtour un tuyau de poêle, qui servira rarement, mais qui pourra quelquefois être nécessaire.

L'orangerie sera voûtée en briques plates, ou couverte d'un plancher bien jointoyé et plafonné au-dessous. Si elle est surmontée par des appartements, son plancher ou sa voûte carrelés par-dessus lui suffisent : dans le cas contraire, on placera au-dessus de l'un ou de l'autre une couche de deux pieds de chaume ou de mousse bien tassés, pour la mettre à l'abri du froid et de l'humidité. On fera même bien, dans ce cas, de substituer des briques plate-bandes aux lattes du comble, pour intercepter tout passage à la neige. On pourrait même utiliser le dessus de l'orangerie, pour faire une grange à foin.

La porte de l'orangerie aura au moins 3 pieds (1^m) de large; ses croisées ouvriront à 2 pieds (0,65) au-dessus de son pavé. Toutes ces ouvertures s'élèveront jusques au plafond ou à la naissance de la voûte. Elles auront en largeur de la moitié au tiers de leur hauteur. Les trumeaux seront au plus de la largeur des croisées.

Si l'orangerie est appuyée sur des bâtiments, elle n'a besoin que de murs ordinaires; sinon, ses murs extérieurs auront 30 pouces (0,80) d'épaisseur. Ils seront bâtis à chaux. Le comble fera saillie sur les murs autres que celui de face, pour le préserver de l'humidité.

L'aire de l'orangerie sera en terre bien massivée; quelques personnes la carrèlent ou la pavent.

Les croisées seront garnies de châssis à vitre, dont les carreaux ne seront ni trop grands ni trop petits. Ces châssis seront brisés, afin de pouvoir se replier dans l'épaisseur des murs. Ils seront accompagnés de volets extérieurs brisés de la même manière. Quelques personnes placent intérieurement ces volets; mais des raisons de sûreté font préférer la première disposition.

On arrangera les arbres et les plantes suivant leur hauteur, et sur des gradins si elle est à peu près la même, de manière que les plus grands soient les plus éloignés. Le premier rang sera placé à 4 pieds (1,30) des croisées, et on conservera des passages derrière et au milieu même, si l'orangerie a plus de 12 à 15 pieds (4 à 5^m) de profondeur.

La *pl*. XXVII présentant la basse-cour de notre maison de campagne offre aussi une orangerie et une serre à fleurs. Il y a aussi une petite orangerie au château de Mauremont, mais subordonnée, dans sa façade, aux dimensions des appartements.

XXXVII. Paratonnerres.

Gray, physicien anglais, eut le premier le pressentiment que le feu de la foudre était le même que l'étincelle électrique; Francklin confirma cette opinion par ses travaux et ses observations, et il pensa qu'une verge isolée soutirerait sans éclat l'électricité des nuages : ce fut un français, Dalibard, habile botaniste, qui, le premier, établit dans les jardins de Marly-la-Ville, à six lieues de Paris, un appareil pour réaliser cette idée. Cet appareil fut à peine établi qu'un orage qui éclata dans ce lieu, le 10 mai 1752, justifia toutes ces prévisions. On vit, avec autant de surprise que d'admiration, le feu du tonnerre passer dans cet appareil et descendre sur la terre d'une manière graduée. Il n'y avait qu'un pas pour se servir de ce moyen pour préserver de la foudre les bâtiments. Ce fut Franklin qui imagina de surmonter ces édifices d'une haute pointe métallique qui les domine, et qui, soutirant la foudre, la fait descendre du haut en bas dans la terre humide par un conducteur. Les conditions principales de la construction de cet appareil, que l'on nomme *paratonnerre*, sont : 1° Que sa pointe dépasse toutes les parties de l'édifice sur lequel il est établi, d'une hauteur de douze à quinze pieds; 2° que toutes les pièces ou parties métalliques soient bien intimement liées et unies les unes avec les autres, afin de constituer un seul tout bien continu ; 3° enfin, que l'extrémité inférieure des barres de transmission qui forment le conducteur et qui descend du haut en bas de l'édifice, s'enfonce de cinq ou six pieds (1,65 à 2,00) dans le sol et jusques à la terre humide, ou aller se perdre dans l'eau. La pointe qui s'élève au-dessus du bâtiment doit être assez forte à sa base et assez solidement scellée pour résister aux vents les plus furieux; ordinairement on lui donne un pouce (0,32) en quarré; elle ne doit être conique qu'en partant du tiers de sa hauteur. Afin d'éviter que l'extrémité supérieure se rouille, on peut la faire en cuivre et on la dore : cette partie tient à la barre par un pas droit, et afin que l'eau ne s'y introduise pas on place un écrou au-dessus de ce pas. Si l'on n'a point de puits, de vivier ou autre réservoir d'eau pour recevoir l'extrémité du conducteur, et afin que la déperdition de l'électricité soit plus facile et plus rapide, on termine ce conducteur par une grosse masse de plomb que l'on enfouit en terre à une certaine profondeur, et qui, par l'étendue de son contact avec les parties environnantes, aide cette déperdition.

M. Beger, à Paris, en 1805, imagina un appareil aussi simple que peu dispendieux, qui peut être à volonté et alternativement à boule et à partie isolée ou non : ses communications avec le réservoir commun sont bien établies quoique non apparentes.

M. Regnier, en 1808, présenta au Ministre de la guerre le projet d'un paratonnerre, propre à être placé sur les magasins à poudre, dont le conducteur est formé d'une corde métallique en fil de fer, enduite d'une forte peinture à l'huile et de vernis gras. Ce conducteur, encore plus que les autres, demande une vérification annuelle ; mais plus il est isolé du bâtiment, mieux il se prête aux sinuosités nécessaires à la conduite du fluide électrique, et est moins exposé aux accidents de rupture et de solution de continuité.

Enfin, M. Billaud, ingénieur-mécanicien de la marine, qui s'est beaucoup occupé des paratonnerres, a prescrit les règles suivantes : 1° Il ne faut pas faire passer dans l'intérieur de l'édifice une portion de la barre de fer, ce qui pourrait déterminer la foudre à se porter sur le bâtiment; 2° le conducteur doit être sans solution de continuité, et, pour cela, on rassemble ses parties à l'aide de boutons à vis qui les tiennent contiguës ; il les aime mieux en barres qu'en cordes métalliques ; 3° il serait nécessaire de visiter annuellement les paratonnerres pour s'assurer de l'état des conducteurs et que la pointe n'est pas émoussée ; 4° quand il y a sur le même édifice plusieurs paratonnerres, il faut multiplier les conducteurs, et non les faire coïncider en un seul, parce que la foudre demande à être éconduite par la voie la plus courte. C'est par le moyen des crampons que les conducteurs sont fixés à l'édifice.

Nous sommes entrés dans ces détails, parce que si l'emploi des paratonnerres peut être souvent avantageux, ils exigent, pour inspirer de la confiance, un parfait établissement et une grande surveillance. Il nous semble douteux, qu'à moins de position et de circonstances locales particulières, ils soient nécessaires dans les édifices ruraux. Voici le dessin de celui dont Vitry a enrichi son *Propriétaire architecte*.

La tige du paratonnerre est une barre de fer conique AB, *pl.* LII, *fig.* 18, de 12 à 15 pieds (4 à 5 mètres) de longueur pour les édifices de moyenne grandeur et de 12 à 18 lignes (0,027 ou 0,040) en diamètre ou de côté ; mais pour empêcher l'oxydation, on y soude une tige de platine ou de cuivre CB, de 15 à 18 lignes (de 0,040 à 0,050) de longueur, qu'on adapte et qu'on fortifie par un petit manchon C, *fig.* 19 : au bas de la tige on soude une embase D pour empêcher l'eau de pluie de s'infiltrer dans le bâtiment ; immédiatement au dessus, de l'embase est un collier F qui reçoit le conducteur. On scelle la tige du paratonnerre sur le faîte du comble, au moyen de pattes en fer, et d'un trou dans lequel on fait passer cette tige. Quelquefois on décore les tiges de girouettes, comme l'indique la *fig.* 18; cette girouette, en forme de flèche, mobile sur des galets pour rendre le mouvement plus doux, fait connaître la direction du vent au moyen des lignes fixes orientées, N., S., E., O. Quant au conducteur, on le forme ou d'une barre de fer de 5 à 7 lignes (0,011 à 0,016) en quarré, ou d'une chaîne métallique qui, arrivée à la surface du sol, se réunit à une barre de fer de 4 à 5 lign. (0,010 à 0,013) de diamètre, enfoncée dans l'eau ou dans un lieu humide. Comme le conducteur ne peut être d'une seule pièce, on réunit plusieurs barres; des crampons N les joignent, et elles sont soutenues en M, *fig.* 20, au dessus du toit ou des murs. Arrivé à la surface du sol, le conducteur doit s'enfoncer dans l'eau, ou enveloppé d'une masse de plomb, dans un trou de 6 à 7 pieds (2m ou 2,25) de profondeur : quelques personnes, pour plus de précaution, vont jusqu'à 12 à 15 pieds (4 à 5m).

Pour empêcher la rouille d'oxyder le conducteur, on le fait courir dans un auget de bois, rempli de poussier de charbon rougi au feu, ou dans un cylindre de plomb ; et pour faciliter l'écoulement de la foudre, on termine le conducteur par deux ou trois branches ou racines qui, dans l'eau, doivent être immergées au moins de deux pieds (0,65) au-dessous du plus bas étiage.

XXXVIII. Perrons et Escaliers extérieurs.

Les *perrons* ou *escaliers extérieurs* suivent en général les règles données pour les escaliers intérieurs ; mais souvent, pour plus d'élégance ou pour éviter de les faire trop saillants, on en élève les marches jusqu'à 7 (0,19) et quelquefois 8 pouces (0,22), ce qui les rend fatigants, d'autant qu'on ne peut guère diminuer leur giron au dessous d'un pied. Les plus belles ont 6° (0,16) de hauteur et 14 (0,57) de giron, qui se réduisent à 13 (0,35) à cause de la saillie du boudin dont on les profile ordinairement. La dernière marche doit être au niveau de la porte, et souvent on lui donne 2 (0,65), 3 (0,97) ou 4 pieds (1,30) de largeur, pour en faire une espèce de palier.

Les perrons sont carrés, demi-circulaires, elliptiques, enfin, suivent toutes les figures du mur auquel ils sont adossés. La première forme est sans contredit la plus commode, la plus belle et la plus simple. Ils doivent être assis sur un massif de maçonnerie pleine, ou sur une voûte rampante. Ils doivent généralement être construits en pierre de taille dure. Dans les cantons où l'on ne peut en avoir, on la supplée avec de la brique bien cuite, posée de champ et maçonnée en ciment ; mais dans ce cas même, quand les perrons sont carrés, on doit placer de bonnes pierres aux angles des marches. Le palier doit être pavé en pierres ou briques de champ, maçonnées à ciment ; et un léger bombement, tant dans son niveau que dans celui du giron des marches, doit faciliter l'écoulement des eaux pluviales.

La *pl.* LI, *fig.* 6, donne l'élévation, et la *fig.* 7, le plan du perron qui descend du rez-de-chaussée du château de Mauremont sur le parterre. Il est en pierre ; les marches, supportées par un cintre en maçonnerie, sont profilées sur le retour, et sont accompagnées d'un balcon en fer.

XXXIX. Plastique.

On donne, en général, le nom de *plastique* à toute substance molle et épaisse, susceptible, en séchant, de recevoir une forme déterminée, de la conserver et même de se lier fortement aux corps qui la reçoivent. Ainsi, sous ce dernier rapport, les mortiers, les ciments, les stucs, les enduits, les mastics, sont des substances plastiques ; mais, sous les autres, c'est proprement l'art de modeler au moyen de pareilles substances, qui servent à imiter les ornements d'architecture dont nous avons parlé dans la section 18° de la 2° partie, p. 169, et qui les remplacent lorsqu'elles acquièrent, en séchant, assez de force, de ténacité et d'adhésion. Ainsi, le plâtre, le plâtre-ciment, quelques ciments particuliers, les céramiques, les pâtes moulées, le carton-pierre, sont des matériaux en plastique, et nous y renvoyons le lecteur. On a même, tout récemment, établi à Saint-Denis une fabrique de *carton-bois*, que nous ne connaissons pas encore, mais qui, selon toute apparence, n'est qu'un mode perfectionné de produire les pâtes moulées.

XL. Poêles en maçonnerie.

Les poêles ont, sur les cheminées, l'avantage de fumer moins, d'avoir un tirage plus fort et plus uniforme, et, par suite, de donner plus de chaleur, et, à cause du rétrécissement du tuyau, d'exiger moins d'air extérieur. En parlant des cheminées, nous avons légèrement indiqué leurs avantages et leurs inconvénients relatifs. On fait des poêles ronds, quarrés et rectangulaires. La première forme est, dit-on, préférable ; mais elle est aussi soumise aux exigences de l'architecture. La véritable place d'un poêle est au milieu de l'appartement, au moyen de tuyaux coudés. Dans les contrées tempérées comme la nôtre, on ne se sert guère de poêles que dans les cafés et les salles à manger ; ils sont au centre dans le premier cas, et latéraux dans le second : mais il est bon de ne pas les adosser à un mur ni de les placer dans une niche ; ce qui absorbe plus ou moins de calorique. L'épaisseur des parois des poêles ne doit pas être trop forte, car elle entraverait la reproduction de la chaleur. Les dimensions des poêles ont été fixées par Cointereaux à un douzième du côté de l'appartement, soit en longueur ou en diamètre. Cet auteur fixe l'épaisseur de leur paroi au sixième de la largeur du foyer.

Pour conserver, autant qu'il est possible, la chaleur du poêle dans l'appartement, il faut faire circuler la fumée, pour qu'elle ne sorte que refroidie par l'orifice extérieur. C'est encore un moyen d'appliquer à ces constructions la théorie des bouches de chaleur dont nous avons parlé en traitant des cheminées.

Les poêles sont, en général mobiles, quarrés ou ronds. On fait ces poêles en fonte ou tôle, comme les cheminées à la prussienne qui sont mixtes, les poêles de Desarnod, le poêle à fourneau et à four de Picart, et celui de Guyton de Morveau ; on en fait encore fixe en terre cuite, biscuit et faïence, comme le poêle fourneau de Harel, celui de Debret, le poêle cuisine-fourneau de Thilorier, destiné à la classe peu aisée.

Ce poêle a la forme d'un poêle ordinaire, avec un trou pour la marmite. La première face présente, au lieu de porte, une ouverture de toute la longueur de la face, et haute de vingt-deux pouces (0,60). Au devant de cette ouverture est une cuvette longue de huit pouces (0,20), et de la même largeur que le poêle. On garnit de braise l'ouverture du poêle, et on place tout à plat, dans la cuvette, du bois fendu ou tout autre combustible. Tandis que la marmite bout sur le poêle, le feu de la cuvette sert à faire bouillir des cafetières ou une casserole ; on peut aussi y placer un gril : un appareil dans lequel la cuvette serait mobile, formerait une cheminée à tiroir.

Mais tous ces poêles sont plus du ressort de l'industrie que de l'architecture, et nous en avons indiqué, dans la section de la poêlerie, les modèles le plus en usage. La cheminée-poêle de Désarnod a l'avantage de laisser voir le feu. Son système consiste à isoler le foyer au moyen de plaques qui laissent circuler dessous, derrière et sur les côtés, au moyen de plusieurs tuyaux intérieurs et perpendiculaires, l'air extérieur qui s'y réchauffe, et est ensuite introduit dans l'appartement par des bouches de chaleur. Si la longueur des tuyaux était assez grande pour que la fumée en sortît constamment au-dessous de 80 degrés, la chaleur utilisée équivaudrait à peu près aux neuf dixièmes de celle que produirait la combustion. Cette cheminée est en fonte ; celle de Bruines, qui lui ressemble beaucoup, est en terre cuite.

Mais Voyenne a construit en maçonnerie un poêle qui a servi de modèle à beaucoup d'autres. Dans ce système, nous nous bornerons à décrire celui de Guyton de Morveau et celui de Cointereaux.

Dans le poêle de Guyton de Morveau on a appliqué à cette nature de construction le principe des cheminées suédoises. Voici son système simplifié :

Ce poêle a 5 pieds (1,64) de hauteur : il serait aisé de le faire moins élevé, surtout si l'on supprimait les bouches de chaleur et tous ses accessoires. Dans la *pl.* XLVIII, la *fig.* 12 est le plan du poêle à sa fondation ; la *fig.* 13, le même plan, au niveau du foyer ; la *fig.* 14, le même plan, au niveau de la caisse de chaleur ; et la *fig.* 15 au niveau de l'étuve ; la *fig.* 16 est l'élévation extérieure du poêle ; la *fig.* 17 est la coupe sur la largeur, et la *fig.* 18, la même coupe sur la profondeur.

Ce poêle est construit en briques de champ ou à plat, maçonnées en plâtre ; il a 5 pieds (0,97) de largeur et 2 pieds (0,65) de profondeur : il repose sur un socle de 2 pouces (0,65) d'élévation ; ce qui lui donne à sa foundation, 3 pieds quatre pouces, ou quarante pouces (1,08) sur 2 pieds quatre pouces ou vingt-huit pouces (0,76).

Dans la *fig.* 12, A indique le massif des constructions, B les vides par lesquels entre l'air de l'appartement, que l'on pourrait même, par un soupirail et un tuyau au-dessous du carrelage, tirer de l'extérieur.

Ces plans sont à l'échelle de deux pouces par toise, reproduite au bas de la planche ; des lettres et des lettrines correspondantes indiquent les mêmes objets dans les sept figures.

Le foyer C est composé de quatre cloisons de briques de champ ou de plaques de fonte ; deux autres cloisons, *a,a,* placées de chaque côté, reçoivent par-dessous l'air qui circule entre elles au moyen d'une ouverture *c,* qui rejette cet air le long des parois extérieures F du poêle et de son tuyau K, au moyen d'un contre-cœur J. Cet air réchauffé se rend, des deux côtés, par des ouvertures *f, f,* dans une caisse G, d'où on le fait entrer dans l'appartement par des bouches de chaleur *e,e,* placées sur la face antérieure du poêle, et fermées par une patère en bronze. Au-dessus de cette caisse se trouve une étuve H, où l'on peut mettre des plats ou autres objets qu'on veut tenir à une température douce. La porte *g* de cette étuve, comme les bouches de chaleur *e*, *e*, et la porte du foyer *b,* se trouvent sur le devant du poêle.

On peut couronner cette construction par une corniche, et la faire surmonter, pour la décorer, d'un buste, d'un groupe ou d'une urne étrusque.

Dans le poêle de Cointereaux, représenté *pl.* L, *fig.* 1, 2, 3, 4, on voit dans le plan, *fig,* 1, la figure du socle du piédestal A B C D, servant de cendrier, afin de dispenser d'un ventilateur dans la porte du poêle. Ce cendrier a des ouvertures dans les côtés latéraux, et derrière une grande, F, pour extraire les cendres qui peuvent y tomber : il est fermé par-devant pour ne pas nuire à la décoration, et éviter le désagrément de voir les cendres refluer dans l'appartement. Le foyer intérieur, *fig.* 2, est arrondi dans la partie du fond, afin d'éviter de ce côté une trop grande déperdition de calorique. Le même foyer se voit dans la coupe *fig.* 3, avec les dimensions et la construction de sa voûte, dont les reins sont remplis de terre à four. Pour conserver, autant que possible, la chaleur du poêle dans l'appartement, il faut retenir la fumée pour qu'elle ne sorte que refroidie dans l'orifice extérieur. C'est encore un moyen pour appliquer à cette construction les bouches de chaleur remplacées par les soupapes H et I. On voit au-dessous F la grande ouverture du cendrier ; on voit aussi dans la coupe de la colonne les ressauts pratiqués dans le tuyau pour y retenir la fumée, et, conséquemment, le calorique, et, enfin, en G, la réunion dans le chapiteau des tuyaux de conduite. L'élévation, *fig.* 4, donne les proportions extérieures de ce poêle. Il représente une colonne sur son piédestal, et portant une urne enflammée pour couronnement de son chapiteau.

XLI. Portes et Barrières rurales.

Indépendamment des portes de différentes espèces dont nous avons parlé dans la seconde partie, il en est d'un autre genre bien importantes dans les bâtiments ruraux ; je veux parler des grandes portes charretières. On ne peut penser à les faire à grands frais comme les portes cochères, et cependant il faut obtenir la même solidité, puisque celles-là exigent au moins autant de portée que celles-ci, qu'elles sont exposées à autant d'accidents, et qu'elles sont toujours plus mal soignées, comme tout ce qui est confié aux mains des paysans.

Cette solidité ne peut être obtenue que par la construction et la ferrure.

Relativement à la construction, la charpente de chaque ventail doit consister en un cadre de bois dur, de 2° (0,054) d'épaisseur et de 5 à 6° (0,16) de largeur, divisé en deux parties égales dans sa hauteur par une traverse semblable, le tout bien solidement assemblé dans les angles. Ces bâtis seront remplis avec des planches de sapin de 15 à 18 (0,40) lignes d'épaisseur, assemblées à rainures et languettes, tant entre elles qu'avec les cadres. Pour éviter le gauchissement de ces planches, deux écharpes de bois dur les renforceront.

Relativement à la ferrure, comme le plus grave défaut de ces portes est de baisser le nez, une barre de fer plat, de 2 à 3 (0,006) lignes d'épaisseur et de 12 à 15 (0,30) de largeur, partira de l'angle supérieur de chaque battant, du côté des rives, et se terminera à l'angle inférieur du côté meneau. Cette barre sera placée du côté opposé aux écharpes, et sera fortement arrêtée, tant sur les cadres que sur ces mêmes écharpes, par cinq ou six chevilles à vis et à écrou. Six chevilles pareilles, placées à chaque assemblage du cadre, en maintiendront le bâti. Les battants joueront par en bas dans des crapaudins, et par en haut au moyen de tourillons ou de colliers en fer, lesquels seront à boulon si la baie est voûtée en dessus, afin que l'on puisse démonter la porte sans rien démolir.

Cette disposition, dont l'idée est due à M. de Perthuis, procure une très-grande solidité. Les portes de ferme, de basse-cour, de remise, seront ainsi convenablement établies.

On veut souvent fermer à peu de frais un champ, une vigne, un jardin, une cour; l'on emploie alors des barrières. La *fig.* 8, *pl.* L, représente une barrière soignée, à deux ventaux, soutenue par des piliers de maçonnerie; la *fig.* 9 une grande barrière simple avec des écheliers pour les gens à pied, et la *fig.* 10 une petite barrière. Les premières doivent se fermer à clef, et deviennent une porte convenable pour la cour ou l'avenue d'une petite maison de campagne; les deux autres, au lieu de piliers de maçonnerie, s'appuient sur des poteaux en bois, ou mieux deux arbres, auxquels les chevilles qui assujettissent la barrière ne nuisent pas absolument. Ces barrières se meuvent au moyen de crapaudines et colliers en bois; et quand on y adapte les écheliers, et que par conséquent elles ne doivent servir qu'à empêcher l'entrée des bestiaux, il suffit de les fermer au moyen d'un anneau de fer qui passe dans le poteau, et qui, en retombant, embrasse le montant de la barrière. Cette sorte de clôture est commune en Normandie, où elle est d'une grande durée.

XLII. Poulaillers.

Le luxe des propriétaires anglais s'est plu à se montrer dans cette partie très-essentielle des basses-cours; témoin le fameux poulailler du lord Penrhyn, disposé en colonnade, et dont la façade a 140 pieds de longueur. Mais nos lecteurs sentent aisément qu'il n'est pas ici question d'une construction semblable.

Un poulailler doit renfermer, 1° une ou plusieurs loges basses pour les oies et les canards d'élèves; 2° une chambre à mue; 3° une chambre à épinettes; 4° le poulailler proprement dit. Dans les grandes exploitations, on y joint le logement de la fille de cour.

Le poulailler de la basse-cour de notre maison de campagne, *pl.* XXVII, est composé de ces différentes pièces: elles sont au rez-de-chaussée, excepté le poulailler proprement dit, qui est placé au-dessus des toits à porcs.

La chambre à mue doit être chaude et obscure: on ne lui donne qu'une petite fenêtre garnie de bons volets.

Les épinettes, appelées aussi *galères*, sont trop connues pour avoir besoin d'en faire la description. M. de Perthuis préfère celles à deux rangs, comme contenant plus de volailles sans inconvénient. Leur

DÉTAILS PARTICULIERS.

largeur doit être de 6 à 7° (0,17), leur hauteur de 14 à 15 (0,40), et leur profondeur de 9 à 10 (0,25). On doit ménager une ouverture au fond de chaque case, au-dessous de la queue de l'animal, afin que ses ordures ne séjournent pas dans les épinettes. Elles seront supportées par de bons et solides tréteaux.

Dans le poulailler proprement dit, on doit observer de placer les juchoirs en avant des murs, afin de pouvoir circuler derrière, et que les poules puissent être dans leurs boulins ou nids sans être effarouchées par le vol de celles qui s'élancent sur ces juchoirs. Ces nids seront en osier, semblables à ceux des colombiers, et on les nettoiera encore plus souvent.

Les juchoirs sont faits de chevrons dont les angles supérieurs seront arrondis. Ils seront élevés sur des chevalets à la fois solides et mobiles, afin que l'on puisse les porter dehors pour les nettoyer. On les placera à 2 pieds (0,65) des nids, et les autres rangs, si on en admet plusieurs, à un pied les uns des autres.

XLIII. Puisards.

Un *puisard* est une petite fosse destinée à recevoir, pour laisser perdre dans les terres, les eaux de pluie, celles des égouts des cuisines, des laiteries, etc., quand on ne peut sans inconvénient les faire écouler naturellement en dehors des habitations, ce qui est bien préférable.

Quand un puisard ne reçoit que de l'eau de pluie, sa construction n'est pas difficile; ce n'est qu'une petite fosse revêtue d'une muraille de pierres sèches, surmontée d'une pierre ou d'une grille en fer, mobiles l'une et l'autre; mais quand ces fosses reçoivent les eaux des cuisines, des laiteries, etc., elles deviennent d'insupportables cloaques presqu'aussi infects que les fosses d'aisances.

Néanmoins, la cuvette de M. de Parcieux offre un moyen aussi sûr qu'économique d'éviter ce grave inconvénient.

La seule chose qu'il y eût à faire était d'empêcher l'introduction de l'odeur du puisard dans les bâtiments. M. de Parcieux y est parvenu en scellant dans le mur une cuvette en pierre dure, de 18° (0,50) de longueur, 12 (0,32) de large et 6 (0,16) de profondeur au milieu, le tout dans œuvre. Le côté de cette cuvette qui regarde en dehors et du côté du puisard est de deux pouces (0,05) plus bas que les trois autres côtés, c'est-à-dire qu'il n'a que 4° (0,11) de profondeur dans œuvre. La cuvette est divisée en deux parties inégales, séparées par une dalle de pierre dure encastrée dans ses deux côtés latéraux. Cette dalle a 3° (0,08) de hauteur, ce qui laisse au-dessous d'elle un vide de 3° pour la communication des deux parties de la cuvette. Quand cette dernière est placée, on maçonne le tout, de manière qu'il n'y ait d'autre communication avec l'air extérieur que par le vide au-dessous de la dalle.

Il est dès lors sensible que la partie intérieure de la cuvette ayant 6° de profondeur, sa partie extérieure 4°, et le dessous de la traverse 3°, il n'y aura aucune communication, puisque la cuvette intérieure doit toujours être pleine d'eau, et que se dégorgeant continuellement dans la cuvette extérieure, elle a un pouce d'eau de plus que cette dernière.

On peut suppléer cette cuvette en adaptant à un évier, par exemple, et dans un système semblable, un tuyau toujours rempli d'eau, et fermé par un bouchon en cuivre qui tient par une chaînette, et que l'on retire lorsqu'on veut vider l'évier. Ce moyen simple est suffisant; mais la précaution essentielle de placer ou de retirer soit le tuyau, soit le bouchon, demande un soin que négligent trop souvent les servantes de ce pays.

XLIV. Puits.

La considération préliminaire à la construction d'un puits, c'est d'avoir de l'eau. On ne peut préjuger d'en trouver que par des probabilités tirées de la nature elle-même, et des considérations suggérées par l'expérience et l'observation. Il en résulte,

1° Que dans un vallon, ou un lieu dominé par des hauteurs très-voisines, on est à peu près sûr de trouver de l'eau;

2° Qu'on peut aussi en trouver sur le penchant d'un coteau, au fond duquel il y a des sources visibles;

3° Que l'on trouvera fort difficilement de l'eau si on creuse dans une plaine très-éloignée des coteaux, et sur le penchant d'un coteau opposé à celui où se trouvent des sources visibles, ou qui n'en offre d'aucun côté.

Ces règles sont généralement justes; car il est des circonstances locales et des natures de terrain qui les modifient plus ou moins.

Mais il ne suffit pas d'avoir devers soi une forte probabilité de trouver de l'eau, il faut encore pouvoir évaluer, avec une certaine précision, la profondeur à donner au puits; car elle pourrait être telle, qu'une citerne fût plus avantageuse. Nous devons à M. de Perthuis une formule générale, et d'une exactitude suffisante pour la pratique.

Les eaux coulent ordinairement sous terre sur des bancs de glaise ou de roche de haut en bas; il est donc certain que si au fond d'un coteau il existe une source visible, ou qu'on en découvre une artificiellement, on sera assuré de rencontrer ce banc en creusant à mi-côte, et que dès lors on aura de l'eau.

Étant donc déterminé (*planche L, fig.* 11),

1° Le point B où l'on veut construire le puits ;
2° Une source visible ou une source découverte artificiellement en un point C ;
3° Un point intermédiaire fixé à volonté en D ; on veut connaître la profondeur B E à donner au puits.

Au moyen de deux opérations de niveau bien simples, on connaîtra facilement CG et CF, différences de hauteur des points B et D avec le point C, et par conséquent on connaîtra les lignes BG et DF, et leurs parallèles EK et HL.

Au point D, et avec une tarière de mineur, on mettra à découvert la source au point H, et on connaîtra alors la profondeur DH.

Ceci posé, il est sensible que la profondeur BE à donner au puits est égale à la différence CG du niveau des points B et C, moins la différence inconnue CK des deux points de source, ou que $BE = CG - CK$.

Pour trouver l'expression de BE ou GK, on observera que la hauteur CK, du point E au-dessus du point C, est, avec la distance EK de la source au point C, dans le même rapport que CL et LH, lignes semblables, sont avec le point H. On aura donc la proportion suivante : CK : EK :: CL : HL.

Substituant à EK et à HL leurs équivalentes connues BG et DF, on aura CK : BG :: CL : DF. Faisant une simple équation, on aura $CK = \frac{BG \times CL}{DF}$.

La valeur de CK trouvée, on la substituera à la première équation $BE = CG - CK$, qui donnera $BE = CG - \left(\frac{BG + CL}{DF}\right)$; et par conséquent la profondeur BE à donner au puits sera connue.

Appliquant cette formule à un exemple, et donnant des valeurs aux quantités connues, nous supposerons que,

EK ou BG = 400 pieds ;
LH ou DF = 40 pieds ;
CL = 2 pieds ;
CG = 40 pieds.

Alors substituant ces valeurs dans les formules, nous aurons pour la première, $CK = \frac{400 \times 2}{40} = \frac{800}{40} = 20$;

Pour la seconde, $BE = 40 - 20 = 20$.

Il faudra donc que le puits proposé dans cet exemple ait 20 pieds de profondeur.

La partie mécanique de la construction des puits est extrêmement simple. On les creuse ordinairement de forme circulaire ou elliptique. Si dans l'excavation on trouve le roc ou du tuf très-solide, et que ce fond soit jugé pouvoir supporter le poids de la maçonnerie, on laisse un relais de 12 à 15° (0,40) sur lequel on établit le revêtement ; sinon on creuse entièrement le puits, et on place au fond un rouet de charpente qu'on enfonce de niveau et le plus qu'il est possible à l'aide de la demoiselle ; on élève alors sur ce rouet la maçonnerie du puits.

Dans tous les cas, on donne à cette maçonnerie 2 pieds ou 2 pieds ¹/₂ d'élévation au-dessus du sol : cet exhaussement, appelé *margelle* ou *mardelle*, est terminé par une assise de pierres de taille ou de briques de champ, ce que les ouvriers appellent un *râtelier*.

Les puits dans les jardins reçoivent souvent à leur ouverture des formes recherchées et divers ornements. (*Voyez* Jardins.)

XLV. Remises.

Les remises sont des hangars couverts et fermés pour retirer les voitures. Elles doivent avoir 9 pieds (3ᵐ) de largeur, s'il n'y entre qu'une voiture, et 15 (5ᵐ) de profondeur ; si on en veut mettre deux de front, on leur donnera 15 pieds (5ᵐ) de largeur, de manière qu'une remise de 15 pieds en quarré pourra renfermer quatre voitures. Pour les voitures de luxe, berlines ou calèches, on y place des *guides* ou bâtis de charpente, en triangle isocèle, portés sur trois poteaux ; le bâti de tête a 15 pouces (0,40) de large, celui de la base de 5 pieds (1,60), est placé à 18° (0,60) du mur. Les poteaux de côté ont 8° (0,22) de hauteur ; ceux de base, 16° (0,45). La force des bâtis est indifférente, mais ils ne peuvent avoir moins de 6° (0,16). De petites bornes garantissent l'entrée des remises ; et la porte en charpente doit être à deux ventaux, faite en madriers de 18 lignes (0,40) d'épaisseur, emboîtés haut et bas, ou renforcés d'écharpes et de traverses.

XLVI. Ruchers.

Tous les climats sont susceptibles, avec plus ou moins de soins, de l'éducation des abeilles ; éducation peu coûteuse, et quelquefois très-considérable dans ses produits, si, comme le prétendent quelques voyageurs, il est des seigneurs polonais qui retirent jusqu'à cent mille francs de rente de ce genre d'industrie.

Quand on a beaucoup de ruches, on doit les réunir ; elles composent alors un *rucher*.

Le plus simple et sans contredit le meilleur est celui qui se place le long d'un mur. Alors, à une distance d'environ 3 pieds (1,00) de ce mur, on construit une banquette de 18° (0,50) de hauteur sur laquelle on place les ruches. On peut placer un second rang devant le premier et à la même distance, en observant de placer les ruches en échiquier. Rarement doit-on se permettre un troisième rang.

Si l'on veut plus de perfection, on construira sur le mur un hangar qui puisse couvrir et abriter les ruches ; on l'environnera d'une palissade à claire-voie, et on cultivera en fleurs et en arbustes une petite esplanade qu'on laissera devant le rucher.

Les différents auteurs prescrivent tour à tour toutes les expositions pour les ruches : on peut en conclure que les avantages et les inconvénients de chacune d'elles se balancent, ou du moins sont purement locaux. Chacun consultera sa commodité ou l'usage de son canton.

XLVII. Séchoirs.

Les séchoirs sont des appareils ou constructions destinés à faire évaporer l'eau surabondante dans certains objets. Les greniers ou magasins à grains sont de véritables séchoirs, surtout ceux destinés au maïs, qui a beaucoup d'humidité à perdre, et les cages surtout en sont d'excellents. Les séchoirs en plein air servent pour le linge, les draps, les teintures ; ils consistent en cordes de chanvre, de lin, de crin, d'osier, de paille. Les séchoirs couverts sont des hangars dont l'interstice des piliers est fermé par des persiennes grossières, faites avec des montants qui portent des traverses biaises dans le genre des abat-vent, et qui s'élargissent ou se resserrent par des tourillons qui se meuvent au moyen d'un arbre perpendiculaire. On remplace quelquefois ces persiennes par de simples claies ou par des châssis tendus de filets, de canevas ou de toiles métalliques. Le sol doit être battu en glaise, recouvert de mastic bitumineux ou d'un bon carrelage, comme les greniers. Le séchoir doit être fermé du côté de la pluie ; on peut laisser libres les ouvertures du côté du N., de l'E. et même du S.-E. Comme la construction des séchoirs proprement dits résulte de la constitution des matières qui doivent y être renfermées, le problème doit être résolu d'après ces données spéciales. Pour les séchoirs à la vapeur par contact, c'est une construction difficile et spéciale, dirigée aussi par des considérations du même genre.

XLVIII. Serre a fleurs.

La *serre à fleurs* est une construction solide qui forme une bâche à demeure. Un mur d'un pied de hauteur en occupe le devant ; le mur de derrière est suffisant de six pieds ; mais si l'on veut y cultiver des arbres et arbustes tropicaux, les dimensions en doivent être plus considérables : et cette serre devient une serre chaude, que nous ne pouvons conseiller. La longueur de la serre peut être indéfinie ; sa largeur, dans œuvre, doit être au moins de six pieds, traversée par un corridor qui reçoit le tuyau du calorifère qui entretient dans la serre la chaleur convenable, et qui sépare, l'une de l'autre, les fortes couches qui reçoivent les plantes. Les murs doivent avoir 15 à 20 pouces d'épaisseur, tant sur le devant et le derrière que sur les côtés. Mais, ainsi que dans les bâches et les châssis, un vitrage incliné réunit les deux murs principaux, et on les couvre au-dessus tantôt d'une natte pour augmenter la chaleur, tantôt d'une toile pour préserver les plantes du hâle lorsque le soleil devient trop ardent. Les principes développés pour les châssis, page 197, sont applicables aux serres, et celles-ci exigent, s'il est possible, un plus grand soin ; elles ne conviennent d'ailleurs qu'à un jardin très-soigné, et dont l'entretien est au-dessus de la fortune de la plupart des cultivateurs.

XLIX. Serre a légumes.

La *serre à légumes* est communément une cave ou une chambre au rez-de-chaussée, qui sert à renfermer pendant l'hiver les plantes ou racines potagères arrachées ou coupées lorsqu'elles craignent la gelée.

Cette serre doit être plafonnée, ou mieux voûtée, si le dessus n'est pas habité : elle doit être à proximité du logement du jardinier, qui la visitera souvent. Quoiqu'elle doive être à l'abri du froid, sa température doit être tenue seulement à 4 ou 6 degrés de Réaumur : à 10 degrés, les légumes germeraient.

Une double porte serait utile dans une serre à légumes, et une fenêtre au moins, à l'aspect du levant plutôt qu'à celui du midi, lui est nécessaire.

Les légumes doivent être placés dans du sable ou de la terre très-sèche. Les choux de toutes sortes, les chicorées, etc., doivent être placés debout et sans se toucher. Les racines à collet, comme betteraves, carottes, doivent être placées horizontalement, les feuilles en dehors et alternées avec du sable. Pour les pommes de terre, topinambours, etc., on les mettra en tas, par couches mélangées de sable.

C'est à chaque propriétaire à évaluer la grandeur qu'il doit donner à sa serre, relativement à sa consommation. Sa hauteur est suffisante à 6 ou 7 pieds (2 à 2,30) sous clef, et n'en doit pas excéder 9 (3ᵐ); on en trouve des exemples dans la *pl.* XII, *fig.* 5, et la *pl.* XXVII.

L. Silo.

Dans les temps de troubles civils, de guerres intestines, comme il était difficile de soustraire à l'investigation des ennemis les magasins où les provisions de grains étaient renfermées, on les accumulait dans des fosses creusées soit dans les maisons, les forteresses, les bastions, soit même dans les campagnes. Ces fosses étaient, en général, creusées dans une terre sèche et argileuse, dont on durcissait les parois en brûlant de la paille ou du menu bois dans le trou. On y plaçait le blé desséché, séparé de la paroi par un lit de paille placé à mesure : et, à deux pieds du niveau du sol, on recouvrait le tas d'une couche de paille, et on tassait de la terre par dessus, de manière à en écarter les eaux pluviales lorsque le silo était fermé. Le grain, ainsi privé d'air, se conserve en bon état, et quelquefois on en a trouvé de très-sain enfoui depuis des siècles. Nous avons trouvé plusieurs de ces silos dans quelques pièces du château de Mauremont, mais elles avaient été vidées. En Espagne, en Hongrie, on a l'habitude de conserver ainsi, dans des sols choisis, des quantités considérables de froment, et on donne le nom de *matamores* à ces immenses silos creusés quelquefois à 80 pieds de profondeur. Dans les premiers temps de la culture des terres vierges de la nouvelle Russie, et lorsqu'on manquait de magasins, on assure même qu'on se contentait de faire ces amas sur le sol sans le creuser, et que, lors des pluies, les bords du tas, à deux pouces de profondeur, après avoir été imbibés, formaient une croûte au-dessous de laquelle on retrouvait le reste du grain très-sain lorsque les bâtiments se présentaient pour le charger.

On a fait depuis, et on fait encore des silos où le grain se comporte très-bien, pourvu qu'il soit absolument privé d'air, et qu'on le retire totalement dès que ce silo est ouvert ; raison pour laquelle on n'en trouve qu'un certain nombre, et de médiocre capacité.

Mais comme dans les climats septentrionaux le blé renfermé dans les silos ne peut y rester dans un état d'immobilité, M. Philippe de Girard a imaginé de les pourvoir d'une ventilation applicable à des silos souterrains et à des silos en charpente placés au-dessus du sol.

M. Henri Huart, améliorant l'invention de M. de Girard, a construit un grenier en charpente, divisé en dix compartiments, où le grain, amené par un *élévateur* à godets et par un plan incliné, passe par un crible ventilateur, de manière à procurer un aérage énergique, le tout mis en mouvement par une machine à vapeur de la force de quatre chevaux, et agissant sur 10,000 hectolitres de grain. A la fin de 1834, un grenier de ce genre a été établi dans les magasins des subsistances militaires du quai Billy, et de la capacité de 20,000 hectolitres.

C'est ainsi que le système des silos méridionaux est remplacé dans les magasins du Nord.

LI. Store.

Le store est une espèce de rideau placé dans le haut d'une ouverture, qu'on descend verticalement, et qui se relève en se repliant sur lui-même. Un *cylindre* creux en bois est traversé dans sa longueur par un *axe* en fer, dont les extrémités portent sur deux *tourillons*; lesquels se meuvent sur deux supports. On le dispose horizontalement sur le haut de la croisée ; et l'étoffe du rideau étant enroulée sur le cylindre, on peut la descendre au degré voulu. Mais afin de pouvoir le remonter avec facilité, on place dans l'intérieur du cylindre, autour de l'axe central, un *ressort à boudin* en gros fil de fer ou de cuivre, qui ne frotte ni sur l'axe ni sur la paroi intérieure du cylindre. Ce ressort est fixé par un de ses bouts à l'axe, et par l'autre, à une *roue à rochet* vissée sur l'extrémité du cylindre ; et un *cliquet*, dont le manche est saillant au dehors, retient le cylindre dans toutes ses révolutions.

Les stores sont principalement employés pour servir de rideau aux fenêtres, pour celles des écuries, des voitures ; mais on les emploie aussi pour de doubles rideaux d'appartement. On les rend demi-transparents en employant la soie vernie ; on les fait en étoffe opaque, on les peint de figures et de dessins de différentes couleurs, quelquefois exécutées par des artistes distingués.

LII. Toits a porcs.

L'opinion dans laquelle on paraît être généralement que le cochon aime naturellement la malpropreté, pourrait être regardée comme la raison qui leur fait donner des cloaques pour logements, si ce pernicieux usage n'était général pour tous nos animaux domestiques ; mais le cochon, comme les autres, a besoin d'un logement sain et aéré, et toutes les fois qu'il le peut, cet animal s'écarte pour se vider. Il est d'ailleurs hors de doute que les ordures dans lesquelles on le fait croupir ne soient une cause première et principale des maladies auxquelles il est sujet.

En général, on se contente dans nos métairies d'une loge pour les cochons d'élève que l'on achète à 3 ou 4 mois, et que l'on revend à 15 ou 18; et dans nos maisons de campagne, de *loges*, *toits* ou *sous* pour les cochons à l'engrais. Mais quand on veut avoir des verrats et des truies portières, il faut que le logement de tous ces animaux soit distinct et absolument séparé; du reste, leur construction repose sur les mêmes principes.

Les loges des cochons à l'engrais doivent avoir au moins 6 pieds (2^m) de longueur sur 3 (1^m) de largeur; celles des verrats et des truies pleines, 8 pieds (2,60) sur 4 (1,30); celles des cochonnets doivent être proportionnées au nombre et à l'espèce qu'on élève.

Les loges doivent toutes avoir de 5 à 6 pieds de hauteur : le dessus peut être employé à divers usages, et sert communément de poulailler dans nos métairies.

Pour que ces toits soient bien conditionnés, il faut qu'ils soient revêtus dans leur pourtour de planches ou douves, afin que les cochons ne se frottent point contre les murs : s'ils sont assez spacieux, on remplace avantageusement cette précaution par un *grattoir* ou pièce de chêne de 3 à 4° d'équarrissage, placée perpendiculairement au milieu. Les auges ou baquets doivent être en pierre, et saillants en dehors et en dedans des murs, afin que les cochons puissent manger commodément, et qu'il soit facile de leur donner leur buvée sans entrer dans le toit.

Le mieux serait de faire communiquer les toits à une petite cour, où les cochons pourraient aller se vider et prendre l'air. La communication serait établie par une porte en *va et vient* qu'ils apprendraient bientôt à ouvrir en la poussant, et qui se refermerait d'elle-même en reprenant son aplomb.

On peut voir comment est distribuée la cour des porcs de la cour de ferme de notre maison de campagne, *pl.* XXVII. Il y en a d'ailleurs dans tous nos plans de maisons de cultivateurs, d'employés, de manouvriers et de métairies.

QUATRIÈME PARTIE.

CONNAISSANCES RELATIVES.

QUATRIÈME PARTIE.

CONNAISSANCES RELATIVES ET ACCESSOIRES A L'ARCHITECTURE RURALE.

Il est des objets qui, sans faire partie intégrante de l'Architecture, s'y rattachent d'une manière plus ou moins intime. Ce sont des travaux qui y tiennent, qui la complètent, qui contribuent à son développement, qui lui servent d'explication, de commentaire, et pour ainsi dire, d'achèvement. Ce sont, 1° les plans et dessins; 2° le toisé; 3° les restitutions, restaurations et réparations; 4° les chemins et communications rurales; 5° l'architecture légale; 6° les jardins; 7° les devis, marchés et évaluations. Nous croyons, sinon nécessaire, du moins d'une utilité réelle d'en entretenir le lecteur, et nous y joindrons deux exemples de devis estimatifs; l'un, dans la forme ordinaire, pour le cas d'un traité à passer avec un entrepreneur; l'autre, pour l'usage d'un propriétaire, qui, dirigeant lui-même ses constructions, veut connaître séparément les matériaux qu'il aura à fournir, ainsi que leur prix, et la main d'œuvre qu'il sera obligé de payer. La dernière section, dans son chapitre 5, celui des devis estimatifs, donne les détails de l'évaluation des divers ouvrages décrits dans la seconde partie de cet ouvrage; et ce chapitre, qui comprend aussi la terrasse, est divisé en autant d'articles répondant aux diverses sections de cette seconde partie, et qui leur servent d'annexes nécessaires.

SECTION PREMIÈRE.

DES PLANS ET DESSINS.

Le tracé de la figure des champs et celui de la figure des bâtiments, sont, pour une exploitation rurale, un des premiers documents qu'il faut à un cultivateur. Ces deux opérations sont confondues sous le terme générique de *levée des plans*, et le second surtout est le principe vital de l'architecture. Sans prétendre tracer des règles établies dès longtemps par des hommes spéciaux, nous nous bornerons à indiquer des moyens simples pour arriver à ce but, sans nous préoccuper des démonstrations géométriques, que tant d'autres ont exposées habilement; nous ne pourrions que les copier : mais nous n'oublions pas que notre modeste travail se borne à diriger ceux qui, cultivateurs comme nous-même, n'ont besoin que de règles simples et faciles à pratiquer, sans l'embarras d'instruments coûteux et de longs calculs. Nous parlerons donc succinctement, 1° de la levée des plans terriers ou *agrographie*; 2° de la levée des plans de bâtiments ou *ichnographie* : nous joindrons à chacune d'elles le tracé sur le papier ou la *cartographie*.

CHAPITRE PREMIER.

AGROGRAPHIE OU PLANS TERRIERS.

L'exécution du cadastre parcellaire dans toute la France a aujourd'hui singulièrement simplifié ce travail. Un cultivateur doit d'abord se procurer, à la direction des contributions, la copie du plan de ses propriétés, et le rectifier, s'il est besoin, en vérifiant, par l'usage du compas d'arpenteur, les côtés de la figure qui lui paraîtraient inexacts.

Si les champs, dont la figure est tracée sur le plan, avaient besoin d'être divisés d'après l'assolement qu'on a adopté ou les diverses cultures que ces champs doivent recevoir, et qu'on ne puisse ou ne veuille pas marquer cette division par des fossés, il suffira de le faire par des bornes en pierre ou en bois, ou mieux encore par la plantation d'arbres dont le port et le feuillage ne se confonde pas avec les autres plantations. Ici, dans nos terres fortes, on emploie avec avantage l'ypréau, qui est facilement distingué des autres arbres, qui vient partout plus ou moins bien, et qui, dans la suite, peut même être utilement exploité ; quelques arbres verts, des cognassiers et autres essences moins communes sont aussi propres à cet usage. Ordinairement il suffit de placer ces bornes sur les côtés latéraux à la distance exigée entre elles par la longueur du champ.

Mais s'il était nécessaire de lever le plan d'un domaine ou de partie d'un domaine, une simple planchette, avec une alidade en cuivre portant une échelle géométrique, et garnie soit de pinnules ordinaires, soit d'une lunette, serait suffisante. On choisirait, au milieu du champ, un point duquel on en puisse voir les extrémités, et on prendrait un point semblable sur le papier, dont on recouvrirait la planchette. A ce point, on fixerait une aiguille fine, à laquelle on ferait une tête en cire d'Espagne ; on placerait l'alidade du côté central, et on tirerait avec un crayon fin, en partant de l'aiguille, des lignes aboutissant à des jalons ou *voyans,* placés, à l'avance, à tous les angles du champ. On mesurerait avec le compas, ou mieux avec une chaîne d'arpenteur, la distance du pied de la planchette au jalon ; on prendrait sur l'échelle cette distance, qu'on porterait sur le papier, et on aurait ainsi le point fixe de l'angle, et des autres successivement ; en réunissant ensuite ces points, on aurait le périmètre du champ. Avant de quitter le point d'opération, on placerait un jalon sur le champ opposé, d'où l'on pourrait voir d'autres jalons qu'on placerait aux angles de ce second champ, et on opérerait de même jusqu'à la fin de l'opération. Dès lors on aurait le plan de l'entier terrain. Ce moyen n'exige que de la patience, du soin, un crayon très-fin et un compas. Il faut éviter de travailler avec un vent qui fasse mouvoir la planchette, et avec un temps de rosée ou d'humidité qui fasse gonfler le papier bien collé par ses bords. De cette manière on aura la figure des chemins et celle du périmètre des bâtiments qui pourraient exister. Un peu d'habitude rendra ce travail très-facile. Si l'on voulait orienter ce plan, on placerait sur une des plus grandes lignes de la planchette une petite boussole, et, par l'orientement de cette ligne on aurait celui de toutes les autres. Cette notion purement graphique serait très-suffisante pour la pratique.

Quand toutes ces lignes seraient tracées, on les mettrait à l'encre de la Chine délayée dans l'eau, on détacherait le papier, et le plan serait fait.

Pour avoir les surfaces, on diviserait au crayon chaque champ en quarrés, ou mieux en triangles, dont on prendrait les mesures sur l'échelle. Pour les quarrés on multiplierait un des côtés par l'autre ; pour les triangles, on multiplierait la base par la hauteur, et la moitié serait la surface du triangle. En additionnant toutes ces surfaces partielles, on aurait la surface entière du champ, et, par suite, celle de tout le plan.

L'échelle des alidades est ordinairement décimale ; elle a dix divisions horizontales, dix verticales perpendiculaires, et dix verticales inclinées pour les dernières sous-divisions ; aussi, en prenant avec le compas ces diverses divisions, on pourrait avoir d'un coup 111, d'une seule ouverture. Or, un mètre quarré est un centiare ; dix mètres quarrés sont dix centiares ou un déciare ; cent mètres quarrés ou dix déciares sont une are ; mille mètres quarrés sont dix ares ou un décare ; dix mille mètres quarrés ou dix décares sont un hectare ou un arpent métrique.

Mais comme il est assez ordinaire que les cultivateurs sont accoutumés dans leurs opérations à apprécier les surfaces par l'arpent dont l'usage est immémorial, voici les éléments des rapports réciproques du centiare, de l'are, du décare et de l'hectare avec l'arpent de Toulouse, de 576 perches, et celui de Lauraguais, de 600 perches, l'un et l'autre les plus en usage ; avec leurs divisions en quatre pugnères et la pugnère en huit boisseaux.

(N)   *Rapport réciproque des éléments de l'hectare avec les arpents de Toulouse et de Lauragais et leurs subdivisions.*

MESURE AGRAIRE.		Mètres quarrés.	Perche quarrée.	Toise quarrée.	Canne quarrée.
Arpent métrique.	Hectare......	10000	101,14	2632	3100
	Décare......	1000	10,11	263,2	310
	Are..........	100	1,01	26,32	31
	Centiare.....	1	0,10	0,26	0,31
Arpent de Toulouse.	Arpent......	56ᵃ,90ᶜ	576	1500	1765
	Pugnère.....	14ᵃ,21ᶜ	144	375	441
	Boisseau.....	1ᵃ,78ᶜ	18	47	55
	Perche quarrée	9ᶜ,90	1	2 2/3	5
Arpent de Lauragais.	Arpent......	59ᵃ,28ᶜ	600	1562	1858
	Pugnère.....	14ᵃ,82ᶜ	150	390	459
	Boisseau.....	1ᵃ,85ᶜ	18 3/4	49	57

Si la minute du plan enlevé de la planchette est salie, ce qui est ordinaire, on en fera facilement une copie exacte en plaçant au-dessous une feuille de papier blanc, et avec une aiguille fine, préparée comme celle qui a servi à diriger l'alidade, on piquera tous les angles : en les réunissant, la copie sera faite.

Pour la copie, comme pour le plan, on repassera les lignes tracées au crayon avec une plume fine ou un tire-ligne auquel on donnera la ténuité nécessaire, chargé d'encre de la Chine délayée dans l'eau.

S'il y a des cours d'eau, on les indiquera en y passant une teinte à l'eau en bleu (indigo ou outre-mer). Si l'on veut indiquer les natures de culture, les terres labourables peuvent l'être en brun jaunâtre (bistre); les prairies, en vert clair (vert de vessie); les friches ou pâtures, en vert bleuâtre (vert végétal); les vignobles, en rose (carmin faible); les bois, en gris (encre faible); les bâtiments, en rouge (carmin plus fort).

D'après cette instruction sommaire, mais à la rigueur suffisante, un compas ou une chaîne d'arpenteur, une planchette et son alidade, des crayons Conté, n° 3, deux canifs, des aiguilles fines, du papier de Hollande, un ou deux pinceaux, une plume fine, un tire-ligne, un bâton d'encre de la Chine, cinq pains de couleur, composent tout l'attirail nécessaire.

CHAPITRE II.

ICHNOGRAPHIE OU PLANS D'ARCHITECTURE.

Comme nous nous l'avons déjà dit (section de la Charpente, p. 81), un bâtiment, un édifice, n'étant pas une chose plane comme un terrain, a nécessairement plusieurs faces, et chaque côté en a une. Ainsi, on suppose que, dans le plan du rez-de-chaussée, le bâtiment n'est élevé qu'à une petite hauteur, où se voient tous les angles saillants et rentrants, les ouvertures, leur figure, les murs et leur épaisseur : il y a ainsi un plan pour chaque étage. Le plan particulier des planchers indique la largeur et la longueur de tous les bois qui le composent; et comme on ne voit que la surface supérieure, il peut quelquefois être nécessaire de faire un plan de la face inférieure, ou vu par dessous.

Dans la coupe ou le profil, on voit la hauteur des murs, celle des ouvertures, la hauteur des poutres, la hauteur et l'écartement des solives, la disposition des cloisons, la face des lambris, des plinthes et des cymaises, l'épaisseur des plafonds, etc. On sent que ces coupes peuvent être multipliées autant de fois que le plan secteur change de direction. Les combles, étant inclinés, ne peuvent donner la longueur des bois qu'en raccourci, et il faut supposer les pentes renversées pour en voir le développement. *Voyez* page 81.

Ainsi que nous l'avons dit, page 99, le plan supérieur des combles indique aussi leur forme, leurs noues, leurs arêtiers, leurs chevrons et empanons aussi en raccourci. Enfin, les élévations indiquent la hauteur, la largeur du bâtiment et de ses ouvertures; il peut donc y en avoir une pour chacune de ses faces.

Pour lever le plan d'un bâtiment, on se sert d'une règle, divisée d'après la mesure qu'on emploie, ou d'un cordeau, divisé aussi de la même manière.

Il faut prendre la longueur et la largeur de toutes les parties du bâtiment, de toutes les pièces qui le composent, et pour preuve, la diagonale d'un angle à l'autre; la largeur des ouvertures, leurs évasements et embrasures, la forme des cheminées, la hauteur, la figure et les dimensions des entablements, corniches, plinthes, cordons, filets, appuis, tables, celles des pièces de bois; enfin, les dimensions de toutes les parties saillantes ou rentrantes, la profondeur des fondations, caves et excavations; en un mot, les plans, coupes et élévations, doivent être la figure fidèle avec ses proportions exactes, de ce qui apparaît dans la forme de la section qui est adoptée.

On fait à la main un croquis ou une représentation de tout ce qui doit être porté sur le plan; on y cote avec soin toutes les mesures réelles; et dans le dessin rendu tous ces objets sont retracés avec les mesures proportionnelles d'après l'échelle qu'on a adoptée; et si ce dessin n'est qu'un projet, on cote en chiffres toutes les mesures pour s'épargner l'emploi habituel du compas, ce qui use le papier, et expose aux erreurs dans les petites mesures.

Ce dessin rendu peut recevoir des ombres; mais il est plus prompt et plus simple de ne laisser que les lignes; tout au plus peut-on laver en rouge l'intérieur des murs et les parties massives de maçonnerie.

Si c'est un plan de restauration, communément on lave en encre faible les parties qu'on doit conserver; en rouge, celles qu'on doit construire; en jaune, ce qui doit être démoli.

Il est sans doute loisible d'établir les échelles des dessins sur une mesure quelconque, souvent indiquée par la dimension de la feuille de papier que l'on emploie : cependant il est utile, pour la régularité du tracé des cartes et plans, de préférer des échelles géométriques proportionnelles avec les mesures réelles; on pourrait alors, si le dessin de cette échelle venait à s'égarer, le retrouver avec une toise ou un mètre. Ces échelles sont mieux, pour l'usage, tracées sur cuivre, bois ou vélin, et même, dans le premier cas, peuvent, dans leurs divisions, porter des trous très-fins, lesquelles permettent, en les piquant, de les reproduire plus exactement et sans fatiguer par le papier du dessin. Ces échelles doivent être comme celles que l'on trouve sur les alidades, et semblables aux échelles de modules, tracées dans la seconde planche du Traité des Ordres, introduction de cette troisième édition. Voici une notice des proportions de ces échelles graduées pour tous les dessins que l'on peut avoir à construire, dans leurs rapports exacts tant en mesures duodécimales que décimales.

(O) EXEMPLES D'ÉCHELLES GÉOMÉTRIQUES

	EN MESURES DUODÉCIMALES.	EN MESURES DÉCIMALES.

I. CARTES GÉOGRAPHIQUES ET TOPOGRAPHIQUES.

Universelles	1° Un pouce pour 100 lieues de 2000 toises (200,000 toises)....... 1 à 15,000,000		1° Un millimètre pour 2 myriamètres ou 20,000 mètres... 1 à 20,000,000	
	2° — pour 75 lieues (150,000 t.)...... — 10,800,000		2° — pour 1 myr. (10,000^m).— 10,000,000	
Générales	3° — pour 50 lieues (100,000 t.)...... — 7,500,000		3° — pour 7 kilom. (7,000^m). — 7,000,000	
	4° — pour 25 lieues (50,000 t.)...... — 3,750,000		4° — pour 5 kilom. (5,000^m).— 5,000,000	
	5° — pour 12 lieues (24,000 t.)...... — 1,728,000		5° — pour 2 kilom. (2,000^m).— 2,000,000	
	6° — pour 6 lieues (12,000 t.)...... — 864,000		6° — pour 1 kilom. (1,000^m).— 1,000,000	
Particulières	7° — pour 3 lieues (6,000 t.)...... — 432,000		7° — pour 5 hectom. (500^m). — 500,000	
	8° pour 1 lieue { de poste de 2000 t.; 28 1/4 au degré. 1 à 144,000 ; commune de 2283 t.; 25 au degré... 1 à 205,200 ; du midi de 5000 t.; 19 au degré.... 1 à 216,000 }		8° — pour 3 hectom. (300^m). — 300,000	
Développées	9° Un pouce pour 1000 toises................ 1 à 72,000		9° — pour hectom. (100^m)... — 100,000	
	10° — pour 500 toises................ — 36,000		10° — pour 5 décam. (50^m)... — 50,000	

II. PLANS TERRIERS ET CADASTRAUX.

Généraux....	11° Un pouce pour 144 t. (1' pour 12 t.)..... 1 à 10,368	11° Un millimètre par 10 mèt. 1 à 10,000	
D'assemblage	12° — pour 72 t. (ligne pour toise)..... — 5,184	12° — par 5 mètres...... — 5,000	
Parcellaire..	13° — pour 36 t. (1' pour 3 toises)..... — 2,592	13° — par 2 mèt. 1/2...... — 2,500	
Détaillé....	14° — pour 18 t. (2' pour 5 toises)..... — 1,296	14° — par 1 mèt. 1/4...... — 1,250	

III. PLANS D'ARCHITECTURE.

En masse...	15° Un pouce pour 12 t. (1' pour t.)............. 1 à 864	15° Un millimètre par mètre.. 1 à 1,000	
Généraux...	16° — pour 6 t. (2' pour t.)............. — 432	16° 2 — par mètre..... — 500	
Sous-direct^{rs}	17° — pour 3 t. (4' pour t.)............. — 216	17° 4 — par mètre..... — 250	
Directeurs	18° — pour 2 t. (6' pour t.)............. — 144	18° 5 — par mètre..... — 200	
Développés..	19° — pour 1 t. (2' par pied)............. — 72	19° 10 mmt. (1 cmt.) par mètre. — 100	

IV. DETAILS D'ARCHITECTURE ET D'INDUSTRIE.

En masse...	20° 2 pouces pour toise (4' pour pied)............ 1 à 36	20° 20 mmt. (2 cmt.) par mètre. 1 à 50	
Petits......	21° 4 — par toise (8' par pied)............ — 18	21° 40 — (4 cmt.) pour mètre. — 25	
Moyens.....	22° 6 — pour toise (12' pour pied)..... — 12	22° 100 — (1 dmt.) par mètre. — 10	
Grands.....	23° 12 — pour toise (2' par pied)............ — 6	23° 200 — (2 dmt.) par mètre. — 5	

SECTION SECONDE.

DU TOISÉ OU MÉTRAGE.

Tout toisé de bâtiment se fait à la mesure linéaire quarrée ou cube, au mètre quarré ou à la toise quarrée (3,80) de 36 pieds quarrés. Deux manières de le faire sont en usage ; le *toisé aux us et coutumes*, et le *toisé au bout avant*.

Le premier consiste à tout réduire à la toise de mur, de manière que les ouvrages plus difficiles comptent moins pour plus, c'est-à-dire, un, deux, trois pieds pour toise, etc., et les ouvrages moins considérables, au contraire, plus pour moins ; comme, par exemple, les corniches cintrées des frontons se comptent une fois et demi, ou une toise et demie pour une toise, et les renformis de vieux murs, à trois toises pour une.

Cette méthode exige un estimateur versé dans les usages : ces usages varient suivant les localités ; et les distinctions de *gros* et de *légers ouvrages*, *tête de mur*, *face et demi-face* qui s'y sont introduites, en augmentent encore la difficulté. Le gros volume de Bullet, le grand nombre de coutumes diverses, en sont une preuve. Heureusement qu'elle n'est point en usage dans nos provinces, ancien pays de droit écrit, ce qui nous dispense d'en parler.

Le *toisé au bout avant* consiste à faire un prix particulier pour chaque espèce d'ouvrage, comme gros murs, murs de refend, cloisons, planchers, etc., et à les évaluer à la mesure quarrée, tant plein que vide. Les ouvrages qui ont moins de hauteur que de longueur, comme les couronnements, les entablements considérables, se mesurent, soit à la toise quarrée, soit même à la toise courante : les moulures et petits ornements entrent dans le prix de l'ouvrage, et ne se toisent point à part : les ouvrages de menuiserie se font au pied, au mètre, ou à la pièce. Cela est si clair et si simple, qu'il ne peut y avoir aucune difficulté ; et s'il est vrai que cette méthode exige plus de détails dans le devis et les estimations, elle a l'immense avantage de ne donner lieu, dans son application, à aucune discussion raisonnable. On ajoute à cet état l'énoncé de la fixation des termes de payement et des époques de livraisons des travaux, et on suit la même marche pour arrêter les comptes définitifs lorsque les travaux sont exécutés et reçus.

Ce que nous dirons des devis achèvera de donner une idée juste de ce toisé et de ses accessoires.

SECTION TROISIÈME.

DES RESTITUTIONS, RESTAURATIONS ET RÉPARATIONS.

Ce sont les mots qu'on emploie en architecture pour désigner tout ouvrage par lequel, soit en théorie, soit en pratique, on cherche à rétablir un édifice dégradé, ruiné, ou dont on veut changer la destination.

Cependant on restreint ordinairement le mot de *restitution* aux études archéologiques, qui permettent de rétablir le plan primitif de l'édifice, au moyen des restes de construction encore existants, ou par le secours des documents que la mémoire ou le récit des écrivains peuvent fournir. On appelle *restauration* les travaux entrepris pour remettre à neuf, consolider, approprier ou terminer un bâtiment déjà vieux, dégradé ou incomplet, lequel, si cette restauration est bien faite, en reçoit une nouvelle vie, plus de solidité, plus d'agrément, et en devient plus propre aux usages auxquels il était destiné ou à ceux auxquels on veut désormais le consacrer. Ces travaux eux-mêmes sont ce que l'on nomme proprement *réparations*, qui ne sont que les détails de la restauration.

Comme il est rare que les restaurations soient aussi coûteuses que de nouvelles constructions, ce mode de renouvellement est surtout en usage dans l'architecture rurale ; mais il ne doit être employé qu'après de mûres réflexions, qu'après un examen attentif du bâtiment à restaurer, et après s'être rendu un compte exact des travaux nécessaires, du plan à suivre ; et s'être assuré que l'édifice réparé ne sera pas plus cher et vaudra mieux qu'une construction neuve.

Le travail préliminaire consiste dans l'examen minutieux et approfondi du bâtiment, à le comparer en esprit à la destination qu'il doit recevoir, à voir si l'état actuel de sa construction permet tous les travaux de consolidation qu'il exigera, à s'assurer des constructions neuves que demanderont son état présent de conservation ou de vétusté pour le compléter et le rendre suffisant, des parties qui sont superflues et que l'on devra détruire, etc. ; car ce n'est qu'après s'être rendu à soi-même un compte approximatif des dépenses, sans se rien dissimuler, qu'on peut se décider à réparer. On examinera ensuite le style de l'élévation ; car en restaurant ou réparant un édifice, on doit conserver ce style, et les nouvelles constructions doivent être dans le même genre. Si on voulait ajouter à l'édifice de nouvelles parties et d'un style différent, il serait sage de les isoler, ou du moins d'établir, entre ces deux constructions, une ligne de démarcation qui empêchât de les confondre dans la même pensée.

Après ces observations et ces études, on peut se livrer à la confection du plan. On lèvera avec soin celui du bâtiment existant, et on distinguera les parties qu'on veut conserver de celles qui doivent être détruites ; on distinguera de même les adjonctions que l'on veut y faire. Il sera utile, après le plan horizontal et les élévations, de dessiner des coupes et profils en assez grand nombre pour se rendre compte des surhaussements, tant extérieurs qu'intérieurs, et des raccordements qu'il sera nécessaire d'opérer. Un plan de restauration est souvent plus minutieux que le plan d'un édifice neuf.

Enfin, on passera à l'exécution : en suivant le plan arrêté, on commencera par raffermir par des substructions, des ravalements, des renformis, ce qui est défectueux ; on consolidera tout ce qui doit être conservé, ensuite on abattra ce qui est condamné ; dans le cas de démolition complète d'un mur en brique, on le renversera en entier en le buttant avec des engins ; cette méthode économique en conserve les matériaux ; enfin, on construira ce qui manque ou ce qui doit être ajouté. Si, comme il est ordinaire dans nos constructions rurales en briques, les murs sont unis et sans ornements, l'exécution des restaurations est simple, puisqu'une construction commune s'adapte parfaitement au thème déjà employé ; si, au contraire, il y a des corniches, des moulures, des sculptures, on les rétablira dans leur état primitif, et on donnera des dessins semblables aux parties neuves. En faisant les nouveaux percements, s'ils sont nombreux, il est mieux, dans les murs en brique, de les faire à la scie pour ne pas ébranler les murs, ou après qu'on les a tracés au ciseau, et enlevé la première assise, de délier les autres, une à une, sans employer la masse et le marteau : on aura soin, autant qu'il sera possible, de relier les nouvelles constructions aux anciennes, en joignant inégalement et sans suture perpendiculaire les tableaux des nouvelles ouvertures au mur qui doit les recevoir. Il est à désirer que, dans le plan de restauration, on conserve tout ce qui sera possible des anciennes constructions, et subordonner les nouvelles à celles-là. Il faut que l'amour-propre de l'architecte le cède à une sage et raisonnable économie ; et surtout à l'expression d'une pensée de décoration qui n'est pas la sienne, ni celle qui est à la mode dans le moment, mais qu'il doit suivre avec intelligence ; car il restaure et il n'édifie pas.

S'il y a des constructions nouvelles ou des adjonctions où il doive employer un autre style, il faut que ces constructions conservent, ainsi qu'on l'a dit, l'apparence d'un hors-d'œuvre, ou du moins que leur différence apparente soit tranchée, afin que l'on ne puisse trouver une bigarrure ou une confusion choquante dans l'élévation générale. Nous savons qu'il y a des édifices justement estimés, et que dans d'autres, remarquables par leur agencement pittoresque et fantastique, ces règles vulgaires et classiques ont été dédaignées ; mais, pour y réussir, il faut un génie artistique et une imagination féconde et originale, qui ne sont pas le partage de tous : à tous il n'est pas donné de construire le pavillon de M. d'Arlincourt, ou de restaurer les façades de la cour du Louvre.

La restauration ou réparation de la maçonnerie consiste à rétablir, s'il en est besoin, l'horizontalité et la perpendicularité des murs, c'est-à-dire, leur aplomb et leur niveau ; ce qui a lieu, en hachant les parties trop saillantes, et en chargeant les parties renfoncées avec des riblons à bain de ciment, en enlevant des briques dégradées dans les bandeaux des fenêtres et des portes, celles des cantonniers, en ayant soin de les faire entrer avec soin dans les parties de mur conservées ; de même les parties de briques dégradées et salpêtrées seront refaites en substruction ; les pierres en mauvais état seront remplacées, et le tout sera masqué par le même enduit. Des ouvrages semblables seront opérés dans les ouvrages de plâtrerie ; mais ici on devra souvent se résoudre à démolir et refaire à neuf les cloisons qui ont surplombé ; on renouvellera la couche des plafonds lézardés et fendillés.

Celle de la charpente consiste dans l'examen attentif des pièces de bois pour changer celles qui menacent ou se sont fortement bouclées, à raboter de nouveau celles qui peuvent encore servir, à sonder les assemblages, à les renouveler ou les consolider par des liens, des crampons, des coins et des boulons, surtout dans les escaliers ; à réparer les portes, leurs traverses et leurs écharpes, changer les chevrons gâtés ou leur ajuster des bouts bien consolidés, remettre les chevilles et les boulons qui manquent.

Celle de la menuiserie consiste à examiner les portes et croisées, les démonter s'il en est besoin pour les rejointoyer, et changer les petits bois des dernières, et les bâtis ou panneaux des autres s'ils sont défectueux ; en faire de même pour les parquets et planchers, et mettre en état toutes les ferrures.

Celle de la couverture se borne à opérer un remaniement à bout et changer les lattes et les chanlattes défectueuses, et renouveler les clous et chevilles faussés ou rouillés.

Des soins semblables seront donnés aux gros fers et à la serrurerie, aux grillages, aux treillages et autres objets de ce genre.

On repeindra les parties raccommodées ou renouvelées des menuiseries et des ferrures, des grillages, des treillages, et après avoir lavé les anciennes peintures, on passera sur le tout une nouvelle couche ainsi qu'une autre encaustique sur les parquets.

On renouvellera, s'il en est besoin, les papiers de tenture ; on lavera les glaces, on remplacera celles qui seront brisées, et on restaurera les cadres ; on remplacera et lavera les vitres.

En un mot, on remettra tout à neuf ; on cirera ou on vernira de nouveau les bois des meubles, et on terminera en donnant au bâtiment un nouveau badigeon.

Comme un exemple pourrait rendre plus sensible ce que nous avons dit en général sur la restauration générale d'un édifice, nous allons donner ici, non sans doute comme modèle, mais seulement comme exemple, l'histoire des restaurations et des changements qu'a éprouvés un bâtiment qui nous est bien connu, le château de Mauremont, dans le Haut-Lauraguais, près de Villefranche.

Ce château, antique manoir féodal, fut, à plusieurs reprises, détruit pendant les guerres civiles et religieuses auxquelles le Languedoc fut en proie. Cependant, une partie assez considérable était encore debout, lorsque, en 1524, on voulut le remplacer par un autre sur le même terrain. Ce nouveau bâtiment, construit dans les tourmentes, lorsque l'avenir pour tous était incertain, et par conséquent que les arts étaient retombés dans une sorte de confusion et de barbarie, fut bâti, avec une grande solidité, mais sans goût et sans ornementation quelconque. Quelques-unes des constructions de l'ancienne forteresse existaient encore ; cependant, en 1784, on voulut, ainsi que c'était alors l'usage, moderniser le nouveau château, et en faire une habitation sans style architectural, mais du genre mixte ou plutôt sans style précis ; ce qui dominait alors dans nos campagnes.

On abattit à peu près tout ce qui restait de la forteresse ; on adopta le plan d'une cour intérieure ; on remplaça les portiques rustiques, ou plutôt les appentis latéraux, faits après coup, par des murs qui élargirent ces portiques pour en faire des communications à couvert, et former par cela un corps de logis semi-double ; on abattit les voûtes du rez-de-chaussée ; on combla une partie des fossés ; on bâtit, du côté du couchant, une aile neuve renfermant les cuisines et les magasins ; et on adopta, sans goût, une architecture rustique, monotone, terne, sans ornement que quelques corniches et cordons semi-gothiques. Quelques planchers furent plafonnés ; un assez bel escalier fut soutenu par des échiffres qui contenaient des caveaux ; de grandes croisées remplacèrent les croisillons lombards, et une menuiserie moderne ferma les ouvertures intérieures,

Lorsque, en 1812, on commença à s'occuper de la restauration actuelle, l'architecte, gêné par l'état de fortune du propriétaire, dut se déterminer, après l'adoption du plan général, à ne faire que peu chaque année, et de respecter la simplicité extrême de la dernière restauration, Ce qui restait encore des débris de la forteresse tombait en ruines, était réduit à quelques pans de murs qui furent rasés ; mais on se décida à conserver une tour carrée qui formait le lien entre la forteresse et la construction de 1524 : on combla seulement une cave pour rétablir le niveau de cette même construction ; l'on vit qu'il serait impossible de donner aucune régularité à la façade du côté du parterre, à moins de la reconstruire en entier, et de perdre par conséquent tout l'intérieur, fruit de la première restauration ; ce que l'état de la fortune du propriétaire ne permettait pas. On construisit à neuf l'aile de la cour du côté du levant. On ne put conserver un escalier en pierre, joignant la tour, et qui provenait de la forteresse, parce que les marches en étaient usées, que sa bizarre construction, posée sur des échiffres matériels ne présentait qu'une hideuse conception. Cet escalier fut remplacé par un escalier en charpente, à marches carrelées et de moindre grandeur. Toute la partie refaite en 1784 fut réparée et restaurée de nouveau ; on fit successivement des plafonds à toutes les pièces qui n'avaient que des planchers à la française un peu dégradés. Le grand escalier, construit à la même époque, fut dégagé de ses échiffres, replacé en l'air, recouvert d'un plafond en voussure, et décoré d'une rampe en serrurerie. Le plancher du rez-de-chaussée dans le double de l'aile du levant, où étaient les aides des cuisines, et qui, par ses divisions, entravait la libre circulation et la communication avec le grand corps principal, fut abaissé, et un entresol, pris en partie sous le comble, donna des locaux indispensables et une entrée sur le grand escalier. Le semi-double du premier étage du grand corps, assez bizarrement divisé, ce qui ne faisait qu'entraver la circulation et l'indépendance des appartements, fut transformé en un grand corridor ou galerie de 60 pieds sur 12. Les greniers à maïs, auxquels il manquait de l'air, le reçurent par un grand nombre de croisées, longues et étroites.

On a enlevé le mur de la grande cour et la porte cochère qui était au centre ; le tout a été remplacé par une grille en fer battu ; différentes grilles secondaires ont été placées dans les ouvertures qui donnent dans la rue du village ; beaucoup de bâtiments de service et d'exploitation ont été placés à l'extérieur, ayant une façade sur cette rue ; mais il y en a encore plusieurs à construire. On trouvera dans le cours de cet ouvrage le dessin et la description de plusieurs de ces objets sur les *pl.* XLIX et LI.

On a exhaussé la tour dont le comble s'était écroulé ; on a profité de cet événement pour y établir un belvédère, dans lequel est un appartement complet.

Dernièrement il a été construit, dans la partie inoccupée de la façade, sur le parterre, et du côté du couchant, une aile à l'italienne, plus basse, d'un style régulier, qui, pour cette raison, est placée un peu en arrière de la grande façade, pour que les deux styles ne puissent se confondre. Cependant, comme dans l'intérieur, ce nouveau bâtiment fait suite à l'enfilade des appartements ; il se compose d'une grande salle à manger, d'une chambre à coucher et ses dépendances, et d'une petite orangerie.

De nouvelles dispositions à faire dans le cours de service, le remplacement d'une partie des fermes de la grande charpente, et y substituer des pignons, pour établir des logements de domestiques ou autres servitudes, sont encore ajournées.

Tel est le parti que l'on a pu tirer d'un bâtiment demi-ruiné, demi-réparé. Quelque peu d'importance que puisse avoir cette dernière restauration par elle-même, comme elle ne s'est faite que peu à peu ; car, quoique encore incomplète (son commencement remonte à plus de trente ans), elle est, ainsi que les jardins qui l'entourent, un exemple pour les cultivateurs qui, dénués de fortune, voudraient entreprendre un cours complet de réparation sur une assez grande échelle, même avec les entraves qu'un temps de révolutions et une habitation constante ont jeté sur l'entreprise. On pourra ainsi se faire une idée de ce que l'on peut obtenir du temps, de la persévérance et d'un plan bien médité et suivi sans interruption.

SECTION QUATRIÈME.

DES CHEMINS ET COMMUNICATIONS RURALES.

Les communications rurales sont incontestablement un objet de la plus haute importance pour l'agriculture. Quoique depuis quelques années elles se soient améliorées, le plus grand nombre, surtout dans les terres fortes et argileuses, est encore dans un état d'abandon et de dégradation tel, que dans l'hiver elles ne sont que des cloaques impraticables, et dans le printemps ces boues desséchées et les profondes ornières qu'elles présentent, offrent, pendant la moitié de l'année, un défaut complet de viabilité, ce qui rend les transports des fruits de la terre et des divers matériaux ou absolument impossibles, ou difficiles et coûteux. Les principales causes de cet état déplorable sont d'abord l'égoïsme des cultivateurs, qui les fait à l'envi anticiper sur la largeur des chemins par des usurpations généralement peu profitables pour eux en résultat, ce qui leur fait sans remords causer des avaries sur ces chemins, leur fait négliger tout travail, quelque léger qu'il soit, lequel ne leur est pas exclusivement profitable ; et cet égoïsme s'est accru de tous les sentiments personnels qu'une longue usurpation a infiltrés dans le caractère national. Un effet de cet égoïsme est l'insouciance que les autorités locales mettent à remplir leurs devoirs de surveillance, soit pour ne pas se faire des ennemis, soit par un sentiment instinctif d'équité qui ne leur permet pas de réprimer chez les autres les délits dont eux-mêmes se rendent quelquefois coupables. La révolution ayant dépouillé les communes de leur individualité et amorti chez les habitants l'esprit patriotique qui les animait autrefois, a détruit tout sentiment généreux chez les habitants et les magistrats. On ne songe qu'à un profit matériel, présent et personnel ; on n'a plus de souci pour le bien général, l'honneur et les avantages de la communauté. De même l'administration supérieure ne reconnaît plus ni la province, ni le territoire qu'elle administre, ni le pays dont elle fait partie; elle ne voit que des individus. Aussi dans ses règlements, car elle ne s'en fait pas faute, elle entasse des prescriptions dont elle ne se soucie guère, des répressions qui ne sont que comminatoires, et toujours dans l'intérêt du fisc, sans égard pour les avantages de la localité. De plus, comme tout gouvernement révolutionnaire, dénué de droit, n'a d'armes que la force, sa tyrannie civile ou militaire ne trouve d'harmonie ni dans les peuples ni dans les autorités. On est toujours dans la défiance et l'opposition, on ne fait rien de bon cœur, et on croit que le gouvernement doit tout exécuter puisqu'il n'appelle le concours de personne.

Nous l'avons dit, les règlements ne manquent pas, ils sont même surabondants; mais les résultats sont d'autant plus nuls que les travaux se faisant par prestation, c'est-à-dire par corvée, chacun remplit la sienne aux moindres frais possibles, fait sa journée courte, n'y porte aucun intérêt, et cette journée produit à peine la moitié du travail qu'elle aurait dû donner.

C'est l'administration des Romains qui la première s'est occupée des routes : avant eux on n'avait jamais fait sur les chemins que des travaux exceptionnels. A mesure que leurs conquêtes s'étendaient, ces travaux faits par leurs légions furent poursuivis et aidés par les sujets et les alliés dont ils avaient toujours respecté les institutions civiles et reconnu l'existence municipale. C'est en héritant de ces diverses traditions que l'ancienne province de Languedoc s'est distinguée entre toutes les autres par les soins qu'elle a apportés à ce genre de travaux. C'est aussi comme remplaçant les Romains, que les Franks, devenus Français, ont continué à s'occuper, les premiers en Europe, des voies de communication. Lors du partage du territoire en petits états féodaux, ces travaux, sans être absolument interrompus, ne purent prendre une direction régulière et uniforme : mais à mesure que l'unité s'étendit et qu'elle se régularisa; les rois capétiens s'occupèrent des routes, surtout dans les provinces d'Etats, qui leur portaient leur aide et leur concours. Il y avait alors quelques routes royales, un certain nombre de routes provinciales, et beaucoup d'embranchements faits par les petites provinces secondaires appelés routes de viguerie, de bailliage, de sénéchaussée ou de diocèse. Le cisaillement de la France en cases d'échiquier, opéré aussi injustement que fatalement par les Etats généraux de 1789, après qu'ils se furent créés spontanément en Assemblée constituante, renversa ce système ; et les nouveaux départements, sans caractère politique, soumis à une centralisation tyrannique, ne purent revenir que bien incomplétement à des travaux dont la tradition, vivante néanmoins, était si malheureusement interrompue.

Cependant, si la nation, éclairée par ses longs malheurs, peut jamais reprendre son assiette; si, comme beaucoup de bons esprits l'ont pensé, en rétablissant quinze grandes provinces, puissantes par leur cohésion et leur étendue, mais subdivisées en un certain nombre de petites provinces secondaires, les unes et les autres avec une existence indépendante quoique fortement subordonnée et soumises à un délégué du pouvoir central, on peut espérer que dans la révivification de cette autorité municipale, la partie qui concerne les chemins reprendra son élan et produira de nouvelles créations : alors les principales routes, devenues routes provinciales, seront mises entre elles en communication par des routes secondaires ou bailliagères, et les derniers filaments de cet immense réseau seront les chemins vicinaux et communaux à la charge, soit de plusieurs communes réunies en syndicat, soit de chacune d'elles en particulier.

Or, ce sont les routes de cette dernière classe dont il est ici question spécialement.

Elles n'étaient pas oubliées dans les délibérations des Etats du Languedoc, ni dans les diocèses administratifs de la province; ils les aidaient par des secours, des primes, des encouragements : ils sont connus sous les mêmes noms depuis la révolution; l'administration générale s'en est occupée depuis 1789; une loi spéciale a arrêté les bases de leur construction le 28 juillet 1824; partout des arrêtés préfectoraux ont développé et amplifié ces bases; et nous pouvons citer comme ayant servi de canevas à plusieurs départements, un arrêté du préfet du Lot, du 16 décembre 1824, en 87 articles et ses annexes, entre autres une instruction ampliative et explicative du 23 mars 1825.

Depuis on a distingué les chemins vicinaux en chemins de grande et de moyenne vicinalité, construits et entretenus aux frais des communes syndiquées, et en chemins communaux de troisième classe à la charge des seules communes qu'ils traversent. Cette division et cette attribution peuvent sans danger être conservées; les premiers seulement pourraient, dans le cas de l'organisation précitée, entrer, ainsi que les routes départementales, dans la juridiction des Etats ou assemblées bailliagères.

Il y a encore les chemins de service ou de déblave qui doivent toujours être à la charge des riverains ou des ayants droit, puisque leur intérêt est plus spécial que communal.

La législation actuelle, relativement aux grandes routes, paraît suffisante si elle est exécutée; mais celle des routes vicinales, malgré tout ce qu'on a fait pour l'améliorer, paraît encore incomplète. Les chemins dits de grande vicinalité ou de grande communication doivent sans doute être assimilés aux grandes routes; mais les autres doivent aussi ressortir exclusivement de la juridiction administrative. La construction et l'entretien de ces voies ayant lieu au moyen de corvées ou prestations en nature, il est important que ces journées soient bien employées : et comme il vaudrait beaucoup mieux qu'elles fussent acquittées volontairement en argent, il serait bon qu'elles fussent évaluées au plus bas prix, même au-dessous de la valeur ordinaire de la journée d'après la localité; et au lieu de payer les piqueurs ou les autres agents qui les dirigent d'après les jours de travail, il faudrait les rémunérer d'après la longueur de la partie du chemin qu'ils auraient confectionnée. Il serait même possible, ainsi qu'on en a fait l'expérience, de charger chaque contribuable, d'après sa cote, d'une longueur quelconque de route qu'il serait tenu de confectionner d'après les règles qui seraient établies, et dont il ne serait déchargé que lorsque le travail aurait été reçu. Les ouvrages se feraient au moins aussi bien et plus promptement : on pourrait même, d'après un mode semblable, les charger de l'entretien, ou le confier à des cantonniers dont les cantons seraient réglés d'une manière fixe. Toute cette législation, dont la surveillance et l'application seraient confiées au Maire ou à des Commissaires spéciaux, devrait être claire, positive, quelquefois même un peu tranchante et dégagée de formes autant que pourrait le permettre le respect dû à la propriété.

Il faudrait qu'un état dressé par la commune sous l'approbation de l'administration générale, distinguât, en en réduisant le nombre autant que possible, les chemins communaux ou qui vont d'un lieu à un autre, des chemins de service ou de déblave qui appartiennent à un ou plusieurs propriétaires, lesquels seraient désignés avec soin ainsi que la partie du chemin dont ils ont la charge et l'entretien.

La largeur des chemins vicinaux a été dès longtemps réglée à trois toises ou 18 pieds (6^m) et elle est suffisante; celle des chemins de service pourrait être réduite à 15 (5^m) et même à 12 (4^m) d'après la largeur des voitures employées dans le pays.

Il est essentiel que ces chemins aient des bordures immuables, telles que des murs en pierres sèches dans les lieux où la pierre est commune, des haies lorsque les eaux ne peuvent gâter les chemins, et presque partout des fossés, parce que ces eaux tant accidentelles que filtrantes sont les plus grands obstacles à la viabilité. Ces fossés, dont la largeur n'est pas comprise ici dans celle du chemin dont cependant ils sont une partie intégrante, sont communément d'une ouverture de 5 pieds (1^m) ce qui donne aux routes de différente nature une largeur totale de 24 pieds (8^m), de 21 pieds (7^m) ou de 18 pieds (6^m). Mais les fossés peuvent n'avoir pas tous une ouverture égale partout; dans les parties basses et de niveau ils doivent l'avoir plus grande que dans les parties en pente, puisque dans ces derniers les eaux ne séjournent pas aussi facilement : leur profondeur doit aussi varier, mais en général être de la moitié de leur ouverture.

Ce sont en effet les pluies abondantes et les eaux stagnantes qui dégradent le plus les chemins ; s'ils sont en pente, l'eau les ravine et en approfondit les ornières ; lorsqu'ils sont en terrain plat, et surtout si le sol est glaiseux, les eaux stagnantes, les sourcillements qui en sont la suite produisent des *fondrières*, des *molières*, des *peux*, des *bourbiers*.

Or, comme le but de tout travail sur les chemins doit être de les assécher et de les rendre praticables, si le chemin ou le fossé est profondément raviné, on y remédie par des barrages, qui se font au moyen de piquets plantés perpendiculairement au fond de ces fossés ou transversalement au chemin, ces piquets entretenus par un clayonnage : l'aune et le saule sont ici d'un très-bon usage et coûtent peu. Les eaux alors déposent à chaque barrage de la terre qui ne tarde pas à combler les ravines ; mais sur la route elle-même il faut combler sur-le-champ ces barrages à la main avec des terres bien massivées : et si les affouillements étaient très-profonds et par suite les barrages très-élevés, on fortifierait ces derniers par des gazonnages battus. Lorsque des filets d'eau traversent les chemins, et produisent de profondes ornières et des bourbiers, il faut d'abord s'assurer si le mauvais état des fossés en est la cause. Lorsque ceux-ci sont réguliers et que ces bourbiers subsistent, le seul moyen à prendre est de faire traverser le chemin par une rigole qui fasse communiquer les fossés entre eux ; cette rigole devient un cassis ou gondole pavée à bain de mortier, ou elle est garantie par deux pièces de bois de la largeur du chemin, entretenues par des liernes ou traverses recouvertes de branchages. Cette dernière méthode a l'avantage de laisser le passage libre aux filtrations qui peuvent venir du chemin lui-même, ce qui convient mieux aux terres argileuses. Mais ce qui dans ces terres est préférable, ce sont des ponceaux qui, pour laisser ces soupiraux libres, se construisent soit avec de petits appuis de pierre sans mortier, recouverts de pierres plates, ou par des traverses de bois plus fortes, plus solidement assemblées et recouvertes de clayonnages terrassés.

En général, un des vices les plus grands de nos chemins de traverse, c'est qu'étant en général plus bas que le terrain environnant, parce que, par le laps du temps, les terres du chemin sont tombées dans les fossés et annuellement retirées par les riverains et jetées sur le champ voisin, l'ombre entretient leur humidité et l'air ne les dessèche point.

Ces inconvéniens sont tous plus remarquables dans les chemins en terre forte, argileuse et glaiseuse ; car dans les terres limoneuses, sablonneuses, crétacées ou cailloutenses, peu de soins et de dépenses suffisent pour les entretenir.

Un autre obstacle à la viabilité des chemins dans les pays montagneux et en terrain gras, c'est la rapidité des pentes, c'est ce que l'on appelle des *côtes*, très-pénibles à gravir, qui exigent de plus forts attelages, et dont les descentes sont dangereuses et demandent souvent des entraves ou des sabots. On y remédie en déblayant la crête élevée en remblayant les parties basses, de manière que par ces deux moyens réunis la pente devient beaucoup plus douce. Une côte n'est pas sensible lorsque la pente est d'un pouce par toise (un centimètre et demi par mètre) et elle est très-fatigante quand elle est de 6 pouces par toise (de 8 centimètres par mètre). Il est donc à désirer, pour la bonne fréquentation du chemin, que cette pente ne dépasse pas 4 pouces par toise (5 à 6 centimètres par mètre). Il faut observer que lorsqu'il y a un remblai, pour conserver la voie, il faut donner toujours au chemin la largeur régulière à la crête du remblai, et par conséquent l'élargir à la base. Lorsque le remblai est élevé, il est bon de planter à l'origine du talus une haie vive, conservée toujours à une certaine hauteur pour prévenir les accidents.

Dans les lieux où le fonds sur lequel est établi un chemin communal consiste en une terre spongieuse, argileuse ou glaiseuse dans laquelle la circulation est nécessairement interrompue pendant le gros hiver, il est utile et n'est pas impossible de pouvoir l'assainir sans de très-grandes dépenses. Ce terrain étant par lui-même facile à comprimer, il suffit d'y établir une couche de pierrailles de deux à trois pouces (0,13) d'épaisseur, placées avec soin à la main et de champ sur une trainée de sable et enfoncée à la batte, de manière que la pierre soit entourée de ce sable. Cette chappe occupera les deux tiers de la largeur de la route, c'est-à-dire deux toises sur trois, et par conséquent une toise cube (29 1/2 m. c.) pourra suffire à 25 ou 26 toises (49 m.) courantes de route. Si on n'avait pas de pierre mais du gros sable, on pourrait simplement ouvrir dans le chemin une tranchée de 6 à 8° (18 à 20 centim.) de profondeur qu'on remplirait de ce sable bien battu.

La construction des ponts et autres ouvrages d'art sur les chemins communaux n'est pas de notre ressort, mais on pourrait se servir des indications données dans la section des jardins. Ici il est indispensable d'établir des parapets ou garde-fous pour prévenir tout accident. Mais une chose qu'il est indispensable de recommander à ceux qui sont préposés à la surveillance des chemins communaux, parce qu'elle est de la plus grande importance, c'est d'avoir constamment l'œil sur l'état des avenues de ces ponts. L'embouchure des fossés du chemin dans la rivière ou le ruisseau, les descentes que pratiquent les cultivateurs pour faciliter l'abreuvage de leurs bestiaux, ne tardent pas à faire ébouler l'accotement, rétrécissent la route, et mettent ainsi en danger les voyageurs et les attelages, comme aussi compromettent la solidité du pont en décharnant ses culées. On remédiera à cet inconvénient en établissant un large sentier d'abreuvoir venant de loin, et qui soit garanti sur ses bords par un fort pilotage, entretenu par un clayonnage solide et bien gazonné.

SECTION CINQUIÈME.

ARCHITECTURE LÉGALE OU PRÉCIS DES LOIS DES BATIMENTS.

(C.) Code civil.
(F.) Code forestier.
(P.) Code pénal.

(C. P.) Coutume de Paris.
(C. T.) Coutume de Toulouse.
(O. T.) Ordonnance de la voirie de Toulouse, du 10 novembre 1769.

A

ABANDON. Tout copropriétaire d'un mur mitoyen peut, en abandonnant le droit de mitoyenneté, se dispenser de contribuer à ses réparations et à sa reconstruction, pourvu que ce mur n'appuie pas un bâtiment qui lui demeure : de même d'un mur de clôture et d'un fossé, à moins que celui-ci ne soit nécessaire à l'écoulement des eaux : même d'une servitude en abandonnant la partie du terrain qui y est soumise. (Cod. civ. 656.)

ACCIDENT. Les accidents peuvent arriver de deux manières : par cas ou événements fortuits, ou par le fait de l'homme.

1° On entend par *cas fortuit*, la grêle, le feu du ciel, qui sont les cas fortuits ordinaires ou prévus ; la guerre, les inondations, les tremblements de terre, qui sont les cas extraordinaires et imprévus. (C. 1773.) Tous les événements produits par force majeure, même civile ou administrative, telle que l'effet des lois et règlements, rentrent naturellement dans les cas imprévus.

Ces accidents retombent exclusivement sur le propriétaire ; mais le locataire ne peut exiger aucun dédommagement : il peut seulement demander la résiliation du bail ou la réduction de son prix. (C. 1722.)

Le propriétaire répond aussi des accidents causés, soit par vétusté, soit pendant les travaux qu'il exécute, soit par l'effet de ces travaux, s'il n'a pris les précautions voulues par les règlements. (C. 1386.)

2° Les accidents provenant du fait de l'homme, comme incendie ordinaire, dommages et dégradations, sont à la charge de celui qui en est l'auteur ou la cause. (C. 1382 et 1383.) Les pères, mères et tuteurs sont civilement responsables de ceux provenant du fait de leurs enfants ou pupilles mineurs de 21 ans ; et les maîtres, de ceux causés par leurs domestiques ou ouvriers dans l'exercice des fonctions qui leur sont confiées. (C. 1384.)

Le locataire répond des accidents et dégradations ou dommages arrivés pendant son bail, à moins qu'il ne fournisse la preuve qu'il n'en est pas coupable, même indirectement. (C. 1732, 1735.) Il répond également de l'incendie (C. 1733), s'il ne prouve qu'il a eu lieu par vice de construction, force majeure, ou communication de la maison voisine. Dans ce dernier cas, la garantie s'exerce contre le propriétaire ou le locataire habitant cette maison.

S'il y a dans la maison incendiée plusieurs locataires, ils sont solidairement responsables de l'incendie, à moins que l'un d'eux ne prouve que l'accident ne peut venir de son fait, ou qu'il ne soit établi qu'il vient du fait d'un d'entre eux. (C. 1734.) V. *Construction*, *Contre-mur*, *Entrepreneur*, *Démolition*.

AISANCES. (Fosses d'). V. *Contre-mur*.

ALIGNEMENT. On appelle *alignement* le tracé de la ligne extrême des ouvrages qui aboutissent immédiatement à la voie publique, que ce soit des haies, fossés, ou constructions de maçonnerie ou de charpente. Les Préfets, remplaçant les Trésoriers de France, donnent les alignements sur les routes royales et départementales, et on ne peut y faire de saillie sans leur autorisation expresse. (Arrêt du Conseil d'État du 25 février 1765.) Sur les autres voies publiques l'alignement est donné par les Maires. (Loi du 16 septembre 1807, article 52.) Aucune saillie ne peut non plus avoir lieu sans leur permission. (Édit de décembre 1607 ; Déclaration du 16 juin 1693.)

Quand un propriétaire démolit sa maison par vétusté ou sa libre volonté, s'il est contraint de reculer sa façade, il n'a droit qu'à une indemnité proportionnelle au terrain par lui délaissé. (Loi du 16 septembre 1807, art. 50.) Mais si l'on veut faire reculer un édifice en bon état, il faut, si le propriétaire l'exige, qu'il soit acquis en entier (*id.* art. 51) ; et s'il doit avancer, il doit acquérir le terrain sur lequel il avance : en cas de refus, il peut être dépossédé de sa propriété. (Décret du 27 juillet 1808, art. 50.) V. *Règlements anciens*, *Saillie*.

ARBRES ET PLANTATIONS. Nul ne peut planter joignant immédiatement l'héritage du voisin, sans observer les distances prescrites par les règlements et les usages locaux. En général, la distance pour les grands arbres est d'une toise ($2^m 00$), et pour les arbustes et haies vives de 18 pouces ($0^m 50$), à moins qu'il n'y ait un fossé divisoire. (C. 671.) La distance rigoureuse est prise du centre de la tige de l'arbre. A Toulouse, l'usage constant, quoique non écrit, élevait, pour les grands arbres, cette distance à 12 empans (8 p. 5° ou 2ᵐ 78), mais il ne stipule rien pour les arbustes et les haies. Si ces distances ne sont point observées, le voisin peut exiger l'arrachage, comme il peut couper les racines et les branches qui s'étendent sur sa propriété. (C. 672.) Les espaliers, palissades et charmilles paraissent devoir être assimilés aux haies.

La loi, trop méticuleuse à cet égard (9 ventôse an XIII), ne permet de planter sur le bord des routes qu'à une distance de 3 toises (6ᵐ 00), mais il est ordinaire que l'administration tolère une distance beaucoup moindre.

Lorsque l'on plante au pied d'un mur à soi, on doit, dans l'intérêt de ce mur et de la plantation, laisser une distance de 6 pouces (0ᵐ 16) au moins.

Celui qui abat, coupe, ou mutile un arbre, est puni d'un emprisonnement de six jours à six mois par pied d'arbre. (P. 445, 446.) Le *minimum* est de vingt jours si l'arbre était planté sur un chemin public (P. 448), et si le délit a été commis la nuit, le *maximum* est applicable. (P. 450.)

Toute haie qui sépare deux héritages est réputée mitoyenne, s'il n'y a titre ou possession contraire, et il y a preuve si l'un des héritages est entièrement clos. (C. 670.)

Si la haie est mitoyenne, la réparation s'en fait à frais communs et le produit est partagé. Les arbres qui se trouvent dans la haie partagent la mitoyenneté. (C. 673.)

Si l'un des voisins, sans opposition, travaille seul ou coupe la haie, il y a présomption de propriété en sa faveur : s'il y a un fossé, la haie est censée appartenir au propriétaire du fossé, ou à celui du champ où elle se trouve ; si les deux champs ne sont pas de niveau, il est naturel que le fossé ou la haie appartiennent à l'héritage inférieur.

Le fossé qui sépare deux héritages est présumé mitoyen s'il n'y a titre ou marque du contraire. (C. 666.) Cette marque est le rejet de la terre d'un seul côté, qui fait présumer la propriété du côté de ce rejet. La confection, le curage et l'entretien du fossé mitoyen se font à frais communs et le rejet s'opère de chaque côté. (C. 669.) Si l'un des voisins, quoique requis, ne contribue pas à la réparation du fossé, il en perd la mitoyenneté, et le fossé appartient exclusivement au voisin. Mais chacun peut faire cesser la mitoyenneté en comblant la moitié du fossé qui le concerne.

Si le fossé mitoyen est nécessaire à un tiers et que celui-ci en ait acquis la servitude, il ne peut être comblé ; la mitoyenneté étant une charge, ne peut être abandonnée en ce cas.

S'il n'y a de plantation que d'un côté du fossé, celui-ci est réputé appartenir au propriétaire de la plantation, mais s'il comble le fossé, les arbres doivent être dans la distance voulue.

ARCHITECTE. Les architectes sont responsables des vices de construction provenant de leurs plans, de leurs dimensions, des défauts du sol, de la direction et du règlement des ouvrages. (C. 1710.) Cette garantie dure dix ans, même quand des travaux vicieux ont été commandés par le propriétaire si l'architecte ne s'y est pas opposé. (C. 1792.) Lorsque les architectes dirigent eux-mêmes l'exécution de leurs plans, cette responsabilité s'étend à l'inobservation des lois de voisinage et de police, et à la bonne exécution des ouvrages, au dépérissement causé par les infiltrations d'un canal existant : il allèguerait vainement les fautes des ouvriers. (C. 1797.) En cas de fraude, la garantie dure trente ans. Il doit remédier aux vices de construction que découvre l'inspection. S'il dresse un mémoire ou fait une vérification d'ouvrage, il répond des fautes qu'il a commises, soit volontairement, soit même par ignorance.

AQUEDUC. (V. *Contre-mur.*)

ATRE. (V. *Cheminées, Contre-mur.*)

AUVENT. Ces petits toits ou appentis, comme toute saillie, ne peuvent, sur la voie publique, être construits sans la permission de la voirie. A Toulouse, on ne les permet qu'à 10 pieds (3ᵐ 45), et de 2 pieds et demi (0ᵐ 81), ou 3 pieds (0ᵐ 97) de largeur. (O. T. 9, 10.) On ne doit les couvrir qu'en bois ou en métal.

B

BAIL A LOYER. Le bail peut être fait par écrit ou verbalement. (C. 1714.) Le locataire peut toujours sous-louer si le bail ne lui refuse expressément cette faculté. (C. 1717.)

Le propriétaire est tenu de faire jouir paisiblement son locataire de la chose louée, et pour ce, de l'entretenir en bon état et propre à l'usage auquel le bâtiment est destiné lors de la location. (C. 1719, 1720.)

Le locataire est tenu de soigner le bâtiment, ses meubles et accessoires, de les rendre en bon état à l'expiration du bail, et d'y faire toutes les réparations locatives et d'entretien qui sont à sa charge. (C. 1728, 1731.)

Le propriétaire peut expulser le locataire qui ne garnit pas le bâtiment d'une quantité de meubles suffisante pour répondre du payement du bail, ou qui, à défaut, ne fournit pas caution suffisante. (C. 1752.)

Dans le cas où il n'y a pas de bail écrit, ou lorsque le bail écrit ne stipule pas formellement le terme de rigueur de la location, le congé doit être donné par une partie à l'autre dans les délais prescrits par l'usage des lieux. (C. 1758, 1759.) Ce délai est fixé à six mois à Toulouse. (C.T. 2ᵉ part., tit. 8, art. 1 et 2.) Voy. *Locataire, Réparations.*

BALAYAGE DES RUES. Cette mesure de police, ordonnée pour tout le royaume par lettres patentes du mois de septembre

1608, et prescrite par tous les règlements de voirie, est une réparation locative.

BALCON. Voy. *Saillie.*

BANCS ET BOUTEROUES. Voy. *Saillie.*

BATIMENT. Un bâtiment est un bien immeuble (C. 518.), et les objets qui y tiennent essentiellement, quoique mobiliers par eux-mêmes, deviennent immeubles par destination. La loi spécifie principalement les tuyaux de conduite (C. 523), les pigeons des colombiers, les ustensiles des usines, enfin tous les objets attachés à perpétuelle demeure (C. 524), c'est-à-dire scellés en plâtre, chaux ou ciment, ceux qu'on ne peut enlever sans démolir, détruire et dégrader, tels que les glaces, tableaux et ornements qui ne font qu'un corps avec la boiserie et les enduits, les statues dans leurs niches, etc. (C. 525.)

Les bâtiments qui par leur vétusté, leur surplomb, bombement et lézardes, menacent la sûreté publique, peuvent être démolis par ordre de l'autorité chargée de la voirie, le péril duement constaté, et démolis par le propriétaire ou à ses frais.

BORNAGE. Tout propriétaire peut obliger son voisin au bornage de leurs propriétés contiguës. (C. 646.) Ce bornage se fait à frais communs à l'amiable, ou au défaut par l'autorité des tribunaux. Voy. *Clôture.*

C

CANAUX ET CONDUITS. Voy. *Contre-mur, Bâtiment.*

CAS FORTUITS. Voy. *Accident.*

CAVE. Lorsqu'on veut construire une cave voûtée qui s'appuie sur un mur mitoyen, il faut prendre en deçà l'épaisseur du contre-mur nécessaire, et au dire d'experts, afin de contenir la poussée, ou du moins les dosserets ou piliers qui reçoivent la retombée des arêtes ; à plus forte raison lorsqu'on les appuie sur le mur du voisin. On ne peut construire une cave sous la voie publique et surtout une rue.

CEINTURE. Voy. *Tour d'échelle.*

CHAINE. On appelle ainsi un filet ou cordon de maçonnerie saillant du mur, qui sert à indiquer la séparation de la partie mitoyenne de celle qui ne l'est pas. Voy. *Mur mitoyen.*

CHAMBRANLE. Voy. *Cheminée.*

CHAPERON. Voy. *Mur de clôture, Egout des toits.*

CHEMINÉE. Les cheminées doivent être maintenues dans un état constant de propreté ; cet entretien est naturellement une réparation locative. La loi punit la négligence à cet égard, même quand elle n'est d'ailleurs cause d'aucun accident, d'une amende de 1 fr. à 3 fr. (P. 471.) et d'un emprisonnement de un à trois jours en cas de récidive. (P. 474.) Si cette négligence a causé un incendie, indépendamment des dommages et indemnités dont est garant l'habitant imprudent, il est passible d'une amende de 50 à 500 fr. (P. 458.) Voy. *Contre-mur, Mur mitoyen.*

CHEVRON PERDU. On appelle ainsi un chevron saillant au mur de pignon d'un édifice, qui contribue à le garantir du raffalement des eaux pluviales. Cette disposition devrait être de rigueur pour tous les murs extérieurs en pisé ou brique crue. Voy. *Mur mitoyen.*

CIMETIÈRE. On ne peut sans autorisation bâtir des maisons ou creuser des puits à moins de 50 toises (100^m) des cimetières. (Décret du 7 mars 1808.)

CLOAQUE. Voy. *Puisard.*

CLOTURE. C'est l'investissement d'un terrain par un mur, une haie, un fossé, une palissade, lequel est réputé enclos, en quelqu'état de dégradation que puissent se trouver ces ouvrages. (P. 391.) Si c'est un mur entre voisins, il doit avoir 8 pieds (2^m 50) de hauteur, y compris le chaperon ; il est ordinairement mitoyen, construit et entretenu à frais communs, mais on peut s'en affranchir en cédant au voisin le mur et la partie du terrain sur lequel il est construit. Chacun peut clore son héritage comme il l'entend en se conformant aux règlements établis pour la clôture adoptée. (C. 647.) Le privilége de clôture est indépendant de son état actuel (P. 591), et la destruction d'une clôture est punie d'un mois à un an de prison et d'une amende de 50 fr. au moins, et au plus, du quart des dédommagements. (P. 456.) Voy. *Haie, Fossé, Mur de clôture.*

CONSTRUCTION. Tout propriétaire du sol a le dessus et le dessous ; et par conséquent peut y élever les constructions qui lui conviennent (C. 552), et toutes celles qui sont sur son sol sont censées lui appartenir, sauf preuve du contraire. (C. 553.) Dans ce cas même il a le droit de retenir les constructions faites, en remboursant le prix des matériaux et de la main d'œuvre (C. 555) et retenant la valeur des indemnités qui peuvent lui revenir. Voy. *Accident, Garantie, Privilége, Contre-mur*, etc.

CONTRE-CŒUR. Voy. *Contre-mur, Cheminée.*

CONTRE-MUR. Si chacun doit jouir à son gré de sa propriété, il doit le faire de manière à ne pas nuire à autrui. C'est ce qui arriverait cependant si, lors de la construction de certains ouvrages, l'on n'usait de quelques précautions. Aussi la loi (C. 674) prescrit-elle à ceux qui veulent, près d'un mur, établir des usines ou autres constructions dont l'effet médiat ou immédiat peut le corrompre ou le dégrader, de laisser la distance ou bien établir une sur-épaisseur appelée contre-mur voulue par les usages et règlements locaux.

Il en résulte évidemment que le voisin a le droit de faire

vérifier si ces règles sont observées, et qu'il est alors prudent, avant de faire ces sortes d'ouvrages auprès d'un mur mitoyen, de faire constater en sa présence, ou lui dûment appelé, que la construction est régulière. Voy. *Mur mitoyen*.

Les contre-murs doivent être construits en brique cuite, pierre ou moellon, maçonnés à mortier de chaux ; mais s'il est question de cheminées ou usines à feu, il est plus convenable d'employer du mortier de terre.

Nous allons donc successivement considérer les principaux ouvrages qui exigent un contre-mur :

1° *Aqueduc*. On ne peut faire passer de l'eau dans un canal, conduit ou aqueduc, touchant un mur mitoyen sans que cet aqueduc ne soit revêtu d'un contre-mur suffisant. La coutume de Paris ne prescrit aucune dimension spéciale, celle de Toulouse exige 5 pouces (14 cent.) d'épaisseur.

2° *Cheminées*. La coutume de Paris, à laquelle se réfèrent les commentateurs des usages de Toulouse, exige un contre-mur de 6 pouces (16 cent.) au droit des âtres et contre-cœurs des cheminées (C. P. 189) ; mais si l'on garnit ces contre-cœurs de plaques de fonte, ce contre-mur nous paraît avantageusement remplacé.

On ne peut maintenant faire aucun renfoncement au mur mitoyen pour y encastrer une cheminée (C. 662) ; et comme un mur non mitoyen peut toujours le devenir, il est sage de ne pas se permettre cet encastrement dans aucun mur de séparation d'héritage. Cette méthode est d'ailleurs souvent désavantageuse sous le rapport de la propagation de la chaleur.

Les règlements en vigueur à Paris défendent d'appuyer des tuyaux de cheminée sur des pans de bois ou des cloisons de charpente. Dans ce cas on remplace ce pan de bois dans la partie à laquelle s'adosse le tuyau par un mur qui déborde ce tuyau de 6 pouces (16 cent.) de chaque côté de sa largeur.

On ne peut non plus placer directement un âtre sur un plancher ; il faut qu'il repose sur une trémie.

La hauteur des souches ou *canons* des cheminées est plus ou moins considérable, d'après ce que l'expérience indique pour éviter la fumée ; mais, d'après les règles suivies à Toulouse, cette hauteur ne peut être moindre que 4 empans ou 2 pieds 10 pouces (90 cent.) au-dessus du comble.

3° *Etables*. Lorsqu'on adosse une étable à un mur mitoyen ou susceptible de le devenir, la coutume de Paris (C. P. 188) exige que l'on construise un contre-mur de 8 pouces (22 cent.) d'épaissseur, jusques au rez de la mangeoire. On observera que comme ce contre-mur a pour objet d'empêcher les fumiers qui séjournent habituellement dans les étables de détériorer le mur, il est exigible, lors même que le mur mitoyen n'est pas celui qui supporte les râteliers. Cette disposition n'est pas explicitement étendue aux écuries, attendu que les fumiers en sont journellement enlevés ; mais si on les laissait séjourner, il n'y a pas de doute

qu'elle leur pourrait devenir applicable. L'usage de Toulouse est de donner à ce contre-mur 15 pouces (40 cent.) d'épaisseur et 3 pieds (1ᵐ 00) de hauteur.

4° *Forges, Fours et Fourneaux*. Suivant la coutume de Paris (C. P. 190) le contre-mur de ces usines doit être d'un pied (32 cent.) d'épaisseur, indépendamment de 6 pouces (16 cent.) d'intervalle laissé vide entre le contre-mur et la forge, ce qu'on appelle le *tour du chat*. Ce vide ne doit être fermé ni sur le haut, ni sur les côtés, et le contre-mur doit s'étendre dans toute la largeur et la hauteur du foyer de l'usine. A Toulouse, le contre-mur doit être de 15 pouces (40 cent.) d'épaisseur avec aussi 6 pouces (16 cent.) de tour du chat, dit ici *ensosement*, au total 21 pouces (56 cent.).

Les forges dont il est ici question comprennent celles des maréchaux, forgerons, taillandiers, serruriers, couteliers, orfèvres, etc.

Le fourneau potager d'une cuisine n'a pas besoin de contre-mur, à moins qu'il ne soit adossé à un pan de bois. Dans ce cas, on doit procéder ainsi qu'il est expliqué pour les cheminées, ou simplement laisser un espace vide de 12 pouces (32 cent.) entre le fourneau et le pan de bois.

Les âtres, contre-cœur et tuyaux des forges, fours et fourneaux, et autres usines de ce genre, sont d'ailleurs assimilés à ceux des cheminées.

5° *Fosses d'aisances*. La coutume de Paris exige 12 pouces (32 cent.) de contre-mur entre la fosse et le mur, et 4 pieds (1ᵐ 30) entre la fosse et une autre fosse ou un puits. (C. P. 191.) Celle de Toulouse, 15 pouces (40 cent.) de contre-mur pour la fosse, et 10 pouces (90 cent.) pour le canon et tuyau. Mais comme les infiltrations des fosses sont nuisibles de toute manière, et que, malgré l'observation des règlements, on n'est pas moins garant des accidents qui peuvent survenir, il est sage de ne pas s'en tenir strictement au minimum des dimensions exigées, mais y apporter les précautions de construction que nous avons indiquées, page 208.

6° *Magasins de sel et matières corrosives*. La coutume de Paris ne s'explique pas sur ce point, mais le Code civil en fait une mention expresse (C. 174) ; or, comme la coutume exige pour les dépôts de fumier et les terres fumées un contre-mur de 6 pouces (16 cent.) et pour les étables 8 pouces (22 cent.) et que ce contre-mur est nécessité par l'action corrosive des fumiers, on doit appliquer au moins cette règle aux magasins dont il est question (C. P. 192) comme à ceux de poisson salé, de salpêtre, etc. Ainsi ce contre-mur paraît devoir exiger, pour la coutume de Paris, 8 pouces d'épaisseur, et 15 pour celle de Toulouse. Il aura en hauteur au moins celle à laquelle sont entassés les objets dont il est question.

7° *Puits*. Les puits ne peuvent être creusés à moins de 50 toises (100ᵐ) des cimetières d'après le décret du 7 mars 1808 ; et la coutume de Paris exige pour les puits, dans les édifices, un contre-mur d'un pied (32 cent.) d'épaisseur, indépendamment de l'épaisseur du revêtement (C. P. 191); et si deux puits sont adossés l'un à l'autre, la maçonnerie qui les sépare doit en totalité avoir une épaisseur de 3 pieds. (50 cent.) A Toulouse, le contre-mur doit avoir 15 pouces (40 cent.) d'épaisseur.

8° *Terres jectices.* Quand on exhausse le sol contre un mur mitoyen ou susceptible de le devenir, on doit le fortifier d'un contre-mur pour contenir les terres qu'on y amoncelle. D'après la coutume de Paris, ce contre-mur doit avoir un pied (32 cent.) d'épaisseur et 15 pouces d'après celle de Toulouse. Voy. *Mur mitoyen.*

CONTREVENT. Les contrevents considérés comme saillie ne peuvent, dans les villes, être placés sans autorisation, et, pour éviter tout accident, ils ne peuvent, à Toulouse (O. T. art. 10), être élevés de moins de 10 pieds (3ᵐ 25) au-dessus du sol de la rue.

CORBEAUX. Ce sont des pierres saillantes destinées à supporter une poutre ou autre fardeau, mais différentes des harpes ou pierres d'attente. C'est une preuve de non mitoyenneté.

CORONDAGE. Voy. *Pans de bois.*

D

DÉMOLITION. Un propriétaire peut être obligé de démolir un mur pour cause de danger et de vétusté, soit par l'autorité municipale quand ce mur borde la rue, soit par le voisin, s'il est mitoyen ou de séparation. (Déclaration du 18 juillet 1729.)

Il est responsable de la chute de son édifice, si elle a pour cause le défaut de solidité.

Le dépôt de matériaux sur la voie publique, de manière à l'encombrer, la négligence de signaler et d'éclairer les démolitions, sont des contraventions punies de 11 fr. à 15 fr. d'amende et cinq jours de prison en récidive. (P. 479) Voy. *Alignement, Mur mitoyen.*

DÉNONCIATION DE NOUVELLE ŒUVRE. C'est une espèce d'action en complainte par laquelle on s'oppose à la continuation d'une construction nouvelle entreprise par un voisin : il est bon de l'intenter avant que la construction soit terminée.

DÉPÔT DE MATÉRIAUX. Il ne peut avoir lieu (Voy. *Démolition*) sur la voie publique sans la permission de l'autorité municipale, laquelle en fixe les limites au fur et à mesure que le dépôt s'effectue ; et s'il est permis de le laisser la nuit, on est dans l'obligation de l'éclairer.

DESTRUCTION. La destruction d'un édifice appartenant à autrui est un crime puni de la réclusion, et en outre d'une amende de 100 fr. au moins, et au plus du quart des dommages-intérêts.

DÉVERSEMENT. Voy. *Mur mitoyen.*

DEVIS. Voy. *Architecte, Entrepreneur, Marché.*

DISTANCE. Voy. *Contre-mur, Plantation, Mur, Vue.*

E

EAUX. Les eaux doivent s'écouler du fonds supérieur au fonds inférieur, sans que par des ouvrages on puisse les détourner de leur cours naturel, ou en aggraver les inconvénients. (C. 640.)

Les eaux courantes non dépendantes du domaine public, c'est-à-dire, les fleuves, rivières ou ruisseaux ni flottables ni navigables, sont de ces choses qui n'appartiennent à personne, dont l'usage appartient à tous, et dont les lois de police règlent la manière de jouir (C. 714); et l'autorité administrative est seule compétente pour faire ces règlements. (Lois du 20 août 1790 et 6 octobre 1791.)

Le propriétaire riverain d'une eau courante peut s'en servir à son passage pour arroser son fonds, et s'il est riverain des deux côtés, il peut en user librement, sauf à la rendre ensuite à son cours naturel. (C. 644.)

Le propriétaire d'une source peut en disposer à son gré ; mais il ne peut en changer le cours quand elle fournit de l'eau à une communauté d'habitants, sauf légitime indemnité. (C. 641, 643.)

Les propriétaires des usines doivent tenir leurs eaux au point d'élévation qui leur est fixé par l'autorité administrative supérieure, et ils sont responsables des dommages qu'elles pourraient causer aux chemins et aux propriétés voisines. (Loi du 6 octobre 1791, art. 16.)

Les eaux pluviales appartiennent au sol sur lequel elles tombent ; le propriétaire du sol supérieur a le droit de les retenir.

ECHELLAGE. Voy. *Tour d'échelle.*

ECURIE. Voy. *Contre-mur.*

EGOUT DES TOITS. On ne peut faire écouler l'eau de ses toits sur l'héritage du voisin ; elle doit s'évacuer sur le fonds du propriétaire ou sur la voie publique. (C. 681.) Ainsi, dans un mur de clôture, le chaperon doit verser également les eaux des deux côtés si ce mur est mitoyen, et dans le cas contraire et que le mur ne borde pas la voie publique, le chaperon doit verser uniquement sur le propriétaire de ce mur. (C. 654.) Voy. *Mur mitoyen, Mur de clôture.*

ENTREPRENEUR. C'est celui qui se charge d'exécuter un ouvrage, d'après des plans et devis fournis par un architecte ou le propriétaire. Si l'entrepreneur donne lui-même les plans, ou si l'architecte entreprend lui-même l'ouvrage, il y a cumulation des obligations de l'un et de l'autre. Voy. *Architecte.*

Si l'entrepreneur travaille sans plan ni devis, il est considéré comme architecte entrepreneur.

Les obligations de l'entrepreneur entraînent une garantie et lui procurent un privilége. Voy. *Architecte, Privilége.*

L'entrepreneur peut se charger seulement de la main d'œuvre ou fournir aussi les matériaux. Dans le premier cas, il fait avec le propriétaire un contrat de louage (C. 1710, 1711); dans le second, il fait à la fois vente et contrat de louage, et par conséquent il est garant de la bonne qualité des objets qu'il fournit au propriétaire. (C. 1641.)

Dans aucun cas l'entrepreneur ne peut s'excuser sur son ignorance, attendu que le propriétaire n'a jamais pu la supposer.

L'entrepreneur est garant envers le propriétaire de la solidité et de la bonne confection des ouvrages, ainsi que de leur conformité aux plans; il est aussi garant de l'exécution des règlements de voisinage et de police. (C. P. 205; Ord. Toul. 4 et 409.)

Cette garantie a lieu quoique les ouvrages soient conformes aux plans et aux devis de l'architecte; ainsi, si celui-ci ou le propriétaire lui-même exigeaient de l'entrepreneur quelque chose qui parût contraire aux règlements, l'entrepreneur devrait s'y refuser, à moins qu'on ne lui délivrât un ordre par écrit qui pût le décharger ou le relever de sa garantie personnelle.

L'entrepreneur doit commencer et terminer ses travaux dans le temps prescrit par les marchés; s'il y manque, il s'expose à se voir dépouillé de l'entreprise et condamné à des dommages-intérêts. Il doit exécuter ses travaux sans dol ni fraude, ce qui constituerait de sa part un délit, lequel ne prescrit que par trente ans, à compter du jour de la découverte de la fraude et de la dénonciation. Mais eût-il construit loyalement sans dol ni fraude, et d'après les règles de l'art, il n'en est pas moins garant de la solidité des ouvrages, même des vices du sol. Cette garantie dure dix ans (C. 1792), et ces dix ans courent du moment de la réception des ouvrages. Sur cela il y a des différences à spécifier : si le marché a été fait en bloc et à forfait, la réception ne doit avoir lieu que lors de l'achèvement entier des ouvrages; s'il a été fait par partie ou à la mesure, la vérification et la réception peuvent aussi avoir lieu par partie. (C. 1791.) Dans ce dernier cas, si dans le courant de l'entreprise il y a eu des changements, lors de la vérification et de la réception les augmentations ou les déductions seront faites d'après les prix arrêtés dans le marché.

Quant aux accidents qui peuvent survenir par cas fortuits durant la construction, ils sont entièrement à la charge de l'entrepreneur lorsqu'il fournit les matériaux, à moins que le propriétaire n'eût été mis en demeure de recevoir les ouvrages. (C. 1788.) Mais lorsque l'entrepreneur ne fournit que la main d'œuvre, le propriétaire supporte la perte des matériaux, et l'entrepreneur celle de son travail, à moins que l'accident n'eût pour cause le vice des matériaux ou que le propriétaire n'eût été mis en demeure. (C. 1789, 1790.)

Si cependant l'accident provenait du fait exclusif d'une seule des deux parties, la perte serait pour elle seule; de manière que dans ce cas, ou le propriétaire serait tenu de payer à l'entrepreneur le prix entier de ses ouvrages, ou l'entrepreneur n'aurait rien à réclamer, mais serait même passible de dommages et intérêts.

Lorsque la cause de l'accident demeure inconnue, elle est réputée provenir du fait de l'entrepreneur; et dans tous les cas il répond du fait des ouvriers qu'il emploie. (C. 1797.)

L'entrepreneur d'un ouvrage à prix fait ne peut en aucune manière être admis à réclamer un supplément de prix, à moins qu'il ne résulte de changement dans le plan, approuvé et réglé d'avance par le propriétaire. Voy. *Marché, Payement, Résiliation, Privilége.*

ÉTABLE. Voy. *Contre-mur.*

ÉVERTIZON. Voy. *Tour d'échelle.*

ÉVIER. Les éviers ne peuvent, comme toute saillie, être construits sans permission de la voirie, et s'ils sont plus hauts que le niveau du rez-de-chaussée, ils doivent être entièrement couverts. (Édit de décembre 1607.)

EXPROPRIATION. La loi du 7 juillet 1833, suppléant et réformant celle du 8 mars 1810, a prescrit les règles à suivre pour l'expropriation des immeubles pour cause d'utilité publique. L'indemnité offerte par l'administration, celle réclamée par le propriétaire, si l'une et l'autre ne s'accordent pas, sont soumis à un jury qui prononcera, et l'indemnité sera payée comme la prise de possession.

F

FAÇADE, MUR DE FACE. Voy. *Mur.*

FENÊTRE. L'exposition des objets nuisibles sur les fenêtres, ou leur jet, est une contravention punie de 1 à 5 fr. d'amende et en récidive de un à trois jours de prison. (P. 471, 474.) Voy. *Vue.*

FORGES, FOURS et FOURNEAUX. Voy. *Contre-mur.*

FONDEMENTS. Les fondements des murs mitoyens doivent être tracés en présence des parties intéressées ou de leurs représentants, et ceux des murs sur la voie publique en présence des agents de la voirie. Voy. *Mur.*

FOSSES D'AISANCES. Voy. *Contre-mur.*

FOSSÉS. Tout fossé qui sépare deux héritages est présumé mitoyen, s'il n'y a titre ou marque du contraire. (C. 666.) Cette marque est le rejet de la terre d'un seul côté en faveur de l'héritage où se trouve le rejet. (C. 667, 668.)

Lorsqu'un fossé sépare deux champs dont l'un est sensiblement plus élevé que l'autre, il est à croire que le fossé appartient à l'héritage inférieur.

Si l'un des héritages seulement est entièrement clos de fossés, ils sont censés, dans tout leur pourtour, appartenir à la propriété enclose. Voy. *Haie.*

La confection, le curage et l'entretien du fossé mitoyen se font à frais communs, et le rejet s'opère simultanément des deux côtés. (C. 669.)

Chacun des propriétaires du fossé mitoyen peut requérir son voisin d'y faire les réparations convenables; celui-ci doit y accéder s'il ne déclare abandonner la mitoyenneté; et dans ce cas, ce fossé devient la propriété exclusive de l'autre qui peut en disposer, même le combler et le réunir à sa propriété. C'est l'interprétation des meilleurs jurisconsultes.

Mais chacun peut faire cesser la mitoyenneté, en comblant la moitié du fossé qui le concerne.

Si le fossé mitoyen est nécessaire à des tiers, et que ceux-ci en aient acquis la servitude, il ne peut être comblé, et la mitoyenneté devenant une charge, ne peut être abandonnée.

Celui auquel appartient exclusivement un fossé joignant sans moyen l'héritage d'autrui, peut le combler, le laisser subsister et le mettre dans l'état qui lui convient; mais il ne peut y planter qu'à la distance obligée. Voy. *Arbre.*

FOURS A CHAUX ET A BRIQUE. Ils ne peuvent être construits qu'avec la permission de l'autorité administrative, après une enquête de *commodo* et *incommodo* et à moins de 500 toises (1,000 mètres) de distance des bois et forêts soumis au régime forestier, à peine de 100 fr. à 500 fr. d'amende et de démolition. (F. 151.)

FOUILLES. Tout propriétaire peut, en se conformant aux règlements de police et de voisinage, faire au-dessous de son sol toutes les fouilles qu'il jugera à propos. (C. 552.)

G

GARANTIE. Voy. *Accident, Architectes, Entrepreneurs, Ouvriers.*

GRILLARDS. Ce sont des fers maillés pour les jours et vues légales. Voy. *Vue.*

GOUTTIÈRES ou *stillicides*. Elles ne peuvent être placées au-dessus du fonds voisin, même sur un mur mitoyen. Voy. *Clôture.*

H

HAIE. Palissade verte défensive. Toute haie qui sépare deux héritages est réputée mitoyenne, s'il n'y a titre ou possession contraire, à moins que l'un d'eux fût seul entièrement clos de cette manière, auquel cas la haie est censée lui appartenir exclusivement. (C. 670.)

La haie plantée sur le bord d'un fossé est censée appartenir au propriétaire du fossé, et si le fossé est mitoyen ou dépend de l'autre héritage, la haie est réputée appartenir exclusivement au champ du côté où elle se trouve.

Il n'est permis de planter des haies vives qu'à trois pieds (1ᵐ) de distance de la limite extrême du champ voisin (C. 671) et ce voisin peut exiger que la haie, si elle n'est pas munie d'un fossé et plantée à une moindre distance, soit arrachée.

Si la haie est mitoyenne, la réparation doit s'en faire à frais communs, et le produit partagé dans la même proportion.

Les arbres excrus dans une haie mitoyenne sont mitoyens eux-mêmes, et chacun des voisins peut exiger leur destruction. (C. 673.) Voy. *Arbres, Fossé, Plantation.*

HONORAIRES. Aucune disposition légale n'ayant fixé les honoraires d'un architecte, ils sont établis d'après des conventions amiables ou l'usage des lieux, ou à défaut par les juges de paix ou les tribunaux en cas de contestation. Un arrêté du Conseil des bâtiments, pris en 1800, les fixe, pour ceux des architectes de l'Etat, à 5 % du montant des travaux, en y comprenant leurs plans, leur devis et leur surveillance.

HÉBERGE. Hauteur commune des bâtiments appuyés sur un mur de séparation.

I

IMMEUBLES PAR DESTINATION. Sont considérés comme tels, les bestiaux et tous les instruments servant à la culture et à l'exploitation des terres, les tuyaux de conduites, les ustensiles des usines, les pailles et engrais, tous les effets mobiliers attachés à perpétuelle demeure, scellés à chaux, à ciment, à plâtre, ou qui ne peuvent être détachés sans fracture ou détérioration, tels que les glaces, les tableaux, les statues dans leurs niches. (C. 522 à 525.) Voy. *Accident, Bail à loyer, Bâtiment, Locataire, Réparation, Privilége.*

INCENDIE. Voy. *Accident, Cheminée.*

INDEMNITÉ. Elle est due au voisin pour surcharge sur le mur mitoyen; elle se fait de gré à gré par expert ou fixée par les tribunaux : elle est due au propriétaire lorsqu'un alignement le force à reculer sa maison, lorsqu'elle est démolie, soit volontairement, soit par injonction de l'administration (loi du 16 septembre 1807); si au contraire l'alignement le force à s'avancer, on peut lui faire payer la valeur du terrain qu'il acquiert. Voy. *Expropriation.*

L

LOCATAIRE. Voy. *Accident, Bail à loyer, Réparations, Privilége.*

M

Magasin de sel et matières corrosives. Voy. *Contre-mur.*

Maison mitoyenne. C'est une maison qui est possédée divisément par plusieurs individus. Une propriété de cette nature est spécialement soumise aux servitudes créées par la destination du père de famille. (C. 692.)

Si, comme il est le plus ordinaire, un mur de refend est la séparation des lots, ce mur de refend devient alors mur mitoyen entre deux maisons distinctes. Si, dans un cas semblable, l'escalier demeure commun aux deux propriétaires, ces deux copropriétaires doivent contribuer à son entretien dans le rapport de l'usage qu'ils en font ou de l'importance dont il est pour chacun d'eux. Les portes qui y communiquent sont à la charge exclusive de celui qui en fait usage. Il est sage, dans un cas semblable, de s'entendre par un traité particulier entre parties.

Mais si la division de la maison a lieu par étage ou par appartement, il en résulte une mitoyenneté d'un genre particulier, mitoyenneté à peu près inconnue dans une partie de la France, mais commune en quelques autres, en Bretagne par exemple, et que le Code civil a rendue applicable à tout le royaume, en établissant les règles générales d'après lesquelles on doit la régler, lorsque les titres de propriété et les actes de partage n'y ont pas pourvu. (C. 664.)

Les gros murs et le toit sont à la charge de tous les propriétaires; il en est de même du dernier plancher, si le galetas ou le grenier qu'il supporte n'appartient pas exclusivement à un seul.

Chaque propriétaire entretient le plancher ou la voûte sur lesquels il marche; mais le plafond sous ce plancher est à la charge du propriétaire inférieur.

Le propriétaire de chaque étage fait l'escalier qui y conduit, le tout en partant du rez-de-chaussée tant en montant qu'en descendant, de manière que l'escalier qui monte au premier étage est à la charge du propriétaire de cet étage, et que celui qui descend aux caves est à celle du propriétaire des caves. Le propriétaire du rez-de-chaussée seul, ne doit avoir aucun escalier à entretenir.

Chaque porte et croisée, est à la charge de celui qui en fait usage, cependant les propriétaires de tous les étages peuvent être appelés à concourir pour l'entretien de la porte d'entrée extérieure.

La contribution de chaque propriétaire aux objets communs est en proportion de la valeur spéciale de leur propriété respective; mais chacun d'eux est responsable des accidents dont il est la cause. Voy. *Mur mitoyen.*

Marché. Les marchés peuvent être faits par écrit ou convenus verbalement; mais, dans ce dernier cas, on ne peut être admis à la preuve par témoins, même avec des arrhes données, s'il n'y a commencement d'exécution. (C. 1714, 1715.)

Les marchés sont résolus par la mort de celui qui en est chargé (C. 1795), ou par la seule volonté du propriétaire, quel que soit l'état des travaux commencés (C. 1794); mais il n'est pas résolu de droit par la mort de ce dernier. En cas de résiliation par décès, le propriétaire doit payer aux héritiers de l'entrepreneur les ouvrages faits, après néanmoins réception légale, et les matériaux préparés, si ces matériaux lui sont utiles. (C. 1796.)

Dans le cas où le propriétaire a résilié le marché par sa seule volonté, il doit rembourser à l'entrepreneur, outre le prix entier des ouvrages déjà faits et reçus, ce qu'il aurait pu gagner dans l'entreprise. (C. 1794.) Ceci n'est applicable qu'au marché à forfait; dans le marché à la mesure, comme la réception se peut faire par partie, cette indemnité n'est pas due.

Le décès de l'architecte ne rompt pas le marché de l'entrepreneur, et réciproquement.

Matériaux. La grande ordonnance de la voirie de Toulouse, du 10 novembre 1769, a prescrit les dimensions suivantes pour les matériaux qui se confectionnent dans son ressort.

1° La brique ou *tuile plane*, 15 pouces de canne ou 15°6' de toise (42 cent.) de longueur; 9°7' ou 10°2' (27 cent.) de largeur; 1°6' ou 1°8' (5 cent.) d'épaisseur.

2° La demi-brique ou *tuile violette*, 14° ou 14°6' (39 cent.) de longueur; 4°6' ou 4'8' (12 cent.) de largeur; et 1°5' ou 1°8' (5 cent.) d'épaisseur.

3° Le carreau ou *carrellement*, 8° ou 8°5' (22 cent.) en quarré et 1°4' ou 1°7' (4 cent.) d'épaisseur.

4° La tuile creuse ou *tuile canal*, 18°4' ou 18°8' (46 cent.) de longueur; 5° ou 8' (2 cent.) d'épaisseur; 8° ou 8°5' (23 cent.) d'ouverture au grand bout; et 5°6' ou 6° (16 cent.) au petit.

On observera qu'en général, et avec raison, on a diminué l'épaisseur des tuiles et carreaux afin de leur faire prendre mieux le feu et les rendre plus légers pour la charpente : cette épaisseur se réduit pour le carreau à un pouce (3 cent.) et pour la tuile à 5 ou 6' (15 mmt.)

Mais l'usage, surtout dans les campagnes, a laissé tomber en désuétude ces dimensions rigoureuses en plusieurs lieux : ainsi nous avons avec le grand échantillon légal, le moyen et le petit échantillon. Ils sont tous indiqués dans le § 9, art. 1er, chap. 3, 7e section de cette partie, et dans la 2e partie, page 47.

Mitoyenneté. Voy. *Abandon*, *Arbres*, *Contre-mur*, *Fondement*, *Fossé*, *Haie*, *Maison mitoyenne*, *Mur*, *Pierre-à laver*, *Puisard*, *Puits*, *Tour d'échelle*, *Vue.*

Mur. Un mur prend différents noms dans la pratique, d'après sa position et son usage, et est soumis à divers règlements.

En droit, on appelle *gros murs* ceux qui constituent le bâtiment depuis sa fondation jusques au faîte; le mur qui sépare deux héritages, sans supporter aucun bâtiment, s'appelle *mur de clôture*; celui qui est intermédiaire entre deux bâtiments, *mur de séparation* : enfin, quand un mur, de quelque espèce qu'il soit, appartient en commun à deux propriétaires, il prend le nom de *mur mitoyen*.

1° MUR DE FACE. Nul ne peut construire ou reconstruire une façade donnant sur la voie publique, sans avoir reçu l'alignement de l'autorité compétente. Voy. *Alignement, Fondement.* On ne peut employer pour ces murs que de la pierre ou brique, dans toutes les rues publiques du royaume. (Ordonnance de 1560, art. 16, 99; Arrêt du Conseil du 10 juillet 1744, art. 17.)

2° MURS DE CLÔTURE. Dans les villes et faubourgs, tout propriétaire peut exiger de son voisin de bâtir à frais communs un mur de clôture, lequel devient alors mitoyen, en fournissant chacun la moitié du sol de ce mur: ce mur, à défaut de règlements locaux, doit avoir de 8 à 10 pieds (2^m 60 à 3^m 25) de hauteur. (C. 663.)

Mais la coutume de Toulouse prescrit de donner aux fondements des murs de clôture 6 empans ou 4 pieds 2 pouces (1^m 35) de profondeur sur 20° ou 20°9' (56 cent.) d'épaisseur; elle ordonne que le mur franc ait 15° ou 15°6' (42 cent.) d'épaisseur sur 12 empans ou 8 p. 3°6' (2^m 70) de hauteur non compris le chaperon. Cette même coutume (C. T. 4e partie, titre 6, art. 3.) prescrit d'élever lesdits murs jusqu'à la hauteur du toit inférieur, et permet de ne clore les jardins que de *parois* ou pisé de la même hauteur. Néanmoins le Code civil étant formel, il est présumable que, malgré cette disposition expresse de la coutume, on peut être forcé à clore un mur en maçonnerie et non en pisé.

Dans les campagnes, on ne peut être forcé de clore à frais communs, mais il résulte de l'article 676 du Code civil que l'on peut construire un mur sur l'extrême limite de son héritage et par conséquent sans échelage. Voy. *Tour d'échelle.* Cependant s'il existe déjà un mur mitoyen, l'un des copropriétaires peut forcer l'autre à contribuer à son entretien et à sa réparation, si mieux il n'aime, dans les campagnes seulement, renoncer à la mitoyenneté. (C. P. 210.) Voy. *Egout des toits.*

3° MUR MITOYEN. Tout mur servant de séparation entre deux héritages est réputé mitoyen, s'il n'y a titre ou marque du contraire. (C. 653.)

Il y a marque de *non mitoyenneté*. 1° quand un des côtés du mur est d'aplomb et l'autre en talus, et ce, en faveur du côté où se trouve l'inclinaison; 2° lorsque le chaperon ne verse l'eau que d'un côté, qui est celui du propriétaire, voy. *Egout des toits;* 3° quand il n'y a que d'un côté des corbeaux, filets ou saillie établis en construisant le mur en faveur du côté où se trouvent ces saillies. (C. 654.)

Un mur est mitoyen dans une partie seulement; c'est ce que veulent dire ces mots, jusqu'à l'héberge, Voy. *Héberge.* (C. 655.) Ainsi, si deux bâtiments d'inégale hauteur sont appuyés sur le mur, ce mur n'est réputé mitoyen que jusques au niveau du comble du bâtiment inférieur, et le reste est censé appartenir exclusivement au propriétaire du bâtiment le plus élevé.

La construction et la réparation d'un mur mitoyen sont à la charge commune des ayants droit, et ce, dans la proportion des droits de chacun. (C. 655.)

Ainsi, dans l'exemple précédent, le mur, jusques à l'héberge, sera entretenu et rebâti en commun par les deux voisins, et la partie au-dessus du bâtiment inférieur, exclusivement aux frais du propriétaire du bâtiment supérieur.

Tout copropriétaire d'un mur mitoyen peut en abandonner la mitoyenneté, s'il veut se dispenser de son entretien et de sa reconstruction. On observera que cet abandon ne peut avoir lieu quand ce propriétaire a des bâtiments appuyés à ce mur; car, dans ce cas, ce bâtiment serait appuyé sur un mur étranger, ce qui est contraire aux lois, car ce bâtiment ne pourrait recevoir des prises pour la charpente, ni ses autres murs faire suite au mur de séparation. De plus, si ce mur est un mur de clôture dans une ville ou ses faubourgs, il paraît juste que l'on ne puisse non plus en abandonner la mitoyenneté sans le consentement de son voisin, puisqu'on est obligé de se clore à frais communs, si le voisin l'exige. (C. 656.) D'ailleurs en abandonnent la mitoyenneté, le propriétaire défaillant serait obligé de souffrir l'évertizon. Voy. *Tour d'échelle.*

On peut toujours acquérir la mitoyenneté d'un mur ou partie d'un mur de séparation en remboursant au propriétaire la moitié, tant de la valeur du mur que du fonds sur lequel il est construit, et celui-ci ne peut valablement s'y refuser. (C. 661.) Il en est de même de l'exhaussement qu'un des propriétaires a fait au mur mitoyen. (C. 660.)

Celui qui a abandonné la mitoyenneté peut toujours y rentrer en remboursant la valeur du mur et du fonds, comme si ce mur n'eût jamais été mitoyen.

Chacun des copropriétaires d'un mur mitoyen peut en jouir relativement à la partie qui le concerne, et d'après l'état actuel des choses; mais il ne peut y rien changer sans l'autorisation, soit du voisin, soit de la justice : ainsi, sans autorisation, on ne peut percer un mur semblable, y pratiquer aucun enfoncement, ou y appuyer un bâtiment qui n'existait pas. L'infraction à cette règle est un quasi-délit, passible de dommages-intérêts, et qui ne se prescrit que par trente ans.

Mais si ce mur mitoyen supporte deux bâtiments, chaque copropriétaire peut y placer des poutres et des solives jusques à trois pouces près dans toute l'épaisseur du mur, sauf au voisin, s'il vient à en placer d'autres au droit de celles-là, à les faire réduire à l'ébauchoir, jusques à la moitié du mur. (C. 656.) Il en serait de même si l'on plaçait des cheminées au droit des poutres ou solives.

Cette disposition semble de nature à diriger, dans la détermination légale de l'épaisseur d'un mur mitoyen, lorsque les coutumes et règlements locaux sont muets sur ce point : car, comme les poutres, pour être assises solidement, exigent au moins 8 pouces (22 cent.) d'appui, et les solives 5 pouces (13 cent.); il en résulte que tout mur mitoyen devrait avoir de 10 pouces (26 cent.) à 16 pouces (45 cent.) d'épaisseur dans sa partie la plus élevée.

A Toulouse ces épaisseurs sont fixées à 30 pouces (84 cent.) pour les fondations, à 25° (70 cent.) jusques au premier étage, à 20 (56 cent.) jusques au second, à 15° (42 cent.) jusques au troisième, et à 10° (28 cent.) jusques au comble. Il paraît résulter de cela cette règle générale que le mur mitoyen doit avoir toujours en épaisseur 10° (28 cent.) dans les galetas sous le comble et augmenter de 5° (14 cent.) par étage et d'autant pour l'empatement des fondations. Ainsi, pour un bâtiment en chartreuse ou à rez-de-chaussée seulement, l'épaisseur sera de 20' (56), 15° (42) et 10° pouces (28 cent.); pour celui avec rez-de-chaussée et premier étage de 25° (70), 20' (56), 15° (42) et 10° pouces (28 cent.), et ainsi de suite.

Les murs mitoyens doivent être construits suivant l'art, en bons matériaux, à mortier de chaux et dans les proportions régulières. Si un mur mitoyen caduc, et que l'on reconstruit, est dans des dimensions inférieures, celles-ci doivent être augmentées, et l'excédant d'épaisseur pris également de chaque côté. Ce sont ordinairement des gens de l'art qui décident si un mur est caduc, et conséquemment dans le cas d'être démoli. Il n'y a de règle établie que relativement au déversement d'un mur qui le fait condamner quand le surplomb excède de la moitié de son épaisseur.

Un mur mitoyen non caduc doit être réparé, quand il a perdu de son aplomb, qu'il offre des lézardes, des bombements, lorsque les chaperons sont dégradés, que le crépi est tombé en tout ou en partie; en un mot, quand il se trouve détérioré de manière à donner quelque atteinte à la solidité.

Desgodets prétend que lorsque le mur mitoyen est construit en pans de bois, un des copropriétaires a le droit d'exiger qu'il soit construit en maçonnerie, lors même qu'il ne péricliterait pas. L'arrêt du conseil du 10 juillet 1744, déjà cité, art. 1er, a consacré formellement cette maxime pour la ville de Toulouse. Il serait sage que cet usage s'étendît à toutes les communes, et que les murs en brique crue fussent assimilés aux pans de bois, quand un des copropriétaires démolit sa maison pour en convertir le sol en cour, jardin ou champ, ce qui rend extérieure une construction qui ne doit être qu'intérieure. Dans ce cas, nous pensons que le propriétaire démolisseur peut être forcé à relever le mur à frais communs et en brique, à moins qu'il ne renonce à la mitoyenneté.

Tout copropriétaire peut exhausser le mur mitoyen à ses propres frais et en payant au voisin l'indemnité de surcharge du mur ; alors l'exhaussement lui appartient exclusivement (C. 658) : mais dans la suite le voisin peut rendre cet exhaussement mitoyen.

L'indemnité de surcharge avait été fixée à Paris (C. P.197) à un sixième, c'est-à-dire à une toise sur six, de manière qu'un exhaussement de six toises carrées exige une indemnité de la valeur d'une toise carrée, et par conséquent à une demi-toise à payer à l'autre copropriétaire ; cette coutume était également prescrite à Toulouse : mais le Code se contente de remettre cette indemnité à régler selon les circonstances. (C. 658.)

Si le mur ne peut supporter l'exhaussement, celui qui veut cet exhaussement doit faire reconstruire le mur entier à ses frais, et l'excédant d'épaisseur doit être pris de son côté. (C. 659.) Dans ce cas, l'autre propriétaire, pour acquérir la mitoyenneté de l'exhaussement, doit payer, nonseulement la moitié de cet exhaussement en lui-même, mais aussi la moitié de la surépaisseur et du sol sur lequel elle repose.

Quand un mur mitoyen sépare deux héritages d'un niveau naturellement différent, et que les dimensions légales du mur sont insuffisantes pour contenir la poussée, le propriétaire du sol supérieur doit fournir en sus de la moitié légale de l'épaisseur toute celle qu'il est nécessaire de donner en sus au mur, et cette surépaisseur doit être à ses frais. Si le sol inférieur a été rendu tel par le propriétaire, ce sera à lui à fournir cette surépaisseur, puisque sans cette opération, il n'y aurait pas eu de poussée.

C'est d'après ces principes que se règle l'épaisseur et la profondeur extraordinaire à donner aux fondements des murs mitoyens, pour construire une cave dans une seule des maisons qu'ils séparent. Voy. Cave.

N

Nouvel œuvre. Voy. *Dénonciation*.

O

Ouvrage. On ne peut construire, et s'ils l'ont été, on doit détruire ceux qui produisent une servitude, une aggravation ou une diminution ; si ces ouvrages sont apparents, ils n'acquièrent la prescription qu'au bout de 30 ans, sans qu'il y ait eu réclamation. Le Conseil d'État a décidé, le 23 juin 1824, qu'un règlement de prix avec un entrepreneur est un contrat obligatoire entre les parties, et que les augmentations doivent être payées sur les prix arrêtés dans le devis.

Ouvriers. Les fautes des ouvriers retombent sur l'entrepreneur qui les emploie : ils sont exclusivement sous ses ordres (C. 1797) et responsables envers lui, soit de la perte de leur temps, soit dans le cas de dol et de fraude.

Les ouvriers qui font directement des marchés sont considérés comme entrepreneurs. (C. 1799.) Voy. *Entrepreneur.*

Lorsqu'un ouvrier entrepreneur a fait des fautes contre la solidité, il est responsable, non-seulement des accidents arrivés à ses ouvrages, mais aussi de ceux arrivés par suite des ouvrages des autres ouvriers.

Le vol commis par un ouvrier chez son maître, ou chez celui qui l'emploie, est puni de la réclusion. (C. P. 386.)

P

PAN DE BOIS. Voy. *Contre-mur, Mur de face, Mur mitoyen.*

PAVÉ. La plus grande incertitude règne dans la législation relative à la confection et à l'entretien du pavé. Il serait à désirer que cet objet fût réglé d'une manière positive et stable. L'ordonnance de police de Toulouse, art. 94, met à la charge des propriétaires le pavé du revers de la chaussée, depuis le mur de face jusques au ruisseau ou gondole, et lors d'une seule gondole au milieu du pavé, ou lorsque la maison est sur une place, la partie de la chaussée à la charge du propriétaire est de 12 empans ou 8 pieds 4 pouces (2^m 70) de largeur.

PAYEMENT. Voy. *Privilége.*

PIERRE A LAVER. Cette pierre adossée à un mur mitoyen doit porter des rebords pour préserver ce mur de l'humidité. Voy. *Evier.*

PLANTATION. Voy. *Arbres, Haie.*

PLANS. Voy. *Architecte, Entrepreneur.*

PLAQUE DE CHEMINÉE. Voy. *Cheminée, Contre-mur.*

PRESCRIPTION. Toutes les actions civiles prescrivent en général par trente ans. (C. 2262.) Le salaire des ouvriers se prescrit par six mois (C. 2271); lors même qu'il y a eu continuation de fournitures et de services; la garantie des architectes et entrepreneurs se prescrit par dix ans. (C. 2770.)

PRIVILÉGE. Les architectes, entrepreneurs et ouvriers employés pour la construction d'un édifice, ont privilége sur cet immeuble, pourvu qu'il y ait un procès-verbal valable de l'état des lieux avant et après les travaux. Le dépôt de ces deux procès-verbaux leur réserve le bénéfice de ce privilége. (C. 2103, 2110.)

Les propriétaires ont pour le payement des loyers et des réparations locatives, privilége sur les meubles de leurs locataires: et si ces meubles sont déplacés sans leur consentement, ils peuvent les faire saisir, et conservent sur eux leur privilége, si la revendication a été faite dans les quinze jours de leur enlèvement. (C. 2102.) Réciproquement le locataire peut demander au propriétaire les réparations à sa charge qui deviennent urgentes; et à défaut, d'être autorisé ou à les faire lui-même sur le prix du loyer, ou à requérir la résiliation du bail.

PROPRIÉTAIRE. Voy. *Accident, Construction, Bail à loyer, Locataire, Privilége.*

PUISARD. Les infiltrations et émanations des puisards étant presque aussi infectes que celle des fosses d'aisances, on doit en construire les parois avec les mêmes soins. La coutume de Toulouse exige pour les puisards comme pour les puits, une distance de 6 pouces (17 cent.) entre leurs murs et le mur mitoyen. Voy. *Contre-mur.*

PUITS. Voy. *Contre-mur.*

R

RAMONAGE DES CHEMINÉES. Voy. *Incendie, Locataire, Réparation.*

RÈGLEMENTS (ANCIENS). La loi du 22 juillet 1791, art. 29, maintient expressément les anciens règlements sur la voirie; le Code civil, dans plusieurs de ses dispositions, invoque aussi et confirme les coutumes locales.

Ces différents règlements, ainsi que ceux que l'autorité chargée de la voirie a le droit de prescrire, étant obligatoires, le seul fait de désobéissance à cet égard est puni d'une amende de 1 à 5 fr. et de un à trois jours de prison en cas de récidive (P. 471, 472), sans préjudice des peines plus fortes si le cas y échoit.

RÉPARATIONS. On distingue dans les bâtiments deux sortes de réparations; les *grosses*, qui sont à la charge du propriétaire, et celles *d'entretien*, qui sont à la charge de l'usufruitier et du locataire. Il ne peut être question ici que des réparations pour cause d'usage ou de vétusté; car celles nécessitées par le fait d'un individu sont exclusivement à sa charge. Voy. *Accident.*

Les grosses réparations sont, suivant la loi, toutes celles des gros murs et voûtes, le rétablissement des poutres et solives maîtresses, des couvertures, et par suite des combles, celui des digues, des murs de clôture et de soutenement à refaire en entier. Toutes les autres sont légalement réputées d'entretien. (C. 606.)

Entre les réparations d'entretien, on distingue aussi les *grandes* et les *menues*: lorsqu'il y a usufruit, elles sont toutes à la charge de l'usufruitier; mais quand il y a location, les dernières seules sont à la charge du locataire.

Les grandes réparations d'entretien, dites *usufruitières*, sont l'entretien et réparation des planchers, à l'exception des poutres; celui des carrelages, des plafonds, des cloisons de distribution, des couvertures, sauf le cas d'une reconstruction entière, des digues; des murs de clôture et de soutènement en partie seulement dégradés, des plombs, tuyaux de descente, le curement des puits et fosses d'aisances, etc.

Les menues réparations dites *locatives*, sont à la charge de l'usufruitier et du locataire, sauf, pour ce dernier, le cas de vétusté et force majeure. (C. 1754, 1755.)

La loi (C. 175) prescrit de considérer spécialement comme réparations locatives celles à faire aux âtres, contre-cœurs, tablettes et chambranles de cheminée; aux enduits extérieurs des appartements jusques à une hauteur de 3 pieds (1^m); aux pavés et carreaux, lorsque quelques-uns sont seulement cassés ou dégradés; aux vitres, à moins de grêle, force majeure ou accidents extraordinaires; mais lorsqu'il y a des contrevents, cette exception est nécessairement restreinte aux portes, croisées et leurs ferrures.

Outre ces réparations, la loi met à la charge des locataires celles que l'usage leur a attribuées, telles que les suivantes : celles des dessus de marbre, cuvettes et coquilles de la même matière; des feuilles ou lames de parquet enfoncées ou détériorées; des pavés des grandes cours, remises et écuries, pour ceux seulement mis hors de place, et pour tous les pavés brisés et dégradés dans les petites cours où il n'entre pas de voitures; celles de toute la menuiserie et menue serrurerie de la maison; des dessus de porte, tableaux, sculptures, tentures; des balcons, grilles et grillages de fer ou de fil d'archal pour les parties cassées ou faussées; des sonnettes, cordons, repoussoirs, tourniquets et fil d'archal; des poulies, tringles et cordons des croisées; enfin celles des mangeoires, piliers, barres et râteliers des écuries, et chantiers des caves; le ramonage des cheminées; le carrelage des fourneaux potagers; le remplacement des réchauds ou grilles brûlés ou cassés; l'âtre ou la chapelle des fours; les pierres à laver et leurs grilles; les barrières, bancs et bouteroues, et les auges en pierre; les poulies des puits et leurs supports et margelles; le piston, la tringle, et le balancier des pompes. Sont aussi à la charge du locataire, dans les jardins et parterres, l'entretien des allées, plates-bandes, bordures, gazons, arbres et arbustes, des vases, caisses et bassins, sans qu'il lui soit permis de changer les dessins et la nature des plantations.

Voilà les principaux objets légalement mis sous la garde du locataire, et dont les réparations et l'entretien le concernent, à moins que des conventions particulières aggravent ou définissent autrement ses obligations.

Il serait, on le conçoit, impossible de tout énumérer; mais, en général, le locataire doit entretenir en bon état tout ce dont il fait usage, surtout quand l'objet est mobile : il répond aussi de tout objet quelconque en cas de vol ou de soustraction, si ce n'est à la suite d'une force majeure.

Le locataire est tenu de rendre la chose louée dans l'état où il l'a prise, ou un état semblable. S'il n'y a pas d'état de lieux dressé, il est censé avoir reçu tout en bon état. (C. 1730, 1731.) Voy. *Bail à loyer*.

RÉSILIATION. Voy. *Marché*.

S

SAILLIE. On appelle ainsi tout ouvrage de maçonnerie, de charpente, de menuiserie ou de serrurerie, excédant le nu du mur, qu'il soit fixe ou mobile. Aucun ne peut être fait sans la permission de l'autorité chargée de la voirie, qui l'accorde ordinairement moyennant une indemnité dite *droit de voirie*.

SEIGNEUR DE BESOGNE. Mot employé dans la coutume de Toulouse pour indiquer le propriétaire qui fait travailler.

SOUTERRAIN. Le propriétaire d'un souterrain ou d'une cave au-dessus desquels se trouvent des terrains ou des constructions appartenant à un autre propriétaire, est tenu d'entretenir les murs et soutiens de la voûte. Voy. *Cave*.

SOURCE. Le propriétaire du fonds inférieur sur lequel une source abandonnée à elle-même coule naturellement, acquiert sur ces eaux par titre ou par jouissance non interrompue pendant trente ans, à compter du moment auquel il a terminé ses ouvrages apparents destinés à faciliter la chute ou le cours des eaux, un droit de propriété. Voy. *Eau*.

STILLICIDE. Voy. *Gouttière*.

SURCHARGE. Voy. *Mur mitoyen*.

T

TERRES JECTICES. Voy. *Contre-mur*.

TRÉSOR. Un trésor est une chose cachée ou enfouie, sur laquelle personne ne peut justifier de sa propriété, et qui est découverte par le pur effet du hasard. (C. 716.)

De là, il résulte que toute découverte prévue et réservée ne peut être attribuée au pur effet du hasard, et conséquemment entre dans le domaine du propriétaire du sol, celui-ci ayant aussi la propriété du dessous et du dessus. (C. 552.)

Il en est de même lorsque la chose trouvée est réclamée par un individu qui la décrit exactement, ou qui, après sa découverte, prouve qu'elle est sa propriété. Alors, ni le propriétaire du sol, ni celui qui a fait la découverte n'y ont aucun droit, parce que la chose trouvée n'est pas un trésor, aux termes de la loi.

La propriété d'un trésor appartient par moitié au propriétaire du sol, et à celui qui en a fait la découverte, et conséquemment, elle est dévolue en entier au propriétaire si lui-même a fait cette découverte. (C. 716.)

Si la découverte est faite par des ouvriers employés par un entrepreneur, celui-ci n'y a aucun droit; le propriétaire du sol et les ouvriers partagent entre eux le trésor.

TOITS. Voy. *Égout des toits*.

TOMBEREAU. La grande ordonnance de la voirie de Toulouse, art. 73, prescrit pour le tombereau à un cheval qui circule dans les rues, les dimensions suivantes : 2 empans ou 1 p. 5º (46 cent.) de largeur de caisse sur le devant; 2 empans 4 pouces ou 1 p. 9º (70 cent.) sur le derrière ; 6 empans ou 4 p. 2º (1. 55) de longueur; et enfin 2 empans 2º ou 1 p. 7º (54 cent.) de hauteur. De pareils tombereaux combles, cubent environ 10 pieds (334 $^{dmt.}$ cubes). Les tombereaux en usage pour les travaux publics, cubent régulièrement 18 pieds (617 $^{dmt.}$ cubes.)

TOUR D'ÉCHELLE. Ce qu'on appelle le tour d'échelle est de deux sortes : celui qui constitue une servitude, et celui qui est une propriété.

Le premier, spécialement appelé tour d'chelle ou *évertison* est le droit de planter des échelles sur l'héritage voisin, afin de faciliter les réparations à faire au mur de séparation, ou aux bâtiments que supporte ce mur. Quand le mur n'est pas mitoyen c'est une véritable servitude qui ne peut s'établir que par titre. (C. 691.) Cette disposition impérative du Code doit annuler tous les tours d'échelle légaux que les coutumes avaient consacrés.

Mais lorsque le titre qui établit cette servitude n'en détermine pas les dimensions, le Code ne parlant pas du tour d'échelle, il faut s'en référer aux coutumes locales, et à leur défaut, à la coutume de Paris. Celle-ci est, il est vrai, muette à cet égard; mais un acte de notoriété, dressé par le lieutenant civil du Châtelet le 25 août 1704, fixe le tour d'échelle à 3 pieds (1^m) de largeur, à partir du parement extérieur du rez-de-chaussée et dans toute la longueur du mur : c'est donc la règle qui, dans ce cas, paraît devoir être suivie.

Si le mur est mitoyen, le tour d'échelle devient une servitude légale et déduite de l'état même des choses ; l'acte de notoriété précité est d'ailleurs formel à cet égard.

Le tour d'échelle en propriété, appelé spécialement *échellage*, est une portion de terrain que le propriétaire qui a bâti le mur a laissé au delà, afin de ne pouvoir être forcé d'en céder la mitoyenneté. L'échellage est, par sa nature, régi par les lois générales de la propriété ; ainsi le propriétaire de l'échellage a le droit d'y rejeter ses eaux, pourvu qu'elles ne s'écoulent pas chez le voisin. Celui-ci, s'il veut bâtir sans laisser lui-même d'échellage, le peut, mais non rejeter ses eaux sur la ruelle, qui, dans ce cas, demeure la propriété du premier bâtisseur. Celui-ci, à son tour, peut réunir l'échellage à sa propriété, et acquérir la mitoyenneté du second mur élevé sur l'extrême limite.

L'échellage qui règne autour des murs d'un parc, se nomme *ceinture* par la coutume de Paris. Il est régulièrement de 6 pieds (2^m) distance requise pour les plantations. Voy. *Arbres*.

TUYAUX DE POELE ET DE CHEMINÉE. Aucun, sans autorisation, ne peut déboucher sur la voie publique, et être distant de moins de 6 pieds (2^m) des fenêtres voisines.

U

USAGE. Les droits d'usage et d'habitation s'établissent et se perdent de la même manière que l'usufruit. (C. 625.)

Un usage local interprète l'antiquité des conventions. (C. 1152.) On doit suppléer dans les conventions les clauses d'usage, sans qu'elles soient exprimées. (C. 1160.)

V

VÉTUSTÉ. Voy. *Accident, Alignement, Mur, Réparation*.
VOL. Voy. *Ouvriers, Réparations*.

VUE. On ne peut, sans le consentement du voisin, pratiquer dans un mur mitoyen aucune ouverture, même à verre dormant. (C. 675.) Celles qui s'y trouvent ne sont dues qu'à la complaisance du voisin ; c'est ce qui les fait nommer *vues* ou *jours de souffrance*. D'après la coutume de Paris, elles ne peuvent prescrire, et le voisin peut les faire supprimer quand il lui plaît; mais la loi actuelle établissant que les servitudes continues et apparentes peuvent s'acquérir par la prescription (C. 699), la vue de souffrance pourrait être dans ce cas.

On peut dans un mur non mitoyen, quoique joignant sans moyen l'héritage d'autrui, ouvrir des fenêtres; mais elles doivent être fermées d'un verre dormant et garnies d'un treillis ou grillard en fer de 6 lignes (14^{mm}) de gros au moins, et dont les mailles n'auront pas plus de 4 pouces (11 cent.) en quarré. (C. 676.) Ces fenêtres doivent être à 8 pieds (2^m 60) d'élévation au-dessus de rez-de-chaussée et à 6 pieds (2^m) au-dessus de chaque plancher supérieur. (C. 676.) C'est ce qu'on appelle *vues légales*. Losque ces fenêtres donnent sur un cimetière, elles peuvent être à la hauteur que l'on veut, pourvu qu'elles soient toujours à verre dormant et fer maillé.

Les vues *droites* ou *d'aspect* sont celles qui sont en face de l'héritage voisin. Elles peuvent être à la portée ordinaire. Mais la loi exige, pour pouvoir les établir, une distance de 6 pieds (2^m) entre la limite de l'autre héritage et le parement extérieur de l'ouverture. (C. 678.) S'il y a balcon, galerie ou toute autre saillie, cette distance est prise de la ligne de séparation au point le plus avancé de la saillie. (C. 680.)

La vue *de côté* ou *oblique* est celle par laquelle on ne peut voir chez le voisin que par le côté. Celles-ci peuvent s'établir à la portée ordinaire, mais il faut au moins 2 pieds (65 cent.) de l'ouverture à la ligne de séparation. Cette distance est calculée comme celle des vues droites.

La coutume de Paris établit, et la plupart des jurisconsultes pensent que lorsqu'il y a entre les héritages une ruelle ou passage *public*, les distances prescrites ne sont pas exigibles.

SECTION SIXIÈME.

DES JARDINS.

On donne en général le nom de *jardin* aux divers embellissements champêtres qui accompagnent une habitation ; et lorsque leur étendue est considérable, ils prennent alors le nom de *parc*.

Il y a plusieurs sortes de jardins ; le jardin fleuriste ou *parterre*, le jardin fruitier ou *verger*, le jardin des légumes, maraîcher ou *potager* ; le jardin forestier ou *pépinière*, etc.; mais tous sont ici réunis seulement sous le rapport de leur établissement et de leur combinaison.

On reconnaît deux principales méthodes de planter les jardins. Celle des Français, de l'école du fameux Le Nostre, et celle dont, dit-on, les Chinois ont donné la première idée, et dont on appelle les produits , *jardins anglais, naturels, paysagers, pittoresques*, etc., expressions inexactes en tout ou en partie. Ces deux méthodes sont peut-être mieux distinguées en général par les noms de jardins *réguliers* ou *irréguliers*.

Les premiers sont soumis, dans presque toutes leurs parties, à l'équerre, à la règle et au cordeau. Ils ont été longtemps seuls en vogue; leur forme convient surtout aux jardins publics, et le génie des artistes qui les ont dessinés sous le règne de Louis XIV, avait élevé cet art au plus haut degré de perfection. Une ordonnance savante, beaucoup de noblesse et de dignité distinguent les bonnes productions de ce genre : mais, soignés et compassés, leur établissement est très-coûteux et leur entretien exige une dépense annuelle considérable.

Dans les autres, l'imitation de la nature est le but que se proposent ceux qui les créent : aussi peut-on y introduire une très-grande variété. C'est une espèce de poétique qui a ses règles dans un désordre apparent, ses licences, ses écarts. Le règne de Louis XV les vit s'introduire en France, et peu à peu remplacer les premiers, souvent avant que ceux-ci eussent acquis par l'âge la beauté qui leur est propre.

Il ne faudrait pas conclure de la distinction que nous avons établie, que la ligne droite fût la seule admise dans les jardins réguliers, et qu'elle fût constamment repoussée dans les autres. Il suffit de voir les sublimes compositions de Le Nostre, et les magnifiques jardins de France et d'Angleterre pour s'en dissuader, mais les planteurs vulgaires ont outré successivement les deux principes. Tantôt ils ont compassé leurs dessins de la manière la plus absurde; tantôt ils ont contourné leurs bosquets de la façon la plus ridicule. L'un et l'autre de ces excès est certainement opposé à la marche de la nature; mais celui des jardins irréguliers est d'autant plus choquant qu'ils ont la prétention d'en être une imitation ; au lieu que les autres ne devant jamais être considérés que comme une production de l'art, celui-ci, loin de s'y cacher, s'y montre entièrement à découvert.

Lorsque l'on entreprend de faire un jardin naturel, on doit d'abord étudier avec soin le terrain, connaître le climat, le sol dans lequel il doit être établi, afin de juger de la nature des végétaux que l'on a la faculté d'employer, la hauteur et le fourré que l'on doit espérer, toutes choses importantes pour arrêter une idée générale; les convenances du propriétaire, sa position dans la société, l'état de sa fortune, afin de lui donner tout ce qui lui est nécessaire ou agréable et ne pas aller trop au delà; le site où ce jardin sera placé et qui peut en déterminer le système. Les règles d'après lesquelles on établit les jardins réguliers, sont les mêmes ; elles changent seulement dans leur application. La diversité des sites, la nature du sol, les diverses configurations du terrain, le ton général du pays, amènent une variété infinie dans les conceptions du dessinateur. Les convenances de fortune et de position sociale doivent surtout être respectées , car la nature du sol présentât-elle l'occasion de réunir tous les genres, quel est le particulier, surtout de ceux que nous avons en vue, qui pourrait planter un jardin de plusieurs centaines d'arpents ? On est donc obligé de se restreindre et d'adapter ses idées au besoin du propriétaire et au terrain préféré. Ce n'est pas la même pensée qui doit diriger le dessinateur dans un pays de plaine ou de vallons, de coteaux, de montagnes ou de collines ; ce n'est pas avec le même crayon que l'on peut dessiner des scènes terribles, majestueuses, pittoresques, des tableaux tranquilles, rustiques, champêtres, mélancoliques ou fantastiques; dans un climat ardent, dans une température élevée, on ne peut se diriger comme dans un climat froid. De là la division des jardins naturels en différents genres, le sévère, le terrible, le gracieux, le monotone; de là aussi une autre division artistique en *pays, parcs, fermes, jardins proprement dits, jardins de genre,* etc., relative au système de leur établissement et à leur rapport avec le pays environnant.

Mais cette étude, toute satisfaisante qu'elle soit pour la raison et le bon goût, serait sans doute utile, mais serait superflue pour le simple cultivateur. Il faut à ce dernier un enclos qui lui donne des abris indispensables et quelques promenades agréables; qui renferme son potager, son verger, sa petite vigne de choix, ses pépinières; en un mot, ses cultures les plus soignées, et celles qui ont pour lui un rapport plus personnel, si l'on peut s'exprimer ainsi.

De cette manière son enclos ne pourra jamais être trop grand, puisqu'il sera principalement composé non de bosquets d'agrément mais de bois d'exploitation, non de gazons mais de prairies; parce que, partagé en grandes masses par des chemins de service plantés et tracés avec goût, et suivant autant que possible les pentes naturelles du terrain, les masses ne seront autre chose que des terres de son exploitation; les bois et les prés qui sont à portée les étendront de la manière la plus avantageuse : enfin, ce jardin, ou du moins la plus grande partie, ne sera qu'une ferme, non pas, sans doute, ce que beaucoup de personnes riches appellent une *ferme ornée*, mais cependant la promenade la plus convenable que l'on puisse offrir à un cultivateur, puisqu'à des jouissances de tous les instants elle pourra de temps en temps lui procurer quelques revenus importants. En un mot, comme les bois et les prés sont des parties essentielles d'une exploitation rurale et que ces objets composent à peu près tout un jardin, ce n'est pas un terrain perdu, c'est un terrain agréablement et utilement employé.

Des gazons et des plantations plus soignés, des bouquets d'arbres à fleur embelliront encore davantage les environs de son manoir, quelques petits monuments et fabriques de sentiment, quelques maisons ou loges d'employés pourront y prendre place. Ces objets en petit nombre, ces végétations plus intimes communiqueront et lieront mieux entre eux le parterre, l'orangerie, le verger, le potager, etc. Ils formeront le centre de ce jardin d'un genre particulier et encore plus naturel dans sa diversité, qui, sans avoir la prétention de cacher l'art, ni à force de le prodiguer, de le faire ressembler à la nature, offrira une nature embellie par l'art, enrichie d'objets et de travaux utiles, et sera aux grands jardins de ce genre ce qu'est une campagne bien cultivée à ces scènes brutes et sublimes d'un pays nouvellement découvert et qui n'est pas encore défriché. C'est une semblable idée qui a dirigé la plantation du jardin de Mauremont, sur un terrain bizarre et tourmenté que l'on croyait impropre à la culture du bois, où des fabriques coûteuses ne sont pas élevées, pour la création duquel le propriétaire peu fortuné n'a pu employer annuellement qu'une petite somme, mais dont le plan suivi avec persévérance et avec les indications agricoles qu'a données l'expérience, a été presque entièrement exécuté après plus de quarante ans de travaux silencieux, et dont la croissance présente par elle-même des âges bien différents.

Quoique dans un semblable jardin les objets d'agrément soient naturellement très-restreints, il est des règles pour les créer; règles qu'il est indispensable de connaître et dont nous allons donner une idée succincte.

Tout jardin doit être en concordance avec le bâtiment principal, de manière qu'un manoir vaste et soigné ne soit pas accompagné d'un jardin trop resserré et trop agreste, et qu'une maison des champs humble, petite et peu ornée soit entourée d'un jardin étendu, luxueux, et brillamment décoré. Cependant, comme une partie de l'enclos plus ou moins considérable peut naturellement être laissée en culture ou en produit, l'excès d'étendue est moins à craindre que le défaut, pourvu qu'on soit sobre de fabriques artistiques, de sculptures et de décorations. Il n'est pas moins indispensable que la distribution des masses et des détails soit en harmonie avec la configuration du terrain; et si en pays plat le dessin est plus facile et naturellement se rapproche davantage de la ligne droite, la monotonie qui en résulte affadit singulièrement ses effets; tandis que dans un sol plus ou moins tourmenté, l'harmonie ne peut exister qu'en évitant des contours opposés aux inflexions du terrain. Les mouvements de terre sont trop coûteux pour jamais les conseiller, à moins de cas exceptionnels et extraordinaires : ces mouvements artificiels, s'ils ne sont dirigés par un artiste d'un goût et d'un talent très-sûrs, sentent toujours la pioche, et en deviennent ridicules, surtout s'ils sont exécutés sur de petites échelles. Il faut se contenter d'adoucir les talus trop roides. Les pirouettements forcés ne sont pas moins étranges; les sinuosités doivent au contraire être tracées avec de très-grands rayons. Sur les lieux plats et découverts, les lignes de routes doivent être à peu près droites; dans un bois, elles peuvent être plus contournées, mais toutes leurs ondulations doivent être motivées par des groupes d'arbres ou tout autre obstacle, ce à quoi on pensera en plantant. Dans les terrains tourmentés, ce seront les accidents et les diverses pentes du sol qui dirigeront le dessinateur. Il est sans doute naturel de tourner un coteau pour le gravir; mais il est souverainement ridicule de faire en plaine des zigzags perpétuels et sans un motif évident. La raison et le bon sens sont les premiers dessinateurs de jardins comme les bases de tout art.

Les bois sont les premiers éléments des jardins. Mais on ne doit pas trop compter sur les arbres exotiques; ils sont d'une venue trop difficile et en général s'élèvent trop peu pour espérer en faire autre chose que des bosquets fleuristes qui peuvent accompagner des parterres, ou paraître au premier ou quelquefois au second rang des massifs : le centre de ceux-ci doit être planté d'arbres indigènes de première ou de seconde grandeur. Ceux-là seuls forment des bois, et les véritables bois sont les seuls qui arrêtent les vents, rafraîchissent la terre et donnent habituellement de l'ombrage. Ce sont eux seuls aussi qui puissent plus tard porter un revenu qui dédommage de l'entretien d'un jardin et ne pas le reléguer tout à fait dans le rang d'un objet de luxe. Or, un cultivateur, quelle que soit sa fortune, doit toujours viser à l'utile, et ce caractère est aussi celui qui convient toujours à la campagne. On doit, pour choisir l'essence à employer, consulter le terrain, le climat et l'emploi que plus tard on peut faire du bois, car celui qui plante un jardin, surtout dans les terres ou maigres et légères, ou fortes et argileuses, doit se transporter en idée à trente ou quarante ans au delà, et préjuger ce qu'il adviendra à cette époque. Les centres des massifs doivent être composés, dans les terres fortes, du frêne, du charme, des érables, des cerisiers ; dans les terres fraîches, du frêne, du tilleul, du noyer, du micocoulier, du platane, des peupliers ; dans les terres sèches et élevées, de l'orme, du mélèze, du hêtre ; le chêne est utile et vient partout. Ce qu'on appelle vulgairement les arbres à fleurs se placent, comme nous l'avons dit, dans les deux premiers rangs ; il en est quelques-uns qui sont rustiques, et forment en coupes d'excellentes trochées de bois de chauffage de bonne qualité, ce sont : les frênes, les chênes nains, les mahaleb, le gainier, le vernis du Japon, l'ypréau, les sumacs, les cytises, le sophora.

Les gazons sont le second élément des jardins ; il ne suffit pas pour un cultivateur qu'ils forment décoration, il faut encore que leur entretien, du moins dans les grandes pièces, au lieu d'être coûteux, se change en un revenu annuel. Les plantes légumineuses vivaces, ne sont guère propres à cet usage ; leurs fleurs pendant leur végétation, leurs siliques dans leur maturité, leur aspect terne et flétri après leur coupe, leur ôte presque habituellement l'aspect d'une verdure que l'on recherche. Cependant la luzerne, qui se coupe plusieurs fois, et qui se coupe avant la fleur, réunit pendant quelques années la parure du tapis au produit du fourrage. Ce n'est pas difficile dans les terres profondes ; mais, hors de là, on doit s'en tenir aux graminées. Celles-ci viennent facilement dans les lieux frais, les vallons humides ou ombragés, qui naturellement sont leur place ordinaire, puisque les plantes les plus communes sont en général celles dont la verdure est la plus agréable et la coupe la plus profitable. Ainsi, le paturin annuel, le paturin ou poa des prés, les fleaus, les dactyles, surtout le fromental, le raygrass ou ivraie vivace, mélangés de luzerne, de trèfle et de lupuline, formeront ces gazons ; on pourra les couper deux fois l'année, avant la formation des semences, afin de les conserver plus longtemps. Dans les terres sèches, les fétuques, les canches,

les houlques, les brizes, le fromental, quelques sainfoins formeront des tapis moins beaux sans doute, et surtout bien moins fructueux, et qu'il faudra même couper plus souvent. C'est dans ces parties qu'il convient ordinairement de buissonner ; et c'est d'ailleurs communément ce qui est rapproché de la maison, et ce qui est le plus sujet à l'entretien.

Les plantations peuvent se faire en arbres déjà formés, en plant de deux ou trois ans et en semis. Les deux premières méthodes sont à peu près les seules qui soient usitées, la troisième a trop de chances contre elle. Dans tous les cas, le mieux est de défoncer le terrain à 15 ou 20 pouces (0.50) de profondeur ou à deux fers de bêche ; la réussite sera plus certaine et on gagnera plusieurs années, ce qui n'est pas un petit avantage. Si l'on n'est pas pressé de jouir, à cinq ou six ans on rabattra toute la plantation rez terre, et dès lors le recru, qui s'éclaircira à mesure que la nécessité l'indiquera, aura d'une manière certaine assuré ses trochées. Un cultivateur formera le fond de ses bois en arbres indigènes, tels que nous les avons indiqués ; des arbres verts pourront y figurer, car leurs feuillages, d'une nature et d'un aspect particulier, aident à diversifier la couleur dominante ; quelques bouquets de ces arbres, plantés çà et là, repoussent le paysage et conséquemment l'agrandissent. Les arbres seront mélangés de manière à faire valoir réciproquement leur feuillage, leurs fleurs et leurs fruits, les plus élevés toujours au centre des massifs et en diminuant de taille jusqu'aux lisières qui recevront les arbrisseaux et les arbustes. Nous joignons ici un catalogue des arbres, arbustes, arbrisseaux et plantes vivaces indigènes ou acclimatés les plus propres à chaque genre de terrain et classés d'après le temps de leur floraison.

On a prétendu qu'il était plus convenable dans les jardins pittoresques de planter les vergers par masses irrégulières comme les bouquets qui en constituent la charpente. Le célèbre Morel a surtout insisté sur ce mode ; et tout en admettant la plupart des principes de cet auteur, nous nous permettrons ici de ne pas partager son opinion. Les arbres fruitiers ont besoin d'être travaillés, surtout dans nos climats ardents ; ils ne peuvent supporter longtemps d'être envahis par l'herbe, même celle des prés. Un cultivateur ne peut non plus adopter en tout la théorie fondée sur l'abri réciproque que se donnent les arbres dans ce système. Quant aux motifs tirés de l'art, nous sommes certainement bien éloignés de prétendre lutter avec ce célèbre dessinateur ; mais comme un verger ne peut jamais, nous le pensons du moins, avoir l'air d'une production spontanée de la nature, qu'il exige au contraire, dans son établissement, des dispositions particulières à plusieurs natures d'arbres, il nous paraît plus convenable de la planter en quinconce, suivant l'usage habituel. Quel inconvénient y a-t-il, d'ailleurs, à présenter de temps en temps, sans déguisement, les travaux utiles de l'homme ? Et puisque des champs labourés en sillons parallèles sont convenables dans une ferme ornée, pourquoi un verger régulier ne le serait-il pas? Les arbrisseaux à fruit, les noisetiers, les épine-vinettes, les groseilliers, les framboisiers, ne peuvent-ils pas être réunis en petites masses pour rompre la monotonie? Du reste, le verger doit être, autant que possible, en vue de l'habitation et préférablement, dans notre climat, à l'exposition du nord.

Nous nous écarterons aussi de l'opinion de M. Morel, relativement aux potagers. Quoique nécessairement réguliers, ils ne nous paraissent pas défigurer un jardin, et les rideaux par lesquels on propose de les masquer, projettent des ombres, interceptent les courants d'air, fourmillent d'insectes ou d'animaux malfaisants, et leur sont ainsi dommageables. Les allées en doivent être assez larges; car, quoi qu'on en dise, les espaliers, les quenouilles, les buissons y sont parfaitement placés, et le propriétaire voudra sans doute réunir la belle qualité des produits de cette sorte d'arbres à la quantité que lui doit rapporter son verger. Ces allées et sentiers nécessaires ne doivent pas, nous le pensons, excéder en largeur 12 pieds (4^m), ni être moindres de quatre pieds (1,50).

La terre que l'on veut gazonner doit être préparée par un bon labour à la bêche, presque un défoncement, ou par plusieurs à la charrue donnés avant l'hiver; au printemps on l'émotte, on la nivelle et on répand la graine fort épaisse, quelquefois on la sème avec une semence claire d'avoine de Hongrie, dont la récolte paye les frais. On se contente chaque année d'arracher les plantes gourmandes ou trop fortes, d'éparpiller les taupinières; et de temps en temps on engraisse le sol en y répandant du terreau ou des curures d'étang, qui chaussent les plantes, et non du fumier, qui les brûle et détermine la végétation des plantes nuisibles. Dans quelques parties très-resserrées et les plus voisines de l'habitation, surtout pour les bordures, on peut créer les gazons en les enlevant en motte sur le bord des chemins, les vacants, les bois, les pelouses et en les plaquant.

Les eaux sont le troisième élément dont se composent les jardins. Ces eaux proviennent de *sources* (*a*) souterraines qui se sont dévoilées à l'œil à leur origine, ou très-près du sol dans des *fontaines* (*b*), soit à une plus grande profondeur, dans des *puits* (*c*). Ces eaux sont, sous le rapport de leur présence sur le sol, ou naturelles ou artificielles; *naturelles*, lorsque l'eau coule ou séjourne sur la terre au moyen de *ruisseaux* (*d*), *rivières* (*e*); lorsque l'eau court avec rapidité, comme dans des *torrents* (*f*) ou des *cascades* (*g*); lorsqu'elles s'épandent en surfaces tranquilles et dormantes comme les *mares* (*h*), les *marais* (*i*), les *étangs* (*k*), les *lacs* (*l*), les *rivières anglaises* ou *factices* (*m*)

(*a*) La source jaillit ordinairement sur les pentes des coteaux, au pied des rochers ou dans les vallons.

(*b*) La fontaine est le bassin par lequel la source est à découvert. On doit souvent la conserver dans toute sa simplicité rustique; quelquefois on en décore l'entrée de diverses manières, et elle forme ou l'embellissement d'un village ou une fabrique de jardin. Sous le premier rapport, nous en avons donné des dessins dans notre première partie, et représentés planche VIII, fig. 6, 7, 8, 9, *page* 18. Sous le second, *pl.* LIII; *fig.* 7, c'est une des choses les plus simples et qu'il est le plus difficile de rendre agréablement et d'une manière convenable.

(*c*) Les puits sont d'une nécessité absolue, quelquefois ils servent de fabriques. Voyez *pl.* LIII, *fig.* 8.

(*d*) Les ruisseaux sont ce qui se rencontre le plus souvent, et c'est aussi ce qu'on doit le moins toucher et orner. On doit les élargir avec prudence et avec goût pour en rendre le cours plus naturellement varié et moelleusement tortueux, ils peuvent servir à alimenter des canaux, des pièces d'eau, des rivières anglaises; leurs berges doivent être plantées d'arbres, non régulièrement, mais avec un gracieux désordre. Les arbres qui y conviennent le mieux sont des frênes, des aunes, quelques peupliers, quelques ypréaux et des arbustes aquatiques.

(*e*) Les rivières, qui sont la réunion de plusieurs ruisseaux, sont souvent de mauvais voisins; leur plus grand volume d'eau les rend moins sinueuses et moins agréables que les ruisseaux, aussi servent-elles plutôt de bornes dans un jardin qu'elles ne le traversent. Ce sont surtout les rivières qui, se divisant, forment des îles, c'est-à-dire, souvent les plus délicieuses variations de terrain.

(*f*) Les torrents diffèrent des ruisseaux et des rivières en ce que leur pente rapide et les aspérités de leur lit font couler leurs eaux en bouillonnant avec un murmure qui devient souvent un mugissement. Il est rare d'avoir à les placer dans un jardin; leur effet est plus sublime qu'agréable, et il est souvent fatal.

(*g*) La cascade est le résultat d'un obstacle qui, barrant le cours d'un ruisseau, force les eaux à s'accumuler et à tomber en nappe. C'est un des plus agréables effets des eaux et un de ceux qui, dans les jardins réguliers, reçoit le plus d'ornements de sculpture, comme à Saint-Cloud.

(*h*) La mare est un amas d'eau de pluie conservée dans un terrain qui ne l'absorbe pas, et qui sert à des usages domestiques ou à abreuver les bestiaux. Mais les mares tiennent un peu du marais: leurs eaux sont croupissantes, verdâtres, fétides, et peuvent être malsaines. Cependant, en adoucissant et améliorant leurs contours, en y plaçant des plantes aquatiques qui les assainissent et les décorent, on peut les faire figurer dans les jardins paysagers. Elles sont bien placées à côté de bouquets d'arbres ou longeant des bois. Voyez 3e partie, page 219.

(*i*) Les marais sont en grand ce que sont les mares; ils sont si insalubres qu'on ne doit les conserver nulle part et qu'il faut en éloigner les jardins.

(*k*) L'étang est un lac artificiel, formé par une digue ou une chaussée, qui, arrêtant le cours d'un ruisseau ou d'une rivière, force les eaux à s'élever et à couvrir une certaine étendue de terrain. Le caractère de ces bords doit être l'irrégularité, mais une irrégularité sinueuse et adaptée au genre de paysage qu'il entoure. Des îles le rendent plus pittoresque et plus agréable, et il est souvent convenable que son commencement ou sa *queue* soit dérobé à la vue par des massifs.

(*l*) Le lac, lorsqu'il est grand, ne peut être l'ouvrage de l'homme, c'est une espèce de mer intérieure; mais si artificiellement on peut en construire dans un jardin, il tient de l'étang et de la mare, et des principes analogues doivent présider à sa construction et à son embellissement.

(*m*) La rivière anglaise n'est autre chose que l'imitation d'une rivière naturelle, qui lui ressemble par sa forme, et tient de l'étang par la stagnation de ses eaux. On doit lui tracer un cours sinueux, prolongé, diversement accidenté, dont les rives seront à peu près parallèles, mais sans

PART. IV. SECT. VI. Des Jardins. 261

et toutes *pièces d'eau* (*n*) qui sont faites de main d'homme.

Les eaux *artificielles* sont des sources qui, par des moyens étrangers et industriels, s'élèvent à une plus ou moins grande hauteur et forment des *jets* (*o*) plus ou moins forts, plus ou moins considérables ; les machines qu'on emploie à cet effet sont des *pompes* (*p*) qui sont mues à bras, par le moyen de *roues à aubes* (*q*), par celui du *vent* (*r*), des *girouettes*, et par l'intermédiaire d'*engrenages* (*s*) ou *chapelets*; enfin, l'*escalier hydraulique* de Courtais : on a aussi des machines qui vont par le moyen d'un manége quand l'eau est abondante et assez profonde ; ce sont les *puits à roue* (*t*), les *noria* (*u*), les *conchetta* (*v*), la *vis d'Archimède*, le *bélier hydraulique* (*x*), enfin, et lorsqu'il est possible d'arriver à la nappe souterraine, les *puits artésiens* (*y*). C'est par des ressources semblables qu'ont lieu les jets et les effets d'eau, l'*hydroplasie*, mais surtout dans les jardins français, où ils secondent des ouvrages de sculpture et qui ne peuvent convenir qu'à des princes ou des personnages fort riches. Les eaux courantes sont traversées par des *ponts* (*z*) de diverses

être dans une régularité monotone, et d'une direction trop bizarre. Pour lui faire supposer un cours étendu, on masque, comme dans l'étang, son origine et sa fin par des masses de pierres, des massifs de bois, des ponts, des fabriques, qui rendent incertaines son entrée et sa sortie du jardin. Pour lui donner l'apparence d'un courant, on la creusera dans un terrain toujours de niveau, dont les berges ou les rives soient toujours à fleur d'eau, et par des arbres, des arbustes ou des plantes aquatiques on en vivifiera les abords, on facilitera l'agitation de sa surface par les vents.

(*n*) La pièce d'eau proprement dite est une nappe stagnante de diverses formes et qui prend du caractère du lac, de l'étang, de la rivière anglaise. Le goût du jardiniste (ou dessinateur de jardin) est le seul qui puisse diriger en cela.

(*o*) Les jets, les effets d'eau, ce que l'on est convenu d'appeler l'hydroplasie, se composent principalement de conduits et d'ajutages qui laissent échapper avec force et à une hauteur plus ou moins grande, ou qui laissent retomber de leur propre poids, des eaux qui viennent d'un réservoir supérieur. On les trouve plus fréquemment dans les jardins ornés, somptueux et réguliers ; cependant on en fait aussi usage dans les jardins irréguliers ou paysagistes ; mais ici leur forme diffère, est moins artistique à l'œil, plus négligée sans être moins coûteuse. Ces objets ne peuvent guère convenir à un jardin de cultivateur où la nature doit être suivie de plus près, et où l'entretien, autant qu'il est possible, doit être simplifié, d'autant qu'ici le jardiniste devrait s'aider du maçon, du marbrier, du mouleur en céramique, du fondeur, du statuaire, du sculpteur et du fontainier. Tantôt un jet part du centre d'une corbeille de fleurs ; tantôt des cloches font retomber ce jet en pluie fine ; d'autres fois une coupe le reçoit lors de sa chute. Des bassins de diverses formes, entourés de gazon, de palissades, de balustres ; des vasques, des soucoupes, en plomb ou en fer fondu, servent de coupe ; des statues, des figures réelles ou fantastiques d'hommes, d'animaux, de dauphins, de nymphes, rejettent l'eau par leurs ouvertures naturelles, leur gueule, leurs mains, leurs seins, leurs cheveux, etc.

(*p*) Les pompes sont ou aspirantes ou foulantes, ou aspirantes et foulantes.

(*q*) En adaptant à une roue à aubes, moteur d'une usine, des seaux suspendus librement à des boulons de fer, traversant deux rangs de jantes, dont un inhérent à la roue, ces seaux se remplissent, conservent en remontant leur position verticale, et au sommet rencontrent une barre qui les force à se vider.

(*r*) L'arbre du moulin qui reçoit le mouvement de rotation des ailes le communique au piston qui se lève et se baisse alternativement. Un châssis, qui forme le corps de la machine, peut recevoir aussi une girouette composée de postilles qui dirige les ailes à tout vent.

(*s*) L'engrenage sert à retirer l'eau d'un puits : sur la maçonnerie de ce puits tourne horizontalement un moyeu mû par un attelage, et qui porte une lanterne laquelle s'engrène avec une roue à dents qui fait tourner verticalement un chapelet composé de pots et godets dont la chute progressive remplit une auge.

(*t*) Lorsque la roue perpendiculaire est très-grande et qu'elle peut tremper dans l'eau, les godets y sont attachés, et on appelle cet engin roue à seaux ou puits à roue.

(*u*) Les noria font mouvoir d'une manière semblable jusqu'à deux chapelets.

(*v*) La conchetta est une bascule à balançoire qui puise l'eau avec une sorte de tinette attachée d'un bout au canal d'épuisement qui tour à tour plonge dans le réservoir ou le cours d'eau et se vide en se renversant.

(*x*) Le bélier hydraulique de Montgolfier est moins coûteux et exige moins d'entretien, mais il exige une chute d'eau. Le corps du bélier reçoit l'eau, la retient par une soupape d'écoulement ou d'arrêt, puis, par l'action de l'air comprimé, fait ouvrir une autre soupape, dite d'ascension, qui donne passage à l'eau par la tête du bélier. Ces deux soupapes sont des bonlets retenues par une muselière et qui ne pèsent que deux fois le volume d'eau qu'ils déplacent.

(*y*) Les puits artésiens, aussi nommés *puits forés* ou *fontaines jaillissantes*, sont creusés dans le sol au moyen d'un sondage qui, arrivé à la nappe d'eau souterraine, y laisse le conduit sondeur, et les eaux de cette nappe s'élèvent, dans ce trou de la sonde et au delà, à une hauteur relative à la profondeur de la nappe d'eau inférieure. Cette eau est constamment limpide, et d'une température très-élevée relativement à la profondeur du tube. A 6 pieds (2 m.) de profondeur, une fontaine jaillissante donne environ mille litres d'eau par minute. Ce sont des fontainiers spéciaux qui percent ces puits. Comme on ne peut savoir d'avance la profondeur à laquelle on trouvera la nappe d'eau, comme on ne sait pas davantage quelles sont les couches géologiques que l'on aura à percer, ayant quelquefois extrêmement rapide et en d'autres occasions si lent qu'il exige vingt-quatre heures pour quatre à huit lignes (2 ou 3 centim.), il est bien difficile d'en évaluer la dépense. M. Audot pense qu'en terme moyen elle peut s'élever à 70 fr. par toise (35 fr. par mètre) : il évalue un sondage de 5 toises (10 m.) de 210 à 240 fr., ou 45 fr. par toise (23 fr. par mètre) ; celui de 10 toises (20 m.) de 450 à 600 fr., ou 53 fr. par toise (26 fr. par mètre) ; celui de 20 toises (40 m.) de 1,000 à 2,500 fr., ou 87 fr. par toise (44 fr. par mètre) ; celui de 30 toises (60 m.) de 1,900 à 3,500 fr., ou 90 fr. par toise (45 fr. par mètre) ; celui de 50 toises (100 m.) de 3,000 à 5,000 fr., ou 86 fr. par toise (43 fr. par mètre) ; celui de 100 toises (200 m.) de 5,000 à 8,500 fr., ou 67 fr. 50 c. par toise (33 fr. par mètre).

(*z*) Les ponts sont naturellement une fabrique de jardin et l'une des plus intéressantes, puisque ce sont des objets d'utilité ; ils se placent sur les cours d'eau, et peuvent aussi être très-avantageusement jetés sur des ravins et des gorges tant naturelles qu'artificielles. On construit les ponts soit en pièces de bois brut et en grume (ce sont les ponts rustiques), soit en charpente ou en bois équarris et assemblés, soit suspendus. Les ponts en maçonnerie sont quelquefois en usage dans les grands jardins, mais dans ceux qui nous occupent exclusivement, ils

formes, qui deviennent de véritables fabriques ; toutes sont peuplées d'oiseaux aquatiques, sauvages et domestiques, qui vivifient cette partie du jardin.

---

sont trop monumentaux, trop coûteux, trop décorateurs, ils s'harmonisent moins facilement avec le paysage. Lorsque ces ponts sont très-courts, on les appelle *ponceaux*. Nous ne nous occuperons que des ponts rustiques, des ponts en charpente, et nous dirons un mot des ponts suspendus.

I° Les ponts *rustiques* sont sans contredit les plus convenables dans les jardins paysagers ; les arbres encore recouverts de leur écorce se marient mieux avec le reste du paysage : malheureusement ils ne conservent pas bien longtemps cette écorce, et lorsqu'ils s'en dépouillent ils font tache jusques au temps où l'influence de l'air a terni le bois et lui a donné un ton plus adouci. Il faut éviter d'avoir besoin de soutenir cette charpente par des piliers verticaux placés sur le cours d'eau ; ces piliers se pourrissent assez vite dans l'eau, surtout à cause des impressions trop rapides du froid et du chaud : le même effet s'oppose à la durée de ces ponts, parce que les prises des pièces maîtresses se pourrissent vite dans la terre. Au fond, si ces ponts sont moins coûteux, ils finissent dans la suite par causer une assez forte dépense, mais leurs autres avantages les rendent préférables à tous. La fig. 2, planche LIII, est un pont rustique, dont le tablier est simplement soutenu par des contre-fiches appuyées en biais sur la berge. La fig. 4 est aussi un pont rustique plus long, dont le tablier est courbe et dont les garde-fous sont aussi en bois de grume entrelacé ; il est soutenu aussi par de semblables contre-fiches.

II° Dans le pont en charpente, fig. 3, le tablier de niveau est soutenu par deux culées en maçonnerie en redans, qui supportent les contre-fiches. Ce pont est d'une plus grande durée sans doute, mais il est plus coûteux et il fait moins bien dans le paysage. Le pont en charpente, fig. 5, est plus élevé et il peut alors faire un effet plus pittoresque ; il est plat, mais sa hauteur est rachetée par des contre-fiches qui elles-mêmes forment une partie du pont, et on y arrive soit par des degrés, soit par des pentes rapides. Cette méthode ne peut guère être en usage que pour des gens à pied ou peut-être à cheval, mais la construction en est simple et très-solide. Ses balustrades sont en bois droits, et par conséquent plus aisées à établir et d'une plus assurée conservation.

III° Depuis que l'usage des ponts suspendus a commencé à s'établir, on les a employés dans les jardins. A dimensions égales, ils ne coûtent guère que le tiers des ponts de maçonnerie ; lorsqu'ils sont bien exécutés, lorsque le fer en est bien choisi (car sa qualité influe considérablement sur la résistance de l'ouvrage), ils sont d'une assez grande durée pourvu qu'on les préserve de l'oxydation qui les ronge et finit par les rendre fragiles. Nous donnons ici, pl. LIII, fig. 6, le dessin d'une passerelle en fil de fer qui n'aura d'autre inconvénient que son oscillation inévitable, puisqu'elle tient essentiellement à la propriété élastique du métal, et l'on ne peut diminuer ce balancement qu'en donnant autant qu'il est possible de la rigidité aux armatures. Elle est peut-être plus grande lorsqu'il y a beaucoup de brins dans les câbles, et que par une peinture très-fréquente du pont on diminue les chances de l'oxydation. Le ponceau ou passerelle dont il est question peut avoir de dix à vingt pieds (de 3 m. 1/4 à 6 m. 1/2) de longueur. Des poinçons ou poteaux *a* sont solidement fixés sur la maçonnerie *b* des culées. La chaîne *c* passe dans ces poinçons et va traverser des pals *d* enfoncés dans le sol et dans un massif de maçonnerie ; elle est retenue par des écrous *e* lesquels peuvent être serrés à mesure que, par des causes quelconques, la chaîne serait dans le cas de se détendre. De plus, d'autres écrous *f* placés sous les traverses, qui soutiennent le plancher, et vissés dans les cordes en fer ou tirans *g*, servent aussi à régulariser la forme du pont si, par la dila-

On peut clore certaines parties du jardin qu'on veut préserver davantage, de petites *haies* et de *barrières* dont on trouvera des dessins pl. L., fig. 8, 9, 10. Outre les bois et bosquets, les arbres peuvent être plantés en *espaliers*, en *charmilles*, en *palissades*, en *labyrinthe*, en *massifs* ; les *parterres* sont divisés en *plates-bandes*, en *corbeille*, en *massifs* ou *théâtre* de fleurs, *rosarium* ; les gazons forment des *talus*, des *vertugadins*, des *pelouses*, des *tapis*.

Communément, et quand la disposition des lieux le permet, une prairie irrégulière et dont les extrémités sont dessinées par des bois qui s'y avancent en bouquets ou les fuient en clairières, part de la maison et se dirige vers les lieux où elle se réunit à d'autres vastes gazons, à d'autres bosquets, ou le long d'un ruisseau, si on a le bonheur d'en posséder un ; mais cette disposition est absolument dépendante des localités ; dans nos climats méridionaux, les bois doivent nécessairement joindre le logis par quelques-unes de leurs extrémités, afin d'offrir pendant les grandes chaleurs un abri immédiat. S'il se trouve à proximité un bois naturel, on profitera de ce précieux avantage pour le lier au jardin ; on le percera avec goût, et l'on prendra tous les moyens possibles pour qu'il ne paraisse pas un hors-d'œuvre.

Si le jardin est assez grand, s'il s'y rencontre des terres pierreuses ou des rochers (*aa*), on s'en sert avec avantage pour les couvrir d'arbres verts, pour en faire des accidents rustiques, des grottes, des cavernes ; mais on doit être très-scrupuleux à cet égard ; il faut qu'il y ait nécessité apparente, car il ne faut pas que l'art en cela ne soit pas discordant avec l'effet naturel.

La plupart des routes et allées, surtout celles des bois, seront gazonnées, et les principes généraux doivent aussi guider pour les tracer. Ces allées ne doivent être ni trop étroites, ni démesurément larges. L'allée maîtresse, ou l'ave-

---

tation des matériaux, ce plancher ou tablier venait à fléchir. La chaîne se compose de câbles en fil de fer formant un faisceau et entouré d'un autre fil de fer. Des amarres en fer fondu ou en fil de fer comme les câbles suspenseurs, ne doivent pas arriver jusques au terrain pour les mettre à l'abri de l'humidité et de l'oxydation qui en est la suite. Il serait bien de ne pas faire les scellements en plomb ou autre métal, parce que le contact de différents métaux dans un lieu humide contribue à les détruire plus promptement.

On regarde comme une règle dans la construction des ponts suspendus que le fer ait le triple de la force nécessaire pour le rompre, et cela est surtout nécessaire, parce que le poids qu'il supporte est irrégulier.

On peut aussi user de ponts suspendus avec des cordes de chanvre ou de lianes, de joncs, d'osier, ou d'écorce. Dans plusieurs jardins on place des *ponts tournants*, des *ponts levis*, des *ponts à bascule*.

(*aa*) Les rochers artificiels sont si coûteux, si délicats à construire, de manière à leur donner l'apparence de rochers naturels, qu'ils ne doivent guère s'employer que comme accessoires d'un autre objet, comme une fontaine, pl. LIII, fig. 7.

PART. IV. SECT. VI. Des Jardins. 263

nue, qui conduit au bâtiment, celles qui servent de division entre les cultures, les routes et chemins d'exploitation, celle qui, autant qu'il est possible, doit faire le tour du jardin, et qu'on appelle *route de ceinture,* celle qui peut servir de *carrière,* auront de 15 à 20 pieds de large (5 à 7^m), les allées secondaires des bois et gazons auront de 10 à 12 pieds (3 à 4^m), les moyennes, de 6 à 9 pieds (2 à 3^m), les sentiers, ou petites traverses de communication n'auront pas moins de 3 à 4 pieds (1^m à 1^m 33). Si le sol des allées est argileux et boueux, les allées d'arrivée et de service seront ferrées et engravées comme des chemins publics, quoiqu'elles n'aient pas besoin d'autant de solidité; un encaissement de pierrailles de 2 à 3 pouces (5 à 8 cent.) est suffisant, et dans toutes les autres, qu'il est souvent mieux de gazonner, on peut remplacer ce ferrage par du gravier et du sable de fouille bien battu. Dans les principales routes, cette aire solide doit avoir 12 pieds de largeur (4^m); dans les grandes allées moyennes, de 6 à 9 pieds (2 à 3^m); dans les moyennes, de 4 à 6 pieds (1^m 30 à 2^m); dans les traverses et sentiers on pourra lui donner 2 pieds (0^m 65).

On appelle *fabriques* dans les jardins, où ce mot a été transporté de la peinture, toute construction qui a un style particulier et individuel, et qui sort des conditions ordinaires, mais toujours en concordance avec le site et le paysage dont elle est entourée et doit faire partie. Dans les jardins qui nous occupent, il est rare que ces fabriques fassent un bon effet, lorsqu'elles ne sont pas d'un usage réel et n'ont pas un but évident d'utilité. Ainsi, les orangeries, les bâches et châssis, les serres (*bb*), les puits ornés (*cc*), les glacières, les écuries, vacheries, bergeries (*dd*), colombiers, les moulins, les maisons d'employés (*ee*), les chapelles, peuvent servir de fabriques. Les ponts forment aussi des fabriques. Quant aux fabriques d'ornement, ce sont : les terrasses, les lanternes, des chaumières, des cabanes (*ff*), des belvédè-

---

(*bb*) Les orangeries sont traitées spécialement dans la troisième partie, page 220 ; les châssis, page 197 ; les bâches, page 184 ; les serres, page 227. On en trouvera un dessin en coupe, pl. LIII, fig. 9.

(*cc*) Les puits ornés sont une construction qui couvre ou décore l'ouverture de ces réservoirs d'eau que l'on rencontre fréquemment. On les fait de différents styles, et relatifs au site dans lequel ils se trouvent. On en trouvera un exemple pl. LIII, fig. 8.

(*dd*) Voyez, pour les bergeries, 3e partie, page 186, pl. XLVII.

(*ee*) Les maisons d'employés et celles de manouvriers peuvent former de très-jolies fabriques, on en trouvera des modèles dans la pl. XII.

(*ff*) Les cabanes, chaumières, huttes, maisons rustiques, se font de diverses manières, avec des bois en grume ou bûches, calfeutrées en glaise et couvertes en chaume : un exemple de hutte de ce genre se trouve pl. LIII, fig. 1. Cependant on donne en Angleterre le nom de chaumière à des maisons rustiques leur apparence, mais dans lesquelles on réunit tout ce qui peut rendre la vie commode et agréable, même de petites serres. Nous ne pouvons leur donner ce nom, et nous trouvons même que, dans ce cas, la disparité extrême qui existe entre l'extérieur et l'intérieur forme non une opposition agréable, mais un contraste d'autant plus choquant qu'il est moins ménagé.

res (*gg*), les casins, trianons, les petits pavillons d'agrément, des ermitages (*hh*), les temples, les obélisques (*ii*), les ex-voto (*kk*), les tombeaux (*ll*), les figures, statues et bustes, les colonnes isolées, les vases, stèles ou cippes. Les pergolas (*mm*), les vérandah (*nn*), les exèdres (*oo*); le rosarium (*pp*), les étagères ou théâtres de fleurs (*qq*), les palissades, les

---

(*gg*) Les belvédères, kiosques ou pavillons rustiques, sont une des plus jolies fabriques et des plus convenables. Le dessous peut servir de serre à outils ou à légumes. Nous en donnons un exemple, pl. LIII, fig. 11.

(*hh*) L'ermitage est une chapelle rustique avec une loge qui l'accompagne. Il s'en trouve un exemple pl. LIII, fig. 14.

(*ii*) L'effet des obélisques comme celui des colonnes isolées, des cippes ou tronçons de colonnes, des stèles ou tronçons d'antes, qu'ils soutiennent des statues, des gnomons, des bustes, le rend le plus gracieux des monuments de décoration. Voyez l'aiguille ou obélisque figuré, pl. LIII, fig. 13.

(*kk*) L'ex-voto est un monument religieux qui se rattache à une légende particulière, à une tradition pieuse, à un événement merveilleux ou réputé tel. Il est d'autant plus attendrissant qu'on même temps qu'il rappelle le souvenir du bienfait il conserve celui de la reconnaissance qu'il a inspirée. La forme de ce petit monument ne peut guères être indiquée ; elle est relative à la fortune du donataire et à la localité où on l'élève. Nous avons donné, pl. LIII, fig. 12, l'idée d'une petite niche renfermant une statue de la Vierge placée sur une espèce de rocher. Des croix extérieures sont souvent aussi des ex-voto ; nous en proposons une, fig. 10.

(*ll*) Les tombeaux ne doivent guère être regardés comme une décoration. Ce triste emblême de la mort doit être réel pour produire une impression profonde. Cependant on peut en faire des cénotaphes, mais ils doivent indispensablement se rapporter à un être cher et estimable. On les fait de plusieurs formes ; nous nous contentons d'en donner deux dans la *planche* LIII. L'un, fig. 15, est une espèce de pierre levée ; l'autre, fig. 16, est l'enveloppe d'un tumulus. Ces tombeaux ne doivent pas être à découvert, mais entourés d'une obscurité mystérieuse produite par un massif d'arbustes ou d'arbres symboliques comme le cyprès, le platane, le peuplier d'Italie, le saule pleureur, etc.

(*mm*) La pergole ou tonnelle est un treillage qui supporte des vignes ou d'autres plantes grimpantes, soutenu par des colonnes ou des piliers de bois ou de maçonnerie.

(*nn*) La verandah ou galerie ouverte sur sa face et couverte de manière à y être à l'abri est, dans les pays chauds, l'accompagnement obligé d'une maison de campagne.

(*oo*) Les anciens entendaient par le mot d'exèdre ou alcôve un lieu de réunion où se trouvaient disposés des bancs d'où l'on pouvait se voir et converser. Dans le jardinisme on donne ce nom à un banc circulaire, élevé en estrade sur des marches, couronné de vases de fleurs sur son dossier, et qui se trouve en face d'un point de vue remarquable ou à l'extrémité d'une allée principale et fréquentée.

(*pp*) Le rosarium est un lieu spécialement consacré à la culture des roses. C'est une pépinière charmante qui flatte l'orgueil et comble les jouissances de l'amateur. C'est une espèce d'école de botanique, mais destinée à une seule famille de plantes où elles sont placées dans des plate-bandes larges de quatre pieds (1^m 30) et d'une longueur indéterminée, bordée de planches épaisses, peintes en vert, et où les rosiers sont placés avec méthode d'après leur taille, leur nature, leurs sous-espèces et variétés, et les nuances de leurs fleurs.

(*qq*) Les étagères ou théâtres de fleurs sont des gradins en bois en amphithéâtre, ou en plein air, ou sous un pavillon ou une verandah,

barrières, les palis, les bancs (*rr*), sont aussi des fabriques agréables, parce qu'elles sont utiles et peu coûteuses. On peut même donner ce nom aux barques, chaloupes et gondoles avec les ports qui les reçoivent et qui vivifient les eaux; aux jeux champêtres, comme le tir, les bascules, les balançoires ou escarpolettes, le jeu de bagues, les jeux gymnastiques.

Le style de jardin que nous proposons, n'est pas positivement celui de la ferme ornée; souvent on donne ce nom, par humilité, ou à des jardins soignés, luxueux, et couverts de fabriques plus ou moins chères, plus ou moins coûteuses d'entretien. Ces fermes ornées sont des fermes royales auxquelles un simple cultivateur aisé ne peut atteindre. D'autres fois, par des prétentions d'un ordre plus vulgaire, on donne ambitieusement ce nom à des métairies rustiques, où rien n'est orné, qui n'ont qu'un misérable potager et quelques bouquets d'arbres mal venants, et qui seraient le déshonneur de la résidence de ce cultivateur. Dans le genre que nous avons adopté par nécessité, vu la position sociale et l'exiguité de la fortune du cultivateur, nous avons conservé le château tel qu'il existait; château qui, à coup sûr, n'a rien de remarquable ni de monumental, mais qui est convenable pour un homme qui, avec une nombreuse famille, a des devoirs sociaux à remplir et un certain rang à soutenir; nous avons terminé ce château resté imparfait, nous l'avons restauré et entouré de bâtiments de service; nous avons planté son enclos de manière à y trouver un potager convenable, un verger, un parterre, une petite vigne, et surtout des bois et des prairies. Ce jardin se reproduit dans les pl. LIV et LV tel qu'il est aujourd'hui; il n'y avait sur le plateau et le mamelon sur lequel le château est situé, ni un gazon soigné, ni un buisson; aussi, ayant une très-petite somme à y mettre chaque année, nous avons commencé sa création en 1817, et il n'est pas encore totalement terminé (1857).

sur lesquels on place des vases, des pots, des caisses de fleurs ou d'arbustes.

(*rr*) Les barrières, treillages, palis ou palissades, employés avec intelligence, tracés avec goût, et dont les compartiments sont gracieux, sont d'un effet très-pittoresque, et vus à travers des masses de verdure leur couleur uniforme et leur régularité contrastent agréablement; les portes à claire-voie ont aussi beaucoup d'avantages. Les bancs sont sans doute des objets de mince importance; les plus solides sont ceux en pierre, ceux-là peuvent se placer partout; on en couvre en chaume avec une charpente légère de bois en grume qui font l'effet de petits pavillons. Si les bancs en bois sont moins durables que les bancs en pierre, ils sont moins froids, leur usage n'est pas dangereux comme peut l'être celui des premiers. On doit les composer de deux planches inclinées légèrement au centre et écartées de quatre à cinq lignes pour laisser s'échapper l'eau de la pluie. On fait aussi des siéges mobiles, fauteuils, chaises, tabourets, divans, soit en fer, soit avec du bois en grume ou à écorce de diverse force, où l'on emploie surtout l'érable, le frêne, le châtaignier, le chêne.

Si nous avions été appelés à créer d'un seul jet l'habitation et le jardin, parmi les divers systèmes qui pouvaient se présenter, nous aurions pu choisir le cottage, le casin ou la villa. Cependant nous aurions, nous le pensons, préféré surtout le *hameau orné*. Peut-être est-ce le moyen de réunir le plus d'agrément, le plus de variété, le plus de commodité, une diversité plus agréable, avec plus de poésie et moins de despotisme dans le style architectural; ici la maison la plus exclusivement réservée au maître aurait été le bâtiment principal; la salle de billard, les appartements d'étrangers, quelques pièces pour les réunions nombreuses auraient été l'auberge; la chapelle eût été l'église; le logement du régisseur, le presbytère; les logements des ouvriers, les loges du jardinier, du garde, du concierge, auraient été les diverses maisons du hameau; l'orangerie, le fruitier, la glacière, seraient devenus des fabriques; la ferme ou métairie aurait renfermé la laiterie, les volières, le fournil, le colombier, soit dans une seule enceinte, soit sous forme de cabanes et de chaumières. La plupart de ces édifices pourraient avoir des façades de divers styles, ornées de vérandah ou de pergoles. Cet ensemble, nous le croyons, serait plus pittoresque, et d'une agréable diversité. Ici plus qu'ailleurs, on pourrait travailler peu à peu, et jouir au fur et à mesure de ce que l'on bâtit et de ce que l'on plante.

C'est un canevas de ce genre que nous nous hasardons à soumettre à l'examen et au jugement de nos lecteurs, qui pourraient l'approprier à leur fortune, à leurs besoins et à leurs convenances, et que présente la planche LVI. Ici nous avons supposé une étendue de 4 à 5 arpents, (2 1/2 hect.) seulement, en une haute plaine et un coteau inclinant vers un ruisseau dont le lit a de 12 à 25 pieds (3.90 à 4.90) de largeur, bordés par ce même ruisseau et limités par une grande route. Ce plan, qui est et ne peut être qu'une première pensée, est dessiné sur une échelle d'une ligne par toise (14 millim. par mètre). Voici la manière dont nous l'avons conçu.

A. Cour de ferme ou métairie avec grille, petit potager et logement du concierge (répondant à notre planche XXVII). B. Logement d'un garde-concierge et petit jardin (Pl. XII, fig. 4). C. Maison principale ou château gothique (Pl. XIV). D. Auberge, logement d'étrangers, billard, etc. (Pl. XI, fig. 2). E. Parterre ou jardin fleuriste. F. Basse-cour (Pl. XXVIII). G. Potager, puits et bassins d'arrosement. H. Prairie et verger. I. Vendangeoir et petit jardin (Pl. XXX). J. Place publique et fontaine (Pl. VIII, fig. 9). K. Eglise ou chapelle domestique (Pl. V, fig. 10). L. Presbytère ou logements séparés (Pl. XII, fig. 9). M. Cimetière et chapelle funéraire (Pl. XXXIV, fig. 6, 7, 8, 9). N. Moulin à vent et maison du meunier. O. Moulin à eau et maison du meunier avec son potager. P. Mairie, ou maison et jardin du régisseur (Pl. XII, fig. 2). Q. Loge du jardinier et petite orangerie (Pl. XII, fig. 8). R. Fontaine et lavoir (Pl. VIII, fig. 6). S. Huit maisons ou

PART. IV. SECT. VI. *Des Jardins.*

chaumières pour des ouvriers ou cultivateurs, chacune avec son petit jardin (Pl. XI et XII). T. Mare. U. Prairies. V. Vignoble. X. Bois et bosquets. Y. Pièce d'eau. Z. Ile. W. Ruisseau.

Nous nous arrêtons. Il faudrait un volume pour rendre le détail de nos pensées sur ce sujet; et l'on trouvera dans les ouvrages de Viart, de Girardin, de Morel, de Poiteau, de Vilmorin, d'Audot, tous les détails pratiques nécessaires à la création des jardins naturels.

Quel que soit le genre que l'on préfère pour planter un jardin, il est absolument nécessaire, dans nos provinces surtout, où l'esprit de destruction, l'insouciance et l'indifférence pour la propriété d'autrui semble inné chez les habitants des campagnes, de clore les dépendances de sa maison, comme il serait à désirer qu'on pût clore tous les champs. Cette clôture est coûteuse sans doute, mais elle doit se composer seulement d'un mur de maçonnerie ou de pierre sèche, et lorsque les matériaux nécessaires ne sont pas à portée, d'un fossé de 6 à 9 pieds (2 à 3^m) de largeur, et de 4 à 6 (1.50 à 2^m) de profondeur. En deçà de ce fossé, dans les parties les plus habituellement exposées, on construira un mur de pisé ou de bauge de 5 à 6 pieds (1.60 à 2.00) auquel on peut même adosser un espalier: dans les parties moins fréquentées et où la reprise et la réussite seront plus assurées, on plantera une haie d'aubépine à double rang; défendue les commencement par une palissade ou haie sèche. L'aspect verdoyant d'une haie semble à la vue prolonger le jardin, et un mur au contraire le borne disgracieusement. Sans cette clôture, le jardin serait bientôt comme un bien et une propriété publique; ce serait un passage perpétuel, surtout si ce passage pouvait rapprocher les distances, et ces introductions étrangères amèneraient habituellement des pillages, des dévastations et des ruptures.

(P.) *Catalogue général des principaux végétaux, arbres, arbrisseaux, arbustes et plantes vivaces, indigènes ou acclimatés, qui peuvent servir à l'établissement, au semis, à la plantation et à la décoration des jardins; classés d'après l'emploi auxquels ils sont propres.*

Les jardins sont composés de bois et bosquets, de gazons, de parterres et de vergers; il y a des berges et des cours d'eau à garnir de plantations, des murs, tonnelles et treillages, des grottes et rocailles à couvrir de verdure: il y a des végétaux propres à ces diverses spécialités, et qui doivent être distingués les uns des autres.

On donne en général le nom d'arbres, aux végétaux ligneux qui dans leur accroissement s'élèvent au-dessus de 20 pieds (7^m): ceux de la première grandeur qui forment le fond des massifs ont au moins 40 pieds (13^m); ceux de la seconde, ont de 30 pieds (10^m) à 40 pieds; ceux de la troisième qui terminent ces massifs ont de 20 à 30 pieds.

Les arbrisseaux sont ces mêmes végétaux ligneux dont la hauteur est de 5 pieds (1,70) à vingt (7^m).

Les arbustes sont ceux qui s'élèvent d'un pied (0,32) à cinq pieds.

Les plantes vivaces sont les végétaux semi-ligneux ou herbacés dont les racines sont pérennes, soit que les tiges résistent chaque hiver, soit qu'elles repoussent indéfiniment; et qui ne s'élèvent guère au-dessus d'un pied.

Parmi les végétaux ligneux, il y en a qui se dépouillent chaque année et que Hartig appelle *feuillus*; il y en a qui sont toujours verts et à feuilles *persistantes* et que l'on entremêle avantageusement aux autres.

Quoique la plupart des arbres feuillus n'aient que des fleurs non apparentes, il en est dont les fleurs apparentes contribuent puissamment à la décoration des jardins : il y en a même dont les fruits non mangeables en général concourent puissamment à cette décoration, et qu'ici on doit reconnaître.

Dans la liste générale des arbres et arbrisseaux feuillus, nous avons indiqué par les chiffres 1, 2, 3, ceux dont les fleurs apparentes paraissent au printemps, en été, ou en automne, et par les lettres *r, j, b, bl, n*, ceux dont les fruits sont rouges, jaunes, bleus, blancs ou noirs. Cette indication peut être quelquefois utile ou agréable.

I. BOIS ET BOSQUETS FEUILLUS.

1° Première grandeur ou troisième ligne.	2° Seconde grandeur ou seconde ligne.
Aune, verne.	Alouchier, 1 *r*.
Aylante, vernis du Japon.	Bonduc du Canada, 2.
Bouleau, 7 espèces.	Catalpa, 2.
Châtaignier, 1.	Chalef, 2.
Chêne, 20 espèces.	Charme.
Cormier, sorbier, 1.	Chêne saule.
Erable, 4 espèces.	Cornouiller, 1.
Frêne, 4 espèces.	Erable, 4 espèces.
Hêtre, fau, 2 espèces.	Frêne, 3 espèces, 1.
Magnolier, 2 espèces, 2.	Févier, acacia triacanthos, 2.
Marronnier d'Inde, 1.	Liquidambar, 2 espèces.
Mélèze, 2 espèces.	Merisier à fleur double, 1.
Merisier, 4 espèces, 1 *n*.	Micocoulier du Levant.
Micocoulier, 2 espèces.	Noyer à feuille de frêne.
Noyer, 3 espèces.	Platane étoilé.
Orme, 4 espèces.	Plaqueminier de Virginie, 2 *j*.
Platane, 2 espèces.	Robinier visqueux, 1.
Robinier, faux acacia, 1.	Saule odorant.
Saule marsault.	Sophora du Japon, 2.
Tilleul, 2 espèces, 2.	Tupélo blanchâtre, *r*.
Tulipier de Virginie, 2.	

3° *Troisième grandeur ou première ligne.*

Alisier de Fontainebleau, 1 r.
Cerisier à fleur double, 1.
Charme d'Italie.
Cytise des Alpes, 1.
Erable de Crète.
Gainier, arbre de Judée, 1.
Magnolier, 2 espèces, 2.
Merisier à grappe, 1 n.
— à fleur double, 1 r.
Poirier, 2 espèces.
Pommier à fleur, 2 espèces, 1 r.
Prunier à fleur double, 1 r.
Ptéléa, orme de Samarie, 2.
Robinier rose, 1.

4° *Arbrisseaux et arbustes.*

Aralie, angélique épineuse, 3.
Airelle, myrtille, 1 r, b, n.
Aliboufier, 2.
Alouchier, alisier blanc, 1.
Amandier, 4 espèces, 1.
Amelanchier, 1 r, b.
Amorpha, indigo bâtard, 1.
Arbousier, arbre aux fraises, 3 r.
— raisin d'ours, 3 n.
Argousier, griset, 1.
Armoise, citronnelle, aurone, 2.
Astragale, queue de renard, 1.
Baguenaudier, 2.
Cerisier nain, ragouminier, 1.
— du Canada, 1 n.
Chêne des teinturiers, 1.

Chamæcerisier, 1 r.
Chèvrefeuille, 2 espèces, 1.
Ciste laurier, 2.
Clématite, 1.
Cognassier du Japon, 1.
Coronille, 1.
Cornouiller, 1 r, b, bl.
Cytise des jardiniers, 1.
— noirâtre, 2.
Dierville jaune, 3.
Ephédra, 2.
Filaria, 1 n.
Fusain commun, 1.
— bonnet de prêtre, 2.
Gattilier, agnus castus, 1.
Groseillier doré, 1.
Jasmin, 1.
Jujubier, 1 r.
Ketmie, 1.
Lauréole, 1 j.
Lilas, 4 espèces, 1.
Lyciet, 1 r.
Néflier, 1 r, j.
Orme nain, 1.
Paliure, porte-chapeau, 1.
Pavier nain, 1.
Pêcher à fleur double, 1.
Pistachier, 1.
Robinier nain, 1.
Sorbier des oiseaux, 1 r.
Spirée, reine des prés, 1.
Staphilier, nez coupé, 1.
Sumac, 4 espèces, 2.
Sureau, 3 espèces, 2 n.
Syringa, 1.
Troëne, 1 n.
Viorne commun, mancienne, 1 r.

II. BOIS ET BOSQUETS TOUJOURS VERTS.

1° *Arbres résineux.*

Cèdre, 3 espèces.
Cyprès, 4 espèces.
Genévrier, 12 espèces.
If, 3 espèces.
Mélèze, 2 espèces.
Pesse, sapinette, 5 espèces.
Pin, 30 espèces.
Sapin, 12 espèces.

2° *Arbres non résineux.*

Buis, 3 espèces.
Cerisier laurier, laurier cerise, 4 espèces.

Chêne liége, yeuse.
Houx, 5 espèces.
Erables verts.
Frênes verts.
Pommier toujours vert.

3° *Arbrisseaux et arbustes.*

Arbousier vert.
Aucuba du Japon.
Badiane, anis.
Bibacier, néflier du Japon.
Budlée globuleuse.
Buplèvre, oreille du lièvre.
Caméléa à trois coques.
Camélier du Japon.

Célastre grimpant.
Chêne kermès.
Chèvrefeuille de Minorque.
Clématite verte.
Filaria verte.
Fusain vert.
Galé à feuilles en cœur.
Genêt, 6 espèces.
Genévrier sabine.
Hortense.
Jasmin jaune.

Lauréole commun.
Laurier commun.
Lierre grimpant.
Néflier pyramidal.
Nerprun alaterne.
Romarin.
Rosier toujours vert.
Rue.
Santoline commune.
Viorne thym.
Yucca nain.

III. PLATES-BANDES ET BORDURES.

1° *Arbustes.*

Andromède pulvérulente.
Azalée américaine.
Calycanthe, arbre aux anémones.
Cléthra à feuilles d'aune.
Cornouiller du Canada.
Epigée rampante.
Galé, piment royal.
Rhododendron pontique.
Rhodora du Canada.

2° *Plantes vivaces.*

Absynthe (petite).
Amaryllis jaune.
Anémone hépathique.
Anthémis odorante.

Auricule, oreille d'ours.
Fraisier.
Hysope.
Iris tigré.
Lavande.
Marguerite vivace.
Marjolaine.
Mélisse.
Œillet, 4 espèces.
Narcisse.
Primevère.
Romarin.
Sauge.
Safran.
Santoline.
Saxifrage.
Thym.
Violette.

IV. HAIES ET PALISSADES.

Arbrisseaux et arbustes.

Argousier rhomnoïde.
Buis.
Charme commun.
Coronille des jardins.
Groseillier.
Houx.
Jasmin.
Lilas.

Lyciet.
Néflier aubépine et ses variétés.
Néflier pyramidal.
Nerprun alaterne.
Ronce.
Rosier grimpant.
Spirée.
Syringa.
Troëne.

V. REVÊTEMENTS DE MURS, TONNELLES, TREILLAGE.

Arbrisseaux et arbustes grimpants et sarmenteux.

Aristoloche.
Atragene des Indes.
Bignone à oreille.
Celastre grimpant.

Chèvrefeuille.
Décumaire sarmenteux.
Gesse vivace odorante.
Grenadille bleue.
Jasmins.
Lierre grimpant.
Lyciet.

Morelle grimpante.
Ormille.
Périploca de la Chine.

VI. BERGES ET COURS D'EAU.

1° Arbres.

1re grandeur :
Aune.
Cyprès faux-thuya.
Noyer noir.
Peuplier, 13 espèces.
Saule blanc.
Tupelo aquatique.
Chêne aquatique.
Pin des Marais.
2e grandeur :
Saule marceau.
— pleureur.

VII. GARNITURE DE GROTTES ET ROCAILLE.

1° Arbrisseaux et arbustes.

Airelle myrtille.
Astragale adragant.
Baguenaudier.
Câprier commun.
Chêne kermès.
Cytise des Alpes noirâtre.
Jasmin jaune.
Lyciet.
Ronce.

VIII. PARTERRE.

1° Plantes bulbeuses.

Ail moly, 4 variétés.
Amaryllis jaune, narcisse.
Anémone pulsatile.
Asphodèle, bâton royal.
Bulbocode merendera.
Colchique, tue-chien.
Cyclame, pain de pourceau.
Fritillaire, couronne impériale.
Fumeterre bulbeuse.
Glayeul commun.
Glycine tubéreuse, apios.
Hémérocalle, lis asphodèle.
Iris, 7 variétés.
Jacinthe, 3 variétés.
Lis, 6 variétés.
Muscari jacinthe, 3 variétés.

Pois vivace odorant.
Rosiers verts, blancs et jaunes.
Vigne vierge.

3° grandeur :
Saule osier.
— viminal.

2° Arbrisseaux et arbustes.

Airelle veinée, canne berge.
Céphalante occidentale.
Chionanthe de Virginie.
Dirca des marais.
Galé, piment royal.
Hamamélis de Virginie.
Morelle grimpante.
Tamarise de Narbonne.
Viorne aubier.

2° Plantes vivaces.

Andromède.
Arénaire.
Drave des Pyrénées.
Eriné des Alpes.
Gypsophile des murailles.
Joubarbe.
Lychnide des Alpes.
Millepertuis.
Primevère.
Saxifrage.

Narcisse jonquille.
Nivéole, perce-neige.
Orchis indigène.
Renoncule, 5 variétés.
Safran, 2 variétés.
Scylle, lis jaunâtre.
Trolle d'Europe.
Tulipe.

2° Plantes fibreuses.

(a) Plus hautes.

Astère, œil de Christ, 1.
Alcée, rose tremière, 2.
Alysse, thlaspi, corbeille d'or, 2.
Asclépiade de Syrie, 2.
Campanule pyramidale, 2.

Digitale ferrugineuse, 1.
Dahlia, 391 variétés, 3.
Hélénie d'automne, 3.
Hellébore noir, rose de noël, 3.
Ketmie, althée, 4 variétés.
Persicaire du levant, 2.
Phlomis, 2.
Phormion, 2.
Soleil, tourne-sol, 2.
Verge d'or à tige verte, 3.

(b) Hautes.

Aconit en casque, 2.
Anthémis chrysanthème, 3.
Astragale axillaire, 1.
Bugrane élevée, 2.
Dauphinelle élevée, 1.
Digitale pourprée, gant de Notre-Dame, 2.
Epilobe à épis, 3.
Galéga oriental, 2.
Gentiane jaune, 2.
Guimauve althéa, 2.
Immortelle à bractée, 3.
Iris panaché, 1.
Lychnide, 2.
Lotier Saint-Jacques, 3.
Mélisse à grandes fleurs, 2.
Mille-pertuis pyramide, 2.
Mufle de veau, 1.
Panicaut des Alpes, 2.
Pavot, 1.
Phlox, 1.
Spirée, 2.
Tanaisie, 2.
Valériane rouge, 3.
Verge d'or élevée, 3.

(c) Moyennes.

Achillée visqueuse eupatoire, 2.
Astère, reine marguerite, 2.
— œil de Christ, 3.
Apreyn gobe-mouche, 3.
Belle de nuit, 2.
Campanule, 2.
Centaurée, 2, 3.
Dauphinelle, pied d'alouette, 2.
Doronée, 3.
Fragon, petit houx, 2.
Fraxinelle, dictame blanc, 2.
Giroflée jaune, violier, 1.
Immortelle, 2.
Julienne, 1.
Lychnide véronique, 1.
Lotier rouge, 2.
Œillet superbe, 3.
Pivoine papyracée, 1.
Polémoine bleue, 2.
Sauge bicolore, 2.
Seneçon Adonis, 2.
Sceau de Salomon, 1.
Verveine citronnelle, 2.
Verveine gentille, 3.

(d) Basses.

Abysse, corbeille d'or, 1.
Astère des Alpes, 1.
Céraiste, oreille de souris, 1.
Cynoglosse printanière, 1.
Epervière orangée, 2.
Iris nain, 2.
Marguerite vivace, 2.
Muguet, 2.
Molène de micon, 3.
Primevère commune, 2.
Réséda, 2.
Tussilage odorant, 3.
Violette, 1.

IX. VERGER.

Principales espèces de fruits à cultiver dans les vergers et les potagers.

Abricotier commun.
— de Hollande.
— pêche de Nancy.
Cerisier précoce.
— gros gobet.
— marrane.
— guindoux.
— albane.
— cœur de poule.

Cerisier bigarreau.
Amandier commun.
— à gros fruit.
— à fruit amer.
— des dames.
Châtaignier pourtalonne.
— verte limosine.
— marron de Lyon.
Chêne ballotte.

Cognassier de Portugal.
Figuier fleur blanche.
— gourreau.
— violette.
— poire.
— de Marseille.
— de Lipari.
Mûrier à fruit noir.
Pavie de Pamiers.
— de Cazères.
— de Pompone.
— violette hâtive.
— brugnon violet.
Pêcher alberge veloutée.
— chevreuse.
— magdeleine.
— mignone.
— royale.
— teton de Vénus.
— vineuse.
Poirier Saint-Jean.
— sept en gueule.
— citron des carmes.
— rousselet d'été et d'hiver.
— blanquet et ses variétés.
— cuisse madame.
— Saint-Laurent.
— orange d'été et d'hiver.
— épine rose.
— royale d'été et d'hiver.
— bon chrétien et ses variétés.
— bergamote et ses variétés.
— verte longue et ses variétés.
— beurré et ses variétés.

Poirier doyenné et ses variétés.
— messire Jean.
— crassanne.
— Louise bonne.
— Saint-Germain.
— virgouleuse.
— angélique.
— martin-sec.
— colmar.
— catillac.
— impériale.
Pommier calville d'été et d'hiver.
— madeleine.
— museau de lièvre.
— rambour et ses variétés.
— fenouillet et ses variétés.
— merveille.
— reinette et ses variétés.
— anis et ses variétés.
— glace et ses variétés.
— faros, enfer et leurs variétés.
— blanc d'Espagne, ferme et tendre.
— passe-rose.
— dille.
— coutras.
Prunier de Tours.
— damas et ses variétés.
— robe de sergent, Agen.
— monsieur.
— reine-claude et ses variétés.
— impériale et ses variétés.
— impératrice et ses variétés.

X. GAZONS.

Plantes vivaces propres à former des gazons d'ornement.

1° *Gazons ras.*   2° *Gazons hauts à faucher.*

(a) *Terrain bas, frais, argilo-limoneux.*   (a) *Terrain bas, frais, argilo-limoneux.*

Flouve odorante.
Paturin commun.
Paturin annuel.
Trèfle blanc.
Vulpin des champs.
Vulpin des prés.

Avoine élevée.
Dactyle pelotonnée.
Fétuque élevée.
Fléole des prés.
Houlque laineuse.
Ivraie vivace.
Luzerne.

(b) *Terrain élevé, fort, argilo-siliceux, sec.*   Mélique élevée.
Paturin des prés.

Brize tremblante.
Fétuque des prés.
Fétuque ovine.
Fléole des Alpes.
Flouve odorante.
Paturin des Alpes.
Paturin commun.
Paturin des prés.

(c) *Terrain élevé, argilo-siliceux, sec.*

Avoine élevée.
Avoine dorée.
Canche flexueux.
Dactyle pelotonné.
Houlque laineuse.
Phalaris fléau.
Mélique élevée.
Paturin des prés.
Paturin commun.
Sainfoin.

PART. IV. SECT. VII. *Des Devis, des Marchés et des Evaluations.* 269

SECTION SEPTIÈME.

DES DEVIS, DES MARCHÉS ET DES ÉVALUATIONS.

Ce qu'on nomme en général DEVIS est l'état général et raisonné des ouvrages à construire. Il est *descriptif*, lorsqu'il suit le détail du projet et du plan, ainsi que de leurs parties ; l'indication sommaire de l'édifice, de ses dimensions, de sa distribution ; de plus l'énonciation succincte des règles à suivre dans son exécution, de la nature et du choix des matériaux à employer ; en un mot, le résumé des ouvrages et les méthodes à suivre : il est *conventionnel* quand il établit les diverses conditions imposées à celui qui doit se charger de l'exécution, et auxquelles se doit soumettre le propriétaire ; il est *estimatif*, quand il établit l'évaluation, article par article, de toutes les dépenses à faire. La première partie de cet ouvrage donne une idée du devis descriptif ; la seconde et la troisième contiennent des renseignements sur les principaux objets d'exécution ; la section d'architecture légale renferme les éléments du devis conventionnel ; mais le devis estimatif, origine et motif des autres, est surtout nécessaire pour éclairer sur la dépense à laquelle on doit pourvoir. Ces trois sortes de devis se réunissent lorsqu'un entrepreneur est appelé à se charger de la totalité des ouvrages ; ils forment alors un *devis-marché* ou *cahier des charges*.

Cependant, afin de se rendre un compte exact des évaluations, quelques considérations spéciales paraissent indispensables pour apprécier les éléments primitifs qui leur servent de base, les diverses mesures que l'on doit employer, la manière dont doit se faire le devis-marché, et pour bien fixer les détails et sous-détails sur lesquels se fonde le système des devis estimatifs.

CHAPITRE PREMIER.

DOCUMENTS PRÉLIMINAIRES.

Un élément utile pour se rendre compte de la solidité des matériaux se retrouve le plus souvent dans la connaissance de leur poids moyen par pied et mètre cubes, ce qui en même temps peut faire apprécier leur résistance, les frais de leur transport et de leur mise en place. Nous donnons ce renseignement pour 34 matières différentes.

(Q) *Tableau du poids moyen en livres, du pied et du mètre cube des divers matériaux.*

	Pied cube.	Mètre cube.		Pied cube.	Mètre cube.
1. Ardoise.......	156	4495	10. Eau de rivière.	69	1988
2. Bois de chêne..	57	1643	11. — de fontaine.	70	2017
3. — dur.......	45	1153	12. — de puits....	72	2075
4. — de sapin...	40	1100	13. Etain.........	520	14983
5. — blanc.....	37	866	14. Fer..........	576	16597
6. Brique........	115	3220	15. Fonte........	580	16712
7. Chaux vive....	58	1729	16. Grès.........	190	5474
8. Cuivre jaune...	548	15554	17. Gypse ou plâtre cru.........	86	2478
9. — rouge.....	648	18440			

	Pied cube.	Mètre cube.		Pied cube.	Mètre cube.
18. Marbre.......	200	5763	27. Plomb.......	810	23340
19. Mortier de chaux et sable.....	110	3169	28. Sable de rivière.	130	3745
			29. — de fouilles..	120	3457
20. — de ciment..	120	3457	30. Terre franche..	105	3025
21. — de terre...	140	4033	31. — à four.....	115	3313
22. Pierre de roche.	150	4322	32. — grasse.....	130	3745
23. — dure......	145	4178	33. Tuile........	125	3601
24. — moyenne..	120	3457	34. Tuf..........	125	3600
25. — tendre....	105	3025			
26. Plâtre gâché et employé.....	100	2996			

Après la connaissance du poids de la matière à employer, vient celle de sa mise en œuvre, et quoiqu'en général on compte l'ouvrage à la tâche, il faut, pour être juste, se rendre raison à soi-même du temps qu'un ouvrier peut employer, par conséquent du prix de la journée. Cela est d'autant plus nécessaire ici, qu'une grande partie des ouvrages à la campagne se fait de cette façon. Il est vrai que la différence des lieux, de la population, l'éloignement plus ou moins grand des centres d'industrie, la qualité des ouvriers, l'usage qui fixe le nombre des heures de travail (assez ordinairement supposé de dix) jettent de l'incertitude sur ce point; on distingue souvent les journées d'hiver des journées d'été, c'est-à-dire celles de novembre à mars, et celles d'avril à octobre ; dans tous les cas ce renseignement est très-utile et le but du tableau suivant.

(R) *Tableau du prix commun des journées d'ouvriers.*

I. *Terrasse et vidange.*		VIII. *Carreleur.*	
Vidangeur	3 00	Maître carreleur	3 00
Aide vidangeur	2 50	Compagnon	2 50
Terrassier	1 50	Aide	2 00
Pionnier	1 00	Manœuvre	1 25
II. *Maçonnerie.*		IX. *Pavage.*	
Poseur ou chef ouvrier	2 50	Fendeur	3 00
Maître maçon	2 00	Paveur	2 50
Aide ou compagnon	1 75	Aide	2 00
Manœuvre	1 25	Manœuvre	1 25
III. *Charpente, treillage.*		X. *Marbrerie.*	
Maître charpentier	2 50	Maître marbrier	3 50
Compagnon	2 00	Ciseleur	4 00
Aide	1 75	Scieur	2 50
Manœuvre	1 25	Carreleur	3 00
Scieur de long	1 75	Compagnon	2 50
Treillageur	2 00	Aide	2 00
IV. *Couverture.*		Manœuvre	1 50
Couvreur en chef	2 50	XI. *Poêlerie, plomberie, fontainerie.*	
Compagnon	2 00		
Manœuvre	1 50	Plombier, poêlier	3 50
V. *Menuiserie et ébénisterie.*		Fontainier	4 00
Ebéniste en chef	4 00	Compagnon	2 50
Compagnon ébéniste	3 50	Aide	2 00
Maître menuisier	3 00	Manœuvre	1 50
Compagnon	2 50	XII. *Peinture et vitrerie.*	
Aide	2 00	Doreur	4 00
Sous-aide	1 50	Maître peintre	3 50
VI. *Serrurerie, ferrure et grillage.*		Vitrier en chef	3 00
Maître serrurier	3 00	Compagnon	2 50
Contre-maître	2 50	Aide	2 00
Forgeron, ferreur	2 00	XIII. *Tenture.*	
Compagnon	1 75	Poseur	2 50
Forgeur	1 50	Colleur	2 00
Grillageur	2 50	Aide	1 50
VII. *Plâtrerie et ornements.*		XIV. *Tapisserie.*	
Mouleur	4 00		
Appliqueur	3 00	Tapissier décorateur	5 00
Stucateur	3 50	Rembourreur et poseur	3 00
Plâtrier en chef	2 50	Cloueur	2 50
Compagnon	2 00	Aide	2 00
Aide	1 50		

On doit observer que lorsque le propriétaire dirige lui-même les travaux, il est dispensé de surveillants ou d'inspecteur en titre, même de maître ouvrier, souvent de contre-maître, et n'a besoin que de compagnons, quelquefois d'aides intelligents et de manœuvres.

On connaît les motifs qui nous ont fait conserver l'usage de la toise ; mais lorsque cette mesure est employée comme surface ou solidité, elle se divise en parties aliquotes quarrées ou cubiques, parallélogrammes ou parallélipipèdes, et il est commode, même souvent nécessaire de trouver le rapport qu'ont entre elles pour la toise quarrée, les divisions quarrées ou parallélogrammes.

(S) *Rapport entre elles des divisions quarrées et parallélogramme de la toise quarrée.*

Toises points.	Lignes quarr.	Pouces quarr.	Pieds quarr.	Toises quarr.	Toises pouces.	Pouces quarr.	Pieds quarr.	Toise quarr.
3/4	18				1	72		
1/3	24				2	144	1	
1/2	36				3	216	1 1/2	
2/3	48				4	288	2	
3/4	54				5	360	2 1/2	
1	72				6	432	3	
2	144	1			7	504	3 1/2	
3	216	1 1/2			8	576	4	
4	288	2			9	648	4 1/2	
5	360	2 1/2			10	720	5	
6	432	3			11	792	5 1/2	
7	504	3 1/2			Toises pieds.			
8	576	4			1		6	1/6
9	648	4 1/2			2		12	1/3
10	720	5			3		18	1/2
11	792	5 1/2			4		24	2/3
Toises lignes.					5		30	5/6
1		6			6		36	1
2		12					72	2
3		18					108	3
4		24					144	4
5		30					180	5
6		36					216	6
7		42					252	7
8		48					288	8
9		54					324	9
10		60					360	10
11		66					396	11
							432	12

Une table semblable est encore plus utile pour la mesure de solidité.

PART. IV. SECT. VII. *Des Devis, des Marchés et des Evaluations.* 271

(T) *Rapport entre elles des divisions cubiques et parallélipipèdes de la toise cube.*

TT. points.	Pouces cub.	Pieds cub.	TT. pouces.	Pieds cub.	Toise cube.
1	36	1/48	4	12	20736
2	72	1/24	5	15	25920
3	108	1/16	6	18	31104
4	144	1/12	7	21	36288
5	180	5/48	8	24	41472
6	216	1/8	9	27	46656
7	252	7/48	10	30	51840
8	288	1/6	11	33	57024
9	324	3/16	TT. pieds.		
10	360	5/24	1	36	62208
11	396	11/48	2	72	124416
TT. lignes.			3	108	186624
1	432	1/4	4	144	248832
2	864	1/2	5	180	311040
3	1296	3/4	Toise cube.		
4	1728	1	1	216	373248
5	2160	1 1/4	2	432	
6	2592	1 1/2	3	648	
7	3024	1 3/4	4	864	
8	3456	2	5	1080	
9	3888	2 1/4	6	1296	
10	4320	2 1/2	7	1512	
11	4752	2 3/4	8	1728	
TT. pouces.			9	1944	
1	5184	3	10	2160	
2	10368	6	11	2376	
3	15552	9	12	2592	

Mais comme des ouvrages sont souvent évalués simultanément à la mesure superficielle et à la mesure solide, il est convenable d'en connaître le rapport d'après l'épaisseur de la première.

(U) *Rapport de la capacité de la toise quarrée à celle de la toise cube, d'après l'épaisseur de la première.*

ÉPAISSEUR de la TOISE QUARRÉE.	CAPACITÉ en		ÉPAISSEUR de la TOISE QUARRÉE.	CAPACITÉ en	
	toise cube.	Pieds cubes.		toise cube.	Pieds cubes.
Pouces.			Pouces.		
1	1/72	3	9	1/8	27
2	1/36	6	10	5/36	30
3	1/24	9	11	11/72	33
4	1/18	12	1ᵖ	1/6	36
5	5/72	15	1. 1°	13/72	39
6	1/12	18	1. 2°	7/18	42
7	7/72	21	1. 3°	15	5/24	45
8	1/9	24	1. 4°	16	2/9	48

ÉPAISSEUR de la TOISE QUARRÉE	CAPACITÉ en		ÉPAISSEUR de la TOISE QUARRÉE.	CAPACITÉ en	
	toise cube.	pieds cubes.		toise cube.	pieds cubes.
Pouces.			Pouces.		
1ᵖ 5°	17	17/72	51	2. 6°	30	5/12	90
1. 6°	18	1/4	54	3. "	36	1/2	108
1. 7°	19	19/72	57	3. 6°	42	7/12	126
1. 8°	20	5/18	60	4. "	48	2/3	144
1. 9°	21	7/24	63	4. 6°	54	3/4	162
1. 10°	22	11/36	66	5. "	60	5/6	180
1. 11°	23	23/72	69	5. 6°	66	11/12	198
2. "	24	1/3	72	6. "	72	1	216

Enfin, pour éviter des calculs à nos lecteurs, nous joignons ici la comparaison du prix de la toise quarrée d'après son épaisseur, à celui de la toise cube.

(V) *Rapport du prix de la toise cube et de celui de la toise quarrée d'après l'épaisseur de celle-ci.*

Prix de la toise cube.	PRIX DE LA TOISE QUARRÉE D'UNE ÉPAISSEUR EN POUCES DE							
	6°	9°	12°	15°	18°	21°	24°	30°
f.	f. c.	f. c.	f. c.	f. c.	f. c.	f. c.	f. c.	f. c.
1	" 09	" 13	" 17	" 22	" 25	" 30	" 33	" 45
2	" 16	" 25	" 33	" 40	" 50	" 60	" 67	" 80
3	" 22	" 37	" 45	" 60	" 75	" 85	1. "	1.20
4	" 33	" 50	" 67	" 83	1. "	1.15	1.33	1.75
5	" 43	" 63	" 85	1.07	1.25	1.50	1.67	2.15
6	" 50	" 75	1. "	1.25	1.50	1.75	2. "	2.50
7	" 58	" 87	1.17	1.45	1.75	1.95	2.33	2.90
8	" 67	1. "	1.33	1.67	2. "	2.35	2.67	3.35
9	" 71	1.13	1.45	1.85	2.25	2.60	3. "	3.70
10	" 82	1.25	1.67	2.07	2.50	2.90	3.33	4.15
11	" 92	1.37	1.85	2.30	2.75	3.20	3.67	4.60
12	1. "	1.50	2. "	2.50	3. "	3.50	4. "	5. "
13	1.09	1.63	2.17	2.72	3.25	3.80	4.33	5.55
14	1.16	1.75	2.33	2.90	3.50	4.10	4.67	5.80
15	1.22	1.87	2.45	3.10	3.75	4.35	5. "	6.20
16	1.33	2. "	2.67	3.35	4. "	4.70	5.35	6.65
17	1.43	2.13	2.85	3.55	4.25	5. "	5.67	7.10
18	1.50	2.25	3. "	3.75	4.50	5.25	6. "	7.50
19	1.56	2.37	3.17	3.95	4.75	5.55	6.33	7.90
20	1.67	2.50	3.33	4.17	5. "	5.85	6.67	8.55
21	1.71	2.63	3.45	4.35	5.25	6.10	7. "	8.70
22	1.82	2.75	3.67	4.60	5.50	6.40	7.33	9.20
23	1.92	2.87	3.85	4.80	5.75	6.75	7.67	9.60
24	2. "	3. "	4. "	5. "	6. "	7. "	8. "	10. "

Enfin, en dernier lieu, nous indiquerons le rapport du prix des mesures duodécimales avec celui des mesures décimales.

(X) *Comparaison du prix des mesures duodécimales avec celui du prix des mesures décimales.*

MESURE duodécimale.		Mètre.		Mètre.		Mèt. q.		Mèt. q.		Mèt. c.		Mèt. c.	
f. c.		f. c.		f. c.		f. c.		f. c.		f.		f.	
0.25		0.75		0.13		0.002		0.07		0.002		0.03	
0.50		1.50		0.25		0.004		0.13		0.003		0.07	
0.75		2.25		0.38		0.006		0.20		0.004		0.10	
1	″	3	″	0.51		0.007		0.26		0.006		0.13	
2	″	6	″	1.01		0.014		0.52		0.012		0.27	
3	″	9	″	1.52	Pieds quarrés.	0.021	Toises quarrées.	0.78	Pieds cubes.	0.018	Toises cubes.	0.40	
4	″ Pieds.	12	″ Toises.	2.03		0.025		1.04		0.024		0.53	
5	″	15	″	2.53		0.035		1.30		0.030		0.67	
6	″	18	″	3.04		0.042		1.56		0.036		0.80	
7	″	21	″	3.55		0.049		1.82		0.042		0.93	
8	″	24	″	4.07		0.056		2.08		0.048		1.07	
9	″	27	″	4.56		0.063		2.34		0.057		1.20	
10	″	30	″	5.07		0.070		2.60		0.060		1.33	

Le travail minutieux auquel nous nous sommes livrés pour la toise cube et la toise quarrée est superflu pour les mètres quarrés et cubes, et c'est le principal mérite de cet ordre de subdivision, aussi précieux pour le cabinet qu'il peut être embarrassant et incomplet pour l'usage vulgaire et habituel. Il suffit d'ajouter deux zéros à la mesure linéaire pour la transformer en mesure quarrée, et trois pour la rendre cubique. Le mètre linéaire exprimé par 100 devient le mètre quarré qui contient en effet cent décimètres quarrés, et le même exprimé par 1,000 devient le mètre cube qui contient à son tour mille décimètres cubes. Il n'est donc nul besoin de s'occuper ici des mesures décimales parallélogrammes et parallélipipèdes ou plutôt elles existent naturellement. Le mètre quarré est en effet composé de dix parallélogrammes chacun, d'un décimètre quarré et d'un mètre de hauteur, qui représentent ensemble cent décimètres quarrés, et le mètre cube est divisé en dix solides d'un mètre de hauteur et d'un décimètre en quarré, et il contient mille décimètres cubes.

Nous espérons que ces tableaux rendront les calculs plus faciles pour ceux auxquels nous nous adressons exclusivement, et qu'ils abrégeront le travail particulier qu'il nous est impossible d'éviter, car nous ne pouvons prévoir ni la nature et la valeur des matériaux dont ils doivent faire usage, ni la main d'œuvre qui leur sera nécessaire, à moins que les unes et les autres ne soient conformes dans leur localité à ceux qui sont la base de nos calculs. Dans le cas contraire, il ne leur faudra que substituer dans nos formules les prix de leur canton ou ceux qu'ils auront adoptés. On observera qu'en général il est entré dans nos hypothèses un bon choix de matériaux, et une exécution soignée dans la main d'œuvre, et que, toutes choses égales d'ailleurs, si l'on n'avait pas besoin du même choix et de la même perfection, il y aurait une déduction plus ou moins forte à opérer dans les prix que nous avons établis, et que, sous cette réserve seulement, nous avons pu indiquer.

CHAPITRE II.

DES DEVIS-MARCHÉS.

On commence les devis-marchés, comme nous l'avons dit, par une description de l'édifice; on fixe sa hauteur, sa largeur, sa longueur, le nombre d'étages qui le composent, celui des portes et croisées; on indique sa distribution, la hauteur des pièces; enfin, la décoration que l'on veut lui donner.

S'il y a des démolitions à faire, on évaluera en mesures cubes les matériaux qui en proviendront; on fera aussi le détail des bois, fers, et autres objets qui pourront servir au nouveau bâtiment. Si l'entrepreneur fournit les matériaux, ceux des démolitions qui pourront être employés lui seront donnés au même prix que ceux de qualité semblable qu'il doit fournir; on en déduira seulement la main-d'œuvre de la démolition. Si, au contraire, le propriétaire fournit les matériaux, on séparera de l'état des produits de la démolition la main-d'œuvre des ouvriers.

La fouille des fondations et celle des caves sera évaluée à la mesure cube; le prix en doit être réglé d'après la profondeur, le régalage ou le transport qui sera exigé : ainsi que nous l'indiquerons, on stipulera que si les fouilles produisent du sable, ou d'autres matériaux propres à être employés, l'entrepreneur s'en chargera au prix fixé pour ceux de même nature qu'il a à fournir, moins les frais de transport.

Passant ensuite à la maçonnerie, on établira la qualité des matériaux à employer; on désignera le lieu d'où ils devront être tirés, la composition des ciments et mortiers, enfin, la manière dont les murs, voûtes et autres ouvrages seront construits. On déterminera exactement les dimensions de ces ouvrages, afin de les réduire à la mesure cube ou quarrée, en distinguant les murs de moellon, ceux de brique crue, et ceux de brique cuite neuve, vieille ou mêlée, et dans ce dernier cas, la proportion du mélange. On fixera aussi le fruit à *tant* par toise ou mètre de hauteur, et les retraites, tant au niveau des fondations qu'à celui des caves, du rez-de-chaussée, du soubassement et des plinthes.

Si le propriétaire fournit les matériaux, il ne sera pas question de leurs qualités, mais seulement de leur emploi.

Pour la charpente, on désignera exactement l'espèce et la qualité des bois à employer, la grosseur qu'ils doivent avoir, la distance à laquelle les pièces doivent se placer ; si elles seront de brin, de sciage ou en grume, le tout conformément aux plans : cela sera inutile, si le propriétaire fournit les matériaux. Mais, dans tous les cas, on déterminera la manière dont les bois seront assis, établis, équarris, rabotés, refaits et assemblés. On fixera le mode de construction des planchers, cloisons, combles, etc., et la manière dont les fers que l'on emploiera seront placés. On établira exactement les dimensions des ouvrages, pour les réduire ensuite à la mesure cube ou quarrée : les fermes des combles se comptent à la pièce. On procédera de même pour les escaliers ; on indiquera la hauteur et la largeur des marches, leur gros, leur délardement, et leur assemblage tant entre elles qu'avec le limon, dont les dimensions et l'armature seront également déterminées.

Pour la couverture, on dira si l'on emploie la tuile à crochet, la tuile creuse ou l'ardoise. On déterminera le pureau ou le recouvrement adopté ; la force de la latte, son espacement, sa longueur ; le nombre de clous à employer. Tous ces ouvrages seront aussi réduits à la mesure quarrée. On dira si les égouts seront pendants ou retroussés ; la manière dont ils seront arrêtés ou maçonnés. On parlera de la construction des noues et arêtiers ; et si l'entrepreneur fournit les matériaux, on en prescrira formellement la qualité, qui doit être de la meilleure.

Dans la menuiserie, comme dans la charpente, on commencera par spécifier l'espèce de bois à employer pour chaque nature d'ouvrage, la forme et les assemblages principaux. Les ouvrages de menuiserie dormante se comptent ou à la mesure quarrée, comme lambris, cloisons, parquets, ou à la mesure courante, comme plinthes, cymaises, etc. Ceux de menuiserie mobile se comptent souvent à la pièce. Pour les escaliers de menuiserie, on les évalue en bloc, d'après le détail des fournitures et de la main-d'œuvre.

Pour le devis de la ferrure, on indique non-seulement la qualité du fer, mais les dimensions des gros ouvrages, et le marché se fait au quintal. Pour les petits fers, ou serrurerie, on désigne leur qualité, leur force, et on les estime à la pièce.

Pour les ouvrages de plâtrerie, on stipule les qualités du plâtre, de la brique et du bois ; on indique le nombre de couches exigées pour chaque ouvrage, et on exprime s'ils seront ébauchés ou finis, unis ou décorés de moulures et d'ornements. Tous se comptent à la mesure quarrée ou linéaire.

Pour le carrelage, on détermine le genre de carreau adopté ; on exige une taille, un appareillage et un niveau parfaits ; on spécifie s'il sera posé à ciment, à mortier de chaux, à mortier de terre ou à plâtre. Le tout se compte à la mesure quarrée.

Le pavé se compte aussi superficiellement. On indique sa qualité, sa pose à sec, à mortier ou à ciment, et on détermine les pentes, les égouts et les gondoles.

Dans la marbrerie, on compte à la pièce les divers ouvrages, en désignant clairement l'espèce et la nuance du marbre : les carrelages s'évaluent à *tant le carreau de telles* dimensions, y compris la pose.

On prescrit le nombre de couches de peinture d'impression, tant dans l'intérieur qu'à l'extérieur ; on en fixe la couleur définitive, et on la compte à la pièce ou à la mesure superficielle.

Pour la vitrerie, on indique le nombre et la dimension des carreaux, le prix de chacun d'eux, et celui de la pose.

On peut y joindre la tenture, indiquer le nombre de mesures superficielles de parois à recouvrir ; spécifier la qualité, le prix de ces étoffes ou de ces papiers et leur pose.

Souvent enfin on s'occupe aussi de la tapisserie ; on détermine la nature, la façon, la couverture des meubles, leur qualité, celle des assortiments et accessoires, et on en indique le prix.

Ordinairement l'entrepreneur est chargé de la fourniture générale, tant de la main-d'œuvre que des matériaux ; mais quand le propriétaire fournit les matériaux, le devis-marché ne doit contenir, outre la partie descriptive et les conditions, que le prix convenu de la main-d'œuvre et des fournitures laissées à la charge de l'entrepreneur : alors l'architecte doit remettre séparément au propriétaire un état estimatif des matériaux et de la main-d'œuvre pour le fixer sur la dépense totale à laquelle il doit pourvoir.

Dans tous les cas, il est indispensable qu'un plan arrêté et des dessins exactement cotés puissent parfaitement guider dans l'exécution.

On termine le devis-marché en établissant le prix convenu pour chaque nature d'ouvrage d'après la mesure adoptée ; on stipule que dans le cas de changement en plus ou en moins dans les détails, on les évaluera au prix établi ; on fixe l'époque du commencement des travaux et celle de leur achèvement, et, à défaut, une amende ou dédommagement peut être stipulé. On cherche à bien lier l'entrepreneur, en spécifiant scrupuleusement toutes ses obligations, et en exigeant de lui, non-seulement une bonne caution, mais une avance constante de matériaux et de main-d'œuvre. On détermine également les époques de payement ; on convient d'ordinaire que le dernier dixième au moins ne lui sera délivré qu'après la réception définitive de l'ouvrage entier. Enfin, on réserve au propriétaire, à l'architecte ou à l'inspecteur des travaux, le droit de renvoyer les ouvriers qui, par leur conduite ou leur incapacité, leur donneraient des sujets de plainte.

Ce devis doit être dressé sur papier timbré, quelquefois passé devant notaire, dûment enregistré et hypothéqué tant sur les biens de l'entrepreneur que sur ceux de sa caution. On aura soin de ne pas déroger et de rappeler au contraire les garanties et la responsabilité établies par les art. 1793, 1775 et suivants du Code civil.

Il est d'usage, en général, d'allouer à l'architecte un 20ᵉ du montant du devis pour ses plans et sa surveillance, surveillance ordinairement peu exacte lorsqu'il est question de travaux à la campagne : il faut nécessairement dans ce cas avoir des maîtres-ouvriers que l'on paye plus cher, et quelquefois un inspecteur, auquel on donne la moitié des honoraires de l'architecte, ou un 40ᵉ ; on accorde à l'entrepreneur un 10ᵉ pour ses bénéfices et pour la fourniture des échafauds et engins nécessaires.

Dans les campagnes (surtout si cet ouvrage continue l'effet qu'il a commencé à produire), lorsque le propriétaire peut se passer d'un architecte et d'un inspecteur, s'il n'a pas besoin de chefs-ouvriers habiles ce qui peut lui procurer un 20ᵉ sur les évaluations, s'il fournit les engins échafauds et cintres dont il peut ensuite faire un autre usage, il opérera une grande économie. Ainsi, sur une dépense de 10,000 fr., ses soins lui remplaceront alors, 1° pour l'architecte 500 fr. ; 2° pour l'inspection 250 fr. ; 3° pour le bénéfice de l'entrepreneur 1,000 fr. ; en tout 1,750 fr., ou du quart au cinquième de la dépense totale.

CHAPITRE III.

DES DEVIS ESTIMATIFS.

Avant tout on doit s'occuper d'une considération préparatoire et bien essentielle, qui consiste à se rendre un compte exact d'un travail préliminaire à toute construction architecturale, qui est l'assiette matérielle du bâtiment, de manière à en régulariser le niveau ou les différents niveaux que ses fondations exigent, d'après l'état actuel de la surface sur laquelle il doit s'élever ; travail qui s'applique également aux surfaces environnantes, à la construction des chemins, cours et jardins, et même à l'aménagement du sol cultivable. Cet objet important exige de nous quelques détails spéciaux.

De la Terrasse ou de l'excavation des Terres, et de leur transport.

On nomme *terrasse* ou *terrassement* la suite des travaux nécessaires pour déblayer et enlever les terres ou autres parties du sol, superflues ou irrégulièrement placées, telles que les fondation des édifices, les mamelons ou exhaussements mal placés, pour transporter ces terres ailleurs, pour les régaler ou les niveler.

Cette théorie, très-importante pour l'architecte, l'est encore bien plus pour le cultivateur. Pour le premier, indépendamment du creusement des fondations, il a à s'occuper du tracé et du nivellement des chemins, cours et jardins ; pour le second, il a besoin surtout de mettre en pente des champs labourés, afin de combler les parties qui retiennent l'eau et inondent les semences, de supprimer les arêtes sur lesquelles celles-ci prospèrent mal, et donner à ces eaux l'écoulement nécessaire afin qu'il n'y en ait pas de stagnantes. Si le champ est, en général, très-humide, quoique sa pente soit régulière, il est souvent nécessaire de creuser un bassin ouvert qui puisse les recueillir et assainir ce champ ; mais si cette pente est irrégulière, il faut fouiller les buttes et en transporter les terres dans les endroits déprimés.

Pour diriger les opérations, après avoir déterminé les niveaux ou les pentes générales qu'il est nécessaire de donner au terrain, on trace des lignes, nommées *hemmes*, qui sont creusées ou chargées selon qu'il faut déblayer ou remblayer le sol. Pour faire ensuite l'évaluation du travail opéré, on laisse sur l'atelier, à des distances égales et convenues, des buttes intactes nommées *témoins*, dont la hauteur moyenne donne la profondeur du déblai ; laquelle, multipliée par la surface générale, en donne le cube. Il est évident que, dans le cas d'excavation régulière, comme des caves, des fondations, des puits, etc., ces témoins sont inutiles, à moins d'inégalité énorme dans le milieu ou le périmètre ; ce qui est fort rare. Lorsque, dans le déblai, on trouve du roc de bonne qualité, de la pierre, du sable, du gravier ou autres matériaux, on les entasse à part, pour s'en servir au besoin.

Les terres fouillées doivent se transporter ailleurs ; et c'est là qu'il faut que le propriétaire emploie toute sa sagacité, afin de faire faire le transport au plus près possible et sans y revenir, lorsque ces terres servent à des remblais, des comblements ou des régalages ; car ces opérations sont si coûteuses et si peu apparentes, que l'exécution en doit être aussi restreinte que possible, tout en atteignant complétement le but désiré ; et le cultivateur qui entreprend un semblable travail, avant de le commencer, doit mettre en regard, sans se rien déguiser à lui-même, les sommes que ce travail exigera, avec l'amélioration probable qui en sera le résultat.

Il est rare que l'architecte, d'après le plan adopté qui le domine impérieusement, ait autant de considérations à apprécier, et autant d'économies à opérer.

De tout ce qui précède, il suit qu'on doit distinguer ce qui est relatif à la fouille des terres en elle-même, et ce qui constitue le transport de ces terres.

Le travail du terrassier se compose de la *fouille* proprement

PART. IV. SECT. VII. *Des Devis, des Marchés et des Evaluations.* 275

dite, du *jet* des terres sur la berge, du *régalage*, du *chargement*, du *tassement* et du *battage* du remblai.

Lorsque les excavations sont profondes, on distingue celles dont la profondeur n'excède pas une toise ou 6 pieds (1, 94), et qu'on appelle *simple*, et celles plus profondes qui demandent une ou plusieurs *banquettes*, toujours de 6 pieds de hauteur, et par conséquent les mêmes frais se répètent à chaque banquette ; aussi la fouille est-elle dite à deux ou plusieurs banquettes. Pour les puits, on tire les terres extraites avec des poulies ou un treuil au moyen de paniers ou de tinettes.

Le travail de la fouille se compte à la toise cube de 216 pieds cubes (7,40 m. c.), et il est d'un prix relatif à la nature du sol déblayé, ou au mélange des éléments qui le composent. On divise généralement le sol, sous ce rapport, en trois classes principales. La première, comprend les terres meubles ou rapportées, la terre sablonneuse, la terre franche : on emploie pour elles la bêche, la houe, la pioche, quelquefois le bident. Dans la seconde classe, sont comprises les terres fortes, argileuses, glaiseuses, les marnes, les terres crayeuses, graveleuses ou de chemin battu, et les sables compactes : on emploie la bêche à pointes, le bident, la pioche, le pic ; la troisième classe se compose du tuf, du roc ou pierre perdue, des silex non homogènes ; on y ajoute la fange et les vases ; on emploie tour à tour les instruments dont nous avons parlé. S'il se rencontrait de la pierre en banc, ce ne serait plus de la terre, et on emploierait l'aiguille, la barre ou la mine.

Voici la différence du travail qu'exige chaque classe pour être fouillée : la première emploie, par toise cube, une journée et demie de terrassier ou pionnier ; la seconde, deux journées un tiers ; la troisième, de trois jusqu'à cinq journées, quatre en moyenne.

Comme pour le jet on compte qu'un pelleteur suffit à deux piocheurs, il doit être compté pour moitié de la fouille ; on évalue aux deux tiers de cette dernière le régalage, le battement et le tassement du remblai : le chargement sur les véhicules se compte à un quart de la fouille.

Le choix de ces véhicules n'est pas indifférent : le transport peut se faire de trois manières : par des brouettes conduites par un homme, par un camion traîné par deux hommes ou un cheval deux hommes compactes, par un tombereau conduit par un homme et traîné par deux ou trois chevaux. Il est rare que le transport se fasse toujours d'une haleine ; et si la distance est grande, elle se divise par relais : la brouette, qui porte un pied cube (0,034 m. c.), a des relais de 10 toises ou de 60 pieds (19,49) ; le camion, ou petit tombereau, qui porte 6 pieds cubes (0,21 m. c.), a des relais de 50 toises ou 300 pieds (97, 45) ; enfin, le tombereau, qui porte 15 pieds cubes (0,51 m. c.) a des relais de 100 à 200 toises, ou 600 à 1,200 pieds (194,90 à 389,80) : ainsi, jusques à 60 toises, on transporte à la brouette, avec 5 relais, de 50 à 200 toises ; au camion avec 4 relais ; et au tombereau jusques à une distance indéfinie par relai de 200 toises.

Les fouilles de puits et de souterrains se transportent de la même manière.

Relativement aux éléments de l'évaluation de ces travaux, nous établirons à 1 fr. 20 cent. la journée du terrassier, à 1 fr. 50 c. celle des charretiers, à 3 fr. celle de chaque cheval.

Par conséquent, la toise cube de fouille de la première classe de terre, est de 1 fr. 80 cent ; celle de la seconde classe, 2 fr. 80 c. ; celle de la troisième, 4 fr. 80 cent.

Le jet, ou moitié de la fouille, est de 90 cent., de 1 fr. 40 cent. et de 2 fr. 40 cent.

Le chargement, moitié du jet, est de 45 cent., de 70 cent., et de 1 fr. 20 cent.

Le régalage, le battage, et le tassement du remblai, sont, ensemble, les deux tiers de la fouille, ou 1 fr. 20 cent., 1 fr. 87 c. et 3 fr. 20 cent.

Pour le transport, la journée d'homme, employant à peu près 5 minutes par relais, donne, par heure, 12 relais pour 12 pieds cubes ; pour une toise cube, 18 heures, ou une journée 4/5, et, avec le temps perdu nécessairement pour l'arrêt et la vidange, deux journées, ou 2 fr. 40 cent. par relais pour une toise cube.

La journée de camion, de 6 pieds cubes, exige à peu près, par relais de 50 toises, 10 minutes, ou 6 par heure pour 36 pieds cubes. La toise cube demande au moins 7 heures, ou 4/5 de journée, y compris la charge et décharge. Cette journée, évaluée 3 fr., celle du conducteur 1 fr. 50, c'est 4 fr. 50 cent., dont les 4/5 sont 3 fr. 60 cent. par relais et par toise cube.

La journée de tombereau, par relais de 200 toises, exige à peu près 15 minutes par relais et 4 voyages, ou 60 pieds cubes par heure. La toise cube demande, y compris le temps perdu, 4 heures, ou 2/5 de journée. Cette journée est de 6 fr. pour les deux chevaux, et 1 fr. 50 cent. pour le charretier, ou 7 fr. 50 cent., dont les 2/5 donnent 3 fr. par relais et par toise cube.

On ajoutera en sus, pour chaque banquette, la valeur de la fouille et du jet, c'est-à-dire, 3 fr. 70 cent. pour la toise cube de terre de la première classe ; 4 fr. 20 cent. pour celle de seconde ; 7 fr. 20 cent. pour celle de la troisième, ou 37 fr. 55 cent. par mètre cube : au total du prix on pourra ajouter un cinquième pour bénéfice, fourniture d'instruments et faux frais.

Nous supposerons, par exemple, la fouille simple d'une fondation en terre de première classe, à une seule banquette, ayant 100 toises de longueur, sur diverses largeurs, et deux pieds de profondeur, formant 26 t. 3 p. 8° quarrés, et 8 t. 4 p. 2° cubes.

(Détails n° 1.) *Fondation de 8 t. 4 p. 2° cubes.*

Fouille....................	16' 65°
Jet.......................	8 33
Charge et décharge........	4 16
Transport à 50 toises......	20 87
Régalage..................	5 55
Total..............	55 56
par toise cube...........	5 75
par mètre cube...........	0 77
par toise courante........	0 55
par mètre courant........	0 26

Le tableau suivant (Y) donne l'évaluation de la fouille et du transport d'après la nature de la terre et du véhicule employé.

(V) ÉVALUATION DE LA FOUILLE ET DU TRANSPORT
DES TROIS NATURES OU CLASSES DES TERRES.

	FOUILLE ET EXTRACTION.						DIS-	TRANSPORT DE LA TOISE CUBE		
	1ʳᵉ CLASSE.		2ᵉ CLASSE.		3ᵉ CLASSE.		TANCE.	à la brouette	au camion.	au tombereau.
	t. c.	m.c.	t. c.	m.c.	t. c.	m.c.	toises.			
Fouille.	1' 80	0' 25	2' 80	0' 40	4' 80	0' 80	10	2 40	"	"
Jet. . . .	0 90	0 13	1 40	0 18	2 40	0 40	20	4 80	"	"
Régala-ge, etc.	1 20	0 16	1 87	0 25	3 20	0 53	30	7 20	"	"
Charge et déc⁻ᵗ etc...	0 45	0 04	0 70	0 09	1 20	0 20	40	9 60	"	"
							50	12 "	3 60	"
							60	14 40	"	"
							70	16 80	"	"
Augmᵗⁿ par ban-quets..	4 35	0 58	6 77	0 92	11 60	1 54	80	19 20	"	"
	2 70	0 38	4 20	0 58	7 20	1 20	90	21 60	"	"
							100	24 "	7 20	3 "
							150	"	10 80	"
							200	"	14 40	6 "
							300	"	"	9 "
							400	"	"	12 "
							500	"	"	15 "
Toise cour"								0 025	0 070	0 030
Mètre cour'.								0 013	0 033	0 013

Nous allons maintenant, en suivant l'ordre des sections de la seconde partie, entrer dans les appréciations qui serviront d'annexe à chacune d'elles. Nous exposerons les principes et les considérations d'après lesquels nous arriverons aux détails qui établissent les prix très-approximatifs des divers ouvrages dans nos cantons, renouvelant toutefois les restrictions que nous avons précédemment réservées : ces détails, dans leur application, peuvent, ce nous semble, suffire pour toutes les localités. Cependant, pour les rendre plus spéciaux pour la ville de Toulouse, nous y joindrons en note les prix établis par M. de Méritens, dans son ouvrage sur le règlement des comptes.

ARTICLE 1ᵉʳ.

Maçonnerie.

(2ᵉ Partie, Section 1ʳᵉ, page 45.)

§ 1ᵉʳ. Mortiers.

(2ᵉ Partie, page 53.)

La pierre à chaux calcinée, de qualité moyenne, dite *chaux grasse*, pèse environ 60 livres (30 kil.) par pied cube, (34 dmt. cubes). Les 216 pieds cubes, ou la toise cube, pèsent donc 12,960 livres (6,480 kil.), et le mètre cube 1,720 livres (860 kil.).

L'*éteignage* de la chaux ou sa fusion dans l'eau pour la rendre propre à devenir le condiment de la maçonnerie, se fait par *extinction* ordinaire, en la corroyant dans un bassin ; ce qui la double communément en volume et en poids ; ou, par *immersion*, d'après le procédé Lafaye (page 50), et alors cette augmentation est des deux tiers. (Il n'est pas question ici des chaux hydrauliques, dont l'usage n'est pas général et vulgaire, et dont le prix est un peu plus élevé d'après le plus de quantité d'acide carbonique qu'elles contiennent.) Les frais de l'opération, dans l'un et l'autre cas, peuvent s'évaluer à un demi-centime par livre, ou un centime par kilog. Le pied cube de chaux vive, dans le premier cas, produit deux pieds cubes ou 120 livres ; dans le second, un pied cube 66 centièmes ou 100 livres.

Il résulte de ces données préliminaires et approximatives, que le quintal de chaux vive étant supposé rendu sur l'atelier au prix de 1 fr. 50 (a), produisant en chaux éteinte 200 ou 167 livres, reviendra à 75 ou 90 centimes par quintal ; et si le pied cube de chaux vive vaut 90 centimes, ce même pied cube, éteint par extinction, vaudra 98 centimes, et éteint par immersion, 1 fr. à 1 fr. 25 cent.

Des expériences, souvent répétées, ont démontré qu'en général la fabrication des mortiers diminuait leur volume d'un sixième, ou, en d'autres termes, que 20 pieds cubes de sable, et 10 pieds cubes de chaux, ne produisaient que 25 pieds cubes de mortier. Car, ordinairement, le sable entre pour les deux tiers dans la composition de ce mortier.

Ce sable est tiré des rivières ou d'une carrière fouillée ; on regarde celui de mer comme impropre à bâtir. Le sable de rivière coûte, par toise cube, 2 fr. 70 cent. d'extraction et de jet ; le chargement, 50 cent. ; le transport, par tombereau, à une distance moyenne de 600 toises (12 kilom.), 7 fr. 50 cent., en tout 10 fr. 70 (b) ; par mètre cube, 1 fr. 40 c., ou 5 centimes le pied cube. Le sable de fouille, 2 fr. 50 cent. d'extraction et de jet, mais seulement 1 fr. 80 cent. de transport, à une distance moyenne de 100 toises (2 kilom.) ; en tout, 4 fr. 30 cent. par toise cube, ou 57 cent. le mètre cube, et 2 cent. par pied cube. Mais comme il faut tenir compte des recherches, des explorations et des déblais, on peut évaluer le pied cube du sable de rivière à 7 cent., et celui du sable de fouille à 5 cent.

La terre franche, avec les mêmes observations, peut aussi être évaluée 5 cent. comme le sable de fouille ; elle entre pour moitié dans la composition des mortiers de cette nature, et ne s'allie guère qu'avec le sable de fouille : le sable de rivière est préférable pour la composition des crépis et enduits extérieurs.

(a) On le compte, à Toulouse, à 1 fr. 60 ; et celui de la chaux hydrauliqu, à 1 fr. 75.

(b) A Toulouse, 7 fr. 60 ou 8 fr., ou de 2 à 3 c.

PART. IV. SECT. VII. *Des Devis, des Marchés et des Évaluations.*

Voici les sous-détails résultant de ces observations :

(Détails n° 2.) *Mortier de chaux et sable de rivière.*

10 p. c. chaux à 98°	9ᶠ 80
20 p. c. sable à 7°	1 40
Façon	" 60
25 pieds cubes	11 80
Valeur du pied cube	" 47
Valeur du mètre cube	21 60

(N° 3.) *Mortier de chaux et sable de fouille.*

Chaux	9ᶠ 80
20 p. c. sable à 3°	" 60
Façon	" 50
25 p. c.	10 90
Pied cube	" 44
Mètre cube	12 92

(N° 4.) *Mortier de terre et sable de fouille.*

15 p. c. terre à 3°	"ᶠ 45°
15 p. c. sable	" 45
Façon	" 40
25 p. c.	1 30
Pied cube	" 5
Mètre cube	" 44°

§ 2. Ciment.

(2ᵉ Partie, pages 51, 52, 53.)

Le ciment est une substance qui remplace le sable dans la composition des mortiers. Le ciment *commun* est simplement de la brique ordinaire pilée et réduite en poudre; le ciment *fort* se fait avec des tuileaux, carreaux, plates-bandes ou tuiles à canal, qui ont déjà servi ou passé longtemps sur les toits, et est beaucoup meilleur. Le premier vaut 50 cent. le pied cube, ou 1 fr. 50 cent. l'hectolitre, le second, 75 cent. le pied cube, ou 2 fr. 25 cent. l'hectolitre. Mais dans les campagnes, où la fabrication du ciment a souvent lieu sans machines et à la main à mesure des besoins, on peut compter sur 75 cent. le pied cube, ou 2 fr. 25 cent. l'hectolitre pour le ciment commun, et 1 fr. le pied cube, ou 5 fr. l'hectolitre pour le ciment fort. On peut même souvent le compter, dans les villes, à ce prix, à cause des faux frais et du transport. On en fera l'évaluation comme celle des mortiers; seulement, la façon, plus soignée, peut être portée à 70 cent. pour les 25 pieds cubes. Le ciment *d'eau forte*, qui n'est que le résidu de la fabrication des cendres gravelées, se mêle avec le ciment fort dans la proportion des trois cinquièmes; il coûte 5 fr. le pied cube, ou 15 fr. l'hectolitre.

(N° 5.) *Ciment commun.*

10 p. c. chaux à 98°	9ᶠ 80
20 p. c. ciment à 75°	15 "
Façon	" 70
25 p. c.	25 50
Pied cube	1 20
Mètre cube	34 57

(N° 6.) *Ciment fort.*

10 p. c. chaux	9ᶠ 80
20 p. c. ciment	20 "
Façon	" 70
25 p. c.	30 50
Pied cube	1 22
Mètre cube	36 "

(N° 7.) *Ciment d'eau forte.*

10 p. c. chaux	9ᶠ 80
8 p. c. ciment fort à 1ᶠ	8 "
12 p. c. ciment d'eau forte à 5ᶠ	60 "
Façon	" 75
25 pied cubes	78 55
Pied cube	3 16
Mètre cube	97 97

On peut aussi ranger dans une catégorie semblable les ciments minéraux découverts et employés depuis un certain nombre d'années : ce sont les ciments de Gariel ou de *Vassy*, le ciment de *Pouilly*, le ciment de Dumolard et Viallet, dit ciment *Grenoblois* ou de la *Tour de France*, celui de Chambers ou de *Cahors*, tous très-utiles et fort énergiques, mais d'un emploi plus difficile et plus délicat.

Le ciment de Vassy, dont le dépôt, à Toulouse, est chez Salze, rue des Gestes, 6, se mêle avec le sable en parties égales; il se vend en barriques, 12 fr. 50 cent. les 100 kilog. ou 6 fr. 25 cent. le quintal; il revient à 6 fr. l'hectolitre ou 1 fr. 40 c. le pied cube. Quand on l'emploie pour préserver de l'humidité les murs extérieurs, on couvre ceux-ci d'une chape d'environ un pouce d'épaisseur : les ciments dont il va être question sont d'un usage semblable.

Le ciment Lacordaire, déposé au boulevard Saint-Aubin, 33, est du même prix que le précédent; il ne demande qu'un tiers de sable; il en est de même du ciment de Pouilly, déposé rue des Trois-Journées, 6.

Le ciment de Cahors, déposé au même faubourg, 78, ne coûte que 7 fr. les 100 kilogrammes, ou 3 fr. 50 cent. le quintal; il peut être employé en le mêlant avec deux tiers ou moitié de mortier de chaux.

Le ciment Grenoblois a un dépôt à Toulouse chez Azema et comp.ᵉ rue des Couteliers, 42; on le vend 5 fr. le quintal.

On prétend que ces ciments, employés seuls, surtout le premier et le dernier, peuvent former des bustes, des statues, des bancs, des seuils qui remplacent la pierre.

Dans les constructions hydrauliques, on emploie la pouzzolane d'Italie, qui revient, à Toulouse, à 8 fr. le quintal, ou 8 cent. la livre.

Un autre ciment de ce genre, mais composé, le ciment de *Tourrette*, s'emploie aussi pour préserver de l'humidité : placé à 5 ou 6 lignes d'épaisseur, il revient à 15 fr. la toise quarrée (4 fr. m. q.).

L'*asphalte* pour trottoirs et vestibules, par couche de 8 à 9 lignes d'épaisseur, vaut 19 fr. la toise quarrée (5 fr. m. q.).

§ 3. Béton.

(2e Partie, page 54.)

Le *béton* est un mélange de cailloux broyés à force de bras dans un bain de chaux éteinte à mesure, et quelquefois de ciment, coulé ensuite dans des fondations ou dans des moules. Ce genre de construction a souvent lieu dans l'eau, et, dans ce cas, au lieu de chaux grasse, on emploie la chaux hydraulique, plus chère, qui foisonne moins ; alors, au lieu d'en compter le pied cube à 98 cent., on peut le calculer à raison de 1 fr. 50 cent. On ne peut guère évaluer le prix des cailloux que d'après la localité et le transport : nous les supposerons, tout lavés, à 15 fr. le tombereau, ou 1 fr. le pied cube. La façon de ce mortier, son coulage, sa compression, peuvent valoir jusqu'à 3 fr. ; on compte autant de cailloux que de chaux (c).

(No 8.) *Béton avec chaux grasse.*

15 p. c. chaux à 98ᶜ.................	14ᶠ 90
15 p. c. cailloux à 1ᶠ.................	15 "
Façon et maniage..................	3 "
Les 25 p. c......................	32 90
Le pied cube.....................	1 32
Mètre cube.......................	40 36

(No 9.) *Béton avec chaux hydraulique.*

15 p. c. chaux à 1ᶠ 50ᶜ................	22ᶠ 50
15 p. c. cailloux....................	15 "
Façon...........................	3 "
25 pieds cubes....................	40 50
Pied cube........................	1 62
Mètre cube.......................	46 82

(c) A Toulouse, le béton en cailloux concassés et chaux hydraulique de 3ᵉ d'épaisseur est estimé 28 à 29 c. le pied superficiel, 10 fr. 26 la toise quarrée, 2 fr. 68 m. q. Les chapes ou enduits épais dont on revêt les voûtes des ponts et autres constructions qu'on veut consolider, faites en mortier de chaux grasse et sable de rivière de 2ᵉ 1/2 d'épaisseur, peuvent valoir de 16 à 17 c. le pied superficiel, 5.94 t. q., 1 fr. 53 m. q.; lorsqu'il est pressé à la truelle, jusqu'à siccité et de 3ᵉ d'épaisseur, il vaut 30 c. le p. q., 10 fr. 80 t. q., 2.80 m. q. ; faites en tuileaux, chaux et ciment de 7 à 8ᵉ d'épaisseur, elles se paient jusqu'à 95 c. le p. q., 34.20 t. q., 8.89 m. q.

(No 10.) *Béton avec ciment fort.*

15 p. c. ciment à 1ᶠ 22ᶜ................	18ᶠ 30
Cailloux.........................	15 "
Façon...........................	3 "
25 p. c..........................	36 30
Pied cube........................	1 45
Mètre cube.......................	41 77

On pourrait aussi, pour les chapes ou recouvrements de voûtes ou autres constructions de maçonnerie, employer le ciment de Vassy. Alors ces enduits doivent avoir, comme nous avons dit, environ un ou deux pouces d'épaisseur, et seront composés moitié sable de rivière pur et bien lavé, que l'on peut compter, à cause de son choix et de sa préparation, à 10 cent. le pied cube, et 15 pieds cubes de 1 à 5 hectolitres de ciment, à 6 fr. ou 30 fr.

(No 11.) *Chape en ciment de Vassy.*

15 p. c. ou 5 hect. ciment à 6ᶠ...........	30ᶠ "
15 p. c. sable à 10ᶜ...................	1 50
Pose et manipulation...............	2 "
25 p. c..........................	33 50
Pied cube........................	1 34
Toise quarrée.....................	8 04
Mètre quarré.....................	2 08 (d)

§ 4. Stuc.

(2e Partie, page 54.)

Le *stuc*, ou poudre de marbre criblée et tamisée, coûte environ 12 fr. l'hectolitre, ou 12 centimes le litre, environ 4 fr. le pied cube (m. c. 115,25). Le mur, après avoir reçu l'enduit de chaux, dressé à l'épervier, est recouvert d'un nouvel enduit en stuc et chaux ; quelquefois on en ajoute une seconde couche en stuc plus soigneusement tamisé ; mais la première peut, à la rigueur, suffire (e). Pour la première couche, la chaux entre pour un tiers dans la préparation de ce mortier, et pour un quart dans la seconde. Elle doit être bien épurée et bien broyée ; on y mêle des couleurs terreuses pétries dans l'auge ou passées ensuite à la brosse, tandis que l'enduit est encore frais ; puis on y projette de l'eau de savon

(d) On fait aussi des chapes moins coûteuses en mortier de chaux grasse et sable de rivière de 2 pouces d'épaisseur (0.06) au prix de 6 fr. la toise quarrée (1.50 m. q.) ; d'autres de 3 à 4ᵉ d'épaisseur à celui de 9 fr. 50 (2 fr. 50 m. q.) ; en mortier de chaux hydraulique bien serré à la truelle et de 3ᵉ d'épaisseur à ce dernier prix, enfin en ciment de tuileaux et enduit supérieur de 6 à 8ᵉ d'épaisseur à 23 fr. 75 la t. q. (6 fr. 25 m. q.).

(e) Dans la maison dite du *Faune*, à Pompéia, on a trouvé des stucs sous lesquels on avait placé des plaques de plomb retenues par des clous au nombre d'environ 1600 par toise quarrée, et dont les têtes arrêtaient le stuc et le préservaient de l'humidité. Il paraît d'ailleurs que les plaques de stuc se composaient à part et souvent s'attachaient avec des crampons comme des plaques de marbre.

pour lui donner du brillant. Le stuc, représentant le sable dans la confection de ce mortier, demandera, comme précédemment, 20 pieds cubes sur 10 de chaux. La seconde couche, si on l'emploie, peut exiger autant de matière, à cause de la perte résultant d'un second tamisage. La couche, ou les deux couches, bien massivées, peuvent porter trois à quatre lignes (0,09) d'épaisseur, et par conséquent la toise quarrée absorbera environ deux pieds cubes. La main d'œuvre de ce mortier peut être évaluée à 1 fr.; les 10 pieds cubes de chaux épurée, 10 fr.; les 20 pieds cubes de stuc vaudront, pour 6 hectolitres un tiers, 76 fr.; ainsi, les 30 pieds cubes de mortier de stuc coûteraient 87 fr., et produiraient à l'emploi, 25 pieds cubes, à 3 fr 48 cent. La couche préparatoire d'enduit en chaux se trouve évaluée dans le § 6 suivant. On aurait donc ce détail :

(N° 12.) *Couche de stuc, la toise quarrée.*

Enduit en chaux et sable de rivière......	2' 42	
Stuc. { 2 p. c. à 3' 48........	6' 96	
Pose et peinture......	" 50	7 96
Polissage et savonnage.	" 50	
	10 38	
Mètre quarré..........	2 70	

Le stuc en plâtre ou scagliola, a plus d'éclat que le stuc en chaux ; il imite mieux le marbre, mais il est moins solide, résiste moins à l'humidité et n'est que de décoration. Des artistes particuliers l'entreprennent, entre autres le nommé Bourgade, faubourg Saint-Michel (*f*).

§ 5. *Mastics.*

(2ᵉ Partie, page 55.)

Lorsque l'on veut établir des terrasses ou autres constructions exposées horizontalement aux intempéries ou aux vicissitudes de l'atmosphère, les mortiers et ciments sont insuffisants et d'une durée incomplète ; il faut les surmonter de corps qui ne soient attaquables ni par le froid, la gelée et la glace, ni par l'humidité, ni par la grande chaleur. Tel est le moyen employé par M. de Puymaurin, et que nous avons décrit, page 74. Un corps bitumineux est le plus propre à cet usage. Le meilleur est le bitume de *Seyssel*, dont la pesanteur spécifique est de 2,136, et dont un prisme, encastré horizontalement, ne casse que sous un poids de 884 (442k.);

mais ce bitume est fort cher, et, par cela même, peu employé dans les constructions rurales.

Les études et les recherches de l'ingénieur Vicat se sont alors portées sur cet objet, et il a démontré que les mêmes avantages pouvaient se retrouver dans des mastics résineux, dont la base est le *brai* sec en culot, tel que le commerce le fournit, mélangé avec d'autres substances communes et vulgaires. Sur le nombre considérable de mélanges qu'il a décrits dans les notes que nous tenons de lui, nous devons surtout remarquer spécialement les mastics carbonisés et terreux, comme plus utiles et plus économiques.

Dans les premiers, nous mentionnerons celui qui est composé de 1,60 de brai et de 1,30 de charbon de bois, dont la pesanteur spécifique est de 1,992, qui ne se casse que sous un poids de 1,560 livres (780 k.). Dans les seconds, celui qui à 1,60 de brai joint 4,71 de ciment commun : ce mastic pèse 1,549 et se casse sous 1,860 (940 k.). On doit aussi signaler le mastic produit par la même quantité de brai uni à 4,14 de poussière calcaire de route, qui pèse, 1,890, et se casse sous 1,856 (928 k.); ainsi que celui où le même brai uni à 3,89 de terre végétale, qui pèse 1,836 (918k.), et se casse sous 1,743 (872 k.). Mais, le premier surtout (avec la poussière de route), est deux fois moins fragile que le soufre fondu ; il a quatre fois plus de résistance que ce dernier ; sa pesanteur n'est que de moitié ; il est ainsi bien préférable pour des terrasses à l'italienne sur un simple plancher, et ménage davantage les solives.

D'un autre côté, le mastic de Seyssel coûte 32 fr. les 100 kilog., ou 16 fr. le quintal (aux environs de 33 pieds cubes) ; le tout pris au dépôt de Bordeaux. Le retour à Toulouse coûte 10 fr. 75 cent., et les 100 kilog. reviennent alors à 42 fr. 75 cent. ; mais si on le faisait arrêter dans cette dernière ville, il pourrait, le déchargement compris, ne revenir qu'à 33 fr. les deux quintaux, ou environ 1 fr. le pied cube. La valeur du charbon de bois peut être de 8 fr. le quintal, ou 40 c. le pied cube ; la poussière de route ou autres substances terreuses, de 75 c. l'hectolitre, ou 25 cent. le pied cube : le brai sec, de 6 fr. le quintal, ou 80 c. le pied cube.

La main d'œuvre est simple, mais elle demande un soin particulier, et c'est ici qu'il y a de plus important. On fait fondre et bouillir le brai dans un vase plus profond que large ; on y verse peu à peu la matière qu'on veut lui adjoindre, réduite en poudre impalpable ; on brasse fortement le tout au fur et à mesure avec une spatule de fer ou de bois, et l'on s'arrête lorsque le mélange présente les caractères suivants : pâte épaisse, peu ductile, voisine du terme auquel cette ductilité va cesser par excès de matière pulvérulente ; en un mot, l'opération doit se terminer lorsque la saturation du brai est arrivée à son terme. A peine le mélange est-il hors du vase, qu'il commence à durcir : cette solidification s'accélère même par l'élévation de la température, dont on doit tenir compte, et après un quart d'heure, elle est com-

---

(*f*) Le stuc d'Allemagne, composé de manière à imiter le marbre avec perfection, se place en couches de 8 à 9 lignes d'épaisseur : on le profile et on le polit pour imiter le marbre. Il est payé d'après l'apparence des divers marbres qu'il représente. La toise quarrée peut varier de prix depuis 32 fr. jusques à 57 (de 8 à 15 fr. le m. q.). Le stuc pour mosaïque peut coûter 38 fr. la toise quarrée (9.50 m. q.), et le stuc pour carrelage, couleurs variées, vaut à peu près 35 à 36 fr. la toise quarrée (8 fr. le m. q.).

piète. Si alors on casse le mastic, il présente les caractères d'une véritable pierre, grain fin, contexture compacte, imitant tantôt celle du basalte, tantôt du calcaire, etc. On ne peut évaluer plus haut qu'à un fr. le quintal les frais de manipulation, ou 50 cent. le pied cube. Ainsi, il y aura un grand bénéfice et même des avantages, sous le rapport de la dureté et de la légèreté, à préférer ces mastics au bitume de Seyssel. Il faut étendre avec prestesse et précision ces mélanges et les presser à proportion.

Déjà M. Thénard avait donné son nom à un enduit trouvé, dit-on, par hasard, composé de 93 parties de ciment ou de pouzzolane, 7 parties de litharge d'or, gâchées ensemble avec de l'huile de lin. Cet enduit, gras et épais s'étend à la truelle de l'épaisseur d'une ligne; proportion qui peut être appliquée aux mastics précédents. Il a été employé avec le plus grand succès pour consolider les parois des bassins et réservoirs.

On a aussi beaucoup employé l'*enduit perfectionné* contre l'humidité de Maison-neuve. Cet enduit, qui se vend dans des boîtes, est du prix de 2 fr. 50 cent. la livre; ce qui suffit pour une toise quarrée.

M. Darcet, réuni à M. Thénard, ont employé à la coupole de Sainte-Geneviève à Paris un mastic qui a reçu les peintures de M. Gros. Ce mastic a pénétré dans la pierre jusqu'à six lignes (0,013) de profondeur, et présente une surface d'une dureté étonnante : il aide à la conservation de la pierre, de la brique et du plâtre. Il se compose d'une partie de cire jaune, de trois parties d'huile de lin cuite, et d'un dixième de son poids de litharge. On chauffe successivement les parois au moyen d'un réchaud de doreur, et l'on applique le mastic à la température de 80 degrés; car il se décompose à 115. A mesure que la première couche est absorbée, on en passe une nouvelle, jusqu'à ce que la paroi refuse d'en recevoir davantage; ce qui arrive communément à la seconde ou à la troisième. Un mastic semblable, qui a les mêmes propriétés, peut se composer d'une partie d'huile lithargée et de trois de résine. Le pied quarré pourra donc absorber un demi-pied cube de mastic, et la toise quarrée 18 pieds cubes. On suppose que c'est aller au-dessus de toute prévision que d'apprécier à cette épaisseur la couche moyenne de tous ces enduits, et on ne peut mettre en compte la préparation ou plutôt la simple fusion de ces substances, comme aussi celles des bitumes de Seyssel. Voici les détails des divers ouvrages dont il est question :

(N° 13.) *Brai avec charbon.*

1 hectolitre charbon..................	6ᶠ „
80 livres brai à 60ᶜ....................	4 80
Manipulation et pose...............	2 „
	12 80
Pied cube 1/20....................	„ 64
Mètre cube......................	18 23
Par toise quarrée.................	11 52
Mètre quarré...................	1 43

(N° 14.) *Brai avec terre végétale.*

100 livres brai........................	6ᶠ „
12 p. c. terre à 4ᶜ.....................	„ 48
Manipulation et pose..............	2 „
	8 48
Par pied cube 1/28	„ 33
Mètre cube.......................	10 08
Par toise quarrée.................	5 96
Mètre quarré....................	1 55

(N° 15.) *Brai avec poussière de route.*

100 livres brai........................	6ᶠ „
4 hectolitres poussière.................	4 „
Manipulation et pose..............	2 „
	12 „
Par pied cube 1/28	„ 43
Mètre cube.......................	12 97
Par toise quarrée.................	7 74
Mètre quarré.	2 „

(N° 16.) *Brai avec ciment.*

3 hectolitres ciment..................	9ᶠ „
100 livres brai........................	6 „
Manipulation et pose..............	2 „
	17 „
Par p. c. un 20ᵉ.....................	„ 85
Mètre cube.......................	24 25
Toise quarrée......................	15 30
Mètre quarré......................	3 96

(N° 17.) *Bitume de Seyssel.*

1 quintal de bitume.................	16ᶠ „
Pose	1 „
	17 „
Valeur du pied cube...............	1 06
— du mètre cube............	36 „
— de la toise quarrée..........	19 08
— du mètre quarré............	4 97

(N° 18.) *Mastic de Darcet.*

Huile de lin, 3 livres à 66ᶜ............	1ᶠ 80
Litharge, 5 onces à 75ᶜ la livre.........	0 25
Résine, 9 livres à 25ᶜ................	2 25
Pose et manipulation...............	2 „
	6 30
Chaque pied cube................	1 80
— mètre cube...............	54 74
— toise quarrée..............	32 40
— mètre quarré.............	8 43

§ 6. Crépis et enduits.

(2ᵉ Partie, page 75.)

Lorsqu'on emploie des mortiers plus recherchés pour les crépis de maçonnerie, on compte ordinairement un surcroît de façon de 5 centimes.

Ces revêtements plastiques sont de trois sortes : le *gobetage*, le *crépi* proprement dit, et l'*enduit*. Ces ouvrages se comptent à la mesure quarrée, et le prix de cette superficie est relatif à l'épaisseur de la couche employée qui détermine la quantité de mortier qu'elle exige. Cette épaisseur varie d'après la nature de l'ouvrage. Ainsi, les gobetages sur murs bruts en brique peuvent, avec les déchets et les renformis des assises, représenter une épaisseur de six lignes (0,013) et demandent, par toise quarrée, 9 pieds cubes (0ᵐ·34) de mortier ; les crépis présentent au plus trois lignes d'épaisseur (0,006) de mortier et en demandent la moitié ; les enduits légers ne sont que d'une à deux lignes (0,003) et emploient, par toise superficielle, un pied et demi ou deux pieds cubes.

La main-d'œuvre peut varier d'après le soin et la perfection du travail : les gobetages se jettent et s'insinuent à la truelle ; les crépis se serrent avec le plat, et les enduits sur ceux-ci sont lissés avec l'épervier. En général, on peut admettre, pour la façon du premier, 25 centimes par toise quarrée ; pour celle du second, 30 centimes ; pour celle du troisième, 35 centimes, non compris le badigeon. Voici le détail de ces trois objets réunis :

(Nº 19.) *Évaluation des revêtements des murs en mortier de chaux par toise et par mètres quarrés.*

			t. q.	m. q.
Gobetage....	{	9 p. c. mortier à 47ᶜ... 4ᶠ 23	4.48	1.17
		Façon............ 0 25		
Crépi......	{	4 p. ½ mortier........ 2 12	2.42	0.63
		Façon............ ″ 30		
Enduit.....	{	2 p. c. mortier........ ″ 94	1.29	0.35
		Façon............ ″ 35		
		Ensemble............	8.19	2.15

On se contente quelquefois, et exclusivement sur les murs en brique crue, d'un crépi en mortier de terre que l'on recouvre d'un lait de chaux lequel sert de badigeon, en y mêlant soit du charbon, soit de l'ocre ; le tout vaut 75 centimes la toise quarrée, et jusqu'à 80 centimes lorsqu'ils sont ferrés et unis à l'épervier.

Mais le plus solide pour les murs intérieurs, lorsqu'ils sont en moilon ou en brique cuite, est d'y appliquer un crépi en chaux, bien ferré, recouvert ensuite d'un enduit de plâtre. Le premier revient à 2 fr., le second à 1 fr. 50, les deux ensemble à 3 fr. 50 la toise quarrée (à 0,52 et 0,33, ensemble 0,85 le mètre quarré).

De cette manière le crépi en chaux s'adhère fortement au mur, le consolide, et le plâtre qui le recouvre met la peinture ou la tenture à l'abri de l'humidité et de l'action mordante de la chaux.

Les ciments que nous avons indiqués dans les §§ précédents sont employés comme préservateurs de l'humidité en les employant, comme nous l'avons dit, en chappes (Voy. le § 5), soit intérieurement soit extérieurement, d'une épaisseur d'un demi-pouce jusqu'à deux et même trois pouces (g).

§ 7. *Construction en pierre.*

(2ᵉ Partie, pages 48, 59.)

La pierre à bâtir n'est pas commune à Toulouse, et il est rare de s'en servir dans nos campagnes. Cependant cette construction est si supérieure que nous ne pouvons nous dispenser d'en parler avec quelque détail, et elle en exige de fort compliqués ; d'ailleurs, dans des contrées du Midi assez rapprochées, il y en a de nombreuses carrières qui donnent des pierres de diverses qualités, lesquelles ne doivent point être confondues ; le plus souvent elles s'emploient en quartiers brisés, connus sous le nom de moilon, et dont nous nous occuperons dans le paragraphe suivant.

Par le mot *pierre*, on n'entend que celle qui est plus ou moins susceptible d'être taillée et employée en quartiers ; souvent d'ailleurs on la retire de lieux éloignés, et dont le transport est très-cher. Son prix, sur le chantier, outre l'extraction, le droit de carrière, ceux d'octroi, le transport d'après son poids spécifique, s'accroît de la difficulté plus ou moins grande de son emploi.

Aussi cette pierre, considérée en elle-même, présente trois qualités principales, la *dure* qui comprend aussi les pierres granitiques, la *moyenne* et la *tendre* ou *commune*. De plus, dans chacune de ces classes, il y a nombre de variétés qu'il est quelquefois difficile de distinguer entre elles. Pour rendre cette notice applicable aux diverses localités, nous distinguerons dans chacune de ces classes quatre prix différents, douze en tout, dont le travail et le prix ne peuvent être les mêmes.

1º Les quatre variétés de pierre dure, rendues sur l'atelier, sont du prix de 810 fr. la toise cube (103 fr. m. c.) ou 3 fr. 75 le pied cube ; de 756 fr. la toise cube (100 fr. 85 m. c.) ou 3 fr. 50 le pied cube ; de 648 fr. la toise cube (86 fr. 40 m. c.) ou 3 fr. le pied cube ; enfin, de 540 fr. la toise cube (72 fr. m. c.) ou 2 fr. 50 le pied cube.

(g) A Toulouse, on compte les renformis en brique et mortier de chaux à 45 fr. la toise quarrée (4 fr. m. q.), les crépis à 75 c. (0.20 m q.), les enduits en chaux semi-hydraulique à 5 fr. 70 (1 fr. 50 m. q.), en chaux ordinaire à 95 c. (0.25 m. q.), en ciment à 1 fr. 60 (0.45 m. q.). Un nouvel enduit, dit enduit *Peyrat*, annoncé comme préservatif de l'humidité, de l'impression du salpêtre des murs, comme empêchant les bois des insectes, sec au bout de vingt-quatre heures, vaut 75 c. le kilogramme, et couvre au pinceau, à froid, une toise superficielle. Le dépôt est rue Montmartre, nº 148.

2° Celles de pierre moyenne peuvent s'évaluer à 484 fr. la toise cube (64 fr. 55 m. c.) ou 2 fr. 25 le pied cube (*h*); à 432 fr. la toise cube (57 fr. 65 m. c.) ou 2 fr. le pied cube (*i*); à 378 fr. la toise cube (50 fr. 45 m. c.) ou 1 fr. 75 le pied cube; et à 324 fr. la toise cube (43 fr. 20 m. c.) ou 1 fr. 50 le pied cube.

3° Enfin, celles de la pierre tendre ou commune peuvent se livrer à 270 fr. la toise cube (36 fr. m. c.) ou 1 fr. 25 le pied cube; à 216 fr. la toise cube (28 fr. 80 m. c.) ou 1 fr. le pied cube; à 162 fr. la toise cube (21 fr. 60 m. c.) ou 75 c. le pied cube; à 108 fr. la toise cube (14 fr. 90 m. c.) ou 50 c. le pied cube.

Le *bardage* (*j*) ou le transport, lorsque, ce qui n'est pas ordinaire, il n'est pas compris dans le prix de la pierre sur l'atelier, se paye d'après la distance de la carrière ou du dépôt à cet atelier, et en supposant une distance moyenne, vaut pour la pierre dure 45 fr., 40 fr., 35 fr., 30 fr. la toise cube (5 fr. 94, 5 fr. 34, 4 fr. 66, 4 fr. le m. c.); pour la pierre moyenne, 28 fr., 26 fr., 24 fr., 22 fr. (3 fr. 68, 3 fr. 47, 3 fr. 20, 2 fr. 95 le m. c.); pour la pierre tendre, 20 fr., 18 fr., 16 fr., 15 fr. la toise cube (2 fr. 67, 2 fr. 40, 2 fr. 13, 2 fr. le m. c.).

Le *montage* (*k*) de la pierre en place est en rapport avec le point d'élévation auquel on doit parvenir, et est par conséquent très-variable; mais, en le considérant tant haut que bas, on peut le supposer, par toise cube, pour la pierre dure, à 30 fr., 28 fr., 26 fr. et 24 fr. (4 fr., 3 fr. 74, 3 fr. 47, 3 fr. 20 m. c.); pour la pierre moyenne, à 22 fr., 20 fr., 18 fr., 16 fr. (2 fr. 94, 2 fr. 67, 2 fr. 40, 2 fr. 13 m. c.); et pour la pierre tendre, à 15 fr., 14 fr., 12 fr., 10 fr. (2 fr., 1 fr. 86, 1 fr. 59, 1 fr. 33 m. c.).

Les *dérasements* ou ragréments sur le tas se comptent en bloc à six toises quarrées par toise cube, ou environ un sixième.

La *taille* de la pierre, pour la grosse construction des murs, se divise en taille des lits, des joints et des parements. Celle des premiers est relative à la longueur et à l'épaisseur des quartiers employés, mais, en général, on évalue approximativement par toise cube (7 1/3 m. c.) la surface des joints à 5 1/3 toises superficielles (20,35 m. q.), et celle des lits à 10 1/3 toises superficielles (39,26 m. q.); enfin, les unes et les autres ensemble et confondues, à 16 toises quarrées (60,78 m. q.) par toise cube (8,68 m. q. par mètre cube). Pour la taille des parements, on distingue les parements droits des parements courbes : le prix des premiers, pour la pierre dure, est de 12 fr., 10 fr., 9 fr. et 7 fr. (3 fr. 12, 2 fr. 60, 2 fr. 34, 1 fr. 82 m. q.) la toise quarrée; pour la pierre moyenne, 6 fr., 5 fr., 4 fr., 3 fr. 25 (1 fr. 56, 1 fr. 30, 1 fr., 0,90 c. m. q.); pour la pierre tendre, 5 fr., 2 fr. 75, 2 fr. 50, 2 fr. (0,78, 0,71, 0,65, 0,52 m. q.). Les parements des tailles circulaires valent moitié en sus pour les parements, et un tiers en sus pour les lits et joints. Il est évident que l'épaisseur des murs détermine, pour la toise cube, le nombre des tranches qui lui sont assignées (*l*).

Les *déchets* à la taille sont relatifs à la nature du mur et au nombre de ses parements : en général, on les compte, pour les murs droits, d'un sixième de cette taille, s'il n'y a pas de parements, et seulement des lits et joints; d'un cinquième, s'ils ont un parement; d'un quart, s'ils sont à deux parements; pour les faces circulaires, d'un cinquième, d'un quart et d'un tiers.

La *pose* (*m*) d'une toise cube est, pour la pierre dure, de 48 fr., 47 fr., 46 fr., 45 fr. (6 fr. 40, 6 fr. 27, 6 fr. 14, 6 fr. m. c.); pour la pierre moyenne, de 44 fr., 43 fr., 42 fr., 41 fr. (5 fr. 86, 5 fr. 73, 5 fr. 60, 5 fr. 57 m. c.); enfin, pour la pierre tendre, de 40 fr., 39 fr., 38 fr., 37 fr. (5 fr. 34, 5 fr. 21, 5 fr. 10, 4 fr. 95 m. c.).

Comme ordinairement on ne construit pas sans mortier, il faut du cube de la pierre extraire celui de ces mortiers : ici on ne se sert guère que de laitance de chaux, plus ou moins épaisse, suivant la force intrinsèque de l'appareil; cette quantité peut aller de 8 à 14 pieds cubes de mortier, et le terme moyen peut être établi de 12 pieds cubes ou $1/_{18}$e, et par conséquent la partie nette en pierre est de 204 pieds cubes (8 m. c.) lorsque l'on compte à part tous les déchets et les détails de la main-d'œuvre.

Mais on ajoute encore à la taille un supplément de surface pour représenter le surcroît conventionnel de superficie que présentent les grosses moulures (abstraction faite des ornements dont elles peuvent être creusées ou chargées). Ces moulures se comptent d'abord en ajoutant leur moitié en sus de la surface de leurs parements; de plus, à ce nouveau prix on ajoute encore un surcroît conventionnel de superficie pour représenter la sujétion que cette taille exige; ce surcroît de superficie dans les tailles quarrées est d'un pouce $1/_8$ pour les tailloirs, 2° $2/_8$ pour les filets quarrés, 2° $3/_8$ pour les couronnes, 3° $3/_8$ pour les petits larmiers, 3° $3/_8$ pour les plinthes, 3° $5/_8$ pour les larmiers à soffites, 8° $1/_4$ pour les triglyphes et leurs canaux, 12° pour les gouttes réunies : il est dans les moulures rondes et sinueuses

---

(*h*) A peu près le prix, à Toulouse, de la pierre de Carcassonne, qui s'y évalue 491 fr. la t. c. (56 fr. m. c.).

(*i*) Environ le prix, au même lieu, de la pierre de Roquefort, qui vaut 444 fr. la t. c. (60 fr. m. c.).

(*j*) Le bardage, chargement et déchargement des unes et des autres, valent en terme moyen 30 fr. la toise cube (4 fr. m. c.).

(*k*) Le montage, à Toulouse, pour deux toises de hauteur, se paye 18 fr. 50 la toise cube (2 fr. 30 m. c.).

(*l*) La taille générale de la pierre, à Toulouse, est évaluée approximativement à 133 fr. par toise cube de la pierre de Carcassonne (18 fr. m. c.), et pour celle de Roquefort à 89 fr. (12 fr. m. c.) : la taille des parements en pierre dure avec ragréments, moulure et passage au grès, est de 82 fr. 50 la t. q. (21 fr. 70 m. q.).

(*m*) En général, la pose de la pierre, à Toulouse, est de 29 fr. 50 la t. c. (4 fr. m. c.).

PART. IV. SECT. VII. *Des Devis, des Marchés et des Évaluations.* 283

5° 3/8 pour les couronnes rondes, gorges, gorgerin, tore ordinaire, ove; de 4° 1/2 pour les cymaises, scoties et tore allongé; de 5° 5/8 pour l'astragale et son congé.

Le détail de ces divers travaux, adoptés par les entrepreneurs de grandes constructions publiques, sur lesquels on fait souvent de nombreuses modifications, mais qu'il est utile de connaître, produirait pour la valeur de la toise cube de mur de pierre dure de première qualité, ou de 204 pieds cubes de pierre, 765 fr.; pour les 16 toises quarrées de taille, de lits et joints à 5 fr., 80 fr.; pour le montage, 30 fr.; pour les dérasements, à 1/6, 127 fr. 50; pour le déchet de la taille, à 1/6, 13 fr. 54; pour la pose, 48 fr.; pour les 12 pieds cubes de mortier, à 47 centimes, 5 fr. 64. Le total de ces prix réunis serait de 969 fr. 48 pour le prix de la toise cube de mur brut et sans parements; on serait obligé d'y joindre, par toise quarrée de parements, 12 fr. de taille et un cinquième de déchet, 2 fr. 40; en tout, 14 fr. 40; ou si le mur était de 3 pieds d'épaisseur et par conséquent la toise quarrée de moitié de la toise cube avec un seul parement, s'évaluerait 498 fr. 64; si le mur était de 2 pieds d'épaisseur, ou d'un tiers de la toise, de 337 fr. 56; si le mur n'était que de 18° d'épaisseur, ou du quart de la toise, de 256 fr. 52 c. (Le rapport de la capacité de la toise quarrée d'après son épaisseur, se trouve dans la table U du chapitre préliminaire de cette section, page 271). On sent aisément que ces prix excessifs deviennent hypothétiques et ne peuvent s'appliquer qu'à des constructions toutes particulières; ce n'est ici qu'un objet de pure curiosité. Pour nos constructions rurales, si l'on emploie la pierre de taille, on ne peut s'occuper que de murs de pierre de deuxième qualité, tant en pierre moyenne qu'en pierre commune, de 432 fr., ou 216 fr. la toise cube sans l'emploi. Nous allons donc, dans ces limites restreintes, et qui nous paraissent suffisantes, indiquer la valeur approximative de la toise cube et de celle de la toise quarrée de 2 pieds ou de 18° d'épaisseur, qui sont les dimensions ordinaires.

(N° 20.) *Mur en pierre commune de 216 fr.*

Pierre, 204 p. c. à 1'........................	204ᶠ	//
Taille de lits et joints, 16 t. q. à 71ᶜ.....	11	36
Montage..	14	//
Dérasements et gravats......................	34	//
Déchet à la taille................................	5	40
Pose...	19	//
Mortier..	5	64
Toise cube..	293	40
Mètre cube.......................................	39	13
Mur de 2 p. (1/3)............ 97 80 }		
Parement................... 2 50 } 100 80		
Déchet........................ 0 50 }		
Mètre quarré....................................	26	20
Mur de 18° (1/4).......... 74 40 }		
Parement et déchet..... 3 // } 77 40		
Mètre quarré....................................	20	12

(N° 21.) *Mur en pierre moyenne de 432 fr.*

Pierre, 204 p. c. à 2'........................	408ᶠ	//
Taille de lits et joints, 16 t. q. à 2'......	32	//
Montage..	18	50
Dérasements et gravats......................	68	//
Déchet à la taille................................	4	50
Pose..	29	50
Mortier, 12 p. c. à 47ᶜ......................	5	64
Toise cube..	566	14
Mètre cube.......................................	76	45
Mur de 2 p. (1/3).............................	188	72
Parement...	5	//
Déchet...	1	//
Toise quarrée...................................	194	72
Mètre quarré....................................	50	63
Mur de 18° (1/4)..............................	141	54
Parement et déchet..........................	6	//
Toise quarrée...................................	147	54
Mètre quarré....................................	38	35

La toise cube de démolition, y compris pour la brique, le triage de matériaux, et leur descente et décrottage, ainsi que l'enlèvement des gravats et débris, peut être évaluée à 7 fr. 40 c. la toise cube, et le mètre cube à 1 fr.

Il est nécessaire, dans toutes les constructions en pierre, de connaître la valeur du pied de longueur des marches et seuils ordinaire d'un pied de largeur et de six pouces de hauteur (n). Ce pied de longueur représente naturellement un demi-pied cube de pierre: voici le détail de ce pied de marche pour chaque nature de pierre la plus élevée.

(N° 22.) *Pierre commune.*

1/2 p. c. pierre à 1.25........................	0	63
Bardage à 16ᶜ..................................	0	8
Parement à 2ᶜ...................................	0	3
Pose à 20ᶜ..	0	10
Pied courant.....................................	0	84
Mètre courant...................................	2	52

(N° 23.) *Pierre moyenne.*

1/2 p. c. pierre à 2.25........................	1	13
Bardage à 18ᶜ..................................	//	9
Parement à 17ᶜ.................................	//	26
Pose...	//	11
Pied courant.....................................	1	59
Mètre courant...................................	4	77

(n) Les *marches, appuis, seuils, dalles*, etc., valent, à Toulouse, en pierre dure et leur pose, 124 fr. 24 c. la toise cube (32 fr. 80 m. c.), et en toise linéaire 34 fr. 20 (9 fr. m.), en pierre moyenne 22 fr. 80 c. (6 fr. m.).

(N° 24.) *Pierre dure.*

Pierre, 1/2 p. c. à 3.75	1 88
Bardage à 20ᶜ	" 10
1 1/2 p. q. taille de parement à 33ᶜ	" 49
Pose à 22ᶜ	" 11
Pied courant	2 58
Mètre courant	7 15

On pourrait trouver que les lancis ordinaires valent, en pierre, la moitié de ces évaluations, soit 1 fr. 30 en pierre dure, 80 c. en moyenne, et 45 c. en commune: mais il faut y ajouter la valeur des gonds et leur scellement, qui valent au moins 40 à 60 c., ou en moyenne 50 c., ce qui fait revenir le lancis à 1 fr. 80, 1 fr. 30, et 95 c.

§ 8. *Construction en moilon.*

(2ᵉ Partie, pages 49, 60.)

Le *moilon* ou *moellon* qu'on emploie à bâtir, est une pierre moins épaisse et moins régulière. On en connaît de deux sortes : le moilon *bon banc* qui peut remplacer la pierre, qu'on taille lui-même grossièrement à la pointe, et que, pour cette raison, on nomme aussi moilon *piqué*; et le moilon de *blocage* ou moilon *brut* que l'on emploie sans le tailler ni le piquer.

Le premier est de diverse épaisseur ; nous ne le supposerons que de six pouces (0,16), et pour l'évaluer, on peut user des observations qui peuvent lui être analogues dans le § précédent. Ainsi, il y a dans la hauteur de la toise cube 12 couches ou assises de mortier, lesquelles, en les supposant de 3 lignes (0,007), exigent 15,552 pouces cubes ou 72 pieds cubes (2,50 m. c.) ; il faudra donc, par toise cube, 144 pieds cubes (5 m. c.) de moilon. (On sent aisément d'ailleurs que si le moilon a de plus fortes dimensions, la quantité de mortier diminue, et celle du moilon doit augmenter dans une proportion analogue.) On pique ce moilon sur ses quatre faces, il y aura 42 toises quarrées (159 m. q.) de taille de lits, joints et parements. Quant à la valeur du moilon, nous supposerons 6 fr. de droit de carrière, 12 fr. d'extraction, 6 fr. de charge et décharge, et 12 fr. de transport à l'atelier pour une distance moyenne de 500 toises (un kilomètre). Alors le prix du moilon serait de 42 fr. la toise cube, 20 c. le pied cube (5,60 m. c.) (*o*) ; comme on ne compte le moilon que lorsqu'il est propre à l'emploi, au moyen des réductions précédentes, il n'y aurait à déduire qu'un sixième pour l'ébousinage et le dressage. Le montage, la pose, l'enlèvement des gravats peuvent être évalués à 20 fr. la toise cube, ce qui ferait revenir cette dernière à 70 fr. 40 (9,57 m. c.) ; mais comme, au moyen de la déduction des 72 pieds cubes de mortier, la toise se trouve réduite à 144 pieds cubes ou d'un tiers, et n'être plus que de 46 fr. 94 c., environ 52 c. le pied cube (6,27 m. c.), le piquage des lits et joints, ainsi que celui des parements, peut n'être compté qu'à 1 fr. la toise quarrée (*p*).

Pour le moilon de blocage, le prix de la toise cube rendue sur l'atelier, se compose du droit de carrière, supposé de 2 fr. ; de 15 fr. pour l'arrachage et la mise en toise, de 3 fr. de charge et décharge, de 12 fr. de transport, comme le précédent ; en tout, de 32 fr. la toise cube (4 fr. 25 m. c.). Mais ayant supposé que l'emploi exigerait 48 pieds cubes de mortier, le cube de la toise en œuvre serait réduit de 2/9 et ne serait plus que de 163 pieds cubes, et sa valeur à 25 fr. 20 c. le pied cube, 15 c. ; le mètre cube, 1 fr. 30 c. (*q*).

Voici le résumé de ces évaluations :

(N° 25.) *Mur en moilon de blocage.*

Moilon, 168 p. c. à 15ᶜ	25 20
Déchet 1/4	6 20
Main-d'œuvre	18 "
Mortier, 48 p. c. à 44	21 12
Toise cube	70 52
Mètre cube	9 42

(N° 26.) *Mur en moilon piqué.*

Moilon, 144 p. c. à 20ᶜ	28 80
Ébourinage et dressage 1/6	4 80
Montage, pose, etc.	20 "
Mortier, 72 p. c. à 44ᶜ	31 68
Piquage et taille, 42 p. q. à 1ᶠ	42 "
Toise cube	127 28
Mètre cube	16 97

§ 9. *Construction en briques.*

(2ᵉ Partie, pages 46, 60.)

La brique, pierre artificielle et moulée, plus ordinairement employée dans nos constructions rurales, et dont la fabrication a été indiquée page 188, est de différentes dimensions dans les diverses localités : nous ne pouvons espérer de les connaître toutes ; mais, en remontant aux principes, ce que nous dirons de quelques-uns de ces moules, pourra s'appliquer à tous les autres.

Si la brique est composée de terre choisie et légère, lorsque la nature du sol est favorable, elle est d'une qualité supé-

---

(*o*) A peu de chose près la valeur, à Toulouse, du moilon de Roquefort.

(*p*) Au moyen de la table U dans les préliminaires de ce chapitre, page 271, il sera facile, comme pour les autres mesures cubes, de les transformer en mesures quarrées.

(*q*) A Toulouse, le mur en moilon, d'une élévation de 30 pieds, vaut de 111 à 133 fr. la toise cube (15 à 18 fr. m. c.).

rieure, c'est celle qu'on emploie dans la fabrication des carreaux, et on lui donne ici vulgairement le nom de *marne*.

Dans le nord de la France, pour les légers ouvrages, on se sert surtout de briques que l'on tire de Bourgogne ; cette brique a huit pouces (0,22) de longueur, sur quatre pouces (0,11) de largeur ou 32 pouces quarrés (255 cent. q.), il en tient, à plat, 162 par toise quarrée ; elle a deux pouces (0,054) d'épaisseur ou 64 pouces cubes (1269 cmt. c.).

Les moules les plus en usage dans nos contrées sont : 1° le *grand échantillon* légal de Toulouse, de 15° 2' (0,410) de longueur, sur 10° (0,271) de largeur ou 152 pouces quarrés (1282 cmt. q.) ou 34-1/9 par toise quarrée, et de 1°10' (0,049) d'épaisseur ou 278 pouces cubes (5514 cmt. c.) ; 2° le *moyen échantillon*, de 14° 6' (0,383) de longueur sur 9° 6' (0,257) de largeur ou 138 pouces quarrés (1162 cmt. q.) 37 1/3 par toise quarrée ; enfin, 1° 9' (0,047) d'épaisseur, c'est-à-dire 241 pouces cubes (4781 cmt. cubes) ; le *petit échantillon*, quelquefois assez ordinairement employé dans les campagnes, de 14 pouces (0,379) de longueur, 9 pouces (0,244) de largeur ou de 126 pouces quarrés (1062 cmt. q.) 41 1/7 par toise quarrée ; il cube 189 pouces ou 3749 centimètres.

On emploie aussi la brique *violette*, ou demi-brique, qui a 14 pouces (0,379) de longueur sur 5 pouces (0,135) de largeur et 1° 9' (0,047) d'épaisseur, qui cube 122 pouces ou 2419 centimètres ; le *barrot*, tiercine, ou tiers de brique, qui a 9° 6' (0,257) de longueur, 5° (0,135) de largeur, et 1° 9' (0,047) d'épaisseur, qui cube 85 pouces ou 1646 centimètres ; enfin la *plate-bande*, dite aussi *tuilette*, qui peut servir de lattes de comble, qui, sur 126 pouces quarrés, n'a qu'un pouce d'épaisseur, qui cube aussi 126 pouces, et dont il faut 41 par toise quarrée (10 par m. q.).

Nous avons fait, pour planchers, mouler de la brique de 18 pouces (0,487) de longueur sur 12 pouces (0,325) de largeur, portant 216 pouces quarrés (1821 cmt. q.) 24 par toise quarrée et de 2 pouces (0,054) d'épaisseur, dont le cube est de 432 pouces et 8529 centimètres.

Quant au prix de la brique, il doit varier d'après celui du combustible et la bonté de la fabrication ; il change quelquefois dans l'année, mais surtout diffère d'après sa position dans le four, laquelle augmente sa dureté, sa densité et sa qualité. Celle qui est la plus rapprochée de la bombarde, appelée *biscuite* ou *forane*, est la plus cuite, la plus dure, la plus réfractaire, la moins sujette au salpêtre, quoique souvent plus brune, moins plane, et éclatant quelquefois sous la pression ; celle qui la surmonte immédiatement est presque aussi dense, plus également colorée, plus homogène ; elle tient un peu de la forane et est employée pour la taille ; on la nomme *rougette* ou *à marteau* ; le reste de la fournée est ce que l'on nomme *commune*. Chacune a un prix différent ; celui de la violette, du barrot et de la plate-bande suit la même proportion que nous indiquons ici.

(Z) *Tableau du prix de la brique d'après ses dimensions.*

	Rougette.	Marteau.	Forane.	Commune.
1° Grande brique pour plancher de 432 pouces cubes, le millier...	180ᶠ	170ᶠ	160ᶠ	150ᶠ
2° Grand échantillon de 278 pouces cubes, le millier...	150	120	110	100
3° Moyen échantillon de 241 pouces cubes, le millier...	120	100	95	80
4° Petit échantillon de 189 pouces cubes, le millier...	100	85	90	70
5° Violette ou demi-brique de 122 pouces cubes, le millier...	»	»	»	60
6° Tiercine ou barrot de 83 pouces cubes, le millier...	»	»	»	40
7° Platebande ou tuilette de 126 pouces cubes, le millier...	»	»	»	50
8° Brique du Nord de 64 pouces cubes, le millier...	»	»	»	75
9° Brique crue de 240 pouces cubes, le millier...	De 12 à 18ᶠ.			

A ces prix, on doit pouvoir faire choisir les briques une à une par un inspecteur délégué.

Les briques brisées en deux morceaux ne peuvent être régulièrement qu'au nombre de 5 à 6 par voiture ou par cent ; lorsqu'elles sont brisées en plusieurs morceaux, elles ne sont considérées que comme *riblons*, et ne valent que 36 à 40 fr. le millier. Les riblons qui ont déjà servi ou de démolition, bien et dûment décrottés, se vendent à la toise cube, selon leur grosseur, et ne valent que 40 à 48 fr. la toise cube (r).

Pour évaluer la quantité de briques ou de riblons qui doivent entrer dans la toise cube, il faut d'abord connaître le cube des mortiers que demande cette solidité. En supposant la couche de mortier d'une épaisseur de trois lignes (0,006) par assise, et en y comprenant ce qui est nécessaire pour la liaison et le scellement des briques sur les bords et les tranches, nous observerons que si la toise cube renferme 373,248 pouces cubes, chaque assise est de 36 pieds quarrés ou de 5184 pouces quarrés ; par conséquent, si elle a trois lignes d'épaisseur, 1296 pouces quarrés ; si elle en a quatre, 1728 ; si elle n'en avait qu'une, 432 pouces quarrés. Avec ces éléments il est facile de calculer le cube des mortiers, et par suite celui des autres matériaux.

Or, 1° le grand échantillon, de l'épaisseur des assises est de 1° 10', demandera 42 couches de mortier ou 55,432 pouces cubes, c'est-à-dire 30 ¹¹/₁₂ pieds cubes ; 2° le moyen échan-

---

(r) Dans les briqueteries de Toulouse, en grand échantillon, les prix sont ainsi d'après leur qualité :

1° Brique de Bouloc ou de marne, le millier...... 130ᶠ
2° Rougette forane.................. idem....... 150
3° Forane à bâtir................... idem....... 140
4° Forane douce.................... idem....... 120
5° Marteau fort.................... idem....... 110
6° Marteau doux................... idem....... 100
7° Commune...................... idem....... 100
8° Brisée........................ idem....... 40
9° Crue......................... idem....... 30

tillon de 1° 9', 45 couches, ou 57,328 pouces cubes, c'est-à-dire 33 2/9 pieds cubes de mortier; 3° le petit échantillon, à 1° 6', 54 couches et 69,884 pouces cubes, ou 49 11/12 pieds cubes; 4° la brique du nord, de 2° d'épaisseur, 36 couches et 46,656 pouces cubes ou 27 pieds cubes de mortier; 5° enfin, les riblons demanderont aussi 54 couches de mortier, mais à quatre lignes d'épaisseur, à cause du plus grand nombre d'interstices et de matériaux à sceller, c'est-à-dire 93,312 pouces cubes, ou 54 pieds cubes de mortier.

En déduisant le cube des mortiers du cube général de la toise, le cube franc des matériaux se trouvera, 1° pour le grand échantillon, 319,816 pouces cubes, ou 1150 briques; 2° pour le moyen échantillon, 315,920 pouces cubes, ou 1511 briques; 3° pour le petit échantillon, 303,564 pouces cubes, ou 1605 briques; 4° pour la brique du nord, 326,590 pouces cubes, ou 5103 briques; 5° pour les riblons, 279,936 pouces cubes, ou 162 pieds cubes.

Cependant cette quantité trouvée de matériaux éprouve un déchet dans l'emploi, qu'on fixe communément à un vingtième pour la brique entière, et au cinquième pour les riblons, ou 58 briques pour le grand échantillon, 66 pour le moyen, 80 pour le petit, 255 pour la brique du nord, et 33 pieds cubes pour les riblons; alors la quantité de matériaux pour la toise cube deviendra de 1208 pour le grand échantillon, de 1577 pour le moyen, de 1685 pour le petit, de 5358 pour la brique du nord, et de 195 pieds cubes pour les riblons (souvent, dans les devis, on se contente d'indiquer et d'évaluer à part les déchets). On calcule d'ordinaire pour la valeur de chaque brique commune on aura, en moyenne, 1 c. pour le grand échantillon, 4/5 ou 8 millimes pour le moyen, 7 millimes pour le petit, un millime et demi pour la brique crue, et 20 à 21 centimes pour le pied cube de riblons, ou environ de 6 à 7 fr. par mètre cube.

La main-d'œuvre, d'après la dimension des matériaux (s)

(s) A Toulouse, les murs en mortier semi-hydraulique, soignés mais sans taille, s'évaluent ainsi à la toise et au mètre cube :

	T. CUB.	MÈT. CUB.
1° En brique de Bouloc ou marne...............	273f 80	37f "
2° En forane dure ou rougette dure................	210 90	28 50
3° En forane douce...............................	195 36	26 40
4° En marteau fort...............................	185 "	25 "
5° En marteau doux..............................	170 20	23 15
6° En brique commune.............................	162 50	22 10
En mortier ordinaire :		
7° En riblons mêlés de briques entières.........	111 "	15 "
8° En riblons seuls................................	55 50	7 50
En mortier de terre :		
9° En forane douce................................	182 "	24 60
10° En marteau fort................................	175 "	23 50
11° En marteau doux...............................	159 "	21 50
12° En brique commune.............................	151 70	20 50
13° En riblons et brique entière.................	93 "	13 50
14° En riblons seuls...............................	44 40	6 "
15° En brique crue................................	63 40	9 95

ou la perfection du travail, peut se compter de 15 à 20 fr. par toise cube (2 fr. à 2 fr. 70 le mètre cube).

Le transport de la brique se fait par les véhicules ordinaires du pays; chaque voiture porte en général cent à cent vingt briques de grand échantillon, et des autres en proportion, et de 12 à 15 pieds cubes de riblons : ce transport peut être évalué à 50 fr. pour 500 toises, ou 3 kilomètres; à 75 fr. pour 1,000 toises; à 100 fr. pour 1,500 toises; à 200 fr. pour 2,000 toises; à 300 fr. pour 3,000 toises; et ainsi de suite par millier ou toise cube; on pourra y ajouter de 15 à 20 fr. pour charge et décharge.

Lorsqu'on mêle, ce qui est ordinaire, la brique entière et les riblons, on emploie le quart des premières et trois quarts des seconds; il est entendu que les encoignures se font exclusivement avec des briques entières, et on préfère, avec raison, les briques vieilles si elles sont bien conservées.

Nous ne nous occupons que des murs droits; les murs circulaires demandent communément un quart en sus de matériaux et main-d'œuvre; mais, lorsqu'on en a plusieurs à construire, il est mieux de faire mouler des briques dans le rayon admis; le surplus du prix serait plus que compensé par le déchet et la taille.

Nous ne parlons, jusqu'à ce moment, que de la maçonnerie brute; mais on emploie aussi la brique pour la taille. On choisit pour cette taille la brique rougette ou à marteau la plus dure, mais avec le grand inconvénient d'enlever sa paroi cristallisée par le feu, et la plus résistante. Aussi peut-on se servir préférablement de la brique qui a déjà subi les injures de l'air, fût-elle le produit de démolitions, pourvu qu'elle fût entière et saine. La brique de M. Virebent (t), moulée crue avant sa cuisson, brique d'ailleurs fabriquée avec plus de soin, a l'avantage de conserver sa surface vitrifiée, et peut être fournie d'après un dessin donné, et son prix, plus élevé, économise le déchet et les frais de la taille à la main. Même les briques crues de cette fabrique, moulées et fermes, peuvent, dans les murs de ce genre, éviter en grande partie le mélange de briques cuites dans les tableaux des croisées.

En nous occupant de la taille à la main des briques ordinaires, choisies avec soin, et de moyen échantillon, nous chercherons à en prévoir le prix. Cette brique de 14° 6', sur 9° 6', a une surface de 138 pouces quarrés; ses quatre tranches ont 48° de développement sur 1° 9' d'épaisseur, ou 56° quarrés; le total de cette surface est donc de 174 pouces quarrés. Une journée de compagnon, qui coûte 1 fr. 80, suffit pour dresser, équarrir, redresser 60 briques, ce qui les

---

(t) Cette fabrication, grâce à l'opposition intéressée des ouvriers, est en ce moment suspendue, mais elle est en partie remplacée par une taille avec la scie mécanique, ou à la vapeur établie rue des Cimetières Saint-Aubin. Cette brique taillée, tirée des meilleures qualités dans les briqueteries les plus en renom, se vend 140 fr. le millier, et suit les dessins donnés.

PART. IV. SECT. VII. *Des Devis, des Marchés et des Évaluations.*

fait revenir chacune à 5 centimes ; le déchet de l'aplanissement, évalué à deux lignes, peut être supposé remplacé dans l'épaisseur des mortiers : ainsi, la longueur et la largeur réunies étant de 24 pouces, on peut compter sur 3 centimes par pied de taille droite, ou 18 centimes par toise linéaire ; la taille courbe ou circulaire est comptée moitié en sus, à 4 c. 1/2 par brique, ou 27 centimes par toise. La taille droite simple des tableaux et embrasures exige environ sept briques de cette épaisseur, c'est donc 21 centimes de taille par pied de hauteur. Supposons le prix de la brique à marteau, de moyen échantillon, à 1 centime, et 4 centimes avec l'aplanissement, le pied de hauteur du tableau reviendra à 28 centimes, tout fourni, et le pied courant d'assise droite de 4 centimes ou 5 1/2 de taille courbe ; c'est-à-dire, dans le premier cas, pour la toise, 24 centimes (12° m.), et pour le second, 33 centimes (17° m.).

Nous allons essayer de donner l'évaluation approximative des murs en brique, avec les conditions que nous avons imposées ; nous ne nous occuperons que des murs droits, les murs circulaires, comme nous l'avons dit, exigent une augmentation d'un quart de main-d'œuvre, matériaux et déchet, et nous nous bornerons au moyen échantillon.

(N° 27.) *Brique neuve commune.*

1377 briques à 8ᶜ	110ᶠ 16
33 1/2 p. c. mortier à 44ᶜ	14 83
Main-d'œuvre	15 "
Valeur de la toise cube	140 01
Mètre cube	36 40

(N° 28.) *Brique neuve et riblons à mortier de chaux.*

345 briques à 8ᶜ	27ᶠ 60
121 p. c. riblons à 21ᶜ	25 41
Déchet	5 08
44 p. c. mortier à 44ᶜ	19 36
Main-d'œuvre	16 "
Toise cube	93 45
Mètre cube	24 25

(N° 29.) *Riblons seuls à mortier de chaux.*

162 p. c. riblons à 21ᶜ	34ᶠ 02
Déchet 1/5	6 80
54 p. c. mortier à 44ᶜ	23 76
Main-d'œuvre	17 "
Toise cube	81 58
Mètre cube	21 22

(N° 30.) *Brique et riblons à mortier de terre.*

Brique, riblons et déchet	58ᶠ 09
44 p. c. mortier à 5ᶜ	1 82
Main-d'œuvre	17 "
Toise cube	76 91
Mètre cube	20 "

(N° 31.) *Brique crue à mortier de terre.*

1765 briques à 18ᵐᵐ	31ᶠ 17
33 1/2 p. c. mortier à 5ᶜ	1 82
Main-d'œuvre	15 "
Toise cube	48 59
Mètre cube	12 75

Il est plus ordinaire, dans nos contrées, de calculer ces travaux à la mesure superficielle, ce qui est facile d'après les détails qui précèdent, et le cube que présente son épaisseur ; nous les rapportons tous dans le tableau suivant, en observant surtout les dimensions de la brique en usage dans ce pays. Ainsi l'épaisseur produite par la violette ou le barrot dans leur largeur est de 5 pouces ; celle d'une largeur de brique, de 9 à 10 pouces ; celle d'une longueur, de 14 à 15 pouces ; celle de deux largeurs, 18 à 20 pouces ; celle d'une longueur et d'une largeur, 24 à 25 pouces ; celle de deux longueurs, 28 à 30 pouces ; celle de deux longueurs et d'une demi-largeur, 32 à 35 pouces.

Le tableau suivant (AA) indique le nombre de briques en moyen échantillon, le cube des riblons et du mortier par toise cube, de 15 à 20 fr. de main-d'œuvre, et par toise quarrée de 5 à 36 pouces d'épaisseur.

(AA) *Toisé des matériaux et prix de la main-d'œuvre des murs en brique de moyen échantillon par toise cube et toise quarrée.*

DIMENSION du MUR.	TOISÉ DES MATÉRIAUX.		TOISÉ DES MORTIERS.		PRIX de la MAIN-D'ŒUVRE.					
	Briques	Riblons	Pour Briques	Pour Riblons	15ᶠ	16ᶠ	17ᶠ	18ᶠ	19ᶠ	20ᶠ
Toise cube.	Nombre. 1311	P. c. 162	P. c. 33 1/3	P. c. 54						
Toise quarrée Épaisseur de 5 p'''	93	11 1/4	2 1/2	3 3/4	1ᶠ 26	1ᶠ 33	1ᶠ 42	1ᶠ 50	1ᶠ 58	1ᶠ 67
9	164	20 1/4	4 1/2	6 1/2	1 88	2 "	2 13	2 25	2 37	2 50
10	186	22 1/2	5 5/6	7 1/2	2 09	2 24	2 38	2 50	2 62	2 82
12	198	27	5 2/3	9	2 85	2 67	2 83	3 "	3 17	3 34
14	236	31 1/2	6 5/6	10 1/4	2 97	3 10	3 34	3 50	3 66	3 98
15	291	33 3/4	8 1/2	11 1/4	3 12	3 36	3 58	3 75	3 93	4 26
18	328	40 1/2	8 2/3	13	3 75	4 "	4 25	4 50	4 75	5 "
20	372	45	11	15	4 12	4 48	4 76	5 "	5 24	5 64
24	396	54	11 1/3	18	4 75	5 35	5 66	6 "	6 28	6 69
25	400	56 1/4	12	18 3/4	5 15	5 60	5 95	6 25	6 57	7 06
28	448	63	13 2/3	20	5 84	6 20	6 68	7 "	7 32	7 98
30	480	67 1/2	14 1/6	22 1/2	6 24	6 72	7 16	7 50	7 86	8 52
32	618	70	15 1/6	23 5/6	6 65	7 17	7 64	8 "	8 18	9 10
36	656	81	16 2/3	27	7 50	8 "	8 50	9 "	9 50	10 "

§ 10. Construction en cailloux.

(2ᵉ Partie, page 60.)

Ce genre de construction est tout local, et n'a pas lieu fréquemment. On en trouve les éléments dans les paragraphes précédents, et dans l'article 8 qui suit.

Plus le caillou est gros et plus la construction est solide. La meilleure n'a guère lieu qu'aux approches des rivières, où l'on peut employer de gros galets de 6 à 8 pouces de gros. Entre chaque assise de brique neuve, et quelquefois de riblons, on place des assises de galets de manière qu'un sixième soit en briques, un sixième en riblons, et deux tiers de galets, le tout maçonné en mortier de chaux. Les galets de cette dimension, lavés et transportés jusqu'à 3000 toises (6 kilom.) de distance, tels que nous les établissons dans l'article 8, peuvent revenir à 120 fr. la toise cube, ou 56 cent. le pied cube (16 fr. m. c.).

Mais, communément, on se sert de gros cailloux des champs, bien choisis et lavés, venus d'une plus petite distance, et qu'on peut évaluer, sur le chantier, à 23 cent. le pied cube : 49 fr. 68 cent. la t. c. (6 fr. 65 m. c.).

Ainsi, sur les 216 pieds cubes de la toise cube, il y en aura 18 en briques, 144 en cailloux, 18 en riblons, et 36 en mortier.

On peut, d'après ces observations, ainsi évaluer la construction en cailloux (u).

(N° 32.) *Maçonnerie en cailloux mélangés.*

115 briques communes à 8ᶜ.....	9 20	12 98
18 p. c. riblons à 21ᶜ.........	3 78	
144 p. c. cailloux à 23ᶜ........		33 12
36 p. c. mortier à 44ᶜ.........	15 84	27 84
Main-d'œuvre............	12 »	
Toise cube................		73 94
Mètre cube................		9 87

Si, contre toute idée de solidité, mais par une économie quelquefois en usage, on employait du mortier de terre au lieu de mortier de chaux, ou 1 fr. 80 c. au lieu de 15 fr. 84 c., on obtiendrait une réduction de 14 fr. 04 cent., et la toise cube ne reviendrait qu'à 59 fr. 90 cent.

(u) Sur les bords de la Garonne, à Toulouse, les gros galets pêchés, choisis, lavés et transportés, valent 18 fr. 60 c. la toise cube, et le pied cube 8 centimes (2 fr. 50 m. c.); le moyen galet 22 fr. 15 la t. c. 10 c. p. c. (2 fr. 96 m. c.); le prix des cailloux est analogue.

La maçonnerie en brique, riblons et cailloux mélangés avec mortier de chaux grasse revient à 89 fr. t. c. (13 fr. 50 m. c.); celle en galets seuls et mortier hydraulique à 93 fr. 50 la toise cube (12 fr. 50 m. c.), sorte de béton propre à être coulé dans les fondations.

§ 11. Voûtes.

(2ᵉ Partie, page 63.)

Dans la seconde partie, page 65, nous avons indiqué approximativement les rapports qui peuvent être établis entre la surface de l'aire qui doit être recouverte d'une voûte, et celle de l'intrados de cette même voûte. Pour s'appuyer d'un exemple, nous supposerons une pièce quadrangulaire de 28 pieds de longueur sur 18 de largeur, dont la surface est de 504 pieds quarrés. Comme c'est ordinairement par septième que se calcule la différence entre les deux surfaces, et que ce septième est de 72 pieds quarrés, les 2/7 sont 144; les 3/7 216, les 4/7 288, les 5/7 360, les 6/7 432. Ainsi, la voûte, en plein cintre, de la pièce prise pour exemple, si elle est en berceau, aura une superficie courbe de 792 p. q.; si elle est en arc de cloître, de 1008 p. q.; si elle est en arête, de 720 p. q., non compris le développement des arêtes ou nervures, telles qu'elles auront été désignées. Si ces voûtes sont surbaissées aux environs du tiers, elles auront un moindre développement; il sera en berceau et en arête de 576 p. q., en ajoutant toujours, pour la dernière, le développement des arêtes; en arc de cloître, de 864 p. q. Si une voûte sphérique recouvre une aire circulaire de 18 pieds de diamètre, et dont la circonférence est de 57 pieds, et la hauteur de la voûte de 9 pieds, cette surface courbe sera de 513 p. q.

On construit les voûtes rarement en pierre, plus souvent en moilon ou en brique; chacune d'elles réclame un détail particulier. La base de ces calculs est sans doute la toise cube détaillée dans les paragraphes 7 et 8 précédents, pages 283 et 284; mais il est plus ordinaire de faire les évaluations en toise quarrée, qui n'est que le douzième de la toise cube. En général, la valeur de l'usage des cintres varie de 87 cent. à 2 fr. par toise quarrée, d'après l'épaisseur de la voûte, et conséquemment d'après son poids; il en est de même pour les dérasements sur le tas, qui vont de 22 cent. à 1 fr. 50 cent.; le ragrément de l'extrados peut être évalué à 1 fr. la toise quarrée; ceci n'est applicable qu'aux voûtes en pierre et en moilon, auxquelles il est ordinaire, au moins pour l'architecture rurale, de ne donner que 6° d'épaisseur. Nous prendrons pour exemple une voûte en berceau de 792 p. q. de superficie.

Les 792 p. q. de l'intrados de la voûte à 6° d'épaisseur, produisent 396 p. c. de pierre, dont on prend ordinairement parmi les pierres communes, plus tendres, plus légères, plus faciles à monter, plus aisées à tailler, plus flexibles au décintrement. On ajoutera au prix de la pierre une toise quarrée de taille de coupe, trois quarts de toise de joints, 1 fr. de dérasement, 3 fr. 30 cent. de cintre et de pose, 1 p. c. de mortier et 50 cent. pour l'enlèvement des gravats. Voici la réunion de ces sous-détails.

PART. IV. SECT. VII. *Des Devis, des Marchés et des Evaluations.*

(N° 33.) *Voûte en pierre commune de 6° d'épaisseur.*

Pierre, 396 p. à 1ᶠ............	396ᶠ „
Coupe de voussoirs, une toise.........	2 50
Taille de joints, 3/4 de toise à 1ᶠ 50.....	1 12
Dérasements................	1 „
Pose et cintre..............	3 50
Mortier, un pied cube.........	„ 47
Enlèvement de gravats............	„ 50
Toise quarrée............	405 09
Mètre quarré............	105 33

Pour la voûte en moilon (*v*), dans les mêmes conditions que la voûte en pierre, et pour le moilon piqué, on ajoutera une toise et demie de taille de coupe, le mortier, le cintre et la main d'œuvre. Pour le moilon brut, il ne faudra ajouter que les deux derniers articles. Voici ce résumé :

(N° 34.) *Voûte en moilon piqué.*

Moilon, 396 p. c. à 20ᶜ............	79ᶠ 20
Coupe, toise 2/3 à 75ᶜ..........	1 25
Mortier, 2 1/2 p. c. à 44ᶜ............	1 10
Cintre et main d'œuvre.........	2 50
Toise quarrée............	84 05
Mètre quarré............	21 85

(N° 35.) *Voûte en moilon de blocage.*

Moilon, 396 p. c. à 15ᶜ...........	59 40
Mortier................	1 10
Cintre et main d'œuvre..........	3 „
Toise quarrée............	63 50
Mètre quarré............	16 51

Mais la plupart des voûtes, dans les campagnes, se font en brique. Pour le toisé, qui se fait aussi en mesure superficielle, l'épaisseur est ordinairement déterminée par les dimensions de la brique employée. Ainsi, les briques placées sur leur largeur, donnent une voûte de 15° d'épaisseur; placées sur leur longueur, ces voûtes ont 10° d'épaisseur. Les violettes et barrot, posées sur leur largeur, donnent des voûtes de 5° d'épaisseur, toujours mortier compris; mais il faut tenir compte d'un dixième de déchet, à cause de l'amaigrissement relatif à la courbure de la voûte. Or, la toise étant composée de 72 pouces, chaque file ou assise de brique posée de champ sur sa largeur, exigera 5 briques sur la courbure du cintre, et 36 briques sur sa longueur; en tout 180 briques. Chaque file ou assise de brique, posée de champ sur sa hauteur ou longueur, exigera 7 à 8 briques pour la longueur du cintre, et toujours 36 briques ou files sur sa largeur, c'est-à-dire, 288 briques;

chaque file ou assise de violettes sur sa longueur, exigera aussi 480 briques. Ainsi, la toise quarrée de voûte de 5° d'épaisseur demandera 288 violettes ; celle de 10°, 180 briques, et celle de 15°, 288 briques. Pour la première, il faudra 4 pieds cubes de mortier ; pour la seconde, 7 pieds cubes ; pour la troisième, 9 pieds cubes. On peut compter, pour les unes et les autres, 1 fr. de cintre; pour la première, 3 fr. de main d'œuvre, 3 fr. 50 pour la seconde, 4 fr. pour la troisième, et toujours un dixième de déchet. En voici le détail :

(N° 36.) *Voûte en brique de 5°.*

288 violettes à 9ᶜ 1/2............	25ᶠ 92
Déchet 1/10............	2 59
Cintre................	1 „
Mortier, 4 p. c. à 44ᶜ.........	1 76
Main d'œuvre...............	3 „
Toise quarrée............	34 27
Mètre quarré............	8 91

(N° 37.) *Voûte en brique de 10°.*

180 briques à 16ᶜ...........	28ᶠ 80
Déchet................	2 88
Cintre................	1 „
Mortier, 7 p. c. à 44ᶜ...........	3 08
Main d'œuvre............	3 50
Toise quarrée............	39 26
Mètre quarré............	9 43

(N° 38.) *Voûte en brique de 15°.*

288 briques à 16ᶜ............	46ᶠ 08
Déchet................	4 61
Cintre................	1 „
Mortier, 8 p. c. à 44ᶜ..........	3 96
Main d'œuvre............	4 „
Toise quarrée............	59 65
Mètre quarré............	13 50

Le prix des briques a été calculé, en tenant compte de l'amaigrissement, de la jauge et du dressage à la main; on l'aurait plus économiquement avec des machines (*x*).

Il est peu ordinaire, en architecture rurale, de construire les voûtes autrement qu'en brique, quelle que soit la proportion de la flèche. Si l'on choisit l'arc de cloître, il est nécessaire de tailler les moilons et les briques pour faire raccorder les angles de cette voûte. Si l'on veut exécuter une voûte d'arête, on construit d'abord les arcs doubleaux et les arêtes, quelquefois les nervures, ou formerets, en brique de champ et mortier de chaux, et les parties intermédiaires se remplissent avec des briques de champ de moindre dimension, convenablement arrêtées dans les harpes laissées en cons-

---

(*v*) La maçonnerie des voûtes en moilon vaut, à Toulouse, en mortier de chaux grasse, 74 fr. la toise cube (10 fr. m. c.), ou de 18° d'épaisseur, 18 fr. 50 la toise quarrée (4.50 m. q.); celle en mortier semi-hydraulique, 89 fr. la toise cube (12 fr. m. c.), ou de 18° d'épaisseur, 22.25 la t. q. (5.79 m. q.) : cette dernière surpasse l'autre d'un à deux tiers.

(*x*) Cette taille est exécutée par la machine de M. Galinier, déjà indiquée page 286, note (*t*), machine approuvée par l'Académie des Sciences le 31 juillet 1856, et qui lui a accordé une médaille d'encouragement.

truisant le squelette de la voûte. Quelquefois on fait ce remplissage en voûte plate ; trop souvent même, par économie, en *tuilette*, ou brique plate-bande, maçonnées en plâtre à plat, et formant deux ou trois assises. Cette dernière façon ne peut présenter la solidité, pour laquelle le plâtre est si inférieur à la chaux, mais elle a l'avantage de la rapidité de l'exécution.

§ 12. *Terrasse.*

(2ᵉ Partie, page 74.)

Malgré les grands agréments que procurent les terrasses découvertes, l'atmosphère si variable de ce pays, les transitions subites d'un froid glacial à une chaleur intense, d'une humidité extrême à une forte sécheresse, qui font tourmenter les bois, gercer et liquéfier les enduits, sont des obstacles à leur emploi. Cependant, nous nous occuperons, puisque nous avons l'expérience, de l'emploi qu'en a fait Puymaurin, et que nous avons décrit, page 74, ce qu'il a établi sur un simple plancher.

Ce plancher, supposé de 12 pieds de largeur sur 30 de longueur, et par conséquent de 10 toises quarrées, doit être composé de solives en chêne de 4° sur 5, à la distance de 6° entre elles, et cet entrevous sera rempli par trois rangées de violettes de champ adossées et maçonnées en plâtre. Afin de conserver le bois, on passerait sur ce plancher un simple enduit de plâtre ou de mortier de terre, qui supporterait un carrelage posé à ciment en bon carreau taillé. On couvrira cette aire d'une chape de béton fin, bien comprimé, de manière à être réduit de moitié dans son épaisseur ; enfin, on couvrira le tout de deux couches de goudron liquide, dont la seconde, pour l'empêcher de se ramollir dans les grandes chaleurs, recevra de la chaux vive en poudre mêlée de brun rouge ou de poussière de brique, pour donner la couleur à la terrasse.

On pourrait même construire cette terrasse sur un plancher hourdé ou recouvert en brique à plat ; mais nous pensons qu'alors il serait toujours bon de le recouvrir d'un carrelage en carreau taillé, avec la chape de béton, comme nous l'avons dit. Nous donnons le détail de ces trois méthodes.

(Nº 39.) *Terrasse sur plancher en briques de champ de 12 p. sur 30.*

Solives 38 de 4° sur 5, de 13 p. 494 à 31ᶜ..	154 14
Entrevous 40 de 33 violettes, 1320 à 9' 12.	125 40
Plâtre pour la consolidation............	10 ″
Plâtre, couche générale, 10' à 1........	10 ″
Carrelage à ciment, 10 t. q. à 11.83.....	118 30
Béton massivé, 15 p. c. à 90ᶜ............	13 50
Goudron et chaux vive..................	5 ″
Main d'œuvre.........................	30 ″
Plancher et terrasse...............	466 34
Toise quarrée......................	46 62
Mètre quarré......................	12 16

(Nº 40.) *Terrasse sur plancher hourdé.*

Plancher hourdé....................	221 90
Couche supérieure de plâtre.........	10 ″
Carrelage en chaux.................	16 ″
Béton massivé......................	13 50
Goudron et chaux vive..............	5 ″
Main d'œuvre......................	30 ″
Plancher et terrasse.............	296 40
Toise quarrée....................	29 64
Mètre quarré.....................	7 70

(Nº 41.) *Terrasse sur plancher en brique de longueur.*

Plancher en brique.................	147 70
Couche supérieure de plâtre........	10 ″
Carrelage en chaux................	16 ″
Béton massivé.....................	
Goudron et chaux vive............	18 50
Main d'œuvre.....................	30 ″
Plancher et terrasse.............	222 20
Toise quarrée....................	22 22
Mètre quarré.....................	5 78

§ 13. *Construction des ordres d'architecture en pierre.*

Comme on ne peut partir que d'une base arrêtée, pour en déduire les détails d'exécution de quelque construction que ce puisse être, nous ne nous occuperons ici que du système des ordres proposé dans le Traité qui sert d'introduction à cette troisième édition, et dont l'analyse est rapportée dans ce volume, aux Notions préliminaires, page 3. Les bases de toute évaluation des dépenses de construction des ordres étant le cube des matières et le développement des superficies, on doit s'en rendre compte sous toutes les faces, et entrer à cet égard dans des détails minutieux, compliqués et rebutants, mais absolument nécessaires : nous chercherons donc à donner un exemple qui puisse servir d'indicateur. Nous avions pensé à présenter au lecteur un toisé de tous les ordres avec toutes leurs parties et leurs dépendances, mais ces tableaux étaient d'une multiplicité effrayante pour être complets, et encore n'auraient-ils pas prévu tous les cas qui peuvent se présenter, parce que chaque architecte, guidé par son propre goût, gêné par les circonstances et les localités, dominé par les exigences diverses qui limitent ses conceptions, admet presque toujours dans ses dessins des modifications dont la moindre rendrait inutile ce travail. D'ailleurs il ne nous appartient point de donner des règles : nous ne pouvons qu'indiquer la marche à suivre dans ce que l'on peut appeler la dissection de l'ordre, son point d'appui et l'entablement qu'il soutient. Nous nous sommes donc bornés à présenter un tableau relatif à l'ordre dorique grec, moins habituellement employé, et qu'il nous semble être celui qui convient le mieux à l'architecture rurale :

PART. IV. SECT. VII. *Des Devis, des Marchés et des Evaluations.* 291

d'ailleurs, nous le répétons, ce n'est qu'un exemple et une formule qui s'applique à cet ordre dorique grec, figuré dans la *planche* VIII, décrit à la page 62 du Traité des ordres, et rappelé ici dans les Notions préliminaires, ainsi que nous venons de l'indiquer.

Tout ordre se compose de deux parties d'une projection différente, l'une verticale ou les points d'appui, l'autre horizontale ou leur couronnement.

Le tableau BB présente le toisé des points d'appui, antes, colonnes, et, par pied de hauteur, depuis 6 pouces jusqu'à 36, ou trois pieds de diamètre, dont les cinq colonnes de la première division présentent le diamètre ou la face quarrée, le cube du fût, la surface des parements, le cube et les parements du chapiteau : les sept colonnes de la seconde division présentent, pour l'entablement, sa hauteur générale de un à six pieds; la hauteur ou saillie, ordinairement les mêmes; le cube et les parements de la corniche, puis les mêmes indications pour le listel de l'architrave.

La première colonne peut à la fois servir pour les antes et les colonnes, parce que, le plus souvent, on ne tient aucun compte de la pierre jetée bas pour arrondir les colonnes; c'est pour la même raison que le cube est évalué de même, que les colonnes soient arrondies à la pointe ou au tour. Nous avons préféré d'exprimer les cubes et les surfaces en pieds cubes ou quarrés, sans subdivision, afin de simplifier les calculs. Ce cube pour les fûts, qui occupent la seconde colonne, peut même servir pour les lits; car, si on suppose les tambours d'un pied de hauteur, le pied cube de solidité est aussi le pied quarré de la surface. Nous avons aussi supposé que les parements quarrés de la troisième colonne, pour les antes, pourraient aussi servir pour les parements circulaires des colonnes, qui sont plus difficiles et se paient plus cher. Les deux autres colonnes sont relatives aux chapiteaux qui s'évaluent à la pièce.

Les sept colonnes qui s'appliquent à l'entablement présentent la hauteur de cet entablement double du diamètre de la colonne, la hauteur et la saillie, le cube et les parements de la corniche; la hauteur, le cube et les parements du listel de l'architrave.

Les parties lisses, comme la frise et le nu de l'architrave, sont considérées comme si elles faisaient partie du mur dosseret de l'ordre, les chapiteaux sont souvent faits en céramique, et nous en parlons plus bas.

(BB) *Toisé des Antes, Colonnes, Chapiteaux et Entablements de l'ordre dorique grec.*

ANTE ou COLONNE, PAR PIED DE HAUTEUR.					ENTABLEMENT, PAR PIED DE LONGUEUR.						
DIAMÈTRE ou face.	FÛT.		CHAPITEAU par pièce.		HAUTEUR générale.	CORNICHE.			LISTEL DE L'ARCHITRAVE.		
	Cube.	Parements.	Cube.	Parements.		Hauteur et saillie.	Cube.	Parements.	Hauteur et saillie.	Cube.	Parements.
Pouces.	P. c.	P. q.	P. c.	P. q.	Pieds.	Pouces.	P. c.	P. q.	Pouces.	P. c.	P. q.
6	" 1/2	2	1 1/8	" 3/4	1	3	" 1/5	" 3/4	1	" 1/144	" 1/6
9	" 3/4	3	1 3/8	1	1 1/2	4 1/2	" 1/8	1 1/2	1 1/2	" 1/78	" 1/5
12	1	4	2 1/4	1 1/2	2	6	1 1/2	3	2	" 1/13	" 1/3
15	1 1/2	5	4	2 3/4	2 1/2	7 1/2	2 3/8	4 1/3	2 1/2	" 5/48	" 1/2
18	2	6	5 5/8	3 7/8	3	9	5 1/9	6 3/4	3	" 3/16	" 3/4
21	2 1/2	7	8 1/8	5 1/16	3 1/2	10 1/2	7 1/3	8 3/4	3 1/2	" 1/4	1 1/8
24	4	8	9	6 1/4	4	12	12	12	4	" 4/9	1 1/3
27	5 1/4	9	12 3/8	9 3/4	4 1/2	13 1/2	16 3/8	14 2/3	4 1/2	" 9/16	1 2/3
30	6 1/2	10	15 3/4	13 3/8	5	15	21 1/2	18 3/4	5	" 8/9	2 1/8
33	7 3/4	11	19 1/8	16 7/8	5 1/2	16 1/2	30 1/4	22	5 1/2	1 1/30	2 1/3
36	9	12	22 1/2	20 1/4	6	18	40	27	6	9	3

Nous allons maintenant donner le détail estimatif d'un péristyle de deux colonnes d'ordre dorique grec, de douze pieds de hauteur et de deux pieds de diamètre : ces colonnes espacées de 18 pieds, ce qui donne 24 pieds de longueur à la corniche, et la largeur ou la profondeur du péristyle de 6 pieds, ce qui donnera 30 pieds de développement à la corniche. Nous supposerons qu'on emploiera la pierre moyenne, seconde qualité, comme plus propre à cette construction. D'après les prix établis au § 7, page 282, le pied cube de pierre est de 2 fr. ; la taille des parements droits est de 15 c. le pied quarré, et 22 c. la taille circulaire ; lorsqu'on les confond, 19 c. ; la taille des lits, 5 centimes.

(N° 42.) *Évaluation d'un péristyle d'ordre dorique grec.*

Colonne.. { Fût...... { 88 p. c. à 2'........ 176 "
40 p. q. lits à 5°..... 2 "} 197 36
88 p. c. parement à 22°. 19 36 }
Chapiteau. { 9 p. c. à 2'.......... 18 "
6 p. q. parement à 22°.. 1 65 } 19 65 } 217 01

Seconde colonne................. 217 01

Entablem¹ { Corniche.. { 12 p. c. pour 30 p. de longueur,
360 p. c. à 2'........... 720 "
360 p. q. parements confondus,
à 19°................. 68 40 } 788 40
Listel de l'architrᵛᵉ. { 4/9 × 30 = 13 p. 66 p. c. à 2'.. 35 30
1 1/3 × 30 = 40 p. q. parements à 15°.......... 6 " } 59 32

Valeur du péristyle............ 1271ᵗ 74

Ainsi, la toise courante de corniche vaut 157 fr. 68 c. ; le pied courant, 26 fr. 28 c. ; le mètre courant, 79 fr. 95 c. ; le listel de l'architrave vaut de même 65 fr. 88 c., 10 fr. 98, 33 fr. 35.

Comme nous l'avons dit, il faudra ajouter la valeur du mur dosseret, la taille droite unie de la frise et de l'architrave.

Si l'on veut mettre des triglyphes à la frise, on les taillera ou sculptera sur le tas, ou on les rapportera, taillés à part, avec leurs chapiteaux, leurs canaux et leurs gouttes, ce qui, indépendamment des parements compris dans le toisé général, donnera une augmentation de 12 à 15 fr. pour chacun ; on pourra même les faire en céramique.

Si l'on emploie des pilastres au lieu de colonnes, on ne comptera pour les cubes qu'un sixième des antes, et un tiers pour les parements et le chapiteau.

(N° 43.) *Évaluation d'un pilastre grec de 2 p. de diamètre.*

Fût...... { Pierre, 14.66 p. c. à 2'........ 29 32
Taille de parements, 22 p. q. à 15°. 3 30 } 32 62
Chapiteau. { 1 1/3 p. c. à 2'............... 3 66
2 1/12 p. q. parements à 15°..... " 61 } 4 27 } 36 89

Si l'on remplaçait l'entablement régulier par une corniche de couronnement ou une corniche de comble de 6 à 36° de hauteur, la table (CC) en donne le toisé d'après les mêmes détails et selon les dessins de la planche XXVI, et l'explication, page 91, du traité des ordres ou l'introduction précitée.

(CC) *Toisé des Corniches de couronnement et des Corniches de combles, par pied de longueur.*

Diamètre de la colonne	VALEUR du module.	CORNICHE DE COURONNEMENT.			CORNICHE DE COMBLE.		
		Hauteur et saillie.	Cube.	Parements.	Hauteur et saillie.	Cube	Parements.
Pouc.	Pouces.	Pouc.	P. c.	P. q.	Pouces.	P. c.	P. q.
6	3	6	1 1/2	" 1/4	3	" 1/60	" 1/9
9	4 1/2	9	5 5/16	" 2/3	4 1/2	" 1/20	" 1/8
12	6	12	12	1	6	" 1/8	" 1/4
15	7 1/2	15	23 5/16	1 1/2	7 1/2	" 1/5	" 1/3
18	9	18	40 1/2	2 1/4	9	" 5/12	" 1/2
21	10 1/2	21	64 5/16	3 1/8	10 1/2	" 3/4	" 3/4
24	12	24	96	4	12	1	1
27	13 1/2	27	136 3/14	4 3/4	13 1/2	1 3/8	1 1/5
30	15	30	151 1/2	6 1/4	15	2	1 1/2
33	16 1/2	33	169 3/16	7 5/16	16 1/2	2 1/2	1 3/4
36	18	36	524	9	18	3 6/15	2 1/4

En voici l'application :

(N° 44.) *Corniche de couronnement de 24° de hauteur.*

Pierre, 2 p. c. à 2'.... 4' "} 4ᵗ 60 pied courant, toise courante 27ᵗ 60,
Parement, 4 p. q. à 15° " 60} mètre courant 13ᵗ 90.

(N° 45.) *Corniche de comble de 12° de hauteur.*

Pierre, 1 p. c. à 2'... 2' "} 2ᵗ 15 toise courante 12ᵗ 90,
Parement, 1 p. q. à 15° " 15} mètre courant 6ᵗ 33.

§ 14. *Construction des ordres en brique.*

Les Romains ont construit en brique plusieurs ordres d'architecture, mais ces édifices ont presqu'entièrement disparu ; ils n'ont donc pas la même solidité, et comme cette construction ne doit sa résistance qu'au mélange des substances qui les lient, elle ne peut supporter de grandes saillies. Cependant celles des Romains étaient en briques mieux fabriquées que les nôtres, cubiques ou beaucoup plus épaisses, et avaient plus de stabilité. Aussi est-ce surtout pour

PART. IV. SECT. VII. *Des Devis, des Marchés et des Évaluations.*

les points d'appui, antes ou colonnes qu'on emploie communément la pierre, ou des tambours creux en céramique que l'on remplit de béton ou de maçonnerie à mesure qu'on les dresse, et les moulages de Virebent sont très-propres à cet emploi; on se sert aussi de mandrins en fer, placés au centre de ces colonnes, qui se scellent dans les bases ou socles par le bas, et qu'on assemble dans le haut avec les linteaux de l'architrave. Alors l'entablement peut se faire en briques choisies, taillées et maçonnées avec soin; et si l'on emploie des triglyphes et des modillons, on fait ceux-ci en pierre ou en céramique, on les sculpte sur le tas.

Cependant il est possible de faire les ordres en brique avec des précautions, lorsque la pierre est rare et chère; alors ils peuvent faire partie de l'architecture rurale, surtout de bas-relief; nous allons donc essayer d'en indiquer les moyens.

Les points d'appui, antes ou colonnes sont ce qui offre le plus de difficultés. On pourrait d'abord penser qu'on devrait faire mouler des briques du diamètre choisi, mais chaque assise manquerait de liaison, et peut-être vaudrait-il mieux employer des briques ordinaires, des violettes ou des barrots, en variant leur assemblage et procurant ainsi des interstices qui multiplieraient les points de suture et d'agrégation. Nous calculerons donc sur le moyen échantillon de 14° 6' sur 9° 6', sur la violette de 14 sur 6, et le barrot de 9° sur 5°, décrits dans le § 9 ci-dessus, page 285. La taille et l'appareil donneront sans doute beaucoup de déchets, qui, pour la plupart, pourraient être employés comme riblons.

Ainsi chaque pied de hauteur de fût de colonne ou d'ante exigera six assises de brique de diverse grandeur; nous supposerons, comme dans le § précédent, que la même quantité de matière représentera les unes ou les autres; la taille, telle qu'elle se trouve détaillée page 286, et ici réduite aux faces apparentes, à la jauge et au dressage, on peut la compter à 2 centimes par brique face quarrée, et à 2 cent. ½ pour les faces courbes. Le quadruple du cube présentera les parements, et il faudra autant de centimes de mortier que le diamètre présente de pouces (*y*).

Il faut donc mettre en regard 1° le diamètre du point d'appui; 2° le cube des 12° de hauteur; 3° la surface des parements; 4° le nombre de briques pour chaque pied de hauteur.

(DD) *Toisé des colonnes et antes en brique, par pied de hauteur.*

DIAMÈTRE en POUCES.	CAPACITÉ. PIED CUBE.	PAREMENTS PIED QUARRÉ.	NOMBRE de BRIQUES.
9	" 3/4	3	4
12	1	4	6
15	1 1/4	5	8
18	1 1/2	6	14
21	1 3/4	7	19
24	2	8	25
27	2 1/4	9	32
30	2 1/2	10	39
33	2 3/4	11	48
36	3	12	56

L'entablement n'offre que des tailles simples horizontales ou circulaires dont nous avons parlé dans le § 9. La corniche a un module et le listel un sixième de module.

La brique dressée et taillée, compensant la largeur par la longueur, présente une face moyenne d'un pied; la valeur de cette brique est de 14 c. ½ droite, et 16 c. courbe; il suffira donc de connaître la longueur de la corniche et celle du listel de l'architrave pour en apprécier l'évaluation, puisque, comme nous l'avons dit précédemment, les nus sont compris dans le toisé du mur dosseret: chaque assise comptée pour deux pouces de hauteur, et une brique par pied de longueur. Ce sont les éléments du toisé suivant:

(EE) *Toisé de l'entablement, par pied de longueur.*

DIAMÈTRE du point d'appui.	VALEUR du MODULE.	CORNICHE.		LISTEL.	
		Hauteur et saillie.	Briques.	Hauteur et saillie.	Nombre de briques.
Pouces.	Pouces.	Pouces.		Pouces.	
9	4 1/2	4 1/2	2 1/4	" 3/4	" 3/8
12	6	6	3	1	" 1/2
15	7 1/2	7 1/2	3 3/4	1 1/4	" 5/8
18	9	9	4 1/2	1 1/2	" 3/4
21	10 1/2	10 1/2	5 1/2	1 3/4	" 7/8
24	12	12	6	2	1
27	13 1/2	13 1/2	6 3/4	2 1/4	1 1/8
30	15	15	7 1/2	2 1/2	1 1/4
33	16 1/2	16 1/2	8 1/2	2 3/4	1 3/8
36	18	18	9	3	1 1/2

On sent que l'épaisseur des briques qui excèdent la hau-

(*y*) Les fouilles de Pompéia ont fait reconnaître le mode de construction des grandes colonnes de la basilique de cette ville retrouvée; elles sont composées d'un noyau en briques rondes d'environ un pouce ou 14 lignes d'épaisseur; ce noyau est entouré de briques pentagones superposées, dont les angles extérieurs forment les arêtes des cannelures, aidés de celles qui sont fournies par le stuc de revêtement. Ce stuc revêtait aussi les chapiteaux construits en pierre volcanique.

teur de la corniche ou du listel est comprise dans le nu de la frise et de l'architrave.

Les chapiteaux ne sont guère faits qu'en céramique si l'on ne les fait pas en pierre, les socles et la base doivent toujours être de cette matière.

Nous avons donné les tableaux précédents pour aider aux occasions bien rares d'établir des ordres en brique.

Cependant il est assez ordinaire de couronner les édifices par des corniches de couronnement composées, ou plus souvent par des corniches de comble exécutées en brique. La plupart des bâtiments ruraux auxquels on applique ces couronnements bien simples n'ont au plus, communément, que 18 pieds de hauteur. On peut fixer la hauteur de la corniche de couronnement au dix-huitième de cette élévation, et celle de la corniche de comble à la moitié de la première. Ainsi, dans un cas semblable, la corniche de couronnement aurait un pied de hauteur, et l'autre seulement six pouces. Alors chaque pied de la longueur de la corniche, composée de couronnement, exigera six briques ou 87 c. en taille droite, 96 en taille courbe, et chaque pied de la corniche de comble trois briques ou 43 c. 1/2 de taille droite, et 48 c. de taille courbe.

Nous croyons superflu d'entrer dans d'autres détails.

§ 15. *Accessoires de la Maçonnerie.*

(2ᵉ Partie, page 78.)

Indépendamment des détails qui précèdent sur toutes les natures de constructions, il en est d'accessoires et à peu près spéciales qui peuvent remplacer les premières, et qui sont même d'un usage général dans certaines localités, d'après les matériaux qui y sont communs, et surtout lorsque les autres matériaux sont rares ou trop coûteux. Le pisé, dont nous avons parlé et qui est décrit avec détail, page 78, est la principale de ces constructions supplémentaires ; et tout récemment M. François Coignet, manufacturier à Lyon, a prétendu le remplacer par un mélange de chaux grasse, de cendres et de scories de houille ; et comme ces derniers objets sont rarement abondants, il les remplace par sept parties de sable, gravier ou cailloutis, trois parties de terre argileuse commune et une partie de chaux non délitée, avec, s'il est possible, une addition de cendres de bois, à cause de la potasse qu'elles contiennent fortifie le mélange. C'est avec cette manière de béton qu'il a remplacé économiquement la terre foulée du pisé dans la construction, à Saint-Denis en France, d'une usine de près de 60 pieds (20 mètres) de hauteur. Non-seulement ce béton, le pisé lui-même, la paroi, la bauge ou paillebard peuvent remplacer la maçonnerie, mais celle en pierre sèche la suppléera avantageusement, et surtout économiquement pour les murs de clôture. Quelqu'inférieures que puissent être ces manières de bâtir à celles des § 7, 8, 9 et 10 ci-dessus, pages 59, 60, cependant nous croyons devoir en présenter,

à nos confrères les cultivateurs, les prix courants ainsi que ceux des enduits extérieurs. Ces renseignements réunis peuvent leur être utiles.

(Nº 46.) *En maçonneries supplémentaires.*

	toise c.	m. cub.	t. q.	m. q.
1º Les murs de maison en béton Coignet reviennent........	62 —	8 25 —	15 50 —	2 06
2º Ceux en pisé pour maison, avec rusticage et enduit............	28 —	3 72 —	7 ʺ —	1 82
Les murs de clôture, supposés de 18 p. d'épaisseur, reviennent :				
3º Ceux en pisé, avec rusticage......	25 —	3 ʺ —	3 ʺ —	ʺ 75
4º Ceux en parois.................	8 —	1 10 —	2 ʺ —	ʺ 52
5º Ceux en bauge ou paillebard.......	4 —	ʺ 53 —	1 ʺ —	ʺ 26
6º Enfin, ceux en pierre sèche.......	25 —	3 35 —	3 58 —	ʺ 85
Les enduits extérieurs peuvent être ainsi évalués :				
7º Le crépi en chaux, à deux couches.............		1 60 —		ʺ 20
8º Le même, avec ferrage et badigeon.............		2 ʺ —		ʺ 52
9º Enduit en chaux ordinaire.................		ʺ 95 —		ʺ 25
10º Le même, en chaux hydraulique.................		1 50 —		ʺ 42
11º Le même, en ciment et chaux ordinaires.......		1 60 —		ʺ 45
12º Le même, en ciment et chaux hydraulique........		2 85 —		0 75
13º Les renformis en brique rougette dure, mortier de chaux (les surfaces circulaires valent un 5ᵉ en sus).	15 20 —		4 ʺ	
14º Une aire en salpêtre, pour cave, de 3ᵉ d'épaisseur..		2 ʺ —		ʺ 55
15º La même, pour cour, écurie, etc., de 6ᵉ à 7ᵉ d'épaisseur.............		5 50 —		1 ʺ

ARTICLE 2.
Charpente.

(2ᵉ Partie, 2ᵉ Section, page 81.)

§ 1ᵉʳ. *Bois et débit.*

(2ᵉ Partie, page 85.)

Les ouvrages de charpente s'évaluent soit à la pièce, soit à la mesure linéaire ou superficielle ; mais le moyen le plus applicable à tous, celui qui se prête à toutes les combinaisons et demeure le plus satisfaisant, est de connaître la solidité des bois employés ; il est ensuite facile de leur appliquer les prix de la localité.

On peut partager en quatre classes tous les bois que l'on emploie en construction. Le chêne et le châtaignier forment la première ; le frêne, le noyer, le merisier et les autres bois durs la seconde ; le pin, le sapin et les autres bois résineux la troisième ; le peuplier et les autres bois blancs indigènes la quatrième.

Les bois sont débités dans les forêts en pièces grossièrement écarries, hors les chevrons qu'on laisse ordinairement en grume. Quand on les achète à la pièce, leur prix, réduit en pieds cubes, est communément assez uniforme : cependant il arrive que ce prix augmente d'après les dimensions des bois, puisque les arbres plus forts sont plus rares et plus difficiles à extraire ; conséquemment, le prix du pied cube doit éprouver quelques modifications. Nous pensons que, pour se rapprocher des diverses valeurs que l'expé-

PART. IV. SECT. VII. *Des Devis, des Marchés et des Évaluations.* 295

rience nous apprend à connaître ; il serait bon de supposer dans chaque classe quelques différences de prix. Le chêne descendrait de 5 fr. (144 fr. le m. c.) à 2 fr. le pied cube (58 fr. m. c.); le bois dur, de 4 fr. 50 c. (127 fr. m. c.) à 1 fr. 75 c. (50 fr. m. c.); le bois résineux, de 4 fr. (115 fr. m. c.) à 1 fr. 50 c. (40 fr. m. c.); le bois blanc, de 3 fr. (86 fr. m. c.) à 1 fr. (29 fr. m. c.); ou, par toise cube, le chêne, de 1080 fr. à 432 fr.; le bois dur, de 972 à 378; le résineux, de 864 fr. à 324 fr.; le bois blanc, de 648 fr. à 216 fr. (*a*).

C'est d'après cette observation que nous avons dressé la table suivante, avec laquelle on pourra, d'un coup d'œil, voir dans chacune des 30 subdivisions des quatre classes des bois de toute nature (suivant le classement de la coutume de Toulouse), la solidité, la valeur du pied cube, du pied courant et du mètre courant dans chacune de ces dimensions. Il est sensible que les prix que nous supposons ne peuvent être qu'approximatifs, et sont subordonnés à la situation des lieux d'où on les tire ; mais on pourra, par ce moyen, avoir une indication qui peut aider dans l'évaluation des divers achats de bois quarrés.

(FF) *Valeur des différentes Pièces de charpente et de menuiserie, quarrées au pied cube, au pied et au mètre courant.*

	DÉSIGNATION DES PIÈCES.	DIMENSIONS en pouces.	en centim.	CUBE par pied de longueur	VALEUR DU PIED CUBE.				VALEUR DU PIED COURANT.				VALEUR DU MÈTRE COURANT.			
					Chêne.	Dur.	Résin.	Blanc.	Chêne.	Dur.	Résin.	Blanc.	Chêne.	Dur.	Résin.	Blanc.
1	Poutres.	24 sur 18	65 sur 48	3. »					15'. »	13'. 50	12'. »	9'. »	45'. 12	40'. 52	36'. 08	27'. 09
2		23 — 17	61 — 45	2. 72					13. 60	12. 24	10. 88	8. 16	40. 84	36. 75	32. 66	25. 50
3		22 — 16	59 — 43	2. 44					12. 20	10. 98	9. 76	7. 32	36. 65	32. 96	29. 30	21. 98
4		20 — 15	54 — 40	2. 08	5'. »	4'. 50	4'. »	3'. »	10. 40	9. 36	8. 32	6. 24	31. 22	28. 10	24. 98	18. 75
5		18 — 14	49 — 37	1. 75					8. 75	7. 86	7. »	5. 25	26. 28	23. 58	22. 14	15. 78
6		8 — 13	49 — 35	1. 62					8. 10	7. 25	6. 48	4. 86	24. 33	21. 75	19. 45	14. 60
7		17 — 12	46 — 32	1. 42					7. 10	6. »	5. 68	4. 26	21. 32	17. 95	16. 05	12. 80
8		17 — 11	46 — 30	1. 29	4. 25	3. 75	3. 50	2. 50	5. 98	4. 90	4. 51	3. 22	15. 95	14. 70	13. 55	9. 68
9		16 — 10	43 — 27	1. 11					4. 72	4. 13	3. 88	2. 77	14. 18	12. 40	11. 65	8. 34
10	Razals.	15 — 10	40 — 27	1. 05					3. 90	3. 75	3. 15	2. 35	12. 50	11. 25	9. 77	7. 08
11		14 — 9	37 — 24	0. 85	3. 75	3. 50	3. »	2. 25	3. 19	3. 25	2. 55	1. 91	11. 58	9. 75	7. 65	5. 73
12		13 — 9	35 — 24	0. 81					3. 04	2. 75	2. 43	1. 82	10. 15	8. 30	7. 30	5. 48
13	Bastards.	12 — 9	32 — 24	0. 76	3. »	2. 75	2. 50	2. »	2. 28	2. »	1. 90	1. 52	6. 86	5. 95	5. 72	4. 58
14		11 — 8	30 — 22	0. 62					1. 86	1. 75	1. 55	1. 24	5. 60	5. 25	4. 67	3. 75
15	Puals.	10 — 8	27 — 22	0. 58					1. 60	1. 50	1. 30	1. 01	4. 82	4. 50	3. 92	3. 03
16		9 — 7	24 — 19	0. 44	2. 75	2. 50	2. 25	1. 75	1. 21	1. 25	1. 10	0. 77	3. 55	3. 35	3. 33	2. 33
17		8 — 8	22 — 22	0. 45					1. 20	1. 12	1. 08	0. 70	3. 56	5. 30	3. 25	2. 13
18	Passe gros.	8 — 7	22 — 19	0. 38	2. 50	2. 25	2. »	1. 50	0. 95	0. 85	0. 76	0. 57	2. 87	2. 55	2. 30	1. 73
19		7 — 6	19 — 16	0. 29					0. 72	0. 70	0. 58	0. 43	2. 28	2. 10	1. 75	1. 30
20	Solives.	6 — 6	16 — 16	0. 25					0. 62	0. 55	0. 50	0. 37	1. 88	1. 65	1. 52	0. 81
21	Soliv.ᵃᵐ	6 — 5	16 — 13	0. 21	2. 50	2. 25	2. »	1. 50	0. 52	0. 45	0. 42	0. 31	1. 68	1. 35	1. 28	0. 74
22		5 — 5	13 — 13	0. 18					0. 45	0. 40	0. 36	0. 27	1. 37	1. 20	1. 10	0. 65
23		5 — 4	13 — 11	0. 14	2. 25	2. »	1. 75	1. 25	0. 31	0. 28	0. 25	0. 17	0. 95	0. 90	0. 80	0. 53
24	Passe chevrons	4 — 4	11 — 11	0. 11					0. 25	0. 22	0. 20	0. 14	0. 77	0. 70	0. 64	0. 44
25		4 — 3	11 — 9	0. 09	2. 25	2. »	1. 75	1. 25	0. 20	0. 18	0. 16	0. 11	0. 62	0. 54	0. 50	0. 35
26		3 — 3	9 — 9	0. 06					0. 14	0. 12	0. 11	0. 07	0. 44	0. 40	0. 34	0. 23
27	Chevrons	Diamᵗʳ 6	Diamᵗʳ 16	0. 20					0. 40	0. 35	0. 30	0. 20	1. 23	1. 05	0. 92	0. 62
28		— 5	— 13	0. 14	2. »	1. 75	1. 50	1. »	0. 28	0. 25	0. 25	0. 14	0. 85	0. 75	0. 64	0. 44
29		— 4	— 11	0. 09					0. 18	0. 15	0. 14	0. 09	0. 55	0. 55	0. 44	0. 25
30		— 3	— 9	0. 05					0. 10	0. 08	0. 07	0. 05	0. 33	0. 25	0. 23	0. 18

(*a*) A Toulouse, les prix sont un peu différents : le chêne du Nord, dans les fortes dimensions, vaut par toise cube 1080 fr. (140ᶠ m. c.); celui de dimensions ordinaires, 814 fr. t. c. (110ᶠ m. c.); le chêne des Pyrénées, en fortes dimensions, 666 fr. (90ᶠ m. c.); en moindre, 543 fr. (75ᶠ m. c.); le nerva ou sapin du Nord, en fortes dimensions, 545 fr. (90ᶠ m. c.); en moindres, 518 fr. (70ᶠ m. c.); le sapin des Pyrénées, en fortes dimensions, 518 fr. (70ᶠ m. c.); en moindres, 474 fr. (64ᶠ m. c.). On n'emploie guères d'autres bois.

Cependant, une partie des bois de charpente est convertie en planches, et sous cette forme on en fait un fréquent usage. Il paraîtrait qu'un choix plus rigoureux, que le sciage, qui du reste ne revient au plus qu'à 6 ou 8 centimes le pied quarré, devraient en accroître le prix; mais les frais du sciage se partagent entre les deux parties qui reçoivent le trait de scie et deviennent ainsi presque illusoires. Ensuite on peut employer des billes dont le peu de longueur les rendrait peu propres à être employées en carré. La charpente emploie principalement des bois résineux et des bois blancs, peu de chêne et de bois dur qui servent surtout à la menuiserie, et la valeur des planches est relative à l'essence employée, et dépend surtout de l'épaisseur que reçoivent les planches. Celles-ci se vendent à la mesure quarrée, le sciage compris. Voici les prix les plus ordinaires :

Le pin des *Landes* a de 15 lignes (0,030) à 24 lignes (0,050) d'épaisseur; la largeur des planches est de 6 à 9° (0,22 à 0,24); le pied cube vaut 1 fr. 70 c. (48 fr. m. c.); le pied quarré 0,53 c. (5,50 m. q.) et le pied courant environ 0,20 c. (0,65 c. m.). Le sapin des *Pyrénées* vient de plusieurs lieux; le meilleur est celui de la vallée d'Aure : on le vend communément en *fust* ou *charges*, paquets composés de six planches, il y en a de 8 à 9 lignes d'épaisseur qu'on appelle de *recette*, et de 12 à 15 lignes; elles ont tantôt 7 p. et tantôt 8 p. de longueur, franc de bouts; ainsi le fust représente de 48 à 54 pieds quarrés. Le prix du fust est aujourd'hui de 7 à 8 fr. pour la recette, et de 10 à 12 pour la plus forte épaisseur; ainsi le pied quarré vaut 20 c. (0,14 m. q.). On fait de ce même bois des lattes quarrées de 7 pieds de longueur, du prix de 1 fr. 50 à 5 fr. le fust, ainsi que des voliges pour panneaux, de 6° de largeur, qui reviennent à 30 c. le pied courant (0,46 c. m.). Le pin de *Suède*, de 12 à 15 lignes d'épaisseur, vaut de 19 à 20 c. le pied courant (0,06). Le prix de tous ces bois confondus peut être évalué à 12 c. le pied quarré. Le meilleur bois de ce genre est le bois dit de *Nerva* (b), d'une longueur indéterminée et de diverses épaisseurs, depuis 9 lignes jusques à 4° et de 7 à 10° (0,19 à 0,27) de largeur. Le pied cube, l'un portant l'autre, peut être évalué à 1 fr. 68 c. (48 fr. 80 c. m. c.) et le pied quarré à 14 c. (1 fr. 31 c. m. q.).

Les bois *blancs* peuvent revenir à 2 fr. 50 la toise quarrée (0,65 c. m.) et le pied quarré à 7 c.

Le *chêne choisi* peut valoir 12 fr. la toise quarrée (3 fr. 12 c. le m. q.) et 34 c. le pied quarré. Le *merisier*, 13 fr., ou 13 fr. 30 la toise quarrée (3,53 le m. q.) et 37 c. le pied quarré. Le chêne commun et les bois *durs*, à 10 fr. 80 la toise quarrée (2,80 le m. q.) et 30 c. le pied quarré. Le *frêne* vaut 14 fr. 40 c. la toise quarrée (3,74 le m. q.) et 40 c. le pied quarré. Enfin, le *noyer*, si recherché pour la menuiserie, se paye 16 fr. 50 la toise quarrée (4,15 le m. q.) et 46 c. le pied quarré. C'est d'après tous ces éléments que nous avons dressé la table suivante, où le pied quarré est évalué d'après la nature du bois et d'après son épaisseur, depuis 6 lignes jusques à 48 ou 4 pouces (c).

(GG) Tarif de la valeur des bois de charpente et de menuiserie débités en planches, d'après leur épaisseur en lignes, le pied quarré.

NATURE DES BOIS.	SOLIDITÉ cu			SUPERFICIE en			VALEUR DU PIED QUARRÉ DES PLANCHES D'UNE ÉPAISSEUR EN LIGNES DE													
	Toise cube.	Mètres cubes	Pieds cubes.	Toise quarr.	Mètr. quarr.	Pieds quarr	3 à 6	6 à 9	9 à 12	12 à 15	15 à 18	18 à 21	21 à 24	24 à 27	27 à 30	30 à 33	33 à 36	36 à 39	39 à 42	42 à 45	45 à 48
1 Noyer........	1188′ ″	158′ 47	5′ 50	16′ 50	4′ 15	0′ 46	0′ 12	0′ 23	0′ 35	0′ 46	0′ 58	0′ 70	0′ 81	0′ 92	1′ 04	1′ 15	1′ 27	1′ 48	1′ 60	1′ 72	1′ 84
2 Frêne........	1036 80	138 25	4 76	14 40	3 74	0 40	0 11	0 20	0 30	0 40	0 50	0 60	0 70	0 80	0 90	1 ″	1 10	1 20	1 30	1 45	1 60
3 Merisier.......	957 60	127 75	4 44	13 30	3 53	0 37	0 10	0 19	0 28	0 37	0 46	0 55	0 64	0 74	0 82	0 98	1 06	1 12	1 20	1 30	1 40
4 Chêne de choix..	864 ″	115 24	4 ″	12 ″	3 12	0 34	0 09	0 17	0 26	0 34	0 43	0 51	0 62	0 68	0 78	0 86	0 95	1 02	1 10	1 23	1 30
5 Chêne commun et bois dur..	777 60	103 73	3 60	10 80	2 80	0 30	0 08	0 15	0 22	0 30	0 38	0 46	0 53	0 60	0 68	0 76	0 82	0 90	1 00	1 09	1 20
6 Pin de Nerva.....	362 88	48 80	1 68	5,04	1 31	0 14	0 04	0 07	0 10	0 14	0 17	0 21	0 24	0 28	0 31	0 35	0 38	0 42	0 46	0 51	0 56
7 Sapin commun......	311 04	41 48	1 44	4 32	1 11	0 12	0 03	0 06	0 09	0 12	0 15	0 18	0 21	0 24	0 27	0 30	0 33	0 36	0 39	0 43	0 48
8 Bois blanc.........	181 ″	24 14	0 83	2 50	0 65	0 07	0 02	0 04	0 05	0 07	0 09	0 11	0 12	0 14	0 15	0 17	0 19	0 22	0 24	0 27	0 30

(b) Depuis la guerre de 1853, le prix de ce bois a triplé et quadruplé; mais cette augmentation, fruit de spéculation sur sa rareté, semble devoir n'être que momentanée.

(c) A Toulouse, les planches sont ainsi classées :

```
                                    T. Q.      M. Q.
       Noyer de 3° 9′ d'épaisseur,  57′ ″    (15′  ″ ).
         —   de 3°        —        38′ ″    (10′  ″ ).
         —   de 2° 3′     —        30′ 40   ( 8′  ″ ).
         —   de 1° 6′     —        18′ ″    ( 5′  ″ ).
 Chêne des Pyr. de 3°     —        48′ 60   (12′  ″ ).
         —   de 2° 3′     —        21′ 80   ( 6′  ″ ).
```

```
 Chêne des Pyr. de 1° d'épaisseur,  7′ 60  ( 2′  ″ ).
       Nerva  de 2°        —       15′ 77  ( 4′ 15 ).
         —    de 6′        —       14′ 82  ( 3′ 90 ).
         —    de 4′        —        7′ 60  ( 2′  ″ ).
 Sapin des Pyr. de 1° 6′   —       12′ 93  ( 3′ 40 ).
         —    de 1° 3′     —       11′  ″  ( 2′ 90 ).
         —    de 1′        —        9′ 50  ( 2′ 30 ).
 Chêne du Nord de 3°       —       60′ 80  (16′  ″ ).
         —    de 1° 3′     —       34′ 20  ( 9′  ″ ).
         —    de 1′        —       27′ 35  ( 7′ 25 ).
         —    de 9′        —       24′ 80  ( 6′  ″ ).
```

PART. IV. SECT. VII. *Des Devis, des Marchés et des Evaluations.*

Mais ces planches sont brutes, et pour les employer il faut joindre à leur prix un cinquième de déchet et de perte pour la coupe, le replanissage et l'assemblage (*d*) qui coûte, d'après l'espèce du bois et l'épaisseur de la planche, de 10 à 20 c. le pied quarré; les clous et le cloutage, de 3 à 6 c.; le transport et la pose, de 4 à 6 c. Ainsi, le pied quarré de planches travaillées et posées va de 20 c. à 96 c., d'après la nature du bois et une épaisseur de 6 lignes à 24 lignes, ce qui est à peu près ce qu'on peut faire de plus fort en charpente. La table suivante en présente le détail.

(HH) *Tarif de la valeur du pied quarré de charpente replanie et assemblée.*

	BOIS DE 6 A 9 LIGNES.			BOIS DE 9 A 12 LIGNES.			BOIS DE 12 A 15 LIGNES.			BOIS DE 15 A 18 LIGNES.			BOIS DE 18 A 21 LIGNES.			BOIS DE 21 A 24 LIGNES.		
	Dur.	Résin.	Blanc.	Dur.	Résin.	Blanc.	Dur.	Résin.	Blanc.	Dur.	Résin.	Blanc.	Dur.	Résin.	Blanc.	Dur.	Résin.	Blanc.
Valeur du bois...............	0ᶠ15ᶜ	0ᶠ06ᶜ	0ᶠ04ᶜ	0ᶠ22ᶜ	0ᶠ09ᶜ	0ᶠ05ᶜ	0ᶠ30ᶜ	0ᶠ12ᶜ	0ᶠ07ᶜ	0ᶠ38ᶜ	0ᶠ15ᶜ	0ᶠ09ᶜ	0ᶠ46ᶜ	0ᶠ18ᶜ	0ᶠ11ᶜ	0ᶠ53ᶜ	0ᶠ21ᶜ	0ᶠ12ᶜ
Coupe et déchet 1/5.........	0 03	0 02	0 01	0 05	0 02	0 01	0 06	0 03	0 02	0 08	0 03	0 02	0 09	0 04	0 02	0 11	0 04	0 02
Replanissage et assemblage.	0 10	0 09	0 08	0 12	0 10	0 09	0 14	0 11	0 10	0 16	0 12	0 11	0 18	0 13	0 12	0 20	0 14	0 13
Clous et clouterie...........	0 05	0 04	0 03	0 05	0 04	0 03	0 06	0 05	0 04	0 06	0 05	0 04	0 06	0 05	0 04	0 06	0 05	0 04
Transport et pose............	0 04	0 04	0 04	0 04	0 04	0 04	0 04	0 04	0 04	0 05	0 05	0 05	0 05	0 05	0 05	0 06	0 06	0 06
Valeur du pied quarré......	0 37	0 25	0 20	0 48	0 29	0 22	0 60	0 35	0 27	0 73	0 40	0 31	0 84	0 45	0 34	0 96	0 50	0 37

Lorsque, pour la conservation du bois, on juge à propos de le goudronner, il en coûte, pour une couche, par toise quarrée, 1 fr. 14 c. (0,50 m. q.); pour deux, 2 fr. 28 (0,60 m. q.); pour trois, 3 fr. 80 c. (1 fr. m. q.). On emploie aussi pour cet usage le *bitume d'Orbec*, composé de goudron bouilli pendant quatre heures, où on mêle ensuite le double de craie sèche et bien pulvérisée, que l'on incorpore avec soin, puis autant de sable sec et très-fin. Le tout, suffisamment dissous et mélangé, se passe en couche légère au pinceau sur les bois, et lorsqu'on le passe sur des toits où il pourrait couler, on frotte ce bitume avec du suif et on le saupoudre d'autre craie bien fine.

On peut encore se servir, comme préservatif de l'humidité, de l'*enduit perfectionné de Maison rouge*, employé pour les citernes de maçonnerie, les murs, les planchers, qu'on commence par laver avec de l'huile de lin bouillante à laquelle on ajoute une once de litharge par livre d'huile, et si c'est sur une surface extérieure, on y projette de la craie, de la poudre de brique ou autre poudre coloriée et tamisée. Le dépôt était rue Croix-des-Petits-Champs, n. 32, à Paris. Cet enduit était du prix de 2 fr. 50 c. la livre, ce qui est suffisant pour une toise quarrée.

§ 2. *Planchers.*

(2ᵉ Partie, page 91.)

Les planchers sont composés de poutres et de solives, ou de solives seules. Nous avons dit, dans la seconde partie, page 85, que la force de ces pièces de bois devait être relative à leur portée ou leur longueur, prise soit d'après la largeur de la chambre, soit d'après celle de la travée. Les planchers à poutres sont principalement en usage dans le Midi, parce que les plafonds à l'italienne y sont plus communs, et qu'ils sont plus économiques, quoique les fortes pièces de charpente y deviennent tous les jours plus rares et plus chères: cette sorte de planchers a d'ailleurs plus de force, car le poids étant supporté par des pièces de bois dont les fibres longitudinaux se contrarient, celles-ci offrent naturellement plus de résistance, quoique présentant un moindre volume. Les planchers à solives seules sont plus en usage dans le Nord, où on préfère les plafonds plats comme plus commodes pour la décoration; on peut d'ailleurs, par des étrésillonnements, accroître de beaucoup la force des solives (*e*).

Les planchers sont aussi ou *apparents* ou *hourdés*; dans ces derniers, les solives qui, dans les premiers, sont espacées du double de leur largeur, et souvent de 15 à 18 pouces

---

(*d*) Les assemblages de charpente et de menuiserie sont sans doute la partie de la main-d'œuvre la plus délicate, la plus difficile, la plus méticuleuse et la plus coûteuse. Des praticiens distingués, MM. Maybon et Baptiste, après de nombreux essais, sont parvenus à inventer des machines qui rendent ces opérations plus exactes et plus rapides, et leur ont fait approuver, en 1836, par l'Académie des Sciences de Toulouse. C'est principalement dans la façon des tenons et surtout des mortaises que repose l'efficacité de ces machines, et avec elles le manœuvre le moins intelligent peut faire en quelques minutes le travail que l'ouvrier le plus intelligent ne pourrait faire en une journée. On a vu une mortaise de 15 lignes (0.05) de longueur sur 3 lignes (0.01) de largeur et de 4ᵉ de profondeur (0.11) s'exécuter en 52 secondes; une de 5ᵉ (0.14) de longueur sur 4ᵉ (0.11) de profondeur, en 2 minutes 9 secondes. Les tenons se font à peu près dans le même temps que la mortaise correspondante: ces mortaises ont traversé le bois dans toute son épaisseur, mais cette machine peut laisser au fond du bois une épaisseur aussi faible qu'on veut.

(*e*) Dans les grandes entreprises, le prix des planchers, combles, pans de bois en sapin, assemblé et tout compensé, est évalué par t. c. à 392 fr. (80ᶠ m. c.), pied cube, 16 fr. 41, pied qu. 2 fr. 74.

(0,40 à 0,49), sont rapprochées de 3 à 4 pouces (0,08 à 0,11) seulement, alors ces solives, au lieu de conserver leurs vives arêtes, sont délardées sur leur face supérieure afin d'aider le maintien du hourdis, composé de copeaux, rafles de maïs et autres objets légers, maçonnés à bain de plâtre. Ce plancher hourdé, qui exige un nombre quadruple de solives, ne reçoit point de planches supérieures, mais on peut, sans intermédiaire, le surmonter d'un parquet ou d'un carrelage posé avec plâtre ou mortier de terre. Ce plancher est plus sourd et est, dit-on, moins sujet à être percé par les rats. Le hourdage, exécuté ordinairement par les plâtriers, peut coûter de 12 à 15 fr. la toise quarrée (3,25 m. q.).

Nous avons parlé (2e partie, page 94) de la substitution dans les planchers des briques aux planches.

Dans la table FF, page 295, nous avons indiqué par pied de longueur le cube de chaque pièce de bois d'après sa force et le prix du pied cube; dans la table HH, page 277, la valeur des planches replanies et assemblées d'après leur nature et leur épaisseur; dans celle qui suit (II), nous donnons le cube des poutres et solives nécessaires pour les différents planchers, depuis 2 toises carrées (6 pieds sur 12) jusques à 36 toises quarrées (36 pieds sur 36).

(II) *Toisé du bois des planchers.*

PLANCHERS.		POUTRES ET SOLIVES.				CUBE total.	SOLIVES SEULES.	
		POUTRES.		SOLIVES.				
DIMENSIONS.	SURFACE.	DIMENSIONS.	CUBE.	DIMENSIONS.	CUBE.		DIMENSIONS.	CUBE.
	P. Q.							P. C.
6 pieds sur 12	72	"	"	"	"	"	5 de 13 p. sur 3" et 3"	3.90
9 — 12	108	"	"	"	"	"	6 de 13 p. sur 3" et 4"	7.02
12 — 12	144	"	"	"	"	"	6 de 13 p. sur 4" et 4"	7.58
12 — 15	180	"	"	"	"	"	7 de 16 p. sur 4" et 5"	15.68
12 — 18	216	1 de 13 p. sur 7" et 8"	4.94	7 de 19 p. sur 4" et 3"	4.97	9.91	9 de 13 p. sur 5" et 4"	16.38
15 — 21	315	1 de 16 p. sur 7" et 8"	6.08	11 de 16 p. sur 8" et 7"	21.78	27.86	10 de 16 p. sur 6" et 5"	33.60
15 — 24	360	1 de 16 p. sur 8" et 7"	6.08	10 de 25 p. sur 4" et 3"	22.55	30.83	11 de 16 p. sur 6" et 5"	36.96
18 — 24	432	1 de 19 p. sur 7" et 9"	8.17	11 de 25 p. sur 3" et 4"	24.75	32.92	12 de 19 p. sur 8" et 7"	86.64
21 — 24	504	2 de 22 p. sur 9" et 7"	18.92	11 de 25 p. sur 4" et 3"	24.75	43.07	15 de 22 p. sur 10" et 8"	191.40
24 — 24	576	2 de 25 p. sur 10" et 8"	29.00	11 de 25 p. sur 4" et 3"	24.75	53.75	16 de 25 p. sur 11" et 8"	248 "
24 — 27	648	2 de 25 p. sur 11" et 8"	31.00	12 de 28 p. sur 4" et 3"	30.24	61.24	17 de 25 p. sur 11" et 8"	268.50
24 — 30	720	3 de 25 p. sur 13" et 9"	60.75	13 de 31 p. sur 4" et 3"	36.27	97.02	18 de 31 p. sur 12" et 9"	424.08
27 — 30	810	3 de 28 p. sur 14" et 9"	71.40	13 de 31 p. sur 4" et 3"	36.27	107.67	18 de 31 p. sur 12" et 9"	424.08
30 — 30	900	3 de 31 p. sur 15" et 10"	97.65	13 de 31 p. sur 4" et 3"	36.27	133.92	19 de 31 p. sur 12" et 9"	437.64
30 — 33	990	3 de 31 p. sur 15" et 10"	97.65	14 de 34 p. sur 4" et 4"	52.56	150.21	20 de 31 p. sur 12" et 9"	461.20
30 — 36	1080	3 de 32 p. sur 16" et 10"	106.56	14 de 34 p. sur 5" et 4"	66.64	173.20	22 de 31 p. sur 12" et 9"	508.35
33 — 36	1188	3 de 34 p. sur 16" et 10"	113.22	15 de 37 p. sur 5" et 4"	77.70	190.92	23 de 34 p. sur 13" et 9"	633.42
36 — 36	2376	3 de 38 p. sur 17" et 11"	147.06	15 de 37 p. sur 5" et 5"	87.90	234.96	24 de 37 p. sur 14" et 9"	754.80

D'après ces éléments, nous donnons l'évaluation des diverses constructions d'un plancher de 18 pieds sur 24, formant 12 toises quarrées, d'après les conditions que nous avons indiquées :

(N° 47.) *Plancher de 18 pieds sur 24, en poutres et solives.*

Une poutre de 19 p. sapin 8 p. c. 17, à 2.25	18f 38c
11 solives de 25 p. sapin 24 p. c. 75, à 1.75	43 30
11 chevilles à 12c	1 32
432 p. q. planches de 12 lignes, à 30c	129 60
1100 clous gabarre, à 6c, le 100	6 60
Dressage, 12 t. q. à 50c	6 "
Valeur du plancher	205 20
La toise quarrée	17 10
Le mètre qu.	4 45

(N° 48.) *Le même, hourdé.*

Même poutre	18f 38c
44 solives sapin 138.00, à 1.75	239 55
Dressage, montage et pose, 12 t. q., à 70c	8 40
Plancher	266 33
Toise qu.	22 19
Mètre qu.	5 75

(N° 49.) *Le même plancher recouvert en brique, en longueur.*

Poutre	18f 38c
15 solives 19.35, à 1.75	99 84
12 t. q. briques, 456 briques, à 9c	41 04
12 t. q., main-d'œuvre et plâtre, à 1.50	18 "
Plancher	177 26
Toise qu.	14 77
Mètre qu.	3 85

(N° 50.) *Plancher en solives seules.*

12 solives de 19 p. cubant 86 p. c. 64, à 2ᶠ.	173ᶠ 28ᶜ
Planches et 1200 clous.	136 80
Dressage, montage et pose, 12ᵗ t. q.	6 ″
Plancher.	316 08
Toise qu.	26 34
Mètre qu.	7 67

(N° 51.) *Le même, hourdé.*

48 solives de 19 p. cubant 346 p. c. 56, à 2ᶠ.	693ᶠ 12ᶜ
Dressage, montage et pose, 12ᵗ t. q., à 70.	8 40
Plancher.	701 52
Toise qu.	58 46
Mètre qu.	64 9

(N° 52.) *Le même, recouvert en brique en largeur.*

22 solives cubant 158.84 à 2ᶠ.	317ᶠ 68ᶜ
Brique.	41 04
Main-d'œuvre et plâtre, à 1ᶠ 75 la t. q.	21 ″
Plancher.	379 72
Toise qu.	31 65
Mètre qu.	8 75

La démolition de la charpente en général, avec descente des pièces, peut valoir 1 fr. la t. q. (5 c. m. q.).

§ 3. Comble.

(2ᵉ Partie, page 95.)

Le comble est de tous les ouvrages de charpente celui pour lequel on doit entrer dans le plus de détails, et le plus difficile à traiter d'une manière générale. On n'emploie guère aujourd'hui que le comble droit, incliné au tiers ou au quart dans le Nord de la France ; mais, au Centre ou au Midi, on l'incline au cinquième, et souvent au sixième. Les faîtes et pannes peuvent être soutenues par des fermes de charpente, qui ont l'inconvénient de rendre les galetas incommodes et inhabitables, à cause des travées qui les partagent, et surtout par les entraits qui soutiennent ces fermes ; il est vrai que lorsque les poutres du dernier étage servent d'entrait, on est dispensé de cette pièce de charpente, la plus chère, la plus importante et la plus gênante ; et lorsque, ce qui est mieux pour la solidité du comble, on fait usage d'un faux entrait placé au tiers des arbalétriers, la partie inférieure du comble laisse encore un passage, mais très-incommode. Les fermes sont placées à douze ou quinze pieds de distance l'une de l'autre ; ce qui fait que les combles de 12, de 15 et de 18 pieds de longueur n'en ont pas besoin, qu'il n'en faut qu'une pour ceux de 24 et de 30 pieds, deux pour ceux de 36 et de 42, trois pour ceux de 48, de 54 et de 60, et quatre pour ceux de 66 et de 72 pieds de longueur. Il est plus économique de forcer un peu la dimension des faîtes et pannes en éclaircissant les fermes, car c'est ce qu'il y a de plus délicat à établir, de plus coûteux de main-d'œuvre, et ce qui produit le plus de déchet, de recoupes et de débris. Les entraits qui supportent ces fermes doivent avoir en longueur la largeur du bâtiment, avec 12 ou 24 pouces de prises dans les murs ; par conséquent, de 14 à 50 pieds de longueur, et depuis 6 pouces jusqu'à 15 pouces de hauteur, ou depuis 25 c. jusqu'à 1,05 de pied cube par pied courant ; les faux entraits, depuis 3 jusqu'à 8 pieds de longueur, et depuis 5 pouces jusqu'à 10° de gros, c'est-à-dire, depuis 0,06 jusqu'à 0,58 de pied cube par pied courant ; les arbalétriers, depuis 8 jusqu'à 26 pieds de longueur, et depuis 5 jusqu'à 10 pouces de hauteur, ou de 0,18 à 0,58 de pied cube par pied courant ; les faîtes et pannes, depuis 12 jusqu'à 48 pieds de longueur, et depuis 4 jusqu'à 9 pouces de gros, ou depuis 0,11 jusqu'à 0,44 de pied cube par pied courant. Les poinçons partant du faux entrait ont, depuis 1 pied jusqu'à 3 ou 4 pieds de hauteur ; ils doivent être en chêne exclusivement et avoir de 4 à 8 pouces d'écarrissage ; leur pied courant cube aussi de 0,11 à 0,44 de pied cube. Les chevrons ont, depuis 10 jusqu'à 30 pieds de longueur, et de 3 à 5 pouces de diamètre ; leur pied courant va de 0,05 à 0,14 de pied cube ; on les espaces de 18 à 20 pouces, c'est-à-dire, on en met à peu près quatre par toise de faîte, par conséquent huit, puisqu'on en fait le même nombre de chaque côté. Si au lieu de latte on emploie des plates-bandes, les chevrons ne doivent être espacés que de 14 pouces, de milieu en milieu, c'est-à-dire, à peu près cinq ou dix par toise de faîte. La latte et la clouterie font partie de la couverture, et on compte pour le brandissage des chevrons de 20 à 25 chevilles par cours de panne. Le déchet, la prise ou l'appui et l'assemblage de ces combles, est compris dans cette indication générale ; mais leur transport à l'atelier, leur montage et leur pose doivent être couverts par l'addition d'un dixième de leur valeur ; sinon, la main-d'œuvre ou pose à 1 fr. la toise quarrée de comble. Si ces ouvrages se font par entreprise, la pose des lattes et des tuiles est comprise dans ce dixième, mais en bois neuf seulement ; en bois refaits, on ajoutera un cinquième à la valeur des bois ; et en bois de démolition, sur les lieux, un sixième seulement pour déchet, façon et tous frais.

On supprime quelquefois la latte en rapprochant les chevrons de manière que l'entrevous soit occupé par une tuile creuse placée sur le dos, et qu'une tuile placée sur son creux recouvre le chevron ; mais il faut que ces chevrons soient parfaitement droits, augmenter d'un quart le nombre de ces chevrons et les aligner avec exactitude. Si l'on remplace la latte par de la brique plate-bande, alors on lambrisse et on plafonne sous les combles ; on scelle à plâtre les plates-bandes, et on place au-dessus la tuile creuse à mortier ; on intercepte ainsi le passage à l'air et à la neige.

Dans les bâtiments de 12 à 24 pieds de longueur on peut

supprimer la ferme, et on appuie le faîte et les pannes, alors renforcées, sur le pignon des murs élevés dans l'inclinaison des combles; si la longueur du bâtiment est plus considérable, on peut élever les murs de refend pour soutenir la portée des pièces ; les galetas sont alors parfaitement libres dans l'intervalle de ces murs.

Nous avons, dans le tableau suivant (KK), donné le cube des combles, soit en ferme, soit en pignon.

En combinant ce tableau avec celui qui précède, on arrive aisément à l'évaluation des combles.

(KK) *Tableau du cube des bois des combles, avec fermes et entraits, fermes sans entrait et sur pignons.*

PIÈCES DU COMBLE.	COMBLE EN FERME D'UNE LARGEUR DE BASE ET UNE LONGUEUR DE							COMBLE EN PIGNON D'UNE LARGEUR DE BASE ET D'UNE LONGUEUR DE						
	12 p.	18 p.	24 p.	30 p.	36 p.	42 p.	48 p.	12 p.	18 p.	24 p.	30 p.	36 p.	42 p.	48 p.
Superficie du bâtiment............	T. q. 4	T. q. 9	T. q. 16	T. q. 25	T. q. 36	T. q. 49	T. q. 64	T. q. 4	T. q. 9	T. q. 16	T. q. 25	T. q. 36	T. q. 49	T. q. 64
Idem des deux rampes du comble....	T. p. 5.2	10	17.4	27.2	40	55. 4	69.2	5.1/3	10	17.2/3	27.1/3	40.	55.2/3	69.1/3
1 entrait ou tirant................	P. c. 3.50	P. c. 4.70	P. c. 11. "	P. c. 14.08	P. c. 22.04	P. c. 33.44	P. c. 52.50							
1 faux entrait....................	" 54	" 72	" 72	1.25	2.64	4.06	4.64							
2 arbalétriers....................	2.88	3.96	5.04	17. "	17.60	20.24	30.16							
1 poinçon.......................	" 14	" 20	" 28	" 40	" 48	" 52	" 60							
Contrefiches, esseliers, jambettes confondues........................	1.98	1.98	2.16	9.90	10. "	12.06	12.86	P. c.	P. c.	P. c.	P. c.	P. c.	P. c.	P. c.
1 faîte ou faîtage.................	1.32	2.09	2.64	5.40	6.48	19.36	21.12	3. "	7.92	10.56	13.20	15.84	18.48	21.12
Pannes...........................	2.64	4.18	10.56	21.60	25.92	77.44	126.72	6. "	15.84	42.24	52.80	63.36	73.92	126.72
16 chevrons.....................	6.40	17.28	51.84	82. "	206.36	282.24	376.32	9.60	17.28	51.84	51.84	206.36	282.24	376.52
Cube total de la ferme et du comble.	P. c. 19.40	P. c. 35.11	P. c. 84.24	P. c. 151.63	P. c. 291.52	P. c. 349.36	P. c. 624.92	P. c. 18.60	P. c. 41.04	P. c. 104.64	P. c. 117.84	P. c. 285.56	P. c. 374.64	P. c. 524.16
Cube sans entrait...............	P. c. 15.90	P. c. 30.41	P. c. 73.23	P. c. 137.55	P. c. 269.48	P. c. 315.92	P. c. 572.42	P. c. " . "	P. c. " . "	P. c. " . "	P. o. " . "	P. c. " . "	P. c. " . "	P. c. " . "
Cube par t. q. de base...........	4 87	3.90	5.26	6.06	8.09	7.52	9.76	4.52	4.56	6.54	4.71	7.93	7.64	8.19
Cube par t. q. de comble.........	3.66	3.51	4.86	5.52	7.29	6.27	9.45	3.49	4.10	5.91	4.70	7.14	6.75	7.94
Cube par t. cour. de comble......	9.70	11.70	21.06	30.33	48.58	49.91	88.10	9.30	13.68	26.16	23.57	47.60	53.52	65.52

(N° 53.) *Comble avec une ferme de 24 p. de largeur sur 24 de faîte et d'environ 25 pieds de pente.*

Un entrait de 26 p. de longueur et de 10° sur 8°, à 1.91. 26 26 ⎫
Un faux entrait de 13 p. de long. et de 6° sur 6°, à 37°. 4 81
2 arbalétiers de 18 p. de long. et de 6° sur 6°, à 37°.. 13 32 48' 63°
1 poinçon en chêne de 4 pieds et de 4° sur 4°, à 25°.. 1
Contrefiches, esseliers, jambettes confondus, 2 p. c.
16 à 1.50... 3 24 ⎭

Faîte 26 p. de longueur et de 6° sur 6°, à 37°...... 9 62 ⎫
4 pannes ensemble de 104 p. de long. et de 4° sur 5°, à 17° 17 68
32 chevrons de 4° ensemble 418 p., à 9°........... 37 62 120 59
100 chevilles, à 9°................................ 9
Main-d'œuvre, 17 t. q. 2/3, à 2'.................. 46 67 ⎭

Total................... 169 22
Par toise quarrée de comble........... 3 59
Par mètre quarré................... 0 89

(N° 54.) *Comble en pignon de dimension semblable.*

Faîte, 26 p. de longueur et de 8° sur 8°, à 70°........ 18' 20
Pannes ensemble 104 p. de long. et de 7° sur 6°, à 43°.. 44 72
Chevrons... 37 62
Chevilles.. 9 "
                                                    109 54
Déchet, pose, montage, un dixième...... 10 95 28 61
Main-d'œuvre, 17 t. q. 2/3, à 1'......... 17 66

Total.................. 138 15
Par toise quarrée de comble....... 2 70
Par mètre quarré................. 0 70

(N° 55.) *Comble semblable avec plates-bandes.*

Faîte et pannes................................... 62' 92
40 chevrons ensemble de 520 p., à 9°............... 46 80
Chevilles... 9 "
                                                    118 72
1/10... 11 88
Main-d'œuvre..................................... 17 66

Total.................. 148 26
T. qu. de comble.................. 2 97
M. qu............................. 0 75

§ 4. Etayements, chevalement, échafauds et cintres.

(2ᵉ Partie, page 107.)

Ces différents objets sont de peu d'importance, et sont ordinairement compris dans la main-d'œuvre des murs, des voûtes et de la charpente. Il serait bien difficile d'en apprécier la valeur avec exactitude. On peut cependant supposer que les chevalements exigent, par toise quarrée de mur à soutenir, environ un pied cube de bois; les échafauds et étayements, un demi-pied cube. Les cintres doivent être relatifs à la force des voûtes qu'ils doivent soutenir : ces cintres, les couches, les poteaux et les voliges, pour chaque toise quarrée de voûte, peuvent employer de 6 à 5 pieds cubes de bois (f).

Comme il est très-rare que le bois qu'on emploie soit neuf, et que d'ailleurs, après son usage, on peut encore s'en servir, il est à croire qu'il suffirait de le compter à 25 ou 50 c. le pied cube. Les cintres des voûtes légères en brique, que l'on fait en planches, seraient d'un prix égal à celui des cintres plus forts, pour lesquels on emploie des bois quarrés. Mais ici la main-d'œuvre est ce qu'il y a de plus considérable, et, comme nous venons de le dire, elle est généralement comprise dans celle de l'ouvrage principal.

§ 5. Pans de bois et cloisons de charpente.

(2ᵉ Partie, page 109.)

Depuis le renchérissement successif du bois, on a, peu à peu, plus ou moins renoncé aux pans de bois, et le danger du feu qui les menace ne peut que faire applaudir à leur remplacement par la maçonnerie, surtout dans les lieux où l'on peut construire, en brique crue, les murs de refend; il y a même de l'économie à préférer la maçonnerie. Cependant, il peut être quelquefois utile de se servir des pans de bois pour gagner du terrain : mais il suffit de donner une idée générale de ce genre de construction, et de son évaluation, au moins approximative, d'après ce que nous avons dit précédemment.

Ceux des pans de bois qui doivent remplacer les murs extérieurs, doivent être hourdés plein, c'est-à-dire, que l'intervalle des pièces de bois doit être rempli de briques, de moellons, de plâtras, de terre glaise corroyée ou autres matériaux. Les pieds cormiers ont souvent de 9 à 12° d'écarrissage; les piédroits intermédiaires, ceux qui forment les baies, n'ont guère que 6 pouces dans les murs extérieurs, 4 pouces dans les murs intérieurs ou murs de refend, et trois pouces dans les cloisons de distribution. Dans la toise quarrée des premiers il entre environ 1/3 de bois et 2/3 de maçonnerie de remplissage, toujours faite en plâtre ou en mortier de terre : dans les pans de bois intérieurs on admet 1/4 de bois et 3/4 de remplissage, et dans les cloisons de distribution 1/5 de bois et 4/5 de remplissage. Ainsi, en supposant les premiers de 15° d'épaisseur ou de 18 p. c. pour 6 pieds de hauteur, chaque toise quarrée demandera 6 p. c. de bois et 12 p. c. de maçonnerie supposée de riblons et de mortier de terre; dans les seconds, sur 8 p. c. il y en aura 2 p. de bois et 6 p. de remplissage; et dans les troisièmes, pour 6 p. c. 1/5 p. c. de bois et 4/5 p. c. de remplissage. D'après la table XVI, le pied cube de bois de chêne, de 6°, serait de 2,50; le pied cube de bois de 4° et de 5°, serait de 2 fr. en bois refait; la toise cube de maçonnerie en brique crue, de 41. 46, serait de 19 c. le pied cube, et la toise cube de riblons avec mortier de terre, de 61 fr. 52 c., serait de 30 c. le pied cube. D'après ces données, on aurait les évaluations suivantes :

(N° 56.) *Pan de bois extérieur de 6° d'épaisseur et remplissage de riblons.*

Bois, 6 p. c., à 2.50	15ᶠ „
Riblons à mortier de terre, 12 p. c., à 30ᶜ	3 60
Main-d'œuvre	3 „
Toise q	21 60
Mètre q	5 62

(N° 57.) *Pan de bois intérieur de 6° d'épaisseur avec brique crue de remplissage.*

6 p. c. bois, à 2ᶠ	12ᶠ „
12 p. c. remplissage de brique crue, à 19ᶜ	2 28
Main-d'œuvre	3 „
La toise quarrée	17 28
Mètre qa	4 52

(N° 58.) *Pan de bois intérieur avec remplissage de riblons.*

2 p. c. bois, à 2ᶠ	4ᶠ „
6 p. c., remplissage à 30ᶜ	1 80
Main-d'œuvre	2 „
Toise qu	7 80
Mètre qu	2 02

(N° 59.) *Cloison de distribution avec remplissage de riblons*

1 1/5 p. c. bois, à 2ᶠ	2ᶠ 40
4 4/5, remplissage, à 30ᶜ	1 44
Main-d'œuvre	1 „
Toise qu	4 84
Mètre qu	1 26

On sent bien que le remplissage en brique crue n'est ici que de curiosité, puisque la brique crue ne peut être proposée pour l'extérieur, et que dans les autres sa largeur est

---

(f) Le prix du bois vieux, employé pour échafaud et étayement, brut sans assemblage, est évalué, dans les grandes entreprises, à 22 fr. la toise cube ou 3 fr. le mètre cube.

trop forte ; mais ou voit que le n° 50, comparé aux 18 pieds cubes de la toise de riblons, lui est supérieur de 16,20 ; et le n° 57, comparé aux 18 p. c. de la toise de brique crue, il la surpasse de 18 fr. 18 c.; ce qui confirme ce qui est avancé, que la maçonnerie est moins chère que le pan de bois.

§ 6. *Escaliers de charpente.*

(2e Partie, page 110.)

Les escaliers de charpente sont plus faciles à établir avec solidité que les escaliers en pierre : le bois est plus liant, n'est guère sujet à éclater; il a moins de pesanteur; il est plus facile à consolider avec du fer; sa bascule est moins prononcée ; et quoiqu'il soit par lui-même incontestablement moins résistant et moins durable, comme on ne l'emploie guère qu'à l'intérieur, et qu'il souffre moins des chocs et des dépressions, il dure bien plus longtemps qu'on ne pourrait le penser.

On fait les escaliers de charpente de deux manières ; en marches pleines et massives, et en marches revêtues de pierre, ou carrelées avec du carreau. Dans le premier cas, comme pour les marches de pierre, ce sont des quartiers de bois, ordinairement de chêne, de frêne ou d'un autre bois dur, élégis, profilés, replanis et assemblés tant dans le mur qu'avec le limon. Dans chaque volée, deux ou trois boulons de fer traversent toute la marche, se scellent dans le mur en queue de carpe, et avec le limon, par un écrou dont la tête s'encastre dans ce limon.

On fait aussi ces mêmes escaliers sans limon ; on multiplie les boulons et quelques-uns des appuis ; les colonnettes de la rampe font l'office de boulons : les marches, qui n'en reçoivent point, se relient entre elles au moyen de goujons à écrou : le tout acquiert ainsi une stabilité égale à celle de la pierre; la rampe de tous ces escaliers est exclusivement en fer. Dans les escaliers en bois revêtus de pierre, on fait l'âme des marches en lambourdes, de manière à laisser l'espace nécessaire pour placer un giron et un contre-giron en dalle de pierre d'au moins un pouce d'épaisseur.

Enfin, dans les marches carrelées, le devant de ces marches se compose d'une lambourde de chêne qui forme la hauteur, et une partie du giron ; le reste, hourdé et plafonné en dessous, est recouvert de carreau dressé et taillé. Quelquefois, dans ces escaliers du second ordre, les parties courbes du limon font aussi la hauteur de la rampe, et le reste est en barreaux de fer ou de bois.

Ordinairement, et sauf cette modification, qui consolide beaucoup un escalier de service, la rampe est totalement de fer : dans les escaliers sans limon, chaque marche reçoit deux rosettes de cuivre en dehors de la marche, qui font aussi, comme nous l'avons dit, un effet d'armature, et supportent les colonnettes, lesquelles elles-mêmes forment la rampe.

Il est d'usage de faire toujours en pierre la première et quelquefois la seconde marche qui reçoivent le seuil de l'escalier, et sur laquelle repose le mandrin ou le piédouche qui soutient la rampe.

Pour évaluer l'escalier, on calcule, pour chaque marche, le cube du bois ; pour la main-d'œuvre, le délardement, le débit et le sciage, les surfaces refaites et les moulures ; dans le limon, le bois, le replanissage, les raccordements, les élégissements, les entailles et les moulures. On évalue ainsi le pied courant de chaque marche et celui du limon, et par une simple addition on arrive à connaître la valeur de l'escalier.

Lorsqu'il y a de grands paliers, une marche palière s'évalue de la même manière, ainsi que le plancher qu'elle supporte.

Quand l'escalier est carrelé, on peut aussi joindre à la marche la valeur du carrelage et du plafond qui recouvre le dessous de l'escalier.

Quelquefois, et dans des circonstances particulières, on place le long du limon une bande de fer encastrée dans le bois, elle relie ensemble les différents boulons qui consolident les marches.

On peut ainsi évaluer chaque marche, son bois, son revêtement, son carrelage et son plafond s'il y a lieu, de même chaque pied courant de limon. On calcule le bois des marches avec six pouces d'excédant pour son scellement dans le mur et son assemblage dans le limon.

Ce sont les dimensions de la cage qui déterminent la largeur des marches et conséquemment la lanterne, ou l'espace vide entre les volées, et qui décident la largeur des paliers ou la nécessité de faire des marches tournantes.

Nous indiquons le prix de revient des marches le plus ordinairement employées ainsi que les limons, avec le prix qui en résulte par pied courant de marche et de limon. Lorsqu'il n'y a point de limon, la moulure et la face refaite sur la largeur équivalent à peu de chose près l'assemblage des marches avec les limons. Nous ne nous occupons pas des rampes, non plus que de la surélévation des parties courbes. Les marches palières ne diffèrent des autres que par leur longueur ; ces marches palières sont souvent évaluées à environ 2 fr. 50 c. par pied courant. La plate-bande en fer qui accompagne le limon où elle est entaillée dans son épaisseur et qui est arrêtée par des vis à tête fraisée peut, lorsqu'on l'emploie, être évaluée, par pied ou par marche, à 50 c. ; celle des boulons est fixée d'après leur force, et, en terme moyen, peut être du même prix par pied courant, en y ajoutant un pied de plus que la largeur de la marche, à cause des prises dans le mur et la fixation dans le limon. Lorsque l'on emploie le carrelage, il faut par pied la valeur d'un carreau et un quart ; chaque pied de marche s'évalue à peu près à un pied carré de plafond noyé, y compris la pose du carreau et le hourdis. Avec ces renseignements on peut arri-

PART. IV. SECT. VII. *Des Devis, des Marchés et des Évaluations.* 303

ver à une appréciation seulement approximative de l'escalier, car ce sont ses parties principales, quoiqu'il y ait nécessairement des différences particulières produites par le plan et les formes adoptées.

(N° 60.) *Marche pleine de 5 pieds de longueur.*

3 p. c. bois, à 2.50.	7' 50'
Déchet et coupe, 1/4.	1 87
Surfaces refaites, 7 3/4 p. q., à 15°.	1 25
Sciage, délardement et débit, à 1.50 le p. c.	3 75
Boulon et armature.	1 "
Moulures, 5 p. cour., à 20°.	1 "
Scellement dans le mur.	" 10
Pose, à 5° le p. c.	" 15
Prix de la marche.	16 62
Par pied courant 1/5.	3 32
Mètre courant.	9 88

(N° 61.) *Marche carrelée.*

1 p. c. bois.	2' 50'
Déchet et coupe, 1/4.	" 63
Sciage, délardement et débit.	1 50
Surfaces refaites, 3 3/4 p. q., à 15°.	" 79
Boulons.	1 "
Moulures.	1 "
Scellement.	" 10
Pose.	" 05
	7 57
Un carreau et demi, taille et pose.	" 10
Hourdage et plafond, 1 p. q.	" 33
Prix de la marche.	8 "
Par pied courant.	" 59
Mètre courant.	4 "

(N° 62.) *Limon d'un pied de hauteur sur 6 pieds de longueur.*

6 p. courants madriers de 3 pouces, à 1'.	6 "
Raccordement et assemblage, à 50°.	3 "
Moulures, 6 p. courants, à 20°.	1 20
Mortaise et assemblage de la marche.	" 25
Pose, à 5° le pied courant.	" 30
Valeur de 6 p. cour. de limon.	10 75
Par pied courant.	1 79
Mètre courant.	5 45

(N° 63.) *Marche revêtue en pierre.*

Bois, déchet, coupe.	3' 13'	
Délardement et débit.	1 50	4 78
Scellement et pose.	" 15	
Boulons.	1 "	
Dalle, 8 p., 1/2 courant, à 1'.	8 50	9 50
Pose et scellement.	1 "	
Valeur de la marche.		15 28
Par pied courant.		3 06
Par mètre courant.		9 13

(N° 64.) *Marche palière de 12 pieds de longueur et d'un pied de largeur.*

12 pieds cubes bois, à 2.50.	30' "
Déchet, 1/2 coupe.	7 50
Sciage et débit, à 1'.	12 "
Surfaces refaites, 24 p. q., à 15°.	3 60
Moulures, 24 pieds courants, à 20°.	4 80
Scellement dans les murs.	" 20
Mortaise et assemblage de 4 solives, à 20°.	" 80
Prix de la marche.	58 90
Par pied courant.	4 90
Mètre courant.	15 05

Ce sont encore les charpentiers qui font les escaliers droits et rustiques, que l'on appelle communément *échelles de meunier*, qu'on établit pour monter dans les granges, les fenils et les greniers des bâtiments d'exploitation. Ce sont deux madriers de deux pouces d'épaisseur, arrêtés dans une position inclinée et qui ont des marches plates, faites avec des bouts de planches, posés de niveau sans contre-giron. Ces échelles sont ordinairement de 18 à 20 pouces de largeur; elles peuvent coûter, tout compris, les marches et les deux limons, de 1 fr. 50 à 2 fr. la marche, d'après la qualité du bois qu'on emploie.

§ 7. *Portes et contrevents en charpente.*

(2° Partie , page 113.)

Les portes et contrevents de charpente, construits comme l'indique l'art. 7 de la 2° partie, page 115, trouvent dans le tarif HH, page 297, la valeur du bois travaillé (*g*).

Les portes à deux vantaux sont ferrées de quatre pentures, qui valent 1 fr. 40 ou 4 fr. 40; de 12 broches, à 25 c. ou 3 fr.; d'une serrure, 3 fr. 50 c., avec sa gâche à pointes; d'un loquet à pouce, 1 fr.; il exige 4 gonds, à 20 c. ou 80 c.; le battant dormant est consolidé au moyen d'un arc-boutant ou fort crochet qui tient à la baie par une gâche à anneau, et à la porte par un œil à bois, et dont le prix moyen est de 2 fr.; un verrou, de 1 fr. 50, les consolide; et toute cette ferrure peut être évaluée à 15 fr. 70 c.

La ferrure des portes à un vantail se compose de deux pentures, 2 fr. 20; de six broches, 1 fr. 50; d'un loquet, 1 fr.; d'un verrou avec piton et gâche, 1 fr.; d'une serrure et sa gâche, 3 fr. 50; il lui faut deux gonds, 40 c.; en tout, 9 fr. 60 c.

La ferrure d'un contrevent à deux vantaux se compose seulement de quatre pentures, 4 fr. 40; de huit broches, 2 fr., ou 6 fr. 40; mais il faut y joindre une espagnolette, qui vaut 1 fr. par pied, plus un pied pour la poignée; ainsi, si le contrevent avait 12 pieds de hauteur, elle vau-

---

(*g*) Les portes en planches entières, en nerva, dressé, rainé, assemblé à tenon et mortaise ou emboîté, valent, à Toulouse, 47.50 la t. q. (12.50 m. q.); pour le second parement, on ajoutera 1' au prix de la t. q. et 30° à celui du m. q.

drait 15 fr.; de huit pieds, 9 fr.; de sept pieds, 8 fr.; de six pieds, 7 fr.; de cinq pieds, 6 fr.; ce qui porterait la ferrure des premiers à 19 fr. 40; celle des seconds, à 15 fr. 40; celle des troisièmes, à 14 fr. 40; celle des quatrièmes, à 13 fr. 40; celle des cinquièmes, à 12 fr. 40.

Au dessous de ces dimensions, les contrevents sont, au lieu d'espagnolette, arrêtés par deux crochets, d'une valeur de 1 fr., ce qui porte leur ferrure à 7 fr. 40; s'ils sont à deux vantaux, et à 5 fr. 20 s'ils sont à un vantail.

Ce sont aussi les charpentiers qui font les portes charretières; lorsqu'elles sont grandes, elles sont en bois de sapin, de deux pouces d'épaisseur, avant d'être travaillé; de huit à neuf pieds de largeur et de huit à neuf de hauteur. On en double souvent la partie inférieure à trois pieds de hauteur.

Quelquefois même, dans les campagnes, ils exécutent assez bien les portes cochères, quoique ce soit particulièrement l'ouvrage des menuisiers; ces portes ont communément huit pieds de largeur sur douze de hauteur, y compris imposte ou dormant circulaire et doublure du bas en fer; les bois ont la même force que pour les portes charretières et ce second parement est blanchi.

La ferrure des portes charretières tournant sur équerres doubles et crapaudines avec des barres de fer diagonales d'un pouce de largeur sur deux lignes d'épaisseur, est de deux forts verrous verticaux et d'une targette ou verrou horizontal, d'une serrure à pompe et à bouton, d'un marteau et son clou, et de cinquante clous à vis.

Celle des portes cochères, suspendues aussi par des crapaudines, a sur le bas une doublure de tôle de trente pouces de haut, une espagnolette avec verrous haut et bas, un verrou horizontal, cinquante pitons à vis et une sonnette d'appel garnie de ses mouvements, de ses ressorts et coulisseaux.

Avec tous ces éléments nous établirons le détail des portes et des contrevents des dimensions les plus ordinaires.

(N° 65.) *Porte pleine en chêne de 12 à 15 lignes de 4 pieds sur 8, à deux vantaux* (32 p. q. d'ouverture).

32 p. q., à 64°..............................	20' 48°
1/3 pour écharpes et traverses...................	6 85
Ferrure......................................	15 70
	43 01
Pied qu................	1 40
Mètre qu................	13 10

(N° 66.) *La même, en bois dur.*

32 p. q., à 60°..............................	19' 20°
1/3..	6 40
Ferrure......................................	15 70
	41 30
Pied qu................	1 29
Mètre qu................	11 70

(N° 67.) *Porte pleine en chêne de 2 p. sur 5 1/2 à un vantail* (11 p. q.).

12 p. q. 1/2, à 64°..............................	8' "
1/3..	2 67
Ferrure......................................	9 60
	20 27
Pied qu................	1 85
Mètre qu................	18 25

(N° 68.) *La même, en bois dur.*

12 p. q. 1/2, à 60°..............................	7' 50°
1/3..	2 50
Ferrure......................................	9 60
	19 60
Pied qu................	1 56
Mètre qu................	14 55

(N° 69.) *Porte pleine en chêne de 3 sur 6, à deux vantaux* (18 p. q.)

18 p. q., à 64°..............................	11' 62°
1/3..	3 87
Ferrure......................................	15 70
	31 19
Pied qu................	1 73
Mètre qu................	16 35

(N° 70.) *La même, en bois dur.*

18 p. q., à 60°..............................	10' 80°
1/3..	3 60
Ferrure......................................	15 60
	30 "
Pied qu................	0 94
Mètre qu................	8 96

(N° 71.) *Porte pleine en sapin de 4 sur 8, à deux vantaux* (32 p. q.)

32 p. q., à 35°..............................	11' 20°
1/3..	3 73
Ferrure......................................	15 70
	30 63
Pied qu................	0 78
Mètre qu................	7 32

(N° 72.) *Porte pleine en sapin de 3 sur 6, à un vantail* (18 p. q.).

18 p. q., à 35°..............................	6' 30°
1/3..	2 10
Ferrure......................................	9 60
	18 "
Pied qu................	1 "
Mètre qu................	9 36

PART. IV. SECT. VII. *Des Devis, des Marchés et des Évaluations.* 305

(N° 73.) *Porte en sapin de 2 1/2 sur 5, à un vantail* (12 1/2 p. q.).

12 p. q. 1/2, à 35°...........................	4' 38°
1/3..	1 46
Ferrure.......................................	9 60
	15 44
Pied qu..................	1 23
Mètre qu................	11 70

(N° 74.) *Contrevent en sapin de 15 lignes et de 6 pieds sur 12, deux vantaux* (72 p. q.).

72 p. q., à 35°...............................	25' 20°
1/3..	8 40
Ferrure.......................................	19 40
	53 00
Pied qu..................	0 74
Mètre qu................	7 02

(N° 75.) *Le même de 4 sur 8, 2 vantaux* (32 p. q.).

32 p. q., à 35°...............................	11' 20°
1/3..	3 73
Ferrure.......................................	15 40
	30 33
Pied qu..................	0 95
Mètre qu................	8 89

(N° 76.) *Contrevent id. de 3 1/2 sur 7, deux vantaux* (24 p. q. 1/2).

25 p. q., à 35°...............................	8' 75°
1/3..	2 92
Ferrure.......................................	14 40
	26 07
Pied qu..................	1 06
Mètre qu................	9 85

(N° 77.) *Le même de 3 sur 6, deux vantaux* (18 p. q.).

18 p. q., à 35°...............................	6' 30°
1/3..	2 10
Ferrure.......................................	13 40
	21 80
Pied qu..................	1 21
Mètre qu................	11 26

(N° 78.) *Le même de 2 1/2 à 5, deux vantaux* (12 1/2 p. q.).

12 p. q. 1/2, à 35°...........................	4' 38°
1/3..	1 46
Ferrure.......................................	12 40
	18 24
Pied qu..................	1 45
Mètre qu................	13 57

(N° 79.) *Contrevent de 2 p. 1/2, à un vantail* (12 1/2 p. q.).

12 p. q. 1/2, à 35°...........................	4' 38°
1/3..	1 46
Ferrure.......................................	5 20
	11 04
Pied qu..................	0 89
Mètre qu................	8 42

(N° 80.) *Le même de 2 p. sur 4, un vantail* (8 p. q.).

8 p. q., à 35°................................	2' 80°
1/3..	0 93
Ferrure.......................................	5 20
	8 93
Pied qu..................	1 11
Mètre qu................	10 30

(N° 81.) *Porte charretière en sapin de 8 pieds sur 9 avec doublure* (72 p. q.).

Bois....	{ 75 p. q. bois de 2° d'épaisseur, 2° parement blanchi, à 61°.............................	45 75	} 63' 05
	doublure en chêne de 3 p. de hauteur, de 18° de longueur 27 p. q., à 64°...........,	17 28	
Ferrure.	2 équerres doubles avec crapaudine garnie de pivots et colliers pesant 9 l., à 46°, 4.14, les deux..................	8 28	} 60 43
	2 équerres doubles en T de 18°, à 1' 70, les deux.........................	3 40	
	2 barres diagonales en fer d'un pouce sur 2 lignes d'épaisseur, 20 pieds à 90°.......	18 »	
	2 forts verrous verticaux de 30°, à 4'......	8 »	
	1 serrure à pompe, bouton en coulisse....	9 50	
	1 forte targette à platine renforcée........	3 »	
	50 clous à vis, à 15°.....................	7 50	
	1 marteau à console et clou..............	2 75	
		125 46	
Pied qu. d'ouverture...,..........		1 72	
Mètre qu.		17 20	

(N° 82.) *Porte cochère en sapin de 8 pieds sur 12 avec imposte circulaire, 2° parement blanchi* (96 p. q.).

Bois....	{ porte 75 p. q. bois de 2° d'épaisseur, à 61°..	45 75	} 72' 15
	imposte 48 p. q. bois de 18 lignes, à 55°....	26 40	
Ferrure.	2 équerres doubles avec crapaudine garnie pesant 10 l., à 45°, 4' 50, les deux......	9 »	} 99 85
	2 équerres doubles en T de 21°, à 2'......	4 »	
	doublure en tôle douce, 60 l., à 30°......	18 »	
	espagnolette en crémone, verrous haut et bas...................................	18 »	
	verrou en targette, forte platine.........	10 »	
	50 pitons à vis, à 25°....................	12 50	
	sonnette d'appel, mouvement, ressorts, coulisseaux.............................	28 35	
		172 »	
Pied qu. d'ouverture..................		1 80	
Mètre qu...........................		17 50	

39

ARTICLE 3.
Couverture.

(2ᵉ Partie, 3ᵉ Sect., page 115.)

Nous avons dit que la manière la plus ordinaire dans ces contrées était de faire les toits assez plats pour pouvoir couvrir les combles avec des tuiles creuses ou à canal, posées en recouvrement l'une sur l'autre, sur un lattis en voliges ou planches légères. Pour les combles en pavillon, comme ils sont plus aigus, ils se recouvrent avec des tuiles plates ou à crochet, fixées sur des lattes quarrées.

Les lattes pour la tuile à canal sont débitées en paquets, fusts ou charges de six planches, chacune de 8 pieds (1,60) de longueur sur 6 à 7° (0,16 à 0,19) de largeur. Chacune de ces planches a 4 1/2 pieds quarrés (0,47 m. q.), et les 6 planches ou le fust 27 p. q. (2,85 m. q.); et puisque en les plaçant il faut laisser entre elles un vide d'environ un pouce, le fust pourra couvrir à peu près 36 p. q. (3,80 m. q.) ou environ une toise quarrée. Si l'on emploie, ce qui est mieux, et même le plus ordinaire, des planches de 9° (0,24) de largeur, on doit compter cette largeur pour 10° (0,27); la planche couvrira 6 2/3 p. q., et le fust environ 40 p. q. (4,22) ou 1 1/9 la toise quarrée. Ainsi, on pourra supposer que la toise quarrée exigera environ 2/3 de fust en lattes, et comme le prix de cette latte va de 2 fr. 75 c. à 3 fr., on calculera sur 2 fr. par t. q. (0,52 m. q.).

Les chevrons étant ordinairement espacés de 20 pouces (0,54), de milieu en milieu, chacune de ces planches en couvrira quatre et exigera 8 clous dits de *passe-marche*; le fust 48 et la toise 52, qui, à 6 c., font, par toise quarrée, 1,92 (0,48 par m. q.).

La tuile à canal, rendue sur l'atelier, vaut 70 fr. le millier ou 7 c. : il vaut mieux, pour alléger le poids de la couverture, n'en mettre, par toise quarrée, qu'un cent au plus, ou 7 fr. (1,75 m. q.).

La chanlatte se fait en bois de nerva scié en biseau; il coûte 30 c. le pied courant, et 6 c. de sciage; donc, 36 c. le pied ou 2 f. 16 c. la toise courante (1,08).

Les faîtes, noues et arêtiers se recouvrent avec de grandes tuiles dites *faîtières* ou *gruyers*, dont chacune vaut 30 c., en laissant un pureau d'un pied, valent 1,80 (0,90) la toise courante (a).

(a) En ville, le prix courant de la couverture en tuiles à canal avec latte neuve est de 8 fr. 93 t. q. (2 fr. 35 m. q.); la même tuile, remaniée avec moitié de latte neuve, 4 fr. 90 t. q. (0 fr. 50 m. q.); la fourniture des faîtières scellées vaut 2 fr. 80 la toise courante (1 fr. 40 m.); la toise courante de chéneaux en zinc, de 12° de développement avec ses crochets en fer, est de 3 fr. 13 (2 fr. 70 m.); s'ils ne sont que de 9°, 3 fr. 80 (2 fr.); celle de tôle galvanisée, de 12° de développement et armée, est de 5 fr. 20 (2 fr. 75), et en tuyaux de 3 à 4° de diamètre, 6 fr. 20 (3 fr. 25); les chéneaux en fer-blanc et leurs crochets valent 4 fr. 70 la toise courante (2 fr. 50 m.); s'ils sont en tuyaux de 3 à 4° de diamètre, 5 fr. (2 fr. 50); une mitre façonnée et posée, 1 fr. 70.

Le mortier pour les solins, ruellées, arêtiers, tranchis et faîtières peut être évalué à 3 c. la toise courante; enfin, la main-d'œuvre du couvreur, y compris la pose de ces divers mortiers, va de 50 à 60 fr. la toise quarrée (12 à 15 c. m. q.).

Quelquefois, au lieu de lattes en planches, on emploie des tuiles plate-bandes; il en faudra environ 40 par toise quarrée, à 4 c. ou 1 fr. 60; pour plâtre et pose, 40 c.; en tout, 2 fr., en supprimant les 1 fr. 92 c. des clous. Ainsi, le comble et la couverture ainsi disposés, pourront valoir 18 fr. 64 c. la toise quarrée (4 fr. 42 c. m. q.),

On reçoit l'égout des chanées et des stillicides dans des conduits ou chéneaux en zinc, tôle, bois, fer-blanc, etc. Voici les détails :

(Nº 83.) *Couverture en tuiles creuses.*

Latte.............................	2ᶠ ″
Clous.............................	1 92
Tuile.............................	7 ″
Main-d'œuvre.....................	″ 60
Toise qu....................	11 52
Mètre qu....................	3 ″

(Nº 84.) *Couverture en platebande.*

2 chevrons de plus par pente.........	3ᶠ ″
Platebandes.........................	1 60
Plâtre et posé.......................	″ 40
Tuile...............................	7 ″
Mortier.............................	″ 50
Main-d'œuvre.......................	1 ″
Toise qu....................	13 50
Mètre qu....................	3 50

(Nº 85.) *Bordures et stillicides.*

Chanlatte.........................	″ 39
Tuile.............................	1 80
Mortier...........................	″ 03
Toise courante............	2 22
Mètre courant............	1 12

La latte pour les combles en pavillon se fait avec du bois dur, même avec du bois de nerva, dont le prix est de 30 c. par pied courant de planches d'un pouce d'épaisseur et d'un pied de largeur : comme chaque largeur donne trois lames, celles-ci reviennent à 10 c., et 6 c. de sciage, ou 16 c. par pied, et 96 c. par toise courante; il en faut 18 par toise quarrée, ou 17 fr. 28 c. (2 fr. 50 c. m. q.). Souvent, indépendamment du crochet de la tuile, on assujettit chacune d'elles par deux clous, et chaque lame par 8 clous sur les chevrons ou empanons; ce qui exige pour chaque toise quarrée 524 clous, à 6 c. 31 fr. 44 c. (7,86 m. q.) : la tuile à crochet peut revenir à 90 fr. le millier à pied d'œuvre, ou 9 c. par tuile; il en faut 90 par toise quarrée, ou 48 par mètre quarré, c'est-à-dire, 10 fr. 80 c. t. q. (2,70 m. q.); les chanlattes se font aussi en bois de nerva scié en biseau, et vaut 36 c. le pied, ou 2 fr. 16 c. la toise courante (54 c. m. cour.): la tuile faîtière, les solins, les ruellées et les scellements s'évaluent comme dans la couverture précédente (*b*), suit le détail ;

(N° 86.) *Couverture en tuiles à crochet.*

Latte.............................	17ᶠ 28ᶜ
Clous.............................	31 44
Tuile.............................	10 80
Main-d'œuvre...................	1 "
Toise qu...................	60 52
Mètre qu...................	15 13

(N° 87.) *Bordures et stillicides.*

Chanlatte.........................	2ᶠ 26ᶜ
Faîtières.........................	1 80
Mortier...........................	0 03
Toise courante...............	4 09
Mètre courant...............	2 05

Une couverture, introduite depuis peu d'années, très-légère et très-facile à poser et à lever, est celle en *zinc cannelé*. Les feuilles ont environ 13 p. (2 m. 25) de longueur, sur 10 à 11° (0,50) de largeur; elles sont du n° 14, et ont près d'une ligne (0,003) d'épaisseur; le poids de la feuille est de 26 à 27 livres (13 kil. 40), et celui nécessaire pour la toise quarrée est de 16 livres 6 onces (7 kil. 40); le prix du quintal, pris à Paris (dans la manufacture dirigée par M. de Sinçay, rue Richer, n° 19), est de 160 fr., ou 1 fr. 60 la livre. Enfin, cette couverture, mise en place et mesurée sans développement, est d'une valeur moyenne de 39 fr. 25 c. la toise quarrée (8 fr. m. q.).

En supprimant les lattes et les chevrons, on place les feuilles, attachées chacune par six clous, sur des pannes qui peuvent suffire, de 3 à 4° (0,08), ou 5° (0,12) sur une distance de 13 p. ½ (4,50), de manière que le recouvrement des feuilles soit d'environ 2° (0,05). Si l'on remplace la charpente en bois par une charpente en fer, on peut à la fois en diminuer le poids et le prix.

On peut même remplacer, avec une charpente légère, les feuilles de zinc par du *carton bitumé*, qui ne revient par toise quarrée qu'à 2 fr. 25 c. (0,60 m. q.), bitumé d'un côté, et 3 fr. la t. q. (0,75 c. m. q.), bitumé de deux côtés. Ce procédé, et d'autres que nous indiquons, sont dus à M. Pyrat, qui l'a présenté à l'Exposition universelle de 1856, et dont le dépôt est à Paris, boulevard des Italiens, n° 4.

Il est rare dans nos campagnes d'employer la couverture en ardoise et en tôle galvanisée (*c*).

ARTICLE 4.

Menuiserie.

(2ᵉ Partie, 4ᵉ Sect., page 121.)

L'évaluation des ouvrages de menuiserie se fait en prenant d'abord la valeur du pied quarré du bois débité en planches, telle que nous l'avons présentée dans le tarif GG, page 296; en second lieu, le déchet produit par la coupe et l'assemblage, compté ordinairement au cinquième de la valeur du bois; enfin, pour les bâtis, le débit et l'assemblage, et le travail des moulures; enfin, tant pour les bâtis que pour les panneaux, le replanissage, les rainures et les languettes. On cherche à régulariser et à fixer le prix de ces ouvrages au pied quarré, d'après les diverses considérations particulières.

On voit que les bâtis ou encadrements de la menuiserie d'assemblage, et les panneaux ou le remplissage de ces bâtis reçoivent un prix différent, et demandent un détail particulier pour la main-d'œuvre; et il est important de connaître leur rapport. Dans un grand ouvrage de menuiserie, on les calcule à part, d'après le dessin; mais, communément, l'expérience a prouvé que, dans les lambris de hauteur à grands panneaux et les portes à un vantail, la superficie des bâtis est égale à celle des panneaux; on met dans la même catégorie les parquets de glace et les dosserets d'armoire. Dans les lambris d'appui et les portes à deux vantaux, la menuiserie des bâtis est le double de celle des panneaux, et on peut appliquer ce rapport aux portes cochères, auxquelles il est mieux cependant d'appliquer un détail particulier; enfin, dans les volets brisés, les embrasements, les pilastres, et autres petits ouvrages, la superficie du bâtis est le triple de celle des panneaux. Les cadres de chambranles, les châssis, les plinthes et les cymaises s'évaluent à part et au prix courant, si on ne leur applique pas la valeur des bâtis.

Mais la menuiserie peut aussi être placée de trois manières; elle peut être apparente d'un seul côté, être brute de l'autre, avoir le second parement blanchi, ou avoir ce second parement aussi apparent; ces trois situations exigent plus de travail et demandent une ou deux augmentations sur la première. Le tarif suivant indique le prix du travail des bâtis ou panneaux, d'après la nature du bois employé, à un parement, à second parement blanchi, et à double parement, évalué au pied et au mètre quarré.

(*b*) A la ville, le prix courant de la couverture en tuile plate sur lattis neuf est de 14 fr. la t. q. (3 fr. 70 m. q.); romanisée sur vieux lattis, de 2 fr. 28 (0 fr. 60 m. q.). La toise linéaire de filets, solins, ruellées, arêtiers, noues, faîtages tranchés, mortier et façon compris, coûte 80 c. (0 fr. 40 m.).

(*c*) En ville, le prix courant de l'ardoise sur postilles neuves est de 14 fr. 20 la t. q. (4 fr. m. q.); celui de l'ardoise, remaniée sur moitié de postille neuve, est de 12 fr. 92 t. q. (3 fr. 40 m. q.); la découverte en ardoise, 95 c. t. q. (25 c. m. q.). La toise linéaire de filets, solins, ruellées, arêtiers, noues, faîtages, tranchis, mortier et façon compris, coûte 80 c. la t. q. (40 c. m. q.). Les tuyaux de zinc pour couverture valent, suivant la force du zinc et celle des pannes, de 21 fr. à 36 fr. la toise quarrée, ou de 5 fr. 50 à 9 fr. 50 le mètre quarré.

(LL) *Tarif du pied et du mètre quarrés de menuiserie.*

	SAPIN ET BOIS BLANC.							BOIS DUR.								CHÊNE.						
	PANNEAUX			BATIS				PANNEAUX			BATIS					PANNEAUX		BATIS				
	de 6 à 8	de 8 à 10	de 10 à 12	de 10 à 12	de 12 à 15	de 15 à 18	de 20 à 24	de 8 à 9	de 10 à 12	de 12 à 15	de 10 à 12	de 12 à 15	de 15 à 18	de 20 à 24	de 30 à 36	de 40 à 48	de 8 à 9	de 10 à 12	de 12 à 15	de 15 à 18	de 20 à 24	de 36 lig.	de 48 lig.
Valeur du bois....	0'15	0'18	0'20	0'20	0'25	0'30	0'35	0'20	0'22	0'25	0'22	0'30	0'35	0'40	0'60	0'75	0'30	0'35	0'40	0'50	0'60	0'85	1'00
1/5 de déchet......	0 03	0 04	0 04	0 04	0 05	0 06	0 07	0 04	0 04	0 05	0 04	0 06	0 07	0 08	0 12	0 15	0 06	0 07	0 08	0 10	0 12	0 17	0 20
Débris et assemblage.	»	»	»	0 25	0 25	0 25	0 27	»	»	»	0 25	0 27	0 27	0 30	0 50	0 35	»	»	0 30	0 30	0 33	0 33	0 35
Replanissage, rainures et languettes...	0 10	0 10	0 10	0 10	0 10	0 10	0 12	0 10	0 10	0 10	0 10	0 10	0 12	0 12	0 15	0 15	0 12	0 12	0 15	0 15	0 18	0 18	0 20
Moulures..........	»	»	»	0 10	0 10	0 10	0 10	»	»	»	0 10	0 12	0 12	0 12	0 12	0 12	»	»	0 15	0 15	0 15	0 15	0 15
A un parement.....	0 28	0 32	0 34	0 69	0 75	0 81	0 91	0 34	0 36	0 40	0 36	0 85	0 93	1 02	1 29	1 50	0 48	0 54	1 08	1 20	1 38	1 68	1 90
Mètre quarré....	2 65	3 03	3 22	6 54	7 11	7 69	8 83	3 24	3 48	3 79	3 48	8 06	8 82	9 67	12 23	14 20	4 55	5 12	10 24	11 38	13 08	15 93	18 01
Blanchi au 2e parem.	0 38	0 42	0 44	0 79	0 85	0 91	1 01	0 44	0 46	0 50	0 46	0 95	1 05	1 12	1 40	1 60	0 60	0 65	1 20	1 32	1 50	1 80	2 02
Mètre quarré....	3 60	3 98	4 17	6 59	8 06	8 63	9 57	4 17	4 26	4 74	4 26	9 01	9 75	10 62	13 27	15 17	5 69	6 26	11 38	12 49	14 21	17 06	19 15
A double parement..	0 48	0 52	0 54	0 89	0 95	1 01	1 11	0 54	0 56	0 60	0 56	1 05	1 14	1 22	1 50	1 70	0 72	0 78	1 32	1 44	1 62	1 92	2 14
Mètre quarré....	4 55	4 93	5 12	8 44	9 01	9 57	10 52	5 12	5 31	5 69	5 31	9 95	10 81	11 57	14 21	15 22	5 92	6 49	12 49	13 65	15 36	18 18	20 29

Cependant il peut être utile à un propriétaire de se former une idée générale de ce que pourra lui coûter un ouvrage de menuiserie, sans entrer dans tous ces détails. C'est pour cela que nous présentons le tableau suivant (MM) du prix du pied et du mètre quarré de menuiserie, confondant les bâtis et panneaux dans la proportion de deux à un.

(MM) *Tarif du pied et du mètre quarrés de menuiserie, bâtis et panneaux confondus.*

		SAPIN et BOIS BLANC.		BOIS DUR.		CHÊNE.		
		petite force.	moy. force.	petite force.	moy. force.	gr⁴⁰ force.	moy. force.	gr⁴⁰ force.
A un parement...	P. q.	0'53	0'61	0'76	0'80	0'91	1'10	1'33
	M. q.	5 22	5 79	7 22	7 60	8 64	10 40	14 63
A 2e parement blanchi....	P. q.	0 65	0 71	0 80	0 90	1 01	1 22	1 67
	M. q.	6 17	6 74	7 60	8 60	9 59	11 58	15 05
A double parement......	P. q.	0 75	0 81	0 87	0 94	1 11	1 36	1 72
	M. q.	7 12	7 69	8 26	8 93	10 54	12 90	16 34

Nous nous sommes bornés à la distinction du sapin ou bois blanc, des bois durs, et du chêne, et nous avons distingué trois forces d'après l'épaisseur des bois employés. La grande force a ses panneaux de 12 à 15 lignes (0,027 à 0,034) d'épaisseur, et ses bâtis de 24 à 48 lignes (0,054 à 0,108); la moyenne force a ses panneaux de 9 à 12 lignes (0,021 à 0,027) d'épaisseur, et ses bâtis de 18 à 24 lignes (0,040 à 0,054); enfin, la petite force a ses panneaux de 8 à 10 lignes (0,018 à 0,020) d'épaisseur, et ses bâtis de 12 à 18 lignes (0,027 à 0,040).

Dans les ouvrages extérieurs, et qui exigent beaucoup de solidité, on fait les bâtis en chêne et les panneaux du même bois, ou quelquefois en bois dur; dans les principaux appartements on fait les bâtis en bois dur, et quelquefois en nerva, et les panneaux en sapin; dans les constructions secondaires, on fait toute la menuiserie, bâtis et panneaux en sapin ou bois blanc. Les croisées et persiennes se font presque toujours en chêne; quelquefois, mais toujours à tort, et en certains lieux seulement, en bois dur ou résineux, principalement en nerva (*a*).

—

(*a*) Dans les villes, il y a des différences, soit dans les forces supposées, soit dans la nature de l'assortiment des bois, et par conséquent dans les prix. Ainsi, lorsque les bâtis de 18 lignes d'épaisseur et les panneaux de 12 lignes sont en sapin, la grande force vaut 73 c. le pied quarré (6 fr. 90 le m. q.); la moyenne force, 61 c. (5 fr. 90); la petite force, 55 c. (5 fr. 25). Lorsque les bâtis sont en chêne de 18 lignes et les panneaux de sapin de 9 lignes, la grande force vaut 81 c. (7 fr. 70); la moyenne force, 65 c. (6 fr. 95); la petite force, 60 c. (5 fr. 75); et lorsque les bâtis sont en chêne de 18 lignes et les panneaux en

Les ouvrages de menuiserie, comme nous l'avons déjà dit, sont ou dormants ou mobiles ; nous parlerons aussi de quelques ouvrages de détail particulier et des réparations de la menuiserie.

§ 1ᵉʳ. *Menuiserie dormante.*

(2ᵉ Partie, page 221.)

La menuiserie dormante, comprise aussi sous le nom général de lambris, comprend celle qui est attachée à demeure, savoir : les lambris proprement dits, soit de hauteur, soit d'appui seulement ; les plinthes et les cymaises qui en font partie, mais qui forment un membre à part, lorsque les enduits en plâtre remplacent les lambris de menuiserie, ou qu'on les réunit dans le bas des murs pour donner plus de hauteur à la tenture, en la garantissant de l'attouchement des meubles, et du rejaillissement des arrosages ; les embrasements lorsqu'on revêt de menuiserie les faces intérieures des ouvertures ; les planchers et parquets ; les tablettes de bibliothèques, dont nous avons parlé dans la troisième partie, page 188 ; les escaliers de menuiserie.

I. *Lambris de hauteur et d'appui, et embrasements.*

Le détail de ces ouvrages (*b*) étant très-méticuleux, nous croyons agréable de les présenter réunis dans leur évaluation : nous les supposons composés, comme il est ordinaire, en sapin ou bois blanc, tant en bâtis qu'en panneaux, qui, d'après le tarif précédent, vaut, en petite force, 55 c. le pied quarré. Le lambris de hauteur vaut, la toise quarrée, 19 fr. 80 c., et 5 fr. 14 c. le mètre quarré. Le lambris d'appui, d'environ 30 pouces de hauteur, vaut 8 fr. 50 c. la toise quarrée, et 2 fr. 14 c. le mètre quarré. Les plinthes et cimaises réunies valent de 50 c. à 2 fr. la toise courante, et de 25 c. à 1 fr. le mètre courant, suivant leur force, leur qualité et leur hauteur.

Les embrasements sont supposés, pour la baie d'une porte, de 8 pieds de hauteur sur 4 de largeur, et leur surface serait de 52 pieds (4,221); mais cette surface est relative à l'épaisseur des murs que l'on doit revêtir. Si ce mur est de 30 pouces (0,812) d'épaisseur, la superficie de cet embrasement est de 80 p. q. (8,422 m. q.), il vaut 44 fr., et relativement à l'ouverture, le pied quarré 1 fr. 37 c., le mètre carré 13 fr. 10 c. ; si le mur a 24 pouces (0,65) d'épaisseur, le développement est de 64 p. q. (6,754 m. q.), l'embrasement vaut 35 fr. 20, le p. q. 1 fr. 10, le m. q. 10 fr. 25 ; si le mur a 20 pouces (0,54) d'épaisseur, le développement est de 53 p. q. (5,592), l'embrasement vaut 29 fr. 15 c., le p. q. d'ouverture 0,91, le m. q. 8 fr. 42 ; si le mur a 18 pouces d'épaisseur, le développement a 48 p. q. (5,063 m. q.), l'embrasement vaut 26 fr. 40 c., le p. q. d'ouverture 0 fr. 83 c., le m. q. 7 fr. 95 ; si le mur a 15 pouces (0,41) d'épaisseur, le développement est de 40 p. q. (4,221 m. q.), l'embrasement vaut 22 fr., le p. q. d'ouverture 0 fr. 66 c., le m. q. 6 fr. 12 ; si le mur a 12 pouces (0,32) d'épaisseur, le développement a 32 p. q. (4,221 m. q.), l'embrasement vaut 17 fr. 60, le p. q. d'ouverture 0,55 c., et le m. q. 5 fr. 15 c. ; enfin, si le mur n'a que 10 pouces (0,27) d'épaisseur, le développement est de 27 p. q. (2,840 m. q.), l'embrasement vaut 14 fr. 85, le p. q. d'ouverture 0 fr. 47 c., et le m. q. 4 fr. 24 c. Les cas les plus fréquents sont ainsi précisés.

II. *Planchers de menuiserie.*

(2ᵉ Partie, page 122.)

Les planchers d'ais, qui quelquefois sont faits par les charpentiers, ainsi que nous l'avons dit dans la seconde partie, page 122, sont destinés à remplacer les carrelages tant au rez-de-chaussée que sur les planchers de charpente. On peut y employer toutes sortes de planches, pourvu qu'elles aient depuis 12 à 15 lignes jusques à 18, 20 ou 24, c'est-à-dire deux pouces d'épaisseur, représentant net de dix à vingt-deux lignes (0,27 à 0,60). Mais ces planches, au rez-de-chaussée, doivent reposer sur un grillage de lambourdes ou pièces quarrées ; ces lambourdes, ordinairement en chêne, préservent les planches de l'humidité qui les détruirait dans un temps plus ou moins long. Pour se garantir sur ce point, on place les lambourdes sur de petits murs de 5 pouces de largeur sur 6 pouces d'épaisseur, c'est-à-dire de trois rangs de violettes, ou mieux sur un carrelage brut à mortier de chaux ; quelquefois même on place ce carrelage sur le soutrait de pierraille, décrit plus loin à l'art. 7, ce qui revient au même, à peu de chose près.

Ces lambourdes sont des pièces quarrées de chêne de 5 à 4° (0,94) de gros, qui valent 20 c. le pied courant (62 c. le mètre). Il faut en placer un rang le long du pourtour de la pièce, une et quelquefois plusieurs traverses, s'il est nécessaire, et on met ces lambourdes à environ 3 pieds l'une de l'autre ; sur ce bâtis on établit le plancher en assemblant les planches à rainures et languettes, et on les fixe avec des broches ou des pointes cachées dans les assemblages. Ces planches elles-mêmes, si on les plaçait dans toute leur largeur, seraient susceptibles de se voiler ou se cofiner, et pour y obvier, on les divise en lames de 4° (0,11) de largeur ; la rainure et l'assemblage emportant environ 4 lignes (0,009) ce qui réduirait cette largeur à 3° 8′ (0,099).

Pour rendre plus sensibles les détails de cette construction, nous supposerons ici qu'elle s'applique à une pièce quarrée

---

chêne de 12 lignes, la grande force, 94 c. (8 fr. 90) ; la moyenne, 81 c. (7 fr. 70); la petite, 73 c. (6 fr. 90). Les lambris et portes à panneaux déchevillés, rechevillés et reposés, valent de 6 à 10 fr la t. q. (1 fr. 50 à 2 fr. 60 le m. q.).

(*b*) C'est surtout pour abréger le travail et en économiser le prix qu'une association d'ouvriers, dirigée par MM. Baptiste et Maybon (*voyez* note *d*, pag. 297), s'est réunie pour accélérer dans une fabrique spéciale près du Moulin du Château, et que M. Pardieu, ébéniste, a établi un atelier près du chemin du Busca, à Toulouse.

de 24 pieds ou 4 toises (7,80) sur 18 ou 3 toises (3,85), c'est-à-dire de 12 toises quarrées (45,58 m. q.). Le lambourdage sera composé d'un pourtour de 84 pieds (27 m. 29), d'une traverse de 18 pieds (5,85), de sept cours de 24 pieds (7,80), ou de 168 pieds (47,47); en tout 270 pieds (87 m. 71). Toutes ces pièces seront assemblées à mi-bois et chevillées s'il est nécessaire. Les 270 pieds, à 20 c., vaudront 54 fr., la main-d'œuvre, à 10 c., 27 fr.; ainsi la valeur du lambourdage sera de 81 fr., ou 6 fr. 75 c. la toise quarrée (1,75 m. q.). La solidité que nous cherchons avant tout nous paraît exiger cette dépense préparatoire. Quelquefois, pour rendre le plancher plus sourd, dans une chambre à coucher principalement, on remplit de sable sec et battu l'entrevous ou le vide que les lambourdes laissent entre elles.

Quant au plancher lui-même, poursuivant notre supposition d'une pièce de 18 pieds sur 24, et admettant qu'on veuille employer des planches de sapin ou de pin de choix d'un pied de largeur sur 8 pieds de longueur, la planche offrira 8 pieds quarrés; en la divisant en trois lames chacune de 3 pieds 1/2 de largeur, les 96 p. q. que présente cette planche n'en offriraient que 84 p. q., et se réduiront par conséquent de 12 p. q. ou d'un huitième; il faudra donc augmenter d'un huitième le prix de la planche, ou réduire la surface qu'elle doit couvrir. Si donc le fust, charge, ou paquet de six planches coûte 12 fr., fait sa surface primitive de 48 p. q., ou 4 c. le p. q., sa surface réduite à 42 p. q., le p. q. ne vaut plus que 3 c. 1/2, ou diminue d'un huitième ainsi qu'il a été dit; ainsi la toise quarrée ou 36 p. q. (3,80) vaut 1 fr. 20 c., et les 12 toises quarrées de l'appartement pris pour exemple, 432 p. q, et 15 fr. 36 c. (environ 54 c. le m. q.). La main d'œuvre sera composée du débit et de l'assemblage à 25 c. le pied quarré, pour la toise 9 fr., pour les 12 toises 108 fr.; le replanissage, rainures et languettes à 10 c., pour la toise 3 fr. 60, pour les 12 toises 43 fr. 20; en tout, 12 fr. 60 par toise (3,26 m. q.), et 151 fr. 20 c. pour les 12 toises quarrées (39,57).

On consolide quelquefois encore ce plancher en assemblant le bout des planches dans une petite frise ou liteau de chêne, de deux à trois pouces de largeur, et de l'épaisseur de la planche; alors on augmente la superficie du bois de deux pouces quarrés par planche, ou d'environ un centime par pied quarré, ou 36 c. par toise quarrée (c).

Lorsque le plancher se place sur un étage supérieur, on peut se passer de lambourdes; on cloue ce plancher sur les solives préalablement raccordées dans un parfait niveau;

(c) Dans ces sortes de planchers, dits par quelques-uns *parquets à l'anglaise*, ces sortes de frises ou de lambourdes de 30 lignes (0.08) de large sur un pouce d'épaisseur, peuvent valoir, la toise quarrée, 2 fr. 70 (m. q. 0,90), et celles de 4 à 5 lignes de large, sur la même épaisseur, 0 fr. 23 (m q. 0,06). Ce genre de parquet à l'anglaise ou de frise de la même épaisseur, en nervu dressé, rainé, assemblé, emboîté, vaut en totalité 19 fr. 84 la t. q. (3 fr. 30 m. q.).

---

alors on ajoute à la main-d'œuvre du plancher 50 centimes par toise quarrée.

(N° 88.) *Plancher d'ais sur lambourdes pour une pièce de 3 toises sur 4 (12 t. q.).*

Soutrait en pierraille et sable..........	24ᶠ ″	57 84
Carrelage brut à mortier de chaux.....	33 84	
Lambourdage, 270 p. à 20ᶜ.............	54 ″	81 ″
Main-d'œuvre........................	27 ″	
Bois du plancher............... 15 36	17 52	249 72
1/8ᵉ de déchet................ 2 16		
Débit et assemblage.......... 108 ″	151 20	168 72
Replanissage, rainures, languettes.................... 43 20		
		307 56
Toise qu............		25 63
Mètre qu............		6 66

(N° 89.) *Même plancher sur plancher de charpente.*

Raccordement et nivellement des solives.....	6ᶠ ″
Plancher ci-dessus.........................	168 72
	174 72
Toise qu..............	14 56
Mètre qu..............	3 84

Si l'on se dispensait, par l'extrême sécheresse du sol, du soutrait et du carrelage, le prix du n° 88 serait réduit à 249 fr. 72 c., et la toise quarrée à 20 fr. 81 c. (5,41 m. q.)

III. *Parquets.*

Lorsque les planches qui recouvrent l'aire, au lieu d'être placées sur toute leur longueur, sont divisées de manière à présenter des distances moins éloignées, et un assemblage plus solide, elles prennent alors le nom de *parquet*, celui surtout dit de frise ou parquet sans fin, indiqué dans la section 4 de la seconde partie de cet ouvrage, page 122. Ce que nous venons de dire du plancher d'ais doit, en grande partie, s'appliquer à cette dernière construction; et nous appliquerons ce dernier système à une pièce semblable de 18 pieds sur 24, ou 12 toises quarrées. Cependant les planches ou lames de ce parquet n'ayant qu'environ 18 à 20 pouces (0,49 à 0,54) de longueur, et 3 pouces (0,88) de largeur, le lambourdage du plancher précédent ne peut suffire à celui-ci. Le pourtour est toujours de 84 pieds, mais il faudra deux traverses ou 36 pieds, et seize cours de 18 pieds chacun, ou 288 pieds, en tout 508 pieds de longueur, puisque ces lames seront placées à 18 pouces l'une de l'autre. Ces lames présentant chacune une surface de 54 pouces quarrés ou trois huitièmes de pied quarré, il faudra 96 de ces lames, puisque la pièce à parqueter a une surface de 5184 pouces quarrés, ou 432 pieds quarrés.

Les bois qu'on emploie pour ces parquets sont en bois indigènes, de 12 à 15 lignes d'épaisseur; en chêne de choix, bois très-dur et le plus solide, mais ayant peu d'éclat; en

PART. IV. SECT. VII. *Des Devis, des Marchés et des Évaluations.* 311

merisier très-veiné ; en frêne, peut être le meilleur parce qu'il joint à la dureté du chêne des veines nombreuses et une couleur claire ; en noyer le plus roncé, celui qui se tourmente le moins de tous ; enfin, on en fait aussi en pin de nerva, auquel on passera une couleur artificielle, tandis qu'il suffira pour les autres de les imprégner d'une lessive alcaline de potasse pour en faire ressortir les ronces, les veines ou les accidents. Le prix du pied quarré de ces bois est, pour le noyer, de 46 c. ; pour le frêne, de 40 c. ; pour le merisier, de 37 c. ; pour le chêne, de 34 c. ; pour le nerva, de 14 c. Mais comme le déchet produit par les coupes et les rebuts est plus considérable, on peut le supposer à un quart au lieu d'un cinquième, assez généralement adopté ; alors le noyer sera de 58 c., la toise quarrée 20 fr. 88 c. (5,53 m. q.) ; le frêne de 50 c., la toise quarrée 18 fr. (4,68 m. q.) ; le merisier de 47 c., toise quarrée 16 92 (1,33 m. q.) ; le chêne de 43 c., toise quarrée 15 fr. 48 (4,03 m. q.) ; le nerva de 17 c., toise quarrée 6 fr. 12 (1,59 m, q.). Le bois de ce parquet coûtera en noyer, 250 fr. 56 c. ; en frêne, 216 fr. ; en merisier, 205 fr. 04 c. ; en chêne, 185 fr. 76 c. ; en nerva, 73 fr. 44 c. Par conséquent, chaque lame en noyer vaudra 2 fr. 61 c. ; en frêne, 2 fr. 27 c. ; en merisier, 2 fr. 12 c. ; en chêne 1 fr. 90 c. ; en nerva, 0 fr. 77 c. Les 308 pieds quarrés de lambourdage, à 20 c., valent 61 fr. 60, ou pour les 12 toises quarrées, 5 fr. 14 c. la toise quarrée ; 1 fr. 50 c. le mètre quarré (d).

Si l'on veut employer le soutrait en pierraille et le carrelage brut, il n'y a sous ce rapport aucune différence avec l'exemple précédent, ce sera à ajouter 57 fr. 84 c. la toise quarrée, 4 fr. 82 c. le mètre quarré.

(N° 90.) *Évaluation des cinq natures de parquets de frise au rez-de-chaussée.*

	En noyer.	En frêne.	En merisier.	En chêne.	En nerva.
Soutrait et carrelage.	4ʳ 82ᶜ	4ʳ 82ᶜ	4ʳ 82ᶜ	4ʳ 82ᶜ	4ʳ 82ᶜ
Lambourdage.	5 14	5 14	5 14	5 14	5 14
Bois et main-d'œuvre	20 88	18 "	16 92	15 48	6 12
La toise quarrée.	30 84	27 96	26 88	25 44	16 08
Le mètre quarré.	8 26	7 42	7 07	6 77	4 33

Si le parquet est sur un plancher, on ne comptera que le bois et la main-d'œuvre avec 6 fr. par toise quarrée, ou 1 fr. 50 c. par mètre quarré, comme au n° 89 ci-dessus.

(d) En ville, les parquets de 12 à 15 lignes d'épaisseur, s'ils sont à l'anglaise, refaits à neuf et replanis, valent 11 fr. 50 la toise quarrée (3 fr. m. q.) ; s'ils sont en feuilles, 18 fr. la t. q. (4 fr. 75 m. q.), y compris la pose des lambourdes et la fourniture des clous et pointes. Les parquets neufs avec frise d'un pouce d'épaisseur, valent en sapin 17 fr. 48 la t. q. (4.60 m. q.); en chêne, 22 fr. 80 (6 fr. m. q.); en noyer, 25 fr. 84 (6.80 m. q.). Ceux en point de Hongrie ou en feuilles à panneaux en bois de chêne, bâtis de 15 lignes, panneaux de 12 lignes, 42 fr. 56 la t. q. (11.20 m. q.), mais non compris les lambourdes.

IV. *Escaliers de menuiserie.*

(2ᵉ Partie, page 123.)

Dans les escaliers de dégagement qu'exécutent les menuisiers, les marches sont composées de deux planches, dont l'une à plat, d'environ douze pouces de largeur, forme le giron ; l'autre, réduite de largeur, forme le hauteur de la marche ou le contre-giron. Une planche sciée en échelons, ou crémaillère, selon le plan, forme le limon, et sur ses entailles se clouent le giron et le contre-giron ; une autre planche, sciée sur le même modèle, forme le faux limon et est assujettie au mur. Plus de détails seraient superflus, et le tableau suivant met sous les yeux du lecteur l'évaluation des diverses parties de cette construction légère.

(NN) *Évaluation des marches et limons de menuiserie.*

	BOIS et déchet.	SCIAGE, débit et replanissage.	SURFACES refaites.	POSE et clouetage.	TOTAL.	Mètre courant
Marches en planches de sapin de choix de longueur, pied courant..	0ʳ 45	0ʳ 10	0ʳ 25	0ʳ 15	0ʳ 90	1ʳ 37
Limon en madrier de sapin, le pied courant...............	0 65	0 10	0 15	0 15	1 05	1 98
Faux limon, le pied courant...............	0 45	0 05	0 10	0 10	0 70	1 37
Valeur approximative du limon par marche..	0 83	0 13	0 19	0 19	1 33	" "
Valeur approximative du faux limon par marche...........	0 56	0 07	0 13	0 12	0 88	" "

On fait faire aussi par les menuisiers des escaliers *ronds* qui s'appuient sur un noyau ou cylindre, et dont les marches sont courbes ou cintrées, d'autres fois ils s'appuient en spirale sur un petit limon. Ces escaliers, extrêmement légers, de bois, et dont l'armature en fer, forme presque toute la charpente, peuvent se construire dans un appartement pour monter à l'étage supérieur seulement ; on peut même les établir sur roulettes afin de pouvoir les déplacer. On doit choisir un fer liant et un bois bien sec et de fibres serrées pour pouvoir l'obtenir solide et léger. On peut faire les rampes en fer ou en bois, mais toujours avec peu de matière. Ces escaliers n'ont ordinairement que l'emmarchement de l'échelle de meûnier, et on se contente, à son arrivée à l'étage supérieur auquel ils aboutissent, de percer une lunette pour les recevoir, ce qui dispense d'une cage, et les rendent praticables dans quelque lieu que ce soit, au centre comme sur le fond de la pièce. Ces escaliers peuvent être considérés aussi bien comme un meuble que comme une construction architecturale. On les construit avec avantage tout en fer.

§ 2. Menuiserie mobile.

(2e Partie, page 224.)

La menuiserie mobile comprend les portes d'assemblage, les croisées et portes-croisées, les volets intérieurs et les persiennes.

I. Portes d'assemblage.

Les portes de menuiserie se composent de bâtis et de panneaux ; elles sont à un ou deux vantaux ; dans les premières les vantaux ont une surface égale à celle des panneaux ; dans les secondes, les bâtis sont le double des panneaux : les portes *bâtardes* ou portes d'entrée pour les gens de pied sont portées sur des gonds et sont ordinairement du ressort des charpentiers ; les portes d'appartement ou *à placard* sont attachées à un chambranle fixé au mur par des boulons arrêtés eux-mêmes par des contre-chambranles, les uns et les autres composés de deux hauteurs et d'une largeur de la baie, et à un seul parement, tandis que la porte elle-même est à deux parements ; les portes masquées ou arasées n'ont que des cadres unis et à un seul parement blanchi ainsi que les portes d'entrée ; enfin, les menuisiers font aussi, et mieux que les charpentiers, les *portes cochères* (e).

Les portes d'entrée se font en chêne ou bois dur, bâtis et panneaux, ainsi que les portes cochères ; les grandes portes à placard ont leur bâtis en bois dur ou sapin de 15 lignes, et leurs panneaux en sapin ou bois blanc de 8 lignes, et leurs chambranles de 4° de largeur ; les moyennes peuvent être tout en sapin de 12 et de 8 lignes, et leurs chambranles de 3° de largeur ; les petites, tout en sapin de 12 et de 8 lignes, ont leurs chambranles de 30 lignes de largeur ; les portes arasées ont leurs bâtis de 9 à 10 lignes, leurs panneaux de 6 lignes, et leurs cadres de 18 à 24 lignes.

Ainsi, pour évaluer ces ouvrages, on prendra la surface de la baie et on la divisera en bâtis et panneaux dans les proportions que nous venons d'indiquer. On leur donnera le prix porté dans le tarif LL ci-dessus, on y ajoutera celui du double chambranle, et enfin celui de la ferrure, ainsi composée :

1° Portes à deux vantaux : quatre boulons pour assujettir les chambranles, terme moyen à 1 fr. 50, 6 fr. ; charnières en cuivre, trois à chaque vantail, 2 fr. 40 ; double verrou à bascule, poignée tournante, 12 fr. ; une serrure avec bec de cane, à bascule et verrou en cuivre, 8 fr. ; ferrure entière, 28 fr. 40. On peut les ferrer, au second degré, de cette manière : quatre boulons, 5 fr. ; six fiches, 2 fr. 40 ; une serrure, 5 fr. 50 ; deux verrous à ressort, 2 fr. 50 ; deux targettes, 1 fr. 50 ; un loquet à olive, 2 fr. 50 ; total, 16 fr. 90. On emploie ainsi des verrous qui agissent ensemble, haut et bas, au moyen d'une crémone en cuivre comme des espagnolettes.

2° Portes à un vantail : quatre boulons, 6 fr. ; une serrure à bascule, 5 fr. 50 ; une targette, 1 fr. 10 ; trois fiches, 1 fr. 80 ; un loquet à olive, 2 fr. 50 ; en tout 16 fr. 90. Plus économiquement, quatre boulons, 5 fr. ; une serrure, 3 fr. 50 ; un loquet à olive, 2 fr. ; trois fiches, 1 fr. 50 ; une targette, 50 c. ; total, 12 fr. 50.

3° Porte arasée : Quatre boulons, 5 fr. ; un bec de cane en cuivre à verrou, 3 fr. 50 ; trois couplets, 3 fr. 30 ; en tout, 11 fr. 80. Plus économiquement, quatre boulons, 4 fr. ; un loquet à pouce, 75 c. ; une targette, 60 c. ; deux couplets, 1 fr. ; total, 6 fr. 35.

Comme on estime ces portes à la pièce, ainsi que nous venons de l'indiquer, on peut aisément se fixer d'après les exigences locales ; nous essayerons d'en donner une idée par les exemples suivants, pris dans les conditions les plus ordinaires : nous y joindrons les exemples d'une porte d'entrée et d'une porte cochère avec les détails soit de la menuiserie, soit de la forme qui leur est propre.

(N° 91.) *Porte à placard de 4 p. sur 8 (32 p. q.) à deux vantaux, double chambranle de 4°, deux parements.*

Bâtis, 21 p. q. bois dur de 15' à 1' 05°........	22' 05	
Panneaux sapin, de 9' 11 p. q., à 52°........	5 72	42 05
Chambranle sapin, de 4°, à 1' 02°............	14 28	
Ferrure.....................	28 40	
Valeur de la porte............	70 45	
Par p. q. de baie.............	2 22	
Par m. q. de baie.............	21 10	

(N° 92.) *Porte semblable, mais tout sapin.*

Bâtis, 21 p. q., à 95°....................	19' 95	
Panneaux, 11 p. q., à 52°................	5 72	39 95
Chambranle, 14 p. q., à 1' 02°............	14 28	
Ferrure.....................	16 90	
Valeur de la porte............	56 85	
Par p. q. de baie.............	1 78	
Par m. q. de baie.............	18 05	

(N° 93.) *Porte de 3 1/2 sur 7 (24 p. q.) deux vantaux.*

Bâtis, 16 p. q., à 95°....................	15' 25	
Panneaux, 8 p. q., à 48°.................	3 84	30 25
Chambranle, 12 p. q., à 95°..............	11 16	
Ferrure.....................	16 90	
Valeur de la porte............	47 15	
Par p. q. de baie.............	1 96	
Par m. q. de baie.............	18 65	

(e) En ville, les portes dont le bâti est en chêne, d'un pouce (0.027) d'épaisseur et les panneaux de sapin de 6 lignes (0.013) d'épaisseur, valent 22 fr. 60 la t. q. (3.95 m. q.) ; les mêmes portes, bâtis de 15 lignes (0.34), panneaux de 9 lignes (0.020), 26 fr. 41 la t. q. (6.93 m. q.).

Lorsque des portes semblables sont tout sapin, les premières sont évaluées 21 fr. 38 t. q. (5.60 m. q.), et les secondes 26 fr. 22 t. q. (6.90 m. q.).

PART. IV. SECT. VII. *Des Devis, des Marchés et des Évaluations.* 313

(N° 94.) *Porte de 3 p. sur 6 (18 p. q.) un vantail.*

Bâtis, 12 p. q., à 95°........................	11ʳ 40	
Panneaux, 6 p. q., à 48°.....................	2 88	23 58
Chambranle, 10 p. q., à 93°.................	9 30	
Ferrure....................	16 90	
Valeur de la porte...........	40 48	
Par p. q. de baie............	2 14	
Par m. q. de baie...........	20 30	

(N° 95.) *Porte de 2 ½ sur 6 (15 p. q.) un vantail.*

Bâtis, 10 p. q., à 89°........................	8ʳ 90	
Panneaux, 5 p. q., à 48°.....................	2 40	17 "
Chambranle de 3°, 7 p. q. ½, à 81°.........	5 70	
Ferrure....................	12 50	
Valeur de la porte...........	29 50	
Par p. q. de baie............	1 97	
Par m. q. de baie............	17 64	

(N° 96.) *Porte de 2 p. sur 6 (12 p. q.) un vantail.*

Bâtis, 8 p. q., à 89°........................	7ʳ 12	
Panneaux, 4 p. q., à 48°.....................	1 92	14 81
Chambranle, 7 p. q., à 81°..................	5 77	
Ferrure....................	12 50	
Valeur de la porte...........	27 31	
Par p. q. de baie............	2 27	
Par m. q. de baie............	20 35	

(N° 97.) *Porte arasée de 2 p. sur 6 (12 p. q.), une face moulée, double cadre de 2°.*

Bâtis, 8 p. q., à 79°........................	6 32	
Panneaux, 4 p. q., à 58°.....................	1 42	11 49
Cadre, 5 p. q., à 75°........................	3 75	
Ferrure....................	11 80	
Valeur de la porte...........	25 29	
Par p. q. de baie............	1 94	
Par m. q. de baie............	18 43	

(N° 98.) *La même, cadre blanchi des deux côtés.*

Bâtis, 8 p. q., à 69°........................	5ʳ 52	
Panneaux, 4 p. q., à 38°.....................	1 42	8 54
Cadre, 5 p. q., à 32°........................	1 60	
Ferrure....................	6 35	
Valeur de la porte...........	14 89	
Par p. q. de baie............	1 25	
Par m. q. de baie............	11 87	

(N° 99.) *Porte d'entrée de 6 p. sur 8, en chêne et bois dur, de 24 à 28ʳ d'épaisseur, imposte de 2 p. de hauteur, deux vantaux, second parement blanchi, gonds et feuillures.*

Imposte de 2 p., ferrée, à 4ʳ le pied...........	8ᶜ "	
Bâtis, 32 p. q., chêne, à 1ʳ 50ᶜ..................	48 "	64 "
1 panneau, 16 p. q., bois dur, à 50ᶜ...........	8 "	
4 gonds à repos, à 95ᶜ..........................	3 80	
4 pentures et équerres doubles, à 2ʳ...........	8 "	
30 broches ou clous à écrou, à 6ᶜ..............	1 80	
2 verrous, à 1ʳ 50ᶜ...............................	3 "	32 60
1 loquet à pouce..................................	1 50	
1 crochet arc-boutant...........................	1 50	
1 serrure de sûreté et gâche...................	10 "	
Heurtoir et son clou ou sonnette...............	3 "	
Valeur de la porte...........	96 60	
Par p. q. de baie............	2 01	
Par m. q. de baie............	19 10	

(N° 100.) *Porte cochère en chêne de 24 et de 12ʳ d'épaisseur, 8 pieds de largeur sur 12 hauteur avec imposte de circulaire de 4 pieds de hauteur, blanchi au second parement (96 p. q.).*

Porte....	{ Bâtis de 24 lignes, 28 p. q., à 1ʳ 50ᶜ. 42 "	65 76	
	{ Panneaux de 12 lignes, 36 p. q., à 66ᶜ 23 76		92 06
Imposte.	{ Bâtis, 12 ¼ p. q., à 1ʳ 50ᶜ........ 18 38	26 30	
	{ Panneaux, 12 p. q., à 66ᶜ........ 7 92		
Ferrure..	⎧ 2 équerres doubl. avec crapaud, 20 l., à 60ᶜ 12 "		
	⎪ 2 équerres doubl. en T, de 24 l., à 2ʳ 15ᶜ.. 4 30		
	⎪ doublure, 100 l. tôle douce, à 30ᶜ....... 30 "		
	⎨ espagnolette, crémone, etc............. 20 "		117 15
	⎪ targette très-renforcée à platine........ 10 "		
	⎪ 50 pitons à vis, à 25ᶜ................... 12 50		
	⎩ sonnette d'appel, garnie............... 28 35		
	Transport et pose, 96 p. q., à 10ᶜ......	9 60	
		218 81	
	Pied qu. d'ouverture..........	2 28	
	Mètre qu....................	20 52	

(N° 101.) *Porte cochère, bois semblable, à linteau de 8 pieds sur 15, imposte de 5 pieds (120 p. q.) d'ouverture.*

Porte....	{ Bâtis, 40 p. q., à 1ʳ 50ᶜ...... 60 "	96 96	
	{ Panneaux, 56 p. q., à 66ᶜ..... 36 96		124 56
Imposte.	{ Bâtis, 14 p. q., à 1ʳ 50ᶜ....... 21 "	27 60	
	{ Panneaux, 10 p. q., à 66ᶜ...... 6 60		
Ferrure..	⎧ doublure en tôle douce............. 30 "		
	⎪ 2 équerres et crapaudine, 24 l., à 60ᶜ 14 40		
	⎪ 2 équerres en T, renforcées........ 5 "		
	⎨ espagnolette garnie............... 24 "		126 75
	⎪ targette renforcée................ 10 "		
	⎪ 60 pitons à vis, à 25ᶜ............. 15 "		
	⎩ sonnette garnie................... 28 35		
		251 31	
	Transport et pose, 120 p. q., à 10ᶜ.....	12 "	
		263 31	
	Pied qu. d'ouverture..........	2 19	
	Mètre qu....................	20 90	

40

Le terme moyen du pied quarré de baie des portes à deux vantaux est de 1.99 (m. q. 18° 90); celui des portes à un vantail, 1.90 (m. q. 18 fr.).

II. Croisées et portes-croisées.

(2ᵉ Partie, page 126.)

Les croisées ou fermetures intérieures des fenêtres peuvent se faire avec toutes sortes de bois, pourvu qu'il soit sec, sain, exempt de malandres et de nœuds vicieux; mais le plus communément on emploie le chêne, surtout dans un climat aussi variable que le nôtre, car, malgré le choix le plus attentif, et pour peu qu'il y reste d'aubier, il se gâte et il se déjette si l'on n'a pas toujours le soin de fermer exactement les châssis. Lorsque les ouvertures sont cintrées, on place ordinairement une imposte qui termine la partie verticale, et souvent, dans les lieux sujets à des vents violents, on en met aussi dans les baies quarrées, d'environ un quart de leur hauteur lorsqu'elles sont plus hautes que cinq ou six pieds; les bois ayant moins de portée se conservent plus longtemps en bon état.

En certains lieux, un usage assez général est de payer la menuiserie des croisées, bois et main-d'œuvre, au pied de hauteur, et d'après l'échantillon du bois employé; les parties cintrées se comptent alors double. Dans cette manière d'évaluer ces ouvrages, on compte le pied des croisées au-dessus de 8 pieds à 5 fr.; celui des croisées au-dessus de 6 pieds à 4 fr. 50; au-dessus de 4 pieds 4 fr.; au-dessous de 4 pieds 3 fr. 50 ou 3 fr. Les croisées attiques, dont la hauteur n'est qu'une fois et demie leur largeur, sont à 5 fr.; les mezzanines, dont la hauteur est égale à la largeur, 5 fr. 50; les soupiraux, dont la hauteur est inférieure à la largeur, sont de 6 fr. le pied de hauteur (ƒ).

Les portes-croisées qui s'ouvrent jusqu'au niveau du pavé de l'appartement, et qui ont un panneau fermé qui suit le lambris, et qui, pour l'ordinaire, a 30 pouces de hauteur, se payent à peu près comme les croisées, et rarement au delà de 4 fr. 50.

Les croisées dont la largeur excède de 2 pieds ½ à 3 pieds, se font à deux vantaux; au-dessous, à un seul vantail.

Les croisées à deux vantaux n'ont qu'une seule ferrure, appelée espagnolette; c'est une tringle de fer rond qui a depuis 4 jusqu'à 8 lignes de diamètre. Les portes-croisées se ferment avec des serrures ou becs de cane à bascule et deux verrous perpendiculaires, l'un en haut, l'autre en bas.

(ƒ) Dans les villes, les croisées en chêne dont les dormants ont 17 lignes (0.034) d'épaisseur et les châssis 15 lignes (0.034) et à grands carreaux, peuvent valoir 33 fr. 10 la t. q. (8.60 m. q.); les mêmes en sapin, dormant en chêne, 28 fr. 38 (7.60 m. q.); et si elles sont à petits carreaux, petits bois en chêne, 33 fr. 22 (8.30).

Les espagnolettes des croisées, au-dessus de 6 pieds, ont 8 lignes de diamètre, et valent, toutes placées, avec leurs embases, agraffes, pannetons, contre-pannetons, gâches et goujons, 2 fr. 50 c. le pied; celles de 3 à 6 pieds, ont 6 lignes de diamètre et valent 2 fr. le pied; celles au-dessous de 3 pieds ont de 4 à 5 lignes de diamètre, et valent 1 fr. 50 c. le pied. Les poignées et supports sont comptés pour un pied, et dans des cas rares un pied et demi. Cependant ces objets s'obtiennent à un prix moins élevé chez les marchands de fer ouvré. Quelquefois, et par une économie mal entendue, on remplace l'espagnolette par une barre dite à la capucine, de la hauteur de la croisée, qui joue sur un pivot et ferme au moyen de deux crampons contrariés. On peut cependant se servir de ces barres dans les croisées qui ont moins de 6 pieds de hauteur. Il est entendu que s'il y a des impostes, l'espagnolette ou la capucine n'a que la hauteur de la partie ouvrante. Ces mêmes impostes se ferment avec des loqueteaux ou des crochets.

Dans les appartements plus soignés, on substitue à la poignée ordinaire de l'espagnolette une crémone en cuivre du prix de 12 à 18 fr., qui, par un simple mouvement du poignet, fait agir à la fois et accroche le haut et le bas tel que celui qu'on imprime aux doubles verrous.

Les croisées à un vantail se ferment simplement avec une ou deux targettes, et si elles sont plus fortes, avec un loqueteau dans le haut; chacune de ces pièces peut être évaluée à 1 fr.

Un cadre dormant réunit toutes les parties de la croisée, et est attaché à la feuillure de la baie par des pattes de diverses formes et de diverses forces, d'une valeur de 75 c. au plus et de 50 c. au moins, et les châssis vitrés sont joints à ce cadre par des fiches de trois à cinq lames à bouton ou à vase, du prix de 1 fr. 50 à 60 centimes; on en met à chaque vantail de 2 à 6 pieds de hauteur, trois; de 6 à 8 pieds, quatre, jusqu'à 12 pieds; les impostes n'ont que deux fiches par vantail.

Au moyen de ces indications, on peut présenter quelques évaluations de croisée dans les proportions les plus ordinaires.

(N° 102.) *Porte-croisée cintrée de 6 p. sur 12 (72 p. q.).*

3 pieds imposte, à 10ᶠ.....................	30ᶠ "	} 75 "
9 pieds croisée, à 5ᶠ.....................	45 "	
Tourniquet du cintre.....................	" 50	
10 fiches de 6ᵉ, à 1ᶠ 50ᶜ.....................	15 "	} 49 50
Espagnolette, 10 pieds, à 2.50.....................	25 "	
12 pattes, à 75ᶜ.....................	9 "	

Valeur de la porte-croisée..... 124 50
Par pied qu. de baie......... 1 73
Par mètre qu. de baie...... 16 43

PART. IV. SECT. VII. *Des Devis, des Marchés et des Evaluations.* 315

(N° 103.) *Porte-croisée cintrée de 5 sur 10 p.* (30 p. q.).

2 1/2 imposte, à 9f 50...............	23f 75	
9 1/2 croisée, à 4f 75c...............	45 12	68 87
Tourniquet.......................	" 50	
10 fiches, à 1.25..................	12 50	
Espagnolette, 19 p., à 2.50.........	27 50	48 "
10 pattes, à 75c...................	7 50	
Valeur de la porte-croisée.....	116 87	
Par pied qu.................	2 31	
Par mètre qu................	21 94	

(N° 104.) *Porte-croisée cintrée de 5 1/2 p. à 9 1/2 p.* (33 3/4 p. q.).

1 3/4 imposte, à 9f.................	15f 75	
7 3/4 croisée, à 4.50...............	33 75	49 50
Tourniquet.......................	" 50	
10 fiches, à 1.25...................	12 50	
Espagnolette, 10 p. 1/2, à 2.50.....	26 25	46 25
10 pattes, à 70c...................	7 "	
Valeur de la porte-croisée....	95 75	
Pied qu. de baie..............	4 66	
Mètre qu...................	44 27	

(N° 105.) *Croisée cintrée de 4 sur 8* (32 p. q.).

2 pieds imposte, à 9f...............	18f "	
8 pieds croisée, à 4.50..............	27 "	45 "
Tourniquet.......................	" 50	
10 fiches, à 1f....................	10 "	
Espagnolette, 7 p., à 2f............	14 "	31 50
18 pattes, à 70c...................	7 "	
Valeur de la croisée..........	76 50	
Pied qu....................	3 "	
Mètre qu...................	28 50	

(N° 106.) *Croisée quarrée de 5 p. 1/2 sur 7* (24 1/2 p. q.).

2 pieds imposte, à 8f...............	16f "	
5 pieds croisée, à 4f................	20 "	36 "
Tourniquet.......................	" 50	
10 fiches, à 1f.....................	10 "	
Espagnolette, 6 p., à 2f............	12 "	28 10
8 pattes, à 70c....................	5 60	
Valeur de la croisée..........	64 10	
Pied qu....................	2 67	
Mètre qu...................	25 36	

(N° 107.) *Croisée de 5 p. sur 6* (18 p. q.).

6 pieds menuiserie, à 4f............	24 "	
8 fiches, à 1f.....................	8f "	
Espagnolette, 7 p., à 2f............	14 "	27 60
8 pattes, à 70c....................	5 60	
Valeur de la croisée..........	51 60	
Pied qu....................	2 86	
Mètre qu...................	27 07	

(N° 108.) *Croisée de 2 1/2 sur 5* (12 p. q. 1/2).

5 pieds croisée, à 3.50.............	17 50	
6 fiches, à 75c....................	4f 20	
Espagnolette, 6 pieds, à 2f.........	12 "	21 40
8 pattes, à 65c....................	5 20	
Valeur de la croisée..........	38 90	
Pied qu....................	3 12	
Mètre qu...................	29 64	

(N° 109.) *Croisée de 2 1/2 sur 5, un vantail.*

Menuiserie.......................	17 50	
4 fiches, à 75c....................	3f "	
2 targettes et un loqueteau.........	3 "	11 20
8 pattes, à 65c....................	5 20	
Valeur de la croisée..........	28 70	
Pied qu....................	1 15	
Mètre qu...................	10 92	

(N° 110.) *Croisée de 2 sur 4* (8 p. q.), *un vantail.*

Menuiserie, 4 p., à 3f..............	12 "	
4 fiches, à 60c....................	2f 40	
2 targettes.......................	2 "	7 40
6 pattes, à 50c....................	3 "	
Valeur de la croisée..........	19 40	
Pied qu....................	2 42	
Mètre qu...................	22 89	

(N° 111.) *Croisée attique de 5 p. sur 4 1/2* (13 1/2 p. q.).

4 1/2 menuiserie, à 5f..............	22 50	
2 targettes.......................	2f "	
4 fiches, à 60c....................	2 40	6 40
4 pattes, à 50c....................	2 "	
Valeur de la croisée..........	28 90	
Pied qu. de baie..............	3 15	
Mètre qu...................	29 92	

(N° 112.) *Croisée mezzanine de 5 sur 1 1/2* (4 1/2 p. q.).

1 p. 1/2 menuiserie, à 5.50.........	8 25	
1 targette.......................	1f "	
4 fiches.........................	2 40	5 40
4 pattes.........................	2 "	
Valeur de la croisée..........	13 65	
Pied qu....................	2 26	
Mètre qu...................	19 67	

(N° 113.) *Soupirail de 5 p. sur 6c* (1 1/2 p. q.).

Menuiserie, 1/2 p., à 6f............	5 "	
Targette.........................	1f "	
Fiches...........................	1 40	3 40
Pattes...........................	1 "	
Valeur du soupirail...........	6 40	
Pied qu....................	1 06	
Mètre qu...................	30 99	

Lorsqu'on veut établir des logements dans les combles, et que les entraits sont au niveau du dernier plancher, on peut, comme nous l'avons dit, supprimer les fermes et les remplacer par l'exhaussement en pignon et en brique crue des murs de refend ; alors les nouvelles pièces seraient sans jour ; mais on les éclaire par des *châssis en tabatière* établis sur le toit lui-même comme les œils de bœuf avec lesquels on éclaire les galetas. Ces châssis suivent la pente du comble, sont placés entre les chevrons, et si ceux-ci sont trop rapprochés, on en supprime un que l'on assemble avec l'huisserie qui forme l'encadrement du châssis. Mais, pour que ce châssis donne les avantages d'une croisée et puisse donner de l'air, on place dans ce châssis dormant un châssis mobile à un seul vantail qui s'ouvre de bas en haut, roulant sur des fiches, des pivots, des pommelles ou des pentures, de manière à ce que, de l'intérieur, on puisse le soulever à volonté et le laisser ouvert au moyen d'une crémaillère (*g*). Ces châssis ne peuvent guère avoir plus de 18 à 24 pouces de largeur. Ils doivent être faits avec le plus grand soin, étant, plus encore que les autres, exposés aux intempéries de l'air ; on peut même les faire en fer, quoique le fer lui-même soit sujet à se rallonger avec la chaleur. Voici le détail d'un châssis en tabatière de 18 pouces de largeur sur 3 pieds de longueur, en employant du bois de chêne d'un très-bon choix, de 12 à 18 lignes d'épaisseur :

(N° 114.) *Châssis en tabatière.*

Bois pour les dormants et le châssis mobile, 6 p. q., à 1ᶠ	6ᶠ „	
Déchet ¼	1 50	12 50
Façon, deux journées, à 2.50	5 „	
Pose et ajustements	1 „	
Ferrure.. { 2 pommelles et leur gond, à 1.20..	2 40	
{ 2 targettes, à 60ᶜ	1 20	8 60
{ 8 pattes, à 50ᶜ	4 „	
		21 10

Quelquefois, pour les faire résister aux grêles et grésils, on les garnit extérieurement de grillage.

III. *Volets intérieurs.*

Ce sont des sortes de lambris mobiles, que l'on fixe avec des fiches de brisure sur le bord des châssis à verre, qui interceptent l'entrée de la lumière, et qui, par la difficulté de les briser sans éclat, opposant une forte résistance à une invasion nocturne, rendent l'appartement plus sourd, et plus chaud la nuit. Ces volets se font ordinairement en bois mince

---

(*g*) Les châssis en tabatière se font par des industries spéciales et ordinairement en petits bois ; ceux de 15 lignes d'épaisseur (0.034) et de 2° (0.05) à 3° (0.08) sont estimés 4 fr. chaque ; ceux de 18 lignes d'épaisseur et de 2° 3′ (0.06) sur 3° 4′ (0.09) 4 fr. 50 ; ceux de 2° (0.054) d'épaisseur et de 2° 0′ (0.07) sur 3° 0′ (0.10) 4 fr. 70 ; ceux en fer de 24° (0.65) sur 15° (0.48) valent 9 fr. ; ceux de 3 p. (0.98) sur 2° 3′ (0.73) 20 fr. avec la garniture.

---

et léger, résineux ou blanc ; il ne faut pas que leur largeur dépasse l'épaisseur de l'embrasure, et pour cela ils peuvent se briser de toute leur hauteur. On les applique aussi aux portes-croisées, mais ils ne doublent pas le panneau en bois que nous supposons de trente pouces de hauteur, et dans les ouvertures cintrées, dans la baie intérieure, au linteau, ils couvrent toute la hauteur. Des couplets facilitent la brisure et des agraffes reçoivent les pannetons de l'espagnolette qui les assujettit ainsi au châssis à vitre. On ferme les volets des portes-croisées et des grandes croisées par vantail avec 9 fiches qui valent 50 c. chacune, et 4 couplets qui valent 35 c.; elles reçoivent 3 agraffes du prix de 70 c. Ainsi la ferrure de ces volets est de 8 fr. 90 c. par paire ou par croisée : pour les croisées moyennes, il faut, par vantail, 3 fiches, 3 couplets et 2 agraffes, ou 6 fr. 50 c. ; pour les croisées à un vantail, 3 fiches, 2 couplets et une agraffe, ou 2 fr. 40 c. Dans ceux-ci les bâtis sont le double des panneaux, ou les deux tiers de la surface ; dans les autres, le triple, ou les trois quarts de la surface. Dans les grandes croisées ou portes-croisées, les bâtis sont de 12 à 15 lignes, ou 45 c. le p. q., et les panneaux de 8 à 10 lignes, ou 42 c. le p. q. ; dans les autres les bâtis sont de 10 à 12 lignes, ou 79 c. le p. q.; et les panneaux de 6 à 8 lignes d'épaisseur, ou de 38 c. le p. q., car ces volets ne sont que blanchis au parement intérieur.

C'est avec ces éléments que nous allons donner un exemple des volets qui accompagnent les portes-croisées et les croisées évaluées dans le § précédent, désignées par les nᵒˢ 103 à 110.

(N° 115.) *Volets de la porte-croisée n° 103.*

41 p. q., bâtis à 85ᶜ	33ᶠ85ᶜ
13 p. q., panneaux à 42ᶜ	5 46
Ferrure	8 90
Valeur du volet	48 21
Pied qu. de baie	0 80
Mètre qu.	7 60

(N° 116.) *Volets de la porte-croisée n° 104.*

27 ½ p. q., bâtis à 85ᶜ	23ᶠ38ᶜ
10 p. q., panneaux à 42ᶜ	4 41
Ferrure	8 90
Volet	36 69
Pied qu. de baie	0 96
Mètre qu.	9 12

(N° 117.) *Volets de la croisée cintrée n° 105.*

18 ½ p. q., bâtis à 85ᶜ	15ᶠ73ᶜ
6 p. q., panneaux à 42ᶜ	2 52
Ferrure	8 90
Volet	27 15
Pied qu. de baie	0 80
Mètre qu.	7 60

PART. IV. SECT. VII. *Des Devis, des Marchés et des Evaluations.* 317

(N° 118.) *Volets de la croisée quarrée n° 106.*

24 p. q., bâtis à 79°.	18f 96c
8 p. q., panneaux à 38°.	3 04
Ferrure.	8 90
Volet.	30 90
Pied qu. de baie.	0 96
Mètre qu.	9 12

(N° 119.) *Volets pour la croisée n° 107.*

18 p. q., bâtis à 79°.	14f 22c
6 1/2 p. q., panneaux à 38°.	2 47
Ferrure.	6 50
Volets.	23 19
Pied qu. de baie.	0 48
Mètre qu.	4 56

(N° 120.) *Volets pour la croisée n° 108.*

14 p. q., bâtis à 79°.	11f 06c
4 1/2 p. q., panneaux à 38°.	1 78
Ferrure.	6 50
Volets.	19 34
Pied qu. de baie.	1 07
Mètre qu.	10 16

(N° 121.) *Volets pour la croisée n° 109.*

9 p. q. 1/4, à 79°.	7f 30c
3 1/2 p. q., à 38°.	1 23
Ferrure.	6 50
Volet.	15 03
Pied qu.	1 20
Mètre qu.	11 40

(N° 122.) *Volets pour la croisée à un vantail n° 110.*

8 p. q., à 79°.	6f 32c
4 p. q., à 38°.	2 40
Volet.	8 72
Pied qu.	0 70
Mètre qu.	6 65

IV. *Jalousies et persiennes.*

On sait que la jalousie, plutôt meuble que construction architecturale, est un châssis de bois léger, placé ordinairement dans l'épaisseur du tableau d'une croisée, et garni de lames ou lattes d'une ligne et demie à deux lignes (0,003 à 0,005), dont la largeur est de 3 à 4 pouces (0,08 à 0,11). La plus haute de ces lames est un peu plus mince et plus étroite; celle du bas est au contraire plus large et plus épaisse, afin de la rendre plus pesante. La tête de la jalousie est de 12 à 15 lignes (0,027 à 0,034) d'épaisseur, et sa largeur de 3 à 4 pouces (0,08 à 0,11), de manière à pouvoir recevoir toutes les lames; ces lames sont montées sur trois rangs de rubans de fil, et des cordes ou cordons qui passent par leur milieu, de manière que celles de droite servent à les faire descendre, et celles de gauche à les faire remonter, au moyen de poulies cachées dans la tête de la jalousie. Celle-ci s'emploie pour adoucir l'éclat de la lumière, et, en en resserrant les lames, à permettre de voir à l'extérieur sans être vu.

En Orient, et surtout en Perse (d'où ce nom lui a été donné), un sentiment d'égoïsme qui fait renfermer les femmes a conduit à rendre les jalousies fixes, et à métamorphoser ce meuble en fermeture solide. Les *persiennes*, adoptées aux lieux où ce sentiment dépravé n'existe pas, conservent aussi l'avantage d'atténuer le jour trop vif, d'éclairer légèrement pendant la nuit, et de permettre, en partie, la vue extérieure. Quelquefois cependant on rend ces persiennes, en tout ou en partie, analogues aux jalousies, en rendant les lames mobiles au moyen de pivots qui les retiennent et qui jouent à volonté au moyen de coulisseaux à poucier.

Mais si l'on veut remplacer les contrevents par des persiennes, les rendre solides et les moins exposer à l'effet des vents, voici la manière de les établir :

On construit pour chaque vantail un cadre en bois de chêne de 12 à 18 lignes d'épaisseur (3 à 4 cent.), et de 3 pouces (8 cent.) de largeur, avec deux traverses supérieure et inférieure, et si leur hauteur est grande, on y joint des traverses médiales ; à ces cadres on assemble, de deux en deux pouces, des lames d'environ deux pouces de largeur, solides et inclinées; les pentures sont en double équerre pour consolider ce bâtis, et les persiennes à deux vantaux sont fermées au moyen d'espagnolettes comme les contrevents (*h*).

Dans une persienne, pour une ouverture de 4 pieds de largeur sur 8 pieds de hauteur (1 m. 30 sur 2 m. 60), les deux montants et les trois traverses de chaque vantail exigeront 22 pieds de longueur, de 15 à 18 lignes d'épaisseur, et produiront environ 2 2/3 p. q. ; ce vantail recevra 42 lames de deux pieds de long y compris l'assemblage, donnant 84 pieds sur 1° 1/2 de largeur, ou 10 p. 6' 4' quarrés, mais réduits au tiers, à cause du tiers d'épaisseur, formeront 3 p. 6° quarrés (0,521 m. q.). On ajoutera pour sciage 5 c. et autant pour assemblage par lame. Pour évaluer l'entière persienne, on réunira les deux vantaux.

Une persienne à un vantail, de 2 pieds 1/2 sur 5 de hauteur (0,80 sur 1 m. 6 c.) demandera, pour les deux bâtis et les deux traverses, 15 pieds de longueur sur une largeur de

---

(*h*) Une persienne sans dormant en chêne d'un pouce d'épaisseur vaut 34f 20 t. q. (9 fr. m. q.); avec lames en sapin 30.90 (8 fr. m. q.); brisées comme les volets intérieurs 35.70 (10 fr. 50) et 32.40 (9 fr. 50); les lames de persiennes de 4 à 5' (0.043) d'épaisseur et de 17° 1/2 (0.54) de longueur valent, en chêne, la toise courante, 1 fr. 40 (m. 0.70); celles de 22° en sapin 1.20 (0.60); celles en sapin de 18° (0.48) 1 fr. (0.50).

18 pouces, formant 6 p. 11° quarrés, réduits au tiers, 2 p. 4° (0,214 m. q.). On y ajoutera le sciage, l'assemblage et la ferrure.

D'après ces éléments, nous donnons l'évaluation de ces deux persiennes.

(N° 123.) *Persienne de 4 p. sur 8, deux vantaux.*

Cadre, 5 p. 6° qu., à 1.44...............	7ʳ 92	
42 lames, 7 p. q., à 1.44..................	10 08	22 20
Sciage et assemblage, 10ʳ par lame...........	4 20	
4 pentures à équerre double, à 3.35........	13 40	
4 gonds, à 60°.............................	2 40	
16 clous à écrou, à 25°....................	4 ″	42 30
2 loqueteaux cadole et mantonnets, à 2.25...	4 50	
Espagnolette de 9 p., à 2ʳ.................	18 ″	
Valeur de la persienne.....		64 50
Par pied qu. de baie.......		2 01
Par mètre qu.............		19 10

(N° 124.) *Persienne de 2 p. 1/2 sur 5, à un vantail.*

Cadre, 1 p. 10° 6ʳ qu., à 1.32...............	2ʳ 48	
28 lames, 2 p. 4° qu., à 1.32................	3 52	8 80
Sciage et assemblage, 10ʳ la lame............	2 80	
2 pentures à équerre double, à 2ʳ..........	4 ″	
2 gonds, à 50°.............................	1 ″	
8 clous à écrou, à 20°.....................	1 60	9 60
1 cadole et mantonnet.....................	2 ″	
2 crochets pitons, à 50°...................	1 ″	
Valeur de la persienne......		18 40
Par pied qu. de baie........		1 50
Par mètre qu............		14 20

Ainsi, le terme moyen de la valeur du pied quarré entre ces deux persiennes est de 1 fr. 75, et du mètre quarré de 16 fr. 62.

§ 3. *Ouvrages divers.*

1° *Siége d'aisances* de 2 pieds (0,65) de long sur 16 pouces (0,43) de hauteur, avec battant, lambris, double bâti, en bois dur, peau de chiennée, ciré ou verni, peut coûter 15 ou 20 fr.

	toise.	mètre.
2° *Chambranles*, ravalés de moulure, sapin, mesure courante............................	1.02	0.85
3° *Ebrasements, frises de parquet*, valent, mesure courante, en sapin......................	0.95	0.50
en chêne ou bois dur................	1.52	0.80
4° *Alaises, champs et tablettes*, d'environ 12° (0,32) sur 1° (0,027) d'épaisseur, corroyées et aplanies, comprendront par toise 6 pieds quarrés, qui vaudront, en chêne.............................	2.50	1.25
en bois dur.............................	2. ″	0.95
en sapin ou bois blanc..................	1.50	0.75
5° *Triangles, barres*, de 1° sur 3° de large, mesure courante, en sapin, 3 parements.............	1.23	0.65
4 parements..............	1.33	0.75
en chêne ou bois dur, 3 parements...	2. ″	1. ″
4 parements...	2.50	1.25
6° *Tringles de tenture* en bois de 2° (0,64) de largeur sur 6ʳ (0,013) d'épaisseur, prendront par toise un quart de pied cube ou 432 pouces cubes (0,008), c'est-à-dire 37 c. pour le dressage, 3 c., en tout 40 c. par toise quarrée (0,11 m. q.). La toise qu. de tenture en demandera avec les parties brisées ou verticales environ 3 toises ou 1 fr. 20. Calculée en mesure linéaire, cette tringle peut valoir, en sapin............	0.87	0.45
et en chêne..............	1.33	0.75
7° *Coulisses*, en sapin, 2 parements............	0.50	0.25
8° *Poteaux de remplissage*, 2 parements, chêne...	0.85	0.45
9° *Corniches volantes*, pour plafonds, armoires, buffets et meubles, de 3° de profil sur un pouce d'épaisseur, 40 c. de bois et 60 c. de main-d'œuvre par mesure courante.........................	1. ″	0.50
la même, en bois dur...	1.33	0.75
10° *Cymaises*, mesure linéaire ou courante.......	1.23	0.65
11° *Replanissage de parquet neuf*..............	1.05	0.55
vieux...............	1.52	0.80
12° *Huisserie*, mesure linéaire à 3 parements.....	0.95	0.48
à 4 parements.....	1.52	0.80
13° *Marouflage* en fil ou nerf, colle forte..........	1.52	0.80
14° *Barre d'appui* en chêne, mesure linéaire......	2.56	1.35
15° *Main courante* avec gorge et listel verni en noyer.	4.94	2.60
en acajou.	14.25	7.50
16° *Porte-manteau* avec rosettes tournées, la tête de 4° (0,11) sur 15 lignes (0,033) d'épaisseur; bois 2 fr., façon 3 fr., en tout, mesure courante.....	5. ″	2.53
17° *Marchepied* de 10° (2,27) d'emmarchement, avec deux montants, châssis d'appui derrière et des côtés, avec quatre roulettes en cuivre; pour six marches, de 2 à 2 fr. 50 la marche, en moyenne.................................	13.50	6.72
18° *Tréteau* de 30° (0,80) de hauteur, moitié pour le bois, moitié pour la main-d'œuvre............	3. ″	3. ″
19° *Tiroir* dont le bois a 12° (0,027) d'épaisseur, qui a 4° (0,11) de profondeur, 15° (0,40) de largeur et 15° de longueur, peut être évalué à...........	2. ″	2. ″

§ 4. *Réparations de la Menuiserie.*

Dans nos campagnes, et surtout à cause des grands vents auxquels nos bâtiments isolés sont exposés, et le peu de précautions de nos habitudes, les ouvrages de menuiserie sont sujets à des détériorations momentanées qu'il est urgent de réparer pour éviter des incommodités et plus tard des renouvellements. Voici les prix que l'on paie dans les

PART. IV. SECT. VII. *Des Devis, des Marchés et des Évaluations.*

villes, soit à la mesure superficielle, soit à la mesure linéaire :

	toise qu.	mètre qu.
1° *Lambris et portes d'assemblage* à panneaux, déchevillage, rechevillage, rajustage et repose...	8.36	2.20
2° *Portes et croisées*, dépose, déchevillage, rechevillage, raccordement, repose...	0.57	0.15
3° *Portes et volets*, déchevillés, retaillés et reposés.	3.80	1. »
4° *Parquets de frise ou en feuille*, déchevillés, refaits, équarris, rajustés et reposés...	17.85	4.70
5° *Parquets simples et lambourdes* refaits...	0.76	0.20
6° *Châssis et croisées*, déchevillés, retaillés, ajustés, rechevillés et reposés...	4.75	1.30
7° *Portes cochères ou charretières*, démontées, rajustées, rechevillées et replacées...	2.09	0.55
8° *Persiennes* enlevées, démontées, déchevillées, rajustées et reposées...	9. »	2.40
9° *Jalousies* rajustées, chaînes remontées, cordons lavés, replacées et reposées...	7. »	2.10
10° *Chambranles* déchevillés, remontés et reposés.	0.15	0.08
11° *Plinthes et pilastres* rétablis...	0.48	0.25
12° *Plinthes, cymaises, bandeaux*, enlevés et reposés.	0.06	0.03
13° *Corniches volantes*, déposées, rajustées, reposées.	0.09	0.05
14° *Jeu donné à une porte ordinaire*...	0.45	0.25
15° *Jeu donné à une croisée*...	1.10	0.65

ARTICLE 5.

Ferrure, serrurerie et ferronnerie.

(2ᵉ Partie, 5ᵉ Section, page 128.)

Quoique nous ne fassions qu'un seul article de ces industries, dont la base est la même, on doit cependant, comme nous l'avons dit, page 130, distinguer les *gros fers* pour les forts ouvrages de consolidation de maçonnerie et de charpente ; les *fers ouvragés*, où le fer est à peu près le seul des matériaux employés ; le *fer ouvré* ou *quincaillerie*, dont les produits, destinés principalement à la menuiserie, se font en fabrique mieux et à meilleur marché, et que les serruriers qui les emploient n'ont qu'à les poser et quelquefois à les ajuster, et au prix desquels il est rare de leur accorder pour cela plus d'un vingtième du prix d'achat, et sur lequel d'ailleurs ils éprouvent une remise du fabricant ; enfin, en *ferronnerie* ou toute fourniture particulière (*a*).

Le fer *marchand* se distingue en fer *fort* ou plus dur, et en fer *doux* ou plus mou et plus malléable. Le prix du fer fort est de 17 à 19 fr. le quintal ou 50 kilogrammes ; celui du fer doux ou de *mance* est de 24 à 27 fr. ; celui du fer étiré en *rondin* ou *paré* est de 25 à 30 fr. Le fer de Suède va jusqu'à 45 fr. (*b*).

Le fer paré à la forge a différents prix d'ailleurs, suivant sa force, la fabrique dont il provient et le transport qu'il exige ; il est *rond, carré* ou *mi-plat*. Celui de 10 à 12' en carré (0,025 à 0,025) est à peu près de 28 à 30 fr. ; il se vend en paquets de barres de dix empans ou 6 p. 9° (2,25) de longueur ; ce paquet a dix barres et par conséquent une longueur de 67 p. 6° (22,20). Chaque diminution de grosseur produit par paquet une augmentation de cinq barres et de 50 c. ou 1 fr. dans le prix, de la manière suivante :

(N° 125.) *Dimensions et prix du fer en barre.*

10 barres de fer quarré	de 10 à 12'	tirent	67.6ᶜ	valent ensemble	30ᶠ
15	—	de 8 à 9'	—	101.3	—	32
20	—	de 6 à 8'	—	135."	—	33
25	—	de 4 à 6'	—	168.9	—	34
30	—	de 2 à 4'	—	202.6	—	35
35	—	de 2 à 1' et au-dessous	236.3	—	36

Cette évaluation ne peut cependant s'appliquer partout bien régulièrement.

Pour les gros fers, le prix du forgeage est d'environ 5 c. la livre ; du forgeage et dressage, 15 c. par pied courant ; du dressage, calibrage et polissage, 50 à 60 c. le pied courant.

Les surfaces blanchies à la meule se payent 5 c. le pied quarré ; celles blanchies à la lime, 16 à 18 c. ; le polissage sur blanchiment vaut 8 c.

Chaque assemblage ajusté peut valoir de 30 à 50 c., suivant sa force et sa qualité ; chaque percement à froid, à 40 c. ; chaque assemblage à tenons et mortaise, 50 à 70 c.

Pour l'emploi du fer, on passe à l'ouvrier, pour déchet et charbon, un vingtième ou un vingt-cinquième de la valeur ; un dixième de la façon peut être compté à un entrepreneur pour faux frais, transports et pose.

Les ouvrages en gros fer, qui se font ordinairement dans les campagnes, sont les *grilles dormantes* pour fermer les croisées, les *ancres, fantons et armatures*, et autres qui sont indiqués dans la seconde partie, page 130. En général, ces gros fers communs, mais de bonne qualité, employés et

---

(*a*) La plupart de ces objets se trouvent en abondance, à Toulouse, dans les magasins immenses de M. Yarts, rue de la Trinité, n° 21, lequel a aussi une usine hydraulique au Bazacle, où il se fabrique des objets de mobilier dont nous en avons indiqué quelques-uns. Il a aussi l'entrepôt des pompes Japy, dont nous parlerons dans l'article 12 de la plomberie.

(*b*) A Toulouse, on emploie ordinairement deux natures de fer, celui de Cazeville et celui de l'Ariége ; ils sont l'un et l'autre divisés en cinq classes renfermant des fers quarrés, plats, mi-plats et ronds. Le prix courant des fers de Cazeville est de 70ᶠ, 74ᶠ, 78ᶠ, 82ᶠ, 86ᶠ, marqué D ; de 80ᶠ, 84ᶠ, 88ᶠ, 92ᶠ, 96ᶠ, marqué 2 P. Celui des fers de l'Ariège, bruts, de 86ᶠ, 88ᶠ, 90ᶠ, 94ᶠ et 106 ; les mêmes, parés, valent 106, 108, 110, 114, 416, d'après le rang des classes, et toujours par quintal. Le gros fer pour chaînes, tirans, harpons, etc., marqué D, vaut le quintal, de Cazeville 30ᶠ ; de l'Ariège 24ᶠ ; paré 29ᶠ. Celui pour grille, rond ou quarré, pose comprise, marqué D, 37ᶠ de Cazeville ou de l'Ariége, et paré 42ᶠ 50ᶜ, toujours le quintal.

placés avec soin et intelligence, toutes fournitures secondaires comprises, peuvent être payés à un entrepreneur de 20 à 25 fr. le quintal en fer commun; et en fer doux, de 25 à 30 fr. Cependant les grilles de croisée, toutes placées, leurs scellements et assemblages peuvent coûter chacune de 45 à 60 fr., et lorsqu'il y a des sommiers ou traverses, 55 à 70 fr., et les barres simples d'appui, 15 à 20 fr.

Le prix des fers ouvragés est en rapport avec le dessin prescrit; chaque ouvrage peut faire le sien : les grilles en fer rond avec leurs tenons, mortaises et assemblages, le tout en fer forgé, peuvent aller de 55 à 40 fr. le quintal; les parties ouvrantes, à 50 ou 75 fr., crapaudines comprises : les armatures de pompes, toutes placées, vont jusqu'à 100 fr. Les ornements en fer fondu ou zinc sont alors pesés ensemble et comptés au même prix.

On évalue quelquefois ces objets à la mesure de longueur ou à la mesure superficielle : quand les grilles de clôture ont des ornements en fer coulé, lorsque d'ailleurs elles sont simples, seulement avec leurs linteaux supérieurs et inférieurs, qu'elles n'ont qu'une seule partie mobile garnie de ses crapaudines, ses loqueteaux, sa serrure, le tout en place, qu'elles n'ont qu'environ six pieds de hauteur, ou deux mètres, on peut compter sur 40 c. la livre ou le demi-kilogramme; et sans déduction des entrevous ou vides, 1 fr. 50 c. le pied quarré (14 fr. le mètre quarré), ou 5 c. le pied courant (0,30 c. le mètre courant); les grilles simples des croisées reviendront à 30 c. la livre (60 fr. le kil.) et 3 fr. le pied carré (28 fr. 8 c. le mètre carré) d'ouverture; les appuis et rampes en fer forgé, avec colonnes, chapiteaux, astragales, embases et ornements en fer coulé, peuvent aller, suivant le dessin, de 15 à 18 fr. le pied courant (45 à 54 fr. le mètre courant); le pied courant des balcons, selon leur dessin et leur longueur, va de 10 à 20 fr. Les pentures communes coûtent, toutes posées, 30 à 35 fr. le quintal; les pivots à équerre avec leurs crapaudines, de 1 fr. 50 à 2 fr., quelquefois à 2 fr. 50. Les pointes, ou clous sans tête, de 6' à 3° de longueur, assorties, celles de 2°, étant le terme moyen, se payent 32 fr. 50 c. le quintal; il en entre environ 300.

Les petites ferrures pour la menuiserie, ou ouvrages de fabrique et de quincaillerie, se vendent soit au poids, soit au cent de compte, soit à la pièce, soit au pouce ou au pied de longueur; on y ajoute quelquefois un vingtième pour l'ajustement, la pose et les raccordements. Comme ces objets sont d'un détail infini, que l'on ne peut prévoir ceux qui seront nécessaires, et la qualité de fabrication qu'on pourra préférer, nous avons pensé qu'il serait agréable et utile à nos lecteurs d'avoir une évaluation approximative de ces petites ferrures, sans y comprendre presque toujours l'ajustage et la pose; car ce même tableau nous a servi pour nous-mêmes. Nous y avons joint plusieurs objets de quincaillerie et de ferronnerie applicables surtout et spécialement aux choses mobilières, et nous avons placé le tout par ordre alphabétique pour en rendre la recherche plus facile en réunissant sous le même mot les qualités de fabrication qui lui sont afférentes.

On emploie aussi en beaucoup de lieux, et souvent, la fonte de fer, indépendamment des ornements dont nous avons déjà parlé, mais dont on doit éviter de se servir pour les objets qui peuvent essuyer des chocs. Les prix varient d'après le modèle fourni au fondeur; il est difficile de les spécifier. Cependant, en général, on fait en fonte des plaques unies à 80 fr. le quintal; des tuyaux à 90 fr.; des plaques trouées et garnitures de portes et de réchauds à 80 fr.; des colonnes pleines à 90 fr.; des colonnes creuses à 110 fr.; des gargouilles de 6 pouces (0,16) à 90 fr.; d'autres de 11 à 19° (0,32) à 100 fr.; des vases d'un pied à 18° de hauteur à 130 fr., et au-dessus à 150 fr.; des vasques à cannelures à 160 fr. On place aussi, mais à tort, nous le pensons, des balcons des rampes à 120 fr.

(OO) *Evaluation des petits fers ou de la quincaillerie.*

I. *Quincaillerie de bâtiment.*

Agraffe ordinaire avec son panneton.................	ʺᶠ 35ᶜ
— évidée, moyen modèle.......................	ʺ 45
— grand modèle.............................	ʺ 60
— id. à double croissant......................	ʺ 80
— id. en enroulement........................	1 ʺ
Anneaux....................................	ʺ 30
— pour trape, ovales, demi-rond, à entailler, de 4°.	ʺ 70
— pour crèche, rond, écrou, vis, à scellement, de 2 à 3°...................................	ʺ 30
Appareils d'aisances, avec cuvettes en faïence, à tringle, chaque..................................	18 ʺ
— à manivelle tournant des deux côtés............	20 ʺ
— à manivelle et robinet à double effet...........	25 ʺ
— grand modèle à bascule......................	55 ʺ
— avec cuvette en porcelaine, augmentation de 5f.	
— avec cuvette en fonte émaillée, augmentation de 3f.	
Arrêts de contrevent, mantonnet, bascule et anneau.	ʺ 50
— à cadole, de 9° 3', poignée, mantonnet, gâche...	ʺ 70
— à S, tige à pointe ou scellement renforcé........	ʺ 60
— à tourniquet, tige à pointe ou à scellement......	ʺ 35
Bascule à fermeture pour entaille de volet.............	0 40
Battements élargis........................ 20 à	ʺ 40
Bec de cane ou demi-tour, pène à retourner, de 3°, chaque.....................................	2 ʺ
Id. de 4° 6'.......................	3 50
Id. de 5°.........................	4 ʺ
Id. de 6°.........................	5 ʺ
— avec gâche à rouleau, pène à retourner, de 3°, chaque.....................................	4 ʺ
— forme loqueteau à boîte de 2°, manivelle double gâche....................................	2 75
Le verrou augmente de 1ᶠ 40ᶜ.	

PART. IV. SECT. VII. *Des Devis, des Marchés et des Évaluations.*

Bec de cane sur platine à tirage de 3°.........	1f 50c
Id. de 4°.........	3 "
— à fouillot bronzé avec gâche ordinaire de 3°.....	1 80
Béquille en cuivre pour bec de cane, chaque.... " 75c à	1 40
— en fer, bouton en cuivre............ " 65c à	1 45
Boucles à bascule en cuivre, chaque.........	1 20
— doubles à charnière pour serrure ou bec de cane, de 1f 25c à.........	2 75
Boutons d'espagnolette à écrou et pointe.........	" 10
à deux écrous.........	" 12
— de fermeture, clavette et deux plaques.........	" 30
— unis avec clavette et tête, le quintal.........	55 "
Boules en cuivre pour pilastres de 18' à 4° de diamètre, la pièce, de......... 2f 20c à	7 40
Boutons ronds tournés de 4 lignes.........	" 04
de 9 lignes.........	" 05
de 13 lignes.........	" 07
de 18 lignes.........	" 10
de 2 pouces.........	" 12
de 2 pouces et demi.........	" 25
Bouton de tirage en cuivre......... " 70c à	2 "
Boutons doubles en cuivre à bascule, olive, crampon et rosette.........	1 25
— de fer profilé pour barre de clôture.........	1 50
Broches et poulies à vis, pour cage de 3 p. 8° renforcé.	" 30
— doubles à cœur avec crochet.........	" 90
— à chappe, poulie de 18°.........	" 50
de 12°.........	" 40
— à tête de 3° de longueur, unies et simples.........	2 50
de 4°.........	3 "
de 5°.........	3 25
Cadenas fort à secret et piton, chaque.........	1 75
— petit.........	" 55
— de Picardie.........	1 60
— d'Allemagne.........	2 "
— d'Allemagne à charnière. Voy. *Serrure*.........	2 40
Cadole. Voy. *Arrêts*, *Loquets*.	
Charnière à goujon et à nœud.........	" 60
— à hélice pour porte tombante de 2° 6' sur 3°, droite et gauche.........	" 70
Châssis à tabatière pour ciel ouvert de 18° sur 24° avec garniture, chaque.........	9 "
de 27° sur 36°.........	20 "
Chaîne à la Vaucanson, découpée, le pied.........	4 50
Chaînette en cuivre, bouton double en cuivre, le %..	110 "
Chevilles de toute force et longueur, le quintal.....	40 "
— de 4° (16 à la livre), le cent de compte.........	6 50
— de 5° (12 —).........	8 "
— de 6° (6 —).........	11 "
— de 7° (5 —).........	14 "
— de 8° (4 —).........	21 "
— de 9° (4 —).........	23 "
— de 10° (3 —).........	25 "
— de 11° (3 —).........	28 "
— de 12° (2 —).........	32 "
Chevillettes soignées, affilées, tête arrondie, le quintal.	45 "

Clef forée pour serrure d'armoire, chaque.........	"f 40c
— de sûreté ordinaire.........	1 "
— benarde à panneton plein.........	" 80
— de loquetière......... " 50 à	" 70
— forée.........	1 20
— de bec de cane.........	1 40
— de sûreté, forée, de deux hauteurs.........	2 "
— de loquetière.........	" 80
— pour forte serrure à jour, panneton plein.........	2 75
— à vis de rappel avec écrou pour fermeture de magasin.........	1 "
Clous et clavelines dits grosse gabarre de 3° de longueur n° , le millier.........	10 "
— petite gabarre de 33 lignes.........	8 "
— double marche de 30 lignes.........	7 "
— passe marche de 18 lignes.........	6 "
— petite marche de 16 lignes.........	4 "
— grosse latte de 15 lignes.........	3 50
— petite latte de 10 lignes.........	2 50
— à ferrer, ordinaires.........	9 "
— id. très-fins, le quintal.........	80 "
— gros rapointis.........	25 "
— petits rapointis.........	30 "
— tige ou clous de charrette.........	38 "
— de bateau.........	45 "
— d'épingle à tête plate, de 1 à 2°.........	120 "
— id. à tête ronde.........	110 "
— id. fins assortis, de 6 à 12 lignes.........	160 "
— id. à tête d'homme.........	180 "
— id. à perruque.........	210 "
— id. à semence.........	280 "
— gros, à champignon.........	70 "
— petits, à champignon.........	80 "
— à penture, tête ronde, de 3°.........	90 "
— à briquet, de 2° à 2° 1/2.........	90 "
— à mariage, de 2° à 2° 1/2.........	70 "
— rivés, de 2° 1/2.........	90 "
— à tête perdue pour parquets, assortis, n°s 6 à 12..	60 "
— broquette de 12 lignes.........	100 "
— claveline de 4°, le millier.........	25 "
Compas d'échelle double avec boulon, garniture complète, chaque.........	1 75
Couplets, grandes charnières à 3 nœuds queue d'aronde, de 2°, chaque.........	" 45
de 3°.........	" 50
de 4°.........	" 55
de 5°.........	" 60
de 6°.........	" 65
— id. à cinq nœuds de 2°.........	" 80
Crampons pour fort verrou, chaque.........	" 25
— pour verrou ordinaire.........	" 25
— pour loquet.........	" 15
— d'espagnolette.........	7 "
— ou gâche de serrure à deux pointes émoulues, le cent.........	" 60
Crémaillères de contrevent de 11°.........	" 40

Crémone de croisée et de porte, de 5°, tringle ronde, bascule, chaque	5f	"c
— à engrenage, boîte en cuivre	6	"
— garniture d'espagnolette à vis, bouton	8	"
— d'espagnolette ou de verrou complète, en cuivre ciselé et verni	18	"
Crochets de contrevent fil de fer à double piton de 11°, pièce	"	40
— plat ou à pans avec piton à vis de 2°, chaque	"	40
de 3°	"	50
de 4°	"	55
de 5°	"	60
— ronds avec tirefonds et pitons, le cent	26	"
Croissants pour cheminée ordinaires en fer, la paire	"	70
avec vase en cuivre	1	50
à courte tige, double branche en cuivre	3	"
Equerres ou pommelles doubles à T de 10°, chaque	1	"
de 12°	1	20
de 15°	1	50
de 18°	1	70
de 21°	1	90
de 22°	2	"
de 24°	2	15
— avec pivot et collier pour crapaudine, la livre	"	45
pour porte cochère	"	60
Espagnolettes tige de 4' de diamètre, embases, le pied	"	60
de 6' de diamètre	"	70
de 9' de diamètre	"	85
— le pied du milieu	"	90
— les lacets, gâches, bouts soudés, poignée ajustée	1	50
Poignée pleine à part	1	"
à la grecque	1	25
évidée	2	"
avec bouton en cuivre	6	"
Support fin	"	50
à charnière	1	"
— terminée, de 4 pieds de longueur	6	20
de 6 pieds	8	90
de 8 pieds	10	35
— avec agrafes, panuetons, poignée, supports, le pied	1	50
Ferrure de store à vis de rappel, garniture complète	2	50
Fiches à trois lames de 4° de hauteur	"	15
de 5°	"	17
— à quatre lames de 6°	"	25
de 7°	"	28
de 8°	" 30 à	" 35
— à cinq lames de 9°	" 40 à	" 45
de 10°	" 50 à	" 60
— de brisure	" 50 à	" 70
— à chapelet pour guichet de porte cochère de 12° de hauteur	8	"
de 15°	10	"
de 18°	12	"
Filières en fil de fer normand, le quintal	90	"
pour sonnettes	80	"

Filières en fil de fer pour sonnettes plus fin	85f	"c
— en fil de laiton	275	"
Gâches et crampons à deux pointes émoulues d'un pouce	"	10
d'un pouce et demi, de	" 35 à	" 45
de deux pouces, de	" 50 à	" 60
— id. à deux pattes noircies de 18 lignes	"	15
de 24 lignes	"	25
— à rouleau, pène à retourner pour bec de cane	4	"
— à patte pour bec de cane	2	75
pour serrure de tour et demi	1	"
de deux pènes	1	25
de trois pènes	1	80
de quatre pènes	2	40
Gonds pour penture à pointe, à scellement ou à pierre, la livre	"	38
— à vis assortis	"	63
— les mêmes, la douzaine	"	40
— petits à pointe, polis d'un pouce, de	"	05
de 2 à 3 pouces	"	12
de 3 à 4 pouces	"	20
— forts à pointe ou scellement de 4 à 6°, le quintal	60	"
— plus forts de 5 à 6°	55	"
Laiton en branche, le quintal	250	"
Loquets provençal à ressort, sur platine, poignée losange, la pièce	1	"
pour porte maîtresse	2	"
— à cadole soigné, olive plate, ovale, de 11 à 30°, de	1 20 à	1 75
— à pouce, de	" 50 à	2	"
— à entailler pour volets de fermeture et mentonnet à vis	"	70
Loqueteau de croisée et de grande porte, pène droit, mentonnet, de 15 lignes à 4°, de	" 40 à	2	"
— de contrevent, pène coudé, mentonnet, de	" 40 à	2	25
— à manivelle, sur platine, de 2°	1	"
à platine bronzée, bouton cuivré	1	25
picolet de champ	2	75
à boîte bronzée, bouton sur le pène	1	75
à double manivelle et ressort	2	25
fixe ou sortante	4	"
— à fouillot, pour porte maîtresse, boîte bronzée, double manivelle à ressort, sur platine	6	"
à une seule manivelle	5	"
Loquetière ou loquet à clef, à boîte bronzée, entrée variée	1	75
sur platine noire, clef à bout	1	75
id. renforcée, foncet à vis, à rouet	2	25
bronzée, clef forée à chiffre, 2 rouets	3	"
Mentonnet à vis bleui de 4' à 27'	" 04 à	" 10
— à pointe découpée de 4' à 27'	" 04 à	" 10
— à deux pointes forgées assorties, le cent	10	"
— à pointe et patte forgée	12	"
Manivelle double en fer forgé de 4' à 18'	1 25 à	2 25
Marteau de porte bronzé à petite volute	2	"
à tête de bélier	3	"
à console uni de 4 à 18'	2	75

PART. IV. SECT. VII. *Des Devis, des Marchés et des Évaluations.* 323

Moraillon fermoir à charnière de 6º de longueur...... u^f 90^c
                   de 8º................. 1 10
                   de 10º................ 1 30
Panneton de volet avec gâche........................... " 25
Pattes en fer doux droites de 2º à 6º, le quintal.. 1 86 à 6 "
          à coudées de 2º à 6º............ 1 " à 3 50
          ordinaires assorties, le quintal..... 40 "
          à chambranle de 5º à 6º, le cent de compte................................ 27 "
          à contre-cœur....................... 8 "
          de croisée de 5º..................... 16 "
          de 3º à 6º assorties, la livre........ " 40
          à vis de 6º, chaque.................. " 15
Penture droite assortie de dimension, fer ordinaire, la livre.. " 30
          fer doux............................. " 35
          fer coulé............................ " 30
          pour volet de boutique, le quintal... 88 "
Pitons à vis tournée de 1º à 36º, le cent de compte, de.. 8 " à 45 "
Pivots d'armoire droits de 20 lignes à 4º, le cent de compte, de... 7 " à 20 "
          coudés de 20' à 3º, de....... 10 " à 16 "
         — à équerre pour porte battante................. 12 "
          pour guichet de porte cochère, en cuivre. 35 "
Plaques quarrées, entrées de serrure noires de 1º à 2º, le cent.. 4 "
Poignées d'espagnolette bronzée, pleines, fonte anglaise, la pièce.. 1 "
          à la grecque, fer forgé............ 1 25
          évidée, id............. 2 "
          en cuivre......................... 6 "
        — et ressort en cuivre................ 15 " à 20 "
          à tourillon avec lacet et olive........... 1 50
        — de loquet à olive, ovales ou lozanges........ " 60
          à S bien finie........................ " 75
        — de porte en fonte bronzée................... 1 "
        — de contrevent renforcée, à patte ou pointe..... " 25
        — de volet, arrêt à picolet, platine bronzée....... " 50
          à boule sans arrêt............... " 60
          Voyez *Crémone*.
Pointes ou clous sans tête assortis, de 6' à 3º, moyen 2º, le millier... 2 50
          le millier pesant 6 livres, la livre (150)........ " 40
Pommelles simples de 3 à 4º avec penture de 9º, la pièce. " 50
        — droites à douille, fortes pour persiennes de 5º à 11º, de.. " 30 à " 60
        — doubles à H de 5º à 7º, de............. " 70 à 1 "
        — doubles avec branches d'équerre double de 15'.... 4 "
Ressort à boudin en tôle d'acier de 4' à 3º, de.... " 06 à " 10
          assortis de 4 à 9º........................... 7 "
          de porte à tambour bronzés, de 4 à 18, de... 4 50 à 7 "
          Voyez *Poignée*, *Sonnette*.
Rondelles noires de fer renforcées de 6' à 27', le cent de compte, de....................................... 1 " à 5 "
Robinet d'aisances, de........................... 2 50 à 3 "

Serrure noire à canon, la pièce.................. 2^f "^c
     — bronzée à fouillot, loqueteau, gâche, mentonnet.. 3 50
     — de maître à manivelle, gâche, pène à retourner... 6 "
     — *id.* avec verrou de nuit, en cuivre............ 8 50
     — *id.* renforcée à bosse..................... 6 "
     — à cadenas renforcée......................... 6 "
     — de sûreté, à pompe, bouton de coulisse de 4º.... 16 "
     — à l'anglaise, pène fourchu, encloisonné de 6º.... 20 "
Sonnettes de 2º de diamètre........................ 2 40
          de 2º 1/2........................... 2 80
          de 3º.............................. 3 40
          de 3º 1/2........................... 4 10
Mouvement ordinaire de tirage ou de renvoi en cuivre, petit modèle............................. " 70
          le même à fourchette.................. " 90
Ressort de rappel en acier........................ " 70
          le même élastique à pompe........... 1 "
Coulisseau en cuivre, tige ronde................. 1 25
          à baguette, conduit tourné.......... 2 "
          à pomme par le bout................ 2 10
          Voyez *Tuyau*.
Supports d'espagnolette fixe...................... " 50
          à charnière......................... 1 "
          évidé à double croissant............. 1 20
          à console........................... 1 30
Targette avec platine, bouton tourné, le %, de.. " 30 à 90 "
Tirefond ou piton à vis tête en œil ou carré de 6' à 72', de.. " 5 à " 80
Tôle douce de Cazeville marquée 2 P, le quintal...... 30 "
          marquée PP., le quintal............. 32 50
Tourniquet d'imposte............................. " 10
     — simple à patte ou pointe avec vis de 3º........ " 40
     — double de tige à scellement de 4 à 5º.......... 1 "
Tringles à œil par les bouts de 6' de diamètre, le pied.. " 60
          de 8'.............................. " 80
Tuyaux pour conduite de sonnette en fer-blanc ou zinc de 4' de diamètre, le pied....................... " 30
          de 5'.............................. " 50
          de 6'.............................. " 65
          de 7'.............................. " 75
Varboles ou brides de verrous assorties de dimension, le cent.. 1 50
Vases de rampe en pomme de pin, en fonte bronzée, de 5 à 6º, la pièce............................... 3 50
     — en boule de marbre, base de cuivre, de 3 à 5º, de.. 8 " à 14 "
     — en œuf en fonte bronzé de 5º à 6º, de.. 2 " à 3 50
Verrous verticaux apparents, platine noire, picolet, bouton rond, pour porte à placard de 5º 1/2 à 3º, la pièce... " 50 à 1 25
          à panneaux de 5º 1/2 à 36º, de.. " 65 à 1 75
          à porte mi-pleine de 7º 1/2 à 36º, de... " 75 à 2 "
          pleine de 7º 1/2 à 36º, de.... 1 " à 2 50
     — très-renforcé pour porte cochère, picolet carré, bouton de 11º à 30º, de................ 2 50 à 4 "

Verrous pour porte forte, picolet rond, bouton de cuivre, de 11° à 36°, de.................. 1 40 à 4f »c
Verrous à entailler perpendiculaires, sur champ, coquille en cuivre, la pièce, de 11° à 36°, de................................... 1 10 à 2 50
  sur coquille fer renforcé, de.. 1 » à 2 25
  sur plat, *id.* de laiton, de.... 1 50 à 3 »
  à coulisse, mi-jonc de fer, de.. 1 » à 2 »
  bronzé, mi-jonc de cuivre, de. 1 20 à 2 40
— à pistolet noir, pène à patte ou à boule......... » 75
  bronzé nouveau modèle, pène coudé ou à bouton...................... » 90
Verrou horizontal demi-placard, platine évidée de 6° à 48°, la pièce, de.................... 1 60 à 9 60
  à placard, de 9° à 48°, de.... 3 » à 11 50
  à la capucine, platine en cuivre, de 18' à 3°, de..................... 1 » à 3 »
  pour porte cochère, forte platine de 21 à 24°, de.................. 9 » à 11 »
  commun, de diverses forces, de. 1 50 à 3 »
Vis à bois de 6' à 48' de longueur, le cent de compte, de................................... 3 » à 20 »

II. Quincaillerie de mobilier.

Anneaux de lit à étrier, fer bronzé, rosace en cuivre uni, chaque........................... 2 25
Boutons à patères de 3° à 4°, de............. » 30 à » 40
— de cristal............................ 1 50
Brochettes à gibier de 5° à 18°, le cent, de..... 7 » à 20 »
Cadenas (ci-dessus).
Cafetière en fer battu et étamé................ 2 » à 2 75
Casserole en fer battu et étamé............... 1 50 à 3 »
Chaise en fer................................. 8 »
Charnière de coffre de 6' à 20' sur 18, de...... » 40 à » 75
Chenets de cuisine avec boule et colonne tournée, la livre.................................. » 50
— à grosse boule nouveau modèle................. » 50
Clef à écrou dites anglaises de 9° à 13°, de..... 9 » à 12 »
Compas à charnière pour commode, la paire........ 1 60
Compas d'échelle double (ci-dessus).
Crémaillère de cuisine à anneaux, la livre....... » 50
Crochets de porte-montre, la paire.............. 1 25
— de surciel............................... » 15
— de puits ou porte-seau....................... 1 »
Croisillon pour coulisse de table à l'anglaise......... » 10
Croissants pour cheminée (ci-dessus).
Elastiques en fil de fer pour meubles.............. » 80
— pour tapissier............................. » 75
Etaux à pied de 20 à 50f et au-dessus, la livre....... » 90
Fauteuil de fer................................. 10 »
Ferrure de flèche à charnière..................... » 60
  à baïonnette, à pointe et à vis....... » 15
  à douille sur plaque................ » 30
  et tige avec écrou........ » 40
  renforcée, avec deux pitons à pointe. » 25
  la même, — à écrou.. » 35
  droite, à rondelle................. » 35

Ferrure de store à vis de rappel, bronzée, garniture complète............................. 2f 50c
Fers de maître à repasser, à lisser, chaque, de.. » 60 à 1 50
  à œuf avec manche assorti de grosseur............................ » 80
  à champignon, pied de bois......... 1 80
  le même, pied de fer fondu bronzé.... 1 40
  à plisser, emmanchés assortis, de.. » 15 à » 40
— de chapelier et de tailleur, montés et émoulus, chaque............................. » 75
Flambeaux argentés, la paire....................... 10 »
Flamboires à cornet.............................. » 75
Fouets à vin, chaque............................ 4 »
Grils à côtelettes, simples, légers, barreaux ronds.... 1 25
  pieds tournés, de........... 1 25 à 2 25
  polis, doubles, pieds tournés, de................... 3 » à 4 »
Gratte-boue portatif en fonte, grille carrée de 18° sur 35°............................ 7 »
— en fer forgé, à sceller au mur................. 2 »
— en fonte, à cuvette, bronzé, portatif...... 5 » à 6 »
Garde-cendre avec baguette de fer poli............ 8 »
— en fer laminé, corniche de cuivre poli, bronzé, de trois pieds, à coulisse, de 7° à 8°............. 10 »
— à balustre, en fonte, bronzé, et vase de trois pieds, coulisse de 7° à 8°........................ 25 »
— en fonte douce, à levrettes, galerie gothique, bronzé, de trois pieds, coulisse de 12°.......... 25 »
Lavabo en fer verni................................ 10 »
— la garniture............................... 13 50
Lave-pieds en fer étamé............................. 6 »
Loqueteau de commode, à secrétaire, en cuivre, à bouton.............................. » 50
Moulin à café ou à poivre, deux coupes de 9° à 17°, de.............................. 18 » à 28 »
Marteaux de tapissier, assortis de grandeur.......... 2 75
Moules à gauffres, montés, de..................... 4 50 à 9 »
Piège à taupe................................. 1 »
Pivot d'abattant de secrétaire, avec contrepoids, garniture........................... 2 75
  ordinaire, droit, renforcé......... » 60
Porte-cadenas renforcé, verni, de 4° à 6°, de.. » 25 à » 40
Porte-chapeau bronzé, en fonte, à deux boules, de............................. » 30 à » 40
— fer bronzé, deux boules palissandre et acajou..... » 60
— cuivre poli, écusson, deux boules............. 1 »
Porte-habit en fonte, bronzé, à charnière.......... 3 50
Porte-parapluie bronzé de 3 à 6 places.............. 7 »
Porte-pelle et pincettes, bronzé, cuvette à feuille de vigne, triangulaire.................. 5 »
— avec astragale en cuivre...................... 6 »
Plomb de maçon et charpentier, fer tourné de 9° à 14 de diamètre..................... 2 25 à 3 »
Pot de fonte étamée................................ 3 50
Pot à l'eau et cuvette de fer émaillé.............. 8 50
Poulie pleine en fonte, 1° à 30° de diamètre, de.. » 10 à » 40
Presses à bouchons pour cellier.................... 4 50
— montée en bois, levier, appui.................. 30 »

Presse à copier, cintrée, garniture de cuivre........ 25f » c
— cintrée nouveau modèle..................... 30 »
— bronzée, à colonne, garniture de cuivre........ 35 »
Réchauds de table à feu, bronzés, de............ 3 » à 6 »
Serrures noires pour boîte de fermeture à entaille avec
   clef, la paire............................. 2 50
— à cadenas dit cadenas à barre, chaque............ 5 »
— de sûreté, à pompe, pour tiroir, armoire et aube-
   ronnière, à entailler...................... 7 50
Supports de thyrse, renforcés, polis, poulies de cuivre,
   la garniture............................. 1 25
— avec double jeu de poulies, la garniture......... 2 »
Timbre sec avec presse, ou presse à fleuriste........ 35 »
Tournevis à trois pointes....................... » 60
— pour villebrequin à manche................ » 50
Tringle à œil par les bouts (ci-dessus).
Vis de tabouret et de piano..................... 3 »
— de billard, à écrou, tête à la romaine, cylindrique,
   de 4° 1/2............................... » 45
— de mécanique pour voiture, de 8° à 12°, de.. 3 50 à 6 »
— de couronne, du 6° à 10°, de............ » 30 à » 50
— de fondeur, assorties, le quintal............. » 55

ARTICLE 6.

Plâtrerie.

(2° Partie, C° Section, page 135.)

Il est fort minutieux, il est assez difficile de se rendre exactement compte des ouvrages de plâtrerie; comme les ouvriers de cet état ne peuvent répondre de leur travail, de son adhérence, de ses fissures et de son déversement, de sa solidité enfin, que lorsque le plâtre est de très-bonne qualité, il est d'usage qu'ils le fournissent eux-mêmes; et la main-d'œuvre est d'autant plus variable qu'elle tient beaucoup de l'habileté, de l'adresse et de l'intelligence de l'ouvrier; car, hors les travaux communs, ce métier est un art : aussi, il n'est pas facile d'établir des prix raisonnés. Nous allons cependant entrer dans quelques explications générales.

On peut évaluer, dans nos contrées, le quintal de plâtre, d'après l'éloignement de la plâtrière et la nature du transport, de 50 c. à 1 fr. 50 c., et les deux quintaux et demi qui forment l'hectolitre, c'est-à-dire environ trois pieds cubes ou 100 décimètres cubes, de 1 fr. 25 c. à 3 fr. 75 c. En prenant pour terme moyen un prix de 1 fr. par quintal, l'hectolitre sera de 2 fr. 50 c. pour les trois pieds cubes, ou environ 0,83 le pied cube, 0,04 la livre, et 0,25 le décimètre cube. On doit évaluer la quantité de plâtre que demande chaque mesure superficielle d'ouvrage d'après son épaisseur sur le pied de 179 fr. 28 c. la toise cube, et 23.92 le mètre cube.

(PP) *Tarif de la valeur du plâtre d'après l'épaisseur de sa couche par toise quarrée.*

ÉPAISSEUR.							
Lignes.	f.	Lignes.	f.	Pouces.	f.	Pouces.	f.
¼....	0 06	5.....	1 05	1.....	2 49	7.....	17 43
½....	0 11	6.....	1 25	2.....	4 98	8.....	19 92
½....	0 11	7.....	1 46	3.....	7 47	9.....	22 41
1.....	0 21	8.....	1 68	4.....	9 96	10.....	24 90
2.....	0 42	9.....	1 89	5.....	12 45	11.....	27 39
3.....	0 62	10.....	2 10	6.....	14 94	12.....	29 88
4.....	0 84	11.....	2 31				

Par exemple, la couche de plâtre employée pour scellement horizontal peut être évaluée au plus à quatre lignes ou à 0,84, et la couche pour scellement vertical à trois lignes ou 0,62. Or, comme la toise quarrée de brique côte à côte présente pour chacune cinquante pouces et a deux pouces d'épaisseur, 100 pouces quarrés, les quarante briques que l'on suppose nécessaires pour la toise quarrée, en déduisant les déchets, formeront 4000 pouces quarrés ou environ vingt-huit pieds quarrés, c'est-à-dire 7/9 de toise. Il faudra en distraire 1/9 au plus, et alors la couche de scellement horizontal de 3° ne sera que de 0 fr. 53 c. pour la toise quarrée.

Les enduits sont de trois sortes, qui se recouvrent l'une l'autre comme dans la maçonnerie. Lorsqu'on n'emploie pas le crépi à mortier de chaux, on le fait en plâtre de deux à trois lignes d'épaisseur pour 60 c.; la main-d'œuvre est de 60 c., et il revient à 1 fr. 20 c. Le second enduit, en plâtre bien criblé de deux lignes d'épaisseur, pour 40 c.; la main-d'œuvre est de 50 c., et il revient à 70 c. Le troisième, en plâtre choisi et noyé d'un quart à une demi-ligne d'épaisseur, pour 10 c., main-d'œuvre 20 c., et revient à 30 c. : les trois ensemble reviennent à 2 fr. 20 c.; mais quand on les fait de suite, sur la même surface, ils peuvent se compter de 1 fr. 50 à 2 fr. (*a*).

(*a*) Dans la ville, les ouvrages de plâtrerie sont en général plus élégants qu'à la campagne et moins chers; les ouvriers fournissent tous les engins; ils sont avec nous plus importants et moins actifs. Voici leurs prix ordinaires à Toulouse.

	T. QU.	M. QU.
1° *Plafonds* à tambour droits, trois couches............	6f 35c...	1f 80c
Id. cintrés...................	7 60...	2 »
Id. refaits, trois couches........	4 40...	1 10
2° *Cloisons* droites, enduites des deux faces............	6 25...	1 65
Id. cintrées.................	7 60...	2 »
Id. en vieux matériaux, droites..........	3 »...	» 80
Id. id. cintrées...	3 40...	» 90
3° *Enduits* simples sur partie droite................	» 90...	» 25
Id. cintrée..................	1 15...	» 30
	t. lin.	m. lin.
4° *Corniches* de 5 à 6° de retombée.................	1 70...	» 90
Id. plus grandes...........	2 10...	1 10

Si la toise cube de plâtre de montagne vaut en ville 144 fr. et le mètre cube 18 fr., le pied cube reviendra à 0,66 c. Lorsqu'on emploie du plâtre de Mont-

D'après ces éléments, on pourrait ainsi évaluer les gros ouvrages.

(N° 126.) *Plancher en brique.*

40 briques à 7ᶜ	2ᶠ 80ᶜ
Scellement des tranches	» 55
Scellement à plat	» 84
Main-d'œuvre	» 25
Toise quarrée	4 42
Mètre quarré	1 15

(N° 127.) *Cloison simple.*

Brique	2ᶠ 80ᶜ
Tranches	» 55
Main-d'œuvre	1 50
	4 83
1 enduit	1 »
Toise quarrée	5 83
Mètre quarré	1 27

(N° 128.) *Cloison double.*

80 briques	5ᶠ 60ᶜ
2 scellements de tranches	1 06
Scellement intérieur	» 84
Main-d'œuvre	2 »
	9 50
2 enduits	2 »
Toise quarrée	11 50
Mètre quarré	2 99

(N° 129.) *Plafond à augets.*

10 p. c. plâtre à 83ᶜ	8ᶠ 50ᶜ
½ t. q. latte à 3ᶠ	1 50
Main-d'œuvre	3 »
	12 80
2 enduits	2 »
Toise quarrée	14 80
Mètre quarré	3 51

(N° 130.) *Plafond à tambour.*

Latte	1ᶠ 50ᶜ
5 p. c. plâtre	4 15
Main-d'œuvre	2 »
	7 65
2 enduits	2 »
Toise quarrée	9 65
Mètre quarré	2 22

(N° 131.) *Plafond hourdé.*

18 p. c. rafles ou plâtras à 10ᶜ	1ᶠ 80ᶜ
9 p. c. plâtre à 83ᶜ	7 77
Main-d'œuvre	2 50
	12 07
2 enduits	2 »
Toise quarrée	14 07
Mètre quarré	3 45

(N° 132.) *Ouvrages à la toise quarrée ou courante et au mètre quarré ou courant.*

	Toise cour^te	Mèt. cour^t.
Grande corniche intérieure, la toise courante, matériaux pour masse 0,75, plâtre et main-d'œuvre 3,50	5ᶠ 25	1ᶠ 55
Moyenne corniche avec architrave, masse 0,50, plâtre et main-d'œuvre 2,50	3 50	0 91
Corniche ordinaire, d'après la hauteur, de	2ᶠ à 3 50	1ᶠ » à 1 77
Filets ou astragale	2 » à 3 »	1 » à 1 50

	Toise qu.	Mèt. qu.
Enduits de stuc à deux ou trois couches, d'après la perfection et la nuance	5ᶠ » à 9 »	1ᶠ 30 à 2 34
Enduits unis à trois couches confondues	1 50 à 2 50	» 39 à » 78

(N° 133.) *Ouvrages à la pièce.*

Imposte ou archivolte d'une grande porte imitant la menuiserie, d'après le diamètre, de	5ᶠ » à	8ᶠ »
Entablement de porte, imitant la menuiserie, d'après la largeur, de	3 » à	5 »
Décoration de cheminée en plâtre, suivant le dessin, de	15 » à	120 »
Scellement de chambranle de marbre avec joues stuquées, de	5 » à	10 »
Embrasure moyenne de croisée à trois couches, de	1 50 à	3 »
Embrasure moyenne de porte, d'après sa grandeur, de	2 » à	4 »
Culs de lampe, la pièce, suivant le dessin et le diamètre, de	5 » à	50 »

Comme nous l'avons dit, cette industrie est si variable que nous n'en avons parlé que pour ne pas passer sous silence cet objet important.

Les tuyaux de cheminée en brique droite, simple ou double, se compte, chaque toise de hauteur, pour une toise quarrée de cloison (*b*).

---

martre, beaucoup plus fort, qui redoute moins l'humidité, mais moins beau à l'œil et qu'il faut peindre, le prix en est le double, 288 fr., 36 fr., 1 fr. 32.

La démolition des plafonds vaut 19 c. la t. qu. (0,05 m. qu.); celle des cloisons avec nettoyage et arrangement des matériaux, 0,27 la t. qu. (0,07 m. qu.).

(*b*) Nous avons parlé, page 135, du plâtre ciment, et page 138, d'une addition d'une portion de couperose qui pourra, pour l'usage, le comparer en quelque manière à la chaux : nous parlerons dans l'article Ornements, ci-après, de l'addition du plâtre cristallin qui a produit le même avantage. Dernièrement, M. Abate, dans un Mémoire où il remonte aux principes, a indiqué, par l'emploi de la vapeur, un moyen de donner à cette substance la compacité et la dureté nécessaires pour résister aux influences atmosphériques, pour lui permettre de recevoir le poli du marbre sans altérer son fini et son moelleux, et sans le rendre moins propre au moulage. (L'extrait de ce Mémoire est rapporté dans la Gazette de France, du 19 août 1837.)

ARTICLE 7.
Carrelage.

(2ᵉ Partie, 7ᵉ Section, page 139)

Le carrelage est un revêtement d'aire horizontale avec des matériaux durs, scellés en mortier.

On place le plus souvent le carrelage sur la terre nue; mais lorsque le sol est une terre très-argileuse ou un tuf spongieux, par lesquels l'humidité reflue en syphon, tache le carreau, et rend l'aire constamment froide et souvent humide, on doit placer au-dessous de ce carreau une couche de pierraille ou de recoupes de pierre commune (et non de galets, de cailloux ni de riblons) que l'on range à la main et surtout de champ, que l'on entoure et recouvre de sable ordinairement de fouille, et que l'on comprime à la batte, de façon qu'à la pose du carrelage, le sable ayant enveloppé les éclats, permette à l'humidité ascendante d'y filtrer et de s'y répandre. Nous avons l'expérience que ce genre de soutrait (dont nous avons déjà parlé en traitant des planchers et parquets de menuiserie, page 309) produit un résultat bien supérieur à tout autre moyen d'assainissement, est même préférable à un double carrelage. Nous avons ainsi préservé entièrement de toute humidité et même de salpêtre des magasins à blé au rez-de-chaussée, très-mal sains et remplaçant d'anciennes écuries. Cependant il nous est arrivé que cette humidité, qui ne paraissait plus sur le carreau, se portait sur les murs latéraux; nous y avons pourvu dans les greniers par un rang de brique ou de carreaux chanfreinés posés verticalement le long des murs, et dans les appartements, au défaut de lambris, par une plinthe en menuiserie couronnée d'une cymaise, de manière à prolonger la décoration de la tenture. Nous avons quelquefois été obligés de porter à six pouces (0,16) l'épaisseur de ce soutrait. D'autres fois deux pouces (0,05) ont suffi; ainsi généralement une moyenne de quatre pouces (0,11) peut être admise, et conséquemment 12 p. c. (0,411 m. c.) par toise quarrée (5,80 m. q.) ou à peu près 10 dmt. c. par mètre quarré. On peut ordinairement évaluer ces pierrailles ou recoupes à 36 fr. la toise cube (4 fr. 80 le m. c.) mises en place. Les douze pieds cubes se composeront de 9 p. c. de pierre qui, à 17 c. le pied cube, valent 1 fr. 52, et de 3 p. c. de sable, à 3 c., 9 centimes. Ainsi le prix du soutrait sera de 1 fr. 62 c. par toise quarrée, et 38 c. pour le battage; en tout, 2 fr. (0,52 c. par m. q.) tout compris.

La couche de mortier que doit recevoir l'aire ne peut être supposée que de deux, un et demi, ou un pouce d'épaisseur, pertes comprises, et par conséquent de 6, 4 ½, 3 pieds cubes (0,20, 0,15, 0,10 m. c.) par toise quarrée (52, 35, 25 dm. c. par m. q.). Le pied cube vaut, en ciment commun, 1 fr. 20; en mortier de chaux, 47 c.; en mortier de terre, 5 c; en plâtre, 85 c. Ainsi, à deux pouces d'épaisseur ou 6 p. c., la valeur de ce mortier par toise quarrée sera, en ciment, de 7 fr. 20; en chaux, de 2 fr. 82; en terre, de 30 c.; en plâtre, de 4 fr. 93. A un pouce et demi, ou 4 ½ p. c., en ciment, 5 fr. 40; en chaux, 2 fr. 12; en terre, 14 c.; en plâtre, 3 fr. 73. A un pouce, ou 3 p. c., en ciment, 3 fr. 60; en chaux, 1 fr. 40; en terre, 15 c.; en plâtre, 2 fr. 40. Cette dernière proportion est la plus usitée.

On peut carreler en dalles, en pierre, en brique, en carreau et en marbre.

§ 1ᵉʳ. Dallage.

On n'emploie guère le dallage ou le revêtement en pierre non polie et seulement parée, tant sur la surface que sur les tranches, que pour les lieux fréquentés, plus ou moins ouverts à une grande circulation, tels que les églises, les halles et marchés, les trottoirs (a) des rues, les cages et repos des escaliers surtout extérieurs, les offices et cuisines, etc. Ce dallage se place à mortier de ciment ou mortier de chaux de 2° à 1° ½ d'épaisseur, c'est-à-dire de 6 pieds cubes ou 4 ½ pieds cubes par toise carrée, y compris le joint des dalles. Ces dalles sont en pierre dure ou moyenne; nous les supposerons sciées en bloc; elles pourront avoir 4°, 3° ou 2° d'épaisseur. La toise quarrée de celles de 4° demandera 12 p. c. de pierre; celle de 3°, 9 p. c.; celle de 2°, 6 p. c. En employant de la pierre de seconde division et de seconde classe, du prix de 432 fr. la toise cube et de 2 fr. le pied cube, le sciage de la première dalle présentera 288 p. q.; celui de la seconde, 216; celui de la troisième, 144; ce sciage vaut 2 c. le pied quarré; les parements peuvent être évalués à 5 c. le pied quarré, ou 1 fr. 80 c. la toise quarrée; la pose peut valoir 20 c. le pied, ou 7 fr. 20 la toise quarrée pour la première; 15 c., ou 5 fr. 40 pour les secondes; et 10 c. le pied, ou 3 fr. 60 pour la dernière; la première emploiera 6 pieds cubes de ciment; les deux autres aussi 6 pieds cubes, mais seulement en mortier de chaux. Ainsi sera établie l'évaluation :

(N° 134.) *Dallage de 4°.*

Pierre, 36 p. c., à 2ᶠ...................	72ᶠ ᵛ
Sciage, 288 p. q., à 2ᶜ................	5 76
Parement, 36 p. q., à 5ᶜ...............	1 80
Pose, 36 p. q., à 20ᶜ..................	7 20
Mortier ciment, 6 p. c., à 1ᶠ 20.......	7 20
Toise quarrée...............	93 96
Mètre quarré...............	24 70

(a) On peut couvrir les trottoirs d'asphalte par couches de 6 à 10 lignes d'épaisseur au prix de 19 fr. la toise quarrée (5 fr. m. q.).

(N° 135.) *Dallage de 3°.*

Pierre, 27 p. c., à 2ᶠ	54ᶠ »ᶜ
Sciage, 216 p. q., à 2ᶜ	4 32
Parement	1 80
Pose, 36 p. q., à 15ᶜ	5 40
Mortier de chaux, 6 p. c., à 47ᶜ	2 82
Toise quarrée	68 74
Mètre quarré	17 88

(N° 136.) *Dallage de 2°.*

Pierre, 18 p. c., à 2ᶠ	36ᶠ »ᶜ
Sciage, 146 p. q., à 2ᶜ	2 88
Parement	1 80
Pose, 36 p. q., à 10ᶜ	3 60
Mortier, 6 p. c., à 47ᶜ	2 82
Toise quarrée	47 10
Mètre quarré	12 24

§ 2. *Carrelage en pierre.*

Pour le carrelage en pierre dure, qui se polit difficilement, il faut par toise quarrée, en faisant la part des déchets et défauts, 6 p. c. de pierre d'une épaisseur réduite d'un pouce et demi ou 12 fr.; 144 p. q. de sciage, 2, 88 ; 36 p. q. de parements à 10 c. 3 fr. 60 c.; pose 36 p. q. à 25 c., 9 fr.; mortier 4 1/2 p. c. à 47 c. 2, 12, en tout 29 fr. 60 c. (7, 70 m. q.) Ce carrelage est très-solide, mais peu gracieux à l'œil: on trouve cependant des entrepreneurs particuliers qui se chargent du carrelage en pierre de montagne fine et polie, grise et blanche, au prix d'environ 40 fr. la t. q. (10 fr. m. q.), tout compris.

§ 3. *Carrelage en brique.*

Le carrelage en briques peut se faire de deux manières, les briques étant placées de champ ou posées à plat.

Le premier n'a lieu que bien rarement et pour remplacer le dallage, lorsque la solidité et la résistance sont préférables à l'agrément de la circulation, pour les trottoirs des rues, les prisons, les perrons extérieurs et autres lieux de fatigue et de surveillance. On emploie, à cet effet, des briques bien cuites, dites foranes, en céramique de marne, de Bouloc et de Castelnaudary. On emploie généralement ces briques dans les dimensions de 15° de longueur sur 10° de largeur et de 2° d'épaisseur; les violettes de 15° de longueur sur 5° de largeur, aussi de 2° d'épaisseur. (Dans ce calcul, on comprend l'épaisseur des mortiers.) On peut ainsi donner à l'épaisseur du carrelage 15°, 10° et 5°. La toise quarrée renferme 36 pieds quarrés et 5,184 pouces quarrés ; la tranche de la brique sur la longueur est de 30 pouces quarrés, ainsi que celle de la violette ; celle de la brique sur la largeur est de 20 pouces quarrés ; celle de la violette sur la largeur est de 10 pouces quarrés ; ainsi la toise quarrée de carrelage de 15° d'épaisseur, renferme 260 briques sur la largeur, celui de 10° renferme 173 briques sur la longueur et celui de 5° 173 violettes sur la largeur. Sur leur longueur, on peut supposer un déchet d'un dixième pour la taille et la casse des briques qui doivent être jaugées et frottées sur leurs deux faces et leurs quatre tranches ; cette taille vaut 4 c. pour chaque brique et 2 c. pour chaque violette, et la première qui vaut brute 18 c. est comptée 22 c., et la seconde, brute à 9 c. est comptée 11 c. On pourra compter pour le premier carrelage 9 p. c. de mortier ; pour le second, 6 p. c.; pour le troisième, 4 1/2 p. c. ; il est bon de n'employer que du mortier de ciment. La main-d'œuvre peut valoir 6, 4 et 2 fr. Voici ces diverses évaluations :

(N° 137.) *Carrelage de 15 pouces, brique de champ.*

Briques, 260, à 22ᶜ	57ᶠ 20ᶜ
Déchet	5 72
9 p. c. ciment, à 1ᶠ 20ᶜ	10 80
Main-d'œuvre	6 »
Toise quarrée	79 72
Mètre quarré	20 73

(N° 138.) *Carrelage de 10 pouces, brique de champ.*

Briques, 173, à 22ᶜ	38ᶠ 06ᶜ
Déchet	3 81
6 p. c. ciment, à 1ᶠ 20ᶜ	7 20
Main-d'œuvre	4 »
Toise quarrée	53 07
Mètre quarré	13 80

(N° 139.) *Carrelage de 5 pouces, brique de champ.*

Violette, 173, à 11ᶜ	19ᶠ 03ᶜ
Déchet	1 90
4 1/2 p. c. ciment, à 1ᶠ 20ᶜ	5 80
Main-d'œuvre	2 »
Toise quarrée	28 73
Mètre quarré	8 48

Le carrelage de brique posé de plat et le plus ordinaire (*b*), se fait de deux manières, à joints incertains et liaison-

---

(*b*) A Toulouse, le prix de la brique forane de marne est de 15 fr. le cent ; celui de la brique commune est de 10 fr. Le prix du carrelage neuf en brique forane taillée est de 12 fr. 15 c. (3 fr. 20 m. q.) ; en commune, de 10 fr. 60 c.

PART. IV. SECT. VII. *Des Devis, des Marchés et des Évaluations.*

nés, que l'on commence alors par le milieu de la pièce , et on joint les briques d'après la figure qu'elles présentent naturellement, c'est la méthode la plus solide , lorsque ce carrelage doit être ciré et frotté : en lignes parallèles, alors on contrarie les joints. Ainsi que nous venons de le dire, on emploie des briques rougettes et à marteau marneuses, de même jaugées, taillées et frottées tant sur le plat que sur les tranches. Ces briques, semblables à celles indiquées précédemment, ont une surface nette de 140 à 148 pouces quarrés, et il en faut 58 par toise quarrée, et 42 à cause du déchet que l'on peut admettre (10 ou 11 par m. q.) On emploie par toise quarrée un mortier d'un pouce d'épaisseur ou trois pieds cubes; dans les rez-de-chaussée, c'est du ciment ou du mortier de chaux; sur les planchers, c'est du plâtre ou du mortier de terre. La main-d'œuvre peut être supposée à 1 fr. 30 c. (40 c. m. q.). Dans les carrelages rustiques, on emploie de la brique rougette brute, ou même de la brique commune à mortier de chaux ou de terre. Voici ces évaluations réunies :

(N° 140.) *Évaluation du carrelage de brique posé de plat.*

Marne taillée, posée....
- en ciment........... t. q. 14.34
- m. q. 3.73
- en chaux........... t. q. 12.15
- m. q. 3.16
- en plâtre.......... t. q. 13.23
- m. q. 3.4
- en terre........... t. q. 10.89
- m. q. 2.85

Brique ordinaire brute, posée..........
- en chaux........... t. q. 3.95
- m. q. 1.30
- en terre........... t. q. 4.69
- m. q' 1.23

§ 4. *Carrelage en carreau.*

Le carrelage fait avec des carreaux de terre cuite est le plus généralement employé, surtout pour les pièces d'habitation. Ce carreau est l'objet principal décrit dans la 7ᵉ section, pag. 159, à laquelle nous renvoyons le lecteur, pour l'appréciation de ses diverses natures et qualités ; il est fabriqué dans toutes les briqueteries, mais il n'est pas communément d'une bonne nature ; le meilleur, le plus dur, le plus fin, se compose de céramique marneuse, et dans nos environs à Bouloc, à Narbonne, à Carcassonne, à Trèbes, et surtout, pour le Lauraguais, à Castelnaudary. La fabrique de Trèbes donne des carreaux d'une pâte encore plus fine ; ils sont mieux équarris, plus homogènes, d'une couverte émaillée plus égale et plus brillante, qui le rapproche des carreaux vernissés. L'usine de céramique de MM. Virebent fournit des carreaux durs, unis, dans les dimensions et les figures que l'on désire et de diverses nuances, pour compartiments simples ou composés.

On se sert le plus ordinairement du carreau de Castelnaudary, de 8 ou de 10° en quarré ; le carreau de 8° vaut, bien choisi, 7 fr. le cent ; celui de 10° vaut 10 fr. (c). Si on l'emploie brut, la toise quarrée en demande 90 de l'un, et 58 de l'autre, déchets compris ; s'il est taillé, elle en exige 102 ou 66. On pose ce carreau comme la brique, sur un lit de mortier de ciment ou de chaux au rez-de-chaussée ; et sur un plancher, un lit de plâtre ou de mortier de terre. Comme on ne compte en général qu'un pouce d'épaisseur, c'est par toise quarrée 3 pieds cubes. Il en est de même pour tous les autres carreaux. La main-d'œuvre est toujours à 1 fr. 50 c.

Le carreau de Castelnaudary brut de 8° avec déchet, peut revenir à 9 fr. 21 c. la toise quarrée scellé en chaux ; 10 fr. 29 c. en plâtre ; 7 fr. 95 c. en terre : celui de 10° 7 fr. 55 c. en chaux ; 8 fr. 63 c. en plâtre ; 6 fr. 29 c. en terre. Le carreau taillé de 8° 13′ 11 fr. en chaux ; 14 fr. 19 en plâtre ; 11 fr. 85 en terre : celui de 10° 9 fr. 51 c. en chaux ; 10 fr. 59 c. en plâtre ; 8 fr. 25 c. en terre.

Le carreau de Trèbes est difficile à tailler ; on l'emploie le plus ordinairement brut, parce que ses arêtes sont vives et ses tranches unies. Il y en a de 4° en quarré au prix de 5 fr. le cent ; de 5° à 7 fr. 50 c.; de 6° à 8 fr. 50 c. Il y en a aussi d'hexagones de 5 à 6° de diamètre ; il en faut 358 de ceux de 4°, 228 de ceux de 5°, 158 de ceux de 6° par toise quarrée ; leur pose plus délicate est de 1 fr. 75 c. pour les premiers, 1 fr. 60 c. pour les seconds, 1 fr. 50 pour les troisièmes. La toise quarrée de ceux de 4° revient, posé avec mortier de chaux, 21 fr. 06 c. ; en plâtre, 22 fr. 14 c.; en terre, 19 fr. 80 c.; ceux de 5° valent 20 fr. 11 c., 21 fr. 19 c., 18 fr. 85 c.; ceux de 6°, 18 fr. 71 c., 19 fr. 79 c., 17 fr. 45 c.

(2 fr. 80 m. q.), le tout on mortier de chaux. Si la brique n'est pas taillée, il est de 9 fr. 50 c. (2 fr. 50 m. q.), et de 8 fr. 45 c. (2 fr. 25 m. q.). Le carrelage remanié, en brique forane, est de 2 fr. 10 c. (0 fr. 55 m. q.), et en brique commune, de 2 fr. (0 fr. 52 m. q.).

(c) A Toulouse , le prix des grands carreaux de Castelnaudary de 10° est de 11 fr. le cent ; ceux de 8° est de 10 fr. ; enfin celui des petits carreaux à pans est de 15 fr. La toise quarrée des premiers, taillés à mortier de chaux, revient à 13 fr. 70 c. (3 fr. 60 m. q.); celle des seconds, à 14 fr. 89 c. (3 fr. 90 m. q.); celle des troisièmes à 11 fr. 40 c. (3 fr. m. q.). Si les carreaux sont bruts, la toise des premiers vaut 10 fr. 65 c. (2 fr. 80 m. q.); des seconds 11 fr. 40 c. (3 fr. m. q.); des troisièmes 5 fr. 70 c. (1 fr. 50 m. q.). Si le carreau est placé avec mortier de terre, la toise quarrée des premiers est de 9 fr. 10 c. (2 fr. 40 m. q.); des seconds et des troisièmes 9 fr. 80 c. (2 fr. 60 m. q.). Lorsque le carrelage n'est que remanié, il vaut 2 fr. 50 c. la toise quarrée (0 fr. 60 m. q.), ou 3 fr. 25 c. (0 fr. 85).

La décarrelage des grands carreaux est de 19 c. la t. q. (5 c. m. q.); celui des petits 22 c. (6 c. m. q).

La recherche des grands carreaux est de 75 c. la toise quarrée (20 c. m. q.); celle des petits 55 c. (15 c. m. q.).

Le décrottage des grands carreaux est de 50 c. la toise quarrée (15 c. m. q.); des petits 75 c. (20 c. m. q.).

Le carreau de céramique de Virebent en compartiment simple, vaut, posé en mortier de chaux, 29 fr. 41 c. la toise quarrée, et en compartiment composé, 37 fr. 41 c.

Celui des ouvriers réunis à Toulouse, aussi en céramique de marne en blanc et en noir, coûte de 6 à 8 fr. Les mêmes fabriquent des briques réfractaires pour les usines pyriformes, dans des prix divers de 16 à 75 fr. le cent, et des briques qu'ils nomment rustiques dans le prix de 40 fr.

§ 5. *Carrelage en carreaux vernissés.*

On fabrique, en certaines poteries, surtout à Marseille, des tuiles vernissées, avec lesquelles on forme extérieurement des cordons et des revêtements pour empêcher l'entrée des animaux malfaisants dans les colombiers et autres bâtiments. Ces tuiles sont plates, à crochets, et percées de trous, analogues à celles dont nous avons parlé à la section de la couverture, page 118. Mais, dans les mêmes usines, on fait aussi des carreaux du même genre, qui servent à revêtir des fourneaux potagers et autres constructions qui ont besoin de lavages fréquents; l'on s'en sert même quelquefois pour carreler des appartements, malgré la vicissitude qu'ils apportent à la marche, ce qui dispense d'employer des encaustiques. Ce carreau se place ordinairement brut, comme celui de Trèbes, car il se taille avec difficulté, à cause de sa dureté, avec la scie, le ciseau et le maillet. Cette taille occasionne souvent un déchet d'un huitième.

Ce carreau est de différentes couleurs; jaune, vert et rouge de diverses nuances et de plusieurs formes, quarrées, hexagones ou octogones; la première est la plus usitée. Il y en a depuis quatre jusqu'à dix pouces en quarré, c'est-à-dire, de 16 à 100 pouces quarrés, et le prix en varie, d'après sa dureté, le fini de sa pâte, la beauté et la solidité de son émail. On se sert principalement du carreau de 8 pouces, dont le prix varie de 10 à 40 fr. le cent. Pour les grands ouvrages, on se sert de celui du prix de 20 à 30 fr., chaque carreau du prix moyen de 25 c. En préférant le carreau de 8°, il en faut 90 par toise quarrée, y compris le déchet; si on le taillait, il en coûterait 2 fr. de plus; ce qui alors le ferait revenir à 27 c. On ne le place guère qu'à plâtre; la pose vaut environ 2 fr. et 2 fr. 30 c. lorsqu'il est taillé. D'après cela, le carreau vernissé revient à 22 fr. la toise quarrée, et s'il est taillé, à 29 fr. 30 c.

§ 6. *Carrelage en marbre.*

Ce genre de carrelage n'est ici que comme simple renseignement, car il est trop magnifique, trop dispendieux pour servir en architecture rurale. Quelquefois seulement on l'emploie pour remplacer les foyers de cheminée, ou en quelques cas exceptionnels. Au reste, on n'emploie que des marbres communs, quoique solides, et toujours blancs et noirs de diverses nuances, lesquels sont si abondants dans nos provinces, malgré l'augmentation de la main-d'œuvre, les droits de carrière et les frais de transport, ainsi que l'augmentation de la consommation intérieure ou extérieure qui en élève le prix; celui-ci, encore assez modéré, va de 2 à 3 fr. le carreau ou le pied carré (*d*).

On tire des carrières les marbres sciés en tranches et ensuite en carreau; on les polit légèrement sur leurs tranches; on les fait communément d'un pouce ou de 2 1/2 centimètres d'épaisseur; ce qui leur pourrait donner 3 fr. 40 c. de valeur le pied quarré, ou 40 fr. 80 c. le pied cube. Mais dans les grands ateliers, comme on emploie pour cet usage les résidus d'ouvrages plus considérables, on peut espérer de les trouver pour 24 fr., quelquefois 30 fr. le pied cube, c'est-à-dire, 2 à 3 fr. le pied quarré. On scelle ces carreaux en mortier de chaux, et si l'on craint que l'humidité les tache, on les place sur un soutrait en pierraille, tel que nous l'avons déjà décrit. La pose est ordinairement comprise dans le prix du marbre, parce que le marbrier s'en charge; mais on ajoute quelquefois, surtout à la campagne, 2 fr. pour les faux frais. Communément, les carreaux sont de 12 pouces de côté ou d'un pied quarré (10 dmt. qu.). Ainsi dans la première supposition, la toise quarrée reviendrait à 74 fr. (19. 24 m. q.), et dans la seconde, à 110 fr. (26. 26 m. q.).

Dans les bâtiments très-soignés, on remplace les carrelages par des aires plus ou moins compliquées qui imitent les anciennes *mosaïques*. D'après M. de Chastenet, architecte de l'école justement célèbre de Visconti, ces aires se composent, 1° d'une première couche de béton fin, avec de petites pierres ou tuileaux concassés, de 3 à 4 pouces (9 à 10 cmt.) d'épaisseur, bien comprimée; 2° d'une seconde couche de bon ciment de dix-huit lignes (4 cent.) d'épaisseur; 3° d'un second ciment de neuf lignes (2 cmt.) d'épaisseur. Sur ce ciment, encore frais, on place de petits cubes en marbre, qui, enfoncés avec une batte de fer, sont ensuite polis au grès, et avec lesquels ou peut même former des dessins, des sujets, des arabesques. C'est une sorte de magnificence pour des vestibules, des antichambres, des repos d'escalier, des salles à manger, mais qui ne nous paraît, pas plus que le carrelage en marbre, en harmonie avec la simplicité qui est le type de l'architecture rurale. On ne peut guère espérer qu'un entrepreneur l'exécute à moins de 20 à 30 fr. la toise quarrée (6 à 10 fr. m. q.) d'après la nature et le fini du dessin (*e*).

(*d*) A Toulouse, le prix du carrelage en marbre, en général, si les carreaux sont octogones, est de 99 fr. la toise quarrée (26 fr. m. q.), et s'ils sont quarrés, de 84 fr. (22 fr. m. q.).

(*e*) Un nommé *Croity*, italien, s'en acquitte très-bien.

Il est possible qu'ici surtout on nous trouve un peu faciles dans nos évaluations ; mais dans celles-ci aussi-bien que dans toutes les autres, nous avons toujours, comme nous l'avons dit ailleurs, supposé un choix sévère de matériaux et une main-d'œuvre soignée. Nous réunissons ici tous les modes de recouvrements solides des aires en maçonnerie dont nous avons parlé dans cet article, d'après leurs divers scellements.

(QQ) *Tableau général des recouvrements d'aire en maçonnerie.*

		Pied quarr.	Toise quarr.	Mètre quarr.
Dallage en pierre, avec ciment d'épaisseur de	4 pouc.	2f 61c	93f 96c	24f 70c
	3 pouc.	1 92	68 74	17 88
	2 pouc.	1 31	47 10	12 24
Dallage en brique de champ, en ciment d'épaisseur de	15 pouc.	2 72	79 72	20 75
	10 pouc.	1 47	53 07	13 80
	5 pouc.	0 80	28 75	8 48
Carrelage en pierre uni, en mortier de chaux		0 99	29 60	7 70
Id. de deux couleurs, id.		1 18	42 41	10 98
Carrelage en briques de choix	taillées { ciment	0 40	14 34	3 73
	{ chaux	0 33	12 15	3 16
	{ plâtre	0 36	13 23	3 45
	{ terre	0 30	10 89	2 85
	brutes { chaux	0 14	5 95	1 50
	{ terre	0 13	4 69	1 25
Carreau de Castelnaudary	{ chaux	0 26	9 21	2 37
	de 8p. brut { plâtre	0 28	10 29	2 69
	{ terre	0 22	7 95	2 07
	taillé { chaux	0 36	13 11	3 44
	{ plâtre	0 39	14 19	3 67
	{ terre	0 33	11 85	3 08
	de 10p. brut { chaux	0 21	7 55	1 96
	{ plâtre	0 24	8 63	2 25
	{ terre	0 18	6 29	1 64
	taillé { chaux	0 26	9 51	2 48
	{ plâtre	0 29	10 59	2 76
	{ terre	0 23	8 25	2 15
Carrelage en carreau de Trèbes	de 4p. { chaux	0 58	21 06	5 22
	{ plâtre	0 61	22 14	5 76
	de 5p. { chaux	0 56	20 11	5 23
	{ plâtre	0 59	21 19	5 49
	de 6p. { chaux	0 52	18 74	4 90
	{ plâtre	0 55	19 79	5 14
Céramique de Virebent, à mortier de chaux	simple	0 82	29 41	7 65
	composé	1 39	57 41	12 33
Céramique vernissée de 8p., posée à plâtre	brut	0 62	22 50	5 72
	taillé	0 77	27 "	7 15
Mosaïque posée en ciment	simple	0 56	20 "	6 "
	décorée	1 12	40 "	10 "
Carrelage en marbre, posé en chaux	commun	2 06	74 "	19 24
	de choix	3 06	110 "	26 26

ARTICLE 8.

Pavage.

(2e Partie, 8e Section, page 141.)

Ainsi que nous l'avons déjà fait pressentir, rien n'est plus difficile que d'évaluer théoriquement le cube de galets et de cailloux que peut exiger la toise quarrée de pavage, à cause de l'irrégularité de ce genre de matériaux et de la difficulté de préciser leur arrangement, et il faut en cela s'en rapporter principalement à une expérience souvent vague et fautive. Aussi nous nous bornerons à supposer que la toise quarrée de galets de 6°, de longueur pourra demander 18 pieds cubes ; celle de galets de 5°, 15 pieds cubes ; celle de galets de 4°, 12 pieds cubes ; d'ailleurs il est ordinaire que ces galets se trouvent communément mêlés dans leurs diverses dimensions. Mais ces galets, placés côte à côte avec toutes leurs irrégularités, présentent une surface inégale et rude sous les pieds. Aussi a-t-on imaginé d'équarrir, en les refendant, les plus gros de ces galets, afin d'imiter, quoique de loin, les gros pavés de grès employés ailleurs, de manière à obtenir une marche plus douce et plus égale : c'est ce que nous appelons ici *pavé à l'alsacienne*. Ce genre de pavé présente ordinairement une face supérieure apparente de 9° quarrés, et demande par toise quarrée au moins le même cube que le pavé de 6°, afin qu'après sa refente il puisse présenter la surface que nous venons d'indiquer.

Ces difficultés d'appréciation se retrouvent encore plus nombreuses pour l'évaluation du prix de la toise cube de galets, rendue sur l'atelier. Sur le bord de l'eau, ils ne coûtent que l'extraction et la sortie de la rivière ; chaque toise cube, dans la position la moins aisée, peut demander le travail de quatre journées d'homme qui valent 6 fr. ; mais c'est le transport qui constitue véritablement les frais de cette fourniture. A une petite distance, les quinze tombereaux, qui suffisent pour transporter la toise cube dans un jour avec la charge et la décharge, peuvent aussi valoir 6 fr. ; ainsi cette toise reviendrait à 12 fr. Lorsque la distance est plus considérable, comme à 3000 toises ou 6 kilomètres, et d'après l'état de viabilité de la route, on doit compter que ces voyages qui, dans ce cas, peuvent valoir alors 8 fr. chacun, demandent pour la toise 120 fr., ce qui pourrait établir le prix sur l'atelier à 132 fr. Ce prix doit nécessairement s'élever ou s'abaisser suivant l'éloignement ; mais, dans cette supposition ou une supposition analogue, le prix du pied cube est de 0.60 (8 fr. m. c.).

Ainsi, les 18 p. c. des galets de 6° valent 12 fr. 80 c. par toise quarrée, les 15 p. c. des galets de 5° valent 9 fr., les 12 p. c. des galets de 4° valent 7 fr. 20 c. Le mélange des deux dernières formes, ce qui est assez ordinaire, serait alors de 8 fr. 10 c. (mètre quarré 3.22, 2.53, 1.85, 2.10). Pour le pavé refendu, on ajoutera au prix de la première classe 70 c. pour la refente, ce qui fait revenir la toise quarrée à 15 fr. 50 c. (m. q. 3.50). Le premier galet emploiera par toise quarrée 9 pieds cubes de sable à 5 c. ou 45 c. par toise quarrée ; le second 7 p. c. ou 35 c. ; le troisième 5 p. c. ou 25 c. ; le mélange 6 p. c. ou 30 c. (m. q. 0.12 c., 10 c., 6 c., 9 c.); le pavé refendu pourra exiger 50 c. de sable. La main-d'œuvre pourrait être évaluée à 2 fr. pour le premier galet, à 1 fr. 75 pour le second, à 1 fr. 50 pour le troisième et le quatrième, et à 2 fr. 50 pour le galet refendu. Ainsi, la toise quarrée du premier sera d'une valeur de 15 fr. 25 (m. q. 3.95); celle du second de 11 fr. 10 (m. q. 2.90); celle du troisième de 8 fr. 95 (m. q. 2.30); celles des second et troisième confondues de 9 fr. 90 (m. q. 2.55); enfin celle des pavés refendus de 16 fr. 50 (m. q. 4.30).

Pour les cailloux des champs, au moyen du râteau, un homme peut en ramasser une toise par jour; il met plus de temps à les passer à la claie ; mais plus ordinairement ce sont ou des femmes ou des enfants qui les ramassent à la main et y emploient huit jours à les cribler et empiler ; d'une manière ou d'une autre, la toise cube peut revenir à 4 fr. Le transport est aussi bien difficile à apprécier ; mais une journée de tombereau peut faire quatre voyages, et par conséquent pour la toise cube, ou 36 fr. avec le ramassage 40 fr., ou 19 c. le pied cube ; il faut 3 pieds cubes de sable ou 15 c. ; la main-d'œuvre serait de 1 fr. 25 c. ; la toise quarrée reviendrait à 3 fr. 51 (m. q. 92 c.).

Si l'on employait du mortier de chaux pour le pavage (a), ce qui est moins ordinaire, comme son prix est à 44 c. le pied cube, il en faudrait pour les galets de 6°, six p. c. ou 2 fr. 64 (70 c. m. q.); pour celui de 5°, cinq pieds c. ou 2 fr. 20 (57 c. m. q.); pour celui de 4°, quatre pieds cubes ou 1 fr. 76 (45 c. m. q.); pour le pavé refendu, 8 p. c. ou 3 fr. 52 (93 c. m. q.); pour les cailloux 2 p. c. ou 88 c. (22 c. m. q.). On emploierait alors en recouvrement 3 p. c. de sable de rivière, à 7 c. ou 21 c.

Ces diverses évaluations sont ici résumées :

(RR) *Evaluation générale des diverses natures de pavage.*

	Toise quarr.	Mètre quarr.
1. Galets de 6°, posés en sable...........	15' 25'	3' 95'
Id. posés en chaux...........	17 45	4 55
2. Galets de 5°, posés en sable...........	11 10	2 90
Id. posés en chaux...........	12 95	3 35
3. Galets de 4°, posés en sable...........	8 95	2 30
Id. posés en chaux...........	10 40	2 70
4. Galets de 5 et 4° mélangés, posés en sable.	9 90	2 55
Id. posés en chaux...........	11 55	3 ″
5. Galets refendus, posés en sable........	16 50	4 30
Id. posés en chaux........	19 52	5 10

(a) A Toulouse, le pavage neuf en cailloux mêlés, mais sans mortier, vaut 3 fr. 84 la t. q. (1 fr. m. q.) ; remanié seulement, 2 fr. 25 (60 c. m. q.). Le pavage en cailloux ordinaires ou menus galets confondus, mais mortier de chaux en neuf 8 fr. 70 t. q. (1 fr. 30 m. q.) ; le même remanié 2 fr. 75 (70 c. m. q.). Celui en petits cailloux choisis et raccordement dit genre mosaïque vaut 11 fr. 40 la t. q. (3 fr. m. q.). Le même remanié 4 fr. 75 t. q. (1 fr. 25 m. q.).

ARTICLE 9.

Marbrerie.

(2ᵉ Partie, 9ᵉ Section, page 143.)

Le prix du marbre brut est relatif à l'éloignement de la carrière, à la difficulté de l'extraction et du transport, à sa plus ou moins grande abondance ; il est surtout relatif à sa qualité, à sa nature et à son poids. Il est très-difficile d'établir ce prix d'une manière générale et spéciale pour chacun d'eux. Pour nos provinces, les marbres du Languedoc, de Gascogne et des Pyrénées peuvent valoir, en chantier, de 6 à 10 fr. le pied cube, et l'équarrissage grossier 1 fr. à 2 fr.; ceux du Dauphiné, de Provence et du Piémont, de 15 à 25 fr.; ceux du centre de la France, de 12 à 20 fr. ; ceux du Nord, de 15 à 25 fr.; ceux des pays étrangers, de l'Italie, de la Grèce et de la Turquie, de 18 à 30 fr., surtout à cause des droits qui les frappent à leur introduction. Mais, dans cette échelle, quelque éloignés que soient les extrêmes, il existe un grand nombre de restrictions, de réserves, et souvent de contradictions.

Le sciage du marbre a lieu avec la scie sans dents, l'eau et le sable ou le grès, mieux avec la scie de Moulins ou la scie mécanique. Le prix de ce sciage est aussi en rapport avec la dureté et la difficulté, et par conséquent avec la qualité du marbre.

Le sciage des granits et des porphyres est évalué de 3 à 15 fr. le pied cube; ce n'est au fond qu'une taille dégrossie ; celui des marbres en lames, dalles ou tranches, qui est la seule manière de l'employer en architecture rurale, et presque toujours en architecture civile, peut être évalué à 1 fr. pour cette taille dégrossie.

La taille des premiers marbres peut coûter de 8 à 10 fr. ; celle des seconds, 1 fr. à 1 fr. 50 le pied quarré.

Les évidements peuvent valoir de 5 à 10 fr. le pied cube.

Le grattage et le polissage des granits et porphyres valent 3 fr. à 5 fr. le pied quarré ; celui des marbres, environ 1 fr. 50. On observera que c'est sur la malfaçon apportée à cette main-d'œuvre, ainsi que sur la négligence dans les évidements que les marbriers trouvent leur principal bénéfice.

Ainsi, le prix du pied cube pour nos marbres se compose de 7 fr. de poids, de taille brute 1 fr. ; en tout 8 fr. (a).

Le prix du pied quarré se compose approximativement de taille et polissage 1 fr. 50 ; de valeur de marbre au douzième de la solidité 66 c. ; 1 fr. 50 de sciage ; en tout 3 fr. 66.

Ces tranches sont ordinairement établies à 9, 12, 15 ou 18 lignes d'épaisseur, et leur prix de revient diffère, soit pour la quantité de matière, soit pour le sciage, la taille et

(a) Dernièrement, une compagnie marbrière s'est fondée pour l'exploitation des marbres du Nord et du centre de la France : son siège est Paris, rue de Rivoli, 176 ; déjà elle se propose de donner, en terme moyen et rendu, le pied cube de marbre, qui d'après le tarif Morin, de 1853, était de 30 fr. 50 c. (902 m. c.), à 8 fr. 50 c. (247 m. c.).

PART. IV. SECT. VII. *Des Devis, des Marchés et des Évaluations.* 333

le polissage. Si l'on suppose, par exemple, que le pied cube taillé, équarri et réparé vaut 10 fr., et 11 fr. 50 avec la taille de ses quatre parements, il peut fournir environ 12 pieds quarrés de tranche qui reviennent à 96 c., et avec les 1 fr. 54 de sciage et de travail confondus, à 2 fr. 50. L'appliquant aux trois épaisseurs supposées, le pied carré, poli et ragréé, lorsqu'il est de 9 lignes (0,020), vaut, comme on l'a dit, 2 fr. 50 (25 c. dmt. q.); lorsqu'il est de 12 lignes (0,027), 3 fr. 15 (29 c. dmt. q.); lorsqu'il est de 15 lignes (0,034), 3 fr. 76 (35 c. dmt. q.); et s'il était de 18 lignes (0,040), il vaudrait 4 fr. 38 (40 c. le dmt. q.).

Comme les plus petits chambranles, qui sont le principal usage du marbre en architecture rurale, comprennent environ 9 pieds quarrés, ils valent, à 9 ou 10 lignes d'épaisseur, 3 fr., ou 27 fr. et 5 fr. de pose et d'ajustage, total 32 fr.; les plus grands en comprendront 15 p. q., ou 45 fr.; ceux à consoles, 19 p. q., ou 57 fr.; ceux à colonnes, 40 p. q., ou 120 fr.

Les plus petits chambranles ont 4 pieds de longueur; il y en a de 4 p. ½ et de 5 p.

Lorsqu'on y place des foyers de 6° de largeur, ils produisent, les premiers, 2 p. q.; les seconds, 2 p. ¼; les troisièmes, 2 p. ½; lesquels, à 2 fr. 50, valent 5 fr., 6 fr. 25, ou 7 fr. 50 (*b*). Nous avons surabondamment parlé du carrelage en marbre, page 330.

Au reste, comme nous voulons parfaitement éclairer nos lecteurs sur une matière aussi délicate, nous joignons ici un tableau du prix de compte réglé du pied cube de marbre, du pied quarré de tranches de diverses épaisseurs, et des chambranles, etc., avec des tablettes unies ou profilées, d'après la nature du marbre employé.

(SS) *Evaluation des ouvrages de marbrerie.*

DÉSIGNATION des VARIÉTÉS DE MARBRE DES PYRÉNÉES.	VALEUR				
	du pied cube.	DU PIED QUARRÉ d'une épaisseur de			d'un CHAMBRANLE d'une largeur de
		9°	12°	15°	4 p. | 4½ p.
1° Blanc statuaire............	12' 60	2' 94	3' 91	4' 22	n' | n'
2° Blanc veiné...............	9 24	2 15	2 85	3 17	36 | 42
3° Bleu turquin...............	8 22	1 90	2 53	3 28	30 | 35
4° Bleu fleuri.................	8 56	1 98	2 64	3 37	32 | 36
5° Griotte ordinaire..........	9 25	2 06	2 64	3 37	32 | 36
6° Acajou, hortensia, isabelle, nankin, rose...............	9 25	2 15	2 85	3 37	32 | 36
7° Campan vert, campan rouge.	9 25	2 15	2 85	3 37	32 | 36
8° Sarrancolin...............	8 90	4 06	2 74	4 22	35 | 40
9° Brèche caroline, grise, et autres variétés de brèche.....	8 56	1 93	2 63	3 37	35 | 40
10° Petit antique.............	9 98	2 30	3 06	4 22	35 | 40
11° Grand antique............	13 10	3 03	4 06	5 28	36 | 42

(*b*) On compte que la valeur d'un chambranle de marbre ordinaire, sans foyer, tablette unie, est de 30 à 32 fr., avec foyer de 33 à 35 fr. Si cette dernière est profilée, le prix du chambranle revient à 37 fr., et avec foyer de 42 fr.

ARTICLE 10.

Grillage.

(2° Partie, 10° Section, page 149.)

Ordinairement les grillageurs fournissent le fil de fer, et sont payés à la pièce ou au pied quarré. Cette fourniture vaut 15 c. par pied quarré, la main-d'œuvre en vaut 30 c., en tout 45 c.; mais le terme moyen est relatif à la largeur de la maille et à la quantité d'ouvrage commandé.

Le pied courant de châssis en fer plat ou *feuillard* peut valoir 40 c. (1 fr. 20 le m.); celui de la tringle est de 50 c.

Le fil de fer qui vient de Limoges coûte 90 c. la livre du n° 12 au n° 8, et 1 fr. du n° 8 au n° 4. Le fil de laiton de l'Aigle vaut 3 fr. 25; la façon de celui-ci vaut de 40 à 50 c. le pied quarré (4 fr. 25 m. q.).

Supposons donc un châssis de 18° de largeur sur 4 pieds de hauteur avec une traverse, et qui renferme un espace de 6 p. q. (0,63 m. q.), ou ⅙ de toise. Il faudra pour le châssis 11 p. 6° de fer qui, à 25 c., valent 5 fr. 50; le grillage vaudra 1 fr. 80, le tout 7 fr. 30; ce qui fait revenir le pied quarré à 1 fr. 20, la toise quarrée à 43 fr. 80, le mètre quarré à 11 fr. 38.

Les grillages intérieurs qui se font en fil de laiton sont communément de 5 à 6 lignes, avec du fil n° 7; le pied quarré de ce grillage peut revenir à 30 c. de fil et 40 c. de façon; en tout 70 c. (5 fr. 74 m. q.)

ARTICLE 11.

Treillage.

(2° Partie, 11° Section, page 150.)

Les tringles pour treillage s'achètent refendues. Ce sont les ouvriers treillageurs ou les fabricants de cercles qui les refendent et les replanent. Ces tringles se font en chêne et bois dur, en bois résineux ou en bois blancs ou barres de saule. On les vend à la botte, d'une longueur indéterminée, mais de manière que cette botte réunisse 216 pieds ou 36 toises (70 m). Le prix de la botte, en bois dur, est d'environ 1 fr. 75, ou 5 c. la toise; en bois résineux, de 1 fr. 50, ou 4 c. la toise; en bois blanc, de 1 fr., ou 2 c. la toise. Le replanissage, qui se fait dans les moments perdus de la morte saison, se paye à raison de 72 c. la botte, ou 2 c. la toise. Comme en terme moyen les tringles, dans l'usage, sont espacées de 5° de milieu en milieu, il faut en compter 24 p. sur la longueur et autant sur la largeur, par conséquent 48 pieds (15 m. 60), ou 8 toises linéaires par toise quarrée. La toise de montant revenant, avec les déchets inévitables, à 56, 48, 40 c. la toise, d'après la nature du bois; comme la toise quarrée, en moyenne, exige 4 toises par toise quarrée, il en faudra pour cette superficie 2 fr. 24, 1 fr. 92, ou 1 fr. 60 par toise quarrée.

La livre de fil de fer, dit *nul*, ou de Limoges, n° 7, qui coûte 1 fr., donne 200 pieds (65 m.) de longueur; le fil normand, pour pointes, n° 10, d'une ligne et demie, vaut 90 c., et elle produit 18 à 19 pieds de longueur, et fournit de 200 à 220 pointes. La toise quarrée demande 10 c. de fil de fer ou de pointes, et 50 c. de main-d'œuvre.

Ainsi, la toise quarrée vaudra, pour les montants, 2 fr. 24 c., 1 fr. 92, ou 1 fr. 60; pour les tringles, 45 c., 32 c., ou 24 c.; total, en bois, 2 fr. 69, 2 fr. 24, 1 fr. 84; plus, pour chacune, 60 c. de fer ou de main-d'œuvre.

ARTICLE 12.
Plomberie.
(2ᵉ Partie, 12ᵉ Section, page 151.)

Le prix du quintal de plomb en saumon est de 46 fr., 46 c. la livre, ou 92 c. le kilogramme; celui du vieux plomb est de 44 fr. 44 c. la livre, ou 88 c. le kilogramme, réduction de 4 p. % et soudure comprise (*a*); celui de l'étain est depuis 120 jusques à 210 fr. Le quintal de plomb coulé sur sable, toile ou pierre, est de 54 fr., 54 c., ou 1 fr. 08 c.; et posé en place, 56 fr. 50; ce qui porte la main-d'œuvre à 2 fr. 50. Le plomb laminé est à 56 fr.; les tuyaux moulés, 54 fr.; les menus ouvrages 54 fr. 60; les tuyaux physiqués, 62 fr: Le quintal de soudure vaut 84 fr., et avec son emploi 115 à 114 fr., ou environ 1 fr. la toise courante.

Au moyen du tarif que contient la section correspondante, page 151, on peut d'autant plus facilement établir le devis de la plomberie; si, par impossible, cela devient nécessaire en architecture rurale, la main-d'œuvre est généralement comprise dans le prix de la matière, telle que nous l'avons indiquée.

ARTICLE 13.
De la Fontainerie.
(2ᵉ Partie, 13ᵉ Section, page 152.)

Le pied courant d'un corps de pompe en bois d'orme choisi, vaut 4 fr.; lorsqu'il est en aune, qui est aussi durable, il est rare qu'il vaille moitié; celui de la tringle en bois d'aune avec cercle de fer, 35 c.; le manchon en cuivre du bas, de 12° à 16° de hauteur sur 4° de diamètre, de 13 fr. à 14 fr.; le clapet et sa boîte, 8 fr.; le piston, 12 fr.; chaque cercle en fer, 2 fr. à 2 fr. 50; l'armature en fer, châssis, balancier, tringle, 1 fr. 55 c. le pied, ou 90 c. la livre; les brides, de 3 à 5° chacune, 5 à 6 fr.; celles à trois écrous vont jusqu'à 8 fr.; le cuivre neuf pour robinet, 50 c. la livre. Un robinet de 6 lignes de diamètre, 5 fr. à 8 fr.; celui de 9 lignes, de 7 fr. à 11 fr. 50 c.; celui de 12', 9 fr. 60; le même, à tête et en cuivre, 14 fr.; celui de 15 lignes, 12 fr. 80; celui de 18 lignes, 15 fr. 90 c. Les grands robinets, 2 fr. 80 c. la livre; ceux à col de cygne, de 15 à 20 fr. chacun; ceux à douille et à vis, 25 fr.; ceux de salle à manger, suivant le modèle, de 9 à 15 fr.; ceux de garde-robe, suivant leur force et leur appareil, de 25 à 50 fr.; les soupapes pour baignoires, de 5 à 15 fr.

Les colonnes d'aspiration des pompes en plomb, valent, par livre, 55 c., et 60 c. en tuyaux physiqués.

Les colonnes en cuivre potin valent de 2 fr. 70 à 3 fr. la livre: celles en cuivre fin, 2 fr. 50; chaque piston garni, 16 fr.; chaque clapet à soupape en étain et ses cuirs, 9 fr.; chaque vis à chapeau, de 1 fr. à 1 fr. 50.

Les cuvettes et pots de belle faïence valent de 6 à 25 fr.; la garniture d'une cuvette, 35 fr.; celle d'un pot, 28 fr.; lorsqu'elle est plus simple, 13 fr. Pour les appareils complets en fer, voyez la serrurerie, page 520.

La maison Japy et Comp. fournit des pompes aspirantes et foulantes à double effet, à levier vertical ou horizontal, pour puits de jardin, cuisine, buanderie, salle de bain ou autres usages intérieurs: il suffit que la différence de niveau soit inférieure à 24 pieds (8 m.). On peut, en plaçant la pompe, en poser le mécanisme au-dessous du sol, afin d'éviter les effets de la gelée. Ce mécanisme est appuyé sur une pièce de bois dur, et spécialement de chêne; les tuyaux d'ascension peuvent être en fonte et mieux en plomb: ces pompes sont mises en mouvement par le bras, et peuvent servir pour des puits de 30 à 36 pieds (10 à 14 m.) de profondeur; elles peuvent être mobiles et transportables, au moyen d'une caisse, pour servir en cas d'incendie; elles sont des n°ˢ 1 à 3. Pour un puits de jardin, profond de 33 pieds, le mécanisme est d'une valeur de 120 fr.; le tuyau de plomb coûte 2 fr. 60 le pied (8 fr. m.). Cet appareil, si les forces de celui qui le met en mouvement sont suffisantes, peut, dit-on, élever 3,000 litres à l'heure, la pose de cette pompe étant rendue sur le lieu, ne dépasse guère de 15 à 20 fr. (*a*).

M. Saint-Romas, place Saint-Aubin, 34, a imaginé une noria peu compliquée, qui, mue à bras, peut élever 5 ou 6,000 litres par heure. Elle est confectionnée par Denjean, serrurier, rue de la Colombe, 19.

Les seaux, augets ou godets qui garnissent la corde ou chaîne doivent être petits et légers, en fer-blanc, zinc, même en caoutchouc: une noria de cette nature peut valoir de 200 à 300 fr.; son mouvement est fatigant. On se sert aussi d'une simple chaîne dont les aspérités et les chaînons, trempant dans l'eau, la montent par leur contact immédiat d'après la règle des affinités; ce moyen, très-économique, ne produit pas un effet rapide.

(*a*) A Toulouse, le plomb neuf en table ou en tuyaux vaut 27 à 28 c. la livre mis en place; celui du plomb vieux pour échange mis en place 9 c.

(*a*) Il y a à Toulouse, chez M. Yarts, dont nous avons parlé à l'article de la Ferrure, un dépôt de ces pompes.

PART. IV. SECT. VII. *Des Devis, des Marchés et des Évaluations.*

On se sert tout simplement d'une poulie, dont la chape en fer est placée au-dessus de l'orifice du puits, et dans laquelle joue une corde de chanvre ou d'écorce, si l'on ne préfère une chaîne. Le diamètre de la poulie doit être grand ; le rouet doit pirouetter dans sa chape, pour qu'on puisse élever tour à tour les deux seaux d'une capacité relative à la force employée. On évalue à 72 litres élevés à 3 ou 4 pouces par seconde le travail d'un homme qui tire de l'eau pendant six heures par jour ; ce qui fait 3,6 litres élevés à 3 pieds par seconde, ou à peu près 60 barriques moyennes (120 hectolitres), c'est-à-dire, 378 pieds cubes d'eau élevés à 3 pieds par heure. Cette machine, peu coûteuse, ne demande presque aucun entretien, dure longtemps, mais ses produits ne sont pas considérables, et sa manœuvre est fatigante.

Après avoir pompé de l'eau, on a ordinairement besoin de l'évacuer promptement, soit d'un bain, soit d'une buanderie, etc.; on se sert alors de conduites en céramique ou en briques dures, creuses, rondes, demi-rondes, ou même plates. Ces conduites, aussi appelées *cannelles* à Toulouse, se trouvent en plusieurs briqueteries, mais surtout chez les Ouvriers réunis, rue Saint-Antoine du T, n° 30 ; fabrique très-étendue, et dont nous aurons occasion de parler en traitant des ornements d'architecture. Ces cannelles, d'après leurs dimensions, valent de 20 à 50 c. le pied courant. S'il faut les appuyer, pour les rendre plus fermes, sur des briques réfractaires, utiles aussi pour les cheminées, les poêles et autres usines à feu, ces briques valent de 15 à 20 fr. le cent ; à meilleur marché, on pourra employer ce que cette fabrique appelle briques rustiques, qu'elle vend 40 fr. le cent. On pourrait même, si les conduits ne tirent que peu d'eau, et si leur cours est long, tirer du même lieu des tuyaux de drainage, dont le n° 1 a 30 pouces (0,07) de diamètre, et vaut 67 fr. le mille, du n° 2 de 27° (0,05) de diamètre à 40 fr., du n° 3 de diamètre à 33 fr.; du n° 5 de 18 lignes à 23 fr.

ARTICLE 14.
Poêlerie.
(2ᵉ Partie, 14ᵉ Section, page 152.)

Les carreaux qui servent à la construction des poêles sont ou en biscuit ou en faïence et terre émaillée, unis, à bandeau uni, en mosaïque, à dessin octogone, riches, à cannelure et rosace ; ils se comptent par bout de 12° à 16° de hauteur. Les tuyaux en tôle par bouts de 12° de longueur, et d'après leur diamètre, les bases et chapiteaux comptant chacun pour un bout ; les couronnements font un prix à part. Les colonnes d'une seule pièce, avec base et chapiteau, se comptent d'après leur hauteur, les carreaux d'après leurs dimensions, les cendriers en tôle d'après le n° des poêles.

(TT) *Évaluation des pièces qui servent à la construction des Poêles.*

		BISCUIT.	FAÏENCE ou terre émaillée.
Carreaux	unis................	1ᶠ ″ᶜ	1ᶠ 25ᶜ
	en mosaïque.........	1 10	1 40
	octogones...........	1 20	1 60
	riches..............	1 75	2 ″
Tuyaux	unis, le bout de 15° à 16°, de 5° de diamètre...	2 90	3 60
	à bandeaux, le bout de 12°.	3 ″	4 ″
	unis, de 6° de diamètre...	3 15	4 20
	à bandeaux.........	3 40	4 50
	à bandeau et cannelés....	3 60	4 80
	unis, de 7° de diamètre...	3 60	4 80
	à bandeau..........	3 85	5 10
	à bandeau et cannelés....	4 10	5 20
	unis, de 8 à 9° de diamètre...	4 ″	5 40
	à bandeau..........	4 95	6 60
	à bandeau et cannelés....	5 50	7 20
	à bandeau..........	7 ″	9 50
	à bandeau et cannelés....	7 50	10 ″
Colonne d'une pièce, avec base et chapiteau, de 4 à 9° de diamètre et de 4 p. de hauteur............		25 ″	33 ″
de 5 p. de hauteur............		30 ″	39 ″
de 6 p. de hauteur............		35 ″	45 ″
de 7 p. de hauteur............		40 ″	55 ″
Couronnement de flamme sans socle.		2 75	4 ″
de flamme avec socle.		3 75	5 50
de corbeille sans socle.		5 50	8 ″
avec socle.		6 50	9 50
		tôle forte.	tôle faible.
Tuyaux en tôle..	le bout de 12° de long, 2° ½ de diamètre.........	″ 85	″ 75
	de 3° de diamètre...	1 05	″ 90
	de 4°.............	1 25	1 10
	de 5°.............	1 40	1 25
	de 6°.............	1 50	1 60
	de 8°.............	2 25	2 ″
	de 9°.............	2 60	2 25
	de 10°............	2 80	2 50
	de 11°............	3 20	2 90
	de 12°............	3 50	3 10
Cendrier en tôle.	à tiroir de 7° sur 10°.....	1 25	″ ″
	de 8° sur 11°......	1 50	″ ″
	de 9° sur 12°......	1 75	″ ″
	de 10° sur 14°.....	2 ″	″ ″
	de 11° sur 16°.....	2 25	″ ″
	de 12° sur 18°.....	2 50	″ ″
Porte de poêle.	à coulisse, châssis, pentures, loquet de 8° sur 10°...	12 50	9 ″
	de 10° sur 10°.....	13 ″	11 ″
	de 10° sur 12°.....	15 ″	10 50
	avec serrure à clef.	16 ″	12 ″

	TOLE FORTE.	TOLE FAIBLE.	CUIVRE OU BRONZE.
Bouchon { à charnière, tête bronzée..	n' n	n' n	2' 75
Bouchon { sans charnière, évidé.....	n n	n n	3 25
Cercle... { sans vis, pied courant de 12' de largeur.........	n 20	n 15	n 75
Cercle... { de 15'............	n n	n n	n 90
Cercle... { de 18'............	n n	n n	1 10
Vis en fer.....................	n 25	n n	n 50
	forte fonte.	fonte légére.	avec trous.
Plaque unie, le quintal............	15f n	18f n	24f n
Mitre simple en brique et plâtre, 4' 50'			
Foyer à la Rumfort, en brique et plâtre, 11' 50'.			

Les poêles mobiles dits à numéro, s'achètent tout prêts à poser, il n'y a qu'à les mettre en place ; il y en a de quarrés et de ronds ; il y en a de simples et avec four. Voici leur évaluation d'après ce que nous avons dit dans la seconde partie, posés sur ferrure avec leur tuyau et leur tablette en marbre (a).

(UU) *Evaluation des poêles mobiles complets.*

POÊLES QUARRÉS.	SIMPLES.	AVEC FOUR.
N° 1, longueur 16°, largeur 13°, hauteur 18°..	15f	17f
N° 2, — 18°, — 14°, — 19°..	20	23
N° 3, — 20°, — 16°, — 21°..	23	25
N° 4, — 22°, — 17°, — 23°..	26	30
N° 5, — 25°, — 19°, — 25°..	36	40
N° 6, — 26°, — 20°, — 26°..	42	45
N° 7, — 30°, — 24°, — 27°..	56	64
N° 8, — 36°, — 20°, — 30°..	70	75
POÊLES RONDS.	BISCUIT.	TERRE ÉMAILLÉE.
N° 9, diamètre 15°, hauteur 20°............	48f	60f
N° 10, — 18°, — 22°............	57	70
N° 11, — 21°, — 24°............	72	85
N° 12, — 24°, — 26°............	86	100
N° 13, — 27°, — 28°............	105	120

La main-d'œuvre des poêles peut varier de 4 à 6 fr. pour les petits, de 6 à 9 fr. pour les moyens, de 8 à 12 fr. pour les grands, y compris la tablette en marbre. Celle d'un poêle en fayence de 26° sur 18° va jusqu'à 20 fr.

(a) Les appareils calorifères de chauffage, alimentés par l'air extérieur, sont très-multipliés à Toulouse, et beaucoup d'industriels se livrent à leur confection. Nous remarquerons principalement M. Forest, allée Saint-Michel, n° 40, qui, par une théorie saine et une exécution habile et soignée, est arrivé à des résultats nombreux et satisfaisants. D'après son système, l'introduction de l'air

---

ARTICLE 15.

Vitrerie.

(2ᵉ Partie, 15ᵉ Section, page 154.)

Dans le grand commerce en gros, le verre à vitre, comme les glaces, se vend à la mesure à l'équerre, c'est-à-dire, à celle qui comprend la largeur et la hauteur des feuilles. Il y en a depuis 20 pouces (0,54) jusqu'à 54° (1,46) à l'équerre ; les carreaux de moindre dimension, de 15 à 19° à l'équerre, ne sont guère que des débris des feuilles du grand modèle. Cependant ce sont celles qui, dans nos bâtiments ruraux, servent le plus habituellement.

Nous croyons superflu de nous arrêter aux deux méthodes industrielles qu'on emploie pour classer les verres du tarif : celle en trois classes, la *petite*, de 20 jusqu'à 30 pouces à l'équerre ; la *moyenne*, depuis 31 jusqu'à 42° à l'équerre ; la *grande*, depuis 42 jusqu'à 54° à l'équerre ; et celle employée par Morisot, en quatre classes ; la première, de 20 à 36° ; la seconde, de 36 à 44° ; la troisième, de 45 à 48° ; la quatrième, de 49 à 54°, toujours mesurés à l'équerre. Nous nous contenterons simplement de classer les verres à vitres d'après leurs dimensions réelles, et d'en indiquer le prix courant pour celles qui sont le plus ordinairement employées.

D'ailleurs, les feuilles qui n'auraient pas les dimensions exactes que le tarif que nous donnons reproduisent, seront remplacées par celles qui s'en rapprochent davantage ; cela est d'autant plus facile, que chaque feuille indiquée dans le tarif porte en sus, sur chaque côté, de 4 à 6 lignes de plus pour la feuillure.

On se sert assez exclusivement, à Toulouse, de verre de Givors. Voici quel est ordinairement le prix auquel on le délivre, tant en verre double qu'en verre simple, et avec la différence du choix pour chacun d'eux.

---

extérieur égale la capacité de l'espace à réchauffer ; ses rideaux de tôle perfectionnés s'adaptent à toute sorte de cheminées, contribuent à concentrer et à activer la chaleur, comme en général à contrarier l'invasion de la fumée. Il fournit des cheminées d'une dimension plus ou moins grande, avec des chambranles de marbre plus ou moins beaux, depuis trois pieds (1 mètre) jusqu'à 8 p. 2° (1.60) de largeur, les uns avec console, cadre, revêtement et devanture en cuivre poli jusques aux formes les plus modestes quoique toujours d'une même perfection, depuis 500 fr. jusques à 800 fr. ; des cheminées à four pour salles à manger, marbre et cuivre poli de 2 p. 6° (0.80) à 4 p. (1.10) de largeur, et de 250 à 400 fr. ; des cheminées à houille et coke de 2 p. (0.70) avec grille et rideaux du prix de 50 fr. ; les devantures et rideaux de cheminée en tôle et cuivre depuis 16° (0.45) jusques à 48° (1.50) de largeur et des prix de 10 fr. à 125 fr., d'après leur élégance en tôle vernie, cadre en cuivre poli ; des poêles circulaires en fonte ou brique réfractaire et doublure extérieure non adhérente en tôle de 10° (0.27) jusques à 22° (0.60) de diamètre, garniture en cuivre, du prix de 35 fr. à 200 fr. ; des poêles portatifs de 10° (0.28) à 12° (0.32) de diamètre, du prix de 40 à 60 fr. ; enfin des chauffe-assiette de 12° (0.32) de diamètre et du prix de 50 à 60 fr. Cet industriel a chauffé d'une manière convenable des pièces de la plus grande dimension avec une grande économie de combustible et une élévation de température conforme à l'hygiène et graduée.

(VV) *Tarif du prix de la feuille de verre à vitre de Givors.*

DIMENSIONS		PRIX DE LA FEUILLE DE VERRE			
		SIMPLE.		DOUBLE.	
EN POUCES.	EN CENTIMÈT.	1er choix.	2e choix.	1er choix.	2e choix.
9 sur 12	25 sur 30	"f 20c	"f 18c	"f 40c	"f 35c
12 — 14	30 — 36	" 28	" 25	" 55	" 50
14 — 16	36 — 45	" 40	" 35	" 80	" 70
16 — 18	45 — 50	" 60	" 50	1 20	1 10
18 — 22	50 — 60	" 80	" 70	1 60	1 50
22 — 26	60 — 70	1 50	" "	2 80	" "
26 — 30	70 — 80	3 25	" "	5 60	" "
30 — 33	80 — 90	5 50	" "	9 "	" "
33 — 36	90 — 100	" "	" "	12 "	" "

On assujettit chaque carreau dans la feuillure qui doit le recevoir sur le châssis, avec 4 à 8 pointes, dont la livre, qui coûte 1 fr. 50 c., en contient 2,560, environ 15 c. les 240 ; la livre peut suffire pour 400 carreaux, ou de 3 à 4 c. par carreau : la livre de mastic revient à 24 c. et suffit à 30 pieds de feuillure, 80 c. par pied, ou à peu près 7 c. par pouce : en conséquence, chaque 10 pouces linéaires demandent environ 8 c., la pose et le coupage peuvent revenir à 4 fr. 50 pour cent carreaux, ou 4 c. 1/2 par carreau, et avec le mastic et les pointes, 18 à 30 c. pour toute main-d'œuvre et fourniture, suivant la grandeur des carreaux.

Néanmoins, dans les campagnes, où il est difficile d'avoir des ouvriers vitriers bien munis et assortis, et où on n'a très-souvent à opérer que des remplacements, il est ordinaire de payer les plus petits carreaux depuis 30 c. jusqu'à 50 c. l'un : les grands, de 1 fr. à 3 fr. ; et les plus grands, jusqu'à 9 fr. et 12 fr. ; mais il est rare de se servir de ces derniers. Lorsque l'on a en réserve des feuilles de verre prises dans les magasins et les dépôts, des pointes, et de l'huile et du blanc pour le mastic, ce que, d'après notre usage personnel, nous conseillons aux cultivateurs comme pour nous-même, on n'aura alors à payer que le coupage, la pose et la façon du mastic. Cette main-d'œuvre peut coûter 15, 20, jusqu'à 25 c. par carreau, ainsi que les vieux carreaux déplacés, recoupés et reposés ; les restes des grands carreaux fendus ou brisés, pouvant servir pour en faire de plus petits, la dépense sera pour chacun, y compris la dépose, de 20 à 25 c. ; la main-d'œuvre du nettoyage et du remasticage peut être évaluée à 2 c. 1/2 l'un portant l'autre.

Il est rare pour nous d'employer des verres dépolis ; leur pose est la même, mais le prix du carreau est double ; nous n'employons guère non plus des verres de couleur ; on peut en trouver dans les magasins ; le verre jaune peut coûter trois fois le verre blanc, le verre bleu ou violet trois fois et demi, le verre rouge quatre fois.

Comme il y a pour les vitriers de l'économie à acheter du verre en paquets d'un nombre déterminé de feuilles dans lesquels elles sont de dimensions ordinaires et souvent mêlées, ces vitriers peuvent souvent fournir le verre au-dessous du prix du tarif.

ARTICLE 16.
Miroiterie.

(2e Partie, 16e Section, page 155.)

Employant, comme on peut le faire actuellement, des glaces d'une pièce, avec peu de défauts très-apparents, les dépositaires, dans les provinces, se chargent de les fournir, en ajoutant au prix du tarif environ un cinquième pour l'étamage, les frais de transport de la manufacture, la pose des cadres, le montage du parquet, et quelquefois l'emballage. Mais, d'après la perfection de la glace, l'échéance du payement, on peut obtenir une remise du sixième au cinquième, de manière à revenir au prix du tarif en bloc, augmenté du tiers pour les plus petites, du cinquième au dixième pour les plus grandes.

Voici, d'après cela, quelle pourrait être la valeur des cinq volumes indiqués dans la seconde partie.

1° Glace de 18° sur 12°, réduite à 15° sur 9° (59 à 24 centimètres) : glace en blanc, 4 fr. 70 ; 5 pieds de cadre de 1° 1/2 de largeur, à 50 c., 2 fr. 50, en tout, 7 fr. 20 ; montage 1 fr. 44 ; valeur totale 8 fr. 64, moins une remise de 1 fr. 70 ; prix net 6 fr. 94. Le volume complet revient à 52 c. le pouce quarré, et à 4 fr. 70 le pied quarré.

2° Glace de 36° sur 20°, réduite à 31 sur 15 (84 sur 39 centim.) : glace en blanc, 27 fr. 20 ; 9 pieds 1/2 cadre de 2°, à 1 fr. 50, 14 fr. 25, ou 41 fr. 45 ; montage, 9 fr. 19 ; total, 50 fr. 64 ; remise 10 fr. 13 ; prix net 40 fr. 51 ; le pouce quarré à 57 c., et le pied quarré à 8 fr. 12.

3° Glace de 54° sur 30°, réduite à 48° sur 26°(129 sur 72 centim.) : en blanc, 117 ; cadre de 2°, 14 p. 1/2, à 1 fr. 50, 21 fr. 75 ; en tout 138 fr. 75 ; montage, 27 fr. 75 ; total, 166 fr. 50 ; remise, 33 fr. 30 ; prix net 133 fr. 20 ; le pouce quarré à 78 c., et le pied quarré à 11 fr. 40.

4° Glace de 60° sur 36°, réduite à 52° sur 28° (141 sur 75 centim.) : prix du tarif, 141 fr. ; cadre de 3°, 16 p., à 1 fr. 75, 187 fr. ; montage, 54 fr. 60 ; en tout, 221 fr. 60 ; remise, 38 fr. 70 ; prix réduit, 185 fr. 11 ; le pouce quarré revient à 77 c., et le pied quarré à 11 fr. 72.

5° Glace de 72° sur 40°, réduite à 64° sur 52° (174 sur 84 centim.) : valeur tarifée, 231 fr. ; cadre, 19 p., à 2 fr. 38 fr., 269 fr. ; montage, 54 fr. ; total, 323 fr. ; remise, 65 fr. ; prix réduit, 258 fr. ; le pouce quarré revient à 89 c., et le pied quarré à 12 fr. 90.

Souvent l'emballage se compte à part, de 3 à 6 fr., lorsqu'on rend la caisse.

Nous avons tenté, dans le tableau suivant, d'indiquer le prix réduit des divers volumes, depuis 18 pouces jusqu'à 96° de hauteur, et de 12° à 72° de largeur ; sans doute ces prix ne sont qu'hypothétiques, ils peuvent être diminués dans les grands volumes et augmentés dans les petits : s'ils ne présentent pas des fixations réelles, dans tous les cas, ils peuvent aider les évaluations.

Les six volumes cités sont distingués par des astérisques.

(XX) *Tarif de la valeur approximative des glaces.*

VOLUME A L'ÉQUERRE.		DIMENSIONS en		VOLUME NET en		PRIX du TARIF.	VALEUR du cadre ET MONTAGE.	PRIX	
POUCES.	CENTIMÈT.	POUCES.	CENTIMÈT.	POUCES.	CENTIMÈT.			de FABRIQUE.	RÉDUIT.
* 30	81	18—12	49—32	15—9	39—24	4f 70c	3f 95c	8f 65c	6f 92c
42	114	24—18	65—49	21—15	57—39	14 50	11 30	25 80	20 64
* 56	149	36—20	97—54	31—15	84—39	27 20	22 57	50 64	40 51
78	211	48—30	130—81	43—25	114—66	87 "	40 80	127 80	102 24
* 86	233	54—32	146—86	48—26	129—72	117 "	49 50	166 50	133 20
* 96	260	60—36	162—97	52—28	141—75	144 "	66 60	224 60	183 10
104	281	66—38	179—103	58—50	156—81	185 "	79 "	264 "	211 20
*112	303	72—40	195—108	64—32	174—84	231 "	91 60	323 "	258 "
128	346	80—48	216—130	72—40	192—108	404 "	132 40	536 40	451 12
134	363	84—50	227—135	76—42	207—114	499 "	153 80	652 80	522 24
150	406	90—60	243—162	82—52	222—141	808 "	221 10	1029 10	823 68
158	428	96—72	260—195	88—64	237—174	1270 "	317 60	1587 60	1270 08

ARTICLE 17.

Peinture d'impression.

(2e Partie, 17e Section, page 187.)

La main-d'œuvre de la peinture d'impression exige de grands détails, car c'est la partie la plus importante de cette industrie, et nous ne pouvons nous dispenser de les multiplier, dans le cas où on serait obligé de s'en occuper soi-même.

L'*écrasage*, l'*infusion* et le *broiement* des matières colorantes était autrefois le premier travail du peintre. Ces opérations pouvaient employer, par livre de matière, 30 à 45 minutes de temps, c'est-à-dire, faites à l'eau, coûter 1 fr., et à l'huile, 1 fr. 50 c.; mais on vend aujourd'hui ces matières broyées à la meule ou réduites en trochisques, dont la *dilution* est sans embarras. Les travaux préparatoires, l'*égrenage* et le *grattage* du sujet peuvent, en terme moyen, être évalués à 70 c. la toise quarrée (seule mesure indiquée ici, car le mètre quarré est le quart de la toise quarrée, et le mètre linéaire la moitié de la toise courante.) L'*échaudage* à trois couches est évalué à 80 c.; le *lavage* à l'eau des carreaux et parquets, à 7 à 8 c.; le même lavage, avec le *frottage* au grès, à 50 c.; le *lessivage* à l'eau seconde pure, à 30 c.; celui à l'eau seconde coupée, 15 c.; le même lessivage, avec frottage simple, 20 c.; le *ponçage*, très-variable d'après la nature du sujet et la couche d'impression, va de 30 à 40 c., et, joint au *réparage* ou *rebouchage* à la colle, 50 c., et à l'huile, 75 c.; enfin, la *façon* de la peinture elle-même peut aller, ainsi que le blanc de plafond à la colle et à trois couches, à 1 fr. 75 c.; le simple encollage, à 50 c.; la *détrempe*, en général, de 1 fr. 80 à 2 fr. 25 pour trois couches; les quatre couches de blanc mat à la colle, 2 fr. 50 à 3 fr.

Les couleurs imposées à l'huile peuvent se diviser en plusieurs classes : la couleur variée, dite d'appartement, le gris de treillage, les jaunes et rougeâtres, le gris de perle, les verts et les bleus ; ils coûtent, en terme moyen, 1 fr. 20 c. pour la première couche, 1 fr. la seconde, 80 c. la troisième. Les peintures à l'huile et au vernis peuvent varier de 4 à 5 fr. les trois couches, et même jusqu'à 10 fr. avec quatre couches, d'après la qualité et le prix des couleurs employées. D'ailleurs, pour ce genre d'ouvrages, il est difficile d'entrer dans les détails multipliés qu'il peut recevoir ; on ne peut s'en tenir absolument à ces données vagues et générales ; dans notre cadre modeste nous ne pouvons nous occuper que des travaux les plus simples et les moins coûteux ; nous sommes des peintres d'impression et non des artistes.

Dans le tarif suivant, nous donnerons successivement le prix des objets accessoires, celui des vernis, des siccatifs,

PART. IV. SECT. VII. *Des Devis, des Marchés et des Evaluations.* 339

des colles, des huiles, enfin des substances colorantes; nous rappellerons celui des ouvrages préparatoires, des ouvrages extérieurs, des ouvrages intérieurs et de quelques décors à la colle, à l'huile, au vernis et aux couleurs lucidoniques. Nous terminerons en essayant de donner une idée des prix des ouvrages à la pièce les plus ordinaires; ce qui est le plus commode pour un propriétaire qui fait travailler sous sa direction. En général, nous supposons qu'une porte d'appartement de la première grandeur, peinte à trois couches sur les deux faces avec ses chambranles, présente la surface de deux toises ou 8 mètres quarrés; celles de grandeur moyenne, une toise ou 4 mètres quarrés; celles de moindre grandeur ou ordinaires, un tiers de toise ou 1 mètre et un tiers. Les croisées, dans la même proportion, ne sont communément comprises que pour moitié. On croit généralement que la couleur se compose de deux tiers de matière colorante et d'un tiers de colle, huile ou essence, mais cela varie souvent. Dans les campagnes, il arrive de diminuer du cinquième les évaluations telles que nous les proposons; le propriétaire doit faire attention à cette observation.

(YY) *Tarif général des matières et des ouvrages de peinture d'impression.*

I. Accessoires.

Brosses et pinceaux, de...............	1ᶠ " à 5ᶠ "	
Esprit-de-vin 3/6................ le litre	" 70 à " 80	
Eau seconde, le litre, 0ᶠ 50ᶜ à 0ᶠ 60ᶜ...... la livre	" 35	
Cire jaune................	id.......	3 25
Sel de tartre et cendres gravelées.........	id.	1 50 à 2 50
Savon noir................	id.	" 60 à " 70
Pierre ponce..................	id.....	" 90
Eponges.................	id.....	10 "
Bronze en cuivre...............	id.....	" 20 "
Mine de plomb, mine noire.........	id.....	" 50

II. Vernis.

A l'esprit-de-vin................	le litre 6 "	, la livre	3 25
A bois.................	2 75........		1 40
Gras ou à l'huile..................	8 "		4 25
Gros guyot.................	" 75........		" 40
A l'essence...................	1 25........		" 75
Blanc sans odeur............	2 40........		3 "
Siccatif de Raphaël, 3ᶠ par toise quarrée............			1 50

III. Siccatifs, la livre.

Huile grasse épurée..........................	1 20 à 1 80
Litharge...................	" 45 à " 60
Vitriol blanc, couperose..................	" 50 à 1 "
Essence de térébenthine................	" 40 à " 65

IV. Colles, la livre.

Le litre de colle liquide pèse deux livres.

Colle de Flandre sèche................	" 90, liquide	" 15
— de brochette...............	" 65........	" 20
— de lapin................	" 70.......	" 21
— de parchemin...............	1 "	" 18

V. Huiles, la livre.

Huile de lin...............	" 50 à " 65
— nouvelle de Peyrat..............	" 35 à " 40
— blanche ou œillette.............	" 80 à 1 25
— de noix...............	1 " à 1 20

VI. Couleurs, la livre.

Blanc.. {	de plomb en écailles................	" 80 à 1 20
	id. en trochisques.............	" 40 à 2 "
	de céruse................	" 40 à " 45
	de zinc................	" 30 à " 35
	d'Espagne................	" 03 à " 05
Rouges. {	Vermillon................	" 50
	Cinabre................	" 45
	Laque de Venise...............	2 50
	Laque fine................	2 "
	Laque commune...............	1 50
	Mine orange................	" 80
	Rouge d'Angleterre...............	" 90
	Rouge de Prusse...............	" 50
	Minium................	" 45
	Mine rouge................	" 45
	Brun rouge................	" 10
	Ocre rouge................	" 10
Jaunes. {	Jaune de Naples...............	1 25 à 1 50
	Stil de grain................	" 60 à " 80
	Jaune minéral................	1 15
	Safranum en feuilles...............	2 50
	Orpin jaune...............	2 25
	Terra merita...............	" 60 à " 70
	Ocre jaune...............	" 10 à " 15
	Graine d'Avignon en grain.............	" 80
	Ocre de ru................	" 10 à " 15
Verts. {	Vert-de-gris sec...............	1 20
	id. en poudre...............	1 50
	Terre verte de Vérone...............	3 "
	id. commune...............	1 20
	Cendres vertes, belle qualité.............	8 "
	Vert de vessie...............	4 "
	Vert de montagne...............	" 85 à 3 50
Bleus.. {	Indigo................	16 "
	Cendre bleue................	6 " à 8 50
	Bleu d'émail à quatre faces.............	3 "
	Tournesol en pains...............	1 40
	Bleu liquide...............	1 25
	Vitriol bleu................	" 45
	Bleu de Prusse...............	1 20 à 7 "
	Bleu de montagne...............	" 85 à 3 50

		colle.	huile.
Bruns..	Stil de grain brun, belle qualité.......	11	"
	Terre de Sienne.......	1	60
	id. calcinée........	2	50
	Terre de Cologne........	"	40
	Terre d'ombre........	"	40
Noirs..	d'ivoire........	1	50
	d'os........	"	80
	de pêche........	2	70
	de charbon de vigne........	"	30
	de charbon commun........	"	20
	de fumée........	" 30 à " 50	

VII. *Ouvrages préparatoires, la toise quarrée.*

	colle.	huile.
Echaudage et égrenage........	" 80	1 "
Encollage surface unie........	" 40	" "
Id. surface sculptée........	" 50	" "
Grattage sur surface unie........	" 40	" "
Id. sur ancienne peinture........	1 50	" "
Lessivage à l'eau seconde........	" 40	" "
Id. coupée........	" 20	" "
Ponçage........	" 40	" "

VIII. *Impressions, la toise quarrée.*

	colle.	huile.	vernis
Badigeon extérieur, chaux et alun 2 couches..	" 80	" "	" "
Id. 3ᵉ couche à l'huile........	" "	1 20	" "
Couche d'impression........	" 30	" 45	" "
Blanc de plafond, 4 couches........	1 65	" "	" "
Parquets ou carreaux frottés et encaustique.	1 10	" "	" "
Id. 6 à 7 couches d'huile, et 9 de colle et encaustique........	3'	" 15	" "
Travaux ordinaires........	" 95	2 10	" "
Id. à l'huile et vernis, 3 couches........	......	" "	2 85

IX. *Peinture ordinaire à 3 couches, la toise quarrée.*

	détrpᵉ.	huile.	vernis	lucidonique.
Couleur d'appartement variée, jaune, olive, brun, etc.......	2 10	5 75	6 30	9 "
Id. verte, bleue, rouge, violette......	2 35	6 50	7 "	10 "
Id. blanc ou gris de perle........	1 90	4 90	9 "	10 60
Noir à l'huile grasse........	" "	2 75	3 75	" "
Rechampissage à 2 couches........	" 40	" 90	1 25	3 50
Vert-de-gris pour treillage........	" "	5 "	" "	" "

X. *Décor à 3 couches, la toise quarrée.*

	détrpᵉ.	huile.	vernis	lucidque
Coupe de pierre frottée, filets ombrés..	2 50	10 "	11 "	12 "
Granites simples, deux jettées........	" 80	3 50	5 "	6 "
Brique feinte et joints........	4 "	9 "	" "	13 "
Marbres veinés, 5 couches........	2 55	8 "	10 "	16 "
Bois veinés........	6 "	11 "	15 "	20 "
Bronze antique ou cuivré........	2 40	9 "	13 "	15 "

La toise courante.

	détrpᵉ.	huile.	vernis	lucidque
Lambris d'appui........	1 "	2 25	3 "	5 "
Plinthe........	" 15	" 35	" 50	" 80
Id. marbrée........	" 45	" 75	1 20	2 "

	détrpᵉ.	huile.	vernis	Incisque
Cymaise........	" 7	" 15	" 75	1 25
Filet simple........	" 8	" 10	" 25	" 50
Moulure simple ombrée de 2ᵉ........	" 10	" 20	" 80	1 "
Moulure simple ombrée de 3ᵉ........	" 20	" 30	" 88	1 50
Id. de 4 pouces........	" 30	" 50	" 90	1 75
Id. de 5 pouces........	" 50	" 75	1 "	2 "
Id. de 6 pouces........	" 75	1 "	1 40	2 25

XI. *Peinture, à la pièce.*

	détrpᵉ.	huile.	vernis	Incidque
Grande porte cochère ou charretière....	" "	13 "	" "	" "
Id. moyenne........	" "	8 75	" "	" "
Porte bâtarde........	" "	7 50	" "	" "
Grande porte à placard, 2 vantaux.....	4 "	8 "	9 "	18 "
Id. moyenne, 2 vantaux........	3 25	6 50	8 "	15 "
Id. petite, un vantail........	2 "	3 50	5 "	10 "
Grands contrevents, la paire........	" "	8 "	" "	" "
Id. moyens........	" "	6 "	" "	" "
Id. petits........	" "	5 "	" "	" "
Id. de vitraux........	" "	1 50	" "	" "
Grandes persiennes, la paire........	" "	9 "	" "	" "
Id. moyennes........	" "	7 "	" "	" "
Id. petites........	" "	3 60	" "	" "
Id. de vitraux........	" "	2 75	" "	" "
Grands embrasements........	3 "	6 50	7 75	20 "
Id. moyens........	1 50	3 "	4 "	6 "
Id. petits........	1 25	2 50	3 25	5 "
Grands volets intérieurs, la paire.......	3 50	6 50	7 50	15 "
Id. moyens........	2 50	4 "	5 50	12 "
Id. petits........	2 "	3 50	4 50	10 "
Id. de vitraux........	1 "	2 "	2 75	5 "
Grande croisée........	3 "	5 "	6 50	15 "
Id. moyenne........	2 "	3 50	4 50	10 "
Id. petite........	1 50	3 "	3 75	7 50
Vitreau ou croisillon........	" 50	1 75	2 "	3 "
Pièce de ferrure noire à l'huile grasse, vernie........	" "	2 "	" "	" "
Contre-cœur de cheminée........	" "	" 60	" "	" "

ARTICLE 18.
Ornements d'architecture.

(2ᵉ Partie, 18ᵉ Section, page 169.)

Dans les édifices considérables, les chapiteaux, les modillons, les métopes et tous les ornements de moulures sont faits et taillés par les sculpteurs, soit à part pour être rapportés et scellés, soit sur le tas; ils sont confectionnés sur le marbre, la pierre dure, la pierre tendre, et quelquefois le bois; mais il est rare qu'on les emploie en architecture rurale. Dans celle-ci, on ne se sert guère que d'ornements moulés, soit en céramique ou en ciment à l'extérieur, ou en plâtre pour les intérieurs. Cependant, un des architectes les plus distingués de Toulouse, M. Lafont, a osé établir, sur une façade à une mauvaise exposition, des chapiteaux maçonnés en plâtre fort, mais recouverts d'une chape de plâtre cristallin; mais un artiste de ce mérite pouvait seul employer ce mode avec succès.

Nous croyons qu'il suffira, après avoir donné une idée gé-

PART. IV. SECT. VII. *Des Devis, des Marchés et des Évaluations.* 341

nérale du prix du premier genre de décoration, d'indiquer les principaux moulages en céramique et en plâtre avec une évaluation approximative de leur prix.

(ZZ) *Evaluation approximative des diverses confections des ornements d'architecture.*

I. ORNEMENTS SCULPTÉS.

I. Au pied de hauteur ou diamètre.	En marbre	En pierre dure.	En bois.	En pierre tendre.
1. Chapiteau dorique............	200ᶠ ″	100ᶠ ″	60ᶠ ″	75ᶠ ″
2. *Idem* ionique...............	250 ″	150 ″	75 ″	100 ″
3. *Idem* corinthien............	500 ″	200 ″	100 ″	150 ″
4. Mutules......................	20 ″	15 ″	8 ″	6 ″
5. Modillons....................	30 ″	25 ″	15 ″	20 ″
6. Rosaces......................	15 ″	12 50	7 50	10 ″
II. Au pied courant.				
7. Feuilles d'eau simples........	3 60	3 ″	1 80	2 40
8. Doubles feuilles et rais de cœur.	4 20	3 50	2 10	2 80
9. Trèfles simples...............	4 80	4 ″	2 40	3 20
10. Feuilles d'acanthe...........	6 ″	5 ″	3 ″	4 ″
11. Oves simples avec dards......	5 40	4 50	2 70	3 60
12. Oves fleuronnés..............	6 30	5 25	3 15	4 20
13. Palmettes....................	6 60	5 50	3 30	4 40
14. Perles enfilées..............	1 80	1 50	″ 90	1 20
15. Pirouettes et chapelets......	2 40	2 ″	1 20	1 60
16. Frises ornées, le pied carré..	30 ″	25 ″	15 ″	20 ″

II° ORNEMENTS MOULÉS EN CÉRAMIQUE (a).

1° Au pied courant.

1. Colonne de 3 à 12° de diamètre........	″ᶠ 60ᶜ à	3ᶠ 30ᶜ
2. Briquets ou couronnements divers......	1 ″ à	3 ″
3. Consoles pour accoudoirs de 6° à 3°...	″ 85 à	2 ″
4. Modillons de 2 à 6° de largeur........	″ 35 à	″ 60
5. Moulures de 2 à 6° d'épaisseur........	″ 25 à	1 ″
6. Corniches ornées de 2 à 12° de saillie.	″ 25 à	1 60
7. Frises variées de 4 à 15° de hauteur..	″ 70 à	1 ″
8. Briquets, encadrements divers de portes ou croisées, de 5 p. de largeur et de 18° à 3 p. de hauteur.........................	3 ″ à	15 ″
9. Balustrades de 2 p. 6° à 3 p. de hauteur.....	5 ″ à	6 ″
10. Appui ou main courante...............	″ 65 à	2 65

2° A la pièce.

11. Chapiteau colonne, d'après le diamèt. et l'ordre.	″ 35 à	10 ″
12. Chapiteau pilastre, *id.*, de 2° à 2 p. de largeur.	″ 40 à	5 ″
13. Consoles de 18° à 18° de largeur.....	″ 35 à	10 ″

(a) La première fabrique de ce genre, à tous égards, est celle de MM. Virebent et Compᵉ, rue Fourbastard, 4 ; et son dépôt à Paris, chez M. Dufour, rue Saint-Joseph, 10. Nous avons parlé d'autres de ses produits à l'art. 7, pag. 329. Un autre établissement important est celui des Ouvriers réunis, rue Saint-Antoine du T, 30, a singulièrement multiplié ses travaux en ce genre, et nous en avons déjà parlé, art. 7, pag. 330 et art. 13, pag. 335.

14. Balustres ornés, de 2 p. 4° de hauteur.......	″ ″ à	1 ″
15. Rosaces de 18° à 25° de diamètre............	″ 15 à	8 ″
16. Culots.....................................	1 50 à	18 ″
17. Urnes de 15° à 3 p. 6°.....................	4 ″ à	12 ″
18. Boules avec piédouche de 1 p. à 2 p. de diamᵗʳ.	2 ″ à	18 ″
19. Vases petits...............................	1 30 à	7 ″
20. Vases grands étrusques, de 4 p. à 5 p. 6°...	″ à	400 ″
21. Lions de 3 p. 6° de hauteur, socle de 18° de côté.	″ ″ à	37 ″
22. Levrettes de 3 p. de hauteur sur 5 p. de longᵉ.	″ ″ à	40 ″
23. Têtes diverses, bucranes, etc......♦.......	9 ″ à	10 ″
24. Griffons, mascarons variés.................	″ 15 à	2 ″
25. Statues de divers types de 3 à 4 p. de hauteur.	12 ″ à	200 ″
26. Autels et accessoires.....................	400 ″ à	800 ″

III. ORNEMENTS MOULÉS EN PLATRE (b).

1° Au pied courant.

1. Chapiteau colonne, de 20° à 32° de diamètre...	1ᶠ 50ᶜ à	2ᶠ ″
2. Chapiteau pilastre, de 5° 6° à 27°...........	″ 50 à	″ 80
3. Frises classiques, de 3 p. à 3 p. 6°.........	1 ″ à	1 50
4. Doucine simple pour corniches...............	″ ″ à	″ 35
5. La même ornée...............................	″ ″ à	″ 45
6. Larmier à jour..............................	″ ″ à	″ 75
7. Couronnement uni............................	″ ″ à	1 ″
8. Le même contourné...........................	″ ″ à	3 35
9. Galerie ou ornements suivis.................	″ 67 à	1 33

2° A la pièce.

10. Console pour porte et cheminée, les deux.....	″ 35 à	1 ″
11. Modillons, le cent.........................	12 ″ à	20 ″
12. Archivoltes de diverses dimensions.........	3 ″ à	10 ″
13. Rosaces de 5° 6° à 15° de diamètre..........	1 ″ à	6 ″
14. Culs de lampe de 18° à 3 p. de diamètre.....	15 ″ à	60 ″
15. Italiennes pour frise ou acrotère, le cent...	14 ″ à	16 ″
16. Briquets ou couronnements de divers styles...	5 ″ à	10 ″

(b) On peut recommander les deux ateliers de moulage de M. Balas, rue du Musée, 14, et de M. Galli, rue des Arts, 10.

Ces détails nous paraissent plus que suffisants pour notre but ; de plus complets seraient trop méticuleux, et ne nous paraissent pas nécessaires ; nous négligerons aussi de nous occuper des pièces moulées, du carton-pierre et des autres ressources de ce genre pour l'intérieur, lesquelles ne sont pas proprement architecturales, et qui peuvent être presque toujours remplacées par les moulages en plâtre.

ARTICLE 19.

Tenture.

(2ᵉ Partie, 19ᵉ Section, page 172.)

La toile commune vaut 32 c. l'aune (29 c. le m.), ou 17 fr. 90 la pièce, et 2 fr. 21 la toise quarrée (57 c. m. q.) ; la toile fine, 45 c. l'aune (37 c. m.), 24 fr. 95 la pièce, et 2 fr. 27 la t. q. (60 c. m. q.) ; enfin, la toile forte 64 c. l'aune

(55 c. m.), ou 38 fr. 40 la pièce, 2 fr. 30 la t. q. (60 c. m. q.). La doublure en toile peut donc, en moyenne, valoir 2 fr. 30 c. la t. q. (60 c. m. q.), non compris les clous et les liteaux du bâti qui la supportent, lesquels, de 4° de largeur et de 6° d'épaisseur, valent 90 c. la toise courante (45 c. m. cour.). On doit donc compter, par toise quarrée, à peu près 2 fr. 30 de toile, 2 fr. de tringle, de clous et de façon, ou 4 fr. 30 (1 fr. 10 m. q.); la vieille toile détendue et retendue vaut 1 fr. 14 (0,30); la toise quarrée de toile enduite et marouflée vaut 2 fr. 47 (0,65 c. m. q.). La bande de zinc, si l'on doit l'employer, vaut 1 fr. 70 la toise courante (0,90 m. courant.).

Le prix ordinaire du papier couronne est de 40 c. la main, 8 fr. la rame; celui du papier carré, 55 c. la main, 11 fr. la rame; celui du papier grand-raisin de 70 c. la main, 14 fr. la rame; enfin, le dernier, vélin, de 1 fr. la main, et 20 fr. la rame. On sait que la main compose le rouleau de tenture.

Mais le prix vénal du papier de tenture varie tellement, d'après les caprices du goût et de la mode, la simplicité ou la richesse du dessin, le nombre des couleurs dont il peut être couvert, que l'on ne peut donner en cela que des renseignements vagues et généraux. On se sert peu du papier couronne; ce sont le carré et le grand-raisin qui, seuls, sont les véritables papiers de tenture, ainsi qué l'établit la 17ᵉ section, page 175. Le prix du premier est ordinairement de 25 c. à 3 fr. le rouleau ou la main; celui du second, est de 1 fr. à 6 fr.; les fonds unis ou satinés vont de 2 fr. à 8 fr.; le rouleau de bordure, en carré, va de 1 fr. 50 à 6 fr.; en grand-raisin, de 3 fr. à 10 fr.

Il faut observer qu'il y a, pour l'emploi du papier, une réduction de surface à faire, car la largeur réelle doit recevoir, de chaque côté, la suture de l'autre lés; ces bords ne sont même pas souvent imprimés en dessin. Nous avons déjà dit, page 175, que le rouleau de carré tire 27 p. ou 4 t. ½, ce qui lui donne 33 ½ p. q., lesquels ne comptent que pour 30 p. q., et qui, diminués à peu près d'un quart afin de parer aux déchets dont on doit tenir compte, ne doivent figurer, à notre avis, que pour 22 p. q., dont chacun, la valeur du rouleau supposée de 1 fr., doit représenter une valeur de 4 centimes. Le rouleau de grand-raisin, qui sur 30 pieds ou 5 toises de longueur et de 20 pouces de largeur offre 50 p. q. que l'on ne compte, page 175, que pour 42 p., se trouve réduit pour un motif semblable à 31 p. q., dont la valeur approximative serait de 3 centimes.

La bordure se tire sur les deux genres de papier; la largeur de chaque rouleau en reçoit quelquefois plusieurs bandes, et jusques à huit; mais comme on les place haut et bas, il suffira d'indiquer jusques à quatre leur largeur ou hauteur. On peut compter pour la longueur du papier carré de 27 pieds réduits à 24; ainsi la toise de bordure du carré, doublée selon l'usage, serait de 12 pieds ou d'un demi-rouleau; celle du grand-raisin ne présenterait guère pour la toise qu'un tiers de rouleau, ou plus ou moins d'après la largeur de la bande. En supposant que cette bande a de 6 à 9° de largeur pour la hauteur de la bordure, le quarré serait par toise de 6 p. q. pour le carré et de 9 pour le grand-raisin; alors les deux toises quarrées de fonds pour le premier serait de 66 p. q., et celle du second de 63 p. q.

La pose de chaque rouleau, colle comprise, est de 25 c. pour la couronne, gris ou bleu pâle; de 30 c. pour le carré; et de 40 c. pour le grand-raisin. Celle de la bordure est le double; celle du papier marbré, jaspé ou dessin de bois, qui se place horizontalement, est de 55 c.

Si, comme nous l'employons dans nos campagnes soignées, le rouleau de papier carré est du prix de 2 fr., le pied quarré est de 9 c., et sa bordure de 4 fr. ou de 16 c. le p. q.; le rouleau de grand-raisin, 3 fr. ou 11 c. le p. q., et sa bordure de 18 fr. ou 22 c. le p. q.

Pour évaluer le prix de la tenture toute placée, soit en papier carré, soit en papier grand-raisin, nous prendrons une partie de paroi de 2 toises de longueur sur une toise de largeur ou de 2 toises quarrées, c'est-à-dire 72 pieds quarrés. La bordure du carré occupant 6 pieds, le fonds n'en aura que 66 ou 3 rouleaux; celle du grand-raisin occupant 9 p. q., le fonds sera de 63 p. q. ou environ 2 rouleaux : les 6 p. q. de bordure représenteront un septième de rouleau, et les 9 p. q. un quart de rouleau. Les 66 p. q. de fonds en carré, trois rouleaux; les 63 p. q. de fonds en grand-raisin, deux rouleaux. D'après ces éléments, nous formerons les détails suivants :

(N° 141.) *Carré, 2 toises quarrées.*

3 rouleaux de fonds, à 2ᶠ........ 6ᶠ " } 6 57
1/7 bordure, à 4ᶠ................ " 57 }   } 7 57
Pose de 3 rouleaux, à 30ᶜ........ " 90 } 1 "
Id. de bordure 1/7, à 60ᶜ........ " 10 }

Toise quarrée............ 3 78
Mètre quarré............. 1 10

(N° 142.) *Grand-raisin, 2 toises quarrées.*

2 rouleaux de fonds, à 3ᶠ........ 6ᶠ " } 7 50
1/4 bordure, à 6ᶠ................ 1 50 }   } 8 50
Pose de 2 rouleaux, à 40ᶜ........ " 80 } 1 "
Id. bordure 1/4, à 80ᶜ........... " 20 }

Toise quarrée............ 4 25
Mètre quarré............. 1 20

Si le papier était collé sur toile et châssis, il faudrait par toise quarrée ajouter 6.69, et par mètre quarré 1.74.

ARTICLE 20.

Tapisserie.

(2ᵉ Partie, 20ᵉ Section, page 174.)

Si la partie théorique de la vingtième section de la seconde partie présente à un propriétaire tant d'incertitudes,

PART. IV. SECT. VII. *Des Devis, des Marchés et des Évaluations.*

tant de difficultés ; et si elle exige, pour fixer ses idées, tant de connaissances spéciales auxquelles il est communément étranger, il y en a de bien plus grandes encore pour arrêter son choix et lui en faciliter l'évaluation. La mode, continuellement vague et changeante, mais ici toute-puissante, dont les femmes sont naturellement les hautes directrices, élève ou rabaisse les systèmes, les prix, la forme, la qualité, la nature et l'arrangement de tous les matériaux, de toutes les fournitures. Sans doute, un cultivateur, quelque aisé, quelque riche même qu'il puisse être, ne peut, dans sa maison des champs, prétendre à la recherche, à l'élégance, aux détails somptueux, qui seraient même presque disparates avec la destination de cette habitation ; mais, dans ce qu'il fait en cela, il doit, plus qu'ailleurs, chercher la solidité et par conséquent la durée, au moins pour ce qui est essentiellement d'un usage habituel. Les bois qu'il emploiera, cirés ou vernis, seront principalement indigènes, d'excellent choix, et surtout très-secs. S'il emploie des bois plaqués, le massif ou l'âme doit être en chêne, frêne, ou autre bois dur, et ces conditions impérieuses demandent une assez forte estimation. Les autres matières premières, pour être d'un bon et agréable usage, doivent être aussi de bonne qualité. Il est mieux à la campagne de remplacer les draperies des croisées, lesquelles s'embarrassent dans les battants ou sont agitées par le vent, par de simples pentes supérieures ou des tabliers qui se renversent sur chaque rideau d'un tiers ou d'une demi-aune. Par le même motif, on doit garnir les lisières latérales de ces rideaux seulement de galons, de crêtes ou de simples effilés, en supprimer les grandes franges dans le bas, où elles ramassent la poussière ; seulement, on peut en admettre au bout des tabliers avec même, si l'on veut, des cartisanes, des olives et des nœuds, auxquels on ferait cependant mieux de renoncer. Malgré la retenue et la circonspection habituelles que nous avons dû toujours observer, c'est ici surtout que nous devons nous borner à n'en donner que de simples renseignements que l'usage actuel et l'état des lieux apprendront à modifier.

(AAA)   *Tarif varié des objets de tapisserie.*

I. TISSUS, A LA MESURE.

	L'AUNE.	LE MÈTRE.
1. Sangle, de................	n'15° à n'20°	n'12° à n'17°
2. Treillis pour lits de sangle....	2 50 à 3 »	2 » à 3 »
3. Toile pour paillasse........	» 50 à 1 »	» 40 à » 85
4. Toile à carreaux pour matelas.	1 50 à 2 50	1 20 à 2 »
5. Toile en fil pour doublure (a).	2 » à 4 »	1 20 à 3 »

(a) Cette toile est de quatre sortes et de différents prix : toile forte, douce, d'embourrure, et blondine.

	L'AUNE.	LE MÈTRE.
6. Futaine................	2' » à 3'50°	1'20° à 2'90°
7. Toile en coton...........	1 » à 2 50	» 83 à 1 20
8. Coutil en fil.............	3 » à 10 »	2 50 à 8 »
9. Coutil en coton...........	1 50 à 2 »	1 20 à 1 60
10. Etoffe de crin...........	3 » à 8 »	2 50 à 6 50
11. Basane ou maroquin......	3 » à 6 »	2 50 à 5 »
12. Etoffe en coton de couleur...	2 » à 5 »	1 25 à 4 10
13. Perse imprimée..........	1 10 à 1 20	» 83 à 1 »
14. Etoffe de soie. — Mazuline..	4 » à 5 »	3 30 à 4 15
15. Id. Florence............	4 50 à 5 »	3 75 à 4 15
16. Id. Gourgouran..........	9 » à 17 »	7 50 à 14 »
17. Id. Damas.............	12 » à 22 »	10 » à 18 30
18. Taffetas d'Italie..........	6 » à 7 »	5 » à 5 80
19. Id. d'Angleterre.........	7 » à 8 »	5 80 à 6 65
20. Velours en soie..........	24 » à 72 »	20 » à 59 80
21. Id. en laine unie.........	8 » à 12 »	6 50 à 10 »
22. Id. d'Utrecht à dessins.....	6 » à 10 »	5 » à 8 30
23. Id. de coton............	2 » à 6 »	1 50 à 5 »

II. FOURNITURES, A LA LIVRE.

24. Laine, de... 1' »° à 1'75°	27. Duvet..... 18 » à 20 »
25. Crin ordin°°.. 1 40 à 2 »	28. Edredon... 40 » à 60 »
26. Plume...... 2 » à 2 50	

III. FOURNITURES, A LA PIÈCE.

| 29. Couverture en laine, de....12' » à 40' » | 30. Couverture en coton, de.... 6' » à 20' » |

IV. BOIS DE MEUBLES, FAÇON COMPRISE.

	Bois commun.	Bois indigène, ciré ou verni.	Bois exotique plaqué.
31. Lit de 4 pieds de largeur, à dossier ou colonne, roulettes...........	26' »°	34' »°	120° »°
32. Id. sans roulettes............	20 »	28 »	80 »
33. Lit de 3 pieds avec roulettes....	24 »	50 »	100 »
34. Id. sans roulettes............	18 »	24 »	72 »
35. Lit de sangle garni...........	5 »	7 »	» »
36. Forme cabriolet-chaise........	2 50	4 »	12 »
37. Id. fauteuil................	3 50	6 »	20 »
38. Id. bergère................	5 50	8 »	25 »
39. Id. canapé.................	10 »	15 »	45 »
40. Forme antique, dossier creux, chaise..........................	5 »	7 »	15 »
41. Id. fauteuil................	6 »	11 »	25 »
42. Id. bergère................	8 »	15 »	30 »
43. Id. canapé.................	12 »	30 »	72 »
44. Tabourets en X.............	2 »	3 »	8 »
45. Id. ordinaires..............	1 80	2 50	5 »
46. Id. petits..................	1 50	2 »	4 »

V. PASSEMENTERIE, A LA MESURE.

	L'AUNE.	LE MÈTRE.
47. Franges en soie, de........	5ᶠ " à 10ᶠ "	4ᶠ " à 8ᶠ30ᶜ
48. Id. en filoselle............	4 " à 8 "	3 " à 6 50
49. Id. en laine et soie........	2 " à 4 "	1 60 à 3 "
50. Id. en coton..............	1 50 à 3 50	1 25 à 1 90
51. Id. petites ou effilés......	" 25 à 1 "	" 20 à " 85
52. Crêtes à jour en soie, dessin et largeur ordinaire......	" 75 à " "	" 60 à " "
53. Id. en laine et soie........	" 35 à " 60	" 28 à " 50
54. Id. en coton..............	" 25 à 1 "	" 20 à " 85
55. Galon doubleté, d'un pouce de largeur, en soie........	" 50 à 2 25	" 40 à 1 85
56. Id. en laine et soie........	" 75 à 2 "	" 60 à 1 50
57. Id. en coton..............	" 25 à " 30	" 20 à " 25
58. Galon à clouer, de 4 à 6 lignes, en faux...........	" 25 à " 40	" 20 à " 32
59. Id. demi-fin, double chainette.............	" 75 à " 80	" 60 à " 65
60. Cordons de tirage pour rideaux, filoselle et fil......	" 30 à " 40	" 25 à " 32
61. Id. tout fil..............	" 20 à " 30	" 15 à " 25
62. Câbles pour draperies ou embrasses de 6 à 8 lignes de diamètre, l'âme en fil, garnis en soie..............	3 50 à " "	2 90 à " "
63. Id. garnis en filoselle......	1 50 à " "	1 25 à " "
64. Id. garnis en laine........	" 60 à " "	" 50 à " "
65. Id. tout coton............	" 30 à " 40	" 25 à " 32

Confection des meubles.

Pour les couchers, le cardage de la laine et l'écharpillage du crin se payent de 75 c. à 1 fr. la livre; la façon du matelas, de 75 c. à 1 fr.; celle de la couette ou matelas de plume, couture, cirage et montage, de 4 à 6 fr.; celle des traversins, de 50 à 75 c.. La mode change souvent pour la forme et l'élégance des lits; les plus simples sont ou à flèche, à couronne ou à petit cadre formant impériale. Nous allons indiquer la mesure de la fourniture d'un grand lit; ceux qui sont plus petits demandent de moindres quantités. Il faut, pour les rideaux les plus amples, 30 aunes (36ᵐ) d'étoffe; pour le sommier, 4 aunes 1/2 (5,34) de toile ou futaine, et 32 fr. de crin; pour les matelas la laine remplace le crin; pour une couette ou matelas de plume, il faut 10 aunes (12ᵐ) de basin ou coutil, et 16 livres de plume; pour le traversin, basin 2 aunes 1/2 (5ᵐ,), et 4 l. plume; pour la housse ou courte-pointe, 10 aunes (12ᵐ) d'étoffe, et quelquefois autant de doublure; s'il y a bordure ou galon, 8 aunes (9,50); pour un couvre-pied d'édredon, deux livres, et pour le sac qui le renferme (7ᵐ) de marceline.

Pour les croisées, la façon des rideaux et leur garniture, va de 2 fr. à 4 fr., selon leur grandeur; si elles sont très-petites ou de simples vitrages, elle est de 50 à 75 c.; les pentes ou draperies valent de 2 fr. 50 c. à 3 fr. Pour une grande croisée il faut 12 aunes (14ᵐ 25) d'étoffe, 2 aunes (2,40) de grande frange, 26 grands anneaux et 8 aunes (9,50) de cordons de tirage; pour les moyennes, 9 aunes (11ᵐ) d'étoffe, 6 aunes (7,20) d'effilé, 20 anneaux, 8 aunes (9,50) de tirage; pour les petites, 6 aunes (7,20) d'étoffe, 1 1/2 (1,80) d'effilé et 20 anneaux.

Pour le montage des sièges, on emploie cinq sortes de clous dorés, savoir : le clou lentille le plus petit, qui vaut 10 fr. le millier; le demi-poids, 14 fr.; le clou de chiffre, 15 fr.; le gros clou de chiffre, 16 fr.; le tiercelin, 17 fr. La façon de ces sièges est relative aux soins qu'on y apporte : une chaise, avec le siége garni, coûte 2 fr. à 2 fr. 50; le fauteuil, forme cabriolet, de 3 fr. à 3 fr. 50; le grand fauteuil, à dossier, de 3 fr. 50 à 4 fr.; le fauteuil piqué à l'anglaise, de 5 fr. à 5 fr. 50; la bergère, un cinquième de plus que le fauteuil, de 9 fr. à 10 fr. 50; le canapé, à bras fermé avec carreaux, le triple du fauteuil à grand dossier, de 10 fr. 50 à 12 fr.; la causeuse, ou vis-à-vis, le double, 7 à 8 fr.; le tabouret en X, de 2 fr. 75 à 3 fr. 25; le tabouret ordinaire, de 2 fr. 50 à 2 fr. 75; le tabouret sans pieds, 1 fr. 50 à 3 fr.; la housse des chaises, 1 fr.; celle des fauteuils, 1 fr. 50; celle des bergères, 2 fr.; celle des canapés, 4 fr. La fourniture d'une chaise est pour le crin ou l'étoffe 1/2 aune (0,60); pour la toile, 1 1/4 (1,50); pour la sangle, 1/4 (0,50); pour le galon, 1 1/2 (1,80); pour le crin, 2 livres; 150 clous à lentille. Celle des fauteuils, forme ordinaire, velours d'Utrecht, 1 aune (1,20); sangle, 4 (4,75); doublure, 2 (2,40); polisseau fin, 1 (1,20); crin, 3 livres; galon, 4 aunes (4,80); 350 lentilles. Pour une bergère, velours d'Utrecht, 3 aunes 1/4 (3,90); toile, 4 (4,80); polisseau, 1 (1,20); sangle, 5 (6ᵐ); galon, 8 (9,50); crin, 5 livres; plume ou duvet, 5 livres; 2 peaux. Pour un canapé : étoffe, 7 aunes (8,30); polisseau, 1 1/2 (1,80); toile, 5 (6ᵐ); doublure, 11 (13); sangle, 17 (20,20); galon, 7 1/2 (8,60); cordonnet, 5 (6ᵐ); crin, 30 livres; 750 demi-poids. Enfin, pour un fauteuil de bureau, ou inquiétude, on demandera en peau, 1/2 aune (0,60); en sangle, 4 (4,80); en doublure, 1/2 (0,60); 4 livres de crin; 100 clous gros chiffre.

Réunissant les indications qui précèdent, nous chercherons à établir quelques évaluations :

(N° 143.) *Rideaux d'une grande croisée avec patères, thyrses et poulies.*

Étoffe à bordures, 12 aunes, à 2ᶠ 50ᶜ..	30ᶠ "
Grandes franges, 2 aunes, à 1ᶠ 50ᶜ.....	3 "
Cordons de tirage, 8 aunes, à 25ᶜ......	2 "
Grands anneaux, 26, à 10ᶜ...........	2 60
Patères, thyrses et poulies............	4 "
Façon et montage...................	3 "
	44 60

(N° 144.) *Rideaux de moyenne croisée.............* 33ᶠ 50ᶜ

PART. IV. SECT. VII. *Des Devis, des Marchés et des Évaluations.* 345

(N° 145.) *Rideaux de petite croisée*............ 12ᶠ 60ᶜ

(N° 146.) *Fauteuil de forme ordinaire.*

Bois.................................	6ᶠ	″ᶜ
Sangle, 4 aunes, à 20ᶜ...............	″	80
Velours d'Utrecht, 1 aune...........	6	″
Doublure, 2 aunes, à 2ᶠ 50ᶜ..........	5	″
Polisseau fin, 1 aune................	2	50
Galon, 3 aunes 3/4, à 30ᶜ.............	1	13
Crin, 5 livres, à 1ᶠ 50ᶜ...............	7	50
330 clous à lentille, à 0.001........	3	30
Façon..............................	3	″
	35	23

(N° 147.) *Fauteuil de cabinet à dossier creux.*

Bois................................	11ᶠ	″ᶜ
Sangle, 4 aunes......................	″	80
Peau pour siège.....................	1	50
Doublure, 1/2 aune...................	2	50
Crin, 4 livres.......................	6	″
100 clous gros chiffre................	1	60
Façon..............................	3	″
	26	40

(N° 148.) *Chaise garnie.*

Bois................................	3ᶠ	″ᶜ
Etoffe de crin, 1/2 aune..............	3	″
Toile, 1 aune 1/4, à 2ᶠ 50ᶜ............	3	13
Sangle, 1/4, à 1ᶠ......................	″	25
Galon, 1 1/2, à 30ᶜ....................	″	45
Crin, 2 livres, à 1ᶠ 50ᶜ...............	3	″
150 clous à lentille...................	1	50
Façon..............................	2	″
	16	33

(N° 149.) *Bergère id.*..................... 59ᶠ 80ᶜ

(N° 150.) *Canapé id.*..................... 151ᶠ 65ᶜ

(N° 151.) *Lit et coucher de 4 à 5 pieds, deux dossiers, roulettes anglaises.*

Bois ferré..........................	54ᶠ	″ᶜ
Sommier...........................	52	30
Matelas............................	55	50
Second matelas.....................	55	50
Couette............................	89	″
Traversin..........................	21	50
Faux traversin......................	6	″
Oreiller............................	5	75
Housse ou courtepointe..............	48	91
Rideaux et franges..................	118	″
Couverture en laine.................	20	″
Couverture en coton.................	12	″
Descente de lit en moquette.........	8	″
	537	36

(N° 152.) *Lit et coucher de 5 pieds.*

Bois ferré et petites roulettes........	24ᶠ	″ᶜ
Paillasse...........................	6	50
Matelas............................	34	88
Second matelas.....................	34	88
Couette............................	47	50
Traversin..........................	14	″
Faux traversin......................	4	50
Housse............................	30	80
Rideaux et franges..................	64	40
Couverture en laine.................	12	″
Couverture en coton.................	6	″
Descente de lit.....................	5	″
	324	46

(N° 153.) *Lit et coucher de garde-robe.*

Bois uni............................	12ᶠ	″ᶜ
Paillasse...........................	5	50
Matelas............................	21	50
Couette............................	33	″
Couverture en laine.................	10	″
Couverture en coton.................	4	″
	86	″

Nota. En nous occupant du mobilier d'assortiment, nous avons négligé de parler de la sonnerie domestique, dont d'ailleurs les éléments se trouvent dans les détails de la quincaillerie, page 323; mais il est cependant intéressant de mentionner l'application récente du fluide électrique à ce moyen d'appel si utile et souvent si nécessaire. On peut trouver, pour cet objet important, divers appareils dans une fabrique de machines et d'instruments de précision, établie à Paris, par Dumoulin et Compᵉ, rue Saint-Honoré, 314.

———

Ainsi que nous l'avons annoncé au début de cette quatrième partie, page 253, nous allons tenter de donner deux exemples de devis estimatifs; le premier, celui du pavillon central de notre maison de campagne, reproduit dans les planches XXIII-XXIV et XXV-XXVI, dans le cas d'un traité avec un entrepreneur; le second, celui d'une métairie représentée dans les figures 1 à 5 de la planche XXXIV que nous-même avons entièrement construite à neuf. Lorsqu'on distingue la valeur des matériaux de celle de la main-d'œuvre, méthode souvent employée dans nos campagnes, on ne doit pas se dissimuler que, malgré le soin apporté dans le travail du cabinet, l'exécution de nombre de détails peu appréciables d'avance d'une manière absolument exacte, excède presque toujours l'évaluation primitive : on y pourvoit par une légère augmentation dans les mesures et les prix des parties plus connues.

1ᵉʳ EXEMPLE.

Devis estimatif du corps ou pavillon central de la Maison de campagne représentée dans les planches XXIII-XXIV et XXV-XXVI.

Nous n'avons pas à nous occuper de la partie descriptive de ce corps ni de sa distribution intérieure; elle se trouve

44

dans la première partie, pages 31 à 33, auxquelles nous renvoyons. Il nous reste à indiquer les conditions matérielles des ouvrages et à en présenter l'évaluation.

Dimensions et conditions.

Les fondations sont d'une profondeur moyenne de 2 pieds, leur largeur est de 2 p. 4°, les fondements sont en maçonnerie de blocage et de chaux. Le soubassement aura une hauteur de 2 p., et une épaisseur de 2 p. 2°; il régnera autour des murs de face, et sera construit en chaux et en moilon brut.

Les murs auront une épaisseur de 20° et une hauteur sous corniche de 4 toises 2 p., ou 26 pieds; les murs de costière la même proportion. Les murs de refend auront une épaisseur de 15°, leurs pignons seront élevés pour supporter la charpente du comble. Les deux murs de face seront en brique neuve pour le frottis et la taille avec de bons riblons; les murs de costière en moilon; les murs de refend en riblons jusques à trois pieds d'élévation; le surplus en brique crue ainsi que les pignons. Les premiers planchers seront hourdés, les seconds en briques au lieu de planches.

Les perrons seront en pierre moulée, pour le grand corps; la plinthe d'étage suivant la corniche de comble des corps latéraux aura 12° de hauteur, ou six assises en briques, un cordon d'une assise soutiendra les croisées sur le parterre; la grande corniche aura 18°, ou neuf assises. Les marches du couronnement sont indiquées dans la planche. Les appuis des croisées et les lancis seront en pierre.

I. OUVRAGES PRÉPARATOIRES.

Fondations. Rigole pour les murs, longueur développée, 52 t. × largeur 2 t. 4 p. = quarré 17 t. 1 p. 4° × profondeur 2 p. cube 3 t. 4 p. 5° (n¹), à 5ᶠ 75ᶜ.. 32ᶠ99ᶜ
Id. pour les deux perrons, 6 t. 2 × = 12 × 2 p. = 4 t. (1), à 5ᶠ 75ᶜ............... 23 „ } 55ᶠ 99
Fondements. Même cube, 9 t. 4 p. 5° (25), à 70ᶠ 52ᶜ.. 686 59 } 1373 18
Soubassement. Même cube approximatif............ 686 59
Pierre de taille. Pour le perron de l'entrée, 3 marches, de 6 p. de longueur 18 p. cour. (22), à 84ᶜ 15 12
Une marche pour seuil, 4 p. cour. (23), à 1ᶠ 59ᶜ.................. 6 36 } 21 48
Pour seuil du parterre, 3 marches ensemble de 22 p. 60ᶜ (22), à 84ᶜ..... 55 44
Trois seuils de 4 p. ensemble 12 p. cour. (23), à 1ᶠ 59ᶜ................. 19 08 } 74 52 } 258 26
Appuis moulés pour le bas, 8 de 4 p. 52 p. cour. (24), à 2ᶠ 58ᶜ.............. 82 56
Id. simples pour le haut, 8 de 3 p. 6° (22), 10 à 84ᶜ........................ 29 40 } 162 26
Lancis, 54 à 95ᶜ........................ 50 30
Péristyle, 2 colonnes en céramique de 12 p. 24 p., à 3ᶠ 72 „
Entablement, 12 p. cour. ou 36 en brique, à 1ᶠ 83ᶜ 62 88 } 134 88

1822 31

II. MAÇONNERIE.

Mur de face de l'entrée, 11 t. 4 p. × 4 t. 2 p. = 54 t. 4 p. 8° × 1 p. 8° = 15 t. 1 p. 4° brique (27), à 140ᶠ 2131 „ }
Id. du parterre, semblable.................. 2131 „ } 4262 „
Mur de costière, 7 t. 1 p. × 4 t. 2 p. = 31 t. 0 p. 8° × 1 p. 8° = 8 t. moilon (25), à 70ᶠ 52ᶜ......... 564 16 }
Id. semblable................................ 564 16 } 1128 32
Murs de refend ensemble, 7 t. 5 p. × 3 p. = 31 t. 5 p. 6° × 1 p. 3° = 1 t. 5 p. 6° riblons (29), à 81ᶠ 58ᶜ.. 155 25 }
Id. en brique crue, 7 t. 5 p. × 3 t. 5 p. = 30 t. × 1 p. 3° = 6 t. 1 p. 6° (31), à 48ᶠ 59ᶜ............ 364 43 } 612 82
Id. en pignon et brique crue, 1 t. 5 p. 6° (31), à 48ᶠ 59ᶜ 93 14
Cordon, une assise quarrée de 66 p. cour. (EE), à 43ᶜ ¹/₂.......... 28 28
Plinthe d'étage, 3 assises quarrées, 198 p. cour., à 43ᶜ ¹/₂.................. 36 15 } 131 15
Et 3 assises courbes, 198 p. cour., à 48ᶜ...... 95 „

6162 57

III. CHARPENTE.

Plancher à poutre hourdé; grand salon 4 × 4 = 16 t. q. (48), à 25ᶠ 19ᶜ............... 355 04 }
Id. salle à manger 3 × 4 = 12 t. q., à 22ᶠ 19ᶜ..... 266 28 }
Plancher à solives, hourdé, 1ʳᵉ chambre 3.2 × 3 = 10 t. q. (31), à 58ᶠ 96ᶜ.............. 589 60 } 4179 20 } 2589 73
Id. 2ᵉ chambre semblable.................. 589 60
Id. petit salon 3 × 2.2 = 7 t. q., à 58ᶠ 46ᶜ......... 409 22
Id. vestibule 3 × 2 = 1 = 7 t. q., à 58ᶠ 46ᶜ......... 379 99
12 pièces de décharge de 5 p. 60 p. (FF), à 27ᶜ 16 20 } 77 40
90 id. de 4 p. et de 4 à 5ᶜ, 360, à 17ᶜ....... 61 20
Porte d'entrée, bois dur et ferrure, 4 p. sur 8 (66).................... 41 30 } 520 34
3 contrevents de 4 sur 12 cintrés (74), à 30ᶠ 33ᶜ.................. 159 „ } 442 94
8 id. de 4 sur 8 (75), à 30ᶠ 33ᶜ...... 242 64
Plancher à solives et en brique du premier étage, de 10 t. 5 × 6.4 = 69 t. 3 p. 10ᶜ............ 2204 08 }
12 contrevents, 1ᵉʳ étage (52), à 31ᶠ 65ᶜ...... 363 96 } 2880 88
12 id. premier étage, de 3 p. 6° × 7 = (76), à 26ᶠ 07ᶜ........................ 312 84
Comble en pignon, 12 t. × 11 t. 4 p. = 136 t. q. (54), à 2ᶠ 70ᶜ.. 357 20

6348 15

IV. ESCALIER.

32 marches carrelées de 4 p. formant 126 p. (61), à 0ᶠ 59ᶜ........................ 18 86 }
Une marche en pierre de 5 p. (25), à 1ᶠ 59ᶜ.. 7 98 } 70 94
Une marche palière de 9 p. sur 8ᶜ (64), à 4ᶠ 90ᶜ. 44 10 }
Limon, 18 p. cour. (62), à 1ᶠ 79ᶜ.......... 32 02 } 194 02 } 264 9
Appui en fer, 27 p. cour., à 6ᶠ........... 162 „

V. COUVERTURE.

Couverture en tuiles creuses, 136 t. q. (83), à 11ᶠ 52ᶜ........................ 1566 72 }
Bordures et stillicides, 46 t. 4 p. cour. (85), à 2ᶠ 22ᶜ.................. 102 32 } 1669 04 } 1791 41
Onze souches de cheminée, ensemble 9 p. × 1 = 1.3 × 1 t. = 1 ¹/₂ (29), à 81ᶠ 58ᶜ......... 122 37

PART. IV. SECT. VII. *Des Devis, des Marchés et des Evaluations.* 347

VI. MENUISERIE.

Rez-de-chaussée.

Parquet du grand salon, 16 t. q. en chêne (90), à 25ᶠ 44ᶜ............	152 64	
Planchers d'ais, 2 chambres, 20 t. q., petit salon 7 t. = 27 t. (88), à 25ᶠ 63ᶜ.......	692 01	} 844 65
Plinthes et cymaises, 54 t. cour,, à 1ᶠ 50ᶜ.....	81 "	
1 porte-croisée quarrée, ferrée, de 4 sur 8 (106)............	70 56	
3 porte-croisées cintrées, de 4 sur 12 (102), à 124ᶠ 50ᶜ.........	373 50	} 2900 27
8 portes de 3 sur 8 ferrées (92), à 14ᶠ 89ᶜ..	454 80	
3 portes de 2 sur 6 (96), à 27ᶠ 31ᶜ........	71 93	} 1974 62
3 paires de volets intérieurs (115), à 48ᶠ 21ᶜ.	144 63	
8 croisées quarrées de 4 sur 8 (105), à 76ᶠ 50ᶜ	612 "	
8 volets semblables (118), à 30ᶠ 90ᶜ.......	247 20	

Premier étage.

Porte-croisée cintrée, ferrée, de 4 sur 9 (104).	95 75	
2 portes de 3 sur 8 (94), à 40ᶠ 48ᶜ.....	80 96	
6 portes de 2 ½ sur 6 (95), à 29ᶠ 50ᶜ....	177 "	} 696 79
2 portes de 2 sur 6 (96), à 27ᶠ 31ᶜ........	54 62	
14 portes arasées, ferrées, de 2 sur 6 (98), à 14ᶠ 89ᶜ............	208 40	} 1320 59
4 portes d'armoire, à 10ᶠ..............	40 "	
8 croisées de 3 ½ à 7 (106), à 64ᶠ 10ᶜ.....	512 80	
34 toises courantes de plinthe et cymaise, à 1ᶠ 50ᶜ....	111 "	
		4220 86

VII. CARRELAGE (QQ).

Au rez-de-chaussée, vestibule 7 t., escalier 1 t. 4, salle à manger 12 t. q., en tout 20 t. q. 4, carreaux avec chaux, à 7ᶠ 55ᶜ............	156 03	} 270 43
Au premier étage, 69. 3. 6ᶜ carreau avec terre, à 1ᶠ 64ᶜ............	114 40	

VIII. PLATRERIE.

Plafond du grand salon, hourdé, de 16 t. q. avec deux poutres de 30ᵖ de tour, donnant 3 t. 2 p.; total, 21 t. q. 2 p. (150), à 9ᶠ 90ᶜ............	161 20	
Corniche de 8ᵖ de tombée, 32 t. cour. (152), à 5ᶠ............	160 "	} 506 20
Cul de lampe (153) de 24ᵖ de diamètre.....	25 "	
Plafond hourdé de la salle à manger, 12 t. q. avec deux poutres de 24ᵖ de ceinture, 2 t. q.; total, 14 t. q., à 9ᶠ 90ᶜ............	138 60	
Corniche de 6ᵖ, 24 t. cour., à 4ᶠ..........	96 "	} 249 60
Cul de lampe de 18ᵖ de diamètre...........	15 "	} 1384 28
Plafond hourdé des deux chambres, 20 t. q., à 9ᶠ 90ᶜ............	396 "	
Corniche de 6ᵖ, 25 t. 2 p., à 4ᶠ.......	108 30	} 504 30
Plafond hourdé du petit salon, 7 t. q., à 9ᶠ 90ᶜ	59 40	} 102 73
Corniche de 4ᵖ, 10 t. 4 p., à 4ᶠ..........	43 33	
Plafond uni et plat du vestibule, 2 t. q. 1 p., à 9ᶠ 90ᶜ	21 45	

D'autre part.........	1384 28	
Plafond uni et plat du 1ᵉʳ étage, 68 t. q., à 9ᶠ 90ᶜ.....	673 20	
24 embrasures moyennes (133), à 1ᶠ 50ᶜ...	36 "	} 831 22
20 embrasements moyens, à 2ᶠ............	40 "	
3 tuyaux de cheminée, ensemble 5 t. (127), à 6ᶠ 84ᶜ............	20 52	} 82 08
7 tuyaux de cheminée, ensemble 9 t., à 6ᶠ 84ᶜ	61 56	
		2215 10

IX. PEINTURE D'IMPRESSION (YY).

Charpente à l'huile.

Porte d'entrée............	7 50	
3 grands contrevents, à 8ᶠ 50ᶜ.....	25 50	} 141 "
8 id., à 6ᶠ............	48 "	
12 id., à 5ᶠ............	60 "	

Rez-de-chaussée à l'huile.

Porte-croisée............	3 "	
3 grandes croisées, à 6ᶠ............	18 "	
8 portes, à 7ᶠ 50ᶜ............	60 "	
3 id., à 4ᶠ 50ᶜ............	13 50	} 192 90
8 croisées, à 3ᶠ 50ᶜ............	28 "	
3 grands volets, à 6ᶠ 50ᶜ............	19 50	
8 id. petits, à 4ᶠ............	32 "	
54 t. plinthe et cymaise, à 35ᶜ..........	18 90	

Premier étage, à la détrempe.

1 porte-croisée cintrée............	4 "	
6 portes moyennes, à 2ᶠ............	12 "	
2 autres, à 1ᶠ 50ᶜ............	3 "	} 46 10
8 croisées, à 2ᶠ............	16 "	
74 t. plinthe et cymaise, à 15ᶜ............	11 10	
		580 "

X. VITRERIE (VV).

Pour le rez-de-chaussée, 24 carreaux de 18ᵖ-22ᵖ, à 70ᶜ	16 80	} 32 80
Pour id., 32 carreaux de 16 à 18ᵖ, à 50ᶜ.......	16 "	
Pour le premier étage, 40 carreaux de 14 à 16ᵖ, à 40ᶜ........	16 "	
Pose de 96 carreaux, à 5ᶜ............	4 80	
		53 60

XI. MARBRERIE (SS).

Un chambranle à tablette profilée, joues et foyers pour le grand salon............	40 "	
Id. pour le petit salon, avec foyer............	35 "	
Id. deux pour les chambres, avec foyer, à 35ᶠ........	70 "	
Id. sept pour le haut, sans foyer, à 32ᶠ............	224 "	
		369 "

XII. POÊLERIE (UU).

Un poêle rond pour la salle à manger, n° 14, terre émaillée.. 85 "

XIII. MIROITERIE (XX).

Pour le grand salon, une glace de 60° sur 56........ 166' 08
Pour le petit salon et les deux chambres, 3 glaces de 54 sur 30, à 133' 80°............................ 401 40 } 567' 48
Pour le haut, 7 glaces de 36° sur 20°, à 39' 80°....... 260 60

                                            828 08

XIV. TENTURE.

Pour le rez-de-chaussée, longueur 34 t., hauteur réduite, 2 t. 2 p. surface, 79 t. $^1/_3$, grand raisin (142), à 3^f 78°......... 337 17
Pour le premier, 74 t. $\times$ 2 p. = 148 t. q. carré (141), à 3' 34°.. 494 32

                                            794 20

XV. COURONNEMENT.

Grande corniche sur les faces = mur dosseret 2 t. 4 p. $\times$ 1 p. = 2 p. 7° (29), à 81' 58°.............................. 55 15
Taille droite, 580 p., à 43° $^1/_2$ (EE)............ 243 60 } 378 "
Taille courbe, 280 p., à 48°.................. 134 40
Acrotère, 11 t. $\times$ 2 p. = 1 t. 0.10°$\times$10° = 4 p. 93 33
2 gradins, ensemble 6 t. $\times$ 2 p. = 2 t. $\times$ 1 p. = 1 t. (27).............................. 140 " } 233 33
Statue en céramique................................ 80 " } 100 "
4 vases ou urnes en céramique, à 5'............. 20 "

                                            746 48

XVI. REVÊTEMENT DES MURS.

Extérieur, en chaux et badigeon; pourtour, 152 t.; hauteur, 4 t. 4 p.; quarré, 177 t. $^1/_3$, à 6^f............................ 1121 "
Intérieur, stuc pour la salle à manger; pourtour, 14 t. $\times$ 2 t. 3 p. = 35 t. q. (12), à 10' 38°........... 363 50
En plâtre, pourtour, 33 t. 2 p.$\times$ 2 t. 3 = 85 t. (152), à 2'.................................. 166 " } 588 50
En terre, 74 t.; hauteur réduite, 1 t. = 74 t., à 80°................................... 59 20

                                           1709 50

RÉSUMÉ.

I. Ouvrages préparatoires..................... 1822'51°
II. Maçonnerie................................ 6162 57
III. Charpente................................ 6348 45
IV. Escalier.................................. 264 96
V. Couverture................................ 1791 41
VI. Menuiserie............................... 4220 86
VII. Carrelage............................... 270 43
VIII. Plâtrerie.............................. 2215 18
IX. Peinture d'impression.................... 380 "
X. Vitrerie.................................. 55 60
XI. Marbrerie................................ 369 "
XII. Poêlerie................................ 85 "
XIII. Miroiterie............................. 828 08
XIV. Tenture................................. 794 20
XV. Couronnement............................ 746 48
XVI. Revêtement des murs.................... 1967 50

                                         28519 33

Ce pavillon central ayant une surface d'environ 84 toises quarrées (83 t. 5 p.), chaque toise quarrée revient à 337^f 14^c.

2me EXEMPLE.

Une Métairie, représentée dans les figures 1 à 5 de la planche XXXIV, en distinguant les fournitures et la main-d'œuvre.

Les détails que contient la page 39 donnent la description de cet édifice; suivent ici les conditions générales.

Un mur de refend règne sur la longueur de la métairie; trois murs transversaux de 16 pieds ou 2 t. 4 p. la traversent. Tous ces murs sont d'une épaisseur de 15 pouces ou 1 p. 3°; mais celle des divisions des stalles et des toits à porcs n'est que de 10 pouces : les murs des hangars sont de 20 pouces ou 1 p. 8° d'épaisseur à cause de leurs vides.

Les fondements, un socle ou soubassement de 2 p. sous tous les murs, sont construits en moilon brut et à mortier de chaux; les murs du péristyle et le mur de face du couchant en riblons avec un quart de briques entières et à mortier de chaux; le reste des murs à mortier de terre et en brique crue. La profondeur des fondations a été jugée suffisante à 2 pieds.

I. TOISÉ DES MATÉRIAUX.

1° FONDATIONS.

Métairie, longueur développée 55 t., quarré 13 t. 4 p. 6°, cube 4.3.6
Hangars,   —   — 22.4, — 7.3.4°, — 2.3.2
Péristyle   —   — 14.2, — 2.2.4°, — 2.6
Stalles   —   —   6   — 1.0°, — 0.4.0
Crèche   —   —   8   — 2.4.0°, — 0.4.0

        Total des fondations...... 12.5.2°, — 8.5.2

2° MAÇONNERIE.

Fondements.

N'y ayant pas de ressauts dans les fondations, leurs dimensions sont celles des fondements.

Soubassement.

Le socle ou soubassement sous tous les murs, pour les préserver de l'humidité ascendante, est de 2 p. de hauteur sur 106 t. de longueur, et 1 p. 3° d'épaisseur; produit en surface............. 22 t. 0 p. 6°
produit en cube.................................. 6 t. 4 p. 1°

Murs.

Les murs en briques et riblons, pour le mur de face, ont de longueur 11 t. 4 p., de hauteur au-dessus du socle 2 t. 2 p., de surface 27 t. 1 p. 4°, et de cube........... 5 t. 4 p. 5°
Les murs du péristyle ont de longueur 14 t. 2 p., de hauteur 2 t., en surface 29 t. 2 p. 9°, en cube........ 6 t. 1 p. 7°
Les murs des deux hangars ont de longueur 22 t. 4 p., de hauteur 2 t. 2 p., et avec le pignon 2 t. 5 p., de surface 75 t. 3 p., et de cube, sur 1 p. 8° d'épaisseur 20 t. 5 p. 10°; mais en déduisant 8 t. c. 4 p. pour les grands vides, ce cube est réduit à.................. 12 t. 1 p. 10°

Le total de ces murs est donc de.......... 24 t. 1 p. 10°

PART. IV. SECT. VII. *Des Devis, des Marchés et des Évaluations.* 349

Les murs de refend, et celui de la face du levant, ont en longueur 43 t. 2 p., leur hauteur avec le pignon est de 2 t. 5 p., leur surface de 159 t. 3 p., leur cube de............ 33 t. 1 p. 4°
Les murs des stalles ont de longueur 6 t., de hauteur moyenne 1 t. 3 p., en surface 9 t., en cube............ 1 t. 1 p. 6°

Le total des murs en brique crue............ 34 t. 2 p. 10°

Taille.

Brique rougette pour taille, cintre des arcades, des hangars et montants, 198 pieds; de la porte de la garde pile, 30; du péristyle, 78; des portes, 200; des fenêtres du rez-de-chaussée, 100; des fenêtres supérieures, 84; en tout, 690 pieds courants, à six briques par pied, 4140; cordon des deux façades, 60 pieds de longueur à deux assises, 120 pieds. Total, 4560; plus, 440 de déchet; en tout, 5000.

Pierre.

Pierre commune pour seuils, d'un pied de largeur et de 6° de hauteur; 2 de 7 p. de longueur avec prise; 2 de 6 p.; 2 de 4 p.; 5 de 3 p.; en tout, 49 pieds d'un demi-pied cube ou 25 pieds; l'appui, ayant 6 pouces de largeur sur 4 pouces de hauteur, le pied courant ¹/₆° de pied; 18 de 3 p. 54 p.; 4 de 2 ¹/₂ 10 p.; 8 de 2 p. 16 p.; en tout, 80 pieds ou 16 pieds cubes; 66 lancis d'un quart de pied cube; le tout formant 107 p. c.

Accessoires.

Pour la cheminée, longueur développée, 2 t. 4 p.; hauteur, 2 toises; surface, 10 t. 4 p.; épaisseur, 10°; cube 2 t. 5.10, en brique et mortier de terre.
La voûte du cendrier, de 7 t. q. de surface, 200 briques violettes; et four de 5 p. sur 4, 945 barrots; une plaque de fonte pour la cheminée, une pour l'autel, une porte à roulettes pour la bombarde.

Mortier.

Chaque pied cube de mortier de chaux exige 33 l. de chaux et ¹/₄ de tombereau de sable.
Chaque pied cube de mortier de terre demande ¹/₂ tombereau de sable et autant de terre.

Capacité.

La toise cube de mur en moilon demande 170 p. c. moilon et ¹/₄ de déchet, ou 213 p. c. et 46 p. c. mortier de chaux.
La toise cube de mur en matériaux vaut 120 p. c. de riblons et ¹/₅° de déchet, ou 145 p. c. et 300 briques entières, et 330 avec le déchet, et 20 p. c. mortier de chaux.
La toise cube de mur en brique crue demande 1320 briques et 130 de déchet, ou 1450 et 18 p. c. de mortier de terre.

3° CHARPENTE.

Planchers.

Commun..... { 3 poutres de 10° sur 8° et de 17 pieds.
              14 solives de 4° sur 4° et de 30 pieds.

Etable....... { 3 poutres de 8° sur 7° et de 17 pieds.
              14 solives de 4° sur 4° et de 30 pieds.

Garde-pile... { 3 poutres de 10° sur 8° et de 17 pieds.
              14 solives de 4° sur 4° et de 30 pieds.

Gr⁴° chambre. { 1 poutre de 8° sur 7° et de 13 pieds.
              10 solives de 4° sur 4° et de 17 pieds.

Pᵐᵉ chambre..... 8 solives de 4° sur 4° et de 8 pieds.
Puits,   de 10° sur 8°............ 102 pieds courants.
Passe-gros, de 8° sur 7°............ 98 p.   —
Passe-chevron, de 4° sur 4°............ 1494 p.   —

Surface des planchers, 47 t. q., à 45 briques par toise quarrée, déchets compris............................ 2115'
Un hectolitre de plâtre par toise quarrée; plus, 50 chevilles de 6°.

Accessoires.

Pièces de décharge pour les ouvertures des murs; soliveaux de 5° sur 5° et de............................ 180 pieds de longueur.
Piliers pour les stalles de l'étable de 10° sur 8°; puits à 8 p............................ 48 p.   *idem.*
Retenue du passage de l'étable des bœufs, de 4° sur 4°; passe-chevrons............₄.... 360 p.   *idem.*
Devant de la crèche, de 4° sur 5°; solives de.. 48 p.   *idem.*
Rondin des râteliers de 4°, de gros et de chevrons, de............................ 96 p.   *idem.*

Comble.

Faîte de la métairie sur mur de 4° sur 4°; passe-chevrons de......................... 72 pieds de longueur.
Faîte des hangars; solives de 6° sur 5°....... 36 p.   *idem.*
12 pannes de 7° sur 8° et de 30 p.; passe-gros. 360 p.   *idem.*
8 id. de 7° sur 8° et de 18 p.; passe-gros..... 144 p.   *idem.*
4 id. de 6° sur 5° et de 17 p.; passe-gros.... 68 p.   *idem.*
4 id. de 4° sur 3° et de 8 p.; passe-gros.... 32 p.   *idem.*
108 chevrons de 4° et de 20 p............... 2160 p.   *idem.*

Couverture.

Pour chanlattes en biseau, 7 planches de 18 lignes d'épaisseur et de 8 p. de longueur, c'est-à-dire, 56 p. q.
100 chevilles de 5 pouces.
78 fust latte.
12 milliers de tuile à canal.
72 faîtières.
3500 clous passe-marche.
Surface de comble, 116 t. q.

Enduits.

Enduits intérieurs, 68 toises quarrées à un pouce d'épaisseur, à 3 p. c............................ 204 p. c.
Enduits extérieurs, 92 t. q..................... 276 p. c.

Fermeture.

Porte de la garde-pile, 120 p. q., 12 planches, 2 crapaudines, 1 arc-boutant, 1 serrure, 1 loquet à pouce.
— de l'étable, 48 p. q., 8 planches, 6 pentures, 4 verrous, 1 loquet.
— du commun, 18 p. q., 6 planches, 2 pentures, 1 serrure, 2 verrous, 1 loquet.
— 4 de chambre, 60 p. q., 16 planches, 8 pentures, 4 loquets.
6 contrevents, 36 p. q., 18 planches, 12 pentures, 12 crochets.
8 volets, 32 p. q., 8 planches, 32 pentures, 8 verrous.
4 toits, 14 p. q., 4 planches, 8 pentures, 4 verrous.

Ensemble,

328 p. q., un tiers de doublage, 110; en tout, 438, dont 248 en bois de 18 lignes, et 190 en bois de 12 lignes.
2 crapaudines et leur bourdonnière.
72 planches de 8 à 9 pieds, 26 de 18 lignes, 46 d'un pouce.
2 serrures.
60 pentures et leurs gonds.
10 verrous.
7 loquets à pouce.
12 crochets.
5 croisées de 4 pieds de hauteur, 10 fiches, 10 targettes.

II. ÉVALUATION DES MATÉRIAUX.

1° FONDATIONS.

Fouille de fondations de terre de seconde classe, 9 t. c., à trois journées 1/2 par toise cube, 24 journées 1/2, à 1ᶠ. 24ᶠ 50ᶜ

2° MAÇONNERIE.

Fondements. .... 9 t. 0 p. 0ᶜ	} 15ᶠ 4ᵖ 1ᶜ	
Soubassement. .... 6 t. 4 p. 1ᶜ		
Maçonnerie de moilon, 3256 p. c., ou 121 charretées de 18 p., à 1ᶠ 50ᶜ.	181 50	} 465 10
Mortier, 170 quintaux de chaux, à 90ᶜ.	153 60	
Plus, 128 tombereaux de sable, à 1ᶠ.	128 "	
Maçonnerie en riblons et brique, 3524 p. c., ou avec 1/5ᵉ de déchet 4229, ou 235 tombereaux, à 6ᶠ.	810 "	} 1499 40
Plus, 7300 briques entières et 1/20ᵉ de déchet, soit 7600, à 9ᶜ.	689 40	} 1692 40
Mortier, 160 qu. chaux, à 90ᶜ.	134 "	} 193 "
Plus, 59 tombereaux de sable.	59 "	
Maçonnerie en brique crue et mortier de terre, 50 milliers brique, à 15ᶠ.	750 "	} 1187 50
Mortier, 350 tombereaux, sable.	350 "	} 437 50
350 id., terre, à 25ᶜ.	87 50	
5000 briques rougette à tailler, à 12ᶜ.		600 "
107 pieds cubes de pierre équarrie, à 2ᶠ.		214 "
Pour la cheminée, 8700 violettes, à 5ᶜ.	435 "	
Mortier, 10 tombereaux de sable, à 1ᶠ.	10 "	} 447 50
10 tombereaux de terre, à 25ᶜ. ...	2 50	
Voûte du cendrier, 200 violettes.	10 "	
Voûte du four, 945 barrots, à 4ᶜ.	37 80	} 47 80 } 505 30
Plaque en fonte pour contre-cœur.	2 "	
Id. pour autel.	3 "	} 10 "
Porte à roulette en tôle.	5 "	
	Maçonnerie.	4560 30

3° CHARPENTE.

Planchers.

102 p. cour. puals, à 1ᶠ.	102 "	
98 p. passe-gros, à 57ᶜ.	55 86	} 367 02
1494 passe-chevrons, à 14ᶜ.	209 16	} 609 34
2115 briques, à 9ᶜ.	190 34	
47 hect. plâtre, à 1ᶠ.	47 "	} 242 34
50 chevilles, à 10ᶜ.	5 "	

Accessoires.

50 pieds puals, à 1ᶠ.	50 "	
180 p. soliveaux, à 27ᶜ.	48 60	
50 soliveaux, à 17ᶜ.	7 50	} 121 74
50 passe-chevrons, à 14ᶜ.	7 "	
96 p. chevrons, à 9ᶜ.	8 64	

Comble.

72 p. passe-chevrons, à 14ᶜ.	10 08	
36 p. soliveaux, à 31ᶠ.	11 16	
504 p. passe-gros, à 57ᶜ.	287 28	} 535 68
68 p. passe-gros, à 43ᶜ.	29 24	
52 p. passe-gros, à 11ᶜ.	3 52	
2160 p. chevrons, à 9ᶜ.	194 40	

A reporter. 1166 76

Report. 1166 76

Couverture.

36 p. q. chanlatte, à 15ᶜ.	8 50	
78 fust latte, à 3ᶠ.	234 "	} 271 "
110 chevilles, à 10ᶜ.	11 "	} 1132 60
3500 clous, à 5ᶠ le millier.	17 50	
12000 tuiles à canal, à 7ᶜ.	840 "	} 861 60
72 faîtières, à 30ᶜ.	21 60	

Fermetures.

26 planches nerva de 10 lignes, à 1ᶠ 60ᶜ...	41 60	} 87 60
46 planches sapin de 12 lignes, à 1ᶠ.......	46 "	
360 boulons à écrou, à 15ᶜ.	54 "	} 61 20
720 clous grosse gabarre, à 1ᶜ.	7 20	
2 crapaudines et bourdonnières.	6 "	
1 arc-boutant et son œil.	6 "	
2 serrures, à 3ᶠ.	6 "	} 275 60
60 pentures et leurs gonds, à 35ᶜ.	19 "	} 63 80
10 verrous, à 1ᶠ 50ᶜ.	15 "	
7 loquets à pouce, à 1ᶠ.	7 "	
12 crochets, à 40ᶜ.	4 80	
10 targettes, à 30ᶜ.	3 "	} 63 "
5 croisées, ensemble 20 p., à 3ᶠ.	60 "	

Enduits.

Extérieurs, 67 q. 32 chaux, à 90ᶜ........	60 30	} 111 30
51 tombereaux sable.	51 "	} 198 80
Intérieurs, 70 tombereaux sable.	70 "	} 87 50
70 id. terre.	17 50	

Total de l'évaluation............ 7434 06

III. MAIN-D'ŒUVRE.

La plus grande partie des transports n'est pas comptée ; elle est faite par les attelages et les soins du propriétaire dirigeant lui-même.

Fouille des fondations de 2ᵉ classe, 9 t. c., à trois journées et demie, 24 1/2, à t. c. 1ᶠ................................		24 50
Maçonnerie de moilon, 15 t. 2/3, à 18ᶜ.............	282 "	
Id. de brique et riblons, 24 1/3, à 15ᶠ.............	365 "	} 1109 "
Id. en brique crue, 34 1/2, à 12ᶠ.............	414 "	
Accessoires, 3 t. c., à 16ᶜ.............	48 "	
Planchers, 47 t. q., à 50ᶜ.........................	23 50	
Accessoires, 230 courantes, à 25ᶜ.............	57 50	} 162 20
Comble, 116 t. q., à 70ᶜ.............	81 20	
Fermetures. { 248 p. q., à 10ᶜ.............	24 80	} 41 90 } 81 90
{ 190 p. q., à 9ᶜ.............	17 10	
Enduits, 160 t. q., à 25ᶜ.............	40 "	

Main-d'œuvre............ 1377 60
Matériaux. 7434 06

Total de la dépense présumée. 8811 66

FIN.

TABLE ALPHABÉTIQUE ET ANALYTIQUE

DES MATIÈRES.

A

Pages.
ABAITE (plâtre à la vapeur d')... 526
Abattant d'un timbre à glace... 205
Abreuvoir............... 18, 185
Abritement des plantes....... 260
Absolue (force) des bois...... 85
Acajou (bois d')............ 175
Accessoires de la maçonnerie. 80, 294
— de la peinture........ 167
Accidents, leur responsabilité.. 244
Acier................... 128
Acrotère..... 17, 26, 31, 128
Agrafe................. 178
Agréments des meubles...... 178
Agrographie, plans terriers.... 235
Aiguilles de pisé............ 78
— de parc............ 188
Aile de bâtiment.......... 17, 27
— basse........... 11, 128
Aire ou sol.... 35, 57, 38, 39, 40
Aisances (fosses d')..... 207, 244
Alabastrite, albâtre tendre.... 155
Alaise.................. 318
Albâtre oriental, veiné, tacheté. 143
                                145
— gypseux............ 153
Alidade................. 254
Alignement légal........... 244
Allée de bâtiment........... 25
— de jardin............ 262
Alsacienne (pavé à l')....... 331
Alun................... 76
Ame d'une colonne.......... 133
— d'un gland........... 178
Ameublement.............. 176
Amortissement........... 11, 53
Amour de plâtre............ 155
Amphiprostyle............. 8
Analytique (méthode) des escaliers............ 111
Ancre de bâtiment......... 130
Anglaise (escalier à l')... 70, 115
— (lieux à l')... 28, 32, 194
Anse de panier (cintre en).... 104
Ante, colonne carrée... 14, 27, 29
Antichambre............. 21

Aplatissement des ogives.. Pag. 107
Appareils fumifuges.......... 200
Appartement............... 20
Appentis............... 24, 217
Appui de menuiserie......... 124
Aqueduc, conduite d'eau.. 185, 245
Arbalétrier............. 95, 99
Arbres, arbrisseaux, arbustes à fleurs................ 259
— feuillus............. 265
— verts.............. 266
— distance légale....... 244
Arc-boutant............. 70
— de cercle........... 104
— gothique ou pointu..... 105
— rampant............ 107
Arcade.... 22, 27, 29, 33, 36, 217
Architecte, ses obligations.... 245
Architrave................ 5
Archives.............. 16, 17
Ardoise............. 116, 307
Ardoisières (tuiles)......... 116
Arête de poisson ou rang de fougère (parquet en).... 123
Arêtier, sulin, ruellée... 218, 307
Argile et toile de couverture... 120
Armature.......... 92, 130
Armoire................. 125
Arpentage............... 224
Arrière-corps............. 33
Arrosage des pavés.......... 142
Art..................... 2
Asphalte.............. 278, 327
Assainissement............. 59
Assemblage de charpente..... 91
— de menuiserie....... 121
Assiette de bâtiments........ 1
Assise de brique........... 61
— de pierre............ 60
Astragale................ 123
Atelier de peinture.......... 167
Atre de cheminée....... 137, 192
Attique (étage)..... 52, 57, 118
— (croisée)........... 315
Attouchement (point d').... 107
AUDENTON (bergerie d')..... 186
Aubier................. 32
Auge................... 18

Auget (plafond à)...... Pag. 158
Aune ou verne......... 83, 175
Autel d'église............. 10
— de four............ 192
Auvent................. 245
Avant-corps.............. 27
Avant-cour.............. 28
Avenue................ 262
Avertissement............. v
Axe de l'ellipse........... 105

B

Bâche............ 184, 263
Badigeon................ 76
Baguette............... 123
Baie............... 22, 109
Baignoire.............. 185
Bail.................. 245
Bain (chambre de)........ 25
Baisser le nez, défaut de porte. 125
BALAS, ornement........... 341
Balcon, v. Saillie..... 13, 33, 132
Baldaquin d'autel........ 12
Balustre, balustrade........ 109
Banalité................ 17
Banches de pisé........... 78
Bancs................ 264
Bandes de trémie........ 131
Banquette de fouille..., 275
Baptistère............. 10
BAPTISTE et MAYBON...... 295, 309
Baratte verticale, balançoire.. 218
Barbacane.............. 63
Barbouillage, peinture........ 157
Bardage............... 282
Barrage.............. 245
Barre de loquet............ 125
— de trémie.......... 131
— d'espagnolette...... 127
Barrier (trou)........... 78
Barrière simple, rustique. 133, 224, 264
Barrot, tiers de brique....... 45
Bas-côtés............... 10
Base............. 124, 169
Basilique................ 8
Basse-cour.............. 52

Bassin............. Pag. 185, 260
Bastard (bois)............. 84
Bâtarde (porte)........... 125
Bâti................. 122, 175
Bâtiments publics.......... 6
— particuliers........... 20
— d'exploitation...... 32, 35
— règles légales des...... 246
Battant, vantail........... 125
Batterie (fer de).......... 134
Bauge, paillebard.......... 80
Bec de corbin........... 126
Beffroi................. 16
Belvédère, kiosque........ 263
BENOIT, peinture de décor..... 168
Berceau (voûte en).......... 64
Berger (logement du)....... 35
Bergerie............. 35, 58
— supplémentaire....... 186
Béton.............. 54, 278
BEUNAT (mastic de)......... 76
Bibliothèque.... 28, 30, 52, 188
Billard (salle de)..... 7, 21, 176
BIZET (baignoire de)........ 185
Bitume................. 119
Blanc de peinture de chaux.... 161
— en bourre........... 76
— d'Espagne.......... 160
Blochet................ 100
Bluteau, blutoir...... 191, 280
Bois de charpente et menuiserie. 82
— indigène............. 174
— exotique........... 175
— et bosquets......... 258
Bonde................ 185
Bordure (papier de)....... 173
Bouche de four.......... 192
— de chaleur.......... 201
Boudoir............ 21, 194
Boulin............... 78, 130
Boulot (brique de)......... 285
Brèche, marbre...... 145, 145
Brique crue............. 45
— cuite.............. 47
— de Virobent........ 48
Briqueterie............ 210
Briquette............. 189
Broiement de couleurs....... 165

TABLE ALPHABÉTIQUE ET ANALYTIQUE

Brosse... Pag. 172
Buanderie... 32, 189
Bûcher, buchère... 25, 28, 32
Buffet... 180
Buis, bois... 175
Bulle (papier)... 172
Bureau de paix... 17
— meuble... 176
Buste... 169
Buvée... 35, 207
Bysantin (style)... 8, 59

C

Cabane du berger et des chiens. 188
— fabrique... 263
Cabinet... 15, 17
— d'aisances... 21, 195
— d'étude... 21, 28, 32
— de livres... 188
— de toilette... 21, 28, 53
CADET DE VAUX... 190
CADET GASSICOURT, ramonage... 198
Cadre de bois... 113
— de fer... 149
— de glace... 155
Cage d'escalier... 69, 110
— de glace... 155
— à maïs... 216
Cahors (ciment de)... 57, 277
Cailloux de galets des champs... 60
Caisse à fruit... 212
Caisson... 30
Calcin... 155
Calorifère à air... 194
— à vapeur... 194
— à charbon... 154, 152
Calotte... 11
Camion... 275
Campagne (maison de)... 31
Campanile... 9
Canaux et conduits, forme légale... 246
Caneva, nos dessins et devis, 4, 34
Caniveau... 118
Cannelure... 123
Cantonnier ou angle... 61
Capacité des fours... 193
Capelade, chapelle ou péristyle. 39
Capucine (cintre)... 103
Caractère d'un édifice... 2
Carcasse de meubles... 176
Carré (papier)... 172
Carreau figuré... 139
— de poêle... 152
— de parquet... 122
— de Castelnaudary... 328
— de Trèbes — vernissé... 329
— de pierre... 139
Carrelage... 139, 331
Carrière (moellon de)... 49

Cartier à jour suspendu... Pag. 110
Carton pierre... 171
— bitumé... 120, 307
CARTONNELL, badigeon... 76
Cas fortuits, responsabilité... 246
Cascade... 260
Casin... 263
Casserie (fer de)... 134
Cassis, gondole... 56
Catalogue des arbres... 265
Causes de la fumée... 199
Cave... 22, 32, 195
— conditions légales... 246
Caveau... 52
Cella... 8
Cellier... 22, 34, 195
Cendrier... 210
Centre d'ogive... 106
Céramique, terre cuite... 170, 328
Cercle comparé à l'ellipse... 103
Céruse... 159
Chai, vinée... 36, 195
Chaîne d'arpenteur... 234
— légale... 246
Chaînette (voûte en)... 64
Chambranle de menuiserie... 125
— de marbre... 148, 332
Chambre à coucher... 21, 52
— de cuisinière... 32
— d'enfant, de domestique. 32
— de valet de chambre... 28
— à mue... 34, 224
— aux fromages... 218
Chandelle (bois de) citron... 175
Chanée de couverture... 117
Chanlate... 119
Chapelle publique... 10, 13
— domestique.. 13, 28, 30, 34
Chapiteau... 123, 169, 341
Chappe... 278
CHAPTAL... 54, 190
Chaperon de mur... 80
Charnière en hélice... 125
Charpente... 81, 294
— (trait de)... 122
Charretier (logement du)... 28, 35
Charretière (porte)... 21, 124
Châssis de maçonnerie... 197, 262
— de charpente... 124
— de croisée... 122
— de menuiserie... 124
— de fer... 149
— à verre... 127
— en tabatière... 98
— de grillage... 149
— de meubles... 176
CHASTENET, mosaïque... 330
Châtaignier, arbre... 82
Château français... 27
— italien... 30
— gothique... 26

Chaudière... Pag. 190
Chaulage (chambre du)... 35
Chaume... 115
Chaux, grasse, maigre, hydraulique, factice... 49
Chemin communal, de débrave, de service, de traverse, vicinal... 241
Cheminée, dimensions... 198
— formes... 137, 197
— en brique et plâtre... 198
— à houille... 200
— de Desarnod... 222
— de cuisine... 201
— entretien... 246
Chêne... 82, 174
Chenil... 24, 28, 202
Chevalement... 108
Chevet d'église... 11
Chevêtre... 94
Chevron... 95
— de croupe... 99
— d'empanon... 98
— portant ferme... 100
Chœur d'église... 10
Christianisme (influence du)... 7
Ciment de brique, de tuile, d'eau forte... 51, 73, 277
— des fontainiers... 74
— romain, de Vassy, de Pouilly, Chambert, de la Tour de France. 52, 272
— de Guétary, Port-land, Theil, Médina... 53
— (mortier de)... 53
Cimetière... 18
Cintre (plein) elliptique, ovale. 103
— au simbleau, anse de panier, aplati, à deux cercles, à trois cercles. 104
— à trois cercles surbaissés, gothique... 105
Cippe... 170
Circulation (baignoire de)... 185
Citerne... 202
— vinaire... 37
Citerneau... 205
Citron (bois de)... 175
Claie de parc... 187
Clapier... 35, 203
Classement des édifices... 7
Classes de verre... 154
Claveaux... 64
Clayonnage... 243
Clef du pisé... 78
— de voûte... 64
— de parc... 188
Climat... 53
Clocher... 9
Cloison de charpente... 109, 300
— de distribution. 110, 123, 300
— hourdée, sourde... 110
— de brique et plâtre simple, double... 136, 325

Closoir de pisé... Pag. 78
Clôture... 19
— (murs de)... 80
— de jardin... 263
— légale... 246
Clou à écrou... 131
— heurtoir... 124
Clouterie... 134
Cochère (porte)... 114, 124
Coffre à farine... 191
COINTEREAUX... 46, 77, 190, 223
Colombelle... 84
Colombier, pigeonnier... 54, 203
— fuie... 133
Colonne... 28, 123
— en fer... 153
Comble en charpente... 22
— inclinaison... 95, 299, 301
— droit en pignon, droit en ferme, mixte ou bâtard. 95
— brisé... 98
— conique... 99
— semi-conique... 100
— en brique... 73
— en maçonnerie... 72
— en fer... 134
— en brique et fer... 73
— en ogive... 73
— en pavillon... 99
— économique... 100
Commun ou pièce commune. 18, 22
Commune (maison)... 15
— (toile)... 173
Communications rurales... 241
Comparaison du fer et du chêne. 129
— de l'ellipse et du cercle... 103
— du plâtre et de la chaux. 135
— des glaces et décorations. 156
Conchetta... 261
Concordance du jardin et du manoir... 258
Concierge... 17, 28
Conduite d'eau... 183
Connaissances relatives à l'architecture rurale... 233
Conservation du bois... 83
— des meubles... 178
— des légumes... 227
Console... 176
Consolidation des planchers... 92
Construction... 1, 3, 45
— des murs... 59
— des voûtes... 68, 288
— en pierre... 281
— en moëlon... 284
— en cailloux... 288
— en brique... 60, 284
— de maçonnerie pour remplacer la charpente... 70
— rurale restreinte.. 35, 37, 41
— légale... 246
Contre-cœur... 201

DES MATIÈRES.

Centre-fiche.......... Pag. 95, 99
— fort.................... 63
— mur.................... 247
— toisé, évaluation.... 303, 306
— légalité............. 246. 248
Contrevent............ 113, 125
Copeaux, rafles............ 138
Copie de plans............ 235
Coquille, coquillage........ 170
Corbeaux................. 131
Corde à nœuds et planchette... 109
Corniche composée....... 16, 22
— de comble............. 293
— volante de menuiserie... 124
— de plafond......... 138, 325
Corps de logis principal, latéral. 33
Corridor................... 22
Corvée................... 241
Couche à l'huile........... 165
Couchers................. 178
Couchis................. 108
Coude de tuyau............ 137
Couleur primitive.......... 157
— secondaire............. 162
— mélangée............. 163
— lucidonique............ 167
Couloir, corridor....... 22, 32
Coupe................ 22, 29
— et profil des plans. 12, 82, 29, 81
Coupole................. 9, 26
— (Salon en)......... 25, 30
Cour d'entrée......... 21, 27
— de service............. 28
— (arrière-)............. 28
— (avant-)............... 29
— (basse)............... 32
— de ferme.............
— des porcs......... 38, 229
Couronnement............. 17
Cours d'eau............. 267
Couronne (papier)........ 172
Couverture ou tuile creuse... 117
— en tuile plate.......... 118
— en chaume............. 115
— en platebande......... 118
— sans latte............. 117
— en toile, carton, zinc, d'Almack, économique. 119
— réparation............. 120
Coyaux.................. 99
Crampon................. 131
Crapaudine.............. 133
Crèche de bergerie....... 187
Crécise.................. 46
Créneau................. 26
Crépi et enduit....... 75, 281
Cristallin (plâtre)...... 135, 341
Crochet à châsseau....... 131
Croisée............... 22, 36
— à linteau, cintrée.. 126, 314

Croisée mezzanine....... Pag. 33
— attique............... 32
— (porte)............... 126
Croisillon, soupirail...... 315
CROITY, mosaïque......... 330
Croix grecque, latine...... 9
— de Saint-André....... 109
Croquis de plan.......... 235
Croupe (chevron de)..... 99
Cuir verni et doré....... 172
Cuisine.......... 22, 28, 204
Cul de lampe............ 138
Culture................. 37
Cuve en maçonnerie... 36, 196
Cuvette de Parcieux..... 225
Cuvier................. 189
Cymaise............ 122, 124
Cyprès (bois de)........ 175

D

Dallage................. 327
DALIBARD, paratonnerre... 220
Danger de la chaux pour le bois. 94
DARCET (mortier de)...... 279
Débit des bois........... 83
Décharge........ 35, 36, 109
Décor (peinture de)...... 167
— (papier de)........... 172
Décoration des édifices... 1, 169
Défauts des bois......... 90
— du marbre........... 148
Dégraissage des peintures.. 164
Demi-vin............... 197
Demoiselle, hatte........ 142
— lucarne............. 98
Démolition............. 248
Dépendance de la maison de campagne............. 34
Dépense, office....... 25, 30
Dépôt............... 15, 32
DEMOSKE, tuile en fonte... 117
DESARNOD, poêles....... 222
Descente de cave..... 32, 37
Désinfection........... 168
Dessin.................. 81
— terrier............. 234
— d'architecture....... 235
Destination des édifices... 1
Destruction de l'herbe... 142
Détails.................. 4
— particuliers......... 183
Devanture, façade....... 11
Développement (projection de).. 81
Devis................. 269
— marché............. 272
— estimatif...... 274, 345
Dévoiement des tuyaux de cheminée............. 137
Diamètre (comparaison du) de cercle et de l'ellipse... 103
— du fer............. 129

Dilatation du fer........ Pag. 134
DILN, mastic............ 76
Dimensions des bois... 93, 97
— des murs............ 55
— du fer............. 129
— des voûtes.......... 65
— des escaliers... 69, 111
— des glaces......... 155
— des combles........ 95
— des planchers...... 92
Diptère.................. 8
Disposition des bâtiments. 3, 7
Distribution d'un édifice... 1
DOMBASLE, caisse à fruit. 211
Dominoterie............ 172
Donjon................. 26
Dormant de menuiserie.. 121
Dosseret............... 17
Doubli, sous-doubli..... 119
Drainage............... 184
Dressage du fer........ 129
DUMOULIN, sonnette électrique.. 345
DURBACH.............. 58
Durcissement du plâtre.. 138

E

Eaux pour les jardins..... 260
— légalité............. 248
Ébène (bois)........... 175
Ébénisterie............ 174
Echafaud......... 107, 301
Écharpe............... 113
Échelles géométriques... 236
Echellage............. 248
Échelle de meunier.. 113, 125, 303
École................. 15
Economie par le talent et la surveillance............. 274
Écorcement............ 85
Écurie........... 21, 33, 205
Édifices publics.......... 3
— particuliers.......... 7
— religieux............ 7
— ruraux.............. 33
Effet artistique.......... 14
Église................ 7, 8
— en croix........... 10
— basilique.......... 11
— en rotonde........ 12
Égout................ 118
— légal.............. 248
Élévation....... 22, 29, 81
Ellipse, Voy. Cintre.
Emboîture............ 113
Embrasement..... 122, 309
Empanon............. 98
Employés ruraux (logement des). 22
Encaustique.......... 166
Enduits extérieurs..... 75
— intérieurs......... 76

Enduits hydrauliques.... Pag. 77
— en plâtre........... 137
— des paliers..... 109, 325
Ensourdement......... 115
Entablement.... 22, 31, 123
Entrait............ 95, 99
— (faux)............. 96
Entrelacs............ 170
Entrée byzantine....... 39
Entrepreneur.......... 248
Entretien des meubles... 179
Entresol............ 32, 36
Entrevous............. 92
Épaisseur des murs.... 55
— des voûtes......... 67
Épervier.............. 75
Épinette, galère... 34, 224
Épure................. 81
Équerre (dimension à l').. 154
Érable (bois)....... 83, 175
Ermitage............ 262
Escalier........... 22, 30
— en pierre.......... 69
— en bois...... 110, 302
— à noyau évidé.. 24, 110
— de menuiserie.. 123, 311
— ronds....... 123, 311
— tournants......... 111
— extérieur........ 220
Espacement des poutres et solives................. 93
Espagnolette en fer.... 127
— en bois........... 127
Espie (voûtes d')..... 71
— comble d'....... 75
Esplanade............ 34
Esselier, lien......... 99
Essence de térébenthine. 158
— d'arbres......... 239
Essengeage, mouillage.. 190
Estimation. V. Réserve.
Estrade.............. 16
Étable française.. 22, 35, 40, 207
— hollandaise... 35, 207
Étage (premier)....... 27
— attique........... 17
— d'offices......... 30
Étai................ 108
Étang.............. 260
Étayement... 107, 109, 301
Éteignage de la chaux... 49
Étéion, étalon........ 81
Étoffe de tenture..... 173
— de meubles...... 178
Étrésillon............ 94
— de pisé........... 78
Étrier............... 130
Étuve................ 18
— de cuisine....... 205
EUDEL (comble d').. 73, 134
Évaluation des mortiers.. 276

45

354 TABLE ALPHABÉTIQUE ET ANALYTIQUE

Évaluation du ciment.... Pag. 277
— du béton.............. 278
— de la terrasse.......... 274
— des mastics............ 279
— du stuc................ 279
— des revêtements........ 281
— des murs.............. 283
— des voûtes............. 289
— des ordres............. 292
— de la charpente........ 294
— des escaliers........... 302
— de la menuiserie....... 307
— de la couverture....... 306
— du pavé............... 331
— de la marbrerie........ 332
— du grillage............ 333
— du treillage............ 333
— de la plomberie........ 334
— de la peinture......... 338
— de la plâtrerie......... 326
— de la quincaillerie..... 320
— de la miroiterie........ 337
— de la poêlerie.......... 335
— de la fontainerie....... 334
— de la tenture.......... 342
— des ornements......... 340
— de la tapisserie........ 343
Éventail (clocher en)........ 9
Évertizon, tour d'échelle.... 249
Évier. V. Puisard.
Exagone................... 189
Excavation des terres....... 274
Explication des tables...... 89
Exploitation des bois....... 83
Exposition d'un édifice...... 2
Expression artistique....... 2
Extérieurs (enduits)........ 75
— (porte).............. 113
— (peinture).......... 161
Extrados................... 65
Ex-voto.................... 263

F

Fabrication du fer.......... 128
Fabrique de jardin... 259, 263
Façade............. 10, 26, 33
— latérale............. 36
— légalité............. 249
Faîte, faîtage........... 96, 99
Faîtière (tuile).............. 118
Fanton..................... 130
Fausses solives.............. 138
Faux entrait................ 99
— limon............... 127
— arbalétrier........... 87
Fenêtres, croisées........... 126
Fenil, grange à foin..... 35, 38
Fer........................ 128
— (poids du).......... 129
— ouvragé............. 132

Fer de lance................ Pag. 133
— (mine de)............. 127
— fondu................. 133
— (qualités du)......... 128
Ferme de charpente.......... 97
— ornée................. 258
— (cour de)............. 35
Fermette................... 98
Ferronerie........... 134, 319
Ferrure................... 127
Feuilles d'ornement......... 170
— de verre.............. 154
— ou lames de bois..... 174
— de papier............. 172
Feuillure............. 124, 154
Fil de fer, de laiton......... 149
— du bois............... 90
Files de bois............... 84
Fille de cour (logement de la). 28, 34
Fine (toile)................. 173
Flache..................... 90
Fondation et fondement... 57, 58
Fonds....................... 58
— de papier............. 172
— de peinture........... 164
Fontaine......... 18, 219, 205
Fontainerie.......... 152, 334
Fonte grise, blanche, dure, truitée.................... 129
Fonts baptismaux............ 10
Force des bois, primitive, absolue................. 84, 89
— des planchers......... 93
— du fer................ 129
Forest, poëlier.............. 336
Format des livres............ 188
Fosse à fumier......... 35, 209
— d'aisances............ 207
— rustique.............. 208
— légalité.............. 249
Fossés couverts............. 184
— des routes............ 242
— légalité.............. 249
Foudres en maçonnerie....... 54
Fougère (rang de).......... 123
Four à pain................. 17
— forme, autel, âtre.... 191
— capacité.............. 193
— légalité.............. 250
— à chaux et à brique... 210
Fourneau de buanderie...... 190
— potager et d'office... 204
Fourni ou fournière......... 191
Foyer calorifère............ 200
— de Runfort, Debret, Cointeraux, de la Chabaussière............ 201
— de marbre............ 148
Franc (mortier)............. 53
Franklin................... 220
Frêne, bois............ 83, 175
Frise (parquet de).......... 122

Frise de carrelage.......... Pag. 159
Frontispice, façade........... 10
Fronton........... 17, 22, 30, 98
Frottoir.................... 30
Fruitier, fruiterie...... 32, 211
Fuie, volet............ 39, 203
Fumée (causes de la)...... 199
Fust, paquet de planches... 296

G

Gache..................... 132
Galère, épinette............ 224
Galerie d'église.............. 8
— d'étable.............. 35
— de vinée.............. 36
Galetas.................... 32
Galet de rivière............ 141
GALINIER, taille de brique.. 286, 289
GALLI, ornements en plâtre.... 341
Garde (logement du)... 22, 28, 35
— robe............. 28, 33
— meuble............... 32
— manger.............. 205
— pile............ 22, 213
Garenne forcée............. 211
Garniture de meubles....... 178
Gazon d'ornement.......... 259
Geais de brique............. 47
— de tuile.............. 117
Gélif (bois)................. 90
Genre sévère, gracieux, mixte.. 2
GEORGI, tuiles ardoisières.... 116
Gerbier, gerbière....... 213, 219
Gerçure des bois............ 90
GIRARD, silo................ 228
Girouette.................. 16
Givors (verre de).......... 337
Glacière................... 211
— (timbre de).......... 105
GLEIZES.................... 58
Gobetage.................... 75
Gondole................... 336
Gothique (château).......... 26
— (comble)............. 95
Goudron................... 74
Gousset................... 124
Gouttes................... 170
Gradin..................... 29
Grand-raisin (papier)....... 172
Grange.......... 21, 33, 40, 213
Granite............. 143, 146
Grattoir de toit............ 229
GRAY (paratonnerre)....... 220
Grenaille.................. 31
Grenier à blé et à maïs.... 36, 215
— à avoine............. 215
— à linge............ 27, 32
— à légumes............ 32
Grenoble (ciment de).... 32, 277
Grès..................... 141

Grillage............. Pag. 149, 333
Grille d'entrée....... 27, 35, 216
— de croisée............ 133
— mobile............... 36
— (porte à)............ 133
Gros de mur................ 78
— fer................. 130
Grotte................... 267
Gruyers, faîtières........... 117
Gueule de loup........ 126, 200
GUERALT (ciment de)........ 53
Guette.................... 109
Guichet................... 124
Guide de remise........... 226
GUYTON DE MORVEAUX (poêle de).. 223
Gynécées, chambre de travail.. 30

H

Habitation d'un cultivateur.... 25
— d'employés ruraux.... 25
— de manouvriers....... 26
Halle..................... 15
— aux grains........... 16
Hameau orné.............. 264
Hangar........... 35, 38, 40, 211
Hauteur des arbres......... 83
— des écuries et étables, des cintres............. 105
— des marches......... 111
Hélice (charnière en)....... 125
Hémicycle................. 17
Hemme.................... 274
Herbe (destruction de l').... 142
Hêtre ou fau, arbre..... 83, 175
Hiéron.................... 8
HIRCH (carton pierre de).... 171
Hotte de cheminée.......... 198
Hourdis (cloison).......... 110
— (plafond)....... 138, 298
HUART, silo............... 228
Huile blanche, de lin, de noix (peinture à l')...... 165
Humidité (préservatif contre l'). 59
Huisserie................. 109
Hydraulique (chaux)........ 49
— (enduit)............. 76
Hydroplasie............... 261

I

Ichnographie.............. 235
Imposte de croisée..... 124, 126
Incertum.................. 60
Inclinaison des combles..... 95
Intérieurs (peinture)....... 165
— (porte)............. 125
Intrados.................. 65
ISABEY, siège d'aisances.... 218

J

Jalousie.................. 317
Jambe de force............. 99
Jambette............... 95, 99

J

Japy, pompe............ Pag. 334
Jardin..................... 257
Jardinier (logement du).. 22, 28, 35
Jaspe................. 143, 146
Javelle..................... 115
Jean, nouveau billard....... 176
Jet d'eau.................. 261
Jeux gymnastiques......... 264
Journée (prix de la) d'ouvriers.. 270
Juchoirs................... 225

K

Kaene, moyen de durcir le plâtre. 138
Kiosque................... 262

L

Laboureurs (logement des)... 35, 40
Lacase (comble de)......... 101
Lacordaire (ciment)..... 52, 277
Lafage (cuves et citernes de). 54, 77, 196
Lafate (mortier)............ 54
Lafont, chapiteaux......... 340
Lait (peinture au).......... 166
Laiterie................ 34, 218
Lambourdes........... 122, 309
Lambris en menuiserie... 121, 309
— en plâtre................ 137
Lames de parquet.......... 122
— de persiennes........... 317
Laminé (plomb)............ 151
Lances.................... 133
Lançonniers, lassonniers..... 78
Lanterne.............. 22, 112
Lapidification.............. 180
Largeur des chemins....... 242
Latte commune............ 117
— carrée................. 118
Lattis..................... 138
Latrines................... 194
Lavoir.................... 218
Lefèvre, machine à refendre.. 174
Lefrançois, couverture économique................ 119
Légers ouvrages............ 124
Le Masson (béton de)....... 54
Le Normand (appareil fumifuge). 200
Le Nostre, jardins.......... 257
Lessivage de couleurs....... 164
Lessive................... 189
— de potasse............. 175
Liaison.................... 59
Libages.................... 49
Liens, essèliers............. 99
Lierne............... 99, 123
Limon d'escalier........... 112
Limosinage................ 60
Lingerie............... 27, 32
Linteau................... 109
— pour plâtre humide..... 158
Lit (coucher)............... 176

M

Litharge................. Pag. 158
Loge à oies................. 38
— à lapins................ 35
— à porcs............. 35, 229
Lois des bâtiments......... 244
Lombarde (architecture)..... 8
Loriot (mortier)............ 54
Lucarne, louve de diverses formes..................... 98
Lucidoniques (couleurs.).... 167
Lumachelle, marbre..... 143, 146

M

Machicoulis................. 10
Machines hydrauliques...... 260
Madriers.................. 123
Magasin V. Grenier à fourrage. 219
Mahaleb, bois............. 175
Maie, pétrin............... 191
Maille de grillage........... 149
— de treillage............ 150
Maison commune........... 15
— bourgeoise............. 21
— de cultivateurs......... 23
— d'employés............. 23
— de manouvriers......... 24
— de régisseur............ 24
— de plaisance........... 24
— de campagne........... 31
— mitoyenne............. 251
Maisonneuve (enduit perfectionné de).............. 280
Maître et maîtresse (appartement des)................ 32
Maître-valet (logement de). V. Métairie.
Maltha..................... 77
Mandrin.................. 123
Manette................... 78
Mangeoire................. 206
Mansard (comble à la)..... 97
Manteau de cheminée...... 198
Marbre simple, composé, brèche, brocatelle, lumachelle. 143, 144, 146
— (défauts du).......... 148
— en tranches........... 148
— chambranles, socle, joues................. 148
— (foyers de)............ 148
— (carreaux de)......... 330
Marbrerie.............. 143, 332
Marché (devis)............. 272
Marches tournantes (largeur des). 110
— palière............... 113
Mares................ 219, 259
Mardelle, margelle......... 226
Marouflage................ 122
Massif des cuves............ 37
Mastic.................... 279
Matamores, silos........... 228

Matériaux (poids cube des). Pag. 231
Matières colorantes......... 159
— accessoires à la peinture. 157
— de meubles............ 176
Maybon et Baptiste (assemblage).................. 297
Mauremont 15, 39, 45, 132, 205, 217, 222, 238, 264
Médino (ciment de)........ 53
Mélange de briques......... 61
— de couleurs........... 163
Menjot d'Elbène (comble de). 73, 101
— fours à chaux et à brique de................. 210
Menuiserie dormante..... 121, 309
— mobile........... 124, 312
Menus ouvrages de maçonnerie. 75, 80
— de charpente..... 113, 304
— de menuiserie......... 318
— de plâtrerie........... 326
Méplat (bois).............. 84
— (fer)................. 150
Méritens (comptes de).... vij, 276
Merisier (bois)........ 82, 175
Mesures en pierre........... 61
— à l'équerre...... 154, 156
Métairies........ 35, 37, 38, 39, 40
Méthode pour renfler les ogives. 106
Meubles de bois....... 174, 176
— garnis................ 178
— confection............ 344
Meule de grains et de fourrage.. 219
Meulière (pierre)........... 49
Mezzanine (croisée)........ 36
Mine de plomb, plombagine.. 158
Miroiterie................. 155
Mitre de cheminée......... 200
Mixte ou bâtard (comble).. 96
Moilon brut, piqué.......... 49
Moland, dilatation du fer..... 134
Montant de grillage......... 150
Mortier franc.............. 54
— de terre.............. 43
— de ciment........ 53, 276
— Loriot................ 54
— Lafage................ 54
— mixte................. 54
— de cuisine............ 205
Mosaïque (compartiment en).. 330
Moule de pisé.............. 78
Moule de plomb............ 151
— de brique............. 47
Moulure.................. 123
Mouquet, amour du plâtre... 135
Moyen de remplacer la maçonnerie................. 77
— âge (château du)...... 26
Mur ordinaire.............. 55
— de terrasse............ 62
— de clôture............ 80
— règles légales......... 252
Mûrier (bois).............. 85

N

Naos....................... 8
Nef........................ 8
Nids (boulins) d'oiseaux.. 204, 225
Noria................. 261, 336
Noue.................. 97, 118
Noulet..................... 98
Noyer (bois)........... 83, 175

O

Observations sur les ouvrages............... 272, 276
Œil de bœuf............... 98
Œnologie................. 195
Offices............. 21, 50, 53
Ogivale (architecture)....... 8
Ogive (cintre en).......... 106
— (comble en).......... 100
Orangerie...... 28, 34, 220, 263
Oratoire.................. 13
Orbec (bitume d')......... 297
Ordonnances............... 2
Ordres.................. 3, 9
— (construction des). 289, 292
— en menuiserie........ 123
Orientement............... 2
Orme, bois................ 83
Ornements............... 169
— marins............... 170
— de moulage en céramique............. 171, 341
— en plâtre...... 138, 171, 341
— en pâtes, en carton pierre..... 169, 170, 171
— en pierre factice, sculptés............ 170, 340
Oulice.................... 110
Ouvrages divers légaux....... 253
V. Menus ouvrages.
Ouate.................... 176
Ouvriers (journées d')....... 270
— légalité............... 255
Ouvriers réunis............ 341
Ovale (cintre en)...... 104, 105
Ovoïde de four à chaux..... 211
— de four à pain........ 195

P

Paille.................... 115
Paillers.................. 219
Paillebard, bauge........... 80
Palier.................... 112
Palefrenier (logement du).. 28, 33
Palis, palissade............ 266
Palissandre (bois de)....... 175
Palladio.................. 11
Palmette................. 170
Pan de bois........... 109, 300

TABLE ALPHABÉTIQUE ET ANALYTIQUE

Panne.................. Pag. 97
Panneau................... 276
Panthéon.................. 9
Papier de tenture, couronne, carré, grand raisin, tontisse, vélin... 172, 173
Paratonnerre............. 220
Parc ou jardin............ 257
— à moutons............ 186
PARCIEUX (cuvette de)... 225
PARDIEU, ébénisterie..... 309
Parefeuille............... 78
Parement................. 122
PARKER (ciment de)....... 55
PARMENTIER............... 192
Parquet d'assemblage, de frise. 122, 140, 310
— de glace.............. 155
— à l'anglaise........... 310
Parterre................. 267
Passe-chevron-gros....... 84
— perle................. 149
Passementerie............ 178
Patères.................. 178
Pâtes moulées............ 171
Pavage en galets, en cailloux. 141, 331
— des cours............. 141
— des fosses............ 208
— régulier.............. 254
Pavillon d'habitation... 22, 32, 40
— moyen-âge............ 26
— (comble en).......... 99
Payement (règles de)..... 254
Peinture d'impression.... 157
— à l'huile, en détrempe.. 165
— au lait, au sérum..... 166
— lucidonique, au vernis.. 166
— de décor, sur verre... 167
— évaluation........... 338
Pente de lit............. 178
— de l'eau............. 183
Penture.................. 113
Perche................... 150
Pergole, tonnelle........ 262
Péribole................. 8
Périptère................ 8
Péristyle........... 8, 22, 31
— ou porche.... 53, 39, 40
Perrons, escaliers extérieurs. 21, 220
Persiennes........... 127, 317
PERTHUIS (architecture de). 214, 225
Pesanteur spécifique...... 83
Pétrin, pétrissoir, maie... 18, 32
Peuplier, ypréau.......... 82, 175
PEW (Bitume de).......... 119
PEYRAT (enduit).......... 281
— carton bitumé........ 307
— huile................. 339
PHILIBERT DELORME (cintre de).. 101
PIAULT (appareil fumifuge de).. 200
Pièce ou rouleau de papier.... 172

Piédestal.............. Pag. 124
Piédroit de voûte......... 67
Pierre dure, moyenne, tendre.. 48
— (réunion des)........ 48
— factice de Cointereaux.. 45
— factice de Montmartre.. 170
Pigeonnier à pied......... 34, 203
— en fuie.............. 38
Pignon................... 22
Pile (garde-)............ 35, 40
Pilier................... 217
Pin (bois)............... 82, 175
Piquette................. 196
Pisé..................... 77
Pisoir................... 79
Pitron................... 84
Placage du marbre........ 148
— bois................. 175
Placement du bâtiment..... 1
— du verre............. 154
Plafond d'église......... 13
— en plâtre, à augets, à l'italienne, noyé, à tambour, sans poutre........... 138, 325
— en blanc en bourre... 76
Plaisance (maison de).... 22
Plan géométral... 3, 21, 81, 253
— renversé, développé... 81
— des combles.......... 95
— terrier.............. 233
Planche.................. 296
Plancher à poutres et solives, à solives............ 92, 297
— à la française, à lambourdes.............. 92
— hourdé............... 94
— d'ais................ 122, 308
— en planches.......... 92
— en bois et brique.... 41, 94
— de maçonnerie....... 70
Planchette.............. 234
Plans et dessins......... 233
Plans terriers........... 233
— d'architecture....... 235
Plantation........ 244, 258, 262
Platane, bois............ 83, 175
Plate-bande (brique)..... 47
— de jardin............ 266
— en fer............... 130
— (voûte en).......... 67
Plantes vivaces d'ornement.. 266
Plate-forme............. 97, 99
Plâtre de Castelnaudary, de Montague, de Montmartre, — ciment.... 135
— fort, faible, noyé.... 137
Plâtrerie............ 135, 325
Plein cintre............. 65
— tronqué............. 103
Plinthe............... 122, 124
— d'étage............. 26

Plinthotomie.......... Pag. 61
Plomb laminé, coulé blanc, noir................. 151
Plomberie.............. 151, 334
Poêles en maçonnerie, de Guyton de Morveaux, de Cointereaux..... 222, 223
— en tôle............. 134, 153
— en fer.............. 153
— en carreaux......... 153
— calorifère.......... 335
Poêlerie............ 153, 335
Poids des matériaux..... 269
Poinçon................. 95
Point d'attouchement... 107
Poirier, bois........... 175
Poitrail............... 108
Polissage.............. 148
Pomme de terre (lavage à la)... 190
Pompeia................ 293
Pompes...... 18, 154, 261, 334
Ponts de route......... 243
— de jardin.......... 261
— rustiques, suspendus, ponceaux.......... 262
Porche.............. 10, 18
Portail................ 10
Portique........... 15, 27
Porte cochère... 22, 124, 305, 313
— pleine........... 125, 113, 303
— charretière..... 224, 305
— arrasée.......... 126
— bâtarde......... 125, 312
— battante........ 125
— d'assemblage.. 124, 342
— de charpente, pleine. 113, 305
— croisée......... 125, 313
— à placard....... 125
— d'armoire....... 125
— va-et-vient..... 229
— manteau......... 124
Potager................ 260
Potasse................ 175
Poteau................. 123
— d'huisserie, potelet... 109
Porphyre ancien, nouveau. 145, 146
Portland (ciment de)..... 53
Poudingue (brique)....... 145
Pouilly (ciment de)..... 52, 277
Poulailler....... 22, 35, 40, 224
Poutres................ 92
— renforcées........ 95
— portant cloison... 109
Pouzzolane............. 51
Prairie................ 258
Pratique de l'architecture... 3, 45
Précepteur (logement du)... 29
Presbytère............. 15
Prescription légale.... 254
Pressoir.......... 34, 196

Prétoire............ Pag. 16
Principe des voûtes...... 64
Prison................. 17
Privilège légal........ 254
Prix des journées d'ouvriers... 270
Profondeur des puits.... 226
Projection de développement... 81
Projet d'un édifice..... 1
— et comme canevas... 34
Promenoir.............. 17
Propriétaire (logement du)... 37, 38
— ses droits légaux.. 254
Prostyle, pseudopériptère.... 8
Puats.................. 84
Puisard.......... 225, 254
Puits............. 225, 260
— orné.......... 262, 263
Pureau................ 117
PUYMAURIN (enduit de).. 116, 279
— (terrasse de)...... 74
Pyramide............... 9

Q

Quatre pentes (comble à)..... 98
Queue d'hironde........ 91, 121
— de carpe.......... 131
Quincaillerie...... 132, 320
— de mobilier..... 131

R

Rafles de maïs........ 138
Rainures............. 121
Ramonage légal........ 254
Rampant (arc)......... 107
— lucarne rampante... 98
Rampe................. 36
— d'abreuvoir....... 183
— d'escalier........ 110
Rappointis........... 158
Rapport élémentaire des mesures anciennes et nouvelles de l'hectare à l'arpent............. 234
— des mesures carrées.. 270
— cubes............ 271
— des cintres à leur base.. 103
— des ogives à leur base... 106
Rapprochement des murs.. 154
Râteliers d'écurie et d'étable. 206, 207
Râteliers en briques... 226
Ravalement............ 75
Razals................ 84
Rechampissage, rebouchage... 164
Recherches des couvertures.. 120
— de Vicat...... 49, 55
Recoupes, leur emploi... 140
Refends............... 55
Regard............. Pag. 184

DES MATIÈRES.

Régisseur (logement du)... 22, 35
Règlement des comptes... 276
REGNIER (paratonnerre de)... 221
Régularité... 2
Reins (maçonnerie des)... 66, 71
Religieux (bâtiments)... 7
Remaniement des couvertures... 120
Remises... 33, 226
Rempart (murs de)... 62
Remplacement de la maçonnerie... 77
Renflement des ogives... 106
Renformis... 198
Réparations, restitutions, restaurations... 238, 254
— des couvertures... 120
— de la menuiserie... 318
Réserve sur les estimations. v, vij, 4, 157, 272, 276, 290, 331, 339, 343
Réservoirs d'eau... 185
Résiliation légale... 255
Restriction sur les évaluations. V. Réserve.
Retrait du bois... 83
Réunion des pierres... 48
Riblons... 48
Rideau de croisée... 178
— de store... 228
Rivière factice ou anglaise... 260
Robinet... 184
Roc... 49
Rochers... 262
Romane (architecture)... 8
ROMAGNESI (carton pierre de)... 171
RONDELET (comble de)... 51, 56
— (voûte de)... 67
Rosarium... 262
Rose (bois de)... 175
— ornement... 170
Rotonde (église en)... 9
Rouet de puits... 226
Rouleau de papier, de bordure. 173
Route, chemin... 241
— allée de jardin... 262
Rucher... 226
Ruisseau... 259, 264
Rusticage... 80

S

Sable de fouille, de mer, de rivière... 50
— comprimé... 58
Sablière... 97, 99, 109
Sabot (baignoire en)... 185
Sacristie... 10
Saillie légale... 255
St-Léger (chaux factice de)... 49
Salle de conseil, d'assemblée... 15
— de billard... 32
— à manger... 21, 22

Salon... Pag. 22, 32, 25, 30
— à l'italienne... 30
— en rotonde... 25
— de la chapelle... 30, 34
Salpêtrière... 205
Sanctuaire... 8
Sans limon (escalier)... 70
Sapin — saule... 82
Saumon de plomb... 151
Savon... 166
Saxonne (architecture)... 8
Scagliola... 76, 279
Scellement du fer... 131
Sceller, ensoufrer les tuiles... 118
Sculpture en bois... 171
Séchoir... 227
Secrétariat... 17
Secrétaire (meuble)... 176
Seigneur de besogne... 255
Sel de tartre... 166
Sellerie... 35, 206
Semi-conique (comble)... 100
Serre à graines... 24, 28, 35
— à fleurs... 35, 227
— à légumes... 35, 227
— à outils... 24
— de jardin... 263
— pile... 214
— papier... 32, 198
Serrure... 132
Serrurerie... 132, 319
Serum de sang (peinture au)... 166
Seyssel (bitume de)... 119, 279
Siccatifs... 165
Sièges d'aisances... 124, 209
— de meubles... 178
Silicates... 154
Silos... 228
Simbleau (ovale au)... 104
Socle ou soubassement... 32
Sol, âtre... 35, 58
Solidité... 2, 55
Solin... 78
Solive... 92
— boiteuse, d'enchevêtrure. 94
Soliveau gros, en files... 94
Sommier ou poitrail... 108
Sommité (ligne de)... 107
Sonnette... 58, 523, 345
Sou, toit à cochons... 35
Soubassement... 25, 31
Soudoubli... 119
Soudure... 151
Soupape... 183
Soupirail (croisées en)... 315
Soutrait... 140
Sources (droit aux)... 255
Stabilité... 56
Stalle d'écurie... 206
— d'étable... 207

Statue... Pag. 33
Stillicide, égout... 118
Store... 228
Stuc... 76, 279
Style d'architecture... 2, 11, 29
— de jardin... 264
Stylobate... 11, 29
Sulfate de chaux anhydre... 135
Supplémentaires (bergeries)... 187
Sycomore, arbre... 176
Système de voûte... 64

T

Tabatière (châssis en)... 98, 316
Table à manger... 176
— de cuisine... 204
— de jeu, à écrire, de nuit. 176
— des parties, sections et chapitres... xxij
— des rapports des éléments des mesures... ix
Tableaux et tarifs (table des)... xxj
Tabourets... 176
Taille de la pierre... 282
— de la brique... 286
— du marbre... 332
— du carreau... 329
Tain... 155
Tambour... 26
Tapis de verdure... 259
— de meubles... 176
Tapisserie... 174, 343
Tasseaux... 97, 99
Té fumifuge... 200
Témoin... 274
Temple... 8, 9, 11
— égyptien (chapelle)... 13
Temps de la coupe des bois... 83
Tenon... 91
— à tournice, en about... 110
Tenture d'étoffe, de cuir, en papier... 172, 342
Terrasse... 29, 36, 74, 263, 275, 289
Terre à four... 191
Térébenthine (huile ou essence de)... 158
TEIL, chaux du Vivarais... 56
Théorie de l'architecture rurale. 3, 7
— des voûtes... 65
THÉNARD (enduit de)... 280
TUILORIER, fourneau de cuisine. 222
Tholos, rotonde grecque... 9
Tiers point, ogive... 105
Tilleul, arbre... 83, 175
Timbre à glace... 204
Tirant, entrait... 96
Tirerie... 149
Tissus de plusieurs sortes... 177
Toile à plafond... 173
— pour couverture... 120
Toisé... 237

Toit à porcs. Pag. 22, 34, 40, 228
Tombeau... 14, 262
Tombereau... 256
Tonneaux charbonnés... 203
Tontisse, papier velouté... 172
Torchis... 80
TORCHON (baignoire à chevaux de)... 185
Torrent... 260
Tour d'église... 9
— carrée, ronde... 26
— d'échelle... 256
— de bâtiment... 27
Tourbillonnement des vents... 2
TOURNETTE (enduit de)... 278
Tracé des voûtes... 66, 71
— des marches tournantes... 110
Trait de charpente... 81
Traité des ordres... 3
Traité de la disposition des bâtiments... 7
— de la construction... 45
Tranchis... 118
Transport des terres... 274
Trapon... 78
Trappe d'écurie... 206
— à bascule pour cheminée. 200
Travée... 91
— de charpente... 97
Traverse... 125, 150
Tréflerie... 134, 149
Trèfle... 170
Treillage... 150, 266, 333
Trémie... 137
Trépied de cuvier... 189
Trésor (découverte de)... 255
Tréteau... 318
Tribunal de paix, prétoire... 16
Tribune... 10, 12
Triglyphe... 12
Tringle... 124, 149, 150
Trochisque (couleurs en)... 163
Trou à fumier... 209
Tuf... 49
Tuile ardoisière... 116
— creuse, plate... 117
— flamande, faîtière... 117
— platebande... 118
— vernissée... 119
Tuilerie... 210
Tuyaux de cheminée... 137
— des fosses... 208
— de fourneau... 190
— de poterie... 200
— d'évier... 225
— souterrains... 184
— de plomb... 151
— légaux... 256

U

Utilité... 2

V

Valet de chiens........ Pag. 22
Vantail dormant, meneau. 124, 125
Vapeur (calorifère à la)...... 194
Variétés d'arbres, d'arbustes et de plantes............ 265
Vases conducteurs de la fumée. 33
Vasons pour briques......... 188
VASSY (ciment de)....... 52, 170
Véhicule, brouette, camion, tombereau.......... 275
Velouté ou tontisse (papier).... 272
Vendangeoir............. 36
Ventrière, panne............ 97
Ventouse................ 184
Verandah, tonnelle........... 262
Verger............. 35, 259, 267
Vernis (peinture au)..... 166, 175
Verre à vitre en feuilles, en plat, en table, en manchon, opaque............. 154
— prix des feuilles....... 337
Verticale (force)........... 89
Verticalité.................. 2
VÉSIAN (réunion des pierres de). 48
Vestiaire.................. 10
Vestibule............. 17, 21, 41
VICAT............. 49, 55, 280
Vidange.................. 209
Vigne................... 258
Vigneron (logement du).... 34, 36
Vin (mesure du)............. 195
Vinée, cellier, chai... 26, 34, 195
VIOLET, ardoise recuite........ 116
Violette (brique) ou demi-brique. 47
VIREBENT..... 46, 48, 61, 170, 341
Vitraux................. 29
Vitriol blanc.............. 158
VITRUVE............. 45, 51
VITRY.................. 220
Vivier................. 186
Voie de terre à brique........ 188
Volet ou fuie............ 39, 202
Volets intérieurs........ 126, 316
Volige............. 117, 187
Volume de glace............ 155
— de bibliothèque......... 188
Volute................. 143
Voussoirs, claveaux.......... 64
Voûtes (théorie des)...... 63, 288
— d'église.............. 13
— de four.............. 192
— (piédroits des)........ 67
— (construction des)..... 68
— plate................ 70
Vue légale............... 256

Y

YARTZ............. 319, 175
Ypréau, bois........... 82, 175

Z

Zinc cannelé................ 50

FIN DE LA TABLE.

ARCHITECTURE

RURALE,

THÉORIQUE ET PRATIQUE.

3ᵐᵉ ÉDITION.

Planches.

INDICATION GÉNÉRALE DES PLANCHES.

ÉDIFICES PUBLICS.

I. Eglise en croix.
II. — en basilique.
III. — en colonnes.
IV. — en rotonde.

V. Chapelles et Oratoires.
VI. Presbytère. — Maison commune.
VII. Halle.
VIII. Prétoire. — Four public. — Fontaine. — Lavoir public. — Abreuvoir public. — Cimetière.

BATIMENTS PARTICULIERS.

IX-X. Maisons bourgeoises.
XI. Maisons de cultivateurs propriétaires.
XII. Maisons d'employés ruraux et de manouvriers.
XIII. Pavillon de plaisance.
XIV. Château ogival.
XV-XVI-XVII-XVIII. Château à la française.
XIX-XX-XXI-XXII. Château à l'italienne.
XXIII-XXIV-XXV-XXVI. Maison de campagne.
XXVII. Dépendances. — Basse cour.

XXVIII. Dépendances. — Cour de Ferme.
XXIX. Dépendances. — Façades.
XXX. Vendangeoir.
XXXI. Métairie de quatre charrues.
XXXII. — de trois charrues.
XXXIII. — de deux à trois charrues.
XXXIV. — de Laspeyrasses. — Chapelle funéraire.
XXXV. Plans généraux en masse.

CONSTRUCTIONS.

XXXVI. { Maçonnerie. — *Murs.* — *Voûte.*
{ Charpente. — *Assemblages.*
XXXVII. Pisé.
XXXVIII-XXXIX. Charpente. — *Planchers.* — *Combles.*
XL. Charpente. — *Combles.*
XLI-XLII. Charpente. — *Cintres.*
XLIII. Charpente. — *Etayements.*

XLIV. { Charpente. — *Cloisons.* — *Escaliers.*
{ Menuiserie. — *Assemblages.*
XLV. { Menuiserie.-*Parquets.*-*Colonne.*-*Portes.*-*Croisées.*
{ Ferrure. — *Gros fers.*
XLVI. { Serrurerie. — *Balcons.* — *Grilles.*
{ Carrelage.

DÉTAILS.

XLVII. Bergerie.
XLVIII. Buanderie. — Fours. — Cheminées. — Poêles.
XLIX. Cheminées. — Clapiers. — Glacière.
L. Four à chaux et à brique. — Barrières. — Poêles. — Puits.

LI. Grilles. — Perrons.
LII. Combles. — Tabatière. — Cuisine. — Fiches. — Stalles. — Paratonnerres. — Gerbier.

JARDINS.

LIII. Ponts. — Fabriques.
LIV-LV. Jardin de Mauremont.

LVI. Hameau orné.

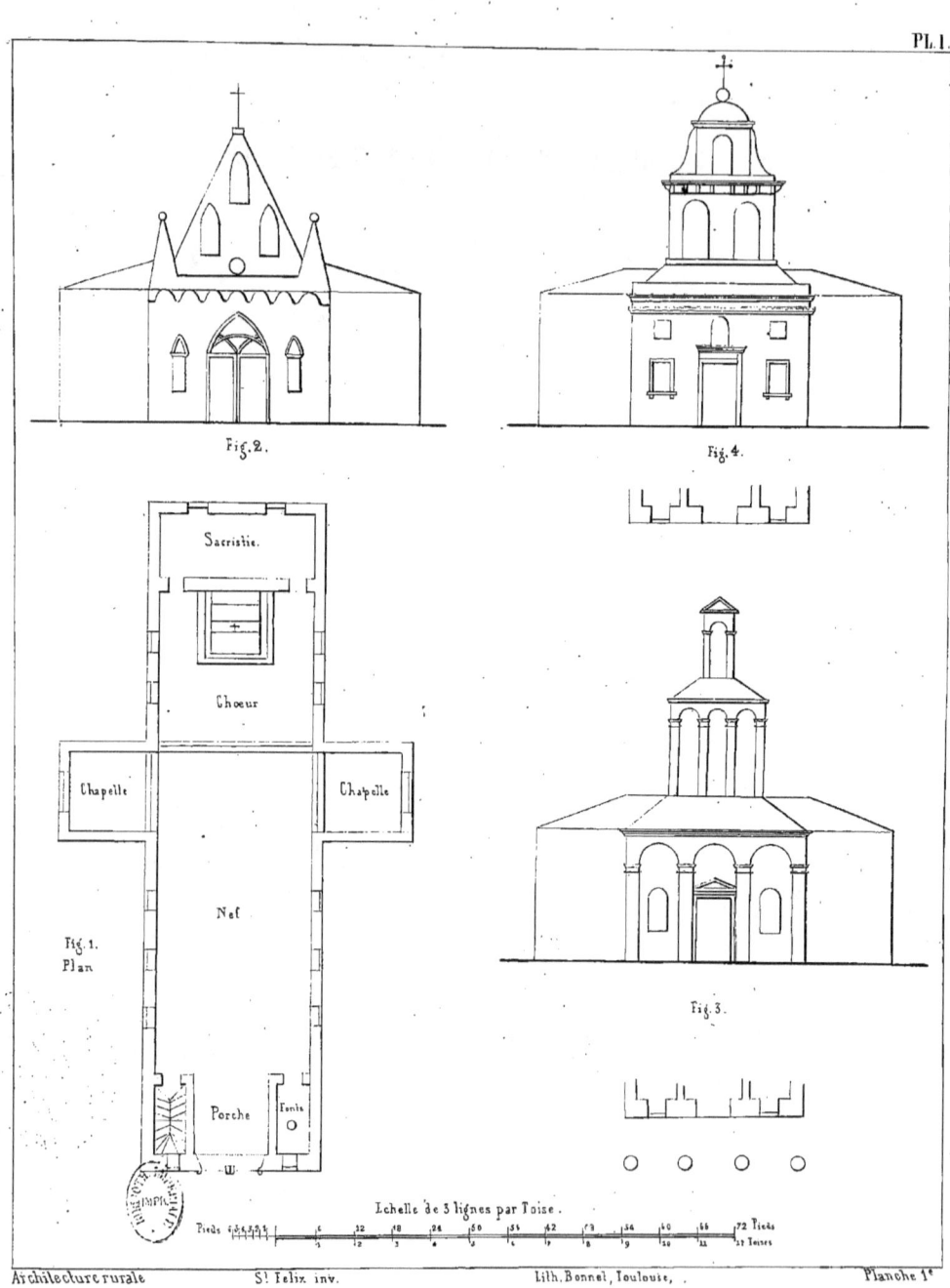

EDIFICES PUBLICS, N.º 1.

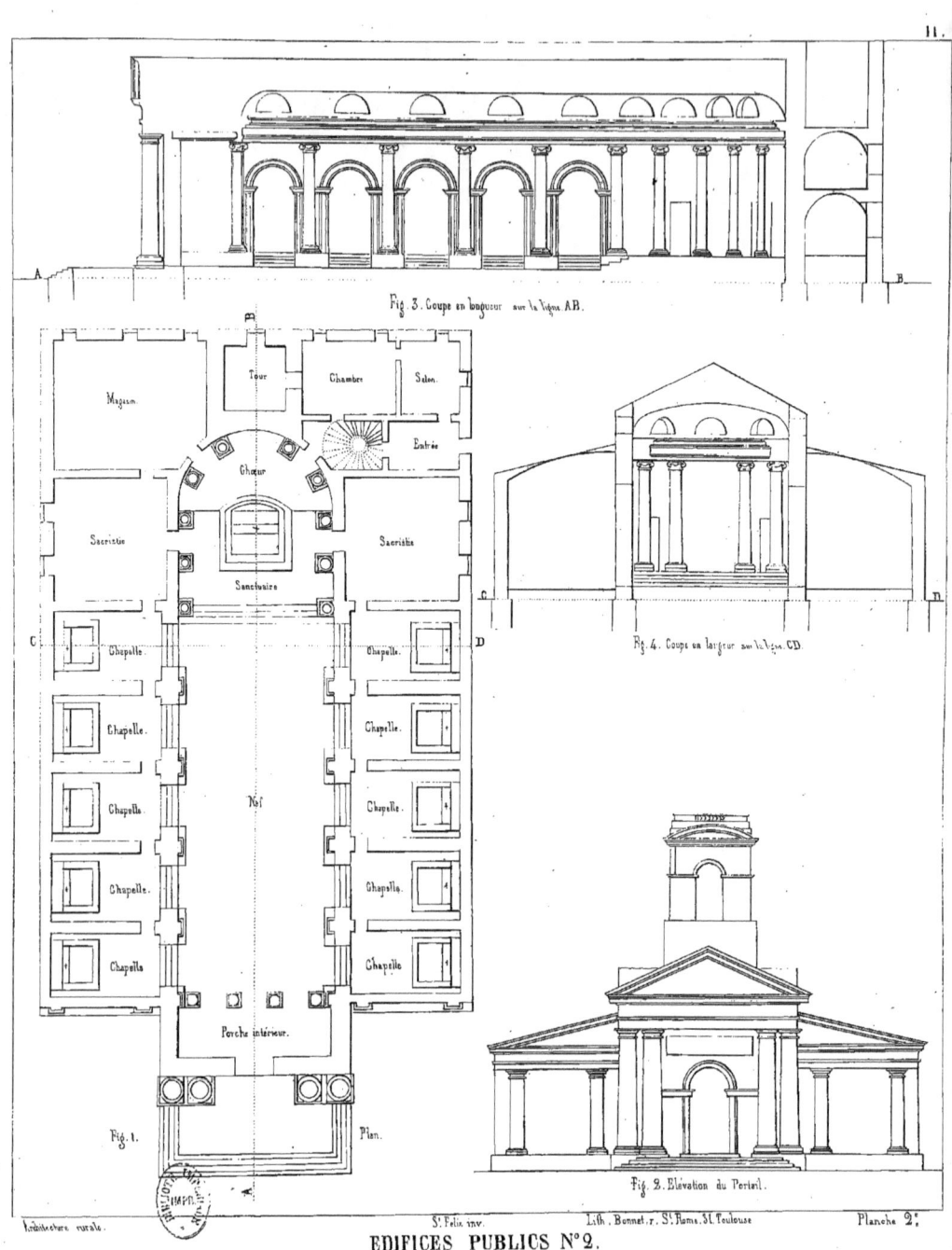

Fig. 3. Coupe en longueur sur la ligne AB.

Fig. 4. Coupe en largeur sur la ligne CD.

Fig. 2. Élévation du Portail.

Fig. 1. Plan.

EDIFICES PUBLICS N° 2.

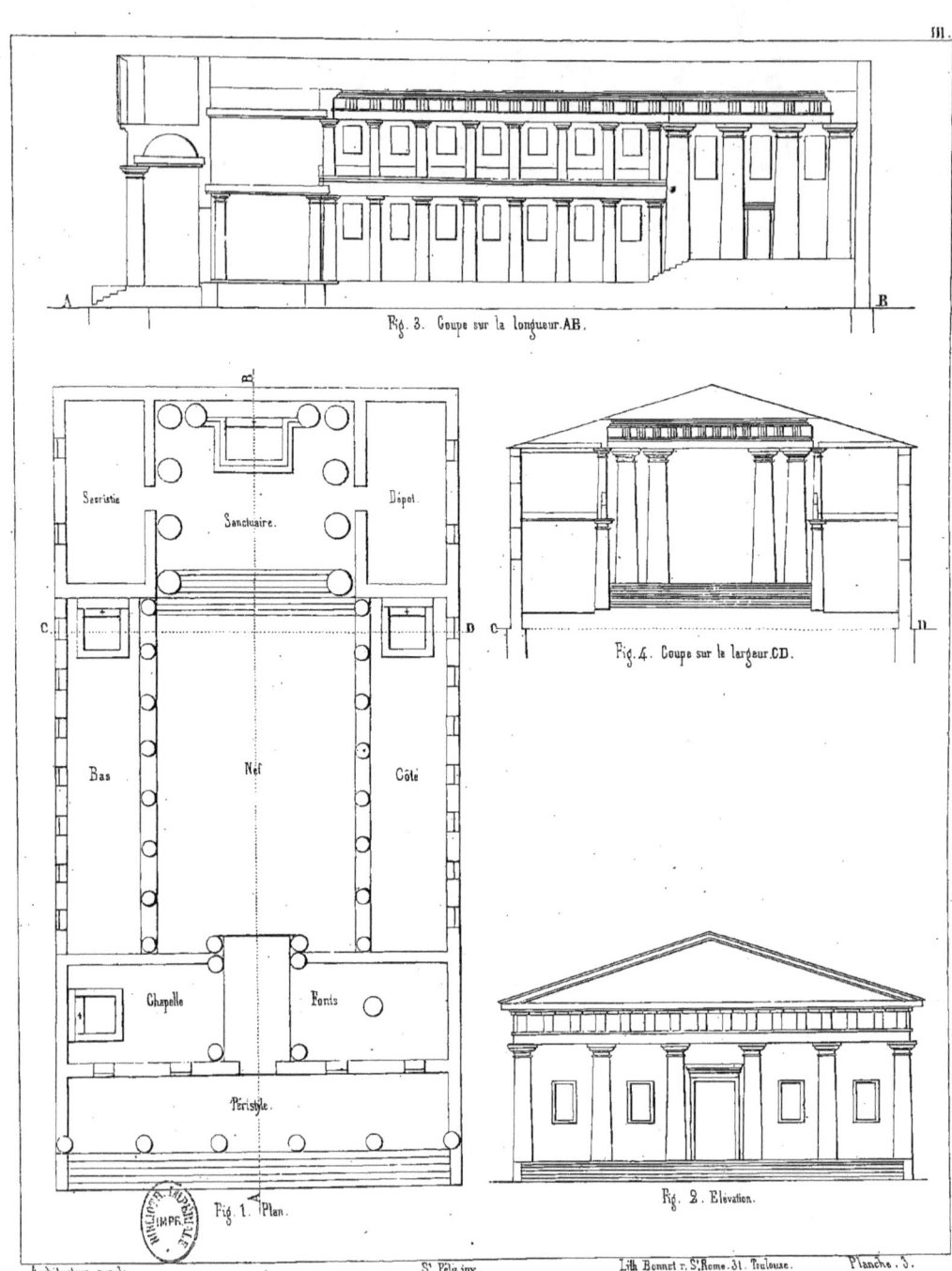

EDIFICES PUBLICS Nº. 3

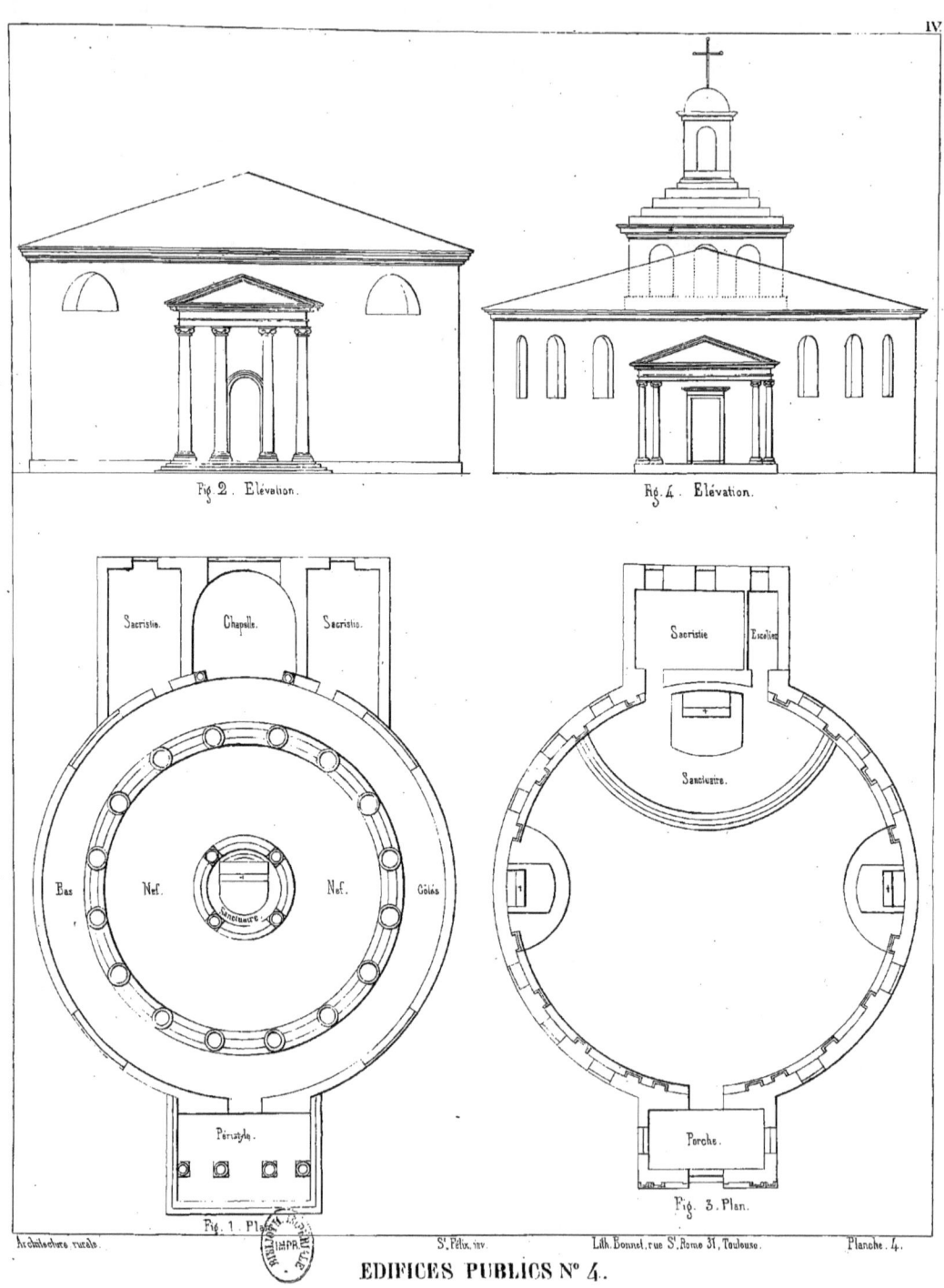

EDIFICES PUBLICS N° 4.

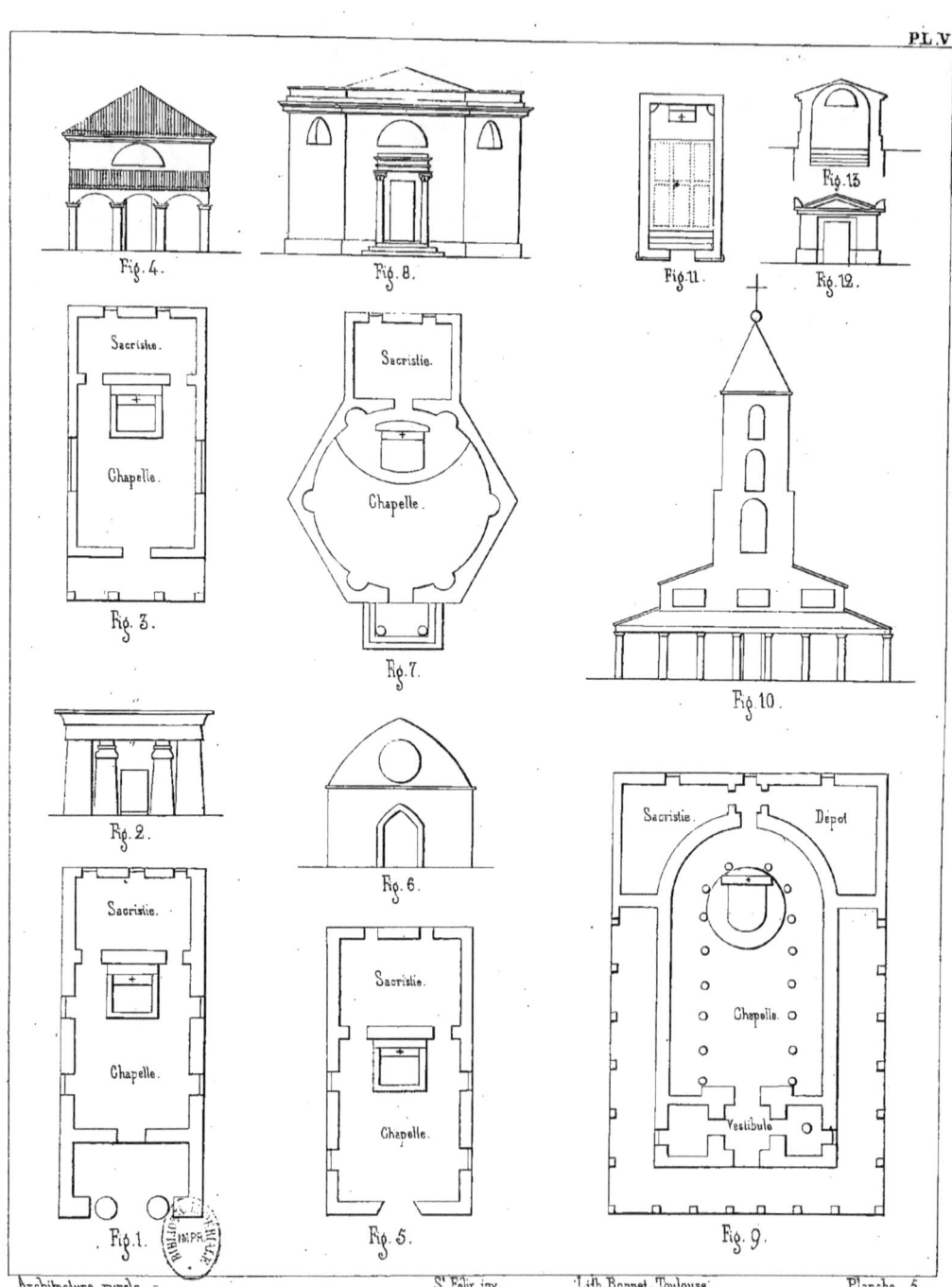

EDIFICES PUBLICS N.º 5.

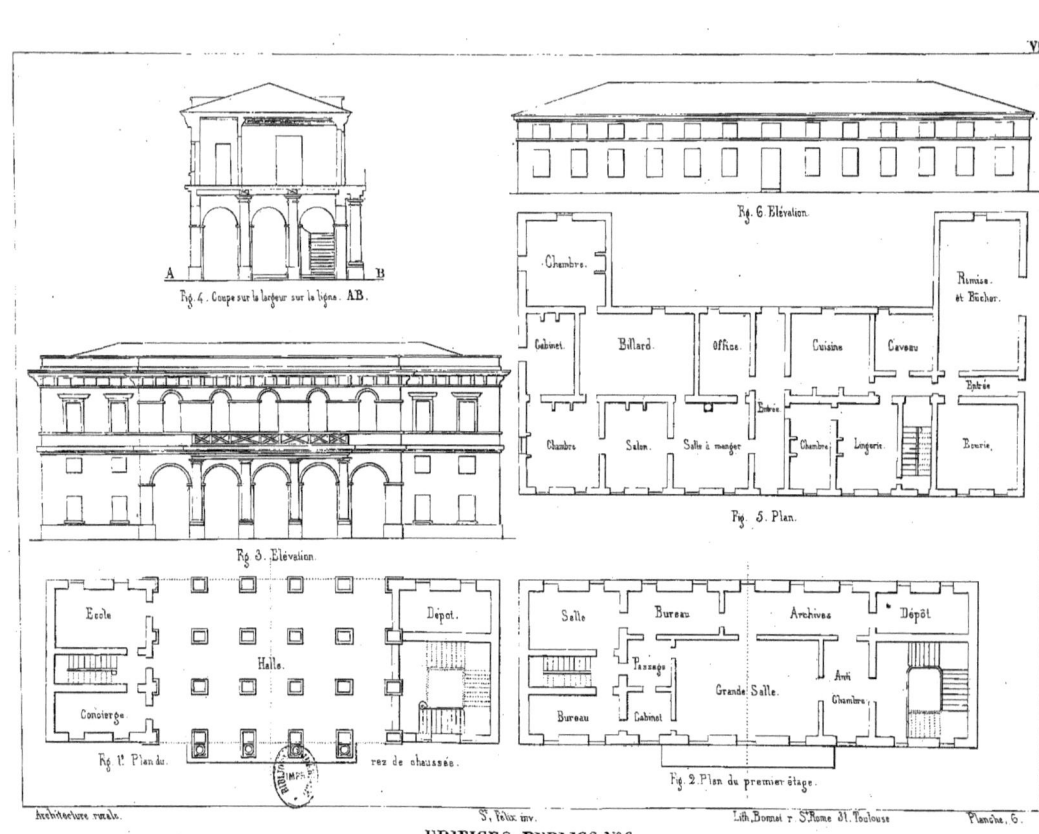

EDIFICES PUBLICS N.º 6.

Architecture rurale — S.t Felix inv — Lith. Bonnet, Toulouse. — Planche 7.e

EDIFICES PUBLICS, N.º 7,

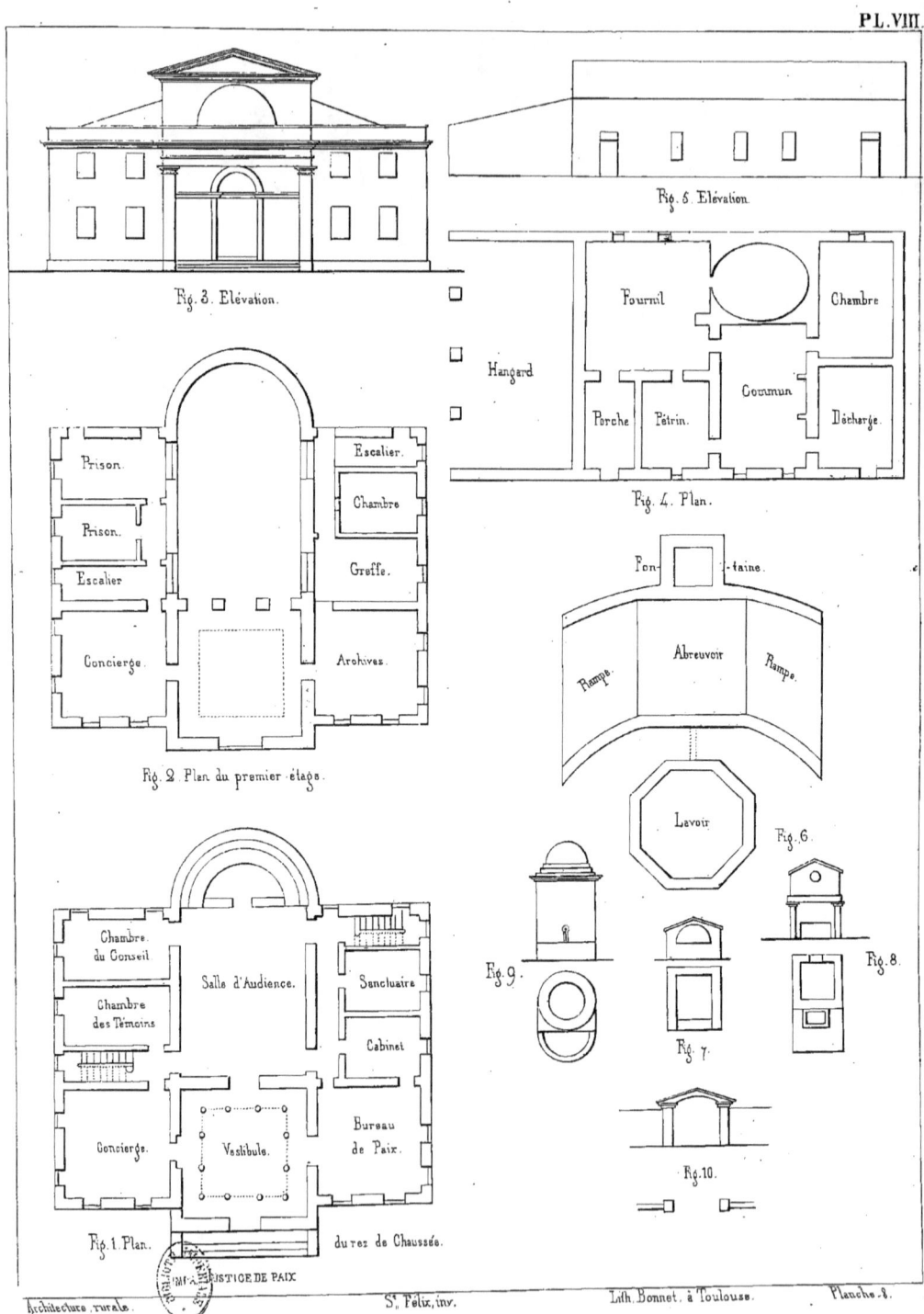

EDIFICES PUBLICS. Nº 8

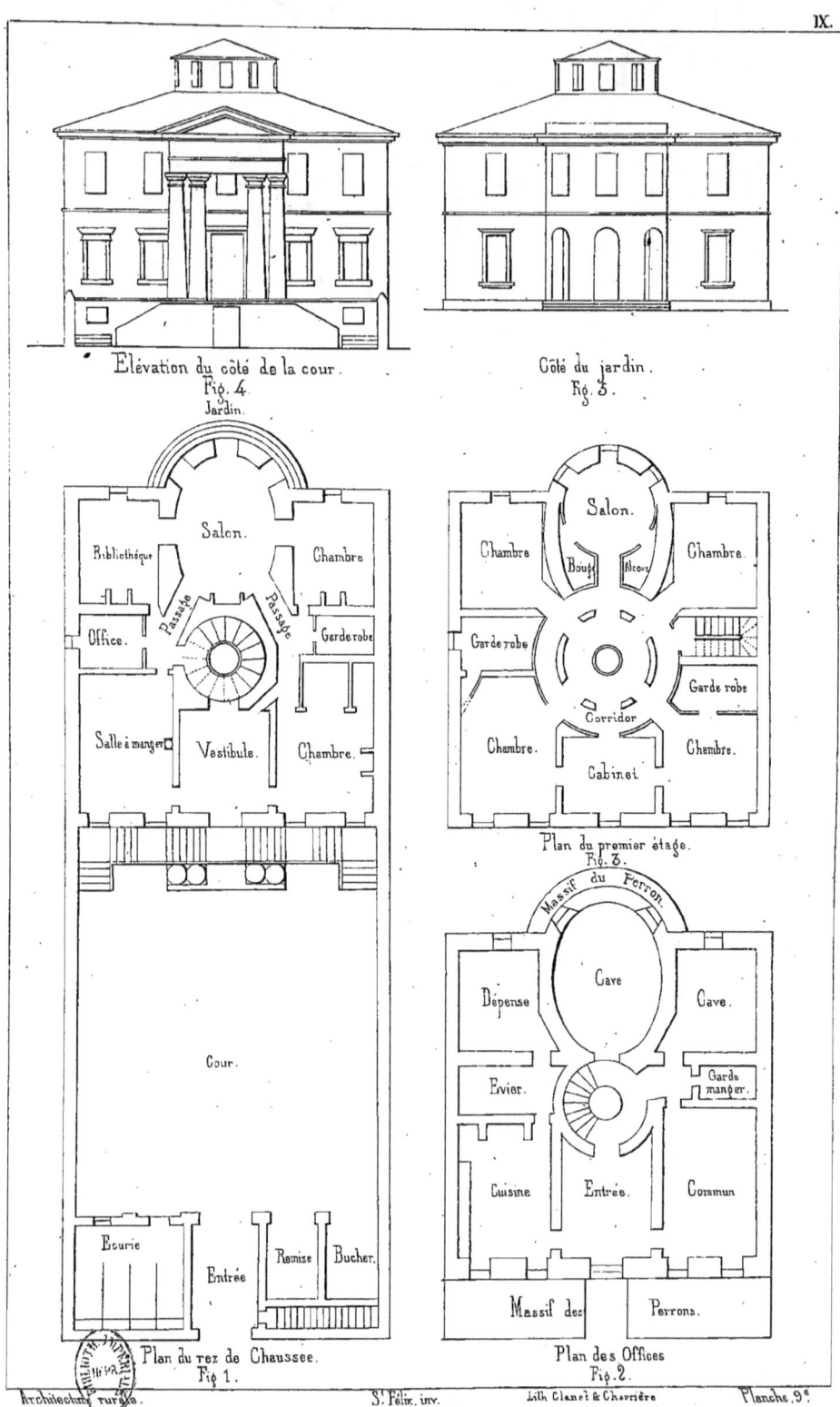

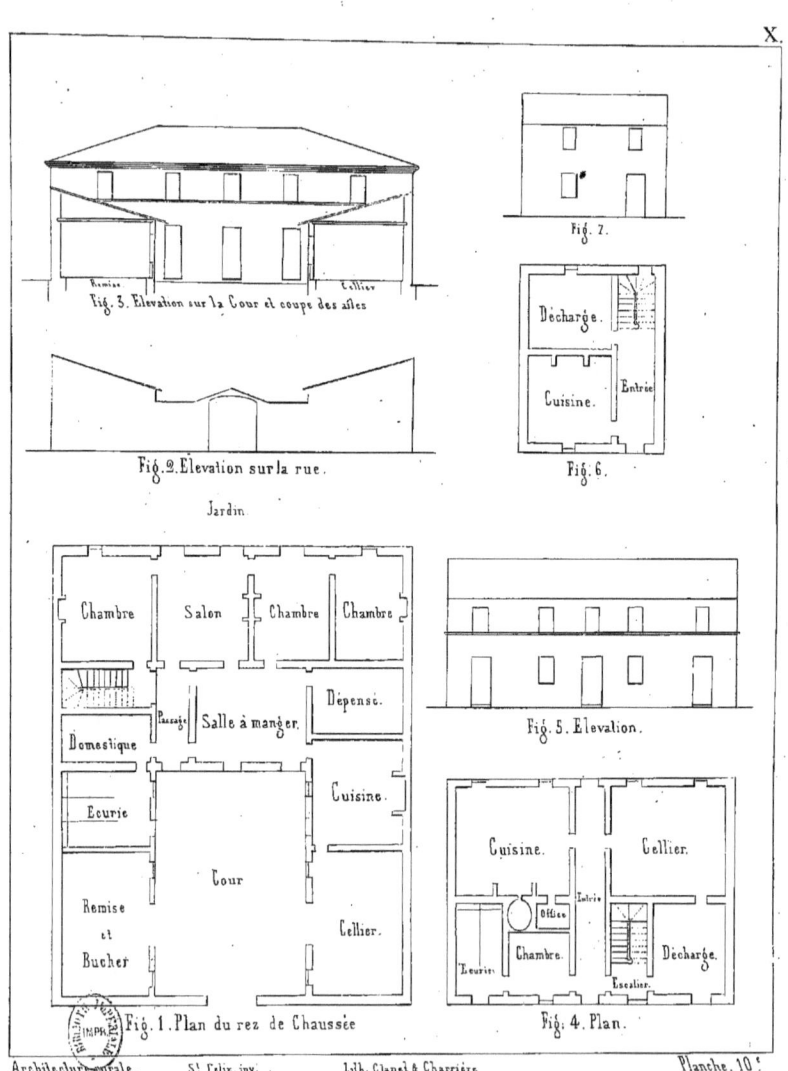

BATIMENS PARTICULIERS, N.º 2.
Maisons bourgeoises.

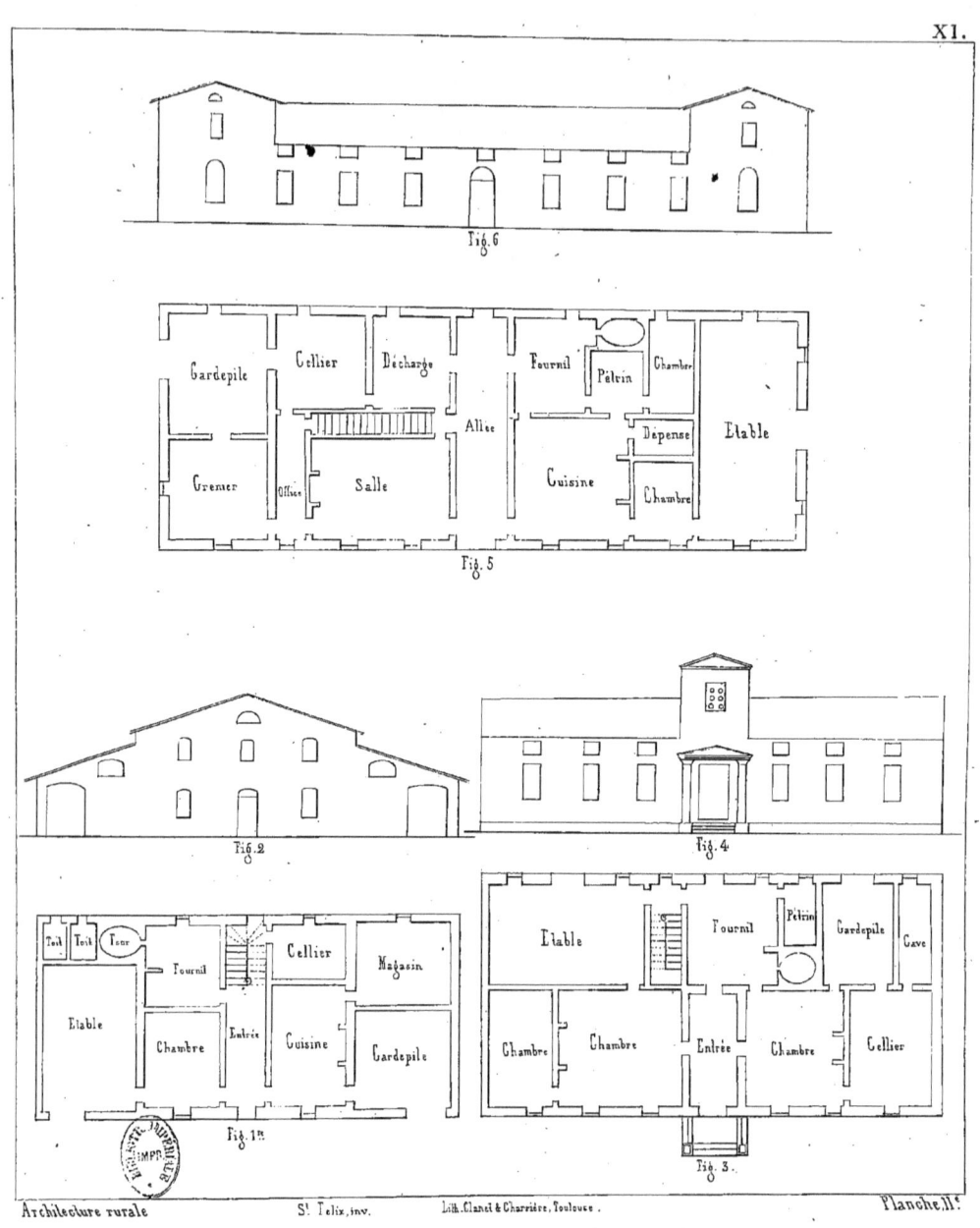

BATIMENS PARTICULIERS, N°. 3,
Maisons de Cultivateurs.

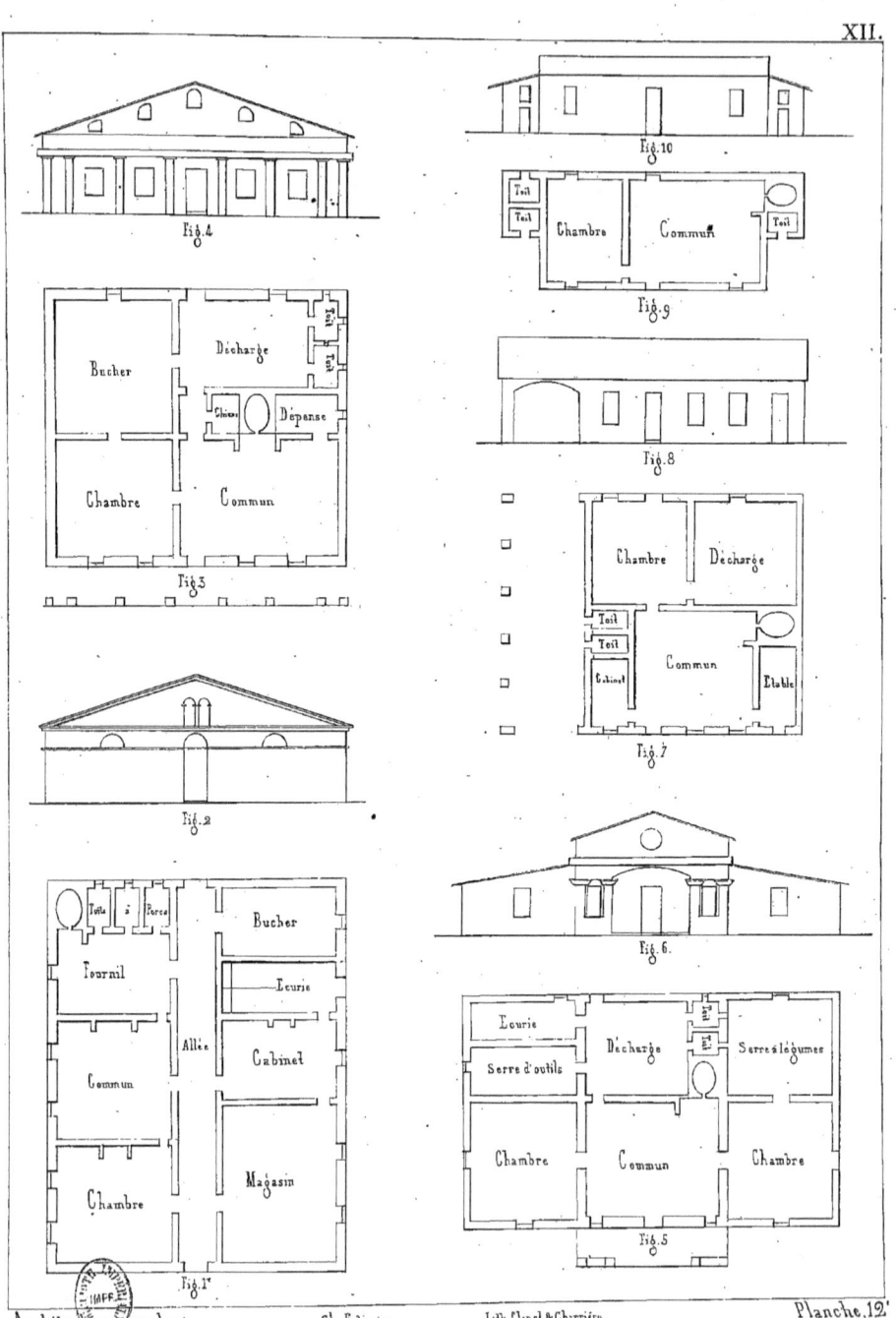

BATIMENS PARTICULIERS, N.° 4.
Maisons d'Employés ruraux et de Manouvriers.

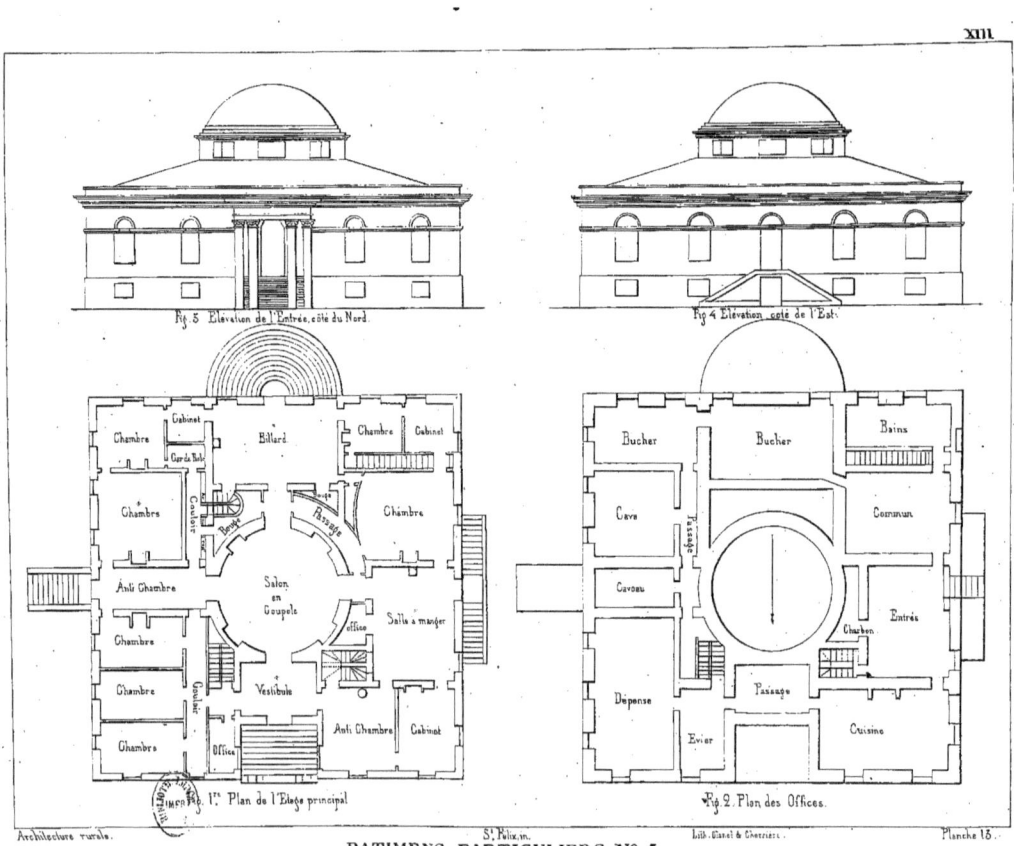

BATIMENS PARTICULIERS. N° 5.
Pavillon de Plaisance.

BATIMENS PARTICULIERS, N° 6.
Château ogival — Plan et façades

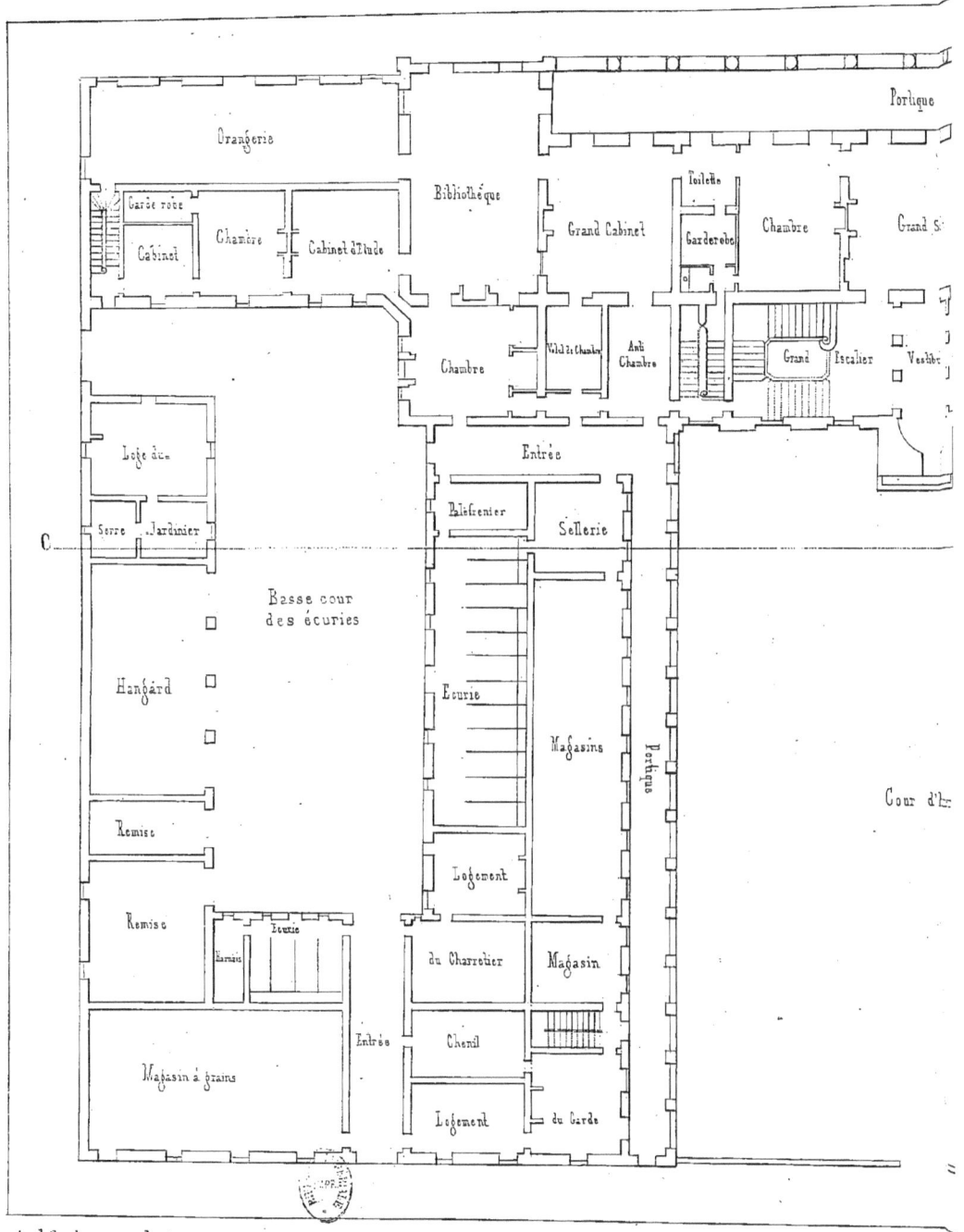

Architecture rurale. St Felix, inv.

BATIMENS PARTIC
Château-P

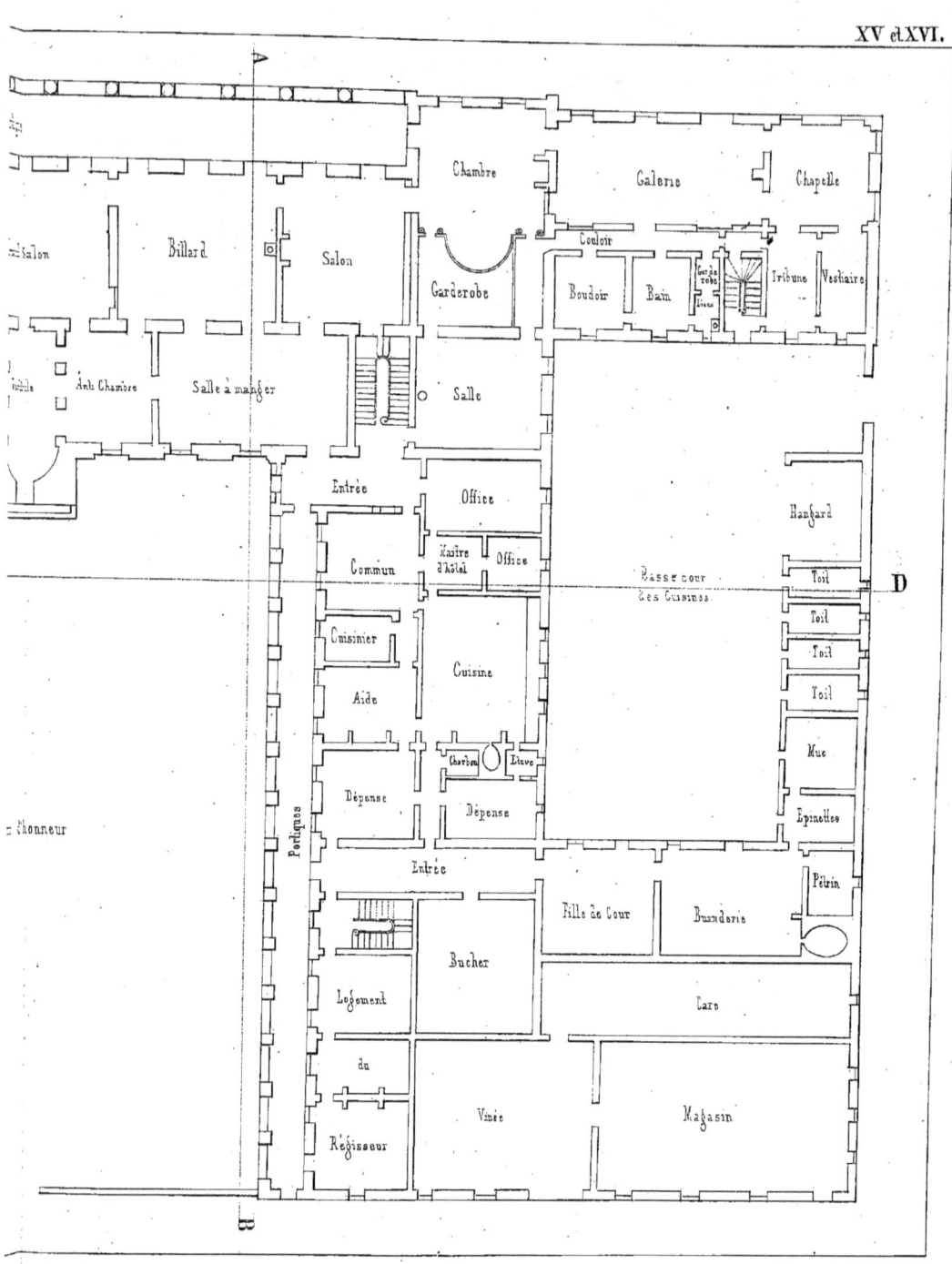

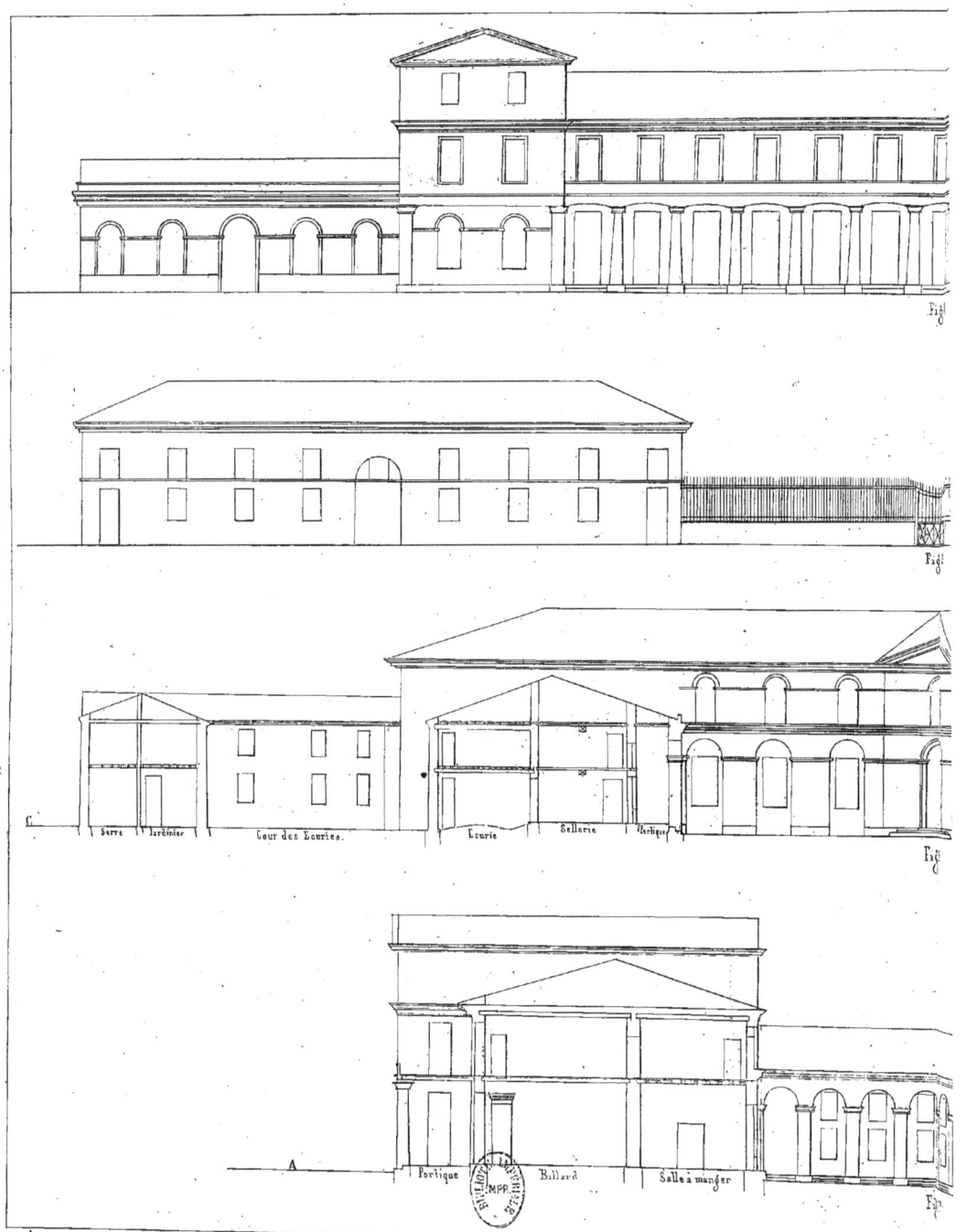

Architecture rurale — St Felix, inv. — BATIMENS PART[ICULIERS] — Château...

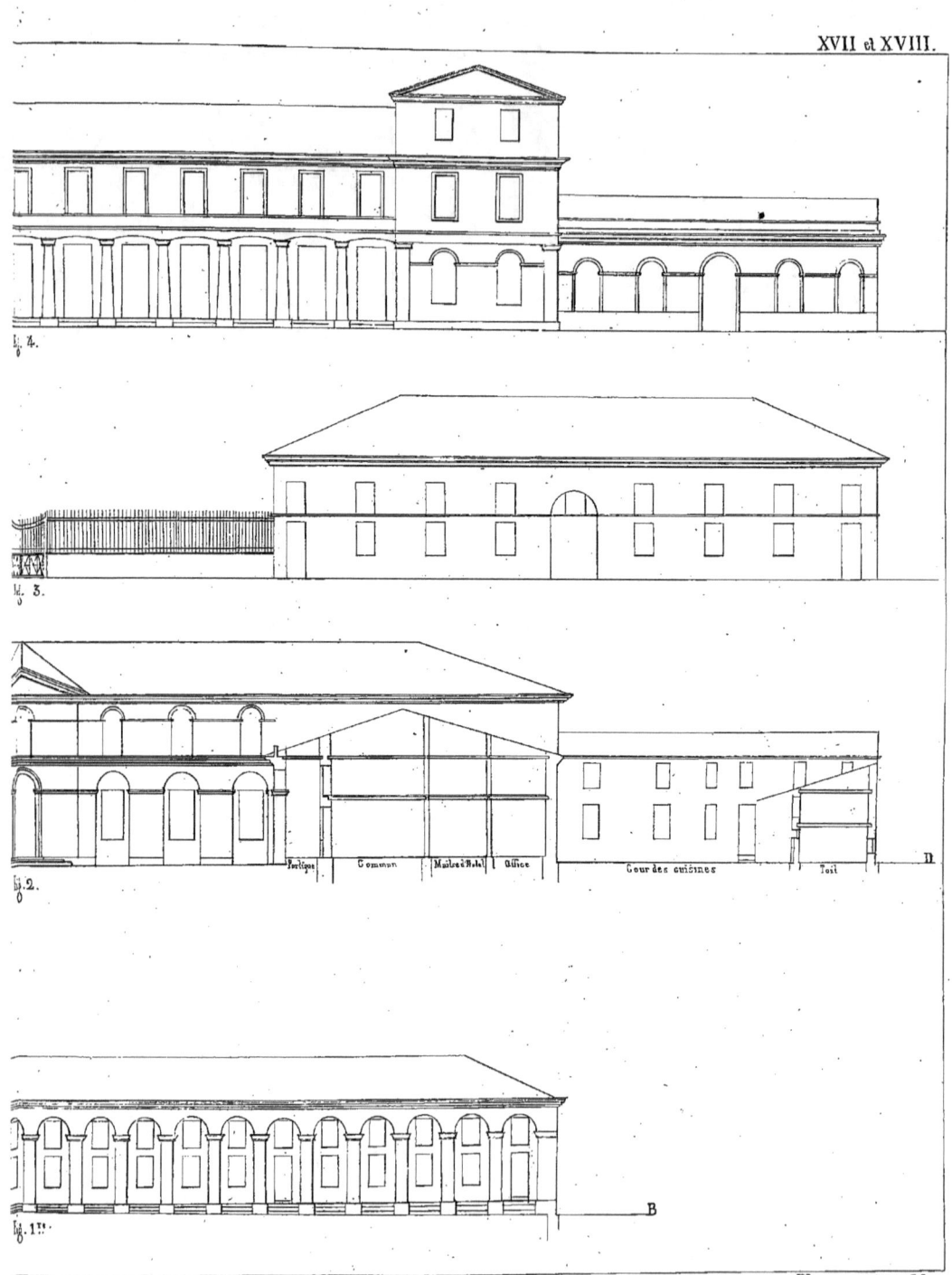

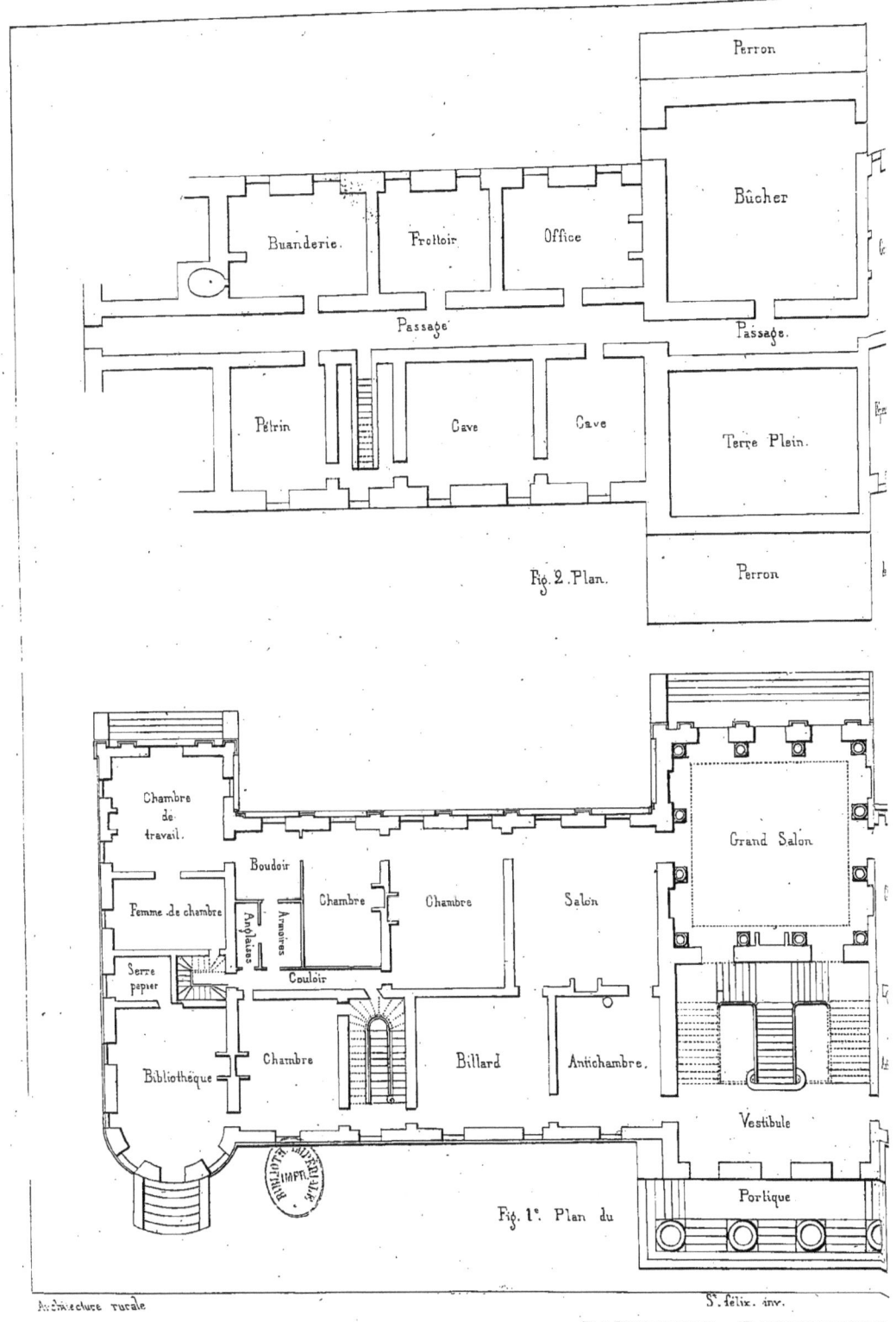

Architecture rurale — S¹. félix inv.

BATIMENS PARTICULI
Château de Plaisance — Plan

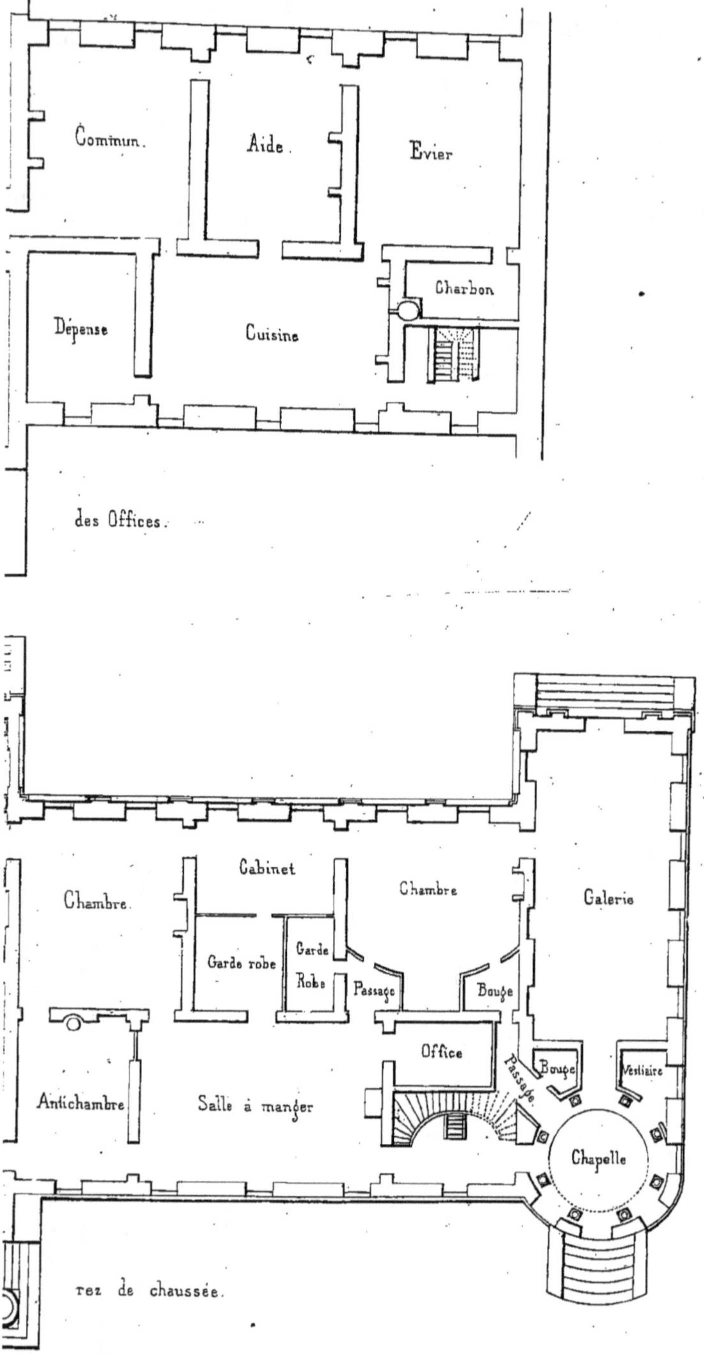

Lith. Clanet & Comp.ie rue St. rome. 31, Toulouse.

ERS. N° 9.

IS.

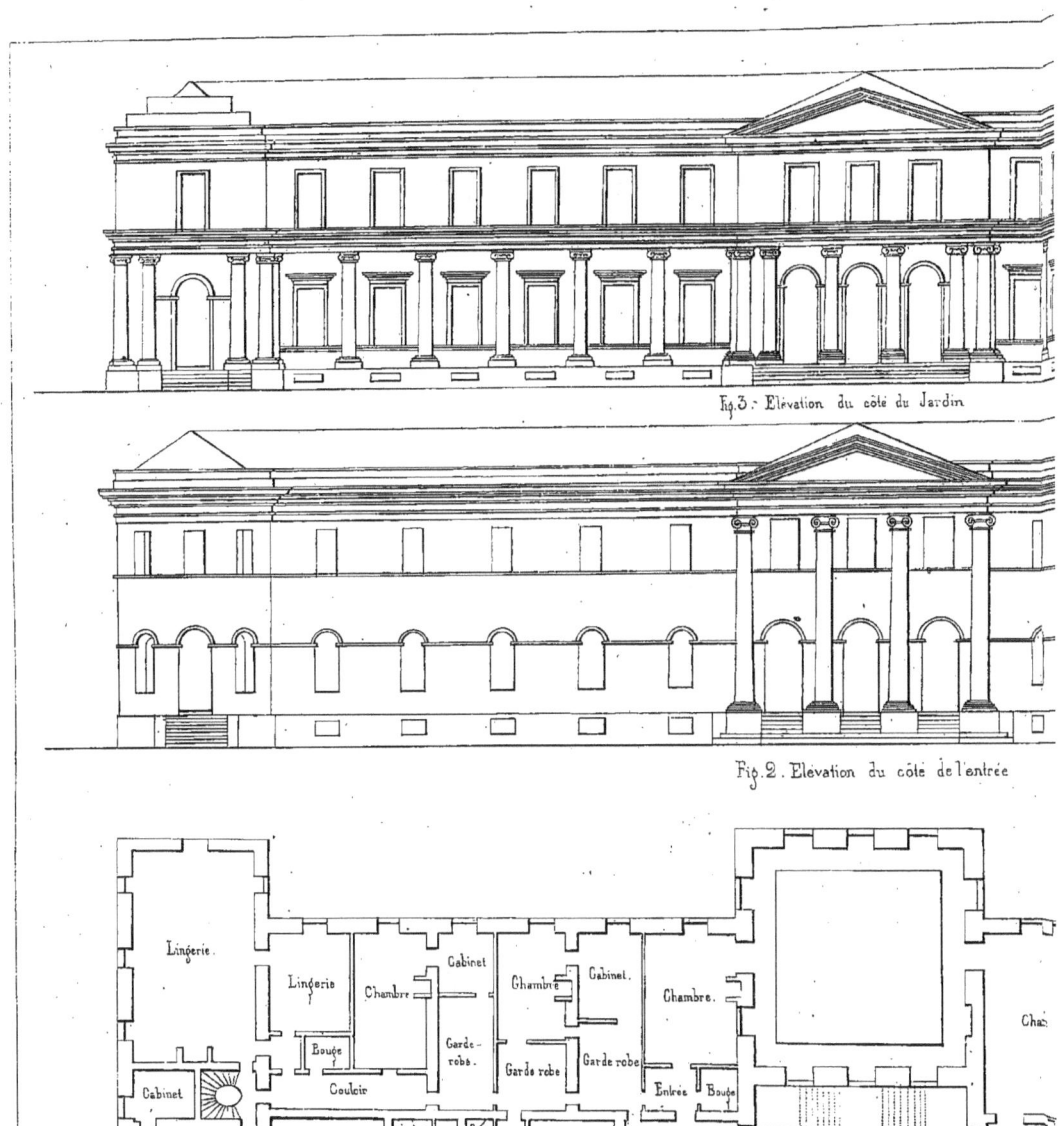

Fig. 3. Elevation du côté du Jardin

Fig. 2. Elevation du côté de l'entrée

Fig. 1.re Plan

Architecture rurale.

St. Felix inv.

BATIMENS PARTICULIERS.
Château de Plaisance — Plans et façades.

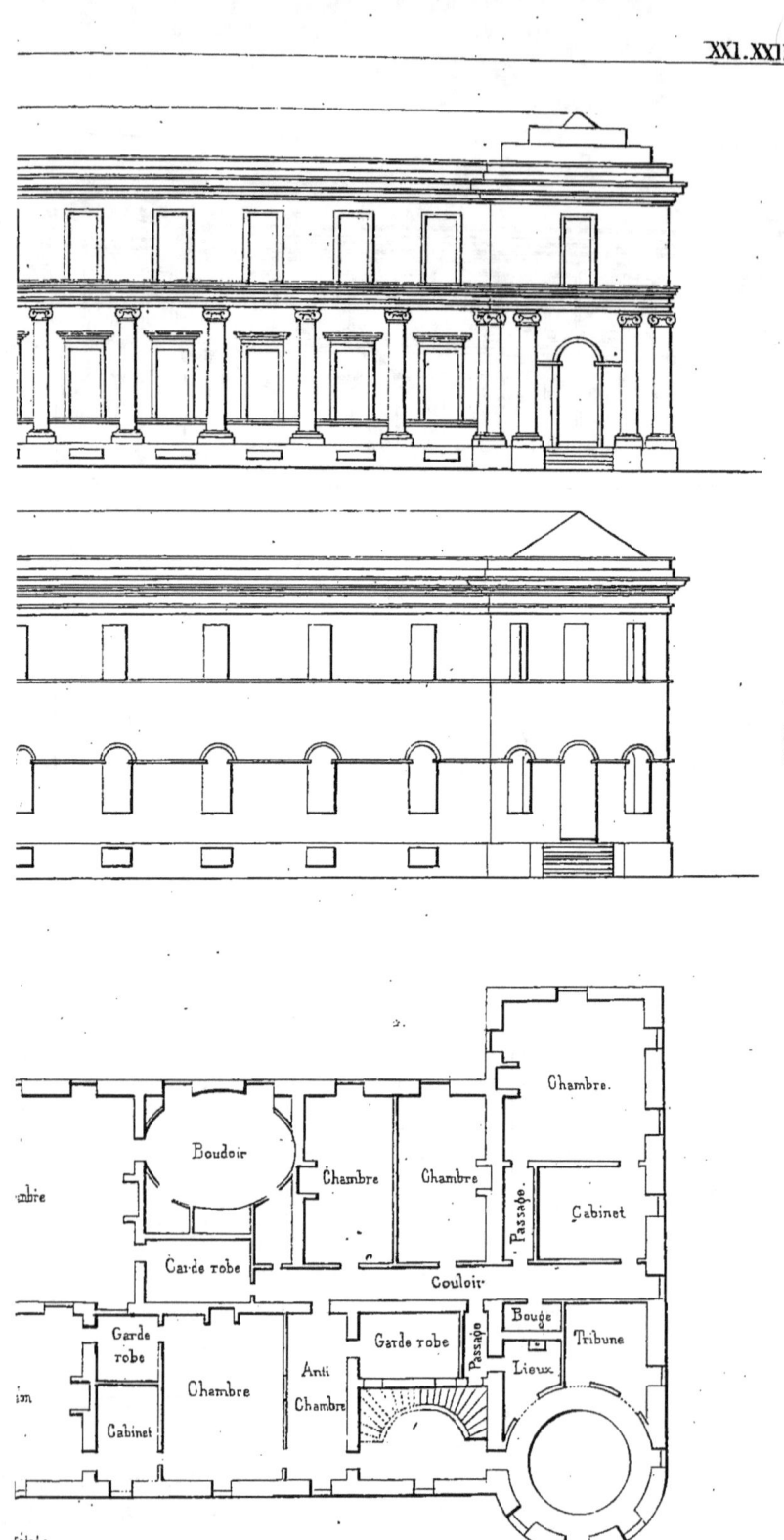

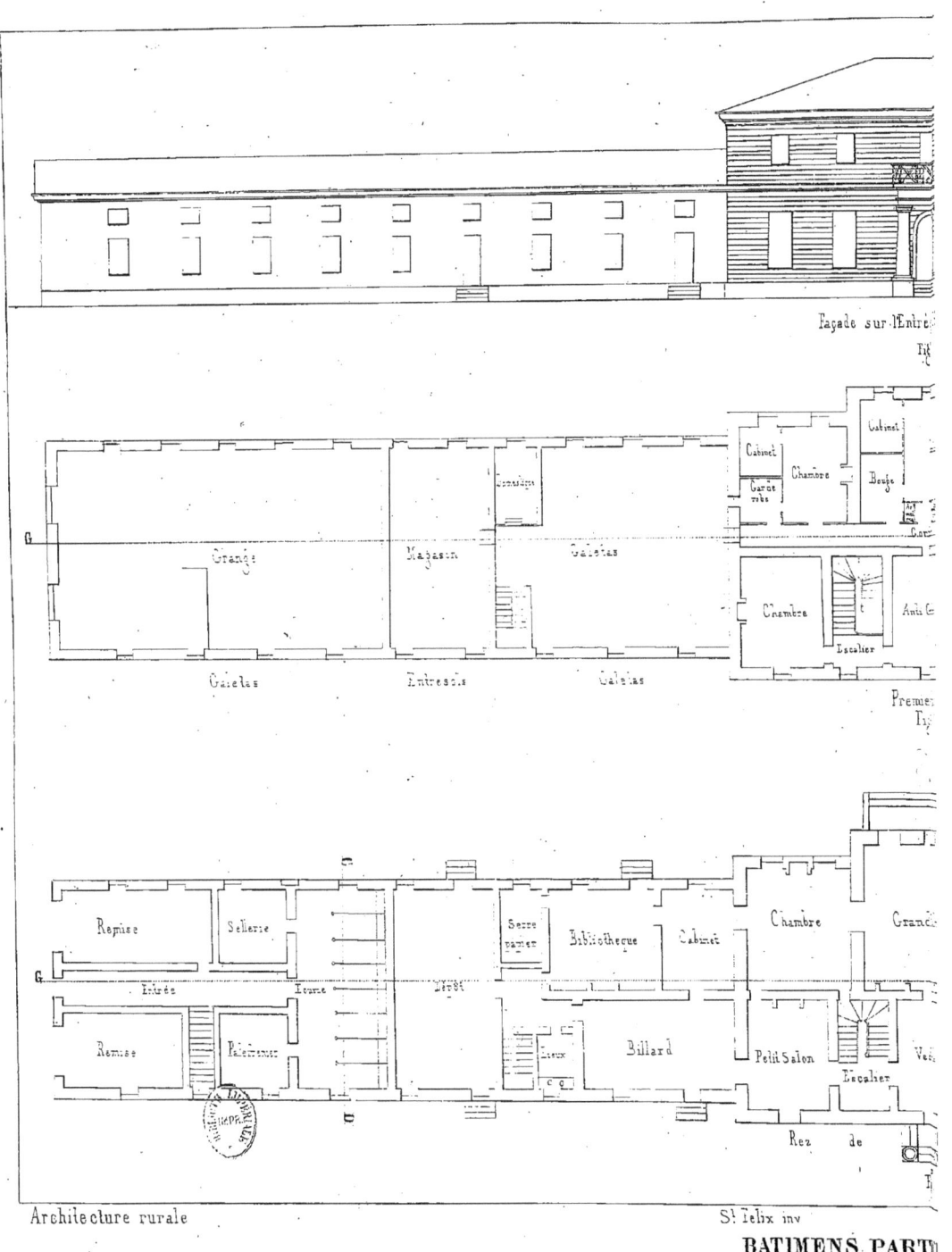

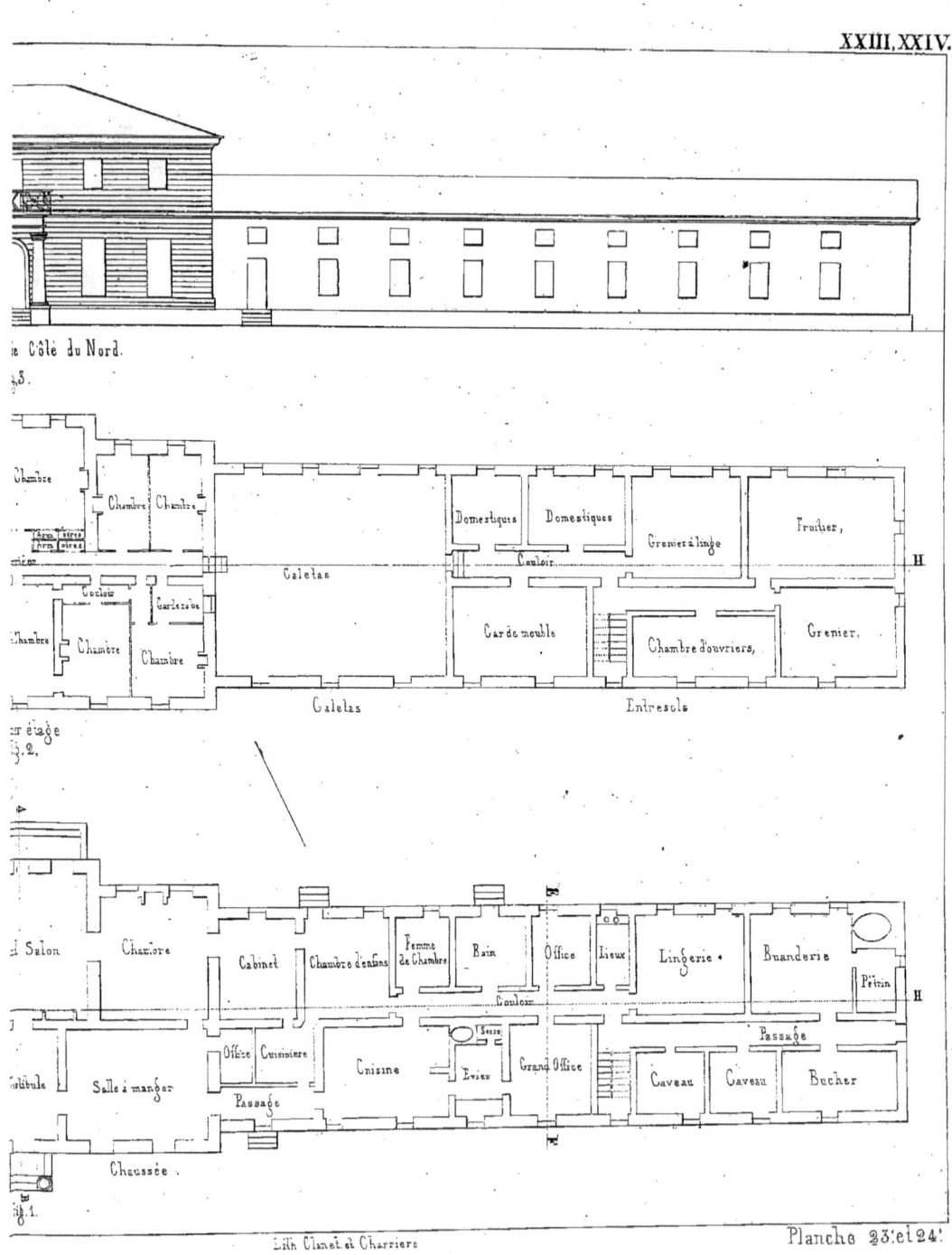

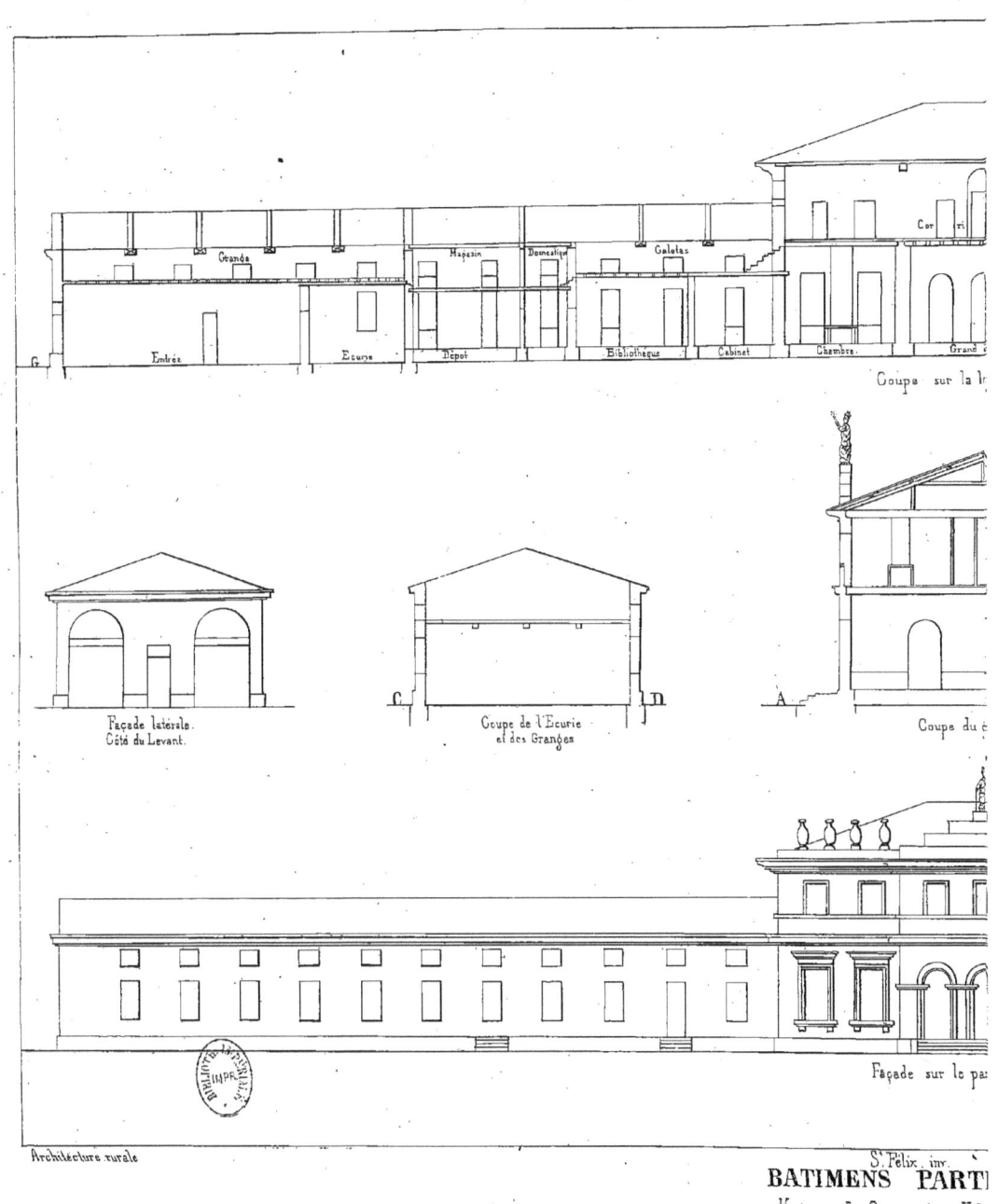

Architecture rurale

BATIMENS PART[I]
Maison de Campagne-Hab[itation]

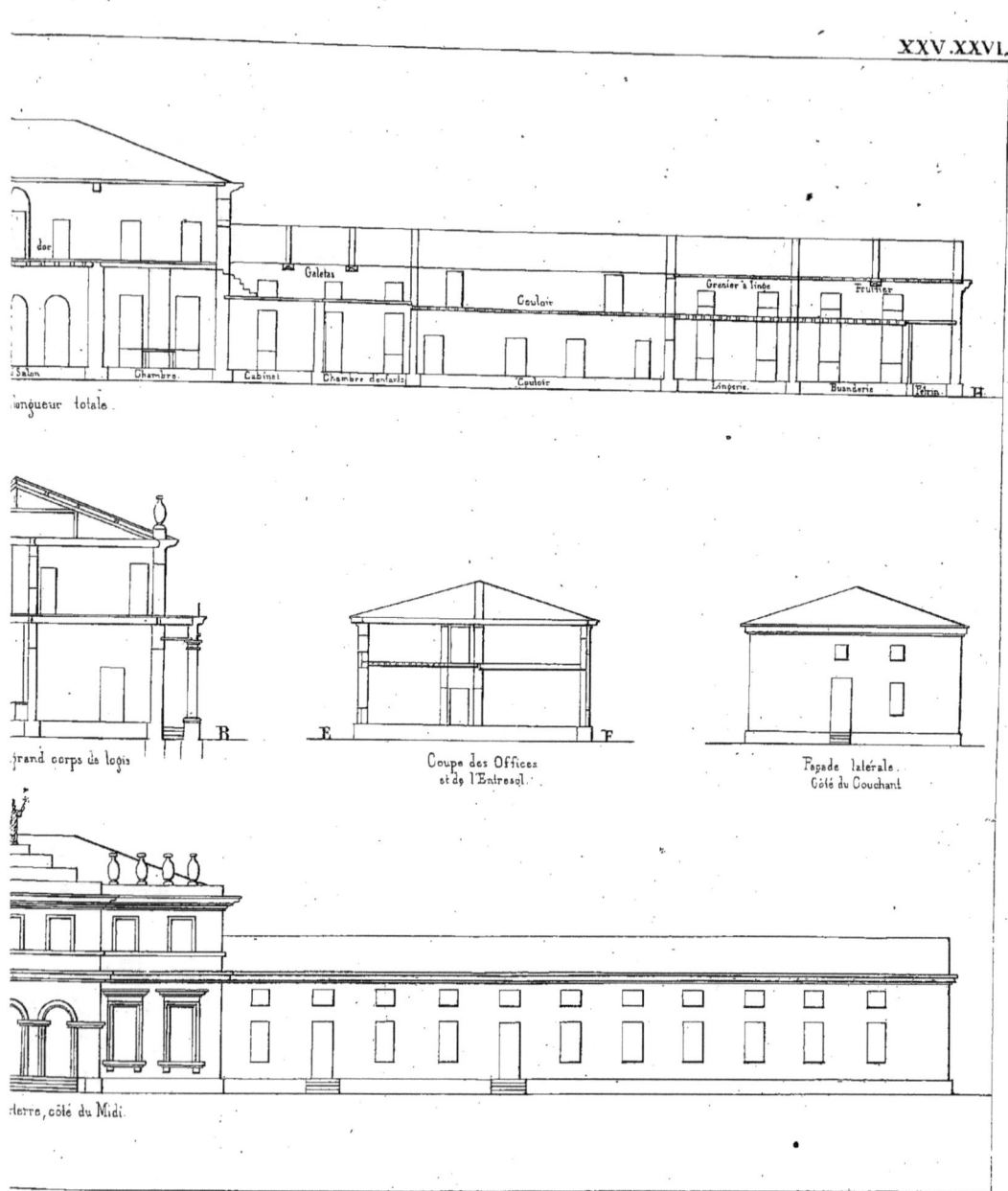

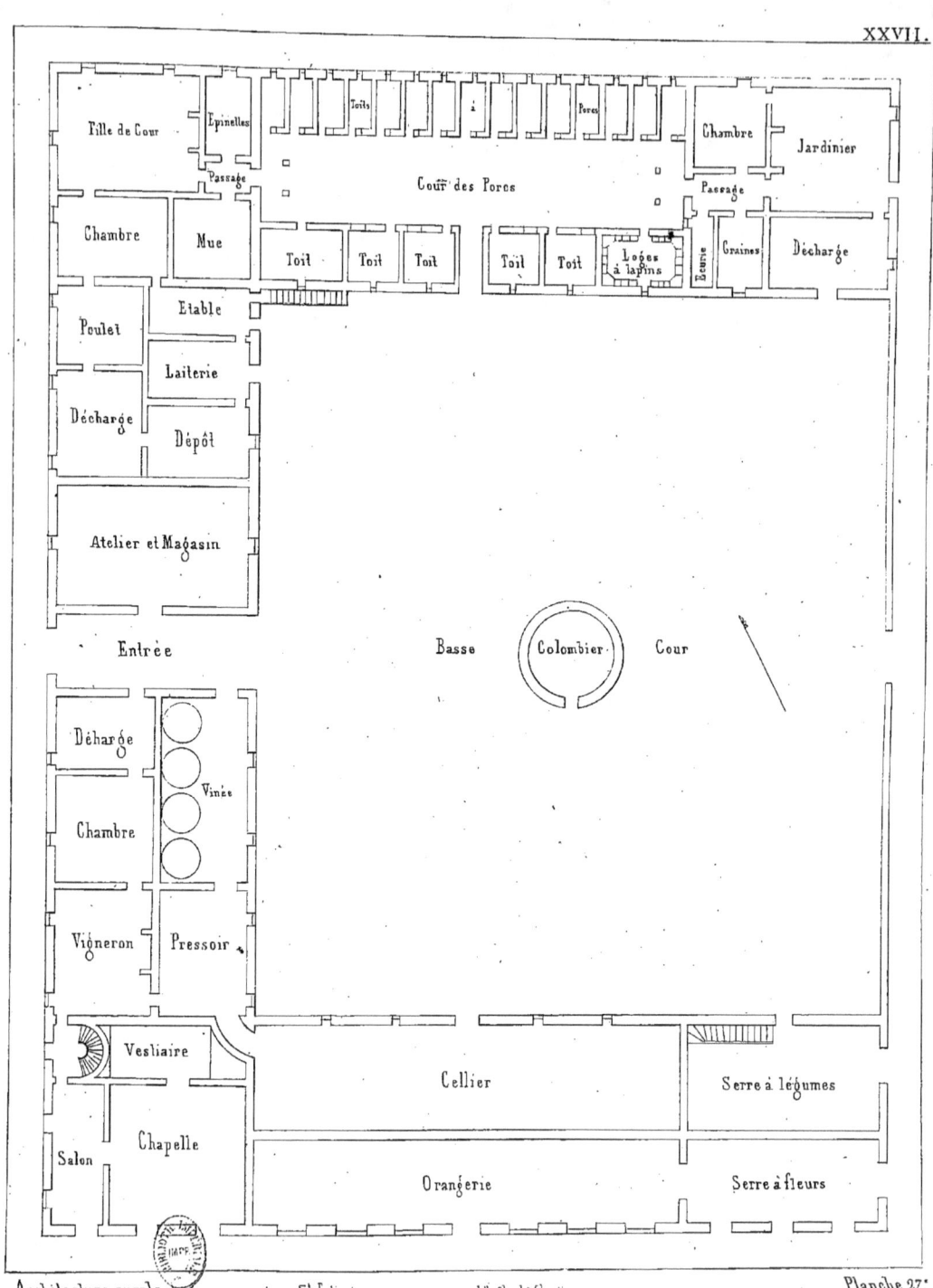

BATIMENS PARTICULIERS, N°. 13.
Maison de Campagne — (Dépendances — Couchant) — Basse cour.

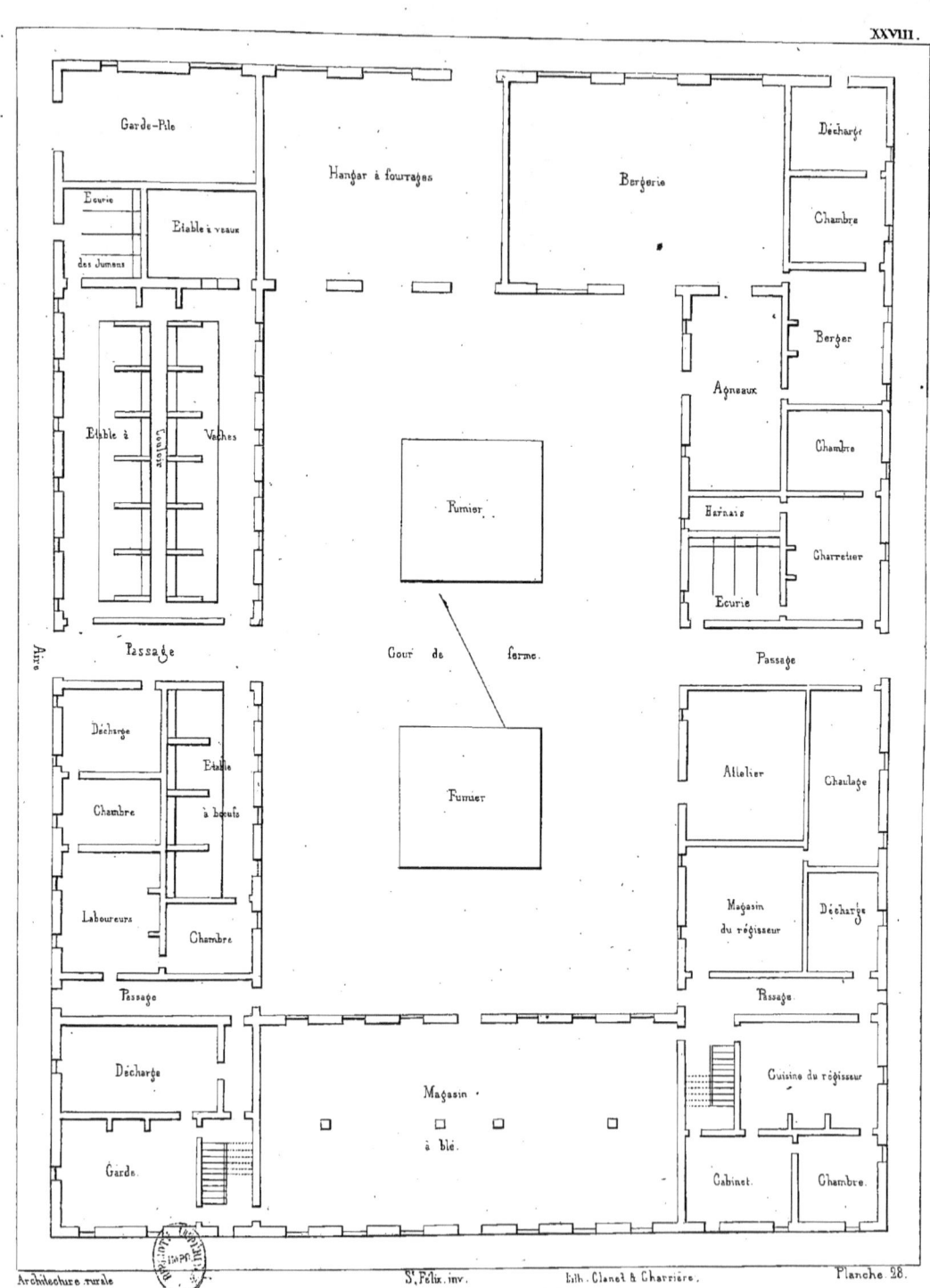

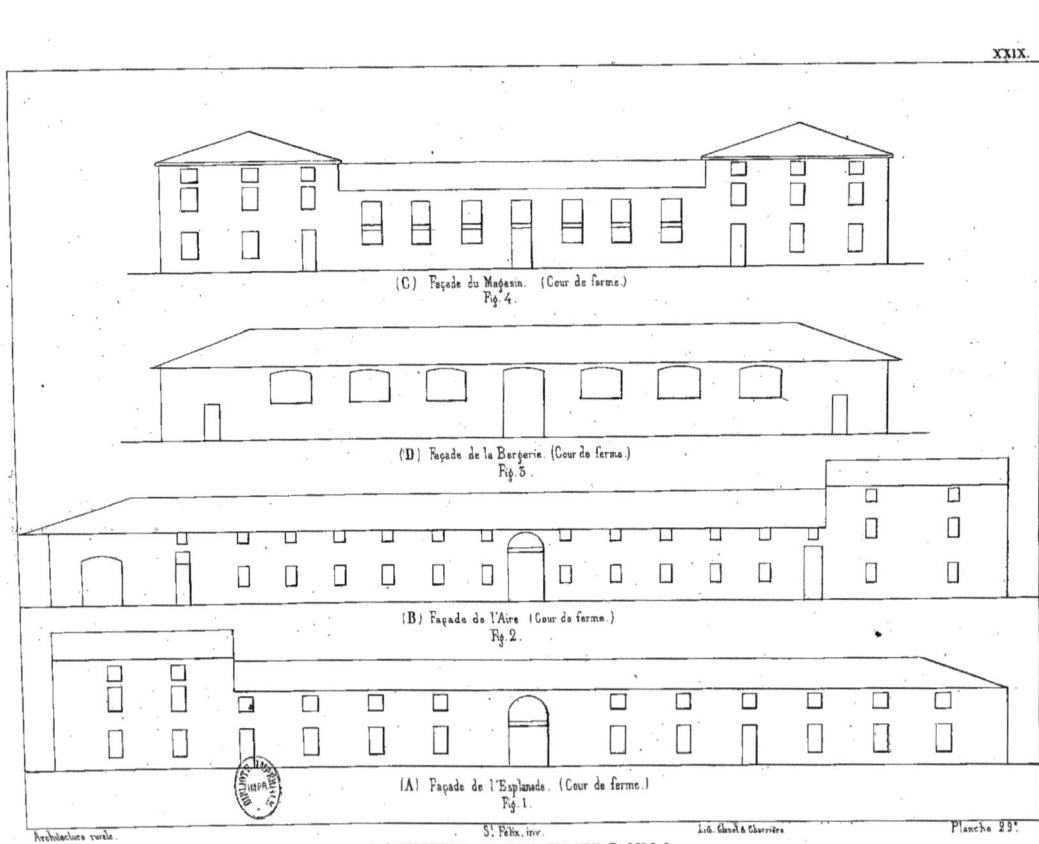

BATIMENS PARTICULIERS. N°. 15.
Maison de Campagne — Dépendances — Les quatre façades de la Cour de ferme.

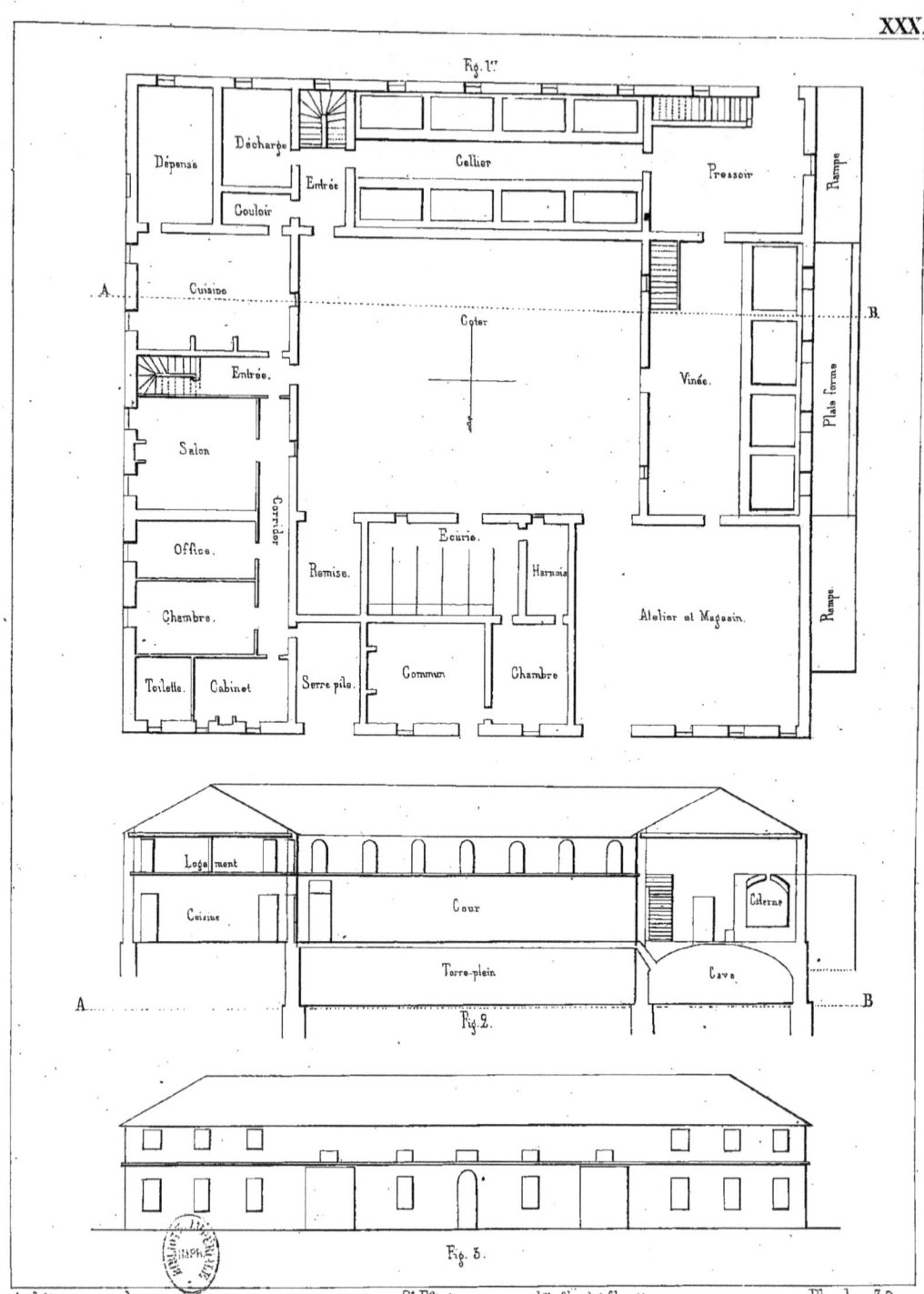

BATIMENS PARTICULIERS. N:o 16
Vendangeoir.

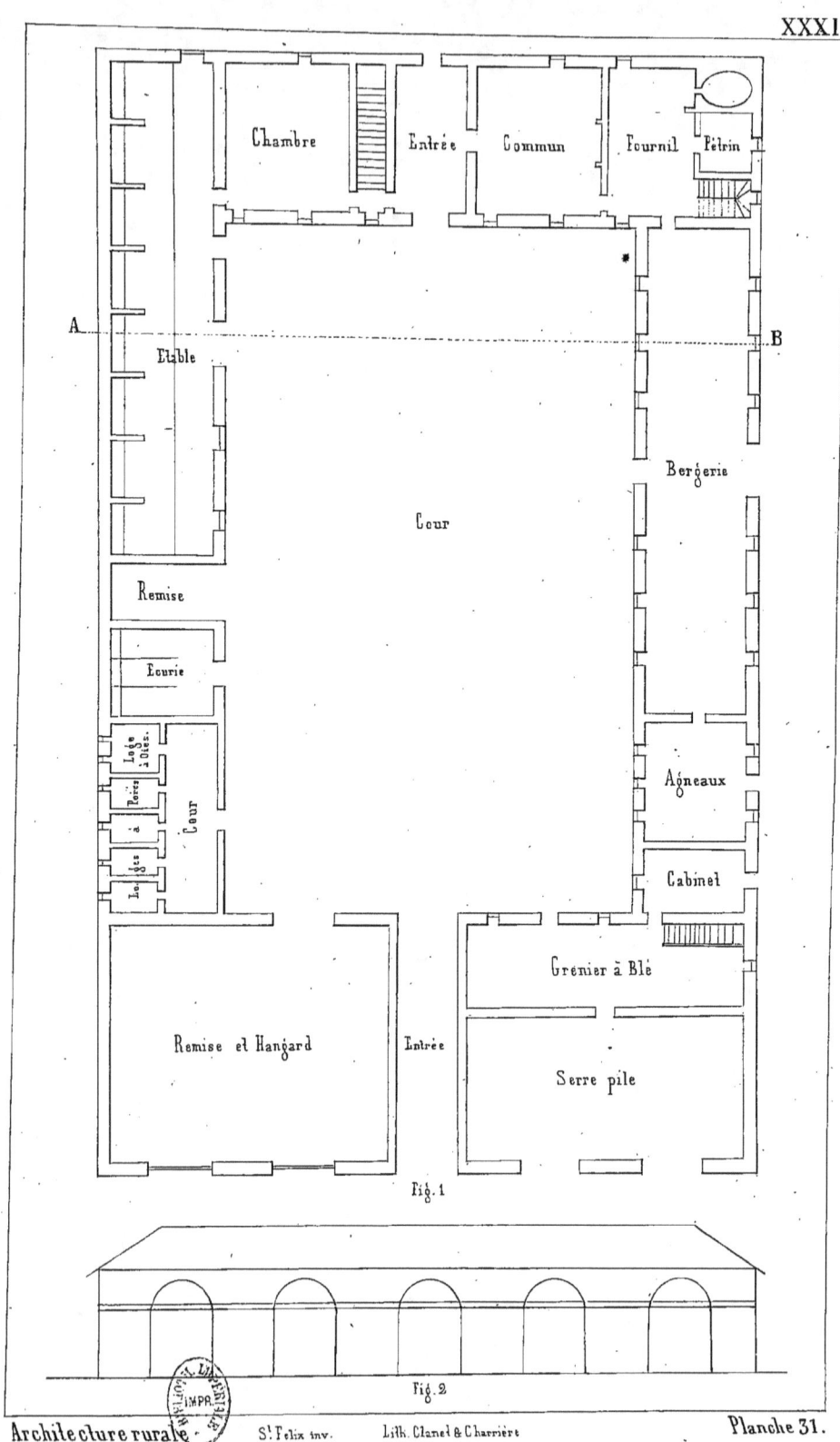

BATIMENS PARTICULIERS, N.º 17,
Métairie de quatre charrues.

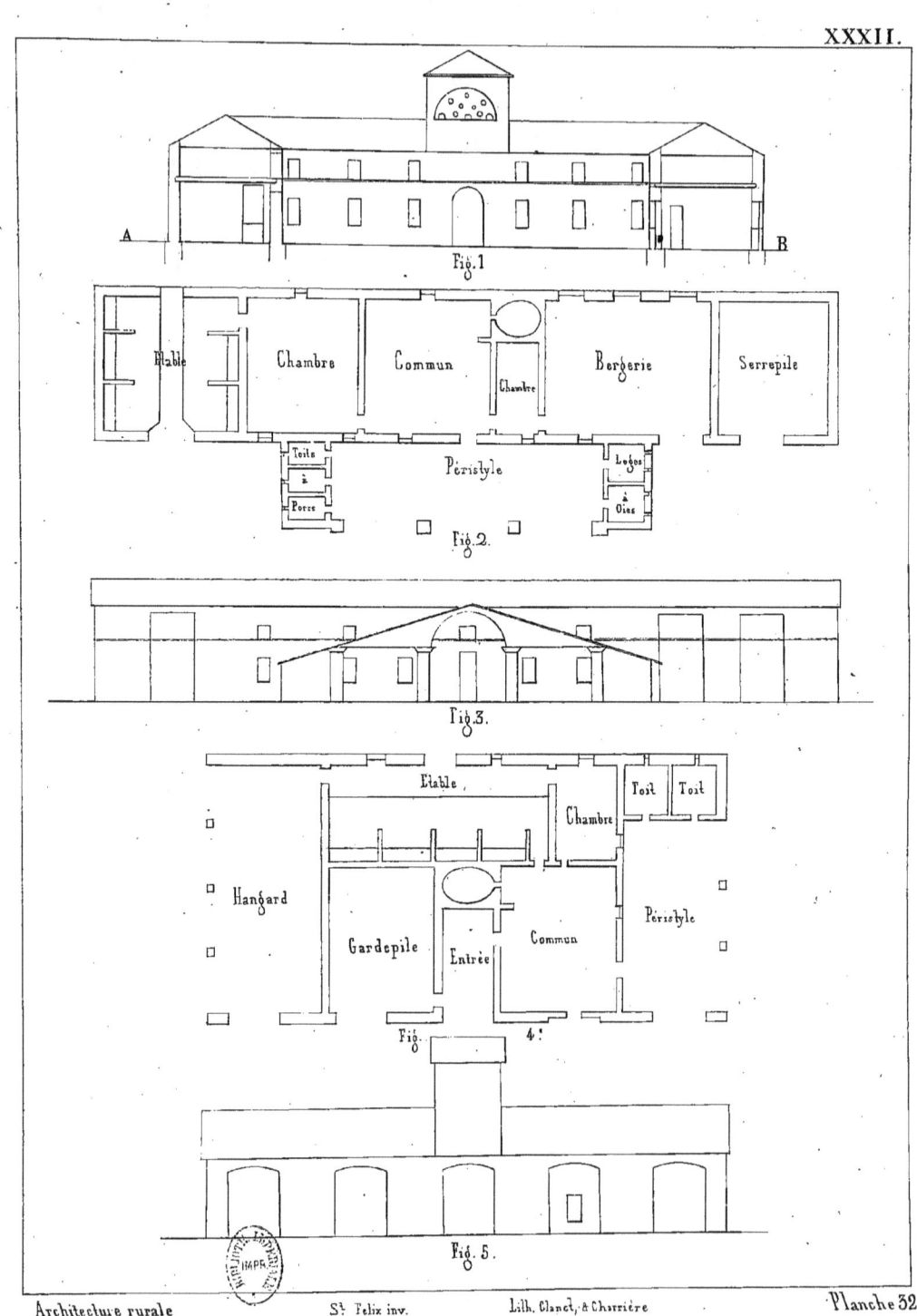

BATIMENS PARTICULIERS, N.° 18,

Métairies de trois charrues.

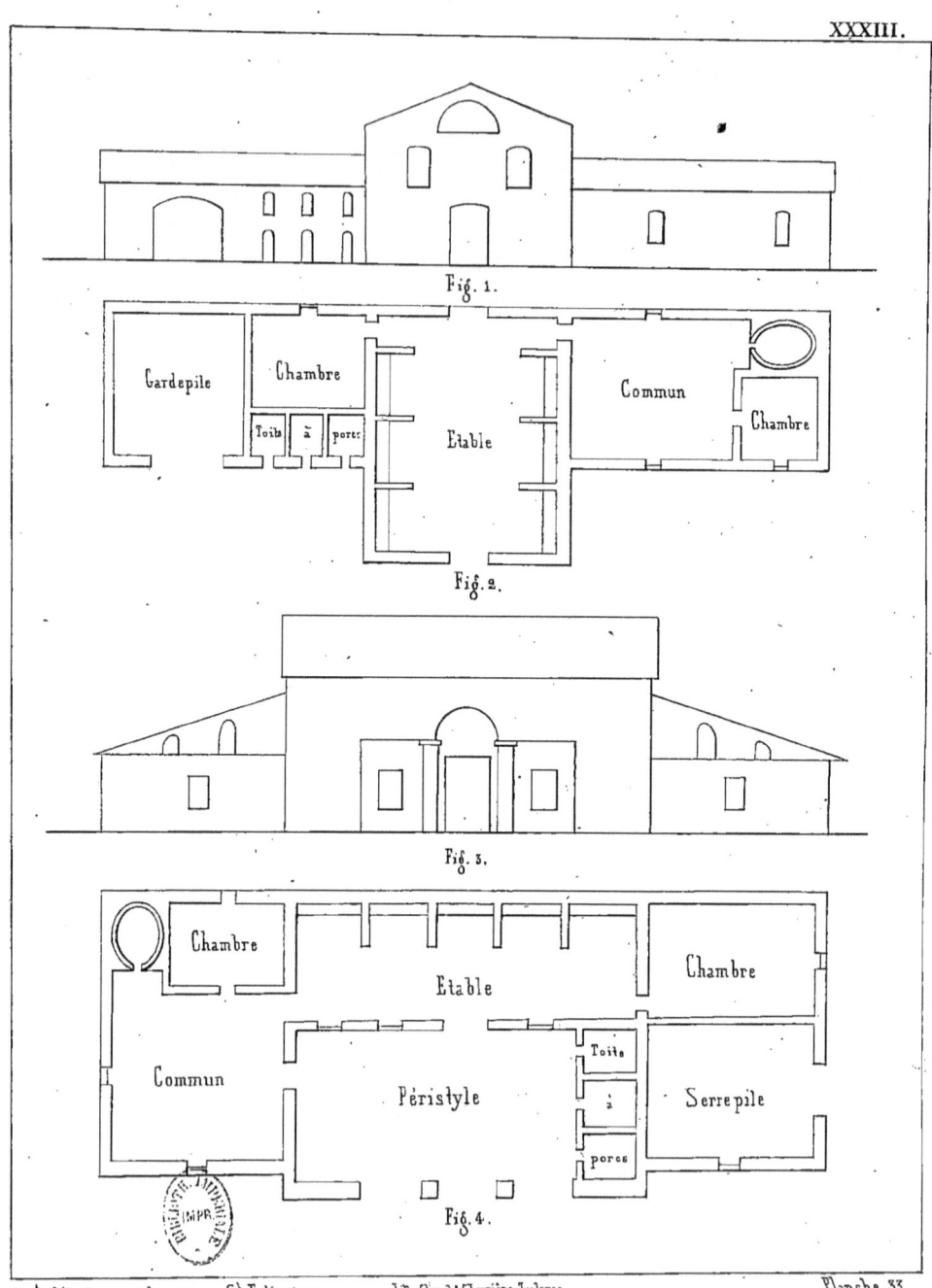

BATIMENS PARTICULIERS. N°19.

Métairies de deux à trois charrues.

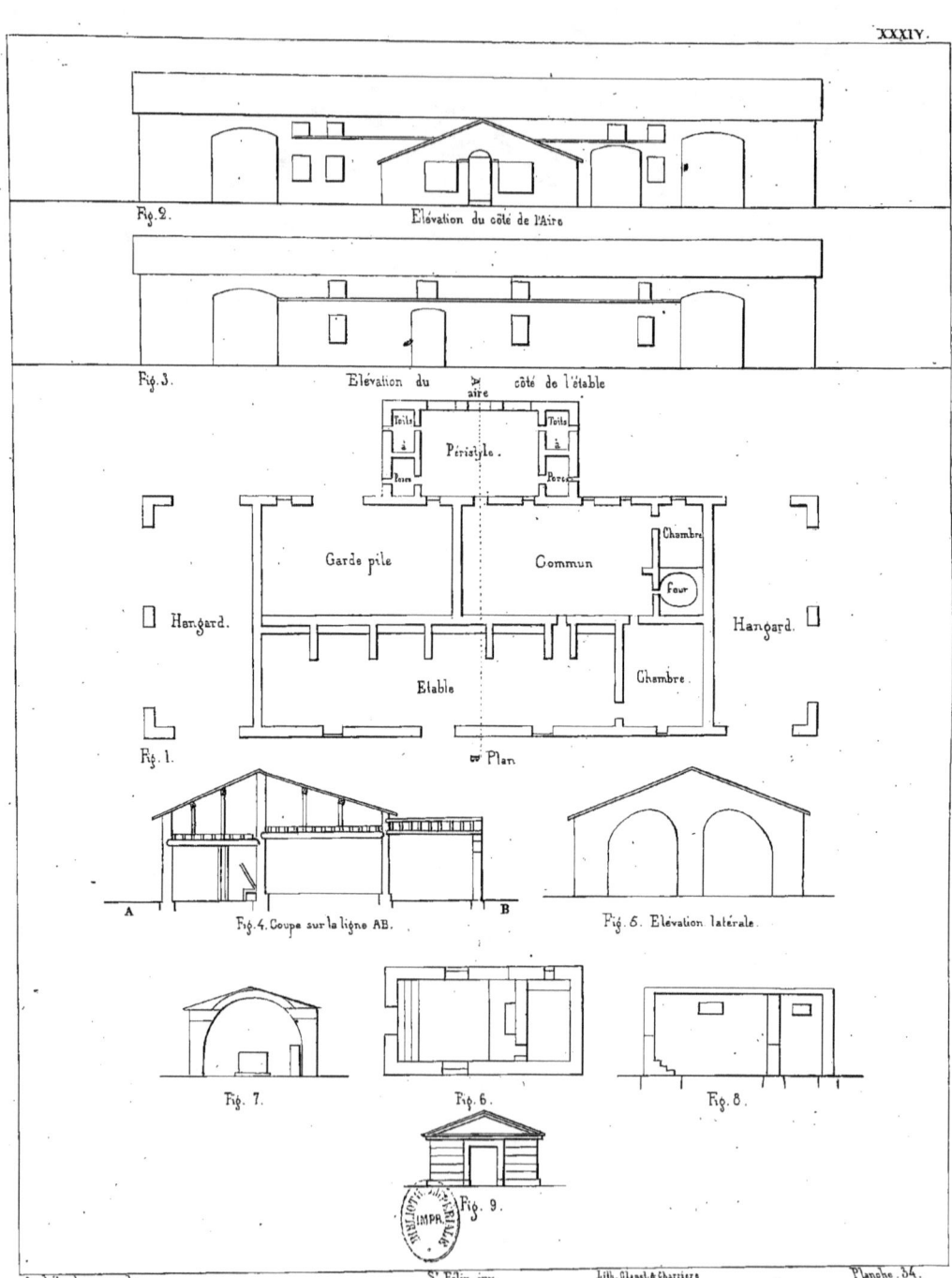

BATIMENS PARTICULIERS N.° 20.

Métairie de Laspeyrasses — Chapelle funéraire.

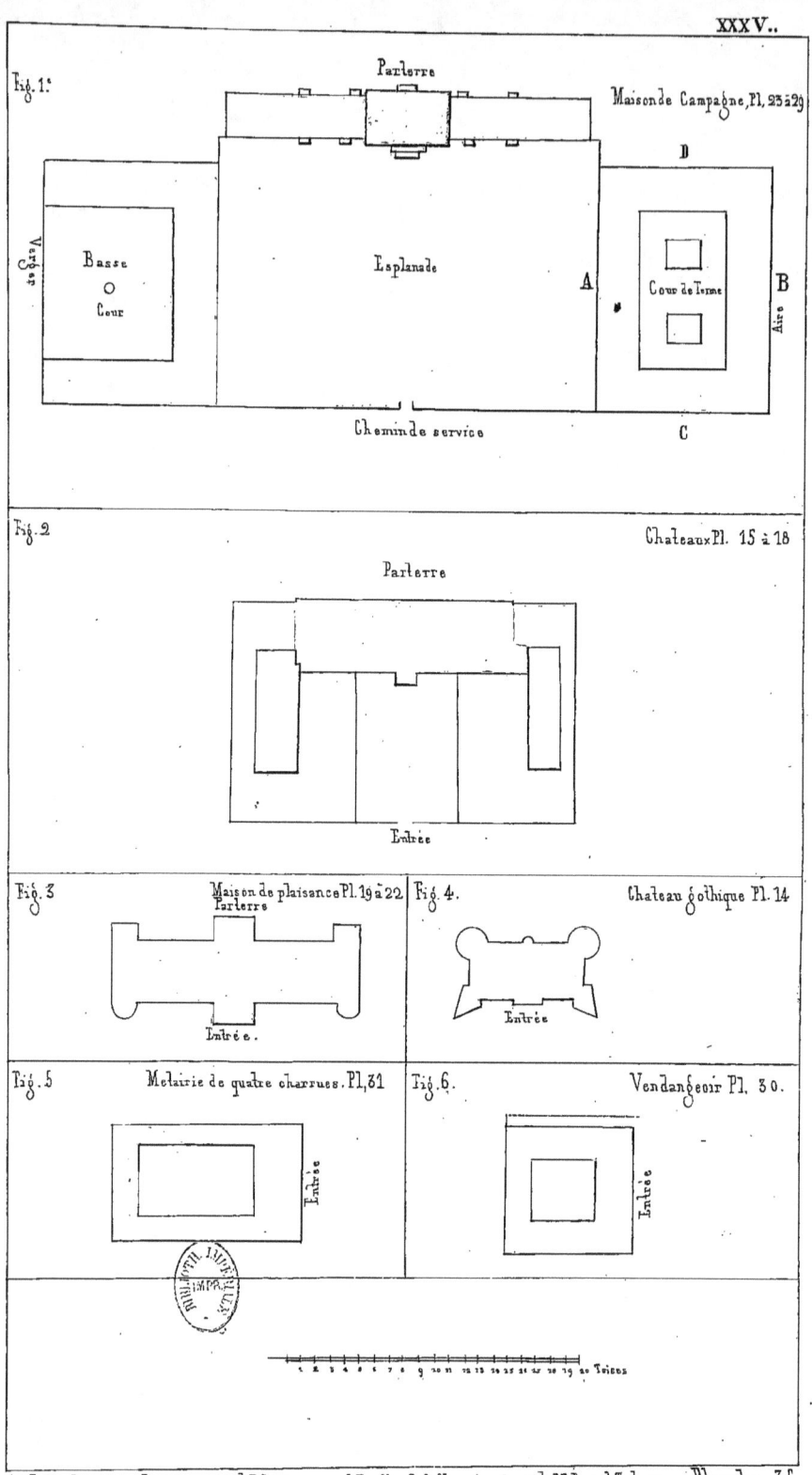

BATIMENS PARTICULIERS, N.º XXI.
Plans généraux en masse.

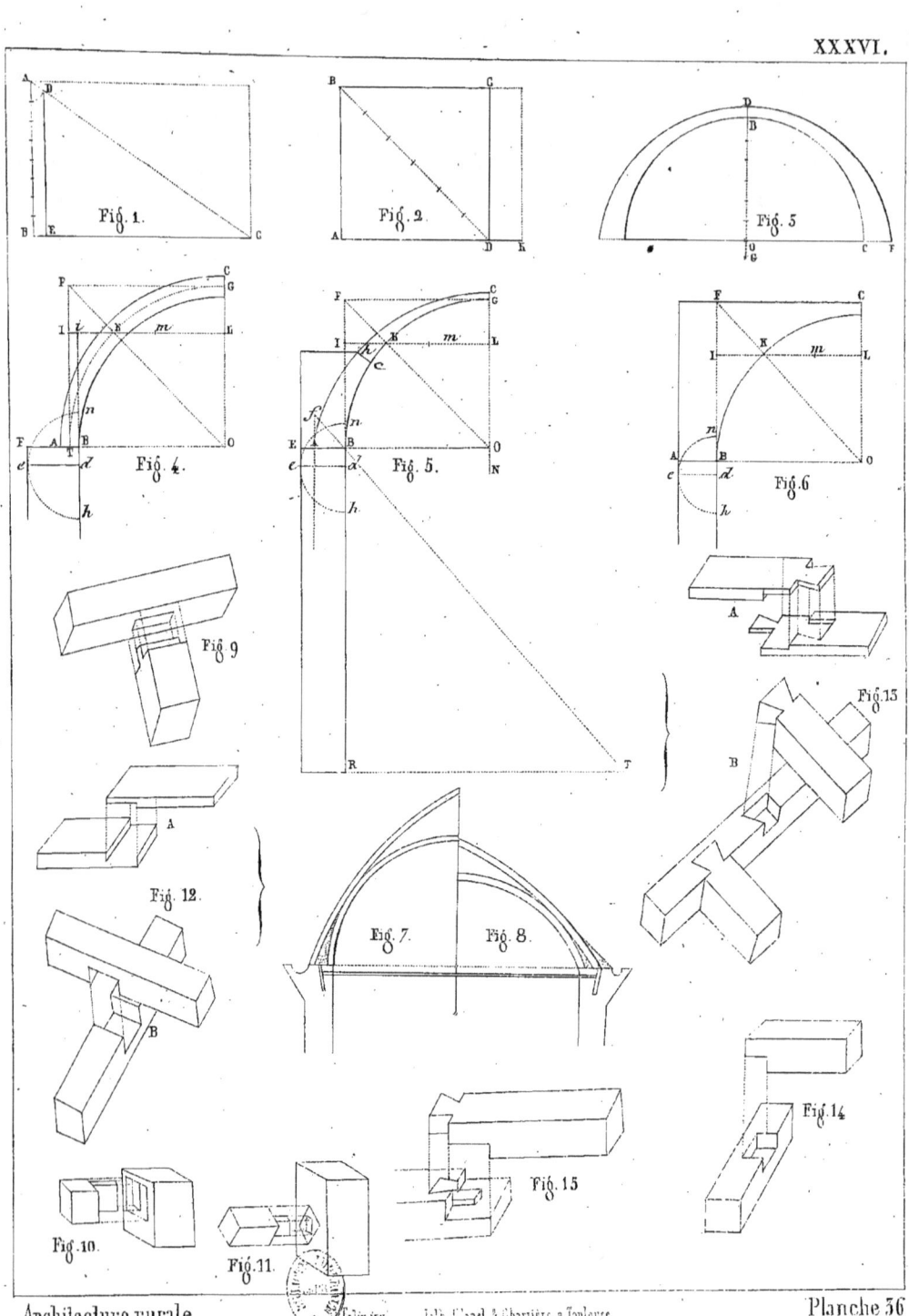

Architecture rurale

CONSTRUCTION. MAÇONNERIE-Murs-Voutes-Combles-CHARPENTE-Assemblages.

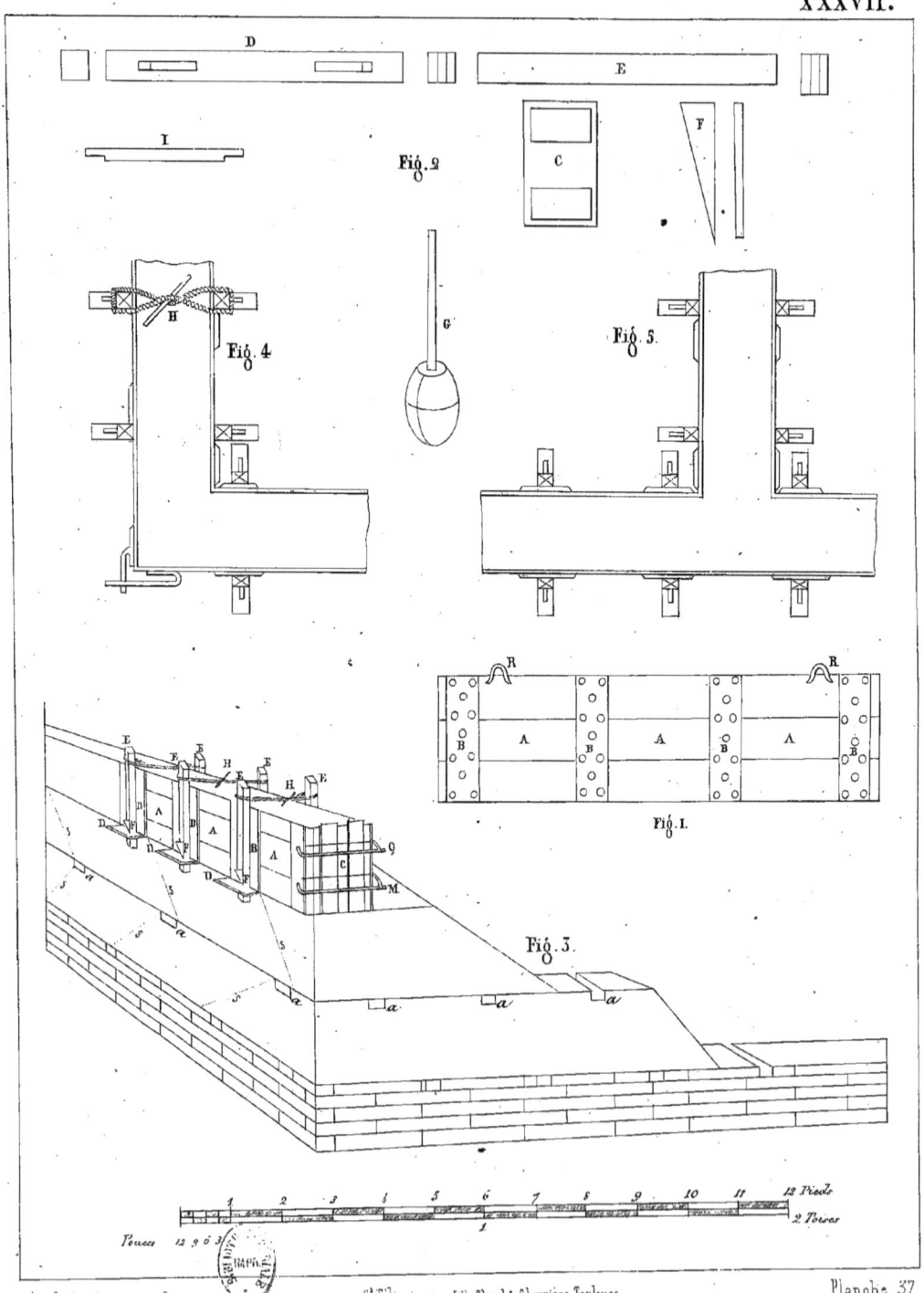

Architecture rurale — St Félix, inv. — Lith. Clanet & Charrière Toulouse — Planche 37

CONSTRUCTION — PISÉ.

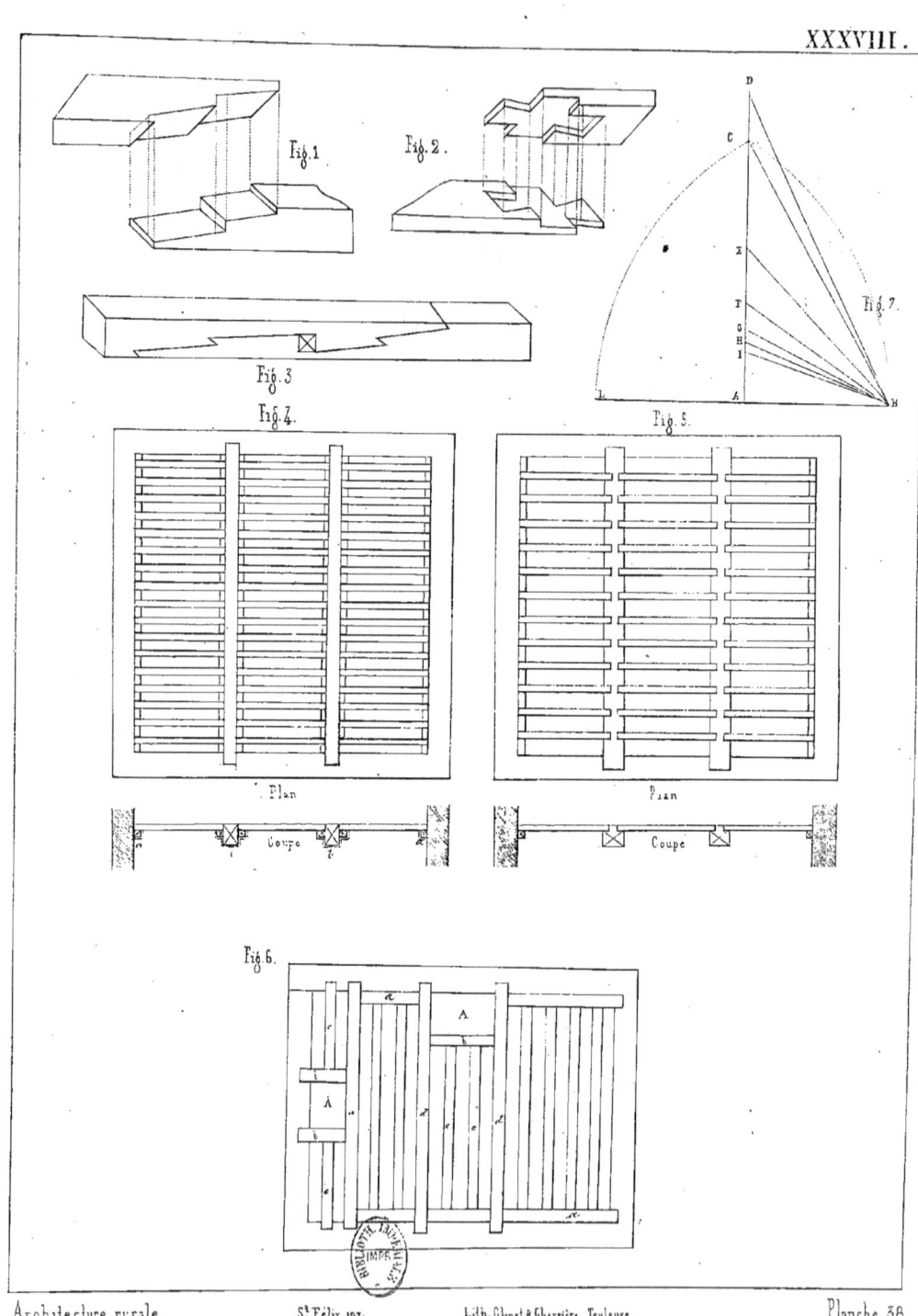

CONSTRUCTION — CHARPENTE - Assemblages - Planches - Combles.

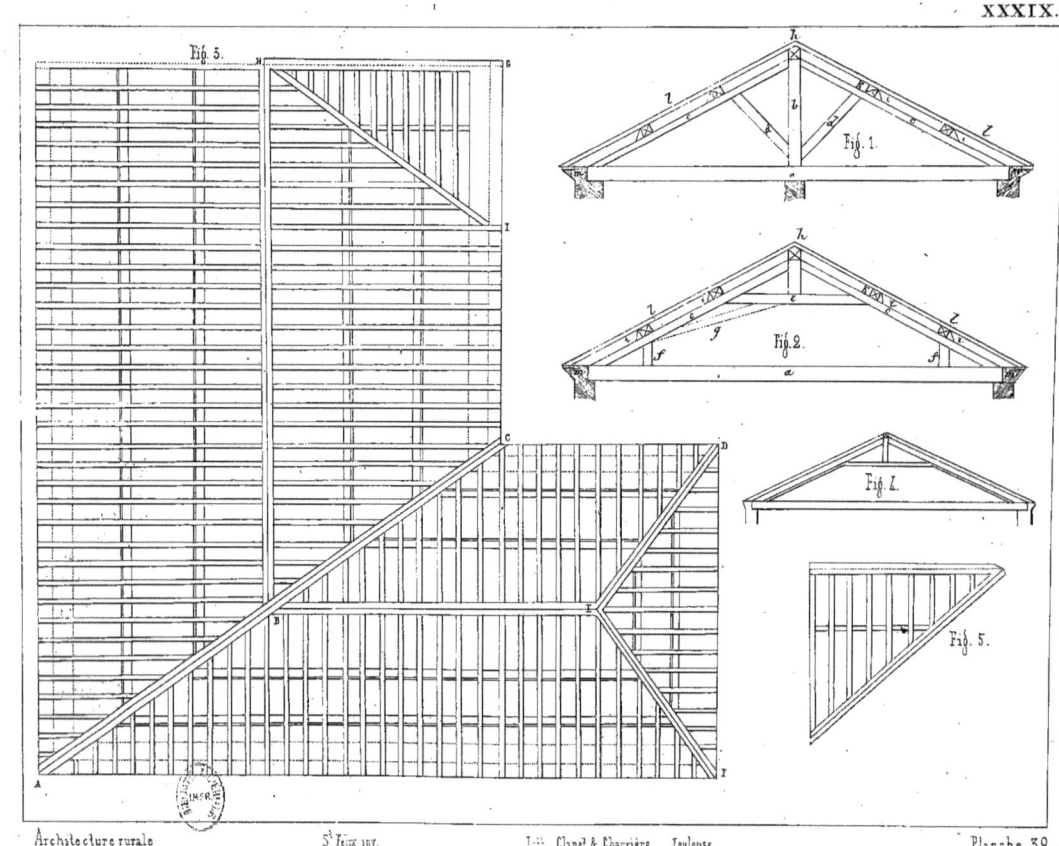

CONSTRUCTION — CHARPENTE — Combles.

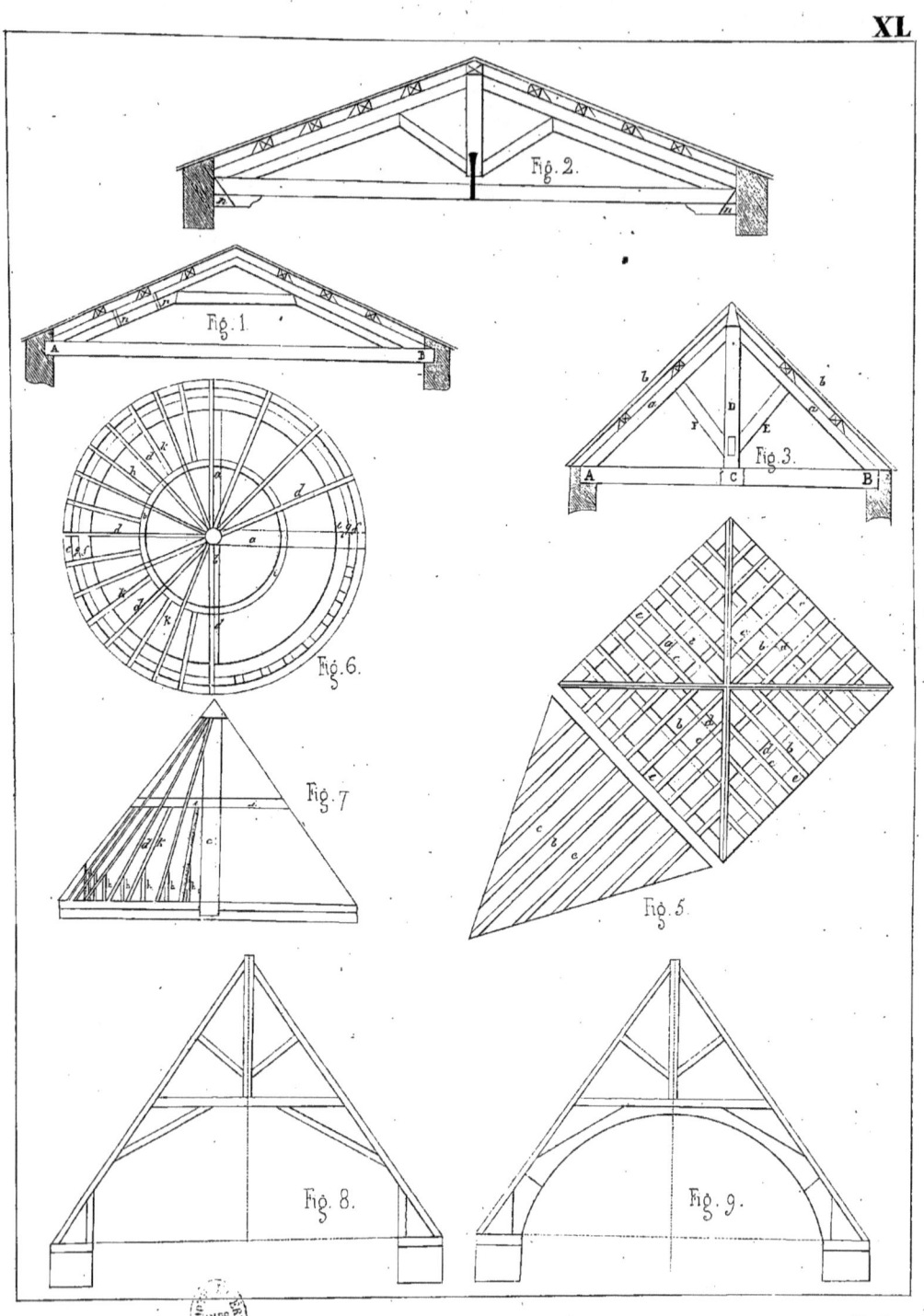

Architecture rurale — S.t Felix inv. Lith. Clanet & Charrière Toulouse. — Planche 40.

CONSTRUCTION — CHARPENTE- Combles.

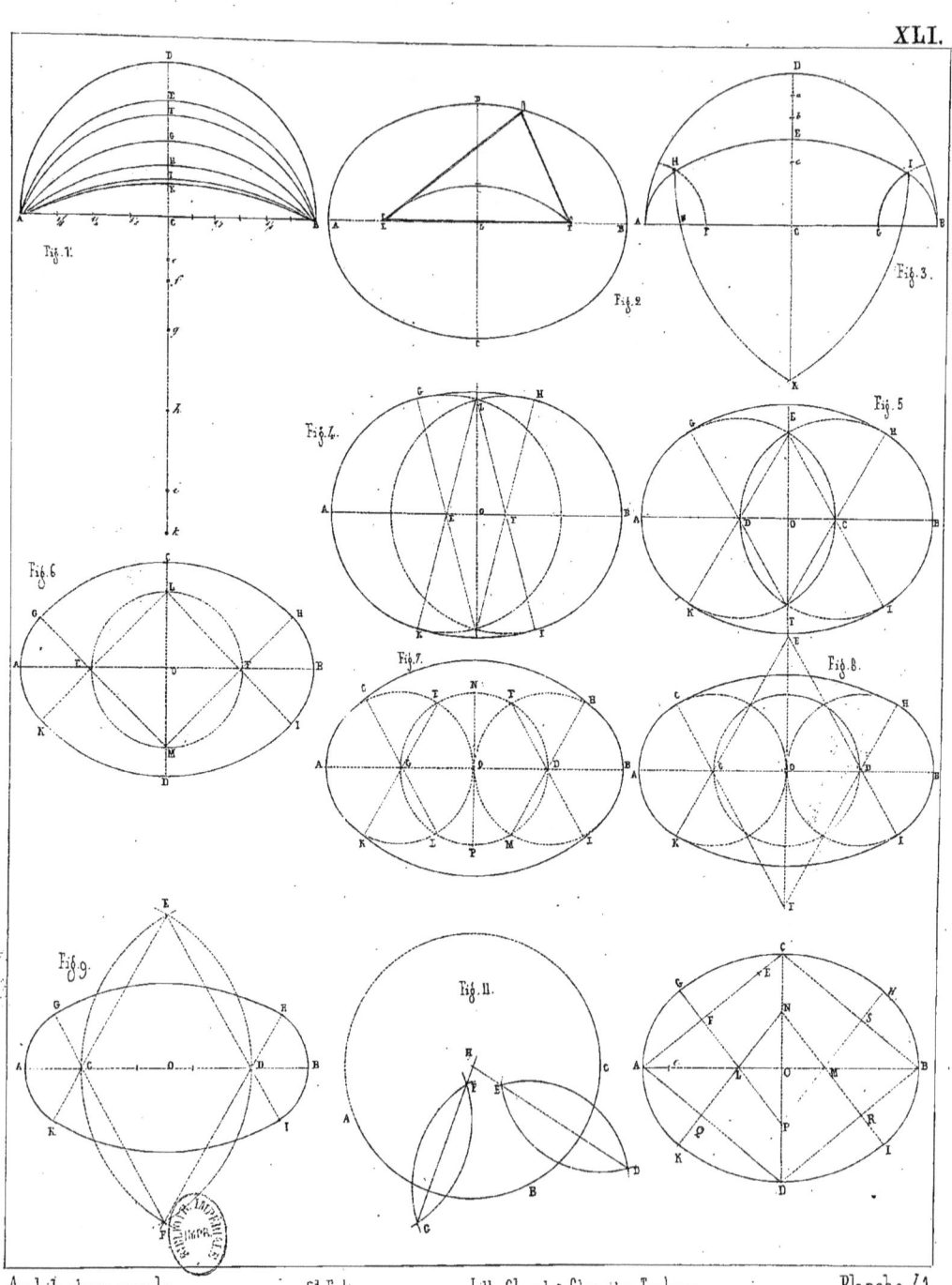

Architecture rurale. St Félix inv. Lith. Clanet & Charrière, Toulouse. Planche 41

CONSTRUCTION — CHARPENTE — Cintres.

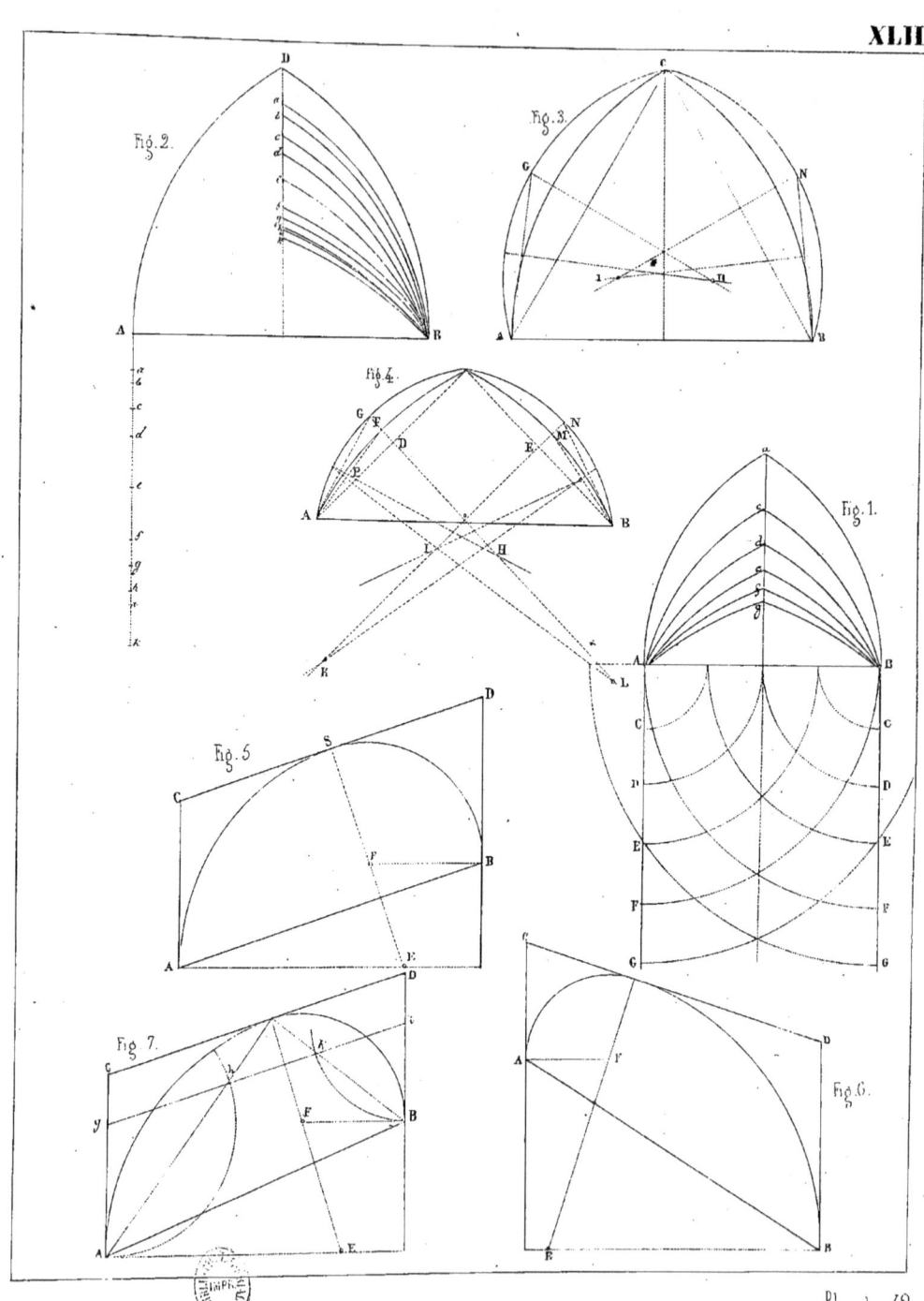

CONSTRUCTION.— CHARPENTE—Cintres.

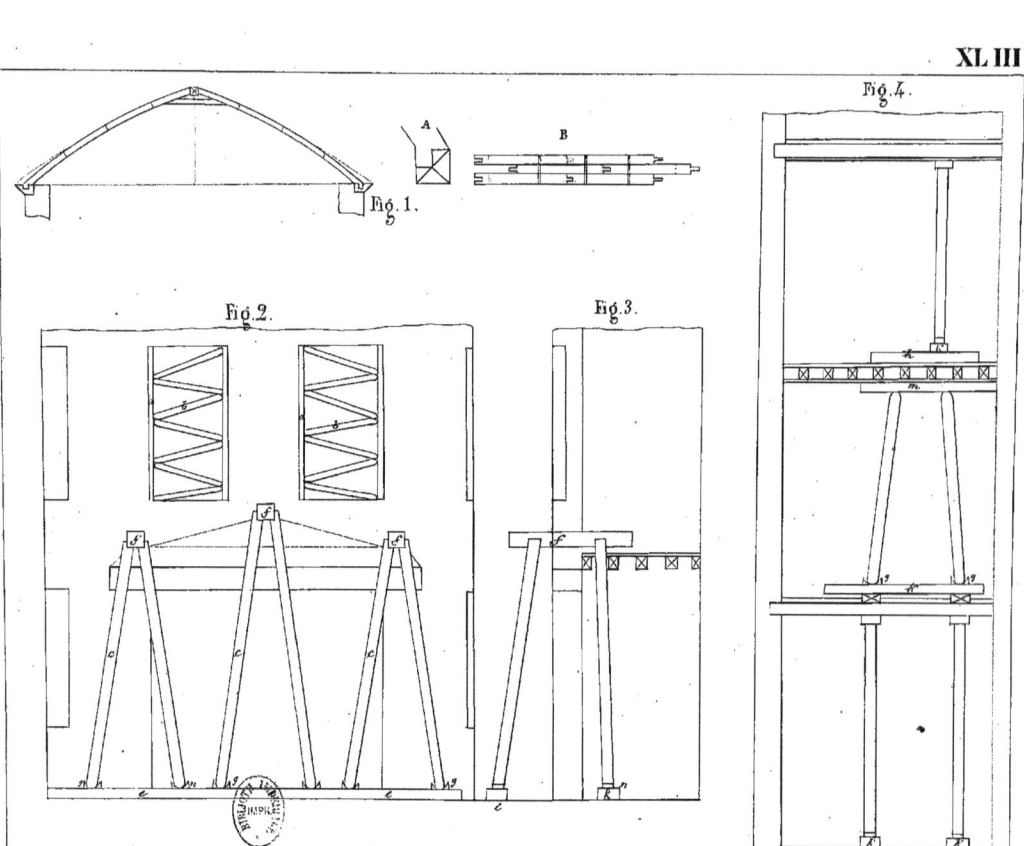

CONSTRUCTION CHARPENTE Étayemens.

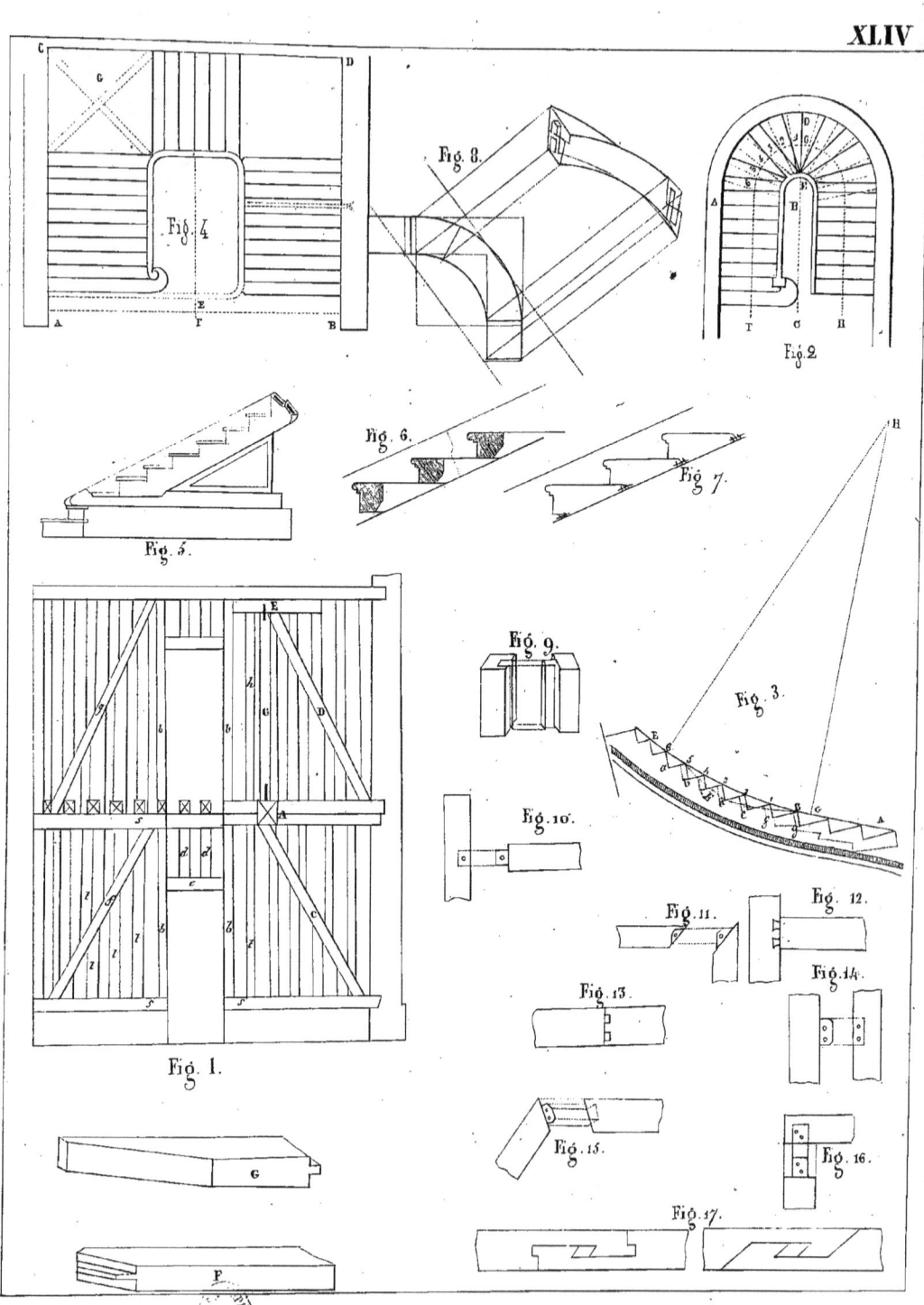

Architecture rurale — St Félix inv. — Lith. Clanet & Charrière, Toulouse — Planche 44

CONSTRUCTION – **CHARPENTE** – Cloisons – Escalier – **MENUISERIE** – Assemblages.

Architecture rurale — S.t Félix, inv. — Lith. Clanet & Charnière, Toulouse. — Planche 45.

CONSTRUCTION — MENUISERIE — Parquets — Colonnes — Portes et Croisées — **FERRURE**.

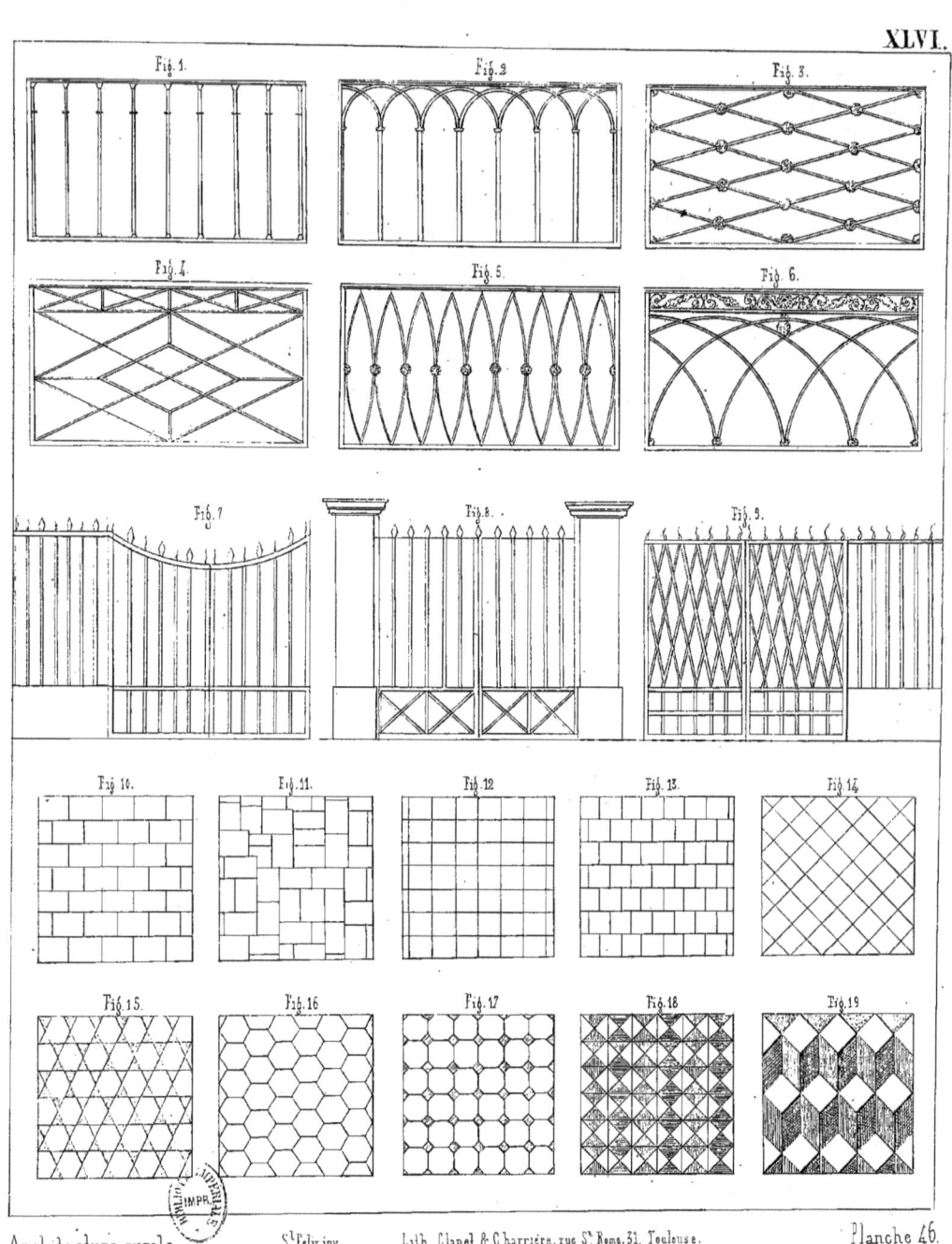

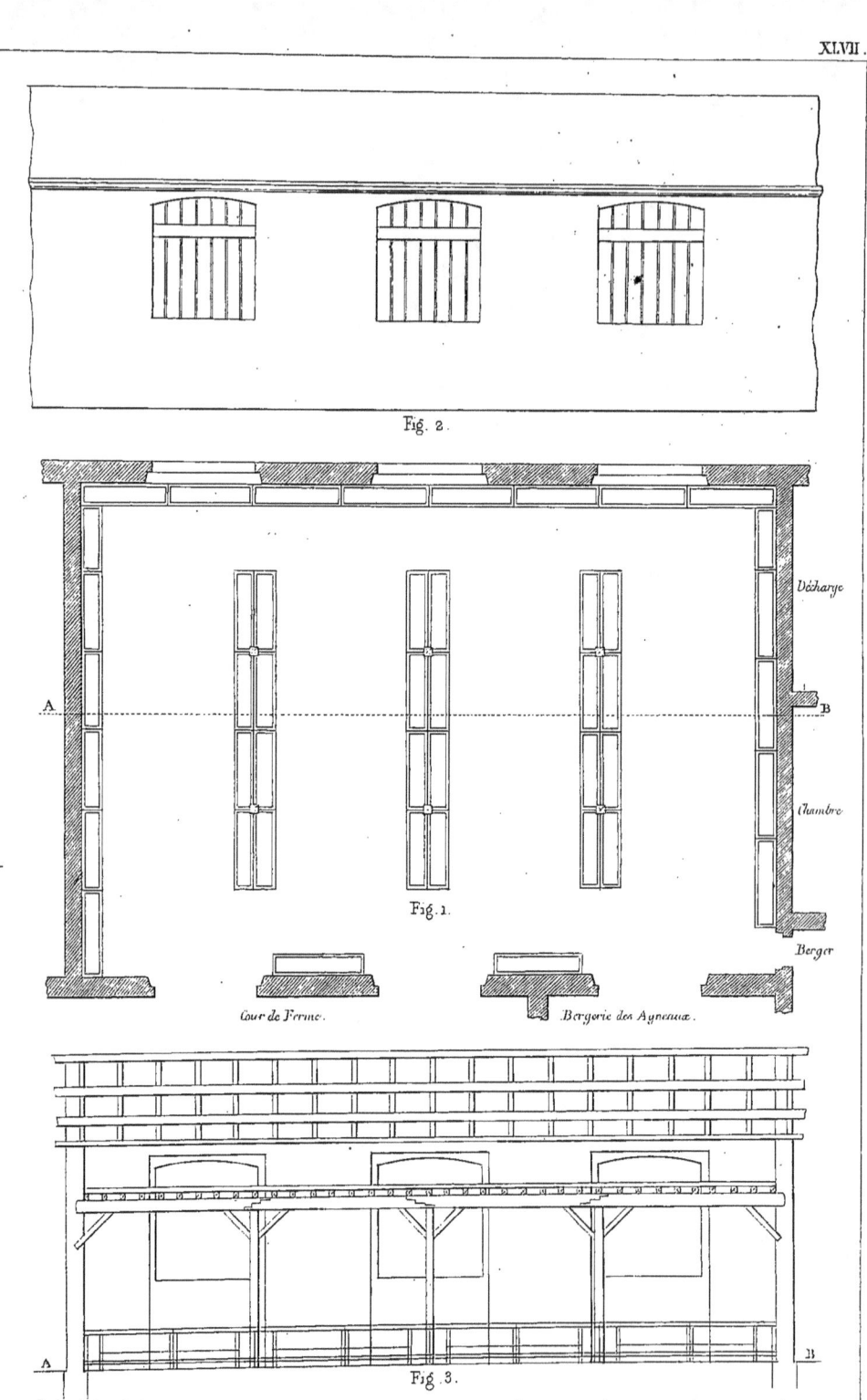
DÉTAILS:-BERGERIE.

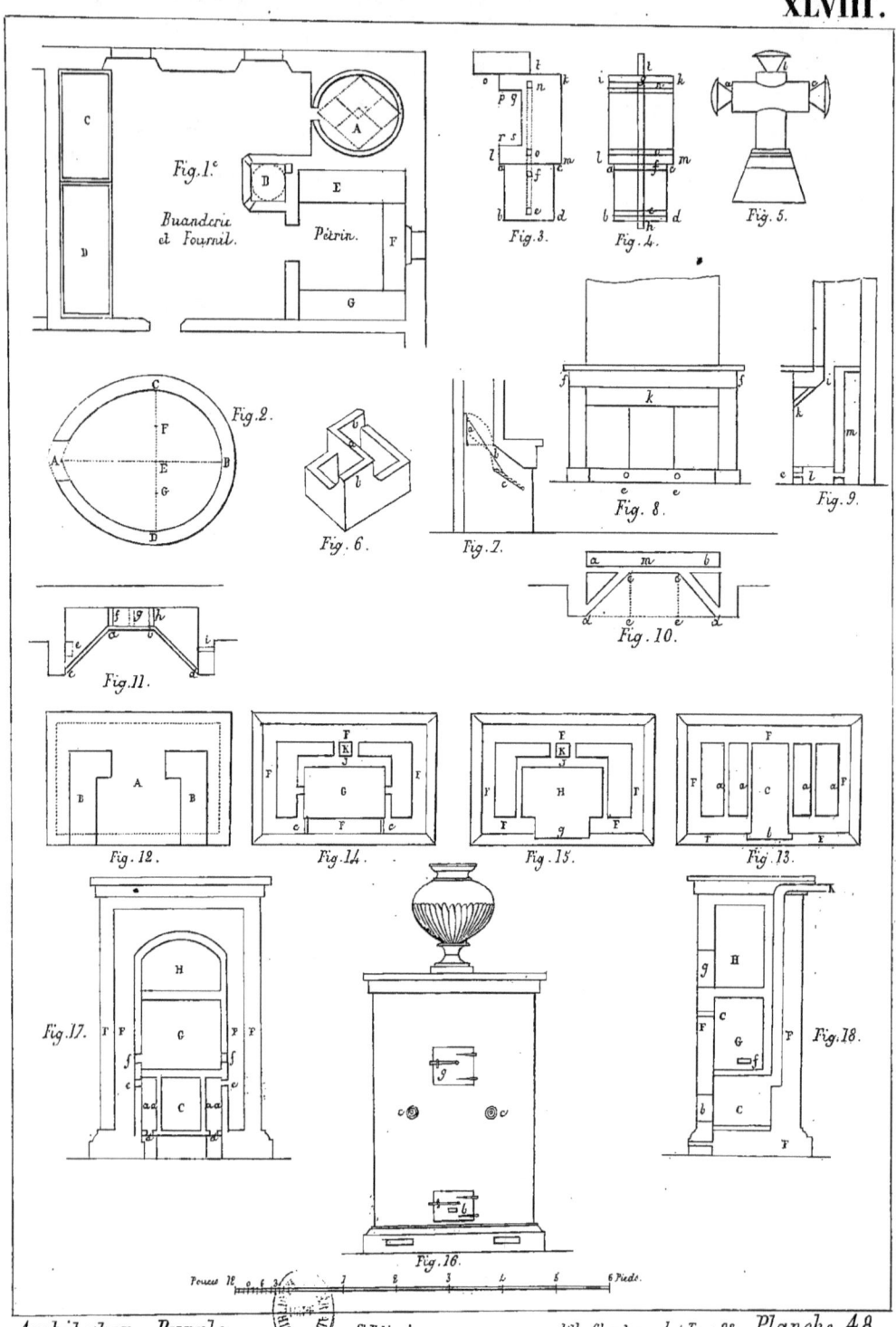

Architecture Rurale. Planche 48.

DÉTAILS.— Buanderie.- Fours.- Cheminées.- Poêles.

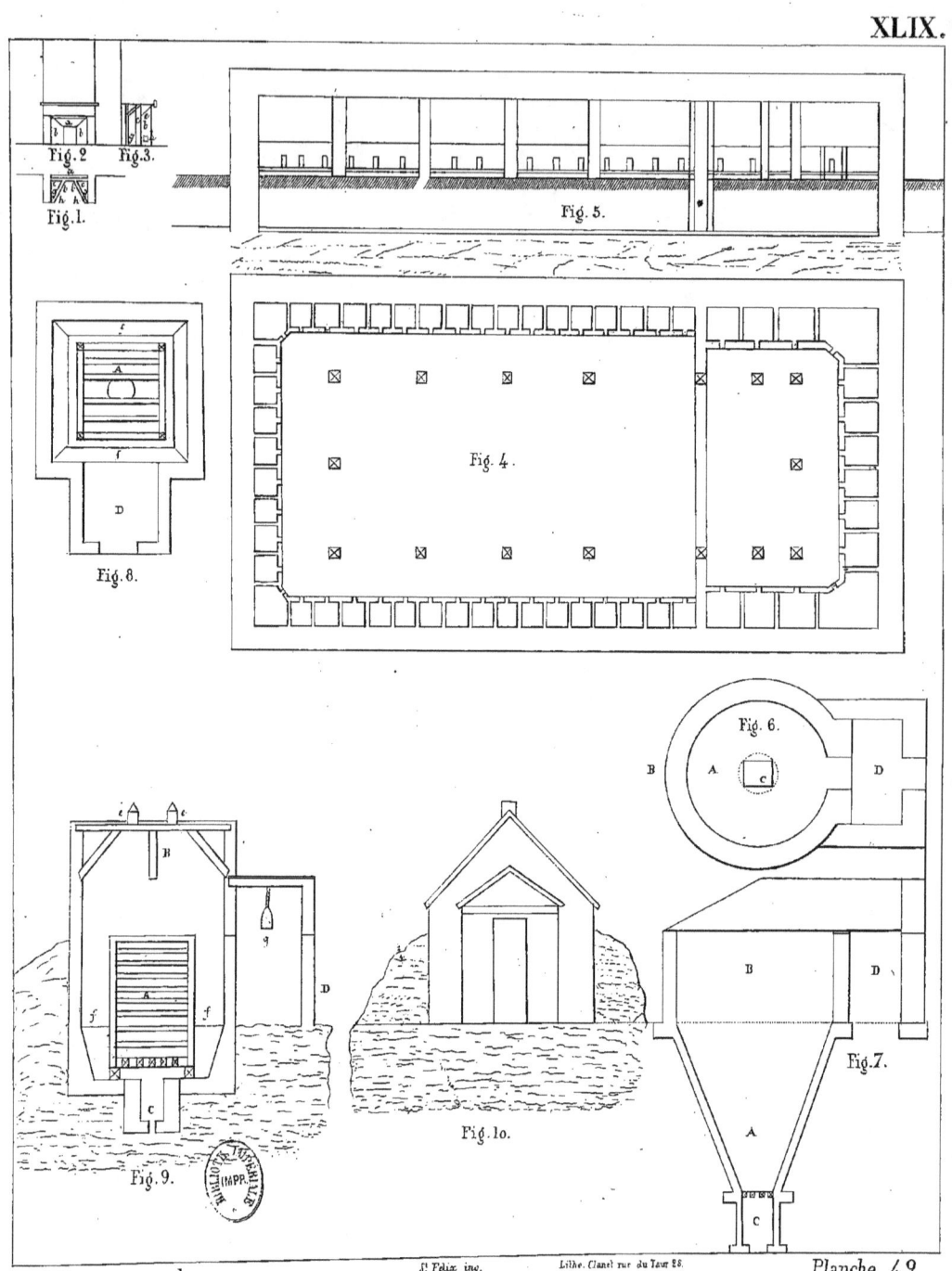

Architecture rurale. DÉTAILS — Cheminée, Clapier, Glacière. Planche 49.

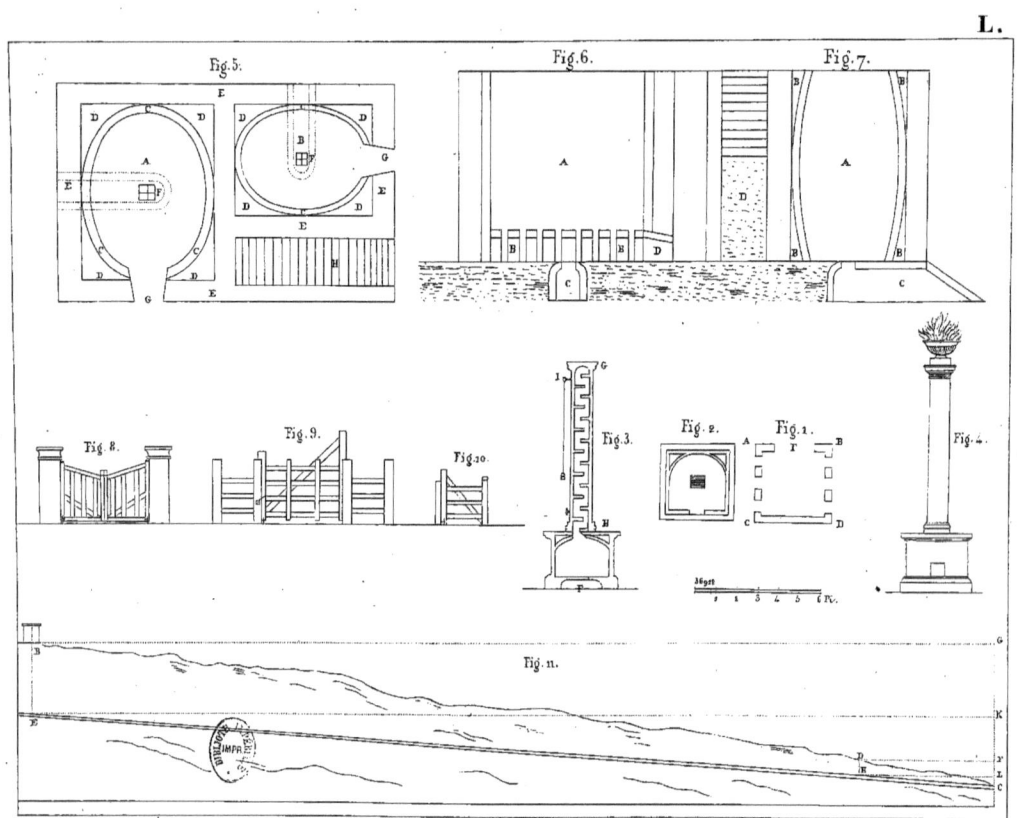

Architecture rurale.

DÉTAILS — Fours à chaux & à brique, Barrières, Poêle, Puits.

Planche 50.

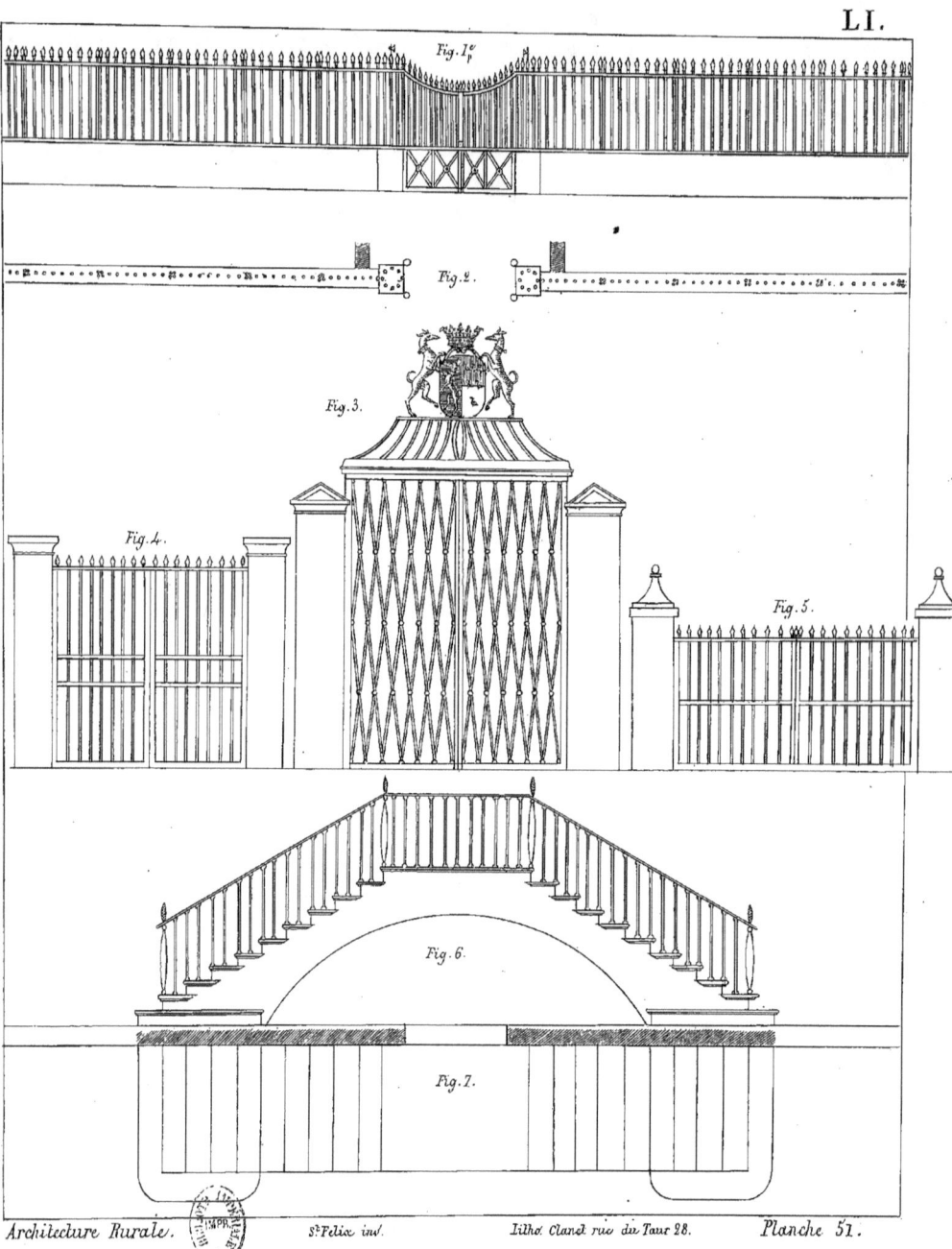

DÉTAILS-Grilles-Perron.

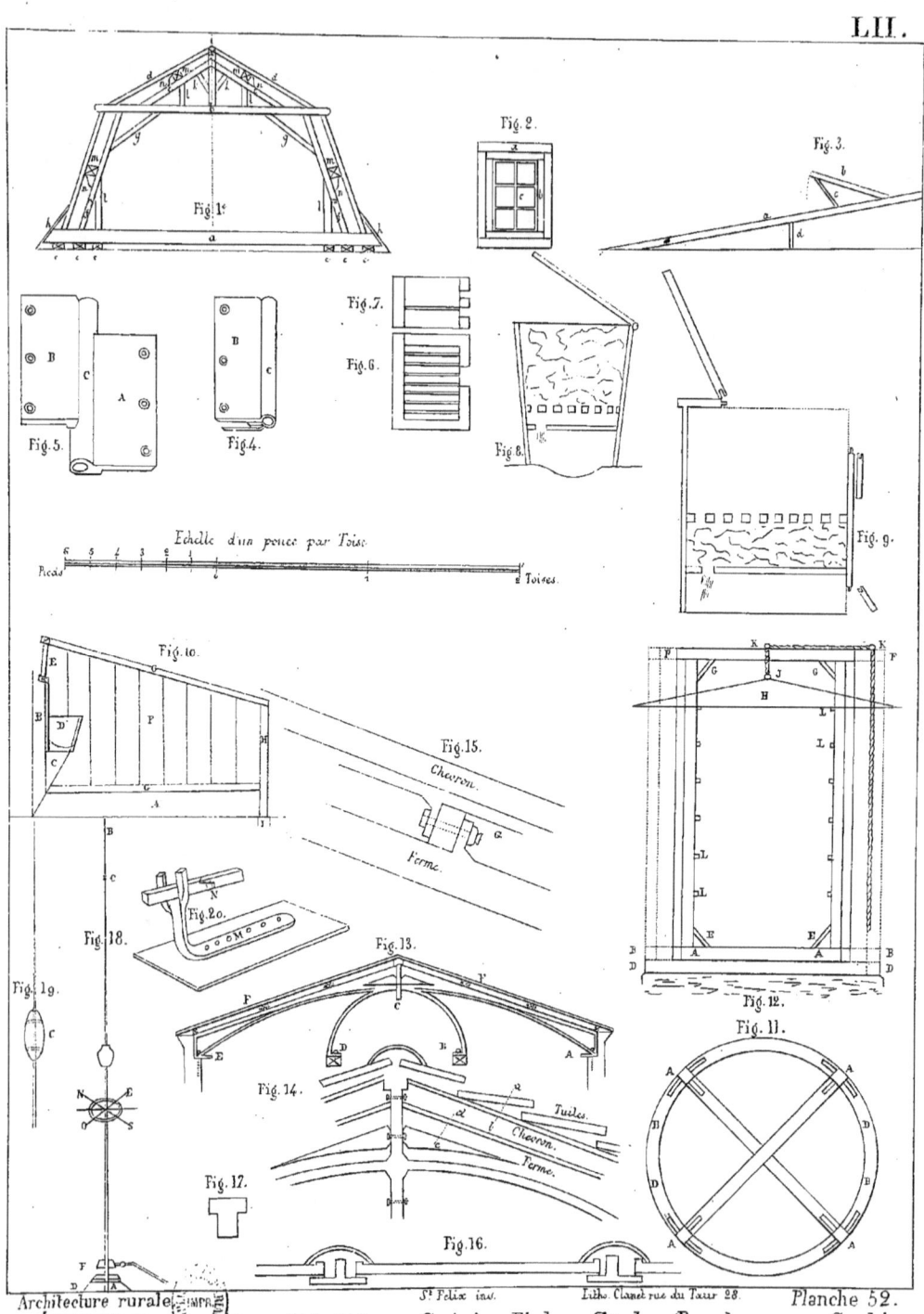

DÉTAILS – Combles, Tabatières, Cuisine, Fiches, Stales, Paratonnerre, Gerbier.

JARDINS. — Ponts & Fabriques.

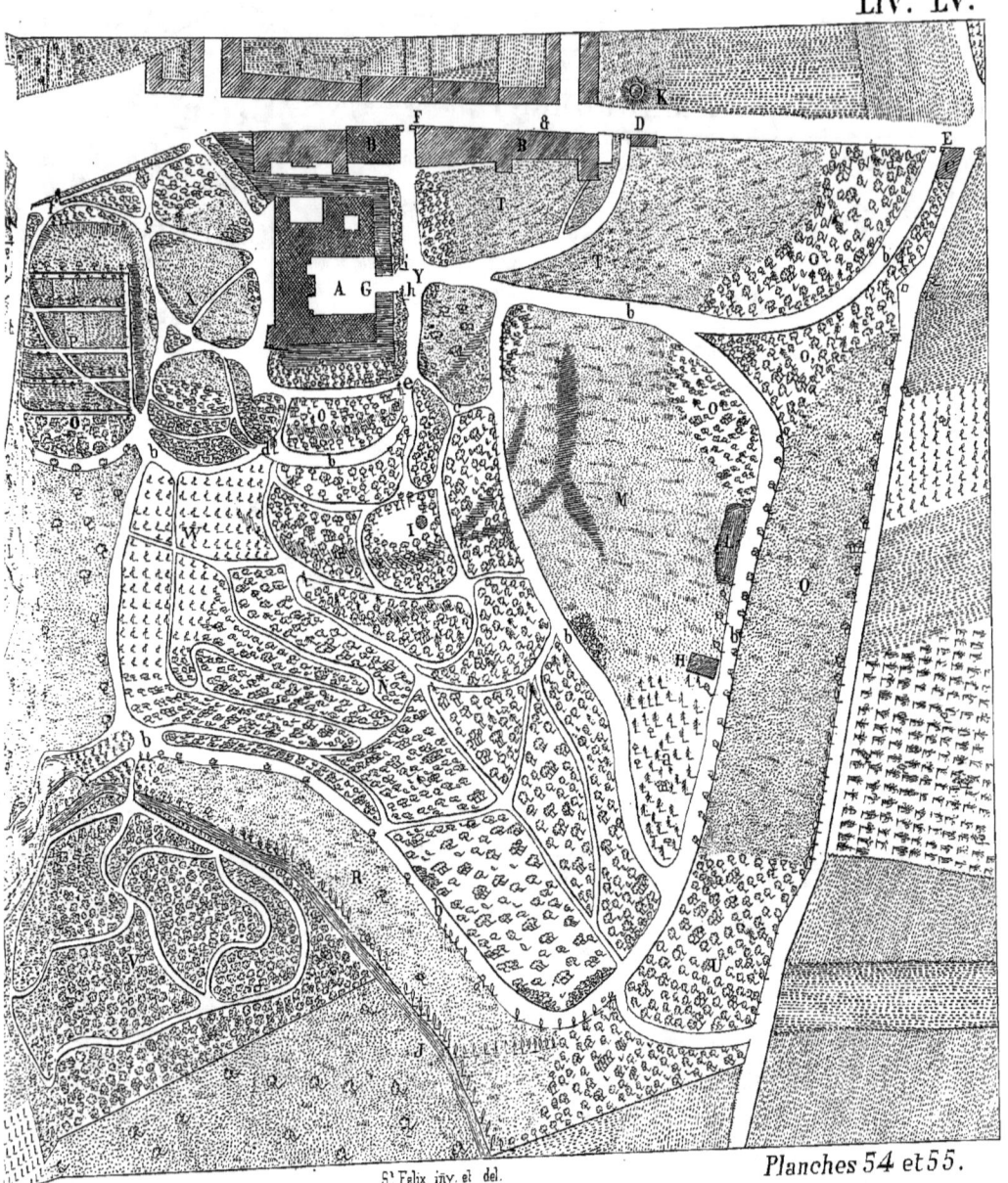

LIV. LV.

Planches 54 et 55.

INS-MAUREMONT.

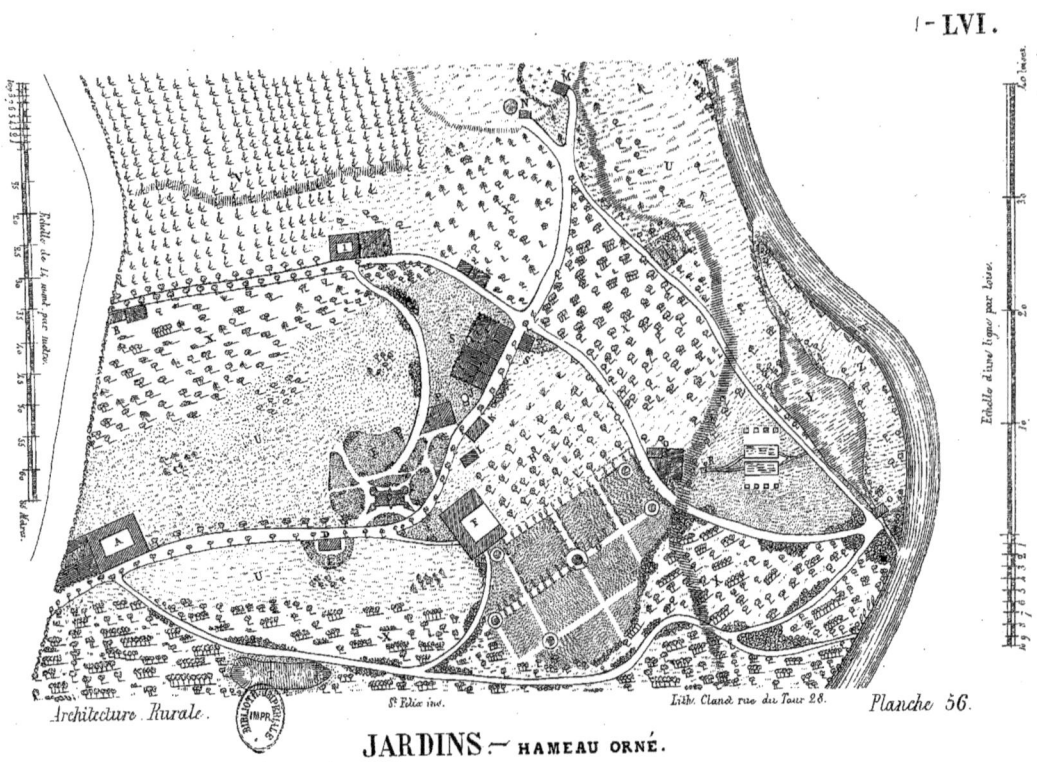

JARDINS.— HAMEAU ORNÉ.

www.ingramcontent.com/pod-product-compliance
Lightning Source LLC
Chambersburg PA
CBHW050604230426
43670CB00009B/1250